U0757986

检察官办案蓝宝书

上海市检察机关典型案例汇编

（上）

上海市人民检察院／编

中国检察出版社

图书在版编目（CIP）数据

上海市检察机关典型案例汇编：上下/上海市人民检察院编. —北京：中国检察出版社，2020. 8
ISBN 978 -7 -5102 -2351 -8

Ⅰ.①上… Ⅱ.①上… Ⅲ.①检察机关 - 工作 - 案例 - 汇编 - 上海
Ⅳ.①D926. 32

中国版本图书馆 CIP 数据核字（2019）第 242717 号

上海市检察机关典型案例汇编（上下）

上海市人民检察院　编

出版发行：中国检察出版社
社　　址：北京市石景山区香山南路 109 号（100144）
网　　址：中国检察出版社（www. zgjccbs. com）
编辑电话：（010）86423749
发行电话：（010）86423726　86423727　86423728
（010）86423730　68650016
经　　销：新华书店
印　　刷：北京玺诚印务有限公司
开　　本：710 mm × 960 mm　16 开
印　　张：89
字　　数：1637 千字
版　　次：2020 年 8 月第一版　2020 年 8 月第一次印刷
书　　号：ISBN 978 -7 -5102 -2351 -8
定　　价：240. 00 元（上下）

出版说明

上海地处改革开放前沿，司法领域新型、疑难案件相对较多，充分挖掘司法领域新型“首例”案件、重大疑难复杂案件，有助于检察官统一法律政策适用标准、规范办案活动、拓展办案思路、提升办案质效。上海市人民检察院在全国检察机关中较早建立“检察委员会典型案例通报制度”，自2008年5月以来已发布通报案例百余件，这些典型案例已经成为上海市检察官办案的活字典、“蓝宝书”、案例库。

《上海市检察机关典型案例汇编（上下）》对收录的上海市人民检察院检察委员会2008年至2018年通报的典型案例，分为实体篇、程序篇、其他三大部分编排，每件典型案例都包含“案例要旨”“案情简要”“典型意义”“法律文书”等四个板块（个别文书因保密等原因不便公开）。“实体篇”收录在刑事实体法方面具有参考借鉴意义的典型性案例，按照刑法章节罪名的顺序编排；“程序篇”收录在程序法方面具有参考借鉴意义的典型性案例，按照刑事诉讼法条文的顺序编排；“其他”收录在民事、行政、公益诉讼检察监督方面具有参考借鉴意义的典型性案例。

“用典型案例讲故事、讲政治、讲法治”，每件案例都遵循“以问题为导向，研判案例要旨与价值，总结提炼典型意义”的思路，不仅再现了检察办案的过程，还对每件案例值得借鉴和学习之处加以点评，以案释法（法律适用）、以案说法（办案方法），放大办案效果。这既为检察官办案提供了办案思路、法律适用的学习范本，更彰显了“检察机关办案背后的司法检察理念，向人们展现检察机关办案时的政治、法治、政策考量”。

编　者

2020年8月

目 录

一、实 体 篇

二、程序篇

三、其　　他

一、实体篇

准确认定使用“伪基站”设备干扰公用电信网络的行为性质

——郝某某等破坏公用电信设施案

【案例要旨】

使用“伪基站”设备发送短信息，干扰公用电信网络信号，影响公用电信设施正常工作，危害公共安全的，属于破坏公用电信设施的行为。

【案情简要】

2013年9月9日至11日，被告人郝某某为提高特卖会销量，雇用被告人黄某某驾车携带一套“伪基站”设备，占用中国移动上海公司移动通信网的频率，发射无线电信号，截断一定范围内移动电话的正常通信联系，向移动电话用户持续发送促销短信息。同年9月11日下午，上海市无线电管理局工作人员对黄某某的违法行为进行查处，并作出行政处罚。

2013年10月6日至11日，被告人郝某某为宣传其举办的特卖会，继续雇用被告人黄某某采用上述方法为特卖会做广告宣传。同年10月11日中午，黄某某正在使用“伪基站”设备时，被公安人员当场查获。

经中国移动上海公司测算，仅2013年10月10日和11日，被告人郝某某、黄某某使用“伪基站”设备，造成周边用户通信中断约14万人次。

2014年3月13日，静安区人民检察院以破坏公用电信设施罪对被告人郝某某、黄某某提起公诉，同年4月25日，静安区人民法院支持检察机关指控意见，分别判处被告人郝某某有期徒刑3年，判处黄某某有期徒刑1年6个月。判决现已生效。

【典型意义】

使用“伪基站”[①] 设备，不仅破坏正常电信秩序，影响电信运营商正常经营活动，危害了公共安全，扰乱市场秩序，而且严重影响用户手机使用，侵犯公民隐私，社会危害严重。2014 年 3 月，最高人民法院、最高人民检察院、公安部、国家安全部制定《关于依法办理非法生产销售使用“伪基站”设备案件的意见》，明确规定使用“伪基站”设备干扰公用电信网络信号，危害公共安全的，以破坏公用电信设施罪追究刑事责任；同时构成虚假广告罪、非法获取公民个人信息罪、破坏计算机信息系统罪、扰乱无线电通讯管理秩序罪的，依照处罚较重的规定追究刑事责任。

郝某某等人破坏公用电信设施案系本市首例适用上述意见以破坏公用电信设施罪处理的使用“伪基站”设备案件。被告人郝某某、黄某某违规设置、使用“伪基站”设备，占用中国移动上海公司移动通信网络频率，截断一定范围内移动电话的正常通信联系，有证据证明的用户通信中断约 14 万人次，危害了公共安全。根据最高人民法院《关于审理破坏公用电信设施刑事案件具体应用法律若干问题的解释》规定，破坏公用电信设施造成 1 万户以上用户通信中断不满 1 小时的，以破坏公用电信设施罪处 3 年以上 7 年以下有期徒刑。因此，郝某某等人的行为构成破坏公用电信设施罪。

同时，郝某某等人使用“伪基站”，擅自占用频率，经责令停止使用后仍不停止使用，干扰无线电正常通信，根据《刑法》第 288 条规定还构成扰乱无线电通讯管理秩序罪，属于破坏公用电信设施罪与扰乱无线电通讯管理秩序罪的想象竞合犯，由于前者的法定刑重于后者，根据上述意见对二被告人的行为应择一重罪处断，故以破坏公用电信设施罪追究刑事责任。

---

① 根据“两高两部”《关于依法办理非法生产销售使用“伪基站”设备案件的意见》的规定，“伪基站”设备是未取得电信设备进网许可和无线电发射设备型号核准的非法无线电通信设备，具有搜取手机用户信息，强行向不特定用户手机发送短信息等功能，使用过程中会非法占用公众移动通信频率，局部阻断公众移动通信网络信号。

上海市静安区人民检察院
起诉书

沪静检诉刑诉〔2014〕131号

被告人郝某某，男，1982年××月××日生，公民身份号码：1501211982×××××××××，汉族，初中文化，个体户，户籍在内蒙古自治区呼和浩特市土默特左旗××镇××村××号。2013年10月12日因涉嫌破坏公用电信设施罪，由上海市公安局静安分局刑事拘留，同月14日延长刑事拘留期限至三十天，同年11月15日经本院批准，同日由上海市公安局静安分局执行逮捕。

被告人黄某某，男，1972年××月××日生，公民身份号码：6301041972×××××××××，汉族，初中文化，无业，户籍在青海省西宁市城西区××巷××号××栋××室。2013年10月11日因涉嫌破坏公用电信设施罪，由上海市公安局静安分局刑事拘留，同月14日延长刑事拘留期限至三十天，同年11月15日经本院批准，同日由上海市公安局静安分局执行逮捕。

本案由上海市公安局静安分局侦查终结，以被告人郝某某、黄某某涉嫌破坏公用电信设施罪，于2013年12月19日移送本院审查起诉。经请示上海市人民检察院第二分院，决定本案由本院管辖。本院受理后，于2013年12月20日告知各被告人有权委托辩护人；依法讯问了被告人，听取了被告人郝某某、黄某某的辩护人的意见，审查了全部案件材料。经审查，于2014年1月29日退回补充侦查情况，上海市公安局静安分局补充侦查终结，于2014年2月26日移送审查起诉。

经依法审查查明：

被告人郝某某于2013年9月9日至11日间租赁本市长宁区遵义南路5号虹桥喜来登太平洋大饭店场地举办皮鞋、箱包特卖会。为提高销量，在上述时间段内，郝某某雇用被告人黄某某驾车携带一套“伪基站”设备，通过该设备发射无线电信号，占用中国移动通信集团公司上海有限公司（以下简称“中国移动上海公司”）GSM公众数字蜂窝移动通信网的频率，在一定范围内截断移动电话的正常通信联系，并使受影响的移动电话转而接收“伪基站”设备信号，以此在特卖会举办地周边向移动电话用户持续发送促销短消息。9月11日下午，上海市无线电管理局工作人员对黄某某的违法行为进行了查处，并作出了行政处罚。

2013年10月初，被告人郝某某为宣传其在本市徐汇区虹桥路100号西藏大厦万怡酒店、黄浦区淮海中路795号京辰大酒店租赁场地举办的特卖会，继续指使被告人黄某某驾车携带另一套“伪基站”设备，在上述地点周边占用无线电频率、持续发送促销短消息。10月11日中午，黄某某驾驶牌号为浙A8××××的起亚牌轿车停靠在本市黄浦区长乐路、瑞金二路路口附近正在使用“伪基站”设备时，被公安人员当场查获。

经中国移动上海公司测算，仅2013年10月10日和11日，被告人郝某某、黄某某使用的“伪基站”设备即造成周边用户通信中断约14万人次。

被告人郝某某于2013年10月12日在浙江省桐乡市被当地公安人员抓获；其和被告人黄某某到案后，对上述事实均能够如实供述。

上述事实，有以下证据证明：

1. 证人马某某的证言，证实被告人郝某某指使被告人黄某某使用“伪基站”设备发送短信息的事实。

2. 上海市无线电管理局现场检查笔录、行政处罚决定公告、暂扣物品清单及相关照片等书证，证实被告人黄某某受指使于2013年9月上旬使用“伪基站”设备发送短信息，受到相关行政处罚的事实。

3. 上海市公安局静安分局调取证据、扣押、随案移送清单及相关照片等物证和书证，以及扣押笔录，证实涉案的“伪基站”设备被公安人员查获的事实以及外观形态和处理情况。

4. 上海市无线电监测站《检测报告》，证实涉案“伪基站”设备的技术参数。

5. 上海市公安局静安分局网安支队《电子数据检验工作记录》，以及相关软件截屏照片等，证实被告人使用“伪基站”设备发送的短信息内容和计数数值。

6. 中国移动上海公司保卫处评估报告，证实被告人使用“伪基站”设备造成用户通信中断数量的测算值。

7. 被告人郝某某、黄某某的供述，证实二人使用“伪基站”设备发送短信息，造成大量用户通信中断的事实。

上述证据来源及收集程序合法，内容客观真实，足以认定指控事实。

本院认为，被告人郝某某、黄某某破坏公用电信设施，危害公共安全，其行为已触犯《中华人民共和国刑法》第一百二十四条第一款，犯罪事实清楚，证据确实、充分，应当以破坏公用电信设施罪追究其刑事责任。二人系共同犯罪，还应当适用《中华人民共和国刑法》第二十五条第一款。被告人郝某某在共同犯罪中起主要作用，根据《中华人民共和国刑法》第二十六条第一款的规定，系主犯。被告人黄某某在共同犯罪中起次要作用，根据《中华人民共和国刑法》第二十七条的规定，系从犯，应当从轻或者减轻处罚。被告人郝某某、黄某某如实供述自己罪行，根据《中华人民共和国刑法》第六十七条第三款的规定，可以从轻处罚。根据《中华人民共和国刑事诉讼法》第一百七十二条之规定，提起公诉，请依法审判。

此致

上海市静安区人民法院

检察员　赵琪昊

二〇一四年三月十三日

附：1. 被告人郝某某、黄某某现均羁押于上海市静安区看守所

2. 侦查卷宗三册

3. 证人名单一份

4. 赃证物品清单一页

5. 《案犯身份卡》二张

6. 《换押证》二份

7. 相关法律条文（略）

上海市静安区人民法院
刑事判决书

（2014）静刑初字第162号

公诉机关上海市静安区人民检察院。

被告人郝某某，男，1982年××月××日出生于内蒙古自治区呼和浩特市，汉族，初中文化程度，个体经营户，户籍在内蒙古自治区呼和浩特市土默特左旗××镇××村。因涉嫌犯破坏公用电信设施罪，于2013年10月12日被上海市公安局静安分局刑事拘留；同年11月15日经上海市静安区人民检察院批准被逮捕。现羁押于上海市静安区看守所。

辩护人丁某某，北京××（上海）律师事务所律师。

被告人黄某某，男，1972年××月××日出生于青海省乐都县，汉族，初中文化程度，无业，住青海省西宁市城西区××巷××号××栋××室。因涉嫌破坏公用电信设施罪，于2013年10月11日被上海市公安局静安分局刑事拘留；同年11月15日经上海市静安区人民检察院批准被逮捕。现羁押于上海市静安区看守所。

辩护人谭某某，北京××（上海）律师事务所律师。

上海市静安区人民检察院以沪静检诉刑诉〔2014〕131号起诉书指控郝某某、黄某某破坏公用电信设施罪，于2014年3月14日向本院提起公诉。本院受理后，依法适用普通程序，组成合议庭，于2014年4月3日公开开庭进行了审理。上海市静安区人民检察院指派检察员赵琪昊出庭支持公诉，被告人郝某某及其辩护人丁某某律师、被告人黄某某及其辩护人谭某某律师到庭参加诉讼。现已审理终结。

上海市静安区人民检察院指控，被告人郝某某于2013年9月9日至11日，在虹桥喜来登太平洋大饭店销售皮鞋、箱包，为提高销量，雇用被告人黄某某驾车携带设备，占用中国移动通信集团公司上海有限公司（以下简称“中国移动上海公司”）GSM公众数字蜂窝移动通信网的频率，发射无线电信号，在一定范围内截断移动电话的正常通信联系。同月11日下午，上海市无线电管理局工作人员对黄某某的违法行为进行了查处，并作出了行政处罚。

2013年10月初，被告人郝某某在本市西藏大厦万怡酒店、京辰大酒店销售皮鞋、箱包，继续指使被告人黄某某采用同样方法发送促销短消息。

经中国移动上海公司测算，2013年10月10日和11日，被告人郝某某、黄某某造成周边用户通信中断约14万人次。

为证明上述指控的事实，公诉人在法庭上讯问了被告人郝某某、黄某某，出示了上海市无线电管理局现场检查笔录、行政处罚决定公告、暂扣物品清单和相关照片、上海市公安局静安分局（以下简称“静安分局”）调取证据、扣押、随案移送清单等物证和书证，宣读了上海市无线电监测站《检测报告》、静安分局网安支队《电子数据检验工作记录》、证人马某某的证言和中国移动上海公司评估报告。

检察机关据此认为，被告人郝某某、黄某某破坏公用电信设施，危害公共安全，其行为均已构成破坏公用电信设施罪，依照《中华人民共和国刑法》第一百二十四条之规定，追究被告人郝某某、黄某某的刑事责任。

被告人郝某某、黄某某及其各自的辩护人对检察机关指控事实和公诉人在法庭上出示、宣读的证据无异议。

但被告人郝某某、黄某某的辩护人认为，被告人郝某某、黄某某主观上为特卖会做广告宣传，并不具有破坏公用电信设施的故意，客观上在很短的时间、很小的范围内，对一部分移动电话使用者造成影响，并未对公用电信设施造成破坏；同时，两被告人曾因违法使用“伪基站”被行政机关处罚仍继续使用，其行为完全符合扰乱无线电通讯管理秩序罪的构成要件，应依《中华人民共和国刑法》第二百八十八条之规定，追究其刑事责任。

经审理查明，被告人郝某某系皮鞋、箱包推销人员，案发前购买了两套“伪基站”设备，与被告人黄某某系亲戚关系。

2013年9月9日至11日，被告人郝某某租赁本市遵义南路5号虹桥喜来登太平洋大饭店场地，举办皮鞋、箱包特卖会。为提高销量，被告人郝某某雇用被告人黄某某驾车携带一套“伪基站”设备，占用中国移动上海公司GSM公众数字蜂窝移动通信网的频率，发射无线电信号，截断一定范围内移动电话的正常通信联系，为特卖会做广告宣传。

2013年9月11日下午，上海市无线电管理局工作人员当场查处了被告人黄某某，没收了“伪基站”的相关设备。

2013年10月初，被告人郝某某租赁本市虹桥路100号西藏大厦万怡酒店、淮海中路795号京辰大酒店场地，举办皮鞋、箱包特卖会，继续雇用被告人黄某某采用上述方法为特卖会做广告宣传。

中国移动上海公司经测算，仅2013年10月10日和11日，被告人郝某某、黄某某使用“伪基站”设备，造成周边用户通信中断约14万人次。

2013年10月11日中午，被告人黄某某在本市黄浦区长乐路、瑞金二路路口被公安人员当场抓获。被告人郝某某于2013年10月12日在浙江省桐乡市被当地公安人员抓获。

证明上述事实的证据有：

1. 上海市无线电管理局现场检查笔录、责令改正通知书、行政处罚事先告知公告、行政处罚决定公告证明，2013年9月11日15时许，上海市无线电管理局工作人员在本市遵义南路5号、古北路788号附近，依据《中华人民共和国无线电管理条例》第十一条、第四十三条第一款的规定，对被告人黄某某使用“伪基站”设备的行为进行查处，并于2013年9月29日作出没收违法无线电发射设备的行政处罚。

2. 上海市无线电管理局暂扣物品清单、照片、静安分局调取证据清单证明，2013年9月11日，上海市无线电管理局从被告人黄某某处暂扣一套“伪基站”设备；照片证实相关设备及车辆的外观形态；2013年10月23日由静安分局调取。

3. 静安分局扣押、发还、处理、随案移送清单、照片等证明，公安机关从被告人黄某某处扣押相关“伪基站”设备、笔记本电脑、移动信号发射机、蓄电池、变压器、诺基亚牌移动电话和轿车；轿车已发还；其他设备随案移送；相关照片证实了上述“伪基站”设备和轿车的外观形态。

4. 上海市无线电监测站《检测报告》二份证明，涉案“伪基站”设备的工作频段：935～961、929.3～965.3MHz和电平强度：－39.41、－8.51dBm。

5. 查获的“伪基站”设备软件截图证明，利用“伪基站”设备发送的短信内容、时间、数量：①“【国际名鞋名包特卖会】香港、丹麦、意大利等品牌皮鞋特卖，全场皮鞋268元封顶。9—11号在虹桥喜来登酒店3楼。咨询电话：1307219××××”，2013年9月10日，发送计数10485。②“【国际名鞋名包特卖】丹麦、意大利等品牌皮鞋全场268元封顶。最后两天在虹桥路100号西藏大厦万怡酒店四楼举办。咨询电话1592155××××”，2013年10月6日，发送计数824510。③“【国际名鞋名包特卖】丹麦、意大利等品牌皮鞋全场268元封顶。最后截止到晚上六点在虹桥路100号西藏大厦万怡酒店四楼举办。咨询电话1592155××××”，2013年10月10日，发送计数91048。④“【国际名鞋名包特卖】丹麦、意大利等品牌皮鞋全场268元封顶。11—14号在淮海中路795近瑞金二路，京辰大酒店一楼举办。咨询电话1592155××××”，2013年10月11日，发送计数286033。

6. 中国移动上海公司《虹桥喜来登伪基站影响评估报告》证明，2013年

9月，被告人郝某某、黄某某利用“伪基站”设备发送短信，造成用户脱网。手机收到伪基站发的短消息，每成功收到短信后，手机又会重新占用移动正常基站信号，在正常基站超过一定时间间隔，手机又会占用伪基站信号，重新接收短信。如果手机一直在伪基站覆盖范围内，该过程将周而复始进行，驻留在伪基站的正常手机用户无法正常接听、拨打电话。从数据看出，在伪基站存在的3天（2013.09.09—2013.09.11），位置更新数目平均在670000次/天，而伪基站拆除前后，周边受影响小区的位置更新数平均在470000次/天。伪基站存在期间，周边受影响小区位置更新数大致增加200000次/天。按增加一次位置更新等同于发送一次垃圾短信来算，伪基站存在期间大约每天发送20万条垃圾短信。

2013年10月11日上午，在淮海中路瑞金路附近发现一套垃圾短信伪基站系统，通过核心网交换机数据分析，该伪基站上午在淮海中路、瑞金路、长乐路、茂名路区域内共引起异常位置更新4.6万次以上，从伪基站工作原理可以判断，此设备在2013年10月11日上午9点至11点3个小时内，共发送垃圾短信4.6万条，造成周边用户发生脱网4.6万人次，按每次发送垃圾短信脱网20秒计算，累计影响用户通信时长15000分钟以上。严重影响了周边上海移动用户的正常通信。同时，根据淮海中路、瑞金路使用伪基站人员提供的信息，该人员与伪基站设备在2013年10月10日于虹桥路、广元路附近活动。通过核心网交换机数据分析，该伪基站在10月10日全天共引起异常位置更新9.7万次以上，从伪基站工作原理可以判断，此设备在2013年10月10日上午9点至18点9个小时内共发送垃圾短信9.4万条以上，造成周边用户发生脱网。

7. 工信部《关于中国移动通信集团公司使用蜂窝移动通信系统频率的批复》、工信部无函〔2009〕618号证明，工信部批复同意中国移动公司GSM公众数字蜂窝移动通信网使用无线电频段包括934－954MHz。

8. 证人马某某于2013年10月24日、11月4日陈述，“2013年9月5日，我和我老公黄某某听从表弟郝某某的号召来上海帮他打工，我做特卖会的营业员，黄某某开车帮郝某某发送特卖会的短信。他具体怎么操作的我不清楚。来我们特卖会的有很多人是看了短信来的”。

9. 郝某某于2013年10月12日供述，“2013年9月初的时候，我来上海租用宾馆、酒店的地方开特卖会，同时我把二套用于发射短信的设施也带到上海。随后我又找来表哥黄某某和他老婆马某某，让黄某某帮我开车子，马某某帮我做营业员。隔了三四天，他们到了上海。于是我就将一套设施安装在一辆轿车上，教会黄某某如何使用后，就叫他在我开特卖会的酒店附近将广告信息群发到别人的手机上，这样看到信息的人就会到酒店的特卖会来。”

“我听朋友说有一种设施，可以用它向手机用户群发短信，为自己的生意做广告。我就上网搜索，联系到一个姓雷的人。后来在深圳我以人民币9.6万元从他那里买了二套设施。每套设施由一台笔记本电脑、一台发射器、一根天线、一部诺基亚手机、一个电瓶和电源转化器组成。其中诺基亚手机是用来测频点的。到了一个区域后，就用这个手机测一下移动手机的基站，就可以知道这个区域手机基站的频点了。找到频点后，再把频点输到笔记本电脑上，然后把短信内容打到电脑上就可以发送出去了，在附近的移动用户手机都可以收到短信。笔记本电脑上发送短信的程序是买来就安装好的，打开电脑页面就可以了。发送短信显示的号码一般是十位数字以上的，具体号码是随便编的。我买设施的时候只想用来发广告，其他没有多考虑。我让黄某某发送的内容是我编好之后发到黄某某的手机上的，包括酒店名称、地址、联系电话、开特卖会的时间。然后黄某某再把这些内容打到电脑上，发送出去。我给他每天100元的报酬。”

“9月20日上午，我跟黄某某一起去长宁区的一家神州租车公司，租了一辆银灰色别克凯越轿车，租了半个月。然后我就把一整套设施放在车子上，同时把使用方法教给黄某某，让他到时开车到我开特卖会的酒店附近发送短信。我没有规定他每天发多少信息，就让他在每天上午9点到晚上9点之间发送，他想发多少就发多少，根据电瓶的电量，电没了就不发了。”

“我是今年9月份来上海开特卖会的，一共在三个地方开过，第一次是今年9月9日至14日在虹桥喜来登大酒店的三楼。9月10日我回了老家。9月11日下午，我接到黄某某打来的电话，说他在喜来登酒店附近发送短信息的时候，被上海市无线电管理局的人抓住了，然后车子上的发射设施全部被没收了。黄某某讲这套设施没有办过手续，是违规使用。我听了，就叫他暂时不要做了。”

“后来我因为做生意赔钱，就将我的另一套设施拿出来用。10月5日到10月10日，我又到虹桥路100号西藏大厦万怡大酒店开特卖会。我还是叫黄某某来帮我开车发送特卖会的短信。10月2日的时候，黄某某去租了车。我们将发射设施放在出租车上。然后就由黄某某开车发送短信了。”

“到了10月11日至14日，我们在淮海中路的京辰大酒店一楼开特卖会，黄某某继续开车为我发送特卖会的短信息，刚开了一天就被抓住了。”

“我估计黄某某一天发送五六万条短信，这几次特卖会一共发了四五十万条。我知道让他用发射器发送信息会影响到其他手机用户的正常通信，但我只想到做广告招揽生意。用这种方式发短信，不需要知道对方的手机号码，搜到频点且在电脑上设置好频点后，发射机就自动将短信发送到识别出的手机号码上，这种设施只能发信息给移动通信的手机。发送短信的时候，是会对手机用户有影响的，正常的手机用户是使用移动公司的网络，我们发送短信时是占用了移动的频点，这样用户只能收到我们发出的短信。我们这样做是不合法的，无线电管理局还没收了我们的设施。但是我们抱有侥幸心理，其他就没多考虑。”

10. 被告人黄某某于2013年10月11日供述：“2013年9月初的时候，我表弟郝某某让我来上海帮他开车用短信发射设施在酒店附近发布特卖会的广告信息。他每天给我100元的报酬。他叫我每天上午9点到晚上9点发送，具体何时发、发多少，都由我自己安排。”

“大约在9月8日的时候，我和郝某某一起去神舟租车公司租了一辆轿车。第二天，他将车子交给我，当时发射短信的设施已经放在车上了。他教我怎么使用操作电脑和发射器，很简单的，我学会之后，他就走了，车子就交给我使用了。”

“发射短信的设施有一台笔记本电脑、一台发射器、一根天线、一只电瓶、一台电源转换器，还有一部银灰色诺基亚手机。手机是用来测频点的，当到一个区域时用这个手机看一下，就可以知道这个区域手机基站的频点了。这套设施是这么使用的，先启动个笔记本电脑和发射器，用诺基亚手机先找到频点，再把频点输到笔记本电脑上。然后把短信内容打到电脑上，用一个106156开头的号码就可以发送出去了。在附近的移动用户手机都可以收到短信。笔记本电脑上发送短信的程序是事先就安装好的，打开电脑页面就可以用了。内容是郝某某编好后发到我手机上的，我再把他发给我的内容打到电脑上。”

“我开车发短信，干了二天。到9月11日中午，我开车在上海遵义南路5号虹桥喜来登酒店门口，我用频点15发送特卖会信息的时候，被上海市无线电管理局的人员发现，把我带到附近的派出所，然后把我车上的电脑和发射器没收了。我从派出所出来，就马上打电话给郝某某，跟他讲无线电管理局的人说这套设施没有办过手续，违规使用是违法的，他们把东西都没收了，郝某某就叫我暂时别做了。”

“到了10月2日，郝某某在虹桥路西藏大厦万怡大酒店开特卖会，他跟我讲还要用发射器发送短信。于是我在当天去神舟租车公司租了车，把设施放在车上后，我就在虹桥路西藏大厦附近发短信。后来10月8日的时候又换了辆车。我一直做到10月10日万怡大酒店特卖会结束。”

“10月11日至14日郝某某在淮海中路795号金辰大酒店一楼开特卖会，

我在附近发了一天短信就被抓住了。”

“少的时候一天发七八万条，多的时候一天发十八万条。1月11日被抓那天，我发了十三万条，车子上有记录的。”

“我们发信息时不需要知道对方的手机号码。郝某某告诉我，在电脑上设置频点，就可以发送了，具体发送到谁的手机上我也不知道。我就知道我们通过这种设施只能发送给移动手机号码的用户，其他电信和联通是收不到的。我还用那个诺基亚手机试过接收短信，同样的内容，移动用户只能收到一次。”

“我们使用发射器是占用了移动公司的频点，是会影响到其他手机用户的正常通信，具体影响到什么程度我不知道。我们发送短信没有通过移动公司，无须向移动公司付费。”

“虽然我第一次使用短信发射器后知道这么做是违法的，但是后来我又做了，是想挣点钱。郝某某给过我报酬，一共给了3000元。”

上述所有证据，均经本庭当庭查证属实，证据间已形成本院所认定事实的锁链，应作为本案定案的依据。

本院认为，被告人郝某某、黄某某破坏公用电信设施，危害公共安全，其行为已构成破坏公用电信设施罪，应依法予以惩处。检察机关指控被告人郝某某、黄某某的犯罪事实清楚，证据确凿充分，定性正确。

行为人出于一个犯罪目的，实施了一个犯罪行为，犯罪结果同时触犯了数个罪名，是犯罪竞合。犯罪竞合的处断原则是特别法优于普通法，或者重法吸收轻法。庭审中查明的事实和证据表明，被告人郝某某、黄某某出于为特卖会做广告的动因，以干扰无线电通讯的正常秩序为目的，向不特定的公众发布广告，不仅干扰了无线电通讯的正常秩序，同时还破坏了公用电信设施，危害了公共安全，是想象竞合犯。根据竞合犯处断原则，被告人郝某某、黄某某的行为应以破坏公用电信设施罪定罪处罚。因此，辩护人就本案定性提出的辩护意见，有悖于法律对竞合犯处断原则的规定，本院不予采纳。

庭审中查明的事实和证据表明，本案造成14万人次受影响的事实不仅有中国移动上海公司的评估报告为证，还有静安分局网安支队出具的检验记录相佐证。静安分局网安支队从查获的“伪基站”设备中检出，被告人黄某某在犯罪期间发送的人次有100余万人次，大大超过了14万人次。按照刑法谦抑原则，本案可以认定14万人次受影响。

在共同犯罪中，被告人郝某某挑起犯意，纠集他人犯罪，系主犯；被告人黄某某虽然直接实施了破坏公用电信设施行为，但系犯意被挑起者和被纠集者，系从犯，应依法减轻处罚。被告人郝某某、黄某某案发后能够坦白交代罪行，可依法从轻处罚。公诉人和辩护人就被告人郝某某、黄某某量刑情节的公诉意见和辩护意见，符合事实和法律对案发后坦白交代罪行、从犯处罚的规定，本院予以采纳。

据此，为维护公用电信设施安全和社会管理秩序，依照《中华人民共和国刑法》第一百二十四条第一款、第二十五条第一款、第二十六条第一、四款、第二十七条、第六十七条第三款和第六十四条之规定，判决如下：

一、被告人郝某某犯破坏公用电信设施罪，判处有期徒刑三年。

（刑期从判决执行之日起计算。判决执行以前先行羁押的，羁押一日折抵刑期一日，即自2013年10月12日起至2016年10月11日止。）

二、被告人黄某某犯破坏公用电信设施罪，判处有期徒刑一年六个月。

（刑期从判决执行之日起计算。判决执行以前先行羁押的，羁押一日折抵刑期一日，即自2013年10月11日起至2015年4月10日止。）

三、查获的犯罪工具予以没收。

如不服本判决，可在接到判决书的第二日起十日内，通过本院或者直接向上海市第二中级人民法院提出上诉。书面上诉的，应当提交上诉状正本一份、副本二份。

审 判 长　孙　玮
代理陪审员　皮妍蓉
人民陪审员　许建文
二〇一四年四月二十五日
书 记 员　谢文娟

在旅客运输中严重超员载客的行为构成危险驾驶罪

——许某某危险驾驶案

【案例要旨】

从事旅客运输，超过额定乘员载客达到严重程度，应当认定为危险驾驶罪；是否取得营运许可，不影响从事旅客运输的认定。

【案情简要】

2016 年 2 月 23 日 8 时许，被告人许某某驾驶牌号为沪 C××××1 的非营运大型普通客车，满载乘客自江苏省睢宁市出发至上海市嘉定区。途中被告人又两次停车载客。当日 14 时 45 分许，被告人许某某驾车行驶至 G15 沈海高速朱桥检查站汇源路下匝道处遇民警检查，许某某拒绝接受检查，民警破窗将其查获。经检查，该客车额定载客人数为 49 人，实际载人数为 66 人。另查明，被告人曾因超员载客分别于 2009 年 10 月、2015 年 3 月受到公安机关行政处罚。

嘉定区人民检察院于 2016 年 3 月 11 日以危险驾驶罪对被告人许某某提起公诉，同年 3 月 25 日，嘉定区人民法院采纳指控意见，以危险驾驶罪判处被告人许某某拘役 2 个月，罚金人民币 2000 元，判决现已生效。

【典型意义】

当前，部分机动车所有人、驾驶人片面追求利益最大化，严重超员载客运输，对道路交通安全造成严重危害。《刑法修正案（九）》修改危险驾驶罪的范围，增加规定从事校车业务或者旅客运输，严重超过额定乘员载客的，构成危险驾驶罪。本案是《刑法修正案（九）》实施后本市首例大客车严重超员载客被定罪处刑的案件，对把握此类案件的执法标准将有一定借鉴意义。

一、准确认定超员载客的严重程度

机动车载人不得超过核定的人数，是交通安全法规的明确要求。但一般超员行为不构成犯罪，只有超员达到严重程度的，才构成危险驾驶罪。因不同类型的车辆，额定乘员数不同，对乘用安全的要求也不相同，故在具体认定超员严重程度时，要结合不同车辆类型，根据不同的超载比例或者超载人数加以判断。对大中型客车，一般应设定相对较低的超载比例和相对较高的超载人数，对小型客车，一般应设定相对较高的超载比例和相对较低的超载人数。本案涉案机动车为大型载客汽车，额定载客人数为 49 人，实际载客 66 人，超载人数达到 17 人，超载比例达 34.7%，参考公安部《严重超员、严重超速危险驾驶刑事案件立案标准（试行)》的规定，可以认定为严重超过额定乘员载客。被告人许某某在旅客运输中驾驶大型客车严重超员载客，超载乘客均无固定座位，缺乏必要的安全保障措施，在高速公路上长途高速行驶，不仅所载乘客处于危险之中，还危及道路上其他车辆和人员的安全，客观上严重危害了道路交通安全，且其因超员载客被两次行政处罚后又实施超员载客行为，遇公安人员检查时拒绝配合，主观恶性较深，应当以危险驾驶罪追究其刑事责任。

二、是否取得经营许可不影响从事旅客运输的认定

本条法律规定的“从事旅客运输”应当是指实际从事旅客运输业务，而非专指取得经营许可的旅客运输行为，故是否取得营运许可不影响认定为从事旅客运输；而且未取得营运许可而从事旅客运输业务属于非法营运，缺乏有效的行政管理和安全保障，更应当予以打击。因此，从事旅客运输既包括取得营运许可的客运活动，也包括未取得营运许可的客运活动。本案被告人驾驶的车辆为非营运车辆，并不影响对其从事旅客运输活动的认定。

上海市嘉定区人民检察院
起诉书

沪嘉检诉刑诉〔2016〕466号

被告人许某某，男，1978年××月××日生，公民身份号码：3203241978××××××××，汉族，小学文化，从事个体运输，户籍地及居住地江苏省睢宁县××镇××村××号。2009年10月20日因超员载客被上海市公安局嘉定分局处罚款人民币1000元，扣12分；2015年3月21日因超员载客被上海市公安局嘉定分局处罚款人民币200元，扣6分；2016年2月23日因涉嫌危险驾驶罪被上海市公安局嘉定分局刑事拘留。

本案由上海市公安局嘉定分局侦查终结，以被告人许某某涉嫌危险驾驶罪，于2016年2月29日向本院移送审查起诉。本院受理后，于次日已告知被告人有权委托辩护人；依法讯问了被告人，审查了全部案件材料。被告人许某某同意对本案适用速裁程序审理。

经依法审查查明：

2016年2月23日14时45分许，被告人许某某驾驶牌号沪C××××1的非营运大型普通客车满载49人自江苏省睢宁县出发，途经睢宁县××人欲乘车，许某某明知车已满载仍同意四人上车。后被告人许某某沿盐徐高速行驶至江苏省淮安市凌桥服务区时接售票员高某某通知有人要乘车，许某某没有拒绝并在服务区内加载12人。被告人许某某继续行驶至××路××道时遇民警检查，许某某拒绝接受检查，民警破窗将其查获。经检查，牌号沪C××××1的大型普通客车额定载人数为49人，实际载人数为66人，系严重超过额定乘员载客。被告人许某某到案后如实供述了犯罪事实。

上述事实有以下证据证实：

1. 机动车行驶证、车辆信息，证实涉案车辆的机动车信息；

2. 机动车驾驶证复印件及驾驶证信息，证实被告人许某某驾驶员信息；

3. 证人邱某某（民警）的证言、公安机关出具的查获经过、情况说明、监控光盘，证实本案的案发及被告人许某某到案经过；

4. 身份证复印件、常住人口基本信息、签字字据，证实车内乘客人数及基本身份；

5. 证人孙某某、张某某、宋某某、卓某某的证言，证实牌号沪C×××
×1的大型普通客车进行旅客运输过程中超员载客的事实；

6. 行政处罚决定书，证实被告人许某某曾超员载客并屡次被处罚的事实；

7. 常住人口基本信息，证实被告人许某某的基本身份；

8. 被告人许某某的供述，印证上述犯罪事实。

上述证据来源及收集程序合法，内容客观真实，足以认定指控事实。被告人许某某对基本犯罪事实无异议。

本院认为，被告人许某某违反交通运输管理法规，运输旅客数量严重超过额定乘员，其行为已触犯《中华人民共和国刑法》第一百三十三条之一第一款第三项，犯罪事实清楚，证据确实充分，应当以危险驾驶罪追究其刑事责任。被告人许某某到案后如实供述了犯罪事实，根据《中华人民共和国刑法》第六十七条第三款之规定，可从轻处罚。结合其曾超员载客并屡次被处罚、拒绝配合公安机关检查等情节，建议判处被告人许某某一个月至二个月拘役，并处罚金。根据《中华人民共和国刑事诉讼法》第一百七十二条之规定，提起公诉，请依法判处。

此致

上海市嘉定区人民法院

检察员　汪丽星

检察员　向万斌

二〇一六年三月十一日

附：1. 被告人许某某现羁押于嘉定区看守所。

2. 侦查卷宗二册。

3. 《适用速裁程序建议书》一份。

4. 《具结书》一份。

附：相关法律条文

《中华人民共和国刑法》

第一百三十三条之一第一款　在道路上驾驶机动车，有下列情形之一的，处拘役，并处罚金：

（一）追逐竞驶，情节恶劣的；

（二）醉酒驾驶机动车的；

（三）从事校车业务或旅客运输，严重超过额定乘员载客，或者严重超过规定时速行驶的；

（四）违反危险化学品安全管理规定运输危险化学品，危及公共安全的。

第六十七条第三款 犯罪嫌疑人虽不具有前两款规定的自首情节，但是如实供述自己罪行的，可以从轻处罚；因其如实供述自己罪行，避免特别严重后果发生的，可以减轻处罚。

《中华人民共和国刑事诉讼法》

第一百七十二条 人民检察院认为犯罪嫌疑人的犯罪事实已经查清，证据确实、充分，依法应当追究刑事责任的，应当作出起诉决定，按照审判管辖的规定，向人民法院提起公诉，并将案卷材料、证据移送人民法院。

上海市嘉定区人民法院

刑事判决书

（2016）沪0114刑初474号

公诉机关上海市嘉定区人民检察院。

被告人许某某，男，1978年××月××日出生于江苏省睢宁县，公民身份号码3203241978××××××××，汉族，小学文化，户籍所在地江苏省雎宁县××镇××村××号；2009年10月因载客超过额定乘员20%被上海市公安局嘉定分局罚款人民币1000元；2015年3月因载客超过核定载客人数未达20%被上海市公安局嘉定分局罚款人民币200元；因涉嫌危险驾驶犯罪于2016年2月23日被上海市公安局嘉定分局刑事拘留；现羁押于上海市嘉定区看守所。

辩护人朱某某，上海××律师事务所律师。

上海市嘉定区人民检察院以沪嘉检诉刑诉〔2016〕466号起诉书指控被告人许某某犯危险驾驶罪，于2016年3月15日向本院提起公诉。本院受理后，依法适用简易程序，实行合议庭审判，公开开庭审理了本案。上海市嘉定区人民检察院检察员金晓东、汪丽星，被告人许某某及其辩护人朱某某到庭参加诉讼。现已审理终结。

经审理查明，2016年2月23日8时许，被告人许某某驾驶号牌号码为沪C××××1的非营运大型普通客车满载乘客欲至上海市嘉定区××站。途中，被告人又两次停车载客。当日14时45分许，被告人驾车行驶至G15沈海高速朱桥检查站汇源路下匝道，被民警拦截检查，许某某拒绝配合，后被迫接受检查。经检查，该客车核定载人数为49人，被告人驾驶该客车实际载人数为66人。被告人到案后如实供述了犯罪事实。

上述事实，被告人许某某在开庭审理过程中亦无异议，且有证人邱某某、孙某某、张某某、宋某某、卓某某的证言，公安机关制作的查获经过、情况说明、照片，相关的执法录像、车辆信息、行驶证、驾驶证信息、乘客身份证信息及自述、行政处罚决定书，被告人的户籍资料及供述等证据证实，足以认定。

本院认为，被告人许某某曾两次因驾驶公路客运车辆载客超过核定人数被行政处罚，又违反交通运输管理法规，驾驶非法营运客车从事旅客运输且严重超过额定乘员载客，在高速公路上驾驶，遇公安人员检查时拒绝配合，其行为已构成危险驾驶罪。控辩双方关于许某某能如实供述，可以从轻处罚的意见，合法有据，本院予以采纳。依照《中华人民共和国刑法》第一百三十三条之一第一款第（三）项、第六十七条第三款、第五十三条之规定，判决如下：

被告人许某某犯危险驾驶罪，判处拘役二个月，罚金人民币二千元。

（刑期从判决执行之日起计算。判决执行以前先行羁押的，羁押一日折抵刑期一日，即自2016年2月23日起至2016年4月22日止。）

（罚金应于判决生效之日起十日内缴纳。）

如不服本判决，可在接到判决书的第二日起十日内，通过本院或者直接向上海市第二中级人民法院提出上诉。书面上诉的，应当提交上诉状正本一份、副本两份。

审 判 长 郑义嘉
审 判 员 唐 斌
人民陪审员 宗小时
二〇一六年三月二十五日
书 记 员 朱 俊

附：相关法律条文

《中华人民共和国刑法》

第一百三十三条之一 在道路上驾驶机动车，有下列情形之一的，处拘役，并处罚金：

……

（三）从事校车业务或者旅客运输，严重超过额定乘员载客，或者严重超过规定时速行驶的；

第六十七条第三款 犯罪嫌疑人虽不具有前两款规定的自首情节，但是如实供述自己罪行的，可以从轻处罚；因其如实供述自己罪行，避免特别严重后果发生的，可以减轻处罚。

第五十三条 罚金在判决指定的期限内一次或者分期缴纳。期满不缴纳的，强制缴纳。对于不能全部缴纳罚金的，人民法院在任何时候发现被执行人有可以执行的财产，应当随时追缴。

由于遭遇不能抗拒的灾祸等原因缴纳确实有困难的，经人民法院裁定，可以延期缴纳、酌情减少或者免除。

应当全面、准确认定危险物品肇事罪的危害后果

——刘某甲等人危险物品肇事案

【案例要旨】

危险物品肇事罪是危害公共安全的犯罪，认定此类犯罪的危害后果时，应当根据其侵害法益准确把握行为的社会危害性，综合犯罪行为对社会秩序、人身、财产等多方面的损害情况，进行全面评判。

【案情简要】

被告人奚某某通过中间人将属于危险物品的500吨碳九混合物销售给被告人汪某某，二人在明知金张公路民用码头不具备装卸危险物品条件的情况下仍约定在此交割。2013年1月10日，被告人汪某某雇用被告人刘某甲、杜某某、刘某丙三人驾驶船只停靠于金张公路民用码头，被告人奚某某则委托他人将500吨碳九混合物运至该码头。在装卸过程中，由于被告人刘某甲、杜某某、刘某丙未认真对船舱阀门的封闭性进行检查，致使约52.48吨碳九从船舱总阀、海底阀处泄漏至码头所在的金山区朱泾镇掘石港河道内，导致掘石港及下游黄浦江河道内水质污染，金山区、松江区取水口自来水原水不达标，松江区部分区域被迫停止供水43小时，奉贤区、闵行区取水口也受到影响，造成金山区、松江区经济损失计人民币4885751元。同时，泄漏的碳九造成金山区朱泾镇等地区的空气及饮用水源的严重污染，46名居民因身体不适入院治疗。

2013年7月1日，金山区人民检察院以危险物品肇事罪并认定“后果特别严重”对被告人刘某甲等人提起公诉，同年10月9日，金山区人民法院支持检察机关的指控意见，分别判处被告人汪某某有期徒刑5年，判处被告人刘某甲有期徒刑4年，判处被告人刘某乙有期徒刑3年6个月，判处被告人奚某某有期徒刑3年，判处被告人杜某某有期徒刑3年，缓刑4年，判处被告人刘某丙有期徒刑2年，缓刑3年。

【典型意义】

刘某甲等人危险物品肇事案是一起影响较大的水污染事故案件。本案焦点在于，司法解释未明确危险物品肇事罪中后果特别严重的具体情形时，检察机关指控是否具有相应依据。根据刑法规定，危险物品肇事罪是危害公共安全的犯罪，危害不特定多数人的生命健康、财产安全及生活安宁，虽然最高人民检察院、公安部《关于公安机关管辖的刑事案件立案追诉标准的规定（一）》规定造成直接经济损失 50 万元以上的应予立案追诉，但检察机关在认定危害公共类犯罪的后果时，应当根据侵害法益的性质，综合把握事故对于社会秩序、人身、财产等多方面的影响，准确研判犯罪行为的社会危害性，既不能因为无相应司法解释而怠于司法，简单根据有利于被告人的原则进行就低认定，也不能仅仅根据造成的财产损失数额机械地套用追诉标准。

被告人刘某甲等人违反危险物品管理规定，在不具有危险货物港口作业资质的普通货物码头运输装卸危险物品，发生重大事故，构成危险物品肇事罪，并应当认定为后果特别严重。首先，本案犯罪后果波及范围广，严重影响人民群众生活。事故造成较大范围的空气、水体污染，松江区部分区域被迫停止供水，奉贤区、闵行区取水口受到污染，并引发群众恐慌性抢购桶装水，金山区部分超市出现桶装水供应短缺，造成恶劣社会影响。其次，事故造成的空气及饮用水源污染直接危及周边居民的生命安全和身体健康，已经有 46 名居民因闻到异味或饮用水后引发身体不适而就医治疗。最后，事故还造成金山、松江等区启动应急处置机制，紧急投放应急处置物资，动员社会力量，采取必要措施减少事故造成的损害，造成经济损失共计人民币 480 余万元。

上海市金山区人民检察院
起 诉 书

沪金检刑诉〔2013〕495 号

被告人刘某甲，男，1990 年××月××日生，公民身份号码：3622021990××××××××，汉族，初中文化，船员，住江西省丰城市××镇××村××组××号。2013 年 1 月 11 日，因涉嫌危险物品肇事罪由上海市公安局金山分局刑事拘留，2013 年 1 月 14 日延长刑事拘留期限至三十天，2013 年 1 月 22 日经本院批准，同日由上海市公安局金山分局执行逮捕，2013 年 3 月 20 日经上海市人民检察院第一分院批准延长侦查期限一个月。

被告人刘某乙，曾用名刘某戊，男，1956 年××月××日生，公民身份号码：3102281956××××××××，汉族，小学文化，系上海市××号码头（以下简称××金张公路码头）承包经营人，住上海市金山区××镇××村××号××室。2013 年 1 月 13 日，因涉嫌危险物品肇事罪由上海市公安局金山分局刑事拘留，2013 年 1 月 16 日延长刑事拘留期限至三十天，2013 年 1 月 22 日经本院批准，同日由上海市公安局金山分局执行逮捕，2013 年 3 月 20 日经上海市人民检察院第一分院批准延长侦查期限一个月。

被告人汪某某，男，1964 年××月××日生，公民身份号码：3201231964××××××××，汉族，初中文化，系南京××化工有限公司（以下简称南京××公司）法定代表人兼负责人，户籍在江苏省南京市六合区××街道××村××庄××号，住江苏省南京市大场区××栋××室。2010 年 10 月 19 日，因赌博行为被江苏省南京市公安局六合分局罚款人民币一百元。2013 年 1 月 15 日，因涉嫌危险物品肇事罪由上海市公安局金山分局刑事拘留，2013 年 1 月 18 日延长刑事拘留期限至三十天，2013 年 1 月 22 日经本院批准，同日由上海市公安局金山分局执行逮捕，2013 年 3 月 20 日经上海市人民检察院第一分院批准延长侦查期限一个月。

被告人奚某某，男，1962 年××月××日生，公民身份号码：3101121962××××××××，汉族，初中文化，系上海××化工有限公司（以下简称上海××公司）副总经理，户籍在上海市闵行区××路××弄××

号××室，住上海市金山区××村××号××室。2013年1月11日，因涉嫌危险物品肇事罪由上海市公安局金山分局刑事拘留，2013年1月14日延长刑事拘留期限至三十天，2013年1月22日经本院批准，同日由上海市公安局金山分局执行逮捕，2013年3月20日经上海市人民检察院第一分院批准延长侦查期限一个月。

被告人杜某某，男，1964年××月××日生，公民身份号码：3622021964×××××××××，汉族，小学文化，船员，住江西省丰城市××街道××号。2013年1月11日，因涉嫌危险物品肇事罪由上海市公安局金山分局刑事拘留，2013年1月14日延长刑事拘留期限至三十天，2013年1月22日经本院批准，同日由上海市公安局金山分局执行逮捕，2013年3月20日经上海市人民检察院第一分院批准延长侦查期限一个月。

被告人刘某丙，男，1994年××月××日生，公民身份号码：3622021994×××××××××，汉族，高中文化，船员，住江西省丰城市××镇××村××组××号。2013年1月11日，因涉嫌危险物品肇事罪由上海市公安局金山分局刑事拘留，2013年1月14日延长刑事拘留期限至三十天，2013年1月22日经本院批准，同日由上海市公安局金山分局执行逮捕，2013年3月20日经上海市人民检察院第一分院批准延长侦查期限一个月。

本案由上海市公安局金山分局侦查终结，以被告人刘某甲、刘某乙、汪某某、奚某某、杜某某、刘某丙涉嫌危险物品肇事罪，于2013年4月19日移送本院审查起诉。本院受理后，于三日内告知各被告人有权委托辩护人，依法讯问了被告人，审查了全部案件材料。经审查，本院于2013年5月30日退回补充侦查，同年6月15日，上海市公安局金山分局补充侦查终结移送审查起诉。

经依法审查查明：

上海××公司2008年成立后，通过从上海××石油化工有限责任公司或上海××股份有限公司购进裂解碳九作为原料，经蒸馏取得甲基环戊二烯、二聚环戊二烯销售营利，剩余部分称为抽余碳九。由于公司经营不景气，被告人奚某某遂通过转售购进裂解碳九与抽余碳九混合物的方式赚取差价。

2012年12月21日，被告人奚某某和宁波市××燃料有限公司（以下简称宁波××公司）业务员章某某签订购销合同，上海××公司以每吨人民币5780元的价格向宁波××公司销售碳九500吨；宁波××公司即于2012年12月24日与南京××公司签订购销合同，以每吨增加人民币60元的价格向南京××公司销售碳九500吨。合同约定由需方南京××公司派船至交货地金山内河码头接收上海××公司出售的碳九。

被告人汪某某通过被告人刘某乙的介绍与船主刘某丁达成运输协议，由刘某丁驾驶“赣天宜化0003号”船在金张公路码头装卸碳九。后被告人汪某某通过章某某与被告人奚某某达成合意，将交货地点具体确定为金张公路码头。2012年12月29日，船主刘某丁带领船员即被告人刘某甲、杜某某、刘某丙驾驶“赣天宜化0003号”船停靠该码头等待装运碳九，刘某丁因事离开，船只由被告人刘某甲负责。

2013年1月9日，被告人奚某某委托汤某某以每吨运费人民币25元的价格运输碳九。汤某某即联系了上海××物流有限公司的调度员张某乙、上海××有限公司的调度员俞某某安排车辆。同时，被告人奚某某指示生产车间主任陈某乙将抽余碳九按15%左右比例混入从上海××石油化工有限责任公司购买的碳九中，形成涉案碳九。

2013年1月10日上午，张某乙安排了上海××物流有限公司的危险品车“沪××××××”、普通货车“沪××××××”及上海××化工物流股份有限公司危险品车“沪××××××”，俞某某安排了上海××有限公司危险品车“沪××××××”从上海××公司运输涉案碳九，被告人奚某某安排公司人员张某甲随运输车辆至现场监督。到达金张公路码头后，运输车辆与“赣天宜化0003号”船采用塑料软管直接对接的方式装卸涉案碳九。由于被告人刘某甲、杜某某、刘某丙三人在装卸过程中未认真对船舱阀门的封闭性进行检查，致使约52.48吨涉案碳九从船舱总阀、海底阀处泄漏至码头所在的上海市金山区朱泾镇掘石港河道内，导致掘石港及下游黄浦江河道内水质污染，上海市金山区、松江区取水口自来水原水不达标，松江区部分区域被迫停止供水，上海市奉贤区、闵行区取水口也受到影响，造成上海市金山区、松江区经济损失计人民币4885751元。同时，泄漏的涉案碳九造成上海市金山区朱泾镇等地区的空气及饮用水源受到严重污染，46名居民因身体不适入院治疗。

当日晚19时38分许，上海市金山区朱泾镇居民闻到刺鼻恶臭后报警，公安民警经搜寻找到案发地点。被告人刘某甲、杜某某、刘某丙配合公安机关至上海市金山区朱泾镇派出所接受调查，被告人奚某某接公安机关电话后主动投案，被告人汪某某在南京××公司向公安机关投案，被告人刘某乙在家中被公安机关抓获到案。

2013年4月27日，上海市安全生产监督管理局会同有关部门作出调查报告，认定该事故是一起较大船舶水污染事故。

上述事实，有以下证据证明：

1. 上海××石油化工有限责任公司合同申请表、直销框架合同、发货单及该公司提供的化学品安全技术说明书、危险化学品生产单位登记证、登记表、证人吴某甲证言，证实上海××公司向上海××石油化工有限责任公司购买碳九及碳九属性的事实。

2. 上海××公司、宁波××公司、南京××公司工商登记资料、碳九购销合同、发票复印件、证人赖某某证言，证实上海××公司、宁波××公司、南京××公司之间购销碳九的事实。

3. 南京××公司与江西省××有限公司签订的运输合同，船舶签证申请单，危险货物适运申报单，进港船舶收费信息，签证列表，安全管理责任书，证人卢某甲、卢某乙证言，证实南京××公司与江西省××有限公司就涉案碳九达成运输协议的事实。

4. 上海市房地产权证，企业法人营业执照，税务登记证，股权转让协议，港口经营许可证，证人金某某、刘某丁证言，证实金张公路码头系上海××木材有限公司经营的普通货物运输码头，后承包给被告人刘某乙经营管理。

5. 上海市金山区祥发危险品船务储运有限公司码头和金张公路码头视频资料、证人顾某某证言，证实具有危险货物运输资质的码头设施配置以及与普通货物运输码头的区别。

6. 证人陈某某、张某甲、程某某、云某某、王某某、汤某某、张某乙、俞某某、戴某某、黎某某、仇某某、何某某、吴某乙、梁某某证言及上海××物流有限公司、上海××化工物流股份有限公司工商登记资料，证实陈某某按照被告人奚某某要求，将抽余碳九与碳九混合后，由汤某某、张某乙、俞某某联系安排车辆，将涉案碳九从上海××公司运输至金张公路码头的事实。

7. 证人丁某某、蒋某某、吴某丙、周某某证言，证实因接到群众报警，上海市金山区公安消防支队、水上派出所在上海市金山区朱泾地区寻找恶臭发散地，发现“赣天宜化0003号”船周围有大量油渍并确认该船系肇事船舶的事实。

8. 上海市环境科学研究院出具的关于河道污染与化学品泄漏事故关联性分析报告、上海市环境检测中心测试报告、上海市金山区环境监测站污染特征因子比对材料及检测报告、上海市青浦区环境检测站测试报告，证实2013年1月10日“赣天宜化0003号”船泄漏的涉案碳九导致附近空气、掘石港河道及下游水体多种化学物质超标。

9. 上海市“1·10”金山朱泾船舶水污染事件专家组报告、上海××公司发货称重单，证实“赣天宜化0003号”船泄漏涉案碳九的数量，并判定涉案碳九系危险货物。

10. 上海化工研究院检测中心检验报告及对碳九毒性情况说明、上海市化工职业病防治院相关组分危险性分类参考数据来源说明，证实涉案碳九的闭杯闪点及所含组分的毒性。

11. 上海市金山区人民政府提供的关于处置水污染事故相关费用情况的报告、上海市金山区经济委员会出具的材料、上海市松江区泖港镇人民政府提供的水污染事件应急抢险产生费用汇总表、上海市金山区价格认证中心出具的价格鉴定结论书，证实本次水污染事故造成的经济损失等后果。

12. 上海市金山区卫生局提供的本次水污染事件有关医疗救治、接诊统计情况表，证实本次水污染事故导致的人员入院治疗情况。

13. 上海市公安局金山分局出具的案发经过、工作情况及提供的常住人口基本信息表，证实本案案发及六名被告人身份情况、到案经过。

上述证据收集程序合法，内容客观真实，足以认定指控事实。

本院认为，被告人刘某甲、刘某乙、汪某某、奚某某、杜某某、刘某丙违反危险物品管理规定，在运输装卸危险物品过程中发生重大事故，造成特别严重后果，其行为均已触犯《中华人民共和国刑法》第一百三十六条，犯罪事实清楚，证据确实、充分，应当以危险物品肇事罪追究刑事责任。被告人刘某甲、杜某某、刘某丙仅因形迹可疑被公安机关盘问后，主动交代自己的罪行，按照最高人民法院《关于处理自首和立功具体应用法律若干问题的解释》第一条第（一）项，是自首；被告人汪某某、奚某某案发后自动投案，如实供述自己的罪行，系自首，根据《中华人民共和国刑法》第六十七条第一款，均可以从轻或者减轻处罚。根据《中华人民共和国刑事诉讼法》第一百七十二条的规定，提起公诉，请依法审判。

此致

上海市金山区人民法院

副检察长　卫　磊

检 察 员　刘玉林

二〇一三年七月一日

附：1. 被告人刘某甲、刘某乙、汪某某、奚某某、杜某某、刘某丙现羁押于上海市金山区看守所。

2. 侦查卷宗八册。

附：相关法律条文

《中华人民共和国刑法》

第一百三十六条　违反爆炸性、易燃性、放射性、毒害性、腐蚀性物品的管理规定，在生产、储存、运输、使用中发生重大事故，造成严重后果的，处三年以下有期徒刑或者拘役；后果特别严重的，处三年以上七年以下有期徒刑。

第六十七条第一款 犯罪以后自动投案，如实供述自己的罪行的，是自首。对于自首的犯罪分子，可以从轻或者减轻处罚。其中，犯罪较轻的，可以免除处罚。

最高人民法院《关于处理自首和立功具体应用法律若干问题的解释》

第一条 根据刑法第六十七条第一款的规定，犯罪以后自动投案，如实供述自己的罪行的，是自首。

（一）自动投案，是指犯罪事实或者犯罪嫌疑人未被司法机关发觉，或者虽被发觉，但犯罪嫌疑人尚未受到讯问、未被采取强制措施时，主动、直接向公安机关、人民检察院或者人民法院投案。

犯罪嫌疑人向其所在单位、城乡基层组织或者其他有关负责人员投案的；犯罪嫌疑人因病、伤或者为了减轻犯罪后果，委托他人先代为投案，或者先以信电投案的；罪行未被司法机关发觉，仅因形迹可疑被有关组织或者司法机关盘问、教育后，主动交代自己的罪行的；犯罪后逃跑，在被通缉、追捕过程中，主动投案的；经查实确已准备去投案，或者正在投案途中，被公安机关捕获的，应当视为自动投案。

……

《中华人民共和国刑事诉讼法》

第一百七十二条 人民检察院认为犯罪嫌疑人的犯罪事实已经查清，证据确实、充分，依法应当追究刑事责任的，应当作出起诉决定，按照审判管辖的规定，向人民法院提起公诉，并将案卷材料、证据移送人民法院。

上海市金山区人民法院
刑事判决书

（2013）金刑初字第521号

公诉机关上海市金山区人民检察院。

被告人刘某甲，男。因本案于2013年1月10日被传唤，次日被刑事拘留，同月22日被逮捕。现羁押于上海市金山区看守所。

辩护人赵某某，上海市××律师事务所律师。

被告人刘某乙，曾用名刘某戌，男。因本案于2013年1月13日被刑事拘留，同月22日被逮捕。现羁押于上海市金山区看守所。

辩护人李某，上海××律师事务所律师。

被告人汪某某，男。2010年10月19日因赌博行为被江苏省南京市公安局六合分局处罚款人民币一百元。因本案于2013年1月15日被刑事拘留，同月22日被逮捕。现羁押于上海市金山区看守所。

辩护人张某、陈某某，上海市××律师事务所律师。

被告人奚某某，男。因本案于2013年1月10日被传唤，次日被刑事拘留，同月22日被逮捕。现羁押于上海市金山区看守所。

辩护人翟某、余某某，北京市××律师事务所上海分所律师。

被告人杜某某，男。因本案于2013年1月10日被传唤，次日被刑事拘留，同月22日被逮捕。现羁押于上海市金山区看守所。

辩护人徐某、马某某，上海市××律师事务所律师。

被告人刘某丙，男。因本案于2013年1月10日被传唤，次日被刑事拘留，同月22日被逮捕。现羁押于上海市金山区看守所。

辩护人张某某、胡某某，上海市××律师事务所律师。

上海市金山区人民检察院以沪金检刑诉〔2013〕495号起诉书指控被告人刘某甲、刘某乙、汪某某、奚某某、杜某某、刘某丙犯危险物品肇事罪，于2013年7月1日向本院提起公诉。本院受理后依法组成合议庭，公开开庭审理了本案。上海市金山区人民检察院指派副检察长卫磊、检察员刘玉林出庭支持公诉。被告人刘某甲、刘某乙、汪某某、奚某某、杜某某、刘某丙及相关辩护人赵某某、李某、张某、陈某某、翟某、余某某、徐某、马某某、张某某、胡某某均到庭参加诉讼。本案在审理期间，经上海市第一中级人民法院批准，延长审限一次。本案经报请本院审判委员会讨论决定，现已审理终结。

公诉机关指控：

上海××甲公司于2008年成立后，通过从上海××乙石油化工有限责任公司（以下简称上海××乙公司）或上海××股份有限公司购进裂解碳九作为原料，经蒸馏取得甲基环戊二烯等物后销售营利，剩余部分称为抽余碳九。被告人奚某某在经营上海××甲公司过程中，通过转售裂解碳九与抽余碳九混合物的方式赚取差价。

2012年12月21日，被告人奚某某和宁波市××燃料有限公司（以下简称宁波××公司）签订购销合同，由上海××甲公司以每吨人民币5780元的价格向宁波××公司销售碳九500吨；同月24日，宁波××公司又与南京××公司签订购销合同，以每吨增加人民币60元的价格向南京××公司销售碳九500吨。合同约定由需方南京××公司派船至交货地金山内河码头接收上海××甲公司出售的碳九。

被告人汪某某通过被告人刘某乙的介绍与船主刘某丁达成运输协议，由刘某丁驾驶“赣天宜化0003号”船在金张公路码头装卸碳九。后被告人汪某某通过宁波××公司业务员章某某与被告人奚某某达成合意，将交货地点具体确定为金张公路码头。2012年12月29日，船主刘某丁带领船员即被告人刘某甲、杜某某、刘某丙驾驶“赣天宜化0003号”船停靠该码头等待装运碳九，刘某丁因事离开，船只由被告人刘某甲负责。

2013年1月9日，被告人奚某某委托汤某某以每吨运费人民币25元的价格运输碳九。汤某某即联系了上海××物流有限公司的调度员张某一、上海××物流配送有限公司的调度员俞某某安排车辆。同时，被告人奚某某指示生产车间主任陈某一将抽余碳九按15%左右比例混入从上海××乙公司购买的碳九中，形成涉案碳九。

2013年1月10日上午，张某一安排了上海××物流有限公司的危险品车“沪××××××”、普通货车“沪××××××”及上海××物流股份有限公司危险品车“沪××××××”，俞某某安排了上海××物流配送有限公司危险品车“沪××××××”从上海××甲公司运输涉案碳九，被告人奚某某安排公司人员张某二随运输车辆至现场监督。到达金张公路码头后，运输车辆与“赣天宜化0003号”船采用塑料软管直接对接的方式装卸涉案碳九。由于被告人刘某甲、杜某某、刘某丙三人在装卸过程中未认真对船舱阀门的封闭性进行检查，致使约52.48吨涉案碳九从船舱总阀、海底阀处泄漏至码头所在的本区朱泾镇掘石港河道内，导致掘石港及下游黄浦江河道内水质污染，本区、松江区取水口自来水原水不达标，松江区部分区域被迫停止供水，奉贤区、闵行区取水口也受到影响，造成本区、松江区经济损失计人民币4885751元。同时，泄漏的涉案碳九造成本区朱泾镇等地区的空气及饮用水源受到严重污染，46名居民因身体不适入院治疗。

2013年4月27日，上海市安全生产监督管理局会同有关部门作出调查报告，认定该事故是一起较大船舶水污染事故。

为证实上述事实，公诉机关指派的公诉人当庭宣读并出示了证人吴某、赖某等24名证人的证言，上海市环境科学研究院，上海市环境检测中心，上海市金山区环境监测站，上海市青浦区环境检测站出具的相关测试报告、分析报告，上海化工研究院检测中心出具的相关检验报告、情况说明，上海市化工职业病防治院出具的相关组分危险性分类参考数据来源说明，上海市“1·10”金山朱泾船舶水污染事故调查组出具的专家组报告，上海市金山区人民政府提供的关于处置水污染事故相关费用情况报告，上海市松江区泖港镇人民政府提供的水污染事件应急抢险产生费用汇总表，上海市金山区价格认证中心出具的价格鉴定意见书，上海××甲公司发货称重单，上海市金山区卫生局提供的相关医疗救治、接诊统计情况表，上海××乙公司提供的合同申请表、碳九化学品安全技术说明书，直销框架合同、发货单，相关公司提供的碳九购销合同、发票复印件，运输合同，海事部门提供的船舶签证申请单、危险货物适运申报单、进港船舶收费信息、签证列表，公安机关调取的涉案单位房地产权证、工商材料、税务登记证、股权转让协议、港口经营许可证复印件，公安机关制作的上海市金山区祥发危险品船务储运有限公司码头（即金山区内河码头）和金张公路码头相关视频资料及出具的案发经过、工作情况、常住人口基本信息表等证据材料，并当庭讯问了各被告人。从而认定六被告人的行为均已构成危险物品肇事罪，并造成特别严重后果，被告人刘某甲、汪某某、奚某某、杜某某、刘某丙均具有自首情节，可以从轻或减轻处罚。提请本院依法审判。

被告人刘某甲、汪某某、奚某某、杜某某、刘某丙对指控事实及罪名均无异议，当庭表示认罪服法，请求从轻判处。

被告人刘某乙否认指控事实，对指控罪名表示不认可，辩称其主观上不明知在码头上运输装卸涉案碳九，并认为有自首情节。

被告人刘某甲、汪某某、杜某某、刘某丙的辩护人对指控罪名及事实均表示无异议。

被告人刘某甲的辩护人认为：本案系过失犯罪，有偶然性，且政府主管部门存在过失。被告人刘某甲系自首，认罪态度良好，建议从轻或减轻处罚并判处缓刑。另外，涉案肇事船舶系刘某甲家庭举债所购，是全家生活来源，请求法院处理时予以考虑。

被告人汪某某的辩护人认为：本案由多种过失行为所致，被告人汪某某的行为仅是导致事故发生诸多原因之一，其主观过失程度较轻，应承担较轻的刑事责任，对其处罚应当减轻；案发地码头多次进行违法装运危化品，海事部门疏于管理，存在过错。造成本案后果的主要原因是船的阀门未关紧，汪某某对危害结果发生的原因微小，不具有直接关系，对其量刑应轻于三船员；汪某某系自首，认罪态度较好，建议对其判处缓刑或免处。同时，被告人汪某某的辩护人当庭举证宣读证人盛某某的证言。

被告人杜某某的辩护人认为：被告人杜某某不是肇事船舶负责人，在事故中未起直接、主要作用，事故发生有一定偶然性；杜某某无前科劣迹，并系自首，认罪态度较好。建议从轻或减轻处罚并适用缓刑。

被告人刘某丙的辩护人认为：被告人刘某丙在船上工作不足半年，无专业知识，未尽检查义务的过失程度最低，且年仅十九岁。建议从轻或减轻处罚并适用缓刑。

被告人刘某乙的辩护人对指控罪名表示无异议，同时认为：被告人刘某乙误以为装卸的是沥青，对本案发生不明知，主观上不愿意出现安全事故，是间接责任，责任较轻；同时，刘某乙于案发当日去派出所，因民警无暇接待而自行回家，后在接受公安机关询问时如实供述，应认定为自首。故建议对被告人刘某乙从轻或减轻处罚并适用缓刑。

被告人奚某某的辩护人对公诉机关指控的事实无异议，认为本案确实构成犯罪，但认为：本案涉案碳九确定为危险物品或危险货物的证据不充分、不全面，证据关联性不足；检测中前后所使用的检材透明度存在差异，检测中心出具的说明客观性较弱；专家组报告不宜作为证据使用；被告人奚某某委托具有道路危险物品运输资质的承运人承运物品，已尽到注意义务，主观上不存在过失；肇事的直接原因是船舱阀门未关紧导致泄漏，奚某某的行为与水污染事故没有刑法上的因果关系。

经审理查明：

2012年12月21日，被告人奚某某与宁波××公司业务员章某某签订购销合同，约定上海××甲公司以每吨人民币5780元的价格向宁波××公司销售裂解碳九500吨；宁波××公司于同月24日与南京××公司签订购销合同，将该批货物以每吨增加人民币60元的价格转售给南京××公司。合同约定由需方南京××公司派船至交货地金山内河码头（又称祥发码头，具备危险货物港口作业资质）接收上海××甲公司出售的裂解碳九。为履行合同，同年

12月底及2013年1月初，上海××甲公司分批从上海××乙公司购进裂解碳九500余吨，被告人奚某某指示生产车间主任陈某一在所购碳九中按15%左右比例掺入抽余碳九，形成涉案碳九，并以此销售给下家。

被告人汪某某为接收上述所购碳九，经与被告人刘某乙联系，通过被告人刘某乙介绍与船主刘某丁达成运输协议，由刘某丁所驾驶的“赣天宜化0003号”船（挂靠于江西省天宜航运有限公司，具有《内河船舶散装运输危险化学品适装证书》）负责运输涉案碳九。

被告人汪某某为图装卸方便，在明知危险货物不得在无危险货物港口作业资质的港口进行作业，仍违规将该批货物装卸地点确定在不具备危险货物港口作业资质、无任何危险货物作业设施的金张公路码头。被告人奚某某也明知交货地点不具备危险货物港口作业资质，仍与章某某、汪某某达成一致合意，同意将交货地点调整至金张公路码头。被告人刘某乙为牟利，明知自己所经营的码头只是普通货物装卸码头，不具备危险货物港口作业资质，仍同意在该码头上进行涉案碳九的货物交接。

2012年12月29日，船主刘某丁带领船员即被告人刘某甲、杜某某、刘某丙驾驶“赣天宜化0003号”船停靠金张公路码头等待装运碳九，同日，刘某丁因事离开，船只由被告人刘某甲负责。

2013年1月9日，被告人奚某某委托汤某某以每吨运费人民币25元的价格运输涉案碳九。汤某某即联系了上海××物流有限公司的调度员张某、上海××物流配送有限公司的业务员俞某某安排车辆。

2013年1月10日上午，张某乙安排了上海××物流有限公司的危险品车“沪××××××”、普通货车“沪××××××”及上海××物流股份有限公司危险品车“沪××××××”，俞某某安排了上海××物流配送有限公司危险品车“沪××××××”，共同为上海××甲公司运输涉案碳九。被告人奚某某安排公司人员张某甲随运输车辆至现场监督。到达金张公路码头后，运输车辆与“赣天宜化0003号”船违规采用塑料软管直接对接的方式装卸涉案碳九，即由船员负责启动船舶上的普通真空泵，将真空泵一端软管接入船舶液货储存仓，另一端软管沿岸线边的水泥平台，由驾驶员接入运输车辆卸料口，以此将涉案碳九进行卸驳。由于被告人刘某甲、杜某某、刘某丙三人未认真对船舱阀门的封闭性进行检查，因疏忽大意未关闭6个舱各自联通进出料总管的船底阀门，未关闭进出料总管的截止阀和通往海底水仓的管道球阀，未彻底关闭海底阀（截止阀），在装卸过程中约有52.48吨涉案碳九从船体中泄漏至码头所在的本区朱泾镇掘石港河道内。由于装卸码头无任何防护设施配置，导致掘石港及下游黄浦江河道内水质受污染，本区及本市松江区取水口自来水原水不达标，其中松江区部分区域被迫停止供水，本市奉贤区、闵行区取水口也受到不同程度影响，造成经济损失计人民币4885751元。同时，泄漏的涉案碳九造成本区朱泾镇等地区的空气及饮用水源受到严重污染，46名居民因身体不适在医院治疗。

当晚19时38分许，本区朱泾镇居民闻到刺鼻恶臭后报警，公安民警经搜寻找到案发地点。事发当晚，被告人刘某甲、杜某某、刘某丙配合公安机关至本区朱泾镇派出所接受调查，被告人奚某某接公安机关电话后自动投案。2013年1月13日，被告人刘某乙被公安机关抓获；同月15日，被告人汪某某在江苏省南京市向公安机关自动投案。被告人刘某甲、汪某某、奚某某、杜某某、刘某丙到案后均主动、如实供述了上述事实。

经上海化工研究院检测中心对涉案碳九取样检验，结论为涉案碳九符合易燃液体特征，并含有毒性组分。案发后，上海市安全生产监督管理局会同市有关部门及金山区人民政府组成“1·10”水污染事故调查组进行调查，认定该事故是一起较大船舶水污染事故，同时事故调查专家组判定，涉案碳九属于危险货物。

上述认定事实，有以下证据所证实：

第一部分：证明涉案碳九来源及购销情况的证据。

（1）上海××乙公司合同申请表、直销框架合同、发货单，证实该公司与上海××甲公司签订的碳九购销合同及向其发货的事实。

（2）危险化学品生产单位登记证、登记表，证实上海××乙公司获得危险化学品生产单位登记证，碳九是该公司主要产品之一。

（3）证人吴某证言，证实其系上海××乙公司产品经理，负责公司芳烃产品的销售，在2010年初，奚某某与上海××乙公司签订购买碳九原材料的相关合同，每年卖给上海××甲公司1500吨左右的碳九原材料，一直到2013年1月9日。

（4）上海××甲公司、宁波××公司、南京××公司工商登记资料，证实上述公司登记的情况。

（5）碳九购销合同、发票复印件，证实上海××甲公司向宁波××公司出售碳九，宁波××公司向南京××公司出售碳九，两份合同的第三条均约定交货地点是金山内河码头，合同的第四条约定了运输方式及到达站（港）运费负担：供方承担上海石化罐区至内河码头的运输及运输费用（包括装船及码头港杂费用）；需方派船并经供方验仓合格方能装船，船舶运输费用由需方承担。

（6）证人赖某证言，证实其系宁波××公司法定代表人，其公司向上海

××甲公司购买碳九，后转手加价销售给南京××公司的事实。

第二部分：证明违规确定装卸港口及肇事的证据。

（7）南京××公司与江西省天宜航运有限公司签订的运输合同，证实双方就碳九运输签订了协议。协议约定由江西省天宜航运有限公司提供“赣天宜化0003号”船承运南京××公司的碳九720吨，运费为每吨人民币100元。

（8）船舶签证申请单、危险货物适运申报单、进港船舶收费信息、签证列表，证实“赣天宜化0003号”船进入本区内河，并向上海市金山区地方海事处申报了货物名称为碳九的情况。

（9）证人卢某证言、安全管理责任书，证实卢某系江西省天宜航运有限公司总经理，“赣天宜化0003号”船是由刘某丁个体承包经营挂靠，并与该公司签订了安全管理责任书。

（10）上海市房地产权证、企业法人营业执照、税务登记证、股权转让协议、港口经营许可证、证人金某、刘某东证言，证实金张公路码头系上海金山木材有限公司经营的普通货物运输码头，于2009年转让给刘某东，后刘某东于2011年5月前后将该码头租借给被告人刘某乙经营管理。该码头核定经营范围为“在港区范围内从事普通货物装卸、仓储业务”，不具备危险货物港口作业资质。

（11）上海市金山区祥发危险品船务储运有限公司码头（即金山区内河码头）和金张公路码头视频资料、证人顾某证言，证实具有危险货物运输资质的码头设施配置与普通货物运输码头存在区别，金张公路码头无危险货物港口作业设施配置。

（12）上海××物流有限公司、上海××物流股份有限公司工商登记资料，证实两公司均系具有危险货物运输资质。

（13）证人程某等人证言，证实被告人奚某某指示生产车间主任陈某一将抽余碳九按15%左右比例混入从上海××乙公司购买的裂解碳九中，形成涉案碳九。

（14）证人汤某某等人证言，证实2013年1月9日，被告人奚某某委托汤某某以每吨运费人民币25元的价格运输碳九。汤某某即联系了上海××物流有限公司的调度员张某、上海××物流配送有限公司的业务员俞某某安排车辆。2013年1月10日上午，张某安排了上海××物流有限公司的危险品车“沪××××××”、普通货车“沪××××××”及上海××物流股份有限公司危险品车“沪××××××”，俞某某安排了上海××物流配送有限公司危险品车“沪××××××”，共同从上海××甲公司运输涉案碳九，被告人奚某某安排公司人员张某二随运输车辆至现场监督。到达金张公路码头后，运输车辆与“赣天宜化0003号”船采用塑料软管直接对接的方式装卸涉案碳九。

（15）证人丁某等人证言，证实因接到群众报警，上海市金山区公安消防支队、金山公安分局水上派出所在本区朱泾地区寻找恶臭发散地，发现“赣天宜化0003号”船周围有大量油渍并确认该船系肇事船舶的事实。

（16）上海市环境科学研究院出具的关于河道污染与化学品泄漏事故关联性分析报告、上海市环境检测中心测试报告、上海市金山区环境监测站污染特征因子比对材料及检测报告、上海市青浦区环境检测站测试报告，证实2013年1月10日“赣天宜化0003号”船泄漏的涉案碳九导致附近空气污染、掘石港河道及下游水体多种化学物质超标。

第三部分：证明涉案碳九属性的证据。

（17）上海化工研究院检测中心关于金山“1·10”水污染事件事故调查委托样品毒性情况说明、上海市化工职业病防治院出具的相关组分危险性分类参考数据来源说明，证明调取的涉案样品主要含有甲基苯乙烯、3－甲基－3－戊烯－1－炔、甲苯、1，3，5，7－环辛四烯、1－苯基－2－丁烯、1，2－二氢萘、甘菊篮、茚等。另外样品中可能还会含有苯乙烯、对乙基甲苯、间乙基甲苯、正丙苯、异丙苯、邻乙基甲苯、双环戊二烯等，通过查阅相关文献资料，给出了部分组分的毒性数据，并说明了上述组分均未列入《危险化学品名录（2002年版）》毒害品的类项。

（18）上海××乙公司碳九化学品安全技术说明书，证实：碳九属于易燃液体，具有麻醉和刺激作用，接触高浓度本品蒸汽有麻醉和刺激作用，引起眼鼻喉和肺刺激，头痛、头晕等中枢神经和上呼吸道刺激症状。有可能引起肺肾损害。长期反复接触可致皮肤损害。环境污染主要体现在饮用水和大气中。易燃。遇明火、高热或与氧化剂接触能引起燃烧和爆炸。

（19）上海市安全生产监督管理局出具的委托函及上海化工研究院检测中心出具的检验报告及说明，证实涉案碳九的闭杯闪点是50.5度并能持续燃烧，符合易燃液体特征。

（20）上海市“1·10”金山朱泾船舶水污染事件专家组报告、上海××甲公司发货称重单，证实案发后，“赣天宜化0003号”船泄漏涉案碳九的数量是52.48吨，并判定涉案碳九系危险货物。

第四部分：证明造成经济损失等后果的证据。

（21）上海市金山区人民政府提供的关于处置水污染事故相关费用情况的报告、上海市松江区泖港镇人民政府提供的水污染事件应急抢险产生费用汇总表、上海市金山区价格认证中心出具的价格鉴定结论书，证实本次水污染事故造成经济损失共计人民币4885751元。

(22) 上海市金山区卫生局提供的本次水污染事件有关医疗救治、接诊统计情况表，证实本次水污染事故导致46人入院治疗。

第五部分：证明被告人刘某乙主观明知情况的证据。

(23) 同案犯刘某甲的当庭供述，证实被告人刘某乙对在其经营的码头上运输装卸涉案碳九事先知晓，这批货物是汪某某通过刘某乙的介绍才联系上刘某甲等人。当船停靠码头后，刘某甲等人电话联系刘某乙，刘也曾来过码头几次，案发当日，刘某乙曾来码头并告知货物马上要装过来了。此前曾多次在该码头运输装卸碳九，每次均与刘某乙联系。

(24) 同案犯汪某某的当庭供述，证实刘某甲的船舶系被告人刘某乙介绍过来，刘某乙明确知道装卸货物为碳九，约定码头使用费为每吨人民币10元。

(25) 同案犯刘某丙的当庭供述，证实案发当日，被告人刘某乙曾到码头现场落实用泵事宜。

(26) 证人盛某的证言，证实其所在公司上海××化工有限公司与南京××公司有购销业务往来，2013年1月8日，根据南京××公司指定要求将600吨碳九通过物流公司在金张公路码头卸驳。该证人还证实，最近两三年内，所在公司一直根据客户要求在该码头卸驳碳九，每年达数几千吨，刘某乙对此明知。

第六部分：证明案发经过、各被告人到案经过和身份信息的证据。

(27) 上海市公安局金山分局出具的案发经过、工作情况及常住人口基本信息表，证实各被告人到案情况及身份情况。其中被告人刘某乙于2013年1月13日在本区朱泾镇被公安民警抓获到案。

上述证据均经庭审质证，程序合法，内容真实，各证据间能互相印证，形成严密证据链，本院予以确认。

根据上述确认的证据，本院对控辩双方争议焦点评判如下：

1. 关于涉案碳九的属性。本院认为，上海化工研究院检测中心检测报告涉及的检材均取自同一批样品，检材来源、取得、保管、送检均符合法律及有关规定，且检材充足可靠，经检验结论为涉案碳九的闭杯闪点是50.5度并能持续燃烧，符合易燃液体特征，该检验结果能与本案其他证据，如××乙公司说明书、肇事危害后果证据等互相印证，具有证明效力，本院予以认定并采纳。根据上述检验报告，按照《中华人民共和国国家标准危险货物分类和品名编号》相关规定，本案涉案碳九属危险货物。同时，被告人汪某某、奚某某在货物运输中分别委托了具有危险货物运输资质的车辆船舶进行运输的行为，进一步印证了涉案碳九的属性及二被告人对此的主观明知程度。综上，对于被告人奚某某辩护人提出的关于此节的辩护意见不予采纳。

2. 关于事故调查组专家组报告的证据效力。本院认为，事故调查组专家组属“1·10”水污染事故调查组下辖小组，人员由市交通运输和港口管理局选派组成，专家组的职责是为调查提供技术论证和指导，提出技术分析鉴定和检验检测建议，提出专家组书面意见等。专家组报告系根据调查的事实和有关法律法规作出，并能与其他证据互相印证，具有客观性，应当作为证据予以采纳。综上，对于被告人奚某某辩护人提出的关于此节的辩护意见不予采纳。

3. 关于被告人奚某某在本案中的过失程度。本院认为，合同履行涉及的运输环节，包含了货物的交接、装卸内容，对此，合同双方均有义务遵守相关危险货物作业规定，确保货物安全交接。本案事故发生的直接原因是船体泄漏，但造成的后果实际由多方过失共同造成。被告人奚某某在明知金张公路码头不具有危险货物港口作业资质的情况下，仍同意汪某某的提议，将涉案碳九交接地调整至该码头进行卸驳，违反了《港口危险货物管理规定》所规定的义务，存在过失，应当承担相应责任。对于被告人奚某某辩护人提出的关于此节的辩护意见，本院不予采纳。

4. 关于被告人汪某某承担相应刑事责任的情况。本院认为，本案事故的发生及后果的造成，主要原因是货物供需双方违规选择了一个无危险货物港口作业资质的码头运输装卸涉案碳九，而这其中，被告人汪某某起主导作用，其在合同已明确约定交货地点为金山内河码头的情况下，变更选择金张公路码头作为货物交接地，并指定承运船舶前往该码头进行涉案碳九的装卸操作，导致事故发生和损害后果的扩大，故被告人汪某某不应承担较轻刑事责任，对于被告人汪某某辩护人提出的关于此节的辩护意见，本院不予采纳。

5. 关于被告人刘某乙的主观明知情况。本院认为，同案犯刘某甲、汪某某、刘某丙均指证了被告人刘某乙对于装卸涉案碳九的主观明知性，证据充分。同时，从案发前，被告人刘某乙的多种行为来看，其多次与船舶方联系的内容应当包括装卸货物的名称，落实用泵事宜，当然知晓该泵的用途，由此能认定被告人刘某乙对装卸物的主观明知性。船舶方在向本区海事部门申报中明确货物为碳九，对此，被告人刘某乙作为码头经营人主观上应知晓。被告人刘某乙称误以为装卸沥青的辩解，有悖常理，且与查明的事实不符，故对于被告人刘某乙及辩护人关于此节的辩解、辩护意见，本院不予采纳。

6. 关于被告人刘某乙是否具有自首情节。根据法律规定，犯罪分子在犯罪后自动投案，并如实供述自己罪行的，是自首。本案中被告人刘某乙系公安机关抓获到案，不存在自动投案的情形，同时其到案后对于犯罪事实的交代避重就轻、掩盖真相并推诿罪责，未能作如实交代，不符合自首成立条件，故对于被告人刘某乙及辩护人关于此节的辩解、辩护意见，本院不予采纳。

综上，本院认为，涉案碳九为易燃液体，并具有毒性，属于危险货物，从事货物运输交接的各方均应严格遵守规程进行操作。被告人刘某甲、刘某丙、杜某某未按规定进行危险货物装运作业；被告人刘某乙经营不具有危险货物港口作业资质的港口而准许进行危险货物卸驳作业；被告人汪某某、奚某某违反国家有关危险货物运输管理规定，擅自确定在不具备危险货物港口作业资质的港口进行运输装卸危险货物。上述六被告人的行为均违反了我国《港口危险货物管理规定》的相关规定，对本案事故的发生在主观上存在过失，与本案事故的发生及后果的造成，存在因果关系，故应根据各自过失大小，承担相应刑事责任。

本院认为，被告人刘某甲、刘某乙、汪某某、奚某某、杜某某、刘某丙违反危险物品管理规定，在不具有危险货物港口作业资质的普通货物码头运输装卸危险物品涉案碳九，发生重大事故，并造成经济损失达人民币4885751元，致周边空气、水体受到污染，46名居民就医治疗，六被告人的行为均已构成危险物品肇事罪，且属后果特别严重。公诉机关的指控，事实清楚，证据确实充分，应予支持。被告人刘某甲、杜某某、刘某丙仅因形迹可疑被公安机关盘问后，主动、如实交代自己的罪行，系自首；被告人汪某某、奚某某于案发后自动投案，如实供述自己的罪行，系自首，均可以从轻或减轻处罚。综合本案六名被告人各自犯罪情节、过失责任大小、危害后果及认罪、悔罪表现等，决定对刘某甲、汪某某、奚某某、杜某某分别予以从轻处罚，对被告人刘某丙予以减轻处罚。被告人杜某某、刘某丙犯罪情节较轻，并有悔罪表现，均可以适用缓刑。依据《中华人民共和国刑法》第一百三十六条，第六十七条第一款、第七十二条第一款以及最高人民法院《关于处理自首和立功具体应用法律若干问题的解释》第一条之规定，判决如下：

一、被告人汪某某犯危险物品肇事罪，判处有期徒刑五年。

（刑期自判决执行之日起计算，判决执行前先行羁押的，羁押一日折抵刑期一日，即自2013年1月15日起至2018年1月14日止。）

二、被告人刘某甲犯危险物品肇事罪，判处有期徒刑四年。

（刑期自判决执行之日起计算，判决执行前先行羁押的，羁押一日折抵刑期一日，即自2013年1月10日起至2017年1月9日止。）

三、被告人刘某乙犯危险物品肇事罪，判处有期徒刑三年六个月。

（刑期自判决执行之日起计算，判决执行前先行羁押的，羁押一日折抵刑期一日，即自2013年1月13日起至2016年7月12日止。）

四、被告人奚某某犯危险物品肇事罪，判处有期徒刑三年。

（刑期自判决执行之日起计算，判决执行前先行羁押的，羁押一日折抵刑期一日，即自2013年1月10日起至2016年1月9日止。）

五、被告人杜某某犯危险物品肇事罪，判处有期徒刑三年，缓刑四年。

六、被告人刘某丙犯危险物品肇事罪，判处有期徒刑二年，缓刑三年。

杜某某、刘某丙回到社区后，应当遵守法律、法规，服从监督管理，接受教育，完成公益劳动，做一名有益社会的公民。

（上述二名被告人的缓刑考验期限均自判决确定之日起计算。）

如不服本判决，可在接到判决书的第二日起十日内，通过本院或者直接向上海市第一中级人民法院提出上诉。书面上诉的，应当提交上诉状正本一份，副本二份。

审　判　长　徐　跃
审　判　员　孟宪利
审　判　员　沈　磊
二〇一三年十月九日
书　记　员　朱　敏
书　记　员　秦晓英

附：相关法律条文

《中华人民共和国刑法》

第一百三十六条　违反爆炸性、易燃性、放射性、毒害性、腐蚀性物品的管理规定，在生产、储存、运输、使用中发生重大事故，造成严重后果的，处三年以下有期徒刑或者拘役；后果特别严重的，处三年以上七年以下有期徒刑。

第六十七条第一款　犯罪以后自动投案，如实供述自己的罪行的，是自首。对于自首的犯罪分子，可以从轻或者减轻处罚。其中，犯罪较轻的，可以免除处罚。

第七十二条第一款　对于被判处拘役、三年以下有期徒刑的犯罪分子，同时符合下列条件的，可以宣告缓刑，对其中不满十八周岁的人、怀孕的妇女和已满七十五周岁的人，应当宣告缓刑：

（一）犯罪情节较轻；

（二）有悔罪表现；

（三）没有再犯罪的危险；

（四）宣告缓刑对所居住社区没有重大不良影响。

最高人民法院《关于处理自首和立功具体应用法律若干问题的解释》

第一条 根据刑法第六十七条第一款的规定，犯罪以后自动投案，如实供述自己的罪行的，是自首。

（一）自动投案，是指犯罪事实或者犯罪嫌疑人未被司法机关发觉，或者虽被发觉，但犯罪嫌疑人尚未受到讯问、未被采取强制措施时，主动、直接向公安机关、人民检察院或者人民法院投案。

犯罪嫌疑人向其所在单位、城乡基层组织或者其他有关负责人员投案的；犯罪嫌疑人因病、伤或者为了减轻犯罪后果，委托他人先代为投案，或者先以信电投案的；罪行未被司法机关发觉，仅因形迹可疑被有关组织或者司法机关盘问、教育后，主动交代自己的罪行的；犯罪后逃跑，在被通缉、追捕过程中，主动投案的；经查实确已准备去投案，或者正在投案途中，被公安机关捕获的，应当视为自动投案。

并非出于犯罪嫌疑人主动，而是经亲友规劝、陪同投案的；公安机关通知犯罪嫌疑人的亲友，或者亲友主动报案后，将犯罪嫌疑人送去投案的，也应当视为自动投案。

犯罪嫌疑人自动投案后又逃跑的，不能认定为自首。

（二）如实供述自己的罪行，是指犯罪嫌疑人自动投案后，如实交代自己的主要犯罪事实。

犯有数罪的犯罪嫌疑人仅如实供述所犯数罪中部分犯罪的，只对如实供述部分犯罪的行为，认定为自首。

共同犯罪案件中的犯罪嫌疑人，除如实供述自己的罪行，还应当供述所知的同案犯，主犯则应当供述所知其他同案犯的共同犯罪事实，才能认定为自首。

犯罪嫌疑人自动投案并如实供述自己的罪行后又翻供的，不能认定为自首；但在一审判决前又能如实供述的，应当认定为自首。

生产、销售超过保质期的食品的行为定性

——上海某贸易有限公司、刘某某销售伪劣产品案

【案例要旨】

超过保质期的食品属于不符合安全标准的食品。生产、销售不符合安全标准的食品，足以造成严重食物中毒事故或者其他严重食源性疾病，应当认定为生产、销售不符合安全标准的食品罪；无证据证明足以造成严重食物中毒事故或者其他严重食源性疾病，但销售金额在5万元以上的，应当以生产、销售伪劣产品罪追究刑事责任。

【案情简要】

2013年11月，被告人刘某某作为被告单位上海某贸易有限公司管理部经理，为减少公司经营损失，决定将公司一批已过保质期的斯里兰卡进口椰浆粉篡改生产日期后继续对外销售，遂变造了对应批次椰浆粉的《中华人民共和国出入境检验检疫卫生证书》，在打印新的生产日期标签后，指令仓库管理员许某某（另案处理）更换粘贴标签。在此期间，该公司将上述过期椰浆粉销售至北京、成都、杭州等多家企业，共计销售9535千克，销售金额达人民币480945元。2013年12月，刘某某采用同样手段，将存放在仓库内已过保质期的马来西亚速溶咖啡粉（8号、10号）更换粘贴生产日期标签，伺机销售。2014年5月7日，上海市食品药品监督管理局执法总队在该公司无锡仓库检查时，当场查获已更换生产日期标签的8号咖啡粉14100千克、10号咖啡粉4120千克，共计价值人民币1402268.40元。

浦东新区人民检察院提起公诉后，浦东新区人民法院以销售伪劣产品罪判处被告单位上海某贸易有限公司罚金人民币100万元，判处被告人刘某某有期徒刑4年，罚金人民币100万元。

【典型意义】

生产、销售超过保质期的食品是危害食品安全的多发案件。实践中，通常难以鉴定出该行为足以造成严重食物中毒事故或者其他严重食源性疾病，应该如何认定所涉食品的属性及相应生产、销售行为的性质成为此类案件困扰检察办案的难点。上海某贸易有限公司、刘某某销售伪劣产品案是上海市检察机关办理的危害食品安全犯罪的成功案例，对此类案件的办理具有借鉴意义。

一、超过保质期的食品应当认定为不符合安全标准的食品

我国《食品安全法》规定，食品安全标准是食品的强制性标准，食品生产经营者应当依照法律、法规和食品安全标准从事生产经营活动。判断行为人生产、销售的食品的属性，应当以《食品安全法》规定的食品安全标准为依据。本案所涉椰浆粉、咖啡粉已超过保质期，《食品安全法》规定禁止生产不符合法律、法规或者安全标准的食品，其中就包括超过保质期的食品。[①] 因此，超过保质期的食品应当认定为不符合安全标准的食品。

二、生产、销售超过保质期的食品的行为定性

不符合安全标准的食品本质上就是不合格产品，属于伪劣产品，但考虑到此类产品事关食品安全，一旦发生问题，直接危及人民群众生命健康等基本权利，需要严厉打击，故而《刑法》将生产、销售不符合安全标准的食品罪作为生产、销售伪劣产品罪的特殊情形加以规定，二者是特别法条和一般法条的关系。“两高”《关于办理危害食品安全刑事案件适用法律若干问题的解释》第13条明确了危害食品安全犯罪竞合的处理原则，即生产、销售不符合安全标准的食品，原则上应当以生产、销售不符合安全标准的食品罪定罪处罚，但生产、销售不符合安全标准的食品罪处罚较轻或不构成生产、销售不符合安全标准的食品罪时，应当以生产、销售伪劣产品罪等其他犯罪予以补充。

本案被告单位销售超过保质期的椰浆粉、咖啡粉，客观上实施了销售不符合安全标准的食品的行为，经审查，因无法通过鉴定或其他证据证明销售的椰浆粉、咖啡粉足以造成严重食物中毒事故或者其他严重食源性疾病，故不构成销售不符合安全标准的食品罪。根据《刑法》第149条的规定，生产、销售

① 原《食品安全法》第28条规定禁止生产经营不符合安全标准或者要求的食品，其中包括超过保质期的食品。2015年、2018年修订后的《食品安全法》第34条列举了禁止生产经营不符合法律、法规或者食品安全标准的13种食品、食品添加剂、食品相关产品，对原规定进行了补充和细化，其中涉及用超过保质期的食品原料、食品添加剂生产的食品、食品添加剂以及标注虚假生产日期、保质期或者超过保质期的食品、食品添加剂。

本节第 141 条至第 148 条所列产品，不构成各该条规定的犯罪，但是销售金额在 5 万元以上的，依照本节第 140 条的规定定罪处罚，本案销售不符合安全标准的食品的行为虽不构成销售不符合安全标准的食品罪，但销售金额已经超过 5 万元，应当按照销售伪劣产品罪定罪处罚，检察机关起诉罪名正确。

三、检察机关应当充分发挥职能作用，依法严惩危害食品安全犯罪

食品安全事关国计民生。近年来，一些不法企业和个人为牟取暴利，无视基本道德底线，在食品生产、销售过程中，掺杂使假，偷工减料，致使食品安全事件和危害食品安全的犯罪频发，给人民群众身体健康和生命安全带来巨大危害，造成恶劣社会影响。检察机关应当增强大局意识，充分认识打击危害食品安全犯罪对于保障民生、维护社会主义市场经济秩序和社会和谐稳定的重要意义，必须坚持依法从严打击的原则，用好、用足法律和政策，对符合逮捕、起诉条件的要坚决、及时批捕、起诉，积极发挥检察职能，引导全社会形成预防和惩治危害食品安全犯罪的良好氛围。

上海市浦东新区人民检察院
起 诉 书

沪浦检金融刑诉〔2014〕911 号

被告单位上海××贸易有限公司，组织机构代码55××××××，住所在上海市浦东新区××路××号，法定代表人陈某某。

诉讼代表人薛某某，男，1962 年××月××日生，上海××贸易有限公司法律顾问。

被告人刘某某，女，1971 年××月××日生，公民身份号码：4328221971××××××××，汉族，大专文化，原系上海××贸易有限公司管理部××，户籍在广东省广州市××区××路××号，暂住上海市浦东新区××镇××路××号，2014 年 5 月 9 日因涉嫌伪造国家机关证件罪由上海市公安局刑事拘留，2014 年 5 月 9 日延长刑事拘留期限至三十天，同年 6 月 13 日经上海市人民检察院第一分院以涉嫌生产、销售伪劣产品罪批准逮捕，同日由上海市公安局执行逮捕。

本案由上海市公安局侦查终结，以被告人刘某某涉嫌生产、销售伪劣产品罪，移送上海市人民检察院第一分院审查起诉，上海市人民检察院第一分院于 2014 年 8 月 5 日交送本院办理。本院受理后，已告知被告人有权委托辩护人；依法讯问了被告人，审查了全部案件材料。经审查，于 2014 年 9 月 18 日退回补充侦查，上海市人民检察院第一分院于 2014 年 10 月 17 日补充侦查终结，交送本院审查起诉。

经依法审查查明：

2013 年 11 月至案发，被告人刘某某作为被告单位上海××贸易有限公司（以下简称××公司）管理部××，为减少公司经营损失，决定将存放于公司无锡仓库的一批生产日期为 2012 年 5 月、保质期到 2013 年 10 月底的斯里兰卡进口椰浆粉篡改生产日期后继续对外销售。被告人刘某某遂打印了新的生产日期为 2013 年 6 月的标签，并变造了对应批次进口椰浆粉的《中华人民共和国出入境检验检疫卫生证书》，指使下属员工胡某某、邓某某（均另案处理）以电子邮件方式向××公司无锡仓库管理员许某某（另案处理）发送更换该批椰浆粉的生产日期标签的指令，并将新的生产日期标签以快递和电子邮件方式发送给许某某，由许某某负责具体实施更换粘贴标签的行为。2014 年 3 月，因许某某一人更换标签速度较慢，被告人刘某某决定将无锡仓库剩余的过期椰浆粉 4000 余千克运至上海仓库，并组织他人完成更换标签的工序。在此期间，被告单位将上述过期进口椰浆粉销售至北京、成都、杭州等多家企业，共计销售 9535 千克，销售金额达人民币 480945 元。

2013 年 12 月，被告人刘某某采用上述手段，通过胡某某指使许某某、凌某某（另案处理）将存放在无锡仓库内已过期的马来西亚速溶咖啡粉（8 号、10 号）更换粘贴生产日期标签，伺机销售。2014 年 5 月 7 日，上海市食品药品监督管理局执法总队在被告单位无锡仓库检查时，当场查获已更换生产日期标签的 8 号咖啡粉 14100 千克，10 号咖啡粉 4120 千克，共计价值人民币 1402268.40 元。

2014 年 5 月 8 日，被告人刘某某接公安机关通知主动投案，到案后对犯罪事实供认不讳。

上述事实，有以下证据证明：

1. 证人胡某某、许某某、邓某某、凌某某、陈某某、曾某某、韩某某、顾某某的证言，证实被告人刘某某作为被告单位管理部××，将公司过期产品更换生产日期标签后进行销售的事实。

2. 相关《中华人民共和国出入境检验检疫卫生证书》、上海市出入境检验检疫局出具的回函、公安机关扣押决定书、扣押清单、调取证据清单、电子邮件截屏、上海市食品药品监督管理局现场检查笔录、查封决定书、查封物品清单、××公司出具的情况说明、采购交货单、入库单、增值税发票、椰浆粉销售明细表、购销合同、仓库收支存日报表、送货单等证据，证实被告人刘某某变造卫生证书、更换生产日期标签，销售过期椰浆粉的事实及金额。

3. 公安机关调取证据清单、电子邮件截屏、相关出入境检验检疫卫生证书、××公司出具的过期咖啡粉库存明细、产品清单及销售价格表、无锡市锡山工商行政管理局现场笔录、现场检查的咖啡粉外包装照片、实施行政强制措施决定书、江苏省无锡工商行政管理局查封财物清单、无锡××有限公司出具的情况说明、上海市质量监督检验技术研究院出具的检验报告等证据，证实被告人刘某某更换过期咖啡粉的生产日期标签，被工商部门查获的事实及金额。

4. 江苏省无锡工商行政管理局出具的情况说明、无锡市锡山工商行政管理局涉嫌犯罪案件移送书、上海市公安局治安总队治安行动队出具的案发经过等证据，证明被告人刘某某系投案自首。

5. 上海市公安局浦东分局调取的常住人口基本信息证实被告人刘某某的

身份情况；相关营业执照、组织机构代码证证实被告单位××公司系有限责任公司。

6. 被告人刘某某对犯罪事实供认不讳。

上述证据收集程序合法，内容客观真实，足以认定指控事实。被告人刘某某对基本犯罪事实无异议。

本院认为，被告单位上海××贸易有限公司明知系不符合安全标准的食品仍予以销售，金额达188万余元，被告人刘某某作为直接负责的主管人员，其行为均已触犯《中华人民共和国刑法》第一百四十三条、第一百四十九条第一款、第一百四十条、第一百五十条，犯罪事实清楚，证据确实、充分，应当以销售伪劣产品罪追究其刑事责任。被告单位上海××贸易有限公司、被告人刘某某部分犯罪系未遂，根据《中华人民共和国刑法》第二十三条之规定，对该部分犯罪可以比照既遂犯从轻或减轻处罚。被告单位上海××贸易有限公司、被告人刘某某系自首，适用《中华人民共和国刑法》第六十七条第一款之规定，可以从轻或减轻处罚。根据《中华人民共和国刑事诉讼法》第一百七十二条之规定，提起公诉，请依法审判。

此致

上海市浦东新区人民法院

检察员　蒋凤静

二〇一四年十一月十二日

附：1. 被告人刘某某现羁押于上海市看守所；诉讼代表人薛某某，联系电话：139××××××××；

2. 公安侦查卷宗四册；

3. 《适用简易程序建议书》（合议制）一份。

附：相关法律条文

《中华人民共和国刑法》

第一百四十三条　生产、销售不符合食品安全标准的食品，足以造成严重食物中毒事故或者其他严重食源性疾病的，处三年以下有期徒刑或者拘役，并处罚金；对人体健康造成严重危害或者有其他严重情节的，处三年以上七年以下有期徒刑，并处罚金；后果特别严重的，处七年以上有期徒刑或者无期徒刑，并处罚金或者没收财产。

第一百四十九条第一款 生产、销售本节第一百四十一条至第一百四十八条所列产品，不构成各该条规定的犯罪，但是销售金额在五万元以上的，依照本节第一百四十条的规定定罪处罚。

第一百四十条 生产者、销售者在产品中掺杂、掺假，以假充真，以次充好或者以不合格产品冒充合格产品，销售金额五万元以上不满二十万元的，处二年以下有期徒刑或者拘役，并处或者单处销售金额百分之五十以上二倍以下罚金；销售金额二十万元以上不满五十万元的，处二年以上七年以下有期徒刑，并处销售金额百分之五十以上二倍以下罚金；销售金额五十万元以上不满二百万元的，处七年以上有期徒刑，并处销售金额百分之五十以上二倍以下罚金；销售金额二百万元以上的，处十五年有期徒刑或者无期徒刑，并处销售金额百之五十以上二倍以下罚金或者没收财产。

第一百五十条 单位犯本节第一百四十条至第一百四十八条规定之罪的，对单位判处罚金，并对其直接负责的主管人员和其他直接责任人员，依照各该条的规定处罚。

第二十三条 已经着手实行犯罪，由于犯罪分子意志以外的原因而未得逞的，是犯罪未遂。

对于未遂犯，可以比照既遂犯从轻或者减轻处罚。

第六十七条第一款 犯罪以后自动投案，如实供述自己的罪行的，是自首。对于自首的犯罪分子，可以从轻或者减轻处罚。其中，犯罪较轻的，可以免除处罚。

《中华人民共和国刑事诉讼法》

第一百七十二条 人民检察院认为犯罪嫌疑人的犯罪事实已经查清，证据确实、充分，依法应当追究刑事责任的，应当作出起诉决定，按照审判管辖的规定，向人民法院提起公诉，并将案件材料、证据移送人民法院。

上海市浦东新区人民法院
刑事判决书

（2014）浦刑初字第5345号

公诉机关上海市浦东新区人民检察院。

被告单位上海××贸易有限公司，组织机构代码55××××××，住所地上海市浦东新区××路××号，法定代表人陈某某。

诉讼代表人傅某某，女，系被告单位上海××贸易有限公司的财务人员。

辩护人薛某某，上海××律师事务所律师。

被告人刘某某，女，1971年××月××日生，汉族，大专文化，系上海××贸易有限公司管理部××，户籍所在地广东省广州市××区××路××号，暂住上海市浦东新区××镇××路××号；2014年5月9日因涉嫌犯伪造国家机关证件罪被上海市公安局刑事拘留，同年6月13日因涉嫌犯生产、销售伪劣产品罪被依法逮捕，现羁押于上海市看守所。

辩护人翟某，北京××（上海）律师事务所律师。

辩护人余某某，北京××（上海）律师事务所律师。

上海市浦东新区人民检察院以沪浦检金融刑诉〔2014〕911号起诉书指控被告单位上海××贸易有限公司、被告人刘某某犯销售伪劣产品罪，于2014年11月13日向本院提起公诉，本院于同日立案后，依法组成合议庭，公开开庭审理了本案。上海市浦东新区人民检察院指派检察员蒋凤静出庭支持公诉，诉讼代表人傅某某、被告人刘某某及辩护人薛某某、翟某、余某某到庭参加诉讼。现已审理终结。

上海市浦东新区人民检察院指控，2013年11月至案发，被告人刘某某作为被告单位上海××贸易有限公司（以下简称××公司）管理部××，为减少公司经营损失，决定将存放于公司无锡仓库的一批生产日期为2012年5月、保质期到2013年10月底的斯里兰卡进口椰浆粉篡改生产日期后继续对外销售，遂打印了更新的标签、变造了《中华人民共和国出入境检验检疫卫生证书》，指使下属员工胡某某、许某某等具体实施更换粘贴标签等行为。在此期间，被告单位将上述过期进口椰浆粉销售至北京、成都、杭州等多家企业，共计销售9535千克，销售金额达人民币480945元。2013年12月，被告人刘某某采用上述手段，通过胡某某指使许某某等将存放在无锡仓库内已过期的马来西亚速溶咖啡粉（8号、10号）更换粘贴生产日期标签，伺机销售。2014年5月7日，上海市食品药品监督管理局执法总队在被告单位无锡仓库检查时，当场查获已更换生产日期标签的8号咖啡粉14100千克，10号咖啡粉4120千克，共计价值人民币1402268.40元。2014年5月8日，被告人刘某某经公安机关通知主动投案，到案后如实供述上述事实。针对上述事实，公诉机关当庭提供了证人证言、相关书证、案发经过、被告人供述等。

据此，公诉机关认为，被告单位明知系不符合安全标准的食品仍予以销售，金额达人民币188万余元，被告人刘某某作为直接负责的主管人员，其行为均应当以（单位）销售伪劣产品罪追究刑事责任；同时认为，本案部分犯罪系未遂，案发后均有自首情节，依法可以从轻或减轻处罚。

被告单位××公司、被告人刘某某及辩护人薛某某、翟某、余某某对公诉机关指控被告单位××公司、被告人刘某某的销售伪劣产品基本事实和罪名均无异议。

辩护人薛某某还认为被告单位××公司存放在无锡仓库内过期的马来西亚咖啡粉不应认定为未遂，被告人仅仅提出有单位有购买意向，且这批咖啡粉来源明确，报价单在海关处，进货价格是确定的，因此该行为更符合犯罪预备；被告单位2009年成立到本案发生，一直遵纪守法，合法经营，事发后一直在自查自纠，法定代表人表示深刻反省吸取教训，认罪悔罪态度好，积极配合调查，主动追回、销毁已销售产品，在公司亏损的情况下拿出人民币100万元对相关客户予以补偿，社会危害性降到最低程度，建议对被告公司从轻处理。

辩护人翟某、余某某还认为被告人刘某某主观上是为了减少公司的损失，产品是密封并包装好的，涉案的咖啡粉只是部分水分超标，其他都是合格的，社会危害性主要体现在违反法律规定而不是危害到社会，物品是给工厂作为原料提供的，而且工厂一定会进行检验，不合格不会用；根据食品安全法的规定，销售了过期食品处罚都是行政处罚手段，没有追究刑事责任的规定，因此被告人刘某某的情形应该在处理上有别于明确构成刑事犯罪的行为；本案是犯罪预备阶段的中止，改标签是准备要销售，尽管被告人刘某某说有单位要购买，只是孤证也没有实际洽谈行为，本案也不存在意志以外的原因，其没有继续制作证书就是说明放弃了销售的打算；关于价格，需要相关部门出具，物品也不是货值不明，用成本价销售也是可以的，因此不能用销售价认定，而应当以成本价认定；被告人刘某某具有自首情节，是单位犯罪，价值应该五倍于个人犯罪，建议对被告人刘某某减轻处罚并适用缓刑。

经审理查明：2013年11月至案发，被告人刘某某作为被告单位管理部××，为减少公司经营损失，决定将存放于公司无锡仓库的一批生产日期为2012年5月、保质期到2013年10月底的斯里兰卡进口椰浆粉篡改生产日期后继续对外销售，遂打印了新的生产日期为2013年6月的标签，并变造了对应批次进口椰浆粉的《中华人民共和国出入境检验检疫卫生证书》，指使下属员工胡某某、邓某某（均另案处理）以电子邮件方式向××公司无锡仓库管理员许某某（另案处理）发送更换该批椰浆粉的生产日期标签的指令，并将新的生产日期标签以快递和电子邮件方式发送给许某某，由许某某负责具体实施更换粘贴标签的行为。2014年3月，因许某某一人更换标签速度较慢，被告人刘某某决定将无锡仓库剩余的过期椰浆粉4000余千克运至上海仓库，并组织他人完成更换标签的工序。在此期间，被告单位××公司将上述过期进口椰浆粉销售至北京、成都、杭州等多家企业，共计销售9535千克，销售金额达人民币480945元。

2013年12月，被告人刘某某采用上述手段，通过胡某某指使许某某、凌某某（另案处理）将存放在无锡仓库内已过期的马来西亚速溶咖啡粉（8号、10号）更换粘贴生产日期标签，伺机销售。2014年5月7日，上海市食品药品监督管理局执法总队在被告单位无锡仓库检查时，当场查获已更换生产日期标签的8号咖啡粉14100千克，10号咖啡粉4120千克，共计价值人民币1402268.40元。

2014年5月8日，被告人刘某某经公安机关通知主动投案，到案后如实供述上述事实。

上述事实，有经庭审质证属实的下列证据予以证实。足以认定：

1. 证人胡某某、许某某、邓某某、凌某某、陈某某、曾某某、韩某某、顾某某的证言，证实被告人刘某某作为被告单位××公司管理部××，将公司过期产品更换生产日期标签后进行销售的事实。

2. 相关《中华人民共和国出入境检验检疫卫生证书》、上海市出入境检验检疫局出具的回函、公安机关扣押决定书、扣押清单、调取证据清单、电子邮件截屏、上海市食品药品监督管理局现场检查笔录、查封决定书、查封物品清单、××公司出具的情况说明、采购交货单、入库单、增值税发票、椰浆粉销售明细表、购销合同、仓库收支存日报表、送货单等，证实被告人刘某某变造卫生证书、更换生产日期标签，销售过期椰浆粉的事实和金额。

3. 公安机关出具的调取证据清单、电子邮件截屏、相关出入境检验检疫卫生证书，××公司出具的过期咖啡粉库存明细、产品清单及销售价格表、增值税专用发票等，无锡市锡山工商行政管理局现场笔录、现场检查的咖啡粉外包装照片、实施行政强制措施决定书，江苏省无锡工商行政管理局查封财物清单，无锡××有限公司出具的情况说明，上海市质量监督检验技术研究院出具的检验报告等，证实被告人刘某某更换过期咖啡粉的生产日期标签，被工商部门查获的事实及金额。

4. 江苏省无锡工商行政管理局出具的情况说明、无锡市锡山工商行政管理局涉嫌犯罪案件移送书，上海市公安局治安总队治安行动队出具的案发经过，证实被告人刘某某的到案情况。

5.《常住人口基本信息》、相关营业执照、组织机构代码证，证实被告人刘某某的身份信息、被告单位××公司系有限责任公司的情况。

6. 被告人刘某某的供述。

本院认为，被告单位上海××公司明知系不符合安全标准的食品仍予以销售，金额达人民币188万余元，被告人刘某某作为直接负责的主管人员，其行为均已构成（单位）销售伪劣产品罪。公诉机关指控的犯罪事实清楚，罪名成立。被告单位××公司、被告人刘某某部分犯罪系未遂，案发后均有自首情节，对被告单位依法从轻处罚，对被告人依法可以减轻处罚。辩护人的相关意见，本院予以采纳。关于辩护人提出的本案属于犯罪预备或是犯罪预备阶段的中止、销售金额应以成本价认定的意见，经查，有公司意向购买咖啡粉的事实，有被告人刘某某的供述、电子邮件截屏、证人胡某某的证言予以证实，况且被告单位是贸易公司，其经营范围包括预包装食品的批发等，被告人刘某某更换生产标签就是为了便于销售从而减少公司经济利益的损失，属于已经着手实施犯罪，嗣后因该公司未进一步洽谈购买咖啡粉事宜而未销售，符合犯罪未遂的形态；关于咖啡粉的价格，虽然没有涉案咖啡粉的销售合同和实际销售价格，但是被告单位提供的2012年12月、2013年12月销售咖啡粉（8号、10号）的增值税专用发票，可以证明被告单位曾销售过此类咖啡粉，当时有销售价格，同时考虑价格波动的因素，被告单位××公司出具的销售价格表中的两种咖啡粉的销售价格是可以认定的。辩护人的上述意见和单位犯罪的金额应该五倍于个人犯罪的意见，不符合本案已查明的事实和相关法律规定，本院均不予采纳。本院为维护社会主义市场经济秩序，依照《中华人民共和国刑法》第一百四十三条、第一百四十九条第一款、第一百四十条、第一百五十条、第二十三条、第六十七条第一款、第五十三条的规定，判决如下：

一、被告单位上海××贸易有限公司犯销售伪劣产品罪，判处罚金人民币一百万元。

二、被告人刘某某犯（单位）销售伪劣产品罪，判处有期徒刑四年，罚金人民币一百万元。

（刑期从判决执行之日起计算，判决执行以前先行羁押的，羁押一日折抵刑期一日，即自2014年5月8日起至2018年5月7日止。罚金自判决生效后一个月内向本院缴纳。）

如不服本判决，可在接到判决书的第二日起十日内，通过本院或者直接向上海市第一中级人民法院提出上诉。书面上诉的，应当提交上诉状正本一份，副本二份。

审　判　长　苏　琼
审　判　员　康　英
人民陪审员　毛幼青
二〇一五年三月十二日
书　记　员　吴　裕

附：相关法律条文

《中华人民共和国刑法》

第一百四十三条　生产、销售不符合食品安全标准的食品，足以造成严重食物中毒事故或者其他严重食源性疾病的，处三年以下有期徒刑或者拘役，并处罚金；对人体健康造成严重危害或者有其他严重情节的，处三年以上七年以下有期徒刑，并处罚金；后果特别严重的，处七年以上有期徒刑或者无期徒刑，并处罚金或者没收财产。

第一百四十九条　生产、销售本节第一百四十一条至第一百四十八条所列产品，不构成各该条规定的犯罪，但是销售金额在五万元以上的，依照本节第一百四十条的规定定罪处罚。

生产、销售本节第一百四十一条至第一百四十八条所列产品，构成各该条规定的犯罪，同时又构成本节第一百四十条规定之罪的，依照处罚较重的规定定罪处罚。

第一百四十条　生产者、销售者在产品中掺杂、掺假，以假充真，以次充好或者以不合格产品冒充合格产品，销售金额五万元以上不满二十万元的，处二年以下有期徒刑或者拘役，并处或者单处销售金额百分之五十以上二倍以下罚金；销售金额二十万元以上不满五十万元的，处二年以上七年以下有期徒刑，并处销售金额百分之五十以上二倍以下罚金；销售金额五十万元以上不满二百万元的，处七年以上有期徒刑，并处销售金额百分之五十以上二倍以下罚金；销售金额二百万元以上的，处十五年有期徒刑或者无期徒刑，并处销售金额百分之五十以上二倍以下罚金或者没收财产。

第一百五十条 单位犯本节第一百四十条至第一百四十八条规定之罪的，对单位判处罚金，并对其直接负责的主管人员和其他直接责任人员，依照各该条的规定处罚。

第二十三条 已经着手实行犯罪，由于犯罪分子意志以外的原因而未得逞的，是犯罪未遂。

对于未遂犯，可以比照既遂犯从轻或者减轻处罚。

第六十七条 犯罪以后自动投案，如实供述自己的罪行的，是自首。对于自首的犯罪分子，可以从轻或者减轻处罚。其中，犯罪较轻的，可以免除处罚。

被采取强制措施的犯罪嫌疑人、被告人和正在服刑的罪犯，如实供述司法机关还未掌握的本人其他罪行的，以自首论。

犯罪嫌疑人虽不具有前两款规定的自首情节，但是如实供述自己罪行的，可以从轻处罚；因其如实供述自己罪行，避免特别严重后果发生的，可以减轻处罚。

第五十三条 罚金在判决指定的期限内一次或者分期缴纳。期满不缴纳的，强制缴纳。对于不能全部缴纳罚金的，人民法院在任何时候发现被执行人有可以执行的财产，应当随时追缴。如果由于遭遇不能抗拒的灾祸缴纳确实有困难的，可以酌情减少或者免除。

依法准确惩治非法销售药品犯罪

——张某某非法经营、销售假药案

【案例要旨】

《刑法修正案（八）》规定，生产、销售假药的，处三年以下有期徒刑或者拘役，并处罚金。对未经许可，非法销售药品，情节严重的，依法可按非法经营罪追究刑事责任；知道或者应当知道系假药而予以销售，同时构成销售假药罪的，应依照处罚较重的规定定罪处罚。

【案情简要】

2011年5月至7月间，张某某在暂住处将从他人处低价购得的“人血白蛋白”及“人免疫球蛋白”分别加价销售给窦某某（“人血白蛋白”2瓶）、邵某（“人免疫球蛋白”5瓶），后均被公安机关查获。同年8月9日，公安机关从张某某的暂住处查获待销售的“人血白蛋白”6瓶、“人免疫球蛋白”35瓶。经检验、鉴定，上述“人血白蛋白”及“人免疫球蛋白”均系假药。

另查明，自2010年起，张某某在未取得《药品经营许可证》、没有专业知识、医药储存条件和正规进货渠道的情况下，冒用其他单位名义，从安徽省华源医药公司等处大量购进药品，在暂住处批发或贩卖给城乡接合部的私人诊所。2011年8月9日，公安机关在其暂住处当场查获500余种待销售药品。经鉴定，现场查获的药品价值人民币78万余元。

浦东新区人民检察院以非法经营罪、销售假药罪（部分未遂）提起公诉后，浦东新区人民法院以非法经营罪判处张某某有期徒刑5年，并处罚金15万元；以销售假药罪（部分未遂）判处张某某有期徒刑1年3个月，并处罚金1万元；决定执行有期徒刑5年10个月，罚金16万元。判决已发生法律效力。

【典型意义】

张某某非法销售药品犯罪，是上海市司法机关首例适用《刑法修正案

（八）》，未将“足以严重危害人体健康”作为构罪条件，追究销售假药行为人刑事责任的案件。张某某从非正规渠道低价购入“人血白蛋白”“人免疫球蛋白”后，在暂住处将其中部分加价售出，经检验、鉴定，从其暂住处查获和售出后尚未使用的上述药品均系假药。根据《刑法修正案（八）》的规定，构成销售假药罪；鉴于部分假药尚未进入公开销售环节，应依法认定犯罪未遂。此外，张某某违反国家药品管理法律规定，未经国家药品管理监督部门许可，无证批发及贩卖药品，经营数额达 78 万余元，根据《刑法》第 225 条之规定，应同时追究其非法经营罪的刑事责任。

药品是用来防治疾病的特殊商品，假药一经流入市场，非但不能治病救人，反而会贻误、加重病情，造成致人伤残、死亡的严重后果，直接危害广大人民群众的生命健康和用药安全。为从严惩治假药犯罪，《刑法修正案（八）》删除刑法原条文“足以严重危害人体健康”的表述，降低入罪门槛，加大刑罚规制力度，明确行为人知道或者应当知道系假药而予以销售的，即可构成销售假药罪。我国对药品实行经营许可管理制度，经营者获得国家核发的药品经营许可证，需要具有专业知识、资金保障、储存条件等条件，并在许可的范围内从事经营活动，非法销售药品行为扰乱了正常的医药市场秩序，危及公共卫生安全，情节严重的，构成非法经营罪。

根据《刑法》第 225 条规定，违反国家药品管理法律规定，未经国家药品监督管理部门许可，非法销售药品，经营数额在 5 万元以上，或者违法所得数额在 1 万元以上的，构成非法经营罪。其中，销售假药的，同时成立销售假药罪，根据“两高”《关于办理生产、销售假药、劣药刑事案件具体应用法律若干问题的解释》第 6 条[①]之规定，应依照处罚较重的规定定罪处罚。本案中，张某某无证销售假药的行为，尚未达到非法经营罪的入罪标准，故对其销售假药行为以销售假药罪定罪处罚。

注：本案刑事判决书略。

① 该文件现已失效，目前相关内容规定在 2014 年 12 月 1 日起施行的“两高”《关于办理危害药品安全刑事案件适用法律若干问题的解释》第 10 条。——编者注

上海市浦东新区人民检察院
起诉书

沪浦检刑诉〔2012〕279号

被告人张某某（曾用名：胡甲、胡乙），男，1967年××月××日生，公民身份号码：3424221967××××××××，汉族，初中文化，农民，户籍在安徽省寿县××镇××村××组，暂住上海市浦东新区××镇××村××号，2011年8月9日因涉嫌销售假药罪，由上海市公安局浦东分局刑事拘留，2011年9月13日经本院批准，次日由上海市公安局浦东分局执行逮捕。

本案由上海市公安局浦东分局侦查终结，以被告人张某某涉嫌非法经营罪、销售假药罪于2011年11月1日移送本院审查起诉。本院受理后，于同日告知被告人有权委托辩护人，依法讯问了被告人，审查了全部案件材料，经审查，于2011年11月28日退回补充侦查，上海市公安局浦东分局补充侦查终结，于2011年12月27日移送本院审查起诉。

经依法审查查明：

一、非法经营罪

2010年起，被告人张某某以非法营利为目的，冒用其他单位名义从安徽省六安市华裕医药有限公司、六安七星医药有限公司、安徽华源医药股份有限公司等处购进药品后，在本市浦东新区××镇××村××号内无证经营药品批发生意，并贩卖给窦某某、邵某、李某某等人。2011年8月9日，侦查机关于上述地址当场查获500余个品种的待销售药品，经鉴定，价值为人民币784289元。

被告人张某某被抓获到案后如实供述上述全部犯罪事实。

上述事实，有以下证据证明：

1. 被告人张某某对上述事实做了如实供述。

2. 证人窦某某、邵某、李某某的证言及辨认笔录证实被告人张某某向其贩卖药品的事实。

3. 证人威某某的证言证实被告人张某某在其暂住地无证经营药品的事实。

4. 证人王某的证言证实被告人张某某无证经营药品的事实及其协助被告

人张某某运输药品的情况。

5. 上海市公安局浦东分局出具的扣押物品、文件清单证实被告人张某某冒用其他单位名义所购药品的进货凭证的扣押情况。

6.《内部传递清单》《安徽省六安市华裕医药有限公司批发销售清单》《六安七星医药有限公司药品批发销售出库单》《六安市恒丰药业有限公司销售出库单》等药品销售凭证证实被告人张某某冒用其他单位名义非法购入药品的事实及所购药品数量、价格的情况。

7. 上海市食品药品监督管理局浦东分局出具的行政处理通知书、先行登记保存证物通知书证实被告人张某某无证经营药品的事实及涉案药品扣押情况。

8. 上海市浦东新区价格认证中心出具的《价格鉴定结论书》证实侦查机关于被告人张某某处查获的无证经营的药品的价值经鉴定为人民币784289元。

9. 上海市食品药品监督管理局浦东新区分局出具的《关于通告张某某涉嫌无证经营药品案涉案药品市场指导价格的函》及《张某某涉嫌无证经营药品案涉案药品清单》证实涉案药品的市场指导价格和金额。

10. 上海公信中南会计师事务所有限公司出具的《上海公信中南会计师事务所有限公司关于张某某涉嫌无证销售药品案涉案金额的司法鉴定意见书》证实被告人张某某冒用其他单位名义所购药品的数量及金额。

二、销售假药罪

被告人张某某以非法营利为目的，从范某某（另行处理）处购得“人血白蛋白”及“人免疫球蛋白”后，于2011年5月至7月间分别贩卖给窦某某、邵某等人。2011年8月9日，侦查机关于被告人张某某的暂住地处当场查获待销售的“人血白蛋白”6瓶、“人免疫球蛋白”35瓶。2011年8月17日，侦查机关在窦某某、邵某的无证行医诊所内分别查获被告人张某某销往该处的“人血白蛋白”2瓶、“人免疫球蛋白”5瓶。经鉴定，上述查获的“人血白蛋白”及“人免疫球蛋白”均系假药。

被告人张某某被抓获到案后如实供述上述基本犯罪事实，并揭发范某某涉嫌销售假药的犯罪行为，且向侦查机关提供了范某某的联系方式，经侦查机关查实，范某某于2011年12月23日因涉嫌销售假药罪被上海市公安局浦东分局取保候审。

上述事实，有以下证据证明：

1. 被告人张某某对上述基本事实做了如实供述。

2. 证人窦某某的证言及现场辨认照片证实被告人张某某向其销售“人血白蛋白”的事实。

3. 证人邵某的证言及现场辨认照片证实被告人张某某向其销售“人免疫球蛋白”的事实。

4. 证人李某某的证言证实被告人张某某曾向其销售“人免疫球蛋白”的事实。

5. 上海市公安局浦东分局出具的搜查笔录及清点记录证实侦查机关查获被告人张某某销往窦某某、邵某处的“人血白蛋白”和“人免疫球蛋白”的情况。

6. 上海市食品药品监督管理局浦东新区分局出具的《关于认定人血白蛋白和人免疫球蛋白为假药的函》及上海市食品药品检验所出具的《检验报告书》证实从被告人张某某处查获的“人血白蛋白”和“人免疫球蛋白”为假药。

7. 上海市食品药品检验所出具的《检验报告书》证实侦查相关于窦某某、邵某处查获的“人血白蛋白”和“人免疫球蛋白”均系假药的情况。

8. 上海生物制品研究所质保部出具的《关于协查人血白蛋白和人免疫球蛋白真伪的回复》证实侦查机关于被告人张某某处查获的标识生产单位为该所的“人血白蛋白”和“人免疫球蛋白”均非该所生产的情况。

9. 上海市公安局浦东分局出具的工作情况、对范某某的取保候审决定书以及证人范某某的证言证实被告人张某某具有立功情节。

10. 上海市公安局浦东分局出具的案发经过证实案件侦破情况及被告人张某某的到案情况。

11. 上海市公安局浦东分局出具的户籍材料证实被告人张某某的身份情况。

上述证据来源及收集程序合法，内容客观真实，足以认定指控事实。

本院认为，被告人张某某违反国家药品管理法律法规的规定，未经国家药品有关主管部门的许可，无证经营药品，扰乱市场秩序，情节特别严重，其行为已触犯《中华人民共和国刑法》第二百二十五条第（一）项，犯罪事实清楚，证据确实、充分，应当以非法经营罪追究其刑事责任，处五年以上有期徒刑，并处罚金。被告人张某某销售假药，其行为已触犯《中华人民共和国刑法》第一百四十一条，犯罪事实清楚，证据确实、充分，应当以销售假药罪追究其刑事责任，处三年以下有期徒刑或者拘役，并处罚金。被告人张某某实施的部分销售假药犯罪，因意志以外的原因而未能得逞，根据《中华人民共和国刑法》第二十三条的规定，系犯罪未遂，对该部分犯罪可以比照既遂犯从轻处罚。被告人张某某判决宣告以前一人犯数罪，根据《中华人民共和国刑法》第六十九条的规定，应当实行数罪并罚。被告人张某某揭发他人犯罪行为，查证属实，根据《中华人民共和国刑法》第六十八条的规定，应当认定有立功表现，可以从轻或者减轻处罚。被告人张某某到案后如实供述自己罪行，根据《中华人民共和国刑法》第六十七条第三款的规定，可以从轻处罚。根据《中华人民共和国刑事诉讼法》第一百四十一条的规定，提起公诉，请依法审判。

此致

上海市浦东新区人民法院

检察员　闵　捷

二〇一二年一月三十一日

附：1. 被告人张某某现羁押于上海市浦东新区看守所。

2. 侦查卷宗九册。

附：相关法律条文

《中华人民共和国刑法》

第二百二十五条　违反国家规定，有下列非法经营行为之一，扰乱市场秩序，情节严重的，处五年以下有期徒刑或者拘役，并处或者单处违法所得一倍以上五倍以下罚金；情节特别严重的，处五年以上有期徒刑，并处违法所得一倍以上五倍以下罚金或者没收财产：

（一）未经许可经营法律、行政法规规定的专营、专卖物品或者其他限制买卖的物品的；

（二）买卖进出口许可证、进出口原产地证明以及其他法律、行政法规规定的经营许可证或者批准文件的；

（三）未经国家有关主管部门批准非法经营证券、期货、保险业务的，或者非法从事资金支付结算业务的；

（四）其他严重扰乱市场秩序的非法经营行为。

第一百四十一条　生产、销售假药的，处三年以下有期徒刑或者拘役，并处罚金；对人体健康造成严重危害或者有其他严重情节的，处三年以上十年以下有期徒刑，并处罚金；致人死亡或者有其他特别严重情节的，处十年以上有期徒刑、无期徒刑或者死刑，并处罚金或者没收财产。

第二十三条　已经着手实行犯罪，由于犯罪分子意志以外的原因而未得逞的，是犯罪未遂。

对于未遂犯，可以比照既遂犯从轻或者减轻处罚。

第六十七条 犯罪以后自动投案，如实述自己的罪行的，是自首。对于自首的犯罪分子，可以从轻或者减轻处罚。其中，犯罪较轻的，可以免除处罚。

被采取强制措施的犯罪嫌疑人、被告人和正在服刑的罪犯，如实供述司法机关还未掌握的本人其他罪行的，以自首论。

犯罪嫌疑人虽不具有前两款规定的自首情节，但是如实供述自己罪行的，可以从轻处罚；因其如实供述自己的罪行，避免特别严重后果发生的，可以减轻处罚。

第六十八条 犯罪分子有揭发他人犯罪行为，查证属实的，或者提供重要线索，从而得以侦破其他案件等立功表现的，可以从轻或者减轻处罚；有重大立功表现的，可以减轻或者免除处罚。

第六十九条 判决宣告以前一人犯数罪的，除判处死刑和无期徒刑的以外，应当在总和刑期以下、数刑中最高刑期以上，酌情决定执行的刑期，但是管制最高不能超过三年，拘役最高不能超过一年，有期徒刑总和刑期不满三十五年的，最高不能超过二十年，总和刑期在三十五年以上的，最高不能超过二十五年。

数罪中有判处附加刑的，附加刑仍须执行，其中附加刑种类相同的，合并执行，种类不同的，分别执行。

《中华人民共和国刑事诉讼法》

第一百四十一条 人民检察院认为犯罪嫌疑人的犯罪事实已经查清，证据确实、充分，依法应当追究刑事责任的，应当作出起诉决定，按照审判管辖的规定，向人民法院提起公诉。

准确界定“套取”“高利”，正确适用高利转贷罪名

——上海某企业发展有限公司、周某某、曹某乙高利转贷案

【案例要旨】

套取信贷资金以高于银行贷款的利率转贷他人牟利、违法所得数额较大的，构成高利转贷罪。

【案情简要】

2008年4月，上海某企业发展有限公司员工曹某乙得知某物业管理有限公司急需资金还债后，即与本公司法定代表人周某某、某物业管理有限公司法定代表人陈某某共谋，以本公司需要流动资金为由，向工商银行申请贷款1000万元，供某物业管理有限公司使用，某物业管理有限公司支付上海某企业发展有限公司“服务费”等。之后，上海某企业发展有限公司将贷得的783万元供某物业管理有限公司归还欠款，收取“服务费”90万元，贷款保证金30万元。曹某乙个人收取劳务费7万元。

2010年11月12日，闸北区人民检察院以高利转贷罪提起公诉；12月16日，闸北区人民法院以高利转贷罪判处上海某企业发展有限公司罚金150万元；周某某有期徒刑1年，缓刑2年；曹某乙有期徒刑1年，缓刑1年。

【典型意义】

高利转贷罪是1997年刑法修订时规定的新类型犯罪，是指单位或个人以转贷牟利为目的，套取金融机构信贷资金高利转贷他人，违法所得数额较大的行为。上海某企业发展有限公司为牟利虚构贷款用途，套取银行信贷资金转贷给某物业管理有限公司并收取90万元“服务费”的行为，符合本罪特征，应

认定为高利转贷罪。

高利转贷罪系破坏国家信贷资金管理秩序犯罪，成立本罪主观上要具有转贷牟利的目的，客观上则要求具备套取信贷资金、高利转贷和违法所得数额较大三个条件。其中“套取信贷资金”，是指具备贷款条件的单位和个人，隐瞒贷款用途取得银行贷款的行为，不包括虚构贷款条件的骗取贷款行为，这也是本罪区别于骗取贷款罪的关键。“高利转贷”，是指将套取的银行信贷资金以高于银行贷款的利率转贷他人，利率幅度只要高于银行贷款利率即可，具体高出多少不影响本罪的成立。“违法所得”，是指将银行信贷资金以高于银行贷款的利率转贷他人后所获收益，收益既可以是双方约定的利息，也可以是以服务费、手续费名义约定的费用。适用高利转贷罪名时，应着重考察行为人转贷牟利的主、客观要件，对转贷利率高于银行贷款利率、违法所得数额较大的，应依法认定为高利转贷罪。

上海市闸北区人民检察院

起诉书

沪闸检诉〔2010〕499号

被告单位上海××企业发展有限公司，住所地上海市闵行区××路××弄××号××幢，法定代表人周某某。

诉讼代表人曹某甲，女，41岁，上海××企业发展有限公司办公室主任。

被告人周某某，男，1963年××月××日生，公民身份号码：3101091963××××××××，汉族，高中文化，上海××企业发展有限公司法定代表人，户籍在上海市××路××弄××号，暂住上海市××路××弄××号××室。2010年2月1日因涉嫌高利转贷罪，由上海市公安局闸北分局取保候审，同年6月30日由本院决定继续取保候审。

被告人曹某乙，男，1971年××月××日生，公民身份号码：3101091971××××××××，汉族，高中文化，无业，户籍在上海市××路××弄××号××室，暂住上海市××路××弄××号××室。2010年2月2日因涉嫌高利转贷罪，由上海市公安局闸北分局刑事拘留，同年2月5日由上海市公安局闸北分局延长刑事拘留至三十日，同年3月2日由上海市公安局闸北分局取保候审，同年6月30日由本院决定继续取保候审。

本案由上海市公安局闸北分局侦查终结，以被告人周某某、曹某乙涉嫌高利转贷罪，于2010年6月30日移送本院审查起诉。本院受理后，于同日告知二被告人有权委托辩护人；依法讯问被告人，审查了全部案件材料，并就是否适用简易程序审理听取二被告人的意见，均表示同意。

经依法审查查明：

2008年4月，被告人曹某乙作为被告单位上海××企业发展有限公司（以下简称“×甲公司”）当时的临时员工，在得知上海××物业管理有限公司（以下简称“×乙公司”）的法定代表人陈某某（另案处理）急需资金还债的情况下，为了非法牟取利益，伙同×甲公司的法定代表人即被告人周某某，以×甲公司需要流动资金为由，向中国工商银行上海市普陀支行申请贷款人民币（以下币种均为人民币）1000万元，套取到信贷资金后再以高利转贷给×乙公司。根据陈某某和周某某事先签订的《借款合同》，×甲公司在获取贷款后，将先行扣除97万元作为应归还银行的到期利息（后减少为90万元，另外7万元作为×乙公司支付给曹某乙的劳务费），90万元作为×乙公司支付给×甲公司的服务费，30万元作为×乙公司归还本金的保证金暂扣于×甲公司账户，剩下的783万元由×甲公司代×乙公司偿还给××典当行。

2008年4月24日，被告人周某某以×甲公司的名义与中国工商银行普陀支行签订了两份《小企业贷款合同》，一份200万元（期限从2008年5月15日至2009年2月12日），一份800万元（期限从2008年5月15日至2009年5月14日），利息在中国人民银行一年期贷款基准利率的基础上上浮5%。同时，陈某某代表×乙公司与银行签订了两份《最高额抵押合同》，提供××路××弄和××路××弄的多套房产作抵押。周某某与其前妻梁某某还与银行签订《最高额保证合同》，对这笔贷款承担连带责任保证。

2008年5月27日，×甲公司在中国工商银行上海市曹杨新村支行的账户收到银行发放的贷款1000万元，除50万元留于该账户用于支付各项贷款费用及贷款利息，同年5月28日×甲公司将另外950万元划至该公司光大银行的账户。同年5月29日该款项又被划回中国工商银行曹杨新村支行账户，并于同日经上海××贸易有限公司转账后转回×甲公司光大银行账户。同年5月30日，×甲公司光大银行账户开具四张本票，其中783万元分两笔支付给×乙公司，并代其偿还××典当行的欠款，100万元划至×甲公司中国工商银行建国西路支行账户，66.8万元由被告人曹某乙领取作为自己及其他人员的好处费，剩下2000元于同年6月5日被划至×甲公司中国工商银行建国西路支行账户。×甲公司留下的共150余万元中，除30万元系贷款保证金外，其余120万元中×甲公司支付贷款顾问费、评估费等各项费用13.7万余元，又归还贷款利息45万余元，其余60万余元均被被告人周某某用于×甲公司的日常经营。

被告人周某某、曹某乙在接到公安机关的电话通知后，分别于2010年2月1日和2月2日投案自首。案发后，曹某乙已退出赃款20万元。

上述事实，有以下证据证明：

1. 上海市闸北区人民法院提供的《小企业借款合同》《最高额抵押合同》《最高额保证合同》《公证书》等证据，证实被告单位×甲公司向中国工商银行申请贷款的事实。

2. 被告单位×甲公司及被告人周某某提供的《借款合同》《银行存款日记账》《收款凭证》《付款凭证》《转账凭证》和相关银行票据及存根，×乙公司出具的《委托付款指示》和《委托扣款指示》，中国工商银行曹杨新村支行提供的《跨行支付系统大额支付业务收报清单》《客户存款对账单》《企业贷款对账单》和《业务委托书》，光大银行提供的《对公账户对账单》等证据，证实×甲公司在获得1000万元贷款后的资金流向。

3. 被告人周某某、曹某乙的供述和辩解、证人陈某某、朱某某、梁某某的证言等证据，证实被告单位×甲公司及周某某、曹某乙以转贷牟利为目的，在套取中国工商银行的信贷资金后，高利转贷给陈某某，用于×乙公司归还债务。

4. 上海市工商行政管理局闵行分局提供的被告单位×甲公司《企业法人营业执照》《工商登记资料》和企业其他材料、上海市闸北区人民法院提供的×乙公司《企业法人营业执照》、上海市工商行政管理金山分局提供的上海日昊贸易有限公司《工商登记资料》和其他材料等证据，证实了涉案公司的相关情况。

5. 上海市公安局闸北分局制作的《接受刑事案件登记表》和出具的《工作情况》，证实本案的案发经过和被告人周某某、曹某乙的到案情况。

6. 上海市公安局闸北分局出具的《扣押物品、文件清单》，证实被告人曹某乙退出赃款20万元的情况。

7. 被告单位×甲公司出具的《委托书》，证实该公司委托办公室主任曹某甲作为诉讼代表人的情况。

8. 被告人周某某、曹某乙的户籍资料，证实其身份情况。

上述证据来源及收集程序合法，内容客观真实，足以认定指控事实。被告人周某某、曹某乙对基本犯罪事实无异议。

本院认为，被告单位上海××企业发展有限公司及直接负责的主管人员被告人周某某、其他直接责任人员被告人曹某乙，以转贷牟利为目的，套取金融机构信贷资金高利转贷他人，违法所得数额较大，其行为均已触犯《中华人民共和国刑法》第一百七十五条、第三十条、第三十一条，犯罪事实清楚，证据确实、充分，应当以高利转贷罪追究其刑事责任。被告人周某某、曹某乙犯罪后能自动投案，如实供述自己的罪行，根据《中华人民共和国刑法》第六十七条第一款，是自首，可以依法从轻或者减轻处罚。被告人周某某、曹某乙到案后认罪态度较好、有悔罪表现，曹某乙并已退赔部分赃款，均可以酌情从轻处罚。根据《中华人民共和国刑事诉讼法》第一百四十一条、第一百七十四条的规定，提起公诉，请依法审判。

此致

上海市闸北区人民法院

检察员　陈　加

二〇一〇年十一月十二日

附：1. 被告人周某某现取保候审于居住地，联系电话：1381733××××。被告人曹某乙现取保候审于居住地，联系电话：1338608××××。

2. 侦查卷宗二册，补充证据材料一册。

3. 《适用简易程序建议书》一份。

4. 相关法律条文。(略)

上海市闸北区人民法院
刑事判决书

（2010）闸刑初字第900号

公诉机关上海市闸北区人民检察院。

被告单位上海××企业发展有限公司，住所地上海市闵行区××路××弄××号××幢，法定代表人周某某。

诉讼代表人曹某甲，女，1969年××月××日出生于上海市，系上海××企业发展有限公司办公室主任。

被告人周某某，男，1963年××月××日出生于上海市，汉族，高中文化，系上海××企业发展有限公司法定代表人，户籍所在地上海市××路××弄××号，住上海市××路××弄××号××室；2000年12月犯窝藏罪被判处有期徒刑十个月，因涉嫌犯高利转贷罪于2010年2月1日被取保候审。

被告人曹某乙，男，1971年××月××日出生于上海市，汉族，高中文化，原系上海××企业发展有限公司职工，户籍所在地上海市××路××弄××号××室，暂住上海市××路××弄××号××室，因涉嫌犯高利转贷罪于2010年2月2日被刑事拘留，同年3月2日被取保候审。

辩护人张某某，上海××律师事务所律师。

上海市闸北区人民检察院以沪闸检诉〔2010〕499号起诉书指控被告单位上海××企业发展有限公司、被告人周某某、曹某乙犯高利转贷罪，于2010年11月15日向本院提起公诉。本院依法组成合议庭，公开开庭进行了审理。上海市闸北区人民检察院指派副检察长杨玉俊、检察员陈加出庭支持公诉。被告单位上海××企业发展有限公司诉讼代表人曹某甲、被告人周某某、曹某乙及辩护人张某某到庭参加诉讼。现已审理终结。

上海市闸北区人民检察院指控，2008年4月，被告单位上海××企业发展有限公司（以下简称×甲公司）临时员工曹某乙得知上海××物业管理有限公司（以下简称×乙公司）法定代表人陈某某（另案处理）急需资金还债后，为非法牟取利益，伙同×甲公司法定代表人周某某，决定以该公司需要流动资金为由，向银行申请贷款人民币1000万元（以下币种均为人民币），再高利转贷给×乙公司。之后，上述两家公司签订《借款合同》约定，×甲公司在获取贷款后，将先行扣除97万元作为应归还银行的到期利息（后减少为90万元，另外7万元作为×乙公司支付给曹某乙的劳务费），90万元作为×乙公司支付给×甲公司的服务费，30万元作为保证金暂扣于×甲公司账户，剩下的783万元由×甲公司代×乙公司偿还给××典当行。

2008年5月27日，×甲公司收到银行发放的贷款1000万元。其中，783万元代×乙公司偿还××典当行的欠款，66.8万元作为被告人曹某乙及其他人员的好处费，留在×甲公司账上的150.2万元中，30万元系贷款保证金，13.7万余元系×甲公司支付贷款顾问费、评估费等，45万余元系归还贷款利息，60余万元被用于×甲公司的日常经营。

被告人周某某、曹某乙接到公安机关的电话通知后，先后于2010年2月1日和2月2日向公安机关投案，并如实供述了所犯事实。案发后，被告人曹某乙已退出赃款20万元。

针对上述指控的事实，公诉机关当庭出示并宣读了证人的证言笔录，涉案公司企业法人营业执照、工商登记资料，申请贷款的相关合同，借款合同，证明贷款资金流向的相关收款凭证、付款凭证、转账凭证、银行对账单、日记账、委托付款、扣款指示，公安机关出具的工作情况，扣押物品、文件清单以及户籍资料等证据，认为被告单位×甲公司及直接负责的主管人员被告人周某某、其他直接责任人员被告人曹某乙，以转贷牟利为目的，套取金融机构信贷资金高利转贷他人，违法所得数额较大，其行为均已构成高利转贷罪，被告人周某某、曹某乙具有自首等情节。据此，提请本院依照《中华人民共和国刑法》第一百七十五条、第三十条、第三十一条、第六十七条第一款的规定，依法追究被告单位及两名被告人的刑事责任。

被告单位×甲公司的诉讼代表人曹某甲、被告人周某某、曹某乙对起诉指控的基本事实、定性均无异议。

被告人曹某乙的辩护人对起诉指控的事实及定性无异议，但认为×甲公司与×乙公司签订的《借款合同》中约定的利息是以银行的实际年利率为准，×甲公司并没有高出银行利息转贷；×甲公司收取的服务费是否作为利息有待商榷，即使作为利息，也未高出银行利息的四倍，故不属于高利；且被告人曹某乙具有自首情节，又积极退赃，请求对曹某乙从轻处罚并适用缓刑。

经审理查明：

被告人周某某系被告单位×甲公司的法定代表人，被告人曹某乙于2008年初进入该公司工作。2008年4月，被告人曹某乙从×乙公司法定代表人陈某某处得知，该公司欠上海华裕典当有限公司700余万元的欠款即将到期，急需资金还债，该公司虽有多处房产，但因经营状况不佳，无法从银行申请到贷款。之后，曹某乙分别与被告人周某某及陈某某商量，决定以×甲公司需流动资金为由，向银行申请贷款，×乙公司则以其房产作贷款抵押担保；×甲公司套取到信贷资金后再转贷给×乙公司，并从中赚取好处费。

2008年4月24日，被告人周某某以×甲公司的名义与中国工商银行股份有限公司上海市普陀支行签订了两份《小企业贷款合同》，一份200万元（期限从2008年5月15日至2009年2月12日），一份800万元（期限从2008年5月15日至2009年5月14日），利息在中国人民银行一年期贷款基准利率的基础上上浮5%。同时，陈某某代表×乙公司与银行签订了两份《最高额抵押合同》，提供××路××弄和××路××弄的多套房产作抵押担保；被告人周某某与其前妻梁某某与银行签订了两份《最高额保证合同》，对贷款承担连带责任保证。

同年5月27日，×甲公司在中国工商银行上海市曹杨新村支行的账户内收到银行发放的贷款1000万元，除50万元留于该账户用于支付各项贷款费用及贷款利息，余款950万元经转账，最终划至×甲公司中国光大银行账户。

同年5月30日，×甲公司与×乙公司在《借款合同》中约定，×乙公司向×甲公司借款1000万元，其中将先行扣除97万元作为应归还银行的到期利息（后减少为90万元，另外7万元作为×乙公司支付给曹某乙的劳务费），90万元作为×乙公司支付给×甲公司的服务费，30万元作为×乙公司归还本金的保证金暂扣于×甲公司账户，剩余783万元由×甲公司代×乙公司归还上海华裕典当有限公司欠款。当日，×甲公司将在中国光大银行账户内的950万元，以783万元用于代×乙公司偿还上海华裕典当有限公司的欠款，100万元划至×甲公司的中国工商银行上海市建国西路支行账户，66.8万元由被告人曹某乙领取，作为曹某乙及其他人员的好处费，余款2000元于同年6月5日划至×甲公司的中国工商银行上海市建国西路支行账户。

×甲公司在中国工商银行上海市曹杨新村支行账户、上海市建国西路支行账户内留下的共计150.2万元中，除30万元系贷款保证金外，13.7万余元用于支付贷款顾问费、评估费等，45万余元用于×甲公司归还银行自2008年6月至同年12月的贷款利息，其余60余万元均用于×甲公司的日常经营。

2010年2月1日、2月2日，被告人周某某、曹某乙接到公安机关电话通知后，先后向公安机关投案，并如实供述了上述所犯事实。本案在侦查、审理期间，被告单位×甲公司退出违法所得30万元，被告人曹某乙退出违法所得30万元。

另查明，中国工商银行股份有限公司上海市普陀支行因×甲公司未按合同约定履行按月结息义务，已构成违约，宣布两笔贷款提前到期，并依据经过公证具有强制执行效力的债权文书等，向法院申请强制执行。

上述事实，有以下证据予以证实：

1. 证人陈某某的证言笔录，证实陈某某通过朋友介绍认识曹某乙后，向曹某乙提出融资，后曹某乙提出以×甲公司名义向银行借钱，申请到贷款后再转借给×乙公司，×乙公司提供多处房产作贷款抵押。关于1000万元的转贷事宜，都是陈某某与曹某乙具体商谈，相关服务费、保证金等具体金额都由曹某乙定的。向×甲公司借的1000万元中，要扣除借款期限内偿还银行的利息以及×甲公司转借给×乙公司而赚得的利润，故×乙公司实际只得到800万元左右。

2. 证人朱某某的证言笔录，证实陈某某为归还上海华裕典当有限公司欠款，通过×甲公司的曹某乙，由×甲公司向银行申请到1000万元的贷款，×乙公司以物业作担保。×甲公司获得贷款后，扣除了应支付给银行的利息97万元、×甲公司的服务费90万元及保证金30万元后，其余783万元转给上海华裕典当有限公司作为×乙公司归还的欠款。

3. 证人梁某某的证言笔录，证实周某某通过曹某乙认识陈某某，陈某某想融资，但因不符合银行贷款标准，故想借×甲公司的平台向银行申请贷款，周某某同意后，以×甲公司名义向工商银行普陀支行申请了1000万元的贷款，×乙公司以物业做抵押。贷款合同是周某某签的，梁某某到公证处签订《最高额保证合同》，贷款利息实际由陈某某负责归还。

4. 书证被告单位×甲公司《企业法人营业执照》《工商登记资料》和企业其他材料、×乙公司《企业法人营业执照》、上海日昊贸易有限公司《工商登记资料》和其他材料等证据，证实了涉案公司的基本情况。

5. 书证《小企业借款合同》《最高额抵押合同》《最高额保证合同》《公证书》等证据，证实×甲公司以需流动资金为由，向中国工商银行股份有限公司上海市普陀支行申请贷款1000万元，×乙公司提供多套房产作抵押担保，被告人周某某与其前妻梁某某对该笔贷款承担连带责任保证的事实。

6. 书证《借款合同》，证实×甲公司与×乙公司关于1000万元借款的具体约定。

7. 书证《银行存款日记账》《收款凭证》《付款凭证》《转账凭证》和相关银行票据及存根，×乙公司出具的《委托付款指示》和《委托扣款指示》，中国工商银行上海市曹杨新村支行提供的《跨行支付系统大额支付业务收报清单》《客户存款对账单》《企业贷款对账单》和《业务委托书》，中国光大银行提供的《对公账户对账单》等证据，证实×甲公司在获得1000万元贷款后的资金流向。

8. 书证《执行证书》，证实了因×甲公司未按合同约定履行按月结息义务，已构成违约，银行宣布贷款提前到期，并申请强制执行的事实。

9. 上海市公安局闸北分局制作的《接受刑事案件登记表》和出具的《工作情况》，证实本案的案发经过和被告人周某某、曹某乙的到案情况。

10. 上海市公安局闸北分局出具的《扣押物品、文件清单》等证据，证实本案的退赃情况。

11. 被告人周某某、曹某乙的户籍资料，证实两名被告人的身份情况。

12. 被告人周某某的供述笔录，证实曹某乙是×甲公司的临时员工，周某某通过曹某乙得知×乙公司急需资金周转，曹某乙提议以×甲公司名义向银行申请贷款后再转借给×乙公司用于还债，×乙公司以价值1800万元的房产作抵押，×甲公司可从中赚取30万元的好处费。周某某觉得这种做法对公司没有风险，又能获利，于是就同意了。获得1000万元贷款后，根据与×乙公司签订的借款合同，扣除应支付给银行的利息90万元、服务费97万元及保证金30万元后，余款783万元由×甲公司代×乙公司偿还上海华裕典当有限公司欠款，具体的贷款和转贷事宜，均是由曹某乙出面商谈，后经周某某认可。关于服务费，×甲公司实际只拿到30万元左右，并给了曹某乙3万元作为奖励，曹某乙领取的66.8万元好处费具体如何分配，周某某并不清楚。关于利息，×甲公司实际支付到2008年底，后因×乙公司无力归还借款，就停止向银行支付利息，余款均用于公司的日常经营。

13. 被告人曹某乙的供述笔录，证实曹某乙与×甲公司虽然没有劳动合同，但公司同意曹某乙每月报销3000元的发票作为工资。陈某某是通过朋友介绍认识的，因×乙公司经营状况不佳，陈某某希望能通过合理途径融资。曹某乙得知该情况后，一方面是想帮朋友忙，一方面也想为×甲公司赚点好处费补贴公司的日常经营，于是就向周某某提议，由×甲公司向银行申请贷款再转借给×乙公司，周某某也表示同意。具体商议的内容都是经周某某认可的。×甲公司获得1000万元贷款后，扣除相关费用，余款783万元由×甲公司代×乙公司偿还欠款。对于曹某乙领取的66.8万元钱款，其本人获得其中的26.8万元，余款40万元是给他人作为介绍银行放贷的中介费，另外曹某乙从周某某处获得3万元。

上述证据均经庭审质证属实，合法有效，应予确认。

针对控、辩双方的意见，结合本案的事实和证据，本院对相关争议焦点评判如下：

关于被告单位及两名被告人的行为是否符合《中华人民共和国刑法》第

一百七十五条高利转贷罪中"高利"的标准问题，本院认为，高利转贷罪中的"高利"不应等同于民间借贷中的"高利"。高利转贷行为所涉及的资金直接来源于金融机构的信贷资金，其侵犯的客体除利率管理制度，还有国家对信贷资金的发放管理秩序等。高利转贷中转贷利率具体高出银行同期贷款利率的多少，并不影响高利转贷罪的成立。因此，行为人违法将金融机构的信贷资金以高于银行的贷款利率转贷他人，非法获取一定利益，即应以高利转贷罪论处。本案中，×甲公司与×乙公司在《借款合同》中约定借款利息是以到期的银行实际年利率为准并先期予以扣除，表面上看×甲公司仅仅是将贷款转借给×乙公司，由×乙公司支付相应的贷款利息，双方并未约定×乙公司还需支付×甲公司相应的利息，但《借款合同》同时约定×乙公司须支付给×甲公司服务费并先期予以扣除，该笔服务费亦系×甲公司在本次转贷中所获取的利益，其性质符合利息的本质，据此可以认定×甲公司实质上将金融机构的信贷资金以高于银行的贷款利率进行转贷。现被告人曹某乙的辩护人认为×甲公司转贷利息未高出银行同期贷款利率的四倍，不属于高利的辩护意见，无事实和法律依据，本院不予采纳。

本院认为，被告单位上海××企业发展有限公司以转贷牟利为目的，套取金融机构信贷资金高利转贷他人，违法所得数额较大，其行为已构成高利转贷罪，依法应予惩处。被告人周某某、曹某乙作为被告单位直接负责的主管人员及其他直接责任人员，其行为也构成高利转贷罪，依法应予惩处。公诉机关指控的事实清楚，证据确实、充分，指控的罪名成立，本院予以支持。鉴于被告单位上海××企业发展有限公司及被告人周某某、曹某乙犯罪后自动投案，并如实供述自己的罪行，是自首，依法可对被告单位及两名被告人从轻处罚，两名被告人到案后还退赔了部分违法所得，可酌情从轻处罚。根据被告人周某某、曹某乙的犯罪情节和悔罪表现，依法可适用缓刑，采纳辩护人请求对被告人曹某乙从轻处罚并适用缓刑的辩护意见。

据此，为保障国家金融信贷资金管理制度不受侵犯，依照《中华人民共和国刑法》第一百七十五条，第三十条，第三十一条，第六十七条第一款，第七十二条第一款，第七十三条第二款、第三款和第六十四条之规定，分别判决如下：

一、被告单位上海××企业发展有限公司犯高利转贷罪，判处罚金人民币一百五十万元。

（罚金应在本判决生效之日起三十日内缴付本院。）

二、被告人周某某犯高利转贷罪，判处有期徒刑一年，缓刑二年。

（缓刑考验期，从判决确定之日起计算。）

三、被告人曹某乙犯高利转贷罪，判处有期徒刑一年，缓刑一年。

（缓刑考验期，从判决确定之日起计算。）

四、责令退赔违法所得，连同已在案的部分违法所得，一并予以没收。

周某某、曹某乙回到社区后，应当遵守法律、法规，服从监督管理，接受教育，完成公益劳动，做一名有益社会的公民。

如不服本判决，可在接到判决书的第二日起十日内，通过本院或者直接向上海市第二中级人民法院提出上诉。书面上诉的，应交上诉状正本一份，副本一份。

审　判　长　钱锡青

审　判　员　杲祥华

代理审判员　钱　晔

二〇一〇年十二月十六日

书　记　员　龚　正

骗取附属于信用卡的贷款构成骗贷类犯罪

——彭某骗取贷款案

【案例要旨】

银行以信用卡为载体提供的授信业务本质上都是一种借贷法律关系，因此要区分刑法上的信用卡业务和附属于信用卡的贷款业务，应综合该业务中授信额度的使用方式、资金用途、还款要求、还款效力、银行承担的义务等形式要件予以判断。

【案情简要】

2012 年 10 月，中国光大银行上海分行（以下简称光大银行）与被告单位上海某酒业有限公司（以下简称某酒业公司）签订《采购卡分期透支业务合作协议》，双方约定在某酒业公司提供连带责任担保承诺的前提下，由光大银行为购买某酒业公司产品且有分期付款需求的借款人办理“小微采购卡”用以支付产品款项。2012 年 11 月至 2013 年 4 月期间，被告人彭某作为被告单位某酒业公司的实际负责人，虚构王某等 18 人系某酒业公司购货商的身份，伪造相关身份证明、购销合同、交易确认请款单等材料，骗取光大银行贷款人民币 2018 万余元，至案发时尚有人民币 1053 万余元无力偿还，造成银行特别重大损失。

浦东新区人民检察院提起公诉后，浦东新区人民法院以骗取贷款罪判处被告单位某酒业公司罚金人民币 20 万元，判处被告人彭某有期徒刑 1 年 6 个月，罚金人民币 2 万元。被告单位及被告人均未上诉，判决已生效。

【典型意义】

本案系银行金融创新过程中发生的刑事案件，争议焦点为“小微采购卡”的性质界定。侦查机关将其认定为信用卡，检察机关认为是贷款，法院支持了检察机关意见。该案对把握刑法意义上信用卡透支与贷款的区别，正确定性金融创新产品具有重要借鉴意义。

信用卡透支和贷款都是银行提供的授信业务，本质上都属于借贷法律关系，因此只能从形式要件上予以区分某一业务是信用卡业务还是附属于信用卡上的贷款业务。第一，授信额度的使用方式不同。信用卡是一种虚拟额度，债务具体数目无法提前确定，银行仅在持卡人刷卡消费或取现时兑现额度。而贷款授信资金一般一次或分次在交易前发放到申请人账户或指定账户，由申请人按约定用途使用。第二，还款要求及还款效力不同。信用卡额度可循环利用，持卡人透支后可随贷随还，还款行为具有恢复信用额度的效力。而贷款是依据合同约定的期限归还，提前还贷需支付违约金，且还款行为不具有恢复额度的效力。第三，资金用途不同。根据《中国银监会关于商业银行信用卡有关问题的通知》规定，“商业银行个人信用卡透支应当用于消费领域，不得用于生产经营、投资等非消费领域”，而贷款资金一般可用于生产经营领域和消费领域，且不得发放无指定用途的贷款。第四，银行承担的义务不同。信用卡业务中，银行的义务主要体现在发卡环节的资信调查。而根据《贷款通则》《个人贷款管理暂行办法》等规定，作为贷款人，银行不仅承担着贷前尽职调查的职责，贷后仍须采取有效方式对贷款资金使用、借款人的信用及担保情况变化等进行跟踪检查和监控分析，以确保贷款资产的安全。

值得注意的是，信用卡透支是一种信用贷款，无须提供担保，而根据《商业银行法》第 7 条规定，商业银行贷款应当以提供担保为原则，信用贷款为例外。但目前各商业银行为业务拓展，已逐步突破这一规定，不提供担保的贷款屡见不鲜。因此，是否提供担保已不能作为区分信用卡与贷款的绝对标准。

“小微采购卡”系针对上下游企业之间购销活动中的下游企业的授信，是银行借鉴国际采购卡供应链模式基础上的创新业务。本案中，银行认为被告单位不符合贷款条件转而推荐“小微采购卡”，有规避行政监管和减轻自身义务之嫌，该业务虽然由银行的信用卡部所推出，且以信用卡为载体，但其由上游企业某酒业公司作为保证人，银行授信基础系申请人及保证人的信用，在领卡合约中约定发放资金系用于生产经营，且资金是直接发放至某酒业公司账户，因此应当认定为刑法上的贷款业务。

近年来，银行信用卡业务创新产品种类繁多，特征各异，因此遇到此类案件时仍应个案分析，准确界定产品性质，正确适用法律。应当指出的是，在正确界定产品性质的基础上，还应进一步通过证据准确判断行为人主观上是否具有非法占有目的，根据不同情况准确定性，不枉不纵，不宜仅因产品性质被界定为贷款，就一概认定为骗取贷款罪。

上海市浦东新区人民检察院
起 诉 书

沪浦检金融刑诉〔2014〕607号

被告单位上海××公司，组织机构代码××，住所在上海市松江区××镇××路××号，法定代表人曾某。

诉讼代表人张某，男，1978年××月××日生，系上海××公司法务顾问。

被告人彭某，男，1974年××月××日生，公民身份号码：3603121974××××××××，汉族，中专文化，系上海××公司实际负责人，户籍在江西省萍乡市××县××乡××号，暂住上海市松江区××镇××路××号。2013年11月20日因涉嫌信用卡诈骗罪被上海市公安局浦东分局刑事拘留，2013年11月22日延长刑事拘留期限至三十天，2013年12月27日经本院批准，次日由上海市公安局浦东分局执行逮捕；2014年2月27日经上海市人民检察院第一分院批准，延长羁押期限一个月；2014年3月26日经上海市人民检察院批准，延长羁押期限二个月。

本案由上海市公安局浦东分局侦查终结，以被告人彭某涉嫌信用卡诈骗罪，于2014年5月27日移送本院审查起诉。本院受理后，于同日已告知被告人有权委托辩护人，依法讯问了被告人，审查了全部案件材料。经审查，于2014年7月9日退回补充侦查，上海市公安局浦东分局于2014年8月7日补充侦查终结，移送本院审查起诉。

经依法审查查明：

2012年10月，中国光大银行上海分行（以下简称光大银行）与被告单位上海××公司（以下简称××公司）签订《采购卡分期透支业务合作协议》，双方约定在××公司提供连带责任担保承诺的前提下，由光大银行为购买××公司产品且有分期付款需求的借款人提供贷款用以支付产品款项。2012年11月至2013年4月期间，被告人彭某作为被告单位××公司的实际负责人，虚构王某等18人系××公司购货商的身份，伪造相关身份证明、购销合同、交易确认请款单等材料，骗取光大银行贷款人民币2018万余元，至案发尚有人民币1053万余元无力偿还，造成银行特别重大损失。

2013年11月20日，被告人彭某被公安机关抓获归案。

上述事实，有以下证据证明：

1. 证人濮某、童某、王某的证言，光大银行与××公司签订的《采购卡分期透支业务合作协议》、《中国光大银行采购卡领用合约》、光大银行关于开展采购卡业务的报告及情况说明、上海银监局关于彭某信用卡诈骗案件协查函的复函等证据，证实被告单位××公司、被告人彭某向光大银行申请贷款的过程及性质。

2. 光大银行提供的报案书、采购卡申请表、身份证复印件、交易明细、催收记录、对账单、购销合同、企业法人营业执照、授权书、收入证明、交易确认请款单、担保承诺函及上海××会计师事务所有限公司司法会计鉴定意见书等书证，证实王某等18人以××公司采购商身份向光大银行申请采购卡，并以交易确认请款单的方式授权光大银行将资金划款至××公司，共计人民币2018万余元，至案发尚有人民币1053万余元未偿还的事实。

3. 证人王某、刘某、于某、聂某、王某甲、袁某等的证言，上海市公安局浦东分局出具的工作情况，上海××实业公司等11家公司的工商登记材料等证据，证实被告人彭某虚构王某等18名采购卡申请人系被告单位××公司购货商的身份，向光大银行骗取贷款的事实。

4. 上海市公安局浦东分局出具的案发经过证实被告人彭某系被抓获到案。

5. 上海市公安局浦东分局调取的常住人口基本信息、相关企业营业执照、组织机构代码证等证据，证实被告人彭某的身份情况及被告单位××公司的公司性质。

6. 被告人彭某对以王某等18人名义向光大银行申请贷款的事实供认不讳，但否认自己有诈骗故意及行为。

上述证据收集程序合法，内容客观真实，足以认定指控事实。

本院认为，被告单位上海××公司以欺骗手段取得银行贷款，给银行造成特别重大损失，被告人彭某作为被告单位直接负责的主管人员，其行为均已触犯《中华人民共和国刑法》第一百七十五条之一，犯罪事实清楚，证据确实、充分，应当以骗取贷款罪追究其刑事责任。根据《中华人民共和国刑事诉讼法》第一百七十二条的规定，提起公诉，请依法审判。

此致

上海市浦东新区人民法院

检察员　蒋凤静

二〇一四年九月三日

附：1. 被告人彭某现羁押于上海市浦东新区看守所；诉讼代表人张某联系电话：××。

2. 公安侦查卷宗八册。

附：相关法律条文

《中华人民共和国刑法》

第一百七十五条之一　以欺骗手段取得银行或者其他金融机构贷款、票据承兑、信用证、保函等，给银行或者其他金融机构造成重大损失或者有其他严重情节的，处三年以下有期徒刑或者拘役，并处或者单处罚金；给银行或者其他金融机构造成特别重大损失或者有其他特别严重情节的，处三年以上七年以下有期徒刑，并处罚金。

单位犯前款罪的，对单位判处罚金，并对其直接负责的主管人员和其他直接责任人员，依照前款的规定处罚。

《中华人民共和国刑事诉讼法》

第一百七十二条　人民检察院认为犯罪嫌疑人的犯罪事实已经查清，证据确实、充分，依法应当追究刑事责任的，应当作出起诉决定，按照审判管辖的规定，向人民法院提起公诉，并将案件材料、证据移送人民法院。

上海市浦东新区人民法院
刑事判决书

（2014）浦刑初字第4171号

公诉机关上海市浦东新区人民检察院。

被告单位上海××公司，住所地：上海市松江区××镇××路××号。法定代表人曾某。

诉讼代表人张某，男，1978年××月××日生，系上海××公司法务顾问。

被告人彭某，男，1974年××月××日生，汉族，出生地江西省芦溪县，中专文化，系上海××公司实际负责人，户籍地江西省芦溪县××村××号。因本案于2013年11月20日被刑事拘留，2013年12月28日被逮捕，现羁押于上海市浦东新区看守所。

辩护人魏某，上海××律师事务所律师。

辩护人殷某，上海××律师事务所律师。

上海市浦东新区人民检察院以沪浦检金融刑诉〔2014〕607号起诉书指控被告单位上海××公司、被告人彭某犯骗取贷款罪，于2014年9月3日向本院提起公诉。本院依法组成合议庭，公开开庭审理了本案。上海市浦东新区人民检察院指派检察员蒋凤静出庭支持公诉，被告单位上海××公司诉讼代表人张某、被告人彭某及辩护人魏某、殷某到庭参加诉讼。现已审理终结。

上海市浦东新区人民检察院指控，2012年10月，中国光大银行上海分行（以下简称光大银行）与被告单位上海××公司（以下简称××公司）签订《采购卡分期透支业务合作协议》，双方约定在××公司提供连带责任担保承诺的前提下，由光大银行为购买××公司产品且有分期付款需求的借款人提供贷款用以支付产品款项。2012年11月至2013年4月期间，被告人彭某作为被告单位××公司的实际负责人，虚构王某等18人系××公司购货商的身份，伪造相关身份证明、购销合同、交易确认请款单等材料，骗取光大银行贷款人民币2018万余元，至案发尚有人民币1053万余元无力偿还，造成银行特别重大损失。上海市浦东新区人民检察院当庭出示了证人濮某、童某、王某甲、王某、刘某、于某、聂某、王某乙、袁某等人的证言、银行报案书、采购卡申请表、身份证复印件、交易明细、催收记录、对账单、购销合同、企业法人营业执照、授权书、收入证明、交易确认请款单、担保承诺函、司法会计鉴定意见书、工作情况、工商登记材料、组织机构代码证、案发经过等证据，以证明上述指控。公诉机关认为，依照《中华人民共和国刑法》第一百七十五条之一、第六十七条第一款之规定，被告单位及被告人彭某的行为已构成骗取贷款罪，被告单位及被告人彭某系自首，对被告单位依法从轻处罚，对被告人彭某依法从轻、减轻处罚。据此，提请本院依法审判。

被告单位上海××公司对上述指控无异议。

被告人彭某对起诉书指控的罪名有异议，提出××公司系提供连带责任担保有限公司；对起诉书认定的骗取光大银行人民币2018万余元的数额有异议；对余款人民币1053万余元无力偿还有异议。

被告人彭某的辩护人提出彭某系自首，要求对彭某依法减轻处罚。

经审理查明，2012年10月，光大银行与被告单位××公司签订《采购卡分期透支业务合作协议》，双方约定在××公司提供连带责任担保承诺的前提下，光大银行为购买××公司产品且有分期付款需求的借款人提供贷款用以支付产品款项。2012年11月至2013年4月期间，被告人彭某作为被告单位××公司的实际负责人，虚构王某等18人系××公司购货商的身份，伪造相关身份证明、购销合同、交易确认请款单等材料，骗取光大银行贷款人民币2018万余元，至案发尚有人民币1053万余元无力偿还，造成银行特别重大损失。

2013年11月20日，被告人彭某在明知银行已经报案，且公安人员准备前来抓捕的情况等候在公司办公室，后被抓获归案，到案后如实供述上述犯罪事实。

上述事实，有下列证据证实：

1. 证人濮某的证言证实，其系光大银行真新支行××。因××公司有融资需求，由童行长先行前往与彭某洽谈具体事宜。但对方提出贷款成数要求很高，无法办理，在向彭某介绍小微采购卡项目后，彭某想办理该业务，由于该公司在白酒领域做得好，故同意为××公司办理，并要求该公司必须提供合同等材料作为证明，分行立项通过后，支行客户经理和分行信用卡部人员一起前往××公司进行填表培训，并告知本次采购卡均为虚拟卡（有实体卡），是为方便后续的结算手续，要求表格内容填写必须真实，总行还要进行身份核实。

2. 证人童某的证言证实，其系光大银行真新支行××。2013年8月，其因××公司有融资需求，联系并拜访了××公司的实际控制人彭某。鉴于彭某提出的贷款成数较高且抵押房产均为他人名下并有贷款，无法满足银行抵押贷款的条件，在向彭某介绍了银行小微采购卡的产品特点和办理流程后，彭某按照银行要求提交了相关材料。项目审批通过后由银行信用卡部和支行人员上门核实并办理了相关业务。

3. 证人王某甲的证言证实，其系光大银行真新支行员工，“2012 年六七月，彭某向银行提出有资金需求。恰逢总行推出小微采购卡业务，考虑到他的经营状况，向他介绍了该业务。2012 年 10 月，××公司彭某向光大银行上海分行信用卡部申请‘小微采购卡’项目，其是真新支行的客户经理，具体负责经办该项目，当时无法知道彭某提供的 18 名申请人的身份不是××公司的采购商。在向彭某介绍产品时明确必须提供其经营的××公司的采购商作为申请人给我行，在审核过程中，我行工作人员多次向申请人确认，所有申请人都答复称是××公司的采购商。”

4. 证人王某的证言证实，2010 年经人介绍认识彭某，彭某是做钢贸生意的，在 2011 年帮彭某注册成立了××实业公司，主要经营钢材。××公司是他自己办理，其只知道××公司是经营各类酒的。2012 年 10 月，彭某打电话叫其去光大银行帮忙，为××公司办理一张用于酒类采购的采购卡，额度人民币 100 万元，它不属于信用卡，这钱是公司用也由公司归还。10 月 25 日其去了光大银行，按照银行工作人员的要求提供了身份证复印件，填写一张银行采购卡申请表并签名，当时彭某提供了银行卡的收卡地址，所以办好卡后银行没有把卡寄给我，而是寄到了××公司。

5. 证人刘某的证言证实，其系××公司送货员，于 2011 年初进入××公司。公司主要经营各类酒，法人是曾某，总经理是彭某。2012 年 10 月，公司老板曾某、彭某先后叫其公司 8 名员工各办理一张采购卡，金额是人民币 100 万元，具体由公司会计颜某操作，我们只需负责提供身份证及填表，其他证明材料及购销合同是由公司搞定的。光大银行的工作人员到其公司，发给 8 名员工及外面的人一张采购卡申请表，按照银行的要求填好表格，并由公司拿上其他证明材料一起给了银行工作人员，老板对我们说钱是公司用，每个月的钱由公司还。后银行多次打电话向其催收信用卡欠款，其对他们说钱都是公司用的。

6. 证人于某的证言证实，2009 年认识彭某，其和他仅是朋友关系，无业务往来。2012 年 10 月 25 日彭某打电话让其去光大银行真新支行，到了后彭某问其要身份证办卡，其被带至银行工作室，按照银行工作人员要求填写申请表，当时银行一女工作人员说所有事情与其无关，只要填表就可以了。填表时看到工作单位是与其没有任何关系的××公司，银行工作人员表示如果光大银行总部在电话核实时问身份及签名是否是本人时需要按照这张申请表上所填写的内容回答。后其收到银行催收电话，经其和彭某、光大银行负责人商议，其一次性于今年9月将当时到期的本息共计40万元还给了光大银行。

7. 证人聂某的证言证实，2010年经人介绍认识彭某，与彭某是老乡，保持一定联系，2012年10月25日，彭某打电话让其到光大银行真新支行，说他与光大银行达成一笔2000万元的小微企业采购卡贷款业务，由于该采购卡每张额度是100万元，共计需20张自然人身份证，要求其帮忙提供身份证，还称只需提供身份证，钱与其无关，卡由彭某集中保管，该卡资金也只能在××公司内部运作不能流出，彭某表示会出具一份该卡还款责任及法律责任与其无关的承诺书。其按照银行提供的样本和信息填写资料，银行和彭某均讲了光大银行上级会电话核实信息并教其如何应答。其没有收到卡，也没有使用过。

8. 证人王某乙的证言证实，其与彭某是老乡朋友关系，和彭某经营的××公司没有任何业务往来。2013年春节前后，彭某打电话让其去办张信用卡，之后彭某带其到柜台上办理了一张信用卡，也不知道是什么卡，只是在申请书上签了名。后光大银行电话催收欠款，但其没有收到卡，也没有使用过。

9. 证人袁某的证言证实，其系××公司的员工。2012年10月24日，光大银行的工作人员来上海××公司办理“小微企业采购卡”业务，按照光大银行工作人员的要求在申请书上填写了其个人信息并在申请文书上签了名。××公司财务部出纳称欠款是由公司来还的，让其不用担心。其没有拿到过卡，没有使用过，也没有还过款。

10. 证人张某甲的证言证实，其与彭某是朋友关系，和××公司有业务往来，从2011年到2013年一直从他们公司批发酒。2012年12月底，其去上海××公司进酒，彭某让其去办张光大银行“小微企业采购卡”信用卡，可以作为其周转资金。后其按照来其公司办卡的光大银行工作人员的要求填写了申请资料，并签了名。但其没有收到过卡，也没有使用过，也没有还过款。

11. 证人钟某的证言证实，其系××公司会计，负责计算公司进的酒的成本，公司主要负责人是总经理彭某，负责公司具体工作。2012年10月，彭某要去申请光大银行“小微企业采购卡”，为了低价购酒，需要借用员工的身份证去办卡，彭某表示这张卡在使用过程中所产生的费用是不用公司员工个人来承担的。后光大银行的员工到公司，称不会让个人承担责任，只是借用身份证。银行工作人员要求其在申请表上的“工作单位”一栏填写他们事先预备的工作单位名称，不要写实际工作的××公司。后又让填写承诺书，类似于自愿申请办理该信用卡的一段话。其借故中途离开，没有填完。几天后，收到一条短信说光大银行信用卡已经办下来，但其没有看到过这张卡。

12. 相关的上海××甲公司、上海××乙有限公司、上海××丙有限公司、上海××丁公司、上海××公司、上海××戊公司、上海××己公司、上海××庚公司、上海××辛公司的工商营业情况证实上述公司登记、营业情况。

13. 上海××壬公司证人陈某甲的证言证实，其系上海××壬公司实际负责人。公司于2010年5月27日注册，注册资金人民币50万元。其不认识钟某、周某，没有聘请过他们，也没有和他们有任何的贸易往来。公司与××公司没有过贸易来往，也没有合作过任何业务，其不认识××公司的负责人彭某。

14. 上海××癸公司证人汤某的证言证实，其系上海××癸公司法人代表。其不知道有叫王某甲的人来工作过，也不知道××公司。

15. 证人彭某甲证言证实，其系××公司员工，××公司是经营酒类的代理公司，实际控制人是彭某，公司经营情况不清楚。其没有办过采购卡，但听之前的员工（现都已离职）说过卡的事情。

16. 证人陈某的证言证实，其系××公司员工，2013年11月6日正式进入公司，负责网上招聘、面试接待。公司地址在上海市松江区××路××号，公司有四个门店，具体地址不清楚。总经理是彭某，具体负责公司经营，其不清楚公司经营情况。也未办过采购卡。

17. 证人彭某乙的证言证实，其系××公司员工，于2013年3月进入公司，总经理是彭某，自2013年3月以来公司销售经营情况一直不好、业绩很差。其没办卡，其听说是彭某以公司名义要求他们以个人名义办卡的，但卡里的钱是给彭某或公司用的，还款也是彭某负责。

18. 证人周某的证言证实，其系××公司员工，于2013年7月进入公司，××公司是销售酒类的，公司由总经理彭某负责及控制，大小事务都经由他审批才能运作。其没办过采购卡。

19. 光大银行关于开展采购卡业务的报告及情况说明证实，采购卡业务及风险控制等情况。

20. 上海银监局关于彭某信用卡诈骗案件协查函的复函主要证实，2012年12月27日，中国银监会发布《中国银监会关于商业银行信用卡有关问题的通知》（银监发〔2012〕60号），明确“商业银行个人信用卡透支应当用于消费领域，不得用于生产经营、投资等非消费领域”。2013年1月29日，光大银行信用卡中心下发《关于暂停采购卡项目审批的通知》，暂停采购卡业务。就业务性质而言，采购卡业务似可认为是光大银行上海分行以信用卡为载体向××公司提供的授信业务。

21. 光大银行与××公司签订的采购卡分期透支业务合作协议证实采购卡

分期透支业务协议的性质、额度、办理方式等情况。

22. 中国光大银行采购卡领用合约证实申领使用采购卡的有关申领、使用等情况。

23. 光大银行提供的王某等18人报案书、采购卡申请表、身份证复印件、交易明细、催收记录、对账单、购销合同、企业法人营业执照、授权书、收入证明、交易确认请款单、担保承诺函证实，光大银行以王某等18人行为涉嫌信用卡诈骗罪向公安局报案。并证实由王某等18人以自然人身份向银行申请采购卡并填写本人身份信息、虚构上海××丙公司等与××公司有购销业务背景，虚构王某等人系上海××丙公司员工或法人授权的人，以交易确认请款单的方式授权光大银行从其个人账户将资金直接划款至××公司企业账户的事实。

24. 相关公司工商材料证实，××公司于2010年6月注册成立，地址在松江区，企业性质为有限责任公司，法定代表人为曾某，注册资本人民币1000万元。股东为曾某、彭某丙。某欣公司于2007年成立，法定代表人何某，注册资本人民币1550万元，股东为何某、詹某。某启公司于2011年9月注册成立，法定代表人彭某丁，注册资本人民币1003万元，股东为彭某丁、刘某甲。

25. 查询财产清单、明细对账单证实，××公司资金流向某欣公司、某启公司，及从该公司流向莫某等个人、上海某砖公司等情况。

26. ××公司出具的承诺书证实，还款义务由公司承担。

27. 司法会计鉴定意见书证实，上海××公司实际收到王某甲等18人"小微采购卡"的贷款金额为人民币20181000元，截至2014年3月9日，累计还款人民币9648381.64元（其中人民币4096000元自××公司在光大银行开设的保证金账户转入），尚欠本金人民币10532618.36元。

28. 证人濮某的证言证实本案案发后，作为行长每天都和彭某电话联系，并且每次都会提醒彭某案件已移交，公安机关会来找他的，不排除2013年11月19日那天和彭某通电话的时候和彭某谈过公安机关会去找他。公安机关出具的案发经过证实被告人彭某到案情况并证实彭某系自首。

29. 被告人彭某的供述。

上述证据均经庭审质证属实，证据确凿充分，足以认定。

被告人彭某提出××公司系提供连带责任担保有限公司，经查，被告人彭某采用欺骗的手段，借用18人的名义冒充购货商，并以虚假的购销合同向光大银行申请贷款，骗取银行的信任，骗得人民币2018万余元，其行为符合诈骗罪的构成要件，故被告人彭某的意见，不予采纳。

被告人彭某提出对人民币2018万余元的犯罪数额有异议，认为上述数额有出入，因本案认定的被告人彭某骗得银行贷款人民币2018万余元，系有具有法律权威的司法会计鉴定意见书作出鉴定，故被告人彭某所提的意见，不予采纳。

被告人彭某提出余款人民币1053万余元无力偿还的异议，经查，案发至今，被告人彭某未退赔任何钱款，且××公司现在的状况已无力偿还银行的钱款，故被告人彭某所提的意见，不予采纳。

本院认为，被告单位××公司以欺骗手段取得银行贷款，给银行造成特别重大损失，被告单位××公司构成骗取贷款罪，被告人彭某系被告单位直接负责的主管人员，其行为构成（单位）骗取贷款罪。公诉机关指控的罪名成立，应予支持。被告单位及被告人彭某均系自首，对被告单位依法从轻处罚，对被告人彭某依法减轻处罚。辩护人所提的要求减轻处罚的意见，予以采纳。依照《中华人民共和国刑法》第一百七十五条之一、第六十七条第一款、第五十三条、第六十四条之规定，判决如下：

一、被告单位上海××公司犯骗取贷款罪，罚金人民币二十万元（此款应在判决生效后一个月内缴纳）。

二、被告人彭某犯（单位）骗取贷款罪，判处有期徒刑一年六个月，罚金人民币二万元（此款应在判决生效后一个月内缴纳）。

（刑期从判决执行之日起计算。判决执行以前先行羁押的，羁押一日折抵刑期一日。即自2013年11月20日起至2015年5月19日止。）

三、违法所得责令退赔。

如不服本判决，可在接到判决书的第二日起十日内，通过本院或者直接向上海市第一中级人民法院提出上诉。书面上诉的，应当提交上诉状正本一份，副本二份。

审　判　长　刘娟娟
审　判　员　石耀辉
人民陪审员　李加平
二〇一四年十一月二十五日
书　记　员　陈　洁

附：相关法律条文

《中华人民共和国刑法》

第一百七十五条之一 以欺骗手段取得银行或者其他金融机构贷款、票据承兑、信用证、保函等，给银行或者其他金融机构造成重大损失或者有其他严重情节的，处三年以下有期徒刑或者拘役，并处或者单处罚金；给银行或者其他金融机构造成特别重大损失或者有其他特别严重情节的，处三年以上七年以下有期徒刑，并处罚金。

单位犯前款罪的，对单位判处罚金，并对其直接负责的主管人员和其他直接责任人员，依照前款的规定处罚。

第六十七条 犯罪以后自动投案，如实供述自己的罪行的，是自首。对于自首的犯罪分子，可以从轻或者减轻处罚。其中，犯罪较轻的，可以免除处罚。

被采取强制措施的犯罪嫌疑人、被告人和正在服刑的罪犯，如实供述司法机关还未掌握的本人其他罪行的，以自首论。

犯罪嫌疑人虽不具有前两款规定的自首情节，但是如实供述自己罪行的，可以从轻处罚；因其如实供述自己罪行，避免特别严重后果发生的，可以减轻处罚。

第五十三条 罚金在判决指定的期限内一次或者分期缴纳。期满不缴纳的，强制缴纳。对于不能全部缴纳罚金的，人民法院在任何时候发现被执行人有可以执行的财产，应当随时追缴。如果由于遭遇不能抗拒的灾祸缴纳确实有困难的，可以酌情减少或者免除。

第六十四条 犯罪分子违法所得的一切财物，应当予以追缴或者责令退赔；对被害人的合法财产，应当及时返还；违禁品和供犯罪所用的本人财物，应当予以没收。没收的财物和罚金，一律上缴国库，不得挪用和自行处理。

骗取小额贷款公司贷款的行为应认定为骗取贷款罪

——上海某粮油有限公司骗取贷款案

【案例要旨】

以欺骗手段取得小额贷款公司的贷款，造成重大损失或者有其他严重情节的，应认定骗取贷款罪。

【案情简要】

被告人方某乙于2009年9月以上海某粮油有限公司（以下简称某粮油公司）负责人的身份，与上海某小额贷款股份有限公司（以下简称某小额贷款公司）签订《贷款授信合同》，约定某粮油公司可通过提供相应财产质押担保的方式，向某小额贷款公司申请最高额度在300万元以内的贷款。根据该《贷款授信合同》，某粮油公司于2010年1月至2月间，与某小额贷款公司签订《贷款合同》，以向乐购超市销售大米的送货单作为应收账款质押，从某小额贷款公司获得贷款170万元。上述送货单中真实货款为38万余元，其余为虚假销售。某粮油公司利用虚增的销售款向某小额贷款公司骗取贷款131万余元。

杨浦区人民检察院提起公诉后，杨浦区人民法院以被告单位某粮油公司犯骗取贷款罪，判处罚金人民币10万元；被告人方某乙犯骗取贷款罪，判处有期徒刑1年，罚金人民币1万元。被告单位及被告人上诉后，上海市第二中级人民法院裁定驳回上诉，维持原判。

【典型意义】

小额贷款公司是2008年5月中国银行业监督管理委员会（以下简称银监会）、中国人民银行《关于小额贷款公司试点的指导意见》（以下简称《意见》）规定的一种新型金融业态，近年来发展迅速，在有效配置金融资源，支持小微企业发展、服务“三农”等方面发挥了重要作用。依法加强对小额贷款公司的刑法保护，对保障金融安全、维护金融秩序、促进整体融资环境优化具有重要意义。本案作为上海市首例骗取小额贷款公司贷款的刑事案件，对于认定小额贷款公司的刑法性质具有借鉴价值，也有利于加大对新型金融业态的刑法保护和促进完善金融监管等。

小额贷款公司应依法认定为《刑法》第 175 条之一规定的“其他金融机构”。根据法律用语的同一解释原理，小额贷款公司的刑法性质应当以行政法性质作为前提，根据相关行政法规，小额贷款公司实质上具有金融机构的性质，依据是：第一，小额贷款公司系由国家金融主管部门颁布的《意见》所创设，虽然《意见》中未明确规定小额贷款公司的性质，但之后中国人民银行于 2009 年 11 月颁布的《金融机构编码规范》已将小额贷款公司列入了金融机构编码的范围。第二，小额贷款公司的设立，需经省级地方政府金融主管部门批准，并报银监会派出机构和中国人民银行分支机构备案，设立的审批程序要经金融主管部门许可。第三，小额贷款公司经营的业务是发放贷款，属于典型的金融业务。第四，小额贷款公司由省级地方政府金融主管部门监管，并纳入信贷征信系统，由中国人民银行对贷款利率、资金流向进行跟踪监测，接受金融主管部门的监督管理。因此，小额贷款公司在设立依据、许可程序以及业务的管理方式上，均具备金融机构的性质。

《刑法》设置骗取贷款罪及贷款诈骗罪等罪名，是为了保护银行或者其他金融机构的贷款安全以及国家金融管理制度。小额贷款公司所发放的贷款与银行等金融机构发放的贷款本质相同，应当受到《刑法》的同等保护。因此，被告人以欺骗手段取得贷款，给小额贷款公司造成重大损失，应认定为骗取贷款罪。

该案反映出对小额贷款公司等新型金融机构的法律规范有待完善、内部管理亟须加强、监管方式尚需优化等问题，可以结合办案，深入研究，积极建言献策，推动相关部门完善规范体系、加强行业监管，以进一步促进新型金融机构的健康发展。

上海市杨浦区人民检察院
起诉书

沪杨检刑诉〔2012〕172号

被告单位上海××粮油有限公司，住所地：上海市杨浦区××路××号××室，法定代表人方某甲，诉讼代表人方某甲。

被告人方某乙，男，1959年××月××日生，公民身份号码：3101011959××××××××，汉族，大专文化，系上海××粮油有限公司总经理，住本市静安区××路××弄××号××室。2011年4月18日因涉嫌骗取贷款罪被上海市公安局杨浦分局决定取保候审，同年9月8日由本院决定继续取保候审。

辩护人杨某某，上海××律师事务所律师。

本案由上海市公安局杨浦分局侦查终结，以被告人方某乙、被告单位上海××粮油有限公司涉嫌骗取贷款罪于2011年9月5日、2012年2月22日向本院移送审查起诉。本院受理后，于2011年9月7日、2012年2月24日已告知被告人、被告单位有权委托辩护人，依法讯问了被告人，审查了全部案件材料，并就是否适用普通程序审理“被告人认罪案件”听取了被告单位及被告人的意见，其均表示同意。经审查，于2012年2月7日将被告人方某乙涉嫌骗取贷款一案退回补充侦查，上海市公安局杨浦分局于2012年2月22日补充侦查，再次移送本院审查起诉。

经依法审查查明：

上海杨浦××小额贷款股份有限公司（以下简称××小贷公司）于2009年4月成立，系依法从事发放贷款业务的金融机构。

被告单位上海××粮油有限公司（以下简称××粮油公司）系由被告人方某乙于2008年1月投资成立，主要经营粮油产品的销售，方某乙自任法定代表人。2009年8月26日，××粮油公司法定代表人变更为方某甲，但该公司的实际经营人仍为方某乙，业务活动中方某乙仍自称法定代表人。

2009年9月，被告人方某乙以××粮油公司法定代表人的身份与××小贷公司签订《贷款授信合同》，约定××粮油公司可通过向××小贷公司提供相应的财产质押担保申请最高额人民币300万元以内的贷款。根据该《贷款授信合同》，被告人方某乙以××粮油公司法定代表人身份于2010年1月25日、2010年1月29日、2010年2月5日三次与××小贷公司签订《贷款合同》，由××粮油公司提供向××超市销售大米的送货单共计价值300余万元作为应收账款质押从××小贷公司分别获得贷款人民币70万元、60万元和40万元。经审计，××粮油公司上述送货单中仅有价值人民币386271.40元的送货单是真实的，其余送货单均系虚假送货单。2010年9月30日，××粮油公司通过上海××油脂工业有限公司归还了贷款人民币30万元。

2011年4月18日，被告人方某乙接公安机关电话通知至公安机关办理了取保候审手续。审查起诉阶段，方某乙退出赃款人民币5万元。

上述事实，有以下证据证明：

1. ××粮油公司《企业法人营业执照》，证实××粮油公司系有限责任公司，具有法人资格。

2.《贷款授信合同》（合同编号：KDF20090050××××），证实2009年9月被告人方某乙以××粮油公司法定代表人的身份与××小贷公司签订合同，约定××粮油公司可通过向××小贷公司提供相应的财产质押担保申请人民币300万元以内的贷款。

3.《贷款合同》三份（合同编号：KDF201000××××、KDF201000××××、KDF201000××××），证实被告人方某乙以××粮油公司法定代表人身份于2010年1月25日和2010年1月29日、2010年2月5日通过提供向××超市销售大米的送货单作为应收账款质押从××小贷公司获得贷款人民币70万元、60万元和40万元。

4.《借款凭证》《电子转账凭证》，证实××小贷公司于2010年1月25日、2010年1月29日、2010年2月5日将贷款人民币70万元、60万元和40万元发放至××粮油公司。

5. 证人胡某某的证言，证实2009年5月起至2010年3月××粮油公司通过向××小贷公司提供向××超市销售大米的送货单作为应收账款质押陆续从××小贷公司申请贷款。但后经核实，××粮油公司自2010年起就没有向××超市送过货，即方某乙提供给××小贷公司的2010年之后的送货单均系伪造。

6. 证人张某某的证言，证实××粮油公司除了涉案的贷款外，之前尚有多笔贷款未归还。2010年1月以后方某乙还提供了伪造的××超市送货单作为应收账款质押。

7. 方某乙提供给××小贷公司送货单，××超市提供的××粮油送货清单、上海司法会计中心出具的《关于方某乙涉嫌骗取贷款的情况》，证实方某乙提供给××小贷公司的送货单除仅价值人民币386271.40元的送货单是真实的外，其余均为虚假送货单。

8. 上海银行本票，证实2010年9月30日××粮油公司通过上海××油脂工业有限公司归还××小贷公司人民币30万元。

9. ××小贷公司的《企业法人营业执照》《关于同意设立上海杨浦××小额贷款股份有限公司的批复》《金融机构编码规范》，证实××小贷公司系依法成立的小额贷款公司，系金融机构。

10. 被告人方某乙的供述，对犯罪事实供认不讳。

11.《案发经过》，证实本案的案发及被告人方某乙到案过程。

12.《扣押物品、文件清单》，证实审查起诉阶段方某乙退出赃款人民币5万元。

上述证据收集程序合法，内容客观真实，足以认定指控事实。被告人对基本犯罪事实无异议。

本院认为，被告单位上海××粮油有限公司及直接责任人被告人方某乙提供虚假的担保骗取小额贷款公司贷款，给小额贷款公司造成重大损失，其行为已触犯《中华人民共和国刑法》第一百七十五条之一，犯罪事实清楚，证据确实、充分，应当以骗取贷款罪追究其刑事责任。被告人方某乙作为单位直接责任人案发后自动投案，并如实供述犯罪事实，根据《中华人民共和国刑法》第六十七条第一款的规定，是自首，可以对被告单位上海××粮油有限公司及被告人方某乙从轻处罚。被告单位上海××粮油有限公司及被告人方某乙案发后退出赃款人民币5万元，可以酌情从轻处罚。根据《中华人民共和国刑事诉讼法》第一百四十一条的规定，提起公诉，请依法审判。

此致

上海市杨浦区人民法院

检察员　何　涛

二〇一二年三月六日

附：1. 被告人方某乙现于居住地候审。

2. 证据目录、证人名单各一份，侦查卷宗四册，审计卷一册。

附：相关法律条文

《中华人民共和国刑法》

第六十七条第一款 犯罪以后自动投案，如实供述自己的罪行的，是自首。对于自首的犯罪分子，可以从轻或者减轻处罚。其中，犯罪较轻的，可以免除处罚。

第一百七十五条之一 以欺骗手段取得银行或者其他金融机构贷款、票据承兑、信用证、保函等，给银行或者其他金融机构造成重大损失或者有其他严重情节的，处三年以下有期徒刑或者拘役，并处或者单处罚金；给银行或者其他金融机构造成特别重大损失或者有其他特别严重情节的，处三年以上七年以下有期徒刑，并处罚金。

单位犯前款罪的，对单位判处罚金，并对其直接负责的主管人员和其他直接责任人员，依照前款的规定处罚。

《中华人民共和国刑事诉讼法》

第一百四十一条 人民检察院认为犯罪嫌疑人的犯罪事实已经查清，证据确实、充分，依法应当追究刑事责任的，应当作出起诉决定，按照审判管辖的规定，向人民法院提起公诉。

上海市杨浦区人民法院
刑事判决书

（2012）杨刑初字第192号

公诉机关上海市杨浦区人民检察院。

被告单位上海××粮油有限公司。

诉讼代表人方某甲。

被告人方某乙。

辩护人杨某某、余某某，上海市××律师事务所律师。

上海市杨浦区人民检察院以沪杨检刑诉〔2012〕172号起诉书指控被告人方某乙犯骗取贷款罪，于2012年3月6日向本院提起公诉。本院依法组成合议庭，公开开庭审理了本案。上海市杨浦区人民检察院指派代理检察员邵雅琴出庭支持公诉，被告单位上海××粮油有限公司的诉讼代表人方某甲、被告人方某乙及辩护人杨某某、余某某到庭参加诉讼。现已审理终结。

公诉机关指控，上海杨浦××小额贷款股份有限公司于2009年4月成立，系依法从事发放贷款业务的金融机构。

被告单位上海××粮油有限公司系由被告人方某乙于2008年1月投资成立，主要经营粮油产品的销售，方某乙自任法定代表人。2009年8月26日，上海××粮油有限公司法定代表人变更为方某甲，但该公司的实际经营人仍为方某乙，业务活动中方某乙仍自称法定代表人。

2009年9月，被告人方某乙以上海××粮油有限公司法定代表人的身份与上海杨浦××小额贷款股份有限公司签订《贷款授信合同》，约定上海××粮油有限公司可通过向上海杨浦××小额贷款股份有限公司提供相应的财产质押担保申请最高额人民币300万元（以下币种均为人民币）以内的贷款。根据该《贷款授信合同》，被告人方某乙以上海××粮油有限公司法定代表人身份于2010年1月25日、29日，同年2月5日三次与上海杨浦××小额贷款股份有限公司签订《贷款合同》，由上海××粮油有限公司提供向××超市销售大米的送货单共计价值300余万元作为应收账款质押从上海杨浦××小额贷款股份有限公司分别获得贷款70万元、60万元和40万元。经审计，上海××粮油有限公司上述送货单中仅有价值386271.40元的送货单是真实的，其余送货单均系虚假送货单。2010年9月30日，上海××粮油有限公司通过上海××油脂工业有限公司归还了贷款30万元。

2011年4月18日，被告人方某乙接民警电话通知至公安机关办理了取保候审手续。审查起诉阶段，被告人方某乙退出赃款5万元。

公诉机关认为，被告单位上海××粮油有限公司，被告人方某乙的行为均已构成骗取贷款罪，且均系自首，提请依法惩处。

被告单位上海××粮油有限公司的诉讼代表人对公诉机关指控的事实和罪名不表异议。

被告人方某乙及辩护人对公诉机关指控的罪名和从上海杨浦××小额贷款股份有限公司骗取贷款金额131万余元的事实均不表异议，但辩称被告单位已大部分还款，造成上海杨浦××小额贷款股份有限公司的实际损失额仅为21万余元，且被告人方某乙系自首，请求从宽处理。

经审理查明，上海杨浦××小额贷款股份有限公司于2009年4月成立，系依法从事发放贷款业务的金融机构。

被告单位上海××粮油有限公司于2008年1月成立，被告人方某乙任法定代表人。2009年8月26日，上海××粮油有限公司法定代表人变更为方某甲，但该公司的实际负责人仍为被告人方某乙。

2009年9月，被告人方某乙以被告单位上海××粮油有限公司负责人的身份与上海杨浦××小额贷款股份有限公司签订《贷款授信合同》，约定上海××粮油有限公司可通过向上海杨浦××小额贷款股份有限公司提供相应的财产质押担保申请最高额300万元以内的贷款。根据该《贷款授信合同》，被告人方某乙先后于2010年1月25日、29日，同年2月5日三次与上海杨浦××小额贷款股份有限公司签订《贷款合同》，由上海××粮油有限公司提供向××超市销售大米的送货单作为应收账款质押从上海杨浦××小额贷款股份有限公司分别获得贷款70万元、60万元和40万元。经审计，上海××粮油有限公司上述送货单中真实货款为386271.40元，其余为虚增销售，并利用虚增的销售款向上海杨浦××小额贷款股份有限公司骗取贷款1313728.60元。

2010年9月30日，上海××粮油有限公司通过上海××油脂工业有限公司归还了贷款30万元。

2010年11月30日，被告人方某乙接民警电话通知至公安机关如实交代了上述事实，后于2011年4月18日被取保候审。

在审查起诉阶段，上海××粮油有限公司退出赃款5万元，在本院审理期间，又退出赃款160600元。

上述事实，有下列证据予以证实：

1. 上海××粮油有限公司《企业法人营业执照》等，证实上海××粮油有限公司系有限责任公司（国内合资）。

2. 上海杨浦××小额贷款股份有限公司《企业法人营业执照》、金融业机构代码，上海市金融服务办公室《关于同意设立上海杨浦××小额贷款股份有限公司的批复》《金融机构编码规范》等，证实上海杨浦××小额贷款股份有限公司系依法从事发放贷款业务的金融机构。

3.《贷款授信合同》《贷款合同》《借款凭证》《电子转账凭证》，证实被告人方某乙以被告单位上海××粮油有限公司负责人的身份，通过提供向××超市销售大米的送货单作为应收账款质押从上海杨浦××小额贷款股份有限公司获得贷款70万元、60万元和40万元的事实。

4. 证人胡某、张某的证言，方某乙提供给上海杨浦××小额贷款股份有限公司的送货单，××超市提供的上海××粮油有限公司送货清单，上海司法会计中心《关于方某乙涉嫌骗取贷款的情况》，证实被告人方某乙向上海杨浦××小额贷款股份有限公司提供了伪造的送货单，且经审计，上述送货单中真实货款为386271.40元，其余为虚增销售，并利用虚增的销售款向上海杨浦××小额贷款股份有限公司骗取贷款1313728.60元的事实。

5. 上海银行本票，上海市杨浦区人民检察院扣押物品、文件清单等，证实上海××粮油有限公司已退出部分被骗贷款的事实。

6. 被告人方某乙的供述，证实其以上海××粮油有限公司负责人的身份，通过提供向××超市销售大米的虚假送货单作为应收账款质押，从上海杨浦××小额贷款股份有限公司骗得贷款1313728.60元的事实。

7. 公安机关出具的案发经过，证实2010年11月30日，被告人方某乙接民警电话通知至公安机关如实交代了上述事实，后于2011年4月18日被取保候审的事实。

上述证据均经庭审质证属实，足以认定。

本院认为，被告单位上海××粮油有限公司提供虚假的担保骗取小额贷款公司贷款，给小额贷款公司造成重大损失，其行为已构成骗取贷款罪；被告人方某乙系上海××粮油有限公司犯骗取贷款罪的直接责任人员，应承担相应的刑事责任。公诉机关指控的罪名成立，对被告单位上海××粮油有限公司、被告人方某乙依法应予惩处。鉴于被告单位及被告人方某乙均有自首情节，且已退出部分赃款，依法均可以从轻处罚。为严肃国法，维护金融管理秩序，依照《中华人民共和国刑法》第一百七十五条之一、第六十七条第一款、第五十三条、第六十四条之规定，判决如下：

一、被告单位上海××粮油有限公司犯骗取贷款罪，罚金人民币十万元；（罚金于本判决发生法律效力之日起三日内向本院缴纳。）

二、被告人方某乙犯骗取贷款罪，判处有期徒刑一年，罚金人民币一万元；（刑期从判决执行之日起计算。判决执行以前先行羁押的，羁押一日折抵刑期一日，即自2012年6月5日起至2013年6月4日止。罚金于本判决发生法律效力之日起三日内向本院缴纳。）

三、退交的210600元发还上海杨浦××小额贷款股份有限公司，余款803128.60元责令继续退赔。

如不服本判决，可在接到判决书的第二日起十日内，通过本院或者直接向上海市第二中级人民法院提出上诉。书面上诉的，应当提交上诉状正本一份，副本二份。

审 判 长　刘惠珠
人民陪审员　谢淑珍
人民陪审员　陈陇生
二○一二年六月十四日
书 记 员　吕　超

附：相关法律条文

《中华人民共和国刑法》

第一百七十五条之一　以欺骗手段取得银行或者其他金融机构贷款、票据承兑、信用证、保函等，给银行或者其他金融机构造成重大损失或者有其他严重情节的，处三年以下有期徒刑或者拘役，并处或者单处罚金；给银行或者其他金融机构造成特别重大损失或者有其他特别严重情节的，处三年以上七年以下有期徒刑，并处罚金。

单位犯前款罪的，对单位判处罚金，并对其直接负责的主管人员和其他直接责任人员，依照前款的规定处罚。

第六十七条第一款　犯罪以后自动投案，如实供述自己的罪行的，是自首。对于自首的犯罪分子，可以从轻或者减轻处罚。其中，犯罪较轻的，可以免除处罚。

第五十三条　罚金在判决指定的期限内一次或者分期缴纳。期满不缴纳的，强制缴纳。对于不能全部缴纳罚金的，人民法院在任何时候发现被执行人有可以执行的财产，应当随时追缴。如果由于遭遇不能抗拒的灾祸缴纳确实有困难的，可以酌情减少或者免除。

第六十四条　犯罪分子违法所得的一切财物，应当予以追缴或者责令退赔；对被害人的合法财产，应当及时返还；违禁品和供犯罪所用的本人财物，应当予以没收。没收的财物和罚金，一律上缴国库，不得挪用和自行处理。

准确适用金融犯罪罪名，保障金融资金安全

——上海某经贸公司、周某某、刘某某骗取贷款案

【案例要旨】

骗取贷款罪是《刑法修正案（六）》新设罪名，与贷款诈骗罪在主客观构成要件方面均存在区别。对于以欺骗手段取得银行或金融机构贷款的案件，以是否具有非法占有目的为重点，区别骗取贷款罪与贷款诈骗罪。

【案情简要】

2007年底，被告人上海某经贸公司董事长周某某在误信浙江某集团有能力归还贷款的情况下，同意该集团董事长袁某某提议，双方以虚设贸易方式，骗取银行贷款供浙江某集团使用。2008年1月，被告人周某某、刘某某采用提供虚假的贸易合同、财务报表以及以被告单位上海某经贸公司名义向中国出口信用保险公司上海公司投保国内贸易信用保险为手段，骗得被害单位农行上海分行的贷款共计人民币2.92亿余元，造成被害单位经济损失2.6亿余元。

2009年12月15日，经上海市人民检察院第一分院提起公诉，上海市第一中级人民法院于2010年4月29日以骗取贷款罪判处被告单位上海某经贸公司罚金人民币900万元；判处被告人周某某有期徒刑6年，并处罚金人民币100万元；判处被告人刘某某有期徒刑3年，缓刑5年，并处罚金人民币10万元。

【典型意义】

《刑法修正案（六）》规定，行为人虽然不具有非法占有的目的，但是以欺骗手段取得银行或者其他金融机构贷款、票据承兑、信用证、保函等，给银行或者其他金融机构造成重大损失或者有其他严重情节的，应以骗取贷款罪追究行为人刑事责任。

本罪与贷款诈骗罪的区别关键在于是否具有“非法占有的目的”。行为人

以欺骗手段获取银行或者金融机构一定数额贷款，并具有非法占有目的，应定贷款诈骗罪；行为人虽然不具有“非法占有的目的”，或者案件证据无法证明行为人具有“非法占有的目的”，但是其骗取贷款的行为已造成银行或者其他金融机构重大损失或者具有其他严重情节的，应定骗取贷款罪。在本案的办理中，检察机关注意收集出示证据材料，证明行为人虚构循环贸易事实，提供虚假财务报表，骗取银行贷款，为浙江某集团融通资金，又无力偿还贷款，造成银行经济损失达2.6亿余元，符合骗取贷款罪的定罪构成要件。

检察机关办理新型金融犯罪案件，应加强法律适用研究，注意此罪与彼罪的区别，正确理解和适用法律。贷款诈骗罪的主观要件必须具有“非法占有目的”；骗取贷款罪的主观故意内容为“骗用”，且有造成重大损失或其他严重情节，不要求行为人具有“非法占有的目的”。

金融犯罪行为是金融风险极端化的表现。检察机关准确办理金融案件，能够有效揭示和防范金融风险。应结合案件反映的情况，及时以检察建议等方式向相关金融部门提示存在的金融风险，督促堵漏建制，做好金融安全防范工作。就本案而言，对于保险公司为申贷方提供信用担保时忽视对贷款项目真实性严格审查而造成金融资金巨大损失的教训应引以为鉴。

上海市人民检察院第一分院
起诉书

沪检一分刑诉〔2009〕223号

被告单位上海××国际经贸发展有限公司（以下简称“××公司”），住所地上海市浦东新区××路××号××楼，法定代表人周某某。

诉讼代表人刘某丙（××公司副总经理）。

被告人周某某（身份证号码1101081958××××××××），男，1958年××月××日出生于上海市，汉族，大学文化，系××公司法定代表人、董事长，上海××企业发展有限公司、上海××咨询有限公司法定代表人、执行董事，住上海市××路××弄××号××室。

被告人刘某某（身份证号码1101091969××××××××），男，1969年××月××日出生于重庆市，汉族，硕士文化，系××公司副总经理，住上海市××路××弄××号××室。

被告人周某某、刘某某因涉嫌合同诈骗罪，于2009年5月20日被上海市公安局刑事拘留，同年6月25日经本院批准以涉嫌骗取贷款罪被执行逮捕。

本案由上海市公安局侦查终结，并以被告单位××公司、被告人周某某、刘某某涉嫌骗取贷款罪，于2009年8月18日移送本院审查起诉。

经依法审查查明：

2008年初，被告单位××公司董事长被告人周某某与浙江××有限公司（以下简称“××集团”，另案处理）董事长袁某某（另案处理）共谋，骗取××公司的授信银行中国××银行上海分行（以下简称“上海××行”）的贷款。嗣后，周某某指使财务人员提交虚假的财务报表，隐瞒××公司巨额投资亏损的真相，并向中国××保险公司（以下简称“××保”）投保国内贸易买方信用险作为还贷保证。

2008年6月至9月间，袁某某及××集团国际贸易部副经理王某某（另案处理）以××集团子公司名义与浙江××集团有限公司、浙江××出口贸易有限公司、浙江××实业有限公司、宁波保税区××外贸发展有限公司、宁波××国际贸易有限公司、绍兴××化纤有限公司、绍兴县××贸易有限公司、绍兴县××纺织品有限公司、绍兴县××贸易有限公司，签订虚假的总标的为42093吨的化纤原料（苯二甲酸、乙二醇）销售合同。被告人刘某某则以制作的虚假购销合同、货权转让书、提货通知书等与上述9家单位签订总标的亦为42093吨的化纤原料（苯二甲酸、乙二醇）购货合同，再与××集团子公司签订虚假的化纤原料（苯二甲酸、乙二醇）销售合同，先后6次从上海××行骗取国内贸易信用贷款人民币2.928亿元（以下币种均为人民币）。××公司留存购销差价3585万余元，扣除支付××保保险费、银行利息及相关税费后获利1742万余元；浙江××集团有限公司等9家单位留存购销差价687万余元；××集团实际取得2.5亿余元。

认定上述事实的主要证据如下：证人陈某某、邵某某、李某某、郭某某、王某甲、朱某某、马某某、覃某某等人的证言；购销合同、借款合同、货权转让书、提货通知书、商业承兑汇票、银行对账单、股票交易资料、资产负债表等书证；审计报告等鉴定结论；涉案人员袁某某、王某某及被告人周某某、刘某某的供述。

本院认为，被告单位××公司伙同他人，以欺骗手段获取银行贷款2.928亿元，给银行造成特别重大的损失、被告人周某某作为××公司直接负责的主管人员、被告人刘某某作为直接责任人员，其行为均触犯了《中华人民共和国刑法》第一百七十五条之一的规定，应以骗取贷款罪追究刑事责任。根据《中华人民共和国刑事诉讼法》第一百四十一条之规定，现将上述被告单位和被告人提起公诉，请依法审判。

此致

上海市第一中级人民法院

检　察　员　庄文浩

代理检察员　于　爽

二〇〇九年十二月十四日

附：1. 被告人周某某、刘某某均羁押于上海市看守所；

2. 证据目录、证人名单及主要证据复印件1册。

上海市第一中级人民法院
刑事判决书

（2009）沪一中刑初字第314号

公诉机关上海市人民检察院第一分院。

被告单位上海××国际经贸发展有限公司（以下简称××经贸公司），住所地上海市浦东新区××路××号××楼，法定代表人周某某。

诉讼代表人刘某丙，男，1962年××月××日出生于安徽省，汉族，博士文化，系××经贸公司副总经理，住本市××村××号××室。

辩护人陈某某、李某某，上海市××律师事务所律师。

被告人周某某，男，1958年××月××日出生于上海市，汉族，大学文化，系××经贸公司法定代表人、上海××企业发展有限公司（以下简称××企发公司）和上海××商务咨询有限公司（以下简称××咨询公司）法定代表人和执行董事，住上海市××路××弄××号××室，因涉嫌犯合同诈骗罪于2009年5月20日被刑事拘留，同年6月25日因涉嫌犯骗取贷款罪被逮捕，现羁押于上海市看守所。

辩护人陶某某，上海市××律师事务所律师。

辩护人王某，上海市××律师事务所律师。

被告人刘某某，男，1969年××月××日出生于重庆市，汉族，硕士文化，系××经贸公司副总经理，住上海市××路××弄××号××室，因涉嫌犯合同诈骗罪于2009年5月20日被刑事拘留，同年6月25日因涉嫌犯骗取贷款罪被逮捕，现羁押于上海市看守所。

辩护人刘某丁，上海市××律师事务所律师。

辩护人吉某某，北京××律师事务所上海分所律师。

上海市人民检察院第一分院以沪检一分刑诉〔2009〕223号起诉书指控被告单位××经贸公司和被告人周某某、刘某某犯骗取贷款罪，于2009年12月15日向本院提起公诉。本院受理后，依法组成合议庭，于2010年1月14日、15日进行了公开开庭审理。上海市人民检察院第一分院指派检察员庄文浩、代理检察员于爽出庭支持公诉。被告单位××经贸公司的诉讼代表人刘某丙、被告人周某某、刘某某及辩护人陈某某、李某某、陶某某、王某、刘某丁、吉某某均到庭参加诉讼。本案经依法延长审限和延期审理，现已审理终结。

上海市人民检察院第一分院指控：2008年初，被告单位××经贸公司董事长暨被告人周某某与浙江绍兴××集团有限公司（以下简称浙江××集团，另案处理）董事长袁某某（另案处理）共谋，骗取××经贸公司的授信银行中国农业银行上海市分行（以下简称农行上海分行，现为中国农业银行股份有限公司上海分行）的贷款。嗣后，周某某指使财务人员提交虚假的财务报表，隐瞒××经贸公司巨额投资亏损的真相，并向中国出口信用保险公司上海市分公司（以下简称中信保上海公司）投保国内贸易买方信用险作为还贷保证。同年6月至9月间，袁某某及浙江××集团国际贸易部副经理王某某（另案处理）以该集团子公司名义与浙江新×集团有限公司（以下简称浙江新×公司）、浙江×诚进出口贸易有限公司（以下简称浙江×诚公司）、浙江凌×实业有限公司（以下简称浙江凌×公司）、宁波保税区杭×外贸发展有限公司（以下简称宁波杭×公司）、宁波美×国际贸易有限公司（以下简称宁波美×公司）、绍兴金×化纤有限公司（以下简称绍兴金×公司）、绍兴县东×贸易有限公司（以下简称绍兴东×公司）、绍兴县隆×纺织品有限公司（以下简称绍兴隆×公司）、绍兴县中×贸易有限公司（以下简称绍兴中×公司〉签订总标的为42093吨的乙二醇（以下简称PTA）和精对苯二甲酸（以下简称MEG）的虚假《购销合同》。被告人刘某某则以制作的虚假《购销合同》《货权转让书》《提货通知书》等与上述9家单位签订总标的相同的《购货合同》，再与浙江××集团子公司签订虚假的化纤原料《销售合同》，先后6次从农行上海分行骗取国内贸易信用贷款人民币2.928亿余元（以下所涉货币相同）。××经贸公司留存购销差价3585万余元，扣除支付中信保上海公司保险费、农行上海分行利息及相关税费后获利1742万余元；浙江新×公司等9家单位留存购销差价687万余元；浙江××集团实际取得2.5亿余元。

针对上述指控事实，公诉机关当庭出示或宣读了下列证据材料：证人陈某乙、李某、邵某、郭某、朱某、马某、覃某等人的证言；查获的《购销合同》、《借款合同》、《货权转让书》、《提货通知书》、商业承兑汇票、银行对账单、股票交易资料、资产负债表等书证；上海公信中南会计师事务所有限公司公信中南〔2009〕鉴字第59号《关于上海××国际经贸发展有限公司涉嫌骗取贷款案的司法鉴定意见书》（以下简称《司法鉴定意见书》）及涉案人员袁某某、王某某、被告人周某某、刘某某的供述等。

公诉机关据此认为：被告单位××经贸公司伙同他人，以欺骗手段获取银行贷款2.928亿余元，给银行造成特别重大的损失；被告人周某某作为××经贸公司直接负责的主管人员、被告人刘某某作为直接责任人员，其行为均已触犯《中华人民共和国刑法》第一百七十五条之一的规定，应以骗取贷款罪追究刑事责任。被告单位××经贸公司及辩护人均认为××经贸公司的行为不构成骗取贷款罪，建议法庭判决××经贸公司无罪。主要辩护意见为：1. 起诉指控××经贸公司的法定代表人暨被告人周某某与浙江××集团袁某某进行共谋的事实没有依据，袁某某的证言不可信。2. 起诉指控××经贸公司提交虚假财务报表以隐瞒××经贸公司巨额投资亏损的真相和向中信保上海公司投保作为还贷保证的事实没有依据，其逻辑关系也与事实不符。3. 起诉指控××经贸公司给银行造成特别重大的损失与事实不符。为证明上述辩护意见，被告单位××经贸公司的辩护人除引用公诉机关已向法庭举证的相关证据材料外，还向法庭出示或宣读了下列证据材料：1. 农行上海分行的《关于上海××国际经贸发展有限公司中信保公司项下不良贷款情况的检察报告》、中信保上海公司的《关于上海××国内贸易信用保险业务的说明》等。2. ××经贸公司2007年度审计报告。3.（2008）沪一中民三（商）初字第97－3号《民事判决书》。4. 中信保上海公司、农行上海分行和××经贸公司的《赔款转让协议书》。5. ××经贸公司代浙江××集团归还农行上海分行贷款的材料和××经贸公司致农行上海分行的信、会议纪要、农行上海分行就××经贸公司的问题致上海市人民政府的信、××经贸公司正在进行、即将获得的项目等。

被告人周某某和辩护人均认为周某某的行为不构成骗取贷款罪，建议法庭判决周某某无罪。主要辩护意见为：1. 周某某并未与袁某某共谋以虚假循环贸易方式骗取银行贷款，袁某某的证言系孤证，不足以采信。2. 周某某在合同履行过程中未察觉或明知虚假循环贸易。3. ××经贸公司是以赊销加远期汇票方式为浙江××集团融资，而周某某又是浙江××集团的被骗者之一。4. 周某某并未指使财务人员提交虚假财务报表以隐瞒××经贸公司证券投资巨额亏损的真相。5. “20%的预付款须××自付”非借款合同规定的放贷条件，且××经贸公司也确系用自有资金支付该款。

为证明上述辩护意见，被告人周某某的辩护人除引用公诉机关和被告单位××经贸公司的辩护人已向法庭举证的相关证据材料外，还向法庭出示或宣读了下列证据材料：1. ××经贸公司的2008年5月的《资产负债表》等。2. 朱某致刘某某的电子邮件和《农行上海陆家嘴支行办理中信保公司国内贸易保险项下融资业务的情况汇报》。3.《关于我公司在国内贸易信用险项下开展PTA/MEG贸易业务申请流动资金贷款的报告》等。4. 浙江××集团2006、2007年度审计报告、《关于浙江××集团参股邯郸××钢铁集团说明函》等。5.《付款通知书》《债权核查联系单》《购销合同》《权利质押合同》。6.《×

××控股集团有限公司等六家合并重整公司重整计划草案》。

被告人刘某某对起诉指控的事实、证据、罪名均无异议。辩护人辩称：刘某某的行为不构成骗取贷款罪，建议法庭判决刘某某无罪。主要辩护意见为：1. 本案追究贸易融资代理单位即被告单位××经贸公司的刑事责任不符合法律规定。2. 刘某某在本案中没有实施制作虚假购销合同的欺骗行为，仅是起草合同样本。3. 刘某某在主观上不具有骗取贷款的故意，对虚假贸易也是不明知的。4. 刘某某客观上并非单位犯罪的直接责任人员。5. 刘某某即使构成犯罪亦系从犯。

公诉机关认为被告单位××经贸公司和被告人周某某的辩护人当庭所举证据材料或与本案事实无关，或不能证明××经贸公司和周某某的行为不构成起诉指控的罪名，故建议法庭不予采纳。

经审理查明：

1996年起至2003年间，被告人周某某先后注册成立了××国际贸易有限公司（现已注销）、××企发公司、被告单位××经贸公司和××咨询公司等，并亲自出任法定代表人等。××经贸公司自成立起即以为浙江××集团代理进口设备和化纤原料为主营业务，后在股权变更、增资后成为由周某某实际控制的关联企业核心。被告人刘某某于××经贸公司成立起即进入该公司担任副总经理。

2007年底前后，浙江××集团董事长袁某某在明知该集团已处于严重经营困境的情况下，仍起意骗取银行贷款，并为此向被告人周某某提出通过被告单位××经贸公司以虚假循环贸易方式骗取银行贷款以供浙江××集团使用的要求。周某某在误信浙江××集团届时有能力归还贷款的情况下，同意了袁某某所提上述要求，还提议向中信保上海公司投保以作为顺利获得贷款的先提条件。袁某某亦予同意。

2008年1月，被告人周某某以被告单位××经贸公司等名义向中信保上海公司提出国内贸易信用保险的申请；同时又以××经贸公司名义就涉案内贸业务与农行上海分行积极协商贷款事宜。为了能够顺利获得保险和贷款，周某某指使公司财务人员变更记账方法以隐瞒公司证券交易巨额亏损的真相，并将虚假财务报表按期提供给农行上海分行和中信保上海公司。同年3月至7月间，××经贸公司先后与中信保上海公司、浙江××集团等签订了《国内购销贸易框架合同》（以下简称《框架合同》）、《赔款转让协议书》等一系列合同，并先后获得了中信保上海公司3亿元的保险限额和农行上海分行3亿元的信贷额度。为此，××经贸公司使用浙江××集团提供的350万元作为保险费支付给中信保上海公司。其间，周某某与袁某某就20%预付款、3.66亿余元总金额、中间商、单证传递、费用承担、××经贸公司利润、所需合同等样本的起草等事宜进行了商议。此后，周某某指令被告人刘某某代表××经贸公司负责具体事宜。刘某某则起草了上述合同、《货权转让书》《付款通知书》等样本。

2008年8月至9月间，浙江××集团以下属的绍兴××高仿真化纤有限公司（以下简称××高仿真公司）和绍兴××聚酯有限公司（以下简称××聚酯公司）两个子公司名义与××经贸公司就虚假的2.4万吨MEG、18093吨PTA开展了11笔虚假循环贸易。为了顺利获得贷款，浙江××集团先后找到浙江新×公司、浙江×诚公司、宁波杭×公司、宁波美×公司、绍兴金×公司、浙江凌×公司、绍兴东×公司、绍兴隆×公司、绍兴中×公司等9家公司作为中间商参与虚假循环贸易。由此，浙江××集团（即××聚酯公司或××高仿真公司）、中间商、××经贸公司、浙江××集团（即××高仿真公司或××聚酯公司）之间依次两两签订标的相同、单价逐渐增加的循环购销合同。所有虚假循环贸易因没有第三方仓储凭证、物流单据和品质保证书等，故以自制的《货权转让书》《提货通知书》等凭证作为货权凭证，连同相关合同、增值税专用发票等一并由浙江××集团负责传递。浙江××集团收取5家中间商支付的预付款共计1.12亿余元，另按约支付给××经贸公司预付款7321万余元和支付给××企发公司利润款150万元，还向××经贸公司分批开具了总金额为3.66亿余元的6个月商业承兑汇票。××经贸公司将上述预付款用于支付保险费、银行利息和给中间商的预付款等。同时，××经贸公司向中信保上海公司提交虚假购销合同、《货物收据》和上述商业承兑汇票等并获得相应的保险单，再将相同材料连同保险单等一并提交给农行上海分行并分批获得总金额为292866000元的贷款。××经贸公司将所得贷款扣除自身利润和预付款后的余款分批支付给中间商。中间商再将扣除自身利润和预付款后的余额分批支付给××聚酯公司或××高仿真公司。至此，××经贸公司（包括××企发公司）收到预付款和贷款共计3.71亿余元，扣除支付给中间商的货款3.35亿余元，收支差额为3585万余元。9家中间商的收支差额为687万余元。浙江××集团（即××聚酯公司、××高仿真公司）共计得款250137840元。其间，被告人周某某作为××经贸公司的法定代表人对上述虚假循环贸易整体负责。被告人刘某某于2008年8月8日才明知虚假循环贸易事实，此间除代表××经贸公司分别与9家中间商、××聚酯公司或××高仿真公司签订相关购销合同以及签收单证等外，还根据周某某的要求将放贷情况及时告知袁某某等人。

2009年2月至3月间，农行上海分行持××聚酯公司和××高仿真公司开具的11份商业承兑汇票至绍兴市商业银行提示承兑，但被拒绝。被告单位××经贸公司向中信保上海公司提出索赔申请，亦被拒赔。截至同年8月，农行上海分行的经济损失为262671280元。

上述事实，有公诉机关提交，并经法庭质证、认证的下列证据予以证实：

一、被告单位××经贸公司等涉案公司的工商登记资料证实：

××经贸公司等涉案公司的股东、法定代表入、初始注册资本、注册资本和股东变更等公司架构等事实。

二、证人朱某、袁某某、马某、李某、刘某丙等人的证言和被告人周某某、刘某某的供述证实：被告单位××经贸公司的主营业务、与浙江××集团的关系以及两名被告人在被告单位××经贸公司的任职情况等事实。其中：袁某某、李某的证言和刘某某的供述进一步证实××经贸公司是浙江××集团的一个融资平台，与浙江××集团有着极为紧密的利益关系。

三、证人袁某某、王某某的证言和被告人周某某的供述，证实2007年底，浙江××集团因身负巨额债务，且经营状况因国际化纤原料价格波动剧烈而出现亏损，同时又因盲目对外投资银行原始股等而急需资金，故袁某某不断通过各种方法高息对外融资，进而找到周某某商议利用××经贸公司的信贷额度解决浙江××集团的流动资金困难。

四、下列证据证实被告人周某某与袁某某进行共谋以及周某某明知虚假循环贸易的事实：

1. 证人袁某某的证言证实，他向被告人周某某提出的融资方案是：浙江××集团（形式上）供货给中间商，中间商再供货给××经贸公司，××经贸公司最终供货给浙江××集团（即虚假循环贸易）；××经贸公司以支付货款为由从银行信贷额度中获取贷款，再通过货款支付渠道经中间商转给浙江××集团（即融资）。周某某表示同意，并提出为降低风险而要向中信保上海公司投保等。他表示同意，还与周某某约定所需银行贷款利息、税金和保险费等均由浙江××集团承担；浙江××集团按一定比例支付给××经贸公司利润，其中一部分利润以合同差价体现，另一部分利润直接支付给××企发公司。在中信保上海公司到浙江省绍兴市对浙江××集团进行考察后，周某某告诉他中信保公司给××经贸公司的保险额度是5亿元，而农行上海分行的贷款额度只有3亿元，并提出让他及妻子提供个人担保等。他们就围绕如何用足这3亿元额度进行商议，约定合同总金额为3.66亿余元。周某某要求浙江××集团先付给××经贸公司7000余万元资金，但在合同中隐瞒了这一情节。浙江××集团根据××经贸公司要求开具了3.66亿元全额的商业承兑汇票作为付款担保抵押给农行上海分行。农行上海分行和中信保上海公司一直以为浙江××集团承担了与××经贸公司合同标的，而7000余万元是××经贸公司的自有资金。

2. 证人王某某的供述证实：2008年2月，袁某某告诉他已和被告人周某某谈好通过××经贸公司与浙江××集团开展虚假循环贸易以获得××经贸公司的贷款，故他认为周某某对于虚假循环贸易的事实是明知的。此外，××经贸公司对于涉案内贸业务与正常内贸之间的不同，如：××经贸公司的上家、合同标的、价格均由浙江××集团指定；××经贸公司从未与上家接触，也不查验货物和需要仓储凭证、物流单据；××经贸公司与上家之间的合同、单证、发票传递都由浙江××集团代办；××经贸公司向上家付款方式亦与正常内贸不同等，从来没有提出过异议，故他更认为作为××经贸公司的法定代表人周某某明知上述事实。

3. 证人马某的证言证实：××经贸公司和浙江××集团的主要业务就是利用××经贸公司在银行的信贷额度，通过外贸、内贸等形式为浙江××集团融资，并收取融资费用。××经贸公司作为资金来源方肯定知道所谓内贸是循环贸易。

4. 被告人刘某某供称，他认为被告人周某某是明知虚假循环贸易的事实。具体理由为：(1) ××经贸公司与浙江××集团之间开展的内贸业务框架是袁某某与周某某谈好的。(2) 在袁某某以急需资金收购徽商银行为由催促他尽快起草、签订购销合同从而引发他对上述内贸业务的实质产生怀疑，并将此情况告知周某某后，周某某不仅没有表示异议，还指示他按照袁某某的意思尽快落实。(3) 在他将修改宁波杭×公司《货权转让书》事件向周某某汇报后，周某某也没有表示异议，并要求他将内贸业务继续操作下去。(4) 周某某同意王某某所提委托××经贸公司为所有中间商制定《货权转让书》的格式和内容的要求。(5) 周某某从未要求他对货物的真实状态进行具体查验，也没有指示他或者安排其他人对合同项下的货物进行仓储、物流环节的监控，只是要求他在处理具体合同文本、单证时满足农行上海分行和中信保上海公司的形式要件和合规性。因此，虽然涉案11笔总金额高达3.66亿余元的内贸业务在短短1个月内完成，但仅有李某一个人在具体操作。如果是真实贸易，这完全是不可能的。(6) 涉案11笔内贸业务的《购销合同》中的价格和数量都是根据农行上海分行的放贷金额刻意制定和拼凑的，故贸易只是形式，真正的目的是浙江××集团通过××经贸公司获得农行上海分行2.93亿元贷款。这些情况他都向周某某汇报过。周某某对此很清楚，但有时还因嫌农行上海分行放贷速度太慢而主动致电催促放贷。(7) 20%预付款的支付模式是他向被告人周某某提出并由周某某与袁某某商议后约定的。之所以要浙江××集团支付预付款且在合同中不体现，是因为可以保证××经贸公司不垫付资金和浙江××集团能充分利用××经贸公司在农行上海分行3亿元的贷款授信额度。此外，上述20%的预付款是以往来款名义汇给××经贸公司，××经贸公司也以往来款名义入账。之所以这样做是因为如果农行上海分行收到全额货款后要将剩余的7000万元支付给××经贸公司，××经贸公司要将该笔资金还给浙江××集团，因此只能计入往来款中。

五、证人袁某某、马某、王某某等人的证言和被告人刘某某的供述证实，刘某某一开始并不明知涉案11笔国内贸易业务系虚假循环贸易。随着业务进程，刘某某先是产生怀疑，后于2008年8月8日在与宁波杭×公司等开展第一笔国内贸易时因发现宁波杭×公司出具的《货权转让书》中出现了"绍兴××聚酯公司转让给我公司（即宁波杭×公司）2002吨PTA之货权转让给上海××经贸公司"表述后明知浙江××集团是通过中间商和××经贸公司进行虚假循环国内贸易，其实质是融资（即骗取贷款）。

六、下列证据证实被告单位××经贸公司向中信保上海公司申请保险、向农行上海分行申请贷款的具体过程等事实：

1. 证人朱某、欧某、唐某某的证言证实：2008年1月，被告人周某某等以××经贸公司名义向农行上海分行提出内贸贷款的申请，即××经贸公司为浙江××集团在国内采购化纤原料，中信保上海公司为国内贸易提供担保，自负20%，余下80%由农行上海分行放贷。在××经贸公司提供贷款申请后，农行上海分行外汇营业部即对××经贸公司进行了资金调查，对浙江××集团进行了资质调查，并与中信保上海公司就操作方式、保单生效条件等进行了接触和沟通。在审批及贷款之前，农行上海分行明确告诉××经贸公司与浙江××集团购销合同金额的总额控制在3亿元内。农行上海分行不知道××经贸公司没有使用自有资金支付20%的货款。如果知道了浙江××集团向××经贸公司支付了20%的货款，那么农行上海分行是不会再接受浙江××集团开具全额商业承兑汇票的做法，而且会重新考虑减少贷款的金额甚至可能不予放款。

2. 证人陈某甲的证言证实：2008年初，××经贸公司与其关联企业××咨询公司针对浙江××集团的内贸业务向中信保上海公司提出10亿元保险额度的申请。在出具保单之前，中信保上海公司对于浙江××集团和××经贸公司的资产状况进行了审查，主要是让他们提供财务报表，最终确定了5亿元的保险额度。中信保上海公司在××经贸公司发来数据后针对每笔业务制作《承保通知书》，再交给农行上海分行。中信保上海公司对××控股进行审核时，认为该公司还是有能力归还贷款的。

3. 证人覃某的证言证实：××经贸公司的业务是他经办的，在2008年承保前，××经贸公司曾陪同中信保上海公司前往浙江省绍兴市考察浙江××集团。根据袁某某的介绍，浙江××集团的情况还不错。同年7月16日，××经贸公司、××咨询公司、中信保上海公司、农行上海分行签订了《赔款转让协议书》，明确规定在保单有效期内中信保公司将应付××经贸公司的理赔款直接支付给农行上海分行。《赔款转让协议书》与中信保国内贸易信用险保险条款、保险单是配套的，规定了各方的责任分配。

4. 证人陈某乙的证言证实：2008年3月前后，被告人周某某、刘某某代表××经贸公司同时向中信保上海公司申请保险限额和向农行上海分行申请信贷额度。其间，××经贸公司财务部向上述两家公司提供了公司基本情况、财务报表和审计报告等资料。××经贸公司用浙江××集团的资金支付了保险费350万元。

5.《PTA国内贸易业务申请国内贸易信用保险的报告》、《关于与××开展PTA、MEG贸易业务申请国内信用风险事宜的补充报告》、中信保公司风险管理委员会审议决定（两份）、《信用限额申请表》、《框架合同》、《国内贸易信用保险单》、《关于上海××经贸公司使用国内贸易信用限额开展PTA的申请报告》和《信用限额申请表》、《最高额保证合同》、袁某某及配偶马某甲出具的承诺书和相关公证书、《赔款转让协议书》和保费缴纳凭证等书证证实：(1) 2008年1月24日，××经贸公司向中信保上海公司提出保险申请，申请人为××经贸公司及其下属贸易公司（未标注具体公司名称），申请授信额度为10亿元。(2) 同年4月2日，××经贸公司向中信保公司提出变更申请人的报告要求变更申请人为××咨询公司。(3) 次日，中信保公司决定××咨询公司的保险限额为10亿元。(4) 同年6月2日，中信保公司决定将××咨询公司的保险限额调整为5亿元，由袁某某承担无条件连带责任。(5) 同月23日，××咨询公司向中信保上海公司提出金额为5亿元的申请。(6) 同月25日，××经贸公司、××咨询公司与浙江××集团等5家买方成员公司签订上述《框架合同》。(7) 同月27日，中信保公司出具被保险人为××咨询公司、保险限额为5亿元的《国内贸易信用保险单》。(8) 同年7月4日，××经贸公司、××咨询公司向中信保公司提出将××咨询公司的5亿元保单中的3亿元限额转给××经贸公司的申请，同时××经贸公司向中信保公司提出金额为3亿元的申请。(9) 同年7月9日，中信保公司增加被保险人××经贸公司；农行上海分行审批同意将××经贸公司的4000万美元的信用额度调整为专项用于办理中信保公司国内信保项下以浙江××集团及其子公司为买方的融资业务，信贷额度为3亿元。(10) 同月15日，农行上海分行与浙江××

集团、××咨询公司签订由后两者对××经贸公司的债权债务提供最高额为52亿元连带责任担保的《最高额保证合同》。（11）同月16日，袁某某承诺对6月25日签订的《框架合同》承担个人无限连带责任担保，配偶马某甲亦签字确认，并在浙江绍兴国信公证处办理公证。同日，××经贸公司、××咨询公司与中信保上海公司、农行上海分行签订《赔款转让协议书》。为此，××经贸公司向中信保公司缴纳保费350万元。

6. 被告人周某某、刘某某对于上述事实供认不讳。

七、下列证据证实被告单位××经贸公司向农行上海分行、中信保上海公司提交的2008年度每月财务报表隐瞒了该公司证券交易巨额亏损的事实：

1. 证人陈某乙的证言证实：她根据资产管理部提供的证券交割单原件将××经贸公司和××企发公司的证券交易情况进行记账，以此反映在公司短期投资财务报表内。2008年3月到10月间，上述证券交易情况没有计入财务报表中，是因为被告人周某某指示财务部不要向资产管理部要证券交割单原件，并明确讲当月的短期投资就按照没有发生来做账，数据沿用上月的。刘某某也知道此事。她每月做的财务报表都要给刘某某、周某某审核的。同年某月，她接到税务局通知要来查账，遂向周某某汇报并要求将证券交易情况做到账内，在此情况下，周某某通知资产管理部的王某甲把所有交割单原件交给财务部。她登账后才知道××经贸公司这段时间内证券交易亏损1.6亿元左右。因为证券交易的情况没有在财务报表中如实反映，故2008年3月至10月的财务报表不能反映××经贸公司、××企发公司的真实财务状况。这些不真实的财务报表提供给了税务局报税和农行上海分行、中信保上海公司等，是为了掩饰××经贸公司亏损的真实情况，以此维持银行对公司的授信贷款，否则肯定会有影响的。

2. 证人王某甲的证言证实：她从2006年至2009年4月底负责××经贸公司及××企发公司的证券交易。财务部门做账的依据是交割单原件。她每月收齐后交给财务部。2008年3月，周某某特意嘱咐现在行情不好，为避免动摇军心，先不要把交割单原件交给财务部做账，由她代保管。同年9月前后，她根据周某某的指示把交割单原件交给财务部。其间，财务部没有向她要过交割单原件。2008年，××经贸公司证券交易亏损了1.6亿余元。

3. 证人朱某、欧某、唐某某的证言证实，按照农行内部程序规定，××经贸公司在申请3亿元的授信额度时需要向农行上海分行提供月财务报表和连续三年的年财务报表。农行上海分行通过审查月财务报表中的负债率、利润、净资产等掌握贷款单位的经营状况和资信状况，故财务报表是银行审核授信额度的重要参考依据之一。如果公司财务报表净资产是负的，农行上海分行会对亏损的原因进行调查和分析，重新考评调整授信额度。××经贸公司的财务报表中有一栏短期投资是反映该公司的证券投资盈亏情况的。在审核××经贸公司授信额度之前，他们没有发现异常，直到贷款发生后，他们才发现资产负债表上的“短期投资”数据没有变化，而是一直沿用2008年初的数据。××经贸公司在办理贷款时没有向他们说明过盈亏状况。如果当时××经贸公司提供的财务报表中投资存在巨额亏损，肯定会影响授信额度的审批，可能会减少甚至是不予批准。

4.《司法鉴定意见书》及相应的××经贸公司提供给农行上海分行的2008年1月11月期间的资产负债表、损益表和××经贸公司的账册、凭证、股票交易资料等证实：2008年1月至11月间，××经贸公司对外披露的财务报表严重不实，隐瞒了当期证券投资亏损1.6亿余元的真实情况。其中：1月至5月间，××经贸公司未计入财务报表的股票投资收益实际为－5875614161元；1月至9月间，××经贸公司未计入财务报表的股票投资收益实际为－124987149.63元。如果××经贸公司正确计入上述当期股票投资收益后，报表应为：1月至5月间实现净利润－51393679.15元，截至5月31日，未分配净利润43785468.55元；1月至9月间实现净利润－104071419.71元，截至9月30日未分配利润为－10239168.75元。

5.被告人周某某供称：农行上海分行在××经贸公司申请贷款时要求该公司提供上年度审计报告及当年的财务报表。考虑到如果如实提供炒股亏损报表的话农行上海分行不一定会同意放贷，故他对财务人员说过“把亏损放一放，暂时不要做入财务报表”之类的话。

6.被告人刘某某供称：从2008年初开始，周某某就指示证券投资上的亏损数额不再计入公司财务报表，所以证券投资巨额亏损情况在2008年10月前的财务报表上均无反映，包括提供给农行上海分行的审贷报表也没有亏损数据反映，是不真实的。他和陈某乙为此都提出过不同的意见，但是周某某还是坚持这样做，为了3亿元的内贸业务而向农行上海分行提交虚假财务报表以隐瞒了真实财务状况。直到同年11月，在他和陈某乙的建议下，周某某才同意将证券投资的亏损数据计入财务报表。

八、证人袁某某、王某某、王某乙、凌某某等人的证言证实：袁某某和王某某选择了浙江新×公司、宁波杭×公司等9家公司作为虚假循环贸易的中间商。之所以要选择几家中间商，一方面是为了造成××经贸公司正常贸易的假象，否则光凭浙江××集团与××经贸公司的对倒贸易，银行是不可能放贷的；另一方面部分中间商可以提供给浙江××集团预付款，缓解资金压力，故选择中间商虽然增加了融资的成本，但还是必要的。

九、下列证据证实浙江××集团、9家中间商、××经贸公司之间就18093吨PTA、2.4万吨MEG进行11笔虚假循环贸易的经过：

1. 证人袁某某的证言证实：n笔内贸业务所涉《购销合同》的品种、数量、签约时间等合同要素均由王某某确定。在签订《框架合同》后，他向周某某和刘某某都询问过贷款进度，并告知浙江××集团急需资金。周某某称贷款可以在8月放下来。同期，他向刘某某联系询问保单办理及申请贷款的进度。同年八九月间，他打电话给刘某某得知贷款已经发放了。

2. 证人王某某的证言证实：浙江××集团与9家中间商、××经贸公司签订的合同总标的是与××经贸公司为浙江××集团提供资金配套的。具体过程为：先由浙江××集团与中间商签订购销合同，当天或者隔天由中间商与××经贸公司签订购销合同，最后由××经贸公司与浙江××集团签订购销合同，这三套合同之间仅有价格差异。××经贸公司向中间商支付货款，中间商再向浙江××集团支付货款，而浙江××集团则向××经贸公司出具为期半年的商业承兑汇票，这样浙江××集团就可以从××经贸公司获得农行上海分行贷款。考虑到合同价格与市场价格相差太大容易败露，所以他在与绍兴中×公司、绍兴东×公司、绍兴隆×公司签订合同时将时间倒推了两个月（即提前到2008年6月）。

3. 证人陈某乙、李某的证言和《PTA/MEG国内贸易业务价格核销办法》等证实：××经贸公司与中间商之间的《购销合同》均由浙江××集团以《合同确认表》方式传真给李某。李某再按照传真件上的单价、品名、数量、包装、交货地点等制作出《购销合同》后经刘某某确认，再制作××经贸公司与浙江××集团之间的《购销合同》。中间商、××经贸公司、浙江××集团之间合同的签订或依靠传真、或依靠浙江××集团派专人传递。××经贸公司与浙江××集团之间《购销合同》的单价则是先由陈某乙根据周某某的要求按照1%利润计算出税赋成本，再由李某计算出单价（有具体公式）。中间商出具给××经贸公司的《付款通知书》和《货权转让书》均是刘某某要求李某按照格式文本制作后传真给中间商或交给王某某。《提货通知书》的样本是由刘某某制作的。李某每次按照样本修改公司名称、合同号、品名和数量等。浙江××集团对每个与××经贸公司的购销合同都会先支付20%的预付款，供××经贸公司用于支付给中间商20%预付款及毛利和银行利息等费用。周某某和刘某某要求将上述预付款记录在往来款内，同时称浙江××集团会按全额货款开给××经贸公司商业承兑汇票。如果内贸正常进行的话，农行上海分行收到全额货款后会将多余货款返还××经贸公司，××经贸公司再以往来款形式将钱还给××。

4. 被告人刘某某供称：农行上海分行给××经贸公司用于购买PTA、MEG的贷款额度是3亿元，所以由此产生的一系列合同都是在3亿元的范围内制定合同项下货品单价及数量。具体过程为：农行上海分行根据贷款额度向××经贸公司分批次发放贷款。他接到农行上海分行通知后将每次放贷的金额电话告诉袁某某（或者袁某某主动致电询问或告知马某某）。袁某某再转告给王某某，由王某某以订货通知的方式将××经贸公司向9家供货商订购PTA、MEG的单价、数量、交易方式等内容传真给××经贸公司，这样交易总金额就保证在农行上海分行放贷金额框架内。他和业务部相关人员（即李某）以此为准制作××经贸公司与浙江××集团的购销合同。该《购销合同》中的货物数量和××经贸公司与9家供货商签订的《购销合同》中的数量是一致的，但合同金额增加1%的利润。

5. 证人邵某某、王某乙、周某某、吕某某、杨某某、使某某、凌某某、陈某的证言证实：2008年8月至9月间，他们以各自公司名义与浙江××集团进行PTA、MEG贸易，利润来源为加价转售给浙江××集团指定的××经贸公司。其间，具体贸易事宜（如传递合同、单证等）均与王某某进行联系（或传真）。他们自始至终未与××经贸公司接触过，也未见过或查验过实物，更未看到相关仓储凭证等。

6. 落款日期为2008年6月22日至8月22日间的××聚酯公司、××高仿真公司分别与浙江新×公司等9家公司签订的12份《化纤原材料销售合同》和相应的《货权转让书》及付款单据、落款日期为同年8月6日至9月1日间浙江新×公司等9家公司分别与××经贸公司签订的11份《购销合同》和《货权转让书》及付款单据、落款日期为同年8月6日至9月1日间××经贸公司分别与××聚酯公司、××高仿真公司签订的11份《购销合同》和相应的《提货通知书》及货物收据等书证证实：（1）各销售主体间形成货物单向循环，即××聚酯公司和××高仿真公司将2.4万吨MEG、18093吨PTA先行销售给浙江新×公司等9家公司，再由浙江新×公司等9家公司销售给××经贸公司，最后由××经贸公司销售给××聚酯公司和××高仿公司。(2)销售标的的种类、数量、交货地点（部分合同没有交货地点）等主要合同要素完全一致，即共涉及2.4万吨MEG和18093吨PTA。（3）合同签订时间和货权转让时间相互衔接或重合，发生在2008年8月至9月的一个月间（其中有倒签时间的情况）。（4）合同单价依照销售环节由低到高，且笔内贸业务最后销售环节的合同总金额与××经贸公司获得农行上海分行的贷款金额保持在80%范围内。（5）除预付款外，其余货款的来源和支付顺序均为农行上海分行贷款经××经贸公司至浙江新×公司等9家中间商再至××聚酯公司和×

×高仿真公司。其中利润由各销售主体自行扣除。（6）合同约定现款提货，但实际均先提货再付款。（7）全部贸易过程中既无仓储及货运单据，又无提单、品质保证书等常规文件。

7. 查获的宁波杭×公司于2008年8月8日出具给××经贸公司、记载的关于绍兴××聚酯转让给宁波杭×公司的PTA之货权转让给上海××经贸公司的《货权转让书》证实：宁波杭×公司（形式上）从浙江××集团处购得涉案PTA后转售给××经贸公司的事实。

8. 查获的相关《国内贸易信用保险申报单》、《批单》、《国内贸易信用保险承保情况通知书》、《流动资金（中短期）借款申请书》、《借款合同》、落款日期在2008年8月11日—9月10日间由××聚酯公司、××高仿真公司开具的《商业承兑汇票》）等书证证实：××经贸公司就11笔涉案内贸业务逐笔向中信保上海公司、农行上海分行提交相关合同、单证，并先后获得批准和放贷等情况。同时还证实浙江××集团货款应付日期为2009年2月5日至3月7日。

9. 证人张某某的证言证实：他在浙江××集团负责MEG的物流运输、报关进口，但没有经手过××经贸公司出具的《提货通知书》，也没有去提过××经贸公司内贸销售给浙江××集团的MEG。

10. 证人马某的证言证实：在融资贸易过程中，他和袁某某分别作为××聚酯公司、浙江××集团的法定代表人在出具给农行上海分行的《货物收据》上签字。上述《货物收据》的格式和内容均是××经贸公司拟好后以电子邮件的形式发到该集团员工邮箱中。

11.《司法鉴定意见书》证实：（1）××经贸公司于2008年8月11日至9月9日间合计收到买方××聚酯公司、××高仿真公司汇入购销合同金额20%左右的预付款7321万余元，连同此前××经贸公司收到的××聚酯公司汇入资金500万元，共计收到资金7821万余元；于同年8月15日至9月11日间陆续收到信贷资金292亿余元；于同年8月11日至9月11日间向浙江新×集团等9家供货商全额支付货款合计3.35亿余元，最终收支差额为3585万余元。（2）9家中间商共计收到货款3.35亿余元，扣除预付款1.12亿余元和货款2.15亿余元，收支差额为687万余元。（3）××聚酯公司、××高仿真公司扣除支付给××经贸公司的预付款后共计获得250137840元。

十、下列证据证实涉案11笔内贸业务系虚假循环贸易的事实：

1. 证人袁某某的证言证实：浙江××集团与宁波杭×公司、浙江新×公司等中间商以及××经贸公司之间所签订的《购销合同》都是虚假的，没有实际货物销售和货物交接。整个循环内贸合同均是虚假的。

2. 证人王某某的证言证实：浙江××集团与××经贸公司在开始操作前就约定通过贸易形式融资，故不需要有实物流转。签订《购销合同》是为了浙江××集团能通过××经贸公司获得银行贷款而配套制作的。相关《货权转让书》《提货通知书》等也只是形式要件，故他在与绍兴金×公司等公司交接单证时没有出具《货权转让书》。整个内贸业务从头到尾就是浙江××集团的自买自卖，无须发生实物流转。浙江××集团与供货商洽谈时也表明了合同中的货物需卖给××经贸公司，再由浙江××集团回购，目的就是为浙江××集团融资。

3. 证人马某的证言证实：浙江××集团与9家供货商的贸易形式是：浙江××集团及关联企业将PTA、MEG销售给这9家单位；××经贸公司用农行上海分行贷款向9家中间商购买上述化工产品，然后再回销给浙江××集团。通过这种循环贸易，浙江××集团获得××经贸公司的融资资金。

4. 证人李某的证言证实：××经贸公司所做的内贸是非正常贸易，是浙江××集团自卖自买的虚假贸易，实际没有实物，是××经贸公司为浙江××集团进行融资。因为农行上海分行与××经贸公司长期合作，只认可周某某的××经贸公司，而不认可浙江××集团。涉案内贸业务存在以下不正常情况首先，××经贸公司与供货商之间的《购销合同》均由浙江××集团提供。其次，她和刘某某均没有要求中间商提供仓储证明。刘某某关心的只是《购销合同》和让她制作的《货权转让书》的格式、文字表述，并没有关心过货物的实际状况（库存方式、产地、数量、品质等），也没有实地验收过货物，没有要求中间商提供质保书等，而且将与中间商联系受让货权事宜都交给浙江××集团去做。最后，在内贸过程中中间商要求××经贸公司付款的《付款通知》和中间商出具给××经贸公司的《货权转让协议》都是她根据刘某某的指示制作的。

5. 证人陈某甲、覃某某的证言证实：中信保上海公司对于具体贸易不实施监管，也不对合同涉及的化纤原料进行查验，相关合同、发票货权转让凭证都无须提供给该公司。

6. 证人朱某、欧某、唐某某的证言证实：农行上海分行根据内部规定的《信贷管理办法》和曾经为××经贸公司办理贷款业务的惯例，只审核了涉案内贸业务相关的合同、发票、资金流向凭证等作为贸易真实性的证明，没有要求××经贸公司提供过相应的仓单或者入库单，也没有对货物进行过审查，而中信保公司也没有这方面的要求。

7. 查获的《购销合同》、镇海码头进出货记录、嘉兴泰×国际货运代理有限公司（以下简称嘉兴泰×公司）提供的《情况说明》和证人郭某的证言等证实：(1)《购销合同》记载2008年8月19日至27日间××经贸公司向××高仿真公司销售的15000吨MEG的交货地点为宁波镇海港码头，但截至同年7月31日，××高仿真公司在镇海港的MEG库存余量仅为59.018吨；同年8月间，××高仿真公司仅于4日接受与××经贸公司无关的“甬海号”货船交付的2005.416吨MEG；宁波镇海码头无任何关于××经贸公司向××高仿真公司销售15000吨MEG的进货记录。(2)《购销合同》记载同年8月22日××高仿真公司向浙江凌×公司销售7000吨MEG的交货地点为宁波镇海码头，但同年8月××高仿真公司在镇海港的MEG出货量仅为45.908吨，运输目的地显示并非销售给浙江凌×公司，且宁波镇海港码头无任何关于××高仿真公司向浙江凌×公司销售7000吨MEG的出货记录。(3)《购销合同》反映的浙江新×公司、宁波杭×公司通过货运代理商嘉兴泰×公司向××经贸公司销售5038吨PTA，但嘉兴泰×公司在同期未办理过浙江××集团、浙江新×公司和宁波杭×公司、××经贸公司之间的货权转让和出运，亦未接受代理向××经贸公司运送PTA。

8. 被告人刘某某供称：他在经办11笔内贸业务时根本没有关心过货物是否真实存在，也无所谓货物的状态、价格、存放地点等问题。相关《购销合同》、《货权转让书》、《提货通知书》、货物收据等都是为了满足农行上海分行放贷及中信保公司承保所要求的形式要件。他所关心的是确保所有条件能够符合银行、保险公司的规定，确保××经贸公司的资金安全。因此，他没有像正常贸易操作一样去查验货物。整个过程都是脱离实物流转的程序化、格式化操作，只有合同、单证的往来以获取银行贷款。

十一、下列证据证实被告单位××经贸公司和被告人周某某、刘某某在本案中的具体作用和行为等事实：

1. 证人袁某某、王某某的证言证实：被告单位××经贸公司参与了与浙江××集团、浙江新×公司等9家中间商之间11笔内贸业务。其间：被告人周某某作为××经贸公司的法定代表人对全部内贸业务整体负责，包括与袁某某就主要问题进行商议和决策；被告人刘某某作为××经贸公司的副总经理对全部内贸业务具体负责，包括：负责起草相关合同样本等、代表××经贸公司签订相关合同、签收单证、告知放贷情况等具体事宜。

2. 被告人刘某某供称：他起草了《购销合同》《货权转让书》和《付款通知》的样本等；代表××经贸公司签订相关购销合同、签收单证和联系王某某等；设计了货款支付模式；还根据周某某的指示将放货情况及时告诉袁某某等人。

3. 被告人周某某对作为被告单位××经贸公司法定代表人参与相关内贸

业务的事实作了供认。

十二、下列证据证实被告单位××经贸公司等获利情况的事实：

1. 证人袁某某的证言证实：根据他与被告人周某某的约定××经贸公司的好处费大概有670万元。

2. 证人陈某乙、李某的证言证实：××经贸公司在内贸中毛利润是3%。其中1%体现在购销合同中，另2%体现在浙江××集团与××企发公司的备忘录中。浙江××集团对××企发公司的还款协议是刘某某让李某甲制作的，是为了配合××企发公司向浙江××集团收取2%的好处。刘某某要求她每笔内贸都要制作备忘录，以用于向浙江××集团收取2%的好处。

3. 证人袁某某的证言、被告人刘某某的供述和辨认笔录、查获的落款日期为2009年2月4日的《情况说明》证实：2009年1月底、2月初，刘某某向被告人周某某关于申报对浙江××集团债权等事宜，提及了应当支付给××企发公司但没有书面合同的2%利润。周某某要求刘某某起草了《情况说明》，以用于说明浙江××集团尚需支付给××企发公司520万余元。

4. 证人袁某某、陈某乙、李某的证言和相关银行凭证证实：2008年8月29日，××聚酯公司汇给××企发公司150万元，作为浙江××集团支付给××经贸公司融资利润的一部分。

5.《司法鉴定意见书》证实：××经贸公司合计收到买方××聚酯公司、××高仿真公司汇入的预付款和农行上海分行的贷款后扣除货款的差额为3585万余元，再扣除保险费350万元、已付贷款利息万余元和应付贷款利息890万余元、税费674万余元等，净利润为852万余元。

6. 被告人周某某的供述证实：浙江××集团支付给××企发公司的150万元实际是××经贸公司的一部分利润。

7. 被告人刘某某供称：根据购销合同的差价，××经贸公司有9.2%的毛利，扣除保险费、银行利息、相关税费等后利润为1%。此外，周某某还与袁某某讲好另行按合同总价的2%支付好处给××企发公司。

十三、下列证据证实被告单位××经贸公司等在案发前给银行造成的经济损失等事实：

1. 查获的落款日期为2009年2月6日至3月7日间的11份《拒绝付款理由书》证实：绍兴市商业银行以“无款支付”为拒付理由，拒绝承兑对××聚酯公司、××高仿真公司出具的n张《商业承兑汇票》。

2.《关于被保险人上海××咨询公司、上海××经贸公司DCM20080205索赔案处理意见函》证实：中信保上海公司以被保险人提供的索赔文件和相关单证无法证明被保险人与限额买方的贸易真实、合法、有效为由拒绝承担相应的赔偿责任。

3.《司法鉴定意见书》和相关银行凭证证实：截至2009年5月，农行上海分行尚有2667180元货款未收回。此外，××经贸公司对浙江××集团有债权合计6.26亿余元，对银行有债务合计6.09亿余元。

综合控辩双方争议焦点，本院作如下评析：

1. 关于被告人周某某、刘某某是否明知涉案内贸业务系虚假循环贸易的事实。综合辩方观点，关于周某某不明知虚假循环贸易的辩护意见实际可分为以下三点：一为证人袁某某的证言不可信；二为周某某在合同履行过程中未察觉或明知虚假循环贸易；三为××经贸公司系以赊销加远期汇票方式为浙江××集团融资。本院认为：首先，证人袁某某的证言具有可采性。本案系由周某某与袁某某两人共同策划，故判断袁某某所作周某某明知虚假循环贸易事实的证言与周某某所作并未在商议时明知虚假循环贸易事实的供述究竟何者为真应当结合其他证据进行研析。本案现有证据中，无论是浙江××集团方面的证人王某某、马某，还是××经贸公司方面的被告人刘某某，或以全面角度或以专门角度来证实周某某作为××经贸公司的最高决策者是明知虚假循环贸易事实的。这些证据能够与袁某某的相关证言印证，故应当采信袁某某的证言。相反，周某某的相关供述得不到其他证据印证，故不予采信。因此，辩方所提证人袁某某的证言不可信的辩护意见不予采纳。其次，现已查明的事实表明：涉案所有购销合同是在同一天或相邻几天内签订，且都在一个月内履行完毕；涉案所有货权转让仅以卖方出具的《货权转让书》《提货通知书》和买方出具的《货物收据》为证，并无第三方的仓储、物流凭证，更无相应的品质保证书等；涉案所有货款（除预付款）支付都是在贷款下放后同一天或相邻几天内支付，一环扣一环，没有丝毫耽搁。对于上述客观地证明虚假循环贸易的异常情况，作为××经贸公司的最高决策者的周某某怎能不察觉？更何况，刘某某曾先后将其所怀疑、所明知的虚假循环贸易事实告知周某某，周某某并无异议。因此，辩方所提周某某在合同履行过程中未察觉和明知虚假循环贸易的辩护意见与事实不符，不予采信。最后，现已查明的事实一方面表明本案根本不存在4万余吨化纤原料，故所谓赊销加远期汇票的融资方式根本没有可行性；另一方面表明××经贸公司在获得银行贷款后的第一时间内告知浙江××集团，而非中间商，并在及时将货款支付给中间商后嘱咐浙江××集团向中间商催讨货款，故××经贸公司的所作所为是骗取银行贷款，而非以赊销加远期汇票方式为浙江××集团融资。因此，辩方所提××经贸公司是以赊销加远期汇票方式为浙江××集团融资的辩护意见与事实不符，不予采信。至于刘某某是否明知虚假循环贸易，现已查明的事实表明刘某某于2008年8月8日看到宁波杭×公司出具的第一份《货权转让书》后即明知了虚假循环贸易的事实，故辩方所提相关辩护意见与事实不符，不予采信。

2. 关于被告单位××经贸公司是否提交了虚假财务报表以隐瞒公司巨额投资亏损真相的事实。综合辩方观点，上述辩护意见实际可分为以下三点：一为2008年3月至10月间的证券交易记账方法符合相关会计准则；二为××经贸公司并未向中信保上海公司、农行上海分行提交2008年每月财务报表；三为××经贸公司并非要隐瞒公司巨额投资亏损。本院认为：首先，现已查明的事实表明××经贸公司在2008年3月至10月间的证券交易记账方法是特例，而在2008年3月前和10月后根据证券交割单如实将当月证券交易情况予以记账的方法则是一贯做法，且为了应付税务检查而将10月后的记账方法变更回一贯做法，由此可见，××经贸公司在案发前就知道2008年3月至10月间的记账方法是不正确的，故辩方所提2008年3月至10月间的证券交易记账方法符合相关会计准则的辩护意见不予采信。其次，农行上海分行及中信保上海公司的相关证人证言已证实他们在审核××经贸公司等保险和贷款申请的时候审查了××经贸公司提交的（2007）年度财务报表和2008年3月至10月间每月财务报表，并根据财务报表所反映的该公司未发生重大亏损的情况分别予以核准；而××经贸公司的相关证人证言证实他们将2008年每月财务报表按周某某的指令提交给中信保上海公司、农行上海分行以供审核使用，故辩方所提××经贸公司未向保险公司和银行提交相关财务报表的辩护意见与事实不符，不予采信。最后，××经贸公司相关证人证言证实该公司的2008年每月财务报表系根据被告人周某某的指令在变更证券交易情况记账方法后制作出来的，结合《司法鉴定意见书》所证实的××经贸公司2008年1月至9月间因证券交易巨额亏损而直接影响到公司同期净利润和可分配利润的事实，足以认定周某某指使财务人员采用变更记账方法制作虚假财务报表以隐瞒公司证券交易巨额亏损的真相。农行上海分行和中信保上海公司相关证人证言证实××经贸公司的巨额亏损必定会对相关保险、贷款的核准起到重要负面影响。周某某、刘某某的供述也证实了他们出于顺利获得保险和贷款的考虑而将隐瞒巨额亏损的每月财务报表提交给中信保上海公司和农行上海分行。因此，辩方所提××经贸公司并非要隐瞒公司巨额投资亏损的辩护意见不予采信。

3. 关于被告人刘某某是否系单位犯罪中直接责任人员和从犯的问题。本院认为：刘某某作为被告单位××经贸公司的副总经理，受被告人周某某指使参与骗取贷款活动，具体实施了制作合同等样本、签订合同、告知具体放贷情况等行为，故应当认定刘某某系其他直接责任人员。虽然刘某某与作为××经贸公司最高决策者的周某某在所处地位、所起作用上明显不同，但尚不属于依法必须区分主从犯之情形，故不宜以从犯论处。

4. 关于辩方其他辩护意见。本院认为：第一，现已查明的事表明被告单位××经贸公司所实施的骗取贷款行为在案发时给农行上海分行造成2.6亿余元的经济损失，而本案追赃情况和××经贸公司于案发后的主动赔偿情况均不影响对该经济损失事实的认定。第二，虽然浙江××集团方面的相关证人都证实周某某、刘某某明知当时浙江××集团的真实经营状况，但从本案事实来看当时中信保上海公司、农行上海分行等都未察觉浙江××集团的真实经营状况，××经贸公司自身的经营状况良好，故应当认定周某某系误信浙江××集团届时有归还贷款能力。第三，现已查明的事实表明浙江××集团支付给××经贸公司的7000万余元系浙江××集团与××经贸公司事先约定并向中信保上海公司、农行上海分行隐瞒的预付款。该款项的用途亦证实这一事实。第四，现已查明的事实表明本案系一起共同犯罪，而是否追究参与共同犯罪的浙江××集团及相关个人刑事责任、追究何种刑事责任，因并非本院管辖范围故不予评析，但这不影响对××经贸公司和两名被告人刑事责任的追究。第五，现已查明的事实表明刘某某实施了制作虚假循环贸易所需合同等样本的行为，且这一行为是整个骗取贷款行为中一个重要组成部分，故应当认定刘某某实施了具体骗取贷款行为。综上所述，辩方所提相关辩护意见不予采纳。

本院认为：《中华人民共和国刑法》第一百七十五条之一规定以欺骗手段取得银行或者其他金融机构贷款等，给银行或者其他金融机构造成重大损失或者有其他严重情节的，构成骗取贷款罪。被告单位××经贸公司伙同他人，假借贸易名义向被害单位申请贷款，采用提供虚假财务报表和虚假合同等方法隐瞒公司巨额亏损、虚假循环贸易和另行收取预付款等真相的欺骗手段骗得被害单位的贷款共计2.92亿余元，造成被害单位经济损失2.6亿余元，故其行为已构成骗取贷款罪（单位），且属于造成特别重大损失之情形，依法应当被判处罚金。被告人周某某作为××经贸公司直接负责的主管人员，对××经贸公司所犯骗取贷款罪起重要作用，故其行为亦构成骗取贷款罪，依法应当被判处三年以上七年以下有期徒刑，并处罚金。被告人刘某某作为××经贸公司的其他直接责任人员，对××经贸公司所犯骗取贷款罪起积极作用，故其行为也构成骗取贷款罪，依法应当被判处三年以上七年以下有期徒刑，并处罚金。考虑到××经贸公司于案发后能主动赔偿部分经济损失，且中信保上海公司等未尽谨慎审查义务亦是造成本案巨额经济损失原因之一，故可对××经贸公司和周某某酌情从轻处罚；再结合刘某某在××经贸公司中的具体地位和作用，且能认罪悔罪，故可对刘某某从轻处罚。公诉机关起诉指控的罪名成立，应予支持。

为维护金融管理秩序，保障金融机构财产安全，依照《中华人民共和国刑法》第一百七十五条之一、第六十四条、第七十二条、第七十三条之规定，判决如下：

一、被告单位上海××国际经贸发展有限公司犯骗取贷款罪，判处罚金人民币九百万元。

（罚金自本判决生效之日起一个月内缴付。）

二、被告人周某某犯骗取贷款罪，判处有期徒刑六年，并处罚金人民币一百万元。

（刑期从判决执行之日起计算。判决执行前先行羁押的，羁押一日折抵刑期一日，即自2009年5月19日起至2015年5月18日止。罚金自本判决生效之日起一个月内缴付。）

三、被告人刘某某犯骗取贷款罪，判处有期徒刑三年，缓刑五年，并处罚金人民币十万元。

（刑期从判决确定之日起计算。罚金自本判决生效之日起一个月内缴付。）

四、追缴违法所得人民币二亿六千二百六十七万一千二百八十元。

如不服本判决，可在接到判决书的第二日起十日内，通过本院或者直接向上海市高级人民法院提出上诉。书面上诉的，应当提交上诉状正本一份，副本一份。

审　判　长　胡洪春
代理审判员　巩一鸣
人民陪审员　杨德嗣
二〇一〇年四月二十九日
书　记　员　黄思嘉

附：相关法律条文

《中华人民共和国刑法》

第一百七十五条之一　以欺骗手段取得银行或者其他金融机构贷款、票据承兑、信用证、保函等，给银行或者其他金融机构造成重大损失或者有其他严重情节的，处三年以下有期徒刑或者拘役，并处或者单处罚金；给银行或者其他金融机构造成特别重大损失或者有其他特别严重情节的，处三年以上七年以下有期徒刑，并处罚金。

单位犯前款罪的，对单位判处罚金，并对其直接负责的主管人员和其他直接责任人员，依照前款的规定处罚。

第六十四条 犯罪分子违法所得的一切财物，应当予以追缴或者责令退赔；对被害人的合法财产，应当及时返还；违禁品和供犯罪所用的本人财物，应当予以没收。没收的财物和罚金，一律上缴国库，不得挪用和自行处理。

第七十二条 对于被判处拘役、三年以下有期徒刑的犯罪分子，根据犯罪分子的犯罪情节和悔罪表现，适用缓刑确实不致再危害社会的，可以宣告缓刑。

被宣告缓刑的犯罪分子，如果被判处附加刑，附加刑仍须执行。

第七十三条 拘役的缓刑考验期限为原判刑期以上一年以下，但是不能少于二个月。有期徒刑的缓刑考验期限为原判刑期以上五年以下，但是不能少于一年。

缓刑考验期限，从判决确定之日起计算。

准确界定“社会公众”，合理认定犯罪数额

——吴某某非法吸收公众存款案

【案例要旨】

以吸收资金为目的，将社会人员吸收为单位内部人员，并向其吸收资金的，应认定为向社会公众吸收资金；向员工吸收的资金数额应计入全案及上级管理者的犯罪数额；投资人多次续投、重复投资的，以行为人实际吸收的资金计算犯罪数额。

【案情简要】

2014年10月，上海某资产管理有限公司成立，被告人吴某某担任总经理，杨某某、倪某担任副总经理。吴某某等12人未经金融主管部门允许，通过公司酒会、街面设摊、打电话、老客户介绍等方式对外公开宣传公司“寿单盈”等多项理财项目，许以年化利率“7.8%—15%”的高息回报，变相吸收社会公众资金共计人民币702万元。其中，吴某某任职期间，吸收公众资金500余万元。公司运行期间，业务总监、团队经理和业务员等人按级别从非法吸收的投资款中提取不同等级的提成。

杨浦区人民检察院提起公诉后，辩护人提出，检察机关指控的数额中，有200余万元系公司内部人员投资，应从犯罪总数中予以扣除。杨浦区人民法院采纳检察机关指控意见，以非法吸收公众存款罪判处被告人吴某某有期徒刑4年，罚金人民币6万元。被告人上诉后，上海市第二中级人民法院经审理，裁定驳回上诉，维持原判。

【典型意义】

近年来，非法集资案件多发，手法愈加隐蔽，招募员工带单入职已成为规避法律实施犯罪的新手段，对此应当如何认定，成为此类案件争议焦点之一。本案对准确界定非法吸收公众存款罪中的“社会公众”、合理计算犯罪数额具

有重要借鉴意义。

一、招募社会人员带单入职，属于向“社会公众”吸收资金

非法集资案件多以公司形式实施，行为人为了吸收资金，鼓励社会人员在投资的同时入职公司成为内部员工，投资款可以作为其业绩。入职人员除获得投资利息外，还可以获得当月工资，目的系为获取投资利益最大化，其本质仍系社会公众。根据“两高一部”《关于办理非法集资刑事案件适用法律若干问题的意见》第3条规定，以吸收资金为目的，将社会人员吸收为单位内部人员，并向其吸收资金的，应当认定为向社会公众吸收资金。

二、员工投资数额不计入其个人犯罪数额，但计入全案及上级人员的犯罪数额

非法集资案件中，公司对投资人并不限定范围，招募员工入职后，员工不会因此成为“特定对象”。其自行投资的，虽不计入员工个人的犯罪数额，但对于公司的组织策划者及上级人员而言，主观上仍是在向社会公众吸收资金，客观上也不予区分员工与社会公众，且组织策划者及上级员工从下级员工吸收的资金中获取佣金、提成等收益，故下级员工的投资数额应计入全案及上级人员的犯罪数额。

三、投资人多次续投、重复投资的，应以行为人实际吸收的资金计算犯罪数额

传统的非法集资案件中，同一人投入资金后到期续投的情形较为普遍。涉互联网金融的非法集资案件又出现所谓“T+N”产品，可以短时间内甚至当天多次买入赎回，有的还将利息滚动存入。上述情形中，账面上均显示有多次吸收存款行为，但钱款并未取出账户，行为人实际吸收的资金仅是投资人的初始投入数额，如果重复计算，将不能真实反映犯罪行为的情节与社会危害性，因此，应当以行为人实际吸收的资金计算犯罪数额。

上海市杨浦区人民检察院

起诉书

沪杨检金融刑诉〔2015〕56号

被告人吴某某，男，1990年××月××日生，公民身份号码：3101051990××××××××，汉族，大专文化，原系上海××资产管理有限公司总经理，户籍在上海市长宁区××路××号××室。因涉嫌非法吸收公众存款罪，于2015年4月15日被上海市公安局杨浦分局刑事拘留，次日被延长拘留期限至三十日，同年5月20日经本院批准并由上海市公安局杨浦分局执行逮捕。

本案由上海市公安局杨浦分局侦查终结，以被告人吴某某涉嫌非法吸收公众存款罪，于2015年7月13日向本院移送审查起诉。本院受理后，于同月15日告知被告人有权委托辩护人，依法讯问了被告人，审查了全部案件材料。经审查，本院于同年8月25日、10月22日两次退回公安机关补充侦查，上海市公安局杨浦分局分别于同年9月24日、11月12日补充侦查终结，移送本院审查起诉。本院就是否适用简易程序审理听取了被告人吴某某的意见，其表示同意。

经依法审查查明：

2014年10月25日，上海××资产管理有限公司（以下简称“××公司”）成立，营业场所在本市杨浦区××路××号××大厦××楼××室，吴某某担任总经理。2014年10月至2015年1月21日，被告人吴某某未经金融主管部门允许，公开宣传××公司“寿单盈”等多项理财项目，许以年化利率“7.8%—15%”的高息回报，伪造杭州××房地产集团有限公司（以下简称“××集团公司”）《担保函》，吸引不特定公众参与投资，通过签订《个人出借咨询与服务协议》的方式变相吸收公众资金，共计人民币（下同）561万元。至案发，“投资人”获取回报计2059960元。

被告人吴某某于2015年4月14日被公安民警抓获归案。案发后，其退出违法所得65000元。

认定上述事实的证据如下：

1.《企业法人营业执照》《营业执照》、档案机读材料等工商登记材料，证实××公司的法定代表人、负责人、公司类型、经营范围等工商登记信息。

2.《上海房地产登记簿》《授权书》《上海市房屋租赁合同（商品房预租)》，证实××公司租赁上海市杨浦区××路××号××室用于办公。

3.《协助财产查询通知书》、××公司在招商银行股份有限公司金沙江路支行的《开户许可证》、招商银行提供的××公司资金交易明细清单、上海富有支付服务有限公司、中汇电子支付有限公司提供的××公司 POS 机交易记录，证实××公司开户、账户钱款收支情况。

4.××公司印制的投资理财宣传单，债权单据、利息发放表，证实××公司向不特定社会公众宣传其公司名下多项理财投资项目，非法吸收公众存款。

5.××公司章程、费用财务凭证，证实××公司运营情况。

6.××集团公司出具的“申明”、公司公章样章，证实××公司系虚构其公司理财产品由××公司提供担保。

7.被告人吴某某的“离职交接”单，证实其于 2014 年 1 月 21 日离职。

8.证人杨某某、倪某某、张某甲（均另案处理)、王某某等××公司员工的证言，证实××公司以销售理财项目为名，许以支付高息回报吸收客户资金，且吴某某系××公司总经理，其于 2014 年 1 月下旬离职。

9.证人张某乙、牛某某等人的证言、辨认笔录、《个人出借咨询与服务协议》、POS 机刷卡单等，证实××公司以销售理财项目为名，许以支付年化利率“7.8%—15%”的高息回报吸收上述客户资金。他们通过××公司业务员对该公司投资上述项目。

10.《司法鉴定意见书》(公信中南〔2015〕鉴字第 120 号)，证实被告人吴某某在××公司担任总经理期间非法吸收公众存款的金额以及获得薪金的金额。

11.华东政法大学司法鉴定中心司法鉴定意见书（华政〔2015〕法医精鉴字第 678 号)，证实被告人吴某某的精神状况正常，具有完全刑事责任能力和受审能力。

12.公安机关出具的“工作情况”，证实本案的案发、被告人吴某某的到案经过及其退赔情况。

13.被告人吴某某的供述，对其在 2014 年 10 月至 2015 年 1 月 21 日担任××公司总经理，××公司以销售理财项目为名，许以支付高息回报变相吸收公众资金的犯罪事实供认不讳。

上述证据来源及收集程序合法，内容客观真实，足以认定指控事实，被告人吴某某对犯罪事实无异议。

本院认为，被告人吴某某在××公司工作期间，违反国家金融管理法律规定，未经有关部门依法批准，以销售理财项目的名义向社会公开宣传，承诺在一定期限内还本并支付高额回报，非法向社会不特定对象变相吸收资金，扰乱金融秩序，数额巨大，其行为已触犯《中华人民共和国刑法》第二十五条第一款、第一百七十六条第一款，犯罪事实清楚，证据确实、充分，应当以非法吸收公众存款罪追究其刑事责任。被告人吴某某到案后，如供述自己的罪行，根据《中华人民共和国刑法》第六十七条第三款，系坦白，可以从轻处罚。被告人吴某某到案后退赔违法所得，酌情可以从轻处罚。根据《中华人民共和国刑事诉讼法》第一百七十二条、第二百零八条之规定，提起公诉，请依法审判。

此致

上海市杨浦区人民法院

检察员　黄　敏

二〇一五年十一月二十三日

附：1. 被告人吴某某现羁押于上海市杨浦区看守所。

2. 侦查案卷五十三册，补充材料一册。

3.《证人名单》一份。

4.《量刑建议书》一份。

5.《适用简易程序建议书》一份。

附：相关法律条文

《中华人民共和国刑法》

第二十五条第一款　共同犯罪是指二人以上共同故意犯罪。

第六十七条第三款　犯罪嫌疑人虽不具有前两款规定的自首情节，但是如实供述自己罪行的，可以从轻处罚；因其如实供述自己罪行，避免特别严重后果发生的，可以减轻处罚。

第一百七十六条第一款　非法吸收公众存款或者变相吸收公众存款，扰乱金融秩序的，处三年以下有期徒刑或者拘役，并处或者单处二万元以上二十万元以下罚金；数额巨大或者有其他严重情节的，处三年以上十年以下有期徒刑，并处五万元以上五十万元以下罚金。

《中华人民共和国刑事诉讼法》

第一百七十二条 人民检察院认为犯罪嫌疑人的犯罪事实已经查清，证据确实、充分，依法应当追究刑事责任的，应当作出起诉决定，按照审判管辖的规定，向人民法院提起公诉，并将案卷材料、证据移送人民法院。

第二百零八条 基层人民法院管辖的案件，符合下列条件的，可以适用简易程序审判：

（一）案件事实清楚、证据充分的；

（二）被告人承认自己所犯罪行，对指控的犯罪事实没有异议的；

（三）被告人对适用简易程序没有异议的。

人民检察院在提起公诉的时候，可以建议人民法院适用简易程序。

上海市杨浦区人民法院
刑事判决书

〔2015〕杨刑初字第1232号

公诉机关上海市杨浦区人民检察院。

被告人吴某某。

辩护人姚某某，北京××（上海）律师事务所律师。

上海市杨浦区人民检察院以沪杨检金融刑诉〔2015〕56号起诉书指控被告人吴某某犯非法吸收公众存款罪，于2015年11月25日向本院提起公诉。本院依法组成合议庭，公开开庭审理了本案。上海市杨浦区人民检察院指派检察员黄甲出庭支持公诉，被告人吴某某、辩护人姚某某到庭参加诉讼。现已审理终结。

上海市杨浦区人民检察院指控，2014年10月25日，××公司成立，营业场所在本市杨浦区××路×××号××大厦××楼××室，被告人吴某某担任总经理。2014年10月至2015年1月21日，被告人吴某某未经金融主管部门允许，公开宣传××公司“寿单盈”等多项理财项目，许以年化利率“7.8%—15%”的高息回报，伪造杭州××房地产集团有限公司（以下简称××集团公司）《担保函》，吸引不特定公众参与投资，通过签订《个人出借咨询与服务协议》的方式变相吸收公众资金，共计人民币（下同）561万元。至案发，“投资人”获取回报计2059960元。

被告人吴某某于2015年4月14日被公安民警抓获归案。案发后，其退出违法所得6.5万元。

该院认为，被告人吴某某的行为已触犯《中华人民共和国刑法》第二十五条第一款、第一百七十六条第一款，应当以非法吸收公众存款罪追究其刑事责任，且犯罪数额巨大。被告人吴某某到案后退赔违法所得，酌情可以从轻处罚。在庭审中，公诉人发表公诉意见确认被告人吴某某吸收公众资金的数额变更为556万元。

被告人吴某某辩解：一、我不是公司法定代表人也不是老板，不知公司推销理财项目的行为未经金融主管部门允许，是非法的；二、我不负责开发业务，所谓的总经理仅是管理后勤和员工出勤，杨某某、倪某等人不是我招收的，我也无权决定打包提成和制定薪酬体系，资金的转出也是听命于老板；三、××公司员工投资的200余万元应从556万元总数中扣除。

辩护人辩称：一、吴某某虽担任总经理一职，但有名无权，真正扮演的只是督导的作用，不负责公司的具体经营，日常工作由杨某某和倪某、张某甲负责；二、××公司内部人员为了升职加薪或完成公司业绩，而以自己或他人名义出资的200余万元应从556万元总数中予以扣除；三、被告人吴某某到案后退出违法所得6.5万元，认罪态度较好，请求对其从轻、减轻处罚。

公诉人答辩：一、根据现有证据证实吴某某非法吸收公众存款的意图非常明显，且其为公司整个业务的发展作用积极主动；二、××公司成立的目的就是吸收公众存款，允许业务员自己投资有利于扩大公司规模，而业务员“带单入职”的目的则是将利益最大化，故以吸收资金为目的，将社会人员吸收为单位内部人员，并向其吸收资金的，应当认定为向社会公众吸收资金，故业务员自己投资的200余万元不应从吴某某的犯罪总额中予以扣除；三、吴某某到案后供述前后矛盾，漏洞百出，根本无悔罪表现，请求法庭对其依法作出判决。

经审理查明，2014年10月，被告人吴某某担任××公司总经理，招揽杨某某、倪某、张某甲（均已判刑）等人加入该公司。2014年11月19日，××公司注册成立，营业场所在本市杨浦区××路×××号××大厦××楼××室。被告人吴某某全面负责公司的经营管理活动，包括制定员工薪酬体系、决定打包提成比例、负责所吸资金转借他人的具体债权匹配等。2015年1月21日，被告人吴某某离职。

2014年11月至2015年1月21日，被告人吴某某伙同杨某某、倪某等人未经金融主管部门允许，通过公司酒会、街面设摊、打电话、老客户介绍等方式对外公开宣传××公司“寿单盈”等多项理财项目，提供伪造的××集团公司《担保函》，许以高息回报吸引不特定公众参与投资，并通过签订《个人出借咨询与服务协议》的方式变相吸收公众资金共计500余万元。至2015年2月9日案发，“投资人”获取回报计205万余元。

2015年4月14日，被告人吴某某被民警抓获。案发后，被告人吴某某退出6.5万元。

上述事实，有下列证据予以证实：

1. ××公司《营业执照》、档案机读材料、公司章程等证实，××公司系一人有限责任公司（自然人独资），于2014年11月19日注册成立，法定代表人为王某丁，经营范围为资产管理、投资管理等。

2. 《上海房地产登记簿》《授权书》《上海市房屋租赁合同（商品房预租）》

证实，××公司租赁本市杨浦区××路××号××室作为公司营业场所。

3. ××公司在招商银行股份有限公司金沙江路支行的《开户许可证》、招商银行提供的××公司资金交易明细清单、上海富某支付服务有限公司、中某电子支付有限公司提供的××公司 POS 机交易记录证实，××公司于 2014 年 12 月 2 日开立银行账户及账户钱款收支等情况。

4. ××公司投资理财宣传单、债权单据、利息发放表等证实，××公司向不特定社会公众宣传其公司名下多项理财投资项目，非法吸收公众存款。

5. ××集团公司出具的“申明”、公司公章样章等证实，××集团公司从未在本市杨浦区××路×××号××大厦××楼××室设立任何分支机构及分（子）公司，下属子公司也没有××公司，且××集团公司从未与××公司签订任何担保协议，也无任何商业合作。

6. 被告人吴某某的“离职交接”单证实，吴某某于 2015 年 1 月 21 日离职。

7. 证人杨某某的证言证实，2014 年 10 月，我妻子张某甲对我讲她的朋友吴某某要搞一个 P2P 公司，正在招聘团队，吴某某邀请她去做副总经理，因她在好几家理财公司都有兼职，就推荐我去应聘副总经理。我和吴某某接触后，他就任命我为公司副总经理。之后就按照总经理吴某某和所谓的母公司××集团公司下派的老板张某丙的指示开展业务。××公司通过开推介会、发放宣传单、租借门面驻点销售、在热闹地段设摊等方式招揽新客户；招收熟手业务员从同行业公司挖人带来老客户，再由老客户发展新客户；制度上规定业务员没有出单就没有工资来促使没有业务的业务员自己投资入公司这三种模式推销理财产品，从而实现向公众吸收投资款。客户与××公司签订的《个人出借咨询与服务协议》是吴某某和后勤的人从其他公司的协议里抄来的。传单是吴某某叫二部的王乙设计并印刷的。吴某某经常开小会督促我和二部的倪某出业绩。2015 年 1 月中旬吴某某离开公司，我们继续按照之前的经营方式经营公司，直到 2015 年 2 月 9 日，公司人事兼财务王丙发现财务出了问题，老板王某丁和吴某某均无法联系后才到公安机关报案。

8. 证人倪某的证言证实，我是经朋友介绍和××公司总经理吴某某高薪邀请担任公司副总经理的。吴某某和张某丙均称××公司是××集团公司下的企业，2014 年 12 月开始，公司销售合同里多了一份××集团公司的“担保函”。××公司通过发传单、开办酒会、推介会等方式进行宣传，并以 7.8%—15% 的高额利息吸引客户投资。传单是吴某某设计并印刷的；吸收的客户投资款再转借给其他人，具体债权匹配是由吴某某和张某丙负责的。

9. 证人张某甲的证言证实，2014 年 10 月 20 日左右，吴某某叫我去××公司担任副总经理，我觉得自己做业务还行，做副总压不住人，就建议吴某某启用我的丈夫杨某某当副总。××公司的实际经营人就是吴某某，公司的执照是张某丙叫吴某某办理的，公司的人员构架、规章制度、sop（绩效管理和薪酬体系）的内容、激励措施及业务部门使用的《个人出借咨询与服务协议》等都是吴某某制定的，其中，sop的内容，吴某某和我们这些管理团队讨论过很多次，因为公司开业后业绩上不去，吴某某认为sop有问题，就叫我们提意见讨论，修改了很多次。打包提成是吴某某定的，要达到一定的要求比如投资三个月才可打包提成，我做过两笔，邱某做过一笔。2015年1月下旬，吴某某离职后由杨某某和倪某两个副总负责公司的运营。××公司通过发传单、推介会、设摊等多种形式向社会宣传，并以高额利息吸引客户投资。

10. 证人王某甲的证言证实，2014年10月底，我是经张某甲介绍进入××公司担任一部总监，公司的实际经营人就是总经理吴某某，管理的是整个公司，下设两个副总，杨某某和倪某。××公司通过发传单、推介会、设摊等多种方式向社会宣传。员工的薪酬体系由吴某某制定。

11. 证人王乙的证言证实，2014年10月底，我是经倪某介绍与其一起跳槽进入××公司，并担任培训师一职。吴某某是公司的总经理，负责公司的日常经营。2014年12月底，吴某某找我谈话要求我到倪某的二部担任业务总监，于是我就于2015年1月到倪某的二部担任业务总监。××公司通过发传单、推介会、设摊等多种方式向社会宣传。公司组织的推介会由吴某某牵头组织，由杨某某订酒店，现场由王丙等人负责。员工的薪酬体系由吴某某制定。

12. 证人王丙的证言证实，××公司法定代表人王某丁从未到公司来过，平时是总经理吴某某管理公司，账户资金的流向都是由他决定后让我们操作的。××公司共操作过三笔打包提成，打包提成比例是张某甲和吴某某讨论出来的，因为张某甲做的理财公司多，她给的建议。其中张某甲做的二笔打包提成都是吴某某决定的，2015年2月吴某某不在公司了，邱某申请的一笔打包提成是杨某某决定的。我从××公司账户内共转出去四笔资金，其中三笔是吴某某叫我分别于2015年1月5日、1月7日、1月21日转出19万元、50万元、80万元，另一笔是2015年1月28日，法定代表人王某丁打电话叫我转出75万元。

13. 证人邱某、黄乙、马某某等的证言均证实，××公司总经理是吴某某。

14. 证人张某乙、牛某某等人的证言、《个人出借咨询与服务协议》、POS机刷卡单等均证实，××公司的员工向其推销理财项目并许以高额利息，其与××公司签订《个人出借咨询与服务协议》，向××公司投资的事实。

15. 上海公信中南会计师事务所有限公司司法鉴定意见书证实，一部副总杨某某及其团队经办的涉案群众累计出借资金金额为567万元，二部副总倪某及其团队经办的涉案群众累计出借资金金额为105万元；吴某某2014年10月入职，××公司支付其10月至12月工资共计6.5万元。

16. 公安机关出具的工作情况、电话记录证实，2015年4月14日，吴某某在上海铁路公安处虹桥站被抓获，到案后退出6.5万元。

上述证据均经庭审质证属实，证据来源合法，所证内容客观、真实，本院予以确认。

本院认为，被告人吴某某违反国家金融管理法律规定，未经有关部门依法批准，以销售理财项目的名义向社会公开宣传，承诺在一定期限内以货币方式还本并给付回报，非法向社会不特定对象变相吸收资金，数额巨大，其行为已构成非法吸收公众存款罪。公诉机关指控的罪名成立，对被告人吴某某依法应予惩处。根据现有证据，被告人吴某某全面负责××公司的经营管理，在犯罪中起的作用是主要和积极的；同时，××公司以吸收资金为目的，将社会人员吸收为单位内部人员，并向其吸收资金的行为，在本质上与向社会不特定对象吸收资金并无不同，该部分员工自己投资的资金也应计入总经理吴某某向社会不特定对象吸收的资金总额中，故被告人吴某某及其辩护人的相关辩解和辩护意见与查明的事实不符，本院不予采纳。被告人吴某某到案后退出6.5万元，酌情从轻处罚。被告人吴某某的犯罪事实、情节、退赔等具体情况均在量刑中综合考虑。为严肃国法，维护国家金融管理秩序，依照《中华人民共和国刑法》第一百七十六条第一款、第二十五条第一款、第六十四条之规定，判决如下：

一、被告人吴某某犯非法吸收公众存款罪，判处有期徒刑四年，罚金人民币六万元；

（刑期自判决执行之日起计算。判决执行以前先行羁押的，羁押一日折抵刑期一日，即自2015年4月14日起至2019年4月13日止。罚金自本判决发生法律效力之日起十日内向本院缴纳。）

二、违法所得予以追缴，不足部分责令退赔。

如不服本判决，可在接到判决书的第二日起十日内，通过本院或者直接向上海市第二中级人民法院提出上诉。书面上诉的，应当提交上诉状正本一份，副本一份。

审　判　长　刘惠珠
人民陪审员　徐力勤
人民陪审员　陆金芳
二〇一六年一月十三日
书　记　员　周　薇

附：相关法律条文

《中华人民共和国刑法》

第一百七十六条第一款 非法吸收公众存款或者变相吸收公众存款，扰乱金融秩序的，处三年以下有期徒刑或者拘役，并处或者单处二万元以上二十万元以下罚金；数额巨大或者有其他严重情节的，处三年以上十年以下有期徒刑，并处五万元以上五十万元以下罚金。

第二十五条第一款 共同犯罪是指二人以上共同故意犯罪。

第六十四条 犯罪分子违法所得的一切财物，应当予以追缴或者责令退赔；对被害人的合法财产，应当及时返还；违禁品和供犯罪所用的本人财物，应当予以没收。没收的财物和罚金，一律上缴国库，不得挪用和自行处理。

准确理解妨害信用卡管理罪中的“非法持有”

——金某某妨害信用卡管理案

【案例要旨】

收购他人信用卡后，利用第三人代为持有、邮寄等方式对他人信用卡进行实际控制，并倒卖出售，可认定为非法持有他人信用卡，数量较大的，构成妨害信用卡管理罪。

【案情简要】

2016 年 6 月至 7 月，被告人金某某通过被告人祝某某（另案处理）招揽黄某、邵某某在本市农业银行、农商银行、浦发银行、交通银行办理了 8 张银行卡及开户资料等，由祝某某将上述银行卡及配套开户资料、U 盾等进行收集并邮寄至金某某指定地址，由金某某负责联系出售，后将上述银行卡等转至李某某（另案处理）处。2016 年 7 月 4 日，公安机关在本市浦东新区三林镇一网吧内抓获李某某，并当场在其身上查获包括上述 8 张银行卡在内的 26 张银行卡及相应开户资料等。

闵行区人民检察院提起公诉后，闵行区人民法院以妨害信用卡管理罪对被告人金某某判处有期徒刑 6 个月。被告人未上诉，判决已生效。

【典型意义】

近年来，妨害信用卡管理犯罪呈连续大幅上升之势，其往往是电信诈骗、非法集资、洗钱等犯罪活动的准备行为，为下游犯罪提供便利，同时下游犯罪又反过来刺激对信用卡数量的需求，导致妨害信用卡管理案件的进一步增多。本案焦点在于，黄某等人系自愿出售本人申领的信用卡，且被告人金某某从未经手接触过上述信用卡，能否认定金某某非法持有他人信用卡。本案对于如何正确理解妨害信用卡管理罪中的“非法持有”，进而有效地从源头打击此类犯罪、遏制下游犯罪行为滋生，具有现实意义。

一、持卡人出售信用卡不阻却收购人持有行为的非法性

《银行卡业务管理办法》第28条规定，银行卡只限本人使用，不得出租或转借。根据举轻以明重原则，出售银行卡更是不被允许，即使收购的是他人自愿出售的真实信用卡，由于出售行为不合法，收购人亦无法取得合法持有的依据。且妨害信用卡管理罪侵犯的客体是金融管理秩序，属于社会法益而非个人法益，因此持卡人自愿出售信用卡不能阻却收购人持有行为的非法性。

二、持有是一种事实上的支配，不要求物理接触和直接持有

刑法中的持有是一种事实上的支配，即行为人与物之间存在事实上的支配与被支配的关系。具体到非法持有他人信用卡，行为人既可以通过直接占有、携带等方法支配他人的信用卡，也可以通过其他方法予以支配，只要行为人能够对他人信用卡进行实际的支配和控制，就是持有。因此，妨害信用卡管理罪不要求行为人物理接触或者本人直接持有他人信用卡。本案中，金某某虽然未接触过涉案信用卡，但其通过祝某某招揽开卡人员、授意祝某某收集卡片后邮寄至指定地点，欲转卖出售，其通过祝某某始终保持对他人信用卡的实际控制权并实际行使了处分权，可以认定为非法持有。

三、曾经持有可以认定为非法持有

实践中大量持有型犯罪都难以做到人赃俱获，在收购、转卖信用卡的过程中，行为人往往仅是曾经持有他人信用卡而非现实持有，即案发时行为人已通过倒卖出售将曾经持有的信用卡转移至他人处，未能当场缴获涉案信用卡。但只要有确实充分的证据证明行为人曾经持有，即该行为的社会危害性已然实现，则不影响非法持有的认定。

上海市闵行区人民检察院
起诉书

沪闵检金融刑诉〔2017〕95号

被告人金某某，男，1997年××月××日出生，公民身份号码：3209231997××××××××，汉族，中专文化，无固定职业，户籍在上海市闵行区××路××弄××号××室。2017年1月19日因涉嫌妨害信用卡管理罪，由上海市公安局闵行分局刑事拘留，同年1月22日延长拘留期限至三十日；同年2月24日经本院批准，同日由上海市公安局闵行分局执行逮捕。

本案由上海市公安局闵行分局侦查终结，以被告人金某某涉嫌妨害信用卡管理罪，于2017年4月18日向本院移送审查起诉。本院受理后，于同月21日告知被告人有权委托辩护人；依法讯问了被告人，审查了全部案件材料，并就是否适用简易程序审理听取被告人金某某的意见，其表示同意。

经依法审查查明：

2016年6月至7月，被告人金某某通过祝某某（另案处理）共同收购了黄某、邵某某在本市农业银行、农商银行、浦发银行、交通银行办理的8张银行卡及开户资料、U盾等，由金某某负责出售，后转交到李某某（已起诉）处。2016年7月4日，公安机关在本市浦东新区三林镇一网吧内抓获李某某，并当场在其身上查获包括上述8张银行卡在内的26张银行卡及相应开户资料等。

2016年11月19日，被告人金某某经公安机关电话通知后自动投案，到案后如实供述主要犯罪事实。

上述事实，有以下证据证明：

1. 上海市公安局闵行分局出具的《扣押清单》及相关银行开户信息等证实，公安机关从李某某处查获银行卡26张及相应的开户信息，其中有黄某、邵某某名下银行卡8张。

2. 证人黄某、邵某某的证言证实，金某某通过祝某某招揽其二人办理银行卡并绑定金某某所提供的手机SIM卡，后由金某某收购所办银行卡并支付费用。

3. 涉案人员祝某某、李某某的供述等证实，祝某某按照金某某的要求，联系黄某、邵某某办理银行卡，金某某收购后，让祝某某快递至金某某告知的地址，后由金某某联系李某某收取装有银行卡的快递。

4. 上海市闵行区公安分局经侦支队出具的《到案经过》等证实，本案案发及被告人金某某的到案经过。

5. 被告人金某某的供述，对上述事实供认不讳。

上述证据来源及收集程序合法，内容客观真实，足以认定指控事实。被告人金某某对基本犯罪事实无异议。

本院认为，被告人金某某与他人结伙，非法持有他人信用卡计8张，数量较大，其行为已触犯《中华人民共和国刑法》第一百七十七条之一第一款第（二）项之规定，犯罪事实清楚，证据确实、充分，应当以妨害信用卡管理罪追究其刑事责任，且根据《中华人民共和国刑法》第二十五条第一款，属共同犯罪。被告人金某某自动投案，如实供述自己的罪行，根据《中华人民共和国刑法》第六十七条第一款之规定，系自首，可以从轻处罚。根据《中华人民共和国刑事诉讼法》第一百七十二条的规定，提起公诉，请依法审判。

此致

上海市闵行区人民法院

检察员　曹晓烨

二〇一七年六月十三日

附：1. 被告人金某某现羁押于闵行区看守所。

2. 公安机关侦查卷宗二册。

3.《适用简易程序建议书》一份。

4.《量刑建议书》一份。

附：相关法律条文

《中华人民共和国刑法》

第二十五条第一款　共同犯罪是指二人以上共同故意犯罪。

第六十七条第一款　犯罪以后自动投案，如实供述自己的罪行的，是自首。对于自首的犯罪分子，可以从轻或者减轻处罚。其中，犯罪较轻的，可以免除处罚。

第一百七十七条之一第一款第二项　有下列情形之一，妨害信用卡管理的，处三年以下有期徒刑或者拘役，并处或者单处一万元以上十万元以下罚金；数量巨大或者有其他严重情节的，处三年以上十年以下有期徒刑，并处二万元以上二十万元以下罚金：

（二）非法持有他人信用卡，数量较大的。

《中华人民共和国刑事诉讼法》

第一百七十二条 人民检察院认为犯罪嫌疑人的犯罪事实已经查清，证据确实、充分，依法应当追究刑事责任的，应当作出起诉决定，按照审判管辖的规定，向人民法院提起公诉，并将案卷材料、证据移送人民法院。

上海市闵行区人民法院

刑事判决书

（2017）沪0112刑初1053号

公诉机关上海市闵行区人民检察院。

被告人金某某，男，1997年××月××日出生于上海市，汉族，中专文化，无业，户籍地上海市闵行区××路××弄××号××室；因涉嫌犯妨害信用卡管理罪于2017年1月19日被刑事拘留，同年2月24日被逮捕，现羁押于上海市闵行区看守所。

辩护人周某某，上海××律师事务所律师。

辩护人刘某，上海××律师事务所律师。

上海市闵行区人民检察院以沪闵检金融刑诉〔2017〕95号起诉书指控被告人金某某犯妨害信用卡管理罪，于2017年6月14日向本院提起公诉。本院依法适用简易程序，实行独任审判，公开开庭审理了本案。上海市闵行区人民检察院指派检察员葛云出庭支持公诉，被告人金某某及其辩护人刘某到庭参加诉讼。本案现已审理终结。

公诉机关指控：2016年6月至7月，被告人金某某通过祝某某（另案处理）共同收购黄某、邵某某在本市农业银行、农商银行、浦发银行，交通银行办理的8张银行卡及开户资料、U盾等，由金某某负责出售，后转交到李某某（已起诉）处。2016年7月4日，公安机关在本市浦东新区三林镇一网吧内抓获李某某，并当场在其身上查获包括上述8张银行卡在内的26张银行卡及相应开户资料等。

2016年11月13日，被告人金某某经公安机关电话通知后自动投案，到案后如实供述主要犯罪事实。

上述事实，被告人金某某在开庭审理过程中亦无异议，且有同案犯祝某某、李某某的供述，证人黄某、邵某某的证言，相关银行开户信息。公安机关的扣押清单，到案经过等证据证实，足以认定。

本院认为，被告人金某某与他人结伙，非法持有他人信用卡计8张，数量较大，其行为已构成妨害信用卡管理罪，且属共同犯罪。被告人金某某自动投案，如实供述自己的罪行，系自首，依法可以从轻处罚。公诉机关指控成立，本院予以确认。辩护人以被告人金某某系初犯，认罪态度较好、具有自首情节等为由请求对金某某从轻处罚的辩护意见，本院予以采纳。据此，本院依照《中华人民共和国刑法》第一百七十七条之一第一款第（二）项，第二十五条第一款，第六十七条第一款、第五十二条，第五十三条、第六十四条之规定，判决如下：

一、被告人金某某犯妨害信用卡管理罪，判处有期徒刑六个月，并处罚金人民币一万元。

（刑期从判决执行之日起计算。判决执行以前先行羁押的，羁押一日折抵刑期一日，即自2017年1月19日起至2017年7月18日止。罚金自本判决生效之日起三十日内如数缴纳。）

二、涉案赃物予以没收。

如不服本判决，可在接到判决书的第二日起十日内，通过本院或者直接向上海市第一中级人民法院提出上诉。书面上诉的，应当提交上诉状正本一份，副本两份。通过本院书面上诉的，应将上诉状正、副本送（寄）往本院立案庭。

审 判 员 张 鑫

二〇一七年六月十九日

法官助理
兼书记员 顾菊玲

利用租借 POS 机有偿为他人“套现”或“养卡”的行为定性

——祁某某、乔某某妨害信用卡管理案

【案例要旨】

行为人利用租借的 POS 机有偿为持卡人“套现”或者“养卡”，非法持有他人信用卡数量较大的，符合《刑法修正案（五）》增设的妨害信用卡管理罪的规定。

【案情简要】

被告人祁某某，女，1957 年××月××日生，无业。

被告人乔某某，女，1964 年××月××日生，无业。

2006 年 12 月至 2007 年 7 月，被告人乔某某伙同董某某（另处）等人利用租赁的上海市漕溪北路××号××室和借来的 POS 机，从事有偿为他人代办信用卡、信用卡套现以及“养卡”业务。2007 年 7 月，乔某某开始利用租借的本市漕溪北路××号××室和借得的 POS 机单独从事上述业务。其间，被告人祁某某受聘于董某某继续从事上述有偿为他人代办信用卡、信用卡套现和“养卡”业务。2008 年 10 月 23 日，公安人员至本市漕溪北路××号××室抓获祁某某，查获现金人民币 166200 元、POS 机 3 台、他人信用卡共计 191 张。同日，公安人员在本市漕溪北路××号××室抓获乔某某，当场查获 POS 机 1 台、他人信用卡 256 张。

2009 年 5 月 22 日，徐汇区人民检察院以被告人祁某某、乔某某犯妨害信用卡管理罪提起公诉。2009 年 7 月 8 日，徐汇区人民法院以妨害信用卡管理罪判处祁某某有期徒刑 3 年，缓刑 3 年，罚金 1 万元；判处乔某某有期徒刑 2 年 6 个月，缓刑 2 年 6 个月，罚金 2 万元。

【典型意义】

2009年上半年，上海市信用卡诈骗罪同比上升97.6%，出现许多新的作案手法。有偿为他人代办信用卡、套现、“养卡”，这一新的犯罪形式易引发各种金融纠纷及其他信用卡犯罪。在办理此类案件时，罪与非罪的界限把握在实践中也存在争议。本案的办理对此类行为的司法规制提供了很好的参照。

一、依法办理妨害信用卡管理案件

此类案件中，行为人利用租借的POS机通过虚假消费的方式套现银行资金的行为，俗称“套现”。“养卡”是指，行为人垫资归还持卡人已到透支限期的信用卡，以维持持卡人信用额度，使该卡能够继续透支，之后用POS机虚假消费的方式取得垫资款，行为人获取2%—3%的手续费。

《刑法修正案（五）》增设妨害信用卡管理罪的目的是打击和防范信用卡犯罪，维护金融管理秩序。该案中行为人为帮助持卡人套现或“养卡”，分别非法持有他人信用卡达191张、256张，符合《刑法》第177条之一第1款第2项中“非法持有他人信用卡，数量较大的”规定，应认定为妨害信用卡管理罪。

二、区分罪与非罪的界限

随着金融业务的发展，金融犯罪的组织性、分工性加强，信用卡类犯罪中所涉环节、人员众多，法律关系复杂，导致此类案件既涉及民事纠纷、行政违法与刑事犯罪的界限把握，又涉及是否共犯的判断。故此类案件办理过程中，应注意根据案件的具体情况作出准确认定：对行为人仅持有少量他人信用卡的，因其不具有刑事违法性，可作为民事纠纷或行政违规行为；对大量非法持有他人信用卡的，如明知或者应当知道持卡人具有恶意透支的主观故意而为其实施代办信用卡、套现、“养卡”行为的，应以信用卡诈骗罪的共犯追究行为人的刑事责任；如果无法证明行为人和持卡人具有实施信用卡诈骗的共同故意的，在司法解释明确此类行为的定性前，为防范金融风险、保障金融秩序，应以妨害信用卡管理罪追究行为人的刑事责任。

上海市徐汇区人民检察院
起诉书

沪徐检刑诉〔2009〕49号

被告人杨××，女，1963年××月××日生，汉族，高中文化，无业，户籍地本市××村××。因本案于2008年10月20日被上海市公安局徐汇分局依法传唤，同月27日被拘留。

被告人祁××，女，1957年××月××日生，汉族，高中文化，无业，户籍地本市××村××。因本案于2008年10月23日被上海市公安局徐汇分局依法传唤并拘留。

被告人乔××，女，1964年××月××日生，汉族，高中文化，无业，户籍地本市××路××。因本案于2008年10月23日被上海市公安局徐汇分局依法传唤并拘留。

上列三名被告人均因本案于2008年11月28日经本院批准并由上海市公安局徐汇分局执行逮捕。

本案由上海市公安局徐汇分局侦查终结，以被告人杨××涉嫌信用卡诈骗罪，被告人祁××、乔××涉嫌妨害信用卡管理罪于2009年1月23日向本院移送审查起诉。本院受理后，于次日分别告知被告人有权委托辩护人。本案依法退回公安机关补充侦查一次，延长审查起诉期限两次。

经依法审查查明：

（一）信用卡诈骗罪

2007年3月至2008年1月，被告人杨××先后提供了本人及其丈夫华××、外甥女杨××、外甥王××等人的身份证复印件，通过南京××贷款咨询有限公司乔××等人以虚构工作单位和收入证明等手段申领了户名为“杨××”、开户行分别为工商银行、民生银行、上海银行、平安银行的信用卡共4张；申领了户名为“华××”、开户行为中国银行的信用卡1张；户名为“杨××”、开户行分别为深圳发展银行、民生银行、兴业银行、中信银行、建设银行、浦发银行和宁波银行的信用卡共8张；户名为“王××”、开户行分别为中信银行、民生银行、宁波银行的信用卡共3张。

随后，杨××以帮助消费积分、免年费为由获取了杨××和王××的信任，取得了其为两人申领的共计11张信用卡以及王××本人在广发银行、深圳发展银行办理的2张信用卡的实际使用权。

2006年6月至2008年10月，杨××在无归还能力的情况下，多次持其本人在中国银行、建设银行、交通银行原来已办理的4张信用卡及其通过乔××等人办理的16张信用卡以及王××本人办理的2张信用卡刷卡消费或通过祁××、乔××等处的POS机，在无真实交易的情况下进行信用卡透支套现、“养卡”操作，所得款项均被其花用。至案发，上述22张信用卡共透支本金人民币209026.93元尚未归还。

2008年10月14日，杨××接公安人员电话通知后，主动到公安机关投案并如实交代了主要犯罪事实。到案后，杨××还向公安机关提供了被告人祁××、乔××非法从事信用卡业务的地址，协助公安机关抓获了祁××。

（二）妨害信用卡管理罪

2006年12月至2007年7月，被告人乔××伙同董××（另处）等人利用租赁的本市漕溪北路××和借来的POS机，以南京××贷款咨询有限公司的名义从事有偿为他人代办信用卡、信用卡套现以及信用卡“养卡”业务。2007年7月后，乔××离开该公司，租用本市漕溪北路××，并从上海××数码科技有限公司借得POS机，单独从事有偿为他人代办信用卡、信用卡套现和信用卡“养卡”业务。乔××离开南京××贷款咨询有限公司后，董××聘用被告人祁××继续从事上述业务。

2008年10月23日，公安人员至本市漕溪北路××抓获祁××，查获现金人民币166200元、POS机3台、他人信用卡共计191张。同日，公安人员还在本市漕溪北路××室查获POS机1台、他人信用卡256张。当日，乔××接公安人员电话通知后，主动到本市漕溪北路××投案。到案后，乔××如实交代了主要犯罪事实。

上述事实，有以下证据证明：

1. 证人杨××、王××、华××、施××、刘××、周××、方××、魏××、陈××、许××、戴××、徐××、何××、金××、褚××、丁××、沈××等的证言笔录；

2. 中国工商银行、中国建设银行、中国交通银行、光大银行、广东发展银行、中国农业银行、中国银行、深圳发展银行、深圳平安银行、浦东发展银行、中国民生银行、上海银行、宁波银行、中信银行、兴业银行报案材料、信用卡月结单、法律程序通知书、催款记录、透支通知书复印件、清账通知书复印件、还款提醒书复印件、信用卡申请材料复印件、信用卡复印件、收入证明复印件、名片复印件、房产证复印件、交易明细记录、身份证复印件、房屋租赁合同复印件、组织机构代码证副本、营业执照副本、税务登记证副本复印件、图章印纹、举报材料、常住人口基本信息、接受刑事案件登记表、案发经过情况等书证；

3. 上海市司法会计中心司法鉴定意见书等鉴定结论；

4. 被告人杨××、祁××、乔××的供述笔录。

本院认为，被告人杨××以非法占有为目的，冒用他人信用卡或者使用信用卡恶意透支共计人民币20余万元，数额特别巨大，其行为触犯了《中华人民共和国刑法》第一百九十六条第一款第三项、第四项、第二款，应当以信用卡诈骗罪追究其刑事责任。被告人祁××、乔××分别非法持有他人信用卡191张、256张，数量较大，根据《中华人民共和国刑法》第一百七十七条之一第一款第二项，应当以妨害信用卡管理罪分别追究两被告人的刑事责任。杨××、乔××系自首，根据《中华人民共和国刑法》第六十七条第一款之规定，均可以从轻处罚。杨××有立功表现，依照《中华人民共和国刑法》第六十八条第一款之规定，可以减轻处罚。根据《中华人民共和国刑事诉讼法》第一百四十一条之规定，提起公诉，请依法审判。

此致

上海市徐汇区人民法院

检　察　员　郑利群

代理检察员　包　强

二〇〇九年五月二十一日

附：1. 主要证据复印件九册；

2.《证据目录》一份；

注：被告人杨××、祁××、乔××现均羁押于上海市徐汇区看守所。

上海市徐汇区人民法院

刑事判决书

（2009）徐刑初字第337号

公诉机关上海市徐汇区人民检察院。

被告人杨××，女，1963年××月××日出生于上海市，汉族，高中文化，无业，户籍地本市××村××。2008年10月20日因本案被上海市公安局徐汇分局依法传唤，同月27日被拘留，2008年11月28日被依法逮捕。现羁押于上海市徐汇区看守所。

被告人祁××，女，1957年××月××日出生于上海市，汉族，高中文化，无业，户籍地本市××村××。2008年10月23日因本案被上海市公安局徐汇分局依法传唤并拘留，2008年11月28日被依法逮捕。现羁押于上海市徐汇区看守所。

被告人乔××，女，1964年××月××日出生于上海市，汉族，高中文化，无业，户籍地本市××。2008年10月23日因本案被上海市公安局徐汇分局依法传唤并拘留，2008年11月28日被依法逮捕。现羁押于上海市徐汇区看守所。

辩护人顾××，上海××律师事务所律师。

上海市徐汇区人民检察院以沪徐检刑诉〔2009〕49号起诉书指控被告人杨××犯信用卡诈骗罪、被告人祁××、乔××犯妨害信用卡管理罪，于2009年5月22日向本院提起公诉。本院依法组成合议庭，公开开庭进行了审理。上海市徐汇区人民检察院指派代理检察员包强出庭支持公诉。被告人杨××、被告人祁××、被告人乔××及其辩护人顾××到庭参加了诉讼。其间，根据辩护人的申请，本案延期审理。现已审理终结。

上海市徐汇区人民检察院指控：

（一）信用卡诈骗罪

2007年3月至2008年1月，被告人杨××先后提供了本人及其丈夫华××，外甥女杨××、外甥王××等的身份证复印件，通过南京××贷款咨询有限公司乔××等人以虚构工作单位和收入证明等手段申领了户名为“杨×

×”、开户行分别为工商银行、民生银行、上海银行、平安银行的信用卡共4张；申领了户名为“华××”、开户行为中国银行的信用卡1张；户名为“杨××”、开户行分别为深圳发展银行、民生银行、兴业银行、中信银行、建设银行、浦发银行和宁波银行的信用卡共8张；户名为“王××”、开户行分别为中信银行、民生银行、宁波银行的信用卡共3张。

随后，杨××以帮助消费积分、免年费为由获取了杨××和王××的信任，取得了其为两人申领的共计11张信用卡以及王××本人在广发银行、深圳发展银行办理的2张信用卡的实际使用权。

2006年6月至2008年10月，杨××在无归还能力的情况下，多次持其本人在中国银行、建设银行、交通银行原来已办理的4张信用卡及其通过乔××等人办理的16张信用卡以及王××本人办理的2张信用卡刷卡消费或通过祁××、乔××等处的POS机，在无真实交易的情况下进行信用卡透支套现、“养卡”操作，所得款项均被其花用。至案发，上述22张信用卡共透支本金人民币209026.93元尚未归还。

2008年10月14日，杨××接公安人员电话通知后，主动到公安机关投案并如实交代了主要犯罪事实。到案后，杨××还向公安机关提供了被告人祁××、乔××非法从事信用卡业务的地址，协助公安机关抓获了祁××。

（二）妨害信用卡管理罪

2006年12月至2007年7月，被告人乔××伙同董××（另处）等人利用租赁的本市漕溪北路××和借来的POS机，以南京××贷款咨询有限公司的名义从事有偿为他人代办信用卡、信用卡套现以及信用卡“养卡”业务。2007年7月后，乔××离开该公司，租用本市漕溪北路××号××室，并从上海××数码科技有限公司借得POS机，单独从事有偿为他人代办信用卡、信用卡套现和信用卡“养卡”业务。乔××离开南京××贷款咨询有限公司后，董××聘用被告人祁××继续从事上述业务。

2008年10月23日，公安人员至本市漕溪北路××抓获祁××，查获现金人民币166200元、POS机3台、他人信用卡共计191张。同日，公安人员还在本市漕溪北路××号××室查获POS机1台、他人信用卡256张。当日，乔××接公安人员电话通知后，主动到本市漕溪北路××号××室投案。到案后，乔××如实交代了主要犯罪事实。

公诉机关认定被告人杨××的行为已触犯《中华人民共和国刑法》第一百九十六条第一款第三项、第四项、第二款之规定，应当以信用卡诈骗罪追究其刑事责任。被告人祁××、乔××的行为已分别触犯《中华人民共和国刑法》第一百七十七条之一第一款第二项之规定，应当以妨害信用卡管理罪追究其刑事责任。被告人杨××、乔××系自首，可从轻处罚；杨××又具有立功表现，可减轻处罚。提请依法审判。

被告人杨××对公诉机关指控的犯罪事实无异议。

被告人祁××对公诉机关指控的犯罪事实作了供述。

被告人乔××对公诉机关指控的犯罪事实作了供述。其辩护人认为被告人系初犯，且系自首，建议对其从宽处罚并适用缓刑。

经审理查明，公诉机关指控的上述事实，有下列证据证实：

1. 证人杨××、王××、华××、施××、刘××、周××、方××、魏××、陈××、许××、戴××、徐××、何××、金××、褚××、丁××、沈××等人的证言笔录；

2. 中国工商银行、中国建设银行、中国交通银行、光大银行、广东发展银行、中国农业银行、中国银行、深圳发展银行、深圳平安银行、浦东发展银行、中国民生银行、上海银行、宁波银行、中信银行、兴业银行报案材料、信用卡月结单、法律程序通知书、催款记录、透支通知书复印件、清账通知书复印件、还款提醒书复印件、信用卡申请材料复印件、信用卡复印件、收入证明复印件、名片复印件、房产证复印件、交易明细记录、身份证复印件、房屋租赁合同复印件、组织机构代码证副本、营业执照副本、税务登记证副本复印件、图章印纹、举报材料、常住人口基本信息、接受刑事案件登记表、案发经过情况等书证；

3. 上海市司法会计中心司法鉴定意见书等鉴定结论；

4. 被告人杨××、祁××、乔××的供述笔录。

上述证据，均经庭审查证属实，本院予以确认。

本院认为。被告人杨××以非法占有为目的，冒用他人信用卡或者使用信用卡恶意透支共计人民币20余万元，数额特别巨大，其行为已构成信用卡诈骗罪；被告人祁××、乔××分别非法持有他人信用卡191张、256张，其行为已分别构成妨害信用卡管理罪，应予处罚。公诉机关指控的罪名成立。鉴于被告人杨××系自首，且具有立功表现，依法予以减轻处罚。被告人乔××系自首，到案后能认罪、悔罪，并能主动退缴违法所得，依法予以减轻处罚并可宣告缓刑。关于辩护人适用缓刑的辩护意见，于法有据，本院予以采纳。根据被告人犯罪的事实、性质、情节和对于社会的危害程度，依照《中华人民共和国刑法》第一百九十六条第一款第三项、第四项、第二款、第一百七十七条之一第一款第二项、第六十七条第一款、第六十八条第一款、第七十二条、第七十三条第二款、第三款、第六十四条之规定，判决如下：

一、被告人杨××犯信用卡诈骗罪，判处有期徒刑七年，并处罚金人民币五万元。

（刑期从判决执行之日起计算。判决执行以前先行羁押的，羁押一日折抵刑期一日，即自2008年10月20日起至2015年10月19日止；罚金从判决生效第二日起一个月内缴纳。）

二、被告人祁××犯妨害信用卡管理罪，判处有期徒刑三年，缓刑三年，并处罚金人民币一万元。

（缓刑考验期限从判决确定之日起计算；罚金从判决生效第二日起一个月内缴纳。）

三、被告人乔××犯妨害信用卡管理罪，判处有期徒刑二年六个月，缓刑二年六个月，并处罚金人民币二万元。

（缓刑考验期限从判决确定之日起计算；罚金从判决生效第二日起一个月内缴纳。）

四、被告人杨××的违法所得责令退赔给各被害单位；被告人祁××、乔××的违法所得予以没收。

祁××、乔××，回到社区后，应当遵守法律、法规，服从监督管理，接受教育，完成公益劳动，做一名有益社会的公民。

如不服本判决，可在接到判决书的第二日起十日内，通过本院或直接向上海市第一中级人民法院提出上诉。书面上诉的，应当提交上诉状正本一份，副本一份。

审 判 长　朱以珍
代理审判员　施宇欢
人民陪审员　戴　琦
二〇〇九年七月八日
书 记 员　戚　俊

附：相关法律条文

《中华人民共和国刑法》

第一百九十六条　有下列情形之一，进行信用卡诈骗活动，数额较大的，处五年以下有期徒刑或者拘役，并处二万元以上二十万元以下罚金；数额巨大或者有其他严重情节的，处五年以上十年以下有期徒刑，并处五万元以上五十万元以下罚金；数额特别巨大或者有其他特别严重情节的，处十年以上有期徒刑或者无期徒刑，并处五万元以上五十万元以下罚金或者没收财产：

（一）使用伪造的信用卡的，或者使用以虚假的身份证明骗领的信用卡的；

（二）使用作废的信用卡的；

（三）冒用他人信用卡的；

（四）恶意透支的。

前款所称恶意透支，是指持卡人以非法占有为目的，超过规定限额或者规定期限透支，并且经发卡银行催收后仍不归还的行为。

第一百七十七条之一第一款 有下列情形之一，妨害信用卡管理的，处三年以下有期徒刑或者拘役，并处或者单处一万元以上十万元以下罚金；数量巨大或者有其他严重情节的，处三年以上十年以下有期徒刑，并处二万元以上二十万元以下罚金；

（一）明知是伪造的信用卡而持有、运输的，或者明知是伪造的空白信用卡而持有、运输，数量较大的；

（二）非法持有他人信用卡，数量较大的；

（三）使用虚假的身份证明骗领信用卡的；

（四）出售、购买、为他人提供伪造的信用卡或者以虚假的身份证明骗领的信用卡的。

第六十七条第一款 犯罪以后自动投案，如实供述自己的罪行的，是自首。对于自首的犯罪分子，可以从轻或者减轻处罚。其中，犯罪较轻的，可以免除处罚。

第六十八条第一款 犯罪分子有揭发他人犯罪行为，查证属实的，或者提供重要线索，从而得以侦破其他案件等立功表现的，可以从轻或者减轻处罚；有重大立功表现的，可以减轻或者免除处罚。

第七十二条 对于被判处拘役、三年以下有期徒刑的犯罪分子，根据犯罪分子的犯罪情节和悔罪表现，适用缓刑确实不致再危害社会的，可以宣告缓刑。

被宣告缓刑的犯罪分子，如果被判处附加刑，附加刑仍须执行。

第七十三条 拘役的缓刑考验期限为原判刑期以上一年以下，但是不能少于二个月。有期徒刑的缓刑考验期限为原判刑期以上五年以下，但是不能少于一年。

缓刑考验期限，从判决确定之日起计算。

第六十四条 犯罪分子违法所得的一切财物，应当予以追缴或者责令退赔；对被害人的合法财产，应当及时返还；违禁品和供犯罪所用的本人财物，应当予以没收。没收的财物和罚金，一律上缴国库，不得挪用和自行处理。

充分把握证券发行与交易制度，正确认定非上市公司股权转让的行为性质

——某生物科技股份有限公司、郑某乙擅自发行股票案

【案例要旨】

非法出售非上市公司股权行为不符合集资诈骗犯罪构成要件的情况下，对于提供股票的的非上市公司和股东涉嫌擅自发行股票，构成犯罪的，应当依照《刑法》第179条的规定，以擅自发行股票罪定罪处罚。

【案情简要】

被告单位上海某生物科技股份有限公司，法定代表人郑某乙。

被告人郑某乙，男，原系上海某生物科技股份有限公司法定代表人、董事长。

2001年12月，上海某生物科技股份有限公司为筹集研发资金，由郑某乙提议经股东会同意，委托中介公司及个人向社会不特定公众转让该公司自然人股东的股权。此后直到2007年8月期间，由郑某乙负责联系并先后委托上海某投资有限公司、上海某投资实业公司、王某某、周某某、黄某等个人，转让郑某乙及其他自然人股东的股权。由郑某乙和中介人员具体商定每股转让价格为人民币2—4元，上海某生物科技股份有限公司与受让人分别签订《股权转让协议书》和《回购承诺书》（承诺如果三年内公司不能上市就回购股权），并发放自然人股东交款凭证卡和收款收据。

经审计，2001年12月至2007年8月期间，上海某生物科技股份有限公司向社会公众260余人发行股票计322万股，筹集资金人民币1109万余元，其中有157人在上海股权托管中心有限责任公司托管。筹集的资金全部用于公司的经营活动和支付中介代理费。

2008年11月27日，浦东公安分局移送审查起诉；2009年5月14日，浦东新区人民检察院提起公诉。同年9月24日，浦东新区人民法院以擅自发行

股票罪判处被告单位上海某生物科技股份有限公司罚金人民币 30 万元；判处被告人郑某乙有期徒刑 2 年。判决后，检察机关未提出抗诉，被告单位和被告人均未提出上诉，判决发生法律效力。

【典型意义】

以擅自发行股票罪追究非上市公司及其直接负责的主管人员刑事责任的案件，在本市尚属首例。浦东新区人民检察院在本案的办理过程中，准确理解相关证券法律与行政法规，明确法律政策界限，依法打击非法证券活动，保护广大投资者利益，对司法实践处理类似案件具有借鉴意义。

一、明确法律政策界限，依法打击擅自发行股票金融犯罪活动

根据我国《刑法》第 179 条规定，未经国家有关主管部门批准，擅自发行股票，数额巨大、后果严重或者有其他严重情节的，构成擅自发行股票罪。本案被告某生物科技股份有限公司向社会不特定公众转让公司股权，构成我国《证券法》规定的公开发行行为。我国《证券法》对于证券公开发行规定了核准制，以保护广大投资者利益，维护证券市场健康、稳定发展。因此，被告某生物科技有限公司未经国务院证券监管部门或国务院授权的部门核准，向社会不特定公众转让股权的行为违反了证券法律规定，构成擅自发行行为。

由于证券的发行与交易活动面向广大普通投资者，因此非法证券活动案件往往涉案金额大，涉及人员多，极易引发群体事件，是一种典型的涉众型违法犯罪活动，严重干扰正常的经济金融秩序，破坏社会和谐与稳定，其危害性不容忽视。在此类案件中，提供股票的非上市公司及其股东，往往是该类案件的源头。因此，在非法出售非上市公司股权行为不符合集资诈骗犯罪构成要件的情况下，对于提供股票的非上市公司和股东涉嫌擅自发行股票，构成犯罪的，应当依照《刑法》第 179 条规定，以擅自发行股票罪追究刑事责任。非上市公司和中介机构共谋擅自发行股票，构成犯罪的，以擅自发行股票罪的共犯论处。但多个行为人虽然共同参加同一非法出售股权案件，主观犯意不同的，应根据不同行为分别认定。不具有证券业务经营资质，从事非上市公司股权转让的承销与经纪业务的中介机构或个人，涉嫌犯罪的，以非法经营罪认定。

二、明确非上市公司股权转让的行为性质，为办理非法证券活动案件提供认定依据

非法证券活动案件往往行为持续时间长，隐蔽性强，由于现行法律、行政法规对于非上市公司的股权转让没有明确的禁止性规定，相关限制性规定也比较分散，因此，司法实践中行为的性质认定一般需要行政主管部门的协调配合。在本案办理过程中，浦东新区人民检察院充分领会现行证券法律、行政法规规定的证券发行制度与证券交易制度，认定非上市公司拆分本公司股权，向不特定社会公众转让的行为属于股票发行行为，而且，其行为由于违反我国《公司法》《证券法》对于股票公开发行和不公开发行的规定，构成擅自发行股票行为。其确立的判断原则，有助于明晰目前多发的非法经营证券业务案件的处理依据。根据本案确立的司法判断原则，提供股票的非上市公司向不特定公众转让股权行为构成擅自发行行为，那么，不具有经营证券业务资质，非法从事非上市公司股权转让承销与经纪业务的中介或个人，属于非法经营证券业务，涉嫌犯罪的，以非法经营罪追究刑事责任。该认定与打击非法证券活动中行政主管部门对相似问题的认定相一致，是对打击非法证券活动司法经验的及时总结，有助于及时、有效地打击非法证券活动，保护广大投资者利益，维护证券市场健康、稳定发展。

上海市浦东新区人民检察院

起诉书

沪浦检张诉〔2008〕740号

被告单位上海××生物科技股份有限公司，注册地上海市××路××号××室，经营地上海市浦东新区××路××号，诉讼代表人郑某甲，系被告单位上海××生物科技股份有限公司××。

被告人郑某乙，男，1945年××月××日生，汉族，大学文化，系上海××生物科技股份有限公司法定代表人兼董事长，户籍地上海市××路××弄××号××室，2006年12月22日因犯非法经营罪被上海市第一中级人民法院判处有期徒刑二年，缓刑三年；2008年4月16日因犯挪用公款罪被江苏省南京市六合区人民法院判处有期徒刑三年，并被撤消上海市第一中级人民法院对被告人郑某乙犯非法经营罪判处有期徒刑二年，缓刑三年中的缓刑宣告，决定执行有期徒刑四年。

本案由上海市公安局浦东分局侦查终结，以被告单位上海××生物科技股份有限公司、被告人郑某乙涉嫌擅自发行股票罪，于2008年11月27日向本院移送审查起诉。本院受理后，于2008年11月27日告知被告单位、被告人有权委托辩护人，依法讯问了被告人，审查了全部案件材料。经审查，于2009年1月8日、3月19日退回上海市公安局浦东分局补充侦查，同年4月17日上海市公安局浦东分局补充侦查终结，移送本院审查起诉。

经依法审查查明：

2001年12月至2007年8月期间，被告人郑某乙作为被告单位上海××生物科技股份有限公司的法定代表人兼董事长，为了被告单位上海××生物科技股份有限公司募集资金，未经证券监管部门批准，擅自委托其他公司、个人代理或者自行向社会不特定公众被害人石某某等260余人以转让被告单位的自然人股东股权的方式发行股票3220000股，募集资金人民币11095660元，用于被告单位的经营活动或支付股权转让的代理费。

被告人郑某乙在公安机关向其询问有关情况时，主动交代了上述犯罪事实。

上述事实有证人潘某某、戴某某、陈某某等人的证言；被害人石某某、王某某、余某某等人的陈述；上海市工商行政管理档案馆提供的上海××生物科技股份有限公司的工商注册材料、上海××生物科技股份有限公司提供的上海××生物科技股份有限公司股东大会决议、董事会决议、聘任协议书、财务账册、财务凭证、上海天成投资实业公司提供的委托咨询协议书、关于保证金的补充协议书、有关终止合作通知书、有关股权转让协议书、股东缴款凭证卡、收款收据、回购协议书、公安机关出具的公函及中国证券监督管理委员会上海监管局出具的复函、有关刑事判决书等书证；上海市复兴明方会计师事务所出具的司法会计鉴定意见书及上海公信中南会计师事务所有限公司出具的司法会计鉴定意见书；公安机关出具的案发经过和情况说明；被告人郑某乙的供述等证据证实。

本院认为，被告单位上海××生物科技股份有限公司未经证券监管部门批准，擅自发行股票，被告人郑某乙系被告单位上海××生物科技股份有限公司直接负责的主管人员，其行为均已触犯《中华人民共和国刑法》第一百七十九条，应当以擅自发行股票罪追究其刑事责任，依法应对被告单位上海××生物科技股份有限公司判处罚金，对被告人郑某乙判处五年以下有期徒刑。被告人郑某乙判决宣告以后，刑罚执行完毕以前，发现判决宣告以前的擅自发行股票罪，适用《中华人民共和国刑法》第七十条、第六十九条，应当数罪并罚。被告单位上海××生物科技股份有限公司、被告人郑某乙均有自首情节，适用《中华人民共和国刑法》第六十七条，可以从轻处罚。根据《中华人民共和国刑事诉讼法》第一百四十一条的规定，提起公诉，请依法审判。

此致

上海市浦东新区人民法院

检察员　席　娜

二〇〇九年五月十二日

附：1. 被告人郑某乙现羁押于上海市浦东新区看守所。

2. 证据目录一页及公安机关的侦查卷十三册、审计报告六册。

3. 诉讼代表人郑某甲联系电话：1379541××××、5896××××。

上海市浦东新区人民法院
刑事判决书

（2009）浦刑初字第917号

公诉机关上海市浦东新区人民检察院。

被告单位上海××生物科技股份有限公司，注册地上海市张江高科技园区××路××弄××室，经营地上海市浦东新区××路××号。

诉讼代表人郑某甲，女，系上海××生物科技股份有限公司监事长。

辩护人史某某，上海市××律师事务所律师。

被告人郑某乙，男，1945年××月××日出生于上海市，汉族，大学文化，原系上海××生物科技股份有限公司法定代表人兼董事长，户籍地上海市××路××弄××号××室。2006年12月因犯非法经营罪被判处有期徒刑二年，缓刑三年。2008年4月因犯挪用公款罪被判处有期徒刑三年，撤销前罪的缓刑宣告，决定执行有期徒刑四年，现在服刑中。

辩护人陈某某，上海市××律师事务所律师。

上海市浦东新区人民检察院以沪浦检张诉〔2008〕740号起诉书指控被告单位上海××生物科技股份有限公司、被告人郑某乙犯擅自发行股票罪，于2009年5月14日向本院提起公诉。本院依法组成合议庭；公开开庭审理了本案。上海市浦东新区人民检察院指派检察员陈纪军出庭支持公诉；被告单位诉讼代表人郑某甲及其辩护人史某某、被告人郑某乙及其辩护人陈某某均到庭参加诉讼。审理期间，经本院批准，公诉机关申请延期审理二次，现已审理终结。

上海市浦东新区人民检察院指控：2001年12月至2007年8月期间，被告人郑某乙作为上海××生物科技股份有限公司的法定代表人兼董事长，为单位募集资金；未经证券监管部门批准，擅自委托中介公司与个人代理，向社会不特定公众转让上海××生物科技股份有限公司的自然人股权，共计向260余人发行股票322万股，募集资金人民币1109万余元，用于单位的经营活动及支付代理费用。公诉机关当庭宣读出示了被害人陈述、证人证言、相关书证、鉴定结论等证据。公诉机关认为，被告单位未经证券监管部门批准，擅自发行股票，被告人郑某乙作为直接负责的主管人员，其行为均已构成擅自发行股票罪，被告单位及被告人均具有自首情节，被告人在刑罚执行期间发现漏罪，应当数罪并罚。提请本院依据《中华人民共和国刑法》第一百七十九条、第六十七条、第六十九条、第七十条之规定，依法予以定罪处罚。

被告单位的诉讼代表人、被告人及辩护人对起诉书指控的犯罪事实均无异议，但提出以下辩解及辩护意见：第一，国家法律未明确禁止转让未上市股份公司的股权；第二，股权转让行为不是发行股票；第三，有157名受让人在上海股权托管中心有限责任公司进行托管，这部分人成为公司股东并在工商行政管理部门备案，综上，本案应属民事纠纷，不构成刑事犯罪。

庭审中，被告人的辩护人提供以下证据：1. 从上海股权托管中心有限责任公司调取的托管公司股东名册证实，157名受让人购买被告单位的股权并进行托管；2. 从上海市工商行政管理局调取的被告单位的章程修改案证实，上述157名受让人列入被告单位的股东名单。

经审理查明：被告单位上海××生物科技股份有限公司（以下简称××公司）于1997年4月成立，注册资金为人民币3400万元，股东包括2家单位和16名自然人。被告人郑某乙系××公司的法定代表人兼董事长，持股比例为44%。2001年12月，××公司为筹集研发资金，由郑某乙提议经股东会同意，委托中介公司及个人向社会不特定公众转让自然人股东的股权。此后直到2007年8月期间，由郑某乙负责联系并先后委托上海××投资有限公司（以下简称××投资公司）、上海××实业公司（以下简称××实业公司）、王某某、周某某、黄某等个人，转让郑某乙及其他自然人股东的股权。由郑某乙和中介人员具体商定每股转让价格为人民币2—4元，××公司与受让人分别签订《股权转让协议书》和《回购承诺书》（承诺如果三年内公司不能上市就回购股权），并发放自然人股东缴款凭证卡和收款收据。

经审计，××公司向社会公众260余人发行股票计322万股，筹集资金人民币1109万余元，其中有157人在上海股权托管中心有限责任公司（以下简称托管中心）托管。募集的资金全部用于××公司的经营活动和支付中介代理费。

上述事实，有下列经庭审举证、质证的证据证实，本院予以确认：

1. 被告人郑某乙的供述证实，××公司主要从事艾滋病药物的研发生产；自2001年成立至今一直处于研发阶段，没有进行生产销售。公司共有18个股东，包括2家单位（金华××商品调剂网络有限公司、南京××石化上海实业公司经营部）和16名自然人，其出资1496万元，个人持股比例为44%。2001年12月至2007年，经过股东会2/3的人员同意，由其负责委托××投资公司、××实业公司、王某某、周某某等中介公司或个人，分别向社会公众转让股权。因公司成立时注册资本为3400万元，就确定为3400万股，由其确定转让价格为每股2—4元，公司与受让人签订《股权转让协议书》《回购承诺书》，承诺如果公司在三年内不能上市就回购股权。其委托的中介公司均没有相应资质，受让人共计为260余人，其中有157人在托管中心进行托管，共筹集资金1109万余元，其中600余万元用于公司经营活动，400万元用于支付中介报酬。公司转让股权未经有关部门的批准，公司没有盈利不能回购股票或退还钱款，仅有部分房产被查封。

2. 证人潘某某的证言证实，其曾任××公司的总经理、会计兼出纳，郑某乙系公司法定代表人兼董事长。公司为募集资金，经股东会决议后，由郑某乙负责联系中介公司及个人，向不特定公众转让股权，有157名受让人到托管中心进行托管，募集的钱款分别用于公司经营活动和支付中介报酬，目前公司缺少资金不能退还钱款。

3. 证人戴某某的证言证实：其系金华××商品调剂网络有限公司（以下简称××网络公司）的负责人，××网络公司系××公司的股东，但在2007年11月之前，××公司的经营活动实际由郑某乙负责，其未参与过经营管理。

4. 证人陈某甲的证言证实，其系××实业公司的法定代表人兼董事长，××实业公司曾接受××公司的委托，向社会公众转让××公司的股权，共计60名受让人转让股权总金额为306万余元，按照双方约定，其中部分钱款留作咨询费，余款支付给××公司。

5. 被害人石某某、王某某等多人的陈述证实，他们都通过中介公司或个人介绍，购买××公司的股权，并与××公司签订《股权转让协议书》《回购承诺书》，有部分受让人到托管中心进行托管。

6. 工商登记资料证实，××公司成立于1997年4月，系非上市股份有限公司，郑某乙系法定代表人，注册资金为人民币3400万元，公司有18个股东（2家单位和16名自然人）。

7. ××公司的《章程修改案》及托管中心调取的××公司股东名册证实，自2005年7月起，经由股东会决议并在托管中心登记，部分自然人股东的股权进行转让，公司股东除最初的18个股东外，还包括张某联、傅某某等157名股权受让人。

8. ××实业公司提供的《委托咨询协议书》《关于保证金的补充协议书》等证实，××公司委托××实业公司转让自然人股东的股权，并支付一定比例的咨询费用。

9. ××公司的《股东会决议》《董事会决议》《聘任协议书》《授权书》等证实，经过公司股东大会同意，委托王某某、周某某、黄某等人转让自然人股东的股权，所得钱款全部用于研发药物。

10.《股权转让协议书》《回购承诺书》、股东缴款凭证卡、收款收据等证实，××公司向多名受让人转让股权，收取钱款并发放股东卡，承诺如果公司三年内不能上市就回购股权。

11.××公司的财务账册及凭证证实，××公司收到股权转让款后，将部分钱款用于支付王某某、周某某、黄某等人的业务费。

12.中国证券监督管理委员会上海监管局沪证监调研函〔2008〕21号文证实，依据《证券法》有关规定和相关通知精神，××公司及郑某乙的行为是非法发行股票行为。

13.上海公信中南会计师事务所出具的《司法会计鉴定意见书》证实，××公司向社会公众260余人发行股票计322万股，筹集资金1109万余元。

14.上海市公安局浦东分局沪公浦经函〔2008〕第80号文证实，经告知上海市浦东新区房地产交易中心，××公司名下的房产（孙桥镇××村××丘、××路××弄××号××室）暂停转让。

15.相关刑事判决书证实，被告人郑某乙的前科情况。

16.案发经过证实，被告人郑某乙具有自首情节。

针对被告人与辩护人的辩解及辩护意见，结合国家相关政策及法律规定，本院综合认定被告单位与被告人的行为均构成擅自发行股票罪，上述辩解及辩护意见均不予采纳，具体理由如下：

第一，转让未上市股份公司股权的行为违反法律规定。对于未上市股份公司的股权如何转让，国家政策及相关法律一直都有限制性规定。1998—2002年为严令禁止。1998年国务院办公厅10号文《转发证监会关于〈清理整顿场外非法股票交易方案〉的通知》，把从事非上市公司股权交易的地方产权交易机构，均视为场外非法交易场所予以明令禁止，除进行股权整体转让外，地方产权交易机构不得进行拆细、连续或标准化交易。证监办发〔2003〕15号文《关于处理非法代理买卖未上市公司股票有关问题的紧急通知》、2004年证监会《关于进一步打击以证券期货投资为名进行违法犯罪活动的紧急通知》规定，严厉禁止代理和买卖非上市公司股票。

2003—2006年为托管引导。2003年初上海成立托管中心，2004年底，沪发改所〔2004〕1号文《关于进一步规范本市发起设立股份有限公司审批、登记和备案相关事项的通知》规定，非上市股份公司的国有股权转让，应当在上海联合产权交易所进行，且由托管中心登记；并向市工商局备案。同时鼓励其他性质的股份转让在上海联合产权交易所进行。

2006年至今为限制规范。《公司法》规定，股东应当在证券交易所或者按照国务院规定的其他方式转让股权。《证券法》规定，公开发行证券，必须经国务院证券监督管理机构或国务院授权的部门核准，并指出向不特定对象或向特定对象累计超过200人发行证券都属于公开发行证券行为，还强调不得采用广告、公开劝诱或变相公开方式。国办发〔2006〕99号文《国务院办公厅关于严厉打击非法发行股票和非法经营证券业务有关问题的通知》规定，严禁擅自公开发行股票，向不特定对象或向特定对象股东累计超过200人的为公开发行应依法报经证监会核准，未经核准擅自发行股票的，属于非法发行股票；严禁变相公开发行股票，非公开发行股票及股权转让，不得采用广告、公告、广播、电话、传真、信函、推介会、说明会、网络、短信、公开劝诱等公开方式或变相公开方式向社会公众发行。

从上述三个阶段的政策法规内容看，国家对于未上市股份公司股权转让的行为性质一直予以否定评价，从时间节点看，在2002年之前是严令禁止，2003年到2006年期间，除允许通过上海联合产权交易所转让以外，禁止通过其他方式进行转让，自2006年起，对转让的方式方法作出限制性规定。本案中，从2001年至2007年8月，××公司及郑某乙转让股权的行为，违反上述国家政策及相关法律的规定。

第二，转让股权行为就是发行股票。依据《公司法》和《证券法》的规定，股份公司的股权表现形式就是股票，即股东所持有股份数的凭证，包括上市公司的股票，也包括未上市股份公司的股权。本案中，××公司发放给受让人的自然人股东缴款凭证卡中记载有公司名称、成立时间、法人代码、股本总额、编号、股东姓名、持股数量及法定代表人印章，符合股票的特征和要件。由于××公司承诺即将上市且股票能够获利，从受让人的真实意思表示来看，其主观目的是通过先期购买股票，进而等公司上市后依靠股票升值赚钱，简言之，受让人购买的是未上市股份公司的股票，因此，××公司转让股权的行为实质上就是发行股票。

第三，到股权托管中心托管不影响本案定性，刑法应当着重考察犯罪行为的本质内容。本案中，到托管中心登记的157人和未登记的100余人，他们购买股权的行为在本质上并无区别，××公司是为募集资金，受让人则是期望公司上市后股票能升值盈利。到托管中心托管并报工商部门备案，仅从形式上将部分受让人列为公司股东，但实质上，这部分人从未参与公司经营管理，不享受股东权利和履行股东义务。另外根据托管中心的职能，作为第三方中介组织。其仅负责为非上市公司提供股东登记、股权质押、信息查询等服务，对于股权转让行为只负责登记备案，并没有审核及监督义务。因此，股权托管作为一种表面形式，不能掩盖股权转让行为本身的违法性，亦不影响对本案的定性。

第四，转让股权行为依法构成擅自发行股票罪。2008年1月，最高人民法院、最高人民检察院、公安部、中国证监委《关于整治非法证券活动有关问题的通知》(证监发〔2008〕1号) 规定：公司、公司股东违反《证券法》及国办发99号文的规定，擅自向社会公众转让股票，应当追究擅自发行股票的责任；修订后的《证券法》与修订前的《证券法》中针对擅自发行股票的规定是一致的，因此在修订后的《证券法》实施之前发生的擅自发行股票行为，也应予以追究。另根据最高人民检察院、公安部《关于经济犯罪案件追诉标准的规定》，擅自发行股票有下列情形之一的，应予追诉：发行数额在50万元以上，不能及时清偿或者清退、造成恶劣影响。本案中，被告单位及被告人委托中介公司及个人，以公开方式向不特定公众转让股权，获取资金1109万余元，案发后不能退还钱款，具有较大社会影响，这些均符合擅自发行股票罪的构成要件。

综上所述，本院认为，被告单位××公司未经证券监管部门批准，擅自发行股票，被告人郑某乙系××公司直接负责的主管人员，其行为均已构成擅自发行股票罪。公诉机关指控的犯罪成立，本院予以支持。被告单位与被告人均有自首情节，依法从轻处罚。被告人郑某乙在前罪判决宣告以后，刑罚执行完毕以前，发现判决宣告以前的犯罪，依法应予数罪并罚。依照《中华人民共和国刑法》第一百七十九条、第六十七条、第六十九条、第七十条、第五十三条、第六十四条之规定，判决如下：

一、被告单位上海××生物科技股份有限公司犯擅自发行股票罪，判处罚金人民币三十万元。(于判决生效后一个月内缴纳。)

二、被告人郑某乙犯擅自发行股票罪，判处有期徒刑二年，维持(2008)六刑初字第82号刑事判决对郑某乙判处的有期徒刑四年，决定执行有期徒刑五年六个月。

(刑期从判决执行之日起计算，判决执行以前先行羁押的，羁押一日折抵刑期一日，即自2007年11月29日起至2013年3月6日止，因前罪被先前羁押的83天已扣除。)

三、违法所得应予追缴。

如不服本判决，可在接到判决书的第二日起十日内，通过本院或者直接向上海市第一中级人民法院提出上诉。书面上诉的，应当提交上诉状正本一份，副本二份。

审 判 长 刘娟娟
审 判 员 王美玲
人民陪审员 钱文君
二〇〇九年九月二十四日
书 记 员 陈 洁

附：相关法律条文

《中华人民共和国刑法》

第一百七十九条 未经国家有关主管部门批准，擅自发行股票或者公司、企业债券，数额巨大、后果严重或者有其他严重情节的，处五年以下有期徒刑或者拘役，并处或者单处非法募集资金金额百分之一以上百分之五以下罚金。

单位犯前款罪的，对单位判处罚金，并对其直接负责的主管人员和其他直接责任人员，处五年以下有期徒刑或者拘役。

第六十七条 犯罪以后自动投案，如实供述自己的罪行的，是自首。对于自首的犯罪分子，可以从轻或者减轻处罚。其中，犯罪较轻的，可以免除处罚。

被采取强制措施的犯罪嫌疑人、被告人和正在服刑的罪犯，如实供述司法机关还未掌握的本人其他罪行的，以自首论。

第六十九条 判决宣告以前一人犯数罪的，除判处死刑和无期徒刑的以外，应当在总和刑期以下、数刑中最高刑期以上，酌情决定执行的刑期，但是管制最高不能超过三年，拘役最高不能超过一年，有期徒刑最高不能超过二十年。

如果数罪中有判处附加刑的，附加刑仍须执行。

第七十条 判决宣告以后，刑罚执行完毕以前，发现被判刑的犯罪分子在判决宣告以前还有其他罪没有判决的，应当对新发现的罪作出判决，把前后两个判决所判处的刑罚，依照本法第六十九条的规定，决定执行的刑罚。已经执行的刑期，应当计算在新判决决定的刑期以内。

第五十三条 罚金在判决指定的期限内一次或者分期缴纳。期满不缴纳的，强制缴纳。对于不能全部缴纳罚金的，人民法院在任何时候发现被执行人有可以执行的财产，应当随时追缴。如果由于遭遇不能抗拒的灾祸缴纳确实有困难的，可以酌情减少或者免除。

第六十四条 犯罪分子违法所得的一切财物，应当予以追缴或者责令退赔；对被害人的合法财产，应当及时返还；违禁品和供犯罪所用的本人财物，应当予以没收。没收的财物和罚金，一律上缴国库，不得挪用和自行处理。

合理界定“内幕信息”和“知情人员”，依法惩治内幕交易犯罪

——谢某某内幕交易案

【案例要旨】

因工作职责获取的涉及公司的经营、财务或者对该公司证券的市场价格有重大影响的尚未公开的信息，属内幕信息；利用该信息自己买入或明示他人买入该证券的，成立内幕交易罪。

【案情简要】

被告人谢某某，案发前先后任××证券投资银行事业部副总裁兼投资银行业务部总经理、××证券股份有限公司企业发展融资业务部执行总经理。

2008年12月17日至2009年5月25日，被告人谢某某作为厦门××房地产集团收购、重组上海××房产股份有限公司内幕信息的知情人，在内幕信息尚未公开前，自己购买并明示其妻购买“ST××”股票，累计成交金额2021362元、获利137473.02元。

2007年底，福建××矿业集团股份有限公司（以下简称××矿业）副董事长潘某某及该公司董事会秘书叶某某负责该公司IPO（首次公开募股）首发上市的工作，并选择××证券作为辅导券商，谢某某作为保荐人。因上述项目未获证监会审核通过，2009年5月6日，潘某某为借壳上市，委托谢某某（已调至××证券）推荐有意卖壳的上市公司；次日，谢某某告知潘某某上市公司浙江××实业股份有限公司（以下简称××实业公司）有卖壳意向，潘某某了解相关情况后向谢某某表示愿意就借壳事宜与××实业公司洽谈，在谢某某指导下安排资产评估。5月12日，谢某某出面联系××实业公司并促成了双方面谈意愿，5月14日，经谢某某安排，双方负责人会面，初步协商借壳上市事宜。5月18日，谢某某受托制定了××实业公司重组方案，当晚9时，双方在其指导下进行了重组合作细节的商谈，并于次日凌晨4时达成一

致，决定5月19日停牌。5月19日上午，××实业公司向上海证券交易所申请股票停牌。

5月18日上午，谢某某在制作双方借壳上市重组方案期间，自己购买并叫其妻买入“××实业公司”股票共计1210600股，累计成交金额8719094.84元，获利额7538981.16元。2011年6月2日，谢某某自国外返沪，并于次日向公安机关投案自首。

中国证监会《案件调查终结报告》认定，××矿业借壳××实业公司重组上市的信息属于内幕信息，该内幕信息的价格敏感期为2009年5月12日至19日。

2011年10月25日，浦东新区人民检察院以谢某某及其妻犯内幕交易罪提起公诉。辩护人认为，证监会的《案件调查终结报告》不能作为刑事诉讼证据，不能作为认定价格敏感期的法律依据；谢某某不是法定的内幕信息知情人，且在5月18日晚9时之前，也未形成法定的内幕信息。浦东新区人民法院最终采纳指控意见，以内幕交易罪判处被告人谢某某有期徒刑3年，缓刑3年，并处罚金人民币800万元，没收违法所得。判决已生效。

【典型意义】

根据《刑法》第180条的规定，证券交易内幕信息的知情人员，在涉及证券的发行、交易或者其他对证券交易价格有重大影响的信息尚未公开前，买入或者卖出该证券，或者明示、暗示他人从事上述交易活动，情节严重的，构成内幕交易罪。同时，内幕信息、知情人员的范围，依照法律、行政法规的规定确定。《证券法》第75条规定“证券交易活动中，涉及公司的经营、财务或者对该公司证券的市场价格有重大影响的尚未公开的信息，为内幕信息”。其中，包括国务院证券监督管理机构认定的对证券交易价格有显著影响的其他重要信息。同时，中国证监会《上市公司重大资产重组管理办法》第14条规定，“上市公司与交易对方就重大资产重组事宜进行初步磋商时，应当立即采取必要且充分的保密措施，制定严格有效的保密制度，限定相关敏感信息的知悉范围。上市公司及交易对方聘请证券服务机构的，应当立即与所聘请的证券服务机构签署保密协议”。

本案中，××矿业借壳××实业公司重组上市的信息一旦公开，势必会对××实业公司股票价格产生重大影响，自5月12日双方在相互了解基本情况后达成面谈意愿时起，已具备内幕信息的非公开性、关联性和重要性特征；中国证监会作为国务院证券管理机构，也依法认定此时起该信息为内幕信息，故本案内幕信息及起止时间的确定于法有据。依照《证券法》第74条规定，保荐人以及国务院证券监督管理机构规定的其他人均属内幕信息知情人员，谢某某曾作为保荐人辅导××矿业首发上市，熟知该企业状况，继而受托撮合××矿业与××实业公司并参与了双方借壳重组上市的全过程，代表所在××证券公司以财务顾问身份为该重组项目提供各项服务，属于因工作职责获取内幕信息的知情人员。其在内幕信息尚未公开前，利用该信息自己买入并明示他人买入该证券，进行股票交易，累计成交金额 8719094.84 元，获利额 7538981.16 元，应以内幕交易罪追究其刑事责任。

内幕交易罪系新型经济犯罪，在审查案件时，须严格依照刑法规定，运用相关法律、行政法规，正确界定内幕信息和知情人员的范围；对行政执法部门提供的证据材料，应根据刑事诉讼法规定，按照证据的合法性、客观性和关联性要求，进行甄别审查。同时，应注意根据新刑事诉讼法的规定，准确界定证据的种类，对于证监会等行政执法机关收集的物证、书证、视听资料、电子证据等证据材料，在 2013 年 1 月 1 日后，可作为刑事诉讼证据使用；在此之前，则应作必要的转化工作。对于中国证监会等依法作出的行政认定，则应依照刑法的规定，审查决定是否作为定案的依据。同时，检察机关在办理此类案件时，可根据《刑法修正案（八）》、最高人民法院《关于对判处管制、宣告缓刑的犯罪分子适用禁止令有关问题的规定（试行）》等的规定，提出适用禁止令的建议。

上海市浦东新区人民检察院
起诉书

沪浦检诉二〔2011〕0180号

被告人谢某某，男，1971年××月××日出生，公民身份号码1101081971××××××××，汉族，硕士文化，户籍地福建省厦门市思明区××里××号××室，暂住地上海市浦东新区××路××弄××号××室，原系甲证券企业发展融资业务部执行总经理，因涉嫌内幕交易罪于2011年6月3日被上海市公安局取保候审。

被告人安某某，女，1976年××月××日生，公民身份证号3202221976××××××××，汉族，户籍地上海市浦东新区××路××弄××号××室，原系乙证券股份有限公司投资银行部高级副总裁，因涉嫌内幕交易罪于2011年3月31日被上海市公安局刑事拘留，同年5月6日经上海市人民检察院第一分院批准，于同日由上海市公安局执行逮捕。

本案由上海市公安局侦查终结，以被告人谢某某涉嫌内幕交易罪、泄露内幕信息罪，被告人安某某涉嫌内幕交易罪向上海市人民检察院第一分院移送审查起诉。上海市人民检察院第一分院经审查后，于2011年7月7日交至本院审查起诉。本院受理后，于收案次日已告知被告人有权委托辩护人，依法讯问了被告人谢某某、安某某，审查了全部案件材料，并就是否适用普通程序审理“被告人认罪案件”听取了两被告人的意见，其表示同意。经审查，本院于2011年8月17日经由上海市人民检察院退回上海市公安局补充侦查，该局于2011年9月16日补充侦查终结，再次移送本院审查起诉。

经依法审查查明：

内幕交易罪（一）

2008年10月，被告人谢某某在丙证券股份公司（以下简称丙证券）担任投资银行事业部副总裁兼投资银行业务五部总经理期间，通过丙证券厦门湖滨路营业员部总经理陈某娟介绍，认识厦门××房地产集团（以下简称厦门××）董事长陈某某。被告人谢某某预将陈某某发展为IPO首发上市的客户，遂与之接触。2008年11月3日起，陈某某通过其本人及厦门××的证券账户开始在二级市场购买上海××房产股份有限公司股票（股票简称“ST××”，股票代码：SH××××××），并将此情况告诉了被告人谢某某。2008年12月中旬，陈某某向被告人谢某某说明其公司当时持有××银行的股票不足5%，并向谢某某咨询收购及举牌等相关事宜，还让谢某某推荐律师。2008年12月25日，××房产发布董事会提示性公告，于2008年12月24日收到厦门××函告，截至同年12月23日，厦门××及其一致行动人陈某某共同持有××房产股份占公司总股本的5.00736%，该公告信息的价格敏感期为2008年11月3日至2008年12月24日。此后，陈某某在二级市场继续购买“ST××”股票，2009年1月15日，厦门××拥有了××房产10%以上的股份，并再次通过上海证券交易所予以了公告。

2009年3月，被告人谢某某从丙证券辞职，进入甲证券工作，在企业发展融资部任执行总经理。2009年4月20日，厦门××聘请甲证券担任财务顾问，协助收购入主××房产。2009年4月26日，甲证券派被告人谢某某等人参加了××房产2009年第一次临时股东大会，并且作为厦门××及其一致行动人的代理人受托投票，陈某某当选××房产的董事长。2009年5月24日，陈某某与谢某某通电话，表示决定将厦门××资产注入××房产，并征求其意见，获其肯定。当日，陈某某在其主持召开的××房产管理层会议上通过了将资产注入××房产的决议。2009年5月26日16时，××房产在华美达和平大酒店召开“ST××定向增发项目第一次中介协调会”，陈某某与谢某某、杨某等人参会，会议确定了××房产重组方案的框架并决定第二天停牌。同年5月27日，××房产发布重大事项暨停牌公告，该公告信息敏感期从2009年5月24日到2009年5月26日，自当日起停牌；同年6月26日，××房产复牌，并公告《ST××发行股份购买资产暨关联交易预案》。

自2008年12月17日至2009年5月25日，被告人谢某某作为厦门××收购、重组××房产内幕信息的知情人，在内幕信息尚未公开前，自己购买并叫其妻被告人安某某购买“ST××”股票。被告人谢某某通过其控制的谢某源5600××××××××账户，买入“ST××”股票共计115000股，累计成交金额500684元，获利人民币767.52元；被告人安某某通过其控制的倪某某68003516账户买入“ST××”股票共计208500股，累计成交金额1520678.00元，获利人民币136705.50元。

认定上述事实的证据如下：

1. 被告人谢某某的供述、证人陈某某的证言、甲证券出具的谢某某的“劳动合同书”、情况说明、与××房产签订的《财务代理协议》证实，在厦门××收购、重组××房产的项目中，被告人谢某某具体参与了上述两事项，知悉掌握了相关收购和重组的内幕信息。

2. 被告人谢某某、安某某的供述证实，被告人谢某某在知悉上述相关重组信息后，告知安某某并要其购入ST××股票。

3. 陈某某的证券账户及银行账户资料、××房产董事会提示性报告证实，证人陈某某自2008年11月3日起通过其本人在厦门××的证券账户开始在二级市场购买××房产股票，并在持股量占公司总股本5.00736%时，于2008年12月24日正式对外发布公告。

4. 甲证券出具的“ST××重组项目预立项申请报告”“ST××定向增发项目第一次中介协调会”的会议纪要、××房产重大事项暨停牌公告、证人陈某某的证言证实，2009年4月起，厦门××入主××房产，5月24日，陈某某决定将厦门××旗下资源共享产注入××房产进行资产重组，并于5月27日因上述事项向上海证券交易所申请停牌公告。

5. 证人谢某源的证言、丙证券厦门湖滨北路营业部谢某源账户资料，谢某源招商银行三方存管银行资料证实，谢某源的证券账户系谢某某及其前妻吴某某控制，2008年12月17日至2009年5月25日，被告人谢某某在其中进行ST××股票买卖。

6. 证人倪某某、姚某某、安某甲的证言、丁证券上海陆家嘴东路证券营业部倪某某资料、三方存管银行招商银行资料证实，被告人安某某实际控制该账户，并于2009年5月25日在该账户买入ST××股票。

7. 相关的上网IP及MAC情况的说明证实被告人谢某某、安某某进行相应的网上股票交易的情况。

8. 中国证券监督管理委员会出具的相关认定函证实：被告人谢某某属于《中华人民共和国证券法》规定的内幕信息知情人；内幕信息的价格敏感期为分别为2008年11月3日至2008年12月24日，2009年5月24日到2009年5月26日。

9. 复兴明方会师事务所的审计结论证实，被告人谢某某通过其控制的谢某源560000011922账户，买入“ST××”股票共计115000股，累计成交金额500684元，获利人民币767.52元；被告人安某某通过其控制的倪某某68003516账户买入“ST××”股票共计208500股，累计成交金额1520678.00元，获利人民币136705.50元。

内幕交易罪（二）

2007年底，福建××矿业集团股份有限公司（以下简称××矿业）副董事长潘某某及该公司董事会秘书叶某某负责该司IPO首发上市的工作，并选择丙证券作为辅导上市的券商，被告人谢某某作为保荐人。上述项目未获得证监会审核通过，故潘某某于2009年5月6日（此时谢某某已调至甲证券）向谢某某表示明其公司预借壳上市，并委托谢某某推荐有意卖壳的上市公司意愿。同年5月7日，被告人谢某某电话告知潘某某，上市公司浙江××实业股份有限公司（以下简称浙江××实业）在市场中有卖壳意向。经谢某某撮合，两日后双方表明合作意愿。被告人谢某某告知潘某某其公司需进行资产预估。5月12日，被告人谢某某通过发电子邮件等方式向双方公司介绍相关情况，促成双方面谈意愿。5月14日，经谢某某的安排，××矿业、浙江××实业公司负责人见面，谢某某和潘某某、叶某某二人到浙江××实业公司与孔某某见面，初步有效期商借壳上市事宜。5月18日10时许，潘某某将××矿业的预评估结果告知谢某某，谢某某根据潘某某提供的××矿业预评估结果制定了《浙江××实业股份有限公司重组方案》。双方根据重组方案进一步见面协商，达成重组意向，并决定5月19日停牌。5月19日，浙江××实业向上海证券交易所申请股票停牌。××矿业借壳浙江××实业重组上市这一内幕信息的敏感期初步确定为2009年5月12日至5月19日。

2009年5月18日，被告人谢某某在获取“浙江××实业”与“××矿业”资产重组内幕信息的情况下，作为甲证券的内幕知情人，在内幕信息尚未公开前，自己购买并叫被告人安某某购买买入“浙江××实业”股票共计1210600股。其中，被告人谢某某利用谢某源账户买入930600股，累计成交金额6671961.00元，获利5853915.00元；被告人安某某利用倪某某账户买入280000股，累计成交金额2047133.84元，获利1685066.16元。

2011年6月2日，被告人谢某某由新西兰回沪，并于次日向上海市公安局投案，并如实供述上述犯罪事实；2011年3月31目，上海市公安局电话通知被告人安某某到案，被告人安某某到案后如实供述上述犯罪事实。

认定上述事实的证据如下：

1. 被告人谢某某的供述、证人潘某某的证言，甲证券与浙江××实业签订的《财务代理协议》证实，被告人谢某某作为甲公司的代表，参与了××矿业借壳浙江××实业重组上市的前期工作，知悉并掌握了相关的重组内幕信息。

2. 被告人谢某某、安某某的供述证实，被告人谢某某在知悉上述内幕信息后，指使被告人安某某买入浙江××实业的股票。

3. 证人叶某某、黄某某、孔某某的证言、甲证券出具的《矿业企业借壳上市的注意事项》《资产评估和矿业权评估资料清单》等书证证实，自2009年5月12日至5月19日，被告人谢某某参与了上述项目的磋商、初步意见形成等各个阶段。

4.《浙江××实业的重大事项暨停牌公告》证实，浙江××实业于2009年5月19日就上述重组事项向外公告的事实。

5. 丙证券厦门湖滨北路营业部谢某某账户资料证实，2008年5月18日，被告人谢某某在该账户进行浙江××实业股票交易。

6. 丁证券上海陆家嘴东路证券营业部倪某某账户资料证实，被告人安某某于2009年5月18日在该账户进行浙江××实业股票交易。

7. 相关的上网IP及MAC情况的说明证实被告人谢某某、安某某进行相应的网上股票交易的情况。

8. 中国证券监督管理委员会出具的相关认定函证实：被告人谢某某属于《中华人民共和国证券法》规定的内幕信息知情人；内幕信息的价格敏感期为2009年5月12日至5月19日。

9. 复兴明方会师事务所的审计结论进一步证实，2009年5月18日，被告人谢某某利用谢某源账户买入930600股，累计成交金额6671961.00元，获利5853915.00元；被告人安某某利用倪某某账户买入280000股，累计成交金额2047133.84元，获利1685066.16元。

10. 公安机关出具的冻结存款通知书及“关于协助查封房产的函”证实相关的赃款已收缴。

11. 公安机关出具的案发经过，证实了案发的情况及两被告人自首的事实。

12. 公安机关出具的《常住人口基本信息》，证实了被告人谢某某、安某某的户籍资料。

上述证据收集程序合法，内容客观真实，足以认定指控事实。被告人谢某某、安某某对基本事实无异议。

本院认为，被告人谢某某身为内幕信息知情人员，在涉及证券的发行交易，对证券价格有重大影响的信息尚未公开前，利用该信息买入该证券，且以明示的方式叫被告人安某某买入相关证券，被告人安某某明知系内幕信息而进行股票交易，情节严重，其行为均已触犯《中华人民共和国刑法》第一百八十条第一、三款，犯罪事实清楚，证据确实充分，应当以内幕交易罪追究其刑事责任，当处五年以下有期徒刑、并处或者单处违法所得一倍以上五倍以下罚金。被告人谢某某、安某某系共犯，适用《中华人民共和国刑法》第二十五条第一款之规定。被告人谢某某系主犯，适用《中华人民共和国刑法》第二十六条之规定。被告人安某某系从犯，根据《中华人民共和国刑法》第二十七条，应当从轻处罚。被告人谢某某、安某某均系自首，适用《刑法》第六十七条第一款，可以从轻或者从轻处罚。根据《中华人民共和国刑事诉讼法》第一百四十一条的规定，提起公诉，请依法审判。

此致

上海市浦东新区人民法院

检察员　杜晓丽

二〇一一年十月二十五日

附：1. 被告人谢某某现取保候审于家中（联系电话号1312297××××）；被告人安某某现羁押于上海市看守所。

2. 移送侦查卷宗三十二册、司法报告三册。

附：相关法律条文

《中华人民共和国刑法》

第一百八十条　证券、期货交易内幕信息的知情人员或者非法获取证券、期货交易内幕信息的人员，在涉及证券的发行，证券、期货交易或者其他对证券、期货交易价格有重大影响的信息尚未公开前，买入或者卖出该证券，或者从事与该内幕交易信息有关的期货交易，或者泄露该信息，或者明示、暗示他人从事上述交易活动，情节严重的处五年以下有期徒刑或者拘役，并处或者单处违法所得一倍以上五倍以下罚金；情节特别严重的，处五年以上十年以下有期徒刑，并处违法所得一倍以上五倍以下罚金。

……

内幕信息、知情人员的范围，依照法律、行政法规的规定确定。

……

第二十五条第一款　共同犯罪是指二人以上共同故意犯罪。

第二十六条第一款、第四款　组织、领导犯罪集团进行犯罪活动的或者在共同犯罪中起主要作用的，是主犯。

对于第三款规定以外的主犯，应当按照其所参与的或者组织、指挥的全部犯罪处罚。

第二十七条　在共同犯罪中起次要或者辅助作用的，是从犯。

对于从犯，应当从轻、减轻处罚或者免除处罚。

第六十七条第一款、第三款　犯罪以后自动投案，如实供述自己的罪行的，是自首。对于自首的犯罪分子，可以从轻或者减轻处罚。其中，犯罪较轻的，可以免除处罚。

犯罪嫌疑人虽不具有前两款规定的自首情节，但是如实供述自己罪行的，可以从轻处罚；因其如实供述自己罪行，避免特别严重后果发生的，可以减轻处罚。

《中华人民共和国刑事诉讼法》

第一百四十一条 人民检察院认为犯罪嫌疑人的犯罪事实已经查清，证据确实、充分，依法应当追究刑事责任的，应当作出起诉决定，按照审判管辖的规定，向人民法院提起公诉。

上海市浦东新区人民法院
刑事判决书

（2011）浦刑初字第2738号

公诉机关上海市浦东新区人民检察院。

被告人谢某某，男，1971年××月××日生，汉族，出生地福建省莆田市，硕士文化，原系甲证券股份有限公司企业发展融资业务部执行总经理，户籍地福建省厦门市思明区××里××号××室，住上海市浦东新区××路××弄××号××室；因本案于2011年6月3日被取保候审。

辩护人贺某某，上海市××律师事务所律师。

被告人安某某，女，1976年××月××日生，汉族，出生地江苏省无锡市，大学文化，原系乙证券股份有限公司投资银行部高级副总裁，户籍地上海市浦东新区××路××弄××号××室；因本案于2011年3月31日被刑事拘留，同年5月6日被逮捕；现羁押于上海市看守所。

辩护人刘某某，上海市××律师事务所律师。

上海市浦东新区人民检察院以沪浦检诉二〔2011〕0180号起诉书指控被告人谢某某、安某某犯内幕交易罪，于2011年10月28日向本院提起公诉。本院依法组成合议庭，公开开庭审理了本案。上海市浦东新区人民检察院指派检察员杜晓丽出庭支持公诉，被告人谢某某、安某某及其辩护人贺某某、刘某某到庭参加诉讼。在审理过程中，辩护人申请延期审理，本院同意并决定延期审理。现已审理终结。

上海市浦东新区人民检察院指控：

内幕交易罪（一）

2008年11月3日起，厦门××房地产集团（以下简称厦门××）董事长陈某某开始在二级市场购买上海××房产股份有限公司（以下简称××房产）股票（股票简称“ST××”，股票代码：SH××××××），并将此情况告诉了被告人谢某某。此后陈某某向谢某某咨询收购及举牌等相关事宜。2008年12月25日，××房产发布董事会提示性公告，截至2008年12月23日，厦门××及其一致行动人陈某某共同持有××房产股份占公司总股本的

5.00736%。该公告信息的价格敏感期从2008年11月3日至2008年12月24日。2009年5月24日，已当选为××房产董事长的陈某某与谢某某通电话，表示决定将厦门××资产注入××房产，并征求其意见，获其肯定。当日，陈某某在其主持召开的××房产管理层会议上通过了将资产注入××房产的决议。2009年5月26日16时，××房产召开"ST××"定向增发项目第一次中介协调会，陈某某与谢某某等人参会，会议确定了××房产重组方案的框架并决定第二天停牌。同年5月27日，××房产发布重大事项暨停牌公告，自当日起停牌，该公告信息的价格敏感期从2009年5月24日至2009年5月26日。自2008年12月17日至2009年5月25日，谢某某作为厦门××收购、重组××房产内幕信息的知情人，在内幕信息尚未公开前，自己购买并指使其妻子被告人安某某购买"ST××"股票。其中，谢某某通过其控制的谢某源5600××××××××账户，买入"ST××"股票共计115000股，累计成交金额500684元，获利人民币767.52元；安某某通过其控制的倪某某68××××××账户买入"ST××"股票共计208500股，累计成交金额1520678.00元，获利人民币136705.50元。

内幕交易罪（二）

2009年5月6日，福建××矿业集团股份有限公司（以下简称××矿业）副董事长潘某某向被告人谢某某表明其公司预借壳上市，并委托谢推荐有意卖壳的上市公司。同年5月7日，谢某某向潘某某，推荐了有卖壳意向的上市公司浙江××实业股份有限公司（以下简称××实业公司）。5月12日，谢某某促成双方面谈意愿。5月14日，经谢某某的安排，××矿业与××实业公司负责人见面并初步协商借壳上市事宜。5月18日10时许，谢某某根据潘某某提供的××矿业预评估结果制定了《浙江××实业股份有限公司重组方案》。双方根据重组方案进一步见面协商，达成重组意向，并决定5月19日停牌。××矿业借壳××实业公司重组上市这一内幕信息的价格敏感期初步确定为2009年5月12日至5月19日。2009年5月18日上午，谢某某内幕信息的知情人，在内幕信息尚未公开前，自己购买并指使被告人安某某购买"××实业公司"股票共计1210600股。其中，谢某某通过其控制的谢某源5600××××××××账户买入930600股，累计成交金额6671961.00元，获利5853915.00元；安某某通过其控制的倪某某68××××××账户买入280000股，累计成交金额2047133.84元，获利1685066.16元。

2011年6月2日，被告人谢某某由新西兰回沪，并于次日向上海市公安局投案，并如实供述了上述犯罪事实；2011年3月31日，上海市公安局电话通知被告人安某某到案，被告人安某某到案后如实供述了上述犯罪事实。

为证实上述指控，公诉机关当庭宣读和出示了被告人谢某某、安某某的供述，相关证人证言，相关报告、证券账户信息、上网IP及MAC情况说明等书证，调查报告、审计结论，冻结存款通知书及“关于协助查封房产的函”、案发经过，谢某某、安某某的户籍资料等证据。公诉机关认为，被告人谢某某身为内幕信息知情人员，在涉及证券的发行交易、对证券价格有重大影响的信息尚未公开前，利用该信息买入该证券，且以明示的方式叫被告人安某某买入相关证券，被告人安某某明知系内幕信息而进行股票交易，情节严重，其行为均已触犯《中华人民共和国刑法》第一百八十条第一、三款，应当以内幕交易罪追究其刑事责任。在该共同犯罪中谢某某系主犯、安某某系从犯，谢某某、安某某均具有自首情节，建议对两名被告人分别处五年以下有期徒刑并处罚金。

被告人谢某某、安某某及其辩护人对起诉书关于厦门××收购、重组××房产一节中指控的事实及罪名均无异议。

被告人谢某某及其辩护人对起诉书关于××矿业借壳××实业公司重组上市一节中指控的基本事实无异议，但均认为该节事实中谢某某的证券交易行为不构成内幕交易罪。谢某某的辩护人针对该节提出如下辩护意见：1. 中国证监会稽查总队出具的《案件调查终结报告》不是刑事诉讼证据，其作为价格敏感期的依据缺乏法律依据；2. 谢某某不是法定的内幕信息知情人，其保荐代表人资格与本案没有关联性，证券公司作为中介机构在重组中作用有限；3. 2009年5月18日晚上9点之前的信息既非法定的内幕信息，也不具备内幕信息的特征。2009年5月18日晚上9点之前，××矿业和××实业公司没有形成有关重组的意向、决定、计划，甚至该双方内部也没有做出任何方案、计划或者决定，而内幕信息除了重大性、关联性、非公开性，还具有确定性的特征，即应当是已经发生的事实或者基本确定会发生的情况，信息的内容也应当是准确、特定和确定的。2009年5月18日晚上9点至次日凌晨4点，双方正式进行磋商并形成了重组意向，此时内幕信息才算形成。

被告人安某某对起诉书关于××矿业借壳××实业公司重组上市一节中指控的事实及罪名均无异议。其辩护人对安某某买卖××实业公司股票的事实不持异议，但认为其在该节事实中购买股票的行为不构成内幕交易罪。安某某的辩护人针对该节提出如下辩护意见：1. 安某某在本案中并不是内幕信息的知情人，其主观上没有进行内幕交易的故意，客观上属于接受谢某某的建议买卖××实业公司的股票，且在买入时也并不知悉任何内幕信息。2. 对起诉书中关于××矿业借壳××实业公司重组上市这一内幕信息的敏感期为2009年5月12日至5月19日持有异议。价格敏感期应当始于重大事项已经发生或确定之日，××矿业借壳××实业公司重组事项从5月19日凌晨4点初步达成重组意向才能够算有重大事项发生，内幕信息的敏感期实质上应该从5月19日凌晨4点才开始计算。5月12日谢某某只是向双方推荐了各自公司并致电询问有无接触的意向，并不能因为双方有接触的意向就将其理解为双方有重组的意向。3. 安某某是被动的信息接受者，也从未使用过任何非法手段或者途径主动从谢某某处获取过内幕信息，此次犯罪实属偶然，主观恶性甚小，且案发后有自首情节又系从犯，到案后认罪态度好，具有悔罪表现，希望法庭对其从轻、减轻或者免于刑事处罚。

经审理查明：

一、厦门××收购、重组××房产过程中的内幕交易事实2008年10月，时任丙证券股份有限公司（以下简称丙证券）投资银行事业部副总裁兼投资银行业务部总经理的被告人谢某某，通过丙证券厦门湖滨路营业部总经理陈某娟介绍，认识厦门××董事长陈某某。谢某某欲将陈某某发展为IPO首发上市的客户，遂与之接触。2008年11月3日起，陈某某通过其本人及厦门××的证券账户开始在二级市场购买××房产股票，并将此情况告诉了谢某某。2008年12月中旬，陈某某向谢某某说明其公司当时持有××房产的股票不足5%，并向谢咨询收购及举牌等相关事宜，还让谢推荐律师。2008年12月25日，××房产发布董事会提示性公告称，于2008年12月24日收到厦门××函告，截至同年12月23日，厦门××及其一致行动人陈某某共同持有××房产股份占公司总股本的5.00736%。经中国证监会认定，该公告信息的价格敏感期为2008年11月3日至2008年12月24日。此后，陈某某在二级市场继续购买"ST××"股票，2009年1月15日，厦门××拥有了××房产10%以上的股份，并再次通过上海证券交易所予以公告。

2009年3月，被告人谢某某从丙证券辞职，进入甲证券股份有限公司（以下简称甲证券）工作，在企业发展融资部任执行总经理。2009年4月20日，厦门××聘请甲证券担任财务顾问，协助收购入主××房产。2009年4月26日，甲证券派谢某某等人参加了××房产2009年第一次临时股东大会，并且作为厦门××及其一致行动人的代理人受托投票，陈某某当选××房产的董事长。2009年5月24日，陈某某与谢某某通电话，表示决定将厦门××资产注入××房产，并征求其意见，获其肯定。当日，陈某某在其主持召开的××房产管理层会议上通过了将资产注入××房产的决议。2009年5月26日16时，××房产在华美达和平大酒店召开"ST××"定向增发项目第一次中介协调会，陈某某与谢某某等人参会，会议确定了××房产重组方案的框架并决定第二天停牌。同年5月27日，××房产发布重大事项暨停牌公告，并自当日起停牌。经中国证监会认定，该公告信息的价格敏感期从2009年5月24日至2009年5月26日。同年6月26日，××房产复牌，并公告《ST××发行股份购买资产暨关联交易预案》。

自2008年12月17日至2009年5月25日，被告人谢某某作为厦门××收购、重组××房产内幕信息的知情人，在内幕信息尚未公开前，自己购买并叫其妻子被告人安某某购买“ST××”股票。被告人谢某某通过其控制的谢某源5600××××××××账户，买入“ST××”股票共计115000股，累计成交金额500684元，获利人民币767.52元；被告人安某某在明知上述信息系内幕信息的情况下，仍利用该内幕信息通过其控制的倪某某68××××××账户买入“ST××”股票共计208500股，累计成交金额1520678.00元，获利人民币136705.50元。

上述事实，有下列经庭审举证、质证的证据予以证实，本院予以确认：

1. 证人陈某某的证言、甲证券出具的谢某某的“劳动合同书”、情况说明、与××房产签订的《财务代理协议》证实，在厦门××收购、重组××房产的项目中，被告人谢某某具体参与了上述两事项，并知悉掌握了相关收购和重组的内幕信息。

2. 证人谢某源的证言、丙证券厦门湖滨北路营业部谢某源账户资料、谢某源招商银行三方存管银行资料证实，谢某源的证券账户系被告人谢某某及其前妻吴某某控制，2008年12月17日至2009年5月25日，谢某某在其中进行“ST××”股票买卖。

3. 证人倪某某、姚某某、安某甲的证言、丁证券上海陆家嘴东路证券营业部倪某某账户资料、倪某某招商银行三方存管资料证实，被告人安某某实际控制该账户，并于2009年5月25日在该账户买入“ST××”股票。

4. 陈某某的证券账户及银行账户资料、××房产董事会提示性公告证实，陈某某自2008年11月3日起通过其本人在厦门××的证券账户开始在二级市场购买××房产股票，并在持股量占公司总股本5.00736%时，于2008年12月24日正式对外发布公告。

5. 甲证券出具的“ST××重组项目预立项申请报告”“ST××定向增发项目第一次中介协调会”的会议纪要、××房产重大事项暨停牌公告证实，2009年4月起，厦门××入主××房产，5月24日，陈某某决定将厦门××旗下资产注入××房产进行资产重组，并于5月27日因上述事项向上海证券交易所申请停牌公告。

6. 相关的上网IP及MAC情况的说明证实，被告人谢某某、安某某进行相应的网上股票交易的情况。

7. 中国证券监督管理委员会关于“谢某某等人涉嫌内幕交易ST××的主

要事实”的调查报告证实，被告人谢某某属于该内幕信息知情人；该内幕信息的价格敏感期分别为2008年11月3日至2008年12月24日、2009年5月24日至2009年5月26日。

8. 复兴明方会计师事务所的审计结论证实，被告人谢某某通过其控制的谢某源5600××××××××账户，买入“ST××”股票共计115000股，累计成交金额500684元，获利人民币767.52元；被告人安某某通过其控制的倪某某68××××××账户买入“ST××”股票共计208500股，累计成交金额1520678.00元，获利人民币136705.50元。

9. 被告人谢某某、安某某的供述证实，谢某某在知悉上述相关内幕信息后购买“ST××”股票并将该信息告知被告人安某某；安某某明知该信息系内幕信息，仍利用该信息购买“ST××”股票。

二、××矿业借壳××实业公司重组上市过程中的内幕交易事实

2007年底，××矿业副董事长潘某某及该公司董事会秘书叶某某负责该司IPO首发上市的工作，并选择丙证券作为辅导上市的券商，被告人谢某某作为保荐人。上述项目未获证监会审核通过，故潘某某于2009年5月6日（此时谢某某已调至甲证券）向谢某某表明其公司欲借壳上市，并口头委托谢某某推荐有意卖壳的上市公司。同年5月7日，谢某某电话告知潘某某，上市公司××实业公司在市场中有卖壳意向，并让潘某某上网了解一下××实业公司的具体情况，如果潘某某有意向的话，可以负责牵头与××实业公司联系洽谈。在了解了××实业公司的情况后，潘某某向谢某某表示愿意就借壳事宜与××实业公司洽谈，并征求谢某某下一步该如何安排，谢某某告知潘某某其公司要借壳上市，需先进行资产预估，潘某某遂开始安排资产评估。5月12日，谢某某电话询问××实业公司副总裁黄某某是否有重组意愿并介绍了××矿业的情况，同时用电子邮件发送了《××矿业投资价值分析报告》，经过了解，黄某某表示愿意与××矿业接触，并委托谢某某安排，至此，谢某某促成了双方面谈意愿。5月14日，经谢某某的安排，××矿业、××实业公司负责人见面，谢某某和潘某某、叶某某二人到××实业公司与××实业公司董事长孔某某见面，初步协商借壳上市事宜。5月18日10时许，潘某某将××矿业预评估结果告知谢某某，并请谢某某做重组预案框架，谢某某根据潘某某提供的××矿业预评估结果制定了《浙江××实业股份有限公司重组方案》。5月18日晚9时，××矿业、××实业公司负责人在甲证券谢某某等人的指导下进行了重组合作细节的商谈，次日凌晨4时双方就重组条件达成一致，并决定5月19日停牌。5月19日，××实业公司向上海证券交易所申请股票停牌。经中国证监会认定，××矿业借壳××实业公司重组上市这一内幕信息的价格敏感

期为 2009 年 5 月 12 日至 5 月 19 日。

2009 年 5 月 18 日上午，被告人谢某某在制作××矿业借壳××实业公司的重组方案期间，作为该内幕信息的知情人，在内幕信息尚未公开前，自己购买并叫被告人安某某购买"××实业公司"股票共计 1210600 股。其中，谢某某通过其控制的谢某源 5600××××××××账户买入 930600 股，累计成交金额 6671961.00 元，获利 5853915.00 元；安某某在明知该信息系内幕信息的情况下，仍利用该内幕信息，通过其控制的倪某某 68××××××账户买入 280000 股，累计成交金额 2047133.84 元，获利 1685066.16 元。

2011 年 6 月 2 日，被告人谢某某由新西兰回沪，于次日向上海市公案局投案，并如实供述了上述犯罪事实；2011 年 3 月 31 日，上海市公安局电话通知被告人安某某到案，被告人安某某到案后如实供述了上述犯罪事实。

上述事实，有下列经庭审举证、质证的证据予以证实，本院予以确认：

1. 证人潘某某的证言证实，2009 年 5 月 6 日，其与谢某某联系，表明公司有借壳上市的打算，并口头委托谢某某了解市场上有卖壳意向的上市公司。5 月 7 日，谢某某告诉其××实业公司有重组意向，让其了解相关信息。5 月 12 日，其请谢某某安排与××实业公司接触事宜。5 月 13 日，在谢某某的安排下与董事会秘书叶某某到达杭州，并由谢某某引见××实业公司谈判代表黄某某。5 月 14 日，在黄某某的陪同下，其与叶某某正式拜访××实业公司董事长孔某某，双方进行了首次接触，并相互介绍了各自公司的相关情况。5 月 18 日，其将资产预评估结果告诉谢某某，请他做重组预案框架。5 月 18 日上午，其收到谢某某发来的重组预案框架后，通知谢某某请××实业公司黄某某到福州。5 月 18 日晚 9 时，××矿业与××实业公司进行谈判，甲证券的谢某某作为指导也参与了重组条件的商谈，次日凌晨 4 时，达成初步重组意向，并经双方董事长电话同意。5 月 19 日，根据谈判要求，××实业公司向上海证券交易所申请股票停牌。同时证实，由于××实业公司重组的框架是成型的，××矿业之前做 IPO，所需的证件也基本齐全，所以双方仅见面两次就达成了重组意向。

2. 证人叶某某的证言证实，2007 年××矿业就有了 IPO 首发上市的打算，当时××矿业选择丙证券作为辅导上市的券商，主要由谢某某负责，谢某某对××矿业上市的工作是长期跟进和了解的。2009 年 5 月 13 日在谢某某的安排下与××实业公司的黄某某见面，潘某某告诉其是商谈借壳上市的事，双方就各自公司的业务范围，经营状况等基本情况进行了介绍。5 月 18 日晚 9 时，××矿业和××实业公司在甲证券谢某某等人的指导下就重组事宜开展实质性谈判，在谈判中如遇到问题或分歧，谢某某会出面协调一下。次日凌晨 4 时，双方达成共识，并签订了框架协议。

3. 证人黄某某的证言证实，2009年三四月的时候，其通过甲证券企业发展融资部的刘某霞介绍认识了谢某某，之后其和谢某某之间有一定的电话联系，电话中谢某某也询问过重组的事。2009年5月12日，谢某某打电话给其称有一家矿业公司业绩比较好，让其看一下，并把××矿业公司的相关资料以电子邮件的形式发给其。其与董事长孔某某看过××矿业的资料后，经孔某某同意，其打电话给谢某某，让谢某某安排××矿业的人来××实业公司见个面。2009年5月14日，在谢某某的安排下，其与××矿业的潘某某和叶某某进行了接触，并相互询问了对方公司的经营状况等问题，上午其去的目的就是看一下对方是否真有做重组的诚意，因为双方谈判的目的很清楚，就是想买壳和卖壳，谢某某也是清楚双方目的的。5月14日下午，××矿业的潘某某和叶某某与××实业公司的董事长孔某某进行了商谈。5月18日晚上9时双方就重组的具体条件进行商谈，次日凌晨4时初步达成重组意向。5月19日，××实业公司向上海证券交易所申请停牌。

4. 证人孔某某的证言证实，2009年5月12日谢某某找到黄某某，说××矿业已经通过中国证监会审核，欲借××实业公司之壳上市，并向黄某某了解了××实业公司的情况，也介绍了××矿业的情况。谢某某之前在丙证券时曾负责××矿业的IPO项目，对××矿业的预计资产应该已经非常清楚了。××实业公司也正是考虑到××矿业已经通过证监会审核，各方面条件都已经成熟，具备了重组的条件，才答应与该公司进行重组的。5月14日××矿业的潘某某和叶某某至××实业公司拜访，表达了借壳上市的意愿，这次谈判时间比较短，但目的很明确，就是围绕双方买壳、卖壳之事而谈。5月18日晚上的谈判谢某某是双方的中介人，也参与了整个谈判过程，并提出重组方面的意见。

5. 甲证券与××实业公司签订的《财务代理协议》、甲证券出具的《矿业企业借壳上市的注意事项》《资产评估和矿业权评估资料清单》等书证证实，被告人谢某某作为甲证券的代表，参与了××矿业借壳××实业公司重组上市的前期工作，知悉并掌握了相关的重组内幕信息。

6.《××实业公司的重大事项暨停牌公告》证实，××实业公司于2009年5月19日就重组事项向外公告的事实。

7. 谢某源的证言及丙证券厦门湖滨北路营业部谢某源账户资料证实，谢某源的证券账户由谢某某控制及被告人谢某某于2009年5月18日在该账户进行××实业公司股票交易的事实。

8. 倪某某的证言及丁证券上海陆家嘴东路证券营业部倪某某账户资料证实，被告人安某某于2009年5月18日在该账户进行××实业公司股票交易的事实。

9. 相关的上网 IP 及 MAC 情况的说明证实，被告人谢某某、安某某进行相应的网上股票交易的情况。

10. 中国证监会《案件调查终结报告》证实被告人谢某某属于该内幕信息的知情人；该内幕信息的价格敏感期为 2009 年 5 月 12 日至 5 月 19 日。

11. 复兴明方会计师事务所的审计结论证实，2009 年 5 月 18 日，被告人谢某某利用谢某源账户买入××实业公司股票 930600 股，累计成交金额 6671961.00 元，获利 5853915.00 元；被告人安某某利用倪某某账户买入××实业公司股票 280000 股，累计成交金额 2047133.84 元，获利 1685066.16 元。

12. 被告人谢某某的供述证实，2007 年底其在丙证券的时候负责××矿业的 IPO 上市工作。由于证监会没有通过××矿业的 IPO 项目，2009 年 5 月 6 日，××矿业的潘某某打电话委托其在市场上寻找好的壳资源，5 月 7 日其了解到××实业公司有卖壳意向且各方面条件都不错，就打电话将××实业公司的情况介绍给××矿业，潘某某表示希望其安排与××实业公司面谈，同时征询其接下来如何安排，其告诉潘某某该进行资产预估。随后，其通过电话联系××实业公司的黄某某，黄某某表示××实业公司一直有卖壳意向，经过其对××矿业情况的介绍，5 月 12 日，黄某某表示希望其安排两家公司见面的事宜。5 月 13 日、14 日两家公司的负责人进行了第一次接触，并围绕两家公司的经营状况、财务状况等基本情况进行了商谈。5 月 14 日两家公司商谈后，潘某某让其就××矿业借壳××实业公司上市做一个重组方案，其告诉潘某某要等拿到资产评估数据才能做重组方案。5 月 18 日潘某某将资产评估结果告知其，并请其做重组方案，此时其判断××矿业借壳××实业公司上市的可能性是很大的，于是在做重组方案期间，其用自己办公室的电脑，通过自己控制的谢某源账户买入××实业公司股票 93.06 万股，同时通过 MSN 给妻子安某某发消息，让其关注××实业公司股票。

13. 被告人安某某的供述证实，2009 年四五月，谢某某告诉其通过他的介绍××矿业结识了××实业公司，而且××矿业老板已经和××实业公司的人见过面，商谈过重组事宜了，当时正等评估报告，评估结果一旦出来，双方重组的具体方案就可以定下来了。2009 年 5 月 18 日，谢某某通过 MSN 给其发信息："576，快"，"576" 是××实业公司股票的代码后三位，其就明白××矿业和××实业公司重组事宜已经谈成了，所以其就在倪某某账户买入了××实业公司股票。

14. 公安机关出具的冻结存款通知书及"关于协助查封房产的函"证实，相关的账款已冻结。

15. 公安机关出具的案发经过证实，本案的案发情况及两名被告人系自首。

16. 常住人口基本信息证实，被告人谢某某、安某某的身份情况。

针对被告人及辩护人的辩解及辩护意见，本院综合评判如下：

1. 关于中国证监会《案件调查终结报告》是否能够作为刑事诉讼的证据。《中华人民共和国刑事诉讼法》第四十二条规定："证明案件真实情况的一切事实，都是证据。"根据我国刑事法律，证据必须具备三个特征，即合法性、客观性和关联性。本案中，中国证监会《案件调查终结报告》完全符合上述三个特征，首先，该调查报告来源合法，《中华人民共和国证券法》（以下简称《证券法》）第七十五条规定，证监会作为国务院证券监督管理机构，具有认定内幕信息的法定职权，有权针对证券方面的问题作出专业认定意见；其次，该调查报告确认的有关内容与本案事实的认定具有关联性；最后，该调查报告的内容客观、真实，与本案的其他证据能够相互印证。综上，该证据依法可以作为定案的依据、对辩护人的相关辩护意见，不予采纳。

2. 关于××矿业借壳××实业公司重组上市的信息是否属于法定的内幕信息。《证券法》第七十五条规定，"证券交易活动中，涉及公司的经营、财务或者对该公司证券的市场价格有重大影响的尚未公开的信息，为内幕信息"。内幕信息具有三个特征：（1）非公开性，即没有通过法律、法规规定的方式被披露；（2）关联性，即与某一种或数种证券、期货相关；（3）重要性，即对相关证券、期货的价格会产生重大影响。辩护人提出的内幕信息具有的"确定性"应包含两层含义：（1）内容的确定性，即信息本身的真实和准确性，主要是便于和虚假信息区别开来；（2）作用对象的确定性，即信息只对一种或数种证券、期货价格产生影响，主要是和一些宏观政策对整个证券市场产生影响的信息区别开来。对辩护人关于内幕信息必须是已经发生或确定会发生的事实的辩护意见，不予采纳。本案中，××矿业借壳××实业公司重组上市的信息一旦公开，势必会对××实业公司股票价格产生重大影响，因此，该信息在尚未通过法律、法规规定的方式公开之前完全符合内幕信息的几个特征，属于法定的内幕信息。

3. 关于被告人谢某某、安某某是否属于内幕信息的知情人。《证券法》第七十四条规定，"国务院证券监督管理机构规定的其他人"也系内幕信息知情人。根据此规定，无论是因为身份关系还是工作职责、无论是通过合法途径还是通过非法手段在内幕信息公开前获取《证券法》规定的内幕信息的人，都可以认定为证券内幕信息知情人。本案中，被告人谢某某从撮合××矿业与××实业公司见面，到最终两家公司就重组达成一致，自始至终都参与了××矿业借壳××实业公司重组上市的项目，谢某某所在的甲证券还与××实业公司签订了《财务代理协议》，谢某某以财务顾问的身份为该重组项目提供各项服务，其属于因工作职责获取内幕信息的内幕信息知情人。中国证监会出具的《调查终结报告》也对谢某某系该重组项目的内幕信息知情人做出了认定。谢某某在××矿业与××实业公司就重组事宜商谈期间，将该内幕信息告诉被告人安某某，安某某也明知该信息系尚未公开的内幕信息。综上，被告人谢某某、安某某均系该内幕信息的知情人，对辩护人的相关辩护意见，不予采纳。

4. 关于中国证监会《案件调查终结报告》认定的价格敏感期是否合理。所谓“内幕信息的价格敏感期”是指从内幕信息开始形成之日起，至内幕信息公开或者该信息对证券的交易价格不再有显著影响时止的时间区域。本案中，××矿业早在2007年就开始寻求IPO首发上市且由谢某某作为保荐人，虽然该项目最终未获证监会审核通过，但谢某某对××矿业的预计资产是非常清楚的，且××矿业各方面条件也已成熟，具备了重组的条件。2009年5月6日，××矿业的潘某某明确向谢某某表示公司预借壳上市，并委托谢推荐壳资源，在谢某某推荐了××实业公司之后，潘某某接受谢某某的建议着手开始进行资产评估，为重组做准备，因此××矿业借壳上市的意愿是很明确的。××实业公司在2008年时曾与北京一家公司重组，虽然重组失败，但重组的框架是成型的，且社会上对××实业公司的底数是十分清楚的，2009年5月12日谢某某打电话询问××实业公司的黄某某，黄某某明确表示××实业公司一直有卖壳意向，并在了解了××矿业的情况后请谢某某安排两家公司见面事宜。一方面××矿业具有强烈的买壳意愿，另一方面××实业公司有明确的卖壳意向，两家公司在相互了解了基本情况后都委托谢某某就买壳卖壳事项安排会面商谈，这一尚未公开的信息一旦泄露，足以对××实业公司股票的市场价格产生重大影响。且谢某某作为撮合两家公司围绕买壳卖壳事宜见面的证券中介专业人员，对两家公司的基本情况有更清晰的了解，对两家公司重组事项的发展有更准确的专业预测，因此将2009年5月12日作为××矿业借壳××实业公司重组上市内幕信息的开始之日，具有事实依据。2009年5月18日晚9时，××矿业与××实业公司围绕重组的实质问题进行磋商，并最终于次日凌晨4时就重组事项达成初步共识，5月19日上午，××实业公司向上海证券交易所申请股票停牌。综上，中国证监会将该节价格敏感期认定为从2009年5月12日起至5月19日止具有合理性，予以认可。对辩护人的相关辩护意见，不予采纳。

5. 关于被告人谢某某、安某某在共同犯罪中的作用，经查，被告人安某某购买相关股票，在共同犯罪中起主要作用，应当认定为主犯；被告人安某某明知谢某某告诉自己的系内幕信息，仍听从谢某某的指使进行相关股票的买卖，在共同犯罪中起次要作用，应当认定为从犯。辩护人的相关辩护意见，予以采纳。

本院认为，被告人谢某某身为内幕信息的知情人，在涉及证券的发行交易、对证券价格有重大影响的信息尚未公开前，利用该信息买入该证券，且以明示的方式叫被告人安某某买入相关证券，被告人安某某明知谢某某将内幕信息泄露给自己，仍利用该信息进行股票交易，情节严重，其行为均已构成内幕交易罪。公诉机关指控被告人谢某某、安某某犯内幕交易罪的事实及罪名成立，予以支持。在该共同犯罪中，被告人谢某某系主犯，被告人安某某系从犯，对被告人安某某依法从轻处罚。被告人谢某某、安某某均系自首，依法从轻处罚。综合本案的情节及两名被告人到案后的悔罪表现，对被告人谢某某、安某某均可以宣告缓刑，辩护人的相关辩护意见予以采纳。依照《中华人民共和国刑法》第一百八十条、第二十五条第一款、第二十六条、第二十七条、第六十七条第一款、第七十二条、第七十三条第二、三款、第六十四条、第五十三条之规定，判决如下：

一、被告人谢某某犯内幕交易罪，判处有期徒刑三年，缓刑三年，罚金人民币八百万元。

（缓刑考验期限，从判决确定之日起计算；罚金自判决生效后一个月内向本院缴纳。）

二、被告人安某某犯内幕交易罪，判处有期徒刑一年，缓刑一年，罚金人民币一百九十万元。

（缓刑考验期限，从判决确定之日起计算；罚金自判决生效后一个月内向本院缴纳。）

三、追缴被告人谢某某、安某某违法所得共计人民币七百六十七万六千四百五十四元一角八分。

被告人谢某某、安某某回到社区后，应当遵守法律、法规，服从监督管理，接受教育，完成公益劳动，做一名有益社会的公民。

如不服本判决，可在接到判决书的第二日起十日内，通过本院或者直接向上海市第一中级人民法院提出上诉。书面上诉的，应当提交上诉状正本一份，副本二份。

审 判 长　肖　波
代理审判员　师坤鹏
人民陪审员　俞嗣荣
二〇一二年一月六日
书 记 员　金伟铭

附：相关法律条文

《中华人民共和国刑法》

第一百八十条 证券、期货交易内幕信息的知情人员或者非法获取证券、期货交易内幕信息的人员，在涉及证券的发行，证券、期货交易或者其他对证券、期货交易价格有重大影响的信息尚未公开前，买入或者卖出该证券，或者从事与该内幕信息有关的期货交易，或者泄露该信息，或者明示、暗示他人从事上述交易活动，情节严重的，处五年以下有期徒刑或者拘役，并处或者单处违法所得一倍以上五倍以下罚金；情节特别严重的，处五年以上十年以下有期徒刑，并处违法所得一倍以上五倍以下罚金。

单位犯前款罪的，对单位判处罚金，并对其直接负责的主管人员和其他直接责任人员，处五年以下有期徒刑或者拘役。

内幕信息、知情人员的范围，依照法律、行政法规的规定确定。

证券交易所、期货交易所、证券公司、期货经纪公司、基金管理公司、商业银行、保险公司等金融机构的从业人员以及有关监管部门或者行业协会的工作人员，利用因职务便利获取的内幕信息以外的其他未公开的信息，违反规定，从事与该信息相关的证券、期货交易活动，或者明示、暗示他人从事相关交易活动，情节严重的，依照第一款的规定处罚。

第二十五条第一款 共同犯罪是指二人以上共同故意犯罪。

第二十六条 组织、领导犯罪集团进行犯罪活动的或者在共同犯罪中起主要作用的，是主犯。

三人以上为共同实施犯罪而组成的较为固定的犯罪组织，是犯罪集团。

对组织、领导犯罪集团的首要分子，按照集团所犯的全部罪行处罚。

对于第三款规定以外的主犯，应当按照其所参与的或者组织、指挥的全部犯罪处罚。

第二十七条 在共同犯罪中起次要或者辅助作用的，是从犯。

对于从犯，应当从轻、减轻处罚或者免除处罚。

第六十七条第一款 犯罪以后自动投案，如实供述自己的罪行的，是自首。对于自首的犯罪分子，可以从轻或者减轻处罚。其中，犯罪较轻的，可以免除处罚。

第七十二条 对于被判处拘役、三年以下有期徒刑的犯罪分子，同时符合下列条件的，可以宣告缓刑，对其中不满十八周岁的人、怀孕的妇女和已满七十五周岁的人，应当宣告缓刑：

（一）犯罪情节较轻；

（二）有悔罪表现；

（三）没有再犯罪的危险；

（四）宣告缓刑对所居住社区没有重大不良影响。

宣告缓刑，可以根据犯罪情况，同时禁止犯罪分子在缓刑考验期限内从事特定活动，进入特定区域、场所，接触特定的人。

被宣告缓刑的犯罪分子，如果被判处附加刑，附加刑仍须执行。

第七十三条第二款、第三款 有期徒刑的缓刑考验期限为原判刑期以上五年以下，但是不能少于一年。

缓刑考验期限，从判决确定之日起计算。

第六十四条 犯罪分子违法所得的一切财物，应当予以追缴或者责令退赔；对被害人的合法财产，应当及时返还；违禁品和供犯罪所用的本人财物，应当予以没收。没收的财物和罚金，一律上缴国库，不得挪用和自行处理。

第五十三条 罚金在判决指定的期限内一次或者分期缴纳。期满不缴纳的，强制缴纳。对于不能全部缴纳罚金的，人民法院在任何时候发现被执行人有可以执行的财产，应当随时追缴。如果由于遭遇不能抗拒的灾祸缴纳确实有困难的，可以酌情减少或者免除。

利用未公开信息交易罪的定罪量刑标准

——许某某利用未公开信息交易案

【案例要旨】

基金管理公司从业人员利用因职务便利获取的内幕信息以外的其他未公开信息，违反规定，从事与该信息相关的证券交易活动，情节严重的，构成利用未公开信息交易罪。

【案情简要】

被告人许某某自2006年7月8日起担任××基金管理公司甲基金经理，2009年3月4日起兼任乙基金经理，拥有对上述两个基金的资金的股票投资决定权。2009年2月28日至2010年4月15日，在甲基金、乙基金进行买卖股票情况的信息尚未披露前，许某某利用职务便利，自己或通过MSN通信、电话等方式指令他人在其控制的“史某某”“王某某”证券账户，先于或同期买入或卖出交易股票68只，金额达人民币9500余万元，非法获利达人民币209万余元。2011年4月18日，许某某主动接受调查，后向公安机关如实交代了犯罪事实，且全部退缴了违法所得。

2011年9月26日，静安区人民检察院以利用未公开信息交易罪提起公诉。10月9日，静安区人民法院以利用未公开信息交易罪判处被告人许某某有期徒刑3年，缓刑3年，并处罚金人民币210万元。退缴的赃款予以没收。判决已发生法律效力。

【典型意义】

许某某利用未公开信息交易一案，是本市司法机关首例适用《刑法修正案（七）》，对基金管理公司从业人员利用职务之便、凭借信息优势，非法牟利或转嫁风险的行为（俗称“老鼠仓”）予以刑事追究的案件。许某某在担任基金经理期间，利用其因职务便利获取的基金管理公司内幕信息以外的将要或者已经投资股票但尚未公开的信息，违反国家规定，从事与该信息相关的证券交易活动，多次先于或同步买入、卖出相同个股，成交金额9500余万元，非法获利209万余元，应以利用未公开信息交易罪追究其刑事责任。

为维护金融监管秩序，保护广大投资者的合法权益，保障资产管理和基金、证券、期货市场健康发展，《刑法修正案（七）》增设了利用未公开信息交易罪，对证券交易所、期货交易所、证券公司、期货经纪公司、基金管理公司、商业银行、保险公司等金融机构的从业人员以及有关监管部门或者行业协会的工作人员，利用因职务便利获取的内幕信息以外的其他未公开的信息，违反规定，从事与该信息相关的证券、期货交易活动，或者明示、暗示他人从事相关交易活动，情节严重的，依照内幕交易罪的规定处罚。《关于公安机关管辖的刑事案件立案追诉标准的规定（二）》规定，证券交易成交额累计在50万元以上的、获利或者避免损失数额累计在15万元以上的，或者多次利用内幕信息以外的其他未公开信息进行交易活动的，应当追诉。对此，实践中应注意结合案件具体情况准确把握，对发生在2009年2月28日之后的“老鼠仓”行为，应根据前述规定予以定罪处罚。

上海市静安区人民检察院

起 诉 书

沪静检刑诉〔2011〕288号

被告人许某某，男，1974年××月××日生，身份证号码：3201051974××××××××，汉族，大学文化，原系××基金管理有限公司（以下简称：××公司）甲股票型证券投资基金（以下简称：甲基金）、乙精选股票型证券投资基金（以下简称：乙基金）经理，户籍在本市××路××号，住本市××路××弄××号××室。2011年4月18日因涉嫌利用未公开信息交易罪被上海市公安局取保候审，2011年7月13日由本院决定继续取保候审。

本案由上海市公安局侦查终结，以被告人许某某涉嫌利用未公开信息交易罪，于2011年7月6日移送上海市人民检察院第二分院审查起诉。该院经审查后，于2011年7月12日交送本院审查起诉。本院受理后，经审查，于2011年8月25日退回补充侦查，上海市公安局于2011年9月16日补充侦查终结，移送本院审查起诉。本院于2011年7月13日告知被告人有权委托辩护人，依法讯问了被告人，审查了全部案件材料，并于2011年8月18日就是否适用普通程序审理“被告人认罪案件”征求了被告人的意见，被告人许某某表示同意。

经依法审查查明：

被告人许某某于2009年2月28日至2010年4月15日，利用其担任××公司基金经理的职务便利，使用其控制的户名为“史某某”的证券账户，亲自或通过电话指令张某某等方式，先于或同期于其管理的红利基金、均衡基金买入或卖出同一股票。经鉴定，上述期间共交易股票68只，交易金额共计人民币9500余万元，非法获利共计人民币209万余元。

2011年4月18日，被告人许某某主动至中国证监会上海稽查局接受调查，后如实向公安机关交代了上述犯罪事实。

上述事实，有以下证据证明：

1. ××公司提供的许某某任职资料及交易明细资料、华泰证券有限责任公司提供的相关证券账户信息交易记录以及中国证监会出具的认定函等书证，证实了被告人许某某的主体身份、许某某掌控的基金和史某某账户的交易情况以及证券监管机构对本案被告人许某某行为性质的认定。

2. 证人张某某、史某某的证言以及相关的通话记录等书证，证实被告人许某某实际控制史某某证券账户并指令张某某买入或卖出股票的事实。

3. 被告人许某某的供述，证实其亲自或指令张某某在史某某账户，先于或同期于基金买入或卖出同一只股票。

4. 上海沪港金茂会计师事务所有限公司出具的审计报告，证实2009年2月28日至2010年4月15日，史某某证券账户中符合先于或同期于基金买入或卖出同一股票特征的股票只数、交易金额以及获利等情况。

上述证据来源及收集程序合法，内容客观真实，足以认定指控事实。

本院认为，被告人许某某作为基金管理公司的工作人员，利用因职务便利获取的基金管理公司未公开的证券买卖信息，违反规定，从事与该信息相关的证券交易活动，情节严重，其行为已触犯《中华人民共和国刑法》第一百八十条第四款，犯罪事实清楚，证据确实、充分，应当以利用未公开信息交易罪追究其刑事责任。鉴于被告人许某某能自动投案，如实供述全部犯罪事实，根据《中华人民共和国刑法》第六十七条第一款，系自首，可以从轻或减轻处罚。根据《中华人民共和国刑事诉讼法》第一百四十一条的规定，提起公诉，请依法审判。

此致

上海市静安区人民法院

检察员　金　浩

二〇一一年九月二十六日

附：1. 被告人许某某现取保候审于居住地，联系电话1391858××××。

2. 侦查卷宗二十三册、司法审计报告书十二册。

3.《适用普通程序审理“被告人认罪案件”建议书》一份。

4. 相关法律条文。(略)

上海市静安区人民法院
刑事判决书

（2011）静刑初字第362号

公诉机关上海市静安区人民检察院。

被告人许某某，男，1974年××月××日出生于安徽省天长市，汉族，大学文化程度，原系××基金管理有限公司甲股票型证券投资基金、乙精选股票型证券投资基金经理，户籍地为本市××路××号，住本市××路××弄××号××室。因涉嫌犯利用未公开信息交易罪，于2011年4月18日被上海市公安局取保候审；2011年7月13日被上海市静安区人民检察院取保候审，2011年9月28日被本院取保候审。现取保候审。

辩护人陶某某，上海市××律师事务所律师。

上海市静安区人民检察院以沪静检刑诉〔2011〕288号起诉书指控被告人许某某犯利用未公开信息交易罪，于2011年9月26日向本院提起公诉。本院受理后，依法组成合议庭，于2011年10月9日依法公开开庭进行了审理。上海市静安区人民检察院指派检察员金浩出庭支持公诉，被告人许某某及其辩护人陶某某律师到庭参加诉讼。现已审理终结。

经审理查明，被告人许某某自2006年7月8日起担任××基金管理有限公司甲股票型证券投资基金（以下简称甲基金）经理，2009年3月4日起兼任乙精选股票型证券投资基金（以下简称乙基金）经理，对上述两个基金的资金进行股票投资拥有决定权，直至2010年4月15日离职。

2009年2月28日至2010年4月15日期间，在甲基金、乙基金进行买卖股票情况的信息尚未披露前，被告人许某某利用职务便利，亲自或通过MSN通信、电话等方式指令张某某，在“史某某”“王某某”证券账户，先于或同期买入或卖出交易股票68只，金额达人民币9500余万元，非法获利达人民币209万余元。

上述事实，被告人许某某及其辩护人陶某某律师在庭审中均无异议，且有××基金管理有限公司提供的许某某任职资料、华泰证券有限责任公司提供的史某某、王某某证券账户信息、甲基金、乙基金交易明细资料、中国证券监督管理委员会2011年6月8日出具的《关于许某某利用未公开信息交易案有关问题的认定函》、被告人许某某办公电话××××分机与张某某手机号码1391600××××的通话内容；证人张某某、史某某、王某某、许某乙、许某丙和司法鉴定结论等证据证实，并经本庭当庭查证属实，应作为本案定案的依据。

本院认为，被告人许某某在担任基金经理期间，违反国家规定，利用掌握的未公开的信息，从事与该信息相关的证券交易活动，先于或同步多次买入、卖出相同个股，情节严重，其行为已构成利用未公开信息交易罪，应依法予以惩处。检察机关指控被告人许某某的犯罪事实清楚，证据确凿充分，定性正确。

被告人许某某能投案自首，退缴了全部违法所得，确有认罪悔罪表现，可依法和酌情从轻判处，并可适用缓刑。公诉人和辩护人就被告人许某某量刑情节的公诉和辩护意见，符合事实和法律对自首处罚的规定，本院予以采纳。

据此，为维护社会金融管理秩序，严肃国家法制，依照《中华人民共和国刑法》第一百八十条第四款、第六十七条第一款、第七十二条、第七十三条第二款和第六十四条之规定，判决如下：

一、被告人许某某犯利用未公开信息交易罪，判处有期徒刑三年，缓刑三年，并处罚金人民币二百一十万元。

（缓刑考验期限，从判决确定之日起计算。罚金应于判决生效后五日内向本院缴纳。）

二、被告人许某某退缴的赃款予以没收，上缴国库。

如不服本判决，可在接到判决书的第二日起十日内，通过本院或者直接向上海市第二中级人民法院提出上诉。书面上诉的，应当提交上诉状正本一份，副本二份。

审　判　长　孙　玮
审　判　员　竺　越
审　判　员　汤伟清
二〇一一年十月九日
书　记　员　王心颖

依法惩治虚构转口贸易投机套利的逃汇行为维护金融安全

——上海某实业有限公司等逃汇案

【案例要旨】

违反国家规定，虚构转口贸易向银行申请外汇融资，进行跨境资金流动套利的，系逃汇行为，具有违法性和严重社会危害性，数额较大的，应当依法追究刑事责任。

【案情简要】

2012年8月至2013年4月，被告人王某甲在经营上海某实业有限公司期间，为赚取人民币定期存款利息与外汇贷款资金成本之间的利差，虚构转口贸易背景，以虚假材料向银行申请外汇贷款。同时，被告人王某甲向银行支付保证金、提供银票质押等，为外汇贷款提供担保，其中保证金存入银行保证金账户，利息按定期存款利率计算。银行审核通过后，即以转口贸易形式将外汇资金电汇至王某甲控制的6家境外公司开设在境外的银行账户，之后上海某实业有限公司又以转口收汇形式收到王某甲控制的境外公司银行账户电汇划入境内的外汇资金，上海某实业有限公司将大部分外汇资金结汇人民币后用于归还保证金借款、银票，或作为保证金再向银行申请外汇贷款。外汇贷款到期后，银行向上海某实业有限公司支付相应的保证金利息，上海某实业有限公司据此获取利差。被告人王某甲以上海某实业有限公司名义通过上述方式或办理进口押汇，先后从7家国内银行获取外汇融资资金76笔，金额累计为2.929亿余美元（折合人民币18.188亿余元），均以转口贸易名义汇入王某甲控制的境外公司银行账户，实获资金净收入为人民币320.08万元。

2013年3月，被告人王某甲在经营上海某动力机械有限公司期间，为达到前述同样目的，虚构转口贸易背景，提供虚假材料向交通银行申请付款保函，同时在交通银行存入人民币保证金。在交通银行向境外贴现行开具付款保函后，境外贴现行即将远期票据本金支付给票据收款人即被告人王某甲控制的境外公司银行账户，之后，上海某动力机械有限公司开立在交通银行的美元账户先后收到上述境外公司银行账户划入的美元资金，上海某动力机械有限公司结汇成人民币后划至上海某实业有限公司银行账户。被告人王某甲以上述方式向交通银行申请付款保函业务共计6笔，金额累计6259.36万美元。保函业务到期后，境外贴现行向交通银行索偿票据贴现金额，交通银行即购汇向境外贴现行付款。后上海某动力机械有限公司归还上述购汇垫款本金及利息和手续费，银行则支付其保证金利息，上海某动力机械有限公司获利人民币370万余元。

浦东新区人民检察院提起公诉后，辩护人提出，上海某实业有限公司和上海某动力机械有限公司目的在于获取息差，并未将外汇真正转移。浦东新区人民法院以（单位）逃汇罪判处被告单位上海某实业有限公司罚金人民币9100万元，被告单位上海某动力机械有限公司罚金人民币2000万元，判处被告人王某甲有期徒刑5年6个月。被告单位及被告人均未上诉，判决已生效。

【典型意义】

本案系全市首例向法院提起公诉的为赚取存贷利率差而虚构转口贸易进行逃汇的新类型案件，对金融改革和对外开放不断深化背景下正确认识逃汇行为的违法性、欺骗性和社会危害性具有借鉴意义，也有助于维护金融安全，促进金融机构在审核贸易融资过程中的风险控制以及监管部门在金融监管过程中的不断细化与完善。

一、虚构转口贸易进行跨境资金流动违反了国家规定，属于逃汇行为

与传统的逃汇犯罪不同，本案中被告人的犯罪目的在于赚取存贷利率差，而非单纯地将外汇资金转移到境外。但在追求目的的过程中，其采取了虚构转口贸易的作案手法，向银行提供虚假的代理转口合同、购销合同、货物装箱单及货物提单等材料，并隐瞒了该“转口贸易”的出货方系被告人实际控制的离岸公司的事实，使银行误认为这是正常的贸易融资。该手段行为违反了我国《外汇管理条例》第12条规定的“经常项目外汇收支应当具有真实、合法的交易基础”。上海某动力机械有限公司一节犯罪中，外汇资金最终流向了境外，而上海某实业有限公司一节犯罪，虽然境内银行根据融资协议汇至境外的外汇仍然通过境外银行回流到境内，但二者均造成了外汇转移至境外期间脱离国家监管的结果，均属于逃汇行为，只是不同的逃汇方式。

二、虚构转口贸易进行逃汇的行为具有严重社会危害性

虚构转口贸易进行逃汇的行为，其社会危害性主要表现为：

一是虚构转口贸易进行逃汇，欺骗银行以及外汇监管部门，造成国家统计数据偏差，将影响对国家整体宏观经济形势的判断和外汇宏观调控政策的效果。

二是贸易融资政策的初衷系推动对外贸易，虚构转口贸易申请贸易融资的行为，必将使贸易融资的初衷落空而沦为犯罪分子不法谋取利差的工具，同时使资金处于“空转”状态，挤兑了信贷资源，不利于实体经济和正常贸易的发展。

三是对于银行而言，虽然收取了一定的保证金，但当企业在虚构转口贸易中出现资金链断裂的情况时，银行将面临巨大风险。

随着我国金融改革和对外开放的进一步深化，尤其是自贸试验区经常项目下的外汇收支进一步放开，跨境贸易融资更为便利，但相关外汇业务开展仍须以真实合法交易为基础，因此，为维护金融安全防范金融风险，对利用境内外经贸管理制度差异，借助离岸公司、离岸账户虚构贸易背景实施逃汇等犯罪行为应予以惩治。

上海市浦东新区人民检察院

起 诉 书

沪浦检刑诉〔2014〕387号

被告单位上海××实业有限公司，住所地：上海市浦东新区××路××号××幢××室，法定代表人：王某甲。

诉讼代表人王某乙，男，30岁，系上海××实业有限公司职员。

被告单位上海××机械有限公司，住所地：上海市浦东新区××路××号××室，法定代表人：王某甲。

诉讼代表人许某，男，36岁，系上海××机械有限公司职员。

被告人王某甲，男，1977年××月××日生，公民身份号码：3521291977××××××××，汉族，大学文化，上海××实业有限公司、上海××机械有限公司法定代表人，户籍在上海市浦东新区××镇××街××弄××号。被告人王某甲于2013年7月30日因涉嫌逃汇罪被上海市公安局刑事拘留，同年9月2日经上海市人民检察院第一分院批准逮捕并由上海市公安局执行逮捕。

本案由上海市公安局侦查终结，以被告单位上海××实业有限公司、上海××机械有限公司、被告人王某甲涉嫌逃汇罪，于2013年11月1日向上海市人民检察院第一分院移送审查起诉，经上海市人民检察院第一分院指定，于2013年11月4日移送本院审查起诉。本院受理后，于同日告知被告单位、被告人有权委托辩护人；依法讯问了被告人王某甲，审查了全部案件材料。其间，退回上海市公安局补充侦查两次。

经依法审查查明：

1. 2012年8月至2013年5月期间，被告人王某甲在经营上海××实业有限公司（以下简称××公司）期间，获知在转口贸易外汇融资中，国内融资银行收取人民币保证金后，在融资期间内，会支付该笔保证金以人民币定期存款利息，而该利息均高于各融资银行的外汇贷款利息。××公司为谋取上述利息差，虚构转口贸易背景，以支付保证金、银票质押、房产抵押及信用担保等担保方式，先后向中信银行虹口支行、工商银行奉贤支行、中国银行静安支行、上海银行普陀支行、江苏银行上海分行、大连银行上海分行、农村商业银行奉贤支行共计7家银行提供虚假的业务资料申请国内银行外汇贷款或办理进口押汇以获取外汇融资资金共计76笔，金额累计29493.11万美元（折合人民币181885.17万元）。被告人王某甲实际控制的六家境外公司开设在汇丰银行（香港）的账户依照融资合同约定收到上述外汇后，又以转口贸易收汇形式将外汇电汇至××公司账户。

截至2013年8月9日，××公司已归还上述外汇贷款共计54笔，本金20336.67万美元，支付贷款利息及服务费折合人民币813.1万元，收到人民币保证金利息收入1133.29万元，资金净收入折合人民币为320.08万元。

案发后，中信银行虹口支行、上海银行普陀支行、中国银行静安支行通过××公司保证金账户，扣划其贷款本金8756.44万美元及贷款利息84.6万美元，同时支付××公司保证金利息人民币72518万元。

2.2013年3月，被告人王某甲在经营上海××机械有限公司（以下简称××甲公司）期间，为达到前述同样目的，以虚构转口贸易背景且支付保证金的方式，向交通银行新区支行提供虚假的业务资料，申请付款保函业务共计6笔，金额累计6259.36万美元（折合人民币38309.51万元）。在交通银行向汇丰银行（香港）开具付款保函之后，由汇丰银行（香港）为境外贴现行将远期票据本金即期支付给由王某甲实际控制的3家境外收款公司账户。1至3天后，3家境外公司汇丰银行（香港）账户将收到的外汇又以转口贸易收汇形式电汇至××甲公司账户。

2013年9月，交通银行新区支行在收到汇丰银行（香港）的索偿电报后购汇履行了付款义务，来单索偿金额计6259.35万美元，××甲公司担保手续费支出人民币57.45万元，人民币保证金存款利息收入739.37万元，实获资金净收入为人民币682.52万元。

被告人王某甲被警方抓获到案后，如实供述了上述全部犯罪事实。

上述事实，有以下证据证明：

1.证人陈某、程某、李某、袁某、高某、杨某、王某乙等人的证言证实了被告人王某甲经营××公司、××甲公司的情况，并证实了被告人王某甲实施犯罪的部分资金来源。

2.证人李某甲、易某、崔某、王某丙等人的证言证实了被告人王某甲利用虚构的转口贸易进行外汇融资的经过。

3.相关涉案银行的融资合同、权利质押合同、银行承兑汇票、商业本票等书证证实了××公司、××甲公司的融资经过和金额。

4.被告人王某甲伪造的代理转口合同、装箱单、发票、提单等书证及证人陈某甲的证言证实了用于外汇融资的转口贸易系虚构。

5. ××会计师事务所出具的司法会计鉴定意见书证实了××公司、××甲公司逃汇的金额以及外汇来源和去向。

6. ××公司、××甲公司工商登记材料证实了被告单位企业性质及股东情况。

7. 上海市公安局扣押物品清单证实了涉案财务凭证、印章等均已被公安机关扣押。

8. 国家外汇管理局上海市分局行政认定函证实了行政监管部门认为××公司、××甲公司的行为属于逃汇行为。

9. 被告人王某甲对上述全部事实做了如实供述。

10. 上海市公安局调取的户籍材料证实了被告人王某甲的身份情况。

11. 上海市公安局出具的案发经过证实了被告人王某甲系被警方抓获到案。

上述证据来源及收集程序合法，内容客观真实，足以认定指控事实。

本院认为，被告单位××公司、××甲公司违反国家规定，将境内的外汇非法转移到境外，数额巨大，被告人王某甲系被告单位直接负责的主管人员，上述单位和个人的行为均已触犯《中华人民共和国刑法》第一百九十条，犯罪事实清楚，证据确实充分，应当以逃汇罪追究其刑事责任。被告单位××公司、××甲公司、被告人王某甲均系坦白，适用《中华人民共和国刑法》第六十七条第三款之规定，可以从轻处罚。根据《中华人民共和国刑事诉讼法》第一百七十二条之规定，提起公诉，请依法审判。

此致

上海市浦东新区人民法院

检察员　闵　捷

二〇一四年五月十五日

附：1. 被告人王某甲现羁押于上海市看守所。

2. 侦查卷宗六册，司法审计报告二十一册。

附：相关法律条文

《中华人民共和国刑法》

第一百九十条　公司、企业或者其他单位，违反国家规定，擅自将外汇存放境外，或者将境内的外汇非法转移到境外，数额较大的，对单位判处逃汇数额百分之五以上百分之三十以下罚金，并对其直接负责的主管人员和其他直接责任人员处五年以下有期徒刑或者拘役；数额巨大或者有其他严重情节的，对单位判处逃汇数额百分之五以上百分之三十以下罚金，并对其直接负责的主管人员和其他直接责任人员处五年以上有期徒刑。

第六十七条第三款 犯罪嫌疑人虽不具有前两款规定的自首情节，但是如实供述自己罪行的，可以从轻处罚；因其如实供述自己罪行，避免特别严重后果发生的，可以减轻处罚。

《中华人民共和国刑事诉讼法》

第一百七十二条 人民检察院认为犯罪嫌疑人的犯罪事实已经查清，证据确实、充分，依法应当追究刑事责任的，应当作出起诉决定，按照审判管辖的规定，向人民法院提起公诉，并将案卷材料、证据移送人民法院。

上海市浦东新区人民法院
刑事判决书

（2014）浦刑初字第2299号

公诉机关上海市浦东新区人民检察院。

被告单位上海××实业有限公司，住所地上海市浦东新区××路××号××幢××室。诉讼代表人许某甲，上海××实业有限公司常务副总。

被告单位上海××机械有限公司，住所地上海市浦东新区××路××号××室。诉讼代表人许某乙，上海××动力机械有限公司职员。

被告人王某甲，男，1977年××月××日出生于上海市，汉族，大学文化，系上海××实业有限公司、上海××机械有限公司法定代表人，户籍地上海市浦东新区××镇××街××弄××号××室。因涉嫌犯逃汇罪于2013年7月30日被刑事拘留，同年9月2日被逮捕。现羁押于上海市看守所。

辩护人张某某，××（上海）律师事务所律师。

辩护人赵某某，××（上海）律师事务所律师。

上海市浦东新区人民检察院以沪浦检刑诉〔2014〕387号起诉书指控被告单位上海××实业有限公司、上海××动力机械有限公司、被告人王某甲犯逃汇罪，于2014年5月18日向本院提起公诉。本院依法组成合议庭，公开开庭审理了本案。上海市浦东新区人民检察院指派检察员闵捷出庭支持公诉，被告单位上海××实业有限公司诉讼代表人许某甲、被告单位上海××动力机械有限公司诉讼代表人许某乙、被告人王某甲、辩护人张某某、赵某某到庭参加诉讼。其间，经公诉机关申请，本案延期审理。现已审理终结。

上海市浦东新区人民检察院指控：

2012年8月至2013年5月期间，被告人王某甲在经营上海××实业有限公司（以下简称“××公司”）期间，获知在转口贸易外汇融资中，国内融资银行收取人民币保证金后，在融资期间内会支付该笔保证金以人民币定期存款利息，而该利息均高于各融资银行的外汇贷款利息。××公司为谋取上述利息差，虚构转口贸易背景，以支付保证金、银票质押、房产抵押及信用担保等方式，先后向××银行虹口支行、××银行奉贤支行、××银行静安支行、××银行普陀支行、××银行上海分行、××银行上海分行、××银行奉贤支行共计7家银行提供虚假业务资料申请国内银行外汇贷款或办理进口押汇以获取外汇融资资金共计76笔，金额累计29493.11万美元（折合人民币181885.77万元）被告人王某甲实际控制的6家境外公司开设在××银行（香港）的账户依照融资合同约定收到上述外汇后，又以转口贸易收汇形式将外汇电汇至××公司账户。截至2013年8月9日，××公司归还上述外汇贷款共计54笔，本金20336.67万美元，支付贷款利息及服务费折合人民币口813.21万元，收到人民币保证金利息收入1133.29万元，资金净收入折合人民币为320.08万元。

案发后，××银行虹口支行、××银行普陀支行、××银行静安支行通过××公司保证金账户，扣划其贷款本金8756.44万美元及贷款利息84.6万美元，同时支付××公司保证金利息人民币725.18万元。

2013年3月，被告人王某甲在经营上海××动力机械有限公司（以下简称“××甲公司”）期间，为达到前述同样目的，以虚构转口贸易背景且支付保证金的方式，向××银行新区支行提供新虚假业务资料，申请付款保函业务共计6笔，金额累计625136万美元（折合人民币38309.51万元），在××银行向××银行（香港）开具付款保函之后，由××银行（香港）为境外贴现行将远期票据本金即期支付给王某甲控制的3家境外收款公司账户。之后，3家境外公司××银行（香港）账户将收到的外汇又以转口贸易收汇形式电汇至××甲公司账户。2013年9月，××银行新区支行在收到××银行（香港）的索偿电报后购汇履行了付款义务，来单索偿金额计6259.35万美元，××甲公司担保手续费支出人民币57.45万元，人民币保证金存款利息收入为739.37万元，实获资金净收入人民币682.52万元。

被告人王某甲被抓获后，如实供述了上述全部事实。

针对上述指控，公诉机关当庭宣读了证人陈某、程某、李某等人的证言、融资合同、权利质押合同、银行承兑汇票、代理转口合同、装箱单、提单、公司工商登记资料、司法会计鉴定意见书、认定函、案发经过，并传召专业人士虞某某出庭作证。公诉机关认为，被告单位××公司、××甲公司及作为被告单位直接负责的主管人员被告人王某甲行为均已触犯《中华人民共和国刑法》第一百九十条之规定，构成逃汇罪；被告单位及被告人王某甲均能如实供述犯罪事实，可依法从轻处罚。提请本院对被告单位及被告人王某甲依法定罪处罚。

被告单位诉讼代表人及被告人王某甲对上述指控无异议。

被告单位××公司的诉讼代表人提出，作为××公司的主管人员被告人王某甲如实供述犯罪事实，对××公司应从轻处罚；××公司只是为了获取息差，没有将外汇真正转移；××公司系犯罪中止。

被告单位××甲公司的诉讼代表人提出，××甲公司属于如实供述犯罪事实，应从轻处罚；××甲公司为获取息差，未将外汇实际流入境外；案发前，××甲公司有正常的经营业务。

被告人王某甲的辩护人提出，被告人王某甲到案能如实供述犯罪事实；被告人只是为了获取息差未真正逃汇，外汇汇出几天后就汇入国内；被告单位有正常的贸易，案发前被告单位已停止此类行为，应认定被告人王某甲系犯罪中止；王某甲没有犯罪前科，其本人不知道此行为会构成犯罪，且王某甲没有给国内银行造成损失，也没有使得国家外汇损失；部分净收入产生于案发之后；××甲公司是否构成逃汇罪值得商榷，涉及××甲公司的外汇一直在境外流转，交行作为担保方，由于案发王某甲没法及时付款才导致交行付汇。综上，建议法庭对王某甲从轻或减轻处罚。

经审理查明，2012年8月至2013年4月，被告人王某甲在经营××公司期间，为赚取人民币定期存款利息（人民币定期存款利率在2.8%—3.3%），与外汇贷款资金成本之间的利差，虚构转口贸易背景，以虚假的销售合同、货物装箱单、货物提单等材料向银行申请外汇贷款；同时，被告人王某甲向他人借款、借用银票等，以用于向银行支付保证金、提供银票质押（保证金或银票金额等额于贷款金额）等，为外汇贷款提供担保，其中保证金存入银行保证金账户，利息按定期存款利率计算。

银行审核王某甲提供的××公司的上述贸易资料后，即以“转口贸易”形式将外汇资金电汇至王某甲控制的6家境外公司开设在××银行（香港）账户，之后××公司又以转口收汇形式收到王某甲控制的境外公司银行账户电汇划入境内的外汇资金，××公司将大部分外汇资金结汇人民币后用于归还保证金借款、银票，或作为保证金再向银行申请外汇贷款。银行外汇贷款到期后，××公司的保证金账户被启封，同时银行向××公司支付相应的保证金利息，××公司归还给银行外汇贷款等额的人民币资金及贷款利息、手续费等，或银行直接从××公司保证金账户内扣划外汇贷款本息，××公司据此获取了人民币定期存款利息收入与外汇贷款成本之间的利差部分。

其间，被告人王某甲以××公司名义通过上述方式或办理进口押汇先后从7家国内银行获取外汇融资资金76笔，金额累计为29493.11万美元（折合人民币181885.17万元），均以转口贸易名义汇入王某甲控制的境外公司银行账户。具体分述如下：

2012年9月至2013年4月，××公司向××银行虹口支行申请外汇贷款39笔，金额总计为13561.64万美元。截至2013年8月9日，××公司已归还贷款29笔，实现获利金额为人民币15.66万元；2013年10月18日，××银行扣划××公司未归还贷款10笔本息，并存入××公司名下银行账户人民币保证金利息，××公司资金净收入人民币178.69万元。

2012年8月至2013年5月，××公司向××银行奉贤支行申请进口融资20笔，金额总计为9918.66万美元。截至2013年8月9日，××公司已全额归还上述贷款，实现获利金额为人民币298.16万元。

2013年1月至2月，××公司向××银行静安支行申请贸易融资7笔，金额总计3136.96万美元。截至2013年8月9日，××公司归还贷款1笔，实现获利折合人民币10.41万元；2013年10月15日，银行扣划××公司其余未归还贷款本息，并存入××公司名下银行账户人民币保证金利息，××公司资金净收入人民币143.88万元。

2012年12月至2013年1月，××公司向××银行普陀支行申请外汇贷款5笔，金额总计为1355.94万美元。2013年10月17日，银行扣划××公司未归还贷款本息，并存入××公司名下银行账户人民币保证金利息。

2012年8月，××公司向××银行上海分行申请贸易融资2笔，金额总计为804万美元。截至2013年8月9日，××公司已归还上述贷款本息，并收到人民币保证金利息收入。

2012年11月，××公司向××行奉贤支行申请贸易融资2笔，金额总计为315.91万美元。截至2013年8月9日，××公司归还上述贷款本息，实现获利折合人民币9.32万元。

2012年11月，××公司向××银行上海分行申请外币流动资金贷款1笔，金额总计为400万美元。截至2013年10月25日，上述贷款未到期。

还查明，2013年3月，被告人王某甲在经营××甲公司期间，为赚取人民币定期存款利息与外汇贷款资金成本之间的利差，虚构转口贸易背景，提供虚假的境外购销合同、装箱单、货物提单等材料向××银行上海新区支行申请付款保函，同时在××银行上海新区支行存入等额于票面金额的人民币保证金。在××银行上海新区支行向境外贴现行开具付款保函后，境外贴现行即将远期票据本金支付给票据收款人即被告人王某甲控制的境外公司银行账户，之后，××甲公司开立在××银行上海新区支行的美元账户先后收到上述境外公司银行账户划入的美元资金，××甲公司结汇成人民币后划至××甲公司银行账户。被告人王某甲通过上述方式向××银行上海新区支行申请付款保函业务6笔，金额总计6259.36万美元。

2013年9月4日至23日，上述保函业务陆续到期，境外贴现行向××银行上海新区支行索偿上述票据贴现金额合计6259.35万美元，××银行上海新区支行即购汇向境外贴现行付款6251.35万美元。2013年10月16日，××甲公司在××银行上海新区支行的保证金账户内归还银行上述购汇垫款本金人民币3.8亿余元，偿还银行垫款逾期利息人民币300万余元，支付各项手续费人民币68万余元，银行支付给××公司保证金利息人民币739万余元，××甲公司获利人民币370万余元。

2013年7月30日，被告人王某甲被抓获，其到案后如实供述了上述事实。

以上事实，有下列经庭审举证、质证的证据证实，本院予以确认：

1. 证人陈某的证言，陈某陈述“2010年我和王某甲、汤某某、徐某某4人为了做外贸生意共同出资成立了××公司，王某甲是法人，××公司实际开展了些业务，赚了点钱，但后来亏了，2013年4月我离开了××公司；我和王某甲之间有互相拆解资金，我通过转账及银行承兑汇票的方式借款给王某甲；××公司的经营地房屋是我们4个股东买下的，在2012年第三季度，我们将公司办公地房屋和我的一些房产作为抵押向××银行申请了1笔美元贷款折合人民币大概是2400万元，后来王某甲通过贸易将美元换成了人民币”。

2. 证人李某甲的证言，李某甲陈述“我于2013年4月经过招聘进入××金融公司担任财务部会计，××公司是××金融公司的关联企业，实际控制人、法人、总经理都是王某甲，公司主要从事进出口贸易”。

3. 证人袁某的证言，袁某陈述“2013年7月我进入××金融公司工作担任公司出纳，公司老板是王某甲，王某甲还设立了××甲公司”。

4. 证人高某的证言，高某陈述“2012年9月我进入××公司工作担任公司出纳，公司法人、总经理是王某甲；××公司从事转口贸易业务，2013年初公司有几千万美元的交易”。

5. 证人杨某的证言，杨某陈述“2010年2月××公司设立时我进入公司，担任公司财务部会计，××公司主要从事建材、发电机的进出口贸易；2012年8月，××公司开始从事转口贸易，公司向银行贷款美元用于境外支付货款，货物销售后资金再回到公司账户”。

6. 证人毛某甲的证言，毛某甲陈述“2010年我进入××公司担任副总，公司总经理是王某甲；××公司主要做进出口贸易和内贸生意，进出口业务都是王某甲自己负责的”。

7. 证人陈某甲的证言，陈某甲陈述“2012 年十十一月份我进入××公司，公司老板是王某甲，我在公司帮忙去银行送资料”。

8. 证人毛某乙的证言，毛某乙陈述“2013 年初我进入××公司担任业务员，公司负责人是王某甲，我进公司后主要是向银行及客户送些单据”。

9. 证人汤某某的证言，汤某某陈述“我在 2008 年左右通过杭州的一个代理公司注册了××离岸港公司，该公司我给了境外的一个朋友在用，我没有将该公司的注册材料及公章交给王某甲使用”。

10. 证人陈某乙的证言，陈某乙陈述“上海××国际货运代理有限公司只开展上海地区的进出口贸易货运代理业务，转口贸易涉及××公司的货物提单是伪造的”；经陈某乙确认印有“货代公司名称”“提单号码”“货物名称”“货物数量”93 份涉及××公司的提单均不是××公司出具。

11. 证人李某乙（××银行上海市分行业务部客户经理）的证言，李某乙陈述“2013 年一二月份，××公司在我行申请了 4 笔贸易融资，都是以转口贸易的名义向我行申请外汇贷款；××公司需要提供公司的营业执照等基本信息资料、申请融资材料及销售合同、货物提单、发票等与贸易相关的资料，我行审批合格后，××公司需向我行提供能覆盖外汇贸易融资金额的人民币资金，在我行开具定期存单并质押给我行作为担保，然后我行将××公司申请的外汇贸易融资资金直接支付到××公司转口贸易合同约定的相关企业；××公司的外汇贸易融资资金是我行通过境外银行进行发放的，外汇贸易融资到期后，由我行将融资本金、利息及安排费一起付给境外银行，××公司的定期存单释放后进行购汇归还我行外汇贸易融资本金、利息及融资安排费，剩余资金都归还××公司；在与××公司外汇融资业务中，因为有质押的定期存单，不会影响我行利益，银行也不会有损失；××公司在我行申请的外汇贸易融资期限为 6 个月，开具的人民币定期存单也是 6 个月”。

12. 证人易某（××银行虹口支行客户经理）的证言，易某陈述“2012 年 9 月开始，××公司在我行办理了多次的外汇资金贷款业务，公司法人王某甲与我联系后让他的员工过来办理的，我负责接待办理相关手续；××公司以转口贸易的名义向我行申请外汇贷款，我行需要××公司提供保证金或银行承兑汇票进行质押，然后我行将外汇贷款交付给××公司合同上明示的对方企业，××公司在我行申请外汇贷款，只要支付贷款利息，如果××公司以保证金形式担保，我行也要向××公司支付利息，保证金的利率是定期存款利率，外汇的贷款利率不是固定的”。

13. 证人崔某（××银行普陀支行公司部经理助理）的证言，崔某“陈述 2012 年底××公司开始在我行办理多次外汇资金贷款业务，业务是由王某甲联系后由他公司员工来办理的；我行在办理此业务时，要求××公司提供销售合同和发票，××公司提供覆盖外汇贷款金额的银行承兑汇票进行质押；××公司在我行办理的外汇资金贷款期限都是1年期，××公司最初质押给我行的银行承兑汇票都是6个月的，6个月到期后，我行将银票进行托收，之后以保证金的形式存放于我行进行担保，保证金是以定期存款形式，期限都是6个月；我行在办理上述业务中，只收取贷款利息。”

14. 证人王某乙（××银行奉贤支行公司业务部副经理）的证言，王某乙陈述“2012年九十月份开始，××公司在我行办理多笔外汇贷款业务；××公司在我行办理第一笔外汇贷款业务时提供了银行承兑汇票及人民币保证金作为质押的，之后都以全额人民币保证金进行质押的，保证金都是以定期存款形式缴纳的，期限为6个月，保证金利率是定期存款利率，外汇贷款利率不是固定的。”

15. 证人虞某某当庭陈述，××公司及××甲公司的行为均属于逃汇行为，只是不同的逃汇方式；外汇的回流不影响逃汇的性质；从外汇管理方面，香港属于境外，香港的金融政策与境内不一样；本案中被告单位的逃汇行为将会造成统计数据的偏差，损害金融安全，挤兑信贷资源。

16. ××公司的企业法人营业执照、档案机读材料、股东发起人名录、变更登记等工商登记材料，证实2010年2月，××公司设立，股东为王某甲、陈某甲、汤某某、许某甲，公司主要从事机电设备、电子产品、通信设备等的销售，并从事货物与技术的进出口业务；2013年4月，公司股东发生变更，陈某甲、汤某某、许某甲均将股权转让给××金融信息服务（上海）有限公司。

17. ××公司的档案机读材料、公司设立登记表、变更登记等工商登记材料，证实2005年11月，××公司设立，公司股东为王某甲、许某甲，公司从事机电设备、机械等的销售，并从事货物与技术的进出口业务；2013年5月，许某甲转让股权，公司股东变更为王某甲、××金融信息服务（上海）有限公司。

18. 代理转口合同、装箱单、发票、提单等，证实王某甲为获取外汇贷款，虚构转口贸易而伪造的单证。

19. 融资合同、权利质押合同、承兑汇票、商业本票等，证实××公司等在办理外汇贷款业务时，与银行签订合同，同时向银行存入保证金、出具票据作为质押等。

20. 扣押清单，证实相关本案的财务凭证、公司印章等均已被扣押。

21. 案发经过，证实被告人王某甲的到案情况。

22. 国家外汇管理局上海市分局的函，证实××公司伪造、变造交易单证对外付汇行为违反《中华人民共和国外汇管理条例》的规定，系逃汇行为。

23. 司法会计鉴定意见书，证实××公司、××甲公司涉嫌逃汇过程中向银行出具虚假的外汇贷款资料、贷款担保、贷款资金的流向及获利情况。

24. ××银行上海新区支行出具的说明，证实××甲公司在银行办理的付款保函业务的具体情况。

25. 被告人的供述。

本院认为，被告单位××公司、××甲公司虚构转口贸易，致使境内外汇被非法转移至境外，其中××公司涉及金额为2.9亿余美元，××甲公司涉及金额为6259万余美元，数额巨大，被告单位××公司、××甲公司均构成逃汇罪；被告人王某甲系被告单位××公司、××甲公司直接负责的主管人员，其行为构成（单位）逃汇罪。公诉机关的指控成立，本院予以支持。关于××甲公司涉嫌逃汇事实的性质，经查，银行办理付款保函业务必须基于真实的贸易背景，而本案中王某甲所办理的××甲公司与××银行之间的6笔付款保函业务均没有真实的贸易，票据到期后必然由境内银行即交通银行根据境外银行的索偿要求，通过保函履约的方式垫款对外支付，故尽管此节事实中的向境外支付外汇系在本案案发之后，但这不影响对逃汇性质的认定。另，本案中被告单位及被告人逃汇行为均已实施完毕，属犯罪既遂，之后被告单位未再进行逃汇犯罪不影响之前的犯罪状态。被告人王某甲到案后能如实供述犯罪事实，对被告人王某甲及被告单位均依法从轻处罚；被告单位的相关银行账户被冻结，被告人王某甲也当庭表示愿意退缴违法所得，对被告人及被告单位再酌情从轻处罚。辩护人要求对被告人从轻处罚的意见，本院予以采纳。依照《中华人民共和国刑法》第一百九十条、第六十七条第三款、第六十四条、第五十三条之规定，判决如下：

一、被告单位上海××实业有限公司犯逃汇罪，判处罚金人民币九千一百万元。（罚金自本判决生效之日起一个月内缴纳。）

二、被告单位上海××动力机械有限公司犯逃汇罪，判处罚金人民币二千万元。（罚金自本判决生效之日起一个月内缴纳。）

三、被告人王某甲犯（单位）逃汇罪，判处有期徒刑五年六个月。（刑期从判决执行之日起计算；判决执行以前先行羁押的，羁押一日折抵刑期一日，即自2013年7月30日起至2019年1月29日止。）

四、被告单位违法所得的钱款予以追缴或责令退赔后，予以没收。

如不服本判决，可在接到判决书的第二日起十日内，通过本院或者直接向

上海市第一中级人民法院提出上诉。书面上诉的，应当提交上诉状正本一份，副本二份。

审　判　长　苏　琼
审　判　员　康　英
人民陪审员　张友根
二〇一四年十一月十六日
书　记　员　吴　裕

附：相关法律条文

《中华人民共和国刑法》

第一百九十条　公司、企业或者其他单位，违反国家规定，擅自将外汇存放境外，或者将境内的外汇非法转移到境外，数额较大的，对单位判处逃汇数额百分之五以上百分之三十以下罚金，并对其直接负责的主管人员和其他直接责任人员处五年以下有期徒刑或者拘役；数额巨大或者有其他严重情节的，对单位判处逃汇数额百分之五以上百分之三十以下罚金，并对其直接负责的主管人员和其他直接责任人员处五年以上有期徒刑。

第六十七条　犯罪以后自动投案，如实供述自己的罪行的，是自首。对于自首的犯罪分子，可以从轻或者减轻处罚。其中，犯罪较轻的，可以免除处罚。

被采取强制措施的犯罪嫌疑人、被告人和正在服刑的罪犯，如实供述司法机关还未掌握的本人其他罪行的，以自首论。

犯罪嫌疑人虽不具有前两款规定的自首情节，但是如实供述自己罪行的，可以从轻处罚；因其如实供述自己罪行，避免特别严重后果发生的，可以减轻处罚。

第六十四条　犯罪分子违法所得的一切财物，应当予以追缴或者责令退赔；对被害人的合法财产，应当及时返还；违禁品和供犯罪所用的本人财物，应当予以没收。没收的财物和罚金，一律上缴国库，不得挪用和自行处理。

第五十三条　罚金在判决指定的期限内一次或者分期缴纳。期满不缴纳的，强制缴纳。对于不能全部缴纳罚金的，人民法院在任何时候发现被执行人有可以执行的财产，应当随时追缴。如果由于遭遇不能抗拒的灾祸缴纳确实有困难的，可以酌情减少或者免除。

全面审查金融犯罪案件，依法惩治洗钱犯罪

——张某某洗钱案

【案例要旨】

明知是集资诈骗犯罪所得，仍以提供资金账户、协助转账、提现等方式，帮助转移资金的，构成洗钱罪。在审查金融犯罪案件时，应重视关联犯罪事实的查证，积极引导侦查，依法惩治犯罪。

【案情简要】

2008年6月至2009年5月，被告人张某某在担任甲公司总经理和乙企业投资部经理期间，明知黄某某所控制的乙企业从事集资诈骗活动，仍与黄某某商定，采用甲公司与乙企业签订虚假《委托理财协议》的方式，将黄某某非法集资案所涉被害人汇入乙企业在上海银行托管账户内的人民币2645万元资金套出，再通过甲公司等单位，及其本人等自然人的银行账户，提现337万元、协助转账2308万元。2007年11月和2009年4月，被告人张某某采用同样方式，将黄某某控制的丙公司、丁公司汇入上海银行的集资诈骗款共计853万余元转账及提现等。被告人张某某为黄某某转账、提现、套现的上述集资诈骗款共计3498万余元。

黄某某集资诈骗案案发后，有重大共同作案嫌疑的张某某一度逃逸。因证据不足，公安机关在黄某某案移送审查起诉时，未将张某某一并移送。上海市人民检察院第一分院在审查黄某某案时，认为张某某涉嫌洗钱犯罪，遂向公安机关提出追诉意见，并在黄某某案的退回补充侦查提纲中详细列明了取证要求。在黄某某案提起公诉后，继续督促公安机关对张某某涉嫌洗钱犯罪的事实立案侦查，开展司法审计、收集相关证人证言和书证等。2011年6月20日，上海市人民检察院第一分院以张某某犯洗钱罪提起公诉，9月2日，上海市第一中级人民法院采纳指控意见，鉴于张某某能投案自首，弥补经济损失，以洗钱罪判处张某某有期徒刑3年，缓刑4年，并处罚金人民币175万元。判决已

发生法律效力。

【典型意义】

张某某洗钱一案，系上海市司法机关适用《刑法修正案（六）》办理的新型金融犯罪案件。张某某假借投资理财名义，以虚假的投资项目和协议规避银行监管，明知是犯罪所得，仍将相关资金3498万元从银行托管账户划出后，分散存入多个企业和个人的银行账户供黄某某提现，其行为系以提供资金账户、协助转账的方式，帮助黄某某掩饰、隐瞒资金的来源和性质，应以洗钱罪追究其刑事责任。上海市人民检察院第一分院在办理集资诈骗犯罪案件时，重视对关联犯罪事实的审查，督促公安机关对张某某等人涉嫌洗钱犯罪展开侦查，及时追诉漏罪漏犯，通过制定详细的补侦提纲，引导公安机关侦查取证，最终查明了洗钱犯罪事实，依法追究相关人员洗钱犯罪的刑事责任，为正确处理新型金融犯罪积累了经验。

为依法有效惩治洗钱犯罪，维护金融秩序、保障金融安全，《刑法修正案（六）》将洗钱罪的上游犯罪扩展至破坏金融管理秩序犯罪和金融诈骗犯罪。最高人民法院《关于审理洗钱等刑事案件具体应用法律若干问题的解释》规定，“应当结合被告人的认知能力，接触他人犯罪所得及其收益的情况，犯罪所得及其收益的种类、数额，犯罪所得及其收益的转换、转移方式以及被告人的供述等主、客观因素”认定“明知”，并列举了相应情形；同时，明确了“明知是犯罪所得及其产生的收益而予以掩饰、隐瞒，构成刑法第三百一十二条规定的犯罪，同时又构成刑法第一百九十一条或者第三百四十九条规定的犯罪的，依照处罚较重的规定定罪处罚。”

对此，实践中应结合案件具体情况正确把握：对属于司法解释列举的推定明知情形的，应结合相关被告人供述，在排除确实不明知的情况下，依法予以认定；对有证据证明行为人共谋并实施上游犯罪的，应依法认定其成立上游犯罪的共犯；对在实施过程中才认识到财物的来源和性质的，应坚持主、客观一致原则，认定行为性质和犯罪数额；洗钱行为同时构成掩饰、隐瞒犯罪所得、犯罪所得收益罪，洗钱罪，窝藏、转移、隐瞒毒赃罪的，依照处罚较重的规定定罪处罚。

同时，各级检察机关在办理金融犯罪案件时，应注意全面审查案件事实，依法追诉洗钱等关联犯罪；应注意区分洗钱罪与上游犯罪的共犯，把握罪与非罪、此罪与彼罪的界限；综合运用提出追诉意见、退回补充侦查等手段，有效引导侦查，确保案件依法公正处理。

上海市人民检察院第一分院
起 诉 书

沪检一分刑诉〔2010〕132号

被告人张某某（身份证号码3101021974××××××××），男，1974年××月××日生于上海，汉族，大专文化，原系上海××投资咨询有限公司总经理、上海××投资管理合伙企业投资部经理，住上海市浦东新区××路××弄××号××室（户籍所在地上海市黄浦区××街××号）；因涉嫌非法吸收公众存款罪，于2009年11月11日被上海市公安局取保候审，并于2010年6月24日以涉嫌洗钱罪移送本院审查起诉，同年11月10日被本院取保候审。

经依法审查查明：

被告人张某某于2008年6月至2009年5月，在担任上海××投资咨询有限公司（下称××公司）总经理和上海××投资管理合伙企业（下称××企业）投资部经理期间，明知黄某某（已判决）所控制的公司在非法经营和非法集资，在与黄某某商定后，采用以××企业招募私募基金的名义非法集资，并通过××公司与××企业签订虚假的《委托理财协议》的方式，将被害人汇入××企业在××银行白玉支行的托管账户内的人民币2645万元（以下币种均为人民币）资金套出，再利用其操控的××公司、上海××工贸有限公司、上海××贸易有限公司、上海××商务信息咨询有限公司，上海××纺织品有限公司、上海××航空票务有限公司等单位，以及俞某某、林某某和其本人的银行账户，予以提现337万元、协助转账2308万元（其中1200万元用于炒股盈利，408万元出借牟利至今未还）。

此外，被告人张某某还于2007年11月至2009年5月，帮助黄某某将其控制的上海××投资管理有限公司、上海××投资控股股份有限公司汇入的集资诈骗资金853万元，协助转账及提现等。

上述协助转账、提现、套现的资金共计3498万元，均被黄某某等人用于个人购买房产、车辆及消费等。

被告人张某某于2009年11月11日向公安机关投案。

认定上述事实的主要证据如下：俞某某、郭某某、黄某某、肖某某、沈某某、姚某某、黄某甲、刘某某等人的证言；查获的公司账册、合同、协议书及银行交易凭证等物证、书证；司法鉴定报告等鉴定结论；同案人黄某某、李某某、王某某及被告人张某某的供述。

本院认为，被告人张某某明知他人所控制的巨额资金系金融诈骗犯罪所得，仍以提供资金账户、协助转账、提现等方式，帮助转移资金3498万元并造成严重后果，其行为触犯了《中华人民共和国刑法》第一百九十一条第一款第（一）项、第（二）项、第（三）项之规定，应以洗钱罪追究刑事责任，且犯罪情节严重。鉴于其有自首情节，还应适用《中华人民共和国刑法》第六十七条之规定。根据《中华人民共和国刑事诉讼法》第一百四十一条之规定，现将被告人张某某提起公诉，请依法审判。

此致

上海市第一中级人民法院

检察员　王庆芳

二〇一一年六月十七日

附：1. 被告人张某某取保候审（联系电话：1376199××××或5056××××）；

2. 证据目录、证人名单和主要证据复印件一册。

上海市第一中级人民法院
刑事判决书

（2011）沪一中刑初字第98号

公诉机关上海市人民检察院第一分院。

被告人张某某，男，1974年××月××日出生于上海市，汉族，大专文化，原系上海××投资咨询有限公司总经理、上海××投资管理合伙企业投资部经理，户籍所在地上海市黄浦区××街××号，住上海市浦东新区××路××弄××号××室，因涉嫌犯非法吸收公众存款罪于2009年11月11日被上海市公安局取保候审，因涉嫌犯洗钱罪于2010年11月10日被上海市人民检察院第一分院取保候审。

辩护人郭某某、王某甲，上海市××律师事务所律师。

上海市人民检察院第一分院以沪检一分刑诉〔2010〕132号起诉书指控被告人张某某犯洗钱罪，于2011年6月20日向本院提起公诉。本院受理后，依法组成合议庭，于同年7月21日公开开庭审理了本案。上海市人民检察院第一分院指派检察员王庆芳出庭支持公诉。被告人张某某及辩护人郭某某、王某甲均到庭参加诉讼。本案经依法延期审理，现已审理终结。

经审理查明：被告人张某某于2008年6月至2009年5月，在担任上海××投资咨询有限公司（以下均简称××公司）总经理和上海××投资管理合伙企业（以下均简称××企业）投资部经理期间，明知黄某某（因犯集资诈骗罪、非法经营罪已被本院判刑）所控制的公司从事非法集资活动，经与黄某某共谋，通过××公司与××企业签订虚假《委托理财协议》的方式，将被害人汇入××企业在上海银行白玉支行托管账户内的人民币2645万元（以下币种均为人民币）资金套出，再通过××公司、上海××工贸有限公司、上海××贸易有限公司、上海××商务信息咨询有限公司、上海××纺织品有限公司等单位，以及俞某某、林某某和其本人的银行账户，提现337万元、协助转账2308万元。

被告人张某某还于2007年11月和2009年4月，通过上述单位账户帮助黄某某将黄某某控制的上海××投资管理有限公司、上海××投资控股股份有限公司汇入的集资诈骗资金共计853万余元转账及提现等。

被告人张某某协助黄某某转账、提现、套现的上述集资诈骗资金共计3498万余元。

被告人张某某于2009年11月11日向公安机关投案，并在接受司法机关讯问时如实供述，还当庭表示愿将其名下位于海南省海口市××小区的三套房产予以退赔，以弥补所造成的经济损失。

以上事实有证人俞某某、郭某甲、黄某甲、肖某某、刘甲、刘乙等人的证言，相关作案人黄某某、王某乙的供述；查获的公司账册、相关合同、《委托理财协议》及相关银行凭证等书证；《司法鉴定意见书》等证据予以证实，被告人张某某亦当庭供认不讳，足以认定。

本院认为，被告人张某某明知黄某某控制的钱款系破坏金融管理秩序或金融诈骗犯罪所得，仍以提供资金账户、协助转账、提现等方式，帮助黄某某转移资金3498万余元，其行为已构成洗钱罪，且情节严重，应依法判处五年以上十年以下有期徒刑，并处洗钱数额百分之五以上百分之二十以下罚金，公诉机关指控的罪名成立，依法予以支持。鉴于张某某主动投案，并如实供述所犯罪行，具有自首情节，庭审时自愿认罪，且具有自愿退赔的悔罪表现，故依法对张某某减轻处罚，并适用缓刑。辩护人的相关辩护意见有事实和法律依据，依法予以采纳。

综上所述，为保障国家对金融的管理制度不受侵犯，依照《中华人民共和国刑法》第一百九十一条第一款第（一）项、第（二）项、第（三）项、第六十四条、第六十七条、第七十二条之规定，判决如下：

一、被告人张某某犯洗钱罪，判处有期徒刑三年，缓刑四年，并处罚金人民币一百七十五万元。

（缓刑考验期限从判决确定之日起计算。）

二、被告人张某某的违法所得予以没收。

被告人张某某回到社会后，应当遵守法律、法规，服从监督管理，接受教育，完成公益劳动，做一名有益社会的公民。

如不服本判决，可在接到判决书的第二日起十日内，通过本院或者直接向上海市高级人民法院提出上诉。书面上诉的，应当提交上诉状正本一份，副本一份。

审　判　长　胡洪春
代理审判员　巩一鸣
人民陪审员　黄　健
二〇一一年九月二日
书　记　员　黄思嘉

附：相关法律条文

《中华人民共和国刑法》

第一百九十一条第一款 明知是毒品犯罪、黑社会性质的组织犯罪、恐怖活动犯罪、走私犯罪、贪污贿赂犯罪、破坏金融管理秩序犯罪、金融诈骗犯罪的所得及其产生的收益，为掩饰、隐瞒其来源和性质，有下列行为之一的，没收实施以上犯罪的所得及其产生的收益，处五年以下有期徒刑或者拘役，并处或者单处洗钱数额百分之五以上百分之二十以下罚金；情节严重的，处五年以上十年以下有期徒刑，并处洗钱数额百分之五以上百分之二十以下罚金：

（一）提供资金账户的；

（二）协助将财产转换为现金、金融票据、有价证券的；

（三）通过转账或者其他结算方式协助资金转移的；

（四）协助将资金汇往境外的；

（五）以其他方法掩饰、隐瞒犯罪所得及其收益的来源和性质的。

第六十四条 犯罪分子违法所得的一切财物，应当予以追缴或者责令退赔；对被害人的合法财产，应当及时返还；违禁品和供犯罪所用的本人财物，应当予以没收。没收的财物和罚金，一律上缴国库，不得挪用和自行处理。

第六十七条 犯罪以后自动投案，如实供述自己的罪行的，是自首。对于自首的犯罪分子，可以从轻或者减轻处罚。其中，犯罪较轻的，可以免除处罚。

被采取强制措施的犯罪嫌疑人、被告人和正在服刑的罪犯，如实供述司法机关还未掌握的本人其他罪行的，以自首论。

犯罪嫌疑人虽不具有前两款规定的自首情节，但是如实供述自己罪行的，可以从轻处罚；因其如实供述自己罪行，避免特别严重后果发生的，可以减轻处罚。

第七十二条 对于被判处拘役、三年以下有期徒刑的犯罪分子，同时符合下列条件的，可以宣告缓刑，对其中不满十八周岁的人、怀孕的妇女和已满七十五周岁的人，应当宣告缓刑：

（一）犯罪情节较轻；

（二）有悔罪表现；

（三）没有再犯罪的危险；

（四）宣告缓刑对所居住社区没有重大不良影响。

宣告缓刑，可以根据犯罪情况，同时禁止犯罪分子在缓刑考验期限内从事特定活动，进入特定区域、场所，接触特定的人。

被宣告缓刑的犯罪分子，如果被判处附加刑，附加刑仍须执行。

准确认定信用卡诈骗犯罪数额

——陈某某信用卡诈骗案

【案例要旨】

根据司法解释规定，信用卡诈骗犯罪有两种不同的定罪量刑标准。当行为人兼有恶意透支和其他信用卡诈骗行为时，应当合计其诈骗数额，适用恶意透支的定罪量刑标准予以处罚；但在合计犯罪数额后不影响量刑幅度的，应采取从一重处的原则。

【案情简要】

2008年9月至12月，陈某某等人冒用他人名义在光大银行申办信用卡3张，并持卡套取现金人民币48000元，陈某某得2000元。

2008年4月起，陈某某先后在民生银行、广发银行申领信用卡后透支取款、消费，经银行多次催收不予归还。至案发，共透支本金人民币56967.31元。

宝山区人民法院判决认为，陈某某信用卡诈骗的犯罪数额和恶意透支的犯罪数额，分别均未达到“数额巨大”的标准，以诈骗数额较大量刑处罚。宝山区人民检察院提出抗诉，认为陈某某实施不同的信用卡违法行为，在均已构成犯罪的情况下，数额可累计计算，应认定诈骗数额巨大，上海市人民检察院第二分院支持抗诉，上海市第二中级人民法院采纳了检察院的抗诉意见。

【典型意义】

根据我国《刑法》第196条和《关于办理妨害信用卡管理刑事案件具体应用法律若干问题的解释》的规定，对使用伪造或者使用以虚假的身份证明骗领的信用卡的、使用作废的信用卡的、冒用他人信用卡的，数额在5000元以上不满5万元的，为“数额较大”；数额在5万元以上不满50万元的，为“数额巨大”；数额在50万元以上的，为“数额特别巨大”。恶意透支的数额标准则为上述三种情形规定数额的二倍。陈某某使用骗领的信用卡进行诈骗，数额为48000元；恶意透支数额为5.6万余元，如分别套用两种不同的犯罪数额标准，均未达到“数额巨大”，但如合并计算其数额10.4万余元已超过恶意透支“数额巨大”的标准，即可按照信用卡诈骗“数额巨大”定罪处罚。对于此类问题的处理，应注意把握以下两点：

一、连续实施触犯同一罪名的犯罪行为，犯罪数额应累计计算

法律规定，连续实施触犯同一罪名的犯罪行为应按一罪处理；涉及数额犯的，可累计其犯罪数额。信用卡诈骗犯罪虽然有不同类型和定罪量刑标准，但其社会危害具有同质性，应当累计犯罪数额。

二、触犯同一罪名，但法律规定不同的犯罪数额及量刑幅度的，应综合运用法律依法惩处

由于信用卡犯罪的复杂性，司法解释规定了不同的数额标准和量刑幅度。对伪造、冒用他人信用卡实施犯罪规定了比较严的数额标准，而对恶意透支犯罪的数额规定高于其他类型的信用卡犯罪，其原因在于恶意透支的社会危害轻于其他信用卡诈骗，但在量刑时不等于其犯罪数额不能累计计算。

当行为人以实施伪造、冒用他人信用卡的犯罪行为为主时，应主要以伪造、冒用他人的信用卡犯罪规定的数额标准定罪处罚；当行为人的犯罪以恶意透支为主，但又兼有其他信用卡诈骗犯罪时，可累计计算犯罪数额，如合计的犯罪数额达到恶意透支数额高一个档次并量刑标准时，应按高一格的规定量刑处罚，这样才有利于准确打击犯罪。

司法实践中，对于以数额作为定罪量刑依据的犯罪，如盗窃犯罪等亦应参照上述方法，准确适用法律。

上海市宝山区人民检察院
起诉书

沪宝检刑诉〔2009〕1161号

被告人陈某某，男，1965年××月××日，汉族，高中文化，无业，家住上海市××区××村××号××室、曾因犯贩卖淫秽物品罪于1997年6月被上海市黄浦区人民法院判处有期徒刑四年，罚金3000元。现因涉嫌信用卡诈骗罪于2009年8月12日被上海市公安局宝山分局刑事拘留，同年9月18日经本院审查批准，由上海市公安局宝山分局执行逮捕。

被告人张某，男，1983年××月××日生，汉族，大专文化，原系××银行上海分行信用卡中心员工，家住上海市宝山区××村××号××室。因涉嫌信用卡诈骗罪于2009年8月4日被上海市公安局宝山分局刑事拘留，同年8月28日被上海市公安局宝山分局取保候审，同年10月10日经本院审查批准，由上海市公安局宝山分局执行逮捕。

被告人俞某某，男，1983年××月××日生，汉族，高中文化，原系××银行股份有限公司上海分行信用卡中心三部员工，家住上海市闸北区××路××弄××号××室。因涉嫌信用卡诈骗罪于2009年8月5日被上海市公安局宝山分局取保候审，同年10月10日经本院审查批准，由上海市公安局宝山分局执行逮捕。

本案由上海市公安局宝山分局侦查终结，以被告人陈某某、张某、俞某某涉嫌信用卡诈骗罪，于2009年10月27日向本院移送审查起诉。本院受理后，于同日已告知被告人有权委托辩护人，依法讯问了被告人，审查了全部案件材料。

经依法审查查明：

1. 被告人张某、俞某某、陈某某结伙，于2008年9月至12月，经预谋，由被告人张某、俞某某利用工作便利得到的客户资料，分别冒用和某、武某某、王某某的名义至光大银行申请办理三张信用卡（卡号分别为35683900××××××××，35683900××××××××、40625228××××××××）；由被告人陈某某谎称申请人系其公司员工，通过银行核卡程序。后被告人张某、俞某某、陈某某共从上述三张信用卡内套取观金人民币48000元，其中被告人陈某某得款人民币3000元，余款由被告人张某、俞某某分赃花用。案发后，被告人张某、俞某某已全额退赔赃款。

2. 被告人陈某某自2008年4月起，先后在中国民生银行股份有限公司上海分行及广东发展银行股份有限公司上海分行申领两张信用卡（卡号分别为42187099××××××××、40636613××××××××）后透支取款、消费，并经银行多次催收仍不予归还，至案发，共计透支银行本金人民币56967.31元。

另查明，被告人陈某某、张某、俞某某在接到公安机关电话传唤后，主动到案，并如实交代了上述犯罪事实。

上述事实有：1. 被告人陈某某、张某、俞某某的供述；2. 广东发展银行股份有限公司上海分行、中国民生银行股份有限公司上海分行、中国光大银行上海分行报案书、信用卡申请资料、交易明细、缴款通知书、催收记录、还款凭条；3. 证人和某、崔某某、徐某某、戴某某、李某的证言；4. 上海共联汽车租赁公司出具的POS机签购单；5. 上海市公安局宝山分局工作情况；6. 三名被告人户籍资料等证据证实。

本院认为，被告人陈某某以非法占有为目的，恶意透支，数额巨大并结伙被告人张某、俞某某冒用他人信用卡，数额较大，其行为均已触犯《中华人民共和国刑法》第一百九十六条第一款第三项、第四项、第二款、第二十五条第一款，犯罪事实清楚，证据确实充分，均应当以信用卡诈骗罪追究其刑事责任。被告人张某、俞某某在共同犯罪中起主要作用，系主犯，应适用《中华人民共和国刑法》第二十六条第一款之规定；被告人陈某某在共同犯罪中起次要作用，系从犯，依据《中华人民共和国刑法》第二十七条之规定；应当从轻处罚。被告人张某、陈某某、俞某某具有自首情节，根据《中华人民共和国刑法》第六十七条第一款之规定，可以从轻或减轻处罚。根据《中华人民共和国刑事诉讼法》第一百四十一条之规定，提起公诉，请依法审判。

此致

上海市宝山区人民法院

检　察　员　陈伟东

代理检察员　桂燕萍

二〇〇九年十一月二十四日

附：1. 被告人张某、俞某某、陈某某现羁押于上海市宝山区看守所；
2. 侦查卷宗三册；
3.《适用普通程序简化审建议书》一份。

上海市宝山区人民法院
刑事判决书

（2009）宝刑初字第1256号

公诉机关上海市宝山区人民检察院。

被告人陈某某，男，1965年××月××日出生于上海市，汉族，高中文化，无业，住上海市宝山区××村××号××室。1997年6月因犯贩卖淫秽物品牟利罪，被上海市黄浦区人民法院判处有期徒刑四年，并处罚金人民币三千元。现因本案于2009年8月12日被刑事拘留，同年9月18日被逮捕。现羁押于上海市宝山区看守所。

被告人张某，男，1983年××月××日出生于上海市，汉族，大专文化，原系××银行上海分行信用卡中心员工，住上海市宝山区××村××号××室。因本案于2009年8月4日被刑事拘留，8月28日被取保候审，同年10月10日被逮捕。现羁押于上海市宝山区看守所。

被告人俞某某，男，1983年××月××日出生于上海市，汉族，中专文化，原系××银行股份有限公司上海分行信用卡中心三部员工，住上海市闸北区××路××弄××号××室。因本案于2009年8月5日被取保候审，同年10月10日被逮捕。现羁押于上海市宝山区看守所。

上海市宝山区人民检察院以沪宝检刑诉〔2009〕1161号起诉书指控被告人陈某某、张某、俞某某犯信用卡诈骗罪，于2009年11月24日向本院提起公诉。本院依法组成合议庭，公开开庭审理了本案。上海市宝山区人民检察院指派代理检察员桂燕萍出庭支持公诉，被告人陈某某、张某、俞某某到庭参加诉讼。现已审理终结。

经审理查明：

1. 被告人张某、俞某某、陈某某结伙，于2008年9月至12月，经预谋由被告人张某、俞某某利用工作便利得到的客户资料；分别冒用和某、武某某、王某某的名义至光大银行申请办理三张信用卡（卡号分别为35683900××××××××；35683900××××××××；40625228××××××××），由被告人陈某某谎称申请人系其公司员工，通过银行核卡程序。后被告人张某、俞某某、陈某某共从上述三张信用卡内套取现金人民币48000元，其中被告人陈某某得款人民币2000元，余款由被告人张某、俞某某分赃花用。案发后，被告人张某、俞某某已全额退赔赃款。

2. 被告人陈某某自2008年4月起，先后在中国民生银行股份有限公司上海分行及广东发展银行股份有限公司上海分行申领两张信用卡（卡号分别为42187099××××××××；40636613××××××××）后透支取款、消费，并经银行多次催收仍不予归还。至案发，共透支银行本金人民币56967.31元。

另查明，被告人陈某某、张某、俞某某在接到公安机关电话传唤后主动到案，并如实交代了上述犯罪事实。

上述事实，被告人张某、俞某某、陈某某在开庭审理过程中亦无异议，并有广东发展银行股份有限公司上海分行、中国民生银行股份有限公司上海分行、中国光大银行上海分行报案书、信用卡申请资料、交易明细、缴款通知书、催收记录、还款凭条；证人和某、崔某某、徐某某、戴某某、李某的证言；上海共联汽车租赁公司出具的POS机签购单；上海市公安局宝山分局出具的《工作情况》；被告人陈某某的前科资料等证据证实，足以认定。

本院认为，被告人张某、俞某某结伙被告人陈某某，以非法占有为目的，使用以虚假的身份证明骗领的信用卡进行诈骗，数额较大；被告人陈某某恶意透支，数额较大，其行为均已构成信用卡诈骗罪，应依法惩处。公诉机关指控被告人张某、俞某某、陈某某的犯罪事实清楚，证据确凿，罪名成立。在共同犯罪中，被告人张某、俞某某起主要作用，系主犯；被告人陈某某起次要作用，系从犯，应依法从轻处罚。鉴于被告人陈某某有自首情节，认罪态度较好，可依法从轻处罚；被告人张某、俞某某有自首情节，认罪态度较好，系初犯，且能积极退赔赃款，可依法从轻处罚并适用缓刑。为维护金融管理秩序，根据《中华人民共和国刑法》第一百九十六条第一款第（一）项、第（四）项、第二款、第二十五条第一款、第二十六条第一款、第二十七条、第六十七条第一款、第七十二条、第六十四条之规定，判决如下：

一、被告人陈某某犯信用卡诈骗罪，判处有期徒刑三年，并处罚金人民币三万元。

（刑期从判决执行之日起计算，判决执行以前先行羁押的，羁押一日折抵刑期一日，即自2009年8月12日起至2012年8月11日止。罚金在判决生效之日起十日内付清。）

二、被告人张某犯信用卡诈骗罪，判处有期徒刑二年六个月，缓刑二年六个月，并处罚金人民币二万元。

（缓刑考验期从判决确定之日起计算。罚金在判决生效之日起十日内付清。）

三、被告人俞某某犯信用卡诈骗罪，判处有期徒刑二年六个月，缓刑二年六个月，并处罚金人民币二万元。

（缓刑考验期从判决确定之日起计算。罚金在判决生效之日起十日内付清。）

四、追缴被告人陈某某非法所得，依法发还被害单位。

张某、俞某某回到社区后，应当遵守法律、法规，服从监督管理，接受教育，完成公益劳动，做一名有益社会的公民。

如不服本判决，可在接到判决书的第二日起十日内，通过本院或者直接向上海市第二中级人民法院提出上诉。书面上诉的，应当提交上诉状正本一份，副本一份。

审　判　长　万　枝
代理审判员　项群军
人民陪审员　周月霞
二〇一〇年一月八日
书　记　员　陈凤琴

上海市宝山区人民检察院
刑事抗诉书

沪宝检刑抗〔2010〕1号

上海市宝山区人民法院于2010年1月8日以（2009）宝刑初字第1256号《刑事判决书》对被告人陈某某等三人信用卡诈骗一案作出一审判决：被告人陈某某犯信用卡诈骗罪，判处有期徒刑三年，并处罚金人民币三万元。

判决书对被告人陈某某的犯罪性质、犯罪行为及情节的认定与本院起诉书指控一致，在适用法律上认定被告人陈某某伙同他人以非法占有为目的，使用虚假身份证明骗领的信用卡诈骗人民币48000元，数额较大；被告人陈某某恶意透支人民币56967.31元，数额较大，同时认定被告人陈某某具有自首情节且在共同犯罪中系从犯，分别适用从轻处罚，但在量刑时认为被告人陈某某触犯同一条文中的不同情形的犯罪，犯罪数额没有累计计算，而是分别评价，故认定其犯信用卡诈骗罪，判处有期徒刑三年，并处罚金人民币三万元。

经本院审查认为，该判决适用法律错误，量刑明显不当，理由如下：

被告人陈某某的犯罪行为分别触犯《中华人民共和国刑法》第一百九十六条信用卡诈骗罪的第一款第一项“以虚假身份骗领信用卡并使用”及第四项“恶意透支”，这两种犯罪情形仅是信用卡诈骗罪罪状表述的两种不同手法。信用卡诈骗罪作为纯正的数额犯，如对其所列的四种犯罪情形分别评价后予以量刑，将会因刑格的限制而导致罪刑不相适应，因此在被告人陈某某触犯的两款行为分别构罪的情况下，应当对两款的犯罪金额予以累加后综合量刑。本案中，被告人陈某某触犯两款犯罪情形的累计金额超过十万元，根据谦抑原则仍应当认定为数额巨大，而判决书只分别认定为数额较大未累计认定，属于适用法律错误。被告人陈某某犯罪数额巨大，依法应处五年以上有期徒刑，被告人陈某某虽具有从犯、准自首等法定从轻、减轻处罚的情节，但结合其前科、犯罪行为、数额，且无积极退赃的情形，综合评判适用从轻处罚，对其作出有期徒刑三年的判决，量刑明显不当。

综上所述，（2009）宝刑初字第1256号《刑事判决书》适用法律错误、量刑明显不当。为维护司法公正，准确惩治犯罪，依照《中华人民共和国刑事诉讼法》第一百八十一条之规定，特提出抗诉，请依法判处。

此致

上海市第二中级人民法院

上海市宝山区人民检察院

二〇一〇年一月十八日

附：被告人陈某某现羁押于上海市宝山区看守所。

上海市第二中级人民法院

刑事判决书

（2010）沪二中刑终字第132号

抗诉机关上海市宝山区人民检察院。

原审被告人陈某某，男，1965年××月××日出生于上海市，汉族，高中文化，无业，住上海市宝山区××村××号××室。1997年6月因犯贩卖淫秽物品牟利罪，被上海市黄浦区人民法院判处有期徒刑四年，并处罚金人民币三千元。现因本案于2009年8月12日被刑事拘留，同年9月18日被逮捕。现羁押于上海市宝山区看守所。

原审被告人张某，男，1983年××月××日出生于上海市，汉族，大专文化，原系××银行上海分行信用卡中心员工，住本市宝山区××村××号××室。因本案于2009年8月4日被刑事拘留，8月28日被取保候审，同年10月10日被逮捕。2010年1月8日被取保候审。

原审被告人俞某某，男，1983年××月××日出生于上海市，汉族，中专文化，原系××银行上海分行信用卡中心三部员工，住本市××路××弄××号××室。因本案于2009年8月5日被取保候审，同年10月10日被逮捕。2010年1月8日被取保候审。

上海市宝山区人民法院审理上海市宝山区人民检察院指控被告人陈某某、张某、俞某某犯信用卡诈骗罪一案于二〇一〇年一月八日作出（2009）宝刑初字第1256号刑事判决。上海市宝山区人民检察院认为判决确有错误，提出抗诉。本院依法组成合议庭，公开开庭审理了本案。上海市人民检察院第二分院代理检察员张亮出庭支持抗诉。原审被告人陈某某、张某、俞某某到庭参加诉讼。

上海市宝山区人民法院判决认定，被告人张某、俞某某、陈某某结伙，于2008年9月至12月，经预谋由被告人张某、俞某某利用工作便利得到的客户资料，分别冒用和某、武某某、王某某的名义至光大银行申请办理三张信用卡（卡号分别为35683900××××××××、35683900××××××××、40625228××××××××），由被告人陈某某谎称申请人系其公司员工，通过银行核卡程序。后被告人张某、俞某某、陈某某共从上述三张信用卡内套取现金人民币48000元，其中被告人陈某某得款人民币2000元，余款由被告人张某、俞某某分赃花用。案发后，被告人张某、俞某某已全额退赔赃款。

被告人陈某某自2008年4月起，先后在中国民生银行上海分行及广东发展银行上海分行申领两张信用卡（卡号分别为42187099××××××××、40636613××××××××）后透支取款、消费，并经银行多次催收仍不予归还。至案发，共透支银行本金人民币56967.31元。

另查明，被告人陈某某、张某、俞某某在接到公安机关电话传唤后主动到案，并如实交代了上述犯罪事实。

原审法院认定以上事实的证据有，被害单位广东发展银行上海分行、中国民生银行上海分行、中国光大银行上海分行的报案书；书证信用卡申请资料、交易明细、缴款通知书、催收记录、还款凭条、上海共联汽车租赁公司出具的POS机签购单；证人和某、崔某某、徐某某、戴某某、李某的证言；被告人陈某某、张某、俞某某的供述等。

上海市宝山区人民法院认为，被告人张某、俞某某结伙被告人陈某某，以非法占有为目的，使用虚假的身份证明，骗领信用卡进行诈骗，数额较大；被告人陈某某恶意透支，数额较大，其行为均已构成信用卡诈骗罪，应依法惩处。在共同犯罪中，被告人张某、俞某某起主要作用，系主犯；被告人陈某某起次要作用，系从犯，应依法从轻处罚。鉴于被告人陈某某有自首情节，认罪态度较好，可依法从轻处罚；被告人张某、俞某某有自首情节，认罪态度较好，系初犯，且能积极退赔赃款，可依法从轻处罚并适用缓刑。据此，根据《中华人民共和国刑法》第一百九十六条第一款第（一）项、第（四）项、第二款、第二十五条第一款、第二十六条第一款、第二十七条、第六十七条第一款、第七十二条、第六十四条之规定，对被告人陈某某犯信用卡诈骗罪，判处有期徒刑三年，并处罚金人民币三万元；对被告人张某、俞某某犯信用卡诈骗罪，分别判处有期徒刑二年六个月，缓刑二年六个月，并处罚金人民币二万元；追缴被告人陈某某非法所得，依法发还被害单位。

上海市宝山区人民检察院抗诉提出，被告人陈某某的行为分别触犯《中华人民共和国刑法》第一百九十六条第一款第（一）项“以虚假身份骗领信用卡并使用”及第（四）项“恶意透支”。在被告人陈某某触犯的两款行为分别构成犯罪的情况下，应当对两款的犯罪金额予以累加后综合量刑。被告人陈某某触犯两款犯罪情形的累计金额超过十万元，应当认定为数额巨大，依法应处五年以上有期徒刑。陈某某虽具有从犯、自首等法定从轻、减轻处罚的情节，但结合其前科、犯罪行为、数额，且无积极退赃的情形，原审法院综合评判适用从轻处罚，判处陈某某有期徒刑三年，并处罚金人民币三万元，属于适用法律错误，量刑明显不当。

上海市人民检察院第二分院提出上述相同意见外，又认为原判决对被告人陈某某同一罪名下的两个犯罪行为分别认定为“数额较大”未累计计算，并进而对其判处有期徒刑三年，并处罚金人民币三万元，属于适用法律错误，量刑不当。支持宝山区人民检察院的抗诉，应依法纠正。

经审理查明，原审法院判决认定被告人张某、俞某某利用在工作中得到的银行客户资料，与被告人陈某某结伙，由张某、俞某某于2008年9月至12月冒用和某、武某某、王某某的身份至光大银行申请信用卡三张，陈某某则谎称申请人系其公司员工，骗得信用卡后，陈某某得款人民币2000元，张某、俞某某从三张信用卡内透支人民币48000元，分赃花用；被告人陈某某自2008年4月起还先后申领了民生银行、广东发展银行的信用卡两张，共透支计人民币56967.31元，在超过规定透支期限，并经发卡银行多次催收后仍不予归还的事实清楚，证据确实、充分、应予确认。

本院认为，被告人张某、俞某某、陈某某共同冒用他人信用卡，进行信用卡诈骗活动，诈骗数额48000元；被告人陈某某还以非法占有为目的，恶意透支信用卡计56967.31元，三名被告人的行为均已构成信用卡诈骗罪，其中被告人张某、俞某某犯罪数额较大，被告人陈某某犯罪数额巨大，应依法予以惩处。被告人张某、俞某某具有自首情节，且能退缴违法所得，原审法院对被告人张某、俞某某犯信用卡诈骗罪依法从轻处罚，并适用缓刑并无不当，应予维持。但原审法院对被告人陈某某犯信用卡诈骗罪，未认定数额巨大，属适用法律不当的抗诉意见，应予采纳。被告人陈某某在共同冒用他人信用卡诈骗犯罪中，属从犯，且陈某某具有自首情节，故依法对被告人陈某某犯信用卡诈骗罪予以减轻处罚，据此，依照《中华人民共和国刑事诉讼法》第一百八十九条第（二）项、《中华人民共和国刑法》第一百九十六条第一款第（一）项、第（四）项、第二款、第二十五条第一款、第二十六条第一款、第四款、第二十七条、第六十七条第一款、第七十二条、第六十四条和最高人民法院、最高人民检察院《关于办理妨害信用卡管理刑事案件具体应用法律若干问题的解释》第五条第一款、第六条第一款、第二款第（一）项、第三款之规定，判决如下：

一、维持上海市宝山区人民法院（2009）宝刑初字第1256号刑事判决主文第二、三、四项。即被告人张某犯信用卡诈骗罪，判处有期徒刑二年六个月，缓刑二年六个月，并处罚金人民币二万元；被告人俞某某犯信用卡诈骗罪，判处有期徒刑二年六个月，缓刑二年六个月，并处罚金人民币二万元；追缴被告人陈某某非法所得，依法发还被害单位。

二、撤销上海市宝山区人民法院（2009）宝刑初字第1256号刑事判决主文第一项，即被告人陈某某犯信用卡诈骗罪，判处有期徒刑三年，并处罚金人民币三万元。

三、被告人陈某某犯信用卡诈骗罪，判处有期徒刑三年，并处罚金人民币三万元。

（刑期从判决执行之日起计算，判决执行以前先行羁押的，羁押一日折抵刑期一日，即自2009年8月12日起至2012年8月11日止。罚金在判决生效之日起三十日内付清。）

本判决为终审判决。

审　判　长　吴　欣
代理审判员　彭卫东
代理审判员　熊理思
二〇一〇年五月十二日
书　记　员　李　华
书　记　员　王　潮

准确把握持有伪造的发票罪的行为要件

——吴某某持有伪造的发票案

【案例要旨】

明知是伪造的发票而持有，数量较大的，构成持有伪造的发票罪。

【案情简要】

2011 年 5 月 24 日 12 时 30 分许，吴某某携带从他人处购得的 31 本（共计 1532 份，发票最高面额累计 15.7 万元）伪造的普通发票，至××路××号向该店业主兜售未果。后因该店主报警，公安机关将其抓获，并当场扣缴其随身携带的上述发票。

2011 年 5 月 24 日，松江公安分局以出售非法制造的发票罪立案；松江区人民检察院以持有伪造的发票于 6 月 7 日批准逮捕、6 月 20 日提起公诉；松江区人民法院于 7 月 5 日以持有伪造的发票罪判处吴某某有期徒刑 9 个月，并处罚金人民币 1000 元，判决已生效。

【典型意义】

本案系《刑法修正案（八）》施行后，上海市司法机关以持有伪造的发票罪批捕、起诉、判决的新罪名案件。《刑法》第 210 条之一规定，明知是伪造的发票而持有，数量较大的，处二年以下有期徒刑、拘役或者管制，并处罚金。吴某某明知是伪造的发票而予以购买，并意图出售未果，数量达 1532 份、发票最高面额累计达 15.7 万元，应构成持有伪造的发票罪。

持有伪造的发票罪系《刑法修正案（八）》新增罪名，成立该罪须同时具备“明知是伪造的发票而持有”和“数量较大”两个要件。其中“明知是伪造的发票而持有”系本罪成立的前提条件，实践中应注意根据犯罪嫌疑人、被告人的供述和辩解，结合案件的其他证据材料，全面分析、综合判断；持有方式和发票类型均不影响本罪的成立，无论其是随身携带，还是存放于住所、驾驶的运输工具上以及邮寄等，均可认定为“持有”；“数量较大”系本罪成立的入罪标准，在司法解释明确构成“数量较大”的具体标准前，可参照非法制造、出售非法制造的发票罪等的数量标准从严掌握。

上海市松江区人民检察院

起诉书

沪松检刑诉〔2011〕545号

被告人吴某某，男，1966年××月××日生于江西省××市，汉族，小学文化，农民，住江西省乐平市××镇××村××号（以上均系自报）。2011年5月24日因涉嫌出售非法制造的发票罪被上海市公安局松江分局刑事拘留，5月27日延长拘留期限至七日，6月7日经本院批准，以涉嫌持有伪造的发票罪于6月7日由上海市公安局松江分局执行逮捕。

本案由上海市公安局松江分局侦查终结，以被告人吴某某涉嫌持有伪造的发票罪，于2011年6月14日移送本院审查起诉。本院受理后，于6月14日告知被告人有权委托辩护人；依法讯问了被告人，审查了全部案件材料，并就是否适用简易程序审理听取被告人吴某某的意见，其表示同意。

经依法审查查明：

2011年5月24日12时30分许，被告人吴某某在他处购买31本共1532份伪造假冒的上海市工商业限额统一发票、上海市商业统一发票至本区××街道××路××号向该店业主兜售，未果，后被公安机关当场抓获，并将上述发票全部扣缴。

上述事实，有以下证据证明：

1. 证人蔡某某的证言及辨认笔录证实，2011年5月24日12时30分许，被告人吴某某至本区××街道××路××号向其兜售上海市工商业限额统一发票、上海市商业统一发票，交易未成功的事实。

2. 被告人吴某某的供述证实，2011年5月24日，其在他处购买了上海市工商业限额统一发票、上海市商业统一发票，并至本区××街道××路向小店业主兜售，交易未成功，后被公安机关当场抓获的事实。

3. 上海市公安局松江分局出具的扣押物品清单证实，从被告人吴某某处扣押上海市工商业限额统一发票、上海市商业统一发票31本共1532份的事实。

4. 上海市松江区国家税务局出具的《统一发票鉴定证明》证实，上述1532份上海市工商业限额统一发票、上海市商业统一发票均系伪造假冒的事实。

5. 公安机关出具的案发经过证实，2011年5月24日接群众举报后，将被告人吴某某抓获的事实。

上述证据来源及收集程序合法，内容客观真实，足以认定指控事实。被告人吴某某对基本犯罪事实无异议。

本院认为，被告人吴某某明知是伪造的发票而持有，数量较大，其行为已触犯《中华人民共和国刑法》第二百一十条之一，犯罪事实清楚，证据确实、充分，应当以持有伪造的发票罪追究其刑事责任。被告人吴某某到案后如实供述自己的罪行，根据《中华人民共和国刑法》第六十七条第三款，可从轻处罚。根据《中华人民共和国刑事诉讼法》第一百四十一条之规定，提起公诉，请依法审判。

此致

上海市松江区人民法院

检察员　李　莉

二〇一一年六月二十日

附：1. 被告人吴某某现羁押于上海市松江区看守所。

2. 侦查卷宗二册。

3.《适用简易程序审理建议书》一份。

附：相关法律条文

《中华人民共和国刑法》

第六十七条第三款　犯罪嫌疑人虽不具有前两款规定的自首情节，但是如实供述自己罪行的，可以从轻处罚；因其如实供述自己罪行，避免特别严重后果发生的，可以减轻处罚。

第二百一十条之一　明知是伪造的发票而持有，数量较大的，处二年以下有期徒刑、拘役或者管制，并处罚金；数量巨大的，处二年以上七年以下有期徒刑，并处罚金。

《中华人民共和国刑事诉讼法》

第一百四十一条 人民检察院认为犯罪嫌疑人的犯罪事实已经查清，证据确实、充分，依法应当追究刑事责任的，应当作出起诉决定，按照审判管辖的规定，向人民法院提起公诉。

上海市松江区人民法院
刑事判决书

（2011）松刑初字第497号

公诉机关上海市松江区人民检察院。被告人自报吴某某，男，1966年××月××日出生于江西省乐平市，汉族，住江西省乐平市××镇。辩护人谷某某，上海××律师事务所律师。

上海市松江区人民检察院以沪松检刑诉〔2011〕545号起诉书指控被告人吴某某犯持有伪造的发票罪，于2011年6月20日向本院提起公诉。本院依法适用简易程序，实行独任审判，公开开庭审理了本案。被告人吴某某及其辩护人谷某某到庭参加了诉讼。现已审理终结。

公诉机关指控，2011年5月24日12时30分许，被告人吴某某携带从他人处购买的31本（共计1532份）伪造的上海市工商业限额统一发票和上海市商业统一发票，至本区××街道××路××号向该店业主兜售未果，后被公安机关抓获，并将上述发票全部扣缴。

上述事实，被告人吴某某在开庭审理过程中亦无异议，且有证人蔡某某的证言及辨认笔录、扣押物品文件清单、统一发票鉴定证明、案发经过等证据予以证实，足以认定。

本院认为，被告人吴某某明知是伪造的发票而持有，数量较大，其行为已构成持有伪造的发票罪。公诉机关指控的罪名成立。被告人吴某某到案后，如实供述自己的罪行，可依法从轻处罚。被告人吴某某能自愿认罪，可酌情从轻处罚。被告人吴某某的行为尚不符合适用缓刑的条件，故对辩护人建议对被告人吴某某适用缓刑的意见，不予采纳。根据被告人吴某某犯罪的事实、性质、情节和对于社会的危害程度等，依照《中华人民共和国刑法》第二百一十条之一第一款、第六十七条第三款、第六十四条、第五十二条、第五十三条的规定，判决如下：

一、被告人吴某某犯持有伪造的发票罪，判处有期徒刑九个月，并处罚金人民币一千元。

（刑期从判决生效之日起计算，判决执行以前先行羁押的，羁押一日折抵刑期一日，即自2011年5月24日起至2012年2月23日止；罚金于本判决生效之日起十日内向本院缴纳。）

二、扣押在案的伪造的上海市工商业限额统一发票、上海市商业统一发票，予以没收。

如不服本判决，可在接到判决书的第二日起十日内，通过本院或者直接向上海市第一中级人民法院提出上诉。书面上诉的，应当提交上诉状正本一份，副本二份。

代理审判员　刘海林
二〇一一年七月五日
书　记　员　朱慧娜

附：相关法律条文

《中华人民共和国刑法》

第二百一十条之一第一款　明知是伪造的发票而持有的，数量较大的，处二年以下有期徒刑、拘役或者管制，并处罚金；数量巨大的，处二年以上七年以下有期徒刑，并处罚金。

第六十七条第三款　犯罪嫌疑人虽不具有前两款规定的自首情节，但是如实供述自己罪行的，可以从轻处罚；因其如实供述自己罪行，避免特别严重后果发生的，可以减轻处罚。

第六十四条　犯罪分子违法所得的一切财物，应当予以追缴或者责令退赔；对被害人的合法财产，应当及时返还；违禁品和供犯罪所用的本人财物，应当予以没收。没收的财物和罚金，一律上缴国库，不得挪用和自行处理。

第五十二条　判处罚金，应当根据犯罪情节决定罚金数额。

第五十三条　罚金在判决指定的期限内一次或者分期缴纳。期满不缴纳的，强制缴纳。对于不能全部缴纳罚金的，人民法院在任何时候发现被执行人有可以执行的财产，应当随时追缴。如果由于遭遇不能抗拒的灾祸缴纳确实有困难的，可以酌情减少或者免除。

准确把握证明商标性质，加强新类型商标的刑法保护

——上海某科技有限公司假冒注册商标案

【案例要旨】

刑法所保护的注册商标除了普通的商品商标之外，还包括证明商标。未经证明商标注册人许可，在同一种商品上使用该证明商标，情节严重的，应认定为假冒注册商标罪。是否达到情节严重或情节特别严重，可根据侵权产品的价值并综合个案实际情况认定。

【案情简要】

2009年4月起，被告单位上海某科技有限公司在其法定代表人被告人刘某某直接主管下，未经“UL”（产品安全认证标志）、“RU图形”注册商标（零部件安全认证标志）的商标权利人美国UL安全实验所许可，组装生产附有上述注册证明商标的LED照明装置，并予以销售。2013年3月7日，公安机关在被告单位查获附有上述商标标识的LED照明装置21万余组，经鉴定价值人民币19万余元。

长宁区人民检察院提起公诉后，闵行区人民法院以假冒注册商标罪判处被告单位罚金人民币6万元；判处被告人有期徒刑3年，缓刑4年，并处罚金人民币4万元。判决已生效。

【典型意义】

假冒注册商标罪的犯罪对象，传统理论及司法实践中一般限于普通商品商标，但随着知识产权经济的产业化发展，刑事司法对于证明商标等种类的注册商标亦应加强保护。

一、假冒注册证明商标的行为可由刑法进行规制

1. 认证标志一经注册即属注册商标并受法律保护。证明商标由认证标志

发展而来，根据我国《商标法》第 3 条规定，经商标局核准注册的证明商标是注册商标的法定类型之一，与普通商标相比，主要特点是：证明商标系表明商品或服务具有某种特定品质，注册人必须具有对商品或服务检测和监督的能力，在申请时需提交使用管理规则，证明商标注册人不得在自己提供的商品或服务上使用该商标。证明商标一般是行业组织或第三方机构对于经过认证的他人产品质量、安全或其他特定品质的信誉担保，有些甚至成为某类产品进入国际市场的准入门槛之一。

2. 证明商标的注册人享有商标专有权，未经许可在同一种商品上使用，属于假冒注册商标行为，情节严重的，应当以假冒注册商标罪予以处罚。商标注册人经过特殊使用许可程序，授权使用人在符合管理规则规定条件的商品上使用该证明商标，让消费者产生信赖，对消费行为有一定引导性。一旦消费者购买的商品系假冒证明商标的产品，不但侵犯注册人的权利以及合法使用人的市场竞争优势，同时也损害消费者权益，具有刑事违法性和可罚性。

二、假冒证明商标的情节可根据侵权产品的价值并综合个案实际情况认定

根据“两高”《关于办理侵犯知识产权刑事案件具体应用法律若干问题的解释》，界定假冒注册商标的行为是否属于“情节严重”或“情节特别严重”，主要根据是非法经营额和违法所得额。因此，假冒证明商标的行为，可以行为人制造、储存、运输、销售侵权产品的价值来计算非法经营额。但鉴于证明商标的特殊性，在侵权商品是大宗商品或者侵权商品本身也有商品商标时，仅以商品价值作为定罪量刑的依据可能显失公平，则可以综合行为人给权利人造成的损失数额、侵权持续时间、频率、数量以及其经营区域、造成的社会影响等方面判断是否达到“情节严重”或“情节特别严重”。

值得指出的是，起诉书是人民检察院代表国家将被告人提交审判的重要法律文件，是人民法院审判的依据，也是公诉人出庭指控的基础，直接体现着检察机关的办案水平。切实提高起诉书制作的能力，增强起诉书释法说理，关系到公诉权的正确行使，关系到当事人的合法权益。在办理首例、新类型案件中，起诉书阐明认定事实和法律依据时，应加强说理性，突出案件特点和适用法律要点，显得尤为重要。

上海市长宁区人民检察院
起诉书

沪长检刑诉〔2013〕705号

被告单位上海××科技有限公司，法定代表人刘某某，住所在上海市嘉定区××镇××路××号××幢××室，经营地在上海市闵行区××路××号××幢××室。

诉讼代表人刘某丙，女，1977年××月××日生，系上海××科技有限公司员工。

被告人刘某某，女，1980年××月××日生，公民身份号码：3624011980××××××××，汉族，大专文化，个体经营户，户籍在江西省吉安市吉州区××路××号××单元××房，暂住上海市松江区××镇××路××弄××号××室。2013年3月8日因涉嫌销售假冒注册商标的商品罪，由上海市公安局长宁分局刑事拘留，同月11日延长刑事拘留期限至三十天，2013年4月12日经本院批准并由上海市公安局长宁分局执行逮捕。

本案由上海市公安局长宁分局侦查终结，以被告人刘某某涉嫌销售假冒注册商标的商品罪，于2013年6月12日移送本院审查起诉，并由上海市人民检察院第一分院指定本院管辖。本院受理后，于当日告知被告人有权委托辩护人，依法讯问了被告人，审查了全部案件材料。被告人刘某某对本案同意适用简易程序审理。

经依法审查查明：

2009年4月起，被告人刘某某作为被告单位上海××科技有限公司（以下简称："××公司"）的法定代表人，在未经注册商标所有人美国UL安全实验所许可的情况下，在其经营的位于上海市闵行区××路××号××幢××室的××公司内，以及位于上海市松江区××镇××路××号××幢××楼的工厂内，购买材料、组织工人组装加工附有"UL""RU图形"注册商标的LED照明装置，用于销售。2013年3月7日，公安机关在上海市闵行区××路××号××幢××室内将被告人刘某某抓获，并在上述两处地址查获带"UL""RU图形"商标标识的LED照明装置21万余组。经鉴定，上述假冒"UL""RU图形"注册商标标识的LED照明装置共计价值人民币19万余元。

上述事实，有以下证据证明：

1. 证人刘某甲、邓某某、万某某、刘某乙的证言证实，其均系××公司的雇员。××公司由被告人刘某某实际经营，并在上海市松江区××镇××路××号××幢××楼设立工厂，购买材料、组织工人，加工制造LED照明装置用于销售的情况。

2. 上海市公安局长宁分局搜查证、搜查笔录、扣押笔录、扣押清单、赃物照片等书证证实，公安机关对位于本市闵行区××路××号××幢××室的××公司以及其位于本市松江区××镇××路××号××幢××楼的工厂进行搜查，查获加工组装完成后待销售的假冒注册商标的商品的共计21万余组，以及附假冒注册商标的零部件共计5万余件。

3. 公安机关调取的“UL”（第1219953号商标）、“RU图形”（第1219970号商标）等商标注册登记资料，及商标持有人委托××机电技术（上海）有限公司出具的鉴定报告证实，涉案商品均系假冒注册商标的商品。

4. 上海市长宁区物价局物品财产估价鉴定结论书证实，涉案的假冒注册商标的商品共计价值人民币19万余元。

5. 公安机关调取的工商档案机读材料、户籍证明证实被告单位××公司的情况以及被告人刘某某的身份情况。

6. 公安机关出具的案发经过表格、工作情况证实被告人刘某某被抓获的情况。

7. 被告人刘某某对犯罪事实供认不讳。

上述证据收集程序合法，内容客观真实，足以认定指控事实。被告人刘某某对基本犯罪事实无异议。

本院认为，被告单位上海××科技有限公司及被告人刘某某未经注册商标所有人许可，在同一种商品上使用与其注册商标相同的商标，情节特别严重，其行为已触犯《中华人民共和国刑法》第二百一十三条，犯罪事实清楚，证据确实、充分，应当以假冒注册商标罪追究其刑事责任。被告人刘某某到案后，如实供述犯罪事实，认罪态度良好，构成坦白，应适用《中华人民共和国刑法》第六十七条第三款。根据《中华人民共和国刑事诉讼法》第一百七十二条的规定，提起公诉，请依法审判。

此致

上海市闵行区人民法院

检　察　员　朱林琳

代理检察员　沈　畅

二〇一三年十月十日

附：1. 被告人刘某某现羁押于长宁区看守所。
   2. 案卷材料和证据七册。
   3.《适用简易程序建议书》一份。
   4.《量刑建议书》一份。

附：相关法律条文

《中华人民共和国刑法》

第二百一十三条 未经注册商标所有人许可，在同一种商品上使用与其注册商标相同的商标，情节严重的，处三年以下有期徒刑或者拘役，并处或者单处罚金；情节特别严重的，处三年以上七年以下有期徒刑，并处罚金。

第六十七条第三款 犯罪嫌疑人虽不具有前两款规定的自首情节，但是如实供述自己罪行的，可以从轻处罚；因其如实供述自己罪行，避免特别严重后果发生的，可以减轻处罚。

《中华人民共和国刑事诉讼法》

第一百七十二条 人民检察院认为犯罪嫌疑人的犯罪事实已经查清，证据确实、充分，依法应当追究刑事责任的，应当作出起诉决定，按照审判管辖的规定，向人民法院提起公诉，并将案卷材料、证据移送人民法院。

上海市闵行区人民法院
刑事判决书

（2013）闵刑（知）初字第38号

公诉机关上海市长宁区人民检察院。

被告单位上海××科技有限公司，注册地上海市嘉定区××镇××路××号××幢××室，实际经营地上海市闵行区××路××号××幢××室，法定代表人刘某某，董事长。

诉讼代表人刘某丙，女，汉族，1977年××月××日出生，上海××科技有限公司员工。

辩护人黄某某，上海××律师事务所律师。

被告人刘某某，女，汉族，1980年××月××日出生，大专文化，上海××科技有限公司法定代表人，户籍地江西省吉安市吉州区××路××号××单元××房。2013年3月8日因本案被上海市公安局长宁分局刑事拘留，同年4月12日被执行逮捕。

辩护人张某某，上海××律师事务所律师。

上海市长宁区人民检察院以沪长检刑诉〔2013〕705号起诉书指控被告单位上海××科技有限公司、被告人刘某某犯假冒注册商标罪，于2013年10月10日向本院提起公诉。本院依法组成合议庭，适用简易程序公开开庭审理了本案。上海市长宁区人民检察院指派代理检察员沈畅出庭支持公诉，被告单位上海××科技有限公司的诉讼代表人刘某某及其辩护人黄某某、被告人刘某某及其辩护人张某某到庭参加诉讼。现已审理终结。

经审理查明：2009年4月起，被告人刘某某作为被告单位上海××科技有限公司的法定代表人，为谋取非法利益，未经商标权利人许可，在位于上海市闵行区××路××号××幢××室被告单位，及在上海市松江区××镇××路××号××幢××楼的工厂内，组织工人组装加工附有“UL”“RU图形”注册商标的LED照明装置，并予以销售。2013年3月7日，公安机关在上述两处地方当场查获带有“UL”“RU图形”商标标识的LED照明装置21万余组，并抓获被告人刘某某。经鉴定，上述假冒“UL”“RU图形”注册商标的

LED 照明装置货值人民币 19 万余元。

被告单位上海××科技有限公司和被告人刘某某在开庭审理中对上述事实均无异议，且有证人邓某某、万某某、刘某甲的证言，公安机关出具的搜查证、搜查笔录、扣押笔录、扣押清单、扣押物品的照片及案发经过、工作情况，公安机关调取的“UL”“RU 图形”商标注册登记资料、被告单位的工商机读材料及户籍证明，商标持有人委托××机电技术（上海）有限公司出具的鉴定报告，上海司法会计中心出具的司法鉴定意见书等证据证实，足以认定。

本院认为，被告单位上海××科技有限公司未经注册商标所有人许可，在同一种商品上使用与其注册商标相同的商标，情节特别严重，其行为已构成假冒注册商标罪，被告人刘某某作为被告单位直接负责的主管人员，亦构成假冒注册商标罪，均应依法予以惩处。被告人刘某某到案后如实供述自己的罪行，被告单位及被告人刘某某均可以依法从轻处罚。根据被告人刘某某的犯罪情节及悔罪表现，并经评估，其没有再犯罪的危险，如对其宣告缓刑对所居住社区没有重大不良影响，依法可以适用缓刑。公诉机关的指控成立，本院予以确认。

被告单位上海××科技有限公司的辩护人及被告人刘某某的辩护人均提出了关于“RU 图形”商标系对零部件进行认证，本案中涉及“RU 图形”商标的组件，应仅对线路板进行价格鉴定，而不应就 LED 灯组进行整体价格认定的意见。本院认为，被告单位及被告人刘某某购进带有“UL”“RU 图形”商标标识的材料进行组装加工 LED 照明装置后予以销售，组装加工后的 LED 照明装置可作为其他产品的零部件，且突出“UL”“RU 图形”标识，而无其他任何商业标识，故非法经营数额应以在非法经营活动中所涉及的侵权产品的总数额，包括非法制造、储存、运输、销售的侵权产品的价值予以计算，辩护人的上述意见本院不予采纳。被告人刘某某的辩护人提出被告人刘某某认罪态度好，确有悔改表现，可以从轻处罚，上述辩护意见本院予以采纳，并已在量刑中予以充分考虑。

据此，为严肃国家法制，维护市场经济秩序，保护知识产权不受侵犯，依照《中华人民共和国刑法》第二百一十三条、第三十条、第三十一条、第二百二十条、第六十七条第三款、第七十二条、第七十三条第二、三款、第五十二条、第五十三条、第六十四条，最高人民法院、最高人民检察院《关于办理侵犯知识产权刑事案件具体应用法律若干问题的解释》第一条第二款第（二）项以及《关于办理侵犯知识产权刑事案件具体应用法律若干问题的解释（二）》第四条之规定，判决如下：

一、被告单位上海××科技有限公司犯假冒注册商标罪，判处罚金人民币六万元。

二、被告人刘某某犯假冒注册商标罪，判处有期徒刑三年，缓刑四年，并处罚金人民币四万元。

（缓刑考验期限，从判决确定之日起计算。罚金自本判决生效之日起三十日内如数缴纳。）

三、查获的假冒注册商标的商品（成品、半成品及加工零配件）予以没收。

四、违法所得予以追缴。

被告人刘某某回到社区后，应当遵守法律、法规，服从监督管理，接受教育，完成公益劳动，做一名有益社会的公民。

如不服本判决，可在接到判决书的第二日起十日内，通过本院或者直接向上海市第一中级人民法院提出上诉。书面上诉的，应当提交上诉状正本一份，副本两份。通过本院书面上诉的，应将上诉状正、副本送（寄）往本院立案庭。

审 判 长　顾亚安
审 判 员　田力烽
人民陪审员　赵　倩
二〇一三年十一月十二日
书 记 员　季秋玲

附：相关法律条文

《中华人民共和国刑法》

第二百一十三条　未经注册商标所有人许可，在同一种商品上使用与其注册商标相同的商标，情节严重的，处三年以下有期徒刑或者拘役，并处或者单处罚金；情节特别严重的，处三年以上七年以下有期徒刑，并处罚金。

第三十条　公司、企业、事业单位、机关、团体实施的危害社会的行为，法律规定为单位犯罪的，应当负刑事责任。

第三十一条　单位犯罪的，对单位判处罚金，并对其直接负责的主管人员和其他直接责任人员判处刑罚。本法分则和其他法律另有规定的，依照规定。

第二百二十条　单位犯本节第二百一十三条至第二百一十九条规定之罪的，对单位判处罚金，并对其直接负责的主管人员和其他直接责任人员，依照本节各该条的规定处罚。

第六十七条第三款 犯罪嫌疑人虽不具有前两款规定的自首情节，但是如实供述自己罪行的，可以从轻处罚；因其如实供述自己罪行，避免特别严重后果发生的，可以减轻处罚。

第七十二条 对于被判处拘役、三年以下有期徒刑的犯罪分子，同时符合下列条件的，可以宣告缓刑，对其中不满十八周岁的人、怀孕的妇女和已满七十五周岁的人，应当宣告缓刑：

（一）犯罪情节较轻；

（二）有悔罪表现；

（三）没有再犯罪的危险；

（四）宣告缓刑对所居住社区没有重大不良影响。

宣告缓刑，可以根据犯罪情况，同时禁止犯罪分子在缓刑考验期限内从事特定活动，进入特定区域、场所，接触特定的人。

被宣告缓刑的犯罪分子，如果被判处附加刑，附加刑仍须执行。

第七十三条第二款 有期徒刑的缓刑考验期限为原判刑期以上五年以下，但是不能少于一年。

缓刑考验期限，从判决确定之日起计算。

第五十二条 判处罚金，应当根据犯罪情节决定罚金数额。

第五十三条 罚金在判决指定的期限内一次或者分期缴纳。期满不缴纳的，强制缴纳。对于不能全部缴纳罚金的，人民法院在任何时候发现被执行人有可以执行的财产，应当随时追缴。如果由于遭遇不能抗拒的灾祸缴纳确实有困难的，可以酌情减少或者免除。

第六十四条 犯罪分子违法所得的一切财物，应当予以追缴或者责令退赔；对被害人的合法财产，应当及时返还；违禁品和供犯罪所用的本人财物，应当予以没收。没收的财物和罚金，一律上缴国库，不得挪用和自行处理。

最高人民法院、最高人民检察院《关于办理侵犯知识产权刑事案件具体应用法律若干问题的解释》

第一条第二款 具有下列情形之一的，属于刑法第二百一十三条规定的“情节特别严重”，应当以假冒注册商标罪判处三年以上七年以下有期徒刑，并处罚金：

……

（二）假冒两种以上注册商标，非法经营数额在十五万元以上或者违法所得数额在十万元以上的；

……

最高人民法院、最高人民检察院《关于办理侵犯知识产权刑事案件具体应用法律若干问题的解释（二）》

第四条 对于侵犯知识产权犯罪的，人民法院应当综合考虑犯罪的违法所得、非法经营数额、给权利人造成的损失、社会危害性等情节，依法判处罚金。罚金数额一般在违法所得的一倍以上五倍以下，或者按照非法经营数额的50%以上一倍以下确定。

未经许可对作品转码后进行存储并提供的行为可以构成侵犯著作权罪

——于某侵犯著作权案

【案例要旨】

以营利为目的，未经著作权人许可，以提供手机阅读转码服务为由将其文字作品转码后进行存储与提供的行为，侵犯了著作权，情节严重的，构成侵犯著作权罪。

【案情简要】

被告单位北京某信息技术有限公司（以下简称北京某公司）于2004年2月成立，系某网站经营者。该网站设有小说、新闻等多个频道，通过在网页植入广告收取广告收益分成的方式营利。被告人于某系北京某公司法定代表人，并负责公司技术工作。2012年，为提高某网的用户数量，被告人于某提出开发触屏版小说产品，将HTML格式的小说网页转码成WAP格式的网页供移动终端用户阅读。后北京某公司在未经著作权人上海某科技有限公司（以下简称上海某公司）许可的情况下，使用自行开发的爬虫软件，擅自复制、下载该公司在其经营的某中文网上发行的《仙傲—雾外江山》等文字作品，利用转码技术存储在北京某公司服务器内，供手机用户免费搜索、阅读，再通过网站植入广告获利。经鉴定，某网服务器内存储的文字作品中有588部与某中文网的同名小说存在实质性相似。后被告人于某主动向公安机关投案，如实供述了上述事实，并向上海某公司支付800万元，取得上海某公司的谅解。

浦东新区人民检察院提起公诉后，浦东新区人民法院以侵犯著作权罪判处被告单位北京某公司罚金人民币2万元，判处被告人于某拘役3个月，缓刑3个月，罚金人民币5000元。判决已生效。

【典型意义】

本案系上海市首例利用手机转码技术侵犯著作权的刑事案件，被告人及辩护人提出某网提供的只是搜索引擎加技术转码服务而非内容服务，且被告单位设有法律部门负责处理涉嫌侵权作品的“通知—删除”工作，根据“避风港”规则其行为不构成犯罪，法院支持了公诉机关意见。本案对于深入理解网络环境下侵犯复制权的含义、准确界分网络服务提供者与内容提供者的权利义务、合理把握技术中立与利用技术侵权的界限具有重要借鉴意义。

一、未经著作权人许可，对作品转码后进行存储与提供的行为侵犯了著作权

转码技术的功能在于将针对台式机、笔记本电脑等设备设计的 HTML 格式的网页转换成适用于手机阅读的 WAP 等格式的网页，以提升手机阅读的用户体验。在网页转码技术中，HTML 格式的网页内容需存储在服务器内存或硬盘上才能进行处理转换，该过程必然涉及对网页作品的“复制”。根据技术中立原则，若将附随手机阅读转码技术而生的临时复制视为著作权法意义上的“复制”，则将直接遏制该技术的发展，不利于作品的传播和读者的阅读。因此，应当根据经营者在转码过程中实施的具体行为来判断是否侵权。若经营者将转码后的内容传输给手机用户后，即自动删除了在内存或硬盘中临时存储的内容，则该过程所涉及的瞬间、短暂的“复制”行为属于转码技术的必要组成部分，不具有被独立利用和传播的经济价值，不属于侵犯他人复制权或信息网络传播权的行为。但经营者在使用转码技术的过程中实施了超出上述必要过程的行为，则可能构成侵权。本案中，某网不仅进行了网页的格式转换，还在其服务器中存储了经过格式转换的网页内容，使得后续访问的其他用户不必通过著作权人经营的网站，而可直接从某网服务器中获得小说内容，这已明显超出转码技术的必需限度，其所复制的内容已具备独立的经济价值，而非仅仅提供搜索引擎和转码服务，属于对作品内容的直接提供，侵犯了著作权。

二、“避风港”规则不适用于作品内容的直接提供者

根据《信息网络传播权保护条例》第 23 条，网络服务提供者为服务对象提供搜索或者链接服务，在接到权利人的通知书后，根据条例规定断开与侵权作品链接的，不承担赔偿责任。此所谓“避风港”规则，但该规则的适用对象为网络服务提供者，其服务器中不应当存储相关作品，仅是链接存储于他人服务器中的侵权作品。若直接提供了侵权作品，则不适用“避风港”规则。本案中，某网的小说服务模式构成对作品内容的直接提供，在此情形下，即便其设置了“通知—删除”机制，也不免除其责任。

上海市浦东新区人民检察院
起诉书

沪浦检金融刑诉〔2015〕1203号

被告单位北京××公司，组织机构代码：××，住所地：北京市海淀区××路××号××，法定代表人于某，系北京××公司股东、法定代表人。

诉讼代表人胡某，女，1977年××月××日生，系北京××公司股东。

被告人于某，男，1976年××月××日生，公民身份号码：2202021976××××××××，汉族，硕士文化，北京××公司法定代表人，户籍在北京市朝阳区××路××号××室。2014年4月21日因涉嫌侵犯著作权罪由上海市公安局取保候审。

本案由上海市公安局侦查终结，以被告人于某涉嫌侵犯著作权罪，移送上海市人民检察院第一分院审查起诉。上海市人民检察院第一分院于2014年12月10日交送本院审查起诉。本院受理后，于同日告知被告人有权委托辩护人，依法讯问了被告人，审查了全部案件材料。经审查，于2015年3月23日退回补充侦查，上海市公安局补充侦查终结，于2015年4月22日通过上海市人民检察院第一分院再次交送本院审查起诉。被告人于某对本案同意适用简易程序审理。

经依法审查查明：

上海××有限公司（以下简称"××甲公司"）住所在本区××镇××路××号，系依法取得互联网出版和网络文化经营许可资质的有限责任公司。××甲公司通过与《仙傲—雾外江山》等文字作品的作者签订《委托创作协议》，取得上述作品永久的独家信息网络传播权，并将上述作品在其经营的"某中文网"（域名：www.××××××.com）上登载。

北京××公司（以下简称"××公司"）于2006年在北京注册成立，注册并经营"某网"（域名：×××××.cn），并设有小说、新闻、美图等多个频道，供移动电话用户在智能手机终端使用。被告人于某系××公司股东，并自2010年起担任该公司法定代表人及首席运营官。自2012年起，被告人于某为提高某网的用户数量，在未获××甲公司许可的情况下，擅自使用软件，复制、下载××甲公司发行于“某中文网”网站上的《仙傲—雾外江山》等文字作品，存储在××公司的服务器内，供移动电话用户在小说频道内免费阅读上述文字作品，再通过在某网内植入广告，使用××公司的银行账户收取广告收益分成。经上海××司法鉴定中心鉴定，××公司的服务器内存储的文字作品中有588部与“某中文网”的同名小说存在实质性相似。

2014年4月21日，被告人于某主动向公安机关投案，并如实供述了上述事实。2014年8月21日，被告单位××公司向××甲公司支付人民币8000000元。

上述事实，有以下证据证明：

1. ××甲公司提供的企业法人营业执照、互联网出版许可证、增值电信业务经营许可证、国际域名注册证书、委托创作协议光盘、书面函、书面报案材料，证人何某的证言，证实××甲公司具有运营“某中文网”的资质，并享有《仙傲—雾外江山》等文字作品永久的独家信息网络传播权，有权在“某中文网”上登载，××甲公司并未许可被告人于某转载上述文字作品。

2. ××公司的营业执照、税务登记证、组织机构代码证、国家域名证书，证实被告单位××公司的基本情况，以及对外开展业务的情况。

3. 证人王某、孙某、李某的证言，调取证据通知书、扣押清单，证实××公司租赁服务器的事实。

4. 某网小说频道的界面截图、××公司广告合同样本、部分银行交易明细，上海市公安局网安总队制作的远程勘验工作记录，证人姜某、卢某、颜某、李某甲、李某乙、亢某、韩某、李某丙的证言，证实被告单位××公司、被告人于某以营利为目的，在“某网”中转载小说、植入广告并收取广告费的事实。

5. 上海××司法鉴定中心司法鉴定意见书、补充说明，上海市公安局治安总队出具的情况说明、版权证明比对表，证实××公司的服务器上与“某中文网”网站上的588部同名小说存在实质性相似。

6. ××公司的汇款凭证，××甲公司出具的谅解声明，证实被告单位××公司对××甲公司做出经济赔偿的事实及金额，以及获得××甲公司谅解的事实。

7. 上海市公安局治安总队出具的工作情况，证实被告人于某到案的情况。

8. 上海市公安局调取的常住人口基本信息，证实被告人于某的基本情况。

9. 被告人于某对上述犯罪事实供认不讳。

上述证据收集程序合法，内容客观真实，足以认定指控事实。被告人于某对以上基本犯罪事实无异议。

本院认为，被告单位北京××公司以营利为目的，未经著作权人许可，复制发行其文字作品达588部，情节严重，被告人于某作为××公司直接负责的主管人员，其行为均已触犯《中华人民共和国刑法》第二百一十七条第（一）项，应当以（单位）侵犯著作权罪追究刑事责任。被告单位北京××公司、被告人于某均系自首，根据《中华人民共和国刑法》第六十七条第一款的规定，可以从轻处罚。案发后，被告单位北京××公司对原××甲公司赔偿并获得谅解，可以酌情从轻处罚。根据《中华人民共和国刑事诉讼法》第一百七十二条的规定，提起公诉，请依法审判。

此致

上海市浦东新区人民法院

检察员　周少怡

二〇一五年十二月七日

附：1. 被告人于某（联系电话：××）现取保候审于住处。诉讼代表人（联系电话：××）。

2. 侦查卷宗四册、司法鉴定意见书一册。

附：相关法律条文

《中华人民共和国刑法》

第二百一十七条　以营利为目的，有下列侵犯著作权情形之一，违法所得数额较大或者有其他严重情节的，处三年以下有期徒刑或者拘役，并处或者单处罚金；违法所得数额巨大或者有其他特别严重情节的，处三年以上七年以下有期徒刑，并处罚金：

（一）未经著作权人许可，复制发行其文字作品、音乐、电影、电视、录像作品、计算机软件及其他作品的；

（二）出版他人享有专有出版权的图书的；

（三）未经录音录像制作者许可，复制发行其制作的录音录像的；

（四）制作、出售假冒他人署名的美术作品的。

第六十七条第一款　犯罪以后自动投案，如实供述自己的罪行的，是自首。对于自首的犯罪分子，可以从轻或者减轻处罚。其中，犯罪较轻的，可以免除处罚。

《中华人民共和国刑事诉讼法》

第一百七十二条 人民检察院认为犯罪嫌疑人的犯罪事实已经查清，证据确实、充分，依法应当追究刑事责任的，应当作出起诉决定，按照审判管辖的规定，向人民法院提起公诉，并将案卷材料、证据移送人民法院。

上海市浦东新区人民法院
刑事判决书

（2015）浦刑（知）初字第12号

公诉机关上海市浦东新区人民检察院。

被告单位××公司，住所地北京市海淀区××路××号，法定代表人于某。

诉讼代表人胡某，女，1977年××月××日生，××公司人事及财务主管。

被告人于某，男，1976年××月××日出生于吉林省桦甸市，汉族，硕士文化，系××公司法定代表人、首席运营官，户籍地北京市朝阳区××路××号；因涉嫌侵犯著作权罪于2014年4月21日被上海市公安局取保候审，2015年4月21日被继续取保候审，2016年4月21日本院决定继续对其取保候审。

辩护人任某，上海××律师事务所律师。

上海市浦东新区人民检察院以沪浦检金融刑诉〔2015〕1203号起诉书指控被告单位××公司（以下简称××公司）、被告人于某犯侵犯著作权罪，于2015年12月11日向本院提起公诉。本院依法适用普通程序，组成合议庭，公开开庭审理了本案。上海市浦东新区人民检察院指派代理检察员罗造祉出庭支持公诉。被告单位××公司的诉讼代表人胡某、被告人于某及其辩护人任某到庭参加诉讼。其间，经公诉机关建议，本案延期审理二次。经上海市第三中级人民法院审批决定，本案延长审限三个月。现已审理终结。

上海市浦东新区人民检察院指控，上海××甲公司（以下简称××甲公司）住所在本区××镇××路××号，系依法取得互联网出版和网络文化经营许可资质的有限责任公司。××甲公司通过与《仙傲—雾外江山》等文字作品的作者签订《委托创作协议》，取得上述作品永久的独家信息网络传播权，并将上述作品在其经营的“某中文网”（域名：www.××××××.com）上登载。

被告单位××公司于2006年在北京注册成立，注册并经营“某网”（域名：×××××.cn），并设有小说、新闻、美图等多个频道，供移动电话用户在智能手机终端使用。被告人于某系××公司股东，并自2010年起担任该公司法定代表人及首席运营官。自2012年起，于某为提高“某网”的用户数量，在未获××甲公司许可的情况下，擅自使用软件，复制、下载××甲公司发行于“某中文网”网站上的《仙傲—雾外江山》等文字作品，存储在易查公司的服务器内，供移动电话用户在小说频道内免费阅读，再通过在“某网”内植入广告，使用××公司的银行账户收取广告收益分成。经上海辰星电子数据司法鉴定中心鉴定，××公司的服务器内存储的文字作品中有588部与“某中文网”的同名小说存在实质性相似。

2014年4月21日，被告人于某主动向公安机关投案，并如实供述了上述事实。同年8月21日，被告单位××公司向××甲公司支付人民币800万元。

为证实上述指控事实，公诉机关当庭出示和宣读了××甲公司提供的企业法人营业执照、互联网出版许可证、增值电信业务经营许可证、国际域名注册证书、委托创作协议光盘、书面函、书面报案材料，何某证言，××公司的营业执照、税务登记证、组织机构代码证、国家域名证书，证人王某、孙某、李某的证言，调取证据通知书、扣押清单，某网小说频道的界面截图、××公司广告合同样本、部分银行交易明细，上海市公安局网安总队制作的远程勘验工作记录，证人姜某、卢某、颜某、李某、李某甲、亢某、韩某、李某乙的证言，上海××司法鉴定中心司法鉴定意见书、补充说明，上海市公安局治安总队出具的情况说明、版权证明比对表，××公司的汇款凭证，××甲公司出具的谅解声明，公安机关出具的工作情况，被告人于某的常住人口基本信息，被告人于某的供述等证据。

公诉机关据此认定，被告单位××公司以营利为目的，未经著作权人许可，复制发行其文字作品达588部，情节严重，被告人于某作为××公司直接负责的主管人员，其行为均已触犯《中华人民共和国刑法》第二百一十七条第（一）项，应当以（单位）侵犯著作权罪追究刑事责任。被告单位××公司、被告人于某均系自首，可以从轻处罚。案发后，被告单位××公司对××甲公司赔偿并获得谅解，可以酌情从轻处罚。

被告单位××公司对公诉机关的指控无异议，提出其已对××甲公司进行赔偿并取得谅解，希望从轻处罚。

被告人于某对公诉机关的指控基本无异议，但就“某网”的技术过程提出以下意见：1. 根据其最初对于“某网”小说频道所提开发要求，该网站只是搜索引擎工具，不提供内容服务。××甲公司提交的公证书显示，在“某网”搜索“凡人修仙传”时，阅读页面地址栏中的“……nid = 2c4469……”

是“某网”对于“url=来源网址”的重新编码，证明该网站不提供作品内容，只提供技术转码工具。2. 其在提出开发要求后，由技术人员负责具体开发，其未过问细节问题。到案后，技术人员姜某某和窦某某告知其“某网”小说搜索的技术过程具体表现在：(1)“某网”根据每一个用户的搜索请求分别独立在互联网搜索后反馈结果页面，用户可以通过点击来源网站的链接进入该网站进行阅读，但在移动设备上阅读HTML格式网页的效果不好；也可以通过点击“开始阅读”或“优化阅读”进入“某网”转码后的WAP格式网页进行阅读。若来源网站的内容失效，则用户无法在“某网”搜索、阅读到该内容。(2) 在转码阅读情况下，“某网”将用户点击章节的HTML页面缓存在内存中，进行计算和转换后将转码的WAP页面临时复制到硬盘上形成缓存提供给用户阅读。该缓存内容仅能被触发搜索的特定用户读取，若有其他用户搜索、阅读同一内容，则重新启动新的搜索、转码和缓存过程。鉴于“某网”主要提供移动端的小说搜索服务，而手机浏览器的缓存空间太小，无法支持阅读内容的客户端缓存，故需缓存在服务器端。同时由于小说量很大，故缓存到硬盘而非内存。(3) 当用户离开当前阅读页面或5分钟内无任何操作时，该缓存内容均自动删除。但在公安机关查获时发生的断电这种极端情况下，当时正被用户阅读内容的缓存并不会立即删除，故在鉴定时可以阅读硬盘中的小说内容。若连接到互联网，并由原先的用户再做新的操作，则原先缓存的内容会自动删除。(4) 由于被告单位的技术团队使用电脑进行开发，为便于开发调试时能便捷地查询数据，专门给电脑用户设置了“管理员权限”。鉴定过程中系使用电脑操作，故可以阅读到服务器中由其他用户搜索、阅读而形成的全部缓存内容，若使用手机操作则无法阅读。

被告人于某的辩护人提出以下辩护意见：1. 根据于某对开发人员所提开发要求，“某网”提供的是搜索引擎加转码服务而非内容服务，没有证据证明技术人员开发的程序违反了于某的技术要求。2. ××甲公司的侵权通知函中提到侵权作品有4000多部，而鉴定结论中仅有500多部作品构成实质性相似，可见“某网”是有自动删除机制的。同时，构成实质性相似的作品片段可能不是连贯的，鉴定意见并未就此详细说明。3. 被告单位××公司设有法律部门负责处理涉嫌侵权作品的“通知—删除”工作，尽到了注意义务。本案中，××公司在收到××甲公司发来的侵权通知函后即联系对方，要求补充提供侵权链接及版权证明以便定位侵权作品，但未收到任何反馈。××甲公司的通知函不能构成有效的侵权通知，故××公司不存在主观过错，未侵犯著作权，更不构成侵犯著作权罪。4. 即便××公司构成侵犯著作权罪，于某仅提出了做小说转码业务的要求，其设想的技术过程并不侵权，具体实施由其他人负责。

没有证据证明于某存在犯罪故意、放任或重大过失，也没有证据证明其实施了实际负责操作的行为，故指控其犯罪的证据不足或存疑。

辩护人提交了以下证据：1. 百度搜索、搜狗搜索及神马搜索的相关页面，以证明上述主流移动搜索引擎均采用了转码技术，所有页面的搜索和转码行为均由机器自动实现，不存在任何人工操作。“某网”所采用的技术、工作原理、工作结果与上述搜索引擎完全相同。2. ××甲公司网站上的版权声明页面，以证明玄××公司的“通知—移除”规则明确要有URL地址和著作权权属证明，而本案中××甲公司的通知不符合规定，应视为自始未发送。3. 2016年1月11日“某网”的搜索页面截屏，以证明当来源网站内容不存在时，用户就无法在“某网”看到相应内容，故“某网”未实施著作权法意义上的“复制”行为，只是进行了技术上的临时复制。4. 被告人于某2012年3月7日发送给丁某的主题为“触屏版小说产品开发”的邮件，以证明于某对开发人员提出的要求。被告人及被告单位对上述证据无异议。公诉人对上述证据的真实性无异议，但认为证据1—3与本案无关，证据4仅反映了于某的开发设想，但现有证据证明上述开发设想并未得到实现。本院认为，上述证据1、2与本案无关，本院不予采纳。证据3系案发后，本案审理过程中的“某网”页面，此时“某网”的相应服务器已被公安机关扣押，故该网站的具体服务模式难以反映出案发时的情形，故不予采纳。证据4反映了被告人于某对“某网”小说搜索的开发设想，与本案存在关联，本院予以采纳，但是否能达到证明目的应根据全案证据综合判断。

经审理查明，××甲公司通过与《仙傲—雾外江山》等文字作品的作者签订《委托创作协议》，享有上述文字作品的独家信息网络传播权，并将上述作品在其经营的“某中文网”上登载。

被告单位××公司成立于2004年2月，为“某网”的经营者。该网站设有小说、新闻、美图等多个频道，通过在网页植入广告收取广告收益分成。被告人于某系该公司股东，负责技术工作，并担任法定代表人。2012年，为提高该网站的用户数量，于某提出开发触屏版小说产品，即将HTML格式的小说网页转码成WAP格式的网页供移动用户阅读。于某提出的开发需求包括：(1) 触屏版页面的一些UC流程和效果可以提前调研实现，包括“首页效果”“启动效果”“分类与搜索展示”及“小说阅读页”。(2)“小说阅读页”的要求包括采用与百度小说搜索相同的技术实现与展现逻辑；需标注小说站点来源，页面说明实时转换的机制，并可跳转至源小说站页面；每个用户访问的转换页面在会话结束后删除以节省空间；连载小说更新快，搜索后台和实时转换页要做好性能保障。

2013年12月3日，××甲公司通过EMS方式向被告单位××公司寄出侵权通知函，要求××公司立即断开、删除及停止提供附件所列的侵犯××甲公司著作权的盗版作品共计4000余部。××公司于次日收到该函件。

2014年4月4日，××甲公司就“某网”小说频道进行证据保全公证。通过电脑登录“tbook.×××××.cn”，页面设有“精品推荐”“男生最爱”“女生最爱”“热书排行”等栏目；在搜索框输入“凡人修仙传”，显示多个搜索结果，其中第一个搜索结果的作者为“忘语”，列有“来源：www.××××××.com 更新至：《凡人》还有不到一万票，就可在推荐总榜上登顶第一了哦！”等不同来源；点击第一个搜索结果后为书籍简介页面，内容包括作者、类别、状态、来源、简介、评论、最新更新、目录等，其中“来源”处标明“www.××××××.com”，点击“免费阅读”可阅读小说内容。前述搜索、阅读过程中，地址栏显示的URL地址均为“某网”的地址，其中第一章阅读页面的URL地址为“http：IItbook.yicha.cn/tb/read.y？at = read_info&nid = 2c4469bffc03b2b4dfa3d5c9622bad73&key = 凡人修仙传”。

同年4月5日，公安机关对“某网”进行勘验，在该网站的小说频道搜索关键词“莽荒纪”，能够正常阅读该作品各个章节的内容，其中第六卷第三十章阅读页面的URL地址为“http：//122.49.34.77/xnovel/con.co？nid = a055c9030a867ec4a2eb3e65f2715846&tit =% E8% 8E0/oBD% E8% 8D% 920/oE7%……”其中，“http：//122.49.34.77/”为“某网”的服务器IP地址之一。

同年4月11日，公安机关从北京××有限公司及北京××有限公司的机房扣押到被告单位××公司托管的服务器硬盘54块。4月17日，公安机关委托上海××司法鉴定中心对上述硬盘中的电子书进行固定保全，并与××公司提供的电子书进行相似性比对。鉴定机关将相应硬盘复制后，启动复制硬盘上的操作系统，配置相应的网络参数，搭建出涉案电子书网站的网络环境。在搭建完的网站上下载798本电子书，与××甲公司提供的同名小说进行比对，根据“相同字节/玄霆小说字节”的公式计算相似度的比例，相同字节数占总字节数90%以上的电子书共计297本；相同字节数占总字节数70%至90%的电子书共296本；相同字节数占总字节数70%以下的电子书共205本。在上述相同字节数占总字节数70%以上的电子书中，除有5本的版权文件不足外，××甲公司就其余588本享有独家信息网络传播权。

经本院通知，上海××司法鉴定中心鉴定人蔡某出庭接受质询，其陈述：在送检硬盘中并未发现存在被告人于某所说的自动删除机制；鉴定过程中使用电脑操作，在实验室局域网环境下搭建了“某网”，页面显示该网站提供小说的搜索、阅读服务，即在搜索框搜索小说名称进入该小说详情页后，可通过点击章节目录的链接进入该章节内容进行阅读；鉴定过程中进行了多次操作，均可正常阅读相应小说内容；若连接到互联网环境，亦可在“某网”正常阅读上述小说；鉴定时从“某网”下载的798部小说中，绝大多数的章节都是连续的。

2014年4月21日，被告人于某主动向公安机关投案，并如实供述了相关事实。同年8月21日，被告单位××公司向××甲公司支付800万元，××甲公司为此出具谅解书。

上述事实，由下列经庭审质证的证据予以证实：

1. 被告人于某的供述，证实被告单位××公司及被告人于某的犯罪事实。其供述：其在××公司负责技术工作，胡某担任CEO，二人为公司决策层的股东；2012年，为适应市场需求，其提议将小说转码为手机版，胡某同意了；公司自己开发的爬虫软件从互联网发现小说链接，把小说内容以“缓存”方式下载到服务器，并形成目录索引，用程序将电脑版小说内容转码为手机版后供客户阅读；参考百度、搜狗的产品形态提交给技术部门去实现，但未完全了解该技术的实现方式，故把转码后的小说内容“缓存”在自己的服务器上；其未就开发中的技术细节问题进行后续跟踪；“缓存”的小说免费供用户阅读，也标注了来源网站和链接；2013年年底公司收到过××文学（即××甲公司）的侵权通知函，但当时未引起重视没有断链，想继续交涉就未及时处理。

2. 被告人于某给开发人员发送的电子邮件，证实其对涉案小说阅读产品所提的技术需求。

3. 证人姜某的证言笔录，证实被告单位××公司的犯罪事实。其陈述：（“某网”）通过技术部早已开发的爬虫软件将互联网上发现的小说形成目录索引，用户搜索、点击某小说阅读时，就通过自己开发的程序进行文本样式转码，最后将转码后的小说内容缓存到自己的服务器，从而提高用户的浏览速度；用户访问触发转码，互联网上的小说就自动缓存下来。

4. ××甲公司提供的企业法人营业执照、互联网出版许可证、增值电信业务经营许可证、国际域名注册证书、委托创作协议光盘、书面函、书面报案材料，证人何某的证言笔录，证实××甲公司享有《仙傲—雾外江山》等文字作品的独家信息网络传播权，在“某中文网”上刊载。

5. ××公司的营业执照、税务登记证、组织机构代码证、国家域名证书，证实被告单位××公司的基本情况。

6. ××公司的广告合同样本、部分银行交易明细，证人姜某、卢某、颜某、李某、李某甲、亢某、韩某、李某乙的证言笔录，证实“某网”植入广告并收取广告费的事实。

7.〔2014〕沪卢证经字第958号公证书，公安机关制作的远程勘验工作记录及“某网”小说频道的界面截图，证实该网站小说频道的经营情况。

8. 证人王某、孙某、李某的证言笔录，调取证据通知书、扣押清单，证实××公司租赁服务器的事实及扣押情况。

9. 上海××司法鉴定中心司法鉴定意见书、补充说明，上海市公安局治安总队出具的情况说明、版权证明比对表，证实从××公司的服务器上下载的588部小说与××甲公司享有著作权的同名小说存在实质性相似。

10. 被告单位××公司的汇款凭证，××甲公司出具的谅解声明，证实××公司对××甲公司做出经济赔偿及获得××甲公司谅解的事实。

11. 上海市公安局治安总队出具的工作情况，证实被告人于某到案的情况。

12. 上海市公安局调取的常住人口基本信息，证实被告人于某的基本情况。

本院认为，××甲公司通过与涉案文字作品的作者签订协议，享有涉案作品的著作权。未经××甲公司许可，通过信息网络向公众传播其文字作品的数量合计在500部以上的，构成侵犯著作权罪。根据控辩双方的意见，本案争议焦点在于：（1）“某网”小说频道提供的服务系内容服务，还是搜索、转码服务；（2）若××公司构成侵犯著作权罪，被告人于某是否应承担责任。

一、关于“某网”小说频道提供服务的性质

根据公诉机关提交的证据，用户可在被告单位××公司经营的“某网”小说频道搜索、阅读小说，该频道所对应的服务器硬盘中存储有588部与××甲公司享有著作权的文字作品构成实性相似的小说。根据××甲公司申请所作的〔2014〕沪卢证经字第958号公证书及公诉机关提供的“某网”小说频道的界面截图，在通过该网站搜索、阅读小说过程中，地址栏所显示的URL地址均系“某网”的服务器地址。上述事实可以证明，“某网”直接向网络用户提供了上述文字作品，使得网络用户可以在其个人选定的时间和地点进行阅读，侵害了××甲公司对涉案作品享有的信息网络传播权。

被告人提出，根据其就“某网”小说频道所提开发要求，该网站提供小说的搜索、转码服务，仅对涉案作品进行“缓存”或“临时复制”，该“临时复制”的内容仅提供给触发转码的用户，且在用户离开阅读页面或超过5分钟无操作时会自动删除。在用户阅读过程中，地址栏中的“nid－2c4469……”等是“某网”对于“url＝来源网址”的重新编码。

在手机阅读领域，转码技术是指将针对台式机、笔记本电脑等PC端设备设计的HTML格式（即Hypertext Markup Language，超文本标记语言）的网页，转换成适用于手机阅读的网页（如WML格式网页，即Wireless Markup Language，无线标记语言）的一种技术，该技术解决了因手机屏幕小、多媒体处理能力弱而难以访问HTML格式网页或访问中用户体验不佳的问题。在网页转码技术中，HTML格式的网页内容需存储在服务器内存或硬盘上才能进行处理转换，该过程必然涉及对网页中作品的“复制”。若搜索引擎在将转码后的网页传输给手机用户后，即自动删除了在内存或硬盘中临时存储的内容，则该过程所涉及的瞬间、短暂的“复制”行为属于转码技术的必要组成部分，且没有独立的经济价值，不属于侵犯他人复制权或信息网络传播权的行为。但若经营者在使用转码技术的过程中实施了超出了上述必要过程的行为，则有可能因踏入他人著作权的禁止权范围而构成侵权。

本案中，根据鉴定意见所反映的事实，鉴定人在使用“某网”服务器所搭建的网络环境中，可以在线阅读涉案小说，并从服务器硬盘中下载到涉案小说。可见，“某网”在将其所谓“临时复制”的内容传输给触发“转码”的用户后，并未立刻将相应内容从服务器硬盘中自动删除，被“复制”的小说内容仍可被其他用户再次利用。被告人于某亦自认，根据“某网”小说频道的技术设想，该网站将HTML格式的网页“临时复制”在其服务器内存上，经运算后将转换后的网页“临时复制”到其服务器硬盘中，且在用户阅读过程中持续存储该内容。在上述过程中，对HTML格式网页的临时复制为转码技术所必须；但搜索引擎在将经转码后的网页传输给手机用户后，应立即自动删除其临时存储的内容，继续在服务器中存储该内容并非提供转码服务的必经程序。被告人提出，“某网”将转码后的网页“缓存”在服务器端而非浏览器端的原因在于手机浏览器的缓存空间太小，难以缓存一个章节的小说内容。然一个章节的小说网页经转码后所需的缓存空间极小，在现有技术条件下，显然在手机浏览器缓存空间的荷载范围内，被告人的上述解释不符合常理。“某网”在提供小说阅读服务过程中，不仅进行了网页的格式转换，还在其服务器中存储了经过格式转换的网页内容，使后来的用户可以直接从其服务器中获得。可见，上述行为已明显超出转码技术的必要过程，所谓“临时复制”的内容已具备独立的经济价值。因此，××公司的小说服务模式构成对作品内容的直接提供，在此情形下，即便“某网”设置了所谓的删除机制，也不改变其行为的性质。

被告人提出，鉴定人之所以能够在搭建的网络环境中阅读涉案小说，是因为被告单位在开发中专门给PC端用户设置了“管理员权限”，鉴定人系使用电脑操作，故可阅读到服务器中由其他用户搜索、阅读而形成的全部“缓存”内容，若使用手机操作则无法阅读。即便该抗辩内容属实，则当 PC 端用户搜索、阅读某一小说章节时，若该内容已被“临时复制”到“某网”服务器中，则直接从“某网”的服务器提供给 PC 端用户，“某网”实施了直接向所有 PC 端用户提供作品的行为，该行为构成直接侵权。辩护人提出极少用户会通过 PC 端访问“某网”，但现有证据证明确可通过 PC 端阅读“某网”上的相应小说内容，是否有 PC 端用户实际访问及访问人数的多少不影响其性质的认定。

对提供搜索及转码服务的经营者而言，当用户点击搜索结果后，地址栏中显示的网址一般为“搜索引擎网址 + 被链网页网址”的混合网址形式。但本案中，小说阅读页面的地址栏仅显示了“某网”的网址，也可佐证“某网”并非提供网络服务。被告人称地址栏中的“nid = 2c4469”等是“某网”对于“url = 来源网址”的重新编码，本院认为，一方面，提供搜索、转码服务的经营者刻意隐藏来源网站 URL 地址的行为与常理不符；另一方面，更与本案其他证据所证明的事实相违背。

综上，本院认定被告单位××公司未经许可，通过“某网”传播了××甲公司享有信息网络传播权的涉案小说，数量达 588 部，情节严重，构成侵犯著作权罪。对被告人及辩护人提出的前述意见，本院不予采纳。

二、关于被告人于某是否应承担责任

被告人于某在被告单位××公司中负责技术工作，其提议开发涉案触屏版小说产品，且由其直接提出该产品的技术需求，在具体开发中，尤其是产品上线前，其应跟踪了解该产品的技术实现方式，以确保不侵犯他人合法权益。于某自认其并未完全了解该技术的具体实现方式，也未就开发中的具体技术问题进行后续跟踪，其主观上至少存在放任的间接故意。因此，对辩护人提出被告人不存在主观故意的意见，本院不予采纳。

因此，被告人于某作为××公司直接负责的主管人员，亦应以侵犯著作权罪追究其刑事责任。被告单位××公司、被告人于某均系自动投案，虽然于某在审理中对“某网”的技术过程作了一定的辩解，但鉴于其对基本犯罪事实作了如实供述，且自愿认罪，公诉机关仍认定其系自首，本院予以认可。故本院依法对被告单位××公司及被告人于某依法从轻处罚。案发后，被告单位××公司对××甲公司进行了赔偿并获得谅解，可以酌情从轻处罚。据此，依照《中华人民共和国刑法》第二百一十七条，第二百二十条，第六十七条第一款，第七十二条第一款、第三款，第七十三条第一款、第三款，第五十三条第一款，第六十四条，最高人民法院、最高人民检察院《关于办理侵犯知识产权刑事案件具体应用法律若干问题的解释》第十一条，最高人民法院、最高人民检察院《关于办理侵犯知识产权刑事案件具体应用法律若干问题的解释(二)》第四条、第六条，最高人民法院、最高人民检察院、公安部、司法部《关于办理侵犯知识产权刑事案件适用法律若干问题的意见》第十三条第一款第（二）项之规定，判决如下：

一、被告单位××公司犯侵犯著作权罪，判处罚金人民币二万元（于本判决生效后一个月内缴纳）；

二、被告人于某犯侵犯著作权罪，判处拘役三个月，缓刑三个月，罚金人民币五千元（缓刑考验期限，从判决确定之日起计算；罚金于本判决生效后一个月内缴纳）；

三、违法所得予以追缴；

四、扣押的硬盘予以没收。

被告人于某回到社区后，应当遵守法律、法规，服从监督管理，接受教育，做有益社会的公民。

如不服本判决，可在接到判决书的第二日起十日内，通过本院或者直接向上海市第三中级人民法院提出上诉。书面上诉的，应当提交上诉状正本一份，副本二份。

审　判　长　倪红霞
审　判　员　叶菊芬
人民陪审员　李加平
二〇一六年十二月二十九日
书　记　员　桑清圆

附：相关法律条文

《中华人民共和国刑法》

第二百一十七条　以营利为目的，有下列侵犯著作权情形之一，违法所得数额较大或者有其他严重情节的，处三年以下有期徒刑或者拘役，并处或者单处罚金；违法所得数额巨大或者有其他特别严重情节的，处三年以上七年以下有期徒刑，并处罚金：

（一）未经著作权人许可，复制发行其文字作品、音乐、电影、电视、录像作品、计算机软件及其他作品的；

……

第二百二十条　单位犯本节第二百一十三条至第二百一十九条规定之罪

的，对单位判处罚金，并对其直接负责的主管人员和其他直接责任人员，依照本节各该条的规定处罚。

第六十七条第一款 犯罪以后自动投案，如实供述自己的罪行的，是自首。对于自首的犯罪分子，可以从轻或者减轻处罚。其中，犯罪较轻的，可以免除处罚。

第七十二条第一款 对于被判处拘役、三年以下有期徒刑的犯罪分子，同时符合下列条件的，可以宣告缓刑，对其中不满十八周岁的人、怀孕的妇女和已满七十五周岁的人，应当宣告缓刑：

（一）犯罪情节较轻；

（二）有悔罪表现；

（三）没有再犯罪的危险；

（四）宣告缓刑对所居住社区没有重大不良影响。

……

被宣告缓刑的犯罪分子，如果被判处附加刑，附加刑仍须执行。

第七十三条 拘役的缓刑考验期限为原判刑期以上一年以下，但是不能少于二个月。

……

缓刑考验期限，从判决确定之日起计算。

第五十三条第一款 罚金在判决指定的期限内一次或者分期缴纳。期满不缴纳的，强制缴纳。对于不能全部缴纳罚金的，人民法院在任何时候发现被执行人有可以执行的财产，应当随时追缴。

第六十四条 犯罪分子违法所得的一切财物，应当予以追缴或者责令退赔；对被害人的合法财产，应当及时返还；违禁品和供犯罪所用的本人财物，应当予以没收。没收的财物和罚金，一律上缴国库，不得挪用和自行处理。

最高人民法院、最高人民检察院《关于办理侵犯知识产权刑事案件具体应用法律若干问题的解释》

第十一条 以刊登收费广告等方式直接或者间接收取费用的情形，属于刑法第二百一十七条规定的“以营利为目的”。

刑法第二百一十七条规定的“未经著作权人许可”，是指没有得到著作权人授权或者伪造、涂改著作权人授权许可文件或者超出授权许可范围的情形。

通过信息网络向公众传播他人文字作品、音乐、电影、电视、录像作品、计算机软件及其他作品的行为，应当视为刑法第二百一十七条规定的“复制发行”。

最高人民法院、最高人民检察院《关于办理侵犯知识产权刑事案件具体应用法律若干问题的解释（二）》

第四条 对于侵犯知识产权犯罪的，人民法院应当综合考虑犯罪的违法所得、非法经营数额、给权利人造成的损失、社会危害性等情节，依法判处罚金。罚金数额一般在违法所得的一倍以上五倍以下，或者按照非法经营数额的50%以上一倍以下确定。

第六条 单位实施刑法第二百一十三条至第二百一十九条规定的行为，按照《最高人民法院、最高人民检察院关于办理侵犯知识产权刑事案件具体应用法律若干问题的解释》和本解释规定的相应个人犯罪的定罪量刑标准定罪处罚。

最高人民法院、最高人民检察院、公安部、司法部《关于办理侵犯知识产权刑事案件适用法律若干问题的意见》

十三、关于通过信息网络传播侵权作品行为的定罪处罚标准问题

以营利为目的，未经著作权人许可，通过信息网络向公众传播他人文字作品、音乐、电影、电视、美术、摄影、录像作品、录音录像制品、计算机软件及其他作品，具有下列情形之一的，属于刑法第二百一十七条规定的“其他严重情节”：

……

（二）传播他人作品的数量合计在五百件（部）以上的；

……

销售盗版软件加密锁的行为属于侵犯著作权罪中的“复制发行”行为

——郑某某侵犯著作权案

【案例要旨】

盗版软件加密锁使得侵权人能够成功避开或者破坏著作权人设置的技术保护措施，达到正常使用正版软件的目的。销售盗版加密锁的行为，本质上属于侵犯著作权罪中的“复制发行”行为。

【案情简要】

2011年5月至2013年4月，被告人郑某某通过淘宝网开设名为“××工作室”“××”的网店，未经相关著作权人许可，对外销售从石某某（另案处理）等人处购进的擎洲广达、广联达、品茗胜算等软件的盗版加密锁（附带软件破解驱动程序），从中牟利。被告人郑某某上述两家店铺的交易总额共计人民币2664756元，除去销售加密锁空锁、游戏装备等金额外，销售各类盗版软件加密锁的金额为人民币80余万元。

虹口区人民检察院提起公诉后，杨浦区人民法院以侵犯著作权罪判处被告人郑某某有期徒刑3年，缓刑5年，罚金人民币18万元。被告人未提出上诉，判决已生效。

【典型意义】

本案系针对计算机软件实施侵权的新类型案件，争议焦点在于，行为人并未对擎洲广达等主体软件进行复制发行，而仅仅销售了这些软件的盗版加密锁（附带软件破解驱动程序），能否认定为侵犯著作权罪中的“复制发行”行为。本案为避免机械理解刑法有关“复制”“发行”的行为模式，着力打击新型软件盗版行为具有重要的借鉴意义。

一、软件与加密锁同时具备方可运行，二者应视为整体予以保护

加密锁，是计算机软件著作权人为防止盗版而采取的一种技术防范措施，它通过软件执行过程中的数据交换实现加密保护功能，著作权人对此亦享有著作权。如今，包括本案涉案软件在内的多数软件，都由用户自行在官方网站免费下载，但要达到正常运行的目的，客户还必须向权利人购买加密锁，二者配套方可使用。没有加密锁的软件虽然任何人都可以拥有，但其无法正常运行，没有使用价值。因此，软件与加密锁密不可分，应视为整体予以保护。

二、销售盗版加密锁的行为，本质上属于刑法中的“复制发行”行为

本案中盗版加密锁（附带软件破解驱动程序）所起的作用是，使侵权者能够成功避开或者破坏著作权人采取的技术保护措施，使正版软件对该盗版加密锁发出的信息予以认可，从而将著作权人的软件在新的物质载体上进行机械性的再现，整个过程并未加入行为人的任何创新或演绎。因此，销售盗版加密锁的行为实质是在未经著作权人许可的情况下，达到了对他人拥有著作权的软件进行传播并营利的目的，属于侵犯著作权罪中的“复制发行”行为。

网络时代，软件著作权人许可他人使用软件的方式日益多元化，大多权利人都不再提供安装光盘，而是采用了加密锁、开放式协议、序列码、密钥等新型方式。相应的，犯罪分子侵犯著作权的方式也在不断更新，刑事司法必须考察、分析行为的实质，在坚持罪刑法定原则的前提下，实现对知识产权的有效保护。

上海市虹口区人民检察院
起 诉 书

沪虹检刑诉〔2013〕1363－1号

被告人郑某某，男，1990年××月××日生，公民身份号码：5138221990××××××××，汉族，初中文化，个体，住四川省成都市××路××号××栋××单元××楼××号。2013年4月16日因涉嫌侵犯著作权罪由上海市公安局虹口分局刑事拘留，同年4月13日延长刑事拘留期限至三十天；同年5月23日经本院批准并由该局执行逮捕。

本案由上海市公安局虹口分局侦查终结，以被告人郑某某涉嫌侵犯著作权罪，于2013年7月1日向本院移送审查起诉。本院受理后，于同年7月3日告知被告人有权委托辩护人；依法讯问了被告人，审查了全部案件材料。经审查，分别于2013年8月14日、10月28日两次退回补充侦查，上海市公安局虹口分局于2013年11月13日补充侦查终结，移送本院审查起诉。

经依法审查查明：

被告人郑某某于2011年5月至2013年4月，通过淘宝网开设名为“××工作室”“××”的网店，对外销售从石某某（另案处理）等人处购进的盗版擎洲广达、广联达、品茗胜算等软件的加密锁和软件破解驱动程序，从中牟利。被告人郑某某上述两家店铺的销售总额共计人民币2664756元，除去销售加密锁空锁、游戏装备等金额外，销售各类盗版软件加密锁的金额为人民币80余万元。

2013年4月16日，被告人郑某某在成都市武侯区火车站东路君悦领地楼下荣耀网吧被公安人员抓获。

上述事实，有以下证据证实：

1. 证人杨某某、王某某、陈某某的证言，证实其分别从被告人郑某某处购进盗版广联达、擎洲广达等软件加密锁后再加价出售的情况。

2. 相关品牌的计算机软件著作权登记证书，证实被告人郑某某在淘宝网销售中涉及的各类计算机软件的著作权均系他人合法所有的事实。

3. 调取的被告人郑某某的淘宝网支付宝交易记录及上海沪港金茂会计师事务所有限公司出具的《司法鉴定意见书》，证实自2011年5月3日至2013

年4月10日，被告人郑某某所开设的2家淘宝网店的销售总额情况。

4. 上海市公安局虹口分局经济犯罪侦查支队出具的《案发经过》、成都市公安局武侯区分局南站地区刑警中队出具的《到案经过》，证实本案的案发过程及被告人郑某某被公安人员抓获的情况。

5. 被告人郑某某的多次供述，证实其对上述犯罪事实供认不讳。

上述证据收集程序合法，内容客观真实，足以认定指控事实，被告人郑某某对基本犯罪事实无异议。

本院认为，被告人郑某某以营利为目的，未经著作权人许可，复制发行其计算机软件，具有其他特别严重情节，其行为已触犯《中华人民共和国刑法》第二百一十七条第（一）项的规定，犯罪事实清楚，证据确实、充分，应当以侵犯著作权罪追究其刑事责任。被告人郑某某到案后如实供述自己的罪行，根据《中华人民共和国刑法》第六十七条第三款的规定，可以从轻处罚，根据《中华人民共和国刑事诉讼法》第一百七十二条的规定，提起公诉，请依法审判。

此致

上海市虹口区人民法院

检　察　员　谢　飞

代理检察员　段　辉

二〇一三年十一月二十五日

附：1. 被告人郑某某现羁押于上海市第三看守所。

2. 侦查卷宗十一册，审计报告四册。

附：相关法律条文

《中华人民共和国刑法》

第二百一十七条　以营利为目的，有下列侵犯著作权情形之一，违法所得数额较大或者有其他严重情节的，处三年以下有期徒刑或者拘役，并处或者单处罚金；违法所得数额巨大或者有其他特别严重情节的，处三年以上七年以下有期徒刑，并处罚金：

（一）未经著作权人许可，复制发行其文字作品、音乐、电影、电视、录像作品、计算机软件及其他作品的；

……

第六十七条第三款 犯罪嫌疑人虽不具有前两款规定的自首情节，但是如实供述自己罪行的，可以从轻处罚……

《中华人民共和国刑事诉讼法》

第一百七十二条 人民检察院认为犯罪嫌疑人的犯罪事实已经查清，证据确实、充分，依法应当追究刑事责任的，应当作出起诉决定，按照审判管辖的规定，向人民法院提起公诉，并将案卷材料、证据移送人民法院。

上海市杨浦区人民法院
刑事判决书

（2013）杨刑（知）初字第120号

公诉机关上海市虹口区人民检察院。

被告人郑某某，男，1990年××月××日出生于四川省仁寿县，汉族，初中文化，个体，住四川省成都市××路××号××栋××单元××楼××号。因涉嫌侵犯著作权犯罪于2013年4月16日被上海市公安局虹口分局刑事拘留，同年5月23日被逮捕。现羁押于上海市第三看守所。

辩护人胡某某，上海××律师事务所律师。

上海市虹口区人民检察院以沪虹检刑诉〔2013〕1363－1号起诉书指控被告人郑某某犯侵犯著作权罪，向上海市虹口区人民法院提起公诉。经上海市第二中级人民法院指定，本案由本院审判，本院于2013年11月29日受理后，依法组成合议庭，适用简易程序，公开开庭审理了本案。上海市虹口区人民检察院指派代理检察员段辉出庭支持公诉，被告人郑某某及辩护人胡某某到庭参加诉讼。本案现已审理终结。

经事理查明，2011年5月至2013年4月，被告人郑某某通过淘宝网开设名为“××工作室”“××”的网店，对外销售从石某某（另案处理）等人处购进的盗版擎洲广达、广联达、品茗胜算等软件的加密锁和软件破解驱动程序，从中牟利。被告人郑某某上述两家店铺的销售金额共计人民币2664756元，除去销售加密锁空锁、游戏装备等金额外，销售各类盗版软件加密锁的金额为人民币80余万元。

2013年4月16日，被告人郑某某在成都市武侯区火车站东路君悦领地楼下荣耀网吧被公安人员抓获。

上述事实，被告人郑某某及辩护人在开庭审理过程中亦均无异议，且有证人杨某某、王某某、陈某某的证言，相关品牌的《计算机软件著作权登记证书》，调取的被告人郑某某的淘宝网支付宝交易记录，上海沪港金茂会计师事务所有限公司出具的《司法鉴定意见书》，上海市公安局虹口分局经济犯罪侦查支队出具的《案发经过》，成都市公安局武侯区分局南站地区派出所出具的

《到案经过》等证据证实，足以认定。

公诉机关根据上述证据指控被告人郑某某的行为构成侵犯著作权罪，具有其他特别严重情节；被告人为郑某某到案后能如实供述自己的罪行，提请依法惩处。

审理中，被告人郑某某退出违法所得人民币 160000 元，并向本院缴纳人民币 180000 元。

本院认为，被告人郑某某以营利为目的，未经著作权人许可，复制发行其计算机软件，情节特别严重，其行为已构成侵犯著作权罪，公诉机关指控的罪名成立，对被告人郑某某依法应予惩处。被告人郑某某到案后如实供述自己的罪行，并退出了违法所得，预缴了罚金，依法可以从轻处罚。为严肃国法，维护著作权人的著作权和著作权管理制度，保护知识产权，根据被告人郑某某的犯罪情节、社会危害性、认罪悔罪态度等，依照《中华人民共和国刑法》第二百一十七条第（一）项，第六十七条第三款，第七十二条第一款、第三款，第七十三条第二款、第三款，第五十三条，第六十四条以及最高人民法院、最高人民检察院《关于办理侵犯知识产权刑事案件具体应用法律若干问题的解释》第五条第二款第（一）项，最高人民法院、最高人民检察院《关于办理侵犯知识产权刑事案件具体应用法律若干问题的解释（二）》第二条第一款之规定，判决如下：

一、被告人郑某某犯侵犯著作权罪，判处有期徒刑三年，缓刑五年，罚金人民币十八万元（已预缴）；

（缓刑考验期限，从判决确定之日起计算。）

郑某某回到社区后，应当遵守法律、法规，服从监督管理，接受教育，完成公益劳动，做一名有益社会的公民。

二、扣押在案的违法所得予以没收。

如不服本判决，可在接到判决书的第二日起十日内，通过本院或者直接向上海市第二中级人民法院提出上诉。书面上诉的，应当提交上诉状正本一份，副本二份。

审　判　长　陈蔓莉
代理审判员　董文涛
人民陪审员　吴奎丽
二〇一三年十二月二十四日
书　记　员　张　星

附：相关法律条文

《中华人民共和国刑法》

第二百一十七条 以营利为目的，有下列侵犯著作权情况之一，违法所得数额较大或者有其他严重情节的，处三年以下有期徒刑或者拘役，并处或者单处罚金；违法所得敏额巨大或者有其他特别严重情节的，处三年以上七年以下有期徒刑，并处罚金：

（一）未经著作权人许可，复制发行其文字作品、音乐、电影、电视、录像作品、计算机软件及其他作品的；

……

第六十七条第三款 犯罪嫌疑人虽不具有前两款规定的自首情节，但是如实供述自己罪行的，可以从轻处罚；因其如实供述自己罪行，避免特别严重后果发生的，可以减轻处罚。

第七十二条第一款 对于被判处拘役、三年以下有期徒刑的犯罪分子，同时符合下列条件的，可以宣告缓刑，对其中不满十八周岁的人、怀孕的妇女和已满七十五周岁的人，应当宣告缓别：

（一）犯罪情节较轻：

（二）有悔罪表现；

（三）没有再犯罪的危险；

（四）宣告缓刑对所居住社区没有重大不良影响。

被宣告缓刑的犯罪分子，如果被判处附加刑，附加刑仍须执行：

第七十三条 拘役的缓刑考验期限为原判刑期以上一年以下，但是不能少于二个月。

有期徒刑的缓刑考验期限为原判刑期以上五年以下，但是不能少于一年。

缓刑考验期限，从判决确定之日起计算。

第五十三条 罚金在判决指定的期限内一次或者分期缴纳。期满不缴纳的，强制缴纳。对于不能全部缴纳罚金的，人民法院在任何时侯发现被执行人有可以执行的财产，应当随时追缴。如果由于遭遇不能抗拒的灾祸缴纳确实有困难的，可以酌情减少或者免除。

第六十四条 犯罪分子违法所得的一切财物，应当予以追缴或者责令退赔；对被害人的合法财产，应当及时返还；违禁品和供犯罪所用的本人财物，应当予以没收。没收的财物和罚金，一律上缴国库，不得挪用和自行处理。

最高人民法院、最高人民检察院《关于办理侵犯知识产权刑事案件具体应用法律若干问题的解释》

第五条第二款 以营利为目的，实施刑法第二百一十七条所列侵犯著作权行为之一，违法所得数额左十五万元以上的，属于“违法所得数额巨大”；具有下列情形之一的，属于“有其他特别严重情节”，应当以侵犯著作权罪判处三年以上七年以下有期徒刑，并处罚金：

（一）非法经营数额在二十五万元以上的；

……

最高人民法院、最高人民检察院《关于办理侵犯知识产权刑事案件具体应用法律若干问题的解释（二）》

第二条第一款 刑法第二百一十七条侵犯著作权罪中的“复制发行”，包括复制、发行或者既复制又发行的行为。

未经著作权人许可加框链接他人影视作品的行为可以构成侵犯著作权罪

——张某某侵犯著作权案

【案例要旨】

以营利为目的，未经著作权人许可，加框链接他人影视作品的行为属于信息网络传播行为，应当视为刑法规定的“复制发行”，情节严重的，构成侵犯著作权罪。

【案情简要】

2009 年底，被告人张某某申请注册网站域名后设立 www. ××××××.cc 网站（网站名称为“××××××影视”），并在浙江绍兴租用服务器，通过安装相关软件，完成网站和服务器的连接。嗣后，被告人张某某未经著作权人许可，通过 www. ××××××.cc 网站管理后台，加框链接至某资源网获取影视作品的种子文件索引地址，通过向网站用户提供并强制使用 QVOD 播放软件的方式，为 www. ××××××.cc 网站用户提供浏览观看影视作品的网络服务。为提高网站的知名度和点击量，被告人张某某在该网站中以设置目录、索引、内容简介、排行榜等方式向用户推荐影视作品。2010 年 2 月，被告人张某某加入××广告联盟，由××广告联盟在该网站上发布各类广告，从而获取广告收益。经鉴定，该网站加框链接的影视作品中，有 941 部与中国、美国、韩国、日本等国家具有著作权的影视作品内容相同。

静安区人民检察院提起公诉后，普陀区人民法院以侵犯著作权罪判处被告人有期徒刑 1 年 3 个月，缓刑 1 年 3 个月，并处罚金人民币 3 万元。被告人未提出上诉，判决已生效。

【典型意义】

本案系全国首例向法院提起公诉的网络链接型侵犯著作权案，辩护人认为被告人提供的仅是网络服务行为，并非直接作品提供者，不构成犯罪，法院支持了公诉机关的意见。本案对于深入理解网络环境下“复制发行”的含义、全面审查行为人的主观故意、准确把握网络侵犯著作权的刑民界限具有重要借鉴意义。

一、未经著作权人许可，通过加框链接方式向网络用户传播影视作品的，应当视为刑法规定的“复制发行”行为

加框链接，是指行为人（设链方）运用加框技术将他人网站（被链方）上的影视作品嵌入自己的网页，使得用户在行为人的网站上直接就能看到所链接的作品内容的行为。加框链接者故意隐去作品的真实来源网站信息，使用户误以为作品系设链网站所提供。网络环境下，加框链接技术构成“复制发行”行为的新模式，虽然行为人并未将他人作品直接复制上传至自己的服务器，也未拥有和支配作品，但加框链接行为让公众可以在个人选定的时间和地点获得作品，符合信息网络传播行为的实质性要件。根据“两高”《关于办理侵犯知识产权刑事案件具体应用法律若干问题的解释》第 11 条规定，通过信息网络向公众传播他人文字作品、音乐、电影、电视、录像作品、计算机软件及其他作品的行为，应当视为《刑法》第 217 条规定的“复制发行”。从危害性而言，加框链接行为可以将大量分散的侵权作品集聚在同一个网站上，具有社会危害性的叠加和聚拢效应，与直接拥有和上传侵权作品的行为在刑法评价意义上具有等价性，情节严重的，构成侵犯著作权罪。

二、设链方是否明知其在网站上传播的作品具有侵权性，应通过全面审查予以分析判断

设链方作为网络服务提供商，只有在其明知传播作品系侵权的情况下，才存在刑法介入的空间和可能。设链方是否明知，除其本人供述外，可以从以下几方面综合分析：一是行为人是否主动对作品进行选择、编辑、修改和推荐；二是行为人传播作品的类型、知名度，作品是否属于热播影视剧；三是被链网站是否属于业内公知的正版授权的影视视频分享网站；四是设链网站的自身情况。本案中，被告人张某某通过加框技术定向链接至某资源网，主动采集 900 余部热播影片并向用户推荐，某资源网并非业内公知的正版授权的影视视频分享网站。而且被告人开设的系营利性网站，该网站未获相关行政许可，系非法网站，不可能获得相关作品权利人的合法授权。综上，可以认定被告人张某某主观上明知其传播作品具有侵权性。

需要注意的是，在目前的网络环境下，链接广泛存在，它极大地提高了人们获取各类信息和资源的便捷性，且侵犯知识产权刑事案件属于被害人可以自诉的案件，因此在动用公权力尤其是刑罚权时应当尤为慎重，在区分链接的不同类型和案件的具体情况的基础上慎重把握入罪界限。

上海市静安区人民检察院
起诉书

沪静检刑诉〔2013〕261 号

被告人张某某，男，1989 年××月××日生，公民身份号码：4414021989××××××××，汉族，初中文化，无固定职业，户籍在广东省梅州市梅江区××路××号，住广东省梅州市梅江区××市场××号。2012 年 9 月 5 日因涉嫌侵犯著作权罪，由上海市公安局刑事拘留，2012 年 10 月 12 日经上海市人民检察院第二分院批准，同日由上海市公安局执行逮捕。

本案由上海市公安局侦查终结，以被告人张某某涉嫌侵犯著作权罪，于 2012 年 12 月 6 日移送上海市人民检察院第二分院审查起诉。上海市人民检察院第二分院于 2012 年 12 月 11 日交送本院审查起诉。本院受理后，于 2012 年 12 月 12 日告知被告人有权委托辩护人，同日告知被害单位有权委托诉讼代理人；依法讯问了被告人，审查了全部案件材料。经审查，于 2013 年 1 月 22 日及 2013 年 4 月 8 日两次退回补充侦查，上海市公安局补充侦查终结，于 2013 年 5 月 10 日移送本院审查起诉。

经依法审查查明：

被告人张某某于 2009 年年底，申请注册网站域名后设立 www.××××××.cc 网站，并在浙江绍兴租用服务器，通过安装相关软件，完成网站和服务器的连接。嗣后，被告人张某某利用 www.××××××.cc 网站管理后台，从直接上传作品的“××资源网”加框链接未经著作权人授权的影视作品。为提高网站的知名度和所链接影视作品的点击量，被告人张某某在 www.××××××.cc 网站中以设置目录、索引、内容简介、排行榜等方式向用户推荐影视作品，并通过强制提供 QVOD 播放软件等方法，为用户浏览、下载上述影视作品提供服务。

2010 年 2 月，被告人张某某加入“××广告联盟”，由“××广告联盟”在其设立的 www.××××××.cc 网站上发布各类广告。至案发，被告人张某某从“××广告联盟”获取广告收益共计人民币10万余元。

经鉴定，www.××××××.cc网站加框链接的影视作品中，有941部与中国、美国、韩国、日本等相关版权机构认证的具有著作权的影视作品内容相同。

2012年9月5日，被告人张某某在原籍住所地被公安人员抓获，相关作案工具亦被当场缴获。

上述事实，有以下证据证明：

1. 国家广播电影电视总局电影管理局影片公映许可证、上海市版权局的认证复函、日本一般社团法人内容产品海外流通促进机构的授权状况确认结果报告书、韩国著作权委员会北京代表处版权认证结论书、美国电影协会北京代表处版权认证结论书等书证，证实被告人张某某未经著作权人授权，通过信息网络传播他人享有著作权影视作品的事实。

2. 上海市公安局扣押物品清单，证实查获被告人张某某的个人电脑及租用服务器的硬盘等作案工具的事实。

3. 北京××网讯科技有限公司提供的广告费支付证明以及中国工商银行出具的涉案账户交易明细，证实被告人张某某非法获利数额。

4. 上海东方计算机司法鉴定所的沪东方IT司鉴〔2013〕字第022号司法鉴定意见书，证实被告人张某某未经著作权人授权、私自加框链接他人享有著作权的影视作品941部供他人在线观看、下载，被链网站“××资源网”系未经著作权人许可直接上传他人影视作品的侵权网站。

5. 被告人张某某的供述，证实其在明知被链网站“××资源网”系未经著作权人许可上传他人影视作品网站的情况下，以营利为目的，未经著作权人许可，私自加框链接相关影视作品，并以刊登收费广告方式获取收益的事实。

6. 公安机关出具的案发经过，证实被告人张某某被抓获的经过。

上述证据来源及收集程序合法，内容客观真实，足以认定指控事实。被告人张某某对犯罪事实无异议。

本院认为，被告人张某某以营利为目的，未经著作权人许可，通过信息网络向公众传播影视作品，违法所得数额较大，其行为已触犯《中华人民共和国刑法》第二百一十七条，最高人民法院、最高人民检察院《关于办理侵犯知识产权刑事案件具体应用法律若干问题的解释》第五条、第十一条之规定，应当以侵犯著作权罪追究其刑事责任。被告人张某某到案后如实供述罪行，依照《中华人民共和国刑法》第六十七条第三款之规定，可以从轻处罚。根据

《中华人民共和国刑事诉讼法》第一百七十二条之规定，提起公诉，请依法审判。

此致

上海市静安区人民法院

检　察　员　金　浩

代理检察员　王　冠

二〇一三年六月二十一日

附：1. 被告人张某某现羁押于上海市第二看守所；

2. 侦查卷宗三册，司法鉴定意见书一册；

3. 证人（鉴定人）名单一份；

4. 案犯身份卡一份；

5. 换押证一份；

6. 相关法律条文。（略）

上海市普陀区人民法院
刑事判决书

（2013）普刑（知）初字第11号

公诉机关上海市静安区人民检察院。

被告人张某某，男，1989年××月××日生，汉族，出生地广东省梅州市，初中文化，无业，户籍地广东省梅州市梅江区××路××号。因涉嫌侵犯著作权罪，于2012年9月5日被上海市公安局刑事拘留，2012年10月12日被依法逮捕，经本院决定于2013年11月26日被取保候审。

辩护人林某某，上海××律师事务所律师。

辩护人傅某某，上海××律师事务所律师。

按照上海市第二中级人民法院指定管辖的决定，上海市静安区人民检察院以沪静检刑诉〔2013〕261号起诉书指控被告人张某某犯侵犯著作权罪，于2013年6月25日向本院提起公诉。本院于同日立案，依法组成合议庭，于2014年1月27日、2014年3月14日公开开庭审理了本案。上海市静安区人民检察院指派检察员金浩、代理检察员王冠出庭支持公诉，被告人张某某及其辩护人林某某、傅某某，鉴定人蒋某某、徐某某，证人胡某某、金某某到庭参加诉讼。其间上海市静安区人民检察院两次申请延期审理，后申请恢复审理，现已审理终结。

上海市静安区人民检察院指控，被告人张某某于2009年年底，申请注册网站域名后设立www.××××××.cc网站，并在浙江绍兴租用服务器，通过安装相关软件，完成网站和服务器的连接。嗣后，被告人张某某利用www.××××××.cc网站管理后台，从直接上传作品的“××资源网”加框链接未经著作权人授权的影视作品。为提高网站的知名度和所链接影视作品的点击量，被告人张某某在www.××××××.cc网站以设置目录、索引、内容简介、排行榜等方式向用户推荐影视作品，并通过强制提供QVOD播放软件等方法，为用户浏览、下载上述影视作品提供服务。

2010年2月，被告人张某某加入“××广告联盟”，由“××广告联盟”在其设立的www.××××××.cc网站上发布各类广告。至案发，被告人张某某从“××广告联盟”获取广告收益共计人民币10万余元。

经鉴定，www.××××××.cc网站加框链接的影视作品中，有941部与中国、美国、韩国、日本等相关版权机构认证的具有著作权的影视作品内容相同。

2012年9月5日，被告人张某某在原籍居住地被公安人员抓获，相关作案工具亦被当场缴获。

公诉机关就上述指控的事实，提供了侦查人员胡某某的证言，域名信息查询详情单，国家广播电影电视总局电影管理局影片公映许可证、上海市版权局的认证复函，日本一般社团法人内容产品海外流通促进机构的授权状况确认结果报告书及其出具的情况说明，韩国著作权委员会北京代表处版权认证结论书、韩国著作权委员会出具的证明及认证机构指定书，美国电影协会北京代表处版权认证结论书及相关情况说明等书证，公安机关出具的工作情况、网页截屏，上海市文化广播影视管理局出具的证明函，上海市公安局扣押物品清单，上海东方计算机司法鉴定所出具的沪东方IT司鉴〔2013〕字第022号司法鉴定意见书及上海东方计算机司法鉴定所鉴定人蒋某某、工作人员徐某某的陈述，北京××网讯科技有限公司出具的广告费支付证明以及中国工商银行出具的涉案账户交易明细，被告人张某某的供述及公安机关出具的案发经过等证据，认为被告人张某某的行为构成侵犯著作权罪，提请依照《中华人民共和国刑法》第二百一十七条，最高人民法院、最高人民检察院《关于办理侵犯知识产权刑事案件具体应用法律若干问题的解释》第五条、第十一条之规定，对被告人张某某予以处罚。

庭审中，被告人张某某对起诉书指控其侵犯著作权的犯罪事实和定性无异议。

被告人张某某的辩护人对起诉书指控被告人张某某侵犯著作权的犯罪事实和定性表示异议，提供了公安部第三研究所研究员金某某出具的专家意见等证据，并认为起诉书指控被告人张某某犯有侵犯著作权罪事实不清，证据不足，应宣告无罪。理由如下：

1. 涉案电脑及服务器硬盘的提取扣押、鉴定过程、作品比对、有效链接验证等未进行录像记录，不符合相关法律规定，属于非法证据排除的范围，不具相应事实的证明力。

2. 上海东方计算机司法鉴定所出具的司法鉴定意见书存在重大瑕疵，选用的鉴定方法不适宜作为判断电影作品是否存在侵权的依据；作品名称比对的侵权判断不正确，作品名称不能体现作品的内容；鉴定仅提取了涉案计算机数据库中的链接信息，未显示相关有效链接验证过程；被链××资源网并非直接上传作品的网站，涉案 www. ××××××. cc 网站所采技术应为 P2P 技术。

3. 公诉机关指控被告人张某某的犯罪金额是其广告收益，但该广告费收益来源于被告人张某某开设的两个网站，北京××网讯科技有限公司出具的广告费支付证明未附有具体明细，故该金额不能作为被告人张某某的犯罪金额。

4. 被告人张某某提供的仅是网络服务行为，并非直接作品提供者。我国现行刑法及相关规定未对该网络服务提供行为构成侵犯著作权罪作明确的规定，根据罪刑法定原则，被告人张某某的行为不构成犯罪。

经审理查明，2009 年年底，被告人张某某申请注册网站域名后设立 www. ××××××. cc 网站（网站名称为"××影视"），并在浙江绍兴租用服务器，通过安装相关软件，完成网站和服务器的连接。嗣后，被告人张某某未经著作权人许可通过 www. ××××××. cc 网站管理后台，链接至××资源网获取影视作品的种子文件索引地址，通过向用户提供并强制使用 QVOD 播放软件的方式，为 www. ××××××. cc 网站用户提供浏览观看影视作品的网络服务。为提高网站的知名度和所链接影视作品的点击量，被告人张某某在 www. ××××××. cc 网站以设置目录、索引、内容简介、排行榜等方式向用户推荐影视作品。

2010 年 2 月，被告人张某某加入"××广告联盟"，由"××广告联盟"在其设立的 www. ××××××. cc 网站上发布各类广告，从而获取广告收益。

经鉴定，www. ××××××. cc 网站链接的影视作品中，有 941 部与中国、美国、韩国、日本等相关版权机构认证的具有著作权的影视作品内容相同。

2012 年 9 月 5 日，被告人张某某在原籍居住地被公安人员抓获，如实供述了上述犯罪事实，相关作案工具亦被当场缴获。

以上事实，有公诉机关提供的以下证据证实：

1. 侦查人员胡某某到庭作证证实，在扣押计算机、服务器硬盘时进行了封存；侦查之初，对 www. ××××××. cc 网站（当时尚未关闭）页面进行了首页截屏；对涉案网站上的影片按照 10% 左右的比例进行抽检和点击观看，并根据片头出品人等信息制作了相关影视作品清单，后通过上海市版权局交由相关国家著作权管理机构及权利人进行作品检测及权利认证。当时未对抽检、点击观看、影片内容比对过程进行录像，主要是由于涉案网站影片数量巨大，受刑事打击犯罪及时性要求所限。

2. 域名信息查询详情单证实 www. ××××××. cc 域名是由被告人张某某注册。

3. 国家广播电影电视总局电影管理局影片公映许可证、上海市版权局的认证复函，日本一般社团法人内容产品海外流通促进机构的授权状况确认结果报告书及其出具的情况说明，韩国著作权委员会北京代表处版权认证结论书、韩国著作权委员会出具的证明及认证机构指定书，美国电影协会北京代表处版权认证结论书及相关情况说明等书证证实，中国、美国、韩国、日本相关影视作品著权利人通过登录涉案 www. ××××××. cc 网站并点击观看的方式进行了影片内容比对，即目视检测，之后出具了相关认证，总计比对认证影视作品数为 1199 部（包括中国影视作品 14 部、美国影视作品 110 部、韩国影视作品 458 部、日本影视作品 617 部），上述影视作品著作权利人均未授权被告人张某某通过涉案 www. ××××××.cc 网站进行传播。

4. 公安机关出具的工作情况及涉案 www. ××××××.cc 网站首页截屏证实，案发时 www. ××××××.cc 网站的页面及播放情况，被告人张某某在 www. ××××××.cc 网站以设置目录、索引、内容简介、排行榜等方式向用户推荐影视作品，并通过强制使用 QVOD 播放软件等方法，为用户浏览上述影视作品提供服务。

5. 上海市文化广播影视管理局出具的证明函证实，www. ××××××.cc 网站未取得国家新闻出版广电总局颁发的《信息网络传播视听节目许可证》，系非法网站。

6. 上海市公安局扣押物品清单证实，查获被告人张某某个人电脑及租用服务器的硬盘等作案工具的事实。

7. 上海东方计算机司法鉴定所出具的沪东方 IT 司鉴〔2013〕字第 022 号司法鉴定意见书证实，被告人张某某未经著作权人授权、私自链接他人享有著作权的影视作品 941 部供他人在线观看。庭审中，鉴定人蒋某某出庭证实其接受了公安机关的委托，以两个硬盘为检材进行鉴定，其主要是对 www. ××××××.cc 网站的有效链接进行鉴定，同时认为 www. ××××××.cc 网站上的影片均定向链接于××资源网，××资源网系直接上传作品的网站，属绝对地址。鉴定测试人员徐某某出庭证实对硬盘进行解析，制作镜像，导出数据等具体工作由其进行。在测试有效链接时，其根据相关影视作品著作权人经内容比对形成的影片目录，通过比对程序语言一致性进行认定，在提取链接地址后进行了影片播放，以确定链接的有效性，最终认定涉案 www. ××××××. cc 网站上能有效链接的影视作品数为 941 部（包括中国影视作品 2 部、美国影视作品 95 部、韩国影视作品 458 部、日本影视作品 386 部）。同时其当庭演示，将被告人电脑服务器中提取的 www. ××××××.cc 网站影片链接地址输入 QVOD 播放器中的地址栏，点击播放后完成了一部影片的播放，以验证其测试有效连接的方法。

8. 北京××网讯科技有限公司出具的广告费支付证明以及中国工商银行出具的涉案账户交易明细证实，被告人张某某以刊登广告方式获取利益。

9. 被告人张某某的供述证实，其从互联网论坛获得了通过采集盗版影片资源建立网站并进行牟利的信息及操作技术，之后其建立涉案 www. ××××××. cc 影视作品网站，在未获任何著作权人授权的情况下，定向链接至××资源网采集影片资源，通过设置目录、索引、内容简介、排行榜等方式向用户推荐影视作品，用户浏览涉案网站上的影视作品必须安装 QVOD 播放软件，涉案网站可进行正常影片观看，同时其以刊登收费广告方式获取利益。

10. 公安机关出具的案发经过证实，被告人张某某被抓获的经过。

辩护人在庭审中提供公安部第三研究所研究员金某某出具的专家意见证明上海东方计算机司法鉴定所出具的沪东方 IT 司鉴〔2013〕字第 022 号司法鉴定意见书存在重大瑕疵，并申请证人金某某出庭作证证实，涉案 www. ××××××. cc 网站影片链接地址其实质是 P2P 技术下相关种子文件属性（以表明文件大小、哈希值、文件名称），该地址是种子文件索引地址，被链网站并非上传片源的绝对地址。

上述证据均经庭审质证，查证属实，应予确认。

综上，根据本案的事实和证据，针对控辩双方争议的焦点本院归纳评判如下：

1. 涉案影视作品的权属事实及有效链接事实

辩护人提出涉案电子证据采集、侵权作品比对、链接有效性检测过程未予录像固定，属非法证据排除范围。辩护人上述意见实是认为相关证据在形成过程中存在规范性瑕疵，但规范性瑕疵证据并不属我国刑事诉讼法所规定的当然予以排除的非法证据。本案中公诉机关通过申请相关侦查人员、鉴定人员到庭作证，提供版权认证机构及权利人出具的补充说明等形式进行了证据补充。公诉机关下列补充证据可证实：

（1）侦查人员胡某某的证言证实在侦查阶段侦查人员浏览了 www. ××××××. cc 网站，观看了影片，通过片头权利人信息联系我国版权行政管理机构交由相关国家版权认证机构，委托权利人进行作品检测及版权认证。

（2）权利认证机构出具的说明证实权利人进行了内容比对的目视检测，并根据比对结果出具了版权认证书。

（3）鉴定人蒋某某、鉴定测试人员徐某某出庭证实在鉴定过程其进行过有效链接的验证，并根据验证结果制作了 941 部侵权作品目录。

（4）被告人张某某的供述证实涉案 www. ××××××. cc 网站可进行正常影片观看。

综上，公诉机关的相关证据已形成证据链并相互印证，涉案影视作品权利人出具的作品权属对应性事实以及涉案作品在www.××××××.cc网站上有效链接并可供用户浏览观看的事实可予认定。

2. 被告人张某某提供网络服务所涉的技术事实

公诉机关指控被告人张某某犯罪事实的相关证据证实，涉案www.××××××.cc网站及被链接的××资源网的影片播放均是使用QVOD播放软件。辩护人申请的专家证人金某某认为，××资源网上的地址实是P2P技术下影片种子文件属性的索引地址，××资源网并非直接上传影视作品的绝对地址。鉴于QVOD播放软件采用P2P技术进行作品传播已成为目前互联网领域普遍知晓的技术事实，故辩护人关于××资源网并非直接上传作品的网站，被告人张某某在www.××××××.cc网站上进行影视作品传播所依托的网络技术为P2P技术的辩护意见可予采纳。

3. 被告人张某某实施的并非直接提供作品的行为，而是提供网络服务的行为，该行为是否构成侵犯著作权罪

本院认为，根据我国刑法及相关规定，以营利为目的，未经著作权人许可，发行（通过信息网络向公众传播）他人作品合计数量达500部以上的，构成侵犯著作权罪。本案中，从被告人张某某的行为目的、性质、主观状态、情节等方面作如下分析：

（1）被告人张某某建立涉案www.××××××.cc网站的目的。被告人张某某通过互联网论坛获得通过采集盗版影片资源建立网站并进行牟利的信息，并在建立网站后立即加入“××广告联盟”，通过在网站上刊登收费广告获取利益，其主观上具备了营利目的。

（2）被告人张某某的行为性质。侦查机关扣押在案的服务器及硬盘数据均未显示其租用的服务器上存有涉案影视作品的内容，因此被告人张某某并非直接作品提供者，其通过www.××××××.cc网站管理后台，链接至××资源网获取影视作品种子文件的索引地址，并通过向用户提供并强制使用QYOD播放软件，供www.××××××.cc网站用户浏览观看影视作品，从而完成涉案影视作品在网络上的传播。被告人张某某的上述网络服务提供行为，可使公众在其个人选定的时间和地点通过www.××××××.cc网站获得作品，符合信息网络传播行为的实质性要件，属信息网络传播行为，因此符合侵犯著作权罪中“发行”（通过信息网络向公众传播）的行为性质。

（3）被告人张某某的主观状态。首先，P2P技术下，基于本案现有证据，最先将作品制作成“种子”置于互联网上的直接作品提供者确实存在分散性和不确定性，但从影视作品权利人的经营模式及授权形式（通过作品授权许

可获取经济利益）来看，基于P2P技术特点，权利人不可能许可其影视作品以设置成“种子”的形式（即P2P技术）在互联网上免费传播，故最先将影视作品制作成“种子”置于互联网上的作品提供者，其“未经著作人许可”的事实成立。其次，被告人张某某对在www.××××××.cc网站上供用户浏览观看的影视作品具侵权性是明知的。具体事实及理由如下：一是其从互联网论坛获得了通过采集盗版影片资源建立网站并进行牟利的信息及操作技术，定向链接至××资源网，主动采集影片资源，并以设置目录、索引、内容简介、排行榜等方式向用户推荐影视作品；二是涉案www.××××××.cc网站上的作品均为影视剧，正版授权的影视视频分享网站是业内公知信息，本案被链接的××资源网并非此列；三是被告人张某某开设的是营利性影视视频分享网站，但该网站未获相关行政许可，系非法网站，被告人张某某作为影视视频分享网站的经营者从未获得相关权利人的授权，因其网站的非法性也不可能获得相关作品权利人的合法授权。综上，被告人张某某及最先将作品设置成“种子”的行为人存在“未经著作权人许可”而进行网络传播影视作品的主观故意。

（4）被告人张某某的犯罪情节。根据公诉机关提供的证据证实，经侦查机关抽检、相关权利人目视检测作品内容比对、鉴定机构有效链接测试，被告人张某某未经著作权人许可，通过信息网络向公众传播的影视作品达941部，已符合构成侵犯著作权罪的入罪情形。

综上所述，被告人张某某以营利为目的，未经著作权人许可，发行（通过信息网络向公众传播）影视作品达941部，情节严重，其行为已构成侵犯著作权罪，依法应予处罚。公诉机关指控被告人张某某的罪名成立。被告人张某某到案后能如实供述自己罪行，依法可从轻处罚。被告人张某某在被司法机关取保候审期间能遵纪守法，可适用缓刑予以考验。

为严肃国法，维护社会主义市场经济秩序，保护知识产权权利不受侵犯，根据被告人的犯罪情节、社会危害性、认罪悔罪态度，依照《中华人民共和国刑法》第二百一十七条第（一）项，第六十七条第三款，第七十二条第一款、第三款，第七十三条第二款、第三款，第五十三条，第六十四条，最高人民法院、最高人民检察院《关于办理侵犯知识产权刑事案件具体应用法律若干问题的解释》第十一条第一款、第三款之规定，判决如下：

一、被告人张某某犯侵犯著作权罪，判处有期徒刑一年三个月，缓刑一年三个月，并处罚金人民币三万元。

（缓刑考验期限，从判决确定之日起计算，罚金款应于本判决生效之日起一个月内缴纳。）

被告人张某某回到社区后，应当遵守法律、法规，服从监督管理，接受教育，完成公益劳动，做一名有益社会的公民。

二、违法所得依法予以追缴。

三、扣押在案的作案工具，依法予以没收。

如不服本判决，可在接到判决书的第二日起十日内，通过本院或者直接向上海市第二中级人民法院提出上诉。书面上诉的，应当提交上诉状正本一份，副本一份。

审　判　长　金　红
代理审判员　张佳璐
代理审判员　竺盈琼
二〇一四年五月二十三日
书　记　员　林抒蔚

免费提供侵权软件间接收取费用应认定侵犯著作权罪并合理计算犯罪数额

——上海某网络科技股份有限公司侵犯著作权案

【案例要旨】

网站为提高浏览量增加广告费等收入，免费提供侵权软件的，属于间接收取费用，违法所得数额较大或有其他严重情节的，应认定为侵犯著作权罪。侵权行为与网站正常经营所带来的浏览量交织的，需加以区分，合理计算犯罪数额。

【案情简要】

2008年起，被告单位上海某网络科技股份有限公司（以下简称“某公司”）总经理韩某甲、副总经理韩某乙为推广“某公司”2345导航网站，在未经软件著作权人微软公司许可的情况下，指使员工钱某、罗某、陈某、吴某、何某等人非法复制微软公司Windows操作系统软件（内含Microsoft office 2003等办公软件），制成“萝卜家园”等多种版本，并设置了不同的域名参数，将浏览器默认首页修改为2345网站首页，再以网上免费下载和线下免费发放的方式推广该网站，从而提高网站浏览量，吸引百度等在网站上加载有偿链接，非法获利。

经查，“某公司”先后开设了www.51xp.cc等5个下载网站，专门用于免费点击下载上述侵权软件，带来的用户点击数189万余次、下载数535万余次；在全国29个省286个城市免费发放侵权软件光盘217万余张。经审计，2008年至2011年3月，2345网站上102个侵权域名带来的浏览量，使“某公司”获取营业收入人民币（以下币种均为人民币）2387万余元。

2012年6月4日，浦东新区人民检察院以“某公司”及被告人韩某甲、韩某乙等八人构成侵犯著作权罪提起公诉。2013年2月4日，浦东新区人民法院采纳指控意见，认定非法经营数额2387万余元，以侵犯著作权罪判处被告单位“某公司”罚金1000万元；判处被告人韩某甲、韩某乙等人有期徒刑3年至1年6个月，罚金100万元至10万元，均宣告缓刑。被告单位及被告人未提出上诉，判决已生效。

【典型意义】

1. 未经著作权人许可，在网站上提供他人软件下载的，属于《刑法》规定的“复制发行”，应认定侵犯著作权罪。根据2004年12月“两高”《关于办理侵犯知识产权刑事案件具体应用法律若干问题的解释》第11条第3款的规定，通过信息网络向公众传播计算机软件等作品的行为，应视为《刑法》第217条规定的“复制发行”。2007年4月“两高”《关于办理侵犯知识产权刑事案件具体应用法律若干问题的解释（二）》第2条第1款进一步规定，侵犯著作权罪中的“复制发行”，包括复制、发行或者既复制又发行的行为。本案中，“某公司”未经权利人许可，将他人软件上传到网站供人免费下载多达500余万次，构成通过信息网络传播，属于“复制发行”行为。2011年1月“两高一部”《关于办理侵犯知识产权刑事案件适用法律若干问题的意见》（以下简称《意见》）第12条第2款规定“非法出版、复制、发行他人作品，侵犯著作权构成犯罪的，按照侵犯著作权定罪处罚，不认定为非法经营罪等其他犯罪”。据此，“某公司”的行为应当以侵犯著作权罪定罪处罚。

2. 免费提供侵权软件来提高网站浏览量，进而获取广告费等收入的，属于间接收费模式，应认定“以营利为目的”。根据《意见》第10条第（二）项的规定，侵犯著作权犯罪，除直接销售侵权作品获利外，“通过信息网络传播他人作品，或者利用他人上传的侵权作品，在网站或者网页上提供刊登收费广告服务，直接或者间接收取费用的”，可以认定“以营利为目的”。本案中，“某公司”的营业收入有三个来源，分别是搜索引擎分流业务分成、信息服务费和广告费，三种收入的结算标准都与网站浏览量相关联。“某公司”虽免费提供侵权软件，但修改软件设置，将Windows操作系统软件与其公司2345网站捆绑处理，用户一旦安装该软件，上网时浏览器就自动跳转至2345网站主页，提高了该网站的浏览量，也相应增加了公司收入。因此，该行为属于《意见》中规定的间接收取费用的情形，应当认定“以营利为目的”，以侵犯著作权罪追究刑事责任。

3. 应以侵权行为所获取的收入计算犯罪数额。免费提供侵权软件，间接收取费用的侵犯著作权犯罪，正常业务收入与侵权行为不法获利交织的，应加以区分，合理计算犯罪数额。侵犯著作权犯罪“违法所得数额”和“非法经营数额”二个定罪标准中，因侵权软件系免费提供，故不能以软件销售价格认定非法经营额，又因正常经营和侵权行为的成本混同而难以区分，亦无法采取“收入减去成本”的方式，计算违法所得。免费提供侵权软件的行为实质，是通过带来的网站浏览量间接获取营业收入，故应区分正常经营和侵权行为各自带来的浏览量，以侵权行为浏览量所获取的收入认定非法经营数额。本案经技术鉴定，查明了侵权软件给“某公司”网站带来的浏览量，以该浏览量占公司网站总浏览量的比例，对公司的全部收入进行折算，计算出侵权行为给“某公司”的实际收入，认定为非法经营数额，具有合理性，也符合客观事实。

上海市浦东新区人民检察院
起诉书

沪浦检刑诉〔2012〕2146号

被告单位上海××有限公司（以下简称“××乙公司”），注册地在上海市浦东新区××路××号××室，实际经营地曾为上海市浦东新区××路××号，现经营地为上海市浦东新区××路××号××座××层，法定代表人韩某甲，系公司董事长兼总经理。

诉讼代表人何某，男，1979年××月××日生，系××乙公司人事行政部经理。

被告人韩某甲，男，1976年××月××日生，公民身份号码：3101101976××××××××，汉族，大学文化，户籍在上海市浦东新区××路××弄××号楼××室，现住上海市浦东新区××路××号××号楼，系××乙公司董事长兼总经理。

被告人韩某乙，男，1980年××月××日生，公民身份号码：4105231980××××××××，汉族，大学文化，户籍在上海市闸北区××路××弄××号，现住上海市浦东新区××路××弄××号，系××乙公司副总经理。

被告人钱某，男，1983年××月××日生，公民身份号码：3307021983××××××××，汉族，高中文化，户籍在浙江省金华市婺城区××路××号××幢××室，现住上海市浦东新区××路××弄××号××室，系××乙公司开发部经理。

被告人罗某（曾用名张某），女，1982年××月××日生，公民身份号码：3305011982××××××××，汉族，初中文化，户籍在浙江省湖州市××区××镇××号，暂住上海市浦东新区××路××弄××号××室，系××乙公司推广部经理。

被告人陈某，男，1984年××月××日生，公民身份号码：350582198×××××××××，汉族，高中文化，户籍在福建省晋江市××镇××路××号，现住上海市浦东新区××路××弄××号××室，系××乙公司推广部负责人。

被告人吴某，男，1979年××月××日生，公民身份号码：1523021979×

××××××××，汉族，大学文化，户籍在内蒙古自治区霍林郭勒市××路××号，现住上海市浦东新区××路××弄××号××室，系××乙公司测试部负责人。

被告人何某，男，1986年××月××日生，公民身份号码：3607211986××××××××，汉族，大专文化，户籍在江西省赣州市××镇××道××号，现住上海市浦东新区××路××弄××号××室，系××乙公司系统小组小组长。

被告人李某，男，1982年××月××日生，公民身份号码：3102251982××××××××，汉族，大学文化，无业，户籍在本市浦东新区××镇××村××号，现住上海市浦东新区××路××弄××号××室。

因涉嫌侵犯著作权罪，被告人韩某甲、韩某乙、钱某、罗某于2011年3月15日由上海市公安局取保候审；被告人陈某、吴某、何某、李某于2011年3月15日由上海市公安局刑事拘留，3月17日延长拘留期限至30天，4月13日由上海市公安局取保候审；2012年3月2日经本院决定继续取保候审。

本案由上海市公安局侦查终结，以被告单位××乙公司、被告人韩某甲、韩某乙、钱某、罗某、陈某、吴某、何某、李某涉嫌侵犯著作权罪，于2011年11月3日向本院移送审查起诉。本院受理后，于同日告知被告人有权委托辩护人；依法讯问了被告人，听取了辩护人的意见，审查了全部案件材料。经审查，于2011年12月23日退回补充侦查，上海市公安局补充侦查终结，于2012年1月19日移送审查起诉。

经依法审查查明：

××乙公司（原名上海××乙公司）成立于2006年1月23日，公司注册地在上海市浦东新区××路××号××室，实际经营地自成立之日起至案发时在上海市浦东新区××路××号。

自2008年上半年起，被告人韩某甲、韩某乙经事先商议，为推广该公司2345导航网站，在未经软件著作权人××甲公司许可的情况下，指使公司员工非法复制××甲公司Windows XP professional、Windows 7 ultimate、Windows vista ultimate、Windows 2000 professional等系统操作软件和Microsoft office2003、Microsoft office2007等文档软件，并据此制作“萝卜家园”“雨林木风”“电脑公司”“深蓝”“深度技术”等各种版本的Windows操作系统软件，设置了不同的域名参数，且均将浏览器首页修改设置为2345网站首页，再以提供免费下载上述侵权软件和线下免费发放侵权软件光盘的方式推广2345网站，提高2345网站搜索量，据此吸引百度、谷歌、腾讯等各网站在2345网站上加载有偿链接，从中赚取利益。其中，被告人韩某甲身为××乙公司总经理，策划、组织利用上述侵权软件推广2345网站，并联系被告人李某刻制侵权软件光盘。被告人韩某乙负责注册侵权软件下载网站、解析域名。被告人钱某租借服务器提供侵权软件下载，并负责下载网站的运营维护。被告人罗某负责线下推广，招募人员向全国各省市电脑城的商户免费派发侵权软件光盘。被告人陈某负责5个下载网站的管理，加载侵权软件的下载链接。被告人吴某负责开发、设定上述侵权软件的制作技术要求，测试权软件并上传至××乙公司下载服务器中。被告人何某自2009年5月进入××乙公司工作后，负责侵权软件制作小组并实际参与制作、测试上述各版本侵权软件。

经查，××乙公司先后开设了www.51xp.cc、www.77816.com、www.ghost007.com、www.haoxitong.com、www.xp666.com等5个下载网站，专门用于提供用户点击、下载上述侵权软件。据此带来的用户点击、下载数共计7250886次；向全国29个省286个城市的电脑城等商户免费发放刻制侵权软件的光盘共计1278890张。经公信中南会计师事务所审计鉴定，2345网站上102个侵权域名带来的搜索量，经折算为××乙公司带来收入为人民币23872321.14元。被告人李某为××乙公司刻录上述侵权软件光盘共计264900张，非法经营额为人民币346965元。

上述事实，有以下证据证明：

1. 档案机读材料证实，××乙公司是2006年1月23日依法成立的公司，公司注册地在上海市浦东新区×路×号×室。

2. 上海市公安局出具的扣押物品清单、涉案计算机送检表、检查意见书、远程勘验工作记录、××乙公司提供的光盘数据说明等物证、书证证实，2011年3月14日自××乙公司及相关人员处扣押到××乙公司财务凭证、涉案电脑、服务器等物品，在××乙公司2345网站提取到访问数据并对此进行了证据固定。

3. 上海××数据司法鉴定中心出具的司法鉴定检验报告证实，自扣押的13台服务器内获取到相关涉嫌侵权的文件2387个。

4. 微软（中国）有限公司提供的注册证书、公证员认证书、证明等书证证实，××甲公司在美国版权局已经注册了Windows xp professional、Windows 7 ultimate、Windows vistaultimate、Windows 2000 professional、Microsoft office2003、Microsoft office2007等作品的版权，且从未委托或授权某公司及其关联企业复制、发行任何××甲公司产品。

5. 微软（中国）有限公司提供的鉴定书证实，经对公安机关自××乙公司查获的侵权软件光盘、服务器中调取的涉案iso镜像文件进行鉴定，涉及微软侵权软件共计2280个，其中不重复文件为1293个，均没有相应的正版证明或授权使用许可协议。

6. 上海东方计算机司法鉴定所出具的鉴定意见书、补充函件证实，送检的 iso 镜像文件、光盘中储存的软件包数据，与正版的中文 Windows XP professional、Windows 7 ultimate、Windows vistaultimate、Windows 2000 professional、Microsoft office2003、Microsoft office2007 文件均存在实质性相似。

7. 自被告人吴某、何某等人电脑中调取的测试报告、电子邮件、定制系统测试情况登记表等书证证实，××乙公司相关人员制定了相应的技术标准，并据此制作了各版本的 Windows 系统软件，经测试后上传至服务器。

8. 自被告人罗某电脑中调取的派发记录等书证证实，某公司自 2008 年 7 月 29 日开始派发“电脑公司”“雨林木风”等光盘。

9. 连某、李某元、谭某明等 32 名发盘人员的证言证实，从网名为“红萝卜”“萝卜家园”“盼盼”等人处得到讯息后，为其发放“电脑公司”“萝卜家园”“深度技术”等盗版的 Windows 操作系统光盘，并将名片寄送至上海市浦东新区×路×号张某处。

10. 证人张某辉等××乙公司员工以及林某旺、孙某权、刘某飞等人的证言，分别证实了被告人韩某甲、韩某乙、钱某、罗某、陈某、吴某、何某等人在本案中的作用。

11. 证人陆某、翁某盼的证言以及刻录的 Windows 光盘的母盘照片、聊天记录等证据证实，被告人李某为××乙公司刻制的光盘数及收取的相应费用。

12. 业务合同、××会计师事务所出具的鉴定意见书，证实经对 102 个侵权域名带来的搜索量进行统计，折算出××乙公司非法经营额为人民币 23872321.14 元。

13. 上海市公安局出具的案发经过，证实公安机关在查证××乙公司涉嫌侵犯著作权后，至被告人工作地分别将八名被告人抓获到案的事实。

上述证据来源及收集程序合法，内容客观真实，足以认定指控事实。

本院认为，被告单位××乙公司、被告人韩某甲、韩某乙、钱某、罗某、陈某、吴某、何某以营利为目的，未经著作权人许可，复制发行其计算机软件，情节特别严重，其行为均已触犯《中华人民共和国刑法》第二百一十七条第（一）项、第二百二十条，应当以（单位）侵犯著作权罪追究其刑事责任，对单位××乙公司判处罚金，对直接负责的主管人员和直接责任人员韩某甲、韩某乙、钱某、罗某、陈某、吴某、何某处三年以上七年以下有期徒刑，并处罚金。被告人李某以营利为目的，未经著作权人许可，复制发行其计算机软件，情节特别严重，其行为已触犯《中华人民共和国刑法》第二百一十七条第（一）项，应当以侵犯著作权罪追究其刑事责任，处三年以上七年以下有期徒刑，并处罚金。被告人韩某甲、韩某乙、钱某、罗某、陈某、吴某、何某、李某能如实供述自己罪行，根据《中华人民共和国刑法》第六十七条第三款规定，可以从轻处罚。根据《中华人民共和国刑事诉讼法》第一百四十一条的规定，提起公诉，请依法审判。

此致

上海市浦东新区人民法院

检察员　杨永勤

二〇一二年六月四日

附：1. 被告人韩某甲、韩某乙、钱某、罗某、陈某、何某、李某现均取保候审于其住处。

2. 证据目录一页、证人名单一页、主要证据复印件一册。

附：相关法律条文

《中华人民共和国刑法》

第二百一十七条　以营利为目的，有下列侵犯著作权情形之一，违法所得数额较大或者有其他严重情节的，处三年以下有期徒刑或者拘役，并处或者单处罚金；违法所得数额巨大或者有其他特别严重情节的，处三年以上七年以下有期徒刑，并处罚金：

（一）未经著作权人许可，复制发行其文字作品、音乐、电影、电视、录像作品、计算机软件及其他作品的；

……

第二百二十条　单位犯本节第二百一十三条至第二百一十九条规定之罪的，对单位判处罚金，并对其直接负责的主管人员和其他直接责任人员，依照本节各该条的规定处罚。

第六十七条第三款　犯罪嫌疑人虽不具有前两款规定的自首情节，但是如实供述自己罪行的，可以从轻处罚；因其如实供述自己罪行，避免特别严重后果发生的，可以减轻处罚。

《中华人民共和国刑事诉讼法》

第一百四十一条　人民检察院认为犯罪嫌疑人的犯罪事实已经查清，证据确实、充分，依法应当追究刑事责任的，应当作出起诉决定，按照审判管辖的规定，向人民法院提起公诉。

上海市浦东新区人民法院
刑事判决书

（2012）浦刑（知）初字第23号

公诉机关上海市浦东新区人民检察院。

被害单位××甲公司，住所地美利坚合众国华盛顿州西雅图市××街××号，办公地美利坚合众国华盛顿州雷蒙德市××路××号。法定代表人某某·奥多夫，助理公司秘书。

委托代理人王某，北京市××律师事务所律师。

被告单位××乙公司，住所地上海市浦东新区××路××号，原经营地上海市浦东新区××路××弄××号，现经营地上海市浦东新区××路××号。法定代表人韩某甲，董事长兼总经理。

诉讼代表人何某甲，男，1979年××月××日生，汉族，系被告单位人事行政部经理。

辩护人陶某，北京市××律师事务所上海分所律师。

辩护人李某甲，北京市××律师事务所上海分所律师。

被告人韩某甲，男，1976年××月××日生，汉族，大学文化，户籍地上海市浦东新区××路××弄××号楼××室，住上海市浦东新区××路××号×号楼，系被告单位董事长兼总经理。因本案于2011年3月15日被公安机关取保候审，2012年3月2日，经公诉机关决定，继续取保候审。

辩护人商某，北京市××律师事务所上海分所律师。

辩护人陆某甲，上海市××律师事务所律师。

被告人韩某乙，1980年××月××日生，汉族，大学文化，户籍地上海市闸北区××路××弄××号，住上海市浦东新区××路××弄××号，系被告单位副总经理。因本案于2011年3月15日被公安机关取保候审，2012年3月2日，经公诉机关决定，继续取保候审。

辩护人王某甲，上海市××律师事务所律师。

被告人钱某，1983年××月××日生，汉族，高中文化，户籍地浙江省金华市婺城区××路××号，住上海市浦东新区××路××弄××号，系被告单位开发部经理。因本案于2011年3月15日被公安机关取保候审，2012年3月2日，经公诉机关决定，继续取保候审。

辩护人周某，上海市××律师事务所律师。

辩护人刘某，上海市××律师事务所律师。

被告人罗某甲，女，1982年××月××日生，汉族，初中文化，户籍地浙江省湖州市××区××镇××村××号，暂住上海市浦东新区××路××弄××号，系被告单位线下推广部经理。因本案于2011年3月15日被公安机关取保候审，2012年3月2日，经公诉机关决定，继续取保候审。

辩护人吴某甲，上海市××律师事务所律师。

被告人陈某，1984年××月××日生，汉族，高中文化，户籍地福建省晋江市××镇××路××号，住上海市浦东新区××路××弄××号，系被告单位推广部员工。因本案于2011年3月15日被刑事拘留，同年4月13日被公安机关取保候审，2012年3月2日，经公诉机关决定，继续取保候审。

辩护人王某乙，上海市××律师事务所律师。

被告人吴某，男，1979年××月××日生，汉族，大学文化，户籍地内蒙古自治区霍林郭勒市××路××号，住上海市浦东新区××路××弄××号，系被告单位测试部负责人。因本案于2011年3月15日被刑事拘留，同年4月13日被公安机关取保候审，2012年3月2日，经公诉机关决定，继续取保候审。

辩护人陆某乙，上海市××律师事务所律师。

被告人何某乙，男，1986年××月××日生，汉族，大专文化，户籍地江西省赣州市××县××镇××号，住上海市浦东新区××路××弄××号，系被告单位制作小组小组长。因本案于2011年3月15日被刑事拘留，同年4月13日被公安机关取保候审，2012年3月2日，经公诉机关决定，继续取保候审。

辩护人马某，上海市××律师事务所律师。

被告人李某，男，1982年××月××日生，汉族，大学文化，无业，户籍地上海市浦东新区××镇××村××号，住上海市浦东新区××路××弄××号。因本案于2011年3月15日被刑事拘留，同年4月13日被公安机关取保候审，2012年3月2日，经公诉机关决定，继续取保候审。

辩护人俞某，上海××律师事务所律师。

辩护人罗某乙，上海××律师事务所律师。

上海市浦东新区人民检察院以沪浦检刑诉〔2012〕2146号起诉书指控被告单位××乙公司（以下至判决主文前简称××乙公司）、被告人韩某甲、韩某乙、钱某、罗某甲、陈某、吴某、何某乙、李某犯侵犯著作权罪，于2012年6月7日向本院提起公诉。本院依法组成合议庭，公开开庭审理了本案。上海市浦东新区人民检察院指派检察员杨永勤、代理检察员周少怡、徐靖衍出庭支持公诉。被害单位委托代理人王某、被告单位诉讼代表人何某甲及辩护人陶某、李某甲，被告人韩某甲及辩护人商某、陆某甲，被告人韩某乙及辩护人王某甲、段某，被告人钱某及辩护人周某、刘某，被告人罗某甲及辩护人吴某甲，被告人陈某及辩护人王某乙，被告人吴某及辩护人陆某乙，被告人何某乙及辩护人马某，被告人李某及辩护人俞某、罗某乙到庭参加诉讼。其间，经公诉机关、被告单位、被告人罗某甲、韩某甲的辩护人建议，本案延期审理七次。现已审理终结。

上海市浦东新区人民检察院指控，××乙公司（原名上海××公司）成立于2006年1月23日，公司注册地在上海市浦东新区（××镇）××路××号××室，实际经营地为上海市浦东新区××路××弄××号。

自2008年上半年起，被告人韩某甲、韩某乙经事先商议，为推广该公司2345导航网站，在未经软件著作权人××甲公司许可的情况下，指使公司员工非法复制××甲公司Windows XP professional、Windows 7 ultimate、Windows vista ultimate、Windows 2000 professional等系统操作软件和Microsoft office 2003、Microsoft office 2007等文档软件，并据此制作“萝卜家园”“雨林木风”“电脑公司”“深蓝”“深度技术”等各种版本的Windows操作系统软件，设置了不同的域名参数，且均将浏览器首页修改设置为2345网站首页，再以提供免费下载上述侵权软件和线下免费发放侵权软件光盘的方式推广2345网站，提高2345网站搜索量，据此吸引百度、谷歌、腾讯等各网站在2345网站上加载有偿链接，从中赚取利益。其中，被告人韩某甲身为××乙公司总经理，策划、组织利用上述侵权软件推广2345网站，并联系被告人李某刻制侵权软件光盘。被告人韩某乙负责注册侵权软件下载网站、解析域名。被告人钱某负责租借服务器提供侵权软件下载，并负责下载网站的运营维护。被告人罗某甲负责线下推广，招募人员向全国各省市电脑城的商户免费派发侵权软件光盘。被告人陈某负责五个下载网站的管理，加载侵权软件的下载链接。被告人吴某负责开发、设定上述侵权软件的制作技术要求，测试侵权软件并上传至××乙公司的下载服务器中。被告人何某乙自2009年5月进入××乙公司工作后，负责侵权软件制作小组并实际参与制作、测试上述各版本侵权软件。

经查，××乙公司先后开设了www.51xp.cc、www.77816.com、www.ghost007.com、www.haoxitong.com、www.xp666.com 5个下载网站，专门用于提供用户点击下载上述侵权软件。据此带来的用户点击、下载数共计7250886

次；向全国29个省市286个城市的电脑城等商户免费发放刻制侵权软件的光盘共计1278890张。经公信中南会计师事务所审计鉴定，2345网站上102个侵权域名带来的搜索量，经折算为××乙公司带来收入为人民币23872321.14元。被告人李某为××乙公司刻录上述侵权软件光盘共计264900张，非法经营额为346965元。

公诉机关据此认定，被告单位××乙公司、被告人韩某甲、韩某乙、钱某、罗某甲、陈某、吴某、何某乙以营利为目的，未经著作权人许可，复制发行其计算机软件，情节特别严重，其行为均已触犯《中华人民共和国刑法》第二百一十七条第（一）项、第二百二十条之规定，应当以（单位）侵犯著作权罪追究刑事责任，对××乙公司判处罚金，对直接负责的主管人员和直接责任人员韩某甲、韩某乙、钱某、罗某甲、陈某、吴某、何某乙处三年以上七年以下有期徒刑，并处罚金。被告人李某以营利为目的，未经著作权人许可，复制发行其计算机软件，情节特别严重，其行为已触犯《中华人民共和国刑法》第二百一十七条第（一）项之规定，应当以侵犯著作权罪追究刑事责任，处三年以上七年以下有期徒刑，并处罚金。被告人韩某甲、韩某乙、钱某、罗某甲、陈某、吴某、何某乙、李某能如实供述自己罪行，根据《中华人民共和国刑法》第六十七条第三款之规定，可以从轻处罚。

被告单位及各名被告人对公诉机关的指控均无异议，并在庭审中均对被害单位表达了歉意。

被害单位的委托代理人认同被告单位和各名被告人在庭审中的悔罪表现，并表示谅解。其提出，在2010年11月公安部亮剑行动中，被害单位已经就本案的被告单位及全案被告人的犯罪情况向公安机关作了举报，故不同意被告单位、被告人及辩护人关于自首的辩护意见。

被告单位的辩护人提出，被告单位在网上侵权不是主动去复制被害单位的软件并推广，而是先复制盗版软件再简单修改后提供网上下载。在犯罪中，被告单位内部的工作人员有明确分工，韩某甲和韩某乙起决定性作用，是主犯，其他人是从犯。被告单位和被告人悔罪态度较好。被告单位存在如下从轻情节：1. 案发当天，公安机关并没有采取强制措施，韩某甲如实供述了单位的罪行，其是单位的法定代表人，其行为不但是自己自首同时也是单位的自首。2. 到案后，被告单位及其主要负责人都能如实陈述。3. 被告人韩某甲及韩某乙作为主犯，积极发现他人网络犯罪的事实，由法定代表人韩某甲出面向公安机关举报，应当认定为单位立功。4. 被告单位庭前主动将2500万元提交到法院，作为提存，后主动赔偿被害单位3600万元。5. 被害单位表示谅解。6. 被告单位积极推广软件正版化进程，成为被害单位的金牌用户。

被告人韩某甲的辩护人提出，同意被告单位辩护人的意见。整个犯罪过程中，韩某甲是公司董事长和总经理，其较之于其他被告人起到了一个最主要的作用，是主犯，其他人是从犯。

被告人韩某乙的辩护人提出，韩某乙具有法定从轻情节，案发时公安机关不清楚××大厦7楼还有被告单位的办公地点，韩某乙是经电话联系后主动到案，符合在没有采取强制措施之前，如实供述的情节。本案是单位自首，韩某乙也构成自首。案发后被告单位积极赔偿被害单位，韩某乙有酌定从轻情节，建议法院对韩某乙减轻处罚并适用缓刑。

被告人钱某的辩护人提出，钱某当庭表示认罪。钱某所在的部门负责公司全部服务器的日常维护，但只负责服务器能够正常运营，服务器上究竟有什么内容，其无法管理。本案是单位犯罪，分为主管人员和其他责任人员，实质上钱某是根据单位领导的指派工作，属于其他责任人员，起辅助作用，是从犯。本案案发前，公安机关未掌握"萝卜家园"是单位行为还是个人行为，调查中，钱某便主动交代，应视为自动投案，再结合其到案后如实供述，故构成自首。钱某犯罪情节显著轻微，建议法院对其减轻处罚，并免予刑事处罚。

被告人罗某甲的辩护人提出，同意被告单位辩护人的意见。如果认定被告单位构成立功，那么罗某甲也构成立功。罗某甲在公安机关排查时主动进行供述，应认定为自首。罗某甲系接受指派进行工作，其地位是从犯，建议对罗某甲减轻处罚。

被告人陈某的辩护人提出，同意被告单位辩护人的意见。陈某在公司中没有职务，关于涉案行为没有额外奖金，其地位和那些没有被起诉的人相同，显著轻微，作用不大。陈某没有公司股份，不参与分红。如果法院认为陈某构成犯罪，也应与其他人有所区别。

被告人吴某的辩护人提出，同意被告单位辩护人的意见。吴某只是一个测试人员，作用较小，属于从犯地位。在公安机关进行调查时，是吴某带领公安人员到企业经营地之外的测试小组的办公地。吴某构成自首，建议对吴某减轻处罚。

被告人何某乙的辩护人提出，同意被告单位辩护人的意见。何某乙同样构成自首。何某乙于2010年6月开始担任小组长，之前其和同组组员的工作地位和待遇是一致的，属于从犯地位，建议对何某乙减轻处罚，并免予刑事处罚。

被告人李某的辩护人提出，李某系偶犯、初犯，之前没有任何前科劣迹。李某是受了韩某甲和罗某甲的要求才刻录了侵权光盘，其在共同犯罪中作用较小，构成从犯。被告人李某的主观恶性和社会危害性较小。李某的认罪态度较好，在家庭状况不好的情况下，依然筹了3万元主动向法院提交。故李某具有多项法定、酌定从轻、减轻的情节，建议法院在量刑时充分考虑。

经审理查明，上海××公司成立于2006年1月23日，注册地上海市浦东新区（××镇）××路××号，法定代表人庞某，企业类型为有限责任公司，注册资本100万元，经营范围为计算机软硬件的开发、销售、企业管理、承接各类广告的制作、代理、发布等，经营地上海市浦东新区××路××弄××号××大厦。2006年12月，公司法定代表人变更为韩某甲。2007年1月，公司名称变更为上海××乙公司。2010年5月，公司名称变更为××乙公司，注册资本变更为6000万元，同年11月，变更为63492064元。股份中，被告人韩某甲占23.5235%，被告人韩某乙占17.0153%、被告人钱某占0.3647%，被告人吴某占0.1499%。其余股份由案外人或公司持有。后经营地变更为上海市浦东新区××路××号。

Windows XP professional、Windows 7 ultimate、Windows vista ultimate、Windows 2000 professional等系统操作软件和Microsoft office 2003、Microsoft office 2007等办公软件由××甲公司于2001年至2009年在美国进行版权注册。

自2008年上半年起，被告人韩某甲、韩某乙经事先商议，为推广该公司2345导航网站，在未经软件著作权人××甲公司许可的情况下，指使公司员工非法复制××甲公司Windows XP、Windows 7、Windows vista ultimate、Windows 2000 professional等系统操作软件和Microsoft office 2003、Microsoft office 2007等办公软件，并据此制作"萝卜家园""雨林木风""电脑公司""深蓝""深度技术"等各种版本的Windows操作系统软件，设置了不同的域名参数，且将浏览器首页修改设置为2345网站首页，再以提供免费下载上述侵权软件和线下免费发放侵权软件光盘的方式推广2345网站，提高2345网站搜索量，据此吸引百度、谷歌、腾讯等各网站在2345网站上加载有偿链接，从中赚取利益。其中，被告人韩某甲身为××乙公司董事长兼总经理，策划、组织利用上述侵权软件推广2345网站，并联系被告人李某刻制侵权软件光盘。被告人韩某乙负责注册侵权软件下载网站、解析域名。被告人钱某负责下载网站的运营维护。被告人罗某甲负责线下推广，招募人员向全国各省市电脑城的商户免费派发侵权软件光盘。被告人陈某负责5个下载网站的日常管理，加载侵权软件的下载链接。被告人吴某负责开发、设定上述侵权软件的制作技术要求，测试侵权软件并上传至××乙公司下载服务器中。被告人何某乙自2009年5月进入××乙公司工作，2010年6月起负责侵权软件制作小组并实际参与制作、测试上述各版本侵权软件。

经查，××乙公司先后开设了www.51xp.cc、www.77816.com、www.ghost007.

com、www.haoxitong.com、www.xp666.com 5 个下载网站，专门用于提供用户点击下载上述侵权软件。2009 年 4 月至 2011 年 3 月，上述下载站点下的“萝卜家园”“深蓝”“雨林木风”“电脑公司”等盗版 Windows 操作系统软件的实际点击数为 1893061 次、下载数为 5357825 次。2008 年至 2011 年 1 月，××乙公司向全国 29 个省市 286 个城市的电脑城等商户免费发放刻制侵权软件的光盘共计 1278890 张。经公信中南会计师事务所审计鉴定，2345 网站上 102 个侵权域名带来的搜索量，经折算为××乙公司带来收入为 23872321.14 元。被告人李某为××乙公司刻录上述侵权软件光盘共计 264900 张，占被告单位查明的发放光盘数的 20.71%、非法经营额为 346965 元。

2011 年 2 月 11 日，经上海市公安局经侦总队四支队会同网侦、行动技术等部门成立联合专案组立案侦查“2·11”××乙公司涉嫌侵犯著作权案。查明在未经著作权人许可的情况下，韩某甲伙同韩某乙指使罗某甲、陈某、吴某、何某乙、钱某等人在互联网上开设下载站点，以及向电脑商城免费发放盗版光盘的方式，非法复制发行各类盗版 Windows XP professional、Windows 7 ultimate 等操作系统软件。同年 3 月 14 日，公安机关在××乙公司经营地浦东新区××路××弄××号××大厦抓获韩某甲、韩某乙等 7 人。事发当时，公安机关在××大厦 4 楼先找到韩某甲，后提出要找韩某乙，当时韩某乙在 7 楼会议室，于是韩某甲打韩某乙电话，称有警察找他，要求协助调查。韩某乙接电话后，从 7 楼至 4 楼接受警察的调查而到案。被告人吴某被公安机关抓获后，带领公安机关至何某乙负责的制作小组在浦东新区××路××弄××号××室的办公地抓获何某乙。当日下午，被告人李某在家中被抓获。

案发后，被告人韩某甲与韩某乙商量能否利用公司网络技术查找有违法行为的侵权网站后进行举报。2012 年 6 月初，韩某甲发现“武某网”涉嫌侵犯著作权，并于同年 6 月 5 日向公安机关举报。经核实，该案已由公安机关于同年 6 月 26 立案，并于同年 8 月 27 日向检察院移送审查起诉，现该案已由浦东新区人民检察院向本院提起公诉。2012 年 6 月初，韩某乙发现“劲某网”涉嫌侵犯著作权，后由韩某甲于同年 6 月 26 日向公安机关举报。经核实，该案曾由公安机关侦查后移送检察院起诉，后公安机关于同年 10 月 29 日撤回起诉，浦东新区人民检察院于同年 10 月 31 日出具公函，同意公安机关撤回对该案的起诉。

另查明，2012 年 10 月 18 日，××甲公司就本案涉及的民事部分以侵害计算机软件著作权纠纷为由，向上海市高级人民法院提起对被告单位及被告人韩某甲、韩某乙的民事诉讼，后双方达成调解协议。上海市高级人民法院于同年 11 月 13 日出具民事调解书，由被告单位在协议生效之日起十日内一次性赔偿××甲公司3600万元，在《法制日报》主要版面公开刊登道歉声明，在www.2345.com网站首页上连续30天刊登道歉声明等。上述内容均按时履行完毕。案发后，被告单位与××甲公司开展了系列合作。

审理中，被告人李某向本院主动缴纳3万元，拟作为违法所得的退缴。

上述事实，由下列证据予以证实：

一、公诉机关提供的证据：

1. 证人翁某、罗某、陆某、林某等人的证言，证实被告单位提供线下推广和线上下载涉案侵权计算机软件的事实。

2. 证人陆某、翁某的证言，证实他们按照罗某甲的安排，通过QQ与被告人李某联系刻制盗版Windows系统光盘的事实。

3. 证人张某、潘某等人的证言，证实被告单位开发部知道维护的电脑服务器中有盗版软件，钱某是开发部的负责人。

4. 证人周某甲等人的证言，证实他们的工作是根据被告单位和被告人何某乙的指示，下载涉案盗版软件并将浏览器首页修改设置为2345网站首页。

5. 证人薛某等人的证言，证实无法区分被告单位的收入中，具体多少是来源于2345网站的收入。

6. 证人吴某乙等人的证言，证实被告单位电脑服务器的托管情况，涉及的下载网站以及IP地址获取的时间。

7. 证人连某、邱某等32名发盘人员的证言，证实他们分别从网名为“红萝卜”“萝卜家园”“盼盼”等人处得到讯息后，为对方发放“电脑公司”“萝卜家园”“深度技术”等盗版的Windows操作系统光盘。

8. 鉴定人曹某、乔某、王某丙均到庭作证，证实公信中南〔2012〕鉴字第26号鉴定书、公信中南〔2011〕鉴字第69号鉴定书及补充说明的鉴定过程及鉴定结论。

9. 被告单位档案机读等材料，证明被告单位的主体情况及股东所占股份情况。

10. 扣押物品清单，证明案发后从被告单位及被告人、证人处扣押的笔记本电脑、记账凭证、电脑服务器、刻录机等物品情况。

11. 涉案计算机送检表、检查意见书，证明上海市公安局网络安全保卫总队对涉案的笔记本电脑、移动硬盘、U盘等物品中文档文件、聊天记录、镜像文件和电子邮件等进行证据固定的情况。

12. 远程勘验工作记录，证明上海市公安局网络安全保卫总队对××乙公司网站服务器进行远程勘验，通过分别点击“雨林木风”系统下载等板块发布的信息，以确定服务器后台数据中涉及的各类盗版系统点击数。

13. 光盘数据说明，证明2345网址导航从2008年1月1日至2011年3月21日的访问数据。

14. ××甲公司的版权注册证书以及公证书、认证书，证明涉案被侵权计算机软件的版权人为××甲公司。

15. ××丙公司提供的证明，证明××甲公司作为涉案计算机软件产品的著作权人，从未委托或授权许可××乙公司及其关联企业或公司职员复制、发行任何××甲公司计算机软件产品。

16. ××丙公司提供的鉴定书，证明从被告单位查获的电脑服务器中调取的iso镜像文件1293个，从被告人处扣押光盘15118张，经对光盘全部样本和iso镜像文件的抽样鉴定，所有被检涉案计算机软件没有相应的正版证明或授权使用许可协议。

17. 上海东方计算机司法鉴定所出具的鉴定书，证明查扣的涉案光盘及电脑服务器中的文件和××甲公司正版的计算机软件存在实质性相似。

18. ××甲公司中国××实验室出具的盗版产品/恶意软件研究报告，证明从www.luoboxp.com下载的10个盗版产品样本中，发现××甲公司的Windows产品被修改防火墙规则，允许应用迅雷、QQ应用程序，植入程序还包括搜狗、暴风、360防毒软件和PPS等程序。

19. 被告人吴某、何某乙电脑中调取的测试报告、电子邮件、定制系统测试情况表、登记表，证明××乙公司制作了各种版本的盗版系统软件，并规定了相应的技术标准，且进行相应测试。

20. 被告人罗某甲电脑中获取的派发记录，证明涉案侵权计算机软件光盘的派发情况。

21. 盗版Windows光盘的母盘照片、母盘封面照片，证明上面有“Microsoft window7”及“www.51xp.cc”等字样。

22. 聊天记录，证明被告人李某以“七贝勒”名义，同“盼盼”“舞荷”“gigggjh”聊天时谈及刻制光盘的内容及刻制数量。

23. 公信中南〔2012〕鉴字第26号鉴定意见书，证明2009年4月至2011年3月，××乙公司先后开设的www.51xp.cc、www.77816.com、www.ghost007.com、www.haoxitong.com、www.xp666.com5个下载站点下的“萝卜家园”“深蓝”“雨林木风”“电脑公司”等盗版Windows操作系统软件的实际点击数为1893061次、下载数为5357825次。

24. 公信中南〔2011〕鉴字第69号鉴定意见书及补充说明，证明2008年至2011年1月，××乙公司向全国29个省市发放盗版光盘共计1278890张。2345网站上102个侵权域名带来的搜索量，经折算为××乙公司带来收入为

23872321.14元。

25. 案发经过，证明被告单位的案发情况及各名被告人的到案情况。

26. 公安机关制作的工作记录，证明本案的侦查过程和案发以后的取证情况。

27. 公安机关出具的工作情况，证明案发后，被告人韩某甲向公安机关举报两起案件线索，有一起案件的犯罪嫌疑人构成犯罪，另一起案件已由公安机关撤回。

28. 被告单位及被告人韩某甲、韩某乙、钱某、罗某甲、陈某、吴某、何某乙、李某的供述。

二、被害单位的委托代理人提供的证据：

1. （2012）沪高民三（知）初字第1号民事调解书，证明被害单位于2012年10月18日就本案民事部分向上海市高级人民法院提出侵害著作权纠纷诉讼，上海市高级人民法院于同年11月13日主持原、被告双方达成民事调解。

2. 被害单位关于上述民事调解书的履行情况说明，证明被告单位及被告人韩某甲、韩某乙就上述民事调解书的履行内容，均按时予以了履行。

三、被告单位的辩护人提供的证据：

1. 微软金牌、银牌合作会员证书、微软金牌合作会员续约证明、微软企业正版化协议、微软Windows7软件购销协议（11000套）、微软软件采购框架协议、渠道协议。××乙公司参与微软office365实施推广计划相关协议。××乙公司获邀参加微软Visual Studio敏捷开发实战培训，参与××甲公司合作、实施Windows 8重点应用开发协议，证明案发后被告单位与××甲公司开展的系列合作情况。

2. 被告人韩某甲、韩某乙、钱某、罗某甲、陈某、吴某、何某乙关于到案情况的说明，证明各名被告人的到案情况。

上述证据均经庭审质证属实，本院予以确认。

本院认为，被告单位××乙公司以营利为目的，未经著作权人许可，复制发行其计算机软件，情节特别严重，其行为已构成侵犯著作权罪，依法应判处罚金。被告人韩某甲、韩某乙作为直接负责的主管人员，被告人钱某、罗某甲、陈某、吴某、何某乙作为其他直接责任人员，其行为亦构成侵犯著作权罪，依法应当判处三年以上七年以下有期徒刑，并处罚金。被告人李某以营利为目的，未经著作权人许可，为他人复制计算机软件，情节特别严重，其行为已构成侵犯著作权罪，依法应当判处三年以上七年以下有期徒刑，并处罚金。公诉机关指控的罪名成立，应予支持。

被告人韩某甲、韩某乙作为直接负责的主管人员，在被告单位中处于领导地位，涉案犯罪行为经其两人决策实施，并在共同犯罪过程中起主要作用，系主犯。被告人罗某甲作为被告单位的线下推广部经理，负责线下推广，招募人员向全国各省市电脑城的商户免费派发侵权软件光盘；被告人陈某作为被告单位推广部员工，负责5个下载网站的管理，加载侵权软件的下载链接；被告人吴某作为被告单位测试部负责人，负责开发、设定上述侵权软件的制作技术要求，测试侵权软件并上传至××乙公司下载服务器中；被告人何某乙作为被告单位制作小组组长，负责侵权软件制作小组并实际参与制作、测试上述各版本侵权软件；被告人钱某作为被告单位开发部经理，负责下载网站的运营维护，上述被告人作为公司其他责任人员，均起次要、辅助作用，系从犯。

本案的侵犯著作权行为包括在网站上提供盗版计算机软件下载、复制并免费发放盗版计算机软件光盘的行为。被告人李某系按照被告单位韩某甲的要求刻制盗版计算机软件光盘，其为被告单位刻录的光盘数达264900张，占被告单位查明的发放光盘数的20.71%，其在共同犯罪中处于相对从属地位，起次要作用，应认定为从犯。

关于被告单位及被告人韩某甲、钱某、罗某甲、陈某、吴某、何某乙是否构成自首的问题。经查，2011年2月11日，公安机关会同网侦、行动技术等部门成立联合专案组立案侦查“2·11”××乙公司涉嫌侵犯著作权案。在查明韩某甲伙同韩某乙以营利为目的，在明知未经著作权人许可的情况下，指使罗某甲、陈某、吴某、何某乙、钱某等人在互联网上开设下载站点以及向电脑商城免费发放盗版光盘的方式非法复制发行各类盗版计算机系统软件的情况下，于同年3月14日，公安机关至××乙公司实际经营地浦东新区××路××弄××号××大厦抓获犯罪嫌疑人韩某甲、钱某、罗某甲、陈某、吴某、何某乙。虽然第一次做的均是询问笔录，各被告人都能如实供述，且均于案发次日被采取强制措施，但在采取抓捕行动前，公安机关通过技侦手段已经掌握了被告单位的基本犯罪事实并且已锁定了涉案被告人的身份信息，该情况不属于自动投案。在公安机关调查谈话期间，犯罪分子如实交代公安机关掌握的线索所针对的事实，不能认定为自首。故被告单位及被告人韩某甲、钱某、罗某甲、陈某、吴某、何某乙均不能认定为自首。

如上所述，在韩某乙不构成（单位）自首的情形外，其个人能否构成自首的问题。事发当时，在接到韩某甲的电话称有警察找、需要协助调查后，韩某乙从××大厦7楼会议室至4楼韩某甲处接受警察的调查而到案，并如实供述犯罪事实。因××大厦系××乙公司的办公地，韩某乙无论在4楼办公室或者在7楼会议室，均未脱离办公地。在公安机关已掌握韩某乙犯罪线索、锁定其身份的前提下，至其办公地查找时，其恰好不在办公室，后通过韩某甲查找到其方位，不应认定为自动投案，故其个人亦不构成自首。

关于立功问题。被告人韩某甲于2012年6月5日向公安机关举报了“武某网”涉嫌侵犯著作权案，该案已由浦东新区人民检察院向本院提起公诉，故该举报行为可以认定为立功。证据表明，本案案发后，被告人韩某甲与韩某乙商议利用自身网络资源查找他人犯罪线索，并主动查找后向公安机关举报，具有戴罪立功的主观心态。现被举报的犯罪嫌疑人经审查确已构成犯罪，故可以认定韩某甲、韩某乙具有立功表现，可依法从轻处罚。但被告单位其余人员均未参与此事，故不能认定被告单位具有立功表现，未参与商议举报他人犯罪线索的钱某、罗某甲、陈某、吴某、何某乙也不能认定为具有立功表现。

关于被告人韩某甲于2012年6月26日向公安机关举报的“劲某网”涉嫌侵犯著作权案的问题。经核实，该案曾由公安机关侦查后移送检察院起诉，后公安机关撤回起诉，故该举报行为不能认定为立功，但可视为被告人韩某甲、韩某乙的认罪悔罪态度较好，酌情在量刑时考虑。

关于被告人吴某是否构成个人立功的问题。证据表明，2010年6月，何某乙负责的制作小组按照韩某甲的要求搬离公司经营地后至浦东新区东建路××弄××号××室办公。被告人吴某被公安机关抓获后，于当日带领公安机关至上述地址抓获何某乙。目前并无证据表明公安机关之前已掌握了何某乙制作小组的具体办公地址。根据2010年12月最高人民法院《关于处理自首和立功若干具体问题的意见》，带领侦查人员抓获其他犯罪嫌疑人（包括同案犯），属于最高人民法院《关于处理自首和立功具体应用法律若干问题的解释》第五条规定的“协助司法机关抓捕其他犯罪嫌疑人”，故吴某协助公安机关抓获同案犯何某乙的行为应当认定为具有立功表现。

综上，在共同犯罪中，被告人韩某甲、韩某乙系主犯。被告人钱某、罗某甲、陈某、吴某、何某乙、李某系从犯，均依法减轻处罚。被告人韩某甲、韩某乙、吴某具有立功表现，均依法从轻处罚。各名被告人到案后自愿认罪，如实供述自己的罪行，均依法从轻处罚。被告单位××乙公司案发后与被害单位××甲公司达成调解协议并进行巨额赔偿，在《法制日报》公开登报道歉，在2345网站首页上连续30天刊登道歉声明，得到了××甲公司的谅解。被告单位还积极推广××甲公司软件正版化进程，与××甲公司进行多项合作。故在量刑时，对被告单位及各名被告人酌情从轻处罚。被告人李某主动退缴违法所得3万元，酌情从轻处罚。

被害单位委托代理人提出的关于被告单位及被告人均不构成自首的意见，本院予以采纳。被告单位及被告人韩某甲、钱某、罗某甲、陈某、吴某、何某乙、李某的辩护人分别提出的被告人韩某甲、韩某乙系主犯，其余被告人系从犯的意见，本院予以采纳。被告单位的辩护人提出建议对被告单位从轻处罚，被告人钱某、罗某甲、吴某、何某乙、李某的辩护人提出建议对钱某、罗某甲、吴某、何某乙、李某减轻处罚的意见，本院予以采纳。被告人韩某乙的辩护人提出的建议对韩某乙适用缓刑的意见，本院予以采纳。

被告单位及被告人韩某甲、罗某甲、陈某、吴某、何某乙的辩护人提出的被告单位具有立功表现的意见，被告人罗某甲的辩护人提出的罗某甲具有立功表现的意见，本院不予采纳。被告单位及被告人韩某甲、韩某乙、钱某、罗某甲、陈某、吴某、何某乙的辩护人提出的被告单位及上述被告人具有自首情节的意见，本院不予采纳。被告人韩某乙的辩护人提出建议对韩某乙减轻处罚；被告人钱某的辩护人提出钱某的犯罪情节显著轻微，建议对钱某免予刑事处罚；被告人陈某的辩护人提出陈某的作用显著轻微、作用不大；被告人何某乙的辩护人提出建议对何某乙免予刑事处罚；被告人李某的辩护人提出李某的主观恶性和社会危害性较小的意见，本院不予采纳。

据此，为严肃国家法制，规范市场经济秩序，保护知识产权权利不受侵犯，根据被告单位、被告人的犯罪情节、地位、作用、社会危害性、认罪悔罪态度、监管条件等，依照《中华人民共和国刑法》第二百一十七条第（一）项、第二百二十条、第二十五条第一款、第二十六条、第二十七条、第六十七条第三款、第六十八条、第七十二条、第七十三条、第五十三条、第六十四条、《最高人民法院关于处理自首和立功具体应用法律若干问题的解释》第五条、《最高人民法院、最高人民检察院关于办理侵犯知识产权刑事案件具体应用法律若干问题的解释》第五条第二款、第十一条及《最高人民法院、最高人民检察院关于办理侵犯知识产权刑事案件具体应用法律若干问题的解释（二）》第一条、第四条、第六条的规定，判决如下：

一、被告单位××乙公司犯侵犯著作权罪，判处罚金人民币一千万元。

（罚金于本判决生效后一个月内缴纳。）

二、被告人韩某甲犯侵犯著作权罪，判处有期徒刑三年，缓刑五年，罚金人民币一百万元。

（缓刑考验期限，从判决确定之日起计算。罚金于本判决生效后一个月内缴纳。）

三、被告人韩某乙犯侵犯著作权罪，判处有期徒刑三年，缓刑四年，罚金人民币八十万元。

（缓刑考验期限，从判决确定之日起计算。罚金于本判决生效后一个月内缴纳。）

四、被告人罗某甲犯侵犯著作权罪，判处有期徒刑二年，缓刑二年，罚金人民币十万元。

（缓刑考验期限，从判决确定之日起计算。罚金于本判决生效后一个月内缴纳。）

五、被告人吴某犯侵犯著作权罪，判处有期徒刑一年八个月，缓刑二年，罚金人民币十二万元。

（缓刑考验期限，从判决确定之日起计算。罚金于本判决生效后一个月内缴纳。）

六、被告人钱某犯侵犯著作权罪，判处有期徒刑一年六个月，缓刑一年六个月，罚金人民币十六万元。

（缓刑考验期限，从判决确定之日起计算。罚金于本判决生效后一个月内缴纳。）

七、被告人陈某犯侵犯著作权罪，判处有期徒刑一年六个月，缓刑一年六个月，罚金人民币六万元。

（缓刑考验期限，从判决确定之日起计算。罚金于本判决生效后一个月内缴纳。）

八、被告人何某乙犯侵犯著作权罪，判处有期徒刑一年六个月，缓刑一年六个月，罚金人民币六万元。

（缓刑考验期限，从判决确定之日起计算。罚金于本判决生效后一个月内缴纳。）

九、被告人李某犯侵犯著作权罪，判处有期徒刑一年六个月，缓刑一年六个月，罚金人民币十八万元。

（缓刑考验期限，从判决确定之日起计算。罚金于本判决生效后一个月内缴纳。）

十、违法所得予以追缴。

十一、查获的电脑、服务器、移动硬盘、U盘、侵权软件光盘、电脑主机、光盘刻录机予以没收。

被告人韩某甲、韩某乙、钱某、罗某甲、陈某、吴某、何某乙、李某回到社区后，应当遵守法律、法规，服从监督管理，接受教育，完成公益劳动，做有益于社会的公民。

如不服本判决，可在接到判决书的第二日起十日内，通过本院或者直接向上海市第一中级人民法院提出上诉。书面上诉的，应当提交上诉状正本一份，副本二份。

审　判　长　倪红霞
代理审判员　冯　祥
人民陪审员　盛美芬
二〇一三年二月四日
书　记　员　谢晓俊

附：相关法律条文

《中华人民共和国刑法》

第二百一十七条　以营利为目的，有下列侵犯著作权情形之一，违法所得数额较大或者有其他严重情节的，处三年以下有期徒刑或者拘役，并处或者单处罚金；违法所得数额巨大或者有其他特别严重情节的，处三年以上七年以下有期徒刑，并处罚金：

（一）未经著作权人许可，复制发行其文字作品、音乐、电影、电视、录像作品、计算机软件及其他作品的；

……

第二百二十条　单位犯本节第二百一十三条至第二百一十九条规定之罪的，对单位判处罚金，并对其直接负责的主管人员和其他直接责任人员，依照本节各该条的规定处罚。

第二十五条第一款　共同犯罪是指二人以上共同故意犯罪。

第二十六条　组织、领导犯罪集团进行犯罪活动的或者在共同犯罪中起主要作用的，是主犯。

三人以上为共同实施犯罪而组成的较为固定的犯罪组织，是犯罪集团。

对组织、领导犯罪集团的首要分子，按照集团所犯的全部罪行处罚。

对于第三款规定以外的主犯，应当按照其所参与的或者组织、指挥的全部犯罪处罚。

第二十七条　在共同犯罪中起次要或者辅助作用的，是从犯。

对于从犯，应当从轻、减轻处罚或者免除处罚。

第六十七条第三款　犯罪嫌疑人虽不具有前两款规定的自首情节，但是如实供述自己罪行的，可以从轻处罚；因其如实供述自己罪行，避免特别严重后果发生的，可以减轻处罚。

第六十八条　犯罪分子有揭发他人犯罪行为，查证属实的，或者提供重要线索，从而得以侦破其他案件等立功表现的，可以从轻或者减轻处罚；有重大立功表现的，可以减轻或者免除处罚。

第七十二条 对于被判处拘役、三年以下有期徒刑的犯罪分子，同时符合下列条件的，可以宣告缓刑，对其中不满十八周岁的人、怀孕的妇女和已满七十五周岁的人，应当宣告缓刑：

（一）犯罪情节较轻；

（二）有悔罪表现；

（三）没有再犯罪的危险；

（四）宣告缓刑对所居住社区没有重大不良影响。

宣告缓刑，可以根据犯罪情况，同时禁止犯罪分子在缓刑考验期限内从事特定活动，进入特定区域、场所，接触特定的人。

被宣告缓刑的犯罪分子，如果被判处附加刑，附加刑仍须执行。

第七十三条 拘役的缓刑考验期限为原判刑期以上一年以下，但是不能少于二个月。

有期徒刑的缓刑考验期限为原判刑期以上五年以下，但是不能少于一年。

缓刑考验期限，从判决确定之日起计算。

第五十三条 罚金在判决指定的期限内一次或者分期缴纳。期满不缴纳的，强制缴纳。对于不能全部缴纳罚金的，人民法院在任何时候发现被执行人有可以执行的财产，应当随时追缴。如果由于遭遇不能抗拒的灾祸缴纳确实有困难的，可以酌情减少或者免除。

第六十四条 犯罪分子违法所得的一切财物，应当予以追缴或者责令退赔；对被害人的合法财产，应当及时返还；违禁品和供犯罪所用的本人财物，应当予以没收。没收的财物和罚金，一律上缴国库，不得挪用和自行处理。

最高人民法院《关于处理自首和立功具体应用法律若干问题的解释》

第五条 根据刑法第六十八条第一款的规定，犯罪分子到案后有检举、揭发他人犯罪行为，包括共同犯罪案件中的犯罪分子揭发同案犯共同犯罪以外的其他犯罪，经查证属实；提供侦破其他案件的重要线索，经查证属实；阻止他人犯罪活动；协助司法机关抓捕其他犯罪嫌疑人（包括同案犯）；具有其他有利于国家和社会的突出表现的，应当认定为有立功表现。

最高人民法院、最高人民检察院《关于办理侵犯知识产权刑事案件具体应用法律若干问题的解释》

第五条第二款 以营利为目的，实施刑法第二百一十七条所列侵犯著作权行为之一，违法所得数额在十五万元以上的，属于“违法所得数额巨大”；具有下列情形之一的，属于“有其他特别严重情节”，应当以侵犯著作权罪判处三年以上七年以下有期徒刑，并处罚金：

（一）非法经营数额在二十五万元以上的；

……

第十一条 以刊登收费广告等方式直接或者间接收取费用的情形，属于刑法第二百一十七条规定的“以营利为目的”。

刑法第二百一十七条规定的“未经著作权人许可”，是指没有得到著作权人授权或者伪造、涂改著作权人授权许可文件或者超出授权许可范围的情形。

通过信息网络向公众传播他人文字作品、音乐、电影、电视、录像作品、计算机软件及其他作品的行为，应当视为刑法第二百一十七条规定的“复制发行”。

最高人民法院、最高人民检察院《关于办理侵犯知识产权刑事案件具体应用法律若干问题的解释（二）》

第一条 以营利为目的，未经著作权人许可，复制发行其文字作品、音乐、电影、电视、录像作品、计算机软件及其他作品，复制品数量合计在五百张（份）以上的，属于刑法第二百一十七条规定的“有其他严重情节”；复制品数量在二千五百张（份）以上的，属于刑法第二百一十七条规定的“有其他特别严重情节”。

第四条 对于侵犯知识产权犯罪的，人民法院应当综合考虑犯罪的违法所得、非法经营数额、给权利人造成的损失、社会危害性等情节，依法判处罚金。罚金数额一般在违法所得的一倍以上五倍以下，或者按照非法经营数额的50%以上一倍以下确定。

第六条 单位实施刑法第二百一十三条至第二百一十九条规定的行为，按照《最高人民法院、最高人民检察院关于办理侵犯知识产权刑事案件具体应用法律若干问题的解释》和本解释规定的相应个人犯罪的定罪量刑标准定罪处罚。

未经许可擅自复制发行计算机软件构成侵犯著作权罪

——徐某等、钱某某等侵犯著作权二案

【案例要旨】

以营利为目的，未经著作权人许可，复制发行其计算机软件，违法所得数额巨大，其行为构成侵犯著作权罪。

【案情简要】

案例一：徐某、姜某侵犯著作权案

被告人徐某，男，系××计算机软件与系统有限公司业务员。

被告人姜某，男，系上海××科技有限公司法定代表人。

2006年7月，被告人徐某、姜某得知××营养乳品有限公司（以下简称“××甲公司”）需购买“Windows XP”“Office 2003 Win32 ChnSimp OLP NL”等7种微软（中国）有限公司（以下简称“微软公司”）的软件。徐某、姜某二人经预谋，向上海××数码科技有限公司（以下简称“××乙公司”）购买了微软公司价值人民币78591元的“Windows XP”软件，并取得了微软公司的软件许可证协议。姜某收到了××乙公司送来的密封软件许可协议后，用电吹风将密封条软化拆开后取出协议，与徐某一起根据协议上的字样将欲销售给××甲公司的“Office 2003 Win32 ChnSimp OLP NL”等其他6种软件进行排版后打印在该份协议的空白处，并将软件许可协议重新密封。之后，徐某通过上海××电子科技有限公司、上海××信息科技有限公司将他们擅自修改的软件许可协议转手销售给××甲公司，共非法获利人民币29万余元，其中徐某分得人民币15万元，姜某分得人民币14万余元。

2008年5月26日，浦东新区人民检察院以被告人徐某、姜某犯侵犯著作权罪向浦东新区人民法院提起公诉。2008年7月11日，浦东新区人民法院以侵犯著作权罪判处徐某有期徒刑2年6个月，缓刑2年6个月，罚金人民币15

万元；判处姜某有期徒刑3年，缓刑3年，罚金人民币144500元。

该案被中国外商投资企业协会优质品牌保护委员会评选为2008—2009年度中国十大知识产权保护最佳案例奖。

案例二：钱某某、夏某某侵犯著作权案

被告人钱某某，男，无业。

被告人夏某某，男，无业。

2007年11月至2008年3月，被告人钱某某明知上海××网络科技有限公司是网络游戏《Audition》（中译名《劲舞团》）中国大陆地区的合法运营商，仍未经许可，私自从互联网下载《劲舞团》网络游戏程序，并同被告人夏某某共同出资租借、购买服务器14台分别放置于上海电信网泰谷路××号机房、浙江省绍兴市电信机房内，绑定www.×××××.com域名，架设了《劲舞团》游戏服务器端，用于在互联网上发布《劲舞团》网络游戏，提供客户端下载等服务注册玩家达200多万人。其间，被告人钱某某、夏某某通过其在株洲市××网络科技发展有限公司、漯河市××网络服务有限公司设置的收费平台，收取玩家为购买游戏货币、“金猪”而支付的汇款，短短3个多月，获得违法所得共计人民币80万余元，并予以均分。经上海盘石数码信息技术有限公司电子数据司法鉴定，该硬盘中运行劲舞团游戏与官方同版本游戏程序相似度为99.8%以上。

2008年8月22日，浦东新区人民检察院以被告人钱某某、夏某某犯侵犯著作权罪向浦东新区人民法院提起公诉。2008年9月27日，浦东新区人民法院以侵犯著作权罪判处钱某某有期徒刑4年，夏某某有期徒刑3年6个月，二人分别并处罚金人民币400500元。

该案被上海市知识产权保护协会评为上海市十佳知识产权保护案例之一。

【典型意义】

2009年4月29日，上海市人民检察院检察委员会讨论后认为，浦东新区人民检察院办理的徐某、姜某侵犯著作权案和钱某某、夏某某侵犯著作权案，正确适用法律，讲究工作方法，取得了较好的法律效果和社会效果，值得全市检察机关在办理侵犯知识产权犯罪案件时学习借鉴。

一、正确适用法律，依法打击侵犯知识产权犯罪

近年来，假冒、盗版等侵犯知识产权犯罪不断增多，严重危害了社会主义市场经济的健康发展。依法打击侵犯知识产权犯罪，维护市场经济秩序，是检察工作服务大局的要求，也是刑事检察工作的重要内容。侵犯知识产权犯罪案件具有专业性强、涉及面广、刑民交叉等特点，因此，在具体办理侵犯知识产权权犯罪案件时，要严格按照刑法分则第三章第七节以及最高人民法院、最高人民检察院关于侵犯知识产权案件司法解释的有关规定，正确把握犯罪的构成要件，准确适用认定数额、情节、后果等定罪量刑的标准。同时，还要注意民事侵权行为与刑事犯罪行为、自然人犯罪与单位犯罪、自诉案件与公诉案件等区分。上述两起案件中的被告人以营利为目的，在未得到著作权人的许可的情况下，擅自复制发行他人的计算机软件，该行为已侵犯了他人享有的著作权，依法应当追究刑事责任。浦东新区人民检察院依法对两起案件提起公诉，凸显了对严重侵犯知识产权犯罪的打击力度，起到了良好的震慑和预防犯罪作用。

二、创新办案机制，切实保证案件的质量和效率

侵犯知识产权犯罪案件专业性强且涉及的知识领域较为广泛，既要求办案人员有丰富的刑法、民商法知识，同时还需要相关犯罪证据的收集固定、审查甄别等专业水平。为此，浦东新区人民检察院根据市院关于侵犯知识产权案件由专人审理的工作要求和浦东新区知识产权案件多发的特点，从公诉处抽调了一批业务骨干对知识产权犯罪案件实行专业化办理。该院还积极探索办理侵犯知识产权犯罪案件公诉部门提前介入引导侦查工作的新机制，适时派员参与案件研究、复核证据、对犯罪嫌疑人的讯问或其他取证工作，以提高侦查取证的准确度和针对性。如在徐某、姜某侵犯著作权案的办理过程中，案件承办人应邀提前介入引导侦查，并根据案件的具体情况为侦查部门拟定了详细周密的侦查意向书，配合公安部门进一步询问了微软公司以及英特尔公司相关证人，确认了本案真正的受害人系微软公司，被告人的行为依法应构成侵犯著作权罪，从而保证了该案的正确定性处理。

三、讲究工作方法，促进办案“三个效果”的统一

侵犯知识产权犯罪案件的受害者一般都是具有相当社会影响力的知名企业，有的甚至是国际知名的跨国公司。对这类案件如果处置不当，负面影响可能会被更大程度地放大。所以，加强与被侵权单位的沟通联系，充分听取权利人的意见，不仅有助于检察机关从多个角度对案情进行全方位的考察，做到对案情更加客观和透彻的把握，而且更能够体现检察机关依法严厉打击侵犯知识产权犯罪的职能作用。同时，强化公诉出庭的法制宣传，也是办理侵犯知识产权犯罪案件的重要方面。在办理钱某某、夏某某侵犯著作权案时，被害单位组织人员前来旁听庭审，公诉人从讯问、举证、质证、发表公诉意见词等各方面予以了条分缕析的透彻阐述，同时针对被告人年纪轻、知识产权意识淡薄等原因，注重通过庭审现场来进行法制教育宣传，达到了“处理一案，教育一片”的社会效果。

徐某等侵犯著作权案法律文书：

上海市浦东新区人民检察院

起 诉 书

沪浦检刑诉〔2008〕543号

被告人徐某，男，1973年××月××日生，汉族，大学文化，系××公司业务员，户籍所在地上海市××路××弄××室。2007年12月5日因涉嫌销售假冒注册商标的商品罪被上海市公安局浦东分局取保候审。

被告人姜某，男，1972年××月××日生，汉族，大学文化，系上海××公司法定代表人，户籍所在地上海市浦东新区××镇××路××弄××室，现住址上海市××路××弄××室。2007年12月3因涉嫌销售假冒注册商标的商品罪被上海市公安局浦东分局刑事拘留，2008年1月2日因涉嫌销售假冒注册商标的商品罪被上海市公安局浦东分局取保候审。

本案由上海市公安局浦东分局侦查终结，以被告人徐某、姜某涉嫌侵犯著作权罪，于2008年4月21日向本院移送审查起诉。本院受理后，于2008年4月22日已告知被告人有权委托辩护人，依法讯问了被告人徐某、姜某，审查了全部案件材料。

经依法审查查明：

2006年7月，被告人徐某、姜某得知××营养乳品有限公司需购买“Windows XP”等7种微软（中国）有限公司（以下简称“微软公司”）的软件，经预谋向上海××数码科技有限公司购买了微软公司价值人民币78591元的“Windows XP”软件67套并据此取得了微软公司的开放式许可协议，后未经微软公司许可，擅自在该份软件许可协议上添加了微软“Office 2003 Win32 ChnSimp OLP NL”等6种软件，后通过上海××电子科技有限公司、上海××信息科技有限公司转手销售给了××营养乳品有限公司。被告人徐某、姜某从中非法获利人民币294409元。

2007年12月3日，被告人姜某被公安机关抓获；2007年12月5日被告人徐某到公安机关投案自首，主动交代了全部犯罪事实。

上述事实有被告人徐某、姜某的供述；证人宋某、陈某、刘某、周某、王某、李某、花某、侯某、汤某的证言；公安机关出具的案发经过；公安机关出具的扣押物品、文件清单；相关上海增值税专用发票；相关微软软件销售合同、转账凭证、发票；微软（中国）有限公司出具的情况说明、相关鉴定结论；微软开放式许可协议；上海市公安局物证鉴定中心的鉴定书等证据证明。

本院认为，被告人徐某、姜某以营利为目的，未经著作权人许可，复制发行其计算机软件，违法所得数额巨大，其行为已触犯《中华人民共和国刑法》第二百一十七条，应当以侵犯著作权罪追究其刑事责任，处三年以上七年以下有期徒刑，并处罚金。被告人徐某具有自首情节，适用《中华人民共和国刑法》第六十七条第一款的规定，可从轻或减轻处罚。根据《中华人民共和国刑事诉讼法》第一百四十一条的规定，提起公诉，请依法审判。

此致

上海市浦东新区人民法院

代理检察员　杨联峰

二〇〇八年五月二十六日

附：1. 被告人徐某、姜某现均取保候审于其处所，联系电话××；

2. 刑事侦审案卷二册；证据目录一份；

3. 涉案款随案移交上海市浦东新区人民法院。

上海市浦东新区人民法院

刑事判决书

（2008）浦刑初字第990号

公诉机关上海市浦东新区人民检察院。

被告人徐某，男，1973年××月××日出生，汉族，大学文化，系××公司业务员，住上海市徐汇区××路××弄××号××室。因本案于2007年12月5日被取保候审。

辩护人李某，上海市××律师事务所律师。

被告人姜某，男，1972年××月××日出生，汉族，大学文化，系上海××公司法定代表人，户籍所在地上海市浦东新区××镇××路××弄××号××室，住上海市普陀区××路××弄××号××室。因本案于2007年12月3日被刑事拘留，2008年1月2日被取保候审。

辩护人马某，上海市××律师事务所律师。

上海市浦东新区人民检察院以沪浦检刑诉〔2008〕543号起诉书指控被告人徐某、姜某犯侵犯著作权罪，于2008年5月29日向本院提起公诉。本院依法组成合议庭，于2008年6月23日公开开庭审理了本案。上海市浦东新区人民检察院指派代理检察员杨联峰出庭支持公诉。被告人徐某及辩护人李某、被告人姜某及辩护人马某到庭参加诉讼。本案现已审理终结。

经审理查明，2006年7月，被告人徐某、姜某得知××营养乳品有限公司需购买Windows XP等7种微软公司的软件，经预谋后，向上海××数码科技有限公司购买了微软公司价值人民币78591元的Windows XP软件67套，并据此取得了微软公司的开放式许可协议。后在未经著作权人微软公司的许可下，擅自在该份开放式许可协议上添加了微软Office 2003 Win32 ChnSimp OLP NL等6种软件。后通过上海××电子科技有限公司、上海××信息科技有限公司转手销售给××营养乳品有限公司，共非法获利人民币294409元，其中被告人徐某分得人民币150000元被告人姜某分得人民币144409元。

2007年12月3日，被告人姜某被公安机关抓获，同年12月5日，被告人徐某至公安机关投案自首。同年12月10日，被告人徐某、姜某向公安机关退缴了上述全部违法所得。

上述事实，被告人徐某、姜某在开庭审理过程中亦无异议，并有微软（中国）有限公司出具的鉴定、微软开发式许可协议、上海市公安局物证鉴定中心出具的鉴定书、证人侯某、汤某、花某、李某甲、周某、王某、陈某、宋某等人的证言、购货合同、上海市商业统一发票、公安机关出具的扣押物品清单、案发经过等证据证实，足以认定。

本院认为，被告人徐某、姜某以营利为目的，未经著作权人许可，复制发行其计算机软件，违法所得数额巨大，其行为均已构成侵犯著作权罪。公诉机关指控的罪名成立，应予支持。被告人徐某具有自首情节，依法减轻处罚。其辩护人提出要求对其减轻处罚的意见，予以采纳。被告人徐某、姜某均自愿认罪，交代态度较好，案发后均积极退出违法所得，酌情从轻处罚。被告人姜某的辩护人提出要求对姜某从轻处罚的意见，予以采纳。本案审理过程中，被告人徐某、姜某主动与微软公司及××营养乳品有限公司就其行为后果的妥善处理达成“三方协议”，对本案的社会危害性起到一定的弥补作用，量刑时酌情予以考虑。为严肃国家法制，规范市场经济秩序，保护知识产权权利不受侵犯，根据被告人的犯罪情节、社会危害性、认罪悔罪态度等，依照《中华人民共和国刑法》第二百一十七条第（一）项，第二十五条，第六十七条第一款，第七十二条，第七十三条第二款、第三款，第五十三条，第六十四条及最高人民法院、最高人民检察院《关于办理侵犯知识产权刑事案件具体应用法律若干问题的解释》第五条第二款、第十四条第一款，最高人民法院、最高人民检察院《关于办理侵犯知识产权刑事案件具体应用法律若干问题的解释（二）》第四条之规定，判决如下：

一、被告人徐某犯侵犯著作权罪，判处有期徒刑二年六个月，缓刑二年六个月，罚金人民币十五万元（于判决生效后一个月内缴纳）；

（缓刑考验期限，从判决确定之日起计算。）

二、被告人姜某犯侵犯著作权罪，判处有期徒刑三年，缓刑三年，罚金人民币十四万四千五百元（于判决生效后一个月内缴纳）；

（缓刑考验期限，从判决确定之日起计算。）

三、违法所得人民币二十九万四千四百零九元退赔微软公司。

如不服本判决，可在接到判决书的第二日起十日内，通过本院或者直接向

上海市第一中级人民法院提出上诉。书面上诉的，应当提交上诉状正本一份，副本二份。

审 判 长 倪红霞
代理审判员 冯 祥
人民陪审员 董怡娴
二〇〇八年七月十一日
书 记 员 谢晓俊

附：相关法律条文

《中华人民共和国刑法》

第二百一十七条 以营利为目的，有下列侵犯著作权情形之一，违法所得数额较大或者有其他严重情节的，处三年以下有期徒刑或者拘役，并处或者单处罚金；违法所得数额巨大或者有其他特别严重情节的，处三年以上七年以下有期徒刑，并处罚金：

（一）未经著作权人许可，复制发行其文字作品、音乐、电影、电视、录像作品、计算机软件及其他作品的；

……

第二十五条第一款 共同犯罪是指二人以上共同故意犯罪。

第六十七条第一款 犯罪以后自动投案，如实供述自己的罪行的，是自首。对于自首的犯罪分子，可以从轻或者减轻处罚。其中，犯罪较轻的，可以免除处罚。

第七十二条 对于被判处拘役、三年以下有期徒刑的犯罪分子，根据犯罪分子的犯罪情节和悔罪表现，适用缓刑确实不致再危害社会的，可以宣告缓刑。

被宣告缓刑的犯罪分子，如果被判处附加刑，附加刑仍须执行。

第七十三条第二款、第三款 有期徒刑的缓刑考验期限为原判刑期以上五年以下，但是不能少于一年。

缓刑考验期限，从判决确定之日起计算。

第五十三条 罚金在判决指定的期限内一次或者分期缴纳。期满不缴纳的，强制缴纳。对于不能全部缴纳罚金的，人民法院在任何时候发现被执行人有可以执行的财产，应当随时追缴。如果由于遭遇不能抗拒的灾祸缴纳确实有困难的，可以酌情减少或者免除。

第六十四条 犯罪分子违法所得的一切财物，应当予以追缴或者责令退赔；对被害人的合法财产，应当及时返还；违禁品和供犯罪所用的本人财物，应当予以没收。没收的财物和罚金，一律上缴国库，不得挪用和自行处理。

最高人民法院、最高人民检察院《关于办理侵犯知识产权刑事案件具体应用法律若干问题的解释》

第五条第二款 以营利为目的，实施刑法第二百一十七条所列侵犯著作权行为之一，违法所得数额在十五万元以上的，属于“违法所得数额巨大”；具有下列情形之一的，属于“有其他特别严重情节”，应当以侵犯著作权罪判处三年以上七年以下有期徒刑，并处罚金：

……

第十四条第一款 实施刑法第二百一十七条规定的侵犯著作权犯罪，又销售该侵权复制品，构成犯罪的，应当依照刑法第二百一十七条的规定，以侵犯著作权罪定罪处罚。

最高人民法院、最高人民检察院《关于办理侵犯知识产权刑事案件具体应用法律若干问题的解释（二）》

第四条 对于侵犯知识产权犯罪的，人民法院应当综合考虑犯罪的违法所得、非法经营数额、给权利人造成的损失、社会危害性等情节，依法判处罚金。罚金数额一般在违法所得的一倍以上五倍以下，或者按照非法经营数额的50%以上一倍以下确定。

钱某某等侵犯著作权案法律文书：

上海市浦东新区人民检察院

起 诉 书

沪浦检刑诉〔2008〕957 号

被告人钱某某，男，1987 年××月××日生，汉族，高中文化，无业，户籍地浙江省桐乡市××街道××路××号××室，现住浙江省桐乡市××路××号××室。

被告人夏某某，男，1987 年××月××日生，汉族，高中文化，无业，户籍地浙江省桐乡市××街道××宿舍××单元××室。

上述二名被告人均因涉嫌侵犯著作权罪于 2008 年 3 月 26 日被上海市公安局黄浦分局刑事拘留，同年 4 月 30 日经上海市黄浦区人民检察院批准逮捕，并于同日由上海市公安局黄浦分局执行逮捕。

本案由上海市公安局黄浦分局侦查终结，以被告人钱某某、夏某某涉嫌侵犯著作权罪于 2008 年 6 月 27 日向上海市黄浦区人民检察院移送审查起诉，该院审查后于 2008 年 7 月 10 日移送本院审查起诉。本院受理后，于 2008 年 7 月 10 日已告知被告人有权委托辩护人，依法讯问了被告人，审查了全部案件材料。

经依法审查查明：

2007 年 11 月至 2008 年 3 月，被告人钱某某明知上海××网络科技有限公司是网络游戏《Audition》（中文译名《劲舞团》）中国大陆地区的合法运营商，仍未经许可，私自从互联网下载《劲舞团》网络游戏程序，并同被告人夏某某共同出资租借、购买服务器 14 台分别放置于上海××路××号机房、浙江省××市电信机房内，绑定 www.××.com 域名，架设了《劲舞团》游戏服务器端，用于在互联网上发布《劲舞团》网络游戏，提供客户端下载等服务。其间，被告人钱某某、夏某某通过其在株洲市××网络科技发展有限公司、漯河市××网络服务有限公司设置的收费平台，收取玩家为购买游戏货币、“金猪”而支付的汇款，被告人钱某某、夏某某据此获得违法所得共计人民币 880468.52 元。

2008年3月26日，被告人钱某某、夏某某被抓获归案。

上述事实有：1. 证人张某某、马某某、洪某某、王某某、戚某某、吴某某、顿某某、陈某某、姜某某的证言；2. 上海市公安局黄浦分局扣押物品清单、搜查笔录及银行查询记录等相关书证；3. 司法鉴定检验报告书、远程勘验工作记录；4. 被告人钱某某、夏某某的供述等证据证实。

本院认为，被告人钱某某、夏某某以营利为目的，未经著作权人许可，复制发行其计算机软件，违法所得数额巨大，其行为已触犯《中华人民共和国刑法》第二百一十七条第（一）项，应当以侵犯著作权罪追究其刑事责任，处三年以上五年以下有期徒刑，并处罚金。被告人钱某某、夏某某系共同犯罪，适用《中华人民共和国刑法》第二十五条第一款，其中被告人钱某某系主犯，适用《中华人民共和国刑法》第二十六条，被告人夏某某系从犯，依照《中华人民共和国刑法》第二十七条的规定，可以从轻或者减轻处罚。根据《中华人民共和国刑事诉讼法》第一百四十一条之规定，提起公诉，请依法审判。

此致

上海市浦东新区人民法院

代理检察员　应　悦

二〇〇八年八月二十二日

附：1. 被告人钱某某、夏某某现羁押于上海市黄浦区看守所；

2. 证据目录一页，主要证据复印件一册。

上海市浦东新区人民法院
刑事判决书

（2008）浦刑初字第1610号

公诉机关上海市浦东新区人民检察院。

被告人钱某某，男，1987年××月××日出生，汉族，高中文化，户籍地浙江省桐乡市××街道××路××号××室，住浙江省桐乡市××路××号××室。因本案于2008年3月26日被刑事拘留，同年4月30日被逮捕。现羁押于上海市黄浦区看守所。

辩护人徐某某，上海市××律师事务所律师。

被告人夏某某，男，1987年××月××日出生，汉族，高中文化，户籍地浙江省桐乡市××街道××宿舍××单元××室。因本案于2008年3月26日被刑事拘留，同年4月30日被逮捕。现羁押于上海市黄浦区看守所。

辩护人尹某某，上海市××律师事务所律师。

上海市浦东新区人民检察院以沪浦检刑诉〔2008〕957号起诉书指控被告人钱某某、夏某某犯侵犯著作权罪，于2008年8月22日向本院提起公诉。本院依法组成合议庭，于2008年9月27日公开开庭审理了本案。上海市浦东新区人民检察院指派代理检察员应悦出庭支持公诉。被告人钱某某及辩护人徐某某、被告人夏某某及辩护人尹某某到庭参加诉讼。本案现已审理终结。

经审理查明，2007年11月至2008年3月，被告人钱某某明知上海××网络科技有限公司是网络游戏《Audition》（《劲舞团》）中国大陆地区的合法运营商，仍未经许可，私自从互联网下载《劲舞团》的网络游戏程序。后与被告人夏某某共同出资租借、购买服务器14台，分别放置于上海市浦东新区××路××号上海电信信网机房、浙江省宁波市及绍兴市的电信机房。绑定www.××.com域名，架设《劲舞团》游戏服务器端，用于在互联网上发布《劲舞团》网络游戏，提供客户下载等服务。其间，被告人钱某某、夏某某通过在湖南省株洲市××网络科技发展有限公司、河南省漯河市××网络服务有限公司设置的收费平台，收取玩家玩《劲舞团》游戏购买“金猪”等产生的费用。两名被告人据此获取违法所得共计人民币800468.52元，并予以均分。

2008年3月26日，被告人钱某某、夏某某被公安机关抓获。

上述事实，被告人钱某某、夏某某在开庭审理过程中亦无异议，并有证人张某某、马某某、洪某某、王某某、戚某某、吴某某、顿某某、陈某某、姜某某等人的证言、相关许可协议、授权书、增值电信业务经营许可证、公安机关的扣押物品清单、搜查笔录、银行查询记录、司法鉴定检验报告书、案发经过等证据证实，足以认定。

本院认为，被告人钱某某、夏某某以营利为目的，未经著作权人许可，复制发行计算机软件，违法所得数额巨大，其行为均已构成侵犯著作权罪。公诉机关指控的罪名成立，予以支持。被告人钱某某、夏某某系共同犯罪，其中被告人钱某某在共同犯罪中起主要作用，是主犯；被告人夏某某在共同犯罪中起次要作用，是从犯，依法从轻处罚。被告人钱某某、夏某某均自愿认罪，酌情予以从轻处罚。被告人钱某某的辩护人提出要求对钱某某从轻处罚的意见，予以采纳。被告人夏某某的辩护人提出要求对夏某某减轻处罚的意见，因案发后夏某某及其家属未对夏某某的违法所得进行退缴，综合案件的社会危害性，对被告人夏某某的辩护人的相关意见，本院不予采纳。本案审理中，违法所得人民币26708元予以追缴，量刑时酌情予以考虑。为严肃国家法制，规范市场经济秩序，保护知识产权权利不受侵犯，根据被告人的犯罪情节、社会危害性、认罪悔罪态度等，依照《中华人民共和国刑法》第二百一十七条第（一）项、第二十五条第一款、第二十六条、第二十七条、第五十三条、第六十四条及最高人民法院、最高人民检察院《关于办理侵犯知识产权刑事案件具体应用法律若干问题的解释》第五条第二款，最高人民法院、最高人民检察院《关于办理侵犯知识产刑事案件具体应用法律若干问题的解释（二）》第四条之规定，判决如下：

一、被告人钱某某犯侵犯著作权罪，判处有期徒刑四年，罚金人民币四十万零五百元（于判决生效后一个月内缴纳）；

（刑期从判决执行之日起计算。判决执行以前先行羁押的，羁押一日折抵刑期一日。即自2008年3月26日起至2012年3月25日止。）

二、被告人夏某某犯侵犯著作权罪，判处有期徒刑三年六个月，罚金人民币四十万零五百元（于判决生效后一个月内缴纳）；

（刑期从判决执行之日起计算。判决执行以前先行羁押的，羁押一日折抵刑期一日。即自2008年3月26日起至2011年9月25日止。）

三、退缴的违法所得人民币二万六千七百零八元，未退缴的违法所得人民币七十七万三千七百六十元五角二分予以追缴，发还网络游戏《Audition》（《劲舞团》）软件著作权的相关权利人；

四、扣押的作案工具予以没收。

如不服本判决，可在接到判决书的第二日起十日内，通过本院或者直接向上海市第一中级人民法院提出上诉。书面上诉的，应当提交上诉状正本一份，副本二份。

审 判 长 陈惠珍
审 判 员 冯 祥
审 判 员 倪红霞
二〇〇八年九月二十七日
书 记 员 谢晓俊

附：相关法律条文

《中华人民共和国刑法》

第二百一十七条 以营利为目的，有下列侵犯著作权情形之一，违法所得数额较大或者有其他严重情节的，处三年以下有期徒刑或者拘役，并处或者单处罚金；违法所得数额巨大或者有其他特别严重情节的，处三年以上七年以下有期徒刑，并处罚金：

（一）未经著作权人许可，复制发行其文字作品、音乐、电影、电视、录像作品、计算机软件及其他作品的；

……

第二十五条第一款 共同犯罪是指二人以上共同故意犯罪。

第二十六条第一款 组织、领导犯罪集团进行犯罪活动的或者在共同犯罪中起主要作用的，是主犯。

第二十七条 在共同犯罪中起次要或者辅助作用的，是从犯。

对于从犯，应当从轻、减轻处罚或者免除处罚。

第五十三条 罚金在判决指定的期限内一次或者分期缴纳。期满不缴纳的，强制缴纳。对于不能全部缴纳罚金的，人民法院在任何时候发现被执行人有可以执行的财产，应当随时追缴。如果由于遭遇不能抗拒的灾祸缴纳确实有困难的，可以酌情减少或者免除。

第六十四条 犯罪分子违法所得的一切财物，应当予以追缴或者责令退赔；对被害人的合法财产，应当及时返还；违禁品和供犯罪所用的本人财物，应当予以没收。没收的财物和罚金，一律上缴国库，不得挪用和自行处理。

最高人民法院、最高人民检察院《关于办理侵犯知识产权刑事案件具体应用法律若干问题的解释》

第五条第二款 以营利为目的，实施刑法第二百一十七条所列侵犯著作权行为之一，违法所得数额在十五万元以上的，属于“违法所得数额巨大”；具有下列情形之一的，属于“有其他特别严重情节”，应当以侵犯著作权罪判处三年以上七年以下有期徒刑，并处罚金：

……

最高人民法院、最高人民检察院《关于办理侵犯知识产权刑事案件具体应用法律若干问题的解释（二）》

第四条 对于侵犯知识产权犯罪的，人民法院应当综合考虑犯罪的违法所得、非法经营数额、给权利人造成的损失、社会危害性等情节，依法判处罚金。罚金数额一般在违法所得的一倍以上五倍以下，或者按照非法经营数额的50%以上一倍以下确定。

准确认定“商业秘密”及“重大损失”

——上海××设备工程有限公司、邬某某、盛某某、徐某某、何某某、潘某某侵犯商业秘密案

【案例要旨】

相关技术资料及图纸虽为行业公开资料，但公知技术信息的完整组合仍可构成非公知技术信息，且权利方对其采取保密措施，宜认定为“商业秘密”。擅自使用此技术信息，侵犯权利人的商业秘密，并给权利人造成特别严重的后果，构成侵犯商业秘密罪。

【案情简要】

被告单位上海××设备工程有限公司，诉讼代表人孙某某。

被告人邬某某，男，1962年××月××日生，原系上海××设备工程有限公司法定代表人、董事长。

被告人盛某某，女，1968年××月××日生，原系上海××设备工程有限公司总经理。

被告人何某某，男，1976年××月××日生，原系上海××设备工程有限公司副总经理。

被告人徐某某，男，1976年××月××日生，原系上海××设备工程有限公司副总经理。

被告人潘某某，男，1970年××月××日生，原系上海××设备工程有限公司员工。

中船××设计院工程有限公司（以下简称××院）设备所长期从事船坞、起重机械等设备的研究设计。对其设计的技术图纸，××院制定了保密规定，并于2006年底对电脑机箱采取了上锁措施。2007年春节前后，邬某某、盛某某在担任该所所长、副所长期间，因不满上级的工作安排，与该所设计室主任徐某某、技术骨干何某某、潘某某等人多次商议，决定分别从××院辞职，成

立公司并使用从××院获得的技术图纸及客户渠道，主要从事与××院设备所相同范围的业务。徐某某、何某某、潘某某在邬某某、盛某某默许下，违反××院规定，利用工作便利，拷贝了自己或设备所其他设计人员设计的技术图纸，窃得××院的技术信息。2007年3月起，上述被告人先后辞职，成立了上海××设备有限公司（以下简称××公司）。公司由邬某某任董事长，后成为法定代表人；盛某某任总经理，主要负责财务、人事等工作；徐某某为副总经理并负责下水和坞门方面工程的设计；何某某为副总经理并负责起重设备工程方面的设计；潘某某负责起重设备工程方面的设计等。2007年3月至10月间，××公司主要与原××院客户开展业务，在对××院技术图纸简单修改后交付客户单位使用，先后与12家单位签订了设计委托合同，为8家单位完成设计委托合同，共获取人民币428.6万元。经鉴定机构评估，造成××院直接经济损失282.19万元。

2008年6月18日，普陀区人民检察院以××公司、邬某某、盛某某、徐某某、何某某、潘某某犯侵犯商业秘密罪向普陀区人民法院提起公诉。审理期间，因诉讼各方对案件事实证据、法律适用存在较大争议，先后5次开庭审理。2009年3月16日，普陀区人民法院以侵犯商业秘密罪判处××公司罚金80万元；邬某某有期徒刑2年、缓刑2年，并处罚金2万元；盛某某有期徒刑2年、缓刑2年，并处罚金2万元；何某某有期徒刑1年6个月、缓刑1年6个月，并处罚金15000元；徐某某有期徒刑1年、缓刑1年，并处罚金10000元；潘某某拘役6个月、缓刑6个月，并处罚金5000元。

【典型意义】

为商业秘密保护提供刑事司法保障，对于维护公平的市场竞争环境、促进社会经济有序发展、保障国家经济安全具有重要意义。该侵犯商业秘密案件所涉及的问题，对本市各级检察机关办理此类案件具有借鉴意义。

一、明晰“商业秘密”的认定，增强司法论证的说服力

商业秘密刑事案件中，行为人所涉及的相关信息是否属于刑法规定的“商业秘密”，是罪与非罪界定的核心。司法实践中，辩方往往主张所涉及的信息是（或主要是）专业领域内通行的、公开的信息，并借助相关鉴定结论来佐证。由于商业秘密案件涉及不同行业，且知识性、技术性、专业性强，给司法人员的论证带来困难。因此，首先要明晰“商业秘密”的认定依据，才能准确办理该类案件，提高司法指控的说服力。

商业秘密，是指不为公众所知悉，能为权利人带来经济利益，具有实用性并经权利人采取保密措施的技术信息和经营信息。司法实践中，对于商业秘密

的经济性、实用性和保密性较易取得一致性认识，但对“不为公众所知悉”特征却往往存在争议。根据商业秘密保护的立法旨意，“不为公众所知悉”应指该信息不为其所属领域的相关人员普遍知悉和容易获得，不能从公开渠道直接获取。本案中，××院通过对专业领域技术的组合，形成设计图纸，虽然组合前的各项技术确实属于行业领域的公开资料，由于这种新的技术信息不能从公开渠道直接获取，给××院带来业务竞争优势，具有实用性与经济性，并经采取保密措施，因此属于法律保护的商业秘密范畴。

商业秘密能够为使用人带来经济效益和竞争优势，所以侵犯商业秘密案件中往往既涉及经营信息，又涉及技术信息。根据法律规定，经营信息的范围包括经营领域中不为公众特别是竞争对手所知悉的信息情况，如客户资料、销售渠道、招投标、谈判价格等等。

二、采用综合判断方法，客观计算侵犯商业秘密罪的“重大损失”

2004 年最高人民法院、最高人民检察院《关于办理侵犯知识产权刑事案件具体应用法律若干问题的解释》规定“造成损失数额在五十万元以上”系“给商业秘密的权利人造成重大损失”。从司法实践情况看，权利人的损失一般包括以下几个方面：（1）研发费用；（2）商业秘密本身价值；（3）已经造成的损失；（4）必然造成的损失；（5）合理的预期利润；（6）转让、许可费用等。刑事案件办理过程中，应根据案件的具体事实，采用综合判断的方法，客观公正地确定侵犯商业秘密行为给权利人造成的损失数额。对于商业秘密被获取使用，但尚未对外披露丧失价值的，应考虑计算侵权行为已经造成和必然造成的损失；对于商业秘密被披露，完全泄密丧失价值的，还应考虑将商业秘密的研发费用或本身价值计算在内。对于商业秘密转让、许可的费用，应当根据具体案件的不同情况而定。本案中，××公司、邬某某等窃取并使用了××院的商业秘密，但未向公众披露，该商业秘密的价值并未丧失，××院的损失与侵权人的非法所得能够对应，因此可以通过侵权人因侵权获得的利润来确定“重大损失”。

三、合理认识侵犯商业秘密案件中司法鉴定的地位与作用，增强司法裁量能力

侵犯商业秘密案件专业性强，尤其是商业秘密的认定和损失的评估等，司法实践中控辩双方一般会采用鉴定的形式支持各自的主张。对于鉴定结论是否作为定案依据，刑事司法工作人员应根据案件的具体情况，根据法律规定，对鉴定结论中商业秘密和损失数额的认定进行司法裁量，不能盲目地以鉴定结论为准。此外，应当建立侵犯商业秘密案件鉴定人出庭作证制度，由鉴定人在法庭上对专业性问题进行阐述和解释，接受对方的质证，以增强指控犯罪的力度。

上海市普陀区人民检察院

起 诉 书

沪普检刑诉〔2008〕113 号

被告单位上海××设备工程有限公司，注册经营地本市××路××号××室，实际经营地本市××路××号××室，法定代表人邬某某。

诉讼代表人孙某某，女，37 岁，上海××设备工程有限公司员工。

被告人邬某某，男，1962 年××月××日生，汉族，大学文化，原××工程有限公司设备所所长，现任上海××设备工程有限公司法定代表人，户籍地本市××区××弄××号，现住本市××路××弄××号××室。因本案于 2007 年 10 月 19 日被上海市公安局普陀分局刑事拘留，经本院批准，同年 11 月 24 日由该局执行逮捕。

被告人盛某某，女，1968 年××月××日生，汉族，硕士文化，原××工程有限公司设备所副所长，现任上海××设备工程有限公司总经理，户籍地本市××路××弄××号××室。因本案于 2007 年 10 月 26 日被上海市公安局普陀分局取保候审，同年 11 月 2 日被刑事拘留，12 月 7 日被取保候审。

被告人何某某，男，1976 年××月××日生，汉族，大学文化，原××工程有限公司设备所员工，现任上海××设备工程有限公司副总经理，住本市××村××号××室。因本案于 2007 年 10 月 19 日被上海市公安局普陀分局刑事拘留，经本院批准，同年 11 月 24 日由该局执行逮捕。

被告人徐某某，男，1976 年××月××日生，汉族，硕士文化，原××工程有限公司设备所设计室主任，现任上海××设备工程有限公司副总经理，户籍地本市××路××弄××号××室，现住本市××路××弄××号××室。因本案于 2007 年 10 月 19 日被上海市公安局普陀分局取保候审，同年 11 月 2 日被刑事拘留，12 月 7 日被取保候审。

被告人潘某某，男，1970 年××月××日生，汉族，大学文化，原××工程有限公司设备所设计室工作，现在上海××设备工程有限公司工作，住本市××路××号××室。因本案于 2007 年 10 月 19 日被上海市公安局普陀分局取保候审。

本案由上海市公安局普陀分局侦查终结，以被告人邬某某、盛某某、何某某、徐某某、潘某某涉嫌侵犯商业秘密罪，于2008年2月22日移送本院审查起诉。本院受理后，于2008年2月25日告知被告人有权委托辩护人，依法讯问了被告人，审查了全部案件材料。本案于同年4月2日退回补充侦查，公安机关于5月2日再次移送审查起诉，本院于同年5月28日决定延长办案期限15天。

经依法审查查明：

起重、装卸机械、船坞、下水等设备是××工程有限公司（以下简称××院）设备研究所长期研究设计的特色专业。这些专业的技术图纸中各要素组合构成的完整设计和技术资料中包含的不为公众所知悉的技术信息等均为××院所有的商业秘密。××院所有有机会接触商业秘密的员工都负有保密义务。

2007年初，被告人邬某某、盛某某在担任××工程有限公司设备所所长、副所长期间，因不满上级的工作安排，欲辞职打算自行成立公司开展业务，遂在春节前后与时任该所专用设备及钢结构设计室主任徐某某、起重运输设备设计室技术骨干何某某、设备所退休返聘职工黄某某等人多次商议，商定一起先后从××院辞职，成立公司并主要从事与××院设备所相同的业务。在被告人邬某某、盛某某的默许及示意下，被告人徐某某、何某某、潘某某等人违反××院关于不得将相关技术图纸进行私自拷贝并外带使用的规定，利用仍在设备所工作的时间或以各种借口，对自己或其他设计人员设计的大量技术图纸资料从电脑上拷贝后带出。

2007年3月起，被告人盛某某先行向××院递交辞呈，并办理相关手续，成立了由被告人邬某某、盛某某、徐某某及张某某、黄某某为股东的上海××设备工程有限公司（以下简称××公司）。随后，被告人邬某某、徐某某、何某某、潘某某等人也先后向××院辞职至××公司工作，并确定邬某某为董事长、盛某某为总经理、徐某某为副总经理主要负责下水和坞门方面工程的设计，何某某为副总经理主要负责起重设备工程方面的设计、潘某某主要负责电脑配置及起重设备工程方面的设计等，并确定了利益分配的初步分案。在黄某某、张某某退出该公司后，何某某成为公司股东并任法定代表人，同年9月起又变更为邬某某任法定代表人。××公司成立后还将一些原来××院的客户单位作为××公司开展业务的途径。从公司成立至2007年10月，邬某某、盛某某主要负责工程项目的接洽、合同的签署，并审核设计的工程图纸，徐某某、何某某及陶某某、黄某某等人也签署了部分合同。××公司与12家签订了设计委托合同的客户单位中，有多家单位是原××院的客户。到案发时已有8份合同完成了设计并收取了相关的费用。分述如下：

2007年3月12日，黄某某代表××公司与大连××船厂签订了“浮箱式坞门”设计委托合同，合同标的为人民币15万元，在设计过程中使用了原××院相关工程技术图纸，经简单修改交付大连××船厂使用，××公司从中获利人民币15万元。

2007年3月17日，何某某代表××公司与浙江××有限公司签订“200T龙门起重机、S2540K10型25T门座起重机”设计委托合同，合同标的为人民币45.8万元，在设计过程中使用了原××院相关工程技术图纸，经简单修改交付浙江××有限公司使用，××公司从中获利人民币45.8万元。

2007年4月24日，盛某某、陶某某代表××公司与××重工（深圳）有限公司洽谈并签订“孖洲岛基地300T88M双梁门式起重机”设计委托合同，合同标的为人民币40万元，在设计过程中使用了原××院相关工程技术图纸，经简单修改交付××重工（深圳）有限公司使用，××公司从中获利人民币34万元。

2007年5月16日，徐某某、邬某某代表××公司与××船舶重工有限责任公司洽谈并签订“32T×30M门式起重机”设计委托合同，合同标的为人民币30万元，在该项目设计过程中使用了原××院相关工程技术图纸，经简单修改交付××船舶重工有限责任公司使用，××公司从中获利人民币30万元。

2007年5月18日，盛某某、邬某某、何某某等人与上海××起重机械有限公司洽谈并签订“350T×165M×72M龙门起重机”施工图设计委托合同，合同标的为人民币128万元，在该项目设计过程中使用了原××院相关工程技术图纸，经简单修改交付上海××起重机械有限公司使用，××公司从中获利人民币128万元。

2007年6月12日，盛某某代表××公司与江苏××起重机械厂洽谈并签订“600T×74M×50M龙门起重机”设计委托合同，合同标的为人民币88万元，在设计过程中使用了原××院相关工程技术图纸，经简单修改交付江苏××起重机械厂使用，××公司从中获利人民币88万元。

2007年7月6日，盛某某、邬某某代表××公司与江苏××船舶制造有限公司洽谈并签订“240T×90M×60M龙门起重机”设计委托合同，合同标的为人民币68万元，在该项目设计过程中使用了原××院相关工程技术图纸，经简单修改交付江苏××船舶制造有限公司使用，××公司从中获利人民币57.8万元。

2007年8月9日，何某某、邬某某等人代表××公司与无锡××起重机械有限公司洽谈并签订“120T×60M门式起重机”设计委托合同，合同标的为人民币30万元，在该项目设计过程中使用了原××院相关工程技术图纸，经简单修改交付无锡××起重机械有限公司使用，××公司从中获利人民币30万元。

2007年3月至10月，上海××设备工程有限公司使用××院的技术图纸和技术资料中不为公众所知悉的技术信息，完成的8份设计委托合同，累计已取得人民币428.60万元。经司法鉴定评估造成××院直接经济损失为人民币282.19万元。

案发后，被告人邬某某、徐某某、盛某某分别在接到公安人员的电话通知后，主动到公安机关接受审查。

上述事实有：证人南某某、马某某等人的证言；××院的营业执照、劳动合同、××院员工离职审批表、涉密人员调离保密审批表、告知书、××院知识产权保护与管理规定、××院商业秘密管理规定、计算机信息系统安全保密管理规定、××院关于对外提供电子文件规定等书证；××公司的注册登记资料、搜查笔录、调取证据清单、扣押物品清单、物证照片、合同等书证；上海市公安局公共信息网络安全监察处检查意见书；司法鉴定检验报告书；司法鉴定报告书；××院的直接经济损失评估报告书；公安承办人员出具的抓获经过；被告人邬某某、盛某某、何某某、徐某某、潘某某的供述等证据证实。

本院认为，被告单位上海××设备工程有限公司，被告人邬某某、盛某某、何某某、徐某某、潘某某身为公司直接负责的主管人员和责任人员，为牟取非法利益，盗用权利人的商业秘密，给权利人造成重大损失，其行为均已触犯《中华人民共和国刑法》第二百一十九条、第二百二十条的规定，犯罪事实清楚，证据确实充分，应当以侵犯商业秘密罪追究其刑事责任。鉴于被告人邬某某、盛某某、徐某某有自首情节，其单位也可视作为自首，依照《中华人民共和国刑法》第六十七条的规定，可以从轻处罚。根据《中华人民共和国刑事诉讼法》第一百四十一条的规定，提起公诉，请依法审判。

此致

上海市普陀区人民法院

检察员　帅海祥

检察员　薛明坚

二〇〇八年六月十三日

附：1. 被告人邬某某、何某某现羁押于普陀区看守所，被告人盛某某、徐某某、潘某某现取保候审于住所。

2. 侦查案卷及鉴定材料等共二十三册、材料七份。

3. 适用普通程序审理“被告人认罪案件”建议书一份。

上海市普陀区人民法院
刑事判决书

（2008）普刑初字第370号

公诉机关上海市普陀区人民检察院。

被告单位上海××设备工程有限公司，住所地本市××路××号××室，经营地本市××路××号××室。

诉讼代表人孙某某，上海××设备工程有限公司员工。

辩护人刘某某，上海市××律师事务所律师。

被告人邬某某，男，1962年××月××日生，汉族，出生地上海市，大学文化，原系××工程有限公司设备所所长，现系上海××设备工程有限公司法定代表人、董事长，户籍地本市××区××弄××号，住本市××路××弄××号××室；2007年10月19日因本案被上海市公安局普陀分局刑事拘留，同年11月24日被依法逮捕。现羁押于上海市普陀区看守所。

辩护人韩某某、蒋某某，上海市××律师事务所律师。

被告人盛某某，女，1968年××月××日生，汉族，出生地上海市，硕士文化，原系××工程有限公司设备所副所长，现系上海××设备工程有限公司总经理，住本市××路××弄××号××室；2007年10月26日因本案被上海市公安局普陀分局取保候审，同年11月2日被刑事拘留，同年12月7日被取保候审。

辩护人毛某某，上海市××律师事务所律师。

被告人何某某，男，1976年××月××日生，汉族，出生地四川省××县，大学文化，原系××工程有限公司设备所员工，现系上海××设备工程有限公司副总经理，住本市××村××号××室；2007年10月19日因本案被上海市公安局普陀分局刑事拘留，同年11月24日被依法逮捕。现羁押于上海市普陀区看守所。

辩护人赵某某，上海市××律师事务所律师。

被告人徐某某，男，1976年××月××日生，汉族，出生地上海市，硕士文化，原系××工程有限公司设备所设计室主任，现系上海××设备工程有限公司副总经理，户籍地本市××路××弄××号××室，住本市××路××弄××号××室；2007年10月19日因本案被上海市公安局普陀分局取保候审，同年11月2日被刑事拘留，同年12月7日被取保候审。

辩护人吴某某，上海市××律师事务所律师。

被告人潘某某，男，1970年××月××日生，汉族，出生地上海市，大学文化，原系××工程有限公司设备所员工，现系上海××设备工程有限公司员工，住本市××路××号××室；2007年10月19日因本案被上海市公安局普陀分局取保候审。

辩护人纪某某、俞某某，上海市××律师事务所律师。

上海市普陀区人民检察院以沪普检刑诉〔2008〕113号起诉书指控被告单位上海××设备工程有限公司、被告人邬某某、盛某某、何某某、徐某某、潘某某犯侵犯商业秘密罪，于2008年6月18日向本院提起公诉。本院依法组成合议庭，因涉及国家秘密，不公开开庭审理了本案。上海市普陀区人民检察院指派检察员帅海祥、薛明坚出庭支持公诉，被告单位上海××设备工程有限公司的诉讼代表人孙某某、被告人邬某某、盛某某、何某某、徐某某、潘某某及辩护人刘某某、韩某某、蒋某某、毛某某、赵某某、吴某某、纪某某、俞某某，鉴定人张某某、元某某、胡某某、洪某某到庭参加诉讼。审理中，公诉机关以补充证据为由，先后2次申请延期审理，被告单位、被告人盛某某的辩护人分别1次申请延期审理，并经本院同意恢复本案的审理。本案又经上海市高级人民法院批准，延期审理1个月，现已审理终结。

上海市普陀区人民检察院指控，起重、装卸机械、船坞、下水等设备是××工程有限公司（以下简称××院）设备所长期研究设计的特色专业。这些专业的技术图纸中各要素组合构成的完整设计和技术资料中包含的不为公众所知悉的技术信息等均为××院所有的商业秘密。××院所有有机会接触商业秘密的员工都负有保密义务。

2007年初，被告人邬某某、盛某某在担任××院设备所所长、副所长期间，因不满上级的工作安排，欲辞职打算自行成立公司开展业务，遂在春节前后与时任该所专用设备及钢结构设计室主任徐某某、起重运输设备设计室技术骨干何某某、设备所退休返聘职工黄某某等人多次商议，商定一起先后从××院辞职，成立公司并主要从事与××院设备所相同的业务。在被告人邬某某、盛某某的默许及示意下，被告人徐某某、何某某、潘某某等人违反××院关于不得将相关技术图纸进行私自拷贝并外带使用的规定，利用仍在设备所工作的时间或以各种借口，对自己或其他设计人员设计的大量技术图纸资料从电脑上拷贝后带出。

2007年3月起，被告人盛某某先行向××院递交辞呈，并办理相关手续，成立了由被告人邬某某、盛某某、徐某某及张某某、黄某某为股东的上海××设备工程有限公司（以下简称××公司）。随后，被告人邬某某、徐某某、何某某、潘某某等人也先后向××院辞职至××公司工作，并确定邬某某为董事长、盛某某为总经理、徐某某为副总经理主要负责下水和坞门方面工程的设计、何某某为副总经理主要负责起重设备工程方面的设计、潘某某主要负责电脑配置及起重设备工程方面的设计等，并确定了利益分配的初步方案。在黄某某、张某某退出该公司后，何某某成为公司股东并任法定代表人，同年9月起又变更为邬某某任法定代表人。××公司成立后还将一些原来××院的客户单位作为××公司开展业务的途径。从公司成立至2007年10月，邬某某、盛某某主要负责工程项目的接洽、合同的签署，并审核设计的工程图纸，徐某某、何某某及陶某某、黄某某等人也签署了部分合同。××公司先后与12家单位签订了设计委托合同，客户单位中有多家是原××院的客户。

2007年3月至10月，上海××设备工程有限公司使用××院的技术图纸和技术资料中不为公众所知悉的技术信息，完成8份设计委托合同，已累计取得人民币428.60万元。经司法鉴定评估造成××院直接经济损失为人民币282.19万元。

案发后，被告人邬某某、徐某某、盛某某分别在接到公安人员的电话通知后，主动到公安机关接受审查。

公诉机关为证实上述指控事实，当庭宣读、出示了证人南某某、马某某、张某某等人的证言，××工程有限公司的营业执照，劳动合同，干部任免审批表，××院员工离职审批表、涉密人员调离保密审批表、告知书，××院知识产权保护与管理规定、商业秘密管理规定、计算机信息系统安全保密管理规定，××院设备所关于电脑机箱上锁的情况说明，购买电脑机箱的发票、电脑机箱上锁的照片，××院关于邬某某等人使用电脑显示器的说明、上海××计算机发展中心出具的情况说明，上海××设备工程有限公司的营业执照、注册登记资料，上海市公安局普陀分局搜查笔录、调取证据清单、扣押物品清单及赃证物品照片，上海市公安局公共信息网络安全监察处检查意见书，××公司与大连××船厂、浙江××有限公司、××重工（深圳）有限公司、××船舶重工有限责任公司、上海××起重机械有限公司，江苏××起重机械厂、江苏××船舶制造有限公司、无锡××起重机械有限公司等8家单位签订的合同及××公司开具的发票，××院提供的客户资料，上海司法会计中心沪司会字〔2007〕知第212号司法鉴定检验报告，北京××知识产权司法鉴定中心〔2007〕知鉴字第72号、73号、90号、91号、112号、113号、106号、107

号、114号、116号、119号、120号、126号司法鉴定报告书及补充意见书，北京××资产评估有限公司、北京××知识产权司法鉴定中心对××院的直接经济损失评估报告书，公安机关工作情况，被告人邬某某、盛某某、徐某某的供述等证据。

公诉机关认为，被告单位上海××设备工程有限公司、被告人邬某某、盛某某、何某某、徐某某、潘某某身为公司直接负责的主管人员和责任人员，为牟取非法利益，盗用权利人的商业秘密，给权利人造成重大损失，其行为均已触犯《中华人民共和国刑法》第二百一十九条、第二百二十条的规定，应当以侵犯商业秘密罪追究其刑事责任。被告人邬某某、盛某某、徐某某有自首情节，其单位也可视作为自首，依照《中华人民共和国刑法》第六十七条的规定，可以从轻处罚。

庭审中，被告单位的诉讼代表人孙某某对指控事实作了陈述；被告人邬某某、盛某某、何某某、徐某某、潘某某对指控事实均作了供述。被告人徐某某、潘某某辩称，涉案的船坞、起重机械等技术资料及图纸已在书刊、杂志等处发表，属公知的技术信息。

被告单位的辩护人及各名被告人的辩护人均认为，起诉指控被告单位构成侵犯商业秘密罪存在重大瑕疵，各名被告人从××院获取的图纸、技术资料系公知信息，不属××院的商业秘密；司法鉴定报告中未将上海××设备工程有限公司计提的劳务费人民币400余万元计入成本，评估损失应以权利人××院的直接经济损失计算，评估的利润率过高，故起诉认定被告单位给被害单位造成直接经济损失的计算标准既不符合法律规定，也不符合客观事实。被告人邬某某、盛某某、何某某、徐某某的辩护人还认为，北京××知识产权司法鉴定中心、北京××资产评估有限公司无鉴定资质。各名辩护人并认为，若被告单位及各名被告人的行为构成犯罪，被告单位的辩护人要求根据本案事实及实际情况对被告单位从宽处罚；被告人邬某某的辩护人认为被告人邬某某的主观恶性较小，且系自首，要求对其减轻处罚，并适用缓刑；被告人何某某的辩护人认为，被告人何某某系从犯，且系自首，要求对其减轻处罚，建议对其免予刑事处罚或者适用缓刑；被告人徐某某的辩护人认为，被告人徐某某系自首，在单位犯罪中参与程度很低，可作为从犯处理；被告人潘某某的辩护人认为，被告人潘某某未参与共谋，在本案中参与度较小，且系自首，要求对其免予刑事处罚。

根据上述辩护意见，被告人盛某某的辩护人还向法庭提供了××院商业秘密管理规定、涉密载体保密管理规定，人民交通出版社出版的《船坞闸门设计》，人民交通出版社出版的交通部部颁标准《干船坞设计规范》，造船工业设计1998年第四期刊登的上海船厂两坞改造坞门设计简介，《起重机设计规范》，中国铁道出版社98版《起重机设计手册》、中国铁道出版社80版《起重机设计手册》，网络（中国机械CAD论坛）关于160T×108.8M龙门起重机图纸，中国铁道出版社出版的《起重机钢结构制造工艺》中关于起重机典型钢结构图，2004年大连重工·起重集团有限公司第1期刊登的《重工与起重技术》中关于造船龙门起重机门架反变位研究，机械工业部北京起重运输机械研究所刊登的《起重运输机械》中关于大跨度门式起重机的纠偏装置，人民交通出版社出版的《起重机典型结构图册》，机械工业出版社出版的由上海交通大学倪庆兴、王殿臣主编的高等学校适用的《起重输送机械图册》、图纸，××工程有限公司2006年度企业法人年检报告书及中华人民共和国司法部网站下载的北京地区《国家司法鉴定人和司法鉴定机构名册》及资产评估司法鉴定的规定等证据。

被告人何某某的辩护人还向法庭提供了××工程有限公司2006年度企业法人年检报告书，被告人何某某的个人所得税完税证明，税款催缴通知书、工资条等证据。

经审理查明，××工程有限公司（以下简称××院）设备所系长期研究设计船坞、起重机械等设备的专业研究所，经国家投资及多年的研究，该所设计的技术图纸中各要素组合构成的完整设计包含不为公众所知悉的技术信息，为此××院制定了院商业秘密管理规定、计算机信息系统安全保密管理规定等规章制度，并在××院局域网上予以公布，该规章制度对××院商业秘密的范围、保密措施等作出了规定。2006年底，××院设备所为防止技术信息的泄露，对电脑机箱采取了上锁的措施。被告人邬某某、盛某某原系××院设备所的所长、副所长；被告人徐某某原系××院设备所设计室主任；被告人何某某、潘某某原系××院设备所技术人员，上述5名被告人均有机会接触有关起重机械、船坞、下水等设备的商业秘密，并负有保密义务，且被告人邬某某、盛某某对××院设备所的保密工作承担管理职能。

2007年初，被告人邬某某、盛某某在担任××院设备所所长、副所长期间，因不满上级的工作安排，欲辞职自行成立公司开展业务。春节后，被告人邬某某、盛某某经与××院设备所退休返聘职工黄某某及被告人何某某、徐某某等人商定，分别从××院辞职，成立公司，主要开展与××院设备所相同的业务。被告人潘某某及被告人何某某、徐某某在被告人邬某某、盛某某的默许下，违反××院规定，利用工作便利，采用拷贝自己或其他设计人员设计的技术图纸的方法，窃得××院的技术信息。

2007年3月，被告人盛某某率先从××院辞职，成立了由被告人邬某某、盛某某、徐某某及黄某某、张某某为股东的上海××设备工程有限公司（以下简称××公司），并由黄某某担任法定代表人，后被告人邬某某、何某某、徐某某、潘某某等人陆续从××院辞职至××公司工作。××公司成立后，由被告人邬某某担任董事长；被告人盛某某担任总经理，主要负责财务、人事等工作；被告人何某某担任副总经理，主要负责起重设备工程的设计；被告人徐某某担任副总经理，主要负责坞门、下水工程的设计；被告人潘某某主要负责电脑配置及起重设备工程的设计等。在黄某某、张某某退出××公司后，被告人何某某成为××公司股东并担任法定代表人，同年9月××公司的法定代表人变更为被告人邬某某。

2007年3月至10月，××公司主要与××院客户开展业务，并使用××院设计的技术图纸中不为公众所知悉的技术信息，在对××院的技术图纸简单修改后交付客户单位使用。××公司先后为大连××船厂、浙江××有限公司、××重工（深圳）有限公司、××船舶重工有限责任公司、上海××起重机械有限公司、江苏××起重机械厂、江苏××船舶制造有限公司、无锡××起重机械有限公司等8家单位完成设计委托合同，共获取人民币428.60万元，经鉴定机构评估，造成××院直接经济损失达人民币282.19万元。

被告人邬某某、盛某某分别担任被告单位上海××设备工程有限公司的董事长、总经理，对被告单位侵犯权利人××院商业秘密的行为负直接负责的主管人员责任；被告人何某某、徐某某、潘某某具体实施了侵犯权利人××院商业秘密的行为，对被告单位侵犯商业秘密负有直接责任人员的责任。

案发后，被告人邬某某、徐某某、盛某某经公安机关电话通知主动到案，并供述上述事实。被告人何某某、潘某某到案后对上述事实亦作了供述。

以上事实，有下列证据证明：

1. 被告人邬某某的供述，证人黄某某的证言，北京××知识产权司法鉴定中心〔2007〕知鉴字第112号、106号、90号、72号等司法鉴定报告书及补充意见书，鉴定人张某某、元某某的证言证实，××院设备所系长期研究设计船坞、起重机械等设备的专业研究所，经国家投资及多年的研究，该所设计的技术图纸中各要素组合构成的完整设计包含不为公众所知悉的技术信息。

2. 被告人邬某某的供述，证人黄某某、蒋某某、吴某某、汤某某的证言，××院知识产权保护与管理规定、商业秘密管理规定、计算机信息系统安全保密管理规定，××院设备所关于电脑机箱上锁的情况说明、购买电脑机箱的发票、电脑机箱上锁的照片，××院关于邬某某等人使用电脑显示器的说明、上海××计算机发展中心出具的情况说明证实，××院为防止技术信息的外泄，制定了院商业秘密管理规定、计算机信息系统安全保密管理规定等规章制度，并在××院局域网上予以公布，该规章制度对××院商业秘密的范围、保密措施等作出了规定。2006年底，××院设备所为防止技术信息的泄露，对电脑机箱采取了上锁的措施。

3. 被告人邬某某、盛某某、何某某、徐某某、潘某某的供述，证人张某某、许某某、周某某的证言，××工程有限公司的营业执照，劳动合同，干部任免审批表、××院员工离职审批表、涉密人员调离保密审批表、告知书证实，邬某某、盛某某原系××院设备所的所长、副所长；徐某某原系××院设备所设计室主任；何某某、潘某某原系××院设备所技术人员，上述5人均有机会接触有关起重机械、船坞、下水等设备的技术信息，并负有保密义务，且邬某某、盛某某对××院设备所的保密工作承担管理职能。

4. 被告人邬某某、盛某某、何某某、徐某某的供述，证人张某某、黄某某的证言证实，2007年初，邬某某、盛某某在担任××院设备所所长、副所长期间，因不满上级的工作安排，欲辞职自行成立公司开展业务。春节后，被告人邬某某、盛某某经与××院设备所退休返聘职工黄某某及何某某、徐某某等人商定，分别从××院辞职，成立公司，主要开展与××院设备所相同的业务。

5. 被告人邬某某、何某某、徐某某、潘某某的供述，证人慎某某等人的证言证实，潘某某及何某某、徐某某在盛某某、邬某某的默许下，违反××院规定，利用工作便利，采用拷贝自己或其他设计人员设计的技术图纸的方法，窃得××院的技术信息。

6. 诉讼代表人孙某某的陈述，被告人邬某某、盛某某、何某某、徐某某、潘某某的供述，证人陶某某等人的证言，上海××设备工程有限公司的营业执照、注册登记资料证实，2007年3月，盛某某率先从××院辞职，成立了由邬某某、盛某某、徐某某及黄某某、张某某为股东的××公司，并由黄某某担任法定代表人，后邬某某、何某某、徐某某、潘某某等人陆续从××院辞职至××公司工作。××公司成立后，由邬某某担任董事长；盛某某担任总经理，主要负责财务、人事等工作；何某某担任副总经理，主要负责起重设备工程的设计；徐某某担任副总经理，主要负责坞门、下水工程的设计；潘某某主要负责电脑配置及起重设备工程的设计等。在黄某某、张某某退出××公司后，何某某成为××公司股东并担任法定代表人，同年9月××公司的法定代表人变更为邬某某。

7. 证人南某某、马某某、陶某某、江某某等人的证言，鉴定人张某某、元某某、洪某某的证言，××公司与大连××船厂、浙江××有限公司、××重工（深圳）有限公司、××船舶重工有限责任公司、上海××起重机械有限公司、江苏××起重机械厂、江苏××船舶制造有限公司、无锡××起重机械有限公司等8家单位签订的合同及××公司开具的发票，××院提供的客户资料，上海司法会计中心沪司会字〔2007〕第212号司法鉴定检验报告，北京××知识产权司法鉴定中心〔2007〕知鉴字第72号、73号、90号、91号、112号、113号、106号、107号、114号、116号、119号、120号、126号司法鉴定报告书及补充意见书，北京××资产评估有限公司、北京××知识产权司法鉴定中心对××院的直接经济损失评估报告书证实，2007年3月至10月，××公司主要与××院客户开展业务，并使用××院设计的技术图纸中不为公众所知悉的技术信息，在对××院的技术图纸简单修改后交付客户单位使用。××公司先后为大连××船厂、浙江××有限公司、××重工（深圳）有限公司、××船舶重工有限责任公司、上海××起重机械有限公司、江苏××起重机械厂、江苏××船舶制造有限公司、无锡××起重机械有限公司等8家单位完成设计委托合同，共获取人民币428.60万元，经评估，造成××院直接经济损失达人民币282.19万元。

8. 上海市公安局普陀分局搜查笔录、调取证据清单、扣押物品清单及赃证物品照片，上海市公安局公共信息网络安全监察处检查意见书证实，××公司涉案的电脑、图纸、合同、财务资料等均被公安机关查扣，电脑中发现涉案文件。

9. 公安机关工作情况证实，案发后，被告人邬某某、徐某某、盛某某经公安机关电话通知主动到案，并供述涉案事实；被告人何某某、潘某某到案后对涉案事实亦作了供述。

以上证据，经当庭质证，查证属实，且证据间互相印证，应予确认。

关于辩方提出鉴定机构无资质的意见。经查，上海司法会计中心、北京××知识产权司法鉴定中心、北京××资产评估有限公司均具备鉴定机构的资质。

关于辩方提出××院设备所设计的船坞、起重机械等技术图纸不属商业秘密的意见。经查，公知技术信息的完整组合可以成为非公知技术信息。辩方提供的相关证据不足以否定北京××知识产权司法鉴定中心作出的××院设备所设计的船坞、起重机械等技术图纸中各要素组合构成的完整设计不为公众所知悉的鉴定结论，该图纸的技术信息能为××院带来经济利益，并具有实用性，为防止技术信息的泄露，××院设备所还对电脑机箱采取了上锁等措施，故××院设备所设计的船坞、起重机械等技术图纸属于商业秘密。

关于辩方提出权利人经济损失评估过高等意见。经查，上海司法会计中心根据财务规定作出的××公司计提的虚增劳务费人民币400余万元不应计入成本的鉴定意见，可以采纳。北京××资产评估有限公司根据最高人民法院

《关于审理不正当竞争民事案件应用法律若干问题的解释》《关于审理专利纠纷案件适用法律问题的若干规定》等规定，采用以侵权人因侵权行为获得的利润的方法确定经济损失赔偿额，并根据上海司法会计中心、北京××知识产权司法鉴定中心的鉴定结论，作出××公司的侵权行为给权利人××院造成直接经济损失为人民币282.19万元的鉴定意见，应予确认。

综上，被告人的辩解及辩护人的相关辩护意见，与本案查证事实不符，均不予采纳。

本院认为，被告单位上海××设备工程有限公司采用拷贝技术图纸的方法，侵犯权利人的商业秘密，并给权利人造成特别严重的后果，其行为已构成侵犯商业秘密罪，依法应予处罚。被告人邬某某、盛某某分别是被告单位上海××设备工程有限公司的董事长、总经理，对被告单位侵犯权利人商业秘密负直接负责的主管人员责任；被告人何某某、徐某某、潘某某具体实施了侵犯权利人商业秘密的行为，对被告单位侵犯权利人商业秘密负有直接责任人员的责任，依法亦应以侵犯商业秘密罪惩处。公诉机关指控被告单位上海××设备工程有限公司及各名被告人的罪名成立。本案系单位犯罪，各名被告人又各司其职，承担不同的责任，不划分主从犯，应根据各名被告人在犯罪中的地位、作用等，分别对其作出相应的处罚，故对被告人何某某、徐某某的辩护人提出被告人何某某、徐某某系从犯的意见，均不予采纳。被告人邬某某、盛某某、徐某某有自首情节，被告单位上海××设备工程有限公司可视作为自首论；被告人何某某、潘某某到案后的情节，亦可视作为自首论，对被告单位上海××设备工程有限公司及各名被告人依法均可减轻处罚，可根据本案的具体情况对各名被告人适用缓刑，予以考验，辩护人提出的相关辩护意见，均可予以采纳。鉴于被告单位上海××设备工程有限公司因客户需求对图纸有所改动，付出了一定的劳务，以及上海××设备工程有限公司计提的劳务费中不能排除部分用于年终奖金发放等，可对被告单位及各名被告人酌情从宽处罚。被告人何某某、潘某某的辩护人要求对何某某、潘某某免予刑事处罚的意见，均不予采纳。依照《中华人民共和国刑法》第二百一十九条第一款第（一）项、第（二）项、第三款、第四款，第二百二十条，第六十七条第一款，第七十二条，第七十三条及最高人民法院《关于处理自首和立功具体应用法律若干问题的解释》第一条之规定，判决如下：

一、被告单位上海××设备工程有限公司犯侵犯商业秘密罪，判处罚金人民币八十万元。

（罚金款应于本判决生效之日起一个月内缴纳。）

二、被告人邬某某犯侵犯商业秘密罪，判处有期徒刑二年，缓刑二年，并处罚金人民币二万元。

（缓刑考验期限，从判决确定之日起计算；罚金款应于本判决生效之日起一个月内缴纳。）

三、被告人盛某某犯侵犯商业秘密罪，判处有期徒刑二年，缓刑二年，并处罚金人民币二万元。

（缓刑考验期限，从判决确定之日起计算；罚金款应于本判决生效之日起一个月内缴纳。）

四、被告人何某某犯侵犯商业秘密罪，判处有期徒刑一年六个月，缓刑一年六个月，并处罚金人民币一万五千元。

（缓刑考验期限，从判决确定之日起计算；罚金款应于本判决生效之日起一个月内缴纳。）

五、被告人徐某某犯侵犯商业秘密罪，判处有期徒刑一年，缓刑一年，并处罚金人民币一万元。

（缓刑考验期限，从判决确定之日起计算：罚金款应于本判决生效之日起一个月内缴纳。）

六、被告人潘某某犯侵犯商业秘密罪，判处拘役六个月，缓刑六个月，并处罚金人民币五千元。

（缓刑考验期限，从判决确定之日起计算；罚金款应于本判决生效之日起一个月内缴纳。）

被告人郐某某、盛某某、何某某、徐某某、潘某某回到社区后，应当遵守法律、法规，服从监督管理，接受教育，完成公益劳动，做一名有益社会的公民。

如不服本判决，可在接到判决书的第二日起十日内，通过本院或者直接向上海市第二中级人民法院提出上诉。书面上诉的，应当提交上诉状正本一份，副本一份。

审　判　长　王惠笙
审　判　员　唐慧琴
代理审判员　陈　肸
二〇〇九年三月十六日
书　记　员　王洁敏

附：相关法律条文

《中华人民共和国刑法》

第二百一十九条 有下列侵犯商业秘密行为之一，给商业秘密的权利人造成重大损失的，处三年以下有期徒刑或者拘役，并处或者单处罚金；造成特别严重后果的，处三年以上七年以下有期徒刑，并处罚金：

（一）以盗窃、利诱、胁迫或者其他不正当手段获取权利人的商业秘密的；

（二）披露、使用或者允许他人使用以前项手段获取的权利人的商业秘密的；

……

本条所称商业秘密，是指不为公众所知悉，能为权利人带来经济利益，具有实用性并经权利人采取保密措施的技术信息和经营信息。

本条所称权利人，是指商业秘密的所有人和经商业秘密所有人许可的商业秘密使用人。

第二百二十条 单位犯本节第二百一十三条至第二百一十九条规定之罪的，对单位判处罚金，并对其直接负责的主管人员和其他直接责任人员，依照本节各该条的规定处罚。

第六十七条第一款 犯罪以后自动投案，如实供述自己的罪行的，是自首。对于自首的犯罪分子，可以从轻或者减轻处罚。其中，犯罪较轻的，可以免除处罚。

第七十二条 对于被判处拘役、三年以下有期徒刑的犯罪分子，根据犯罪分子的犯罪情节和悔罪表现，适用缓刑确实不致再危害社会的，可以宣告缓刑。

被宣告缓刑的犯罪分子，如果被判处附加刑，附加刑仍须执行。

第七十三条 拘役的缓刑考验期限为原判刑期以上一年以下，但是不能少于二个月。

有期徒刑的缓刑考验期限为原判刑期以上五年以下，但是不能少于一年。

缓刑考验期限，从判决确定之日起计算。

最高人民法院《关于处理自首和立功具体应用法律若干问题的解释》

第一条 根据刑法第六十七条第一款的规定，犯罪以后自动投案，如实供述自己的罪行的，是自首。

……

投标人采取欺骗手段围标情节严重构成串通投标罪

——徐某等串通投标案

【案例要旨】

投标人使用伪造证明文件的欺骗手段，以多家公司名义参与投标并形成围标，损害招标人或者其他投标人利益的，构成串通投标罪。

【案情简要】

被告单位，××甲公司、××乙公司。

被告人徐某，原系××甲公司法定代表人、控股股东，××乙公司控股股东、实际控制人。

2011年3月24日，××丙公司受新华医院崇明分院委托，对颅内压监测仪设备等采购进行公开招标并发布招标公告，明确如投标人为代理商，则须获得相应设备制造厂商出具的针对本项目的唯一授权代理证明文件。为使××乙公司中标，在与××丁公司就代理事宜达成协议后，被告人徐某私刻了相应设备制造商××戊公司、××己公司印章并加盖在上述两家公司的《医疗器械注册证》《医疗器械注册登记表》《医疗器械产品生产制造认可表》扫描件以及自行打印的授权委托书等文件上，使××甲公司、××庚公司分别虚假代理××戊公司、××己参与投标。2011年4月2日，××乙公司、××甲公司与××庚公司一同就颅内压监测仪向××丙公司报名投标。同日，××戊公司发现被冒名代理后，即向××丙公司作出书面声明。同月22日，××乙公司、××甲公司分别向××丙公司书面声明退出该项目的招投标。

××戊公司报案后，崇明县公安局以没有犯罪事实为由不予立案。复议申请被驳回后，××戊公司向检察机关申诉。崇明县人民检察院立案监督后，崇明县公安局立案侦查。崇明县人民检察院提起公诉后，崇明县人民法院以串通投标罪判处被告单位××甲公司罚金人民币2万元，××乙公司罚金人民币2

万元，被告人徐某有期徒刑 1 年，缓刑 1 年，并处罚金 1 万元。判决已生效。

【典型意义】

《刑法》第 223 条规定，投标人相互串通投标报价，损害招标人或者其他投标人利益，情节严重的，处三年以下有期徒刑或者拘役，并处或者单处罚金。《招标投标法实施条例》第 40 条规定，不同投标人的投标文件由同一单位或者个人编制的，视为投标人相互串通投标。被告人徐某作为××乙公司的法定代表人、××甲公司的实际控制人，一手策划了三公司围标的所有活动、编制了所有投标文件，应认定为相互串通投标。为确保××乙公司中标，被告单位××甲公司、××乙公司作为关联企业，相互勾结，伪造相关材料，采取欺骗手段报名参与投标；被告人徐某伪造相关授权文件，使用欺骗手段为××甲公司和××庚公司获得投标资质，进而形成三家公司围标的局面，根据最高人民检察院、公安部《关于公安机关管辖的刑事案件立案追诉标准的规定（二）》“采取欺骗手段串通投标应予立案追诉”的规定，依法均应构成串通投标罪。崇明县人民检察院以串通投标罪进行立案监督并依法追诉是正确的。

为维护市场公平竞争和投标市场正常秩序，保护招标人、其他投标人利益，以及国家、集体、公民的合法权益，1997 年刑法增设了串通投标罪，对投标人相互串通投标报价，损害招标人或者其他投标人利益，情节严重的，予以定罪处罚。实践中，应结合《招标投标法》《招标投标法实施条例》等规定准确把握，对于由同一单位或者个人编制不同投标人的投标文件、不同投标人委托同一单位或者个人办理投标事宜、不同投标人的投标文件载明的项目管理成员为同一人、不同投标人的投标文件异常一致或者投标报价呈规律性差异、不同投标人的投标文件相互混装、不同投标人的投标保证金从同一单位或者个人的账户转出等情形，应依法认定为投标人相互串通投标；情节严重的，应予定罪处罚。

上海市崇明县人民检察院
起诉书

沪崇检刑诉〔2012〕85号

被告单位上海××甲生物科技有限公司，住所地及经营地均为上海市虹口区××路××号××幢××室，公司类型属有限责任公司（国内合资），注册资本人民币100万元，法定代表人徐某。

被告单位诉讼代表人褚某某，女，1960年××月××日生，公民身份号码：3102211960××××××××，汉族，系上海××甲生物科技有限公司员工。

被告单位上海××乙医疗器械有限公司，住所地上海市静安区××路××号××层××室，经营地上海市虹口区××路××号××幢××室，公司类型属有限责任公司（国内合资），注册资本人民币100万元，法定代表人李某某。

被告单位诉讼代表人李某某，男，1966年××月××日生，公民身份号码：3101041966××××××××，汉族，系上海××乙医疗器械有限公司法定代表人。

被告人徐某，女，1968年××月××日生，公民身份号码：3101091968××××××××，汉族，大学文化，上海××甲生物科技有限公司法定代表人，上海××乙医疗器械有限公司实际控制人，户籍在上海市松江区××镇××路××弄××号，住上海市虹口区××路××号××室。2011年10月10日因涉嫌串通投标罪被崇明县公安局取保候审。

本案由崇明县公安局侦查终结，以被告单位上海××甲生物科技有限公司、上海××乙医疗器械有限公司、被告人徐某涉嫌串通投标罪于2012年2月6日向本院移送审查起诉。本院受理后，于同年2月8日告知被告人有权委托辩护人，依法讯问了被告人，审查了全部案件材料。被告人徐某同意适用简易程序审理案件。

经依法审查查明：

2011年3月24日，上海A建设工程咨询有限公司（以下简称“A公司”）

受上海交通大学医学院附属新华医院崇明分院委托，对崇明分院颅内压监测仪设备等采购进行公开招标并发布招标公告。2011 年 4 月 1 日，被告单位上海××生物科技有限公司（以下简称"××甲公司"）法定代表人徐某，在未得到重庆 B 医疗仪器有限公司（以下简称"B 公司"）、无锡 C 电子医疗系统有限公司（以下简称"C 公司"）许可的情况下，私刻 B 公司、C 公司印章，由××甲公司虚假代理 B 公司报名投标，并邀请上海 D 仪器设备有限公司（以下简称"D 公司"）出面，以 C 公司虚假代理人的身份报名投标。重庆 E 医疗器械有限公司（以下简称"E 公司"）与被告单位上海××医疗器械有限公司（以下简称"××乙公司"）达成口头协议，由××乙公司代理 E 公司参与该项目的投标。后 B 公司发现被××甲公司冒名代理，于 2011 年 4 月 2 日向 A 公司发出《严正声明》，2011 年 4 月 22 日，××乙公司、××甲公司向 A 公司发出《声明》退出了该项目的招投标。

2011 年 10 月 10 日，被告人徐某向崇明县公安局投案自首。

认定上述事实的主要证据有：

1. 警方收集的常住人口基本信息证实，被告人徐某犯罪时已负完全刑事责任能力年龄的事实。

2. 警方收集的企业法人营业执照证实，被告单位××甲公司、××乙公司的相关情况。

3. 警方提供的案发经过证实，2011 年 4 月 11 日，B 公司法定代表人朱某某向崇明县公安局报案后，警方立案侦查，2011 年 10 月 10 日被告人徐某向崇明县公安局投案自首的事实。

4. ××甲公司、××乙公司出具的任职证明证实，被告人徐某任二家公司的董事长、法定代表人、控股股东、公司实际控制人的事实。

5. 警方收集的招标公告证实，上海 A 公司受新华医院崇明分院委托，对于崇明分院包括颅内压监测仪等设备的采购进行公开招标的事实。

6. 由 A 公司提供的生产企业授权委托书、B 公司、C 公司的医疗器械注册证等资料证实，被告单位、被告人徐某冒名投标报名的事实。

7. 2011 年 4 月 22 日，××乙公司、××甲公司提供给 A 公司的申明证实，二家公司申请退出投标报名的事实。

8. E 公司提供的证明证实，在上海交通大学医学院附属新华医院崇明分院颅内压监测仪设备招标中，其公司与××乙公司就颅内压监测仪设备招标代理曾经达成口头协议，并向××乙公司提供了其公司产品的《医疗器械注册证》、《医疗器械注册登记表》和《生产企业授权委托书》，且三份书证上的公章确实是其公司真实所盖的事实。

9. 被害单位朱某某的陈述证实，其是重庆B医疗仪器有限公司法定代表人、董事长。2011年4月2日，其委托朋友到上海A公司参加上海交通大学附属新华医院崇明分院颅内压监测仪的投标报名，发现上海××甲公司虚假代理其公司参加投标报名，并提供了其公司的相关材料及公司的公章；后其公司向公安机关报案的事实。

10. 证人樊某某的证言证实，其是上海××乙医疗器材有限公司的实际负责人、控制人。2011年4月2日，其××乙公司以生产商重庆E公司授权委托的经销商名义参与了上海交通大学附属新华医院崇明分院招标项目的投标报名，同时××甲公司虚假代理B公司也参加了投标报名，××甲公司和××乙公司是关联公司，二家公司的实际控制人是其与妻子徐某二人的事实。

11. 证人郁某的证言证实，其是上海A建设工程咨询有限公司的采购部经理；其单位受上海交通大学医学院附属新华医院崇明分院委托为其设备的采购进行招标，并发布颅内压监测仪的招标公告。2011年4月1日，××甲公司代理B公司、D公司代理C公司、××乙公司代理E公司参与投标，并递交了相关的材料，同年4月6日，其收到B公司关于××甲公司冒用其公司名义参与招标的“严正声明”，后建议报警的事实。

12. 证人赵某的证言证实，D公司是其弟弟赵某甲、弟媳刘某二人投资设立的有限公司，其公司与××甲公司、××乙公司是同行，不存在资产上的关联，其个人与××甲公司、××乙公司的控制人徐某是朋友关系。2011年4月1日应朋友徐某之邀，其公司参与了上海A建设工程咨询有限公司组织的上海交通大学附属新华医院崇明分院有关颅内压监测仪设备项目的投标报名，并提供了相关的资料；关于C公司的资质证明及其公司的授权委托书等相关资料不是其公司提供，C公司的章也不是其公司盖上去的，不知道是徐某从何而来；其公司与C公司不存在代理关系的事实。

13. 证人吴某的证言证实，其是重庆E医疗器械有限公司的法定代表人。其公司未提供过B公司与C公司的相关材料及加盖的公章。在此次招标项目上其公司未同××乙公司、××甲公司商量过确保其公司中标，其公司仅将公司的相关材料复印件提供给××乙公司，××乙公司可合法销售其公司产品的事实。

14. 证人虞某某的证言证实，其是C公司法定代表人。其公司在上海地区没有代理过负责其公司产品的销售。其公司也未参与上海交大附属新华医院崇明分院的颅内压监测仪设备招标项目的招标，未提供过其公司的相关材料给D公司。

15. 被告人徐某的供述证实，其是××甲公司的法定代表人。2010年底，其获悉上海交大附属新华医院崇明分院有颅内压监测仪设备的招标项目，其为了确保E公司委托并授权其××乙公司销售代理该设备中标，其私刻了B公司、C公司的章，并伪造了B公司、C公司的授权委托书等相关资料，分别以B公司委托并授权××甲公司、C公司委托并授权D公司参加了为公司产品无创颅内压监测仪的销售代理的投标报名，后因被B公司发现而退出投标报名的事实。

16. 上海市公安局物证鉴定中心鉴定书证实，在上海交通大学医学院附属新华医院崇明分院颅内压监测仪设备招标报名资料中提取的重庆B公司、无锡C公司检材印文不是由二家公司提供的同名样章盖印形成。

上述证据收集程序合法，内容客观真实，足以认定指控事实。被告人徐某对基本犯罪事实无异议。

本院认为，被告单位上海××甲生物科技有限公司、上海××乙医疗器械有限公司、被告人徐某为确保××乙公司代理销售中标，采取欺骗手段，冒用他人公司名义参与投标报名，其行为已触犯《中华人民共和国刑法》第二百二十三条、第二百三十一条，犯罪事实清楚，证据确实充分，应当以串通投标罪追究其刑事责任。被告单位上海××甲生物科技有限公司、上海××乙医疗器械有限公司、被告人徐某犯罪后投案自首，根据《中华人民共和国刑法》第六十七条规定，可以从轻处罚。根据《中华人民共和国刑事诉讼法》第一百四十一条之规定，提起公诉，请依法审判。

此致

上海市崇明县人民法院

检察员　梁碧英

二〇一二年三月三十日

附：1. 被告人徐某现取保候审于住地（联系电话：×××××××××）；

2. 公安侦查卷宗二册；

3.《适用简易程序建议书》一份；

4. 派员出席法庭通知书一份；

5. 量刑建议书二份。

附：相关法律条文

《中华人民共和国刑法》

第六十七条第一款 犯罪以后自动投案，如实供述自己的罪行的，是自首。对于自首的犯罪分子，可以从轻或者减轻处罚。其中，犯罪较轻的，可以免除处罚。

第二百二十三条第一款 投标人相互串通投标报价，损害招标人或者其他投标人利益，情节严重的，处三年以下有期徒刑或者拘役，并处或者单处罚金。

第二百三十一条 单位犯本节第二百二十一条至第二百三十条规定之罪的，对单位判处罚金，并对其直接负责的主管人员和其他直接责任人员，依照本节各该条的规定处罚。

《中华人民共和国刑事诉讼法》

第一百四十一条 人民检察院认为犯罪嫌疑人的犯罪事实已经查清，证据确实、充分，依法应当追究刑事责任的，应当作出起诉决定，按照审判管辖的规定，向人民法院提起公诉。

上海市崇明县人民法院
刑事判决书

（2012）崇刑初字第91号

公诉机关崇明县人民检察院。

被告单位上海××生物科技有限公司，住所地上海市虹口区××路××号××幢××室。

诉讼代表人褚某某，上海××生物科技有限公司员工。

被告单位上海××医疗器械有限公司，住所地上海市静安区××路××弄××号××层××室。

诉讼代表人李某某，上海××医疗器械有限公司法定代表人。

被告人徐某，女，1968年××月××日生，汉族，上海市人，大学文化，上海××生物科技有限公司法定代表人，住上海市虹口区××路××号××室，户籍所在地上海市松江区××镇××路××弄××号。2011年10月10日因涉嫌犯伪造公司印章罪被崇明县公安局取保候审。

崇明县人民检察院以沪崇检刑诉〔2012〕85号起诉书指控被告单位上海××生物科技有限公司、被告单位上海××医疗器械有限公司、被告人徐某犯串通投标罪，于2012年3月30日向本院提起公诉，并书面建议本院适用简易程序审理，本院于同日立案受理。审理中，本院决定对本案适用普通程序审理，并依法组成合议庭公开开庭审理了本案。崇明县人民检察院指派检察员梁碧英出庭支持公诉，被告单位上海××生物科技有限公司诉讼代表人褚某某，被告单位上海××医疗器械有限公司诉讼代表人李某某，被告人徐某等均到庭参加诉讼。现已审理终结。

崇明县人民检察院指控：2011年3月24日，上海A建设工程咨询有限公司（以下简称“A公司”）受上海交通大学医学院附属新华医院崇明分院（以下简称“新华医院崇明分院”）委托，对新华医院崇明分院颅内压监测仪设备等采购进行公开招标并发布招标公告。2011年4月1日，被告单位上海××生物科技有限公司（以下简称“××甲公司”）法定代表人徐某，在未得到重庆B医疗仪器有限公司（以下简称“B公司”）、无锡C电子医疗系统有限公司（以下简称“C公司”）许可的情况下，私刻B公司、C公司印章，由××甲公司虚假代理B公司报名投标，并邀请上海D仪器设备有限公司（以下简称“D公司”）出面，以C公司虚假代理人的身份报名投标。重庆E医疗器械有限公司（以下简称“E公司”）与被告单位上海××医疗器械有限公司（以下简称“××乙公司”）达成口头协议，由××乙公司代理E公司参与该项目的投标。后B公司发现被××甲公司冒名代理，于2011年4月2日向A公司发出《严正声明》，2011年4月22日，××乙公司、××甲公司向A公司发出《声明》退出了该项目的招投标。

2011年10月10日，被告人徐某向崇明县公安局投案自首。

崇明县人民检察院针对上述指控的事实向本院移送了书证、证人证言、鉴定结论、被告人供述等证据，认为被告单位××甲公司、××乙公司及被告人徐某的行为触犯《中华人民共和国刑法》第二百二十三条、第二百三十一条，已构成串通投标罪。被告单位××甲公司、××乙公司及被告人徐某犯罪后投案自首，适用《中华人民共和国刑法》第六十七条第一款。提请本院依法惩处。

被告单位××甲公司、××乙公司及被告人徐某对公诉机关指控的犯罪事实及罪名均无异议。

经审理查明：被告人徐某系被告单位××甲公司法定代表人、控股股东，其又是被告单位××乙公司的控股股东、公司实际控制人。被告人徐某在获知新华医院崇明分院将有一个颅内压监测仪的招标项目后，即于2011年3月与E公司取得了联系，E公司于当月书面授权委托××乙公司有关E公司产品颅内压无创检测分析仪在新华医院崇明分院的销售代理，并提供了E公司的医疗器械注册证、医疗器械登记表等相关资料。2011年3月24日，A公司受新华医院崇明分院委托，对该院睡眠呼吸监测仪、肌电图、颅内压监测仪设备采购进行公开招标，并发布了招标公告，明确了如投标人为代理商，则必须要获得相应设备制造厂商出具的针对本项目的唯一授权代理证明文件等条件。被告人徐某为使××乙公司中标，在未取得B公司、C公司授权的情况下，私自请人刻制了B公司、C公司的公章，并用伪造的上述公章在B公司、C公司的《医疗器械注册证》《医疗器械注册登记表》《医疗器械产品生产制造认可表》扫描件及被告人徐某打印的授权委托书上盖印，虚构了B公司授权委托××甲公司有关颅内压无创检测分析仪、C公司授权委托D公司有关多参数脑科监护仪在崇明分院的销售代理权的事实。嗣后，被告人徐某又邀请D公司参与投标，并向D公司提供了虚假的C公司授权委托书等文件资料。2011年4月2日，××甲公司、××乙公司、D公司一起就颅内压监测仪向A公司报名投标。同日，B 公司发现了××甲公司冒用其公司授权代理商名义进行投标，即向 A 公司作出书面声明。2011 年 4 月 22 日，××乙公司、××甲公司分别向 A 公司书面声明退出该项目的招投标。

2011 年 10 月 10 日，被告人徐某向崇明县公安局自动投案，并如实供述了犯罪事实。

上述事实，有经庭审举证、质证，本院确认的下列证据予以证实：

1. 证人朱某某的证言证实，他是 B 公司的法定代表人。2011 年 4 月 2 日，他委托朋友到 A 公司参加新华医院崇明分院编号为 CMJZCG（H）2011×××设备招标中的颅内压监测仪的投标，但 A 公司讲××甲公司已受 B 公司委托参加了投标报名，并提供了盖有 B 公司印章的《医疗器械注册证》、《医疗器械注册登记表》和《授权委托书》。因他们公司从未委托代理商参加此次招标报名，也未与××甲公司接触过，况且 A 公司提供给他们的三份文件上所盖 B 公司的公章与他们公司真实的公章有较大的区别，遂他们向 A 公司发出了书面声明，并向崇明县公安局报案。

2. 证人郁某的证言证实，她是 A 公司的采购部经理。他们公司受业主单位新华医院崇明分院委托为其设备招标采购，她当时具体负责该项目接受投标单位的报名、答疑等工作。2011 年 3 月 24 日，他们公司发布了编号为 CMJZCG（H）2011×××的招标公告。同年 4 月 6 日，她收到 B 公司的一份书面声明，表示 B 公司从未授权任何公司参与该项目的投标，希望终止招标活动。接到声明后，他们公司对该项目的投标报名单位材料进行了核查，发现××甲公司以 B 公司经销商的名义参与投标报名并递交了报名文件，同时，××乙公司，D 公司分别受 E 公司、C 公司经销授权后，以××乙公司、D 公司的名义对该项目进行了投标报名。上述三家单位均在 2011 年 4 月 2 日对此次招标项目中的颅内监测仪进行投标报名。按照规定，对一个项目进行招投标，参与投标的单位数量必须不低于三家，否则流标。他们一般只对递交的材料进行形式审查，就是从相关单位递交的资料中审查一下是否符合他们提出的要求及是否存在关联性，至于资料的真实性他们是无法进行深入审查的。2011 年 4 月 22 日，××甲公司、××乙公司向 A 公司递交了退出此项目投标的申明，A 公司对该次的招标报名活动做了撤销处理。因为报名投标后还要进行评标、开标才决定中标单位，故××甲公司、××乙公司先报名投标后又撤回的行为是发生在整个招标投标活动的报名阶段，对该招标项目尚未产生不良后果。

3. 涉案证人樊某某的证言证实，他是被告人徐某的丈夫，在××乙公司担任销售主管，徐某是××乙公司的股东。他通过上海政府采购网知道了新华医院崇明分院编号为 CMJZCG（H）2011×××设备招标项目。后××乙公司与E公司联系取得了该E公司的销售代理权。但因为一个招标项目必须有三家以上的公司投标，他们夫妻商量要寻找另外一家生产商的委托。2011年4月2日，由他代表××乙公司、徐某代表××甲公司向招标代理人递交了该项目中有关颅内压监测仪的投标报名资料。××乙公司向招标单位递交了《企业法人营业执照》副本、《社保缴费证明》、《法人委托书》、《公司股东组成情况表》等文件，另外还提供了E公司的《生产企业授权委托书》《医疗器械注册证》《医疗器械注册登记表》。他所提供给招标单位的文件都是真实的。因为投标时不能出现二家有关联关系的投标主体，所以他们在提供给招标代理人的××乙公司股东组成基本情况中，将徐某写成樊某某。他后来才知道是徐某私刻了B公司的公章，冒用了B公司代理商名义并参与了投标报名。至于徐某是如何得到B公司资质文件的，他并不知道。他们这样做的目的是提高××乙公司和××甲公司的中标概率。

4. 证人吴某的证言证实，她是E公司的法定代表人。2011年3月，××乙公司打电话给E公司，讲新华医院崇明分院要购置颅内压监测仪，××乙公司需要E公司出具销售授权委托书参与竞标，E公司审核后就出具了授权委托书、《医疗器械注册证》、《医疗器械注册登记表》给××乙公司。E公司并没有参与该项目的投标，只是授权××乙公司在新华医院崇明分院销售E公司生产的颅内压监测仪。E公司既没明示也没暗示过××乙公司私刻其他生产商公章从而假冒授权来参与该项目的投标活动。在此次招标项目上E公司也未与××乙公司、××甲公司商量过确保E公司中标。

5. 证人赵某的证言证实，D公司是他弟弟赵某甲、弟媳妇刘某二人投资设立的有限公司，他是D公司的总经理、实际控制人。他与徐某是朋友关系，D公司与××甲公司、××乙公司是同行，但在资产上并不关联。2011年3月，××甲公司徐某打电话邀请他们公司帮忙一起参与新华医院崇明分院颅内压监测仪设备项目的投标报名，他答应后就派了一个员工去报名了。D公司并不熟悉C公司，也不存在代理关系。至于徐某从哪里搞到C公司的资质证明文件及授权委托书，他并不知道，他们公司只是在徐某拿过来的C公司的文件上盖章。

6. 证人虞某某的证言证实，他是C公司的法定代表人。C公司从未授权D公司销售代理，也未提供过相关文件材料给D公司。C公司也未参与新华医院崇明分院的颅内压监测仪设备项目的招标。

7. 项目编号为CMJZCG（H）2011×××的招标公告及招标失败公告证实，A公司受新华医院崇明分院委托，于2011年3月24日对崇明分院睡眠呼吸监测仪、肌电图、颅内压监测仪设备采购进行公开招标，要求投标单位如为代理商的，则必须具有相应设备的《医疗器械经营企业许可证》且获得相应设备制造厂商出具的针对本项目的唯一授权代理证明文件。为防止供应商串标，报名时应提交《公司股东组成基本情况》。凡愿意投标的企业于2011年4月2日报名并领取招标文件，投标文件递交截止日为2011年4月25日。2011年4月28日，该项目因有效投标单位不满三家而宣布招标失败。

8. ××甲公司、××乙公司、D公司工商登记资料证实，××甲公司法定代表人为徐某，注册资本为人民币100万元，其中徐某出资70万元，李某某出资30万元；××乙公司法定代表人原为凌某某，2011年4月变更为李某某，注册资本为人民币100万元，其中徐某出资70万元，李某某出资30万元；D公司法定代表人为赵某，出资人为赵某、刘某。

9. ××甲公司、××乙公司出具的任职证明证实，徐某为××甲公司、××乙公司的控股股东，又是上述二家公司的实际控制人。

10. ××甲公司、××乙公司提供给A公司的二份声明证实，2011年4月22日，××甲公司、××乙公司申请退出新华医院崇明分院项目编号为CM-JZCG（H）2011×××的相关投标报名活动。

11. E公司出具的证明一份证实，在新华医院崇明分院颅内压监测仪设备招标中，该公司与××乙公司就该项目代理曾经达成口头协议，并向××乙公司提供了MICP型颅内压无创检测分析仪的《医疗器械注册证》、《医疗器械注册登记表》和《生产企业授权委托书》，且上述三份书证上的公章确实是由E公司真实所盖。

12. A公司提供的B公司、C公司、E公司授权委托书、医疗器械注册证等资料及B公司、C公司、E公司提供的公章印文、上海市公安局物证鉴定中心鉴定书证实，在新华医院崇明分院颅内压监测仪设备招标报名资料中提取的B公司、C公司检材印文不是由二家公司提供的同名样章盖印形成。

13. 崇明县公安局出具的案发经过，证实了本案的案发、被告人徐某的到案情况。

14. 被告人徐某的供述证实，她是××甲公司的法定代表人。××甲公司和××乙公司实际都是她控制的关联公司，是一套班子二块牌子。2010年底，××甲公司从新华医院崇明分院了解到，该院在2011年有一个颅内压检测仪的设备招标项目的计划。之后，××甲公司一直打听是否有生产商或代理商关心该招标项目，她觉得如果××甲公司选择好陪标公司然后参与投标，中标的概率非常大。在该招标项目公告出来之前，她在网上搜索过，生产颅内压监测仪的生产商只有B公司和E公司，他们公司便与B公司和E公司电话联系，要求代理他们的产品。B公司在电话中态度比较冷淡，没有明确表态，而E公司明确同意让××乙公司代理。但公开招标的项目必须有至少三家投标人参与才有效，故她电话联系请求E公司提供其他公司的资质证明，后E公司提供了B公司、C公司资质证明的扫描件给××甲公司。在该项目招标公告出来后，因为B公司还没有答应同意授权，同时她以为B公司对这个项目不感兴趣，不会过问这件事情，于是在2011年4月1日，她就到上海虬江路私人流动摊位上私刻了B公司、C公司的公章，用于在B公司、C公司资质证明文件和自己打印的授权委托书上盖章。××甲公司与E公司之间此次也仅仅是临时合作，也没有正式签订过书面合作协议。D公司的老板赵某是她的朋友，D公司是由他们公司请来作为C公司的代理商一起来陪标的。D公司提供的报名资料中有关C公司的资质证明等文件，是由她提供给D公司的，实际上C公司并未对D公司真实授权。她本是想通过围标的方式来让××乙公司中标，因为××甲公司、D公司分别代理销售B公司、C公司都是虚假的，即使中标也拿不出产品。后来因为B公司也过来投标报名，事情暴露了，她就将二枚假公章丢弃到小区垃圾箱里了。私刻假公章的行为完全是她一个人实施的，没同任何人商量过。

本院认为，招标投标活动的本质在于要求当事人遵循公开、公平、公正以及诚实信用原则，在同等条件下通过市场实现优胜劣汰，最佳配置使用人、财、物力。被告单位××甲公司、××乙公司作为关联企业，在投标报名过程中，为避免竞争，确保××乙公司中标，相互勾结，伪造相关材料，采取欺骗的非法手段进行投标报名；被告人徐某作为××甲公司的法定代表人、××乙公司的实际控制人，在××甲公司、××乙公司投标报名过程中，虚构事实，采用欺骗的非法手段为上述公司获取投标资质，进而使仅有的三个投标公司即××甲公司、××乙公司、D公司在统一意志下一起投标报名，使得各投标者之间缺失竞争，被告人徐某系××甲公司、××乙公司串通投标行为的直接负责的主管人员。被告单位××甲公司、××乙公司、被告人徐某串通投标的主观故意性强，手段卑劣，对整个招标投标秩序的危害性大，其行为具有明显的违法性与不正当性，属情节严重，已构成串通投标罪，依法应予惩处。公诉机关指控的罪名成立，本院依法予以支持。案发后，被告人徐某能自动投案，并如实供述了主要犯罪事实，系自首，本院依法对其从轻处罚。徐某具有自首情节，亦可视为被告单位自首，依法均可从轻处罚。被告人徐某在被司法机关取保候审期间能遵纪守法，认罪态度较好，依法可对其适用缓刑予以考验。为严肃国家法制，维护社会主义市场经济公平竞争的秩序，保护国家利益、社会公共利益和招标投标当事人的合法权益，结合被告单位及被告人的犯罪事实、犯罪性质、情节和社会危害后果，依照《中华人民共和国刑法》第二百二十三条第一款，第二百三十一条，第五十二条，第五十三条，第二十五条第一款，第六十七条第一款，第七十二条第一款、第三款，第七十三条第二款、第三款之规定，判决如下：

一、被告单位上海××甲生物科技有限公司犯串通投标罪，判处罚金人民币二万元（罚金自本判决生效后一个月内缴纳）；

二、被告单位上海××乙医疗器械有限公司犯串通投标罪，判处罚金人民币二万元（罚金自本判决生效后一个月内缴纳）；

三、被告人徐某犯串通投标罪，判处有期徒刑一年，宣告缓刑一年，并处罚金人民币一万元（缓刑考验期限，从判决确定之日起计算；罚金自本判决生效后一个月内缴纳）。

如不服本判决，可在接到判决书的第二日起十日内，通过本院或者直接向上海市第二中级人民法院提出上诉。书面上诉的，应当提交上诉状正本一份，副本一份。

审 判 长　张　程
审 判 员　沈敏华
人民陪审员　黄德昌
二〇一二年五月二十八日
书 记 员　薛依斯

附：相关法律条文

《中华人民共和国刑法》

第二百二十三条第一款　投标人相互串通投标报价，损害招标人或者其他投标人利益，情节严重的，处三年以下有期徒刑或者拘役，并处或者单处罚金。

……

第二百三十一条　单位犯本节第二百二十一条至第二百三十条规定之罪的，对单位判处罚金，并对其直接负责的主管人员和其他直接责任人员，依照本节各该条的规定处罚。

第五十二条　判处罚金，应当根据犯罪情节决定罚金数额。

第五十三条　罚金在判决指定的期限内一次或者分期缴纳。期满不缴纳的，强制缴纳。对于不能全部缴纳罚金的，人民法院在任何时候发现被执行人有可以执行的财产，应当随时追缴。如果由于遭遇不能抗拒的灾祸缴纳确实有困难的，可以酌情减少或者免除。

第二十五条第一款 共同犯罪是指二人以上共同故意犯罪。

第六十七条第一款 犯罪以后自动投案，如实供述自己的罪行的，是自首。对于自首的犯罪分子，可以从轻或者减轻处罚。其中，犯罪较轻的，可以免除处罚。

第七十二条 对于被判处拘役、三年以下有期徒刑的犯罪分子，同时符合下列条件的，可以宣告缓刑，对其中不满十八周岁的人、怀孕的妇女和已满七十五周岁的人，应当宣告缓刑：

（一）犯罪情节较轻；

（二）有悔罪表现；

（三）没有再犯罪的危险；

（四）宣告缓刑对所居住社区没有重大不良影响。

……

被宣告缓刑的犯罪分子，如果被判处附加刑，附加刑仍须执行。

第七十三条 ……

有期徒刑的缓刑考验期限为原判刑期以上五年以下，但是不能少于一年。

缓刑考验期限，从判决确定之日起计算。

部分履行合同时非法占有犯罪目的的判定

——马某某合同诈骗案

【案例要旨】

行为人在合同履行过程中，支付小额货款后以空头支票予以搪塞，在约定付款期限前逃匿的，应构成合同诈骗罪。

【案情简要】

2006年至2007年，被告人马某某在个人经营上海××甲钢结构公司期间，先后与上海××乙保温、××丙贸易、××丁钢铁三家公司签订购货合同，每次均支付少量货款取得货物，销售变现后便拖延支付剩余货款。经被害单位多次催讨，马某某均开具空头支票搪塞并逃匿，共造成三家被害单位损失货款人民币36.5万元。2007年12月，被告人马某某又指使工作人员孙某与被害人郭某签订购销废钢协议，骗取郭某、王某押金人民币10万元。被告人马某某将收到的所有货款及押金均用于还高利贷及个人消费。

被告人马某某到案后，对收取货款及押金的事实予以认可，但辩称是因公司经营不善导致无法支付货款，其主观上并无诈骗故意。经查，在上述合同履行期间，经民事判决需要马某某归还的欠款达100余万元，马某某还欠下巨额高利贷，2007年间××甲公司银行账户曾多次开出累计金额100万元空头支票。

2008年10月16日，奉贤区人民检察院以马某某合同诈骗46.5万元提起公诉。同年3月17日，奉贤区人民法院判决认定被告人马某某骗取10万元押金的犯罪事实，以合同诈骗罪判处马某某有期徒刑5年6个月，对上述第一节事实以认定诈骗故意证据尚不充分为由不予支持。奉贤区人民检察院抗诉认为，被告人马某某在单位经营状况不佳的情况下仍与被害人签订合同骗取货物，销售变现后开具空头支票搪塞并逃匿，主观上具有非法占有的故意，构成合同诈骗罪。上海市人民检察院第一分院支持抗诉，2009年9月7日，上海市第一中级人民法院采纳抗诉意见，改判马某某有期徒刑11年。

【典型意义】

根据《关于审理诈骗案件具体应用法律的若干问题的解释》[①] 第2条规定，合同签订后，以支付部分货款，开始履行合同为诱饵，骗取全部货物后，在合同规定的期限内或者双方另行约定的付款期限内，无正当理由拒不支付其余货款的，属于以非法占有为目的，利用经济合同进行诈骗的行为，应依法认定为合同诈骗罪。被告人马某某以支付部分货款的方式获取全部货物，将货物出售后，所得货款用于偿还高利贷或个人消费，并以空头支票搪塞，最后在约定的付款期限前逃匿，应依法认定为合同诈骗罪。

是否具有非法占有目的是区分民事欺诈与合同诈骗罪的关键。尤其在部分履行合同时，判定行为人是否具有非法占有目的，应首先考察行为人的履约能力，并从行为人的履约行为、对取得财物的处置情况、事后态度等方面，综合分析判定合同部分履行的原因。对查明并非市场风险等客观原因导致履约不能、行为人未积极创造履约条件，采取逃匿隐藏等方式拒不履约的，应认定其具有非法占有的目的。合同签订后确因客观原因导致履约不能的，即使有逃避债务的行为，也不能作为合同诈骗犯罪处理；合同签订后没有履约的诚意和行为的，应依法认定为合同诈骗罪。

① 现已废止。——编者注。

上海市奉贤区人民检察院
起 诉 书

沪奉检刑诉〔2008〕800号

被告人马某某，男，1951年××月××日生，汉族，中专文化，系上海××甲钢结构工程有限公司法定代表人、经营者，户籍所在地江苏省兴化市××镇××号。2008年3月18日因涉嫌票据诈骗罪被上海市公安局奉贤分局刑事拘留，同年4月16日因涉嫌合同诈骗罪被本院批准逮捕，同日由上海市公安局奉贤分局执行逮捕。

本案由上海市公安局奉贤分局侦查终结，以被告人马某某涉嫌合同诈骗罪于2008年5月16日向本院移送审查起诉。本院受理后，于同年5月19日告知被告人有权委托辩护人、被害人有权委托诉讼代理人。其间先后于2008年6月16日、8月22日退回补充侦查，上海市公安局奉贤分局分别于2008年7月9日、9月1日补充侦查终结，再次移送审查起诉。

经依法审查查明：

2006年至2007年，被告人马某某以供货为名，骗取上海××乙时装有限公司保温材料分公司保温棉，价值4.7万余元。

2007年3月至7月，被告人马某某通过支付少部分钱款的方式诱骗上海××丙贸易有限公司提供大量钢材，之后采用空头支票等方式予以搪塞，骗取价值人民币22.4万余元的钢材。

2007年9月，被告人马某某通过支付少部分钱款的方式诱骗上海××丁钢铁经营部提供钢材，之后采用空头支票等方式予以搪塞，骗取价值人民币9.4万余元的钢材。

2007年12月，被告人马某某在明知没有能力履行的情况下，指使公司人员孙某某与被害人郭某某、王某某签订购销废钢协议，骗取定金人民币10万元。

上述事实主要有以下证据证明：1. 被告人马某某的供述；2. 被害人郭某某、王某某的陈述；3. 证人肖某甲、肖某乙、范某某、孙某某、胡某、马某乙、耿某某等人的证言；4. 送货清单、支票复印件、退票通知、欠条、协议、民事判决书、工商资料等书证；5. 户籍资料；6. 案发经过等。

本院认为，被告人马某某以非法占有为目的，没有实际履行能力，以先部分履行合同的方法，诱骗对方当事人继续履行合同，从而骗取他人财物，以及收受对方当事人给付的担保财产后逃匿，从而骗取财物，数额特别巨大，其行为已触犯《中华人民共和国刑法》第二百二十四条第（三）、（四）项之规定，应当以合同诈骗罪追究其刑事责任。根据《中华人民共和国刑事诉讼法》第一百四十一条之规定，提起公诉，请依法审判。

此致

上海市奉贤区人民法院

检察员　谢宝荣

二〇〇八年十月十六日

附：1. 被告人马某某现羁押于奉贤区看守所；

2. 证据目录、证人名单各一份和主要证据复印件。

上海市奉贤区人民法院
刑事判决书

（2008）奉刑初字第931号

公诉机关上海市奉贤区人民检察院。

被告人马某某，男，1951年××月××日出生于江苏省兴化市，汉族，中专文化，原系上海××甲钢结构工程有限公司法定代表人，家住江苏省兴化市××区××号。因涉嫌票据诈骗犯罪，于2008年3月1日被刑事拘留，后以涉嫌合同诈骗犯罪，同年4月16日被逮捕。现羁押于上海市奉贤区看守所。

上海市奉贤区人民检察院以沪奉检刑诉〔2008〕800号起诉书指控被告人马某某犯合同诈骗罪，于2008年10月16日向本院提起公诉。本院依法组成合议庭，于2008年11月26日、2009年3月17日公开开庭审理了本案。上海市奉贤区人民检察院指派检察员谢宝荣出庭支持公诉，被告人马某某到庭参加诉讼。其间，公诉机关建议本院延期审理二次。现已审理终结。

上海市奉贤区人民检察院指控：1.2006年至2007年，被告人马某某以供货为名，骗取上海××乙时装有限公司保温材料分公司保温棉价值人民币4.7万余元；2.2007年3月至7月，被告人马某某通过支付少部分钱款的方式诱骗上海××丙贸易有限公司提供大量钢材，之后采用空头支票等方式予以搪塞，骗取钢材价值人民币22.4万余元；3.2007年9月，被告人马某某通过支付少部分钱款的方式诱骗上海××丁钢铁有限公司提供钢材，之后采用空头支票等方式予以搪塞，骗取钢材价值人民币9.4万余元；4.2007年12月，被告人马某某在明知没有能力履行的情况下，指使公司人员孙某某与被害人郭某某、王某某签订购销废钢协议，骗取定金人民币10万元。

为证明上述指控，公诉机关当庭宣读、出示了被害人郭某某、王某某的陈述、证人肖某甲、肖某乙、范某某等人的证言、送货清单、相关的协议、案发经过等证据材料，据此认为被告人马某某的行为已构成合同诈骗罪，请求本院依照《中华人民共和国刑法》第二百二十四条第（三）、（四）项之规定予以处罚。

被告人否认上述指控，提出其与上海××乙时装有限公司、上海××丙贸易有限公司有多年的业务往来，所欠上海××乙时装有限公司保温棉款4.7万余元和上海××丙贸易有限公司实际钢材款1万余元均为其经营过程中的拖欠货款；还提出，其在与上海××丁钢铁有限公司发生业务过程中支付过货款，主观上不具有诈骗故意；另对公诉机关指控其骗取被害人郭某某、王某某押金人民币10万元亦表示异议。

经审理查明，2007年12月，被告人马某某在个人经营上海××甲钢结构工程有限公司期间，在明知没有能力履行的情况下，仍指使工作人员孙某某与被害人郭某某签订购销废钢协议，骗取被害人郭某某、王某某押金人民币10万元后逃匿。

认定上述事实的证据有：

1. 被害人郭某某的陈述证实，其与合伙人王某某于2007年1月收购废品时，路过上海××甲钢结构工程有限公司，即进入该公司询问是否有废品出售，负责接待的孙某某当天未作答复。过后，孙某某主动联系其与王某某，表示愿意签订废钢收购合同。同年1月1日，其与王某某二人至上海××甲钢结构工程有限公司与孙某某进行洽谈，达成了其一方预付押金10万元，上海××甲钢结构工程有限公司保证每年提供废钢250吨，否则按押金每月补差5%的协议，并在二人的要求下，孙某某介绍二人与法定代表人马某某见面口见面后，被告人马某某表示其已知情，只要其小舅子孙某某签合同即可，于是双方签订了合同，二人当场支付押金10万元，孙某某还提供给二人公司营业执照及马某某的身份证复印件。2008年1月23日二人再次至上海××甲钢结构工程有限公司看有无废钢可收购时，发现公司已被查封，孙某某手机也已停机。被害人王某某的陈述印证上述事实。

2. 证人孙某某的证言证实，上海××甲钢结构工程有限公司与郭某某所签的废钢购销协议是在对方与马某某洽谈好具体内容后，马某某委托其签订的，所收取的10万元也已交给马某某。还证实该公司因拖欠工人工资于2008年1月8日许停产，同时又不断有债主上门讨债，随后就找不到马某某及其家人了。

3. 证人李某某的证言证实，其于2007年2月与被告人马某某达成了购销废钢协议，其支付了10万元押金，并表示每月有30吨的废钢。但此后近一年时间，其仅收购了3吨废钢，为此其要终止合同，讨回押金，但马某某始终不付，只是承诺年底归还，后其发现公司已破产，人也找不到，最后只得起诉。2007年2月10日李某某与上海××甲钢结构工程有限公司马某某签订的购销废钢协议、2008年1月6日被告人马某某所写承诺、民事诉状及本院（2008）奉民一（民）初字第××号民事判决书引证上述事实。

4. 证人马某乙、耿某某的证言证实，被告人马某某借了许多高利贷，马某某所开办的上海××甲钢结构工程有限公司因被高利贷放贷者逼债而无法经营，还证实，从2008年1月中旬起就找不到被告人马某某。

5. 证人胡某的证言证实，被告人马某某于2006年8月起租用上海××戊钢结构制造安装有限公司的厂房用于上海××甲钢结构工程有限公司的经营，该公司从2007年下半年起未支付过租金。2008年1月中旬，其发现许多人在该公司找被告人马某某，但被告人马某某的手机已关机。大家都在说马某某已逃跑。

6. 2007年12月18日购买方郭某某与卖方上海××甲钢结构工程有限公司孙某某代马某某所签的购销废钢协议证实，购买方预付押金10万元，卖方所有废钢交由购买方收购，并保证提供给买方每年250吨，如不满则按押金每月5%补差给买方；购买货物账务结清，不从押金中扣；买卖双方可终止合同，卖方退回押金；合同期限为一年。

7. 上海××甲钢结构工程有限公司的收款收据证实，该公司于2007年12月18日收取客户郭某某的废钢购销押金10万元。

8. 相关工商资料证实上海××甲钢结构工程有限公司的基本情况。

9. 上海市公安局南汇分局新场派出所出具的工作情况证实被告人的归案情况。

上述证据，经庭审质证属实，本院予以确认。

本院认为，被告人马某某以非法占有为目的，在签订、履行合同过程中、收受对方当事人给付的担保财产后逃匿，数额巨大，其行为显已触犯刑律，构成合同诈骗罪。经查，公诉机关指控被告人明知没有能力履行约情况下，仍与被害人签订购销废钢协议，从而骗取被害人郭某某、王某某人民币10万元的事实，不仅有被害人郭某某、王某某的陈述，还有证人孙某某、李某某、胡某、马某乙、耿某某等人的证言予以证实，公诉机关的此项指控成立。另查，公诉机关指控被告人主观上具有非法占有上海××乙时装有限公司保温材料分公司保温棉、上海××丙贸易有限公司及上海××丁钢铁有限公司钢材的证据尚不充分，本院难以支持，为严肃国家法制，维护社会秩序，确保公民的财产权利不受侵犯，依照《中华人民共和国刑法》第二百二十四条第（四）项、第六十四条之规定，判决如下：

一、被告人马某某犯合同诈骗罪，判处有期徒刑五年六个月并处罚金人民币五万元。

（刑期从判决执行之日起计算。判决执行以前先行羁押的，羁押一日折抵刑期一日，即自2008年3月1日起至2013年9月17日止，罚金于本判决生效后10日内缴纳。）

二、责令被告人马某某退赔被害人郭某某、王某某人民币十万元。

如不服本判决，可在接到判决书的第二日起十日内，通过本院或者直接向上海市第一中级人民法院提出上诉。书面上诉的，应当提交上诉状正本一份、副本二份。

审　判　长　胡秀华
审　判　员　陈士龙
人民陪审员　王继红
二〇〇九年三月十七日
书　记　员　王　岚

上海市奉贤区人民检察院
刑事抗诉书

沪奉检刑抗〔2009〕1号

原审被告人马某某，男，1951年××月××日生，汉族，中专文化，原系上海××甲钢结构工程有限公司法定代表人、经营者，户籍所在地江苏省兴化市××镇××号。2008年3月18日因涉嫌票据诈骗罪被上海市公安局奉贤分局刑事拘留，同年4月16日因涉嫌合同诈骗罪被本院批准逮捕，同日由上海市公安局奉贤分局执行逮捕。

本案由上海市公安局奉贤分局侦查终结，移送本院审查起诉。2008年10月16日本院以合同诈骗罪向上海市奉贤区人民法院提起公诉。上海市奉贤区人民法院于2008年11月26日、2009年3月17日依法公开审理，2009年3月17日以（2008）奉刑初字第931号刑事判决书作出一审判决，以合同诈骗罪对被告人马某某判处有期徒刑五年六个月，并处罚金人民币五万元。2009年3月20日本院收到一审判决书。

上海市奉贤区人民法院（2008）奉刑初字第931号刑事判决书认为，公诉机关指控被告人主观上具有非法占有上海××乙时装有限公司保温材料分公司保温棉、上海××丙贸易有限公司及上海××丁钢铁有限公司钢材的证据尚不充分，本院难以支持。本院经审查后认为，被告人马某某主观上具有非法占有上述三家单位财物的故意。一审判决减少犯罪事实认定属于不当，并影响量刑。理由如下：

1. 被告人马某某在没有自有资金保证的情况下，通过负债、拖欠以及借高利贷经营公司，必然会导致公司无法经营下去，其也明知被害人一方提供钢材等货物后自己无能力全部支付货款，仍要求被害人提供钢材，收到的货款归还高利贷、自己使用等，主观上有非法占有的故意。客观上，被告人马某某经营期间拖欠房租、钢结构安装费、高利贷借款等几百万元，有证人证言、民事判决书等证实。被告人马某某大量拖欠被害人一方的货款，而收到的钱款用于归还高利贷、个人使用，确实没有首先支付被害人一方的货款。2. 被告人马某某在被害人催讨后或支付少部分货款，更多的采用空头支票、写欠条、答应一定时间支付等予以搪塞，最后在2008年1月7日在拖欠工人工资、约定付款日之前逃跑，并且更换手机号码，使相关人员找不到，反映出其主观上非法占有的故意。3. 马某某以前经营公司一贯使用空头支票先骗取货物，之后拖欠货款的情况。2004年、2005年被告人马某某经营上海××戊彩钢结构有限公司也有用空头支票骗取他人钢材，被害人报案的情况。根据银行提供空头支票报告，被告人马某某经营的××甲公司农行奉贤支行胡桥分理处账户连续开出空头支票，该账户基本上没有钱款。综合上述情况，认定被告人马某某在明知自己没有全部履行合同的能力，仍欺骗他人继续履行合同，骗取他人财物，主观上有非法占有的故意。

综上所述，为维护司法公正，准确惩治犯罪，依照《中华人民共和国刑事诉讼法》第一百八十一条之规定，特提出抗诉，请依法予以审理纠正。

此致

上海市第一中级人民法院

上海市奉贤区人民检察院

二〇〇九年三月二十九日

上海市第一中级人民法院
刑事判决书

（2009）沪一中刑终字第275号

抗诉机关上海市奉贤区人民检察院。

上诉人（原审被告人）马某某，男，1952年××月××日出生于江苏省兴化市，汉族，中专文化，原系上海××甲钢结构工程有服公司法定代表人，户籍住址江苏省兴化市××镇××号，因本案于2008年3月18日被刑事拘留，同年4月16日被逮捕，现羁押于上海市奉贤区看守所。

上海市奉贤区人民法院审理上海市奉贤区人民检察院起诉指控被告人马某某犯合同诈骗罪一案，于2009年3月17日作出（2008）奉刑初字第931号刑事判决。上海市奉贤区人民检察院以一审判决认定犯罪事实不当为由，提出抗诉。原审被告人马某某不服，提出上诉。本院依法组成合议庭，于2009年4月27日公开开庭审理了本案。上海市人民检察院第一分院指派代理检察员万大庆出庭支持抗诉，上诉人（原审被告人）马某某到庭参加诉讼。其间，上海市人民检察院第一分院建议本院延期审理一次。本院向上海市高级人民法院申请延长审限一个月。现已审理终结。

原审法院判决认定，2007年12月，被告人马某某在个人经营上海××甲钢结构工程有限公司（以下简称××甲公司）期间，在明知没有能力履行的情况下，仍指使工作人员孙某某与被害人郭某某签订购销废钢协议，骗取被害人郭某某、王某某押金人民币10万元后逃逸。

确认上述事实并经庭审质证的证据有被害人郭某某的陈述，证人孙某某、李某某、马某乙、耿某某、胡某的证言，购买方郭某某与卖方××甲公司孙某某代马某某所签的购销废钢协议，××甲公司的收款收据，相关工商资料，上海市公安局南汇分局新场派出所出具的工作情况等。被告人马某某亦曾作过相关供述。

原审法院认为，被告人马某某的行为已构成合同诈骗罪。公诉机关指控被告人马某某非法占有上海××乙时装有限公司保温材料分公司（以下简称××乙公司）保温棉、上海××丙贸易有限公司（以下简称××丙公司）及上海××丁钢铁有限公司钢材（以下简称××丁公司）等三节犯罪的证据尚不充分，不予支持。据此，依照《中华人民共和国刑法》第二百二十四条第（四）项、第六十四条之规定，对被告人马某某犯合同诈骗罪，判处有期徒刑五年六个月，并处罚金人民币5万元；责令被告人马某某退赔被害人郭某某、王某某人民币10万元。

上海市奉贤区人民检察院抗诉认为，被告人马某某主观上具有非法占有多家单位财物的故意，一审判决将其三节犯罪事实从起诉指控的合同诈骗犯罪中扣除，属于认定事实不当，并影响量刑，故提起抗诉，请二审法院予以纠正。

上诉人（原审被告人）马某某认为其收取郭某某、王某某的押金人民币10万元是事实，但其主观上并无诈骗故意，客观上也无逃匿行为，原判对其以合同诈骗罪定性不当。

上海市人民检察院第一分院出庭意见认为，公诉机关起诉指控的前三节犯罪事实中，被告人马某某以非法占有为目的，在合同签订、履行过程中，收受对方当事人交付的货物后逃匿，数额特别巨大，均应以合同诈骗罪一罪论处。原审判决将三节犯罪事实从起诉指控的犯罪事实中予以扣除，认定事实确有不当，建议二审法律依法纠正。

本院经审理查明，原判认定的上一诉人马某某利用签订购销废钢协议骗取被害人郭某某、王某某押金人民币10万元的犯罪事实正确，应予确认。

另查明：

1. 2006年至2007年。上诉人马某某以购货为名，骗取××乙公司保温棉价值人民币4.7万余元，并在被害单位催讨货款时出具一张已经销户的支票予以搪塞。

确认上述事实并经庭审质证的证据有：

（1）证人范某某的证言证实，2006年上半年，马某某以××甲公司因生产彩钢板需要保温棉为由，与××乙公司洽谈购买保温棉业务，后由××乙公司送货上门，货到付款时，马某某就讲没钱，合计欠××乙公司货款人民币55384.60元。其间，马某某出具金额为15384.60元的欠条，为了要××乙公司继续送货，马某某在2007年上半年支付了人民币8000元，又出具了一张金额为人民币4万元的支票，后该支票被银行以销户为由退票。

（2）相关的支票及银行退票通知与证人范某某的证言相印证。

（3）上诉人马某某供述，其外面欠债很多，根本没有钱，尚欠××乙公司4万余元货款，其写过借条，为骗取对方信任其还出具给范某某一张假支票，支票上盖有以其妻孙某某名义开的上海××戊美钢有限公司的财务章及孙某某印章，经辨认，马某某确认上述支票系其本人提供。

2. 2007 年 3 月至 7 月，上诉人马某某通过支付少部分钱款的方式诱骗××丙公司提供大量钢材，之后采用空头支票等方式予以搪塞，骗取钢材价值人民币 22.4 万余元。

确认上述事实并经庭审质证的证据有：

（1）证人肖某甲的证言证实，其是××丙公司的销售员，2007 年 3 月下旬，××甲公司经理马某某来××丙公司要求购买钢材，并要求送货，当月 21 日××丙公司就将价值人民币 6 万余元钢材送至××甲公司，××甲公司支付现金人民币 5 万余元。直至 2007 年 7 月间，××丙公司应马某某的要求多次供货价值人民币 32.4 万余元。经催讨、马某某在同年 8 月 27 日支付 10 万元并出具欠条，承诺 9 月底还清。但到期仍未还款，后经催讨，马某某出具一张金额为 35 万余元的支票，肖某甲将支票解入银行，被银行以销户为由退票。经肖某甲多次催讨，马某某又承诺让肖某甲到××甲公司拿钱，但肖某甲赶到××甲公司时，马某某已不知去向，手机也关机了。

（2）相关的支票及银行退票通知清单、欠条、送货清单与证人肖某甲的证言相印证。

（3）上诉人马某某供述，自 2006 年至 2007 年其欠下几百万元的高利贷要还，其从××丙公司骗来的钢材都卖给多家工地了，收到的钱有的还了高利贷，有的自己用掉了。为了搪塞肖某甲，向肖某甲出具假支票，后又骗肖某甲约定于 2008 年春节前到××甲公司结账，而其已提前离开公司，并更换了手机号码。经辨认，马某某确认上述支票、欠条系其本人提供。

3. 2007 年 9 月，上诉人马某某通过支付少部分货款的方式诱骗××丁钢铁公司提供钢材，之后采用空头支票等方式予以搪塞，骗取钢材价值人民 9.4 万余元。

确认上述事实并经庭审质证的证据有：

（1）证人肖某乙的证言证实，其是××丁公司的销售员，2007 年 9 月，其通过天马铝合金经营部的马某丙介绍认识××甲公司的马某某，马某某来电要求购买钢材，其将价值人民币 10 万余元的钢材送于××甲公司后，马某某支付了 8000 元现金，并开具一张金额为 94380 元支票支付余下的货款。支票解入银行时，因存款不足被银行退票了。其再向马某某催讨贷款，马某某承诺在 2008 年 1 月 15 日到其公司拿钱，但到那天马某某已经离开公司，手机也关机了。

（2）相关的支票、银行退票通知与证人肖某乙的证言相印证。

（3）上诉人马某某供述，其将肖某乙送来的钢板经加工后就卖掉了，收到的钱款还高利贷了，其明知账户里没有钱，但为了搪塞肖某乙就开了空头支票，之后，其约肖某乙于2008年1月15日到××甲公司结账，其实其本人早就离开公司，并将手机号码也更换了。经辨认，马某某确认上述支票系其本人提供。

本院认为，上诉人马某某以非法占有为目的，在签订、履行合同过程中，收受多家当事人给付的财物后逃匿，数额特别巨大，其行为已构成合同诈骗罪。公诉机关起诉指控的上述三节事实中，马某某均以支付部分贷款的方式获取全部货物，将货物加工出售后，所得贷款用于偿还高利贷或个人消费，并以空头支票予以搪塞，最后在约定的付款期限前逃匿，其行为符合最高人民法院《关于审理诈骗案件具体应用法律的若干问题的解释》第二条之规定，应认定其行为属于以非法占有为目的，利用经济合同进行诈骗，且其在合同履行过程中，收受对方当事人给付的货物后逃匿，数额特别巨大，依据《中华人民共和国刑法》第二百二十四条第（四）项之规定，应当以合同诈骗罪论处。一审法院未予认定不当，应予纠正。

上诉人马某某否认实施原判认定的利用签订购销废钢协议骗取被害人郭某某、王某某押金人民10万元，但其到案后多次供述，其与被害人郭某某签订合同时，××甲公司已负债累累，无法正常运转，明知没有废钢可出售，但为了搞钱，仍与郭某某签订合同收取押金，且将钱款主要用于归还高利贷及个人开销，后即离开公司，并更换手机号码。可见，马某某非法占有的主观故意明显，且收取押金后逃匿。其行为符合合同诈骗罪的构成要件，原判对该节事实的定性并无不当，马某某的上诉理由及辩解与查明的事实不符，本院不予采纳。

上海市人民检察院第一分院支持抗诉意见成立，应予采纳。据此，依照《中华人民共和国刑事诉讼法》第一百八十九条第（一）、（三）项，《中华人民共和国刑法》第二百二十四条第（四）项，第五十五条，第五十六条，第六十四条之规定，判决如下：

一、维持上海市奉贤区人民法院（2008）奉刑初字第931号刑事判决第（二）项，即责令被告人马某某退赔被害人郭某某、王某某人民币十万元；

二、撤销上海市奉贤区人民法院（2008）奉刑初字第931号刑事判决第（一）项，即被告人马某某犯合同诈骗罪，判处有期徒刑五年六个月，并处罚金人民币五万元；

三、上诉人马某某犯合同诈骗罪，判处有期徒刑十一年。剥夺政治权利三年，并处罚金人民币十万元。

（刑期从判决执行之日起计算。判决执行以前先行羁押的，羁押一日折抵刑期一日，即自2008年3月18日起至2019年3月17日止。罚金自判决生效之日起一个月内缴纳。)

四、犯罪所得应予追缴，退赔各被害单位。

五、驳回上诉人马某某之上诉。

本判决为终审判决。

审 判 长 沈 黎
代理审判员 邱阳戎
代理审判员 胡 冰
二〇〇九年九月七日
书 记 员 黄 琦

准确办理敏感案件，确保司法办案“三个效果”

——上海××甲房屋动拆迁有限公司、单某某、陈某甲合同诈骗案

【案例要旨】

办理利用动拆迁进行合同诈骗的案件应注意严格执法、依法办案，在正确适用法律、准确认定事实的前提下讲究处理方法。对于敏感案件应及时上报案件信息，保证司法办案政治效果、法律效果和社会效果相统一。

【案情简要】

被告单位上海××甲房屋动拆迁有限公司，法定代表人单某某。

被告人单某某，男，原系上海××乙房屋动拆迁公司法定代表人、总经理，上海××甲房屋动拆迁有限公司法定代表人。

被告人陈某甲，女，原系上海××乙房屋动拆迁公司副总经理，上海××甲房屋动拆迁有限公司职工。

2001年至2003年，上海××乙房屋动拆迁公司（2007年已注销，以下简称××乙公司）先后与黄浦区人民广场西藏南路西侧绿化工程指挥部等五家单位签订动拆迁协议，约定由××乙公司负责本市人民广场周边综合改造37号街坊东北角绿地工程项目等五个项目的房屋动拆迁工作。在负责协议履行过程中，被告人单某某、陈某甲作为××乙公司直接负责的主管人员和直接责任人员，为牟取公司的不法利益，采取虚构被动迁人、伪造《房屋拆迁补偿安置协议》（“吃空户”）以及冒充被动迁人签字盖章、虚构有关动迁奖励费用发放凭证（虚构补偿款）等方法，骗取五家被害单位划拨的动拆迁费用共计人民币2881215.64元。

2005年4月，上海××甲房屋动拆迁有限公司（以下简称××甲公司）与黄浦区世博会园区前期动迁工作指挥部签订动拆迁协议，约定由××甲公司

负责黄浦区世博会园区前期动拆迁项目的房屋动拆迁工作。在负责协议履行过程中，被告人单某某、陈某甲作为××甲公司直接负责的主管人员和直接责任人员，为牟取公司的不法利益，采取虚构被动迁人、伪造《房屋拆迁补偿安置协议》的方法，骗取被害单位划拨的动拆迁费用共计人民币510606元。

2008年12月29日，黄浦公安分局以被告人单某某、陈某甲涉嫌合同诈骗罪移送审查起诉；2009年4月15日，黄浦区人民检察院以被告单位××甲公司、被告人单某某、陈某甲犯合同诈骗罪提起公诉。同年6月17日，黄浦区人民法院以合同诈骗罪判处被告单位××甲公司罚金10万元，判处被告人单某某有期徒刑3年3个月，并处罚金5万元，判处被告人陈某甲有期徒刑3年，缓刑3年，并处罚金3万元。

案件办理过程中，黄浦区人民检察院针对办案中发现的问题，分别向黄浦区旧区改造动拆迁指挥部、黄浦区世博会园区前期动迁工作指挥部发出了检察建议，提出严把“进场关”“审批关”“审计关”的具体建议，为相关项目堵漏建制提供参考。案件审结后，黄浦区人民检察院及时总结，将案情信息及时上报，引起市委领导的高度重视。

【典型意义】

本案系一起利用动拆迁进行合同诈骗的涉世博案件，被告单位、被告人在6起重大市政工程项目动拆迁过程中隐瞒被动拆迁“空户”15人，虚报动拆迁奖励费用58笔，作案时间跨度长达6年，骗取动拆迁费用共计339万余元。黄浦区人民检察院依法准确办理涉世博案件，并结合办案放大案件办理效果的做法值得学习和借鉴。

一、准确办理涉世博动拆迁案件

涉世博动拆迁案件不仅所涉法律关系复杂，而且带有很强的政策性，办案中要注意严格执法、依法办案，要讲究方法：对作为被拆迁人的普通民众骗领动拆迁安置费案件，在入罪时要审慎把握，既不能失之过严，一律将其作为民事纠纷处理，以防止助长动拆迁过程中的漫天要价和“钉子”作风；又不能失之过宽，动辄将其作为犯罪处理，以防止大量入罪后引发群诉群访，影响社会稳定；而对拆迁公司、委托拆迁单位、建设单位、相关行政主管部门及其工作人员的贪污贿赂、渎职、合同诈骗、职务侵占、挪用资金等职务犯罪和经济犯罪，应依法严肃处理，严厉打击。

二、综合运用检察建议等监督手段，放大办案效果

本案办理过程中，黄浦区人民检察院不但依法追加动拆迁公司为被告单位，而且及时总结案件特点、分析犯罪原因、提出对策建议，向相关单位提出

堵漏建制的检察建议，实现了案件办理“三个效果”的有机统一。各级检察机关在办理涉世博案件时，应增强政治性和敏感性，要结合执法办案，加强犯罪分析，总结犯罪特点和规律，深入剖析犯罪原因和隐患，及时向相关单位和部门提出有针对性的建章立制、堵塞漏洞的建议和意见，举一反三，做好犯罪的预防工作。

三、坚持敏感案件的处理原则，及时上报案件信息

法院判决后，黄浦区人民检察院、上海市人民检察院及时向上级单位报送相关案件信息，引起上海市领导对此类问题的重视和关注，取得了较好的办案效果。涉世博案件系敏感案件，各级检察机关应按照“属地管理、分级负责、及时报告、协调解决”的原则处理此类案件。对本辖区内发生的涉世博案件，应及时向当地党委报告，由当地党委协调解决，必要时向上一级党委请示。同时，案件办理过程中要及时上报案件信息，畅通信息渠道；遇有疑难复杂问题，及时请示上级院，以保障此类案件的及时、准确处理。

上海市黄浦区人民检察院
起 诉 书

沪黄检刑诉〔2009〕10号

被告单位上海某甲房屋动拆迁有限公司，住所地上海市××路××号××室，法定代表人单某某。

诉讼代表人宋某某，上海某甲房屋动拆迁有限公司副总经理。

被告人单某某，男，1952年××月××日出生，汉族，高中文化，原系上海某乙房屋动拆迁公司法定代表人、总经理，上海某甲房屋动拆迁有限公司法定代表人，户籍所在地上海市××街××号××室，现住上海市××路××弄××号××室。

被告人陈某甲，女，1956年××月××日出生，汉族，高中文化，原系上海某乙房屋动拆迁公司副总经理，上海某甲房屋动拆迁有限公司职工，户籍所在地本市××路××弄××号，现住本市××路××弄××号××室。

上列两名被告人现均因涉嫌合同诈骗罪，于2008年9月1日被上海市公安局黄浦分局刑事拘留，同年9月30日经本院批准逮捕，同日由上海市公安局黄浦分局执行逮捕。

本案由上海市公安局黄浦分局侦查终结，以被告人单某某、陈某甲涉嫌合同诈骗罪，于2008年12月29日向本院移送审查起诉。本院受理后，于2008年12月29日已告知两被告人有权委托辩护人，同日告知被害单位有权委托诉讼代理人，依法讯问了被告人，审查了全部案件材料。其间，于2009年2月11日退回补充侦查，上海市公安局黄浦分局于2009年3月9日补充侦查终结，再次移送本院审查起诉。

经依法审查查明：

一、合同诈骗罪

1. 上海某乙动拆迁公司（以下简称某乙公司，于2001年成立，法定代表人单某某，住所地本市××路××弄××号××室，2007年因转让等原因注销登记），于2001年至2003年，先后与黄浦区人民广场西藏南路西侧绿化工程指挥部、上海市黄浦区绿化管理局（上海市黄浦区广场公园建设指挥部）、上海董家渡聚居区房地产投资有限公司（上海市黄浦区董家渡聚居区建设指挥部）、上海建工九龙房产有限公司（上海市黄浦区新昌路聚居区建设指挥部）、上海浩城置业有限公司（上海市黄浦区老西门聚居区建设指挥部）签订动拆迁协议，约定由某乙公司负责本市人民广场周边综合改造37号街坊东北角绿地工程项目、广场公园建设黄浦区50C号地块项目、黄浦区董家渡聚居区7号地块项目、黄浦区新昌路聚居区6号街坊建设工程项目、老西门聚居区B号324地块改造开发项目的房屋动拆迁工作。在负责履行协议的过程中，被告人单某某、陈某甲作为某乙公司直接负责的主管人员和直接责任人员，为牟取公司的不法利益，采取虚构被动迁人、伪造《房屋拆迁补偿安置协议》（“吃空户”）及冒充被动迁人签字盖章、虚构有关动迁奖励费用发放凭证（“虚构补偿款”）等方法，骗取上述5家被害单位划拨的动拆迁费用共计人民币2881215.64元。

2. 被告单位上海某甲动拆迁有限公司（以下简称某甲公司）于2005年4月与上海市黄浦区世博会园区前期动迁工作指挥部签订动拆迁协议，约定由某甲公司负责黄浦区世博会园区前期动拆迁项目的房屋动拆迁工作。在负责履行协议的过程中，被告人单某某、陈某甲作为某甲公司直接负责的主管人员和直接责任人员，为牟取公司的不法利益，采取以虚构被动迁人、伪造《房屋拆迁补偿安置协议》（“吃空户”）的方法，骗取上述被害单位划拨的动拆迁费用共计人民币510606元。

经上海复兴明方会计师事务所审计：两被告单位共计虚构被动拆迁户15人，虚报动迁奖励费用58笔，先后骗取上述6个项目的建设指挥部划拨的动拆迁资金人民币3391821.64元，并存入单位私设的账户内。

二、挪用资金罪

被告人单某某于2003年5月19日，利用担任上海某乙房屋动拆迁公司法定代表人、总经理的职务便利，擅自从本单位账户内挪用人民币804400元，用于个人购买本市黄家路××弄××号××室的住房1套，后于2004年2月11日归还上述钱款。

被告单位上海某甲房屋动拆迁有限公司、被告人单某某、陈某甲在立案前，接受有关纪检部门调查询问时，即分别交代了上述事实并退出全部款项。

上述事实，有以下证据证明：

1. 潘某某、陈某甲、张某某、陈某乙、奚某某、周某某、陈某某、韩某某等证人的证言；2. 动拆迁协议等有关书证；3. 上海复兴明方会计师事务所审计报告；4. 被告人单某某、陈某甲的供述。

本院认为，被告单位上海某甲动拆迁有限公司以非法占有为目的，在履行合同的过程中，虚构事实，骗取对方当事人的钱财，数额巨大；被告人单某某、陈某甲作为上海某甲动拆迁有限公司及上海某乙动拆迁公司直接负责的主管人员和直接责任人员，为牟取单位的不法利益，在履行合同时，骗取对方当事人的钱财，数额特别巨大，其行为均已触犯《中华人民共和国刑法》第二百二十四条第（一）项、第（五）项、第二百三十一条，犯罪事实清楚，证据确实、充分，应当以合同诈骗罪追究其刑事责任。被告人单某某擅自挪用本单位资金归个人使用，数额巨大，超过三个月未还，其行为已触犯《中华人民共和国刑法》第二百七十二条第一款，犯罪事实清楚，证据确实、充分，应当以挪用资金罪追究其刑事责任。被告人单某某一人犯数罪，适用《中华人民共和国刑法》第六十九条，应当数罪并罚。被告单位上海某乙房屋动拆迁公司、上海某甲房屋动拆迁有限公司、被告人单某某、陈某甲均适用《中华人民共和国刑法》第六十七条第一款，系自首，可以从轻或者减轻处罚。根据《中华人民共和国刑事诉讼法》第一百四十一条之规定，提起公诉，请依法审判。

此致

上海市黄浦区人民法院

代理检察员　王　奕

二〇〇九年四月十日

附：1. 被告人单某某、陈某甲现均羁押于上海市黄浦区看守所。

2. 侦查卷宗十五册，审计报告五册，补充证据材料二册。

3.《适用普通程序审理“被告人认罪案件”建议书》一份。

上海市黄浦区人民法院
刑事判决书

（2009）黄刑初字第149号

公诉机关上海市黄浦区人民检察院。

被告单位上海××甲房屋动拆迁有限公司，住所地上海市××路××号××室，法定代表人单某某。

诉讼代表人宋某某，上海××甲房屋动拆迁有限公司副总经理。

辩护人杨某某，上海市××律师事务所律师。

被告人单某某，男，1952年××月××日出生于上海市，汉族，高中文化程度，原系上海××乙房屋动拆迁公司法定代表人、总经理，上海××甲房屋动拆迁有限公司法定代表人，户籍所在地上海市××街××号××室，住上海市××路××弄××号××室；因犯合同诈骗罪于2008年9月1日被上海市公安局黄浦分局刑事拘留，同年9月30日被逮捕。现羁押于上海市黄浦区看守所。

辩护人袁某某，上海市××律师事务所律师。

被告人陈某甲，女，1956年××月××日出生于上海市，汉族，高中文化程度，原系上海××乙房屋动拆迁公司副总经理，上海××甲房屋动拆迁有限公司职工，户籍所在地上海市××路××弄××号，住上海市××路××弄××号××室；因犯合同诈骗罪于2008年9月1日被上海市公安局黄浦分局刑事拘留，同年9月30日被逮捕。现羁押于上海市黄浦区看守所。

辩护人马某某，上海××律师事务所律师。

上海市黄浦区人民检察院以沪黄检刑诉〔2009〕10号起诉书指控被告单位上海××甲房屋动拆迁有限公司、被告人单某某、陈某甲犯合同诈骗罪、被告人单某某犯挪用资金罪，于2009年4月15日向本院提起公诉。并建议适用普通程序简化审理。本院决定适用普通程序简化审理，依法组成合议庭。公开开庭审理了本案。上海市黄浦区人民检察院指派代理检察员王奕出庭支持公诉，被告单位诉讼代表人宋某某及其辩护人杨某某、被告人单某某及其辩护人袁某某、被告人陈某甲及其辩护人马某某到庭参加诉讼。本案经上海市高级人民法院批准，依法延长审理期限1个月。现已审理终结。

经审理查明，上海××乙动拆迁公司（以下简称××乙公司，成立于2001年，法定代表人单某某，2007年因转让等原因注销登记），于2001年至2003年期间，先后与黄浦区人民广场西藏南路西侧绿化工程指挥部、上海市黄浦区绿化管理局（上海市黄浦区广场公园建设指挥部）、上海董家渡聚居区房地产投资有限公司（上海市黄浦区董家渡聚居区建设指挥部）、上海建工九龙房产有限公司（上海市黄浦区新昌路聚居区建设指挥部）、上海浩城置业有限公司（上海市黄浦区老西门聚居区建设指挥部）等单位签订动拆迁协议，约定由××乙公司负责本市人民广场周边综合改造37号街坊东北角绿地工程项目、广场公园建设黄浦区50C号地块项目、黄浦区董家渡聚居区7号地块项目、黄浦区新昌路聚居区6号街坊建设工程项目、老西门聚居区B号324地块改造开发项目的房屋动拆迁工作。在负责履行协议的过程中，被告人单某某、陈某甲作为××乙公司的直接负责的主管人员及直接责任人员，为牟取公司的不法利益，采取虚构被动迁人、伪造《房屋拆迁补偿安置协议》及冒充被动迁人签字盖章、虚构有关动迁奖励费用发放凭证（“虚构补偿款”）等方法，骗取上述5家被害单位划拨的动拆迁费用共计人民币2881215.64元。

被告单位上海××甲动拆迁有限公司（以下简称××甲公司）于2005年4月与上海市黄浦区世博会园区前期动迁工作指挥部签订动拆迁协议，由××甲公司负责黄浦区世博会园区前期动拆迁项目的房屋动拆迁工作。在负责履行协议的过程中，被告人单某某、陈某甲作为××甲公司直接负责的主管人员和直接责任人员。为牟取公司的不法利益，采取以虚构被动迁人、伪造《房屋拆迁补偿安置协议》的方法，骗取上述被害单位划拨的动拆迁费用共计人民币510606元。经上海复兴明方会计师事务所审计：两被告单位共计虚构被动拆迁户15人，虚报动迁奖励费用58笔，共计骗取动拆迁资金人民币3391821.64元，并存入单位私设的账户内。

被告人单某某还于2003年5月19日，利用担任上海××乙公司法定代表人、总经理的职务便利，擅自从本单位账户内挪用人民币804400元，用于个人购买本市××路××弄××号××室的住房，后于2004年2月11日归还上述钱款。

被告单位上海××甲公司、被告人单某某、陈某甲在立案前，接受有关部门调查询问时，即分别交代了上述犯罪事实并退出全部赃款。

上述事实有公诉机关提供的证人潘某某、陈某乙、张某某、陈某某、奚某某、陈某丙、韩某某、周某某等的证词，委托动拆迁协议、拨款凭证等书证，工商资料，《房屋拆迁补偿安置协议》、发放凭证等书证，银行存款凭证，上海市商品房预售合同，还款凭证等书证，上海复兴明方会计师事务所审计报告，被告单位出具的说明，被告人单某某、陈某甲的供述等证据证实，被告单位的诉讼代表人当庭不表异议，被告人单某某、陈某甲亦当庭供认不讳。上述证据均经庭审质证，证据合法有效，应予认定。被告单位辩护人认为被告单位已退赃且有自首情节，要求对被告单位减轻处罚。被告人单某某的辩护人认为单某某系自首，依法可减轻处罚；被告单位已退赃且被告人悔罪态度较好，可从轻处罚；被告人挪用资金的行为显著轻微，可免予刑事处罚；要求法庭对被告人单某某判处缓刑。被告人陈某甲的辩护人认为陈某甲认罪悔罪态度较好，系自首，要求对陈某甲适用缓刑。

本院认为，被告单位上海××甲动拆迁有限公司以非法占有为目的，在履行合同的过程中，虚构事实。骗取对方当事人的钱款，数额巨大；被告人单某某、陈某甲作为上海××甲动拆迁有限公司及上海××乙动拆迁公司直接负责的主管人员和直接责任人员，为牟取单位的不法利益，在履行合同时，骗取对方当事人的钱财，数额特别巨大，其行为均已构成合同诈骗罪。被告人单某某还擅自挪用本单位资金归个人使用，数额巨大，超过三个月未还，其行为已构成挪用资金罪。公诉机关指控的罪名成立，对被告单位××甲动拆迁有限公司及其被告人单某某、陈某甲均应予刑事处罚。被告人单某某犯数罪，应数罪并罚。被告单位上海××甲动拆迁有限公司系自首，可减轻处罚，其辩护人关于被告单位系自首且全部退赃，要求减轻处罚的辩护意见予以采纳。被告人单某某、陈某甲系自首，且已全部退赃，均可减轻处罚，其辩护人的此节辩护意见均予以采纳。被告人单某某挪用资金达人民币804400元，不属情节轻微，故其辩护人关于单某某挪用资金显著轻微，要求免予刑事处罚的辩护意见不予采纳。被告人单某某犯数罪，不适用缓刑，其辩护人关于要求对单某某适用缓刑的辩护意见不予采纳。鉴于被告单位及被告人单某某、陈某甲自愿认罪，均可酌情予以从轻处罚。根据被告人陈某甲的犯罪情节和悔罪表现，对其可适用缓刑，其辩护人此节辩护意见予以采纳。据此，依照《中华人民共和国刑法》第二百二十四条第（一）项、第（五）项，第二百三十一条，第二百七十二条第一款，第六十九条，第六十七条第一款，第六十四条之规定，判决如下：

一、被告单位上海××甲房屋动拆迁有限公司犯合同诈骗罪，判处罚金人民币十万元（于本判决生效之日起十日内向本院缴纳）。

二、被告人单某某犯合同诈骗罪，判处有期徒刑三年三个月，并处罚金人民币五万元；犯挪用资金罪，判处有期徒刑六个月：决定执行有期徒刑三年六个月，并处罚金人民币五万元。

（刑期从判决执行之日起计算。判决执行以前先行羁押的，羁押一日折抵

刑期一旧，即自2008年9月1日起至2012年2月29日止；罚金自判决生效后第二日起十日内缴纳。)

三、被告人陈某甲犯合同诈骗罪，判处有期徒刑三年，缓刑三年，并处罚金人民币三万元。

（缓刑考验期限，从判决确定之日起计算；罚金自判决生效后第二日起十日内缴纳。)

四、被告单位违法所得人民币三百三十九万一千八百二十一元六角四分予以追缴，发还各被害单位。

如不服本判决，可在接到判决书的第二日起十日内，通过本院或者直接向上海市第二中级人民法院提出上诉。书面上诉的，应当提交上诉状正本一份，副本三份。

审 判 长 池晓烽
审 判 员 陈平建
审 判 员 吴明峰
二〇〇九年六月十七日
书 记 员 朱国强

附：相关法律条文

《中华人民共和国刑法》

第二百二十四条 有下列情形之一，以非法占有为目的，在签订、履行合同过程中，骗取对方当事人财物，数额较大的，处三年以下有期徒刑或者拘役，并处或者单处罚金；数额巨大或者有其他严重情节的，处三年以上十年以下有期徒刑，并处罚金：数额特别巨大或者有其他特别严重情节的，处十年以上有期徒刑或者无期徒刑，并处罚金或者没收财产：

（一）以虚构的单位或者冒用他人名义签订合同的；

（二）以伪造、变造、作废的票据或者其他虚假的产权证明作担保的；

（三）没有实际履行能力，以先履行小额合同或者部分履行合同的方法，诱骗对方当事人继续签订和履行合同的；

（四）收受对方当事人给付的货物、货款、预付款或者担保财产后逃匿的；

（五）以其他方法骗取对方当事人财物的。

第二百三十一条 单位犯本节第二百二十一条至第二百三十条规定之罪

的，对单位判处罚金，并对其直接负责的主管人员和其他直接责任人员，依照本节各该条的规定处罚。

第二百七十二条第一款 公司、企业或者其他单位的工作人员，利用职务上的便利，挪用本单位资金归个人使用或者借贷给他人，数额较大、超过三个月未还的，或者虽未超过三个月，但数额较大、进行营利活动的，或者进行非法活动的，处三年以下有期徒刑或者拘役；挪用本单位资金数额巨大的，或者数额较大不退还的，处三年以上十年以下有期徒刑。

第六十九条 判决宣告以前一人犯数罪的，除判处死刑和无期徒刑的以外，应当在总和刑期以下、数刑中最高刑期以上，酌情决定执行的刑期，但是管制最高不能超过三年，拘役最高不能超过一年，有期徒刑最高不能超过二十年。

如果数罪中有判处附加刑的，附加刑仍须执行。

第六十七条 犯罪以后自动投案、如实供述自己的罪行的，是自首。对于自首的犯罪分子，可以从轻或者减轻处罚。其中，犯罪较轻的，可以免除处罚。

被采取强制措施的犯罪嫌疑人、被告人和正在服刑的罪犯，如实供述司法机关还未掌握的本人其他罪行的，以自首论。

第六十四条 犯罪分子违法所得的一切财物，应当予以追缴或者责令退赔；对被害人的合法财产，应当及时返还；违禁品和供犯罪所用的本人财物，应当予以没收。没收的财物和罚金，一律上缴国库，不得挪用和自行处理。

以收取“入会费”为名发展下线构成传销犯罪

——胡某某组织、领导传销活动案

【案例要旨】

以高额回报项目为诱饵，吸引投资者投入资金和发展下线，并以发展下线的数量为依据，扩大上线的回报数额，其行为本质与“拉人头”式传销行为相同，符合传销犯罪的构成要件，活动中的组织者、领导者构成组织、领导传销活动罪。

【案情简要】

被告人胡某某，化名胡某，男，1955年××月××日生。

2008年9月至11月间，被告人胡某某为谋取私利，先后到本市金山区及浙江省平湖市宣传“××环球控股有限公司外汇投资”项目，煽动群众参加网络传销活动。其称：由投资者将资金汇入××环球控股有限公司外汇投资网站指定的账户，由此取得网站注册号及密码后成为网站会员，即可以每日返还奖金的形式获取高额回报；如投资者继续发展下线，则相应扩大其投资回报金额。经被告人胡某某宣传、介绍，先后有20余人参加该传销活动，累计投入资金110余万元。××环球控股有限公司外汇投资网站于2008年11月25日关闭，共造成投资者本金损失50余万元。

2009年3月12日，金山区人民检察院以非法经营罪批准逮捕；5月8日，金山公安分局以合同诈骗罪移送审查起诉；8月27日，金山区人民检察院以组织、领导传销活动罪提起公诉；9月24日，金山区人民法院以组织、领导传销活动罪判处胡某某有期徒刑3年3个月，并处罚金人民币8万元；没收非法所得3万元。

【典型意义】

为严厉打击以“拉人头”、收取“入门费”等方式组织的传销违法犯罪活动，维护社会秩序，确保社会稳定，《刑法修正案（七）》增加规定了“组织、领导传销活动罪”。金山区人民检察院在办理胡某某组织、领导传销活动案时，不仅准确把握新罪名的构成要件，还明晰传销违法犯罪活动中罪与非罪的界限，区分非法经营罪、诈骗罪、集资诈骗罪与组织、领导传销活动罪的界限，对司法实践适用新罪名具有借鉴意义。

一、准确适用《刑法修正案（七）》，严厉打击以“拉人头”、收取“入门费”方式组织的传销违法犯罪活动

“拉人头”、收取“入门费”，是指以发展的人员多少为基本计酬依据的传销方式，即不要求传销人员销售或者购买商品，只要求缴纳一定的“入门费”取得入门发展下线的资格，并直接按照发展下线的人数获得报酬。“拉人头”式传销已成为传销活动的多发形式，严重扰乱社会秩序，影响社会稳定。为严厉打击此类违法犯罪活动，《刑法修正案（七）》规定，“组织、领导以推销商品、提供服务等经营活动为名，要求参加者以缴纳费用或者购买商品、服务等方式获得加入资格，并按照一定顺序组成层级，直接或者间接以发展人员的数量作为计酬或者返利依据，引诱、胁迫参加者继续发展他人参加，骗取财物，扰乱经济社会秩序的传销活动的，处五年以下有期徒刑或者拘役，并处罚金；情节严重的，处五年以上有期徒刑，并处罚金”。

本案中，被告人胡某某的“××环球控股有限公司外汇投资”项目，实际是一项以“网络外汇投资”为名的传销活动。该项目以高额回报为诱饵，吸引投资者投入资金和发展下线，并以投资者发展下线的数量为依据，扩大上线的回报数额，从而形成“金字塔”销售体系，其行为本质与“拉人头”式的传销行为相同。组织、领导传销活动罪的主体是传销活动中的组织者、领导者。虽然胡某某自称其并非该传销活动的高层，还有上线，但其多次到金山、平湖地区以授课的形式介绍、宣传网络传销，鼓动继续发展下线，在一定区域的传销活动中起到组织、领导作用，其行为符合组织、领导传销活动罪的构成要件。

二、全面把握传销犯罪的主客观要件，准确区分罪与非罪、此罪与彼罪的界限

传销违法犯罪案件因主体行为方式不同，涉及一般违法行为与犯罪行为的区分，以及非法经营罪，诈骗罪，集资诈骗罪，组织、领导传销活动罪的罪名选择与适用。因此，办理此类案件时应根据案件的事实情况，准确适用罪名。

对组织、领导以推销商品、提供服务等经营活动为名，要求参加者以缴纳费用或者购买商品、服务等方式获得加入资格，并按照一定顺序组成层级，直接或者间接以发展人员的数量作为计酬或者返利依据，引诱、胁迫参加者继续发展他人参加，骗取财物，扰乱经济社会秩序的，应以“组织、领导传销活动罪”追究其刑事责任；对以传销商品为主，参与人员用高于商品价值几倍甚至几十倍的价格购买商品，取得发展下线的资格，然后从所有各级下线购买的商品中，以滚雪球的方式按照一定比例获取自己的销售收入的，应以“非法经营罪”追究其刑事责任；对以传销为名，行诈骗、非法集资之实的，应以诈骗罪、非法集资罪追究其刑事责任；对传销活动中的一般参与人员，他们既是违法者，又是受害者，可以给予行政处罚和教育。

上海市金山区人民检察院

起诉书

沪金检刑诉〔2009〕686号

被告人胡某某（化名“胡某”），男，1955年××月××日生，汉族，初中文化，无业，户籍所在地为湖南省东安县××镇××巷××号，现住湖南省衡阳市珠晖区××号××栋××户。1990年6月16日因犯流氓罪被湖南省东安县人民法院判处有期徒刑一年六个月。2009年2月6日因涉嫌非法经营罪，被上海市公安局金山分局刑事拘留。同年3月12日经本院批准，由上海市公安局金山分局执行逮捕。

本案由上海市公安局金山分局侦查终结，以被告人胡某某涉嫌合同诈骗罪，于2009年5月8日向本院移送审查起诉。本院受理后，于三日内告知被告人有权委托辩护人，并依法讯问了被告人，审查了全部案件材料。经审查，于2009年6月18日退回补充侦查，上海市公安局金山分局于2009年7月17日补充侦查终结，移送本院审查起诉。

经依法审查查明：

2008年9月至11月间，被告人胡某某为谋取私利，多次到本区及浙江省平湖市宣传“××环球控股有限公司外汇投资”项目，煽动群众参加网络传销活动。传销具体形式为投资者将资金汇入××环球控股有限公司外汇投资网站指定的账户后取得网站注册号及密码，成为网站会员，即可以每日返还奖金的形式获取高额回报，如投资者继续发展下线，将扩大上线的投资回报金额。经胡某某宣传、介绍，先后有二十余人参加该传销活动，累积投入资金110余万元。××环球控股有限公司外汇投资网站于2008年11月25日关闭，造成投资者未能收回投资本金，累计损失50余万元。

上述事实有中国农业银行相关账户交易清单、交易凭条，××环球控股有限公司外汇投资网站首页、会员管理系统、外汇投资计划打印件，上海市公安局金山分局扣押物品清单，衡阳市公安局珠晖分局出具的抓获经过，湖南省东安县人民法院刑事判决书，证人黄某某、顾某甲、顾某乙、翁某某、汪某某、裴某某、高某某、吕某某、倪某某、韩某某、曹某某、张某某、陆某某、陈某某、周某某、王某某、李某某、林某某、杨某某证言，被告人胡某某供述等证据证实。

本院认为，被告人胡某某以网上外汇投资为名，组织、领导传销活动，其行为已触犯《中华人民共和国刑法》第二百二十四条之一，犯罪事实清楚，证据确实、充分，应当以组织、领导传销活动罪追究其刑事责任。根据《中华人民共和国刑事诉讼法》第一百四十一条之规定，提起公诉，请依法审判。

此致

上海市金山区人民法院

代理检察员　吴晓峰

代理检察员　徐亚之

二〇〇九年八月二十七日

附：1. 被告人胡某某现羁押于上海市金山区看守所。

2. 侦查卷宗伍册。

3.《提起公诉案件证据目录》壹份。

4.《适用普通程序审理"被告人认罪案件"建议书》壹份。

上海市金山区人民法院
刑事判决书

（2009）金刑初字第749号

公诉机关上海市金山区人民检察院。

被告人胡某某，化名胡某，男。1990年××月××日因犯流氓罪被湖南省东安县人民法院判处有期徒刑一年六个月。因本案于2009年2月5日被抓获，次日被刑事拘留，同年3月12日被逮捕。现在押于金山区看守所。

辩护人郭某、常某某，上海××律师事务所律师。

上海市金山区人民检察院以沪金检刑诉〔2009〕686号起诉书指控被告人胡某某犯组织、领导传销活动罪，于2009年8月27日向本院提起公诉。本院依法组成合议庭，公开开庭审理了本案。上海市金山区人民检察院指派代理检察员吴晓峰、徐亚之出庭支持公诉，被告人胡某某及其辩护人郭某、常某某到庭参加诉讼。现已审理终结。

经审理查明：

2008年9月至同年11月间，被告人胡某某为谋利，先后多次至本区及浙江省平湖市宣传“××环球控股有限公司外汇投资”项目，煽动群众参加网络传销活动，其称：由投资者将资金汇入××环球控股有限公司外汇投资网站指定的账户，由此取得网站注册号及密码后即成为网站会员，随后便以每日返还奖金的形式获取高额回报；如投资者继续发展下线，则将相应扩大其投资回报金额。经被告人胡某某宣传、介绍，先后有二十余人参加该传销活动，累计投入资金人民币1100000余元，被告人胡某某从中获利人民币30000余元。××环球控股有限公司外汇投资网站于2008年11月25日关闭，致投资者未能收回资金人民币500000余元。

另查明，案发后，公安机关已从被告人胡某某处缴获的银行卡中扣押人民币103000元。

上述事实，被告人胡某某在开庭审理过程中基本无异议，并有证人黄某某、顾某甲、顾某乙、翁某某、汪某某、裴某某、高某某、吕某某、倪某某、韩某某、曹某某、张某某、陆某某、陈某某、周某某、李某、林某、杨某某等人的陈述或辨认笔录，中国农业银行相关账户交易清单、交易凭条、汇款凭证，公安机关扣押物品清单，有关电话、机票、住宿发票等，××环球控股有限公司外汇投资网站首页、会员管理系统、外汇投资计划、传销人员情况表，公安机关出具的扣押物品清单等证据证实，足以认定。

辩护人对本案的定性无异议，同时认为本案相关金额应以银行对账清单为准，被告人胡某某的行为社会危害性较小，认罪态度较好，要求对其判处三年有期徒刑以下刑罚。

本院认为，被告人胡某某以网上外汇投资为名，组织、领导传销活动，其行为已构成组织、领导传销活动罪。公诉机关以银行对账清单结合证人证言对本案相关金额所作认定，客观、真实，并无不妥，辩护人相关辩护意见不予采纳。根据《中华人民共和国刑法》第二百二十四条之一、第六十四条之规定，判决如下：

一、被告人胡某某犯组织、领导传销活动罪，判处有期徒刑三年二个月，并处罚金人民币八万元。

（刑期自判决执行之日起计算，判决执行前先行羁押的，羁押一日折抵刑期一日，即自2009年2月5日起至2012年4月4日止；罚金于判决生效之日起十日内缴纳。）

二、被告人胡某某非法所得人民币30000元予以没收。如不服本判决，可在接到判决书的第二日起十日内，通过本院或者直接向上海市第一中级人民法院提出上诉。书面上诉的，应当提交上诉状正本一份，副本二份。

审　判　长　许　颖
审　判　员　沈　磊
审　判　员　徐　艳
二○○九年九月二十四日
书　记　员　秦晓英

附：相关法律条文

《中华人民共和国刑法》

第二百二十四条　有下列情形之一，以非法占有为目的，在签订、履行合同过程中，骗取对方当事人财物，数额较大的，处三年以下有期徒刑或者拘役，并处或者单处罚金；数额巨大或者有其他严重情节的，处三年以上十年以下有期徒刑，并处罚金；数额特别巨大或者有其他特别严重情节的，处十年以上有期徒刑或者无期徒刑，并处罚金或者没收财产：

（一）以虚构的单位或者冒用他人名义签订合同的；

（二）以伪造、变造、作废的票据或者其他虚假的产权证明作担保的；

（三）没有实际履行能力，以先履行小额合同或者部分履行合同的方法，诱骗对方当事人继续签订和履行合同的；

（四）收受对方当事人给付的货物、货款、预付款或者担保财产后逃匿的；

（五）以其他方法骗取对方当事人财物的。

第二百二十四条之一 组织、领导以推销商品、提供服务等经营活动为名，要求参加者以缴纳费用或者购买商品、服务等方式获得加入资格，并按照一定顺序组成层级，直接或者间接以发展人员的数量作为计酬或者返利依据，引诱、胁迫参加者继续发展他人参加，骗取财物，扰乱经济社会秩序的传销活动的，处五年以下有期徒刑或者拘役，并处罚金；情节严重的，处五年以上有期徒刑，并处罚金。

未经批准擅自开展股指期货交易的行为系非法经营

——林某某等12人非法经营案

【案例要旨】

私设交易平台，模拟股指期货交易规则，擅自开展股指期货交易的行为系非法场外交易，侵害中小投资者利益，扰乱金融交易秩序，情节严重的，应当依法追究刑事责任。

【案情简要】

2012年12月起，被告人林某某等人依托上海××投资管理有限公司（以下简称“××公司”），未经国家有关主管部门批准，招募业务员通过拨打电话的方式，以低于正规期货交易所的开户和交易条件、帮助客户配资为诱，向投资人提供“太极软件”并指导其安装使用期货交易端口，在××公司提供的“英联”“英联300”平台上进行中证500、沪深300等股指期货交易。客户开户最低额2万元，每手交易需提供7000元保证金，按相应交易股指每点指数300元盈亏进行结算，并收取每手交易手续费480元。经审计，被告人林某某等12人非法经营总额为人民币4000万余元。

静安区人民检察院提起公诉后，静安区人民法院以非法经营罪对被告人林某某等人判处有期徒刑5年6个月至拘役6个月不等的刑罚。被告人均未上诉，判决已生效。

【典型意义】

本案是上海市首例非法经营股指期货案，在当前国务院要求加强清理整顿各类交易场所、维护金融秩序与安全的背景下，本案对于如何认识此类私设交易平台、擅自开展股指期货交易行为的性质及社会危害性，具有借鉴意义。

根据《期货交易管理条例》规定，未经国务院批准或者国务院期货监督管理机构批准，任何单位或者个人不得设立期货交易场所或者以任何形式组织期货交易及其相关活动。本案中被告人成立的公司虽未冠以期货交易场所的名称，但其以帮助客户做期货配资为诱饵，招揽投资人在公司提供的平台上进行股指期货交易，该平台未对接场内交易平台，但在经营过程中，被告人模拟正规期货交易所要求的发布即时行情、实施集中交易、标准化合约、保证金等交易规则，符合期货交易的特征，属于未经主管部门批准非法经营期货业务。此类场外交易，往往以远低于正规交易的开户资金、保证金、手续费的交易条件为诱，使不具备相应风险认知水平和风险承受能力的中小投资者进行高风险的期货交易，不仅侵害了投资者利益，也扰乱了金融交易秩序，情节严重的，应当依法追究刑事责任。

需要注意的是，此类案件在实践中应视其行为方式、有无非法占有目的等予以区别定性，而非一概认定为非法经营罪。其一，如果私设交易平台方存在虚构交易、虚报行情、操纵交易价格与交易时机、故意使投资人亏损等情形，通过证据能推定行为人主观上具有非法占有目的的，应认定为诈骗类犯罪。其二，如果行为人所成立的公司冠以金融机构的名称，则成立擅自设立金融机构罪与前述相关罪名的牵连关系，应当择一重罪处罚。

上海市静安区人民检察院
起 诉 书

沪静检金融刑诉〔2016〕77号

被告人林某某，男，1979年××月××日生，台湾居民来往大陆通行证号码：07××××××，汉族，大专文化，上海××投资管理有限公司（以下简称"××公司"）总经理，户籍在台湾省新北市淡水区××路××段××号××楼，住本市普陀区××路××弄××号××室。

被告人李某甲，男，1961年××月××日生，台湾居民来往大陆通行证号码：04××××××××，汉族，本科文化，××公司市场总监，户籍在台湾省台北市××路××段××巷××号××楼，住本市虹口区××路××村××号××室。

被告人李某乙，男，1960年××月××日生，公民身份号码：3101051960××××××××，汉族，高中文化，××公司行政总监，住本市闵行区××路××弄××号××室。

被告人叶某某，男，1991年××月××日生，公民身份号码：3426231991××××××××，汉族，高中文化，××公司业务经理，户籍在安徽省芜湖市××县××镇××行政村××自然村××号，住本市浦东新区××路××弄××号××室。

被告人陶某某，女，1986年××月××日生，公民身份号码：3422241986××××××××，汉族，中专文化，××公司业务员，户籍在安徽省宿州市××县××镇××村××组，住本市普陀区××路××号××室。

被告人张某某，男，1993年××月××日生，公民身份号码：3102301993××××××××，汉族，大专文化，××公司业务员，户籍在本市崇明县××镇××村××号，住本市宝山区××路××号××室。

被告人殷某某，女，1988年××月××日生，公民身份号码：3212831988××××××××，汉族，本科文化，××公司业务员，户籍在江苏省泰兴市××镇××村××号，住本市黄浦区××路××号。

被告人杜某某，女，1974年××月××日生，公民身份号码：

3101081974××××××××，汉族，大专文化，××公司业务员，户籍在本市静安区××路××弄××号××室，住本市宝山区××村××号××室。

被告人郑某某，女，1971年××月××日生，公民身份号码：3101101971××××××××，汉族，中专文化，××公司业务员，户籍在本市杨浦区××路××弄××号××室，住本市浦东新区××镇××村××号××幢××室。

被告人李某丙，男，1991年××月××日生，公民身份号码：3411261991××××××××，汉族，高中文化，××公司业务员，户籍在安徽省滁州市××县××镇××村××队，住本市宝山区××路××弄××号××室。

被告人姚某某，男，1994年××月××日生，公民身份号码：4114811994××××××××，汉族，初中文化，××公司业务员，户籍在河南省永城市××乡××村××组××号，住本市浦东新区××路××弄××宅。

被告人李某丁，男，1993年××月××日生，台湾居民来往大陆通行证号码：09××××××，汉族，高中文化，××公司行政副理，户籍在台湾省嘉义县××乡××村××弄××号，住本市普陀区××路××弄××号××室。

被告人林某某、李某甲、李某乙、叶某某、李某丙、李某丁，2016年5月30日因涉嫌非法经营罪，由上海市公安局静安分局刑事拘留，2016年5月31日延长拘留期限至三十天。2016年7月5日经本院批准，同日由上海市公安局静安分局执行逮捕。2016年8月31日，经上海市人民检察院第二分院批准，由上海市公安局静安分局延长侦查羁押期限一个月。2016年9月22日，经上海市人民检察院批准，由上海市公安局静安分局延长侦查羁押期限二个月。

被告人陶某某、殷某某、郑某某，2016年5月31日因涉嫌非法经营罪，由上海市公安局静安分局刑事拘留，2016年6月1日延长拘留期限至三十天。2016年7月5日经本院批准，同日由上海市公安局静安分局执行逮捕。2016年8月31日，经上海市人民检察院第二分院批准，由上海市公安局静安分局延长侦查羁押期限一个月。2016年9月22日，经上海市人民检察院批准，由上海市公安局静安分局延长侦查羁押期限二个月。

被告人张某某、杜某某，2016年7月29日因涉嫌非法经营罪，由上海市公安局静安分局刑事拘留，2016年7月31日延长拘留期限至三十天。2016年9月2日经本院批准，同日由上海市公安局静安分局执行逮捕。2016年10月

27日，经上海市人民检察院第二分院批准，由上海市公安局静安分局延长侦查羁押期限一个月。

被告人姚某某，2016年8月11日因涉嫌非法经营罪，由上海市公安局静安分局刑事拘留，2016年8月12日延长拘留期限至三十天。2016年9月14日经本院批准，同日由上海市公安局静安分局执行逮捕。2016年10月27日，经上海市人民检察院第二分院批准，由上海市公安局静安分局延长侦查羁押期限一个月。

本案由上海市公安局静安分局侦查终结，以被告人林某某、李某甲、李某乙、叶某某、陶某某、张某某、殷某某、杜某某、郑某某、李某丙、姚某某、李某丁涉嫌非法经营罪，于2016年11月9日向本院移送审查起诉。本院受理后，于2016年11月10日告知上述被告人有权委托辩护人，依法讯问了上述被告人，听取了辩护人的意见，审查了全部案件材料。上述十二名被告人对本案同意适用简易程序审理。

经依法审查查明：

被告人林某某2012年12月起担任××公司总经理，未经国家有关主管部门批准，招募业务员通过打电话的方式，以低于正规期货交易所的开户和交易条件、帮助客户配资为诱，招揽投资人在××公司提供的“英联”“英联300”平台上进行股指期货交易。客户开户最低额2万元，每手交易需提供7000元保证金，并收取每手交易手续费480元。被告人李某甲于2014年1月担任××公司市场总监，主管××公司期货经营业务，负责开设讲座、培训业务员以招揽客户。被告人李某乙自2014年7月担任××公司行政总监从事会务、日常考勤等管理工作，9月兼做业务团队经理；被告人叶某某于2014年4月进入××公司从事销售业务，后成为业务团队经理。被告人李某丙、陶某某、殷某某、郑某某、张某某、杜某某、姚某某担任××公司业务员从事招揽客户等销售业务。被告人李某丁自2015年8月10日起进入××公司担任行政副理，负责财务、协助业务员为客户开设交易账户等工作。

经司法会计鉴定，被告人林某某非法经营数额为人民币（以下币种同）40061272元；被告人李某甲非法经营数额为39691272元；被告人李某乙非法经营数额为2620790元；被告人叶某某非法经营数额为10467980元；被告人陶某某非法经营数额为6239800元；被告人张某某非法经营数额为3010074元；被告人殷某某非法经营数额为2513690元；被告人杜某某非法经营数额为1382900元；被告人郑某某非法经营数额为870790元；被告人李某丙非法经营数额为577154元；被告人姚某某非法经营数额为435000元；被告人李某丁参与非法经营的数额为15845664元。

2016年5月30日，被告人林某某、李某甲、李某丁、李某乙、叶某某、李某丙、陶某某、殷某某、郑某某被公安机关抓获；2016年7月28日，被告人张某某、杜某某被公安机关抓获；2016年8月11日，被告人姚某某至公安机关主动投案。上述十二名被告人到案后均如实供述了自己的犯罪事实。

认定上述事实的证据如下：

1. ××公司的工商资料及中国证券监督管理委员会上海监督局出具的沪证监投保函（2016）9号《关于对上海市公安局静安分局沪公静经函字（2016）第022号来函的复函》，证实××公司未获得经营证券业务及经营期货业务的批准，依法不得经营证券、期货业务。

2. 证人章某某、黄某某等人的证言，证实××公司的业务员通过打电话的方式招揽投资人在××公司提供的平台开设账户进行期货交易的事实。

3. 公安机关出具的扣押决定书、扣押清单等书证，证实赃证物品的扣押情况。

4. 上海辰星电子数据司法鉴定中心出具的沪辰司鉴中心（2016）计检字第157号《司法鉴定检验报告书》，证实公安机关从被告人处扣押的电脑中提取电子数据的情况。

5. 上海公信会计师事务所有限公司出具的《司法鉴定意见书》，证实被告人林某某等十二人非法经营的数额。

6. 被告人林某某等十二人的供述，证实了上述被告人从事非法经营的事实。

7. 公安机关出具的到案经过，证实十二名被告人的到案情况。

上述证据来源及收集程序合法，内容客观真实，足以认定指控事实。上述十二名被告人对基本犯罪事实无异议。

被告人林某某、李某甲、李某乙、叶某某、陶某某、张某某、殷某某、杜某某、郑某某、李某丙、姚某某、李某丁，未经国家有关主管部门批准，非法经营股指期货业务，其行为均已触犯《中华人民共和国刑法》第二百二十五条第一款第三项之规定，犯罪事实清楚，证据确实、充分，应当以非法经营罪追究其刑事责任。根据《中华人民共和国刑法》第二十五条第一款的规定，上述十二名被告人构成共同犯罪。被告人林某某、李某甲在共同犯罪中起主要作用，根据《中华人民共和国刑法》第二十六条第一款的规定，系主犯；被告人李某乙、叶某某、李某丙、陶某某、殷某某、郑某某、张某某、杜某某、姚某某、李某丁在共同犯罪中起次要作用，根据《中华人民共和国刑法》第二十七条的规定，系从犯，应当从轻或者减轻处罚。被告人姚某某犯罪后自动投案，如实供述自己的罪行，根据《中华人民共和国刑法》第六十七条第一款的规定，系自首，可以从轻或者减轻处罚。被告人林某某、李某甲、李某乙、叶某某、陶某某、张某某、殷某某、杜某某、郑某某、李某丙、李某丁如实供述自己的罪行，根据《中华人民共和国刑法》第六十七条第三款的规定，可以从轻处罚。根据《中华人民共和国刑事诉讼法》第一百七十二条的规定，提起公诉，请依法判处。

此致

上海市静安区人民法院

检 察 员 金 浩

代理检察员 王 冠

二〇一六年十一月二十二日

附：1. 被告人林某某、李某甲、李某乙、叶某某、张某某、李某丙、姚某某、李某丁现羁押于上海市静安区看守所（灵石路）；被告人陶某某、殷某某、郑某某、杜某某现羁押于上海市静安区看守所（余姚路）。

2. 侦查卷宗8册、鉴定意见书3册、光盘1张，补充证据材料1页。

3. 《适用简易程序建议书》1份。

4. 案犯身份卡12份。

5. 换押证12份。

6. 相关法律条文。（略）

上海市静安区人民法院

刑事判决书

（2016）沪0106刑初1185号

公诉机关上海市静安区人民检察院。

被告人林某某，男，1979年××月××日出生，汉族，大专文化程度，上海××投资管理有限公司（以下简称“××公司”）总经理，户籍在台湾省新北市淡水区××路××段××号××楼，住本市普陀区××路××弄××号××室。因涉嫌犯非法经营罪于2016年5月30日被上海市公安局静安分局拘留，同年7月5日上海市静安区人民检察院批准被逮捕，现羁押于上海市静安区看守所（北）。

辩护人石某某、郎某某，上海××律师事务所律师。

被告人李某甲，男，1961年××月××日出生，汉族，本科文化程度，××公司市场总监，户籍在台湾省台北市××路××段××巷××号××楼，住本市虹口区××路××村××号××室。因涉嫌犯非法经营罪于2016年5月30日被上海市公安局静安分局拘留，同年7月5日经上海市静安区人民检察院批准被逮捕，现羁押于上海市静安区看守所（北）。

辩护人张某甲，上海市××律师事务所律师。

被告人李某乙，男，1960年××月××日出生，汉族，高中文化程度，××公司行政总监，住本市闵行区××路××弄××号××室。因涉嫌犯非法经营罪于2016年5月30日被上海市公安局静安分局拘留，同年7月5日经上海市静安区人民检察院批准被逮捕，现羁押于上海市静安区看守所（北）。

辩护人林某甲、张某乙，上海××律师事务所律师。

被告人叶某某，男，1991年××月××日出生，汉族，高中文化程度，××公司业务经理，户籍在安徽省芜湖市无为县××镇××行政村××自然村××号，住本市浦东新区××路××弄××号××室。因涉嫌犯非法经营罪于2016年5月30日被上市公安局静安分局拘留，同年7月5日经上海市静安区人民检院批准被逮捕，现羁押于上海市静安区看守所（北）。

辩护人张某丙，广东××（上海）律师事务所律师。

被告人陶某某，女，1986年××月××日出生，汉族，中专文化程度，××公司业务员，户籍在安徽省宿州市灵璧县××镇××村××组，住本市普陀区××路××号××室。因涉嫌犯非法经营罪于2016年5月31日被上海市公安局静安分局拘留，同年7月5日经上海市静安区人民检察院批准被逮捕，现羁押于上海市静安区看守所（南）。

辩护人吴某甲、丁某某，北京××（上海）律师事务所律师。

被告人张某某，男，1993年××月××日出生，汉族，大专文化程度，××公司业务员，户籍在本市崇明县××镇××村××号，住本市宝山区××路××号××室。因涉嫌犯非法经营罪于2016年7月29日被上海市公安局静安分局拘留，同年9月2日经上海市静安区人民检察院批准被逮捕，现羁押于上海市静安区看守所（北）。

辩护人吴某乙，上海市××律师事务所律师。

被告人殷某某，女，1988年××月××日出生，汉族，本科文化程度，××公司业务员，户籍在江苏省泰兴市××镇××村××号，住上海市黄浦区××路××号。因涉嫌犯非法经营罪于2016年5月31日被上海市公安局静安分局拘留，同年7月5日经上海市静安区人民检察院批准被逮捕，现羁押于上海市静安区看守所（南）。

辩护人马某甲，上海××律师事务所律师。

被告人杜某某，女，1974年××月××日出生，汉族，大专文化程度，××公司业务员，户籍在本市静安区××路××弄××号××室，住本市宝山区××村××号××室。因涉嫌犯非法经营罪于2016年7月29日被上海市公安局静安分局拘留，同年9月2经上海市静安区人民检察院批准被逮捕，现羁押于上海市静安区看守所（南）。

辩护人张某丁，上海××律师事务所律师。

被告人郑某某，女，1971年××月××日出生，汉族，中专文化程度，××公司业务员，户籍在本市杨浦区××路××弄××号××室，住本市浦东新区××镇××村××号××幢××室。因涉嫌犯非法经营罪于2016年5月31日被上海市公安局静安分局拘留，同年7月5日经上海市静安区人民检察院批准被逮捕，现羁押于上海市静安区看守所（南）。

辩护人俞某某，上海××律师事务所律师。

被告人李某丙，男，1991年××月××日出生，汉族，高中文化程度，××公司业务员，户籍在安徽省滁州市凤阳县××镇××村××队，住本市宝山区××路××弄××号××室。因涉嫌犯非法经营罪于2016年5月30日被上海市公安局静安分局拘留，同年7月5日经上海市静安区人民检察院批准被逮捕，现羁押于上海市静安区看守所（北）。

辩护人马某乙，上海××律师事务所律师。

被告人姚某某，男，1994年××月××日出生，汉族，初中文化程度，××公司业务员，户籍在河南省永城市××乡××村××组××号，住本市浦东新区××路××弄××宅。因涉犯非法经营罪于2016年8月11日被上海市公安局静安分局拘留，同年9月14日经上海市静安区人民检察院批准被逮捕，现羁押于上海市静安区看守所（北）。

辩护人朱某某，江苏××律师事务所律师。

被告人李某丁，男，1993年××月××日出生，汉族，高中文化程度，××公司行政副理，户籍在台湾省嘉义县××乡××村××弄××号，住本市普陀区××路××弄××号××室。因涉嫌犯非法经营罪于2016年5月30日被上海市公安局静安分局拘留，同年7月5日经上海市静安区人民检察院批准被逮捕，现羁押于上海市静安区看守所（北）。

辩护人刘某某、黄某某，上海市××律师事务所律师。

上海市静安区人民检察院以沪静检金融刑诉〔2016〕77号起诉书指控被告人林某某、李某甲、李某乙、叶某某、陶某某、张某某、殷某某、杜某某、郑某某、李某丙、姚某某、李某丁犯非法经营罪，于2016年11月30日向本院提起公诉。因本案涉及地域管辖，本院于2016年12月12日向上海市第二中级人民法院申请指定管辖，上海市第二中级人民法院于12月26日指定由本院管辖。本院受理后依法适用普通程序，组成合议庭，于2016年12月28日公开开庭审理了本案。上海市静安区人民检察院指派检察员金浩、代理检察员王冠出庭支持公诉。被告人林某某及其辩护人郎某某、被告人李某甲及其辩护人张某甲、被告人李某乙及其辩护人林某甲、被告人叶某某及其辩护人张某丙、被告人陶某某及其辩护人丁某某、被告人张某某及其辩护人吴某乙、被告人殷某某及其辩护人马某甲、被告人杜某某及其辩护人张某丁、被告人郑某某及其辩护人俞某某、被告人李某丙及其辩护人马某乙、被告人姚某某及其辩护人朱某某、被告人李某丁及其辩护人刘某某到庭参加诉讼。现已审理终结。

上海市静安区人民检察院指控，被告人林某某2012年12月起担任××公司总经理，未经国家有关主管部门批准，招募业务员通过打电话的方式，以低于正规期货交易所的开户和交易条件、帮助客户配资为诱，招揽投资人在××公司提供的“英联”“英联300”平台上进行股指期货交易。客户开户最低额人民币2万元（以下币种同），每手交易需提供7000元保证金，并收取每笔交易手续费480元。被告人李某甲于2014年1月担任××公司市场总监，主管××公司期货经营业务，负责开设讲座、培训业务员以招揽客户。被告人李某乙自2014年7月担任××公司行政总监从事会务、日常考勤等管理工作，9月兼做业务团队经理；被告人叶某某于2014年4月进入××公司从事销售业务，后成为业务团队经理。被告人李某丙、陶某某、殷某某、郑某某、张某某、杜某某、姚某某担任××公司业务员从事招揽客户等销售业务。被告人李某丁自2015年8月10日起进入××公司担任政副理，负责财务、协助业务员为客户开设交易账户等工作。

经司法会计鉴定，被告人林某某非法经营数额为人民币40061272元；被告人李某甲非法经营数额为39691272元；被告人李某乙非法经营数额为2620790元；被告人叶某某非经营数额为10467980元；被告人陶某某非法经营数额为6239800元，被告人张某某非法经营数额为3010074元；被告人殷某某非法经营数额为2513690元；被告人杜某某非法经营额为1382900元；被告人郑某某非法经营数额为870790元；被告人李某丙非法经营数额为577154元；被告人姚某某非法经营数额为435000元；被告人李某丁参与非法经营的数额为15845664元。

2016年5月30日，被告人林某某、李某甲、李某丁、李某乙、叶某某、李某丙、陶某某、殷某某、郑某某被公安机关抓获，2016年7月28日，被告人张某某、杜某某被公安机关抓获，2016年8月11日，被告人姚某某至公安机关主动投案。上述十二名被告人到案后均如实供述了自己的犯罪事实。

为证明上述指控，公诉人在法庭上讯问了被告人林某某、李某甲、李某乙、叶某某、陶某某、张某某、殷某某、杜某某、郑某某、李某丙、姚某某、李某丁；出示了上海市公安局静安分局收集的××公司的工商资料、中国证券监督管理委员会上海监督局出具的沪证监投保函（2016）9号《关于对上海市公安局静安分局沪公静经函字（2016）第022号来函的复函》、上海辰星电子数据司法鉴定中心出具的《司法鉴定检验报告书》、上海公信会计师事务所有限公司出具的《司法鉴定意见书》、公安机关出具的扣押决定书、扣押清单、到案经过；宣读了证人章某某、黄某某等人证言以及十二名被告人的供述，检察机关据此认为被告人林某某、李某甲、李某乙、叶某某、陶某某、张某某、殷某某、杜某某、郑某某、李某丙、姚某某、李某丁未经国家有关主管部门批准，非法经营股指期货业务，情节特别严重，其行为均已构成非法经营罪，依法应予惩处。被告人林某某、李某甲在共同犯罪中起主要作用，系主犯；被告人李某乙、叶某某、陶某某、张某某、殷某某、杜某某、郑某某、李某丙、姚某某、李某丁在共同犯罪中起次要作用，系从犯，应当从轻或减轻处罚。被告人姚某某犯罪后自动投案，如实供述自己的罪行，系自首，可以从轻或减轻处罚。被告人林某某、李某甲、李某乙、叶某某、陶某某、张某某、殷某某、杜某某、郑某某、李某丙、李某丁如实供述自己的罪行，依法可以从轻处罚。

被告人林某某及其辩护人辩称，对所涉罪名没有异议，但林某某系受他人指派到××公司从事期货业务，应是从犯，不应对全部非法经营额负责。

被告人李某甲及其辩护人辩称，对案件定性为非法经营无异议，但李某甲并没有直接招揽客户，应是从犯，不应对全部非法经营额负责。

被告人李某乙及其辩护人辩称，李某乙实际从事行政后勤保障工作，公司为提高其待遇，让其分管殷某某的业务，可以拿提成，但其并不实际管理殷某某业务，故只应对其所涉金额负责。

被告人叶某某及其辩护人辩称，对犯罪事实和罪名无异议，叶某某系从犯，又有坦白、退赃情节，建议判处缓刑。

被告人陶某某及其辩护人辩称，对所涉罪名没有异议，但非法经营额不应当是入金额，应当是每口交易额所收取的交易手续费乘以口数，故对非法经营额持有异议。陶某某系从犯，又有坦白、退赃情节，希望从轻处罚。

被告人张某某及其辩护人辩称，对所涉罪名没有异议，张某某直接招揽客户经营额只有一百多万元，且案发前已离职，希望在量刑时酌情考虑，建议宣告缓刑。

被告人殷某某及其辩护人辩称，对犯罪事实和罪名无异议，其系从犯，又有坦白、退赃情节，建议判处缓刑。

被告人杜某某及其辩护人辩称，对犯罪事实和罪名无异议，其系从犯，又有坦白、退赃情节，建议判处缓刑。

被告人郑某某及其辩护人辩称，对犯罪事实和罪名无异议，其系从犯，又有坦白、退赃情节，建议判处缓刑。

被告人李某丙及其辩护人辩称，对犯罪事实和罪名无异议，其系从犯，又有坦白情节，建议判处缓刑。

被告人姚某某及其辩护人辩称，对犯罪事实和罪名无异议，其系从犯，又有自首情节，建议判处缓刑。

被告人李某丁及其辩护人辩称，对所涉罪名没有异议。由于公诉机关认定其为从犯，故应以其实际参与的经营额来计算其犯罪金额，但现非法经营额却按照其入职到2016年3月公司的全部经营额来计算，有违公平。

经审理查明，被告人林某某2012年12月起担任××公司总经理，未经国家有关主管部门批准，招募业务员通过打电话的方式，以低于正规期货交易所的开户和交易条件、帮助客户配资为诱，招揽投资人在××公司提供的“英联”“英联300”平台上进行股指期货交易。客户开户最低额人民币2万元，每手交易需提供7000元保证金，并收取每手交易手续费480元。被告人李某甲于2014年1月担任××公司市场总监，主管××公司期货经营业务，负责开设讲座、培训业务员以招揽客户。被告人李某乙自2014年7月担任××公司行政总监从事会务、日常考勤理工作，9月兼做业务团队经理；被告人叶某某于2014年4月进入××公司从事销售业务，后成为业务团队经理。被告人李某丙、陶某某、殷某某、郑某某、张某某、杜某某、姚某某担任××公司业务员从事招揽客户等销售业务。被告人李某丁自2015年8月10日起进入××公司担任行政副理，负责财务、协助业务员为客户开设交易账户等工作。

经司法会计鉴定，被告人林某某非法经营数额为人民币40061272元；被告人李某甲非法经营数额为39691272元；被告人李某乙非法经营数额为2620790元；被告人叶某某非法经营数额为10467980元；被告人陶某某非法经营数额为6239800元；被告人张某某非法经营数额为3010074元；被告人殷某某非法经营数额为2513690元；被告人杜某某非法经营数额为1382900元；被告人郑某某非法经营数额为870790元；被告人李某丙非法经营数额为577154元；被告人姚某某非法经营数额为435000元；被告人李某丁参与非法经营的数额为15845664元。

2016年5月30日，被告人林某某、李某甲、李某丁、李某乙、叶某某、李某丙、陶某某、殷某某、郑某某被公安机关抓获；2016年7月28日，被告人张某某、杜某某被公安机关抓获；2016年8月11日被告人姚某某至公安机关主动投案。上述十二名被告人到案后均如实供述了自己的犯罪事实。

审理中，各被告人退缴了非法所得，其中林某某退缴了5万元，李某乙退缴5万元，叶某某退缴了5万元，陶某某退缴了10万元，张某某退缴了10万元，殷某某退缴了6万元，杜某某退缴了6万元，郑某某退缴了2万元，李某丙退缴了1万元，姚某某退缴了2万元，李某丁退缴了5万元。

上述事实有下列证据予以证实：

1. ××公司的工商资料及中国证券监督管理委员会上海监督局出具的沪证监投保函（2016）9号《关于对上海市公安局静安分局沪公静经函字（2016）第022号来函的复函》，证实××公司未获得经营证券业务及经营期货业务的批准，依法不得经营证券、期货业务。

2. 证人章某某、黄某某等人的证言，证实××公司的业务员通过打电话的方式招揽投资人在××公司提供的平台开设账户进行期货交易的事实。

3. 公安机关出具的扣押决定书、扣押清单等书证，证实赃证物品的扣押情况。

4. 上海辰星电子数据司法鉴定中心出具的沪辰司鉴中心（2016）计检字第157号《司法鉴定检验报告书》，证实公安机关从被告人处扣押的电脑中提取电子数据的情况。

5. 上海公信会计师事务所有限公司出具的《司法鉴定意见书》，证实被告人林某某等十二人非法经营的数额。

6. 被告人林某某等十二人的供述，证实了上述被告人从事非法经营的事实。

7. 公安机关出具的到案经过，证实十二名被告人的到案情况。

上述证据并经本庭查证属实，且来源合法，应作为定案的依据。

本院认为，被告人林某某、李某甲、李某乙、叶某某、陶某某、张某某、殷某某、杜某某、郑某某、李某丙、姚某某、李某丁，未经国家主管部门批准，非法经营股指期货业务，情节特别严重，其行为已构成非法经营罪，依法应予惩处。上述十二名被告人系共同犯罪，被告人林某某作为公司总经理，李某甲作为负责业务的市场总监，在共同犯罪中起主要作用，系主犯；被告人李某乙、李某丁、叶某某、陶某某、张某某、殷某某、杜某某、郑某某、李某丙、姚某某在共同犯罪中起次要作用，系从犯，应当从轻或减轻处罚。被告人李某乙作为公司行政总监，负责公司行政管理，又兼团队经理，在十名从犯中作用较大；李某丁虽进公司较晚，但其实际负责财务和资金运作，购买潜在投资者信息，拥有开设英联资本交易账户和使用太极软件账户权限，其作用次之；叶某某作为团队经理，其作用再次之。被告人姚某某有自首情节，可以从轻或减轻处罚。被告人林某某、李某甲、李某乙、叶某某、陶某某、张某某、殷某某、杜某某、郑某某、李某丙、李某丁到案后能如实坦白自己的犯罪行为，依法可以从轻处罚。被告人林某某、李某乙、叶某某、陶某某、张某某、殷某某、杜某某、郑某某、李某丙、姚某某、李某丁退缴了违法所得，也可酌情从轻处罚。综合考虑被告人陶某某、张某某、殷某某、杜某某、郑某某、李某丙有从犯、坦白、退赔情节，姚某某有从犯、自首、退赔情节，又均系公司业务员，可依法对其减轻处罚并适用缓刑。被告人李某乙、李某丁、叶某某有从犯、坦白、退赔情节，可依法减轻处罚。据此，为维护金融管理秩序，严肃国家法制，依照《中华人民共和国刑法》第二百二十五条第一款第三项、第二十五条第一款、第二十六条第一款、第四款、第二十七条、第六十七条第一款、第三款、第七十二条第一款、第三款、第七十三条和第六十四条之规定，判决如下：

一、被告人林某某犯非法经营罪，判处有期徒刑五年六个月，并处罚金人民币五十万元。

（刑期从判决执行之日起计算。判决执行以前先行羁押的，羁押一日折抵刑期一日，即自2016年5月30日起至2021年11月29日止。罚金应于判决生效后五日内向本院缴纳。)

二、被告人李某甲犯非法经营罪，判处有期徒刑五年三个月，并处罚金人民币五十万元。

(刑期从判决执行之日起计算。判决执行以前先行羁押的，羁押一日折抵刑期一日，即自2016年5月30日起至2021年8月29日止。罚金应于判决生效后五日内向本院缴纳。)

三、被告人李某乙犯非法经营罪，判处有期徒刑三年六个月，并处罚金人民币二十万元。

(刑期从判决执行之日起计算。判决执行以前先行羁押的，羁押一日折抵刑期一日，即自2016年5月30日起至2019年11月29日止。罚金应于判决生效后五日内向本院缴纳。)

四、被告人李某丁犯非法经营罪，判处有期徒刑三年三个月，并处罚金人民币二十万元。

(刑期从判决执行之日起计算。判决执行以前先行羁押的，羁押一日折抵刑期一日，即自2016年5月30日起至2019年8月29日止。罚金应于判决生效后五日内向本院缴纳。)

五、被告人叶某某犯非法经营罪，判处有期徒刑三年三个月，并处罚金人民币二十万元。

(刑期从判决执行之日起计算。判决执行以前先行羁押的，羁押一日折抵刑期一日，即自2016年5月30日起至2019年8月29日止。罚金应于判决生效后五日内向本院缴纳。)

六、被告人陶某某犯非法经营罪，判处有期徒刑二年，缓刑二年，并处罚金人民币十万元。

七、被告人张某某犯非法经营罪，判处有期徒刑一年六个月，缓刑二年，并处罚金人民币十万元。

八、被告人殷某某犯非法经营罪，判处有期徒刑一年六个月，缓刑二年，并处罚金人民币十万元。

九、被告人杜某某犯非法经营罪，判处有期徒刑一年，缓刑一年，并处罚金人民币十万元。

十、被告人郑某某犯非法经营罪，判处有期徒刑一年，缓刑一年，并处罚金人民币十万元。

十一、被告人李某丙犯非法经营罪，判处有期徒刑一年，缓刑一年，并处罚金人民币十万元。

十二、被告人姚某某犯非法经营罪，判处拘役六个月，缓刑六个月，并处罚金人民币三万元。

（以上缓刑考验期限，从判决确定之日起计算。罚金应于判决生效后五日内向本院缴纳。）

十三、被告人林某某、李某乙、叶某某、陶某某、张某某、殷某某、杜某某、郑某某、李某丙、姚某某、李某丁已退缴的非法所得予以没收。继续追缴十二名被告人非法所得。

被告人陶某某、张某某、殷某某、杜某某、郑某某、李某丙、姚某某今后应当遵守法律、法规，在缓刑考验期间服从监督管理，接受教育，完成公益劳动，做一名有益社会的公民。

如不服本判决，可在接到判决书的第二日起十日内，通过本院或者直接向上海市第二中级人民法院提出上诉。书面上诉的，应当提交上诉状正本一份，副本二份。

审　判　长　吴国强
代理审判员　钱丽娜
人民陪审员　戴正上
二〇一七年一月十日
书　记　员　公绪龙

未经许可从事新三板市场证券业务的，可构成非法经营罪

——洪某某等人非法经营案

【案例要旨】

新三板市场系证券市场，交易模式的特殊性不影响其股票转让的实质。未经许可非法经营新三板股票的行为，系非法从事证券业务，情节严重的，可构成非法经营罪。

【案情简要】

2015年12月起，被告人洪某某、邓某某实际控制安徽××财富资产管理有限公司、安徽××投资管理有限公司，使用其控制的股票账户通过全国中小企业股份转让系统（即“新三板”）从相关企业原始股东处先后受让了“××机械”等股票，并指使被告人陈某甲等人采用微信、QQ等通信工具搭识投资者，向其推荐、分析新三板股票、夸大宣传并预测新三板股票具有转A股的可能，建议投资者买入，进而以互报成交确认的交易方式高价转让上述新三板股票。经审计，被告人销售新三板股票金额共计人民币4348.8万元。

静安区人民检察院提起公诉后，静安区人民法院以非法经营罪对被告人洪某某等人判处有期徒刑3年至9个月、并处罚金的刑罚。被告人均未上诉，判决已生效。

【典型意义】

本案是全国首例非法经营新三板股票案，案件的办理对于正确认识新三板市场的性质及特殊交易模式，有力维护新三板市场的正常交易秩序，有效保障投资人利益，具有借鉴意义。

一、新三板市场系证券市场，业务规则需遵循《证券法》相关规定

新三板全称为全国中小企业股份转让系统，于2013年1月挂牌，旨在为

暂时没有达到主板和创业板市场上市标准的企业提供融资渠道。虽然与主板和创业板的集中竞价交易模式不同，新三板股票采用的是协议转让和做市商转让模式，不设涨跌幅限制，且对投资者有适当性管理要求，但作为我国多层次资本市场的重要组成部分，特殊的交易模式并不影响其股票转让的实质。《全国中小企业股份转让系统业务规则（试行）》和《全国中小企业股份转让系统股票转让细则（试行）》的制定依据是《证券法》等相关证券法规，法律法规的效力位阶也说明新三板市场的参与主体和业务规则必须遵循《证券法》的相关规定。

二、未经许可非法经营新三板股票的行为，系非法从事证券业务

根据《证券法》规定，未经中国证监会许可，任何机构和个人均不得从事证券业务。而证券业务包括证券经纪、投资咨询、承销与保荐、自营、证券资产管理等业务。《证券、期货投资咨询管理暂行办法》又明确，通过电话、传真、电脑网络等电信设备系统，为证券投资人或者客户提供证券投资分析、预测或者建议等直接或者间接有偿咨询服务的活动，是证券投资咨询行为。本案被告人在销售新三板股票过程中向不特定对象提供分析、预测、推荐和建议，进而实现高价转让，从中获取经济利益，系证券投资咨询行为。根据《刑法》第225条第（三）项，未经国家有关主管部门批准非法经营证券业务，情节严重的，可构成非法经营罪。

需要注意的是，新三板市场作为证券市场，同样存在内幕交易、证券欺诈、操纵市场等违法犯罪行为的风险，针对不同案件，应当根据证据情况和行为方式准确定性，以切实维护新三板市场的正常交易秩序。

上海市静安区人民检察院
起诉书

沪静检金融刑诉〔2017〕314号

被告人洪某某，男，1984年××月××日生，公民身份号码：3407021984×××××××××，汉族，中专文化，系安徽××财富资产管理有限公司（以下简称“×甲公司”）、安徽××投资管理有限公司（以下简称“×乙公司”）董事长，住安徽省合肥市蜀山区××路××号××庄园××幢××室。2016年9月28日因涉嫌诈骗罪，由上海市公安局刑事拘留，同月29日延长刑事拘留期限至三十天。同年11月2日经上海市人民检察院第二分院批准，同日由上海市公安局执行逮捕。

被告人邓某某，男，1983年××月××日生，公民身份号码：4310031983×××××××××，汉族，高中文化，系×甲公司、×乙公司总经理，户籍在湖南省郴州市苏仙区××镇××村××组，住安徽省合肥市蜀山区××凯旋门××幢××室。2016年8月31日因涉嫌非法经营罪，由上海市公安局刑事拘留，同年9月2日延长刑事拘留期限至三十天。同年9月29日经上海市人民检察院第二分院批准，同日由上海市公安局执行逮捕。

被告人刘某甲，女，1984年××月××日生，公民身份号码：3625251984×××××××××，汉族，本科文化，系×甲公司、×乙公司财务主管，户籍在安徽省合肥市蜀山区××凯旋门××幢××室，住安徽省合肥市蜀山区××凯旋门××幢××室。2016年8月31日因涉嫌非法经营罪，由上海市公安局取保候审。同年12月28日经本院决定继续取保候审。

被告人陈某甲，男，1986年××月××日生，公民身份号码：3422241986×××××××××，汉族，大专文化，合肥×甲商贸有限公司（以下简称“×丙公司”）实际控制人，住安徽省合肥市蜀山区××路××号××湾××幢××室。2016年10月19日因涉嫌非法经营罪，由上海市公安局取保候审。同年11月29日经本院决定继续取保候审。

被告人吴某某，男，1980年××月××日生，公民身份号码：3411261980×××××××××，汉族，中专文化，合肥××贸易有限公司（以下简称“×丁公司”）实际控制人，住安徽省合肥市蜀山区××路××号××庄园××幢××室。2016年10月19日因涉嫌非法经营罪，由上海市公安局取保候审。同年11月29日经本院决定继续取保候审。

被告人高某甲，男，1987年××月××日生，公民身份号码：3424231987×××××××××，汉族，大专文化，合肥×乙商贸有限公司（以下简称“×戊公司”）实际控制人，住安徽省合肥市蜀山区××路××号××湾××幢××室。2016年10月18日因涉嫌非法经营罪，由上海市公安局取保候审。同年11月29日经本院决定继续取保候审。

被告人李某甲，男，1989年××月××日生，公民身份号码：3411021989×××××××××，汉族，大专文化，合肥×丙商贸有限公司（以下简称“×己公司”）实际控制人，户籍在安徽省滁州市琅琊区××巷××号××幢××单元××室，住安徽省合肥市蜀山区××路××号××庄园××幢××室。2016年10月18日因涉嫌非法经营罪，由上海市公安局取保候审。同年11月29日经本院决定继续取保候审。

被告人陈某乙，男，1979年××月××日生，公民身份号码：3625251979×××××××××，汉族，本科文化，系合肥×丁商贸有限公司（以下简称“×庚公司”）实际控制人，住安徽省合肥市蜀山区××路××号××湾××幢××室。2016年5月31日因涉嫌诱骗投资者买卖证券罪，由上海市公安局刑事拘留，同年6月3日延长刑事拘留期限至三十天。同年7月7日因涉嫌非法经营罪，经上海市人民检察院第二分院批准，同日由上海市公安局执行逮捕。同年8月31日经上海市人民检察院批准，由上海市公安局延长侦查羁押期限一个月。2017年2月24日经本院决定取保候审。

被告人刘某乙，女，1983年××月××日生，公民身份号码：3625251983×××××××××，汉族，高中文化，系合肥×戊商贸有限公司（以下简称“×辛公司”）实际控制人，户籍在江西省抚州市崇仁县××乡××村××小组，住安徽省合肥市蜀山区××路××号××湾××幢××室。2016年5月31日因涉嫌诱骗投资者买卖证券罪，由上海市公安局刑事拘留，同年6月3日延长刑事拘留期限至三十天。同年7月7日因涉嫌非法经营罪，经上海市人民检察院第二分院批准，同日由上海市公安局执行逮捕。同年8月31日经上海市人民检察院批准，由上海市公安局延长侦查羁押期限一个月。同年12月14日经本院决定取保候审。

被告人韦某某，男，1990年××月××日生，公民身份号码：3426231990×××××××××，汉族，本科文化，系安徽××投资管理有限责任公司（以下简称“×壬公司”）总经理，户籍在安徽省芜湖市无为县××乡

××行政村××自然村××号，住安徽省合肥市蜀山区××凯旋门××幢××室。2016年6月2日因涉嫌诱骗投资者买卖证券罪，由上海市公安局刑事拘留，次日延长刑事拘留期限至三十天。同年7月7日因涉嫌非法经营罪，经上海市人民检察院第二分院批准，同日由上海市公安局执行逮捕。同年8月31日经上海市人民检察院批准，由上海市公安局延长侦查羁押期限一个月。2017年2月24日经本院决定取保候审。

被告人陈某丙，男，1989年××月××日生，公民身份号码：3403211989×××××××××，汉族，本科文化，系×壬公司业务八部经理，户籍在安徽省蚌埠市怀远县××镇××村××组××号，住安徽省合肥市蜀山区××花苑××苑××幢××室。2016年6月1日因涉嫌诱骗投资者买卖证券罪，由上海市公安局刑事拘留，同月3日延长刑事拘留期限至三十天。同年7月7日因涉嫌非法经营罪，由上海市公安局取保候审。同年11月29日经本院决定继续取保候审。

被告人陈某丁，男，1983年××月××日生，公民身份号码：3424221983×××××××××，汉族，初中文化，无业，户籍在安徽省六安市寿县××镇××村××组××号，住安徽省合肥市蜀山区××路××名都××幢××单元××室。2016年8月19日因涉嫌窝藏包庇罪，由上海市公安局刑事拘留，同月22日延长刑事拘留期限至三十天。同年9月14日因涉嫌非法经营罪，由上海市公安局取保候审。同年11月29日经本院决定继续取保候审。

本案由上海市公安局侦查终结，以被告人洪某某、邓某某、刘某甲、陈某甲、吴某某、高某甲、李某甲、陈某乙、刘某乙、韦某某、陈某丙、陈某丁涉嫌非法经营罪，分别于2016年10月7日、11月21日、11月28日向上海市人民检察院第二分院移送审查起诉。上海市人民检察院第二分院受理后，分别于2016年11月25日、12月25日交送本院审查起诉。本院受理后，分别于2016年11月28日、12月28日告知上述十二名被告人有权委托辩护人，依法讯问了上述十二名被告人，听取了辩护人的意见，审查了全部案件材料。上述十二名被告人对本案同意适用简易程序审理。

经依法审查查明：

2015年12月起，被告人洪某某、邓某某实际控制×甲公司、×乙公司，使用其控制的股票账户通过全国中小企业股份转让系统（即“新三板”）从相关企业原始股东处先后受让了“××机械”“××股份”“××制冷”“××机器”等股票，通过其控制的新三板股票账户直接转让或者指使其下辖公司、代理销售公司、个体销售人员对不特定公众公开销售上述股票。被告人刘某甲负责×甲公司、×乙公司的人事、财务等事宜。

经被告人洪某某、邓某某授意和指使，被告人陈某甲控制的×丙公司、被告人吴某某控制的×丁公司、被告人高某甲控制的×戊公司、被告人李某甲控制的×己公司、被告人刘某乙控制的×辛公司、被告人陈某乙控制的×庚公司、代理销售方被告人韦某某控制的×壬公司以及个体销售人员被告人陈某丁，采用微信等通信工具搭识投资者，向其推荐、分析新三板股票、夸大宣传并预测新三板股票具有转A股的可能，建议投资人买入，进而以互报成交确认的交易方式高价转让上述新三板股票。

至案发，被告人洪某某、邓某某、刘某甲通过实际控制的×甲公司、×乙公司及其下辖公司、代理销售公司、个体销售人员，销售新三板股票金额共计人民币4348.8万元（以下币种同）；其中，被告人陈某甲以×丙公司名义销售股票金额共计410.45万元；被告人吴某某以×丁公司名义销售股票金额共计447.1万元；被告人高某甲以×戊公司名义销售股票金额共计163.15万元；被告人李某甲以×己公司名义销售股票金额共计951.15万元；被告人陈某乙以×庚公司的名义销售股票金额共计417.35万元；被告人刘某乙以×辛公司名义销售股票金额共计665.5万元；代理销售方被告人韦某某实际控制的×壬公司股票销售金额共计993.2万元，其中被告人陈某丙负责的×壬公司业务八部销售股票金额共计179.4万元；被告人陈某丁个人销售股票金额共计134.7万元。

2016年5月31日至6月2日，被告人刘某乙、陈某乙、陈某丙先后被抓获。2016年6月1日，被告人韦某某主动至公安机关投案。8月19日，被告人陈某丁被抓获。8月31日，被告人刘某甲、邓某某主动至公安机关投案。9月28日，被告人洪某某主动至公安机关投案。10月18日至19日，被告人陈某甲、吴某某、高某甲、李某甲主动至公安机关投案。上述十二名被告人到案后均如实供述了自己的犯罪事实。

认定上述事实的证据如下：

1. ×甲公司、×乙公司等公司工商资料及中国证券监督管理委员会上海监督局出具的《关于对安徽××投资管理有限责任公司等公司相关行为出具认定意见的复函》，证实涉案公司未获得经营证券业务的批准，依法不得经营证券业务。

2. 证人鲍某某、李某乙等人的证言，证实被告人洪某某、邓某某等人收购“××机械”“××股份”“××制冷”“××机器”等新三板股票。

3. 证人许某某、高某乙等人的证言，证实十二名被告人采用微信搭识投资者，推荐许某某、高某乙等投资人以互报成交确认的交易方式，高价买入“××机械”“××股份”“××制冷”“××机器”等新三板股票。

4. 上海公信会计师事务所有限公司出具的《司法鉴定意见书》，证实被告人洪某某等十二人非法经营的数额。

5. 被告人洪某某等十二人的供述，证实了十二名被告人非法从事新三板股票销售业务。

6. 公安机关出具的到案经过，证实十二名被告人的到案情况。

7. 公安机关出具的常住人口基本信息，证实十二名被告人的基本情况。

上述证据来源及收集程序合法，内容客观真实，足以认定指控事实。上述十二名被告人对基本犯罪事实无异议。

被告人洪某某、邓某某、刘某甲、陈某甲、吴某某、高某甲、李某甲、陈某乙、刘某乙、韦某某、陈某丙、陈某丁，未经国家有关主管部门批准，非法经营证券业务，其行为均已触犯《中华人民共和国刑法》第二百二十五条第一款第三项之规定，犯罪事实清楚，证据确实、充分，应当以非法经营罪追究其刑事责任。根据《中华人民共和国刑法》第二十五条第一款的规定，上述十二名被告人构成共同犯罪。被告人洪某某、邓某某在共同犯罪中起主要作用，根据《中华人民共和国刑法》第二十六条第一款的规定，系主犯；被告人刘某甲、陈某甲、吴某某、高某甲、李某甲、陈某乙、刘某乙、韦某某、陈某丙、陈某丁在共同犯罪中起次要作用，根据《中华人民共和国刑法》第二十七条的规定，系从犯，应当从轻或者减轻处罚。被告人洪某某、邓某某、刘某甲、陈某甲、吴某某、高某甲、韦某某、李某甲犯罪后自动投案，如实供述自己的罪行，根据《中华人民共和国刑法》第六十七条第一款的规定，系自首，可以从轻或者减轻处罚。被告人刘某乙、陈某乙、陈某丙、陈某丁如实供述自己的罪行，根据《中华人民共和国刑法》第六十七条第三款的规定，可以从轻处罚。根据《中华人民共和国刑事诉讼法》第一百七十二条的规定，提起公诉，请依法判处。

此致

上海市静安区人民法院

检察员　金　浩

检察员　王　冠

二〇一七年三月十七日

附：1. 被告人洪某某、邓某某现羁押于上海市看守所。被告人刘某甲现取保候审于其居住地，联系电话：1871499××××；被告人陈某甲现取保候审于其居住地，联系电话：1821483××××；被告人吴某某现取保候审于其居住地，联系电话：1521242××××；被告人高某甲现取保候审于其居住地，联系电话：1885514××××；被告人李某甲现取保候审于其居住地，联系电话：1871499××××；被告人陈某乙现取保候审于其居住地，联系电话：1566569××××；被告人刘某乙现取保候审于其居住地，联系电话：1821483××××；被告人韦某某现取保候审于其居住地，联系电话：1771810××××；被告人陈某丙现取保候审于其居住地，联系电话：1815606××××；被告人陈某丁现取保候审于其居住地，联系电话：1390551××××。

2. 侦查卷宗32册、鉴定意见书4册、光盘4张、补充材料1份。
3. 适用简易程序建议书1份。
4. 鉴定人名单1份
5. 换押证2份。
6. 赃证物品清单1份。
7. 相关法律条文。（略）

上海市静安区人民法院
刑事判决书

（2017）沪0106刑初243号

公诉机关上海市静安区人民检察院。

被告人洪某某，男，1984年××月××日生，汉族，中专文化程度，安徽××财富资产管理有限公司、安徽××投资管理有限公司董事长，住安徽省合肥市蜀山区××路××号××庄园××幢××室。因涉嫌犯诈骗罪于2016年9月28日被上海市公安局刑事拘留，因涉嫌犯非法经营罪于2016年11月2日经上海市人民检察院第二分院批准被逮捕。现羁押于上海市看守所。

辩护人陆某某，上海市××律师事务所律师。

被告人邓某某，男，1983年××月××日生，汉族，高中文化程度，安徽××财富资产管理有限公司、安徽××投资管理有限公司总经理，户籍地为湖南省郴州市苏仙区××镇××村××组，住安徽省合肥市蜀山区××凯旋门××幢××室。因涉嫌犯非法经营罪于2016年8月31日被上海市公安局刑事拘留，2016年9月29日经上海市人民检察院第二分院批准被逮捕。现羁押于上海市看守所。

辩护人赵某某，上海市××律师事务所律师。

被告人刘某甲，女，1984年××月××日生，汉族，本科文化程度，安徽××财富资产管理有限公司、安徽××投资管理有限公司财务主管，户籍地为安徽省合肥市蜀山区××凯旋门××幢××室，住安徽省合肥市蜀山区××凯旋门××幢××室。因涉嫌犯非法经营罪于2016年8月31日上海市公安局取保候审，2016年12月28日被上海市静安区人民检察院取保候审，2017年3月23日被本院取保候审。现取保候审。

被告人陈某甲，男，1986年××月××日生，汉族，大专文化程度，合肥×甲商贸有限公司实际控制人，住安徽省合肥市蜀山区××路××号××湾××幢××室。因涉嫌犯非法经营罪于2016年10月19日被上海市公安局取保候审，2016年11月29日被上海市静安区人民检察院取保候审，2017年3月23日被本院取保候审。现取保候审。

被告人吴某某，男，1980年××月××日生，汉族，中专文化程度，合肥××贸易有限公司实际控制人，住安徽省合肥市蜀山区××路××号××庄园××幢××室。因涉嫌犯非法经营罪于2016年10月19日被上海市公安局取保候审，2016年11月29日被上海市静安区人民检察院取保候审，2017年3月23日被本院取保候审。现取保候审。

被告人高某甲，男，1987年××月××日生，汉族，大专文化程度，合肥×乙商贸有限公司实际控制人，住安徽省合肥市蜀山区××路××号××湾××幢××室。因涉嫌犯非法经营罪于2016年10月18日被上海市公安局取保候审，2016年11月29日被上海市静安区人民检察院取保候审，2017年3月23日被本院取保候审。现取保候审。

被告人李某甲，男，1989年××月××日生，汉族，大专文化程度，合肥×丙商贸有限公司实际控制人，户籍地为安徽省滁州市琅琊区××巷××号××幢××单元××室，住安徽省合肥市蜀山区××路××号××庄园××幢××室。因涉嫌犯非法经营罪于2016年10月18日被上海市公安局取保候审，2016年11月29日被上海市静安区人民检察院取保候审，2017年3月23日被本院取保候审。现取保候审。

被告人陈某乙，男，1979年××月××日生，汉族，本科文化程度，合肥×丁商贸有限公司实际控制人，户籍地为江西省崇仁县××镇××路××号，住安徽省合肥市蜀山区××路××号××湾××幢××室。因涉嫌诱骗投资者买卖证券罪于2016年5月31日被上海市公安局刑事拘留，因涉嫌犯非法经营罪于2016年7月7日经上海市人民检察院第二分院批准被逮捕，2017年2月24日被上海市静安区人民检察院取保候审，2017年3月23日被本院取保候审。现取保候审。

被告人刘某乙，女，1983年××月××日生，汉族，高中文化程度，合肥×戊商贸有限公司实际控制人，户籍地为江西省崇仁县××乡××村××小组，住安徽省合肥市蜀山区××路××号××湾××幢××室。因涉嫌诱骗投资者买卖证券罪于2016年5月31日被上海市公安局刑事拘留，因涉嫌犯非法经营罪于2016年7月7日经上海市人民检察院第二分院批准被逮捕，2016年12月14日被上海市静安区人民检察院取保候审，2017年3月23日被本院取保候审。现取保候审。

辩护人王某某、夏某某，北京××（上海）律师事务所律师。

被告人韦某某，男，1990年××月××日生，汉族，本科文化程度，安徽××投资管理有限责任公司总经理，户籍地为安徽省无为县××乡××行政村××自然村××号，住安徽省合肥市蜀山区××凯旋门××幢××室。因涉嫌犯诱骗投资者买卖证券罪于2016年6月2日被上海市公安局刑事拘留，因涉嫌犯非法经营罪于2016年7月7日经上海市人民检察院第二分院批准被逮捕，2017年2月24日被上海市静安区人民检察院取保候审，2017年3月23日被本院取保候审。现取保候审。

辩护人郑某某、范某某，上海××律师事务所律师。

被告人陈某丙，男，1989年××月××日生，汉族，本科文化程度，安徽××投资管理有限责任公司业务八部经理，户籍地为安徽省怀远县××镇××村××组××号，住安徽省合肥市蜀山区××苑××幢××室。因涉嫌犯诱骗投资者买卖证券罪于2016年6月1日被上海市公安局刑事拘留，因涉嫌犯非法经营罪于2016年7月7日经上海市人民检察院第二分院批准被逮捕，2016年11月29日被上海市静安区人民检察院取保候审，2017年3月23日被本院取保候审。现取保候审。

辩护人叶某某、张某某，上海××律师事务所律师。

被告人陈某丁，男，1983年××月××日生，汉族，初中文化程度，无业，户籍地为安徽省寿县××镇××村××组××号，住安徽省合肥市蜀山区××路××名都××幢××单元××室。因涉嫌犯窝藏、包庇罪于2016年8月19日被上海市公安局刑事拘留，因涉嫌犯非法经营罪于2016年9月14日被上海市公安局取保候审，2016年11月29日被上海市静安区人民检察院取保候审，2017年3月23日被本院取保候审。现取保候审。

上海市静安区人民检察院以沪静检金融刑诉〔2017〕314号起诉书指控被告人洪某某、邓某某、刘某甲、陈某甲、吴某某、高某甲、李某甲、陈某乙、刘某乙、韦某某、陈某丙、陈某丁犯非法经营罪，于2017年3月20日向本院提起公诉。本院受理后，依法组成合议庭，于同年4月10日请示上海市第二中级人民法院指定管辖。上海市第二中级人民法院于同年4月11日指定由我院管辖。本院于同年5月12日依法召开庭前会议。本院于同年6月8日公开开庭审理了本案。上海市静安区人民检察院指派检察员王冠出庭支持公诉。被告人洪某某及其辩护人陆某某、被告人邓某某及其辩护人赵某某、被告人刘某甲、陈某甲、吴某某、高某甲、李某甲、陈某乙、被告人刘某乙及其辩护人夏某某、被告人韦某某及其辩护人范某某、被告人陈某丙及其辩护人张某某、被告人陈某丁到庭参加诉讼。其间，上海市静安区人民检察院于2017年5月8日向本院申请延期审理，于同年6月1日申请恢复审理。本案现已审理终结。

上海市静安区人民检察院指控：

2015年12月起，被告人洪某某、邓某某实际控制安徽××财富资产管理有限公司（以下简称“×甲公司”）、安徽××投资管理有限公司（以下简称

“×乙公司”），使用其控制的股票账户通过全国中小企业股份转让系统（即新三板）从相关企业原始股东处先后受让了“××机械”“××股份”“××制冷”“××机器”等股票，通过其控制的新三板股票账户直接转让或者指使其下辖公司、代理销售公司、个体销售人员对不特定公众公开销售上述股票。被告人刘某甲负责×甲公司、×乙公司的人事、财务等事宜。

经被告人洪某某、邓某某授意和指使，被告人陈某甲控制的合肥×甲商贸有限公司（以下简称“×丙公司”）、被告人吴某某控制的合肥××贸易有限公司（以下简称“×丁公司”）、被告人高某甲控制的合肥×乙商贸有限公司（以下简称“×戊公司”）、被告人李某甲控制的合肥×丙商贸有限公司（以下简称“×己公司”）、被告人陈某乙控制的×丁商贸有限公司（以下简称“×庚公司”）、被告人刘某乙控制的合肥×戊商贸有限公司（以下简称“×辛公司”）、代理销售方被告人韦某某控制的安徽××投资管理有限责任公司（以下简称“×壬公司”）以及个体销售人员被告人陈某丁，采用微信等通信工具搭识投资者，向其推荐、分析新三板股票、夸大宣传并预测新三板股票具有转A股的可能，建议投资人买入，进而以互报成交确认的交易方式高价转让上述新三板股票。

至案发，被告人洪某某、邓某某、刘某甲通过实际控制的×甲公司、×乙公司及其下辖公司、代理销售公司、个体销售人员，销售新三板股票金额共计人民币4348.8万元（以下币种同）；其中，被告人陈某甲以×丙公司名义销售股票金额共计410.45万元；被告人吴某某以×丁公司名义销售股票金额共计447.1万元；被告人高某甲以×戊公司名义销售股票金额共计163.15万元；被告人李某甲以×己公司名义销售股票金额共计951.15万元；被告人陈某乙以×庚公司的名义销售股票金额共计417.35万元；被告人刘某乙以×辛公司名义销售股票金额共计665.5万元；代理销售方被告人韦某某实际控制的×壬公司股票销售金额共计993.2万元，其中被告人陈某丙负责的×壬公司业务八部销售股票金额共计179.4万元；被告人陈某丁个人销售股票金额共计134.7万元。

2016年5月31日至6月2日，被告人陈某乙、刘某乙、陈某丙先后被抓获归案。2016年6月1日，被告人韦某某主动至公安机关投案。2016年8月19日，被告人陈某丁被抓获。2016年8月31日，被告人邓某某、刘某甲主动至公安机关投案。2016年9月28日，被告人洪某某主动至公安机关投案。2016年10月18日，被告人高某甲、李某甲主动至公安机关投案。2016年10月19日，被告人陈某甲、吴某某主动至公安机关投案。上述十二名被告人到案后均如实供述了自己的犯罪事实。

为证明上述指控，公诉人在法庭上讯问了各名被告人，出示了工商资料、证人鲍某某、李某乙、许某某、高某乙等人的证言、司法鉴定意见书、到案经过和各名被告人供述等证据。公诉机关据此认为，被告人洪某某、邓某某、刘某甲、陈某甲、吴某某、高某甲、李某甲、陈某乙、刘某乙、韦某某、陈某丙、陈某丁，未经国家有关主管部门批准，非法经营证券业务，其行为均已构成非法经营罪。被告人洪某某、邓某某在共同犯罪中起主要作用，系主犯；被告人刘某甲、陈某甲、吴某某、高某甲、李某甲、陈某乙、刘某乙、韦某某、陈某丙、陈某丁在共同犯罪中起次要作用，系从犯，应当从轻或者减轻处罚。被告人洪某某、邓某某、刘某甲、陈某甲、吴某某、高某甲、李某甲、韦某某犯罪后自动投案，如实供述自己的罪行，系自首，可以从轻或者减轻处罚。被告人刘某乙、陈某乙、陈某丙、陈某丁如实供述自己的罪行，可以从轻处罚。

被告人洪某某对起诉书指控的犯罪事实和罪名均无异议。

被告人洪某某的辩护人辩护称，洪某某选取的系优质股票，案发后积极向投资者回购，降低了社会危害性，建议对洪某某减轻处罚并适用缓刑。

被告人邓某某对起诉书指控的犯罪事实和罪名均无异议。

被告人邓某某的辩护人辩护称，邓某某具有自首情节，建议对邓某某适用缓刑。

被告人刘某甲对起诉书指控的犯罪事实和罪名均无异议。

被告人陈某甲对起诉书指控的犯罪事实和罪名均无异议。

被告人吴某某对起诉书指控的犯罪事实和罪名均无异议。

被告人高某甲对起诉书指控的犯罪事实和罪名均无异议。

被告人李某甲对起诉书指控的犯罪事实和罪名均无异议。

被告人陈某乙对起诉书指控的犯罪事实和罪名均无异议。

被告人刘某乙对起诉书指控的犯罪事实和罪名均无异议。

被告人刘某乙的辩护人辩护称，刘某乙具有从犯情节，且无前科劣迹，到案后认罪悔罪，建议对刘某乙适用缓刑。

被告人韦某某对起诉书指控的犯罪事实和罪名均无异议。

被告人韦某某的辩护人辩护称，韦某某具有自首情节，系从犯，到案后如实供述，建议对韦某某适用缓刑。

被告人陈某丙对起诉书指控的犯罪事实和罪名均无异议。

被告人陈某丙的辩护人辩护称，陈某丙具有从犯情节，案发后积极向投资者回购、弥补了投资者损失，到案后如实供述，建议对陈某丙适用缓刑。

被告人陈某丁对起诉书指控的犯罪事实和罪名均无异议。

经审理查明：

被告人洪某某、邓某某系×甲公司和×乙公司的实际控制人。2015年12月起，被告人洪某某、邓某某以×甲公司名义，使用其控制的多个股票账户，通过全国中小企业股份转让系统从相关企业原始股东处先后受让了“××机械”“××股份”“××制冷”“××机器”等股票。同时，被告人洪某某、邓某某使用其控制的新三板股票账户直接转让或者指使×甲公司和×乙公司的下辖公司、代理销售公司、个体销售人员，向不特定公众公开销售上述股票。被告人刘某甲负责×甲公司、×乙公司的人事、财务等事宜。

经被告人洪某某、邓某某授意和指使，被告人陈某甲控制的×丙公司、被告人吴某某控制的×丁公司、被告人高某甲控制的×戊公司、被告人李某甲控制的×己公司、被告人陈某乙控制的×庚公司、被告人刘某乙控制的×辛公司、代理销售方被告人韦某某控制的×壬公司以及个体销售人员被告人陈某丁，采用微信等通信工具搭识投资者，向投资者推荐、分析新三板股票、夸大宣传并预测上述新三板股票具有转A股的可能，建议投资者买入，进而以互报成交确认委托方式高价转让新三板股票。

案发后，公安人员对×甲公司、×乙公司及其下辖公司办公地址依法进行搜查，并扣押了笔记本、光盘、话术单等犯罪工具。

经鉴定，被告人洪某某、邓某某、刘某甲通过×甲公司、×乙公司及其下辖公司、代理销售公司、个体销售人员，销售新三板股票金额共计4348.8万元；其中，被告人陈某甲以×丙公司名义销售股票金额共计410.45万元；被告人吴某某以×丁公司名义销售股票金额共计447.1万元；被告人高某甲以×戊公司名义销售股票金额共计163.15万元；被告人李某甲以×己公司名义销售股票金额共计951.15万元；被告人陈某乙以×庚公司的名义销售股票金额共计417 35万元；被告人刘某乙以×辛公司名义销售股票金额共计665.5万元；代理销售方被告人韦某某实际控制的×壬公司股票销售金额共计993.2万元，其中被告人陈某丙负责的×壬公司业务八部销售股票金额共计179.4万元；被告人陈某丁个人销售股票金额共计134.7万元。

2016年5月31日至6月2日，被告人陈某乙、刘某乙、陈某丙先后被抓获归案。2016年6月1日，被告人韦某某主动至公安机关投案。2016年8月19日，被告人陈某丁被抓获归案。2016年8月31日，被告邓某某、刘某甲主动至公安机关投案。2016年9月28日，被告洪某某主动至公安机关投案。2016年10月18日，被告人高某甲、李某甲主动至公安机关投案。2016年10月19日，被告人陈某甲、吴某某主动至公安机关投案。上述十二名被告人到案后均如实供述了自己的犯罪事实。

案发后及审理期间，被告人洪某某、邓某某、韦某某、陈某丁等被告人向部分投资者回购了新三板股票。

上述事实有下列证据予以证实：

1. ×甲公司、×乙公司、×庚公司、×辛公司、×壬公司等公司的工商资料，证实涉案的公司均未获得经营证券业务的批准，依法不得经营证券业务。

2. 中国证券监督管理委员会上海监督局出具的《关于对安徽××投资管理有限责任公司等公司相关行为出具认定意见的复函》，证实涉案公司均不具备经营证券业务资格；上述公司的行为属于从事证券业务。

3. 证人鲍某某、李某乙等人的证言，证实被告人洪某某、邓某某等人从原始股东处购进"××机械""××股份""××制冷""××机器"等新三板股票。

4. 投资者许某某、高某乙等人的证言及投资者提供的微信聊天记录，证实各被告人采用微信搭识投资者，推荐许某某、高某乙等投资者；投资者在各被告人的夸大宣传、不诚建议下，以互报成交确认的交易方式，高价买入"××机械""××股份""××制冷""××机器"等新三板股票。

5. 银行、证券交易明细，证实资金进出、开户情况、涉案证券账户的新三板交易系统的交易数据。

6. 搜查证、搜查笔录、扣押笔录、扣押清单，证实公安人员对×甲公司、×乙公司及其下辖公司办公地址依法进行搜查，并扣押了笔记本、光盘、话术单等犯罪工具。

7. 上海公信会计师事务所有限公司出具的司法鉴定意见书，证实各被告人的购进和销售涉案新三板股票的数额。

8. 各被告人供述，证实了各被告人非法从事新三板股票销售业务。

9. 公安机关出具的到案经过，证实十二名被告人的到案情况。

上述证据均经本庭查证属实，且来源合法，应作为定案的依据。

本院认为，被告人洪某某、邓某某、刘某甲、陈某甲、吴某某、高某甲、李某甲、陈某乙、刘某乙、韦某某、陈某丙、陈某丁，未经国家主管部门批准，共同非法经营证券业务，情节严重，其行均已构成非法经营罪。

被告人洪某某、邓某某共同犯罪中起主要作用，系主犯；罪后自动投案，如实供述自己的罪行，系自首，依法可从轻处罚。被告人刘某甲、陈某甲、吴某某、高某甲、李某甲、陈某乙、刘某乙、韦某某、陈某丙、陈某丁共同犯罪中起次要作用，系从犯；其中，被告人刘某甲、陈某甲、吴某某、高某甲、李某甲、韦某某犯罪后主动投案，如实供述自己的罪行，系自首，被告人刘某乙、陈某乙、陈某丙、陈某丁到案后如实供述自己的罪行，系坦白，均依法可从轻处罚。被告人洪某某、邓某某、韦某某、陈某丁等被告人向部分投资者回购了新三板股票，弥补了投资者经济损失，在量刑时一并予以考虑。各辩护人的相关辩护意见，予以采纳。

据此，为维护金融管理秩序，严肃国家法制，依照《中华人民共和国刑法》第二百二十五条第（三）项、第二十五条第一款、第二十六条第一款、第二十七条、第六十七条第一款、第三款、第七十二条第一款、第三款、第七十三条第二款和第六十四条之规定，判决如下：

一、被告人洪某某犯非法经营罪，判处有期徒刑三年，缓刑三年，并处罚金人民币五十万元。

（缓刑考验期限，从判决确定之日起计算。罚金应于判决生效后五日内向本院缴纳。）

二、被告人邓某某犯非法经营罪，判处有期徒刑三年，缓刑三年，并处罚金人民币五十万元。

（缓刑考验期限，从判决确定之日起计算。罚金应于判决生效后五日内向本院缴纳。）

三、被告人刘某甲犯非法经营罪，判处有期徒刑二年，缓刑二年，并处罚金人民币三十万元。

（缓刑考验期限，从判决确定之日起计算。罚金应于判决生效后五日内向本院缴纳。）

四、被告人陈某甲犯非法经营罪，判处有期徒刑一年三个月，缓刑一年三个月，并处罚金人民币十万元。

（缓刑考验期限，从判决确定之日起计算。罚金应于判决生效后五日内向本院缴纳。）

五、被告人吴某某犯非法经营罪，判处有期徒刑一年三个月，缓刑一年三个月，并处罚金人民币十万元。

（缓刑考验期限，从判决确定之日起计算。罚金应于判决生效后五日内向本院缴纳。）

六、被告人高某甲犯非法经营罪，判处有期徒刑九个月，缓刑一年，并处罚金人民币五万元。

（缓刑考验期限，从判决确定之日起计算。罚金应于判决生效后五日内向本院缴纳。）

七、被告人李某甲犯非法经营罪，判处有期徒刑二年，缓刑二年，并处罚金人民币三十万元。

（缓刑考验期限，从判决确定之日起计算。罚金应于判决生效后五日内向本院缴纳。）

八、被告人陈某乙犯非法经营罪，判处有期徒刑一年三个月，缓刑一年三个月，并处罚金人民币十万元。

（缓刑考验期限，从判决确定之日起计算。罚金应于判决生效后五日内向本院缴纳。）

九、被告人刘某乙犯非法经营罪，判处有期徒刑一年六个月，缓刑一年六个月，并处罚金人民币二十万元。

（缓刑考验期限，从判决确定之日起计算。罚金应于判决生效后五日内向本院缴纳。）

十、被告人韦某某犯非法经营罪，判处有期徒刑二年，缓刑二年，并处罚金人民币三十万元。

（缓刑考验期限，从判决确定之日起计算。罚金应于判决生效后五日内向本院缴纳。）

十一、被告人陈某丙犯非法经营罪，判处有期徒刑九个月，缓刑一年，并处罚金人民币五万元。

（缓刑考验期限，从判决确定之日起计算。罚金应于判决生效后五日内向本院缴纳。）

十二、被告人陈某丁犯非法经营罪，判处有期徒刑九个月，缓刑一年，并处罚金人民币五万元。

（缓刑考验期限，从判决确定之日起计算。罚金应于判决生效后五日内向本院缴纳。）

十三、查获的犯罪工具，依法予以没收。

被告人洪某某、邓某某、刘某甲、陈某甲、吴某某、高某甲、李某甲、陈某乙、刘某乙、韦某某、陈某丙、陈某丁今后应当遵守法律、法规，在缓刑考验期间服从监督管理，接受教育，完成公益劳动，做一名有益社会的公民。

如不服本判决，可在接到判决书的第二日起十日内，通过本院或者直接向上海市第二中级人民法院提出上诉。书面上诉的，应当提交上诉状正本一份，副本二份。

审　判　长　吴国强

审　判　员　钱丽娜

人民陪审员　何品珍

二〇一七年六月二十三日

书　记　员　谢文娟

非法买卖外汇过程中的持外币待售系非法经营行为

——吴某某非法经营抗诉改判案

【案例要旨】

非法买卖外汇系一种经营性活动，包括为了销售而购入外汇、持外币待售、实际交付等环节，只要实施其中一个行为就属于非法经营行为。

【案情简要】

2010年11月至2015年6月，被告人吴某某为牟取非法利益，通过个人招揽及他人介绍的方式，向肖某某等人非法收购及销售美元等多种外汇，并利用本人中国工商银行等五个账户进行转账结算，交易金额合计人民币12821130元。

2015年8月27日，被告人吴某某在本市中国工商银行新闸路支行被公安人员抓获，其随身携带的电脑包内被查获准备用于出售的英镑、美元、欧元、日元、港币等16种外汇，其中除37510兰特南非货币（未调取到外汇兑换牌价），其余外汇合计折合人民币763526.02元。

黄浦公安分局以吴某某涉嫌非法经营罪移送审查起诉，但未将案发当日查获的外币计算在犯罪数额内，黄浦区人民检察院经审查后以被告人吴某某构成非法经营罪提起公诉，涉案总金额共计13584656.02元人民币。黄浦区人民法院认为，被告人吴某某当日随身携带的外币中，除有证据佐证2万余英镑已预售的事实外，并无确实充分证据证实其余外币也进入交易环节，不计入犯罪数额，以非法经营罪判处被告人吴某某有期徒刑2年，并处罚金人民币2万元。黄浦区人民检察院以判决书中认定的事实有误提出抗诉，上海市人民检察院第二分院作出支持抗诉决定。上海市第二中级人民法院经审理后认为，检察机关抗诉意见正确，改判被告人吴某某犯非法经营罪，判处有期徒刑2年，并处罚金人民币21000元。

【典型意义】

非法买卖外汇系近年来增长较快的金融犯罪，如何正确认识非法经营行为的内涵和外延，从而准确界定犯罪构成与犯罪数额，是实务中存有争议的问题。本案的抗诉成功，对非法经营外汇案的办理具有指导意义。

在国家规定的交易场所以外买卖外汇，扰乱金融市场秩序，情节严重的行为构成非法经营罪。买卖外汇是指买入、卖出外汇的行为，其中卖出外汇又包括持外币待售、实际交付等环节，只要实施了其中一个行为，就侵害了国家外汇管理秩序，对于情节严重的，构成非法经营罪。行为人是否完成销售行为，是否实际交付，都不影响犯罪构成。

案发当日，被告人不仅随身携带了 16 种外币外出，还携带了用于交易结算的计算器和十余张银行卡，品种、数量之多，能够排除自用可能，表明其正处于一种随时交易的状态。这种持币待售的状态，是非法经营外汇的交易环节之一，应当认定为非法经营行为。

本案中，从被告人处查获的外币折合人民币 76 万余元，均应认定为非法经营的犯罪数额。本案侦查机关和一审判决将非法经营犯罪行为分别只限定为实际交付环节和已经确定交易对象的成交环节，将持币待售状态排斥在外，系对事实和法律的片面认识。检察机关依法提出抗诉，二审法院作出支持抗诉决定。

上海市黄浦区人民检察院
起诉书

沪黄检金融刑诉〔2015〕65号

被告人吴某某，绰号“刁某某”，男，1969年××月××日生，公民身份号码：3101011969××××××××，汉族，初中文化，无业，户籍在本市黄浦区××路××弄××号，现住本市××路××弄××号××室。因涉嫌非法经营罪于2015年8月27日被上海市公安局刑事拘留，同年9月23日经上海市人民检察院第二分院批准，同日由上海市公安局执行逮捕。

本案由上海市公安局侦查终结，以被告人吴某某涉嫌非法经营罪于2015年10月22日移送上海市人民检察院第二分院审查起诉，同年10月27日上海市人民检察院第二分院移交本院办理。本院受理后，于次日已告知被告人有权委托辩护人，依法讯问了被告人，审查了全部案件材料，被告人吴某某对本案同意适用简易程序审理。

经依法审查查明：

2010年11月至2015年6月，被告人吴某某为牟取非法利益，通过个人招揽及他人介绍的方式，向肖某某、奚某某、马某某、黄某甲、庄某某、王某某等人，非法收购及销售美元、欧元、日元、港币、澳元等外汇，并利用本人中国工商银行（10010200010××××××××、10011570010×××××××××）、中国银行（4559××××××××）、浦东发展银行（9708××××××××）、招商银行（62258821××××××××）、中国农业银行（16315081××××××××）的账户进行转账结算，交易金额合计人民币12821130元。

2015年8月27日，被告人吴某某在本市中国工商银行新闸路支行被公安人员抓获，并从其随身携带的电脑包内查获准备用于出售的英镑、美元、欧元、日元、港币等外汇，其中除37510南非兰特货币，其余外汇合计折合人民币763526.02元。到案后，吴某某如实供述了自己的犯罪事实。

除南非兰特币外，涉案金额共计13584656.02元人民币，按案发当日人民币兑美元汇率中间价计算，折合美元2119787.16元。

上述事实，主要有以下证据证明：

1. 证人肖某某、奚某某、马某某、黄某甲、庄某某、王某某、张某某、黄某乙等人的证言及辨认笔录分别证实，被告人吴某某与其兑换外汇的事实及兑换金额，合计人民币12821130元。

2. 被告人吴某某及证人肖某某、奚某某、马某某、黄某甲、庄某某、王某某、张某某、黄某乙等人中国工商银行、招商银行、中国农业银行等银行账户明细及历史交易明细表等有关书证证实，被告人吴某某使用本人中国工商银行、中国银行、浦东发展银行、中国农业银行、招商银行等银行账户非法买卖外汇的事实和收付的具体金额。

3. 证人黄某丙的证言证实，被告人吴某某随身携带的待售外汇中的2万余英镑已预售的事实。

4. 上海市公安局出具的扣押决定书、扣押清单、赃物照片、工作记录、中国银行出具的货币真伪鉴定、中国银行外币兑人民币汇率中间价、中国银行人民币兑美元汇率中间价等书证证实，案发当日从被告人吴某某随身携带的包内查获16种外币的真伪、币种、金额及兑换人民币汇率中间价，合计人民币763526.02元，另有37510兰特南非货币。

5. 上海市公安局出具的案发经过证实，本案的案发经过及被告人吴某某的到案情况。

6. 被告人吴某某的供述证实，其于2010年11月至2015年6月期间多次从事非法外汇经营活动的事实及案发当日其随身携带多种外汇准备出售的事实。

上述证据收集程序合法，内容客观真实，足以认定指控事实。被告人吴某某对基本犯罪事实无异议。

本院认为，被告人吴某某在国家规定的交易场所以外非法买卖外汇，扰乱金融市场秩序，情节严重，其行为已触犯《中华人民共和国刑法》第二百二十五条第（四）项之规定，犯罪事实清楚，证据确实、充分，应当以非法经营罪追究其刑事责任。被告人吴某某到案后如实供述自己的犯罪行为，根据《中华人民共和国刑法》第六十七条第三款之规定，可以从轻处罚。根据《中华人民共和国刑事诉讼法》第一百七十二条之规定，提起公诉，请依法审判。

此致

上海市黄浦区人民法院

检察员　陆　俊

检察员　陈力菲

二〇一五年十一月二十三日

附：1. 被告人吴某某现羁押于上海市第二看守所。
2. 侦查卷宗七册。
3. 换押证一份。
4.《适用简易程序建议书》一份。
5.《上海市黄浦区人民检察院量刑建议书》二份。
6. 移交赃证物品清单一份。

附：相关法律条文

《中华人民共和国刑法》

第六十七条 犯罪以后自动投案，如实供述自己的罪行的，是自首。对于自首的犯罪分子，可以从轻或者减轻处罚。其中，犯罪较轻的，可以免除处罚。

被采取强制措施的犯罪嫌疑人、被告人和正在服刑的罪犯，如实供述司法机关还未掌握的本人其他罪行的，以自首论。

犯罪嫌疑人虽不具有前两款规定的自首情节，但是如实供述自己罪行的，可以从轻处罚；因其如实供述自己罪行，避免特别严重后果发生的，可以减轻处罚。

第二百二十五条 违反国家规定，有下列非法经营行为之一，扰乱市场秩序，情节严重的，处五年以下有期徒刑或者拘役，并处或者单处违法所得一倍以上五倍以下罚金；情节特别严重的，处五年以上有期徒刑，并处违法所得一倍以上五倍以下罚金或者没收财产：

（一）未经许可经营法律、行政法规规定的专营、专卖物品或者其他限制买卖的物品的；

（二）买卖进出口许可证、进出口原产地证明以及其他法律、行政法规规定的经营许可证或者批准文件的；

（三）未经国家有关主管部门批准非法经营证券、期货、保险业务的，或者非法从事资金支付结算业务的；

（四）其他严重扰乱市场秩序的非法经营行为。

《中华人民共和国刑事诉讼法》

第一百七十二条 人民检察院认为犯罪嫌疑人的犯罪事实已经查清，证据确实、充分，依法应当追究刑事责任的，应当作出起诉决定，按照审判管辖的规定，向人民法院提起公诉，并将案卷材料、证据移送人民法院。

上海市黄浦区人民法院
刑事判决书

（2015）黄浦刑初字第1016号

公诉机关上海市黄浦区人民检察院。

被告人吴某某，绰号“刁某某”，男，1969年××月××日出生于上海市，汉族，初中文化，无业，户籍在本市黄浦区××路××弄××号，现住本市××路××弄××号××室；因本案于2015年8月27日被刑事拘留，同年9月23日被逮捕，现羁押于上海市第二看守所。

辩护人彭某某，北京××律师事务所律师。

上海市黄浦区人民检察院以沪黄检金融刑诉〔2015〕65号起诉书指控被告人吴某某犯非法经营罪，于2015年11月26日向本院提起公诉。本院依法组成合议庭，公开开庭审理了本案。上海市黄浦区人民检察院指派检察员陈力菲出庭支持公诉，被告人吴某某及辩护人彭某某到庭参加诉讼。现已审理终结。

上海市黄浦区人民检察院指控：2010年11月至2015年6月，被告人吴某某为牟取非法利益，非法向肖某某、奚某某、马某某、黄某甲、庄某某、王某某等人收购及销售美元、欧元、日元、港币、澳元等外汇，并利用本人银行卡的账户进行转账结算，交易金额合计人民币12800000余元。

2015年8月27日，被告人吴某某在本市中国工商银行新闸路支行被公安人员抓获，并从其随身携带的电脑包内查获准备用于出售的英镑、美元、欧元、日元、港币等外汇，合计折合人民币76350000余元。

针对上述指控事实，公诉人当庭宣读了证人肖某某、奚某某、马某某、黄某某、庄某某、王某甲、张某某、黄某某等人的证言及辨认笔录；被告人吴某某及证人肖某某、奚某某、马某某、黄某甲、庄某某、王某某、张某某、黄某乙等人中国工商银行、招商银行、中国农业银行等银行账户明细及历史交易明细表等有关书证；证人黄某丙的证言；上海市公安局出具的扣押决定书、扣押清单、赃物照片、工作记录、中国银行出具的货币真伪鉴定、中国银行外币兑人民币汇率中间价、中国银行人民币兑美元汇率中间价等书证及上海市公安局出具的案发经过等证据。

公诉机关据此认为，被告人吴某某的行为构成非法经营罪。鉴于其能如实供述，可以从轻处罚。建议本院依照《中华人民共和国刑法》第二百二十五条第（四）项、第六十七条第三款之规定，依法追究其刑事责任，并建议处以有期徒刑二年以上三年以下刑罚。

被告人吴某某对公诉机关指控的事实不持异议。

辩护人彭某某对本案定性无异议。但辩称，案发当日从被告人吴某某处扣押的外币中，除了2万余元英镑属预售的事实外，其余外币尚未进入交易环节，故对此不能认定为犯罪数额。鉴于被告人吴某某能如实供述自己的罪行且系初犯，建议予其从轻处罚并适用缓刑。

经审理查明，2010年11月至2015年6月，被告人吴某某为牟取非法利益，通过个人招揽及他人介绍的方式，向肖某某、奚某某、马某某、黄某甲、庄某某、王某某等人，非法收购及销售美元、欧元、日元、港币、澳元等外汇，并利用本人中国工商银行（10010200010××××××××，10011570010××××××××）、中国银行（4559××××××××）、浦东发展银行（9708××××××××）、招商银行（62258821××××××××）、中国农业银行（16315081××××××××）的账户进行转账结算，交易金额合计人民币12821130余元。

2015年8月27日，被告人吴某某在本市中国工商银行新闸路支行被公安人员抓获，并从其随身携带的电脑包内查获准备用于出售的20000余英镑及其他外币。

认定上述事实的证据有：

1. 证人肖某某、奚某某、马某某、黄某甲、庄某某、王某某、张某某、黄某乙等人的证言及辨认笔录分别证实，被告人吴某某与其兑换外汇的事实及兑换金额，合计人民币12821130元。

2. 被告人吴某某及证人肖某某、奚某某、马某某、黄某甲、庄某某、王某某、张某某、黄某乙等人中国工商银行、招商银行、中国农业银行等银行账户明细及历史交易明细表等有关书证证实，被告人吴某某使用本人中国工商银行、中国银行、浦东发展银行、中国农业银行、招商银行等银行账户非法买卖外汇的事实和收付的具体金额。

3. 证人黄某丙的证言证实，被告人吴某某随身携带的待售外汇中的20000余英镑已预售的事实。

4. 上海市公安局出具的扣押决定书、扣押清单、赃物照片、工作记录、中国银行出具的货币真伪鉴定、中国银行外币兑人民币汇率中间价、中国银行人民币兑美元汇率中间价等书证证实，涉案外币折合人民币及美元的金额。

5. 上海市公安局出具的案发经过证实，本案的案发经过及被告人吴某某的到案情况。

6. 被告人吴某某的供述证实，其于2010年11月至2015年6月期间多次从事非法外汇经营活动的事实及案发当日其准备将20000余英镑预售的事实。

上述证据经过法庭质证，证据合法有效，应予确认。

经查，被告人吴某某案发当日随身携带的外币中，除有证据佐证20000余英镑已预售的事实外，并无确实充分证据证实其余外币也进入交易环节，故不宜认定其余外币为犯罪数额。辩护人对此的辩护意见，本院予以采纳。

本院认为，被告人吴某某在国家规定的交易场所以外非法买卖外汇，扰乱金融市场秩序，情节严重，其行为构成非法经营罪，应依法予以刑事处罚。鉴于被告人吴某某能如实供述自己的罪行，故可依法从轻处罚。公诉机关指控本案定性及援引法律条款正确。辩护人建议对被告人吴某某从轻处罚的辩护意见，本院予以采纳。被告人吴某某的行为具有一定的社会危害性，不具备判处缓刑的条件，故辩护人对此的辩护意见，本院不予采信。现依照《中华人民共和国刑法》第二百二十五条第（四）项、第六十七条第三款、第六十四条之规定，判决如下：

一、被告人吴某某犯非法经营罪，判处有期徒刑二年，并处罚金人民币二万元。

（刑期从判决执行之日起计算。判决执行以前先行羁押的，羁押一日折抵刑期一日，即自2015年8月27日起至2017年8月26日止；罚金自判决生效后第二日起十日内缴纳。）

二、涉案的外币等予以没收。

如不服本判决，可在接到判决书的第二日起十日内，通过本院或者直接向上海市第二中级人民法院提出上诉。书面上诉的，应当提交上诉状正本一份，副本一份。

审　判　长　孙明德
审　判　员　卜熙文
人民陪审员　叶祥发
二〇一六年二月一日
书　记　员　丁守亭

附：相关法律条文

《中华人民共和国刑法》

第二百二十五条 违反国家规定，有下列非法经营行为之一，扰乱市场秩序，情节严重的，处五年以下有期徒刑或者拘役，并处或者单处违法所得一倍以上五倍以下罚金；情节特别严重的，处五年以上有期徒刑，并处违法所得一倍以上五倍以下罚金或者没收财产：

（一）未经许可经营法律、行政法规规定的专营、专卖物品或者其他限制买卖的物品的；

（二）买卖进出口许可证、进出口原产地证明以及其他法律、行政法规规定的经营许可证或者批准文件的；

（三）未经国家有关主管部门批准非法经营证券、期货、保险业务的，或者非法从事资金支付结算业务的；

（四）其他严重扰乱市场秩序的非法经营行为。

第六十七条 犯罪以后自动投案，如实供述自己的罪行的，是自首。对于自首的犯罪分子，可以从轻或者减轻处罚。其中，犯罪较轻的，可以免除处罚。

被采取强制措施的犯罪嫌疑人、被告人和正在服刑的罪犯，如实供述司法机关还未掌握的本人其他罪行的，以自首论。

犯罪嫌疑人虽不具有前两款规定的自首情节，但是如实供述自己罪行的，可以从轻处罚；因其如实供述自己罪行，避免特别严重后果发生的，可以减轻处罚。

第六十四条 犯罪分子违法所得的一切财物，应当予以追缴或者责令退赔；对被害人的合法财产，应当及时返还；违禁品和供犯罪所用的本人财物，应当予以没收。没收的财物和罚金，一律上缴国库，不得挪用和自行处理。

上海市黄浦区人民检察院
刑事抗诉书

沪黄检金融诉刑抗〔2016〕1号

上海市黄浦区人民法院以（2015）黄浦刑初字第1016号刑事判决书对被告人吴某某涉嫌非法经营一案判决：被告人吴某某犯非法经营罪，判处有期徒刑二年，并处罚金人民币二万元。本院依法审查后认为，判决书关于“被告人吴某某案发当时随身携带的外币中，除有证据佐证的2万余英镑已预售的事实外，并无确实充分证据证实其余外币也进入交易环节，故不宜认定其余外币为犯罪数额”的评判意见，属于事实认定错误。理由如下：

一、现有证据证实，2010年11月始至2015年案发，被告人吴某某是以非法买卖外币牟利为业的“黄牛”。这一事实已得到判决书的确认。这足以证实其具有非法经营的主观故意。

二、已有充分证据证实，被告人吴某某随身携带的外币已经进入交易环节，应当作为犯罪数额认定。

1. 现有证人黄某丙的证词证实，被告人吴某某随身携带的16种外币中的2万余英镑已经预售。案发当日，吴某某为了交易2万余英镑而外出，同时，为了方便交易还将其他15种外币随身携带，这足以证明上述所有外币已被带入交易环节。

2. 案发当日，被告人吴某某不仅随身携带了16种外币外出，还携带了交易之用的计算器和十余张银行卡，处于一种随时交易的状态。被告人吴某某到案后多次供述，随身携带的外币为待售而准备，在庭审时亦供认，只要有人出价合适，即会将所携带的外币出售。

3. 被告人吴某某随身携带的外币有16种，包括美金、英镑、日元、港币等常用流通外币，还包括新西兰元、印尼卢比、巴西雷亚尔等其他币种，折合人民币总计76万余元，品种和数量之多，能够排除自用可能，也符合吴某某以出售外币为常业的状况。

三、我国法律规定，在国家规定的交易场所之外非法买卖外汇，扰乱金融市场秩序，情节严重的行为构成非法经营罪。所谓经营活动，包括出于经营目的的购入货物、持货待售、实际交付等环节，只要完成其中一个行为就应当视为犯罪形态的完成。本案一审判决，将非法经营犯罪行为局限于已经确定交易对手的成交环节，而将持货待售行为排斥在外，显属错误。

综上所述，黄浦区人民法院（2015）黄浦刑初字第1016号刑事判决书认定的事实有误，属判决错误。为维护司法公正与公平，准确惩治犯罪，依照《中华人民共和国刑事诉讼法》第二百一十七条之规定，依法提出抗诉。

此致

上海市第二中级人民法院

上海市黄浦区人民检察院

二〇一六年二月五日

附：被告人吴某某现被羁押于上海市第二看守所。

附：相关法律条文

《中华人民共和国刑法》

第二百二十五条 违反国家规定，有下列非法经营行为之一，扰乱市场秩序，情节严重的，处五年以下有期徒刑或者拘役，并处或者单处违法所得一倍以上五倍以下罚金；情节特别严重的，处五年以上有期徒刑，并处违法所得一倍以上五倍以下罚金或者没收财产：

（一）未经许可经营法律、行政法规规定的专营、专卖物品或者其他限制买卖的物品的；

（二）买卖进出口许可证、进出口原产地证明以及其他法律、行政法规规定的经营许可证或者批准文件的；

（三）未经国家有关主管部门批准非法经营证券、期货、保险业务的，或者非法从事资金支付结算业务的；

（四）其他严重扰乱市场秩序的非法经营行为。

《中华人民共和国刑事诉讼法》

第二百一十七条 地方各级人民检察院认为本级人民法院第一审的判决、裁定确有错误的时候，应当向上一级人民法院提出抗诉。

《人民检察院刑事诉讼规则（试行）》

第五百八十二条 人民检察院依法对人民法院的判决、裁定是否正确实行监督，对人民法院确有错误的判决、裁定，应当依法提出抗诉。

第五百八十四条 人民检察院认为同级人民法院第一审判决、裁定有下列情形之一的，应当提出抗诉：

（一）认定事实不清、证据不足的；

（二）有确实、充分证据证明有罪而判无罪，或者无罪判有罪的；

（三）重罪轻判，轻罪重判，适用刑罚明显不当的；

（四）认定罪名不正确，一罪判数罪、数罪判一罪，影响量刑或者造成严重社会影响的；

（五）免除刑事处罚或者适用缓刑、禁止令、限制减刑错误的；

（六）人民法院在审理过程中严重违反法律规定的诉讼程序的。

上海市第二中级人民法院
刑事判决书

（2016）沪02刑终296号

抗诉机关上海市黄浦区人民检察院。

原审被告人吴某某，绰号“刁某某”，男，1969年××月××日出生于上海市，汉族，初中文化，无业，户籍地本市黄浦区××路××弄××号，住本市××路××弄××号××室。因本案于2015年8月27日被刑事拘留，同年9月23日被逮捕。现羁押于上海市第二看守所。

辩护人彭某某，北京××（上海）律师事务所律师。

上海市黄浦区人民法院审理上海市黄浦区人民检察院指控原审被告人吴某某犯非法经营罪一案，于2016年2月1日作出（2015）黄浦刑初字第1016号刑事判决。上海市黄浦区人民检察院认为该判决有错误，向本院提起抗诉。本院受理后，依法组成合议庭，公开开庭审理了本案。上海市人民检察院第二分院指派检察员瞿勇出庭履行职务，原审被告人吴某某及辩护人彭某某均到庭参加诉讼。现已审理终结。

上海市黄浦区人民法院依据证人肖某某、奚某某、马某某、黄某甲、庄某某、王某某、张某某、黄某乙等人的证言及辨认笔录，原审被告人吴某某及证人肖某某、奚某某、马某某、黄某甲、庄某某、王某某、张某某、黄某乙等人中国工商银行、招商银行、中国农业银行等银行账户明细及历史交易明细表等有关书证，证人黄某丙的证言，上海市公安局出具的扣押决定书、扣押清单、赃物照片、工作记录、中国银行出具的货币真伪鉴定、中国银行外币兑人民币汇率中间价、中国银行人民币兑美元汇率中间价等书证，上海市公安局出具的案发经过及原审被告人吴某某的供述等证据判决认定：

2010年11月至2015年6月，被告人吴某某为牟取非法利益，通过个人招揽及他人介绍的方式，向肖某某、奚某某、马某某、黄某甲、庄某某、王某某等人，非法收购及销售美元、欧元、日元、港币、澳元等外汇，并利用其本人中国工商银行（10010200010×××××××××）、10011570010××××××××）、中国银行（4559×××××××××）、浦东发展银行（9708××××

××××)、招商银行（62258821×××××××××）、中国农业银行（16315081×××××××××）的账户进行转账结算，交易金额合计人民币12800000余元。

2015年8月27日，被告人吴某某在本市中国工商银行新闸路支行被公安人员抓获，并从其随身携带的电脑包内查获准备用于出售的20000余英镑及其他外币。

上海市黄浦区人民法院认为，原审被告人吴某某在国家规定的交易场所以外非法买卖外汇，扰乱金融市场秩序，情节严重，其行为构成非法经营罪。原审被告人吴某某案发当日随身携带的外币中，除有证据佐证2万余英镑已预售的事实外，并无确实充分证据证实其余外币也进入交易环节，故不宜认定其余外币为犯罪数额。吴某某能如实供述自己的罪行，可依法从轻处罚。依照《中华人民共和国刑法》第二百二十五条第（四）项、第六十七条第三款、第六十四条之规定，以非法经营罪判处被告人吴某某有期徒刑二年，并处罚金人民币二万元；涉案的外币等予以没收。

上海市黄浦区人民检察院抗诉认为，原判关于“被告人某某案发当日随身携带的外币中，除有证据佐证的2万余英镑已预售的事实外，并无确实充分证据证实其余外币也进入交易环节，故不宜认定其余外币为犯罪数额”的评判意见，系事实认定错误，理由是在交易场所外买卖外币，扰乱金融市场秩序，情节严重的行为构成非法经营罪，而非法买卖外汇，包括出于经营目的的购入、持币及实际交付等环节，只要完成其中一个行为就视为犯罪形态的完成。本案中，被告人吴某某系以非法买卖外币牟利的“黄牛”，其随身携带的大量外币。能够排除自用可能，均系为了随时交易，因此，吴某某案发当日随身携带的外币已经进入交易环节，应当认定为犯罪数额。上海市人民检察院第二分院支持抗诉，建议本院依法裁判。

原审被告人吴某某辩称，其随身携带的大量外币系之前从银行买入的，因国家外汇汇率变化等原因尚未卖给银行，并非用于非法交易。辩护人认为，原判认定事实正确，案发当日从吴某某处扣押的外币中，除了2万余英镑属预售的事实外，其余外币尚未进入交易环节，故不应认定为犯罪数额。

本院经审理查明的事实和证据与原判相同。

本院认为，原审被告人吴某某在国家规定的交易场所以外非法买卖外汇，扰乱金融市场秩序，情节严重，其行为构成非法经营罪，依法应予处罚。根据法律规定，非法买卖外汇的行为，即指买入、卖出外汇的行为，情节严重的，构成非法经营罪。卖出外汇的行为，包括持外币待售及实际交付的行为。吴某某案发当日随身携带的外币合计折合人民币76万余元，币种达16种，同时还携带用于交易结算的银行卡、计算器等，出于随时交易的状态。这种持币待售的状态，属非法经营外币的交易环节之一。因此案发当日，从吴某某处查获的随身携带的外币合计折合人民币76万余元，均应认定为非法经营的犯罪数额。检察机关的抗诉意见正确。吴某某及辩护人的相关辩解及辩护意见，与查证的事实不符，缺乏依据，本院不予采纳。依照《中华人民共和国刑事诉讼法》第二百二十五条第一款第（二）项、《中华人民共和国刑法》第二百二十五条第（四）项、第六十七条第三款、第五十三条、第六十四条之规定，判决如下：

一、维持上海市黄浦区人民法院〔2015〕黄浦刑初字第××××号刑事判决主文第二项，即涉案的外币等予以没收。

二、撤销上海市黄浦区人民法院〔2015〕黄浦刑初字第××××号刑事判决主文第一项，即被告人吴某某犯非法经营罪，判处有期徒刑二年，并处罚金人民币二万元。

三、原审被告人吴某某犯非法经营罪，判处有期徒刑二年，并处罚金人民币二万一千元。

（刑期从判决执行之日起计算。判决执行以前先行羁押的，羁押一日折抵刑期一日，即自2015年8月27日起至2017年8月26日止；罚金自判决生效后第二日起十日内缴纳。）

本判决为终审判决。

审　判　长　夏稷栋
审　判　员　张莺姿
审　判　员　彭卫东
二〇一六年五月二十七日
法官助理　关敬杨
书　记　员　马君珺

将非食品原料作为食品原料销售的属非法经营

——甲公司、乙公司、倪某某非法经营案

【案例要旨】

明知对方用于生产食品和销售，仍向其销售国家禁止用于食品生产、销售的非食品原料，情节严重的，应当以非法经营罪定罪处罚。

【案情简要】

被告人倪某某在经营甲和乙公司进口工业用牛羊油期间，明知丙公司是一家专门生产食用牛羊油的企业，且购入进口工业用牛羊油系用于生产食用牛羊油，为牟取利益，仍将进口的工业用牛羊油销售给丙公司用于食用牛羊油生产。2010年2月至2012年1月间，甲公司、乙公司合计向丙公司销售工业用牛羊油5540620千克，销售额达人民币37092030.6元。丙公司利用上述工业用牛羊油生产食用精炼牛油，并对外销售给相关食品企业。2010年世博会期间，金山区质监局先后两次对丙公司生产的食用油脂进行抽检，均检验合格。

2013年1月10日，金山区人民检察院以销售伪劣产品罪提起公诉；同年11月18日，金山区人民法院以非法经营罪分别判处甲公司、乙公司罚金人民币900万元和1000万元，判处被告人倪某某有期徒刑13年，并处罚金人民币100万元。判决已发生法律效力。

【典型意义】

为依法严惩危害食品安全犯罪，有效保护广大人民群众的身体健康与生命安全，“两高”于2013年5月2日发布了《关于办理危害食品安全刑事案件适用法律若干问题的解释》。该解释第11条第1款规定，以提供给他人生产、销售食品为目的，违反国家规定，生产、销售国家禁止用于食品生产、销售的非食品原料，情节严重的，以非法经营罪定罪处罚。甲公司、乙公司、倪某某非法经营案，是本市司法机关首例适用上述规定以非法经营罪追究刑事责任的

案件。

保证食品安全，是对食品生产经营者依法从事生产经营活动的基本要求，也是其应尽的社会责任。将非食品原料作为食品原料进行生产、销售，存在严重的食品安全隐患，明显违反《中华人民共和国食品安全法》第 28 条关于禁止生产经营“用非食品原料生产的食品[①]”的强制性规定，属于扰乱食品市场正常监督管理秩序的非法经营行为，情节严重的，应当以非法经营罪定罪处罚。被告人倪某某在主观上具有将工业用牛羊油这一非食品原料提供给丙公司生产食用牛羊油的目的，客观上实施了积极的销售行为，其负责经营的二被告单位的行为均违反关于食品生产经营的禁止性国家规定，符合前述司法解释第 11 条第 1 款的规定，属于《刑法》第 225 条第（四）项规定的其他严重扰乱市场秩序的非法经营行为，构成非法经营罪。

检察机关执法过程中应当结合此类犯罪行为侵害的法益准确把握行为的社会危害性。非法经营罪属于刑法理论上的行为犯，其侵害的是正常的社会主义市场经济秩序，不以发生实际人身、财产损害后果为定罪要件。本案是将非食品原料作为食品原料进行生产、销售的非法经营行为，已经严重扰乱食品市场的正常监管秩序，足以认定为犯罪，虽利用涉案工业用牛羊油加工生产的成品检测结果符合有关国家卫生标准，但不能据此改变被告单位行为的违法性。如果加工生产的成品检测结果不符合有关国家卫生标准，同时又构成生产、销售伪劣产品罪等犯罪的，应当依照处罚较重的规定定罪处罚。

① 根据《中华人民共和国食品安全法》第 99 条第 1 款的规定，食品指各种供人食用或者饮用的成品和原料以及按照传统既是食品又是药品的物品，即食品包括成品和原料。

上海市金山区人民检察院
起 诉 书

沪金检刑诉〔2013〕51号

被告单位上海甲贸易有限公司（以下简称甲公司），住所地上海市青浦区××路××号，法定代表人倪某某。

诉讼代表人姜某某，女，1982年××月××日生，甲公司工作人员。

被告单位上海乙工贸有限公司（以下简称乙公司），住所地上海市青浦区××路××号，法定代表人曾某某。

诉讼代表人田某某，男，1956年××月××日生，乙公司工作人员。

被告人倪某某，男，1972年××月××日生，公民身份号码：3102301972××××××××，汉族，大专文化，甲公司法定代表人、乙公司负责人，户籍及住址在上海市杨浦区××路××弄××号××室。2012年3月23日因涉嫌生产有毒、有害食品罪被上海市公安局金山分局刑事拘留，同年6月28日被逮捕。

本案由上海市公安局金山分局侦查终结，以被告人倪某某涉嫌生产、销售伪劣产品罪，于2012年7月10日移送本院审查起诉。本院受理后，于同日告知被告人有权委托辩护人，并依法讯问了被告人，审查了全部案件材料。经审查，分别于2012年8月25日、2012年11月2日退回补充侦查，上海市公安局金山分局补充侦查终结，于2012年11月30日移送审查起诉。

经依法审查查明：

2010年初，被告人倪某某在经营甲公司和乙公司期间，明知从澳大利亚等地购进的工业用牛羊油是属于经炼制后不可直接食用且也不可加工提炼后用于食用，但其为牟取利益，与生产食用油的上海××有限公司（以下简称丙公司）负责人顾某某（另案处理）共谋，决定由甲公司和乙公司将工业用牛羊油销售给丙公司提炼后对外销售。

2010年1月12日至2012年2月28日期间，被告人倪某某销售给丙公司工业用牛羊油共计5540620公斤，销售金额为37092030.61元。丙公司利用上述工业牛羊油精炼成食用油后销售给丁食品（上海××有限公司）、戊食品（上海××有限公司、无锡××食品有限公司等单位）。

2012年3月22日，上海市公安局金山分局针对上述事实向被告人倪某某调查时，其如实供述了事实。

上述事实，有以下证据证明：

1. 甲公司、乙公司、丙公司工商登记资料。证实三家公司的工商登记情况。

2. 同案关系人顾某某证言，证实其与倪某某共谋，将工业用牛羊油由甲公司和乙公司销售给丙公司提炼后对外销售。

3. 证人姜某某、孙某某、龚某某、徐某某、姚某甲、顾某某、褚某某、薛某某、陈某甲、周某某、姚某乙、陈某乙、金某某、张某某、蔡某某、高某某、陈某丙证言，证实甲公司和乙公司将工业用牛羊油销售给丙公司，丙公司经提炼后销售给相关食品企业的事实。

4. 证人刘某某、郑某某、王某某证言，证实丙公司将工业用牛羊油炼制后销售给他们这些食品企业的事实。

5. 上海市食品药品监督所出具的《关于倪某某利用进口的“已炼制工业用牛羊油”生产食用油的危害分析评价报告》证实，经评析，“已炼制工业用牛羊油”不可以直接用于食用，也不可以通过加工提炼后用于食用。

6. 上海司法会计中心出具的司法鉴定意见书，证实2010年1月12日至2012年2月28日，甲公司、乙公司向丙公司销售牛羊油、牛油等油脂产品5540620公斤，金额为37092030.61元。

7. 上海市公安局金山分局出具的案发经过，证实本案案发及被告人的到案经过。

8. 被告人倪某某供述，证实其曾对上述犯罪事实供认不讳。

上述证据来源及收集程序合法，内容客观真实，足以认定指控事实。

本院认为，被告单位甲公司和乙公司在销售产品中以不合格产品冒充合格产品，其行为已触犯《中华人民共和国刑法》第一百零四十条、第二十五条第一款，犯罪事实清楚，证据确实、充分，应当以销售伪劣产品罪追究其刑事责任。被告人倪某某作为被告单位直接负责的主管人员，根据《中华人民共和国刑法》第三十一条、第一百五十条之规定，应当以销售伪劣产品罪追究其刑事责任。根据《中华人民共和国刑事诉讼法》第一百四十一条的规定，提起公诉，请依法审判。

此致

上海市金山区人民法院

检察员　许　刚

二〇一三年一月十日

附：1. 被告人倪某某现羁押于上海市金山区看守所。

2. 侦查卷宗5册，司法鉴定意见书1册。

3. 相关法律条文。

4. 田某某联系电话：1370162××××；姜某某联系电话：1363635××××。

附：相关法律条文

《中华人民共和国刑法》

第一百四十条 生产者、销售者在产品中掺杂、掺假，以假充真，以次充好或者以不合格产品冒充合格产品，销售金额五万元以上不满二十万元的，处二年以下有期徒刑或者拘役，并处或者单处销售金额百分之五十以上二倍以下罚金；销售金额二十万元以上不满五十万元的，处二年以上七年以下有期徒刑，并处销售金额百分之五十以上二倍以下罚金；销售金额五十万元以上不满二百万元的，处七年以上有期徒刑，并处销售金额百分之五十以上二倍以下罚金；销售金额二百万元以上的，处十五年有期徒刑或者无期徒刑，并处销售金额百分之五十以上二倍以下罚金或者没收财产。

第一百五十条 单位犯本节第一百四十条至第一百四十八条规定之罪的，对单位判处罚金，并对其直接负责的主管人员和其他直接责任人员，依照各该条的规定处罚。

第二十五条第一款 共同犯罪是指二人以上共同故意犯罪。

第三十一条 单位犯罪的，对单位判处罚金，并对其直接负责的主管人员和其他直接责任人员判处刑罚。本法分则和其他法律另有规定的，依照规定。

《中华人民共和国刑事诉讼法》

第一百七十二条 人民检察院认为犯罪嫌疑人的犯罪事实已经查清，证据确实、充分，依法应当追究刑事责任的，应当作出起诉决定，按照审判管辖的规定，向人民法院提起公诉，并将案卷材料、证据移送人民法院。

上海市金山区人民法院
刑事判决书

（2013）金刑初字第74号

公诉机关上海市金山区人民检察院。

被告单位上海甲贸易有限公司，住所地上海市青浦区××路××号，法定代表人倪某某。

诉讼代表人倪某二，男，系上海甲贸易有限公司员工。

辩护人钱某某，上海××律师事务所律师。

被告单位上海乙工贸有限公司，住所地上海市青浦区××路××号，法定代表人曾某某。

诉讼代表人曾某某，女，系上海乙工贸有限公司法定代表人。

辩护人郑某某，上海市××律师事务所律师。

被告人倪某某，男。因本案于2012年3月23日被刑事拘留，于同年4月27日被取保候审，次日被逮捕。现在押于上海市金山区看守所。

辩护人刘某某，上海××律师事务所律师。

辩护人窦某某，上海××律师事务所律师。

上海市金山区人民检察院以沪金检刑诉〔2013〕51号起诉书指控被告单位上海甲贸易有限公司、上海乙工贸有限公司、被告人倪某某犯销售伪劣产品罪，于2013年1月10日向本院提起公诉。本院依法组成合议庭，公开开庭审理了本案。上海市金山区人民检察院指派检察员刘玉林出庭支持公诉，被告单位上海甲贸易有限公司诉讼代表人倪某二、上海乙工贸有限公司诉讼代表人曾某某、被告人倪某某及相关辩护人钱某某、郑某某、刘某某、窦某某到庭参加诉讼。其间，因公诉机关建议补充侦查，本案延期审理二次，并经上海市第一中级人民法院批准延长审限三个月。经本院审判委员会讨论，现已审理终结。

公诉机关指控：

2010年初，被告人倪某某在经营上海甲贸易有限公司（以下简称甲公司）和上海乙工贸有限公司（以下简称乙公司）期间，明知从澳大利亚等地购进的工业用牛羊油属于经炼制后不可直接食用，也不可经加工提炼后用于食用，但为牟取利益，与生产食用油的上海丙油脂有限公司（以下简称丙公司）负责人顾某某（已被判刑）共谋，决定由甲公司和乙公司将工业用牛羊油销售给丙公司提炼后对外销售。

2010年1月12日至2012年2月28日期间，甲公司、乙公司分别向丙公司销售工业用牛羊油2833680公斤、2706940公斤，合计5540620公斤，销售金额分别为人民币17940893.96元、人民币19151136.65元，合计人民币37092030.61元。丙公司利用上述工业用牛羊油提炼成食用油后销售给相关食品企业。

2012年3月22日，被告人倪某某主动向公安机关投案，如实供述了甲公司、乙公司向丙公司销售进口工业用牛羊油的事实。

为证明上述事实，公诉机关指派的公诉人当庭宣读或出示了被告人倪某某的以往供述，证人顾某某、姜某某、孙某等人的证言及辨认笔录，甲公司、乙公司及丙公司的工商登记资料及生产许可证，涉案进口工业用牛羊油的相关单据及海关检验材料，上海司法会计中心司法鉴定意见书、补充情况，上海市食品药品监督所及上海市食品生产监督所出具的相关报告，农业部第170号公告，上海市质量监督检验技术研究院出具的测试报告，公安机关出具的案发经过等证据，并当庭讯问了被告单位诉讼代表人及被告人，从而认为被告单位甲公司、乙公司在销售产品中以不合格产品冒充合格产品，均应当以销售伪劣产品罪追究刑事责任。被告人倪某某作为二被告单位直接负责的主管人员，也应当以销售伪劣产品罪追究刑事责任。二被告单位及被告人均具有自首情节。提请本院依法审判。

被告单位甲公司、乙公司及被告人倪某某对销售事实无异议，但认为所销售的工业用牛羊油在本质上与食用牛羊油相同，只是因检验检疫程序不同而作区分；向丙公司销售原料油未违反国家禁止性规定，且丙公司生产、销售的产品也包括工业用脂肪酸。同时提出司法鉴定意见书统计数据不完整，应扣除从丙公司回购的工业用牛羊油产品300吨。

被告单位甲公司、乙公司及被告人倪某某的辩护人对起诉指控事实及罪名提出异议，认为二被告单位及被告人倪某某没有与丙公司负责人顾某某共谋将进口工业用牛羊油提炼后对外销售，其向丙公司销售进口工业用牛羊油的行为合法，不构成销售伪劣产品罪，也不构成非法经营罪。

被告人倪某某的辩护人同时提出二被告单位及被告人倪某某也没有实施帮助丙公司生产的行为，二被告单位及被告人倪某某作为销售方对丙公司的实际使用行为没有审查义务。丙公司广告中有工业用品宣传，并生产工业用脂肪酸，而且生产的精炼牛油产品也可用于工业。有关部门出具的报告认为可以使用进口工业用牛羊油提炼食用牛羊油，丙公司炼制的食用牛羊油经检测也符合国家卫生标准。另外，尚无“国家规定”规范进口工业用牛羊油，《中华人民共和国食品安全法》不能适用于本案，新近施行的相关司法解释因溯及力问题也不能适用于本案。

二被告单位的辩护人同时提出二被告单位从事的是正常的工业用牛羊油商品贸易行为，没有违反国家规定，不存在法律、法规禁止的非法经营行为，也不存在非法经营罪要求的“情节严重”情况。

为证实上述主张，二被告单位及被告人的辩护人当庭宣读、出示了上海市食品生产监督所、上海市质量监督检验技术研究院、上海市金山区计量质量检测所分别出具的相关报告，上海市食品安全委员会办公室会议纪要，国家食用动物油脂卫生标准，丙公司的宣传广告，进口工业级牛羊油的中文标签及进口全套资料，检察机关不予批准逮捕决定书及理由说明书，乙公司向丙公司购买精炼牛油的相关凭证、发票等证据。

经审理查明：

被告单位甲公司、乙公司分别成立于2003年、2004年，经营范围分别为销售饲料、饲料原料等和化工原料及产品等，二被告单位的实际经营人均为被告人倪某某。丙公司成立于2003年，经营范围为食用动物油脂（牛油），生产产品是食用精炼牛油，公司法定代表人为顾某某。

被告人倪某某在经营被告单位甲公司、乙公司期间，从澳大利亚、新西兰购入工业用牛羊油开展销售。2009年始，被告人倪某某将进口的工业用牛羊油在丙公司进行储存、中转。其间，被告人倪某某与顾某某进行了业务洽谈，双方就丙公司购入涉案进口工业用牛羊油用于食用牛油生产的情况进行了沟通、交流。被告人倪某某也参观了丙公司的生产车间等。被告人倪某某在明知丙公司是一家专门生产食用牛羊油的食用油脂经营企业，且购入进口工业用牛羊油用于生产食用牛羊油的情况下，为牟利，仍与顾某某达成购销协议，将二被告单位购入的工业用牛羊油销售给丙公司用于食用牛羊油生产。

在2010年2月至2012年1月期间，被告单位甲公司、乙公司分别向丙公司销售工业用牛羊油2833680公斤、2706940公斤，销售金额分别为人民币17940893.96元、人民币19151136.65元，合计人民币37092030.61元。丙公司利用上述工业用牛羊油生产食用精炼牛油，并对外销售给相关食品企业。对于生产食用精炼牛油过程中分解出来的少量杂质、废料，由顾某某自行销售给相关化工企业。

2012年3月22日，顾某某因涉嫌生产、销售有毒、有害食品罪被公安机关抓获归案；同日，被告人倪某某主动向公安机关投案，并如实供述了上述事实。

上述事实有以下证据所证实：

1. 被告人倪某某的供述，证实：倪某某系甲公司的法定代表人及实际经营人。乙公司原由曾某甲经营，后从2009年底之后由倪某某负责经营。倪某某早在2004年开始经营进口工业用牛羊油业务，主要是委托其他公司从澳大利亚、新西兰进口工业用牛羊油，然后对外销售。上述进口工业用牛羊油是国外工厂使用牛羊内脏及牛羊骨头加工而成，专门用于工业，且该产品进口时在海关报关及出入境检验检疫局报检时均申报为工业级。2009年，倪某某通过朋友认识了丙公司法定代表人顾某某，并得知丙公司是一家食用油脂加工企业。由于丙公司储存、运输条件较好，倪某某经与顾某某商量后，开始将自己公司进口的工业用牛羊油在丙公司进行储运、中转。其间，倪某某与顾某某进行了业务洽谈，并互相介绍了各自公司及产品情况，倪某某也参观了丙公司的相关生产车间等。在顾某某提出要购买倪某某进口的工业用牛羊油时，倪某某因知道丙公司是做食品级牛羊油油脂的，故告诉顾某某自己只有工业级商检报告，不具有食品级许可证。顾某某表示他可以从有食品级许可证的其他公司购买一些食用级牛羊油，再掺入从倪某某处购买的工业用牛羊油，并索要这些公司的食品级许可证复印件，这样既降低了成本，生产出来的食品原料又符合标准，最后销售出去也不会有问题。倪某某考虑到顾某某既然要货，而自己也能赚钱，便同意向丙公司销售进口工业用牛羊油。截至2012年，倪某某经营的公司共向丙公司销售进口工业用牛羊油5500余吨，每吨售价在人民币7000—8000元，共计获利人民币70—80万元。

2. 证人顾某某的证言及辨认笔录，证实：丙公司生产的产品是食用精炼牛油，并销售给食品公司。丙公司采购牛油原料的单位有甲公司、乙公司和安徽丁清真食品有限公司等。其中，甲公司、乙公司的负责人是倪某某，其是做进口工业用油脂生意的。2009年某日，倪某某来丙公司推销进口工业用牛羊油，并与顾某某在办公室里洽谈了业务，倪某某知道丙公司生产食用精炼牛油，但称自己进口的工业用牛羊油和食用牛油在品质上差不多。顾某某考虑到倪某某进口的工业用牛羊油酸价低，用于生产食用牛油没有问题，且售价比一般进口食用牛油价格便宜，且上述产品当时就储存在丙公司，进货较为方便，于是顾某某开始从倪某某处购买进口工业用牛羊油，购买的产品已经全部用完。

3. 证人孙某的证言，证实：孙某系澳大利亚戊贸易公司的中国区销售代表，公司主要经营工业级牛羊油等货物，货源均来自澳大利亚BPL工厂，是使用牛羊内脏、骨头加工而成。倪某某经营的公司委托浙江省工艺品进出口公司与孙某公司签订贸易合同，购买工业级牛羊油。这些产品只能用于工业，倪某某对此是明知的。澳大利亚和中国的检验检疫局均要求孙某所在公司在获得不可食用的检疫证书后才能进行销售。孙某所在公司在2006年至2011年期间共向倪某某经营的公司销售工业级牛羊油30000吨左右。

4. 证人姜某某的证言，证实：姜某某在甲公司、乙公司负责接货、运输工作。上述二公司主要从澳大利亚、新西兰进口已炼制的工业用牛羊油，这些产品在通关检查时，中国出入境检验检疫局认定为“非食用”。公司将这些产品销售给浙江辛化工有限公司、江苏淮安庚日化有限公司、丙公司等。

5. 证人龚某某的证言，证实：龚某某在丙公司负责储运工作。丙公司从甲公司、乙公司等处购买原料油，生产食用精炼牛油，并销售给食品加工企业。甲公司、乙公司在丙公司有中转业务。上述二公司的负责人是倪某某，其有时也来丙公司，并与丙公司的负责人顾某某比较熟悉，倪某某应该知道丙公司生产食用精炼牛油的情况。

6. 证人徐某某的证言，证实：徐某某在丙公司担任厂长一职。丙公司生产的产品是精炼牛油，系食用起酥油、人造奶油类原料之一。丙公司的国外油脂供货商有己公司及甲公司等。甲公司租用了丙公司的油罐用于非食用油脂储运和中转业务，公司负责人倪某某与丙公司开展业务时间较长，知道丙公司的生产经营情况。

7. 证人姚某某、周某某等丙公司其他员工的证言，证实：丙公司生产食用精炼牛油产品，并销售给食品企业。丙公司生产食用精炼牛油的原料是毛牛油，原料供货单位有甲公司、乙公司等。丙公司在提炼牛油过程中虽然产生部分脂肪酸，但该脂肪酸是从毛油中分解出来的杂质、废料，比例一般占毛油量的3%—5%，并非公司的生产产品，一般由丙公司负责人顾某某联系下家后销售，且销售情况并未从公司走账。

8. 证人张某某、王某某的证言，证实：张某某系上海壬化工有限公司的法定代表人，王某某原系该公司的车间主任。该公司主要从事工业动植物油脂生产、加工，生产原料是废弃食用油脂。2009年，丙公司负责人顾某某来公司回访，并称可以卖废料给上海壬化工有限公司。从2009年至2011年，上海壬化工有限公司共向丙公司购买约100吨脂肪酸。这些脂肪酸都是丙公司在生产过程中产生的废料，每吨价格在人民币3000—5000元。

9. 证人刘某某、郑某某等人的证言，证实：相关食品企业从丙公司购买精炼牛油用于食品生产加工。

10. 被告单位甲公司、乙公司和丙公司相关工商登记资料、工业产品生产许可证及广告宣传材料，证实：甲公司成立于2003年，法定代表人是倪某某，公司经营范围为销售饲料、饲料原料等。乙公司成立于2004年，法定代表人是曾某某，公司经营范围为化工原料及产品等。丙公司成立于2003年，法定代表人是顾某某，公司经营范围为食用动物油脂（牛油），生产产品是食用动物油脂（牛油），具体为食用精炼牛油，该公司宣传材料称自己公司是一家专门从事食品专用油脂技术研究和深加工生产的企业。

11. 被告单位甲公司、乙公司购进工业用牛羊油的相关单据、海关检验等材料，证实：甲公司、乙公司从澳大利亚、新西兰进口的产品是“Inedible Tallow”，中文标签为“进口工业级牛羊油”。该产品在入境货物通关单及检验检疫证明等相关材料中注明为“已炼制的工业用牛羊油”“非食用牛羊油”。该产品的检疫要求中注明“进境的牛羊油仅限于工业用”。

12. 我国农业部第170号公告，证实：根据《进口饲料和饲料添加剂登记管理办法》的规定，批准51家外国公司的68种饲料添加剂产品在我国注册或重新注册，并发给《进口登记许可证》。其中，证人孙某所在的澳大利亚亿路资源公司的“Inedible Tallow”产品标注为饲料级牛羊油。

13. 上海司法会计中心出具的司法鉴定意见书、补充情况，证实：在2010年2月2日至2011年3月17日期间，甲公司向丙公司销售进口工业用牛羊油2833680公斤，销售金额为人民币17940893.96元，价税合计为人民币20990845.90元。在2010年3月19日至2012年1月11日期间，乙公司向丙公司销售进口工业用牛羊油2706940公斤，销售金额为人民币19151136.65元，价税合计为人民币22406829.90元。二公司销售金额合计为人民币37092030.61元，价税合计为人民币43397675.80元。

14. 上海市食品药品监督所出具的报告，证实：我国对“已炼制的工业用牛羊油”是按照一般化工产品进行管理的，口岸仅检测“游离脂肪酸”等一般理化指标，并未按照我国食品安全标准进行农残等有害指标检测，规定只能是工业用。上述“已炼制的工业用牛羊油”不可以直接用于食用，也不可以通过加工提炼后用于食用。

15. 公安机关出具的案发经过，证实：倪某某于2012年3月22日主动向公安机关投案，并如实供述了自己在经营甲公司、乙公司期间，从国外购入工业用牛羊油后销售给丙公司的事实。

上述证据均经庭审质证属实，合法有效，应予确认。

针对控、辩双方的意见，结合本案的事实和证据，本院对相关争议焦点评判如下：

1. 关于进口工业用牛羊油能否用于食用的问题。本院认为，根据涉案产品进口工业用牛羊油的相关单据、检验材料、有关报告、被告人倪某某的供述、证人孙某等人的证言等证据证实，被告单位甲公司、乙公司从澳大利亚、新西兰购入的产品是“Inedible Tallow”，中文标签为“进口工业级牛羊油”，该产品系国外工厂利用牛羊内脏、骨头加工而成，专门用于工业。该产品在入境货物通关单及检验检疫证明等相关材料中注明为“已炼制的工业用牛羊油”“非食用牛羊油”，且检疫要求中注明“进境的牛羊油仅限于工业用”。我国对该产品是按照一般化工产品进行管理的，口岸仅检测“游离脂肪酸”等一般理化指标，并未按照我国食品安全标准进行农残等有害指标检测。根据《中华人民共和国食品安全法》第六十二条规定，“进口的食品应当经出入境检验检疫机构检验合格后，海关凭出入境检验检疫机构签发的通关证明放行”。依此规定，进口食品需经过检验检疫合格后才能放行投入使用。而本案中涉案进口产品既非进口食品，也未经我国出入境检验检疫机构进行食品方面的检验，对此应认为涉案进口工业用牛羊油当然不能用于食用，包括不能直接用于食用，也不能经提炼后用于食用。

2. 关于被告人倪某某向丙公司出售工业用牛羊油用途的主观明知性的问题。本院认为，根据被告人倪某某的供述、证人顾某某、张某某等人的证言及丙公司相关资料、司法鉴定材料等证据证实，丙公司是一家生产加工食用动物油脂的企业，生产的产品是食用精炼牛油，并销售给食品企业。丙公司在精炼牛油过程中也分解出少量杂质、废料，即工业用脂肪酸。被告人倪某某在经营被告单位甲公司、乙公司期间，早在2009年就与顾某某发生业务关系，起初租用丙公司的油罐作进口工业用牛羊油的储存、中转业务，后将部分进口工业用牛羊油销售给丙公司。在此期间，被告人倪某某与顾某某进行了业务洽谈，互相介绍了各自公司及产品情况，被告人倪某某也参观了丙公司的生产车间等。被告人倪某某也与顾某某就丙公司购买涉案进口工业用牛羊油生产食用牛油的情况进行过沟通、交流，且在达成一致意见的情况下开始实施销售行为。虽然在具体销售环节上，双方说法有所差异，即被告人倪某某供述是顾某某主动提出购买工业用牛羊油，而顾某某提出是被告人倪某某向自己推销工业用牛羊油。但在涉案进口工业用牛羊油产品用途上，双方说法一致，即均明确丙公司购买涉案进口工业用牛羊油产品是用于生产食用牛油。因此，应当认定被告人倪某某不仅明知丙公司是一家生产食用牛羊油的食用油脂经营企业，而且也明知丙公司购入涉案进口工业用牛羊油用于食用牛油生产的情况。

另外，从市场售价比较而言，涉案进口工业用牛羊油售价远高于工业用脂肪酸。被告人倪某某经营牛羊油业务多年，应当知道前述情况，也当然清楚丙公司购买涉案产品并非为生产低价的工业用脂肪酸，而是为生产市场价格更高的食用精炼牛油。只是在生产精炼牛油过程中分解出的少量杂质、废料，即脂肪酸，又恰好能用于工业而已。

3. 关于二被告单位向丙公司销售进口工业用牛羊油用于食用牛油生产的行为是否违反“国家规定”的问题。本院认为，如前所述，被告人倪某某在经营被告单位甲公司、乙公司期间，从澳大利亚、新西兰进口的产品系工业用牛羊油，未经我国出入境检验检疫机构进行食品方面检验，不能用于食用。而且被告人倪某某明知丙公司是一家生产食用牛羊油的食用油脂经营企业，也明知丙公司购入涉案进口工业用牛羊油用于食用牛羊油生产。在此情况下，二被告单位仍将不能用于食用的进口工业用牛羊油销售给丙公司用于食用牛油生产，丙公司也实际使用上述产品进行食用牛油生产，并销售给食品企业，二被告单位与丙公司共同造成了使用涉案进口工业用牛羊油这一非食品原料进行食用牛油生产结果的发生，故二被告单位与丙公司的行为均违反了《中华人民共和国食品安全法》第二十八条关于禁止生产经营“用非食品原料生产的食品”的规定。因此，丙公司利用涉案进口工业用牛羊油进行加工生产，虽然其成品检测结果符合有关国家卫生标准，也不能改变二被告单位行为的违法性。

4. 关于辩方提出的二被告单位销售数量应扣除300吨回购产品意见是否予以采纳的问题。本院认为，辩方虽然提出被告人倪某某于2012年3月18日左右从已经销售给丙公司的产品中又回购300吨进口工业用牛羊油，并销售给其他公司。但与查明的事实不符，且辩方未能提供相关证据予以证实，也未能明确具体由哪家被告单位向丙公司进行回购，故对于辩方提出的应在销售数量中扣除300吨的意见不予采纳。

5. 关于相关司法解释能否适用于本案的问题。本院认为，司法解释是最高司法机关就具体应用法律问题所作的解释，司法解释不是新的立法，而是从属于法律，其效力应适用于法律的整个施行期间。对于司法解释实施前发生的行为，行为时没有相关司法解释，司法解释施行后尚未处理或者正在处理的案件，应依照司法解释的规定办理。最高人民法院、最高人民检察院《关于办理危害食品安全刑事案件适用法律若干问题的解释》于2013年5月2日公布，并自同月4日起施行。虽然该司法解释的公布、开始施行时间均在本案审理期间，但在该司法解释施行前，无适用于本案的相关司法解释，故本案可以适用前述司法解释。因此，相关辩护人提出的前述司法解释因溯及力问题而不能适用本案的意见不予采纳。

6. 关于二被告单位和被告人的行为如何定性的问题。本院认为，根据最高人民法院、最高人民检察院《关于办理危害食品安全刑事案件适用法律若干问题的解释》第十一条第一款规定：“以提供给他人生产、销售食品为目的，违反国家规定，生产、销售国家禁止用于食品生产、销售的非食品原料，情节严重的，依照刑法第二百二十五条的规定以非法经营罪定罪处罚”。被告人倪某某在主观上具有将进口工业用牛羊油这一非食品原料提供给丙公司生产食用牛油的目的，客观上实施了积极的销售行为，被告人倪某某负责经营的二被告单位的行为均违反了《中华人民共和国食品安全法》关于食品生产经营的禁止性规定，并符合前述司法解释第十一条第一款的规定，且属于《中华人民共和国刑法》第二百二十五条关于非法经营罪规定的第（四）项情形，即“其他严重扰乱市场秩序的非法经营行为”，应当以非法经营罪定罪处罚。公诉机关指控的罪名不当，予以变更。被告单位甲公司、乙公司的销售金额分别为人民币17940893.96元、人民币19151136.65元，社会危害性严重，应认定二被告单位的行为均属非法经营罪“情节特别严重”。被告人倪某某作为二被告单位直接负责的主管人员，也应当以非法经营罪追究其刑事责任，并应认定为“情节特别严重”。辩方提出的二被告单位及被告人倪某某的行为不构成犯罪的辩护意见，与查明事实不符，于法无据，不予采纳。

综上，本院认为，被告单位上海甲贸易有限公司、上海乙工贸有限公司违反国家关于食品生产经营的禁止性规定，向丙公司销售进口工业用牛羊油产品用于食用牛油生产，其中二被告单位的涉案金额分别为人民币17940893.96元、人民币19151136.65元，其行为均已构成非法经营罪，且均属“情节特别严重”。被告人倪某某作为二被告单位直接负责的主管人员，也应当以非法经营罪追究其刑事责任，且属“情节特别严重”。被告人倪某某在犯罪以后主动投案，并如实供述了二被告单位的上述罪行，二被告单位及被告人倪某某均系自首，可以从轻处罚。根据本案的犯罪事实、犯罪性质、情节和对于社会的危害程度，依照《中华人民共和国刑法》第二百二十五条第（四）项、第二百三十一条、第六十七条第一款、第六十四条及最高人民法院、最高人民检察院《关于办理危害食品安全刑事案件适用法律若干问题的解释》第十一条第一款之规定，判决如下：

一、被告单位上海甲贸易有限公司犯非法经营罪，判处罚金人民币九百万元。

二、被告单位上海乙工贸有限公司犯非法经营罪，判处罚金人民币一千万元。

（上述二被告单位的罚金均于判决生效之日起十日内缴纳。）

三、被告人倪某某犯非法经营罪，判处有期徒刑十三年，并处罚金人民币一百万元。

（刑期从判决执行之日起计算。判决执行以前先行羁押的，羁押一日折抵

刑期一日，即刑期自2012年3月22日起至2025年3月21日止。罚金于判决生效之日起十日内缴纳。）

四、责令被告单位上海甲贸易有限公司、上海乙工贸有限公司、被告人倪某某于判决生效之日起十日内退缴违法所得并予以没收。如不服本判决，可在接到判决书的第二日起十日内，通过本院或者直接向上海市第一中级人民法院提出上诉。书面上诉的，应当提交上诉状正本一份，副本二份。

审　判　长　沈　磊
审　判　员　舒平锋
人民陪审员　黄民强
二〇一三年十一月十八日
书　记　员　秦晓英

附：相关法律条文

《中华人民共和国刑法》

第二百二十五条　违反国家规定，有下列非法经营行为之一，扰乱市场秩序，情节严重的，处五年以下有期徒刑或者拘役，并处或者单处违法所得一倍以上五倍以下罚金；情节特别严重的，处五年以上有期徒刑，并处违法所得一倍以上五倍以下罚金或者没收财产：

（一）未经许可经营法律、行政法规规定的专营、专卖物品或者其他限制买卖的物品的；

（二）买卖进出口许可证、进出口原产地证明以及其他法律、行政法规规定的经营许可证或者批准文件的；

（三）未经国家有关主管部门批准非法经营证券、期货、保险业务的，或者非法从事资金支付结算业务的；

（四）其他严重扰乱市场秩序的非法经营行为。

第二百三十一条　单位犯本节第二百二十一条至第二百三十条规定之罪的，对单位判处罚金，并对其直接负责的主管人员和其他直接责任人员，依照本节各该条的规定处罚。

第六十七条　犯罪以后自动投案，如实供述自己的罪行的，是自首。对于自首的犯罪分子，可以从轻或者减轻处罚。其中，犯罪较轻的，可以免除处罚。

被采取强制措施的犯罪嫌疑人、被告人和正在服刑的罪犯，如实供述司法机关还未掌握的本人其他罪行的，以自首论。

犯罪嫌疑人虽不具有前两款规定的自首情节，但是如实供述自己罪行的，可以从轻处罚；因其如实供述自己罪行，避免特别严重后果发生的，可以减轻处罚。

第六十四条 犯罪分子违法所得的一切财物，应当予以追缴或者责令退赔；对被害人的合法财产，应当及时返还；违禁品和供犯罪所用的本人财物，应当予以没收。没收的财物和罚金，一律上缴国库，不得挪用和自行处理。

最高人民法院、最高人民检察院《关于办理危害食品安全刑事案件适用法律若干问题的解释》

第十一条 以提供给他人生产、销售食品为目的，违反国家规定，生产、销售国家禁止用于食品生产、销售的非食品原料，情节严重的，依照刑法第二百二十五条的规定以非法经营罪定罪处罚。

违反国家规定，生产、销售国家禁止生产、销售、使用的农药、兽药、饲料、饲料添加剂，或者饲料原料、饲料添加剂原料，情节严重的，依照前款的规定定罪处罚。

实施前两款行为，同时又构成生产、销售伪劣产品罪，生产、销售伪劣农药、兽药罪等其他犯罪的，依照处罚较重的规定定罪处罚。

跨境进行非法买卖新台币的行为属非法经营

——郝某某非法经营案

【案例要旨】

行为人未经外汇管理部门批准，在外汇指定银行和中国外汇交易中心及其分中心以外，跨境买卖新台币的，应认定为非法买卖外汇的非法经营行为。

【案情简要】

2006 年 1 月至 2009 年 7 月，被告人郝某某（台湾居民）为获取非法利益，采用以我国大陆边境外银行账户收、付外汇，以我国大陆边境内银行账户付、收人民币等方式，先后向黄某等人提供非法买卖美元、港币、新台币等外汇服务，交易金额累计 214.1812 万美元，其中非法买卖新台币累计 63.4434 万美元（折合人民币 1929.114 万元）。

2010 年 11 月 11 日，闵行区人民检察院以非法经营罪提起公诉，认定非法买卖外汇累计折合 210 余万美元（含新台币 63.4434 万美元）。辩护人认为，新台币非我国外汇交易所或指定银行交易的币种，不能成为非法买卖外汇犯罪的对象，故新台币的交易金额不能计入非法经营数额；郝某某并未在我国境内从事外汇买卖，我国刑法对其不具有管辖权。闵行区人民法院采纳检察机关指控意见，根据《刑法》第 225 条第（四）项及最高人民法院《关于审理骗购外汇、非法买卖外汇刑事案件具体应用法律若干问题的解释》第 3 条、第 7 条规定，对指控非法经营额 210 余万美元予以全部认定，于 2011 年 5 月 20 日以非法经营罪判处郝某某有期徒刑 5 年，并处罚金人民币 5 万元。8 月 24 日，上海市第一中级人民法院驳回郝某某上诉，维持原判。

【典型意义】

《刑法》第 6 条第 3 款规定，犯罪的行为或者结果有一项发生在中华人民共和国领域内的，就认为是在中华人民共和国领域内犯罪。郝某某收、付外汇的行为在我国大陆边境外银行账户进行，但其每次非法买卖外汇活动所涉人民币的付、收行为均以我国大陆边境内银行账户进行，应依法认定为在我国领域内犯罪，我国刑法对其具有地域效力。《外汇管理条例》第 3 条、第 45 条规定，外汇是指以外币表示的可以用作国际清偿的支付手段和资产，私自买卖外汇构成犯罪的，依法追究刑事责任。我国的外汇管理实践中，有关部门一直按照外汇管理的有关规定对新台币实施管理。郝某某未经外汇管理部门批准，在外汇指定银行和中国外汇交易中心及其分中心以外买卖包括新台币在内的各种外汇，累计交易额达 210 余万美元，根据《刑法》第 225 条第（四）项、全国人大常务委员会《关于惩治骗购外汇、逃汇和非法买卖外汇犯罪的决定》第 4 条和最高人民法院《关于审理骗购外汇、非法买卖外汇刑事案件具体应用法律若干问题的解释》第 3 条、第 7 条规定，应以非法经营罪追究其刑事责任。

近年来，地下钱庄及个人非法私自买卖新台币的违法犯罪行为猖獗，严重扰乱了金融市场运行秩序，破坏了国家对外汇的正常管理。虽然新台币在全国范围内实现完全自由收兑仍有待时日，但福建省早在 20 世纪即试点新台币的兑换业务，上海、江苏等地也已启动新台币人民币双向兑换业务；新台币作为境外货币，已具备外汇所要求的可兑换性、可偿付性和外在性三项本质特征；1999 年《国家外汇管理局关于进一步加大打击外汇黑市力度的通知》、2001 年《国家外汇管理局综合司关于新台币有关问题的批复》均明确了新台币的外汇性质；外汇管理实践中亦将新台币作为外汇进行管理，故非法买卖新台币属非法买卖外汇的范畴。未经外汇管理部门批准，在外汇指定银行和中国外汇交易中心及其分中心以外买卖新台币，交易额累计 20 万美元以上，或者非法所得额 5 万元人民币以上的，应以非法经营罪追究其刑事责任。需要注意的是，根据最高人民法院《关于审理骗购外汇、非法买卖外汇刑事案件具体应用法律若干问题的解释》第 8 条规定，非法买卖不同币种的外汇的案件，应以案发时而非行为时国家外汇管理机关制定的统一折算率折合犯罪数额。

上海市闵行区人民检察院
起 诉 书

沪闵检刑诉〔2010〕1382 号

被告人郝某某，男，1969 年××月××日生，中国台湾身份证号码：Y1203×××××，台湾居民往来大陆通行证号码：008××××××，汉族，本科文化，无业，户籍在台湾省台北市北投区××街××弄××号，暂住本市闵行区××路××弄××公寓××支弄××号××室。2010 年 7 月 14 日因涉嫌非法经营罪，由上海市公安局刑事拘留，同年 7 月 16 日延长刑事拘留期限至三十日，同年 8 月 20 日经本院批准，同日由上海市公安局执行逮捕。

本案由上海市公安局侦查终结，以被告人郝某某涉嫌非法经营罪，于 2010 年 10 月 22 日向本院移送审查起诉。本院受理后，于同年 10 月 25 日已告知被告人有权委托辩护人，依法讯问了被告人，审查了全部案件材料。

经依法审查查明：

2006 年 1 月至 2009 年 7 月，被告人郝某某为获取非法利益，长期在本市经他人中介或直接从事非法买卖外汇活动，扰乱市场秩序，先后向黄某、张某、龚某某、王某某、吕某某、石某某、钟某某、刘某某、许某乙等人提供非法买卖外汇服务，交易金额累计折合 214.812 万美元。具体情况如下：

1. 2007 年 12 月 4 日至 26 日，被告人郝某某向黄某共购买 98 万美元，黄某于 2007 年 12 月 4 日至 26 日通过其 DIPLOMA（CHINA）××公司在星展银行苏州分行银行账户上分 5 笔汇出，并按郝某某要求将 98 万美元全部汇入其指定的台湾汇丰银行天目分行许某甲账户（账号：009 - 027004 - ×××）上，被告人郝某某将相应 5 笔人民币汇入黄某的工商银行账户（卡号：622202110200×××××××）或农业银行（卡号：622848040140×××××××），具体情况如下：

（1）2007 年 12 月 4 日，黄某公司账户汇出 20 万美元，被告人郝某某于 2007 年 12 月 6 日将 98 万元人民币汇入黄某农业银行账户，将 48.4 万元人民币汇入黄某工商银行账户。

（2）2007 年 12 月 10 日，黄某公司账户汇出 30 万美元，被告人郝某某于

2007 年 12 月 14 日将 50 万元人民币汇入黄某工商银行账户，于 2007 年 12 月 19 日将 168.7 万元人民币汇入黄某农业银行账户。

（3）2007 年 12 月 19 日，黄某公司账户汇出 10 万美元，被告人郝某某于 2007 年 12 月 20 日将 23.9 万元人民币汇入黄某工商银行账户，同日将 49 万元人民币汇入黄某农业银行账户。

（4）2007 年 12 月 21 日，黄某公司账户汇出 10 万美元，被告人郝某某于 2007 年 12 月 25 日将 8.59 万元人民币汇入黄某工商银行账户，同日郝某某将 64.1 万元人民币让上海××投资管理有限公司苏州分公司开具转账支票票据号码为“42062×××”给苏州××餐饮有限公司。

（5）2007 年 12 月 26 日，黄某公司账户汇出 28 万美元，同日郝某某将 202.725 万元人民币汇入黄某工商银行账户。

2. 2009 年 1 月 13 日，被告人郝某某向张某购买 16 万美元，要求张某将美元分 2 笔各 8 万美元汇入其指定的美国 The Bank of New York Mellon 银行的××公司（账号：5010000160×××××××），被告人郝某某将 100 万元人民币元按张某要求汇入陆某某的工商银行账户（账号：100112820100×××××××），剩余 8.7 万元人民币郝某某用人民币现金支付给张某。

3. 2008 年 1 月 11 日，被告人郝某某向龚某某购买 100 万元港币，根据龚某某的要求，郝某某将 92.16 万元人民币于 2008 年 1 月 11 日汇入龚某某指定的龚某甲的工商银行账户（账号：100121000121×××××××）。

4. 2006 年 4 月 11 日，被告人郝某某向王某某出售 1.19 万美元，王某某将 10 万元人民币存入郝某某的工商银行账户（账号：100128250121×××××××）。

5. 2006 年 1 月至 2007 年 10 月间，被告人郝某某向吕某某共计出售 22.79 万元新台币，吕某某将共计 5.3 万元人民币汇入郝某某工商银行账户（账号：100128250121×××××××）。具体情况如下：

（1）2006 年 1 月 19 日，被告人郝某某向吕某某出售 3.44 万元新台币，吕某某将 0.8 万元人民币汇入郝某某的工商银行账户。

（2）2007 年 8 月 29 日，被告人郝某某向吕某某出售 12.9 万元新台币，吕某某将 3 万元人民币汇入郝某某的工商银行账户。

（3）2007 年 10 月 10 日，郝某某向吕某某出售 6.45 万元新台币，吕某某将 1.5 万元人民币汇入郝某某的工商银行账户。

6. 2007 年 2 月至 2009 年 7 月，被告人郝某某向石某某买卖新台币，6 次出售共 25.4739 万元人民币兑换得 114.52 万元新台币，所得新台币汇入郝某某指定的许某某的华南银行账户（账号：15220×××××××），6 次出售共

87.03万元新台币兑换得18.605万元人民币，所得人民币汇入郝某某的工商银行账户（账号：100128250121×××××××）。

（1）2008年2月18日，郝某某向石某某出售6万元人民币，石某某将26.58万元新台币汇入郝某某指定的许某某的华南银行账户。

（2）2008年2月19日，郝某某向石某某出售6万元人民币，石某某将26.58万元新台币汇入郝某某指定的许某某的华南银行账户。

（3）2008年4月11日，郝某某向石某某出售3.4403万元人民币，石某某将15万元新台币汇入郝某某指定的许某某的华南银行账户。

（4）2008年6月23日，郝某某向石某某出售3.0336万元人民币，石某某将13.5万元新台币汇入郝某某指定的许某某的华南银行账户。

（5）2008年8月26日，郝某某向石某某出售3万元人民币，石某某将13.86万元新台币汇入郝某某指定的许某某的华南银行账户。

（6）2008年10月16日，郝某某向石某某出售4万元人民币，石某某将19万元新台币汇入郝某某指定的许某某的华南银行账户。

（7）2008年11月10日，郝某某向石某某出售6万元新台币，石某某将1.305万元人民币汇入郝某某的工商银行账户。

（8）2008年11月13日，郝某某向石某某出售3.68万元新台币，石某某将0.8万元人民币汇入郝某某的工商银行账户。

（9）2009年5月7日，郝某某向石某某出售28.50万元新台币，石某某将6万元人民币汇入郝某某的工商银行账户。

（10）2009年5月20日，郝某某向石某某出售21.15万元新台币，石某某将4.5万元人民币汇入郝某某的工商银行账户。

（11）2009年6月1日，郝某某向石某某出售18.4万元新台币，石某某将4万元人民币汇入郝某某的工商银行账户。

（12）2009年7月8日，郝某某向石某某出售9.3万元新台币，石某某将2万元人民币汇入郝某某的工商银行账户。

7.2007年7月25日至11月8日间，被告人郝某某向钟某某多次购买新台币，期间累计购买1468.274万元新台币，钟某某于2007年8月8日至11月8日间，通过钟某某在某某银行账户（账号：1525343××××-×）将1468.274万元新台币分9笔汇到郝某某指定的某某银行账户，同时郝某某按钟某某要求将合计333.8万元人民币通过其本人的工商银行账户（账号：100128250121×××××××）分9笔汇入钟某某的工商银行账户（账号：100105130121×××××××），具体情况如下：

（1）2007年7月25日，钟某某账户汇出87.6万元新台币，同日郝某某将20万元人民币汇入钟某某工商银行账户。

（2）2007年8月8日至9日，钟某某账户先后汇出新台币201.062万元、新台币18.438万元，被告人郝某某于2007年8月9日将人民币50万元汇入钟某某工商银行账户。

（3）2007年8月20日，钟某某账户汇出88万元新台币，被告人郝某某将20万元人民币汇入钟某某工商银行账户。

（4）2007年8月23日，钟某某账户汇出220万元新台币，被告人郝某某将50万元人民币汇入钟某某工商银行账户。

（5）2007年8月24日，钟某某账户汇出220万元新台币，被告人郝某某将50万元人民币汇入钟某某工商银行账户。

（6）2007年8月27日，钟某某账户汇出213.4万元新台币，被告人郝某某将48.5万元人民币汇入钟某某工商银行账户。

（7）2007年9月26日，钟某某账户汇出200.214万元新台币，被告人郝某某将45.4万元人民币汇入钟某某工商银行账户。

（8）2007年11月1日，钟某某账户汇出96.36万元新台币，被告人郝某某将21.9万元人民币汇入钟某某工商银行账户。

（9）2007年11月8日，钟某某账户汇出123.2万元新台币，被告人郝某某将28万元人民币汇入钟某某工商银行账户。

8. 2008年4月10日至2009年4月28日间，被告人郝某某向刘某某多次累计出售19.55万美元，所得款项汇入郝某某工商银行账户（账号：100128250121××××××××）。具体情况如下：

（1）2008年4月10日，被告人郝某某向刘某某出售8.2万美元，同日刘某某委托他人将58.056万元人民币汇入郝某某的工商银行账户。

（2）2008年6月27日，被告人郝某某向刘某某出售4.35万美元，同日刘某某将30.45万元人民币汇入郝某某的工商银行账户。

（3）2009年4月28日，被告人郝某某向刘某某出售7万美元，同日刘某某将48.33万元人民币汇入郝某某的工商银行账户。

9. 2009年7月9日，被告人郝某某向许某乙出售新台币236.5万元，并于同日许某乙按郝某某的要求将人民币10万元汇入郝某某工商银行账户，将人民币40万元汇入郝某某的建设银行账户（账号622700121858×××××××）。

2010年7月14日，被告人郝某某被公安机关抓获，并扣押部分作案所用银行卡、对账簿及违法所得。

上述事实，有以下证据证实：

1. 被告人郝某某的供述证实，其于2006年1月至2009年7月，为获取非法利益，经他人中介或直接从事非法买卖外汇活动，扰乱市场秩序。

2. 证人黄某、张某、龚某某、王某某、吕某某、石某某、钟某某、刘某某、许某乙、陈某某、陆某某的证言证实，被告人郝某某经他人中介或直接从事非法买卖外汇活动的事实。

3. 工商银行、建设银行、星展银行、台北富邦银行等金融机构出具的收支凭证证实，本案资金往来时间、币种及数额。

4. 上海市公安局出具的《扣押物品、文件清单》《冻结存款通知书》证实，公安机关扣押本案相关银行卡及扣押、冻结涉案资金情况。

5. 上海市公安局经济犯罪侦查总队出具的案发经过证实本案案发及被告人郝某某到案经过。

6. 公信中南会计师事务所出具的《司法会计鉴定意见书》证实，被告人郝某某非法外汇买卖服务，交易金额累计折合214.1812万美元。

上述证据来源及收集程序合法，内容客观真实，足以认定指控事实。

本院认为，被告人郝某某违反国家规定，在国家规定的交易场所以外非法买卖外汇，扰乱市场秩序，交易金额折合214.1812万美元，情节特别严重，其行为已触犯《中华人民共和国刑法》第二百二十五条第（三）项，犯罪事实清楚，证据确实、充分，应当以非法经营罪追究其刑事责任。根据《中华人民共和国刑事诉讼法》第一百四十一条的规定，提起公诉，请依法审判。

此致

上海市闵行区人民法院

代理检察员　陈　祺

二〇一〇年十一月十一日

附：1. 被告人郝某某现羁押于上海市第二看守所。

2. 证据目录一份、证人名单一份、主要证据复印件一册随案移送。

附：相关法律条文

《中华人民共和国刑法》

第二百二十五条　违反国家规定，有下列非法经营行为之一，扰乱市场秩序，情节严重的，处五年以下有期徒刑或者拘役，并处或者单处违法所得一倍以上五倍以下罚金；情节特别严重的，处五年以上有期徒刑，并处违法所得一倍以上五倍以下罚金或者没收财产：

……

（三）未经国家有关主管部门批准非法经营证券、期货、保险业务的，或者非法从事资金支付结算业务的；

……

《中华人民共和国刑事诉讼法》

第一百四十一条 人民检察院认为犯罪嫌疑人的犯罪事实已经查清，证据确实、充分，依法应当追究刑事责任的，应当作出起诉决定，按照审判管辖的规定，向人民法院提起公诉。

上海市闵行区人民法院
刑事判决书

（2010）闵刑初字第1451号

公诉机关上海市闵行区人民检察院。

被告人郝某某，男，1969年××月××日出生于台湾省台北市，汉族，本科文化，无业，住台湾省台北市北投区××街××弄××号；在沪暂住闵行区××路××弄××公寓××支弄××号××室；因涉嫌犯非法经营罪于2010年7月14日被拘留，同年8月20日被逮捕，现羁押于上海市第二看守所。

辩护人季某某、丁某，上海××律师事务所律师。

上海市闵行区人民检察院以沪闵检刑诉〔2010〕1382号起诉书指控被告人郝某某犯非法经营罪，于2010年11月11日向本院提起公诉。本院依法组成合议庭，公开开庭审理了本案。上海市闵行区人民检察院指派检察员葛云、代理检察员陈棋出庭支持公诉，被告人郝某某及其辩护人季某某、丁某到庭参加诉讼。本案经公诉机关申请，由本院决定延期审理，现已审理终结。

上海市闵行区人民检察院指控：2006年1月至2009年7月，被告人郝某某为获取非法利益，长期在本市经他人中介或直接从事非法买卖外汇活动，扰乱市场秩序，先后向黄某、张某、龚某某、王某某、吕某某、石某某、钟某某、刘某某、许某乙等人提供非法买卖外汇服务，交易金额累计折合210余万美元。具体如下：1.2007年12月4日至26日，被告人郝某某向黄某购买98万美元，黄某于2007年12月4日至同月26日通过其DIPLOMA（CHINA）××公司在星展银行苏州分行银行账户上分5笔汇出上述款项，并全部汇入郝某某指定的台湾汇丰银行天母分行许某甲账户（账号：009－027004－×××）上，郝某某则将相应的5笔人民币汇入黄某的中国工商银行账户（卡号：6222021102007×××××××）或中国农业银行账户（卡号：622848040140×××××××）；2.2009年1月13日，被告人郝某某向张某购买16万美元，并要张某将美元分2笔各8万美元汇入其指定的美国Thebank of NewYork mellon银行的××公司（账号：5010000160××××××××），郝某某则将人民币 100 万元按张某的要求汇入陆某某的中国工商银行账户（账号：100112820100××××××××），余款人民币 8.7 万元以现金的形式支付给张某；3. 2008 年 1 月 11 日，被告人郝某某向龚某某购买港币 100 万元，根据龚某某的要求，郝某某将人民币 92.16 万元于 2008 年 1 月 11 日汇入龚某某指定的龚某甲的中国工商银行账户（账号：100121000121×××××××）；4. 2006 年 4 月 11 日，被告人郝某某向王某某出售 1.19 万美元，王某某将人民币 10 万元存入郝某某的中国工商银行账户（账号：100128250121×××××××）；5. 2006 年 1 月至 2007 年 10 月间，被告人郝某某向吕某某共计出售新台币 22.79 万元，吕某某则将人民币共计 5.3 万元汇入郝某某的中国工商银行账户（账号：100128250121×××××××）。6. 2007 年 2 月至 2009 年 7 月，被告人郝某某向石某某 6 次出售人民币共计 25.4739 万元兑换得新台币 114.52 万元，所得新台币汇入郝某某指定的台湾许某某的华南银行账户（账号：15220069××××）；6 次出售新台币共计 87.03 万元兑换得人民币 18.605 万元，所得人民币汇入郝某某的中国工商银行账户（账号：100128250121×××××××）；7. 2007 年 7 月 25 日至 11 月 8 日间，被告人郝某某向钟某某多次购买新台币共计 1468.274 万元，钟某某于 2007 年 8 月 8 日至 11 月 8 日间，通过其在某某银行账户（账号：15253437×××－×）将上述新台币分 9 笔汇到郝某某指定的某某银行账户，同时郝某某按钟某某的要求将人民币共计 333.8 万元通过其本人的中国工商银行账户（账号：100128250121×××××××）分 9 笔汇入钟某某的中国工商银行账户（账号：100105130121×××××××）；8. 2008 年 4 月 10 日至 2009 年 4 月 28 日间，被告人郝某某向刘某某多次累计出售 19.55 万美元，所得款项汇入郝某某的中国工商银行账户（账号：100128250121×××××××）；9. 2009 年 7 月 9 日，被告人郝某某向许某乙出售新台币 236.5 万元，许某乙则按郝某某的要求将人民币 10 万元汇入郝某某的中国工商银行账户（账号：100128250121×××××××），将人民币 40 万元汇入郝某某的中国建设银行账户（账号：622700121858×××××××）。

2010 年 7 月 14 日，被告人郝某某被公安机关抓获归案，并扣押部分作案所用银行卡、对账簿及供犯罪使用或违法所得的资金若干。

为证实上述指控事实，公诉机关当庭出示了证人黄某、张某甲、龚某某、王某某、吕某某、石某某、钟某某、刘某某、许某乙、陈某某、陆某某的证言，中国工商银行、中国建设银行、星展银行、富邦银行等金融机构出具的收支凭证，公安机关《扣押物品、文件清单》、《冻结存款通知书》、工作情况记录，上海公信中南会计师事务所有限公司出具的《司法会计鉴定意见书》及被告人郝某某的供述等证据。由此确认被告人郝某某的行为构成非法经营罪，提请本院依照《中华人民共和国刑法》第二百二十五条第（三）项之规定依法判处。

被告人郝某某辩称其与黄某、吕某某、钟某某之间属朋友帮忙而非外汇买卖关系。上述交易金额应从犯罪金额中予以剔除。

辩护人提出辩护意见如下：1. 公诉机关适用《中华人民共和国刑法》第二百二十五条第（三）项之规定，指控被告人郝某某非法经营，从事资金支付结算业务，其依据为2009年2月28日公布实施的《中华人民共和国刑法修正案（七）》修正后的《中华人民共和国刑法》，故该法条对郝某某自2006年1月至2009年2月28日之间的行为并无溯及力。而郝某某于2009年2月28日之后的结算行为所涉总金额未及定罪标准。

2. 起诉认定郝某某犯罪金额的依据是上海公信中南会计师事务所有限公司出具的《司法会计鉴定意见书》，而该鉴定书所采用的汇率仅是2010年5月19日中国银行公布的人民币对美元的中间价，未顾及数年来汇率的浮动，故公诉机关认定郝某某非法经营的金额有误。

3. 被告人郝某某与黄某之间的交易是在经常性项目之下，不受管制。

4. 被告人郝某某兑换外币的行为并不完全发生在我国境内，郝某某在境外收取、支付美元、港元、新台币不属非法行为。

5. 新台币非我国外汇交易所或指定银行交易的币种，不能成为非法买卖外汇犯罪的对象。

6. 被告人郝某某的上述行为系朋友间帮忙而非以营利为目的，缺乏非法经营罪的犯罪构成要件。

经审理查明：2006年1月至2009年7月，被告人郝某某为获取非法利益，采用以境外账户收、付外汇，以境内账户付、收人民币等方式，先后与黄某、张某、龚某某、王某某、吕某某、石某某、钟某某、刘某某、许某乙等人非法进行外汇买卖，其中涉及美元134.74万元、港币100万元（人民币发生额92.16万元，折合美元13.4978万元）、新台币1929.114万元（人民币发生额433.1789万元，折合美元63.4434万元）。上述共计折合美元211.68万元。具体如下：

1. 2007年12月4日至26日，被告人郝某某从黄某处共计购买98万美元，黄某通过其DIPLOMA（CHINA）××公司在星展银行苏州分行银行账户（账号：1000××××）将上述款项分5笔汇至郝某某指定的台湾汇丰银行天母分行许某甲账户（账号：009－027004－×××）上，郝某某则将相应的人民币分5次汇入黄某的中国工商银行账户（卡号：622202110200×××××××）

或中国农业银行账户（卡号：622848040140×××××××）。具体为：

（1）2007年12月4日，黄某公司账户汇出20万美元，被告人郝某某于2007年12月6日将人民币98万元汇入黄某中国农业银行账户，将人民币48.4万元汇入黄某中国工商银行账户。

（2）2007年12月10日，黄某公司账户汇出30万美元，被告人郝某某于2007年12月14日将人民币50万元汇入黄某的中国工商银行账户，于2007年12月19日将人民币168.7万元汇入黄某的中国农业银行账户。

（3）2007年12月19日，黄某公司账户汇出10万美元，被告人郝某某于2007年12月20日将人民币23.9万元汇入黄某的中国工商银行账户，同日将人民币49万元汇入黄某的中国农业银行账户。

（4）2007年12月21日，黄某公司账户汇出10万美元，被告人郝某某于2007年12月25日将人民币8.59万元汇入黄某的中国工商银行账户，同日又以上海××投资管理有限公司苏州分公司的名义开具金额为人民币64.21万元的转账支票（票据号码为"4206××××"）交给苏州××餐饮有限公司。

（5）2007年12月26日，黄某公司账户汇出28万美元，被告人郝某某于同日将人民币202.725万元汇入黄某中国工商银行账户。

2.2009年1月13日，被告人郝某某向张某购买16万美元，并要求将美元分2笔各8万元汇入其指定的美国The bank of New York Melion银行的××公司（账号：5010000160×××××××），郝某某则将人民币100万元按张某的要求汇入陆某某的中国工商银行账户（账号：100112820100×××××××），余款人民币8.7万元以现金的形式支付给张某。

3.2008年1月11日，被告人郝某某向龚某某购买港币100万元，并根据龚某某的要求，将人民币92.16万元汇入其指定的龚某甲的中国工商银行账户（账号：100121000121×××××××）。

4.2006年4月11日，被告人郝某某向王某某出售1.19万美元，王某某则按郝某某的要求于同日将人民币10万元汇入郝某某的中国工商银行账户（账号：100128250121×××××××）。

5.2006年1月至2007年10月间，被告人郝某某向吕某某共计出售新台币22.79万元，吕某某则将人民币共计5.3万元汇入郝某某的中国工商银行账户（账号：100128250121×××××××）。具体为：

（1）2006年1月19日，被告人郝某某向吕某某出售新台币3.44万元，并于同日要求吕某某将人民币0.8万元汇入其本人的中国工商银行账户。

（2）2007年8月29日，被告人郝某某又向吕某某出售新台币12.9万元，并要求吕某某将人民币3万元于同日汇入其本人的中国工商银行账户。

(3) 2007 年 10 月 10 日，被告人郝某某再次向吕某某出售新台币 6.45 万元，并要求吕某某将人民币 1.5 万元于同日汇入其本人的中国工商银行账户。

6. 2007 年 2 月至 2009 年 7 月，被告人郝某某 6 次向石某某出售人民币共计 25.4739 万元，兑换得新台币 114.52 万元，所得新台币汇入郝某某指定的许某某的台湾华南银行账户（账号：15220069 × × × ×）；6 次向石某某出售新台币共计 87.03 万元兑换得人民币 18.605 万元，所得人民币汇入郝某某的中国工商银行账户（账号：100128250121 × × × × × × ×）。具体为：

(1) 2008 年 2 月 18 日，被告人郝某某向石某某出售人民币 6 万元，石某某将新台币 26.58 万元汇入郝某某指定的许某某的华南银行账户。

(2) 2008 年 2 月 19 日，被告人郝某某向石某某出售人民币 6 万元，石某某将新台币 26.58 万元汇入郝某某指定的许某某的上述华南银行账户。

(3) 2008 年 4 月 11 日，被告人郝某某向石某某出售人民币 3.4403 万元，石某某将新台币 15 万元汇入郝某某指定的许某某的华南银行账户。

(4) 2008 年 6 月 23 日，被告人郝某某向石某某出售人民币 3.0336 万元，石某某将新台币 13.5 万元汇入郝某某指定的许某某的华南银行账户。

(5) 2008 年 8 月 26 日，被告人郝某某向石某某出售人民币 3 万元，石某某将新台币 13.86 万元汇入郝某某指定的许某某的华南银行账户。

(6) 2008 年 10 月 16 日，被告人郝某某向石某某出售人民币 4 万元，石某某将新台币 19 万元汇入郝某某指定的许某某的华南银行账户。

(7) 2008 年 11 月 10 日，被告人郝某某向石某某出售新台币 6 万元，石某某将人民币 1.305 万元汇入郝某某的中国工商银行账户。

(8) 2008 年 11 月 13 日，被告人郝某某向石某某出售新台币 3.68 万元，石某某将人民币 0.8 万元汇入郝某某的中国工商银行账户。

(9) 2009 年 5 月 7 日，被告人郝某某向石某某出售新台币 28.5 万元，石某某将人民币 6 万元汇入郝某某的中国工商银行账户。

(10) 2009 年 5 月 20 日，被告人郝某某向石某某出售新台币 21.15 万元，石某某将人民币 4.5 万元汇入郝某某的中国工商银行账户。

(11) 2009 年 6 月 1 日，被告人郝某某向石某某出售新台币 18.4 万元，石某某将人民币 4 万元汇入郝某某的中国工商银行账户。

(12) 2009 年 7 月 8 日，被告人郝某某向石某某出售新台币 9.3 万元，石某某将人民币 2 万元汇入郝某某的中国工商银行账户。

7. 2007 年 7 月 25 日至 11 月 8 日间，被告人郝某某多次向钟某某购买新台币共计 1468.274 万元，钟某某于 2007 年 8 月 8 日至同年 11 月 8 日间，通过其在某某银行账户（账号：15253437 × × × - ×）将上述新台币分 9 笔汇入郝某某指定的某某银行账户，同时郝某某按钟某某的要求将人民币共计333.8万元通过其本人的中国工商银行账户（账号：100128250121×××××××）分9笔汇入钟某某的中国工商银行账户（账号：100105130121×××××××）。具体为：

（1）2007年7月25日，钟某某通过其某某银行账户汇出新台币87.6万元至郝某某指定的某某银行账户，同日郝某某将人民币20万元汇入钟某某的中国工商银行账户。

（2）2007年8月8日至9日，钟某某通过其在某某银行账户先后汇出新台币201.062万元、新台币18.438万元至郝某某指定的某某银行账户，郝某某于2007年8月9日将人民币50万元汇入钟某某的中国工商银行账户。

（3）2007年8月20日，钟某某通过其在某某银行账户汇出新台币88万元至郝某某指定的某某银行账户，郝某某将人民币20万元汇入钟某某的中国工商银行账户。

（4）2007年8月23日，钟某某通过其在某某银行账户汇出新台币220万元至郝某某指定的某某银行账户，郝某某将人民币50万元汇入钟某某的中国工商银行账户。

（5）2007年8月24日，钟某某通过其在某某银行账户汇出新台币220万元至郝某某指定的某某银行账户，郝某某将人民币50万元汇入钟某某的中国工商银行账户。

（6）2007年8月27日，钟某某通过其在某某银行账户汇出新台币213.4万元至郝某某指定的某某银行账户，郝某某将人民币48.5万元汇入钟某某的中国工商银行账户。

（7）2007年9月26日，钟某某通过其在某某银行账户汇出新台币200.214万元至郝某某指定的某某银行账户，郝某某将人民币45.4万元汇入钟某某的中国工商银行账户。

（8）2007年11月1日，钟某某通过其在某某银行账户汇出新台币96.36万元至郝某某指定的某某银行账户，郝某某将人民币21.9万元汇入钟某某的中国工商银行账户。

（9）2007年11月8日，钟某某通过其在某某银行账户汇出新台币123.2万元至郝某某指定的某某银行账户，郝某某将人民币28万元汇入钟某某的中国工商银行账户。

8. 2008年4月10日至2009年4月28日间，被告人郝某某向刘某某多次累计出售19.55万美元，所得款项汇入郝某某中国工商银行账户（账号：100128250121×××××××）。具体为：

（1）2008年4月10日，被告人郝某某向刘某某出售8.2万美元，刘某某于同日委托他人将人民币58.056万元汇入郝某某的中国工商银行账户。

（2）2008年6月27日，被告人郝某某向刘某某出售4.35万美元，刘某某于同日将人民币30.45万元汇入郝某某的中国工商银行账户。

（3）2009年4月28日，被告人郝某某向刘某某出售7万美元，刘某某于同日将人民币48.33万元汇入郝某某的中国工商银行账户。

9. 2009年7月9日，被告人郝某某向许某乙出售新台币236.5万元，许某乙则按郝某某的要求将人民币10万元汇入郝某某的中国工商银行账户（账号：100128250121×××××××），将人民币40万元汇入郝某某的中国建设银行账户（账号：622700121858×××××××）。

2010年7月14日，被告人郝某某被公安机关抓获归案，并扣押部分非法买卖外汇所用的银行卡、对账簿、供犯罪使用或违法所得资金若干。

上述事实，有经庭审举证、质证的下列证据证实，本院予以确认：

1. 证人黄某证言、辨认笔录及黄某提供的用于汇出上述美元的星展银行苏州分行银行账户流水单；郝某某向黄某提供的接收上述美元的台湾汇丰银行天母分行许某甲账户、账号；DIPLOMA（CHINA）××公司接收上述人民币的中国建设银行进账单、中国农业银行借记卡账户明细对账单等证实：2007年间，黄某任职的DIPLOMA（CHINA）××公司急需将国外汇入的98万美元兑换成人民币，故通过他人介绍找到台湾人郝某某，并接受郝某某高于市场公开汇率的兑换条件，谈妥兑换数额、方式等具体事宜。2007年12月4日至同月26日，DIPLOMA（CHINA）××公司分五次将100万美元通过黄某的星展银行苏州分行银行账户（账号：1000××××）汇至郝某某指定的台湾汇丰银行天母分行许某甲账户（账号：009－02700×－×××）内，郝某某则将相应的人民币汇入黄某专门用于接收兑换人民币的中国工商银行账户（卡号：622202110200×××××××）或农业银行账户（卡号：6228480401401×××××××）内。

2. 证人张某证言证实：2009年1月，张某甲让张某帮忙将16万美元现汇兑换成人民币，张某遂至本市东方医院斜对面的中国工商银行上海市分行营业部门口找到一“黄牛”，并通过其联系到其他“黄牛”，该“黄牛”与张某商定兑换汇率为1∶6.794后，陪同张某至浦东陆家嘴的华一银行将16万美元分两笔划入其指定的郝某某的个人账户，对方再将人民币100万元通过郝某某的中国工商银行账户汇入张某借用的陆某某的中国工商银行账户（账号：100112820100×××××××）内，余款人民币8.7万元当场现金支付给张某。

3. 证人陆某某证言证实：2009年1月13日，从郝某某的中国工商银行账户汇出人民币100万元至陆某某的中国工商银行个人账户（账号：100112820100×××××××）。上述款项系陆某某的朋友张某借用该账户接收，其来源、用途等具体事项陆某某并不知晓。

4. 证人龚某某证言及其提供的龚某甲中国工商银行账户资料证实：2008年1月11日，从被告人郝某某中国工商银行账户汇至龚某甲中国工商银行账户（账号：9558881-010000×××××）的人民币921600元系龚某某在澳门通过赌场以100万元港币兑换的，龚某某不认识郝某某，但估计汇款的是国内地下钱庄的账户，因为澳门的赌场为服务客户，跟国内的地下钱庄多有来往。

5. 证人王某某证言证实：2006年4月11日，王某某在长宁区黄金城道中国工商银行通过"黄牛"以人民币兑换美元。王某某从其子蔡某某的中国工商银行账户（账号：100105200121×××××××）取出人民币10万元存入郝某某的中国工商银行账户（账号：100128250121×××××××），"黄牛"将相应的美元存至蔡某某罗马尼亚的账户中。

6. 证人吕某某证言及辨认笔录证实：2006年1月至2007年8月间，吕某某经人介绍认识郝某某，后在我国境内先后六次通过郝某某进行人民币与新台币间的兑换。有明确记忆的三次，共计将人民币5.3万元兑换成新台币22.79万元后汇至吕某甲在台湾第一银行的账户及吕某某本人在台湾富邦银行的账户。上述人民币由吕某某通过其在中国境内的中国工商银行账户汇入或者现金存入郝某某中国工商银行账户（账号：100128250121×××××××）。

7. 证人石某某证言证实：自2008年2月至2009年7月，石某某经常通过郝某某进行新台币和人民币之间的兑换。上述每一次均由石某某使用其本人的中国工商银行账户（账号：100119810121×××××××；100120870122×××××××）或者台湾××有限公司在台北富帮银行账户（账号：45010213××××），由郝某某使用其中国工商银行账户（账号：100128250121×××××××）、中国建设银行账户（账号：622208100100×××××××）或台湾华南银行许某某账户（15220069××××）相互汇出或者接收资金。

8. 证人石某某提供的其本人在中国工商银行、台北富邦银行的账户（账号：45010213××××）流水单、汇款委托书、个人业务凭证等。

9. 证人钟某某证言及其提供的台北富邦银行其本人的银行流水单等证实：2007年，钟某某通过他人介绍得知郝某某专门从事人民币、新台币兑换，遂与郝某某电话联系兑换事宜。自2007年8月至同年11月，钟某某通过其在某某银行账户（账号：15253437×××-×）先后九次共计将新台币1468.274万元汇至郝某某指定的某某银行账户内，郝某某则按钟某某的要求将人民币共计333.8万元通过其中国工商银行账户（账号：100128250121××××××××）分9笔汇入钟某某的中国工商银行账户（账号：1001051 30121×××××××）。

10. 证人刘某某证言及辨认笔录证实：刘某某通过他人介绍认识倒卖外汇的郝某某。后于2008年4月10日至2009年4月28日间，刘某某多次通过郝某某购买美元，记忆明确的共计19.55万美元，相应的人民币136.836万元由刘某某分三次汇入郝某某的中国工商银行账户（账号：100128250121×××××××）。

11. 证人许某乙证言证实：许某乙经人介绍认识郝某某，郝某某自称能兑换外汇。2009年7月，许某乙通过郝某某将人民币50万元兑换成新台币236.5万元。按照郝某某的要求，许某乙将上述人民币分二笔通过其中国工商银行账户（账号：100128250121×××××××）先后汇至郝某某的中国工商银行账户（账号：100128250121×××××××）及中国建设银行账户（账号622700121858×××××××）；郝某某随后分四笔将新台币汇入许某乙在台北彰化银行的账户（账号：6211511310××××）。

12. 证人许某乙提供的其本人中国工商银行、中国建设银行及台北彰化银行账户交易流水单。

13. 证人陈某某证言证实：陈某某自2008年7月受聘在被告人郝某某开设在本市××路××大厦的茶馆内工作。郝某某平时做外汇买卖时会将自己的银行卡交给陈某某，让陈某某向指定账户汇款，有时也让陈某某用数万元的现金汇款。根据郝某某的指令，陈某某以自己的名义分别在中国工商银行古北支行、中国建设银行古北支行、交通银行古北支行开设了个人账户，上述账户系郝某某专用，陈某某从未自用。陈某某经手汇出的有美元及人民币。汇款多的时候每天要跑银行，甚至一天数次；少的时候几天一次。汇款金额从几万元至几十万元不等，最少的也有几千元。

14. 公安机关搜查笔录及《扣押物品、文件清单》《冻结存款通知书》证实：2010年7月14日，公安机关依法对本市××道××弄××号××室被告人郝某某办公室进行搜查，扣押部分非法买卖外汇所用的银行卡、对账簿、供犯罪使用或违法所得资金若干。

15. 公安机关工作情况记录证实：被告人郝某某于2010年7月14日被抓获归案。

16. 上海公信中南会计师事务所有限公司司法会计鉴定意见书证实：截至2010年10月12日，被告人郝某某非法买卖外汇金额折合美元214.1812万元。

17. 被告人郝某某供述：我从2006年开始从事非法买卖外汇活动，主要涉及新台币、美元及港币等；我主要为我生意上的一些朋友及其介绍的客户兑换外汇。通常每日早上10时许，台湾钱庄的王先生会打电话给我，报给我外汇的汇率，如果客户或者朋友需要外汇或需要人民币资金量小的，我就将汇率直接报给客户，如果资金量较大，我做不了就找王先生做，汇率还是一样，王先生会根据交易金额的大小给我0.5%—1%的利润。关于买入外汇的情况：客户或者朋友需要找我购买人民币，我就将当天的汇率报给客户，由其确认同意兑换后，我会通过手机短信或者传真的方式将接收外汇的台湾账户户名、账号及开户银行发给客户，由客户将外汇汇至我指定的台湾银行账户，然后我在确认资金到账后，要求客户将接收人民币的境内账户用手机短信发给我，接着在上海将相应的人民币以银行汇款或现金存款的方式支付给客户。如需转账给外地的银行账户，我则将银行收取的手续费从汇款金额内直接扣除；关于卖出外汇的情况：一般是客户或朋友需要外汇找到我，我就将当天的汇率报给客户，由其确认同意兑换后，我会通过手机短信或者传真的方式将接收人民币的境内银行账户户名、账号和开户银行发送给客户，由客户将人民币汇至我指定的境内银行账户，待我确认人民币到账后，再要求客户将接收外汇的境外银行账户户名、账号和开户银行用手机短信或传真发给我，我会通过我台湾的银行账户以转账的方式将外汇划入客户指定的银行账户。如果兑换外汇资金量较小，我就独立完成，用自己的银行账户按上述方法操作，如果客户需要的资金量较大，则通过上述台湾钱庄的王先生做，如果是买外汇的，王先生会将人民币汇到客户指定的银行账户，我再让客户将外汇汇至王先生指定的银行账户内，然后庄主会把返还给我的利润汇到我在台湾华南银行的账户内。如果是卖出外汇的，王先生会将外汇汇到客户指定的银行账户内，然后，王先生再向我提供境内的人民币账户，我再转发给客户，让客户将人民币汇入王先生指定的银行账户，但有时客户会将人民币汇到我本人的境内账户，我留下我应得的利润后，将余下的人民币汇入王先生指定的银行账户内。我在台湾用于收取新台币的银行账户有我本人在华南商业银行石牌分行及我妻子许某甲在汇丰银行天母分行的账户，我通过王先生进行外汇买卖的账户都是他临时提供的，只记得其中有一户名为许某某的账户。我在上海用于外汇买卖的银行账户主要有我本人及我公司员工陈某某在中国工商银行、中国农业银行、交通银行和中国建设银行开设的银行账户。此外，还有我本人在中国银行、中国民生银行、招商银行、上海浦东发展银行和中信银行等账户，但上述账户用于兑换外汇的次数不多，账号记不清楚。刘某某是经由朱某某介绍找我兑换美元的；我与黄某、陆某某、龚某某、龚某甲、王某某、钟某某互不相识，他们与我银行账户间的资金往来用途系外汇兑换。

关于被告人郝某某及其辩护人所提郝某某与黄某、吕某某、钟某某之间属朋友帮忙而非以营利为目的的外汇买卖关系，与上述人员之间的外汇兑换金额应从犯罪金额中予以剔除之辩解、辩护意见，经查，证人黄某、钟某某证言证实黄某、钟某某均因兑换外汇而经他人介绍找到郝某某，并接受郝某某高于当时市场公开汇率的兑换条件进行非法外汇交易；证人吕某某证言证实其经他人介绍多次找郝某某非法兑换新台币；被告人郝某某在侦查阶段亦多次供述其与黄某、钟某某等人素不相识，双方仅存在外汇交易关系，且与朋友及朋友介绍的客户之间兑换外汇，并根据交易金额的大小获取0.5%—1%的利润。根据《中华人民共和国外汇管理条例》第四十五条、全国人民代表大会常务委员会《关于惩治骗购外汇、逃汇和非法买卖外汇犯罪的决定》第四条及最高人民法院《关于审理骗购外汇、非法买卖外汇刑事案件具体应用法律若干问题的解释》第三条之规定，未经外汇管理部门批准，在外汇指定银行、中国外汇交易中心及其分中心和外汇调剂中心以外与他人进行外汇交易的行为属非法买卖外汇的行为，非法买卖外汇构成犯罪并不以营利为构成要件，被告人郝某某及其辩护人上述辩解、辩护意见，与查明事实及相关法律规定不符，本院不予采纳。

关于辩护人所提公诉机关指控被告人郝某某非法经营，从事资金支付结算业务，其依据为2009年2月28日公布实施的《中华人民共和国刑法修正案（七）》修正后的《中华人民共和国刑法》，故该法条对被告人郝某某自2006年1月至2009年2月28日之间的行为并无溯及力，郝某某于2009年2月28日之后的结算行为之金额未及定罪标准之辩护意见，经查，根据中国人民银行《支付结算办法》第三条、第九条、第二十一条、第二十二条的规定，所谓支付结算是指单位、个人在社会经济活动中使用票据、信用卡和汇兑、托收承付、委托收款等结算方式进行货币给付及资金清算的行为。本案被告人郝某某自2006年1月至2009年7月先后与黄某、张某、龚某某、王某某、吕某某、石某某、钟某某、刘某某、许某乙等人在外汇指定银行及中国外汇交易中心及其分中心以外买卖外汇，并不具有正常“社会经济活动”的性质，其行为的实质是非法买卖外汇，非法买卖金额累计210余万美元，应当适用《中华人民共和国刑法》第二百二十五条第（四）项规定之非法经营定罪处罚。辩护人的上述辩护意见本院不予采纳。

关于辩护人所提起诉认定被告人郝某某犯罪金额的依据上海公信中南会计师事务所有限公司《司法会计鉴定意见书》所采用的汇率仅是2010年5月19日中国银行公布的美元对人民币的中间价，未顾及几年以来汇率浮动之辩护意见，经查，上述鉴定系上海公信中南会计师事务所有限公司司法鉴定人员按照法律、法规和规章规定的方法及步骤，根据委托机关提供的相关资料，采用审计调查、审计复核和对比分析方法，独立、客观地进行鉴定后形成的结论，其统一采用案发当日（即2010年5月19日）汇率作为折合依据，符合最高人民法院《关于审理骗购外汇、非法买卖外汇刑事案件具体应用法律若干问题的解释》第八条有关“骗购、非法买卖不同币种的外汇的，以案发时国家外汇管理机关制定的统一折算率折合后依照本解释处罚”之规定及相关会计、审计法规关于外汇折合依据的规定，其鉴定依据合法，鉴定方法科学、鉴定结论客观公正，应当作为认定本案非法经营数额的依据。辩护人提出的认定被告人郝某某非法经营数额有误的意见，本院不予采纳。

关于辩护人所提被告人郝某某与黄某之间的交易是在经常性项目之下，不受管制之辩护意见，经查，黄某的证言与被告人郝某某的供述相互印证，证实黄某、郝某某之间素不相识，双方之间仅存在非法外汇交易资金往来。经常项目外汇系指国际收支中涉及货物、服务、收益及经常转移的交易项目，根据《中华人民共和国外汇管理条例》第十二条之规定，经常项目外汇收支应当具有真实、合法的交易基础。辩护人上述辩护意见所依据的前提并不存在，本院不予采纳。

关于辩护人所提被告人郝某某兑换外币的行为并不完全发生在我国境内，郝某某在我国境外收取、支付美元、港元、新台币的行为不能认定为非法之辩护意见，经查，被告人郝某某使用其本人在我国境内的中国工商银行、农业银行等及其与其妻在台湾地区等以个人名义设立的多个账户，采用以境外账户收、付外汇，以境内账户付、收人民币等方式与黄某、龚某某、王某某、吕某某、石某某、钟某某、许某乙进行非法外汇买卖，其每次非法买卖外汇活动所涉及的人民币收、付款行为均发生在我国境内，根据《中华人民共和国刑法》第六条第三款之规定，应当认为系在我国领域内犯罪。辩护人上述辩护意见于法无据，本院不予采纳。

关于辩护人所提台币不属外汇之辩护意见，经查，根据《中华人民共和国外汇管理条例》第三条和第四十五条的规定，外汇是指以外币表示的可以用于国际清偿的支付手段和资产，私自买卖外汇构成犯罪的，依法追究刑事责任。新台币属于中华人民共和国境外货币之一，我国的外汇管理实践中，有关部门历来也是参照或者按照外汇管理的有关规定对新台币实施管理。被告人郝某某非法买卖新台币的行为应当与其非法买卖美元和港币等外汇的行为一并追究刑事责任。辩护人所提新台币非外汇的辩护意见于法无据，本院不予采纳。

本院认为，被告人郝某某在外汇指定银行和中国外汇交易中心及其分中心以外买卖外汇，扰乱金额市场秩序，交易金额折合210余万美元，情节特别严重，其行为已构成非法经营罪，依法应予惩处。公诉机关的指控，事实清楚，定性正确，但公诉机关依据《中华人民共和国刑法修正案（七）》第五条的规定起诉认定被告人郝某某犯非法经营罪适用法律错误，本院予以纠正。被告人郝某某对基本犯罪事实作了供述，依法予以从轻处罚。

综上所述，为维护社会主义经济秩序和国家的外汇管理秩序，依照全国人大常委会《关于惩治骗购外汇、逃汇和非法买卖外汇犯罪的决定》第四条、《中华人民共和国刑法》第二百二十五条第（四）项、第六十七条第三款、第五十二条、第五十三条，第六十四条及最高人民法院《关于审理骗购外汇、非法买卖外汇刑事案件具体应用法律若干问题的解释》第三条、第七条之规定，判决如下：

一、被告人郝某某犯非法经营罪，判处有期徒刑五年，并处罚金人民币五万元。

（刑期从判决执行之日起计算。判决执行以前先行羁押的，羁押一日折抵刑期一日，即自2010年7月14日起至2015年7月13日止。罚金于本判决生效之日起三十日内如数缴纳。）

二、违法所得予以追缴；用于非法买卖外汇的资金予以没收。

如不服本判决，可在接到判决书的第二日起十日内，通过本院或者直接向上海市第一中级人民法院提出上诉。书面上诉的，应当提交上诉状正本一份，副本两份。通过本院书面上诉的，应将上诉状正、副本送（寄）往本院立案庭。

审 判 长　钱 华
人民陪审员　何德其
人民陪审员　蔡全荪
二〇一一年五月五日
书 记 员　金 渊

附：相关法律条文

《中华人民共和国刑法》

第六条　凡在中华人民共和国领域内犯罪的，除法律有特别规定的以外，都适用本法。

……

犯罪的行为或者结果有一项发生在中华人民共和国领域内的，就认为是在中华人民共和国领域内犯罪。

第二百二十五条 违反国家规定，有下列非法经营行为之一，扰乱市场秩序，情节严重的，处五年以下有期徒刑或者拘役，并处或者单处违法所得一倍以上五倍以下罚金；情节特别严重的，处五年以上有期徒刑，并处违法所得一倍以上五倍以下罚金或者没收财产：

……

（四）其他严重扰乱市场秩序的非法经营行为。

第六十七条 犯罪以后自动投案，如实供述自己的罪行的，是自首。对于自首的犯罪分子，可以从轻或者减轻处罚。其中，犯罪较轻的，可以免除处罚。

……

犯罪嫌疑人虽不具有前两款规定的自首情节，但是如实供述自己罪行的，可以从轻处罚……

第五十二条 判处罚金，应当根据犯罪情节决定罚金数额。

第五十三条 罚金在判决指定的期限内一次或者分期缴纳。期满不缴纳的，强制缴纳。对于不能全部缴纳罚金的，人民法院在任何时候发现被执行人有可以执行的财产，应当随时追缴。如果由于遭遇不能抗拒的灾祸缴纳确实有困难的，可以酌情减少或者免除。

第六十四条 犯罪分子违法所得的一切财物，应当予以追缴或者责令退赔；对被害人的合法财产，应当及时返还；违禁品和供犯罪所用的本人财物，应当予以没收。没收的财物和罚金，一律上缴国库，不得挪用和自行处理。

全国人民代表大会常务委员会《关于惩治骗购外汇、逃汇和非法买卖外汇犯罪的决定》

第四条第一款 在国家规定的交易场所以外法买卖外汇，扰乱市场秩序，情节严重的，依照刑法第二百二十五条的规定定罪处罚。

《中华人民共和国外汇管理条例》

第三条 本条例所称外汇，是指下列以外币表示的可以用作国际清偿的支付手段和资产：

（一）外币现钞，包括纸币、铸币；

（二）外币支付凭证或者支付工具，包括票据、银行存款凭证、银行卡等；

（三）外币有价证券，包括债券、股票等；

（四）特别提款权；

（五）其他外汇资产。

第十二条第一款 经常项目外汇收支应当具有真实、合法的交易基础。经营结汇、售汇业务的金融机构应当按照国务院外汇管理部门的规定，对交易单证的真实性及其与外汇收支的一致性进行合理审查。

第四十五条 私自买卖外汇、变相买卖外汇、倒买倒卖外汇或者非法介绍买卖外汇数额较大的，由外汇管理机关给予警告，没收违法所得，处违法金额30%以下的罚款；情节严重的，处违法金额30%以上等值以下的罚款；构成犯罪的，依法追究刑事责任。

最高人民法院《关于审理骗购外汇、非法买卖外汇刑事案件具体应用法律若干问题的解释》

第三条 在外汇指定银行和中国外汇交易中心及其分中心以外买卖外汇，扰乱金融市场秩序，具有下列情形之一的，按照刑法第二百二十五条第（三）项的规定定罪处罚：

（一）非法买卖外汇二十万美元以上的；

（二）违法所得五万元人民币以上的。

第八条 骗购、非法买卖不同币种的外汇的，以案发时国家外汇管理机关制定的统一折算率折合后依照本解释处罚。

《支付结算办法》

第三条 本办法所称支付结算是指单位、个人在社会经济活动中使用票据、信用卡和汇兑、托收承付、委托收款等结算方式进行货币给付及其资金清算的行为。

第九条第一款 票据和结算凭证是办理支付结算的工具。单位、个人和银行办理支付结算，必须使用按中国人民银行统一规定印制的票据凭证和统一规定的结算凭证。

第二十一条 本办法所称票据，是指银行汇票、商业汇票、银行本票和支票。

第二十二条 票据的签发、取得和转让，必须具有真实的交易关系和债权债务关系。

票据的取得，必须给付对价。但因税收、继承、赠与可以依法无偿取得票据的，不受给付对价的限制。

上海市第一中级人民法院

刑事裁定书

（2011）沪一中刑终字第430号

原公诉机关上海市闵行区人民检察院。

上诉人（原审被告人）郝某某，男，1969年××月××日出生于台湾省台北市，汉族，本科文化，无业，住台湾省台北市北投区××街××弄××号，暂住本市闵行区××路××弄××公寓××支弄××号××室，因本案于2010年7月14日被拘留，同年8月20日被逮捕，现羁押于上海市第二看守所。

辩护人季某某、丁某，上海××律师事务所律师。

上海市闵行区人民法院审理上海市闵行区人民检察院指控原审被告人郝某某犯非法经营罪一案，于2011年5月20日作出（2010）闵刑初字第1451号刑事判决。原审被告人郝某某不服，提出上诉。本院于2011年6月15日立案受理后，依法组成合议庭，于2011年7月22日公开开庭审理了本案。上海市人民检察院第一分院指派代理检察员万大庆出庭履行职务。上诉人郝某某及辩护人季某某、丁某到庭参加诉讼。本案经依法延期审理，现已审理终结。

原审法院判决认定：2006年1月至2009年7月，被告人郝某某为获取非法利益，采用以我国大陆边境外银行账户收、付外汇，以我国大陆边境内银行账户付、收人民币等方式，先后与黄某、张某、龚某某、王某某、吕某某、石某某、钟某某、刘某某、许某乙等人非法进行外汇买卖，其中涉及美元134.74万元、港币100万元、新台币1929.114万元。上述共计折合美元210余万元。

2010年7月14日，郝某某被公安机关抓获归案，并被扣押部分非法买卖外汇所用的银行卡、对账簿、供犯罪使用或违法所得资金若干。

原审法院确认上述事实的证据有：证人黄某、吕某某、刘某某证言及辨认笔录，证人张某、陆某某、龚某某、王某某、石某某、钟某某、许某乙、陈某某等人的证言，相关银行账户流水单、银行账户资料、账号；银行进账单、对账单、账户流水单、汇款委托书、个人业务凭证，公安机关搜查笔录及《扣押物品、文件清单》、《冻结存款通知书》、公安机关工作情况，上海公信中南会计师事务所有限公司司法会计鉴定意见书等。被告人郝某某对本案事实的供述。

原审法院认为，被告人郝某某在外汇指定银行和中国外汇交易中心及其分中心以外买卖外汇，扰乱金融市场秩序，交易金额折合210余万美元，情节特别严重，其行为已构成非法经营罪，依法应予惩处。原公诉机关指控的事实清楚，定性正确，但《中华人民共和国刑法修正案（七)》第五条的规定适用有误，故予以纠正。郝某某对基本犯罪事实作了供述，依法予以从轻处罚。据此，依照全国人大常委会《关于惩治骗购外汇、逃汇和非法买卖外汇犯罪的决定》第四条、《中华人民共和国刑法》第二百二十五条第（四）项、第六十七条第三款、第五十二条、第五十三条、第六十四条及最高人民法院《关于审理骗购外汇、非法买卖外汇刑事案件具体应用法律若干问题的解释》第三条、第七条之规定，判决：一、被告人郝某某犯非法经营罪，判处有期徒刑五年，并处罚金人民币五万元。二、违法所得予以追缴；用于非法买卖外汇的资金予以没收。

上诉人郝某某提出，原审判决认定事实有误，郝某某并非出于营利目的从事外汇买卖活动，只是帮朋友忙，至于原判认定的郝某某与张某、龚某某、王某某进行的外汇买卖活动，与事实不符，郝某某与此三人并不认识；郝某某并未在我国从事外汇买卖，其行为并未影响我国的金融秩序；新台币不属于外币；原审判决改变公诉机关指控罪名所适用的法律，侵害了郝某某的诉讼权利；原审判决适用法律不当，原审引用1998年9月实施的最高人民法院《关于审理骗购外汇、非法买卖外汇刑事案件具体应用法律若干问题的解释》第八条的规定，以此确定本案的涉案金额，明显不公，《中华人民共和国刑法修正案（七)》对郝某某2009年2月28日之前行为不具有溯及力，对郝某某此前行为不应认定为犯罪。

郝某某的辩护人除同意郝某某的上诉意见外，还提出，原判认定事实有误，且不应适用《中华人民共和国刑法修正案（七)》的规定对郝某某2009年2月28日之前行为进行追究，本案中新台币也不属于外币，一审定性有误。

上海市人民检察院第一分院出庭意见认为，原审判决认定上诉人郝某某犯非法经营罪的事实清楚，证据确实、充分，定罪准确，量刑适当，且审判程序合法，上诉人的上诉理由及辩护人的辩护意见不能成立，建议二审法院驳回上诉，维持原判。

经二审审理查明的事实和证据与原审相同。

针对上诉人的上诉理由、检辩双方在庭审中的争议焦点，本院评判如下：

一、关于郝某某是否实施了非法买卖外汇行为。原审判决根据本案相关证人黄某、钟某某、吕某某等人的证言，结合有关书证，依法认定郝某某自2006年1月至2009年7月，先后与黄某、张某、龚某某、王某某、吕某某、石某某、钟某某、刘某某、许某乙等人在外汇指定银行及中国外汇交易中心及其分中心以外买卖外汇，累计金额折合美元210余万元，其中，张某、龚某某、王某某的证言证实三人均分别通过他人向郝某某非法买卖外汇，上述事实郝某某亦曾供认在案。原审判决认定郝某某非法买卖外汇的事实清楚，证据确实、充分，故郝某某的相关上诉理由及辩护人的相关辩护意见本院不予采纳。

二、关于我国刑法对郝某某的行为是否有管辖权。经查，郝某某采用以我国大陆边境外银行账户收、付外汇，以我国大陆边境内银行账户付、收人民币等方式与他人进行非法外汇买卖，其每次非法买卖外汇活动所涉及的人民币收、付款行为均发生在我国领域内，根据《中华人民共和国刑法》第六条之规定，我国刑法对其有管辖权。郝某某的相关上诉理由及辩护人的相关辩护意见，本院不予采纳。

三、关于涉案新台币是否属于外币。本院认为，人民币系中华人民共和国的法定货币，新台币系人民币以外的货币，故对郝某某非法买卖新台币的行为应以非法买卖外汇定性。上诉人郝某某相关上诉理由及辩护人相关的辩护意见，本院不子采纳。

四、关于原判适用的法律是否适当。全国人大常委会《关于惩治骗购外汇、逃汇和非法买卖外汇犯罪的决定》第四条及最高人民法院《关于审理骗购外汇、非法买卖外汇刑事案件具体应用法律若干问题的解释》第三条之规定，未经外汇管理部门批准，在外汇指定银行、中国外汇交易中心及其分中心和外汇调剂中心以外与他人进行外汇交易的行为属非法买卖外汇的行为，应当适用《中华人民共和国刑法》（即1997年《中华人民共和国刑法》）第二百二十五条第（三）项之规定以非法经营罪定罪处罚。2009年2月28日《中华人民共和国刑法修正案（七）》将原1997年《中华人民共和国刑法》第二百二十五条第（三）项修正为第（四）项，故原判适用法律于法有据，郝某某的相关上诉理由及辩护人相关的辩护意见，本院不予采纳。

五、关于本案司法鉴定意见书采用汇率基准日是否符合法律规定。最高人民法院《关于审理骗购外汇、非法买卖外汇刑事案件具体应用法律若干问题的解释》第八条规定，骗购、非法买卖不同币种的外汇的，以案发时国家外汇管理机关制定的统一折算率折合美元。据此，原判及司法会计鉴定意见书采用案发当日汇率将涉案的不同币种外币折合为美元符合相关司法解释的规定，郝某某的上诉理由及辩护人的相关辩护意见，本院不子采纳。

综上所述，本院认为，上诉人郝某某在外汇指定银行和中国外汇交易中心及其分中心以外买卖外汇美元、港币、新台币，扰乱金融市场秩序，非法买卖外汇金额折合美元210余万元，情节特别严重，其行为已构成非法经营罪，依法应予惩处。原判鉴于郝某某到案后，如实供述基本犯罪事实，已依法予以从轻处罚。郝某某的上诉理由及辩护人的相关辩护意见与本院查明的事实、证据及法律的规定不符，本院不予采纳。原审判决认定郝某某犯非法经营罪的事实清楚，证据确实、充分，定罪准确，且审判程序合法，依法应予维持。上海市人民检察院第一分院建议驳回上诉，维持原判的出庭意见符合法律规定，本院予以支持。据此，依照《中华人民共和国刑事诉讼法》第一百八十九条第（一）项之规定，裁定如下：

驳回上诉，维持原判。

本裁定为终审裁定。

审 判 长 陈 捷
代理审判员 钱 卫
代理审判员 韦 庆
二〇一一年八月二十四日
书 记 员 马扬宁

附：相关法律条文

《中华人民共和国刑事诉讼法》

第一百八十九条 第二审人民法院对不服第一审判决的上诉、抗诉案件，经过审理后，应当按照下列情形分别处理：

（一）原判决认定事实和适用法律正确、量刑适当的，应当裁定驳回上诉或者抗诉，维持原判；

……

非法从事票据贴现业务应认定为非法经营

——秦某某非法经营案

【案例要旨】

未经国家有关主管部门批准，进行无真实贸易背景的票据贴现业务并从中牟利的，属于非法从事资金支付结算业务的行为，根据《刑法修正案（七）》的规定，应以非法经营罪定罪处罚。

【案情简要】

被告人秦某某为非法牟利，未经国家主管部门批准，2008年6月起通过互联网发布提供票据贴现的服务信息，招揽持银行承兑汇票需贴现的客户，并以其实际控制的×甲等公司名义进行背书，或者开设贴现临时账户，在无真实贸易背景的情况下，为企业贴现套取资金，并通过上述公司银行账户周转贴现款，收取手续费。2009年2月28日至2010年11月17日期间，秦某某以上述方法为浙江×乙公司等企业的220张银行承兑汇票提供贴现服务，汇票金额共计人民币9.9亿元，获取非法所得共计14万余元。另查明，2008年9月至2009年2月27日期间，秦某某为他人办理贴现业务，汇票金额计1.71亿元，获取非法所得计40余万元。

鉴于秦某某能投案自首，经长宁区人民检察院提起公诉，长宁区人民法院以非法经营罪判处秦某某有期徒刑1年，缓刑1年，并处罚金人民币1万元。判决已发生法律效力。

【典型意义】

秦某某非法经营一案，是上海市司法机关首例适用《刑法修正案（七）》对非法从事票据贴现业务行为定罪处罚的案件。秦某某自2008年6月起未经银行业监管机构批准，通过互联网发布提供票据贴现服务的信息招揽客户，在无真实贸易背景的情况下，为相关企业的银行承兑汇票提供贴现服务，收取手续费，其中2009年2月28日，即《刑法修正案（七）》实施后非法贴现票据220张，资金支付结算金额达9.9亿元，非法所得额达14万余元，属《刑法修正案（七）》新规定的“非法从事资金支付结算业务”、情节严重的行为，应以非法经营罪追究其刑事责任。

为有效防范金融风险，维护国家金融安全，保证资金支付结算业务正常进行，《刑法修正案（七）》将未经国家有关主管部门批准非法从事资金支付结算业务，扰乱市场秩序，情节严重的行为规定为非法经营犯罪。根据中国人民银行《支付结算办法》的规定，资金支付结算是指“单位、个人在社会经济活动中使用票据、信用卡和汇兑、托收承付、委托收款等结算方式进行货币给付及其资金清算的行为。”“银行是支付结算和资金清算的中介机构。未经中国人民银行批准的非银行金融机构和其他单位不得作为中介机构经营支付结算业务。”因此，未经许可，非银行的单位和个人从事资金支付结算业务均属非法，系逃避金融监管的非法经营行为，应依法追究责任。

根据《刑法》第12条规定，对发生在2009年2月28日《刑法修正案（七）》实施之后的非法从事资金支付结算的行为，应依法追究行为人非法经营罪的刑事责任；对《刑法修正案（七）》实施之前的行为，只能适用修正前的刑法，不宜以非法经营罪对其定罪处罚。

此类案件中反映出，行为人利用互联网发布非法经营活动信息，可采用检察建议或针对性的法治宣传等方式，进行必要引导，防止非法经营行为的滋生蔓延。

上海市长宁区人民检察院

起诉书

沪长检刑诉〔2011〕540号

被告人秦某某，男，1980年××月××日生，公民身份号码：4325221980××××××××，汉族，高中文化，上海××网络科技有限公司及上海××实业发展有限公司法定代表人及实际负责人，户籍所在地：湖南省娄底市双峰县××镇××路××号，暂住本市××路××弄××号××室。2011年1月19日因涉嫌非法经营罪被上海市公安局取保候审。同年9月8日由本院继续取保候审。

本案由上海市公安局侦查终结，以被告人秦某某涉嫌非法经营罪，向上海市人民检察院第一分院移送审查起诉。上海市人民检察院第一分院于2011年9月7日交与本院审查起诉。本院受理后，于次日告知被告人有权委托辩护人，并依法讯问了被告人，审查了全部案件材料。被告人秦某某对本案同意适用简易程序审理。

经依法审查查明：

被告人秦某某为获取非法利益，未经银行业监督管理机构批准，通过互联网发布提供票据贴现服务信息，招徕持银行承兑汇票需贴现的企业和个人。被告人秦某某通过上海××网络科技有限公司（以下简称"××网络公司"）及上海××实业发展有限公司（以下简称"××实业公司"）的账户，进行在无真实贸易背景的票据贴现业务，收取手续费牟利。2009年3月2日至2010年11月17日期间，被告人秦某某为浙江××控股有限公司等单位进行非法贴现的银行承兑汇票共计220张，汇票金额共计人民币990000000.00元，非法所得人民币141593.93元。

2011年1月19日，被告人秦某某主动至公安机关投案，并作了如实供述。

上述事实，有以下证据证明：

1. 证人沈某某、朱某某的证言证实，其在××网络公司工作时，看到被告人秦某某给浙江××控股有限公司等做票据贴现业务。

2. 证人陈某某、魏某某、胡某某、张某某的证言证实，被告人秦某某通过互联网招徕浙江××控股有限公司、浙江××建设集团公司，为其进行票据贴现业务，收取手续费。

3. 证人徐某某的证言证实，××网络和××实业公司为被告人秦某某个人经营，公司从事银行汇票贴现业务。

4. 证人杨某某、谷某某、裴某某、张某丙、常某某、李某某、李某甲、刘某某、黄某某、唐某某、丁某某、张某甲、张某乙、陈某甲、杨某甲均为银行的工作人员，其证言均证实，××网络公司和××实业公司分别在其所工作的银行进行票据贴现业务。

5. 上海沪港金茂会计师事务所有限公司出具司法鉴定意见书及司法鉴定补充意见书证实，2009 年 3 月 2 日至 2010 年 11 月 17 日期间，涉案贴现的银行承兑汇票共计 220 张，汇票金额共计 990000000. 00 元，××网络公司留存收付差额为 141593. 93 元。

6. 中国银行业监督管理委员会上海监管局出具的“关于秦某某行为性质的复函”证实，被告人秦某某未经银行业监督管理机构批准，擅自进行无真实贸易背景的票据贴现业务，可以认定为非法从事资金支付结算业务。

7. 涉案的银行承兑汇票及进行贴现业务的相关银行单据凭证、资金往来明细、××网络公司、××实业公司的银行账户资金往来明细、××网络公司、××实业公司的工商登记注册资料等书证物证。

8. 案发经过记录证实，被告人秦某某主动到案、如实供述的情况。

9. 被告人秦某某对犯罪事实供认不讳。

上述证据收集程序合法，内容客观真实，足以认定指控事实。被告人秦某某对基本犯罪事实无异议。

本院认为，被告人秦某某非法从事资金支付结算业务，扰乱市场秩序，情节严重，其行为已触犯《中华人民共和国刑法》第二百二十五条，犯罪事实清楚，证据确实充分，应当以非法经营罪追究其刑事责任。被告人秦某某主动到案、如实供述，系自首，应适用《中华人民共和国刑法》第六十七条第一款。根据《中华人民共和国刑事诉讼法》第一百四十一条的规定，提起公诉，请依法审判。

此致

上海市长宁区人民法院

检察员　孙　晨

二〇一一年十一月二十一日

附：1. 被告人秦某某现取保候审于暂住地。

2. 侦查卷宗二十一册，司法审计材料卷宗八册。

3.《适用简易程序建议书》一份。

4.《量刑建议书》一份。

附：相关法律条文

《中华人民共和国刑法》

第六十七条第一款 犯罪以后自动投案，如实供述自己的罪行的，是自首。对于自首的犯罪分子，可以从轻或者减轻处罚。其中，犯罪较轻的，可以免除处罚。

第二百二十五条 违反国家规定，有下列非法经营行为之一，扰乱市场秩序，情节严重的，处五年以下有期徒刑或者拘役，并处或者单处违法所得一倍以上五倍以下罚金；情节特别严重的，处五年以上有期徒刑，并处违法所得一倍以上五倍以下罚金或者没收财产：

（一）未经许可经营法律、行政法规规定的专营、专卖物品或者其他限制买卖的物品的；

（二）买卖进出口许可证、进出口原产地证明以及其他法律、行政法规规定的经营许可证或者批准文件的；

（三）未经国家有关主管部门批准非法经营证券、期货、保险业务的，或者非法从事资金支付结算业务的；

（四）其他严重扰乱市场秩序的非法经营行为。

《中华人民共和国刑事诉讼法》

第一百四十一条 人民检察院认为犯罪嫌疑人的犯罪事实已经查清，证据确实、充分，依法应当追究刑事责任的，应当作出起诉决定，按照审判管辖的规定，向人民法院提起公诉。

上海市长宁区人民法院
刑事判决书

（2011）长刑初字第666号

公诉机关上海市长宁区人民检察院。

被告人秦某某，男，1980年××月××日出生于湖南省娄底市，汉族，高中文化，系上海××网络科技有限公司及上海××实业发展有限公司法定代表人及实际负责人，户籍地湖南省娄底市双峰县××镇××路××号。2011年1月19日因涉嫌犯非法经营罪被上海市公安局依法取保候审。

上海市长宁区人民检察院以沪长检刑诉〔2011〕540号起诉书指控被告人秦某某犯非法经营罪，于2011年11月28日向本院提起公诉，并建议本院适用简易程序。本院经审查后转为普通程序，依法组成合议庭公开开庭审理了本案。上海市长宁区人民检察院检察员孙晨，被告人秦某某到庭参加诉讼。现已审理终结。

经审理查明，被告人秦某某为获取非法利益，未经银行业监督管理机构批准，通过互联网发布提供票据贴现的服务信息，招徕保持银行承兑汇票需贴现的企业和个人，并通过上海××网络科技有限公司及上海××实业发展有限公司的账户，进行无真实贸易背景的票据贴现业务，从中收取手续费牟利。2009年3月2日至2010年11月17日间，被告人秦某某采用上述方法，为浙江××控股有限公司等单位进行非法贴现的银行承兑汇票共计220张，汇票金额共计人民币9.9亿元，非法所得共计人民币14万余元。

2011年1月19日，被告人秦某某主动至公安机关投案，并如实供述了上述事实。

上述事实事被告人秦某某在开庭审理过程中亦无异议，且有证人陈某某、魏某某、胡某某、张某某、徐某某、杨某某、谷某某、裴某某等人的证言，司法鉴定意见书、补充意见书，中国银行业监督管理委员会上海监管局函，银行承兑汇票及相关单据凭证、资金往来明细，工商登记注册资料等证据证实，足以认定。

本院认为，被告人秦某某非法从事资金支付结算业务，扰乱市场秩序，情节严重，其行为已构成非法经营罪，依法应予惩处。公诉机关的指控，事实清楚，定性正确。被告人秦某某系自首，且在庭审中自愿认罪，依法予以从轻处罚。为维护社会主义市场经济秩序，依照《中华人民共和国刑法》第二百二十五条、第六十七条第一款、第七十二条、第七十三条第二款和第三款、第五十三条、第六十四条之规定，判决如下：

一、被告人秦某某犯非法经营罪，判处有期徒刑一年，缓刑一年，并处罚金人民币一万元。

（缓刑考验期限，从判决确定之日起计算。罚金于本判决发生法律效力第二日起一个月内向本院缴纳完毕。）

二、作案工具：电脑主机一台、笔记本电脑一台予以没收；违法所得予以追缴。

秦某某回到社区后，应当遵守法律、法规，服从监督管理，接受教育，完成公益劳动，做一名有益社会的公民。

如不服本判决，可在接到判决书的第二日起十日内，通过本院或者直接向上海市第一中级人民法院提出上诉。书面上诉的，应当提交上诉状正本一份，副本一份。

审　判　长　徐茜浩
人民陪审员　杨润林
人民陪审员　戴玉清
二〇一二年一月十九日
书　记　员　张昕颖

附：相关法律条文

《中华人民共和国刑法》

第二百二十五条　违反国家规定，有下列非法经营行为之一，扰乱市场秩序，情节严重的，处五年以下有期徒刑或者拘役，并处或者单处违法所得一倍以上五倍以下罚金；情节特别严重的，处五年以上有期徒刑，并处违法所得一倍以上五倍以下罚金或者没收财产：

（一）未经许可经营法律、行政法规规定的专营、专卖物品或者其他限制买卖的物品的；

（二）买卖进出口许可证、进出口原产地证明以及其他法律、行政法规规定的经营许可证或者批准文件的；

（三）未经国家有关主管部门批准非法经营证券、期货、保险业务的，或者非法从事资金支付结算业务的；

（四）其他严重扰乱市场秩序的非法经营行为。

第六十七条 犯罪以后自动投案，如实供述自己的罪行的，是自首。对于自首的犯罪分子，可以从轻或者减轻处罚。其中，犯罪较轻的，可以免除处罚。

被采取强制措施的犯罪嫌疑人、被告人和正在服刑的罪犯，如实供述司法机关还未掌握的本人其他罪行的，以自首论。

犯罪嫌疑人虽不具有前两款规定的自首情节，但是如实供述自己罪行的，可以从轻处罚；因其如实供述自己罪行，避免特别严重后果发生的，可以减轻处罚。

第七十二条第一款 对于被判处拘役、三年以下有期徒刑的犯罪分子，同时符合下列条件的，可以宣告缓刑，对其中不满十八周岁的人、怀孕的妇女和已满七十五周岁的，应当宣告缓刑：

（一）犯罪情节较轻；

（二）有悔罪表现；

（三）没有再犯罪的危险；

（四）宣告缓刑对所居住社区没有重大不良影响。

第七十三条 拘役的缓刑考验期限为原判刑期以上一年以下，但是不能少于二个月。

有期徒刑的缓刑考验期限为原判刑期以上五年以下，但是不能少于一年。

缓刑考验期限，从判决确定之日起计算。

第五十三条 罚金在判决指定的期限内一次或者分期缴纳。期满不缴纳的，强制缴纳。对于不能全部缴纳罚金的，人民法院在任何时候发现被执行人有可以执行的财产，应当随时缴纳。如果由于遭遇不能抗拒的灾祸缴纳确实有困难的，可以酌情减少或者免除。

第六十四条 犯罪分子违法所得的一切财物，应当予以追缴或者责令退赔；对被害人的合法财产，应当及时返还；违禁品和供犯罪所用的本人财物，应当予以没收。没收的财物和罚金，一律上缴国库，不得挪用和自行处理。

准确把握自首情节对应当判处死刑案件的影响

——王某某故意杀人、诈骗案

【案例要旨】

“保留死刑，严格控制和慎重适用死刑”是我国的基本死刑政策。对罪行极其严重的被告人，虽有自首情节，是否适用死刑，仍应全面分析案件具体情况，特别是被告人的认罪悔罪表现及被害人家属的态度，准确评判社会危害程度，促使法院依法考量自首对死刑适用的影响。

【案情简要】

被告人王某某原系××村小区物业公司水电工，结识废品收购人喻某某后，于2008年至2010年9月间，向喻某某谎称××村小区物业公司要出售污水泵，以需要送礼及付款之名先后骗取喻某某人民币计5.3万元。为防诈骗事实败露，王某某于2010年10月18日以出售废品为名约喻某某次日下午到其××村住处。次日14时许，喻某某夫妇前往王某某住处，王某某将喻某某骗至××村62号楼顶废弃水箱处，趁喻某某不备，用随身携带的圆头锤猛敲喻某某的头部数下，在喻某某跌入水箱后又用电线缠绕在喻某某的颈部，致喻某某因颅脑损伤而死亡。作案后，王某某回到住处，向在等候的喻某某妻子谎称喻某某已离开。喻某某的妻子多方寻找、联系喻某某未果，在向××村小区物业了解获悉王某某所称出售污水泵系谎言。因疑喻某某被王某某加害，喻某某的亲属多次到王某某住处，要王某某说明喻某某去向，并向公安机关报失踪。同年10月21日2时许，王某某经家属规劝后，由其子王某甲代为报警投案，并在到案后如实供述了上述作案事实。一审庭审时王某某当庭辩称，其系临时起意杀人且仅击打过被害人头部一下。

鉴于王某某具有自首情节，一审对王某某以故意杀人罪判处死刑，缓期2年执行，剥夺政治权利终身；以诈骗罪判处有期徒刑3年，并处罚金人民币5万元；决定执行死刑，缓期2年执行，剥夺政治权利终身，并处罚金人民币5

万元。上海市人民检察院第一分院抗诉认为，王某某主观恶意深，罪行极其严重，且当庭翻供，缺乏认罪悔罪诚意，虽有自首情节，但不足以从轻处罚，应当判处死刑，并得到上海市人民检察院支持。上海市高级人民法院将此案发回重审，上海市第一中级人民法院采纳检察机关意见，以故意杀人罪对王某某作出死刑判决。上海市高级人民法院二审予以维持，最高人民法院亦予核准。

【典型意义】

《刑法》第 67 条规定，对于自首的犯罪分子，可以从轻或者减轻处罚。王某某抗诉一案，系纠正法院量刑不当的二审死刑抗诉案件。争议的焦点在于对罪行极其严重的被告人，如何把握自首情节对于适用死刑还是死缓的尺度标准。司法实践中，对具有自首情节的严重刑事犯罪被告人，一般可以不杀，以贯彻宽严相济的司法政策。但也并非一律不杀，应着重具体分析被告人的犯罪性质、情节、后果、主观恶性，特别是到案后的认罪悔罪态度，以正确评判自首对于量刑的影响。

本案并非民间矛盾引发，被害人没有过错，被告人为掩盖其先前的诈骗行为，而起意杀害被害人，犯罪动机卑劣，主观恶性深，人身危险性大。且被告人事先精心预谋，作案手段残忍，犯意坚决。作案后，其在被害人家属的反复追问下，一再诓骗搪塞，直至被害人家属报案后其在家属督促下而由其子代为投案。然而，案发后被告人既未退还诈骗所得 5.3 万元，也未对被害方进行赔偿，还在庭审时否认预谋犯罪，缺乏认罪悔罪诚意。被害人家属强烈要求法院判处被告人死刑立即执行。综观全案，被告人虽有自首情节，但相对其所犯罪行的严重程度和到案后的态度，应当判处死刑立即执行。检察机关依法抗诉，也被法院采纳，体现了刑法精神和对死刑政策的正确把握。

上海市人民检察院第一分院
起诉书

沪检一分刑诉〔2011〕28号

被告人王某某（身份证号码4130241963××××××××），男，1963年××月××日生于河南省××县，汉族，小学一年级文化，原系上海××物业管理有限公司××村管理部水电工，住上海市闵行区××村××号楼侧车库（户籍所在地河南省××县××店××组）；因涉嫌故意杀人罪于2010年10月21日被上海市公安局闵行分局刑事拘留，同年11月4日经上海市闵行区人民检察院批准被执行逮捕，并由该院于2011年1月19日报送本院审查起诉。

经依法审查查明：

2008年至2010年9月间，被告人王某某谎称上海市闵行区××物业公司要出售污水泵，以送礼及付款为名，先后骗取喻某某人民币共计5.3万元。为防诈骗事实败露，王于2010年10月19日14时许，以出售废品为名将喻某某骗至××村62号楼顶废弃水箱处，趁喻某某不备用随身携带的圆头锤猛敲喻某某的头部数下，在喻某某跌入水箱后又以电线缠绕在喻某某的颈部，导致喻某某因颅脑损伤而死亡。

2010年10月21日2时许，王某某经家属规劝后，由其子王某甲代为报警投案，并在到案后如实供述了上述犯罪事实。

认定上述事实的主要证据如下：蔡某某、张某某、邹某某、付某某、王某甲、王某乙等人的证言；查获的圆头锤、收条、上海市公安局110接警登记表、居民死亡确认书、户籍资料等物证、书证；现场勘查笔录；尸体检验鉴定书、物证鉴定报告等鉴定结论以及王某某的供述。

本院认为，被告人王某某故意杀死1人，并以非法占有为目的，虚构事实，骗取他人人民币5.3万元，数额巨大，其行为分别触犯了《中华人民共和国刑法》第二百三十二条、第二百六十六条之规定，应以故意杀人罪、诈骗罪追究刑事责任。鉴于其有自首情节且一人犯二罪，还应适用《中华人民共和国刑法》第六十七条第一款、第六十九条之规定。根据《中华人民共和国刑事诉讼法》第一百四十一条之规定，现将被告人王某某提起公诉，请依法审判。

此致

上海市第一中级人民法院

检　察　员　沈惠娣

代理检察员　朱　峰

二〇一一年五月六日

附：1. 被告人王某某羁押于上海市闵行区看守所；

2. 证据目录、证人名单及主要证据复印件1册；

3. 刑事附带民事诉状1份。

上海市第一中级人民法院
刑事附带民事判决书

（2011）沪一中刑初字第84号

公诉机关上海市人民检察院第一分院。

附带民事诉讼原告人王某乙，男，1947年××月××日生，汉族，住河南省固始县××乡××村××组，系被害人喻某某之继父。

附带民事诉讼原告人沈某某，女，1947年××月××日生，汉族，住址同上，系被害人喻某某之母。

附带民事诉讼原告人蔡某某，女，1970年××月××日生，汉族，住址同上，系被害人喻某某之妻。

附带民事诉讼原告人喻某甲，男，1994年××月××日生，汉族，住址同上，系被害人喻某某之子。

附带民事诉讼原告人喻某乙，女，1995在××月××日生，汉族，住址同上，系被害人喻某某之女。

附带民事诉讼原告人喻某甲、喻某乙的法定代理人蔡某某，系喻某甲、喻某乙之母。

上述附带民事诉讼原告人的诉讼代理人胡某某，上海××律师事务所律师。

被告人（暨附带民事诉讼被告人）王某某，男，1963年××月××日出生于河南省××县，汉族，小学一年级文化，原系上海××物业管理有限公司××村管理部水电工，户籍所在地河南省潢川县××乡××村××组，暂住上海市闵行区××村××号楼侧车库；因涉嫌犯故意杀人罪于2010年10月21日被刑事拘留，同年11月4日被逮捕；现羁押于上海市闵行区看守所。

辩护人暨附带民事诉讼代理人施某，上海市××律师事务所律师。

上海市人民检察院第一分院以沪检一分刑诉〔2011〕28号起诉书指控被告人王某某犯故意杀人罪、诈骗罪，于2011年5月9日向本院提起公诉。诉讼过程中，附带民事诉讼原告人王某乙、沈某某、蔡某某、喻某甲、喻某乙向法院提起附带民事诉讼。本院受理后，依法组成合议庭，于2011年5月31日公开开庭进行了合并审理。上海市人民检察院第一分院指派代理检察员朱峰、于爽出庭支持公诉。被告人王某某及其辩护人施某、附带民事诉讼原告人沈某某、蔡某某、喻某甲及其诉讼代理人胡某某到庭参加诉讼。本案经依法延期审理，现已审理终结。

上海市人民检察院第一分院指控：2008年至2010年9月间，被告人王某某谎称上海市闵行区××村小区物业公司要出售污水泵，以送礼及付款为名，先后骗取喻某某人民币（以下币种均为人民币）共计5.3万元。为防诈骗事实败露，王于2010年10月19日14时许，以出售废品为名将喻某某骗至××村62号楼顶废弃水箱处，趁喻不备用随身携带的圆头锤猛敲喻的头部数下，在喻跌入水箱后又以电线缠绕在喻的颈部，导致喻某某因颅脑损伤而死亡。

2010年10月21日2时许，王某某经家属规劝后，由其子王某甲代为报警投案，并在到案后如实供述了上述犯罪事实。

为证实上述指控的事实，公诉人当庭讯问了被告人王某某，宣读了证人蔡某某、张某甲、邹某某、付某某、王某甲、王某丁等人的证言及被告人王某某的供述；出示了作案工具圆头锤、被害人手机等物证的照片；宣读和出示了《现场勘验检查笔录》《法医学尸体检验鉴定书》《物证鉴定报告》《收条》《上海市公安局110接警登记表》《居民死亡确认书》等鉴定意见和书证。公诉机关据此认为，被告人王某某故意杀死1人，并以非法占有为目的，虚构事实，骗取他人5.3万元，数额巨大，其行为已分别触犯了《中华人民共和国刑法》（以下简称《刑法》）第二百三十二条、第二百六十六条之规定，应以故意杀人罪、诈骗罪追究刑事责任。鉴于其有自首情节且一人犯二罪，还应适用《刑法》第六十七条第一款、第六十九条之规定。提请法院依法审判。

附带民事诉讼原告人请求依法判令附带民事诉讼被告人王某某赔偿因故意杀人行为给原告人造成的经济损失905035元，包括死亡赔偿金636760元、丧葬费23378.5元、被扶养人生活费161896.5元、交通费8000元和误工费9600元、住宿费5400元、精神损失费50000元、律师代理费1000元，并向法庭提交了相关的户籍证明材料等。

被告人王某某当庭对起诉指控的证据及罪名均无异议，但辩称其系临时起意杀害被害人，并只用圆头锤敲了被害人头部一下；对承担民事赔偿责任及原告人所提的赔偿数额无异议，但表示无能力赔偿。

被告人王某某的辩护人提出：被告人有自首情节，认罪、悔罪态度较好，平时一贯表现良好，请求法庭对王某某减轻处罚。对附带民事诉讼原告人的请求，死亡赔偿金应以农村居民标准赔偿，被扶养人生活费中王某乙、沈某某不应支持，误工费因未提供误工证明不应支持，交通费、住宿费原告人所提数额太高，精神损失费、律师代理费不应支持。经审理查明：2008 年至 2010 年 9 月间，被告人王某某谎称上海市闵行区××村小区物业公司要出售污水泵，以送礼及付款为名，先后骗取欲收购污水泵的喻某某共计 5.3 万元。为防诈骗事实败露，王某某于 2010 年 10 月 19 日 14 时许，以出售废品为名将喻某某骗至××村 62 号楼顶废弃水箱处，趁喻某某不备用随身携带的圆头锤猛敲喻的头部数下，在喻某某跌入水箱后又以电线缠绕在喻某某的颈部，导致喻某某因颅脑损伤而死亡。

2010 年 10 月 21 日 2 时许，王某某经家属规劝后，由其子王某甲代为报警投案，并在到案后如实供述了上述作案事实。以上事实有公诉机关提交并经法庭质证、本院予以确认的下列证据证实：

一、以下一组证据证实王某某的诈骗事实暨杀害被害人的起因

1. 证人蔡某某（系被害人喻某某的妻子）的证言证明：她和丈夫喻某某以收废品为业，七八年前结识了××村水电工小王，小王经常卖废品给他们。小王几年前就声称××村的污水泵等要卖掉，其可帮他们争取该生意，但需给物业经理等人送好处费。她知道喻某某第一次给小王钱是三四年前，小王说要给物业经理送礼，向他们要了 5000 元或 3000 元；第二次是在 2009 年，小王又说要给一个物业副经理送钱，他们给了王 1 万元；第三次是在 2010 年，小王说要送钱给派出所一个警察，他们给了 5000 元；最后一次是在 2010 年 9 月 1 日，小王向他们收取了定金 3.5 万元，并给了一张盖有上海××物业管理有限公司××管理部公章、有张某乙签名的收据，写明是买污水泵的钱，小王称张某乙就是物业经理。由于认识小王很多年了，又是老乡，他们是很相信小王的。她丈夫失踪后，小王电话老打不通，她怀疑此事的真实性，遂持收据到××村物业询问，得知小区并未打算出售变压器、污水泵等，也无张某乙此人。

证人蔡某某于 2010 年 10 月 21 日进行了照片辨认，确认王某某就是其所称的小王。

2. 证人付某某（系被告人王某某的妻子）的证言证明：2010 年她老公王某某和喻某某谈了一笔出售废旧水泵的生意，喻某某给她老公 5.3 万元，具体几次给的日期记不清了，都是送到她家的。

3. 证人王某甲（系王某某的长子）的证言证明：案发前几个月他母亲付某某曾和他及弟弟王某丁提起过喻某某给父亲送过几次钱，污水泵生意快谈好了。

4. 证人张某甲（系上海××物业管理有限公司××村管理部小区经理）的证言、上海××物业管理有限公司××村管理部出具的《证明》共同证明：王某某是上海××物业管理有限公司员工，在××村做了十几年水电工。××

村目前没有更换污水泵的必要和打算，即使要卖也须通过小区业主委员会、小区居委会及物业公司三方协商通过后才能决定，物业单方决定出售是不合法、不合理的。该公司从来就没有叫张某乙的员工。

5. 证人邹某某（系上海××物业管理有限公司总经理）的证言证明：王某某1995年就已经在××村物业工作了，侦查人员向他出示的《收条》上的图章是该物业公司在2008年前使用的。

6. 侦查机关向被害人家属调取的《收条》证明：内容为“今收到本小区出售污水泵俩个折价为35000元（大写叁万伍仟元正），预定于2010年11月30日交货，2010年9月1日，张某乙”，并盖有上海××物业管理有限公司××管理部的公章。

7. 被告人王某某在侦查阶段供称：他在××村当水电工。三四年前就认识一个收废品的年龄大概在40岁左右的河南老乡，他称为“老哥”。二三年前“老哥”告诉他想收购××村里的一个废弃的污水泵。该污水泵是属于物业的财产，当时并不准备出售，他因为在外面赌博欠了钱，就骗“老哥”说污水泵他可以通过关系想办法卖给“老哥”，让“老哥”先拿点钱来，“老哥”同意了，于是2008年开始至案发前一共分三次给了他5.3万元，都是“老哥”夫妻俩一起把现金交给他的，第一次他说要给物业送礼，“老哥”给他3000元，具体时间记不清了；第二次是2009年下半年，他告诉“老哥”有人也要买污水泵，需要送钱给物业经理、居委干部和一个民警，其就在他住处门口给了1.5万元；最后一次是在2010年9月1日，“老哥”夫妻俩就一起到他家给了他3.5万元现金，他拿了一张盖有××管理部物业公章的空白纸条，找××号楼下的一家超市老板帮忙写了一张收条交给了“老哥”，收条内容是他口述的，名字和落款都是瞎编的。他收到的5.3万元都用于还高利贷赌债了。2010年10月份以来，“老哥”给他打了几个电话，问污水泵的事情，大约13、14号前后，又给他打来电话，他因为没权力将污水泵卖给“老哥”，而且“老哥”给的5.3万元钱都被他用于还赌债了，根本还不出来，实在没有办法了，于是他就动了杀人灭口的念头。

被告人王某某于2010年10月21日进行了照片辨认，确认喻某某系其称为“老哥”的老乡。

二、以下一组证据证实王某某杀害被害人喻某某的作案事实

1. 上海市公安局闵行分局刑事科学技术研究所出具的《现场勘验检查笔录》及相关照片证实：案发现场的位置及现场勘查和提取相关物证、痕迹的经过。现场位于上海市闵行区××村62号楼顶，未变动现场。勘查见该楼顶为平改坡的尖顶，楼顶上有4个之间间隔约6米的废弃水箱，有8个之间间隔

3米的通风口。在东侧第二个通风口的东侧约0.5米处地面（10号标示牌）上有一枚烟蒂；在东侧第三个通风口的南侧约1米处地面（7号标示牌）上有一枚烟蒂。在东侧第四个通风口内有一把尖嘴钳，钳子上有血迹，其中一根钳柄上橡胶套缺失；在东侧第五个通风口内有一钳柄橡胶套，上有血迹；在东侧第六个通风口内有手机盖板，上有血迹；在东侧第七个通风口内有一块手机电池板；在东侧第八个通风口内有一部“TCL”手机（无电池板和盖板），上有血迹；东侧第三个水箱上有水泥盖板，呈半封闭在水箱内靠西墙的地面上有一具男性尸体，头北脚南，俯卧，上身穿白色汗衫，下身穿深色长裤，脚穿皮鞋，尸体头部有伤。尸体颈部缠绕红色电线，尸体上半身下的地砖上有大量血迹；在水箱内靠东南墙的地砖上有大量血迹；在水箱内靠东北墙角的地砖上有一根红色电线（上述物品及血迹若干均已提取）。

2. 上海市公安局闵行分局出具的《扣押物品、文件清单》证明：公安人员于2010年10月21日从被告人王某某处扣押圆头锤1把、上衣1件、裤子1条。

3. 上海市公安局物证鉴定中心出具的《鉴定书》证实：不能排除标记为“10号标识牌地面上”烟蒂为王某某所留。不能排除水箱地面上、尖嘴钳上、钳柄套上、TCL手机上、手机盖板上血迹、红色电线上涂取物、标记为“7号标识牌地面上”烟蒂为被害人喻某某所留。

4. 上海市公安局物证鉴定中心出具的《法医学尸体检验鉴定书》证实：死者颈项部被用一根直径为0.3厘米的红色电线缠绕两道，电线两端于项部绞拧在一起；颈项部见宽为0.4厘米至0.6厘米的索沟，右侧颈上部见0.4厘米×4厘米的皮下出血。头部5处头皮裂创均具有创缘不整齐、创壁不光滑、创腔内见组织间桥、创周见挫伤等特点。左颞部5厘米头皮裂创对应部立的颅骨见一处弧形骨折线，左侧颞骨粉碎性骨折，骨折线向额骨及两侧顶骨延伸，左侧大脑见片状蛛网膜下腔出血，大脑组织左颞叶及两侧额叶见脑挫伤，颅前窝、左颅中窝及左颅后窝见骨折。根据死者头部头皮裂创的形态特点、严重程度及分布部位等综合分析，喻某某系生前被他人用钝器打击头部致颅脑损伤而死亡。

侦查机关调取的《居民死亡殡葬证》《居民死亡确认书》证明：被害人喻某某于2010年10月19日因颅脑损伤而死亡。

5. 证人蔡某某（系被害人喻某某妻子）的证言证明：2010年10月18日下午，××村水电工小王来电话说小区有废弃变压器出售，让他们第二天中午1点钟多带点钱过去，并带好9月1日小王给的收据。她和丈夫喻某某遂于19日14时许开车到小王家中，小王让她丈夫跟着去看变压器，让她等着。十多分钟后，小王独自回来，称喻某某接了个电话后出去接人了。她拨打丈夫电话，但无法接通，后她离开。10 月 19 日她在小区内找丈夫的时候，看见小王换了个新的工具包。她丈夫被害当天穿白色 T 恤、蓝黑色裤子、黑色皮鞋，身上带了一个号码为 1360197××××的黑色直板手机。

证人蔡某某于 2010 年 10 月 21 日对被害人尸体进行了辨认，确认系其丈夫喻某某；于 2011 年 4 月 19 日对现场勘查笔录中的手机，照片进行了辨认，确认该手机系喻某某所使用的手机。

6. 证人付某某（系王某某的妻子）的证言证明：2010 年 10 月 19 日下午两点左右，喻某某夫妻俩开车来他们家，喻某某和王某某去看货，她则陪喻某某的老婆聊天。过了 10 分钟左右，王某某一个人回来了，对喻的老婆说喻出去接电话了。后喻的老婆打喻某某的电话打不通，出去找也没找到。王某某当天回来背了一个新的帆布工具包。

7. 证人王某甲（系王某某的长子）的证言证明：2010 年 10 月 19 日中午，他回家时看到喻某某老婆和他母亲在小区门口说笑。不久他又回家时，看到喻某某老婆带人过来找他父亲，叫他父亲帮忙找喻某某，他父亲说喻某某接了个电话就出小区了。他父亲喜欢打牌、打老虎机，平时除了打牌都背着工具包，里面有锤子、老虎钳等东西。他母亲曾和他说起过，19 日喻某某失踪后，父亲曾经把工具包带回家，把工具洗了一遍，还把旧的工具包扔了，换了个新的。

8. 证人王某丁（系王某某的次子）的证言证明：他父亲王某某在××村做水电工已十余年。2010 年 10 月 19 日 23 时许他下班回家时，他女友聂某某称他父亲当天下午约了一个河南老乡去看水泵，那老乡至今还未回家，该老乡与其妻子曾因收废品来过他家。

9. 被告人王某某供述：在决定杀人灭口后，2010 年 10 月 18 日上午 10 时许，他用手机打电话给“老哥”，骗对方说他这里有几个变压器，让“老哥”明天下午过来看一下，对方答应了。19 日下午 2 时许，“老哥”和他老婆开了一辆黑色的河南牌照小轿车来到他的暂住地××村自行车车棚，当时他老婆付某某也在家，他让“老哥”跟他走，“老哥”老婆则留下陪他老婆聊天。他带着“老哥”来到××村 62 号顶楼，通过梯子从由东往西数第三个通风口爬出去到了顶楼的天台，在爬到了一个废弃的水箱处时，他骗“老哥”说东西放在水箱里了，让“老哥”下去看。他从随身携带的帆布工具包里掏出一把圆头锤在背后往“老哥”头顶敲了 3 下，“老哥”一下子就从楼梯上摔下来躺倒在水箱底部。他也下到水箱里，看到“老哥”两只脚在抽搐，就把“老哥”拖到一边用锤子又在太阳穴及头顶部敲了两下，直到不动为止。他又从工具包里掏出一根一米左右长的红色胶皮的两芯电线缠绕住“老哥”的颈部，并用工具包内的1把尖嘴老虎钳将电线的两头拧在了一起，接着他翻了翻“老哥”的衣服及裤子口袋，找到1部直板手机。他拿了手机后就爬出了水箱，并把水箱盖子盖上，以防止有人发现或有尸臭飘出。走到天台通风口时，他把手机电池板卸了下来，把手机分成三个部件连同尖嘴老虎钳分别扔在天台上四个通风口处。后他回到暂住地，发现“老哥”老婆还等在那，就骗她说“老哥”接了个电话就匆匆走了，不知道去哪里了，“老哥”老婆就出去找“老哥”了。他把杀人用的圆头锤放在工具包里带回家后，发现上面还沾着血，就用自来水洗干净了。

被告人王某某于2011年3月15日对作案现场的照片、圆头锤、电线、老虎钳等作案工具的照片以及被害人喻某某所持手机的照片辨认后确认无疑。

三、以下一组证据证实被告人王某某的到案情况

1. 上海市公安局闵行分局出具的《抓获经过》《案件接报回执单》《接受刑事案件登记表》证明：2010年10月20日13时40分，报警人蔡某某到上海市公安局梅陇派出所报案称，10月19日13时许，其与丈夫喻某某一起到上海市闵行区××路××号一男子（即王某某）家中，喻某某与该男子去看废铜，后该男子独自回来，称喻某某去接人了；此后喻某某即失去联系，至今未归。10月21日2时许，上海市公安局闵行分局接王某甲电话报案称，其父亲王某某可能杀了人，目前在家，请民警到场处理。公安人员赶到王某某居住的车库，将王某某带回梅陇派出所。经初步询问，王某某供认其为逃避债务而杀死了喻某某。公安人员根据其交代，于当日3时20分在××路××弄××号楼顶水箱内发现了被害人喻某某的尸体。上海市公安局闵行分局于当日立案侦查，经审讯，王某某交代了其全部犯罪事实。

2. 证人王某甲（系王某某的长子）的证言证明：2010年10月21日凌晨1时30分，他父亲回家，在母亲追问下，父亲说喻某某的尸体在小区楼顶水箱里，喻某某之前给他的钱都用于还高利贷赌债了。父亲还叫他报了警，接着警察就来了。

3. 证人王某丁（系王某某的次子）的证言证明：在他父亲回到家中后，母亲一再追问下，他父亲称用老乡给的5万元还了外债，2010年10月19日下午他父亲把老乡杀了。他们听后就拨打了110报警。警察来到他家，询问后，他父亲称把老乡骗到××村62号楼顶，用榔头将其砸死后弃尸于水箱内。

4. 证人付某某（系王某某的妻子）的证言证明：2010年10月21日凌晨，在她和儿子的再三逼问下，王某某承认因为欠喻某某5万元钱，就在10月19日带着喻某某到××村62号顶楼去看水泵时，用工具包里的榔头将喻敲死后

丢在了水箱里。他们随后就报了警。

5. 被告人王某某在侦查阶段供称：2010年10月20日晚上12点前后回到家，在家人的追问下，他只好将杀人的事情跟他们讲了。随后他家人都哭着劝他去自首，大儿子王某甲帮他打了110，跟警察讲了他杀人的事，不久警察就将他带到派出所。

另查明，附带民事诉讼原告人王某乙、沈某某、蔡某某、喻某甲、喻某乙因喻某某被害身亡而造成的经济损失共计449745元，包括死亡赔偿金274920元、丧葬费23378.5元、被扶养人生活费141446.5元及交通费、住宿费、误工费等，证明上述事实的有原告人提交并经法庭质证、本院予以确认的户籍资料、交通费发票、住宿费发票等证据。

本院认为，被告人王某某在虚构事实骗取被害人喻某某5.3万元后，为防诈骗事实败露，采用用圆头锤敲被害人头部等方法，杀害被害人喻某某，其行为分别构成故意杀人罪和诈骗罪。公诉机关指控被告人王某某犯故意杀人罪、诈骗罪的罪名均成立。被告人王某某当庭关于其杀害喻某某系临时起意的辩解，经查，在案证据能够证实案发当天王某某以虚构的要卖变压器为由将被害人喻某某骗至他家，并将喻某某带至根本没有变压器的极其隐蔽的楼顶废弃水箱处予以杀害，并将被害人尸体隐藏于水箱内，王某某的上述行为所反映的预谋杀人动机非常明显。被告人王某某上述辩解，无事实依据，不予采信。被告人王某某当庭关于其仅击打过被害人头部一下的辩解，与《法医学尸体检验鉴定书》等证据所证明的事实不符，亦不予采信。被告人王某某犯故意杀人、诈骗两罪，依法应当数罪并罚。被告人王某某杀人动机卑劣，主观恶性及人身危险性大，罪行极严重，依法应予严惩；但鉴于被告人王某某具有自首情节，依法可以从轻或减轻处罚，结合王某某在本案中的具体行为及相关情节，本院决定对王某某予以从轻处罚，对其判处死刑，可不立即执行，但根据其犯罪情节、人身危险性等情况可对其限制减刑。

本院还认为，附带民事诉讼被告人王某某对于附带民事诉讼原告人王某乙、沈某某、蔡某某、喻某甲、喻某乙因喻某某被害身亡所遭受的经济损失，依法应承担民事赔偿责任。五名附带民事诉讼原告人要求赔偿死亡赔偿金、丧葬费、交通费、住宿费、误工费的诉请，依法有据，应予支持；死亡赔偿金依法确定为274920元，丧葬费依法确定为23378.5元，被扶养人生活费依法确定为141446.5元，交通费、住宿费、误工费酌情确定为10000元。对原告人提出的超出法律规定赔偿标准的诉讼请求，依法不予支持。

综上所述，为维护社会治安秩序，保障公民的人身、财产权利不受侵犯，根据被告人王某某的犯罪事实、犯罪性质、情节和对于社会的危害程度，依照

《刑法》第二百三十二条、第二百六十六条、第六十七条第一款、第六十九条、第四十八条第一款、第五十条、第五十七条第一款、第六十四条、第三十六条第一款、《中华人民共和国民法通则》第一百一十九条以及最高人民法院《关于审理人身损害赔偿案件适用法律若干问题的解释》第十七条第三款、第二十七条、第二十八条、第二十九条之规定，判决如下：

一、被告人王某某犯故意杀人罪，判处死刑，缓期二年执行，剥夺政治权利终身；犯诈骗罪，判处有期徒刑三年，并处罚金人民币五万元；决定执行死刑，缓期二年执行，剥夺政治权利终身，并处罚金人民币五万元。

（死刑缓期二年执行的期间，从上海市高级人民法院核准之日起计算。）

二、对被告人王某某限制减刑。

三、附带民事诉讼被告人王某某赔偿附带民事诉讼原告人王某乙、沈某某、蔡某某、喻某甲、喻某乙经济损失共计人民币四十四万九千七百四十五元。

（上述赔偿款应于本判决生效之日起一个月内缴付。）

四、违法所得予以追缴后发还被害人家属，查获的作案工具予以没收。

如不服本判决，可在接到判决书的第二日起十日内，通过本院或者直接向上海市高级人民法院提出上诉。书面上诉的，应当提交上诉状正本一份、副本一份。

代理审判长　吴　炯
审　判　员　陈光锋
人民陪审员　耿晓光
二〇一一年八月十九日
书　记　员　赵　樱

附：相关法律条文

《中华人民共和国刑法》

第二百三十二条　故意杀人的，处死刑、无期徒刑或者十年以上有期徒刑；情节较轻的，处三年以上十年以下有期徒刑。

第二百六十六条　诈骗公私财物，数额较大的，处三年以下有期徒刑、拘役或者管制，并处或者单处罚金；数额巨大或者有其他严重情节的，处三年以上十年以下有期徒刑，并处罚金；数额特别巨大或者有其他特别严重情节的，处十年以上有期徒刑或者无期徒刑，并处罚金或者没收财产。本法另有规定的，依照规定。

第六十七条第一款 犯罪以后自动投案，如实供述自己的罪行的，是自首。对于自首的犯罪分子，可以从轻或者减轻处罚。其中，犯罪较轻的，可以免除处罚。

第六十九条 判决宣告以前一人犯数罪的，除判处死刑和无期徒刑的以外，应当在总和刑期以下、数刑中最高刑期以上，酌情决定执行的刑期，但是管制最高不能超过三年，拘役最高不能超过一年，有期徒刑总和刑期不满三十五年的，最高不能超过二十年，总和刑期在三十五年以上的，最高不能超过二十五年。

数罪中有判处附加刑的，附加刑仍须执行，其中附加刑种类相同的，合并执行，种类不同的，分别执行。

第四十八条 死刑只适用于罪行极其严重的犯罪分子。对于应当判处死刑的犯罪分子，如果不是必须立即执行的，可以判处死刑同时宣告缓期二年执行。

第五十条 判处死刑缓期执行的，在死刑缓期执行期间，如果没有故意犯罪，二年期满以后，减为无期徒刑；如果确有重大立功表现，二年期满以后，减为二十五年有期徒刑；如果故意犯罪，查证属实的，由最高人民法院核准，执行死刑。

对被判处死刑缓期执行的累犯以及因故意杀人、强奸、抢劫、绑架、放火、爆炸、投放危险物质或者有组织的暴力性犯罪被判处死刑缓期执行的犯罪分子，人民法院根据犯罪情节等情况可以同时决定对其限制减刑。

第五十七条第一款 对于被判处死刑、无期徒刑的犯罪分子，应当剥夺政治权利终身。

第六十四条 犯罪分子违法所得的一切财物，应当予以追缴或者责令退赔；对被害人的合法财产，应当及时返还；违禁品和供犯罪所用的本人财物，应当予以没收。没收的财物和罚金，一律上缴国库，不得挪用和自行处理。

第三十六条 由于犯罪行为而使被害人遭受经济损失的，对犯罪分子除依法给予刑事处罚外，并应相根据情况判处赔偿经济损失。

《中华人民共和国民法通则》

第一百一十九条 侵害公民身体造成伤害的，应当赔偿医疗费、因误工减少的收入、残废者生活补助费等费用；造成死亡的，并应当支付丧葬费、死者生前扶养的人必要的生活费等费用。

最高人民法院《关于审理人身损害赔偿案件适用法律若干问题的解释》

第十七条第三款 受害人死亡的，赔偿义务人除应当根据抢救治疗情况赔偿本条第一款规定的相关费用外，还应当赔偿丧葬费、被扶养人生活费、死亡赔偿金以及受害人亲属办理丧葬事宜支出的交通费、住宿费和误工损失等其他合理费用。

第二十七条 丧葬费按照受诉法院所在地上一年度职工月平均工资标准，以六个月总额计算。

第二十八条 被扶养人生活费根据扶养人丧失劳动能力程度，按照受诉法院所在地上一年度城镇居民人均消费性支出和农村居民人均年生活消费支出标准计算。被扶养人为未成年人的，计算至十八周岁；被扶养人无劳动能力又无其他生活来源的，计算二十年。但六十周岁以上的，年龄每增加一岁减少一年；七十五周岁以上的，按五年计算。

被扶养人是指受害人依法应当承担扶养义务的未成年人或者丧失劳动能力又无其他生活来源的成年近亲属。被扶养人还有其他扶养人的，赔偿义务人只赔偿受害人依法应当负担的部分。被扶养人有数人的，年赔偿总额累计不超过上一年度城镇居民人均消费性支出额或者农村居民人均年生活消费支出额。

第二十九条 死亡赔偿金按照受诉法院所在地上一年度城镇居民人均可支配收入或者农村居民人均纯收入标准，按二十年计算。但六十周岁以上的，年龄每增加一岁减少一年；七十五周岁以上的，按五年计算。

上海市人民检察院第一分院
刑事抗诉书

沪检一分刑抗〔2011〕5号

上海市第一中级人民法院于2011年8月19日以（2011）沪一中刑初字第84号刑事判决书作出一审判决，因被告人王某某具有自首情节，故决定对其犯故意杀人罪判处死刑，缓期二年执行，剥夺政治权利终身。

被害人家属不服一审判决，于2011年8月22日请求本院提出抗诉。

本院于2011年8月22日收到一审判决书。经查：被告人王某某因嗜赌欠债，采用虚构事实并谎称要给公安机关及其他部门工作人员送礼等，骗取被害人喻某某5.3万元人民币。后又担心诈骗罪行败露，遂预谋杀人。2010年10月19日下午，王某某将喻某某骗至上海市闵行区××村居民小区某楼顶层水箱处，用圆头铁锤猛烈敲击喻某某头部数下，当喻某某遭袭跌入水箱后，王某某唯恐其不死，又将电线缠绕在喻某某颈部，并用铁钳绞杀，造成喻某某头颅多处裂创、骨折并致颅脑损伤死亡；嗣后，王某某还将喻某某所遗钱物悉数窃走。被告人王某某的行为分别构成诈骗罪、故意杀人罪，且犯罪动机特别卑劣，手段特别残忍，情节特别恶劣，后果特别严重，社会危害极大；其在庭审时推翻原供，缺乏认罪悔罪诚意，虽由其家人报警，但不足以对其从轻处罚，应当判处死刑立即执行。

综上所述，经本院检察委员会讨论，决定根据《中华人民共和国刑事诉讼法》第一百八十一条之规定，特提出抗诉，请依法审判。

此致

上海市高级人民法院

上海市人民检察院第一分院

二〇一一年八月二十九日

附：被告人王某某羁押于上海市闵行区看守所。

上海市高级人民法院
刑事附带民事裁定书

（2011）沪高刑抗字第2号

抗诉机关上海市人民检察院第一分院。

上诉人（原审附带民事诉讼原告人）王某乙，1947年××月××日生，住河南省固始县××村××组，系被害人喻某某之继父。

上诉人（原审附带民事诉讼原告人）沈某某，1947年××月××日生，住址同上，系被害人喻某某之母。

上诉人（原审附带民事诉讼原告人）蔡某某，1970年××月××日生，住址同上，系被害人喻某某之妻。

上诉人（原审附带民事诉讼原告人）喻某甲，1994年××月××日生，住址同上，系被害人喻某某之子。

上诉人（原审附带民事诉讼原告人）喻某乙，1995年××月××日生，住址同上，系被害人喻某某之女。

上诉人喻某甲、喻某乙的法定代理人蔡某某，系喻某甲、喻某乙之母。

上列五名上诉人的诉讼代理人陈某，上海××律师事务所律师。

被告人王某某，男，1963年××月××日出生于河南省潢川县，汉族，小学文化程度，原系上海××物业管理有限公司××村管理部水电工，户籍所在地潢川县××乡××村××组，暂住上海市闵行区××村××号楼侧车库，因涉嫌犯故意杀人罪于2010年10月21日被刑事拘留，同年11月4日被逮捕，现羁押于上海市闵行区看守所。

指定辩护人康某，上海××律师事务所律师。

上海市第一中级人民法院审理上海市人民检察院第一分院指控原审被告人王某某犯故意杀人罪、诈骗罪，附带民事诉讼原告人王某乙、沈某某、蔡某某、喻某甲、喻某乙提起附带民事诉讼一案，于二〇一一年八月十九日作出（2011）沪一中刑初字第84号刑事附带民事判决，依法对被告人王某某以故意杀人罪判处死刑，缓期二年执行，剥夺政治权利终身；以诈骗罪判处有期徒刑三年，并处罚金人民币五万元；决定执行死刑，缓期二年执行，剥夺政治权利终身，并处罚金人民币五万元；对被告人王某某限制减刑；判令被告人王某某赔偿附带民事诉讼原告人王某乙、沈某某、蔡某某、喻某甲、喻某乙经济损失共计人民币四十四万九千七百四十五元。判决后，上海市人民检察院第一分院于二〇一一年八月二十九日作出沪检一分刑抗〔2011〕5号刑事抗诉书，向本院提起抗诉；上海市人民检察院于二〇一一年十月二十六日作出沪检诉抗〔2001〕2号支持刑事抗诉意见书；附带民事诉讼原告人对附带民事部分判决不服，提出上诉。本院依法组成合议庭，对刑事部分进行了公开开庭审理。上海市人民检察院指派检察员邱建立、代理检察员刘俊出庭履行职务。原审被告人王某某及辩护人康某，被害人近亲属委托的诉讼代理人陈某均到庭参加诉讼。对附带民事部分另行书面审理，听取了上诉人、诉讼代理人及被告人的意见。现已审理终结。

本院认为，原判认定被告人王某某犯故意杀人罪、诈骗罪的事实不清。据此，依照《中华人民共和国刑事诉讼法》第一百八十九条第（三）项之规定，裁定如下：

一、撤销上海市第一中级人民法院（2011）沪一中刑初字第84号刑事附带民事判决；

二、发回上海市第一中级人民法院重新审判。

本裁定为终审裁定。

审　判　长　须梅华
审　判　员　罗　靖
代理审判员　凌　莉
二〇一一年十二月二十三日
书　记　员　顾晓剑

附：相关法律条文

《中华人民共和国刑事诉讼法》

第一百八十九条　第二审人民法院对不服第一审判决的上诉、抗诉案件，经过审理后，应当按照下列情形分别处理：

……

（三）原判决事实不清楚或者证据不足的，可以在查清事实后改判；也可以裁定撤销原判，发回原审人民法院重新审判。

上海市第一中级人民法院
刑事附带民事判决书

（2010）沪一中刑重字第1号

公诉机关上海市人民检察院第一分院。

附带民事诉讼原告人王某乙，男，1947年××月××日出生，汉族，户籍所在地河南省固始县××乡××村××组，系被害人喻某某之继父。

附带民事诉讼原告人沈某某，女，1947年××月××日出生，汉族，户籍所在地同上，系被害人喻某某之母。

附带民事诉讼原告人蔡某某，女，1970年××月××日出生，汉族，户籍所在地同上，系被害人喻某某之妻。

附带民事诉讼原告人喻某甲，男，1994年××月××日出生，汉族，户籍所在地同上，系被害人喻某某之子。

法定代理人蔡某某，系喻某甲之母。

附带民事诉讼原告人喻某乙，女，1995年12月21日出生，汉族，户籍所在地同上，系被害人喻某某之女。

法定代理人蔡某某，系喻某乙之母。

上述五名附带民事诉讼原告人的诉讼代理人陈某，上海××律师事务所律师。

被告人王某某，男，1963年××月××日出生于河南省潢川县，汉族，小学文化，原系上海××物业管理有限公司××村管理部水电工，户籍所在地河南省潢川县××乡××店村××组，住上海市闵行区××村××号楼侧车库，因涉嫌犯故意杀人罪于2010年10月21日被刑事拘留，同年11月4日被逮捕，现羁押于上海市闵行区看守所。

指定辩护人郑某，上海市××律师事务所律师。

上海市人民检察院第一分院以沪检一分刑诉〔2011〕28号起诉书指控被告人王某某犯故意杀人罪、诈骗罪，于2011年5月9日向本院提起公诉。诉讼过程中，附带民事诉讼原告人王某乙、沈某某、蔡某某、喻某甲、喻某乙向本院提起附带民事诉讼。本院受理后，于同年8月19日作出（2011）沪一中刑初字第84号刑事附带民事判决，以故意杀人罪、诈骗罪合并判处王某某死刑，缓期二年执行，剥夺政治权利终身，并处罚金人民币五万元；对王某某限制减刑；判令王某某赔偿五名附带民事诉讼原告人经济损失共计人民币四十四万九千七百四十五元。判决后，上海市人民检察院第一分院向上海市高级人民法院提起抗诉；五名附带民事诉讼原告人对附带民事部分判决不服，提出上诉。上海市高级人民法院于2011年12月23日作出（2011）沪高刑抗字第2号刑事附带民事裁定，撤销（2011）沪一中刑初字第84号刑事附带民事判决，发回重审。本院受理后，依法组成合议庭，于2012年1月20日公开开庭审理了本案，上海市人民检察院第一分院指派代理检察员朱峰出庭支持公诉。附带民事诉讼原告人蔡某某及诉讼代理人陈某、被告人王某某及本院通过上海市法律援助中心为其指定的辩护人郑某到庭参加诉讼。本案经依法延期审理，现已审理终结。

上海市人民检察院第一分院指控：2008年至2010年9月间，被告人王某某谎称上海市闵行区××村小区物业公司要出售污水泵，以送礼及付款为名，先后骗取喻某某人民币（以下币种均为人民币）共计5.3万元。为防诈骗事实败露，王某某于2010年10月19日14时许，以出售废品为名将喻某某骗至××村62号楼顶废弃水箱处，趁喻某某不备用随身携带的圆头锤猛敲喻某某的头部数下，在喻某某跌入水箱后又以电线缠绕在喻某某的颈部，导致喻某某因颅脑损伤而死亡。2010年10月21日2时许，王某某经家属规劝后，由其子王某甲代为报警投案，并在到案后如实供述了上述犯罪事实。

为证实上述指控的事实，公诉人当庭讯问了被告人王某某，宣读了证人蔡某某、张某甲、邹某某、付某某、王某甲、王某丁等人的证言及王某某的供述、《现场勘验检查笔录》《法医学尸体检验鉴定书》《鉴定书》《收条》《110接警登记表》《居民死亡确认书》《户籍资料》等；出示了作案工具、被害人手机的照片等。公诉机关据此认为，王某某的行为已分别触犯《中华人民共和国刑法》（以下简称《刑法》）第二百三十二条、第二百六十六条之规定，应以故意杀人罪、诈骗罪追究刑事责任。鉴于其有自首情节且一人犯两罪，还应适用《刑法》第六十七条第一款、第六十九条之规定。提请法院依法审判。

五名附带民事诉讼原告人请求判令被告人王某某赔偿因喻某某被害身亡而产生的经济损失，包括死亡赔偿金636760元、丧葬费23378.5元、被扶养人生活费141446.5元、交通费10000元、误工费57600元、住宿费64800元、精神损害抚慰金50000元；请求判令王某某退还诈骗所得53000元并承担诉讼费用。附带民事诉讼原告人为此向法庭提交了户籍证明等材料。

被告人王某某对起诉指控其犯故意杀人罪、诈骗罪的事实及罪名均无异议，但辩称其系临时起意杀人；对附带民事诉讼原告人所提赔偿诉请无异议，但表示没有赔偿的经济能力。

被告人王某某的辩护人对起诉指控王某某犯故意杀人罪、诈骗罪的事实与罪名不持异议，但建议法院考虑到王某某的自首情节，对其从轻处罚。

经审理查明：被告人王某某系上海市闵行区××村小区物业公司的水电工，王某某在结识以收购废品为业的喻某某后，于2008年至2010年9月间，向喻某某谎称××村小区物业公司要出售污水泵，以送礼及付款为名先后骗取欲收购污水泵的喻某某人民币计5.3万元。为防诈骗事实败露，王某某于2010年10月18日以出售废品为名约喻某某次日下午到其位于××村的住处。10月19日14时许，当喻某某夫妇前去王某某住处后，王某某将喻某某骗至××村62号楼顶废弃水箱处，趁喻某某不备，用随身携带的圆头锤猛敲喻某某的头部数下，在喻某某跌入水箱后又用电线缠绕在喻某某的颈部，致喻某某因颅脑损伤而死亡。作案后，王某某回到住处，向尚在等待喻某某归来的喻妻蔡某某谎称喻某某已离开。蔡某某在多方寻找、联系喻某某未果的情况下，向××村小区物业了解获悉王某某所称出售污水泵系谎言。因疑喻某某被王某某加害，喻某某的亲属数次到王某某住处找王某某，欲让王某某说明喻某某的去向，并向公安机关报失踪。同年10月21日2时许，王某某经家属规劝后，由其子王某甲代为报警投案，并在到案后如实供述了上述作案事实。

以上事实有公诉机关举证并经法庭质证的下列证据证实：

1. 证人蔡某某（系被害人喻某某之妻）的证言证明：她与丈夫喻某某以收废品为业，七八年前结识了本市闵行区××村水电工小王。近年来，小王以帮他们争取××村污水泵购买事宜，需送礼及付款为名，先后向他们收取了数万元，其中她所知的有4次计5.3万元左右。其间，小王在2010年9月1日收取3.5万元定金后给了他们一张盖有“上海××物业管理有限公司××管理部”公章、写明预定于同年11月30日交货、落款为“张某乙”的收据，并称“张某乙”是物业经理。同年10月18日下午，小王打电话给他们称其小区有废弃变压器出售；另外其可让物业经理把污水泵的交货时间提前1个月，要他们次日13时许多带些钱并带好上述收据前去。10月19日14时许，她与喻某某前往小王位于××村的住处后，小王带喻某某去看变压器，让她等着。十余分钟后，小王独自回来，称喻某某接了个电话后出去接人了。后小王还带她至一幢楼下，称楼上有黄铜、紫铜、废铁，让她上楼去看。她当时随身携带3万元现金，又电话联系不上喻某某，不敢独自跟小王上楼，遂找借口走了。此后，她及亲友们到处寻找喻某某未果。她再向小王询问喻某某的去向，小王仍坚称喻某某出去接人了。当天，她在小区找喻某某时看见小王换了个新的工具包。她持小王给的收据到××村物业询问，得知小区并未打算出售变压器、污水泵，也无“张某乙”此人。10月20日她向派出所报失踪，还与亲友们数次去找小王，但小王均不在家。10月21日凌晨，她获悉喻某某已死，小王也被警察带走了。喻某某失踪时随身携带一部黑色直板手机与数千元人民币。

《辨认笔录》证明：蔡某某经辨认一组十二张不同男性免冠照片后，确认王某某即小王。相关的《收条》、证人邹某某和张某甲（分别系上海××物业管理有限公司总经理与××村管理部小区经理）的证言、上海××物业管理有限公司××村管理部出具的《证明》印证了蔡某某证言中有关王某某诈骗的内容。

2. 证人付某某（系被告人王某某之妻）的证言证明：她丈夫王某某在2010年时与喻某某谈了一笔出售废旧水泵的生意，喻某某给了王某某5.3万元。同年10月19日14时左右，喻某某夫妇到他们家后，王某某带喻某某去看货，她陪喻妻聊天。约10余分钟后，王某某独自回来告诉喻妻喻某某出去接电话了，还叫喻妻出去看货，但喻妻称其丈夫已看过，其就不去了，随后喻妻拨打喻某某的电话未能打通，出去找喻亦未果。王某某当天回来后在新村门口买了一个新的帆布工具包，到家后将旧包内的工具整理好放入新包，拿着新工具包上班去了。自喻某某失踪后，喻妻就一直向他们要人。在家人的再三逼问下，直到10月21日凌晨，王某某才说出因为欠喻某某5万元钱还不出，就在10月19日带喻某某到××村62号楼顶去看水泵时，用工具包里的榔头敲喻某某的头，将喻某某敲死后丢在水箱里。他们听后报了警。王某某工具包里的榔头为一头羊角状、一头圆柱状，事发后仍放在王某某的工具包里。

3. 证人王某甲（系被告人王某某之子）的证言证明：他母亲曾向他提起喻某某给父亲送过几次钱，污水泵生意快谈好了。2010年10月19日13时许，他看到喻某某妻子与他母亲在小区门口说笑，父亲则不在，估计与喻某某一起去谈生意了。后喻妻带人来找他父亲要求帮忙找喻某某，但他父亲讲喻某某接了电话出小区了。10月20日，他父亲虽答应喻妻在家等警察来做笔录，但一直出门在外，其间还打电话问他们喻某某家人与警察是否在家。当天16时许，喻妻又带了很多人到他们家闹事，还拉住他母亲衣服，称经了解污水泵生意是假的，他父亲把喻某某害了。10月21日凌晨1时30分许，他父亲回家后，经母亲追问说出喻某某的尸体在小区楼顶水箱里，喻某某之前给其的钱都用于还高利贷赌债了。父亲还叫他报了警。父亲平时喜欢打牌、打老虎机，随身背个工具包，里面有锤子、老虎钳等。他听母亲讲10月19日喻某某失踪后，父亲曾将工具包带回家清洗后扔了，又换了个新工具包。

4. 证人王某丁（系被告人王某某次子）的证言证明：2010年10月19日23时许他下班回家后，女友告知他当天下午他父亲约了一个河南同乡去看水泵，那同乡至今未回家。10月20日他父亲外出后，失踪同乡的亲属数次来找他父亲，声称怀疑他父亲杀了那个同乡。当天23时许，他父亲回家后，在全家人一再追问下，才称其用那个同乡给的5万元还了外债，10月19日下午其对那个同乡讲要卖水泵，后将那同乡杀了。他们听后拨打110报警。民警前来后问他父亲被害人尸体在哪里，他父亲讲其用榔头将那同乡砸死后弃尸于××村62号楼顶水箱里。

5. 公安机关出具的《抓获经过》《案件接报回执单》《接受刑事案件登记表》证明：2010年10月20日13时40分，蔡某某到上海市公安局闵行分局梅陇派出所报案称其夫喻某某于10月19日13时许随住闵行区××路××号的男子去看废铜后失踪。次日2时许，闵行分局接王某甲电话报案称，其父王某某可能杀了人，目前在家，请民警到场处理。公安人员赴王某某住处抓获王某某后，王某某供认其为逃避债务杀死了喻某某，根据其交代公安人员在××路××村62号楼顶水箱内发现了喻某某的尸体。

6.《现场勘验检查笔录》及照片证明：现场位于上海市闵行区××村62号楼顶。楼顶上有4个废弃水箱、8个通风口。在东侧第二个通风口的东侧约0.5米处地面（10号标识牌）、东侧第三个通风口的南侧约1米处地面（7号标识牌）各有一枚烟蒂。在东侧第四、第五、第六、第七、第八个通风口内分别有一把带血迹的尖嘴钳（其中一根钳柄上橡胶套缺失）、一根带血迹的钳柄橡胶套、一块带血迹的手机盖板、一块手机电池板、一部带血迹的TCL手机（无电池板和盖板）。东侧第三个水箱上有水泥盖板，呈半封闭。在水箱内靠西墙的地面上有一具俯卧状男尸，上身穿白色汗衫，下身穿深色长裤，脚穿皮鞋。尸体头部有伤；颈部缠绕红色电线，电线两端于颈部绞拧在一起。尸体上半身下的地砖、水箱内靠东南墙的地砖上有大量血迹；在水箱内靠东北墙角的地砖上有一根红色电线。《辨认笔录》证明：蔡某某经辨认上述手机照片后确认手机为喻某某所有。《扣押物品、文件清单》证明：2010年10月21日，公安人员从王某某处扣押圆头锤1把等物。

7.《鉴定书》证明：不能排除标记为“10号标识牌地面上”烟蒂为王某某所留。不能排除水箱地面上、尖嘴钳上、钳柄套上、TCL手机上、手机盖板上血迹、红色电线上涂取物、标记为“7号标识牌地面上”烟蒂为喻某某所留。

8.《辨认笔录》证明：蔡某某经辨认尸体后确认系喻某某。

《法医学尸体检验鉴定书》证明：喻某某系生前被他人用钝器打击头部致

颅脑损伤而死亡。其头部有六处裂创；左侧颞骨粉碎性骨折，颅前窝、左颅中窝及左颅后窝见骨折；另有脑挫伤、片状蛛网膜下腔出血等情形。其颈项部见索沟与皮下出血。

9. 被告人王某某供述：他在××村当水电工。从2008年至2010年9月，他谎称所在小区打算出售废弃污水泵，以需送礼及付款为名，先后骗取托他帮忙收购的喻某某5.3万元。其间，他在2010年9月1日收取3.5万元后，给了对方一张盖有××管理部物业公章的假收条。2010年10月，喻某某多次询问他污水泵一事，他在已将诈骗得款用于赌博及归还高利贷赌债的情况下起意杀人灭口。同年月日，他打电话约喻某某次日到他处看变压器。10月19日14时许，喻某某夫妇前来后，他将喻某某单独骗至××村62号楼顶废弃箱处，以东西放在水箱里为名让喻某某下去看，乘喻某某不备，从随身携带的工具包里掏出一把圆头锤敲击喻某某头部数下，将喻敲落在水箱底部，见喻某某两脚仍在抽搐，他又用锤子敲了喻的太阳穴及头顶，直至喻某某不动。唯恐喻某某还不死，他从工具包里掏出一根约一米长的红色胶皮两芯电线缠绕喻某某颈部，并用工具包内的尖嘴老虎钳将电线两头拧在一起，接着他翻找了喻某某的衣裤口袋，在找到一部直板手机及一千余元后爬出水箱。为防有人发现或有尸臭飘出，他盖上了水箱盖；在走到天台通风口时，他将手机电池板卸下，把手机分成三个部件连同尖嘴老虎钳分别扔在四个通风口处。他回到暂住处后，对喻某某的妻子谎称喻某某接了个电话不知去了哪里。喻妻听后去寻找喻某某，他则把杀人用的榔头锤上的血迹用自来水洗干净；将沾血的工具包连同自己的衣裤、鞋子等均扔弃，还在小区门口买了一个新工具包。10月20日一早他即出了门，直到次日0时许才回家。在家人追问下，他讲了杀人的事情，家人都哭着劝他自首。后由他的长子王某甲帮他打110报了案，不久警察前来将他带到派出所。

王某某当庭对作案现场的照片、圆头锤、电线、尖嘴钳等作案工具的照片以及被害人喻某某的手机照片辨认无疑。

以上证据，本院均予确认。

另查明，附带民事诉讼原告人王某乙、沈某某、蔡某某、喻某甲、喻某乙因喻某某被害身亡而损失了死亡赔偿金274920元、丧葬费23378.5元、被扶养人生活费132925元及相应的交通、误工、住宿费用。附带民事诉讼原告人并向法庭提交了相关的户籍证明等，本院亦予确认。

本院认为，被告人王某某故意杀人，致1人死亡，其行为已触犯《刑法》第二百三十二条之规定，构成故意杀人罪，依法应处死刑、无期徒刑或者十年以上有期徒刑。王某某还以非法占有为目的，虚构事实，骗取他人人民币5.3

万元，数额较大，其行为又触犯《刑法》第二百六十六条之规定，构成诈骗罪，依法应处三年以下有期徒刑、拘役或者管制，并处或者单处罚金。王某某一人犯两罪，应依照《刑法》第六十九条的规定数罪并罚。公诉机关起诉指控的罪名成立。王某某为怕对被害人喻某某的诈骗事实败露，经预谋后，将喻骗约至其住处，继而带至隐蔽的楼顶废弃水箱处，乘喻某某不备，采用圆头锤击打头部等手段对喻某某实施加害，恐喻某某不死，还用电线缠绕喻某某颈部后绞紧，致喻某某因颅脑损伤而死亡。尸体检验反映喻某某头部有六处裂创；左侧颞骨粉碎性骨折，颅前窝、左颅中窝及左颅后窝见骨折；另有脑挫伤、片状蛛网膜下腔出血等情形。上述情节足以表明王某某故意杀人的动机极其卑劣、杀人犯意坚决、手段残忍、主观恶性程度极深，危害后果严重，对其依法应予严惩。王某某虽经家属规劝后由其子代为报警投案，并在到案后能如实供述犯罪事实，具有《刑法》第六十七条第一款规定的自首情节，但鉴于其自首系在喻某某家属已获悉其诈骗事实，怀疑喻某某被其所害，数次赴其家中吵闹，要求说明喻某某去向，并向警方报失踪，说明喻某某是随其看货后失踪的情况下所为，具有被迫性；又综合其犯罪的事实、性质、情节及对于社会的危害程度等，本院决定对其自首不予从轻。

本院还认为，被告人王某某的犯罪行为还造成了附带民事诉讼原告人王某乙、沈某某、蔡某某、喻某甲、喻某乙的经济损失，依法应予赔偿。五名附带民事诉讼原告人要求判令赔偿死亡赔偿金、丧葬费、被扶养人生活费、交通费、往宿费、误工费的诉请于法有据，要求判令赔偿精神损害抚慰金、诉讼费、被骗钱款的诉请均不属于附带民事诉讼的赔偿范围，本院不予支持。

综上所述，为维护社会治安秩序，保障公民的人身权利与财产权利不受侵犯，依照上述法律条款以及《刑法》第五十七条第一款、第六十四条、第三十六条第一款、《中华人民共和国民法通则》第一百一十九条以及最高人民法院《关于审理人身损害赔偿案件适用法律若干问题的解释》第十七条第三款、第二十七条、第二十八条、第二十九条之规定，判决如下：

一、被告人王某某犯故意杀人罪，判处死刑，剥夺政治权利终身；犯诈骗罪，判处有期徒刑三年，并处罚金人民币五万元，决定执行死刑，剥夺政治权利终身，并处罚金人民币五万元（罚金自本判决生效之日起一个月内缴纳）；

二、被告人王某某赔偿附带民事诉讼原告人王某乙、沈某某、蔡某某、喻某甲、喻某乙各项经济损失共计人民币四十四万一千二百二十三元五角（上述赔偿款应于本判决生效之日起一个月内给付）；

三、违法所得予以追缴、作案工具予以没收。

如不服本判决，可在接到判决书的第二日起十日内，通过本院或者直接向

上海市高级人民法院提出上诉。书面上诉的，应当提交上诉状正本一份、副本一份。

审 判 长 周 欣
代理审判员 吴 斌
人民陪审员 黄 建
二〇一二年三月二日
书 记 员 吴晓英

附：相关法律条文

《中华人民共和国刑法》

第二百三十二条 故意杀人的，处死刑、无期徒刑或者十年以上有期徒刑；情节较轻的，处三年以上十年以下有期徒刑。

第二百六十六条 诈骗公私财物，数额较大的，处三年以下有期徒刑、拘役或者管制，并处或者单处罚金；数额巨大或者有其他严重情节的，处三年以上十年以下有期徒刑，并处罚金；数额特别巨大或者有其他特别严重情节的，处十年以上有期徒刑或者无期徒刑，并处罚金或者没收财产。本法另有规定的，依照规定。

第六十七条第一款 犯罪以后自动投案，如实供述自己的罪行的，是自首。对于自首的犯罪分子，可以从轻或者减轻处罚。其中，犯罪较轻的，可以免除处罚。

第六十九条 判决宣告以前一人犯数罪的，除判处死刑和无期徒刑的以外，应当在总和刑期以下、数刑中最高刑期以上，酌情决定执行的刑期，但是管制最高不能超过三年，拘役最高不能超过一年，有期徒刑总和刑期不满三十五年的，最高不能超过二十年，总和刑期在三十五年以上的，最高不能超过二十五年。

数罪中有判处附加刑的，附加刑仍须执行，其中附加刑种类相同的，合并执行，种类不同的，分别执行。

第五十七条第一款 对于被判处死刑、无期徒刑的犯罪分子，应当剥夺政治权利终身。

第六十四条 犯罪分子违法所得的一切财物，应当予以追缴或者责令退赔；对被害人的合法财产，应当及时返还；违禁品和供犯罪所用的本人财物，应当予以没收。没收的财物和罚金，一律上缴国库，不得挪用和自行处理。

第三十六条第一款 由于犯罪行为而使被害人遭受经济损失的，对犯罪分子除依法给予刑事处罚外，并应根据情况判处赔偿经济损失。

《中华人民共和国民法通则》

第一百一十九条 侵害公民身体造成伤害的，应当赔偿医疗费、因误工减少的收入、残废者生活补助费等费用；造成死亡的，并应当支付丧葬费、死者生前扶养的人必要的生活费等费用。

最高人民法院《关于审理人身损害赔偿案件适用法律若干问题的解释》

第十七条 受害人遭受人身损害，因就医治疗支出的各项费用以及因误工减少的收入，包括医疗费、误工费、护理费、交通费、住宿费、住院伙食补助费、必要的营养费，赔偿义务人应当予以赔偿。

受害人因伤致残的，其因增加生活上需要所支出的必要费用以及因丧失劳动能力导致的收入损失，包括残疾赔偿金、残疾辅助器具费、被扶养人生活费，以及因康复护理、继续治疗实际发生的必要的康复费、护理费、后续治疗费，赔偿义务人也应当予以赔偿。

受害人死亡的，赔偿义务人除应当根据抢救治疗情况赔偿本条第一款规定的相关费用外，还应当赔偿丧葬费、被扶养人生活费、死亡补偿费以及受害人亲属办理丧葬事宜支出的交通费、住宿费和误工损失等其他合理费用。

第二十七条 丧葬费按照受诉法院所在地上一年度职工月平均工资标准，以六个月总额计算。

第二十八条 被扶养人生活费根据扶养人丧失劳动能力程度，按照受诉法院所在地上一年度城镇居民人均消费性支出和农村居民人均年生活消费支出标准计算。被扶养人为未成年人的，计算至十八周岁；被扶养人无劳动能力又无其他生活来源的，计算二十年。但六十周岁以上的，年龄每增加一岁减少一年；七十五周岁以上的，按五年计算。

被扶养人是指受害人依法应当承担扶养义务的未成年人或者丧失劳动能力又无其他生活来源的成年近亲属。被扶养人还有其他扶养人的，赔偿义务人只赔偿受害人依法应当负担的部分。被扶养人有数人的，年赔偿总额累计不超过上一年度城镇居民人均消费性支出额或者农村居民人均年生活消费支出额。

第二十九条 死亡赔偿金按照受诉法院所在地上一年度城镇居民人均可支配收入或者农村居民人均纯收入标准，按二十年计算。但六十周岁以上的，年龄每增加一岁减少一年；七十五周岁以上的，按五年计算。

严厉打击绑架犯罪正确把握“情节较轻”

——夏某某、高某某绑架案

【案例要旨】

绑架犯罪严重侵犯公民人身和财产权利，在索得巨额财物后才释放人质的，不能认定“情节较轻”。

【案情简要】

2008年6月19日20时许，原审被告人夏某某、高某某等人以诈赌为由，向××路××号××游艺城内××游戏机店主勒索钱款。夏某某等人先是强行将该店工作人员郭某某带离游艺城要挟店方付款，在遭到拒绝后又指使高某某等人将郭某某非法拘禁于宾馆等处，并向郭某某的朋友张某某、杨某某等人勒赎人民币3万元，次日8时许，在取得约定的赎金后，夏某某、高某某等人将被害人郭某某释放。

2009年2月17日，卢湾区人民法院以绑架罪分别判处主犯夏某某有期徒刑11年，剥夺政治权利1年，并处罚金人民币1.5万元；判处从犯高某某有期徒刑8年，并处罚金人民币1万元。夏某某、高某某不服，提出上诉。同年7月23日，上海市第一中级人民法院以被绑架人所受拘禁时间不长、所遭受暴力程度较轻，夏某某等人在取得赎金3万元后即将被绑架人释放，人身现实危害性不大，可以认为“情节较轻”为由，改判夏某某有期徒刑7年，剥夺政治权利1年，并处罚金人民币1.5万元；改判高某某有期徒刑4年，并处罚金人民币1万元。同年9月15日，上海市人民检察院经检委会讨论决定，按审判监督程序向上海市高级人民法院提出抗诉，上海市高级人民法院采纳抗诉意见，改判夏某某有期徒刑11年。

【典型意义】

夏某某等人为获取非法利益，借口“诈赌”绑架他人，先后向店方和被害人朋友索要钱款，最终索得人民币 3 万元后才释放人质，主观恶性程度深，危害后果严重，应认定为情节严重。绑架罪是侵犯公民人身和财产权利的犯罪，勒赎金额应属认定情节轻重的重要因素。法律规定抢劫数额超过 2 万元的为情节严重，应处 10 年有期徒刑以上刑罚。绑架罪对被害人合法权利侵犯更为严重，勒赎金额超过 2 万元的，亦应认定为情节严重。

《刑法修正案（七）》对绑架罪“情节较轻”虽未规定具体情形，但一般认为，绑架罪情节较轻是指，在绑架人质后，主动恢复被绑架人人身自由，未造成被绑架人人身伤害、财产损害后果或者索得财物数额未到巨大数额标准的情形等。司法实践中应综合绑架行为方式，造成的人身财产损害后果和行为人主观恶性程度等因素进行判断，认定情节轻重，准确适用法律。

要准确理解宽严相济的刑事政策，对情节严重的绑架犯罪，直接侵害人民群众的生命健康和财产安全，应依法从严惩处。对绑架他人后对人质进行人身伤害、勒赎金额巨大、绑架时间较长或者造成其他严重后果的绑架犯罪，应依法严厉打击。

上海市卢湾区人民检察院
起 诉 书

沪卢检刑诉〔2008〕467号

被告人夏某某，绰号：小毛子，男，1975年××月××日生，汉族，初中文化，无业，户籍所在地：江苏省宿迁市宿城区××镇××居委会××组××号，暂住本市××路××弄××号。曾因犯出售假币罪于2004年7月被上海市杨浦区人民法院判处有期徒刑九个月，并处罚金人民币二万元，于2004年12月11日刑满释放。被告人夏某某因涉嫌敲诈勒索罪，于2008年9月2日被上海市公安局卢湾分局刑事拘留，同月28日经本院批准逮捕，同日由上海市公安局卢湾分局执行逮捕。

被告人高某某，男，1976年××月××日生，汉族，初中文化，原系上海某某实业有限公司业务员，户籍所在地：江苏省宿迁市宿城区××镇××街。被告人高某某因涉嫌敲诈勒索罪，于2008年9月2日被上海市公安局卢湾分局刑事拘留，同月28日经本院批准逮捕，同日由上海市公安局卢湾分局执行逮捕。

本案由上海市公安局卢湾分局侦查终结，以被告人夏某某、高某某涉嫌敲诈勒索罪，于2008年11月28日向本院移送审查起诉。本院受理后，于同日已分别告知被告人有权委托辩护人、被害人有权委托诉讼代理人。依法讯问了被告人，审查了全部案件材料。

经依法审查查明：

被告人夏某某、高某某等人于2008年6月19日晚，获悉本市××路××号××游艺城的赌博机发生故障后，即至该游艺城，并以此次故障系人为诈赌为由，趁机勒索店方，未果。被告人夏某某为继续勒索店方，遂指使同伙强行将该店工作人员被害人郭某某带离游艺城，并于次日4时许，将其强行带至本市××路××号××宾馆××客房，实施看管。同时，被告人夏某某、高某某再次与店方谈判破裂后，即电话联系郭某某的朋友被害人杨某某及张某某等人，以郭某某的人身安全相威胁。要求交纳赎金，经谈判，约定赎金为人民币三万元。同日8时许，被害人杨某某及张某某等人在本市小木桥路、中山南二路处交纳赎金人民币三万元后，被告人夏某某、高某某等人才将被害人郭某某释放。嗣后，被告人夏某某、高某某等人将所得赃款予以分赃。

公安机关经侦查，于2008年9月2日将被告人夏某某、高某某抓获归案。

认定上述事实的证据如下：

1. 被告人夏某某、高某某的多次供述、同案犯任某某、姚某某的供述及辨认笔录、涉案人员胡某某的供述、上海市公安局验伤通知书、相关照片及相关监控录像截图，证实被告人夏某某、高某某等人于2008年6月19日晚至6月20日上午期间，挟持被害人郭某某，并借此勒索他人人民币30000元。

2. 被害人郭某某、杨某某的陈述，证实被告人夏某某、高某某等人于2008年6月19日晚至6月20日上午期间，挟持被害人郭某某并借此勒索被害人杨某某人民币30000元。

3. 证人张某某、于某某、王某某、楼某某的证言及证人张某某的辨认笔录，证实被告人夏某某、高某某等人于2008年6月19日晚至6月20日上午期间，挟持被害人郭某某，并借此勒索被害人杨某某人民币30000元。

4. 上海市公安局卢湾分局五里桥派出所的工作记录，证实被告人夏某某、高某某的到案经过。

5. 上海市杨浦区人民法院刑事判决书、上海市杨浦区看守所刑满释放证明书，证实被告人夏某某系累犯。

本院认为，被告人夏某某、高某某伙同他人以勒索财物为目的，绑架他人，其行为均已触犯《中华人民共和国刑法》第二百三十九条、第二十五条第一款之规定，犯罪事实清楚，证据确实充分，均应以绑架罪追究刑事责任。被告人夏某某、高某某在共同犯罪中均起主要作用，系主犯，均应适用《中华人民共和国刑法》第二十六条第一款、第四款之规定。被告人夏某某系刑满释放后五年内又重新犯罪，依照《中华人民共和国刑法》第六十五条第一款之规定，系累犯，应从重处罚。现根据《中华人民共和国刑事诉讼法》第一百四十一条之规定，提起公诉，请依法审判。

此致

上海市卢湾区人民法院

代理检察员　丁　祥

二〇〇八年十二月十五日

附：1. 被告人夏某某、高某某现羁押于上海市卢湾区看守所；

2. 侦查卷宗3册；

3. 适用普通程序审理“被告人认罪案件”建议书1份；

4. 换押证2份。

上海市卢湾区人民法院

刑事判决书

（2008）卢刑初字第499号

公诉机关上海市卢湾区人民检察院。

被告人夏某某，绰号：小毛子，男，1975年××月××日出生于江苏省泗阳县，汉族，初中文化，无业，户籍所在地江苏省宿迁市宿城区××镇××居委会××组××号，暂住本市××路××弄××号；2004年7月因犯出售假币罪被上海市杨浦区人民法院判处有期徒刑9个月，并处罚金人民币2万元，于2004年12月11日刑满释放；因本案于2008年9月2日被刑事拘留，同月28日被依法逮捕，现羁押于上海市卢湾区看守所。

辩护人张某甲，上海市××律师事务所律师。

被告人自报高某某，男，1976年××月××日出生于江苏省宿迁市，汉族，初中文化，原系上海××实业有限公司业务员，住江苏省宿迁市宿城区××镇××街；因本案于2008年9月2日被刑事拘留，同月28日被依法逮捕，现羁押于上海市卢湾区看守所。

辩护人朱某某、高某甲，上海市××律师事务所律师。

上海市卢湾区人民检察院以沪卢检刑诉〔2008〕467号起诉书指控被告人夏某某、高某某犯绑架罪，于2008年12月15日向本院提起公诉。本院依法组成合议庭，公开开庭审理了本案。上海市卢湾区人民检察院指派代理检察员丁祥出庭支持公诉。被告人夏某某、高某某及其家属委托的辩护人张某甲、朱某某、高某甲到庭参加诉讼。审理期间，因辩护人以调查取证为由提出延期审理的申请，本院依法同意延期审理一个月。现已审理终结。

上海市卢湾区人民检察院指控：被告人夏某某、高某某等人于2008年6月19日晚，获悉本市××路××号××游艺城的赌博机发生故障后，即至该游艺城，并以此次故障系人为诈赌为由，趁机勒索店方，未果。被告人夏某某为继续勒索店方，遂指使同伙强行将该店工作人员被害人郭某某带离游艺城，并于次日4时许，将其强行带至本市××路××号××宾馆××客房，实施看管。同时，被告人夏某某、高某某再次与店方谈判破裂后，即电话联系郭某某的朋友被害人杨某某及张某某等人，以郭某某的人身安全相威胁，要求交纳赎金。经交涉，约定赎金为人民币3万元。同日8时许，被害人杨某某及张某某等人在本市小木桥路、中山南二路处交纳赎金人民币3万元后，被告人夏某某、高某某等人将被害人郭某某释放。嗣后，被告人夏某某、高某某等人将所得赃款予以分赃。

经侦查，公安机关于2008年9月2日将被告人夏某某、高某某抓获归案。

为证实上述指控事实，公诉人当庭宣读和出示了被告人夏某某、高某某的多次供述、同案犯任某某、姚某某的供述及辨认笔录、涉案人员胡某某的供述、上海市公安局验伤通知书、相关照片及相关监控录像截图；被害人郭某某、杨某某的陈述；证人张某某、于某某、王某某、楼某某的证言及证人张某某的辨认笔录；公安机关的工作记录；刑事判决书及释放证明书等证据。公诉机关认为，被告人夏某某、高某某伙同他人以勒索财物为目的绑架他人的行为均已构成绑架罪，两被告人在共同犯罪中起主要作用，均系主犯；被告人夏某某系累犯，应从重处罚。建议根据《中华人民共和国刑法》第二百三十九条、第二十五条、第二十六条、第六十五条之规定，依法追究两被告人的刑事责任。

被告人夏某某对公诉机关指控其犯绑架罪之定性提出异议，并辩解其并未指使他人及参与绑架郭某某，而是受人推举与游戏房的人谈判，何况其以前也在该游戏房玩过赌博机且输钱，拿到的钱也是他人分的。

被告人夏某某的辩护人辩称，对起诉书指控被告人夏某某的基本事实不持异议，但认为其不构成绑架罪，理由是：被告人夏某某的主观目的是讨回之前在该游戏房输掉的钱，系索要赌债的行为；被害人郭某某在宾馆等地也未受到暴力威胁，得到的钱是游戏房人员曾答应赔偿的钱款，且其在侦查阶段的认罪态度较好，建议对被告人夏某某从轻处罚。

被告人高某某对起诉书指控其犯绑架罪的定性提出异议，并辩解其在本案中不是主犯，也未指使他人及参与绑架郭某某，也未威胁郭某某，事后拿到的是赔偿款，并非赎金。

被告人高某某的辩护人辩称，公诉机关认定被告人高某某犯绑架罪依据不足，理由是：被告人高某某的主观目的是讨回之前在该游戏房被诈赌输掉的钱款，双方可能存在经济纠纷；被告人高某某并未实施关押被害人郭某某，也非起意、策划者，故不属于主犯，且系初犯，认罪态度较好，建议法院对其从轻处罚。

经审理查明：2008年6月19日晚，被告人夏某某、高某某等人获悉本市××路××号××游艺城的赌博机发生故障后。即至该游艺城，并以此次故障系人为诈赌为由，趁机勒索店方。而后，被告人夏某某指使同伙以商谈为由强行将该店工作人员郭某某带离游艺城，先至瞿溪路、打浦路口的伊加伊餐厅，后至大木桥路附近的一家小饭店，并于次日4时许，借口休息将其强行带至本市××路××号××宾馆××客房实施看管。其间，被告人高某某亦至上述场所了解被害人郭某某联系赎金的进展情况。同时，被告人夏某某通过电话联系郭某某的朋友被害人杨某某及张某某等人，以郭某某的人身安全相威胁，要求交纳赎金，后双方约定赎金款为人民币3万元。当日8时许，被害人杨某某及张某某等人在本市小木桥路、中山南二路处交纳赎金人民币3万元后，被告人夏某某、高某某等人将被害人郭某某释放。嗣后，被告人夏某某、高某某等人将赃款予以分赃。

同时查明，公安机关接到报案后经侦查，于2008年9月2日将被告人夏某某、高某某抓获归案。

上述事实，有被告人夏某某、高某某的当庭供述和辩解及其在公安机关的供词、同案人任某某、姚某某的证言及辨认笔录、同案人胡某某的证言、上海市公安局验伤通知书、相关照片及相关监控录像截图；被害人郭某某、杨某某的陈述；证人张某某、于某某、王某某、楼某某的证言及证人张某某的辨认笔录；上海市公安局卢湾分局五里桥派出所的工作记录；上海市杨浦区人民法院刑事判决书、上海市杨浦区看守所刑满释放证明书等证据证实，上述证据并经当庭宣读、质证，查证属实，应予认定。

关于被告人夏某某、高某某对起诉书指控其犯绑架罪之定性提出的异议和辩解及其辩护人提出认定绑架罪依据不足的辩护意见，经查，第一，被告人夏某某、高某某在6月19日当晚并未在××游戏房玩赌博机，故双方不存在所谓因诈赌而产生的赌债关系；第二，被告人夏某某、高某某可能曾在××游戏房玩过赌博机，但未出现故障情形，故以6月19日晚该游戏房的故障来推定其过去在经营过程中存在人为诈赌，缺乏事实依据；第三，被告人夏某某、高某某等人采用扣押该游戏房工作人员郭某某，并以对扣押人质的人身安全相威胁方法，向游戏房相关人员索取赎金。综上，公诉机关认定被告人夏某某、高某某主观上具有勒索财物的直接故意，客观上实施了绑架他人的行为，符合绑架罪的构成要件。被告人夏某某、高某某及其辩护人对此定性所提出的辩解和辩护意见，缺乏事实和法律依据，本院不予采纳。关于被告人高某某及其辩护人提出高某某在共同犯罪中系从犯的辩解和辩护意见，经查，从现有案卷材料的证据看，被告人高某某在共同犯罪中所起的作用与被告人夏某某相比相对较轻，故根据本案犯罪情节及社会危害性等实际情况，可以认定其为从犯，故对被告人高某某及其辩护人提出的相关辩解和辩护意见，本院予以采纳。

本院认为，被告人夏某某、高某某伙同他人以勒索财物为目的绑架他人，其行为显已触犯刑律，构成绑架罪，应依法追究其刑事责任。其中，被告人夏某某在共同犯罪中起主要作用，系主犯，应当按照其所参与的全部犯罪处罚。且其系刑满释放后五年内又重新犯罪之罪犯，应依法从重处罚。被告人高某某在共同犯罪中起次要作用，系从犯，依法应当减轻处罚。公诉机关对本案的定性正确，应予支持。为严明国法，保护公民的人身权利和财产所有权不受侵犯，依照《中华人民共和国刑法》第二百三十九条第一款、第二十五条第一款、第二十六条第一款、第四款、第二十七条、第六十五条第一款、第五十五条第一款、第五十六条、第五十三条、第六十四条之规定，判决如下：

一、被告人夏某某犯绑架罪，判处有期徒刑十一年，剥夺政治权利一年，并处罚金人民币一万五千元；

（刑期从判决执行之日起计算。判决执行以前先行羁押的，羁押一日折抵刑期一日，即自2008年9月2日起至2019年9月1日止；罚金款于本判决发生法律效力的第二日起一个月内一次缴纳，上缴国库。）

二、被告人高某某犯绑架罪，判处有期徒刑八年。并处罚金人民币一万元；

（刑期从判决执行之日起计算。判决执行以前先行羁押的，羁押一日折抵刑期一日，即自2008年9月2日起至2016年9月1日止；罚金款于本判决发生法律效力的第二日起一个月内一次缴纳。上缴国库。）

三、违法所得责令退赔，发还被害人。

如不服本判决，可在接到判决书的第二日起十日内，通过本院或者直接向上海市第一中级人民法院提出上诉。书面上诉的，应当提交上诉状正本一份，副本二份。

审 判 长　唐鸿发
审 判 员　陈雄白
审 判 员　卜熙文
二〇〇九年二月二十七日
书 记 员　谢　磊

附：相关法律条文

《中华人民共和国刑法》

第二百三十九条第一款　以勒索财物为目的绑架他人的，或者绑架他人作为人质的，处十年以上有期徒刑或者无期徒刑，并处罚金或者没收财产；致使被绑架人死亡或者杀害被绑架人的，处死刑，并处没收财产。

第二十五条第一款 共同犯罪是指二人以上共同故意犯罪。

第二十六条 组织、领导犯罪集团进行犯罪活动的或者在共同犯罪中起主要作用的，是主犯。

……

对于第三款规定以外的主犯，应当按照其所参与的或者组织、指挥的全部犯罪处罚。

第二十七条 在共同犯罪中起次要或者辅助作用的，是从犯。

对于从犯，应当从轻、减轻处罚或者免除处罚。

第六十五条第一款 被判处有期徒刑以上刑罚的犯罪分子，刑罚执行完毕或者赦免以后，在五年以内再犯应当判处有期徒刑以上刑罚之罪的，是累犯，应当从重处罚，但是过失犯罪除外。

第五十五条第一款 剥夺政治权利的期限，除本法第五十七条规定外，为一年以上五年以下。

第五十六条 对于危害国家安全的犯罪分子应当附加剥夺政治权利；对于故意杀人、强奸、放火、爆炸、投毒、抢劫等严重破坏社会秩序的犯罪分子，可以附加剥夺政治权利。

独立适用剥夺政治权利的，依照本法分则的规定。

第五十三条 罚金在判决指定的期限内一次或者分期缴纳。期满不缴纳的，强制缴纳。对于不能全部缴纳罚金的，人民法院在任何时候发现被执行人有可以执行的财产，应当随时追缴。如果由于遭遇不能抗拒的灾祸缴纳确实有困难的，可以酌情减少或者免除。

第六十四条 犯罪分子违法所得的一切财物，应当予以追缴或者责令退赔；对被害人的合法财产，应当及时返还；违禁品和供犯罪所用的本人财物，应当予以没收。没收的财物和罚金，一律上缴国库，不得挪用和自行处理。

上海市第一中级人民法院
刑事判决书

（2009）沪一中刑终字第173号

原公诉机关上海市卢湾区人民检察院。

上诉人（原审被告人）夏某某，绰号：小毛子，男，1975年××月××日出生于江苏省泗阳县，汉族，初中文化，无业，户籍地江苏省宿迁市宿城区××镇××居委会××组××号，暂住上海市××路××弄××号；2004年7月因犯出售假币罪被上海市杨浦区人民法院判处有期徒刑九个月，并处罚金人民币二万元，同年12月11日刑满释放；2008年9月2日因涉嫌犯敲诈勒索罪被刑事拘留，同年9月28日被逮捕。现羁押于上海市卢湾区看守所。

辩护人谢某某，上海市××律师事务所律师。

上诉人（原审被告人）自报高某某，男，1976年××月××日出生于江苏省宿迁市，汉族，初中文化，原系上海某某实业有限公司业务员，住江苏省宿迁市宿城区××镇××街；2008年9月2日因涉嫌犯敲诈勒索罪被刑事拘留，同年9月28日被逮捕。现羁押于上海市卢湾区看守所。

辩护人朱某某、高某甲，上海市××律师事务所律师。

上海市卢湾区人民法院审理上海市卢湾区人民检察院指控原审被告人夏某某、高某某犯绑架罪一案，于二〇〇九年二月二十七日作出（2008）卢刑初字第499号刑事判决。原审被告人夏某某、高某某不服，分别提出上诉。本院依法组成合议庭，于2009年3月18日公开开庭审理了本案。上海市人民检察院第一分院指派代理检察员王晶出庭履行职务。上诉人夏某某、高某某及辩护人谢某某、朱某某、高某甲到庭参加诉讼。本案依法延长审理期限。现已审理终结。

原审根据共同作案人任某某、姚某某的证言及辨认笔录；共同作案人胡某某的证言；验伤通知书、相关照片及相关监控录像截图；被害人郭某某、杨某某的陈述；证人张某某、于某某、王某某、楼某某的证言及证人张某某的辨认笔录；工作记录；刑事判决书、刑满释放证明书；被告人夏某某、高某某的供述等证据，经审理查明：2008年6月19日晚，被告人夏某某、高某某等人获悉上海市××路××号××游艺城的赌博机发生故障后，即至该游艺城，并以此次故障系人为诈赌为由，趁机勒索店方。而后，被告人夏某某指使同伙以商谈为由强行将该店工作人员郭某某带离游艺城，先至瞿溪路、打浦路口的伊加伊餐厅，后至大木桥路附近的一家小饭店，并于次日4时许，借口休息将其强行带至上海市××路××号××宾馆××客房实施看管。期间，被告人高某某亦至上述场所了解被害人郭某某联系赎金的进展情况。同时，被告人夏某某通过电话联系郭某某的朋友被害人杨某某及张某某等人，以郭某某的人身安全相威胁，要求交纳赎金，后双方约定赎金款为人民币3万元。当日8时许，被害人杨某某及张某某等人在上海市小木桥路、中山南二路处交纳赎金人民币3万元后，被告人夏某某、高某某等人将被害人郭某某释放。嗣后，被告人夏某某、高某某等人将赃款予以分赃。公安机关接到报案后，经侦查，于2008年9月2月将被告人夏某某、高某某抓获归案。

原审认为，被告人夏某某、高某某伙同他人以勒索财物为目的绑架他人，其行为已构成绑架罪。其中，被告人夏某某在共同犯罪中起主要作用，系主犯，应当按照其所参与的全部犯罪处罚，且其系刑满释放后五年内又重新犯罪之累犯，应从重处罚。被告人高某某在共同犯罪中起次要作用，系从犯，应减轻处罚。遂依照《中华人民共和国刑法》（以下简称《刑法》）第二百三十九条第一款，第二十五条第一款，第二十六条第一款、第四款，第二十七条，第六十五条第一款，第五十五条第一款，第五十六条，第五十三条，第六十四条之规定，对被告人夏某某犯绑架罪，判处有期徒刑十一年，剥夺政治权利一年，并处罚金人民币一万五千元；对被告人高某某犯绑架罪判处有期徒刑八年，并处罚金人民币一万元；违法所得责令退赔，发还被害人。

上诉人夏某某辩称，原审判决定性错误且量刑畸重，其是受人推举与游艺城的工作人员谈判，并没有绑架的主观故意，也没有实施绑架的客观行为，且讨回的钱其分得最少，请求二审法院对其撤销原判，公正判决。

上诉人高某某辩称，原审判决定性错误且量刑过重，其没有参与实施绑架行为，请求二审法院对其作出公正判决。高某某的辩护人提出高的主观目的是为了讨回之前在游艺城输掉的钱，是索要赌债的行为，且该游艺城的有关人员也承诺过进行赔偿。原审认定被害人郭某某被扣押不符合事实，郭某某并没有受到暴力威胁，请求二审法院对上诉人高某某从轻处罚。

检察机关的出庭意见是，本案诉讼程序合法，原审判决认定事实清楚，证据确实充分，定罪量刑均无不当，上诉人夏某某和高某某主观上出于敲诈的目的，客观上实施了绑架的行为，两名上诉人及其辩护人否认绑架罪成立的意见是没有依据的，不应采纳。建议二审法院驳回上诉，维持原判。

经本院审理查明，原审判决认定上诉人夏某某、高某某实施绑架行为的事实清楚，原审法院在判决书中分项列举了认定本案的证据，所列的证据均在原审庭审中经过质证，查证属实。二审中两名上诉人及其辩护人均未提供新的证据，本院对原审判决认定的事实和证据予以确认。

本院认为，绑架罪是指行为人以勒索财物或者满足他的不法要求为目的，在违背被绑架人的意志、意愿的情况下，使用暴力、胁迫或者其他手段，将被绑架人控制于行为人或者第三人的势力支配之内；同时利用被绑架人的近亲属或者其他人对被绑架人生命、健康、自由安危的忧虑，向被绑架人近亲属、其他人勒索财物或提出其他不法要求的行为。本案的证据表明，上诉人夏某某、高某某在获悉××游艺城的游戏机“发生故障”，客人以××游艺城“诈赌”为由正在向店方索赔的消息后，先后至××游艺城，借机起哄，并向店方提出“索赔”要求，因此，夏某某、高某某主观上均具有勒索财物的目的。在“索赔”无果的情况下，夏某某、高某某等人挟持、扣押××游艺城工作人员郭某某，并以郭某某作为人质，以此胁迫××游艺城的有关人员以及郭某某的朋友交付赎金赎人。夏某某、高某某以勒索财物为目的，扣押被害人郭某某作为人质的行为符合绑架罪的主客观构成要件，均已构成绑架罪。在共同犯罪中，夏某某系主犯，又系累犯，应从重处罚；高某某系从犯，可减轻处罚。原审认定事实清楚、定性准确，依照《刑法》原第二百三十九条规定的法定刑，分别对夏某某判处有期徒刑十一年，剥夺政治权利一年，并处罚金人民币一万五千元；对被告人高某某判处有期徒刑八年，并处罚金人民币一万元，本无不当。上诉人夏某某、高某某以及其辩护人提出原审定性不当的意见无法律依据，本院不予采纳。鉴于本院审理过程中，《中华人民共和国刑法修正案（七）》施行，对《刑法》第二百三十九条绑架犯罪的法定刑进行修改。修正后《刑法》第二百三十九条第一款规定“以勒索财物为目的绑架他人，或者绑架他人作为人质的，处十年以上有期徒刑或者无期徒刑，并处罚金或者没收财产；情节较轻的，处五年以上十年以下有期徒刑，并处罚金。”综观本案，首先，被害人郭某某从被夏某某、高某某等人挟持作为人质至被释放，郭某某所受拘禁时间不长；其次，在受挟持、拘禁的过程中，郭某某遭到暴力、威胁的程度较轻；最后，夏某某等人实际取得赎金人民币三万元并在收到赎金后立即释放被绑架人。因此，夏某某、高某某等人绑架犯罪的情节较轻。根据“从旧兼从轻”的原则，可适用修正后的《刑法》第二百三十九条第一款对夏某某、高某某量刑。据此，依照《中华人民共和国刑事诉讼法》第一百八十九条第（二）项、《中华人民共和国刑法》第二百三十九条第一款，第二十五条第一款，第二十六条第一款、第四款，第二十七条，第六十五条第一款，第五十五条第一款，第五十六条，第五十三条，第六十四条之规定，判决如下：

一、维持上海市卢湾区人民法院（2008）卢刑初字第499号刑事判决书主文第三项，即“违法所得责令退赔，发还被害人。”

二、撤销上海市卢湾区人民法院（2008）卢刑初字第499号刑事判决书主文第一、二项，即“被告人夏某某犯绑架罪，判处有期徒刑十一年，剥夺政治权利一年，并处罚金人民币一万五千元；被告人高某某犯绑架罪，判处有期徒刑八年，并处罚金人民币一万元。”

三、上诉人（原审被告人）夏某某犯绑架罪，判处有期徒刑七年，剥夺政治权利一年，并处罚金人民币一万五千元。

（刑期从判决执行之日起计算。判决执行以前先行羁押的，羁押一日折抵刑期一日，即自2008年9月2日起至2015年9月1日止；罚金应于本判决发生法律效力后第二日起一个月内缴纳。）

四、上诉人（原审被告人）高某某犯绑架罪，判处有期徒刑四年，并处罚金人民币一万元。

（刑期从判决执行之日起计算。判决执行以前先行羁押的，羁押一日折抵刑期一日，即自2008年9月2日起至2012年9月1日止；罚金应于本判决发生法律效力后第二日起一个月内缴纳。）

本判决为终审判决。

审　判　长　陈　星
代理审判员　王晓越
代理审判员　曹　延
二〇〇九年七月二十三日
书　记　员　史　政

附：相关法律条文

《中华人民共和国刑事诉讼法》

第一百八十九条　第二审人民法院对不服第一审判决的上诉、抗诉案件，经过审理后，应当按照下列情形分别处理：

……

（二）原判决认定事实没有错误，但适用法律有错误，或者量刑不当的，应当改判；

……

《中华人民共和国刑法》

第二百三十九条第一款 以勒索财物为目的绑架他人，或者绑架他人作为人质的，处十年以上有期徒刑或者无期徒刑，并处罚金或者没收财产；情节较轻的，处五年以上十年以下有期徒刑，并处罚金。

第二十五条第一款 共同犯罪是指二人以上共同故意犯罪。

第二十六条 组织、领导犯罪集团进行犯罪活动的或者在共同犯罪中起主要作用的，是主犯。

……

对于第三款规定以外的主犯，应当按照其所参与的或者组织、指挥的全部犯罪处罚。

第二十七条 在共同犯罪中起次要或者辅助作用的，是从犯。

对于从犯，应当从轻、减轻处罚或者免除处罚。

第六十五条第一款 被判处有期徒刑以上刑罚的犯罪分子，刑罚执行完毕或者赦免以后，在五年以内再犯应当判处有期徒刑以上刑罚之罪的，是累犯，应当从重处罚，但是过失犯罪除外。

第五十五条第一款 剥夺政治权利的期限，除本法第五十七条规定外，为一年以上五年以下。

第五十六条 对于危害国家安全的犯罪分子应当附加剥夺政治权利；对于故意杀人、强奸、放火、爆炸、投毒、抢劫等严重破坏社会秩序的犯罪分子，可以附加剥夺政治权利。

独立适用剥夺政治权利的，依照本法分则的规定。

第五十三条 罚金在判决指定的期限内一次或者分期缴纳。期满不缴纳的，强制缴纳。对于不能全部缴纳罚金的，人民法院在任何时候发现被执行人有可以执行的财产，应当随时追缴。如果由于遭遇不能抗拒的灾祸缴纳确实有困难的，可以酌情减少或者免除。

第六十四条 犯罪分子违法所得的一切财物，应当予以追缴或者责令退赔；对被害人的合法财产，应当及时返还；违禁品和供犯罪所用的本人财物，应当予以没收。没收的财物和罚金，一律上缴国库，不得挪用和自行处理。

上海市人民检察院

刑事抗诉书

沪检刑审监抗〔2009〕2号

原审被告人夏某某，绰号：小毛子，男，1975年××月××日出生，江苏省泗阳县人，汉族，初中文化，无业，户籍所在地江苏省宿迁市宿城区××镇××居委会××组××号，暂住本市××路××弄××号。2004年7月，因犯出售假币罪被上海市杨浦区人民法院判处有期徒刑九个月，并处罚金人民币二万元，于2004年12月11日刑满释放。原审被告人高某某，男，1976年××月××日出生，江苏省宿迁市人，汉族，初中文化，原系上海某某实业有限公司业务员，户籍所在地江苏省宿迁市宿城区××镇××街。

上述两名原审被告人，因本案于2008年9月2日被刑事拘留，同月28日被依法逮捕。

本案由上海市卢湾区人民检察院于2008年12月15日提起公诉。2009年2月27日卢湾区人民法院以绑架罪分别判处被告人夏某某有期徒刑十一年，剥夺政治权利一年，并处罚金人民币一万五千元；判处被告人高某某有期徒刑八年，并处罚金人民币一万元。两名原审被告人在法定期限内提出上诉。同年7月2日上海市第一中级人民法院改判夏某某有期徒刑七年，剥夺政治权利一年，并处罚金人民币一万五千元；改判高某某有期徒刑四年，并处罚金人民币一万元。

经本院依法审查查明：

2008年6月19日20时许，原审被告人夏某某、高某某等人以诈赌为由，向本市××路××号××游艺城勒索钱款。在与店方交涉期间，夏某某等人强行将该店工作人员郭某某带离游艺城，以扣押人质的方法要挟店方付款。

夏某某指使同伙将郭某某带至瞿溪路、打浦路口的伊加伊台南担仔面馆，后至大木桥路附近的一家小饭店，并于次日凌晨4时许将被害人带至本市××路××号××宾馆××客房继续看管。期间，夏某某本人与郭某某的朋友张某某、杨某某等人保持电话联系，以郭某某的人身安全相威胁，要求对方支付赎金。高某某亦至上述场所了解被害人郭某某联系赎金的进展情况。

6 月 20 日 7 时许，夏某某等人与杨某某等人约定赎金为人民币 3 万元。8 时许，夏某某、高某某等人取得赎金后将被害人郭某某释放，嗣后夏某某、高某某等人将 3 万元赎金分赃。

以上犯罪事实清楚，证据确实充分。

本院认为，原审被告人夏某某、高某某作案动机恶劣，为谋取非法利益，组织实施和积极参与绑架犯罪，勒索他人财物既遂且数额巨大。市第一中级人民法院以“被害人郭某某所受拘禁的时间不长、所遭受的暴力程度较轻，本案人身现实危害性不大，收到赎金后立即释放被绑架人”为由，对原审被告人夏某某、高某某适用《中华人民共和国刑法修正案（七）》绑架犯罪“情节较轻”，并据此对两名原审被告人改判与事实不符，确有错误。

综上所述，本院认为，本案二审判决适用法律错误，量刑不当。为维护司法公正，准确惩治犯罪，根据《中华人民共和国刑事诉讼法》第二百零五条第三款的规定，对上海市第一中级人民法院“（2009）沪一中刑终字第 173 号”刑事判决书提出抗诉，请依法判处。

此致

上海市高级人民法院

上海市人民检察院

二〇〇九年九月十五日

附：1. 原审被告人夏某某、高某某现服刑于上海市卢湾区看守所。

2. 案卷叁册。

上海市高级人民法院
刑事判决书

（2009）沪高刑再终字第2号

抗诉机关上海市人民检察院。

原审被告人夏某某，绰号“小毛子”，男，1975年××月××日出生于江苏省泗阳县。汉族，初中文化程度，无业。户籍所在地江苏省宿迁市宿城区××镇××居委会××组××号。暂住本市××路××弄××号。2004年7月因犯出售假币罪被上海市杨浦区人民法院判处有期徒刑九个月，并处罚金人民币二万元，于2004年12月11日刑满释放。因本案于2008年9月2日被刑事拘留，同月28日被逮捕。现在上海市五角场监狱服刑。

辩护人谢某某，上海某某律师事务所律师。

原审被告人高某某，男，1976年××月××日出生于江苏省宿迁市，汉族，初中文化程度，原系上海某某实业有限公司业务员，住江苏省宿迁市宿城区××镇××街。因本案于2008年9月2日被刑事拘留，同月28日被逮捕。现在上海市宝山监狱服刑。

辩护人朱某某、高某甲，上海市××律师事务所律师。

上海市卢湾区人民法院审理上海市卢湾区人民检察院指控原审被告人夏某某、高某某犯绑架罪一案，于2009年2月27日作出（2008）卢刑初字第499号刑事判决。夏某某、高某某不服，提出上诉。上海市第一中级人民法院于同年7月23日作出（2009）沪一中刑终字第173号刑事判决。判决发生法律效力后，上海市人民检察院于2009年9月15日依照审判监督程序提出抗诉。本院受理后，依法组成合议庭公开开庭进行审理。上海市人民检察院检察员袁媛出庭履行职务。原审被告人夏某某、高某某及其各自辩护人均到庭参加诉讼。现已审理终结。

原判根据被害人郭某某、杨某某、证人张某某、于某某、王某某、陶某某、许某某的陈述及辨认笔录，相关照片，涉案人任某某、姚某某及本案被告人夏某某、高某某到案后的供述等证据认定：2008年6月19日20时许，任某某等人在本市××路××号××游艺城玩“百家乐”游戏机赌博时，赌博机发生故障，任某某等人与店方交涉获得赔偿。夏某某、高某某闻讯后赶至现场，并以此次故障系人为、游艺城诈赌为由趁机勒索店方。夏某某指使同伙强行将该店工作人员郭某某带离游艺城，将郭先后带至附近伊加伊餐厅和一小饭馆，次日4时许，夏某某指使同伙将郭某某带到××宾馆看管。期间，高某某自行至宾馆了解郭某某联系赎金的进展情况。夏某某则通过电话联系郭某某的朋友，以郭的人身安全相威胁要求对方支付赎金人民币10万元，之后双方约定为3万元。当日8时许，夏某某、高某某等人在取得3万元赎金后将郭某某释放，并共同分赃。

据此，上海市卢湾区人民法院认为，夏某某、高某某伙同他人以勒索财物为目的绑架他人，其行为均已构成绑架罪，其中，夏某某系主犯、又系累犯，高某某系从犯，依照《中华人民共和国刑法》第二百三十九第一款，第二十五条第一款，第二十六条第一款、第四款，第二十七条，第六十五条第一款，第五十五条第一款，第五十六条，第五十三条，第六十四条之规定，对夏某某以绑架罪判处有期徒刑十一年，剥夺政治权利一年，并处罚金人民币一万五千元；对高某某以绑架罪判处有期徒刑八年，并处罚金人民币一万元。

夏某某、高某某不服，提出上诉。上海市第一中级人民法院认为，原判定罪量刑本无不当，但在二审审理过程中《中华人民共和国刑法修正案（七）》施行，对《中华人民共和国刑法》（以下称《刑法》）第二百三十九条绑架罪的法定刑进行修改。二审适用修正后的《刑法》第二百三十九条第一款之规定分别对两原审被告人的刑期予以改判，对夏某某判处有期徒刑七年，剥夺政治权利一年，并处罚金人民币一万五千元；对高某某判处有期徒刑四年，并处罚金人民币一万元。

判决发生法律效力后，上海市人民检察院抗诉提出，夏某某、高某某作案动机恶劣，为谋取非法利益，组织实施和积极参与绑架犯罪，勒索他人财物既遂且数额巨大，二审判决以“被害人郭某某所受拘禁时间不长、所遭受的暴力程度较轻、人身现实危害不大、收到赎金后立即释放被绑架人”等为由，对夏某某、高某某适用《中华人民共和国刑法修正案（七）》绑架犯罪“情节较轻”，并据此改判与事实不符，原生效判决确有错误。

夏某某及其辩护人认为夏某某受人推举与游艺城工作人员谈判，无绑架故意和行为，原判定性不当。

高某某及辩护人辩称高某某没有绑架故意和行为，参与此事系为讨要之前在游艺城被骗的钱款。

经再审审理查明的事实证据与原一、二审判决相同。

本院认为，原审被告人夏某某、高某某在获悉游艺城的客人和店方发生索赔纠纷后，才赶到现场，与游艺城和在场顾客之间的纠纷并无关系，两人以游艺城诈赌为由借机敲诈，主观上具有勒索财物的目的。现场勒索未成之后，两人又指使、伙同他人挟持、扣押游艺城工作人员郭某某，将郭某某拘禁于××宾馆，以郭为人质，胁迫郭某某的朋友交付赎金，客观上实施了绑架的行为。夏某某及其辩护人关于系受他人推举为代表与游艺城工作人员谈判的辩解无证据证实，不予采信。高某某及其辩护人称高某某没有犯罪故意和行为的辩护意见，不予采纳。原一、二审判决认为夏某某、高某某的行为已构成绑架罪，定性准确。本案中，夏某某等人勒索赎金达人民币3万元，数额巨大，被害人郭某某从凌晨起被夏某某等人挟持直至当日上午8：30时许被释放，被扣押拘禁时间长达8小时，且在被绑架过程中遭受暴力侵害，造成脸部受伤。故原二审判决以“被害人所受拘禁时间不长，所受暴力程度较轻，本案人身现实危害不大，收到赎金后立即释放被绑架人”等为由，对本案适用《中华人民共和国刑法修正案（七）》绑架犯罪“情节较轻”的规定，适用法律确有错误，应予纠正。本案应适用《中华人民共和国刑法》第二百三十九条第一款中“以勒索财物为目的绑架他人，或者绑架他人作为人质的，处十年以上有期徒刑或者无期徒刑，并处罚金或者没收财产”的规定量刑。上海市人民检察院认为本案不适用绑架犯罪“情节较轻”的抗诉意见，应予采纳。夏某某在犯罪中系主犯，又系累犯，依法应从重处罚。鉴于高某某在共同犯罪中系从犯，依法可减轻处罚。原二审判决对高某某以绑架罪判处有期徒刑四年，并处罚金人民币一万元，与其在犯罪中的作用、地位相适应，并无不当。据此，依照《中华人民共和国刑事诉讼法》第二百零六条，《最高人民法院关于执行〈中华人民共和国刑事诉讼法〉若干问题的解释》第三百一十二条第（一）项、第（二）项，《中华人民共和国刑法》第二百三十九条第一款，第二十五条第一款，第二十六条第一款、第四款，第二十七条，第六十五条第一款，第五十五条第一款，第五十六条，第五十三条，第六十四条之规定，判决如下：

一、维持上海市第一中级人民法院（2009）沪一中刑终字第173号刑事判决第一项，即“维持上海市卢湾区人民法院（2008）卢刑初字第499号刑事判决主文第三项，即‘违法所得责令退赔，发还被害人’”。

二、维持上海市第一中级人民法院（2009）沪一中刑终字第173号刑事判决第四项，即“上诉人（原审被告人）高某某犯绑架罪，判处有期徒刑四年，并处罚金人民币一万元。”

三、撤销上海市第一中级人民法院（2009）沪一中刑终字第173号刑事判决第二项、第三项，即“撤销上海市卢湾区人民法院（2008）卢刑初字第499号刑事判决主文第一、二项，即‘被告人夏某某犯绑架罪，判处有期徒刑十一年，剥夺政治权利一年，并处罚金人民币一万五千元；被告人高某某犯绑架罪，判处有期徒刑八年，并处罚金人民币一万元'”和“上诉人（原审被告人）夏某某犯绑架罪，判处有期徒刑七年，剥夺政治权利一年，并处罚金人民币一万五千元。”

四、原审被告人夏某某犯绑架罪，判处有期徒刑十一年，剥夺政治权利一年，并处罚金人民币一万五千元。

（刑期从判决执行之日起计算。判决执行以前先行羁押的，羁押一日折抵刑期一日，即自2008年9月2日起至2019年9月1日止；罚金于本判决发生法律效力后第二日起一个月内缴纳。）

本判决为终审判决。

审　判　长　包晔宏
代理审判员　陈　磊
代理审判员　严　军
二〇一〇年十二月六日
书　记　员　沈嘉乐

附：相关法律条文

《中华人民共和国刑法》

第二十五条第一款　共同犯罪是指二人以上共同故意犯罪。

第二十六条　组织、领导犯罪集团进行犯罪活动的或者在共同犯罪中起主要作用的，是主犯。

……

……

对于第三款规定以外的主犯，应当按照其所参与的或者组织、指挥的全部犯罪处罚。

第二十七条　在共同犯罪中起次要或者辅助作用的，是从犯。

对于从犯，应当从轻、减轻处罚或者免除处罚。

第五十三条　罚金在判决指定的期限内一次或者分期缴纳。期满不缴纳的，强制缴纳。对于不能全部缴纳罚金的，人民法院在任何时候发现被执行人有可以执行的财产，应当随时追缴。如果由于遭遇不能抗拒的灾祸缴纳确实有困难的，可以酌情减少或者免除。

第五十五条第一款　剥夺政治权利的期限，除本法第五十七条规定外，为一年以上五年以下。

第五十六条 对于危害国家安全的犯罪分子应当附加剥夺政治权利；对于故意杀人、强奸、放火、爆炸、投毒、抢劫等严重破坏社会秩序的犯罪分子，可以附加剥夺政治权利。

独立适用剥夺政治权利的，依照本法分则的规定。

第六十四条 犯罪分子违法所得的一切财物，应当予以追缴或者责令退赔；对被害人的合法财产，应当及时返还；违禁品和供犯罪所用的本人财物，应当予以没收。没收的财物和罚金，一律上缴国库，不得挪用和自行处理。

第六十五条第一款 被判处有期徒刑以上刑罚的犯罪分子，刑罚执行完毕或者赦免以后，在五年以内再犯应当判处有期徒刑以上刑罚之罪的，是累犯，应当从重处罚，但是过失犯罪除外。

第二百三十九条第一款 以勒索财物为目的绑架他人的，或者绑架他人作为人质的，处十年以上有期徒刑或者无期徒刑，并处罚金或者没收财产；情节较轻的，处五年以上十年以下有期徒徒刑，并处罚金。

《中华人民共和国刑事诉讼法》

第二百零六条 人民法院按照审判监督程序重新审判的案件，应当另行组成合议庭进行。如果原来是第一审案件，应当依照第一审程序进行审判，所作的判决、裁定，可以上诉、抗诉；如果原来是第二审案件，或者是上级人民法院提审的案件，应当依照第二审程序进行审判，所作的判决、裁定，是终审的判决、裁定。

最高人民法院《关于执行〈中华人民共和国刑事诉讼法〉若干问题的解释》

第三百一十二条第一款 再审案件经过重新审理后，应当按照下列情形分别处理：

（一）原判决、裁定认定事实和适用法律正确、量刑适当的，应当裁定驳回申诉或者抗诉；

（二）原判决、裁定认定事实没有错误，但适用法律有错误，或者量刑不当的，应当改判。

按照第二审程序审理的案件，认为必须判处被告人死刑立即执行的，直接改判后，应当报请最高人民法院核准；

……

……

准确认定“公民个人信息”和“情节严重”

——赖某某非法获取公民个人信息案

【案例要旨】

公民个人信息，是指公民不愿为社会公众所知并对公民个人有保护价值的信息，包括能够识别公民个人身份的静态信息，以及能够体现公民行踪的动态信息。如果以非法购买方式获取公民个人信息，出售获利或非法提供情节严重，构成非法获取公民个人信息罪。

【案情简要】

2006年3月至2009年6月，被告人赖某某通过互联网或发放名片的形式，以人民币2000元至10000元的价格承揽讨债寻人、婚外恋跟踪取证等业务。为满足客户需求，赖某某多次以每条人民币1000元的价格向金山公安消防支队士官郑某某（另案处理）非法购买各类公民个人信息近千条，事后共计支付给郑某某人民币27万余元。其中，2009年3月至6月间，赖某某向郑某某非法购买公民个人信息40余条，非法获利人民币4万余元。

2009年12月24日，浦东新区人民检察院提起公诉；2010年1月29日，浦东新区人民法院以非法获取公民个人信息罪判处赖某某有期徒刑1年，罚金人民币2万元。

【典型意义】

非法获取公民个人信息罪系《刑法修正案（七）》新设罪名，赖某某案系上海市首例以非法获取公民个人信息罪起诉、判决的案件。《刑法修正案（七）》将非法获取公民个人信息情节严重的行为规定为犯罪，但对如何认定公民个人信息的范围、情节严重的标准，没有相关司法解释。浦东新区人民检察院根据立法精神和案件实际情况，科学界定公民个人信息范围、情节严重标准，准确适用了该新罪名，为正确处理同类案件，特别是如何办理首例案件提供了借鉴。

《刑法》第253条之一第2款规定，窃取或者以其他方法非法获取公民个人信息，情节严重的，处三年以下有期徒刑或者拘役，并处或者单处罚金。对实践中大量发生的非法获取公民个人信息违法犯罪行为，检察机关应依法履行批捕、公诉职能，追究相关人员刑事责任，以体现司法对公民个人信息安全的有效保护，维护社会正常管理秩序。

公民个人信息范围的界定，直接涉及罪与非罪，在司法解释没有明确规定的情况下，浦东新区人民检察院根据立法精神和案件实际情况认为，公民个人信息是指，公民个人不愿为社会公众所知并对公民个人有保护价值的信息。一般包括能够识别公民个人身份的静态信息，以及能够体现公民行踪的动态信息，如宾旅馆住宿信息、机场登机及到达信息等。本案中，被告人赖某某利用郑某某工作上能够接触到公安内部网查询窗口的便利，以非法购买方式获取了各类公民个人身份信息、未退房的宾旅馆住宿信息等。此类信息系社会普通民众通过正常手段无法获取，直接关系到公民的隐私和人身安全。如果放任侵害，将对公民的日常生活以及社会秩序造成危害。因此，被告人赖某某非法获取的公民信息应认定为刑法规定的“公民个人信息”。浦东新区人民检察院对公民个人信息范围的界定和运用，符合立法精神，并且得到了法院的判决确认，为新罪名的准确适用积累了司法实践经验。

“情节严重”是非法获取公民个人信息罪的构成要件。“情节严重”一般是指，出售公民个人信息获利数额较大、出售或非法提供多人信息、多次出售或者非法提供公民个人信息，以及公民个人信息被非法提供、出售给他人后，给公民造成了经济上的损失，或者严重影响到公民个人正常生活，或者被用于进行违法犯罪活动等情形。本案中，被告人赖某某从事非法获取公民个人信息犯罪行为时间长、次数多、涉及人员范围广、非法获利数额大，且被用于讨债寻人、婚外恋跟踪等非法活动，浦东新区人民检察院据此认定其为“情节严重”，以非法获取公民个人信息罪起诉后，得到浦东新区人民法院判决认可。各单位在办案中应加强对此类新型犯罪的研究，结合实践，正确运用法律。同时，应扩大办案效果，以典型案例宣传法制，促进公民法律意识的加强。

上海市浦东新区人民检察院
起 诉 书

沪浦检刑诉〔2009〕10861 号

被告人赖某，男，1974 年××月××日生，汉族，大专文化，自由职业，户籍地福建省××县××村××号，暂住上海市青浦区××镇××路××号××室。被告人赖某因涉嫌非法获取公民个人信息罪，于 2009 年 6 月 13 日被上海市公安局浦东分局刑事拘留，2009 年 7 月 16 日经本院批准逮捕，次日由上海市公安局浦东分局执行逮捕。

本案由上海市公安局浦东分局侦查终结，以被告人赖某涉嫌非法获取公民个人信息罪，于 2009 年 9 月 8 日向本院移送审查起诉。本院受理后，于 2009 年 9 月 8 日已告知被告人有权委托辩护人，依法讯问了被告人，审查了全部案件材料。经审查，于 2009 年 10 月 19 日退回补充侦查，上海市公安局浦东分局于 2009 年 11 月 16 日补充侦查终结，移送本院审查起诉。

经依法审查查明：

2006 年 3 月至 2009 年 6 月期间，被告人赖某通过互联网或发放名片的形式，以人民币 2000 元至 10000 元的价格承揽讨债寻人、婚外恋跟踪取证等业务。为此，多次以人口信息每条人民币 50 元、未退房的宾旅馆信息每条人民币 1000 元的价格向上海市金山区××士官郑某（另案处理）非法购买各类个人信息近千条，事后共计支付给郑某人民币 27 万余元。其中，2009 年 3 月至 6 月间，被告人赖某向郑某非法购买公 民个人信息 40 余条，非法获利人民币 4 万余元。

上述事实有：1. 证人郑某、张某、胡某、赖某甲、丁某、郁某、倪某、简某、杨某、吴某等的证言；2. 上海××公司工商注册登记资料、工商银行查询资料、汇款通知书、扣押、发还物品清单、名片、笔记本等书证；3. 被告人赖某的供述等证据证实。

本院认为，被告人赖某非法获取公民个人信息，情节严重，其行为已触犯《中华人民共和国刑法》第二百五十三条之一第一、二款，应当以非法获取公民个人信息罪追究其刑事责任。鉴于被告人赖某认罪态度较好，可从轻处罚，建议判处一年以下有期徒刑或者拘役，并处罚金。根据《中华人民共和国刑事诉讼法》第一百四十一条的规定，提起公诉，请依法审判。

此致

上海市浦东新区人民法院

检　察　员　房长缨

代理检察员　吴菊萍

二〇〇九年十二月二十二日

附：1. 被告人赖某现羁押于浦东新区看守所，番号为：××；

2. 证据目录、主要证据复印件各一册；

3. 白色笔记本一本随案移送浦东新区人民法院。

上海市浦东新区人民法院
刑事判决书

（2009）浦刑初字第 2728 号

公诉机关上海市浦东新区人民检察院。

被告人赖某某，男，1974 年××月××日生，汉族，出生地福建省永定县，大专文化，无业，户籍地福建省××县××乡××村××组××号，暂住上海市青浦区××镇××路××号××室。因本案于 2009 年 6 月 13 日被刑事拘留，2009 年 7 月 17 日被逮捕。现羁押于上海市浦东新区看守所。

指定辩护人杨某甲，上海××律师事务所律师。

上海市浦东新区人民检察院以沪浦检刑诉〔2009〕10861 号起诉书指控被告人赖某某犯非法获取公民个人信息罪，于 2009 年 12 月 24 日向本院提起公诉。本院依法组成合议庭，公开开庭审理了本案。上海市浦东新区人民检察院指派检察员房长缨、代理检察员吴菊萍出庭支持公诉，被告人赖某某及辩护人杨某甲到庭参加诉讼。现已审理终结。

经审理查明，2006 年 3 月至 2009 年 6 月期间，被告人赖某某通过互联网或发放名片的形式，以人民币 2000 元至 10000 元的价格承揽讨债寻人、婚外恋跟踪取证等业务。为此，多次以人口信息每条人民币 50 元、未退房的宾旅馆信息每条人民币 1000 元的价格向上海市金山区××士官郑某某（另案处理）非法购买各类个人信息近千条，事后共计支付给郑某某人民币 27 万余元。其中，在 2009 年 3 月至 6 月间被告人赖某某向郑某某非法购买公民个人信息 40 余条，非法获利人民币 4 万余元。

上述事实，被告人赖某某在开庭审理过程中亦无异议，并有证人郑某某、张某某、胡某某、赖某甲、丁某某、郁某某、倪某某、简某某、杨某某、吴某某等人的证言、工商注册登记资料、工商银行查询资料、汇款通知书、扣押、发还物品清单、名片、笔记本等书证、案发经过等证据证实足以认定。

公民个人信息是指公民个人不愿为社会公众所知并对公民 个人有保护价值的信息，一般包括姓名、职业、职务、年龄、婚姻状况、学历、专业资格、工作经历、家庭住址、电话号码、信用卡号码、指纹、网上登录账号和密码、医疗记录、人事记录等能够识别公民个人身份的信息，还包括公民的动态信息如宾旅馆住宿信息，此类信息同样关乎公民个人隐私和社会生活的平稳秩序，同样具有保护的社会价值。本案中赖某某利用郑某某工作上的便利获取；大部分系未退房的宾旅馆信息，属于一般人无法知悉的个人信息，社会普通公众通过正常手段亦不可能获取，这类信息作为体现公民行踪的动态信息，比姓名、家庭住址、电话号码等静态信息更关乎公民隐私和人身安全，因此可以确认上述信息是公民个人不愿让社会公众所知，属于公民个人信息，且此类信息存在被保护的价值，如果放任侵害，将足以危及公民的日常生活及社会秩序的平稳。被告人赖某某在2009年3月至6月间，向郑某某非法购买公民个人信息40余条，非法获利人民币4万余元，属情节严重，其行为符合非法获取公民个人信息罪的构成要件，故被告人赖某某的行为已构成非法获取公民个人信息罪。

本院认为，被告人赖某某非法获取公民个人信息情节严重，其行为已构成非法获取公民个人信息罪。公诉机关指控的罪名成立，应予支持。赖某某归案后交代、认罪态度较好，酌情从轻处罚。辩护人所提的相关意见、理由成立，予以采纳。依照《中华人民共和国刑法》第二百五十三条之一第一款、第二款，第五十三条之规定，判决如下：

被告人赖某某犯非法获取公民个人信息罪，判处有期徒刑一年，罚金人民币二万元（此款应于判决生效后一个月内缴纳）。

（刑期从判决执行之日起计算。判决执行以前先行羁押的，羁押一日折抵刑期一日，即自2009年6月13日起至2010年6月12日止。）

如不服本判可在接到判决书的第二日起十日内，通过本院或者直接向上海市第一中级人民法院提出上诉。书面上诉的，应当提交上诉状正本一份，副本二份。

审判长　刘娟娟

审判员　石耀辉

二〇〇八年九月二十七日

书记员　钱文君

附：相关法律条文

《中华人民共和国刑法》

第二百五十三条之一　国家机关或者金融、电信、交通、教育、医疗等单位的工作人员，违反国家规定，将本单位在履行职责或者提供服务过程中获得的公民个人信息，出售或者非法提供给他人，情节严重的，处三年以下有期徒刑或者拘役，并处或者单处罚金。

窃取或者以其他方法非法获取上述信息，情节严重的，依照前款的规定处罚。

单位犯前两款罪的，对单位判处罚金，并对其直接负责的主管人员和其他直接责任人员，依照各该款的规定处罚。

第五十三条 罚金在判决指定的期限内一次或者分期缴纳。期满不缴纳的，强制缴纳。对于不能全部缴纳罚金的，人民法院在任何时候发现被执行人有可以执行的财产，应当随时追缴。如果由于遭遇不能抗拒的灾祸缴纳确实有困难的，可以酌情减少或者免除。

如何准确认定组织未成年人进行违反治安管理活动罪中的“组织”行为

——吐某某等五人组织未成年人进行违反治安管理活动案

【案例要旨】

组织未成年人进行违反治安管理活动罪系组织型犯罪，“组织”行为应该既包括招募、雇佣、诱骗、容留等一般组织行为，也包括暴力、胁迫等强制组织行为。本案中，被告人以拐骗、非法拘禁的方式实施组织行为，与拐骗儿童罪、非法拘禁罪构成牵连关系，从一重罪论处。

【案情简要】

2009年3月，被告人吐某某、亚某某组织、安排阿某甲、艾某丙等五名未成年人从乌鲁木齐市至哈尔滨市从事盗窃活动。同年5月，被告人亚某某、艾某甲将阿某甲、艾某丙两名未成年人带至上海，交由被告人吾某某、艾某乙拘禁在九亭镇一出租屋内，威胁、唆使其在松江区、闵行区等地实施盗窃活动。

2009年12月21日，松江区人民检察院以组织未成年人进行违反治安管理活动罪提起公诉；2010年1月12日，松江区人民法院以该罪名判处吐某某等五名被告人有期徒刑1年6个月至10个月，并处罚金人民币1000元。

【典型意义】

组织未成年人进行违反治安管理活动罪系《刑法修正案（七）》新设罪名，吐某某等五人组织未成年人进行违反治安管理活动案系本市司法机关适用该罪名起诉、判决的首例案件。松江区人民检察院根据《刑法修正案（七）》的立法精神和本案实际情况，全面把握组织未成年人进行违反治安管理活动罪的构成要件，准确适用新罪名，为正确处理同类案件积累了司法实践经验。

《刑法》第 262 条之二规定："组织未成年人进行盗窃、诈骗、抢夺、敲诈勒索等违反治安管理活动的，处三年以下有期徒刑或者拘役，并处罚金"。组织未成年人进行违反治安管理活动犯罪，严重危害社会治安秩序，侵犯未成年人合法权益，检察机关应加强对此类新型犯罪的研究，充分发挥审查批捕、起诉职能，依法严厉打击。

组织未成年人进行违反治安管理活动罪系组织型犯罪，科学界定"组织"行为直接关系到该罪名的准确适用。在法律、司法解释对"组织"行为没有明确规定的情况下，松江区人民检察院从本案的实际出发，根据立法精神以及司法解释对其他组织型犯罪的规定，参考全国同类案件的生效判决认为，本罪所指的"组织"行为，应当既包括招募、雇佣、诱骗、容留等一般组织行为，也应包括暴力、胁迫等强制组织行为；被组织的对象系指不满 18 周岁的未成年人；在具体认定时，应查实未成年人年龄，并综合《治安管理处罚决定书》、被告人供述、被害人陈述、证人证言等相互印证的证据，证明被组织的未成年人实施了盗窃、诈骗、抢夺、敲诈勒索等违反治安管理活动。松江区人民检察院对该新罪名的理解和把握符合立法精神，为同类案件的处理，特别是该新罪名的准确适用提供了借鉴。

此案松江公安分局以拐骗儿童罪提请批准逮捕，松江区人民检察院审查后依法改变罪名，以组织未成年人进行违反治安管理活动罪批捕、起诉，并获法院判决认同。检察机关在适用具体罪名时，要注意此罪与彼罪、一罪与数罪的界限。以暴力伤害的方式实施组织行为，造成被组织的未成年人重伤以上后果的，构成想象竞合犯，应以故意伤害罪论处；以拐骗、非法拘禁的方式实施组织行为的，与拐骗儿童罪、非法拘禁罪构成牵连关系，从一重罪论处。

各单位在适用新罪名办理首例案件时，应充分借助各类新闻媒介，通过"以案释法"形式加强检察宣传，以实现刑罚的一般预防和特殊预防功能，努力放大办案的社会效果。

上海市松江区人民检察院
起诉书

沪松检刑诉〔2009〕1091号

被告人吐某某，男，1983年××月××日生，维吾尔族，初中文化，农民，家住新疆维吾尔自治区××县××村××组××号。被告人吐某某因涉嫌拐骗儿童罪，于2009年8月30日被上海市公安局松江分局刑事拘留，9月30日本院以涉嫌组织未成年人进行违反治安管理活动罪依法批准逮捕，10月1日由上海市公安局松江分局执行逮捕。

被告人亚某某，男，1973年××月××日生，维吾尔族，小学文化，农民，家住新疆维吾尔自治区××县××乡××村××组。被告人亚某某因涉嫌拐骗儿童罪，于2009年8月30日被上海市公安局松江分局刑事拘留，9月30日本院以涉嫌组织未成年人进行违反治安管理活动罪依法批准逮捕，10月1日由上海市公安局松江分局执行逮捕。

被告人艾某甲，男，1973年××月××日生，维吾尔族，初中文化，个体，家住新疆维吾尔自治区××县××村××组××号。被告人艾某甲因涉嫌拐骗儿童罪，于2009年8月30日被上海市公安局松江分局刑事拘留，9月30日本院以涉嫌组织未成年人进行违反治安管理活动罪依法批准逮捕，10月1日由上海市公安局松江分局执行逮捕。

被告人吾某某，男，1974年××月××日生，维吾尔族，小学文化，无业，家住新疆维吾尔自治区××县××巷××号。被告人吾某某因涉嫌拐骗儿童罪，于2009年5月22日被上海市公安局松江分局刑事拘留，6月25日本院以涉嫌组织未成年人进行违反治安管理活动罪依法批准逮捕，6月26日上海市公安局松江分局执行逮捕。

被告人艾某乙，男，1990年××月××日生，维吾尔族，小学文化，无业，家住新疆维吾尔自治区××巷××号。被告人艾某乙因涉嫌拐骗儿童罪，于2009年5月22日被上海市公安局松江分局刑事拘留，6月25日本院以涉嫌组织未成年人进行违反治安管理活动罪依法批准逮捕，6月26日由上海市公安局松江分局执行逮捕。

本案由上海市公安局松江分局侦查终结，以被告人吐某某、亚某某、艾某甲、吾某某、艾某乙涉嫌组织未成年人进行违反治安管理活动罪，于2009年8月26日、11月26日向本院移送审查起诉。本院受理后，于2009年8月26日、11月26日告知被告人有权委托辩护人。经审查，于2009年10月10日，将被告人吾某某、艾某甲组织未成年人进行违反治安管理活动罪一案退回补充侦查，上海市公安局松江分局于2009年11月10日补充侦查终结，向本院移送审查起诉。

经依法审查查明：

2009年3月，被告人吐某某、帕某某（另行处理）将阿某甲、艾某丙等五名未成年人从乌鲁木齐带至哈尔滨，后被告人吐某某、亚某某、帕某某（另行处理）组织、安排上述五名未成年人在哈尔滨从事盗窃活动。

2009年5月，被告人亚某某、艾某甲又将阿某甲、艾某丙二人带至上海，交予被告人吾某某、艾某乙、阿某乙（另行处理），拘禁在本区××镇××村××号出租房内，威胁、唆使阿某甲、艾某丙二人在本市松江九亭、闵行七宝等地继续实施盗窃活动。

2009年5月21日，公安机关接到艾某丙的报案后，随后将阿某甲解救，并当场抓获被告人吾某某、艾某乙。

2009年8月4日、8月14日，被告人吐某某、亚某某、艾某甲先后被新疆叶城县公安机关抓获。

上述事实有：1. 被害人艾某丙、阿某甲的陈述；2. 证人帕某某、阿某乙、则某某、陆某某的证言；3. 被告人吐某某、亚某某、艾某甲、吾某某、艾某乙的供述和辩解；4. 户籍资料、案发经过、《医院检验情况记录》、现场照片等证据证实。

本院认为，被告人吐某某、亚某某、艾某甲、吾某某、艾某乙组织、唆使多名未成年人行窃，其行为均已触犯《中华人民共和国刑法》第二百六十二条第二款，犯罪事实清楚，证据确实、充分，均应当以组织未成年人进行违反治安管理活动罪追究其刑事责任。被告人吐某某、亚某某、艾某甲、吾某某、艾某乙结伙作案，根据《中华人民共和国刑法》第二十五条第一款，系共同犯罪。根据《中华人民共和国刑事诉讼法》第一百四十一条之规定，提起公诉，请依法审判。

此致

上海市松江区人民法院

代理检察员　陆　源

二〇〇九年十二月二十一日

附：1. 被告人吐某某、亚某某、艾某甲、吾某某、艾某乙现均羁押于上海市松江区看守所。

2. 证据目录一份二页、证人名单一份一页和主要证据复印件一册。

上海市松江区人民法院

刑事判决书

（2009）松刑初字第1083号

公诉机关上海市松江区人民检察院。

被告人吐某某，男，1983年××月××日出生于新疆维吾尔自治区，维吾尔族，住新疆维吾尔自治区。

被告人亚某某，男，1973年××月××日出生于新疆维吾尔自治区，维吾尔族，住新疆维吾尔自治区。

指定辩护人陈某，上海市××律师事务所律师。

被告人艾某甲，男，1973年××月××日出生于新疆维吾尔自治区，维吾尔族，住新疆维吾尔自治区。

被告人自报吾某某，男，1974年××月××日出生于新疆维吾尔自治区，维吾尔族，住新疆维吾尔自治区。

指定辩护人王某某，上海市××律师事务所律师。

被告人自报艾某乙，男，1990年××月××日出生于新疆维吾尔自治区，维吾尔族，住新疆维吾尔自治区。

上海市松江区人民检察院以沪松检刑诉〔2009〕1091号起诉书指控被告人吐某某、亚某某、艾某甲、吾某某、艾某乙犯组织未成年人进行违反治安管理活动罪，于2009年12月21日向本院提起公诉。本院依法组成合议庭，公开开庭审理了本案。上海市松江区人民检察院指派代理检察员陆源、金玉明出庭支持公诉，翻译人员赛皮丁·图鲁普，被告人吐某某、被告人亚某某及指定辩护人陈某、被告人艾某甲、被告人吾某某及指定辩护人王某某、被告人艾某乙到庭参加诉讼。现已审理终结。

上海市松江区人民检察院指控：2009年3月，被告人吐某某、帕某某（另行处理）将阿某甲、艾某丙等五名未成年人从乌鲁木齐带至哈尔滨，后被告人吐某某、亚某某、帕某某组织、安排上述五名未成年人在哈尔滨从事盗窃活动。

2009年5月，被告人亚某某、艾某甲又将阿某甲、艾某丙二人带至上海，交予被告人吾某某、艾某乙、阿某乙（另行处理），拘禁在本区××镇××村

××角××号出租房内，威胁、唆使阿某甲、艾某丙在本市松江九亭、闵行七宝等地继续实施盗窃活动。

2009年5月21日，公安机关接到艾某丙的报案后，随后将阿某甲解救，并当场抓获被告人吾某某、艾某乙。

2009年8月4日、14日被告人吐某某、亚某某、艾某甲先后被新疆维吾尔自治区叶城县公安机关抓获。

公诉机关为确认上述事实向法庭举出的证据有：被害人阿某甲、艾某丙的陈述，证人帕某某、阿某乙、则某某、陆某某的证言，医院检验情况记录，户籍资料，案发及抓获经过等，证明被告人吐某某、亚某某、艾某甲、吾某某、艾某乙组织、唆使多名未成年人行窃。公诉机关认为，被告人吐某某、亚某某、艾某甲、吾某某、艾某乙的行为已触犯《中华人民共和国刑法》第二百六十二条第二款、第二十五条第一款的规定，应当以组织未成年人进行违反治安管理活动罪追究刑事责任。

被告人吐某某对起诉指控的事实无异议。

被告人亚某某对起诉指控的事实无异议。辩护人认为，被告人亚某某认罪态度较好，且系初犯，建议对其酌情从轻处罚。

被告人艾某甲对起诉指控的事实无异议。

被告人吾某某辩解，其没有殴打被害人及带被害人外出盗窃。辩护人认为，被告人吾某某虽有辩解，但对庭审中出示的证据大部分没有异议，二名被害人至上海，也不是其提出的，且在上海地区的盗窃次数及数额不大，此次犯罪是其法律意识淡薄所致，建议对其酌情从轻处罚。

被告人艾某乙对起诉指控的基本事实无异议。

经审理查明：2009年3月，被告人吐某某与帕某某将阿某甲、艾某丙等五名未成年人从乌鲁木齐带至黑龙江省哈尔滨市，后被告人吐某某、亚某某与帕某某组织、安排上述未成年人在黑龙江省从事盗窃活动。

2009年5月，被告人亚某某、艾某甲又将阿某甲、艾某丙二人带至上海，交予被告人吾某某、艾某乙及阿某乙，拘禁在本区××镇××村××角××号出租房内。威胁、唆使阿某甲、艾某丙在本市松江区、闵行区等地实施盗窃活动。

2009年5月21日，公安机关接到艾某丙的报案后，随后将阿某甲解救，并当场抓获被告人吾某某、艾某乙。

2009年8月3日、14日被告人艾某甲、吐某某、亚某某先后被新疆维吾尔自治区叶城县公安机关抓获。

上述事实有下列证据证明：被害人阿某甲及辨认笔录证实，吐某某及帕某某以至哈尔滨打工为由，将其及乌某某、艾某丁、艾某丙等5人从乌鲁木齐带至哈尔滨；在哈尔滨，吐某某、亚某某及帕某某带其等人盗窃；后由亚某某、艾某甲将其及艾某丙带至上海交给吾某某、艾某乙与阿某乙，后吾某某、艾某乙与阿某乙带其及艾某丙外出盗窃，其窃得2部手机，期间，其及艾某丙不同意盗窃，遭到殴打的事实。被害人艾某丙的陈述及辨认笔录证实，吐某某及帕某某以至哈尔滨打工为由，将其及乌某某、阿某甲、伊某某等5人从乌鲁木齐带至哈尔滨；在哈尔滨，吐某某、亚某某及帕某某带其等人盗窃；后由亚某某、艾某甲将其及阿某甲带至上海交给吾某某、艾某乙与阿某乙，后吾某某、艾某乙与阿某乙带其及阿某甲外出盗窃，期间，其提出回家却遭到殴打及威胁的事实。证人帕某某的证言及辨认笔录证实，吐某某与亚某某经商议后，吐某某与其将乌某某、阿某甲、艾某丙、阿某丙等5人带至哈尔滨进行盗窃，其与吐某某带了乌某某、阿某甲及另外也叫艾某丁三人先后在哈尔滨、大庆等地盗窃，而亚某某则带了阿某丙及艾某丙外出盗窃，后听说亚某某将艾某丙、阿某甲转卖至上海的一名维族男子的事实。证人阿某乙的证言及辨认笔录证实，亚某某和艾某甲将艾某丙、阿某甲带至上海，艾某甲称二名被害人会偷东西，并将二名被害人带至本区九亭镇其居住地，吾某某提出让二名被害人偷东西，其与吾某某曾带被害人外出盗窃，其儿子艾某乙也带被害人外出，期间，吾某某殴打过艾某丙的事实。证人则某某的证言证实，其14岁的孙子艾某丙于2009年2月27日离家出走的事实。证人陆某某的证言其××村××角××号将房屋出租给新疆人，平时见到他们早晨出门，小孩走在前面，后面大人跟着的事实。医院检验情况记录证实艾某丙全身多处软组织挫伤的事实。户籍资料证实艾某丙出生于1995年12月28日。案发及抓获经过证实上述五名被告人均系抓获到案的事实。被告人吐某某、亚某某、艾某甲、艾某乙对上述事实均供认不讳。

被害人阿某甲、艾某丙的陈述证明在被亚某某、艾某甲带至上海后交给被告人吾某某等人，被告人吾某某等人指使其盗窃的事实，得到证人阿某乙的证言相互印证；且有被告人艾某甲关于将二名被害人交给被告人吾某某时曾交代如被害人窃得财物二人平分的供述佐证，故对被告人吾某某否认没有指使被害人盗窃的辩解，不予采信。被害人艾某丙陈述其遭被告人吾某某殴打的事实，得到了被害人阿某甲的陈述印证，且有医院检验情况记录和证人阿某乙的证言佐证；故对被告人吾某某辩解没有殴打过被害人的意见，不予采信。

本院认为：被告人吐某某、亚某某、艾某甲、吾某某、艾某乙组织未成年人进行盗窃活动，其行为均已构成组织未成年人进行违反治安管理活动罪。公诉机关指控成立。被告人吐某某、亚某某、艾某甲、艾某乙认罪态度较好或交代态度较好，均可酌情从轻处罚。根据被告人犯罪的事实、性质、情节和对社会的危害程度及认罪态度，依照《中华人民共和国刑法》第二百六十二条第二款、第二十五条第一款、第五十二条、第五十三条的规定，判决如下：

一、被告人吐某某犯组织未成年人进行违反治安管理活动罪，判处有期徒刑一年六个月，并处罚金人民币一千元。

（刑期从判决生效之日起计算。判决执行以前先行羁押的，羁押一日折抵刑期一日，即自2009年8月14日起至2011年2月13日止；罚金于本判决生效后十日内向本院缴纳。）

二、被告人亚某某犯组织未成年人进行违反治安管理活动罪，判处有期徒刑一年六个月，并处罚金人民币一千元。

（刑期从判决生效之日起计算。判决执行以前先行羁押的，羁押一日折抵刑期一日，即自2009年8月14日起至2011年2月13日止；罚金于本判决生效后十日内向本院缴纳。）

三、被告人艾某甲犯组织未成年人进行违反治安管理活动罪，判处有期徒刑一年，并处罚金人民币一千元。

（刑期从判决生效之日起计算。判决执行以前先行羁押的，羁押一日折抵刑期一日，即自2009年8月3日起至2010年8月2日止；罚金于本判决生效后十日内向本院缴纳。）

四、被告人吾某某犯组织未成年人进行违反治安管理活动罪，判处有期徒刑一年，并处罚金人民币一千元。

（刑期从判决生效之日起计算。判决执行以前先行羁押的，羁押一日折抵刑期一日，即自2009年5月21日起至2010年5月20日止；罚金于本判决生效后十日内向本院缴纳。）

五、被告人艾某乙犯组织未成年人进行违反治安管理活动罪，判处有期徒刑十个月，并处罚金人民币一千元。

（刑期从判决生效之日起计算。判决执行以前先行羁押的，羁押一日折抵刑期一日，即自2009年5月21日起至2010年3月19日止；罚金于本判决生效后十日内向本院缴纳。）

如不服本判决，可在接到判决书的第二日起十日内，通过本院或者直接向上海市第一中级人民法院提出上诉。书面上诉的，应当提交上诉状正本一份，副本二份。

审　判　长　曹吉良
代理审判员　刘海林
人民陪审员　陆丽蓉
二〇一〇年一月十二日
书　记　员　许　冬

附：相关法律条文

《中华人民共和国刑法》

第二百六十二条之二 组织未成年人进行盗窃、诈骗、抢夺、敲诈勒索等违反治安管理活动的，处三年以下有期徒刑或者拘役，并处罚金；情节严重的，处三年以上七年以下有期徒刑，并处罚金。

第二十五条第一款 共同犯罪是指二人以上共同故意犯罪。

第五十二条 判处罚金，应当根据犯罪情节决定罚金数额。

第五十三条 罚金在判决指定的期限内一次或者分期缴纳。期满不缴纳的，强制缴纳。对于不能全部缴纳罚金的，人民法院在任何时候发现被执行人有可以执行的财产，应当随时追缴。如果由于遭遇不能抗拒的灾祸缴纳确实有困难的，可以酌情减少或者免除。

准确把握抢劫罪的认定条件

——沈某某抢劫抗诉案

【案例要旨】

为劫取财物使用暴力胁迫手段，达到足以抑制他人反抗的程度，因意志以外原因未当场劫取到财物的行为，应当认定为抢劫罪（未遂）。对参与实施暴力的行为人，应认定为抢劫罪共犯。

【案情简要】

2012年11月30日凌晨3时许，被告人沈某某纠集同案犯许某，携带白手套、榔头、绳索等工具共同至本市闵行区××路××弄××号，由许某使用绳索攀爬，从窗户翻入202室被害人袁某（系沈某某同学）家中，并打开房门将沈某某引入室内。嗣后，沈某某伙同许某采用绳索勒脖子、捂嘴、拳击头部等方式殴打袁某，向袁某索要钱款人民币5万元，袁某以咬手指、呼救等方式进行反抗。扭打过程中，沈某某被袁某认出，后两人在卧室内交谈，许某则退至客厅，但沈某某仍向袁索要钱款，袁某佯称身边没有现金，应允当日中午将5万元钱款汇入沈某某的账户，沈某某、许某二人才离去。袁某当即向警方报警。案发后，沈某某曾将其银行账号发送给袁某，袁某未予理睬。2012年12月20日，被告人沈某某被公安机关抓获。2013年2月7日，被告人许某主动投案。

闵行区人民检察院以被告人沈某某构成抢劫罪、被告人许某构成非法侵入住宅罪提起公诉。闵行区人民法院以敲诈勒索罪判处被告人沈某某有期徒刑2年6个月、罚金5000元；以非法侵入住宅罪判处被告人许某有期徒刑1年。闵行区人民检察院依法对被告人沈某某的定性和量刑提出抗诉。上海市人民检察院第一分院经审查后作出支持抗诉的决定，并认为：一审判决对被告人沈某某、许某的定性均有错误；被告人许某虽主动投案，但未如实供述罪行，不应认定为自首。上海市第一中级人民法院经审理后认为原判事实不清，裁定发回重审。闵行区人民法院经再审，改判被告人沈某某构成抢劫罪，判处有期徒刑5年6个月，剥夺政治权利1年，并处罚金人民币7000元；改判被告人许某犯抢劫罪，判处有期徒刑3年，并处罚金人民币3000元。再审判决后，被告人沈某某提出上诉，上海市第一中级人民法院裁定驳回上诉、维持原判。

【典型意义】

抢劫罪和敲诈勒索罪为常见侵财犯罪，二者都以非法占有为目的，不仅都可以使用威胁方法，而且都可以使用暴力方法，对他人进行强制，进而非法占有财物，但是二者在暴力胁迫程度上的差别是区别两罪的关键。对当场使用足以抑制对方反抗的暴力行为，迫使其日后交付财物的行为，应当认定为抢劫罪。本案经抗诉后，法院采纳检察机关指控被告人沈某某犯抢劫罪的抗诉意见，对被告人许某的指控罪名作出改判，对准确把握抢劫罪的构成要件具有指导意义。

一、准确把握抢劫罪“当场实施暴力”的条件

当场实施暴力的胁迫程度是区别抢劫罪和敲诈勒索罪的关键环节。其一，抢劫罪中的暴力、胁迫或者其他方法需达到足以抑制对方反抗的程度；敲诈勒索罪的暴力、胁迫只要达到足以使被害人产生恐惧心理的程度，如使用不足以抑制对方反抗程度的轻微暴力从而取得他人财物的行为，则应认定敲诈勒索罪；其二，抢劫罪中的暴力胁迫行为需当场实施，如以日后加害被害人为由胁迫对方交付财物，应认定为敲诈勒索罪。从本案看，一是行为人携带榔头、白色手套、绳索等工具，在凌晨3点钟潜入被害人住处，其使用暴力的意图明确；二是行为人趁人熟睡之机，用手套、枕头等物捂住被害人的嘴巴，用绳索套住颈部，并用拳头、锤子敲击头面部，直接实施了针对被害人的暴力行为，造成被害人头面部的伤情。因此，本案行为人当场实施暴力行为，且已达到抑制他人反抗的程度。

二、准确把握抢劫罪“当场劫取财物”的条件

“当场劫取财物”主要反映行为人的主观意志状况，行为人以当场实施的暴力为凭借，利用被害人不敢反抗、不能反抗的状况，意图当场劫取被害人的财物。而至于是否当即取得财物，则是判断犯罪是否完成的标准。从本案看，一是两名被告人事先准备犯罪工具，于深夜趁他人熟睡之机潜入其家中，随即对被害人施以暴力，其主观目的是为了当场劫取财物；二是因被害人佯装没钱并假意允诺日后交款，故而提出限期交款，其行为并未改变当场使用暴力胁迫手段与劫取财物之间的内在联系，属实施终了的未遂，应认定为抢劫罪未遂。

此外，许某入户与沈某某共同对被害人实施暴力殴打行为，沈某某向被害人索要财物时许某虽站在卧室门外，但客观上仍形成对被害人人身的强制，其行为作为共同抢劫犯罪组成部分的性质并未改变。因此，在证据既已排除两名被告人系讨债的前提下，应认定许某为抢劫共犯，一审判决确有不当。

注：本案一审法律文书略。

上海市闵行区人民检察院
刑事抗诉书

沪闵检刑抗〔2013〕2号

上海市闵行区人民法院以（2013）闵刑初字第545号刑事判决书对被告人沈某某抢劫、被告人许某非法侵入住宅罪一案判决：被告人沈某某犯敲诈勒索罪，判处有期徒刑二年六个月，并处罚金人民币五千元；被告人许某犯非法侵入住宅罪，判处有期徒刑一年。

本院依法审查后认为，该判决认定的犯罪事实正确，但对被告人沈某某行为的定性错误，致本案对沈适用法律及量刑明显不当。理由如下：

一、被告人沈某某的行为应当构成抢劫罪，判决认定构成敲诈勒索罪属定性错误、适用法律不当。

被告人沈某某与被告人许某携带白手套、榔头、绳索等工具在凌晨3时许，翻窗进入被害人袁某家中，采用捂嘴、拳击头部、绳索勒颈等方式殴打被害人袁某，向其索要人民币5万元，因被害人报警而未得逞，其行为符合《中华人民共和国刑法》第二百六十三条第（一）项的规定，应当以抢劫罪（未遂）追究其刑事责任。

判决认为“被告人沈某某对被害人所实施的威胁手段相对于一般抢劫犯罪中被告人所实施的威胁手段方式稍缓、程度稍轻、时限稍宽”的理由不当。

首先，从犯罪预备的过程来看，被告人沈某某伙同许某事先准备了锤子、白色手套、绳索等作案工具，在被害人家楼下等候数个小时，直至凌晨三四点钟被害人及邻居均已入睡的时候，翻窗秘密进入被害人家中，足见被告人为实施犯罪准备充分。

其次，从实施的具体行为来看，被告人沈某某伙同许某趁袁某熟睡之机，用手套、枕头等物捂袁嘴巴，用绳索套住其颈部，并用拳头、锤子敲击袁的头面部，直到袁某认出沈某某大声呼叫并强烈反抗后才停手，反映被告人沈某某实施暴力的当场性、攻击性与强制性，对被害人而言不仅有直接暴力，也有进一步实施加害的现实可能，而敲诈勒索罪中的暴力威胁内容是在将来某个时间实现的，与该事实有明显区别。

最后，从犯罪后果来看，被害人袁某因外伤致左额颞部及左枕部头皮下血肿和双眼部挫伤，已构成轻微伤。因此，被告人沈某某所实施的暴力已达到抢劫罪所要求的暴力程度，且具有现实性、直接性。

判决认为“被告人沈某某在潜入被害人的住宅后并未当场劫取被害人住宅内的钱财，也未要求被害人当场陪同其至自动取款机取款，而是限期要求被害人交出钱款，其行为不具有抢劫罪劫取财物的当场性特征”的理由不当。

抢劫犯罪的当场性特征是指实施暴力、胁迫的当场性，只要能确认该暴力、胁迫手段与夺取财产之间有因果关系，就应认定抢劫，并不限于当场取得财物。被告人沈某某在实施暴力、胁迫后，当场向被害人索要钱款，其离开被害人家中，未陪同一起前往取款，系因为被害人被殴打后已大声呼救惊扰邻居，其为了避免被抓获而选择先行离开，暴力、胁迫及当场索财的行为已实施完毕，其未当场取得财物，是因意志以外的因素，应评价为抢劫未遂，而不能以其未当场获取财物即认定为敲诈勒索行为。

二、因上述判决定性错误从而导致对被告人沈某某的量刑明显不当，罪责刑不相适应。

根据《中华人民共和国刑法》第二百六十三条之规定，入户抢劫且抢劫数额达 5 万元，应当判处十年以上有期徒刑、无期徒刑或者死刑，并处罚金或者没收财产；本案虽有未遂情节，也应在法定幅度内量刑或适度减轻处罚。

故（2013）闵刑初字第 545 号刑事判决书判决被告人沈某某主刑有期徒刑二年六个月，显然与被告人行为的性质、社会危害性不相适应，属量刑畸轻。

综上所述，（2013）闵刑初字第 545 号刑事判决书认定事实正确，但部分定性错误，从而导致相应的适用法律错误、量刑不当。为维护司法公正，准确惩治犯罪，依照《中华人民共和国刑事诉讼法》第二百一十七条的规定，特提出抗诉，请依法判处。

此致

上海市第一中级人民法院

上海市闵行区人民检察院

二〇一三年八月二十三日

附：被告人沈某某、许某现羁押于上海市闵行区看守所。

附：相关法律条文

《中华人民共和国刑法》

第二百六十三条　以暴力、胁迫或者其他方法抢劫公私财物的，处三年以上十年以下有期徒刑，并处罚金；有下列情形之一的，处十年以上有期徒刑、无期徒刑或者死刑，并处罚金或者没收财产：

（一）入户抢劫的；

……

第二百四十五条第一款　非法搜查他人身体、住宅，或者非法侵入他人住宅的，处三年以下有期徒刑或者拘役。

第二十三条　已经着手实行犯罪，由于犯罪分子意志以外的原因而未得逞的，是犯罪未遂。

对于未遂犯，可以比照既遂犯从轻或者减轻处罚。

《中华人民共和国刑事诉讼法》

第二百一十七条　地方各级人民检察院认为本级人民法院第一审的判决、裁定确有错误的时候，应当向上一级人民法院提出抗诉。

上海市闵行区人民法院
刑事判决书

（2014）闵刑重字第1号

公诉机关上海市闵行区人民检察院。

被告人自报沈某某，男，1971年××月××日出生，汉族，高中文化，案发前系常州××饮料有限公司法定代表人，户籍地江苏省常州市××区××街道××号；因本案于2012年12月29日被刑事拘留，2013年1月31日被逮捕，现羁押于上海市闵行区看守所。

辩护人张某某，上海××律师事务所律师。

被告人自报许某（曾用名许甲），男，1986年××月××日出生于江苏省江阴市，汉族，大专文化，农民，户籍地江苏省江阴市××镇××村××号；因本案于2013年2月8日被刑事拘留，同年3月5日被逮捕，现羁押于上海市闵行区看守所。

辩护人盛某某，江苏××律师事务所律师。

上海市闵行区人民检察院以沪闵检刑诉〔2013〕525号起诉书指控被告人沈某某犯抢劫罪、被告人许某犯非法侵入住宅罪，于2013年4月22日向本院提起公诉。本院依法组成合议庭，公开开庭审理了本案，于2013年8月12日作出（2013）闵刑初字第545号刑事判决，上海市闵行区人民检察院提出抗诉。上海市第一中级人民法院于2013年12月18日作出（2013）沪一中刑终字第1028号刑事裁定，撤销原判，发回重审。本院依法另行组成合议庭，公开开庭审理了本案。上海市闵行区人民检察院指派检察员程慧出庭支持公诉，被害人袁某、被告人沈某某及其辩护人张某某、被告人许某及其辩护人盛某某到庭参加诉讼。本案经依法延期审理，现已审理终结。

上海市闵行区人民检察院指控，2012年11月30日凌晨3时许，被告人沈某某编造向他人索债的理由纠集被告人许某，携带白手套、榔头等工具共同至本市闵行区××路××弄××号，由被告人许某采用绳索攀爬，从窗户翻入上述地址××室被害人袁某家中，并打开房门帮助被告人沈某某共同进入户内。嗣后，被告人沈某某伙同被告人许某采用绳索勒脖子、捂嘴、拳击头部等方式殴打被害人袁某，向其索要钱款人民币5万元，后因被害人袁某报警而未得逞。经鉴定，被害人袁某因外伤致左额颞部及左枕部头皮下血肿和双眼部挫伤，构成轻微伤。

2012年12月20日，被告人沈某某被公安人员抓获。2013年2月7日，被告人许某主动投案并如实供述了相关事实。

为证实以上指控事实，公诉机关当庭宣读和出示了被害人袁某的陈述及相关辨认笔录，公安机关的调取证据清单及照片、现场勘验检查笔录、工作情况、抓获经过、验伤通知书及医院检验情况记录，相关电话短信记录，鉴定机构的鉴定意见书，两名被告人的供述等证据。公诉机关据此认为，被告人沈某某的行为构成抢劫罪，数额巨大；被告人许某的行为构成非法侵入住宅罪，且系共同犯罪，同时被告人沈某某系犯罪未遂，提请本院依照《中华人民共和国刑法》第二百六十三条第（一）、（四）项，第二百四十五条第一款，第二十五条第一款，第二十三条之规定，予以判处。庭审中，公诉机关认为被告人许某未能如实供述同案犯犯罪事实，故当庭提出对被告人许某不再认定具有自首情节。

针对公诉机关指控，被告人沈某某提出，未对被害人袁某实施过殴打、勒脖子等暴力手段，找袁某是因之前的经济纠纷讨要说法，故对指控其犯抢劫罪不认可。沈某某的辩护人提出，沈某某和袁某自幼一起长大，后因经济问题发生矛盾，沈某某不得已潜入袁某家中讨要说法，没有非法占有他人财物的主观故意，客观上也没有当场劫得财物；因沈某某系案发当日凌晨3时许进入袁某卧室，袁某误以为有陌生人闯入故发生扭打，当袁某认出沈某某后，双方即开始交谈，因此也不能认定沈某某对袁某实施了暴力或威胁行为，被告人沈某某的行为既不属于抢劫也不属于敲诈勒索，而属于维权过度，宜定性为非法侵入住宅，且情节轻微。被告人许某提出，对公诉机关指控其犯非法侵入住宅罪没有异议，但没有伙同沈某某对袁某实施暴力或胁迫行为。许某的辩护人提出，许某的行为虽然符合非法侵入住宅罪的犯罪构成，但许某没有伤害袁某的故意，也没有任何非法念头，单纯是出于朋友义气又不懂法而偶犯刑律；许某虽翻窗入室，帮助沈某某进入袁某家中，但没有参与或帮助沈某某对袁某加以侵害，且是想积极化解矛盾；同时，许某具有自首情节，可以从轻或减轻处罚。

被告人沈某某的辩护人向本院提交了相关企业法人营业执照以及自公安机关摘抄的被害人袁某拨打110报警记录，证明沈某某的身份以及案发后被害人的报案情况。

经审理查明，2012年11月29日晚，被告人沈某某以与被害人袁某存在经济纠纷为由，与被告人许某结伙，携带白手套、榔头等工具至本市闵行区×

×路××弄××号被害人袁某所住小区，因见袁某家中较暗，沈某某遂指使许某于次日凌晨3时许，以借电线攀爬、翻窗入室等方法进入楼内××室袁某家中，并由许打开房门帮助沈某某进入该室卧房。嗣后，沈某某、许某与袁某在室内发生扭打，沈某某、许某以捂嘴、拳击头面部等方式对袁某实施殴打等暴力行为，在袁某认出沈某某后，沈某某仍向袁某索要钱款。经袁某佯允给付沈某某人民币5万元后，沈某某、许某二人离去。后被害人袁某向警方报案。事发后，被告人沈某某曾将其银行账号以短信方式发送给被害人袁某，要求袁某汇款，但袁某未予理睬。

2012年12月29日，被告人沈某某被公安机关抓获。2013年2月7日，被告人许某向公安机关投案。案发后经鉴定，被害人袁某因外伤致左额颞部及左枕部头皮下血肿和双眼部挫伤，构成轻微伤。

上述事实，有以下经庭审举证、质证的证据证实，本院予以确认：

1. 被害人袁某的陈述及辨认笔录：2012年11月30日凌晨三四时许，袁某在住处即本市闵行区××路××弄××号××室靠西侧卧室睡觉时，突然被人捂嘴并按住，袁某随即与对方两人发生搏斗。厮打过程中，袁某咬住对方手指，同时被对方按住头部并遭拳击。对方还用一条带子套住袁某头部勒袁某脖子，且叫喊“绑他，绑他”。缠斗过程中，袁某挣扎退至卧室东南角后，认出其中一人系2006年曾在袁某公司工作、但因经济问题产生不愉快的同学沈某某。后沈某某等人仍欲以掐脖子、捆绑等方式上前控制袁某，袁某一边反抗，一边称房屋隔音效果不好如喊叫会被人发现，且这样对大家都不好有条件可以谈。随后，袁某和沈某某开始交谈，另一人退至卧室门口。其间，沈某某称需要10万元，在袁某允诺先打款5万元给沈某某后，沈某某等人欲离开。离开前，另一男子要求袁某将扭打过程中掉落的假发套、类似黑色丝袜等物捡出，沈某某威胁袁某不许报警。嗣后，沈某某又向袁某发短信告知沈某某的银行卡号。

2. 公安机关的《验伤通知书》《医院检验情况记录》、鉴定机构的《鉴定意见书》及相关照片：被害人袁某案发后的验伤情况，袁某的伤势构成轻微伤。

3. 公安机关的《现场勘验检查工作记录》：2012年11月30日10时10分许，公安机关对本案案发中心现场，即本市闵行区××路××弄××号××室进行了现场勘查检验，并对案发现场的基本情况及特征进行了记录。

4. 公安机关的《调取证据清单》及相关照片：从案发现场发现并调取红黄相间的电线、白色手套、眼镜片、黑色塑料锤头及黄色药膏贴等物。

5. 相关移动电话短信记录：案发当日，被告人沈某某在离开被害人袁某住处后曾发短信给袁，要求袁某将钱款汇入指定银行卡账户中。

6. 公安机关的相关《工作情况》及《抓获经过》：被告人沈某某于2012年12月29日12时许乘车至江苏省常州市中吴大道与和平南路交叉口时，于警方对过往车辆检查时被抓获，被告人许某于2013年2月7日至公安机关投案。

7. 被告人许某的供述及辩解：案发当晚，许应被告人沈某某的要求至被害人袁某所住小区，后于凌晨时分在沈某某指使下，借电线攀爬、翻窗入室等方法进入袁某家中，并将沈某某引入袁某住处。沈某某脱鞋赤脚进入袁某卧室后，与袁某发生扭打。争斗过程中，许某和沈某某均被袁某咬住过手指，许某、沈某某等人亦分别击打过袁某的肩膀、背部、头部等处。后沈某某被袁某认出，双方开始交谈，许某则退至客厅。其间，许某曾听到双方谈话内容与钱款有关，沈某某向袁某要工钱。后袁某、沈某某两人一起从卧室出来，袁某还称会汇款5万元至沈某某账户中。此后，许某与沈某某离开袁某的住处。离开前，许还要求袁将扭打过程中掉落在卧室中的帽子、眼镜等捡出，但爬窗用的电线以及一个橡胶榔头、眼镜片等都掉在袁某家中。

8. 被告人沈某某供述、辩解及辨认笔录：案发当日，沈某某与许某吃饭时，曾谈起与袁某以前的不愉快，后许某与沈某某一起至袁某住处，并由许某翻窗进入袁某家中。

本院认为，被告人沈某某、许某结伙，以非法占有为目的，采取暴力、威胁等手段，入户劫取他人财物，两人行为均已构成抢劫罪，且属共同犯罪。被告人沈某某、许某已着手实施了犯罪，因意志以外的原因未能得逞，属犯罪未遂，依法可以比照既遂犯减轻处罚。被告人沈某某在共同犯罪中起主要作用，系主犯；被告人许某受沈某某指使，在共同犯罪中起次要、辅助作用，系从犯，依法应当从轻处罚。公诉机关指控被告人沈某某的犯罪事实及定性正确，本院予以确认。但关于被告人许某的行为定性问题，公诉机关起诉书中认定的事实为"被告人沈某某伙同许某采用绳索勒脖子、捂嘴、拳击头部等方式殴打被害人袁某，向其索要钱款人民币5万元，后因被害人袁某报警而未得逞。"据此，公诉机关指控的事实中，已经包含被告人许某伙同沈某某，共同以暴力方式向被害人袁某强行索取财物的行为。从公诉机关提交的证据看，被害人袁某的陈述，公安机关的现场勘查笔录及从现场调取的电线、手套、锤头、眼镜片等物证，相关验伤通知书、鉴定意见书以及被告人许某在侦查及审查起诉阶段的供述等，也均反映出许某参与实施了对被害人的暴力劫财并致被害人轻微伤的事实。故就被告人许某的指控，公诉机关认定的事实与确定的罪名不相匹配，被告人许某的行为符合抢劫罪的构成要件，应以抢劫罪共犯论处。关于被告人沈某某及其辩护人提出的因沈与被害人袁某相识已久且存在经济纠纷，沈的行为属于维权方式不当而不属于抢劫等辩护意见，经查，本案中被害人对曾欠沈某某钱款的事实予以了否认，而沈及其辩护人均未提供双方之间存在债务纠纷的任何证据，故相关辩护意见缺乏事实依据，本院不予采信。本案中，被告人沈某某与许某结伙，在事先未与被害人取得联系的情况下，于案发当日凌晨，携带并利用作案工具，通过翻窗入室的方式进入被害人家中，使用暴力对被害人殴打并致其轻微伤，继而向被害人索取财物。从两名被告人的行为手段、实施经过以及造成的后果等方面考察，与“讨要说法”或维权行为相去甚远，故相关辩解及辩护意见缺乏事实和法律依据，本院不予采纳。关于被告人许某及其辩护人提出的许某没有预谋犯罪的动机，没有参与对袁某的侵害等辩解及辩护意见，经查，被告人许某伙同沈某某共同至被害人所住小区后，在沈指使下借助工具翻窗入室的方法进入被害人家中并将沈某某引入，其后又与沈某某共同对被害人实施了殴打等暴力行为，同时许某在知晓沈某某欲向被害人强行索要财物的情况下未予阻止且参与实施了相关犯罪行为。在案证据中，被害人的陈述，公安机关的现场勘验检查笔录、调取证据清单及照片、验伤通知书及医院检验情况记录，鉴定意见书以及两名被告人的部分供述等均能相互印证许某参与实施了抢劫行为，故相关辩解及辩护意见缺乏事实和法律依据，本院不予采纳。被告人许某虽主动至公安机关投案，但未能如实供述主要犯罪事实，不能认定为自首。关于被告人沈某某的辩护人提交的相关材料，有关企业法人营业执照虽表明被告人沈某某的身份情况，但与本案的犯罪事实无直接关联；有关110报警记录亦不能否定被告人曾向被害人实施暴力索取钱财的事实，且在案的公安机关接受刑事案件登记表所记载的报案内容较之更为详实，故不能据此即认为被害人的报案不实。据此，本院为严肃国家法制，保障公民人身和财产权利不受侵犯，根据两名被告人实施的犯罪事实、性质、情节及危害程度等，依照《中华人民共和国刑法》第二百六十三条第（一）项，第二十五条第一款，第二十三条，第二十六条第一款、第四款，第二十七条，第五十六条第一款，第五十五条第一款，第五十二条，第五十三条，第六十四条之规定，判决如下：

一、被告人沈某某犯抢劫罪，判处有期徒刑五年六个月，剥夺政治权利一年，并处罚金人民币七千元。

（刑期从判决执行之日起计算。判决执行以前先行羁押的，羁押一日折抵刑期一日，即自2012年12月29日起至2018年6月28日止。罚金自本判决生效之日起三十日内如数缴纳。）

二、被告人许某犯抢劫罪，判处有期徒刑三年，并处罚金人民币三千元。

（刑期从判决执行之日起计算。判决执行以前先行羁押的，羁押一日折抵

刑期一日，即自2013年2月7日起至2016年2月6日止。罚金自本判决生效之日起三十日内如数缴纳。)

三、扣押在案的作案工具予以没收。

如不服本判决，可在接到判决书的第二日起十日内，通过本院或者直接向上海市第一中级人民法院提出上诉。书面上诉的，应当提交上诉状正本一份，副本两份。通过本院书面上诉的，应将上诉状正、副本送（寄）往本院立案庭。

审 判 长　周　波
代理审判员　赵宇翔
人民陪审员　蔡全荪
二〇一四年六月三日
书 记 员　邵　立

附：相关法律条文

《中华人民共和国刑法》

第二百六十三条　以暴力、胁迫或者其他方法抢劫公私财物的，处三年以上十年以下有期徒刑，并处罚金；有下列情形之一的，处十年以上有期徒刑、无期徒刑或者死刑，并处罚金或者没收财产：

（一）入户抢劫的；

……

第二十五条第一款　共同犯罪是指二人以上共同故意犯罪。

第二十三条　已经着手实行犯罪，由于犯罪分子意志以外的原因而未得逞的，是犯罪未遂。

对于未遂犯，可以比照既遂犯从轻或者减轻处罚。

第二十六条　组织、领导犯罪集团进行犯罪活动的或者在共同犯罪中起主要作用的，是主犯。

……

……

对于第三款规定以外的主犯，应当按照其所参与的或者组织、指挥的全部犯罪处罚。

第二十七条　在共同犯罪中起次要或者辅助作用的，是从犯。

对于从犯，应当从轻、减轻处罚或者免除处罚。

第五十二条 判处罚金，应当根据犯罪情节决定罚金数额。

第五十三条 罚金在判决指定的期限内一次或者分期缴纳。期满不缴纳的，强制缴纳。对于不能全部缴纳罚金的，人民法院在任何时候发现被执行人有可以执行的财产，应当随时追缴。如果由于遭遇不能抗拒的灾祸缴纳确实有困难的，可以酌情减少或者免除。

第五十六条第一款 对于危害国家安全的犯罪分子应当附加剥夺政治权利；对于故意杀人、强奸、放火、爆炸、投毒、抢劫等严重破坏社会秩序的犯罪分子，可以附加剥夺政治权利。

第五十五条第一款 剥夺政治权利的期限，除本法第五十七条规定外，为一年以上五年以下。

第六十四条 犯罪分子违法所得的一切财物，应当予以追缴或者责令退赔；对被害人的合法财产，应当及时返还；违禁品和供犯罪所用的本人财物，应当予以没收。没收的财物和罚金，一律上缴国库，不得挪用和自行处理。

准确认定“入户抢劫”

——王某某等、邓某某抢劫二案

【案例要旨】

以图财为目的非法侵入他人住所后实施抢劫的，无论其入户形式是强行闯入还是以欺骗等方式进入，都构成“入户抢劫”。

【案情简要】

案例一：2010 年 1 月 16 日 6 时许，王某某等人因怀疑被害人张某某用手电筒照他们至张某某的暂住地寻衅并共谋入室向被害人“借钱”。王某某用脚踹开张某某家的门强行入室，并将张某某叫至户外索财，遭拒后又入户对张某某采用殴打、热水瓶砸、持菜刀威胁等手段，当场劫得张人民币 100 元、移动电话 2 部、邮政储蓄卡 1 张、身份证 1 张等物，致被害人面部裂伤（轻微伤）。

2010 年 4 月 1 日，浦东新区人民检察院以抢劫罪提起公诉；6 月 22 日，浦东新区人民法院以抢劫罪判处王某某有期徒刑 4 年 10 个月，但未认定“入户抢劫”；7 月 9 日，浦东新区人民检察院提出抗诉；9 月 17 日，上海市第一中级人民法院以入户抢劫改判王某某有期徒刑 10 年。

案例二：2008 年 8 月 4 日上午，邓某某以做保姆为名至被害人龚某某家中，拿出事先准备好的两粒药片，以服食该药对身体有好处诱骗龚某某吞服，龚某某服后不久即昏睡，邓某某遂拿走龚某某写字台上的人民币 500 元后逃逸。

2008 年 11 月 25 日，杨浦区人民检察院以抢劫罪提起公诉；2009 年 2 月 23 日，杨浦区人民法院以抢劫罪判处邓某某有期徒刑 5 年，但未认定“入户抢劫”；3 月 4 日，杨浦区人民检察院提出抗诉；5 月 22 日，上海市第二中级人民法院以入户抢劫改判邓某某有期徒刑 10 年。

【典型意义】

王某某等、邓某某两起抢劫案均系纠正一审判决未认定“入户抢劫”错误的二审抗诉案件。王某某等人在户外以借为名索财不成的情况下，强行闯入被害人住所，暴力劫取财物，应认定为入户抢劫。原判认为王某某等入户非为实施抢劫犯罪，而系非法入户后临时起意抢劫，忽视了其在户外即具有非法入户占有他人财物的目的。邓某某为图财，携带药物，隐瞒进入被害人住处的真实目的，实施药物麻醉抢劫，系以抢劫为目的入户，亦成立入户抢劫。原判仅认定其系一般抢劫，忽视了邓某某为图财而采取欺骗手段入户具有非法入户的特征。

入户抢劫严重危害公民人身、财产和居住安全，是严重影响群众安全感的犯罪，应依法严厉惩处。对“入户目的非法性”要件，应结合具体案情，根据相关法律规定准确把握：对以图财为目的非法入户后实施抢劫的，无论其入户形式是强行闯入，还是以欺骗等方式进入，都应认定为入户抢劫；对于入户后临时起意劫财的，是否认定为“入户抢劫”则应慎重处理。

王某某等抢劫案一审法律文书：

上海市浦东新区人民法院

起 诉 书

沪浦检张诉〔2010〕194号

被告人王某某，男，1991年××月××日生，身份证号码：3704811991××××××××，汉族，初中文化，农民，住山东省滕州市××镇××村××号。被告人王某某因涉嫌抢劫罪，于2010年1月27日被上海市公安局浦东分局刑事拘留，同月31日被上海市公安局浦东分局延长刑事拘留至2月26日，同年2月12日经本院以涉嫌抢劫罪、强奸罪批准逮捕，同日由上海市公安局浦东分局执行逮捕。

被告人王某甲，男，1989年××月××日生，身份证号码：3704811989××××××××，汉族，初中文化，农民，住山东省滕州市××镇××村××号。被告人王某甲因涉嫌抢劫罪，于2010年1月27日被上海市公安局浦东分局刑事拘留，同月31日被上海市公安局浦东分局延长刑事拘留至2月26日，同年2月12日经本院批准逮捕，同日由上海市公安局浦东分局执行逮捕。

被告人自报王某乙，又名王某，男，1990年××月××日生，身份证号码：3704811990××××××××，汉族，技校文化，农民，住山东省滕州市××镇××村××号。被告人王某乙因涉嫌抢劫罪，于2010年1月27日被上海市公安局浦东分局刑事拘留，同年1月31日被上海市公安局浦东分局延长刑事拘留至2月26日，同年2月12日经本院批准逮捕，同日由上海市公安局浦东分局执行逮捕。

本案由上海市公安局浦东分局侦查终结，以被告人王某某涉嫌抢劫、强奸罪、被告人王某甲、王某乙涉嫌抢劫罪，于2010年3月15日向本院移送审查起诉。本院受理后，同年3月15日分别告知被告人有权委托辩护人、被害人有权委托诉讼代理人，依法讯问了被告人，审查了全部案件材料，并就是否适用普通程序审理"被告人认罪案件"听取被告人王某某、王某甲、王某乙的意见，其均表示同意。

经依法审查查明：

一、抢劫罪

2010年1月16日6时许，被告人王某某、王某甲、王某乙伙同他人至本区××镇××村××队××宅××号西侧被害人张某某、刘某某暂住处，采用殴打、砸热水瓶、持菜刀威胁等手段劫得人民币100元、移动电话2部、邮政储蓄卡1张、身份证1张等物，并致张某某面部裂伤。经法医学鉴定，张某某的伤势构成轻微伤。

二、强奸罪

2010年1月16日6时许，被告人王某某、王某甲、王某乙伙同他人至本区××镇××村××队××宅××号西侧被害人张某某、刘某某暂住处实施抢劫后，被告人王某某在该暂住房内，采用语言威胁的手段对被害人刘某某（1974年××月××日生）实施强奸。

上述事实，有以下证据证实：

1. 被害人张某某、刘某某的陈述证实，其暂住处被三名被告人实施抢劫以及刘某某被强奸的事实。

2. 上海市公安局浦东分局验伤通知书、上海市浦东新区公利医院司法鉴定所司法鉴定意见书证实，二名被害人的伤势情况。

3. 被告人王某某、王某甲、王某乙的多次供述分别证实，其实施抢劫、强奸的事实。

上述证据来源及收集程序合法，内容客观真实，足以认定指控事实。被告人王某某、王某甲、王某乙对事实和证据均无异议。

本院认为，被告人王某某、王某甲、王某乙以非法占有为目的，使用暴力手段，入户劫取他人财物，其行为均已触犯《中华人民共和国刑法》第二百六十三条第（一）项，犯罪事实清楚，证据确实充分，应当以抢劫罪分别追究其刑事责任。被告人王某某违背妇女意志，采用暴力手段，强行与妇女发生性关系，其行为已触犯《中华人民共和国刑法》第二百三十六条第一款，犯罪事实清楚，证据确实充分，应当以强奸罪追究其刑事责任。被告人王某某、王某甲、王某乙部分犯罪是共同犯罪，适用《中华人民共和国刑法》第二十五条。被告人王某某犯两罪，适用《中华人民共和国刑法》第六十九条，应当数罪并罚。建议对被告人王某某、王某甲、王某乙分别判处十年以上有期徒刑，并处罚金。根据《中华人民共和国刑事诉讼法》第一百四十一条的规定，提起公诉，请依法审判。

此致

上海市浦东新区人民法院

代理检察员　谭　放

二〇一〇年四月一日

附：1. 被告人王某某、王某甲、王某乙现均羁押于上海市浦东新区看守所；
2. 证据目录一份、主要证据复印件一册；
3.《适用普通程序审理“被告人认罪案件”建议书》一份；

附：相关法律条文

《中华人民共和国刑法》

第二十五条第一款 共同犯罪是指二人以上共同故意犯罪。

第六十九条 判决宣告以前一人犯数罪的，除判处死刑和无期徒刑的以外，应当在总和刑期以下、数刑中最高刑期以上，酌情决定执行的刑期，但是管制最高不能超过三年，拘役最高不能超过一年，有期徒刑最高不能超过二十年。

如果数罪中有判处附加刑的，附加刑仍须执行。

第二百三十六条第一款 以暴力、胁迫或者其他手段强奸妇女的，处三年以上十年以下有期徒刑。

第二百六十三条 以暴力、胁迫或者其他方法抢劫公私财物的，处三年以上十年以下有期徒刑，并处罚金；有下列情形之一的，处十年以上有期徒刑、无期徒刑或者死刑，并处罚金或者没收财产：

（一）入户抢劫的；

（二）在公共交通工具上抢劫的；

（三）抢劫银行或者其他金融机构的；

（四）多次抢劫或者抢劫数额巨大的；

（五）抢劫致人重伤、死亡的；

（六）冒充军警人员抢劫的；

（七）持枪抢劫的；

（八）抢劫军用物资或者抢险、救灾、救济物资的。

《中华人民共和国刑事诉讼法》

第一百四十一条 人民检察院认为犯罪嫌疑人的犯罪事实已经查清，证据确实、充分，依法应当追究刑事责任的，应当作出起诉决定，按照审判管辖的规定，向人民法院提起公诉。

上海市浦东新区人民法院
刑事判决书

（2010）浦刑初字第901号

公诉机关上海市浦东新区人民检察院。

被告人王某某，男，1991年××月××日生，汉族，出生地山东省滕州市，初中文化，农民，户籍地山东省滕州市××镇××村××号。因本案于2010年1月27日被刑事拘留，2010年2月12日被逮捕，现羁押于上海市浦东新区看守所。

辩护人罗某某，上海市××律师事务所律师。

被告人王某甲，男，1989年××月××日生，汉族，出生地山东省滕州市，初中文化，农民，户籍地山东省滕州市××镇××村××号。因本案于2010年1月27日被刑事拘留，2010年2月12日被逮捕，现羁押于上海市浦东新区看守所。

被告又自报王某乙，男，1990年××月××日生，汉族，出生地山东省士滕州市，技校文化，农民，户籍地山东省滕州市××镇××村××号。因本案于2010年1月27日被刑事拘留，2010年2月12日被逮捕，现羁押于上海市浦东新区看守所。

辩护人聂某某，山东××律师事务所律师。

上海市浦东新区人民检察院以沪浦检张诉〔2010〕194号起诉书指控被告人王某某犯抢劫罪、强奸罪、被告人王某甲、王某乙犯抢劫罪，于2010年4月2日向本院提起公诉。本院依法组成合议庭，不公开开庭审理了本案。上海市浦东新区人民检察院指派代理检察员谭放出庭支持公诉，被告人王某某、王某甲、王某乙及其辩护人罗某某、聂某某到庭参加诉讼。期间，经公诉机关申请，延期审理一次。现已审理终结。

上海市浦东新区人民检察院指控，2010年1月16日6时许，被告人王某某、王某甲、王某乙伙同他人至本区××镇××村××队××宅××号西侧被害人张某某、刘某某暂住处，采用殴打、砸热水瓶、持菜刀威胁等手段劫得人民币100元、移动电话2部、邮政储蓄卡1张、身份证1张等物，并致张某某面部裂伤。经法医学鉴定，张某某的伤势构成轻微伤。后被告人王某某在该暂住房内，采用语言威胁的手段，对被害人刘某某实施强奸。上海市浦东新区人民检察院当庭出示了被害人张某某、刘某某的陈述、验伤通知书、法医学鉴定书、照片、辨认笔录、案发经过等证据，以证明上述指控。公诉机关认为，依照《中华人民共和国刑法》第二百六十三条第（一）项、第二百三十六条第一款、第六十九条之规定，被告人王某某的行为已构成抢劫罪、强奸罪，被告人王某甲、王某乙的行为已构成抢劫罪。王某某犯两罪，依法予以数罪并罚。据此，提请本院依法审判。

被告人王某某提出未对被害人实施抢劫；对强奸罪一节无异议。其辩护人提出王某某不构成抢劫罪。

被告人王某甲提出未对被害人实施抢劫被告人王某乙对上述指控无异议；其辩护人提出王某乙的行为属一般抢劫，而不属入户抢劫。

经审理查明：

一、抢劫罪

2010年1月16日6时许，被告人王某某、王某甲、王某乙伙同他人酒后在浦东新区××镇××路附近欲返回暂住处时，因王某某怀疑被害人张某某用手电筒照他们，即至被害人张某某、刘某某的暂住处浦东新区××镇××村××队××宅××号，王某某上前用脚踹开张某某家的门，进门后即与张某某发生争执，王某甲、王某乙等人随即也进入张某某家，之后，王某某、王某甲、王某乙等人在被害人张某某、刘某某暂住处，采用殴打、用热水瓶砸、持菜刀威胁等手段，当场劫得被害人张某某、刘某某的人民币100元、移动电话2部、邮政储蓄卡1张、身份证1张等物，并致张某某面部裂伤。经法医学鉴定，张某某的伤势构成轻微伤。

二、强奸罪

2010年1月6日6时许，被告人王某某在本区××镇××村××队××宅××号被害人张某某、刘某某暂住处，在该暂住房内，采用语言威胁的手段，对被害人刘某某实施强奸。

认定上述事实，有下列证据证实：

1. 被害人张某某的陈述证实，2010年1月16日5时10分许，在××村××队张某某租借的私房内，看到在长丰路上有4个男子在争吵，其中1人喝醉了过来和张某某聊天，后被其他几个人拉走了。后他们几个人到张某某暂住处，喝醉酒的男子拿起张某某房间内的菜刀往张某某电动自行车上砍了一刀，威胁张某某将钱拿出来，那个喝醉酒的男子将张某某放在床边的2部手机拿走，并让张某某拿出银行卡，张某某没办法就将现金及邮政储蓄卡及身份证交给他们，同时将密码也告诉了他们，约过了半个小时，2个去取钱的男子回来讲密码不对，他们4个人就一起动手对张某某殴打，喝醉酒的男子并用热水瓶打张某某头部，后张某某陪其中2个男子一起到新川路邮局自动取款机取钱，结果因取款机故障未能取到钱，张某某回暂住处时，喝醉酒的男子和刘某某在屋子里，过了一会儿那个喝醉酒的男子从屋子里出来，这时张某某与刘某某同时跑出暂住处，刘某某讲被那个喝醉酒的男子强奸了，后张某某即报警。

2. 被害人刘某某的陈述证实，2010年1月16日5时50分许，张某某起床到暂住处的门外准备生炉子做大饼，一会儿张某某暂住处的门给撞开了，进来4个男子，其中1个男子有点喝醉了，他们几个人进来问张某某要钱，张某某讲没钱，身上只有100元，他们几个人就围住张某某一顿打，并叫我们拿银行卡出来，张某某被打得没办法，只得将银行卡交给他们，并告知密码，他们中有2个人去取钱了，过了一会儿，2个取钱的人回来讲密码不对，进门就打张某某，还拿刘某某住处的菜刀砸张某某的脖子，其中1人拿起热水瓶砸张某某头部，张某某就陪他们一起去取钱。这时，那个有点喝醉酒的男子叫屋里的其他人出去，关上门后对刘某某讲“不许叫喊，如反抗就要打死你”，然后对刘某某实施强奸。

3. 相关的照片、验伤通知书、法医学鉴定书证实，被害人张某某遭外力致面部裂伤，构成轻微伤。

4. 辨认笔录证实，案发后被告人王某某辨认了作案现场。

5. 案发经过证实被告人王某某、王某甲、王某乙到案情况。

6. 被告人王某某、王某甲、王某乙的供述。

以上证据均经庭审质证属实，证据确凿充分，足以认定。

被告人王某某、王某甲均提出未对被害人实施抢劫，王某某的辩护人提出王某某不构成抢劫罪，经查，被害人张某某、刘某某的陈述均指证被告人王某某、王某甲、王某乙采用殴打、用热水瓶砸、持菜刀威胁的手段，实施抢劫，被告人王某某、王某甲以前在公安机关的多次供述，亦证实采用暴力手段实施抢劫，被告人王某乙当庭供述，证实其与王某某、王某甲等人采用暴力手段对被害人实施抢劫，上述证据足以证实被告人王某某、王某甲、王某乙采用暴力手段，实施抢劫，故王某某、王某甲及王某某的辩护人所提的意见，不予采纳。

被告人王某乙的辩护人提出王某乙的行为属一般抢劫，而不属入户抢劫。本院认为，入户抢劫行为人在实施入户行为前，一般就具有劫取、窃取财物的犯罪故意，入户行为与抢劫行为之间存在手段和目的的关系，被告人的入户目的一般为了实施抢劫犯罪，同时还包括为了实施盗窃、诈骗、抢夺而入户，为了窝藏赃物、抗拒抓捕或者毁灭罪证当场使用暴力或者以暴力相威胁的，为其他目的入户后产生抢劫犯意的，一般不认定为入户抢劫。本案被告人王某某、王某甲、王某乙进入被害人张某某、刘某某的暂住处，目的是酒后无事生非、寻衅滋事，而非为抢劫财物进入被害人的暂住处。综上，行为人不以实施抢劫等犯罪为目的进入他人住所，而是在户内临时起意抢劫的，应认定为一般抢劫，而不能认定为入户抢劫，故辩护人所提的意见，予以采纳。

本院认为，被告人王某某、王某甲、王某乙以非法占有为目的，采用暴力手段，当场劫取公民财物，其行为均已构成抢劫罪，被告人王某某违背妇女意志，采用暴力手段，强行与妇女发生性关系，其行为已构成强奸罪。公诉机关指控的罪名成立，应予支持。王某某犯两罪，依法应予数罪并罚。王某乙交代、认罪态度较好，酌情从轻处罚。依照《中华人民共和国刑法》第二百六十三条、第二百三十六条第一款、第六十九条、第二十五条、第五十三条、第六十四条之规定，判决如下：

一、被告人王某某犯抢劫罪，判处有期徒刑四年十个月，罚金人民币五千元；犯强奸罪，判处有期徒刑三年六个月。决定执行有期徒刑七年六个月，罚金人民币五千元（此款应在判决生效后一个月内缴纳）。

（刑期从判决执行之日起计算。判决执行以前先行羁押的，羁押一日折抵刑期一日，即自2010年1月26日起至2017年7月25日止。）

二、被告人王某甲犯抢劫罪，判处有期徒刑四年十个月，罚金人民币五千元（此款应在判决生效后一个月内缴纳）。

（刑期从判决执行之日起计算。判决执行以前先行羁押的，羁押一日折抵刑期一日，即自2010年1月26日起至2014年11月25日止。）

三、被告人王某乙犯抢劫罪，判处有期徒刑四年六个月，罚金人民币五千元（此款应在判决生效后一个月内缴纳）。

（刑期从判决执行之日起计算。判决执行以前先行羁押的，羁押一日折抵刑期一日，即自2010年1月27日起至2014年7月26日止。）

四、违法所得责令退赔。

如不服本判决，可在接到判决书的第二日起十日内，通过本院或者直接向上海市第一中级人民法院提出上诉。书面上诉的，应当提交上诉状正本一份，副本二份。

审 判 长　刘娟娟
审 判 员　石耀辉
人民陪审员　钱文君
二〇一五年九月十一日

附：相关法律条文

《中华人民共和国刑法》

第二百六十三条 以暴力、胁迫或者其他方法抢劫公私财物的，处三年以上十年以下有期徒刑，并处罚金；有下列情形之一的，处十年以上有期徒刑、无期徒刑或者死刑，并处罚金或者没收财产：

（一）入户抢劫的；

（二）在公共交通工具上抢劫的；

（三）抢劫银行或者其他金融机构的；

（四）多次抢劫或者抢劫数额巨大的；

（五）抢劫致人重伤、死亡的；

（六）冒充军警人员抢劫的；

（七）持枪抢劫的；

（八）抢劫军用物资或者抢险、救灾、救济物资的。

第二百三十六条 以暴力、胁迫或者其他手段强奸妇女的，处三年以上十年以下有期徒刑。

奸淫不满十四周岁的幼女的，以强奸论，从重处罚。

强奸妇女、奸淫幼女，有下列情形之一的，处十年以上有期徒刑、无期徒刑或者死刑：

（一）强奸妇女、奸淫幼女情节恶劣的；

（二）强奸妇女、奸淫幼女多人的；

（三）在公共场所当众强奸妇女的；

（四）二人以上轮奸的；

（五）致使被害人重伤、死亡或者造成其他严重后果的。

第六十九条 判决宣告以前一人犯数罪的，除判处死刑和无期徒刑的以外，应当在总和刑期以下、数刑中最高刑期以上，酌情决定执行的刑期，但是管制最高不能超过三年，拘役最高不能超过一年，有期徒刑最高不能超过二十年。

如果数罪中有判处附加刑的，附加刑仍须执行。

第二十五条 共同犯罪是指二人以上共同故意犯罪。

二人以上共同过失犯罪，不以共同犯罪论处；应当负刑事责任的，按照他们所犯的罪分别处罚。

第五十三条 罚金在判决指定的期限内一次或者分期缴纳。期满不缴纳的，强制缴纳。对于不能全部缴纳罚金的，人民法院在任何时候发现被执行人有可以执行的财产，应当随时追缴。如果由于遭遇不能抗拒的灾祸缴纳确实有困难的，可以酌情减少或者免除。

第六十四条 犯罪分子违法所得的一切财物，应当予以追缴或者责令退赔；对被害人的合法财产，应当及时返还；违禁品和供犯罪所用的本人财物，应当予以没收。没收的财物和罚金，一律上缴国库，不得挪用和自行处理。

邓某某抢劫案法律文书：

上海市杨浦区人民检察院

起诉书

沪杨检刑诉〔2008〕828号

被告人邓某某，冒名“赵某某”，女，1966年××月××日生，汉族，初中文化，农民，户籍在湖北省武汉市××区××镇××村××组××号，暂住安徽省黄山市××区××镇××路××号××幢××室。因涉嫌盗窃罪，于2008年8月20日被上海市公安局杨浦分局刑事拘留。因涉嫌抢劫罪，于2008年9月19日被上海市杨浦区人民检察院批准逮捕，同日由上海市公安局杨浦分局执行逮捕。

本案由上海市公安局杨浦分局侦查终结，以被告人邓某某涉嫌抢劫罪、盗窃罪，于2008年11月12日向本院移送审查起诉。本院受理后，于2008年11月14日已告知被告人有权委托辩护人，于2008年11月13日已告知被害人有权委托诉讼代理人，依法讯问了被告人，审查了全部案卷材料。

经依法审查查明：

2008年8月4日上午，被告人邓某某至本市××路××号××室被害人龚某某家中，拿出事先准备好的两粒晕车药，以该药服食对身体有好处诱骗被害人龚某某吞服，龚服后不久即昏睡，被告人邓某某遂拿走被害人龚某某写字台上的人民币500元后逃逸。

2008年8月14日下午，被告人邓某某至本市××路××弄××号××室被害人尤某某家中，拿出事先准备好的两粒胶囊药，以该药服食对身体有好处诱骗被害人尤某某吞服，后取走尤放置于大衣柜抽屉中的人民币1800元、身份证及银行卡三张后逃逸。次日，被告人邓某某用从上述二张银行卡中取款人民币21000元。

上述事实有：1. 物证、书证：上海市公安局杨浦分局《查询存款/汇款通知书》以及《查询整存整取账户信息》、上海市公安局杨浦分局提供的《案发经过》以及黄山市公安局徽州分局刑侦大队出具的《抓获经过》；2. 被害人陈述：被害人龚某某、尤某某的陈述；3. 被告人供述和辩解：被告人邓某某供述和辩解；4. 鉴定结论：上海市公安局物证鉴定中心《检验报告》（沪公刑技物字〔2008〕3377号）；5. 勘验、检查笔录：上海市公安局《现场勘查笔录》（〔2008〕沪公杨刑技勘字第1643号）（附现场照片）等证据证明。

本院认为，被告人邓某某以非法占有为目的，以其他方法入户抢劫他人财物，数额巨大，其行为已触犯《中华人民共和国刑法》第二百六十三条第（一）项、第（四）项，犯罪事实清楚，证据确实、充分，应当以抢劫罪追究其刑事责任。根据《中华人民共和国刑事诉讼法》第一百四十一条的规定，提起公诉，请依法审判。

此致

上海市杨浦区人民法院

代理检察员　方毓敏

二〇〇八年十一月二十五日

附：1. 被告人邓某某现羁押于上海市杨浦区看守所；

2. 证据目录一份、证人名单一份；

3. 主要证据复印件一册。

上海市杨浦区人民法院
刑事判决书

（2008）杨刑初字第803号

公诉机关上海市杨浦区人民检察院。

被告人邓某某，冒名“赵某某”，女，1966年××月××日出生于湖北省武汉市，汉族，初中文化，农民，暂住安徽省黄山市徽州区××镇××路××号××幢××室（户籍在湖北省武汉市江下区××镇××村××组××号）。因涉嫌犯抢劫罪于2008年8月20日被刑事拘留，同年9月19日被逮捕。现羁押于上海市杨浦区看守所。

辩护人蒋某某，上海市××律师事务所律师。

上海市杨浦区人民检察院以沪杨检刑诉〔2008〕828号起诉书指控被告人邓某某犯抢劫罪，于2008年11月26日向本院提起公诉。本院依法组成合议庭，公开开庭审理了本案。上海市杨浦区人民检察院指派代理检察员方毓敏出庭支持公诉，被告人邓某某及其辩护人蒋某某到庭参加诉讼。在审理中，因公诉人的建议，决定延期审理一次。现已审理终结。

公诉机关指控：2008年8月4日上午，被告人邓某某至本市××路××号××室被害人龚某某家中，拿出事先准备好的两粒晕车药，以该药服食对身体有好处诱骗被害人龚某某吞服，龚服后不久即昏睡，被告人邓某某遂拿走被害人龚某某写字台上的人民币500元后逃逸。2008年8月14日下午，被告人邓某某至本市××路××弄××号××室被害人尤某某家中，拿出事先准备好的两粒胶囊药，以该药服食对身体有好处诱骗被害人尤某某吞服，后取走尤放置于大衣柜抽屉中的人民币1800元、身份证及银行卡三张后逃逸。次日，被告人邓某某从上述二张银行卡中取款人民币21000元。

公诉机关认为，被告人邓某某以其他方法入户抢劫他人财物，数额巨大，其行为已构成抢劫罪。故提起公诉，请依法审判。

被告人邓某某对公诉机关指控的基本事实作了供认，但辩称在第二节犯罪事实中，其是趁被害人不备时，从大衣柜抽屉中窃取银行存折、现金及身份证后离开的。

辩护人对公诉机关指控的第一节犯罪事实无异议，但认为第二节事实中的被害人并没有昏睡，被告人是乘被害人烧水时盗窃了财物，应以盗窃定罪，且第二节事实是被告人主动交代的，系自首，希望法庭从轻处罚。

经审理查明：2008年8月4日上午，被告人邓某某至本市××路××号××室被害人龚某某家中，拿出事先准备好的两粒药片，以服食该药对身体有好处诱骗被害人龚某某吞服，龚服后不久即昏睡，被告人邓某某遂拿走被害人龚某某写字台上的人民币500元后逃逸。

2008年8月14日下午，被告人邓某某至本市××路××弄××号××室被害人尤某某家中，拿出事先准备好的两粒胶囊药以服食该药对身体有好处诱骗被害人尤某某吞服，并趁被害人尤某某离开房间至厨房烧开水时，窃取尤放置于大衣柜抽屉中的人民币1800元、身份证及银行存单后逃逸。次日，被告人邓某某从上述二张银行存单中取款人民币21000元。以上事实，有下列证据证实：

1. 被害人龚某某的陈述，证实在外搭识被告人邓某某后，将邓某某带至家中，后邓某某拿出两粒药片，称吃了对身体有好处，劝其服下，龚某某服后不久即昏睡，次日醒来才发觉财物被劫的事实。

2. 被害人尤某某的陈述，证实在外搭识被告人邓某某后，将邓某某带至家中，服食了邓某某给的二粒胶囊药，见没有什么反应，就去厨房间烧开水，待邓某某走后，发现放在大衣柜内的现金及存单没有了的事实。

3. 上海市公安局现场勘查笔录及现场照片，表明了本市××路××号××室的案发现场情况。

4. 上海市公安局杨浦分局及黄山市公安局徽州分局出具的《案发经过》《抓获经过》证实了被告人邓某某的到案情况。

5. 上海市公安局杨浦分局《查询存款/汇款通知书》、《查询整存整取账户信息》、上海市公安局物证鉴定中心《检验报告》等亦印证了本案的事实。

以上证据均经庭中质证属实，应予确认。

本院认为，被告人邓某某以非法占有为目的，以麻醉方法劫取他人财物，其行为已构成抢劫罪；被告人邓某某以秘密窃取的方法，盗窃他人财物，数额巨大，其行为又构成盗窃罪，依法应予两罪并罚。鉴于被告人邓某某到案后能主动交代盗窃事实，系自首，依法可以从轻处罚。据此，对被告人邓某某及其辩护人关于第二节事实是盗窃并系自首的辩解和辩护意见予以采纳。为严肃国法，保护公民的人身权利和财产所有权不受侵犯，依照《中华人民共和国刑法》第二百六十三条、第二百六十四各、第六十九条、第六十七条、第五十三条、第六十四条之规定，判决如下：

一、被告人邓某某犯抢劫罪，判处有期徒刑五年，罚金人民币五千元；犯盗窃罪，判处有期徒刑三年六个月，罚金人民币五千元，决定执行有期徒刑七年六个月，罚金人民币一万元。

（刑期从判决执行之日起计算。判决执行以前先行羁押的，羁押一日折抵刑期一日，即自2008年8月18日起至2016年2月17日止；罚金于本判决发生法律效力之日起十日内向本院缴纳。）

二、赃款予以追缴。如不服本判决，可在接到判决书的第二日起十日内，通过本院或者直接向上海市第二中级人民法院提出上诉。书面上诉的，应当提交上诉状正本一份，副本二份。

审　判　长　邢　旭
人民陪审员　杨兴隆
人民陪审员　阮美芳
二〇〇九年二月二十三日
书　记　员　吕　超
书　记　员　曹亚君

附：相关法律条文

《中华人民共和国刑法》

第二百六十三条　以暴力、胁迫或者其他方法抢劫财物的，处三年以上十年以下有期徒刑，并处罚金；有下列情形之一的，处十年以上有期徒刑、无期徒刑或者死刑，并处罚金或者没收财产：

（一）入户抢劫的；

（二）在公共交通工具上抢劫的；

（三）抢劫银行或者其他金融机构的；

（四）多次抢劫或者抢劫数额巨大的；

（五）抢劫致人重伤、死亡的；

（六）冒充军警人员抢劫的；

（七）持枪抢劫的；

（八）抢劫军用物资或者抢险、救灾、救济物资的。

第二百六十四条　盗窃公私财物，数额较大或者多次盗窃的，处三年以下有期徒刑、拘役或者管制，并处或者单处罚金；数额巨大或者有其他严重情节的，处三年以上十年以下有期徒刑，并处罚金；数额特别巨大或者有其他特别严重情节的，处十年以上有期徒刑或者无期徒刑，并处罚金或者没收财产；有下列情形之一的，处无期徒刑或者死刑，并处没收财产：

（一）盗窃金融机构，数额特别巨大的；

（二）盗窃珍贵文物，情节严重的。

第六十九条 判决宣告以前一人犯数罪的，除判处死刑和无期徒刑的以外，应当在总和刑期以下、数刑中最高刑期以上，酌情决定执行的刑期，但是管制最高不能超过三年，拘役最高不能超过一年，有期徒刑最高不能超过二十年。

如果数罪中有判处附加刑的，附加刑仍须执行。

第六十七条 犯罪以后自动投案，如实供述自己的罪行的，是自首。对于自首的犯罪分子，可以从轻或者减轻处罚。其中，犯罪较轻的，可以免除处罚。

被采取强制措施的犯罪嫌疑人、被告人和正在服刑的罪犯，如实供述司法机关还未掌握的本人其他罪行的，以自首论。

第五十三条 罚金在判决指定的期限内一次或者分期缴纳。期满不缴纳的，强制缴纳。对于不能全部缴纳罚金的，人民法院在任何时候发现被执行人有可以执行的财产，应当随时追缴。如果由于遭遇不能抗拒的灾祸缴纳确实有困难的，可以酌情减少或者免除。

第六十四条 犯罪分子违法所得的一切财物，应当予以追缴或者责令退赔；对被害人的合法财产，应当及时返还；违禁品和供犯罪所用的本人财物，应当予以没收。没收的财物和罚金，一律上缴国库，不得挪用和自行处理。

上海市杨浦区人民检察院
抗诉书

沪杨检刑抗〔2009〕1号

上海市杨浦区人民法院以（2008）杨刑初字第803号刑事判决书对被告人邓某某抢劫一案判决，认为被告人邓某某构成抢劫罪、盗窃罪，两罪并罚，决定执行有期徒刑七年六个月，罚金人民币一万元，显属畸轻。该判决确有错误，理由如下：

上海市杨浦区人民法院认为，被告人邓某某以非法占有为目的，以麻醉方法劫取他人财物，其行为已构成抢劫罪；被告人邓某某以秘密窃取的方法，盗窃他人财物，数额巨大，其行为又构成盗窃罪，依法应予两罪并罚。鉴于被告人邓某某到案后能主动交代盗窃事实，系自首，依法可以从轻处罚。依照《中华人民共和国刑法》第二百六十三条、第二百六十四条判处被告人邓某某犯抢劫罪，判处有期徒刑五年，罚金人民币五千元；犯盗窃罪，判处有期徒刑三年六个月，罚金人民币五千元，决定执行有期徒刑七年六个月，罚金人民币一万元。

我院认为，判决书虽认定被告人邓某某第一节犯罪事实构成抢劫罪，但却未认定“入户抢劫”的加重情节。被告人邓某某以非法占有为目的，携带药物，采用欺骗方式进入被害人家中并骗得被害人吃药，后在被害人不知反抗、失去反抗的情况下，劫取被害人钱财，故被告人邓某某“入户”就是为了实施抢劫犯罪，“入户”具有明显的非法性。根据最高人民法院《关于审理抢劫、抢夺刑事案件适用法律若干问题的意见》第一条的规定，应该认定为“入户抢劫”，依照《中华人民共和国刑法》第二百六十三条第（一）项，应该判处十年以上有期徒刑。判决书对第二节事实仅认定为盗窃罪，判处被告人邓某某有期徒刑3年6个月。我们认为被告人邓某某在第二节事实中先实施了给被害人吃药的入户抢劫行为，而当被害人的反应出乎其预料之后，其犯意转化为秘密窃取，又以盗窃方法获取数额巨大的钱财。根据重罪吸收轻罪的刑法理论，该节事实也应当认定为“入户抢劫”。

综上所述，一审法院适用法律错误，导致量刑畸轻，为维护司法公正，准确惩治抢劫犯罪，依照《中华人民共和国刑事诉讼法》第一百八十一条之规定，特提出抗诉，请依法判处。

此致

上海市第二中级人民法院

上海市杨浦区人民检察院

二〇〇九年三月四日

附：被告人邓某某现羁押于上海市杨浦区看守所。

上海市人民检察院第二分院
支持刑事抗诉意见书

沪检二分刑诉抗字〔2009〕3号

上海市第二中级人民法院：

上海市杨浦区人民检察院以沪杨检刑抗〔2009〕1号刑事抗诉书对杨浦区人民法院（2008）杨刑初字第803号刑事判决书被告人邓某某抢劫一案提出抗诉。本院审查后认为，原审被告人邓某某先后两次入户实施犯罪及第二节抢劫未遂的情节原审判决均未予以认定，故原审判决认定事实不当，导致适用法律错误，量刑畸轻。

综上所述，为维护司法公正，准确惩治犯罪，我院依照《中华人民共和国刑事诉讼法》第一百八十八条的规定，支持抗诉，请你院依法纠正。

上海市人民检察院第二分院

二〇〇九年四月二十日

上海市第二中级人民法院

刑事判决书

（2009）沪二中刑终字第194号

抗诉机关上海市杨浦区人民检察院。

原审被告人邓某某，女，1966年××月××日出生于湖北省武汉市，汉族，初中文化，农民，户籍所在地湖北省武汉市江下区××镇××村××组××号，暂住安徽省黄山市徽州区××镇××路××号××幢××室。因涉嫌抢劫犯罪于2008年8月20日被刑事拘留，同年9月19日被逮捕。现羁押于上海市杨浦区看守所。

辩护人蒋某某、宋某某，上海××律师事务所律师。

上海市杨浦区人民法院审理上海市杨浦区人民检察院指控原审被告人邓某某犯抢劫罪一案，于2009年2月23日作出（2008）杨刑初字第803号刑事判决。判决后，上海市杨浦区人民检察院提出抗诉。本院依法组成合议庭，公开开庭审理了本案。上海市人民检察院第二分院指派代理检察员郭宝合出庭支持抗诉。原审被告人邓某某及辩护人宋某某出庭参加诉讼，现已审理终结。

上海市杨浦区人民法院根据被害人龚某某、尤某某的陈述笔录，上海市公安局现场勘查笔录及现场照片，上海市公安局杨浦分局及黄山市公安局徽州分局出具的《案发经过》《抓获经过》，上海市公安局杨浦分局《查询存款/汇款通知书》《查询整存整取账户信息》等书证及被告人邓某某的供述等证据确认：

2008年8月4日上午，被告人邓某某至本市××路××号××室被害人龚某某家中，拿出事先准备好的两粒药片，以服食该药对身体有好处诱骗被害人龚某某吞服，龚某某服后不久即昏睡，被告人邓某某遂拿走被害人龚某某写字台上的人民币500元后逃逸。

2008年8月14日下午，被告人邓某某至本市××路××弄××号××室被害人尤某某家中，拿出事先准备好的两粒胶囊药，以服食该药对身体有好处诱骗被害人尤某某吞服，并趁被害人尤某某离开房间至厨房烧开水时，窃取尤某某放置于大衣柜抽屉中的人民币1800元、身份证及银行存单后逃逸。次日，被告人邓某某从上述二张银行存单中取款人民币21000元。

上海市杨浦区人民法院认为，被告人邓某某以非法占有为目的，以麻醉方法劫取他人财物，其行为已构成抢劫罪；被告人邓某某以秘密窃取的方法，盗窃他人财物，数额巨大，其行为又构成盗窃罪，依法应予两罪并罚。鉴于被告人邓某某到案后能主动交代盗窃事实，系自首，依法可以从轻处罚。据此，依照《中华人民共和国刑法》第二百六十三条、第二百六十四条、第六十九条、第六十七条、第五十三条、第六十四条之规定，对被告人邓某某以抢劫罪判处有期徒刑五年，罚金人民币五千元；以盗窃罪判处有期徒刑三年六个月，罚金人民币五千元，决定执行有期徒刑七年六个月，罚金人民币一万元，赃款予以追缴。

上海市杨浦区人民检察院抗诉认为，原判虽认定被告人邓某某第一节犯罪事实构成抢劫罪，但未认定“入户抢劫”的加重情节。被告人邓某某以非法占有为目的，携带药物，采用欺骗方式进入被害人家中并骗被害人吃药，在被害人不知反抗、失去反抗的情况下，劫取被害人钱财，故被告人邓某某“入户”就是为了实施抢劫犯罪，“入户”具有明显的非法性，根据最高人民法院《关于审理抢劫、抢夺刑事案件适用法律若干问题的意见》第一条的规定，应该认定为“入户抢劫”，依照刑法第二百六十三条第（一）项，应该判处十年以上有期徒刑。抗诉机关还认为，被告人邓某某在第二节事实中先实施了给被害人吃药的入户抢劫行为，而当被害人的反应出乎其预料未昏睡，其犯意转化为秘密窃取，又以盗窃方法获取数额巨大的钱财，根据重罪吸收轻罪的刑法理论，该节事实也应认定为“入户抢劫”，而不应如原判认定为盗窃。为此，原判适用法律错误，导致量刑畸轻，特依照《中华人民共和国刑事诉讼法》第一百八十一条的规定，提出抗诉。

上海市人民检察院第二分院认为，原审被告人邓某某先后两次入户实施犯罪及第二节抢劫未遂的情节原审判决均未予认定，故原审判决认定事实不当，导致适用法律错误，量刑畸轻，为此支持抗诉。

原审被告人邓某某对原审判决无异议，要求维持原判。

辩护人提出，无证据证明邓某某去被害人家之前有抢劫的故意，建议驳回抗诉，维持原判。

本院经审理查明的事实、证据与原审判决相同。

本院认为，上诉人邓某某为图财，携带药物，采用药物麻醉方法入户劫取被害人财物，其行为构成抢劫罪；邓某某携带药物进入被害人住处，在诱骗被害人吞服后，以秘密窃取的方法窃取他人财物，数额巨大，其行为又构成盗窃罪，依法应两罪并罚。上诉人邓某某因抢劫犯罪被抓获，到案后能主动交代公安机关未掌握的盗窃犯罪事实，系自首，依法可从轻处罚。上诉人邓某某携带犯罪工具药物，隐瞒进入被害人住所的真实目的，入户后实施药物麻醉抢劫，系入户抢劫，故对上海市人民检察院第二分院建议认定邓某某具有入户犯罪情节的支抗意见予以采纳。上诉人邓某某及辩护人提出驳回抗诉，维持原判的意见不予支持。据此，依照《中华人民共和国刑事诉讼法》第一百八十九条第（二）项和《中华人民共和国刑法》第二百六十三条第（一）项、第二百六十四条、第五十三条、第五十五条第一款、第五十六条第一款、第六十七条、第六十九条、第六十四条之规定，判决如下：

一、维持上海市杨浦区人民法院（2008）杨刑初字第803号刑事判决的第二项，即赃款予以追缴。

二、撤销上海市杨浦区人民法院（2008）杨刑初字第803号刑事判决的第一项，即被告人邓某某犯抢劫罪，判处有期徒刑五年，罚金人民币五千元；犯盗窃罪，判处有期徒刑三年六个月，罚金人民币五千元，决定执行有期徒刑七年六个月，罚金人民币一万元。

三、原审被告人邓某某犯抢劫罪，判处有期徒刑十年，剥夺政治权利二年，罚金人民币一万元；犯盗窃罪，判处有期徒刑三年六个月，罚金人民币五千元，决定执行有期徒刑十二年，剥夺政治权利二年，罚金人民币一万五千元。

（刑期从判决执行之日起计算。判决执行以前先行羁押的，羁押一日折抵刑期一日，即自2008年8月18日至2020年8月17日止。）

本判决为终审判决。

审 判 长 何仁利
代理审判员 章丽斌
代理审判员 江 娓
二〇〇九年五月二十二日
书 记 员 胥保平

附：相关法律条文

《中华人民共和国刑事诉讼法》

第一百八十九条 第二审人民法院对不服第一审判决的上诉、抗诉案件，经过审理后，应当按照下列情形分别处理：

……

（二）原判决认定事实没有错误，但适用法律有错误，或者量刑不当的，应当改判；

……

《中华人民共和国刑法》

第二百六十三条 以暴力、胁迫或者其他方法抢劫财物的，处三年以上十年以下有期徒刑，并处罚金；有下列情形之一的，处十年以上有期徒刑、无期徒刑或者死刑，并处罚金或者没收财产：

（一）入户抢劫的；

……

第二百六十四条 盗窃公私财物，数额较大或者多次盗窃的，处三年以下有期徒刑、拘役或者管制，并处或者单处罚金；数额巨大或者有其他严重情节的，处三年以上十年以下有期徒刑，并处罚金；数额特别巨大或者有其他特别严重情节的，处十年以上有期徒刑或者无期徒刑，并处罚金或者没收财产；有下列情形之一的，处无期徒刑或者死刑，并处没收财产：

（一）盗窃金融机构，数额特别巨大的；

（二）盗窃珍贵文物，情节严重的。

第五十三条 罚金在判决指定的期限内一次或者分期缴纳。期满不缴纳的，强制缴纳。对于不能全部缴纳罚金的，人民法院在任何时候发现被执行人有可以执行的财产，应当随时追缴。如果由于遭遇不能抗拒的灾祸缴纳确实有困难的，可以酌情减少或者免除。

第五十五条第一款 剥夺政治权利的期限，除本法第五十七条规定外，为一年以上五年以下。

第五十六条第一款 对于危害国家安全的犯罪分子应当附加剥夺政治权利；对于故意杀人、强奸、放火、爆炸、投毒、抢劫等严重破坏社会秩序的犯罪分子，可以附加剥夺政治权利。

第六十七条 犯罪以后自动投案，如实供述自己的罪行的，是自首。对于自首的犯罪分子，可以从轻或者减轻处罚。其中，犯罪较轻的，可以免除处罚。

被采取强制措施的犯罪嫌疑人、被告人和正在服刑的罪犯，如实供述司法机关还未掌握的本人其他罪行的，以自首论。

第六十九条 判决宣告以前一人犯数罪的，除判处死刑和无期徒刑的以外，应当在总和刑期以下、数刑中最高刑期以上，酌情决定执行的刑期，但是管制最高不能超过三年，拘役最高不能超过一年，有期徒刑最高不能超过二十年。

如果数罪中有判处附加刑的，附加刑仍须执行。

第六十四条 犯罪分子违法所得的一切财物，应当予以追缴或者责令退赔；对被害人的合法财产，应当及时返还；违禁品和供犯罪所用的本人财物，应当予以没收。没收的财物和罚金，一律上缴国库，不得挪用和自行处理。

截获、破解他人手机 SIM 卡加密信息后盗打国际声讯收费电话获取返利的行为，构成盗窃罪

——姚某某、刘某某盗窃案

【案例要旨】

截获、破解他人手机 SIM 卡加密信息后盗打国际收费电话获取返利的行为，系以牟利为目的盗接并使用他人通信线路，应当认定为盗窃罪。

【案情简要】

2016 年 1 月，被告人姚某某为牟取非法利益，自行研制了 2 套电子设备和相关软件，用于截获、破解附近手机用户的 SIM 卡加密信息并盗打国际声讯收费电话，而后通过国外返利方式获利。后被告人姚某某向被告人刘某某提出共同作案，刘某某禁不住姚某某的多次劝说后同意作案。随即被告人姚某某指导被告人刘某某测试、操作上述设备，共同在网络上搜索国内外收费返利电话，并由姚某某负责联系境外收费电话网站的客服人员，刘某某提供用于存储返利的银行账户。同年 1 月底至 3 月间，被告人姚某某、刘某某共同或单独在上海市浦东国际机场 1 号航站楼 6 米层豪普生达咖啡厅、2 号航站楼到达层处，操控上述电子设备和软件，截获、破解了附近中国移动手机用户的 SIM 卡加密信息，再利用上述电子设备伪装成移动用户的手机盗打古巴等国的国际收费声讯电话，而后从境外公司的返利中获取非法利益，共计折合人民币 10 万余元。经中国移动通信集团上海有限公司统计，被告人姚某某、刘某某盗打中国移动通信集团上海有限公司被害手机用户达 5000 余人，造成被害用户手机话费损失合计人民币 27 万余元。

浦东新区人民检察院于 2016 年 9 月 21 日对被告人姚某某、刘某某以盗窃罪提起公诉；浦东新区人民法院采纳指控意见，于 2016 年 11 月 29 日以盗窃

罪判处被告人姚某某有期徒刑5年，并处罚金人民币1万元；以盗窃罪判处被告人刘某某有期徒刑2年，缓刑2年，并处罚金5000元。判决已生效。

【典型意义】

随着移动无线通信技术的发展和普及，手机在方便人们生活、工作、沟通的同时，也日益成为智能型盗窃犯罪针对的目标。本案是对盗接他人手机通信线路、复制他人手机电信码号定罪处刑的新类型案件，对正确认定此种行为性质，具有参考和借鉴作用。

一、以牟利为目的，盗接并使用他人手机通信线路，应当认定为盗窃罪

根据《刑法》第265条规定，以牟利为目的，盗接他人通信线路、复制他人电信码号或者明知是盗接、复制的电信设备、设施而使用的，依照盗窃罪的规定定罪处罚。本案二名被告人使用自行研制的电子设备，截获、破解他人手机SIM卡加密信息并盗打国际收费电话获取返利。二人在客观上采用被害手机用户不知情的秘密手段盗接其手机通信线路并盗打国际收费电话，造成其电信资费损失；在主观上明知盗打国际收费电话，被害手机用户将被收取高额通信费用，仍为了获取返利而积极为之，系通过自用谋取非法经济利益，具有牟利目的。据此，可以认定二人以牟利为目的，实施了盗接并使用他人手机通信线路的行为，应当以盗窃罪定罪处刑。

二、应当根据被害手机用户的话费损失计算盗窃数额

盗窃数额，是指行为人窃取的公私财物的数额，原则上应当按照盗窃时被盗财物的实际价值计算。本案涉及盗打手机后获得的返利和案发后被害手机用户应当支付的话费二个数额，且差额较大。根据“两高”《关于办理盗窃刑事案件适用法律若干问题的解释》的规定，明知是盗接他人通信线路、复制他人电信码号的电信设备、设施而使用的，按照合法用户为其支付的费用认定盗窃数额。此类案件系以被害手机用户所拥有的电信资源为盗窃对象，被害手机用户应当支付的费用，反映了被盗打电信资源的实际价值。故本案盗窃数额应当按照被害手机用户应当支付的费用，即话费损失来认定，而不是根据被告人实际获得的话费返利计算。

注：相关法律文书略。

合理认定微软正版证明标签的财产属性和价值，依法保护公私财产

——张某甲等三人盗窃案

【案例要旨】

微软正版证明标签具有经济价值、价值和可支配性，故具有刑法意义上的财产属性。对从计算机消费者处窃取微软正版证明标签的，应以盗窃罪论处，不能以知识产权犯罪论处。

【案情简要】

被告人张某甲，案发前系被害单位××科技有限公司的保安，负责大楼安保工作，具体职责为夜间巡逻，确保公共区域和办公室的灯窗关闭。2010年11月22日、25日凌晨，张某甲先后两次伙同他人，窃得××科技公司办公室内部分戴尔等品牌计算机机箱上的Microsoft Windows XP简体中文专业版等5类微软正版软件证明标签379张，欲伺机销售牟利，但尚未销售即被查扣。

经微软公司比对，上述379张标签中，有5张在微软公司数据库中没有相应信息，18张部分信息模糊不清，其余356张均系微软正版操作系统的标签，其中又有16张在案发前被激活。以戴尔等品牌计算机公司销售未带标签的计算机与销售带标签的计算机之间的差价计算，上述356张标签价值合计人民币106420元。

另经微软公司证实，凡预装或零售版本的正版Windows操作系统软件，都带有微软正版证明标签，用以证明软件的正版性。该标签的提供主要有零售盒装产品、预装产品和批量许可三种形式，通常粘贴在预装产品的计算机机身上或附在正版零售产品的包装盒内。预装产品形式中又分为原始设备制造商标签和商业化原始设备制造标签两种，前者一机一签，不能单独出售；后者可以单独市场流通。本案标签属于原始设备制造商标签。

浦东新区人民检察院以盗窃罪对张某甲等人提起公诉。辩护人认为，本案

中的正版证明标签，只是附件，本身不能单独出售，因此不具有价值。浦东新区人民法院采纳检察机关意见，以盗窃罪分别判处张某甲等三名被告人有期徒刑1年至3年不等，并处罚金。

【典型意义】

一、微软正版证明标签具有经济价值、价值和可支配性，故应认定为刑法意义上的财产

一是微软正版证明标签具有使用价值，体现在其具有的激活功能上。用户可以通过标签上的序列号，实现正版软件一系列具有经济价值的服务，包括激活使用、维护、安装补丁、升级、获得技术服务、卸载之后重新安装等。如果标签遗失或被盗，上述权利行使将受到阻碍，除非用户重新购买正版化批量使用许可或正版零售盒装产品，获取一个新的序列号用于激活。

二是微软证明标签具有价值。作为标签的生产者，微软公司在制作标签及其所附着的序列号的过程中花费了大量的人力、物力、财力，消费者必须支付对价才能获得标签及其所附载的上述一系列具有经济价值的服务。

三是微软正版证明标签具有可支配性。它能被生产者和消费者所控制和支配。用户一旦购买了带有此种标签的计算机，也就具有占有、使用、收益、处分该标签的权利，并排除他人对该标签行使权利，除非他人支付对价从用户处购买该计算机及标签。

二、对从计算机消费者处窃取微软正版证明标签的行为，应以盗窃罪论处，不宜认定为知识产权犯罪

知识产权是指对智力劳动成果所享有的占有、使用、处分和收益的权利。它是一种无形财产权。本案中的正版证明标签既有激活功能又有证明功能，但其本身并不具有智力成果的属性，反而更多体现有形财物的属性。因为对于计算机消费者而言，一旦标签遗失，将失去证明自己使用的软件系正版软件的凭证，且在重装、打补丁等后续服务上会受到阻碍，从而需要重新购买售价更高的正版化批量许可或购买正版零售盒装产品。换言之，被告人从计算机消费者处窃取标签的行为，完全排除了该消费者对标签的占有、使用和收益。这与知识产权犯罪中权利人不因行为人的侵害行为而失去对知识产权的占有、使用和收益明显不同。因此，本案应认定为财产犯罪而非知识产权犯罪。

需要说明的是，对于本案犯罪数额的认定，存在以正版软件价格、以商业化原始设备制造标签的价格和以带标签的计算机和不带标签的裸机之间的销售差价作为依据三种不同意见。由于正版证明标签本身并不等同于微软软件，获得标签不等于获得软件，故不能以正版软件的价格认定本案的犯罪数额，又由于本案中的证明标签需同计算机一同出售，不能单独市场流通，故也不宜以可单独市场流通的商业化原始设备制造标签的价格作为认定本案犯罪数额的参照。因本案中带标签的计算机和不带标签的裸机之间的销售差价，可视为消费者为获得标签而支付的对价，故以此差价作为认定本案犯罪数额的依据，比较合理。

上海市浦东新区人民检察院
起诉书

沪浦检诉二〔2011〕22、179号

被告人张某甲，男，1974年××月××日生，公民身份号码3209211974××××××××，汉族，小学文化，原系上海××甲有限公司员工，户籍在江苏省盐城市响水县××镇××村××组××号，暂住上海市浦东新区××路××号。被告人张某甲于2009年3月因犯寻衅滋事罪被上海市浦东新区人民法院判处有期徒刑七个月，2009年6月1日刑满释放，2010年11月26日因涉嫌职务侵占罪被上海市公安局浦东分局刑事拘留，同年12月29日经本院以涉嫌盗窃罪批准逮捕，次日由上海市公安局浦东分局执行逮捕，2011年8月5日经本院决定被取保候审。

被告人张某乙，男，1978年××月××日生，公民身份号码3209211978××××××××，汉族，中专文化，个体业主，户籍在江苏省盐城市响水县××镇××村××组××号，2011年5月17日因涉嫌职务侵占罪被上海市公安局浦东分局刑事拘留，同年5月30日经本院以涉嫌盗窃罪批准逮捕，次日由上海市公安局浦东分局执行逮捕。

被告人张某丙，男，1981年××月××日生，公民身份号码3209211981××××××××，汉族，中专文化，苏州市××有限公司技术员，户籍在江苏省响水县××镇××村××组××号，住江苏省苏州市××新村××栋××室，2011年5月30日因涉嫌盗窃罪被上海市公安局浦东分局取保候审。

本案由上海市公安局浦东分局侦查终结，于2011年2月18日以被告人张某甲涉嫌盗窃罪，2011年7月6日以被告人张某乙、张某丙涉嫌盗窃罪移送本院审查起诉，本院受理后，分别于当日已告知被告人有权委托辩护人，依法讯问了被告人，听取了辩护人的意见，审查了全部案件材料。经审查，于2011年3月31日、6月10日两次将张某甲案退回补充侦查，于2011年8月18日、10月24日两次将张某乙案退回补充侦查，上海市公安局浦东分局分别于2011年7月6日、11月23日补充侦查终结移送本院审查起诉。

经依法审查查明：

被告人张某甲系上海××甲有限公司（以下简称“××甲公司”）员工。2010年9月，××甲公司安排张某甲至××乙有限公司（以下简称“××乙公司”）担任保安，负责大楼安保，并在夜间巡逻，确保公共区域及每间办公室的灯窗已关闭。

2010年11月21日，被告人张某乙向被告人张某甲提议，一起到××乙公司盗窃该公司计算机机箱上的序列号标签，张某甲表示同意。被告人张某乙遂从苏州赶至上海，并于2010年11月22日凌晨与被告人张某甲一起进入××乙公司，由被告人张某甲使用门禁卡打开办公室房门，张某乙使用牙签将标签刮下，窃得××乙公司DELL等品牌计算机机箱上微软正版证明标签（简称“COA标签”）189张。嗣后，被告人张某乙将上述COA标签带回苏州欲伺机销售。

2010年11月24日，被告人张某乙伙同被告人张某丙从苏州赶至上海，并于2010年11月25日凌晨与被告人张某甲一起进入××乙公司，由被告人张某甲使用门禁卡打开办公室房门，张某乙、张某丙使用牙签将标签刮下，窃得××乙公司DELL等品牌计算机机箱上的标签190张。嗣后，被告人张某乙将上述COA标签带回苏州欲伺机销售。

案发后，被告人张某甲的家属刘某甲、张某乙的家属李某某将上述379张COA标签退给××甲公司，2010年12月6日，公安机关扣押上述标签。

经微软公司比对，上述379张标签中，有5张在微软公司数据库中没有相应信息，18张部分信息模糊不清，其余356张COA标签均系微软正版操作系统的标签。以DELL等品牌计算机公司销售裸机与销售带COA标签的计算机之间的差价计算，上述356张标签约合价值人民币106420元。

2010年11月26日，被告人张某甲在接受××甲公司询问时，承认了上述事实，××甲公司拨打报警电话后，被告人张某甲被公安机关带走。2011年5月7日，被告人张某乙在投案途中被江苏省盐城市响水县城西派出所抓获。2011年5月30日，被告人张某丙主动至公安机关投案，并如实供述了上述犯罪事实。

上述事实，有以下证据证明：

1. 被告人张某甲、张某乙、张某丙对上述犯罪事实供认不讳。

2. 证人朱某某的证言，相关劳动合同、物业服务合同、××乙公司提供的清点记录、资产清单，相关监控录像，证实被告人张某甲作为保安，其工作职责是负责大楼安保，并在夜间巡逻，确保公共区域安全，以及张某乙、张某丙窃取××乙公司部分计算机机箱上的COA标签的事实。

3. 证人谈某某的证言，微软公司提供的鉴定书，证实COA标签的功能，并证实上述379张标签中，有5张在微软公司数据库中没有相应信息，18张部分信息模糊不清，其余356张COA标签均系微软正版操作系统的标签。

4. 证人张某丁、郭某某的证言，证实DELL等品牌计算机公司销售裸机与带COA标签的计算机之间的差价。

5. 证人刘某甲、李某某的证言，公安机关扣押物品清单，证实上述COA标签被依法扣押的事实。

6. 公安机关出具的案发经过，证人刘某乙、李某某、于某某的证言，证实三名被告人的到案情况。

7. 上海市浦东新区人民法院刑事判决书，证实被告人张某甲的前科情况。

8. 公安机关调取的相关户籍资料，证实三名被告人的身份信息。

上述证据来源及收集程序合法，内容客观真实，足以认定指控事实。

本院认为，被告人张某甲、张某乙、张某丙以非法占有为目的，采用秘密手段，窃取公司财物，其中被告人张某甲、张某乙盗窃数额特别巨大，被告人张某丙盗窃数额巨大，其行为均已触犯《中华人民共和国刑法》第二百六十四条，犯罪事实清楚，证据确实充分，应当以盗窃罪追究其刑事责任。被告人张某甲、张某乙、张某丙系共同犯罪，适用《中华人民共和国刑法》第二十五条第一款。其中被告人张某乙系主犯，适用《中华人民共和国刑法》第二十六条第一款、第四款，应当按照其参与的全部犯罪处罚。被告人张某甲、张某丙系从犯，适用《中华人民共和国刑法》第二十七条，应当从轻或者减轻处罚。被告人张某甲曾因故意犯罪被判处有期徒刑，在刑罚执行完毕后五年内再犯应当判处有期徒刑以上刑罚之罪，系累犯，适用《中华人民共和国刑法》第六十五条第一款，应当从重处罚。被告人张某甲、张某乙、张某丙均系自首，适用《中华人民共和国刑法》第六十七条第一款，可以从轻或者减轻处罚。被告人张某甲、张某乙的家属已将被窃的财产退交公安机关，可以对被告人酌情从轻处罚。根据《中华人民共和国刑事诉讼法》第一百四十一条之规定，提起公诉，请依法审判。

此致

上海市浦东新区人民法院

检察员　李小文

二〇一一年十二月十五日

附：1. 被告人张某甲、张某丙现取保候审于其住处；被告人张某乙现羁押于浦东新区看守所。

2. 证据目录一页、证人名单一页、主要证据复印件一册。

3. 赃证物品清单（COA标签379张、监控录像光盘2盘）一份。

附：相关法律条文

《中华人民共和国刑法》

第二十五条 共同犯罪是指二人以上共同故意犯罪。

二人以上共同过失犯罪，不以共同犯罪论处；应当负刑事责任的，按照他们所犯的罪分别处罚。

第二十六条 组织、领导犯罪集团进行犯罪活动的或者在共同犯罪中起主要作用的，是主犯。

……

……

对于第三款规定以外的主犯，应当按照其所参与的或者组织、指挥的全部犯罪处罚。

第二十七条 在共同犯罪中起次要或者辅助作用的，是从犯。

对于从犯，应当从轻、减轻处罚或者免除处罚。

第六十五条第一款 被判处有期徒刑以上刑罚的犯罪分子，刑罚执行完毕或者赦免以后，在五年以内再犯应当判处有期徒刑以上刑罚之罪的，是累犯，应当从重处罚，但是过失犯罪和不满十八周岁的人犯罪的除外。

第六十七条第一款 犯罪以后自动投案，如实供述自己的罪行的，是自首。对于自首的犯罪分子，可以从轻或者减轻处罚。其中，犯罪较轻的，可以免除处罚。

第二百六十四条 盗窃公私财物，数额较大的，或者多次盗窃、入户盗窃、携带凶器盗窃、扒窃的，处三年以下有期徒刑、拘役或者管制，并处或者单处罚金；数额巨大或者有其他严重情节的，处三年以上十年以下有期徒刑，并处罚金；数额特别巨大或者有其他特别严重情节的，处十年以上有期徒刑或者无期徒刑，并处罚金或者没收财产。

《中华人民共和国刑事诉讼法》

第一百四十一条 人民检察院认为犯罪嫌疑人的犯罪事实已经查清，证据确实、充分，依法应当追究刑事责任的，应当作出起诉决定，按照审判管辖的规定，向人民法院提起公诉。

上海市浦东新区人民法院
刑事判决书

（2011）浦刑初字第3274号

公诉机关上海市浦东新区人民检察院。

被告人张某甲，男，1974年××月××日出生于江苏省响水县，汉族，小学文化，原系上海××甲有限公司员工，户籍地江苏省响水县××村××组××号，暂住地上海市浦东新区××路××号。2009年3月因犯寻衅滋事罪被本院判处有期徒刑七个月，2009年6月1日刑满释放。2010年11月26日因涉嫌犯职务侵占罪被刑事拘留，同年12月30日因涉嫌犯盗窃罪被逮捕，2011年8月5日被取保候审。2012年10月17日被逮捕。现羁押于上海市浦东新区看守所。

指定辩护人黄某某，上海××律师事务所律师。

被告人张某乙，男，1978年××月××日出生于江苏省响水县，汉族，中专文化，个体业主，户籍地江苏省响水县××镇××村××组××号。2011年5月17日因涉嫌犯职务侵占罪被刑事拘留，同年5月31日因涉嫌犯盗窃罪被逮捕。现羁押于上海市浦东新区看守所。

辩护人杨某某，江苏××律师事务所律师。

被告人张某丙，男，1981年××月××日出生于江苏省响水县，汉族，中专文化，系苏州市××有限公司技术员，户籍地江苏省响水县××镇××村××组××号，住江苏省××市××新村××栋××室，2011年5月30日因涉嫌犯盗窃罪被取保候审。

指定辩护人杜某某，上海××律师事务所律师。

上海市浦东新区人民检察院以沪浦检诉二〔2011〕22、179号起诉书指控被告人张某甲、张某乙、张某丙犯盗窃罪，于2011年12月15日向本院提起公诉。本院依法组成合议庭，公开开庭审理了本案。上海市浦东新区人民检察院指派检察员李小文出庭支持公诉，被告人张某甲、张某乙、张某丙及辩护人黄某某、杨某某、杜某某到庭参加诉讼。期间，公诉机关申请补充侦查、辩护人申请延期审理，本院同意并决定延期审理。现已审理终结。

上海市浦东新区人民检察院指控：被告人张某甲系上海××甲有限公司（以下简称“××甲公司”）员工。2010年9月，××甲公司安排被告人张某甲至××乙有限公司（以下简称“××乙公司”）担任保安。2010年11月21日，被告人张某乙向被告人张某甲提议，到××乙公司盗窃该公司计算机机箱上的序列号标签。被告人张某乙遂从苏州赶至上海，并于同月22日凌晨与被告人张某甲一起进入××乙公司，由被告人张某甲使用门禁卡打开办公室房门，被告人张某乙使用牙签将标签刮下，窃得××乙公司DELL等品牌计算机机箱上微软正版证明标签（以下简称“COA标签”）189张。嗣后，被告人张某乙将上述COA标签带回苏州欲伺机销售。

同月24日，被告人张某乙伙同被告人张某丙从苏州赶至上海，并于同月25日凌晨与被告人张某甲一起进入××乙公司，由被告人张某甲使用门禁卡打开办公室房门，被告人张某甲、张某丙使用牙签将标签刮下，窃得××乙公司DELL等品牌计算机机箱上的标签190张。嗣后，被告人张某乙将上述COA标签带回苏州欲伺机销售。

案发后，被告人张某甲、张某乙的家属将上述379张COA标签退给××甲公司，2010年12月6日，公安机关扣押上述标签。

经微软公司比对，上述379张标签中，有5张在微软公司数据库中没有相应信息，18张部分信息模糊不清，其余356张COA标签均系微软正版操作系统的标签。以DELL等品牌计算机公司销售裸机与销售带COA标签的计算机之间的差价计算，上述356张标签价值约合人民币106420元。

为证实上述指控，公诉机关当庭出示和宣读了劳动合同，物业服务合同，清点记录，资产清单，监控录像，鉴定书，证人证言，扣押物品清单，相关情况说明，案发经过，被告人张某甲、张某乙、张某丙的供述、前科情况及户籍资料等证据。公诉机关认为被告人张某甲、张某乙、张某丙以非法占有为目的，采用秘密手段，窃取公司财物，其中被告人张某甲、张某乙盗窃数额特别巨大，被告人张某丙东盗窃数额巨大，其行为均已触犯《中华人民共和国刑法》第二百六十四条之规定，应当以盗窃罪追究其刑事责任。被告人张某甲、张某乙、张某丙系共同犯罪，其中被告人张某乙系主犯，应当按照其参与的全部犯罪处罚。被告人张某甲、张某丙系从犯，应当从轻或者减轻处罚。被告人张某甲曾因故意犯罪被判处有期徒刑，在刑罚执行完毕后五年内再犯应当判处有期徒刑以上刑罚之罪，系累犯，应当从重处罚。被告人张某甲、张某乙、张某丙均系自首，可以从轻或者减轻处罚。被告人张某甲、张某乙的家属已将被窃的标签退交公安机关，可对被告人酌情从轻处罚。综上，提请法院对上述被告人依法审判。

3名被告人对公诉机关指控的事实和罪名均无异议，但被告人张某丙认为不带有标签的计算机与带有标签的计算机的差异并非是标签的差异，而是软件的价格差异。被告人张某甲、张某乙的辩护人均认为，COA标签只是附件，其主要的功能是标签上的序列号，不能简单地以差价定COA标签的价格。被告人张某乙的辩护人认为标签不能单独出售，单独的标签不具备价值，不能以不带有标签的计算机与带有标签的计算机的价值差异来计算本案的盗窃金额，其次本案不宜区分主从犯。

经审理查明，被告人张某甲系××甲公司员工。2010年9月，××甲公司安排被告人张某甲至××乙公司担任保安，负责大楼安保，并在夜间巡逻，确保公共区域及每间办公室的灯窗的关闭。

2010年11月21日，被告人张某乙向被告人张某甲提议，至××乙公司盗窃该公司计算机机箱上的序列号标签，被告人张某甲表示同意。被告人张某乙遂从苏州赶至上海，并于同月22日凌晨与被告人张某甲一起进入××乙公司，由被告人张某甲使用门禁卡打开办公室房门，被告人张某乙使用牙签将标签刮下，窃得××乙公司DELL等品牌计算机机箱上COA标签189张。嗣后，被告人张某乙将上述COA标签带回苏州欲伺机销售。

2010年11月24日，被告人张某乙伙同被告人张某丙从苏州赶至上海，并于同月25日凌晨与被告人张某甲一起进入××乙公司，由被告人张某甲使用门禁卡打开办公室房门，被告人张某乙、张某丙使用牙签将标签刮下，窃得××乙公司DELL等品牌计算机机箱上的COA标签190张。嗣后，被告人张某乙将上述COA标签带回苏州欲伺机销售。

案发后，被告人张某甲、张某乙的家属将上述379张COA标签退给××甲公司，2010年12月6日，公安机关扣押上述标签。

经微软公司比对，上述379张COA标签中，有5张在微软公司数据库中没有相应信息，18张部分信息模糊不清，其余356张COA标签均系微软正版操作系统的标签。以DELL等品牌计算机公司销售未带COA标签的计算机与销售带COA标签的计算机之间的差价计算，上述356张COA标签价值约合人民币106420元。

2010年11月26日，被告人张某甲在接受××甲公司询问时，承认了上述事实，××甲公司拨打报警电话后，被告人张某甲被公安机关带走。2011年5月7日，被告人张某乙在投案途中被江苏省盐城市响水县城西派出所抓获。2011年5月30日，被告人张某丙主动至公安机关投案，并如实供述了上述犯罪事实。本院审理期间，微软公司提供了截至2010年11月24日379张COA标签中已有17张COA标签有激活记录的情况说明。

上述事实，有以下证据证明

1. 证人朱某某的证言，相关劳动合同、物业服务合同、××乙公司提供的清点记录、资产清单，相关监控录像，证实被告人张某甲作为保安，其工作职责是负责大楼安保，并在夜间巡逻，确保公共区域及每间办公室灯窗的关闭，并证实被告人张某甲伙同被告人张某乙、张某丙窃取××乙公司部分计算机机箱上的COA标签的事实。

2. 证人谈某某的证言，微软公司提供的鉴定书，证实COA标签的功能，并证实上述379张标签中，有5张在微软公司数据库中没有相应信息，18张部分信息模糊不清，其余356张COA标签均系微软正版操作系统的标签。

3. 证人张某某、郭某某的证言，证实DELL等品牌计算机公司销售未带COA标签的计算机与带COA标签的计算机之间的差价。

4. 上海××有限公司、××（上海）有限公司、××（中国）有限公司情况说明、证明，均证实DELL等品牌计算机公司销售未带COA标签的计算机与带COA标签的计算机之间存在差价及具体的差价金额。

5. 证人刘某甲、李某某的证言，公安机关扣押物品清单，证实上述COA标签被依法扣押的事实。

6. 公安机关出具的案发经过，证人刘某乙、李某某、于某某的证言，证实3名被告人的到案情况。

7. 微软公司提供COA标签的激活情况说明，证实截至2010年11月24日，379张COA标签中已有17张COA标签已有激活记录，其中16张COA标签是WindowsXP、Windows7简体中文专业版，在数据库中有相应信息；1张COA标签是WindowsXP简体中文专业版，COA标签部分信息模糊不清。

8. 上海市浦东新区人民法院刑事判决书，证实被告人张某甲的前科情况。

9. 公安机关调取的相关户籍资料，证实3名被告人的身份信息。

10. 被告人张某甲、张某乙、张某丙的供述。

上述证据来源及收集程序合法，内容客观真实，足以认定指控事实。

针对被告人的辩解及辩护人的辩护意见，本院综合评判如下：

1. COA标签是否属于刑法意义上的财产，是否具有使用价值与价值。

COA是Certificate Of Authenticity的简称，又称正版证明标签，凡预装或零售版本的正版Windows操作系统软件都带有“正版证明（COA）标签”。它是标识Microsoft正版软件产品的一个显著标志。COA通常粘贴在预装Windows或Windows Server等产品的计算机机身上或者附在正版零售产品的包装盒内。Windows或Windows Server主要通过三种方式提供软件许可：零售盒装产品（FPP）、预装产品（OEM/COEM）和批量许可形式（Volume License）。COA

标签具有以下几个特征：

首先，COA标签的使用价值，体现在COA标签的两大功能上，即激活功能、证明功能。激活功能，是指用户可以通过激活COA标签上的序列号，对正版软件进行验证，验证通过后方可实现正版Windows的各类功能，包括正常激活使用、维护、通过微软公司的网站安装软件补丁等，获取相应的升级和技术服务。如果COA标签遗失或被盗，则该用户激活功能的权利行使、后续服务将可能受到阻碍，除非重新购买正版化批量使用许可或者正版零售盒装产品，获取一个新的序列号用于激活和验证。证明功能是指COA标签具有证明所使用的软件为正版软件的作用。OEM授权许可形式的COA标签随计算机粘贴，一机一签，遗失不补，如果该标签被盗，将面临无法证明被窃标签的电脑中使用软件系正版软件的风险，用户为证明自己安装的软件是正版软件，则需要额外花费购买正版化批量许可或正版零售盒装产品。

其次，COA标签具有价值性。COA标签包含了无差别的人类劳动，包括体力劳动和脑力劳动。其一，无论通过何种途径取得的COA标签，消费者都必须通过支付对价方式获得，COA标签具有基本等同于软件授权许可价值的实际价值，且能够直接计算价值数额；其二，微软公司在制作COA标签及其所附着的序列号的过程中花费了大量的人力、物力、财力，体现了无差别的人类劳动。

再次，COA标签具有可支配性。即财产能为人力所控制和支配。因为预装许可的COA标签贴在机身上，一旦用户购买电脑及COA标签，就可以使用该标签的序列号，具有占有、使用、收益、处分自己的COA标签的权利，其他人除非购买该电脑及COA标签，否则无法对他人的COA标签行使权利。

最后，COA标签具有流通性。COA标签有两种流通方式，即其一由微软公司出售给硬件生产商，硬件生产商将COA标签随同电脑直销或经销给终端用户，获得钱款，终端用户可以将电脑与COA标签再整体转让给他人；其二由微软公司合作伙伴或本地经销商将正版零售盒装产品出售给终端用户，终端用户可以将该零售盒装产品再出售给他人。COA标签具有同现金交易的价值，具有流通性。

本案中，被害单位从DELL等公司经销商处通过预装许可形式随同电脑捆绑购买COA标签，支付了相应对价，而该COA标签也是微软公司的智力成果，体现了其劳动价值，该COA标签也可以随电脑一起流通，如果该COA标签没有被追回，则被害单位需要重新购买，且只能购买高价的正版化批量许可或购买正版零售盒装产品。COA标签不能单独出售不能否定

COA标签的本身财物属性。因此COA标签具有法律所规定的财产属性，具有使用价值和价值。

2. COA标签的价值如何计算。

应当以不带COA标签的计算机和带OEM版COA标签的计算机之间的差价作为定价依据。

首先，《最高人民法院关于审理盗窃案件具体应用法律若干问题的解释》（以下简称《解释》）第五条规定"被盗物品的数额，按照下列方法计算单位和公民的生产资料、生活资料等物品，原则上按购进价计算，但作案当时市场价高于原购进价的，按当时市场价的中等价格计算。"由于被盗的系单位，COA标签可理解为被盗单位的"生产资料"，因此我们认为可以适用《解释》中的规定进行处理。根据《解释》，首先考虑购进价格。由于微软公司出售给不同计算机硬件厂商的价格根据数量、时间、产品等因素而不同，而不同硬件厂商在不同时期出售预装版的COA标签价格也不一样，如果被害单位有当时购买该被窃COA标签的价格证据，应当参考该价格。由于OEM版COA标签，需要同计算机一同购买，不能分离，那么用户购买的OEM版COA标签的价格，就是不带OEM版COA标签的计算机和带OEM版COA标签的计算机之间的差价。

其次，基于有利于被告人的原则，以上述差价认定对被告人最有利。从被害单位的损失来看，OEM版COA标签在被购买后，就与其粘贴的电脑一一对应，被害单位的OEM版COA标签一旦被窃，被害单位就丧失了占有，而不能再随机器购买OEM版COA标签了，为证明自己的软件为正版，除非重新购买批量使用许可和正版零售盒装产品，获取一个新的序列号用于激活和验证。即被害单位的损失是重新购买正版化批量使用许可或正版零售盒装产品的价格，该价格远高于预装版COA标签的价格。

本案中，经微软公司比对，被盗379张标签中，有5张在微软公司数据库中没有相应信息，18张部分信息模糊不清，其余356张COA标签均系微软正版操作系统的标签。356张COA标签中，其中16张已激活的简体中文专业版的COA标签，系在案发前已有激活记录，故对上述16张COA标签的价值亦不应计算在盗窃数额内。以DELL等品牌计算机公司销售未带COA标签的计算机与销售带COA标签的计算机之间的差价计算，上述340张COA标签价值折合人民币101620元。张某甲、张某乙犯罪金额为101620元。张某丙盗窃COA标签就低认定为151张，价值折合人民币44920元。

3. 关于被告人张某甲、张某乙、张某丙在共同犯罪中的作用。

经查，被告人张某乙提议盗窃，并两次均参与实施盗窃行为，在共同犯罪中起主要作用，应当认定为主犯，被告人张某甲、张某丙明知张某乙提议一起到被害单位盗窃计算机机箱上的COA标签，仍表示同意，并实施盗窃，在共同犯罪中起次要作用，应当认定为从犯。

本院认为，被告人张某甲、张某乙、张某丙以非法占有为目的，采用秘密手段，窃取公司财物，其中被告人张某甲、张某乙盗窃数额特别巨大，被告人张某丙盗窃数额巨大，其行为均已构成盗窃罪，且系共同犯罪。公诉机关指控罪名成立，本院予以支持。在该共同犯罪中，被告人张某乙起主要作用，系主犯；被告人张某甲、张某丙在共同犯罪中起次要作用，系从犯。被告人张某甲曾因故意犯罪被判处有期徒刑，在刑罚执行完毕后五年内再故意犯应当判处有期徒刑以上刑罚之罪，系累犯；3名被告人均系自首；涉案赃物亦已扣押在案。综上，根据3被告人的犯罪情节、认罪悔罪表现，以及对社会的危害程度，对被告人张某甲、张某乙、张某丙均予以减轻处罚，并依法对被告人张某丙适用缓刑。辩护人提出对被告人减轻处罚的辩护意见，本院予以采纳。本院为维护社会秩序，保护公司财产权利不受侵犯，根据《中华人民共和国刑法》第二百六十四条、第二十五条第一款、第二十六条第一款、第四款、第二十七条、第六十五条第一款、第六一七条第一款、第七十二条、第七十三条、第五十三条、第六十四条之规定，判决如下：

一、被告人张某甲犯盗窃罪，判处有期徒刑二年六个月，罚金人民币三千元。

（刑期从判决执行之日起计算。判决执行以前先行羁押的，羁押一日折抵刑期一日，即自2012年10月17日起至2014年8月6日止，先行羁押的253天已予折抵；罚金自判决生效后一个月内向本院缴纳。）

二、被告人张某乙犯盗窃罪，判处有期徒刑三年，罚金人民币三千元。

（刑期从判决执行之日起计算。判决执行以前先行羁押的，羁押一日折抵刑期一日，即自2011年5月7日起至2014年5月6日止；罚金自判决生效后一个月内向本院缴纳。）

三、被告人张某丙犯盗窃罪，判处有期徒刑一年，缓刑一年，罚金人民币一千元。

（缓刑考验期限，从判决确定之日起计算，罚金自判决生效后一个月内向本院缴纳。）

四、扣押在案的赃物，发还被害单位。

张某丙回到社区后，应当遵守法律、法规，服从公安、社区矫正等部门的监督管理，接受教育，完成公益劳动，做一名有益社会的公民。

如不服本判决，可在接到判决书的第二日起十日内，通过本院或者直接向

上海市第一中级人民法院提出上诉。书面上诉的，应当提交上诉状正本一份，副本二份。

审　判　长　苏　琼
审　判　员　倪建军
人民陪审员　孙宝祥
二〇一二年十一月九日
书　记　员　高颖燕

附：相关法律条文

《中华人民共和国刑法》

第二百六十四条　盗窃公私财物，数额较大的，或者多次盗窃、入户盗窃、携带凶器盗窃、扒窃的，处三年以下有期徒刑、拘役或者管制，并处或者单处罚金；数额巨大或者有其他严重情节的，处三年以上十年以下有期徒刑，并处罚金；数额特别巨大或者有其他特别严重情节的，处十年以上有期徒刑或者无期徒刑，并处罚金或者没收财产。

第二十五条　共同犯罪是指二人以上共同故意犯罪。

二人以上共同过失犯罪，不以共同犯罪论处；应当负刑事责任的，按照他们所犯的罪分别处罚。

第二十六条　组织、领导犯罪集团进行犯罪活动的或者在共同犯罪中起主要作用的，是主犯。

三人以上为共同实施犯罪而组成的较为固定的犯罪组织，是犯罪集团。

对组织、领导犯罪集团的首要分子，按照集团所犯的全部罪行处罚。

对于第三款规定以外的主犯，应当按照其所参与的或者组织、指挥的全部犯罪处罚。

第二十七条　在共同犯罪中起次要或者辅助作用的，是从犯。

对于从犯，应当从轻、减轻处罚或者免除处罚。

第六十五条　被判处有期徒刑以上刑罚的犯罪分子，刑罚执行完毕或者赦免以后，在五年以内再犯应当判处有期徒刑以上刑罚之罪的，是累犯，应当从重处罚，但是过失犯罪和不满十八周岁的人犯罪的除外。

前款规定的期限，对于被假释的犯罪分子，从假释期满之日起计算。

第六十七条　犯罪以后自动投案，如实供述自己的罪行的，是自首。对于自首的犯罪分子，可以从轻或者减轻处罚。其中，犯罪较轻的，可以免除处罚。

被采取强制措施的犯罪嫌疑人、被告人和正在服刑的罪犯，如实供述司法机关还未掌握的本人其他罪行的，以自首论。

犯罪嫌疑人虽不具有前两款规定的自首情节，但是如实供述自己罪行的，可以从轻处罚；因其如实供述自己罪行，避免特别严重后果发生的，可以减轻处罚。

第七十二条 对于被判处拘役、三年以下有期徒刑的犯罪分子，同时符合下列条件的，可以宣告缓刑，对其中不满十八周岁的人、怀孕的妇女和已满七十五周岁的人，应当宣告缓刑：

（一）犯罪情节较轻；

（二）有悔罪表现；

（三）没有再犯罪的危险；

（四）宣告缓刑对所居住社区没有重大不良影响。

宣告缓刑，可以根据犯罪情况，同时禁止犯罪分子在缓刑考验期限内从事特定活动，进入特定区域、场所，接触特定的人。

被宣告缓刑的犯罪分子，如果被判处附加刑，附加刑仍须执行。

第七十三条 拘役的缓刑考验期限为原判刑期以上一年以下，但是不能少于二个月。

有期徒刑的缓刑考验期限为原判刑期以上五年以下，但是不能少于一年。

缓刑考验期限，从判决确定之日起计算。

第五十三条 罚金在判决指定的期限内一次或者分期缴纳。期满不缴纳的，强制缴纳。对于不能全部缴纳罚金的，人民法院在任何时候发现被执行人有可以执行的财产，应当随时追缴。如果由于遭遇不能抗拒的灾祸缴纳确实有困难的，可以酌情减少或者免除。

第六十四条 犯罪分子违法所得的一切财物，应当予以追缴或者责令退赔；对被害人的合法财产，应当及时返还；违禁品和供犯罪所用的本人财物，应当予以没收。没收的财物和罚金，一律上缴国库，不得挪用和自行处理。

准确认定“扒窃”犯罪

——陶某某、彭某某扒窃二案

【案例要旨】

无论在开放抑或相对封闭的公共场所，秘密窃取他人随身携带或者置于身边的财物的，应认定为扒窃。

【案情简要】

案例一：被告人陶某某原系××大酒店服务员。2011年7月16日12时许，被害人黄某某在该酒店会议厅参加朋友宴请。陶某某利用负责该厅服务的便利条件，趁人不备，从黄某某挂在座椅背面上的背包内窃得人民币5600元；次日19时许，被害人周某某在该酒店包厢内请客，陶某某利用负责该包厢服务的便利条件，趁人不备，从周某某放置于身旁空椅上的皮包内窃得人民币10000元。

金山区人民检察院起诉认为，陶某某扒窃他人随身携带的人民币15600元，数额巨大；金山区人民法院审理后认为，陶某某在空间相对封闭、人员相对特定的场合，窃取被害人放置于身旁包内的财物，其行为实施的场所和行为表现不符合扒窃的一般特征，应认定为普通盗窃且数额较大，以盗窃罪判处陶某某有期徒刑2年2个月，并处罚金人民币4000元；金山区人民检察院认为法院未认定扒窃不当，量刑畸轻，提出抗诉并获上海市人民检察院第一分院支持，上海市第一中级人民法院采纳抗诉意见，改判陶某某有期徒刑4年6个月，并处罚金人民币4000元。

案例二：2011年5月7日零时许，彭某某途经上海市蒙自路近斜土路，见被害人宋某某醉酒熟睡在街边花坛上，趁机窃得其执于手中的皮包一只，内有价值人民币8000元的中国石化加油卡2张和人民币2700元。

原卢湾区人民检察院起诉认为，彭某某扒窃他人财物，数额巨大；原卢湾区人民法院经审理后认为，被告人系在被害人醉酒后躺在花坛里意识不清的状态下实施盗窃，被害人此时对自己财物的控制力已非常薄弱，且又在夜深人静之时，故对此行为应认定为普通盗窃，以盗窃罪判处彭某某有期徒刑1年6个月，并处罚金人民币2000元；原卢湾区人民检察院提出抗诉后，上海市第二中级人民法院采纳检察机关意见，改判彭某某有期徒刑3年2个月，并处罚金人民币3000元。

【典型意义】

扒窃犯罪是常见多发的侵财犯罪，由于其发生于公共场所，直接针对公民贴身财物，危害公民财产安全，严重影响人民群众的安全感，是危害社会治安的突出犯罪，故根据《刑法修正案（八）》的规定，对扒窃行为，不再以窃取财物的数额作为构成盗窃罪条件。在实践中，应准确把握扒窃行为的特征，正确适用法律，有效惩治犯罪。一是“扒窃”行为的场所特征，即发生在公共场所，如公共交通工具、车站、码头、民用航空站、市场、商场、公园、广场、娱乐场、运动场、展览馆等公用建筑、场所及设施，既包括不特定人的多数人能够进出的场所，也包括特定的多数人能够进出的场所，如商务楼宇、机场候机厅、酒店的会议厅、包厢等，虽相对封闭，因服务、管理需要采取必要的限制措施，但并未改变其公共场所的属性。二是“扒窃”行为的对象特征，即为被害人随身携带或置于身边、随时可以现实支配的贴身财物。即使如顾客就餐时放在座位上、邻座上的财物或者挂在座位椅背上的包内、衣服口袋内的财物，以及顾客紧贴手边放置于超市购物车上的财物等，因其反映的是被害人与财物之间存在着的最为直接、有效的控制支配关系，仍符合“扒窃”的对象特征。司法实践中应注意合理界定“公共场所”和“贴身财物”的内涵，同时具备两个特征的，应认定为“扒窃”；至于行为人的身份、被害人的意志状态、作案时间等均不影响扒窃的成立。

陶某某案原判认为饭店大厅和包厢空间相对封闭、人员相对特定，且窃取的是被害人放置于身旁包内的钱款，故将陶某某的行为认定为普通盗窃，忽视了“公共场所”和“被害人贴身放置的财物”存在的不同情形。消费、娱乐场所的大厅和包厢虽因管理服务的需要相对封闭，但不影响其具有公众可进出和使用的公共场所属性；顾客消费、娱乐时放置于身旁椅背或空位等处的财物，仍属顾客的紧密控制之下，可以随时支配，应当认定为贴身放置的财物。彭某某案原判因被害人醉酒后意识不清、对自己财物的控制力减弱，案发在夜深人静之时，而将彭某某的行为认定为普通盗窃，将其他因素作为否定“扒窃”的依据，亦未按照上述特征把握“扒窃”行为，故应予纠正。

陶某某扒窃案法律文书：

上海市金山区人民检察院

起诉书

沪金检刑诉〔2011〕782号

被告人陶某某，男，1982年××月××日生，公民身份号码：3102271982×××××××××，汉族，中专文化，上海××酒店员工，住上海市松江区××村××号××室。2008年8月26日因犯盗窃罪被上海市嘉定区人民法院判处有期徒刑七个月，并处罚金人民币三千元。2011年7月19日因涉嫌盗窃罪，由上海市公安局金山分局刑事拘留，2011年7月22日延长刑事拘留期限至七天，2011年7月29日经本院批准同日由上海市公安局金山分局执行逮捕。

本案由上海市公安局金山分局侦查终结，以被告人陶某某涉嫌盗窃罪，于2011年9月15日移送本院审查起诉。本院受理后，于次日告知被告人有权委托辩护人，告知被害人有权委托诉讼代理人；并依法讯问了被告人，审查了全部案件材料。被告人陶某某同意对本案适用普通程序审理“被告人认罪案件”。

经依法审查查明：

2011年7月16日12时许，被告人陶某某在本市金山区××镇××路××号××大酒店二楼会议厅内，乘人不备从被害人黄某某挂在椅背上的背包里扒得人民币5600元。

2011年7月18日19时许，被告人陶某某在本市金山区××镇××路××号××大酒店二楼七号包厢内，乘人不备从被害人周某某放于身旁椅子上的一只皮包内扒得人民币10000元。

周某某报案后，民警至现场将有重大嫌疑的陶某某抓获。到案后，陶某某退还了赃款。

上述事实，有以下证据证明：

1. 被告人陶某某的数次供述及辨认笔录，对上述犯罪事实供认不讳。

2. 被害人黄某某、周某某证言，分别证实2011年7月16日、18日在本区××大酒店吃饭时被窃包内的人民币5600元及10000元。

3. 上海市公安局金山分局扣押、发还物品清单，赃款照片一组，证实从陶某某处扣押的赃款已经退还被害人。

4. 户籍资料及上海市嘉定区人民法院（2008）×刑初字第×××号刑事判决书，证实陶某某的基本身份及前科情况。

5. 上海市公安局金山分局案发经过，证实被告人陶某某的到案过程。

上述证据收集程序合法，内容客观真实，足以认定指控事实。被告人陶某某对基本犯罪事实无异议。

本院认为，被告人陶某某以非法占有为目的，扒窃他人随身携带的现金人民币15600元，数额巨大，其行为已触犯《中华人民共和国刑法》第二百六十四条，犯罪事实清楚、证据确实充分，应当以盗窃罪追究刑事责任。被告人陶某某曾因犯罪被判处有期徒刑，在刑罚执行完毕后五年内再犯应当判处有期徒刑以上刑罚之罪，根据《中华人民共和国刑法》第六十五条第一款的规定，系累犯，应当从重处罚。被告人陶某某如实供述自己的罪行，根据《中华人民共和国刑法》第六十七条第三款的规定，可以从轻处罚。根据《中华人民共和国刑事诉讼法》第一百四十一条的规定，提起公诉，请依法审判。

此致

上海市金山区人民法院

代理检察员　唐　平

二〇一一年九月二十八日

附：1. 被告人陶某某现羁押在上海市金山区看守所。

2. 侦查卷宗三册。

3. 《适用普通程序审理“被告人认罪案件”建议书》一份。

4. 《量刑建议书》一份。

上海市金山区人民法院
刑事判决书

（2011）金刑初字第773号

公诉机关上海市金山区人民检察院。

被告人陶某某，男，1982年××月××日生，身份证号码3102271982××××××××，汉族，中专文化，原系本区××镇××大酒店员工，住上海市松江区××村××号××室。2008年8月26日日犯盗窃罪被上海市嘉定区人民法院判处有期徒刑七个月，并处罚金人民币三千元。2011年7月19日因本案被刑事拘留，同年7月29日被逮捕。现羁押于上海市金山区看守所。

上海市金山区人民检察院以沪金检刑诉〔2011〕782号起诉书指控被告人陶某某犯盗窃罪。于2011年9月28日向本院提起公诉，并建议适用普通程序审理“被告人认罪案件”的规定进行审理。本院依法组成合议庭，公开开庭审理了本案。上海市金山区人民检察院指派代理检察员唐平出庭支持公诉，被告人陶某某到庭参加诉讼。现已审理终结。

经审理查明：

2011年7月16日12时许，被害人黄某某与朋友一起，在本区××镇××路××号××大酒店二楼会议厅内参加朋友子女考取大学的酒宴。被告人陶某某作为该厅服务员，利用其负责该厅服务的便利条件，趁人不备，从被害人黄某某挂在座椅背面上的背包内窃得人民币5600元。

2011年7月18日19时许，被害人周某某在本区××镇××路××号××大酒店二楼七号包厢内请朋友吃饭，并随手将自该包厢服务的便利条件，先将放置有被害人周某某皮包的椅子移至角落，后趁人不备，从被害人周某某的皮包内窃得人民币10000元。

周某某报案后，民警至现场将有重大嫌疑的陶某某抓获。被告人陶某某到案后，如实供述了上述事实，并退还了赃款人民币15600元。

另查明，被告人陶某某因犯盗窃罪于2008年8月26日被上海市嘉定区人民法院判处有期徒刑七个月，并处罚金人民币三千元。

上述事实，被告人陶某某在开庭审理过程中亦无异议，且有被害人黄某某、周某某的陈述，证人朱某的证言，公安机关出具的扣押、发还物品清单、赃款照片、上海市嘉定区人民法院刑事判决书、户籍资料及案发经过等证据证实，足以认定。

本院认为，被告人陶某某以非法占有为目的，采用秘密手段窃取他人钱款，共计人民币15600元，数额较大，其行为已构成盗窃罪。被告人陶某某利用工作便利，在空间相对封闭、人员相对特定的场合，窃取被害人放置于身旁包内的钱款，其行为的实施场所和行为表现不符合扒窃的一般特征，应当认定为普通盗窃。被告人陶某某曾因犯罪被判处有期徒刑，在刑罚执行完毕后五年内再犯应当判处有期徒刑以上刑罚之罪，系累犯，应当从重处罚。被告人陶某某如实供述自己的罪行，可以从轻处罚。被告人陶某某案发后退还了全都赃款，挽回了被害人损失，可酌情从轻处罚。依据《中华人民共和国刑法》第二百六十四条、第六十五条、第六十七条第三款之规定，判决如下：

被告人陶某某犯盗窃罪，判处有期徒刑二年二个月，并处罚金人民币四千元。

（刑期自判决执行之日起计算。判决执行前先行羁押的，羁押一日折抵刑期一日，即被告人陶某某的刑期自2011年7月19日起至2013年9月18日止；罚金于判决生效之日起十日内缴纳。）

如不服本判决，可在接到判决书的第二日起十日内，通过本院或者直接向上海市第一中级人民法院提出上诉。书面上诉的，应当提交上诉状正本一份，副本二份。

审　判　长　朱纪红
代理审判员　张　鹿
人民陪审员　马建国
二〇一一年十月十三日
书　记　员　姚小来

附：相关法律条文

《中华人民共和国刑法》

第二百六十四条　盗窃公私财物，数额较大的，或者多次盗窃、入户盗窃、携带凶器盗窃、扒窃的，处三年以下有期徒刑、拘役或者管制，并处或者单处罚金；数额巨大或者有其他严重情节的，处三年以上十年以下有期徒刑，并处罚金；数额特别巨大或者有其他特别严重情节的，处十年以上有期徒刑或者无期徒刑，并处罚金或者没收财产。

第六十五条 被判处有期徒刑以上刑罚的犯罪分子，刑罚执行完毕或者赦免以后，在五年以内再犯应当判处有期徒刑以上刑罚之罪的，是累犯，应当从重处罚，但是过失犯罪和不满十八周岁的人犯罪的除外。

第六十七条第三款 犯罪嫌疑人虽不具有前两款规定的自首情节，但是如实供述自己罪行的，可以从轻处罚；因其如实述自己罪行，避免特别严重后果发生的，可以减轻处罚。

上海市金山区人民检察院
刑事抗诉书

沪金检刑二审抗〔2011〕3号

上海市金山区人民法院以（2011）金刑初字第773号刑事判决书对被告人陶某某盗窃一案作出如下判决：被告人陶某某犯盗窃罪，判处有期徒刑二年二个月，并处罚金人民币四千元。

本院依法审查后认为：上海市金山区人民法院（2011）金刑初字第773号判决书将“扒窃行为”错误认为“普通盗窃行为”，定性不准而致量刑畸轻。

一、被告人陶某某的行为属于“扒窃”，判决认定为“普通盗窃”属定性错误。

1. 扒窃，是指在公共场所窃取他人随身携带的财物的行为。扒窃成立盗窃罪，客观上必须具备以下条件：第一，行为发生在公共场所，亦即不特定人可以进入的场所以及有多数人在内的场所，如公共汽车、地铁、火车、公园、影剧院、大型商场、超市、饭店等。只要行为发生在公共场所，公共场所的人数多少不影响扒窃的成立。第二，所窃取的应是他人随身携带的财物，亦即他人带在身上或者置于身边附近的财物。

2. 从本案的事实分析，被告人的行为完全符合上述特征，法院的判决理由不能成立。第一，本案发生的地点是在酒店的大堂和包厢内，均属于不特定人可以进入及有多数人在内的场所，即公共场所。法院判决书认为，酒店的包厢属于“空间相对封闭、人员相对特定的场所”，不属于公共场所。但公共场所的“不特定人可以进入”是指其具有面向社会公众开放、提供某种社会服务的特征，强调的是“非排他性”和“共享性”，即使因管理服务的需要采取必要限制，也不影响其公共场所的属性，如公交车辆因超载，驾驶员临时制止乘客上车，不能认为此时公共汽车不具有公共场所的性质。《中华人民共和国公共场所管理条例》明确将“酒店、饭店”纳入公共场所的范畴，作为体现饭店功能的包厢这一设施当然具有公共场所性质。另外，被告人陶某某做为包厢内的服务员，窃取包厢内公民随身财物，比一般扒窃行为人更具有便利性和危害性。第二，被害人放置现金的背包无论置于椅背或身旁空椅上，均属随身携带之物，系被害人紧密控制之下的随身财物。法院判决书认为，被告人陶某某盗窃“被害人放置于身旁钱包内的钱款，不符合扒窃的行为表现”。这一观点机械地要求随身携带的财物为被害人紧密贴身之物，不当地缩小了扒窃的处罚范围，和法律规定及司法实践都不相符。

3. 从本市审判实践来看，上海市高级人民法院《刑事法律适用问题解答(二)》(2004年第15期）明文规定：“如何认定‘扒窃’行为。扒窃行为一般具有两个特征：一是秘密窃取行为通常发生在公共场所，包括公共交通工具、车站等公共建筑、场所及设施。二是秘密窃取的对象为被害人贴身放置的财物，如行为人在餐厅秘密窃取顾客贴身放置在自己座位上的包袋或者挂在座椅椅背上的衣服口袋内的财物的……可以认定为扒窃。”上述权威指导文件对本市司法实践中的扒窃行为认定有重要的指导意义，本院起诉书认定案件事实的性质完全符合上述指导意见的精神。

二、判决因定性错误致量刑畸轻，罪责刑不相适应。

根据2008年6月上海市公检法司联合下发的《关于本市办理部分刑事犯罪案件标准的意见》之规定，结合本案事实，被告人陶某某因具有累犯情节，其扒窃数额达到人民币6000元即属“有其他严重情节”，应处三年以上十年以下有期徒刑，并处罚金。本案中扒窃数额为人民币15600元，即使充分考虑其具有坦白和退赃的从轻处罚（非减轻）情节，也应在三年以上有期徒刑范围内量刑。法院对其判处有期徒刑二年二个月，明显属于量刑畸轻。

综上所述，上海市金山区人民法院（2011）金刑初字第773号刑事判决书认定事实正确，但定性错误导致量刑畸轻。为维护司法公正，准确惩治犯罪，依照《中华人民共和国刑事诉讼法》第一百八十一条的规定，特提出抗诉，请依法判处。

此致

上海市第一中级人民法院

上海市金山区人民检察院

二〇一一年十月二十六日

附：被告人陶某某现羁押于上海市金山区看守所。

附：相关法律条文

《中华人民共和国刑法》

第二百六十四条 盗窃公私财物，数额较大的，或者多次盗窃、入户盗窃、携带凶器盗窃、扒窃的，处三年以下有期徒刑、拘役或者管制，并处或者单处罚金；数额巨大或者有其他严重情节的，处三年以上十年以下有期徒刑，并处罚金；数额特别巨大或者有其他特别严重情节的，处十年以上有期徒刑或者无期徒刑，并处罚金或者没收财产。

《中华人民共和国刑事诉讼法》

第一百八十一条 地方各级人民检察院认为本级人民法院第一审的判决、裁定确有错误的时候，应当向上一级人民法院提出抗诉。

《人民检察院刑事诉讼规则（试行）》

第五百八十四条 人民检察院认为同级人民法院第一审判决、裁定有下列情形之一的，应当提出抗诉：

……

（三）重罪轻判，轻罪重判，适用刑罚明显不当的；

……

上海市第一中级人民法院
刑事判决书

（2011）沪一中刑终字第839号

抗诉机关上海市金山区人民检察院。

原审被告人陶某某，男，2008年8月26日因犯盗窃罪被上海市嘉定区人民法院判处有期徒刑七个月，并处罚金人民币三千元；因本案于2011年7月18日被抓获，同年7月19日被刑事拘留，同年7月29日被逮捕，现羁押于上海市金山区看守所。

指定辩护人聂某某，上海××律师事务所律师。

上海市金山区人民法院审理上海市金山区人民检察院指控原审被告人陶某某犯盗窃罪一案，于2011年10月13日作出（2011）金刑初字第773号刑事判决。上海市金山区人民检察院不服，提出抗诉。本院依法组成合议庭，公开开庭审理了本案。上海市人民检察院第一分院指派代理检察员顾亚春出庭履行职务。原审被告人陶某某及其辩护人聂某某到庭参加诉讼。现已审理终结。

原审判决认定：

2011年7月16日12时许，被害人黄某某与朋友一起，在本市金山区××镇××路××号××大酒店二楼会议厅内参加朋友子女考取大学的酒宴。被告人陶某某作为该厅服务员，利用其负责该厅服务的便利条件，趁人不备，从被害人黄某某挂在座椅背面上的背包内窃得人民币5600元（以下币种相同）。

2011年7月18日19时许，被害人周某某在本市金山区××镇××路××号××大酒店二楼七号包厢内请朋友吃饭，并随手将自己的皮包放置于身旁的空椅上。被告人陶某某利用其单独负责该包厢服务的便利条件，先将放置有被害人周某某皮包的椅子移至角落，后趁人不备，从被害人周某某的皮包内窃得人民币10000元。

认定上述事实并经一审庭审质证的证据有：被害人黄某某、周某某的陈述，证人朱某的证言，扣押发还物品清单、赃款照片、刑事判决书、户籍资料及案发经过等，被告人陶某某亦供述在案。原审法院据此认为，被告人陶某某以非法占有为目的，采用秘密手段窃取他人钱款，共计15600元，数额较大，其行为已构成盗窃罪。陶某某系累犯，应当从重处罚；到案后如实供述自己的罪行，可以从轻处罚；退还全部赃款，可以酌情从轻处罚。据此，原审法院依照《中华人民共和国刑法》第二百六十四条、第六十五条、第六十七条第三款之规定，对被告人陶某某犯盗窃罪，判处有期徒刑二年二个月，并处罚金人民币四千元。

上海市金山区人民检察院抗诉提出：1. 原审法院认定陶某某利用工作便利，在空间相对封闭、人员相对特定的场合，窃取被害人放置于包内的钱款，其行为的实施场所和行为表现不符合扒窃的一般特征，应为普通盗窃，属定性错误。因为本案发生的地点系酒店的大堂和包厢，对社会公众开放，应该认定为公共场所；被害人将背包放置于椅背和身旁的空椅上，应该认定为贴身放置财物，陶某某在公共场所窃取他人贴身放置的财物，应认定为扒窃。2. 原判因定性错误导致量刑畸轻，罪责刑不相适应。根据相关规定，扒窃数额在6000元以上并系累犯的，属于有“其他严重情节”，应处三年以上十年以下有期徒刑。本案陶某某扒窃数额为15600元，即使考虑陶有全额退赃、如实供述犯罪事实等情节，亦应在三年以上量刑，原判对陶某某判处有期徒刑二年二个月，属量刑畸轻。

上海市人民检察院第一分院出庭意见认为，原审被告人陶某某身为酒店餐饮服务人员，在酒店秘密窃取就餐顾客随身携带的财物，其行为应当认定为扒窃，且数额巨大。原审判决认定陶某某系普通盗窃不当，属适用法律错误，并导致量刑畸轻，建议二审法院依法改判。

原审被告人陶某某对检察机关的意见无异议。其辩护人提出，陶某某的行为属于扒窃，但请二审法院考虑陶某某有全额退赃、到案后如实供述自己的罪行等情节，对其予以从轻处罚。

二审经审理查明的事实和证据与原审判决相同。针对检察机关和辩护人的意见，本院评判如下：

一、关于检察机关提出原审被告人陶某某的行为应构成扒窃的意见。

本院认为，扒窃行为一般具有两个基本特征：一是秘密窃取行为通常发生在公共场所，而公共场所一般是指对公众开放，不特定人可以进入及有多数人在内的带有商业或者公益等性质的场所，它既包括不特定人或者多数人能够进出的场所，也包括特定的多数民众能够进出的场所。本案中，两起盗窃行为均发生在酒店的大厅和包厢之内，虽然因管理服务的需要采取必要限制，但不影响其公共场所的属性。二是秘密窃取的对象为被害人贴身放置的财物，通常是指被害人将财物带在身上或者放置于身边，置于其随时可能的现实支配之下。本案中，被害人黄某某将背包挂在座椅背面，被害人周某某将皮包放置身旁空椅上，上述财物均在被害人的紧密控制之下，被害人随时可以支配，应当认定为被害人贴身放置的财物。综上所述，原审被告人陶某某在公共场所盗窃公民贴身放置的财物，应认定为扒窃。

二、关于检察机关提出原判量刑畸轻的意见。

本院认为，原审被告人陶某某扒窃数额共计15600元，属于数额巨大，且系累犯，依法应处三年以上十年以下有期徒刑，并处罚金，原审判决将陶某某的扒窃行为错误认定为普通盗窃导致量刑畸轻，依法应予以纠正。

本院认为，原审被告人陶某某以非法占有为目的，采用秘密手段扒窃他人钱款，数额巨大，其行为已构成盗窃罪。陶某某系累犯，依法应当从重处罚；到案后如实供述自己的罪行，可以从轻处罚；退还全部赃款，可以酌情从轻处罚。原审判决将陶某某的扒窃行为错误认定为普通盗窃，应予纠正。上海市金山区人民检察院的抗诉意见及上海市人民检察院第一分院的出庭意见符合法律规定，本院予以采纳。据此，依照《中华人民共和国刑法》第二百六十四条、第六十五条、第六十七条第三款、《中华人民共和国刑事诉讼法》第一百八十九条第（二）项之规定，判决如下：

一、撤销上海市金山区人民法院（2011）金刑初字第773号刑事判决，即被告人陶某某犯盗窃罪，判处有期徒刑二年二个月，并处罚金人民币四千元。

二、原审被告人陶某某犯盗窃罪，判处有期徒刑四年六个月，并处罚金人民币四千元。

（刑期从判决执行之日起计算。判决执行以前先行羁押的，羁押一日折抵刑期一日，即自2011年7月18日起至2016年1月17日止。罚金自本判决发生法律效力第二日起一个月内缴纳完毕。）

本判决为终审判决。

审　判　长　任素贤
审　判　员　吴循敏
审　判　员　邱阳戎
二〇一二年一月十三日
书　记　员　唐晓怡

附：相关法律条文

《中华人民共和国刑法》

第二百六十四条　盗窃公私财物，数额较大的，或者多次盗窃、入户盗窃、携带凶器盗窃、扒窃的，处三年以下有期徒刑、拘役或者管制，并处或者单处罚金；数额巨大或者有其他严重情节的，处三年以上十年以下有期徒刑，并处罚金；数额特别巨大或者有其他特别严重情节的，处十年以上有期徒刑或者无期徒刑，并处罚金或者没收财产。

第六十五条 被判处有期徒刑以上刑罚的犯罪分子，刑罚执行完毕或者赦免以后，在五年以内再犯应当判处有期徒刑以上刑罚之罪的，是累犯，应当从重处罚，但是过失犯罪和不满十八周岁的人犯罪的除外。

前款规定的期限，对于被假释的犯罪分子，从假释期满之日起计算。

第六十七条第三款 犯罪嫌疑人虽不具有前两款规定的自首情节，但是如实供述自己罪行的，可以从轻处罚；因其如实供述自己罪行，避免特别严重后果发生的，可以减轻处罚。

《中华人民共和国刑事诉讼法》

第一百八十九条 第二审人民法院对不服第一审判决的上诉、抗诉案件，经过审理后，应当按照下列情形分别处理：

……

（二）原判决认定事实没有错误，但适用法律有错误，或者量刑不当的，应当改判；

……

彭某某扒窃案法律文书：

上海市卢湾区人民检察院

起诉书

沪卢检刑诉〔2011〕220号

被告人彭某某，男，1959年××月××日生，身份证号码：3101031959×××××××××，汉族，小学文化，上海某某综合服务有限公司员工，户籍在本市××路××弄××号××室。1980年1月因犯盗窃罪被上海市卢湾区人民法院判处有期徒刑四年，1982年12月因犯脱逃罪被上海市中级人民法院判处有期徒刑九个月，1984年2月因犯惯窃罪、脱逃罪被上海市中级人民法院判处有期徒刑十一年，1998年5月因犯盗窃罪被上海市卢湾区人民法院判处有期徒刑三年六个月，2002年4月因盗窃行为被上海市劳动教养管理委员会收容劳动教养3年，2009年4月因犯抢夺罪被上海市卢湾区人民法院判处拘役四个月。2011年5月7日因涉嫌盗窃罪被上海市公安局卢湾分局刑事拘留，同月10日被延长刑事拘留期限至7日，同月20日经本院批准并由上海市公安局卢湾分局执行逮捕。

本案由上海市公安局卢湾分局侦查终结，以被告人彭某某涉嫌盗窃罪，于2011年7月18日移送本院审查起诉。本院受理后，同日已告知被告人有权委托辩护人，次日已告知被害人有权委托诉讼代理人：依法讯问了被告人，审查了全部案件材料，并就是否适用普通程序审理被告人认罪案件听取被告人彭某某的意见。被告人彭某某表示同意。

经依法审查查明：

2011年5月7日零时许，被告人彭某某途经本市斜土路蒙自路，见被害人宋某某躺在蒙自路255号上海银行旁的花坛上，趁宋某某酒醉，窃得其执于手中的皮包一只，内有价值人民币8000元的中国石化加油卡两张和人民币2700元。被告人彭某某得手逃离至斜土路蒙自路附近加油站时，被公安人员人赃俱获。赃物现已发还被害人。

上述事实，有以下证据证明：

1. 被害人宋某某的陈述证实，2011年5月7日零时许，其酒醉于本市蒙自路255号上海银行旁的花坛时，失窃执于手中的皮包一只，内有价值人民币8000元的中国石化加油卡两张和人民币2700元。

2. 证人诸某某、黄某某的证言证实，2011年5月7日零时许，被告人彭某某窃取他人皮包并在逃离时被人赃俱获的事实。

3. 上海市公安局扣押、发还物品、文件清单证实，涉案赃物的扣押、发还的情况。

4. 赃证物品照片证实，涉案赃物的形态和数额。

5. 中国石化加油IC卡台账对账单证实，涉案赃物的价值。

6. 上海市卢湾区人民法院刑事判决书、上海市中级人民法院刑事判决书和上海市劳动教养管理委员会劳动教养决定书证实，被告人彭某某的前科情况。

7. 常住人口基本信息证实，被告人彭某某的身份情况。

8. 被告人彭某某的供述和辨认笔录，与上述被害人陈述、证人证言及相关书证、物证等相印证，证实其盗窃的事实。

上述证据来源及收集程序合法，内容客观真实，足以认定指控事实。被告人彭某某对基本犯罪事实无异议。

本院认为，被告人彭某某扒窃他人财物，数额巨大，其行为已触犯《中华人民共和国刑法》第二百六十四条之规定，犯罪事实清楚，证据确实充分，应当以盗窃罪追究其刑事责任。被告人彭某某能如实供述自己的犯罪行为，根据《中华人民共和国刑法》第六十七条第三款之规定，可以从轻处罚。依照《中华人民共和国刑事诉讼法》第一百四十一条之规定，提起公诉，请依法审判。

此致

上海市卢湾区人民法院

代理检察员　王张辉

二〇一一年八月八日

附：1. 被告人彭某某现羁押于上海市卢湾看守所。

2. 侦查卷宗二册。

3. 适用普通程序审理被告人认罪案件建议书一份。

附：相关法律条文

《中华人民共和国刑法》

第六十七条 犯罪以后自动投案，如实供述自己的罪行的，是自首。对于自首的犯罪分子，可以从轻或者减轻处罚。其中，犯罪较轻的，可以免除处罚。

被采取强制措施的犯罪嫌疑人、被告人和正在服刑的罪犯，如实供述司法机关还未掌握的本人其他罪行的，以自首论。

犯罪嫌疑人虽不具有前两款规定的自首情节，但是如实供述自己罪行的，可以从轻处罚；因其如实供述自己罪行，避免特别严重后果发生的，可以减轻处罚。

第二百六十四条 盗窃公私财物，数额较大的，或者多次盗窃、入户盗窃、携带凶器盗窃、扒窃的，处三年以下有期徒刑、拘役或者管制，并处或者单处罚金；数额巨大或者有其他严重情节的，处三年以上十年以下有期徒，并处罚金；数额特别巨大或者有其他特别严重情节的，处十年以上有期徒刑或者无期徒刑，并处罚金或者没收财产。

《中华人民共和国刑事诉讼法》

第一百四十一条 人民检察院认为犯罪嫌疑人的犯罪事实已经查清，证据确实、充分，依法应当追究刑事责任的，应当作出起诉决定，按照审判管辖的规定，向人民法院提起公诉。

上海市卢湾区人民法院
刑事判决书

（2011）卢刑初字第237号

公诉机关上海市卢湾区人民检察院。

被告人彭某某，男，1959年××月××日出生于上海市，汉族，小学文化，上海某某综合服务有限公司员工，户籍所在地本市××路××弄××号××室；1980年1月因犯盗窃罪被本院判处有期徒刑4年，1982年12月因犯脱逃罪被上海市中级人民法院判处有期徒刑9个月，1984年2月因犯惯窃罪、脱逃罪被上海市中级人民法院判处有期徒刑11年，1998年5月因犯盗窃罪被本院判处有期徒刑3年6个月，2002年4月因盗窃行为被上海市劳动教养管理委员会收容劳动教养3年，2009年4月因犯抢夺罪被本院判处拘役4个月；因本案于2011年5月7日被刑事拘留，同年5月20日被逮捕，现羁押于上海市卢湾区看守所。

指定辩护人李某某，上海市××律师事务所律师。

上海市卢湾区人民检察院以沪卢检刑诉〔2011〕220号起诉书指控被告人彭某某犯盗窃罪，于2011年8月8日向本院提起公诉。本院依法组成合议庭，公开开庭审理了本案。上海市卢湾区人民检察院指派检察员余云华、代理检察员王张辉出庭支持公诉，被告人彭某某及其指定辩护人李某某到庭参加诉讼。现已审理终结。

经审理查明：2011年5月7日零时许，被告人彭某某途经本市蒙自路近斜土路，见被害人宋某某躺在蒙自路255号上海银行边的花坛上，趁宋某某醉酒熟睡之际，窃得其执于手中的皮包一只，内有价值人民币8000元的中国石化加油卡2张和人民币2700元。被告人彭某某得手后逃离至斜土路蒙自路附近的加油站时，被公安人员人赃俱获。赃物现已发还被害人。

审理中，被告人彭某某的家属向本院预缴人民币2000元。

上述事实，被告人彭某某在庭审中并无异议，并有被害人宋某某的陈述；证人诸某某、黄某某的证言；上海市公安局扣押、发还物品、文件清单；赃证物品照片；中国石化加油IC卡台账账单；相关刑事判决书及常住人口基本信息等证据证实，应予认定。

本院认为，被告人彭某某以非法占有为目的，秘密窃取他人财物，数额较大，其行为已触犯刑律，应以盗窃罪追究其刑事责任。鉴于被告人彭某某到案后如实供述自己的罪行并当庭自愿认罪，依法可从轻处罚。被告人彭某某虽然从被害人的贴身处盗取皮包，但该行为系在被害人醉酒后躺在花坛里意识不清的状态下实施，被害人此时对自己财物的控制力已非常薄弱，且又在夜深人静之时，故对此行为应认定为普通盗窃。公诉机关指控被告人彭某某扒窃及犯罪数额巨大的依据并不充分，本院难以支持。指定辩护人认为本案系普通盗窃而非扒窃的辩护意见，本院予以采纳。为保护公民财产所有权不受侵犯，依照《中华人民共和国刑法》第二百六十四条、第六十七条第三款、第五十三条、第六十四条之规定，判决如下：

一、被告人彭某某犯盗窃罪，判处有期徒刑一年六个月，并处罚金人民币二千元；

（刑期从判决执行之日起计算。判决执行以前先行羁押的，羁押一日折抵刑期一日，即自2011年5月7日起至2012年11月6日止。罚金款于本判决生效后的第二日起一个月内一次性缴纳，上缴国库。）

二、扣押在案的人民币二千元，抵作罚金，上缴国库。

如不服本判决，可在接到判决书的第二日起十日内，通过本院或者直接向上海市第一中级人民法院提出上诉。书面上诉的，应当提交上诉状正本一份，副本二份。

审　判　长　唐鸿发
审　判　员　卜熙文
人民陪审员　张允惕
二〇一一年九月二十二日
书　记　员　丁守亭

附：相关法律条文

《中华人民共和国刑法》

第二百六十四条　盗窃公私财物，数额较大的，或者多次盗窃、入户盗窃、携带凶器盗窃、扒窃的，处三年以下有期徒刑、拘役或者管制，并处或者单处罚金；数额巨大或者有其他严重情节的，处三年以上十年以下有期徒刑，并处罚金；数额特别巨大或者有其他特别严重情节的，处十年以上有期徒刑或者无期徒刑，并处罚金或者没收财产。

第六十七条第三款 犯罪嫌疑人虽不具有前两款规定的自首情节，但是如实供述自己罪行的，可以从轻处罚；因其如实供述自己罪行，避免特别严重后果发生的，可以减轻处罚。

第五十三条 罚金在判决指定的期限内一次或者分期缴纳。期满不缴纳的，强制缴纳。对于不能全部缴纳罚金的，人民法院在任何时候发现被执行人有可以执行的财产，应当随时追缴。如果由于遭遇不能抗拒的灾祸缴纳确实有困难的，可以酌情减少或者免除。

第六十四条 犯罪分子违法所得的一切财物，应当予以追缴或者责令退赔；对被害人的合法财产，应当及时返还；违禁品和供犯罪所用的本人财物，应当予以没收。没收的财物和罚金，一律上缴国库，不得挪用和自行处理。

上海市卢湾区人民检察院
刑事抗诉书

沪卢检刑抗诉〔2011〕2号

上海市卢湾区人民法院以（2011）卢刑初字第237号判决书对本院提起公诉的被告人彭某某犯盗窃罪作出判决，认定被告人彭某某系普通盗窃，并以被告人彭某某犯盗窃罪，判处有期徒刑一年六个月，并处罚金人民币二千元。本院依法审查后认为，该判决适用法律确有错误，导致量刑畸轻。理由如下：

一、判决认定被告人彭某某系普通盗窃行为，属于对盗窃行为特征认定错误。

一审法院认为被告人虽然从被害人的贴身处盗取皮包，但盗窃行为系在被害人醉酒后躺在花坛里意识不清的状态下实施，被害人此时对自己财物的控制力已非常薄弱，且又在夜深人静之时，故对此行为应认定为普通盗窃。

本院认为，扒窃行为具有两个特征：一是秘密窃取行为必须发生在公共场所；二是秘密窃取的对象为被害人贴身放置的财物。本案中，被告人窃取行为发生在街边公共绿地，系公共场所；被窃的财物系被害人醉酒后躺在花坛平台，置于胸口，握于手中的皮包。属贴身放置的财物。被告人趁被害人意识不清进行盗窃，是符合扒窃特征的作案手段，应认定为扒窃行为。一审法院将“被害人意识不清、控制力薄弱、夜深人静”作为扒窃与普通盗窃的区分标准是错误的，因为被害人的意识状况和所处的时间条件只影响被告人的作案难易程度，而不影响作案行为特征的区分。

二、判决判处被告人彭某某有期徒刑一年六个月，属于量刑畸轻。被告人彭某某的扒窃数额达人民币10700元，已达数额巨大，应判处三年以上有期徒刑。由于一审法院的判决对被告人盗窃行为特征的认定不当，因此判处被告人彭某某有期徒刑一年六个月，显属量刑畸轻。

综上所述，本院认为，上海市卢湾区人民法院（2011）卢刑初字第237号判决书属法律适用错误，量刑不当。为维护司法公正，准确惩治犯罪，依据《中华人民共和国刑事诉讼法》第一百八十一条之规定，特提出抗诉，请依法审判。

此致

上海市第一中级人民法院

上海市卢湾区人民检察院

二〇一一年九月二十九日

附：被告人彭某某现羁押于上海市卢湾看守所。

附：相关法律条文

《中华人民共和国刑法》

第二百六十四条 盗窃公私财物，数额较大的，或者多次盗窃、入户盗窃、携带凶器盗窃、扒窃的，处三年以下有期徒刑、拘役或者管制，并处或者单处罚金；数额巨大或者有其他严重情节的，处三年以上十年以下有期徒刑，并处罚金；数额特别巨大或者有其他特别严重情节的，处十年以上有期徒刑或者无期徒刑，并处罚金或者没收财产。

《中华人民共和国刑事诉讼法》

第一百八十一条 地方各级人民检察院认为本级人民法院第一审的判决、裁定确有错误的时候，应当向上一级人民法院提出抗诉。

上海市第二中级人民法院
刑事判决书

（2011）沪二中刑终字第657号

抗诉机关（原公诉机关）原上海市卢湾区人民检察院。

上诉人（原审被告人）彭某某，男，1959年××月××日出生于上海市，汉族，小学文化，原系上海××综合服务有限公司员工，住本市××路××弄××号××室。1980年1月因犯盗窃罪被判处有期徒刑四年，1982年12月因犯脱逃罪被判处有期徒刑九个月，1984年2月因犯惯窃罪、脱逃罪被判处有期徒刑十一年，1998年5月因犯盗窃罪被判处有期徒刑三年六个月，2009年4月因犯抢夺罪被判处拘役四个月。因涉嫌犯盗窃罪于2011年5月7日被刑事拘留，同年5月20日被逮捕。现羁押于原上海市卢湾区看守所。

原上海市卢湾区人民法院审理原上海市卢湾区人民检察院指控原审被告人彭某某犯盗窃罪一案，于2011年9月22日作出（2011）卢刑初字第237号刑事判决。原上海市卢湾区人民检察院提出抗诉，原审被告人彭某某不服，提出上诉。本院于同年11月4日立案，并依法组成合议庭，于同年12月7日公开开庭审理了本案。上海市人民检察院第二分院指派代理检察员瞿勇出庭履行职务，上诉人原审被告人彭某某到庭参加诉讼。现已审理终结。

原判根据被害人宋某某的陈述，证人诸某某、黄某某的证言，上海市公安局扣押、发还物品、文件清单和赃证物品照片，中国石化加油IC卡台账对账单以及原审被告人彭某某的供述等证据认定：2011年5月7日零时许，彭某某途经本市蒙自路近斜土路时，见被害人宋某某躺在蒙自路255号上海银行边的花坛上，便趁宋某某醉酒熟睡之际。窃得其拿在手中的皮包一只，内有人民币2700元和价值人民币8000元的中国石化加油卡2张。当彭某某逃离至斜土路蒙自路附近的加油站时，被公安人员人赃俱获。

原判认为，原审被告人彭某某的行为已构成盗窃罪，结合彭某某盗窃数额较大，且到案后如实供述犯罪事实，当庭能自愿认罪等情节，依照《中华人民共和国刑法》第二百六十四条、第六十七条第三款、第五十三条和第六十四条之规定，以盗窃罪判处彭某某有期徒刑一年六个月，并处罚金人民币

2000元；扣押在案的人民币2000元抵作罚金，上缴国库。

原上海市卢湾区人民检察院认为，原审被告人彭某某的行为系扒窃，故原判适用法律错误、导致量刑畸轻，要求依法改判。原审被告人彭某某认为，原判量刑过重，且其行为并非扒窃。

上海市人民检察院第二分院认为，原判没有认定彭某某盗窃数额巨大，属认定事实和适用法律错误，导致量刑畸轻，建议二审依法纠正。

本院经审理查明的事实和证据与原判相同。

本院认为，上诉人（原审被告人）彭某某以非法占有为目的，在公共场所秘密窃取被害人贴身放置的财物，符合扒窃的行为特征，构成盗窃罪，且盗窃数额巨大，依法应处三年以上十年以下有期徒刑，并处罚金。故原上海市卢湾区人民检察院的抗诉意见和上海市人民检察院第二分院支持抗诉的意见正确，对上诉人彭某某的辩解不予采信。鉴于彭某某到案后能如实供述犯罪事实，当庭又能自愿认罪，赃款赃物已被追缴等，依法可从轻处罚。据此，依照《中华人民共和国刑事诉讼法》第一百八十九条第（二）项和《中华人民共和国刑法》第二百六十四条、第六十七条第三款、第六十四条之规定，判决如下：

一、维持原上海市卢湾区人民法院（2011）卢刑初字第237号刑事判决的第二项，即扣押在案的人民币二千元，抵作罚金，上缴国库。

二、撤销原上海市卢湾区人民法院（2011）卢刑初字第237号刑事判决的第一项，即被告人彭某某犯盗窃罪，判处有期徒刑一年六个月，并处罚金人民币二千元。

三、上诉人（原审被告人）彭某某犯盗窃罪，判处有期徒刑三年二个月，并处罚金人民币三千元。

（刑期从判决执行之日计算。判决执行以前先行羁押的，羁押一日折抵刑期一日，即自2011年5月7日起至2014年7月6日止。罚金应于判决生效后的第二日起一个月内向上海市黄浦区人民法院缴纳。）

本判决为终审判决。

审 判 长 费 晔

代理审判员 沈 燕

代理审判员 彭卫东

二〇一一年十二月十九日

书 记 员 刘 伟

附：相关法律条文

《中华人民共和国刑事诉讼法》

第一百八十九条第二项 第二审人民法院对不服第一审判决的上诉、抗诉案件，经过审理后，应当按照下列情形分别处理：

（二）原判决认定事实没有错误，但适用法律有错误，或者量刑不当的，应当改判；

《中华人民共和国刑法》

第二百六十四条 盗窃公私财物，数额较大的，或者多次盗窃、入户盗窃、携带凶器盗窃、扒窃的，处三年以下有期徒刑、拘役或者管制，并处或者单处罚金；数额巨大或者有其他严重情节的，处三年以上十年以下有期徒刑，并处罚金；数额特别巨大或者有其他特别严重情节的，处十年以上有期徒刑或者无期徒刑，并处罚金或者没收财产。

第六十七条第三款 犯罪嫌疑人虽不具有前两款规定的自首情节，但是如实供述自己罪行的，可以从轻处罚；因其如实供述自己罪行，避免特别严重后果发生的，可以减轻处罚。

第六十四条 犯罪分子违法所得的一切财物，应当予以追缴或者责令退赔；对被害人的合法财产，应当及时返还；违禁品和供犯罪所用的本人财物，应当予以没收。没收的财物和罚金，一律上缴国库，不得挪用和自行处理。

携带凶器入户盗窃未窃得财物构成盗窃罪

——张某某携带凶器入户盗窃案

【案例要旨】

根据《刑法修正案（八）》的规定，携带凶器入户盗窃，虽未实际窃得财物的，应以盗窃罪定罪处罚。

【案情简要】

2011 年 7 月 1 日凌晨 3 时许，张某某携带一把长 29 厘米的水果刀至××村××号二楼被害人吴某某住处，采用强行推门和用水果刀撬门缝等方式入室行窃。张某某持刀至该室二楼和三楼阁楼找寻财物，尚未窃得财物即被惊醒的被害人发现，并被当即击晕制服。

徐汇区人民检察院提起公诉后，徐汇区人民法院以盗窃罪判处被告人张某某有期徒刑六个月，并处罚金人民币 1000 元。判决已发生法律效力。

【典型意义】

为有效惩治盗窃犯罪，切实保障广大人民群众人身、财产安全，维护社会治安秩序，《刑法修正案（八）》将"入户盗窃、携带凶器盗窃"直接规定为构成盗窃罪。行为人虽未实际窃得财物，但具备携带凶器入户盗窃情节的，也应以盗窃罪定罪处罚；"携带凶器入户盗窃"是指，行为人随身携带枪支、爆炸物、管制器具等国家禁止个人携带的器械入户盗窃，或者为了实施犯罪而携带或就地获取可以造成他人人身伤害的其他工具入户盗窃的行为；如果行为人携带凶器盗窃时，为窝藏赃物、抗拒抓捕或者毁灭罪证而当场使用凶器施暴或者相威胁的，应依法认定为抢劫罪；当然，如果行为人根本没有意识到自己随身携带了凶器而去盗窃，不宜认定为携带凶器盗窃。

本案中，被告人张某某在凌晨携带刀具强行入户，作案工具是足以危害公民人身安全的水果刀，作案时，强行推门和用水果刀撬门，持刀在楼房内逐层搜寻财物，直至从三楼返回到二楼时才被制服，其虽未窃得财物，但其携带凶器入户行窃行为已对他人居住安宁和财产安全形成直接、现实的威胁，应以盗窃罪定罪处刑。

当然，对入户盗窃或者携带凶器盗窃行为，应依照刑法相关规定，综合考虑行为人的作案动机、案发后的表现、初犯、偶犯、刑事责任年龄和能力等因素，准确评价：对未有前科劣迹的行为人携带凶器盗窃、入户盗窃不满600元，同时具有年满75周岁老年人犯罪，被胁迫参与盗窃活动、没有分赃或分赃较少的，主动投案的，全部退赃退赔等情形之一的，可依法不作为犯罪处理，属于治安管理处罚法调整范围的，建议公安机关对其予以行政处罚。

注：本案起诉书略。

上海市徐汇区人民法院

刑事判决书

（2011）徐刑初字第748号

公诉机关上海市徐汇区人民检察院。

被告人张某某，男，1993年××月××日出生于辽宁省海城市，汉族，小学文化，农民，户籍地辽宁省海城市××。2011年7月1日因本案被上海市公安局徐汇分局刑事拘留，同年7月14日被逮捕。现羁押于上海市徐汇区看守所。

指定辩护人吴某某，上海市××律师事务所律师。

上海市徐汇区人民检察院以沪徐检刑诉〔2011〕665号起诉书指控被告人张某某犯盗窃罪，于2011年10月20日向本院提起公诉。本院依法适用简易程序，实行独任审判，公开开庭审理了本案。被告人张某某及其指定辩护人吴某某到庭参加诉讼。现已审理终结。

上海市徐汇区人民检察院指控：2011年7月1日凌晨，被告人张某某携带水果刀至本市徐汇区龙吴路港口村附近企图入室行窃。当日3时许，被告人张某某至××村××楼，乘四周无人之机，采用强行推门和用水果刀撬门缝等方式，打开房门进入被害人吴某甲家中。入室后，被告人张某某持刀先后至该房二楼和三楼（阁楼）找寻财物，后因被害人吴某甲发现而被吴某甲制伏。公诉机关认定被告人张某某的行为触犯《中华人民共和国刑法》第二百六十四条之规定，应当以盗窃罪追究被告人张某某的刑事责任。建议对其判处一年有期徒刑以下并处罚金的刑事处罚。提请依法审判。

被告人张某某对起诉书指控的犯罪事实没有异议。指定辩护人认为被告人到案后认罪态度较好，建议法院对其从轻处理。

经审理查明，公诉机关指控的上述犯罪事实，不仅有被害人吴某甲的陈述及辨认笔录，而且有扣押物品、文件清单、作案工具照片、现场勘验检查工作记录、接受刑事案件登记表、工作情况，被告人张某某的供述及辨认笔录等证据予以证实，足以认定。

本院认为，被告人张某某以非法占有为目的，采用秘密窃取的手段，携带凶器入户盗窃，其行为已构成盗窃罪，应予处罚。公诉机关的指控成立。鉴于被告人张某某到案后认罪态度较好，本院酌情予以从轻处罚。公诉机关的量刑建议符合罪刑相当原则，本院予以支持。根据被告人犯罪的事实、性质、情节和对于社会的危害程度，依照《中华人民共和国刑法》第二百六十四条、第五十三条、第六十四条之规定，判决如下：

一、被告人张某某犯盗窃罪，判处有期徒刑六个月，并处罚金人民币一千元。

（刑期从判决执行之日起计算。判决执行以前先行羁押的，羁押一日折抵刑期一日，即自2011年7月1日起至2011年12月31日止。罚金自本判决生效之日起一个月内向本院缴纳。）

二、缴获的作案工具予以没收。

如不服本判决，可在接到判决书的第二日起十日内，通过本院或直接向上海市第一中级人民法院提出上诉。书面上诉的，应当提交上诉状正本一份，副本一份。

审　判　员　朱锡伟

二〇一一年十月二十七日

书　记　员　张焱萍

附：相关法律条文

《中华人民共和国刑法》

第二百六十四条　盗窃公私财物，数额较大的，或者多次盗窃、入户盗窃、携带凶器盗窃、扒窃的，处三年以下有期徒刑、拘役或者管制，并处或者单处罚金；数额巨大或者有其他严重情节的，处三年以上十年以下有期徒刑，并处罚金；数额特别巨大或者有其他特别严重情节的，处十年以上有期徒刑或者无期徒刑，并处罚金或者没收财产。

第五十三条　罚金在判决指定的期限内一次或者分期缴纳。期满不缴纳的，强制缴纳。对于不能全部缴纳罚金的，人民法院在任何时候发现被执行人有可以执行的财产，应当随时追缴。如果由于遭遇不能抗拒的灾祸缴纳确实有困难的，可以酌情减少或者免除。

第六十四条　犯罪分子违法所得的一切财物，应当予以追缴或者责令退赔；对被害人的合法财产，应当及时返还；违禁品和供犯罪所用的本人财物，应当予以没收。没收的财物和罚金，一律上缴国库，不得挪用和自行处理。

盗窃罪“其他严重情节”的认定和纠正

——杨某某盗窃抗诉案

【案例要旨】

扒窃数额接近巨大且系累犯，属于“其他严重情节”，依法应处3年以上10年以下有期徒刑。漏罪审理过程中发现前案已生效裁判错误的，应依照审判监督程序予以纠正。

【案情简要】

杨某某因犯盗窃罪，先后于2001年12月和2007年5月被判处拘役5个月、有期徒刑6个月并处罚金1000元。2010年10月12日，闵行区人民法院认定杨某某扒窃他人财物6000余元，构成累犯，未认定属于“其他严重情节”，在无法定减轻处罚情节的情况下，判处杨某某有期徒刑2年4个月，并处罚金人民币4000元。

2012年2月，长宁区人民法院在对杨某某其他漏罪开庭审理时，长宁区人民检察院发现前述认定错误并按审判监督程序提请抗诉，长宁区人民法院亦裁定中止审理。上海市人民检察院第一分院抗诉后，上海市第一中级人民法院采纳抗诉意见，依法认定杨某某所犯盗窃罪属于“其他严重情节”，改判杨某某有期徒刑3年，并处罚金人民币4000元。长宁区人民法院恢复审理后，依法将漏罪与前罪予以数罪并罚。

【典型意义】

长宁区人民检察院提抗、上海市人民检察院第一分院抗诉的杨某某盗窃一案，系因对盗窃犯罪“其他严重情节”的认定标准认识不一引发审判监督程序抗诉的案件。根据最高人民法院《关于审理盗窃案件具体应用法律若干问题的解释》[①]（以下简称《高法解释》），以及上海市公检法司《关于本市办理部分刑事犯罪案件标准的意见》规定，扒窃数额在6000元以上，并具有累犯情节的，属于“其他严重情节”，应处3年以上10年以下有期徒刑，并处罚金。闵行区人民法院在认定杨某某累犯情节的同时，对其扒窃数额已接近巨大的行为处以2年4个月有期徒刑，属适用法律错误。长宁区人民检察院在漏罪审理过程中发现上述错误，并由上海市人民检察院第一分院按照审判监督程序抗诉予以纠正，再由长宁区人民法院恢复审理后对漏罪和尚未执行完毕的前罪予以数罪并罚，是正确的。当然，检察机关如能在前案判决生效前或者漏罪起诉前，发现前案错误并予以纠正，更能体现监督的效率和效果。

需要指出的是，根据《高法解释》规定，对盗窃数额较大的累犯，可以认定为“其他严重情节”。据此，上海市司法实践中已将其具体化为扒窃数额接近巨大，即在6000元以上，且系累犯的，属于“其他严重情节”。故具体办案中，应遵循这一要求依法进行认定，以确保执法统一。

注：本案起诉书略。

① 2013年4月4日最高人民法院、最高人民检察院《关于办理盗窃刑事案件适用法律若干问题的解释》实施后，该司法解释失效。——编者注

上海市长宁区人民法院
刑事判决书

（2012）长刑初字第72号

公诉机关上海市长宁区人民检察院。

被告人杨某某，男，1970年××月××日出生于河南省清丰县，汉族，小学文化，农民，户籍地河南省清丰县××乡××村××排。2007年5月因犯盗窃罪被判处有期徒刑六个月；2010年10月因犯盗窃罪被判处有期徒刑二年四个月，2012年6月被改判为有期徒刑三年，于上海市青浦监狱服刑，现押于上海市长宁区看守所。

上海市长宁区人民检察院以沪长检刑诉〔2012〕53号起诉书指控被告人杨某某犯盗窃罪，于2012年2月3日向本院提起公诉。本院依法组成合议庭，公开开庭审理了本案。上海市长宁区人民检察院指派检察员谢珏出庭支持公诉。审理期间，本院中止本案的审理。被告人杨某某到庭参加诉讼。现已审理终结。

经审理查明，2010年6月至7月，被告人杨某某伙同栗某某、吴某某、冯某某、胡某某、杨某甲（均已被判刑）实施盗窃，由杨某甲装病倒地吸引被害人注意力，被告人杨某某剪断被害人金项链，栗某某、冯某某、吴某某、胡某某在周围挡住行人视线进行掩护。分述如下：

1.2010年6月24日7时许，被告人杨某某伙同栗某某、冯某某、吴某某、胡某某、杨某甲至本市万航渡路1384弄菜场，采用上述方法窃得被害人孙某某价值人民币16306元的金项链1根。

2.2010年7月4日7时许，被告人杨某某伙同栗某某、冯某某、吴某某、胡某某、杨某甲再次至本市万航渡路1384弄菜场，采用上述方法窃得被害人尹某某价值人民币7883元的金项链1根。

案发后，栗某某、冯某某、吴某某、胡某某、杨某某共计退赃人民币1.6万余元，并已分别发还被害人孙某某、尹某某。

上述事实，被告人杨某某在开庭审理过程中亦无异议，且有被害人孙某某、尹某某陈述；证人栗某某、冯某某、吴某某、胡某某、曹某某等人证言；

收款收据及上海××投资管理有限公司营运部证明发票及上海××有限公司证明，长宁区物价局出具的证明；上海市第一中级人民法院、浙江省瑞安市人民法院刑事判决书等证据证实，足以认定。

本院认为，被告人杨某某以非法占有为目的，伙同他人秘密窃取被害人随身物品，其行为已构成盗窃罪，且数额巨大，依法应予惩处。检察机关的指控，事实清楚，定性正确。被告人杨某某在前罪刑罚执行完毕之前发现本罪，应当两罪并罚。被告人杨某某刑满释放后五年内再犯应当判处有期徒刑以上刑罚之罪，是累犯，依法应当从重处罚。被告人杨某某到案后交代态度较好，当庭自愿认罪，依法可从轻处罚。为维护社会治安秩序，保护公民的合法财产不受侵犯，依照《中华人民共和国刑法》第二百六十四条、第二十五条第一款、第六十五条、第六十七条第三款、第六十九条、第七十条、第五十三条、第六十四条以及《最高人民法院关于〈中华人民共和国刑法修正案（八）〉时间效力问题的解释》第四条之规定，判决如下：

一、被告人杨某某犯盗窃罪，判处有期徒刑七年，并处罚金人民币六千元，连同原判有期徒刑三年，并处罚金人民币四千元，决定执行有期徒刑九年，并处罚金人民币一万元。

（刑期从判决执行之日起计算。判决执行以前先行羁押的，羁押一日折抵刑期一日，即自2010年7月12日起至2019年7月11日止。罚金于本判决发生法律效力第二日起一个月内向本院缴纳完毕。）

二、责令被告人杨某某退赔其余违法所得，发还被害人孙某某、尹某某。

如不服本判决，可在接到判决书的第二日起十日内，通过本院或者直接向上海市第一中级人民法院提出上诉，书面上诉的，应当提交上诉状正本一份，副本一份。

审　判　长　周伟敏
人民陪审员　杨润林
人民陪审员　秦丽英
二〇一二年八月二十四日
书　记　员　朱蔡英

附：相关法律条文

《中华人民共和国刑法》

第二百六十四条　盗窃公私财物，数额较大或者多次盗窃的，处三年以下有期徒刑、拘役或者管制，并处或者单处罚金；数额巨大或者有其他严重情节的，处三年以上十年以下有期徒刑，并处罚金；数额特别巨大或者有其他特别严重情节的，处十年以上有期徒刑或者无期徒刑，并处罚金或者没收财产；有下列情形之一的，处无期徒刑或者死刑，并处没收财产：

（一）盗窃金融机构，数额特别巨大的；

（二）盗窃珍贵文物，情节严重的。

第二十五条第一款 共同犯罪是指二人以上共同故意犯罪。

第六十五条第一款 被判处有期徒刑以上刑罚的犯罪分子，刑罚执行完毕或者赦免后，在五年以内再犯应当判处有期徒刑以上刑罚之罪的，是累犯，应当从重处罚，但是过失犯罪除外。

第六十七条第三款 犯罪嫌疑人虽不具有前两款规定的自首情节，但是如实供述自己罪行的，可以从轻处罚；因其如实供述自己罪行，避免特别严重后果发生的，可以减轻处罚。

第六十九条 判决宣告以前一人犯数罪的，除判处死刑和无期徒刑的以外，应当在总和刑期以下，数刑中最高刑期以上，酌情决定执行的刑期，但是管制最高不能超过三年，拘役最高不能超过一年，有期徒刑最高不能超过二十年。

如果数罪中有判处附加刑的，附加刑仍须执行。

第七十条 判决宣告以后，刑罚执行完毕以前，发现被判刑的犯罪分子在判决宣告以前还有其他罪没有判决的，应当对新发现的罪作出判决，把前后两个判决所判处的刑罚，依照本法第六十九条的规定，决定执行的刑罚。已经执行的刑罚，应当计算在新判决决定的刑期以内。

第五十三条 罚金在判决指定的期限内一次或者分期缴纳。期满不缴纳的，强制缴纳。对于不能全部缴纳罚金的，人民法院在任何时候发现被执行人有可以执行的财产，应当随时追缴。如果由于遭遇不能抗拒的灾祸缴纳确实有困难的，可以酌情减少或者免除。

第六十四条 犯罪分子违法所得的一切财物，应当予以追缴或者责令退赔；对被害人的合法财产，应当及时返还；违禁品和供犯罪所用的本人财物，应当予以没收。没收的财物和罚金，一律上缴国库，不得挪用和自行处理。

最高人民法院《关于〈中华人民共和国刑法修正案（八）〉时间效力问题的解释》

第四条 2011年4月30日以前犯罪，虽不具有自首情节，但是如实供述自己罪行的，适用修正后刑法第六十七条第三款的规定。

上海市人民检察院第一分院

刑事抗诉书

沪检一分刑审监抗〔2012〕2号

原审被告人杨某某，男，1970年××月××日生，汉族，文盲，户籍地河南省清丰县××乡××村××排。2001年12月因犯盗窃罪被河南省清丰县人民法院判处拘役五个月。2007年5月因犯盗窃罪被浙江省瑞安市人民法院判处有期徒刑六个月并处罚金人民币一千元。2010年10月12日，因犯盗窃罪被上海市闵行区人民法院（2010）闵刑初字第1201号《刑事判决书》判处有期徒刑二年四个月，并处罚金人民币四千元。

上海市公安局长宁分局在侦查其他盗窃案件时，发现杨某某尚有盗窃漏罪，遂于2011年10月9日移送审查起诉。长宁区人民检察院于2012年1月30日提起公诉。在法院审理期间，长宁区人民检察院发现闵行区人民法院（2010）闵刑初字第1201号《刑事判决书》未认定原审被告人杨某某盗窃具有“其他严重情节”，属适用法律确有错误，并导致量刑畸轻，于同年3月12日提请本院按照审判监督程序对该判决提出抗诉。长宁区法院现已中止漏罪审理。

本院经审查并经检委会讨论认为，原审被告人杨某某于2010年7月扒窃他人财物价值人民币六千余元，数额较大，且系累犯，根据最高人民法院司法解释及本市办案标准规定，属于“其他严重情节”，依法应处三年以上十年以下有期徒刑。闵行区人民法院（2010）闵刑初字第1201号《刑事判决书》未认定原审被告人杨某某盗窃具有“其他严重情节”，适用法律确有错误，导致量刑畸轻。

综上所述，闵行区人民法院（2010）闵刑初字第1201号《刑事判决书》适用法律确有错误，并导致量刑畸轻。为维护司法公正，准确惩治犯罪，依照《中华人民共和国刑事诉讼法》第二百零五条第三款之规定，特提出抗诉，请依法审判。

此致

上海市第一中级人民法院

上海市人民检察院第一分院

二〇一二年四月五日

附：1. 原审被告人杨某某现羁押于长宁区看守所；

2. 原审卷宗材料共3册。

上海市第一中级人民法院
刑事判决书

（2012）沪一中刑再提字第1号

抗诉机关上海市人民检察院第一分院。

原审被告人杨某某，男，1970年××月××日出生于河南省清丰县，汉族，文盲，农民，户籍地河南省清丰县××乡××村××排，2001年12月因犯盗窃罪被河南省清丰县人民法院判处拘役五个月；2007年5月因盗窃罪被浙江省瑞安市人民法院判处有期徒刑六个月并处罚金人民币一千元。2010年10月12日，因本案被上海市闵行区人民法院判处有期徒刑二年四个月，并处罚金人民币四千元。现羁押于上海市长宁区看守所。

辩护人张某某、李某，上海××律师事务所律师。

上海市闵行区人民检察院指控被告人杨某某犯盗窃罪一案，上海市闵行区人民法院于二〇一〇年十月十二日作出（2010）闵刑初字第1201号刑事判决。上述裁判发生法律效力后上海市人民检察院第一分院于二〇一二年四月五日以沪检一分刑审监抗〔2012〕2号刑事抗诉书，向本院提出抗诉。本院于二〇一二年四月二十七日作出（2012）沪一中刑抗字第2号再审决定书，提审本案，并依法组成合议庭，于同年5月15日公开开庭审理了本案。上海市人民检察院第一分院指派代理检察员王英杰出庭履行职务。原审被告人杨某某及其辩护人张某某、李某到庭参加诉讼。本案现已审理终结。

上海市闵行区人民法院判决认定，2010年7月12日7时许，被告人杨某某至本市闵行区虹莘路1700弄门口处马路菜市场，乘被害人范某某买菜之机，用剪刀剪断范某某佩戴的价值人民币6049.04元的24K黄金马鞭链1根后，被范某某发觉。后被告人杨某某在逃逸途中被扭获。

该院确认上述事实的证据有：被害人范某某的陈述及辨认笔录，证人马某某、杨某某的证言及辨认笔录，上海市闵行区物价局物品财产价格鉴定结论书，相关刑事判决书，公安机关的扣押及发还物品清单、现场勘查笔录及照片、工作情况等证据证实。原审被告人杨某某对原判认定盗窃价值人民币6049.04元财物的犯罪事实示证据亦无异议。

该院认为杨某某以非法占有为目的，秘密窃取他人财物，价值人民币6049.04元，数额较大，其行为已构成盗窃罪。杨某某曾因故意犯罪被判处有期徒刑，刑罚执行完毕后五年内再犯应当判处有期徒刑以上刑罚之罪，系累犯，应当从重处罚。据此，依照《中华人民共和国刑法》第二百六十四条、第六十五条第一款、第五十二条、第五十三条、第六十四条之规定，以杨某某犯盗窃罪，判处有期徒刑二年四个月，并处罚金人民币四千元；扣押在案的作案工具剪刀一把予以没收。

本院再审开庭审理期间，上海市人民检察院第一分院出庭意见认为，原审被告人杨某某于2010年7月扒窃他人财物价值人民币六千余元，数额较大，且系累犯，根据法律规定，属于“其他严重情节”，依法应处三年以上十年以下有期徒刑。原审刑事判决未认定杨某某盗窃具有“其他严重情节”，适用法律确有错误，导致量刑畸轻。

原审被告人杨某某不同意检察机关的抗诉意见，认为其并未拿到项链。原审被告人杨某某的辩护人提出两点辩护意见，一是杨某某并未实际拿到项链即为被害人所发现，其行为属犯罪未遂，应比照既遂犯从轻或减轻处罚；二是原审中未对被盗物品品质进行鉴定，所作价值评估违反法定程序。

经再审查明的事实和证据与原审相同。

本院认为，原审被告人杨某某以非法占有为目的，扒窃他人财物，数额较大，其行为已触犯刑律，依法应予处罚，原审有关盗窃罪的定性正确。根据杨某某的供述及其他在案证据，杨某某已经着手实施犯罪，并剪断了被害人的项链，致使被盗财物脱离被害人的控制，杨某某的扒窃行为已经既遂，故杨某某及其辩护人有关未拿到被盗物品，属犯罪未遂的抗辩难以成立。对于被盗财物的价值，公安机关已依法委托物价部门进行了实物价格鉴定，确定了被盗物品的品质及价格，鉴定程序合法，相关结论亦无不当，故辩护人有关价格鉴定程序违法的抗辩亦难以成立。杨某某曾因故意犯罪被判处有期徒刑，刑罚执行完毕后五年内又再犯应当判处有期徒刑以上刑罚之罪，系累犯，且其扒窃他人财物价值人民币六千余元，属于法律规定的“其他严重情节’，依法应处三年以上十年以下有期徒刑。原审未予认定，确有不当，应予纠正。检察机关的抗诉理由成立，本院予以支持。据此，依照《中华人民共和国刑法》第二百六十四条、第六十五条第一款、第五十二条、第五十三条、第六十四条及《中华人民共和国刑事诉讼法》第二百零六条、《最高人民法院关于执行〈中华人民共和国刑事诉讼法〉若干问题的解释》第三百一十二条第一款第（二）项之规定，判决如下：

一、维持上海市闵行区人民法院（2010）闵刑初字第1201号刑事判决第二项，即扣押在案的作案工具剪刀一把予以没收。

二、撤销上海市闵行区人民法院（2010）闵刑初字第1201号刑事判决第一项，即原审被告人杨某某犯盗窃罪，判处有期徒刑二年四个月，并处罚金人民币四千元。

三、原审被告人杨某某犯盗窃罪，判处有期徒刑三年，并处罚金人民币四千元。

（刑期从判决执行之日起计算。判决执行以前先行羁押的，羁押一日折抵刑期一日，即自2010年7月12日起至2013年7月11日止。罚金自本判决发生法律效力的第二日起一个月内缴纳。）

本判决为终审判决。

审　判　长　刘琳敏
审　判　员　赵　鹃
代理审判员　王　军
二〇一二年六月二十日
书　记　员　金小卿

附：相关法律条文

《中华人民共和国刑法》

第二百六十四条　盗窃公私财物，数额较大的，或者多次盗窃、入户盗窃、携带凶器盗窃、扒窃的，处三年以下有期徒刑、拘役或者管制，并处或者单处罚金；数额巨大或者有其他严重情节的，处三年以上十年以下有期徒刑，并处罚金；数额特别巨大或者有其他特别严重情节的，处十年以上有期徒刑或者无期徒刑，并处罚金或者没收财产。

第六十五条第一款　被判处有期徒刑以上刑罚的犯罪分子，刑罚执行完毕或者赦免以后，在五年以内再犯应当判处有期徒刑以上刑罚之罪的，是累犯，应当从重处罚，但是过失犯罪和不满十八周岁的人犯罪的除外。

第五十二条　判处罚金，应当根据犯罪情节决定罚金数额。

第五十三条　罚金在判决指定的期限内一次或者分期缴纳。期满不缴纳的，强制缴纳。对于不能全部缴纳罚金的，人民法院在任何时候发现被执行人有可以执行的财产，应当随时追缴。如果由于遭遇不能抗拒的灾祸缴纳确实有困难的，可以酌情减少或者免除。

第六十四条　犯罪分子违法所得的一切财物，应当予以追缴或者责令退赔；对被害人的合法财产，应当及时返还；违禁品和供犯罪所用的本人财物，应当予以没收。没收的财物和罚金，一律上缴国库，不得挪用和自行处理。

《中华人民共和国刑事诉讼法》

第二百零六条 人民法院对自诉案件，可以进行调解；自诉人在宣告判决前，可以同被告人自行和解或者撤回自诉。本法第二百零四条第三项规定的案件不适用调解。

人民法院审理自诉案件的期限，被告人被羁押的，适用本法第二百零二条第一款、第二款的规定；未被羁押的，应当在受理后六个月以内宣判。

最高人民法院《关于执行〈中华人民共和国刑事诉讼法〉若干问题的解释》

第三百一十二条第一款第二项 再审案件经过重新审理后，应当按照下列情形分别处理：

（二）原判决、裁定认定事实没有错误，但适用法律有错误，或者量刑不当的，应当改判。按照第二审程序审理的案件，认为必须判处被告人死刑立即执行的，直接改判后，应当报请最高人民法院核准。

缺乏原物和价格凭证时盗窃数额的认定

——孙某某盗窃案

【案例要旨】

被盗物品为不可替代的特定物且无法追缴时，可以根据被害人陈述、证人证言和有关书证等，以被害人实际支付费用，认定盗窃罪的犯罪数额。

【案情简要】

2004 年 6 月，经奥某某等三人介绍，高某某以 100 万元购得红宝石原料一件，并向三人支付中介费 5 万元。后高某某委托张某某等将红宝石原料设计、雕刻成摆件并支付加工费 18 万元，委托范某某等将该摆件抛光并支付 2 万元。2007 年 10 月，该摆件经国家首饰质量监督检验中心鉴定为“红宝石摆件”。2008 年 7 月 22 日，高某某在沪将携带的红宝石摆件及 20 余件小型玉制品放置在孙某某所驾轿车的后备厢内，后孙某某借故秘密开走轿车并关闭手机离沪，红宝石摆件及玉制品至今无法追缴。孙某某到案后称已全部销赃，其中小型玉制品销赃得款 4 万余元。

2010 年 4 月 28 日，徐汇公安分局以诈骗罪移送审查起诉；5 月 25 日，徐汇区人民检察院以盗窃罪提起公诉，认定盗窃数额为购买、加工红宝石的费用共计 100 万余元；7 月 22 日，徐汇区人民法院审理后未认定购买红宝石原料的价值 100 万元，将被盗红宝石摆件的中介费、加工费以及小型玉制品销赃所得共计 29 万余元认定为盗窃数额，并以盗窃罪判处孙某某有期徒刑 13 年，剥夺政治权利 2 年，并处罚金人民币 10 万元。8 月 4 日，徐汇区人民检察院提出抗诉，认为原判盗窃数额认定不当，并得到上一级检察院支持；11 月 24 日，上海市第一中级人民法院采纳抗诉意见，认定盗窃数额 129 万余元，以盗窃罪改判孙某某有期徒刑 15 年，剥夺政治权利 4 年，并处罚金人民币 20 万元。

【典型意义】

本案系一起被盗特定物品无法追缴、无购物发票，根据证人证言、被害人陈述、原首饰鉴定证书等认定被盗物品价值的案件。高某某关于以100万元购进红宝石原料并支付5万元中介费，后委托张某某、范某某等人设计、雕刻、抛光并支付费用20万元的陈述，分别得到奥某某等中介人、张某某、范某某等证人的证言，辨认笔录、原首饰鉴定证书、委托加工合同等相关书证的证实，孙某某虽对涉案“红宝石摆件”真伪及购买、加工费用提出异议，但无相应证据证实，故可认定原料购买以及加工费用共计125万元为本案的盗窃数额。

盗窃数额是认定盗窃犯罪及量刑的重要标准。《关于审理盗窃案件具体应用法律若干问题的解释》[①] 明确规定，被盗物品已被销赃、挥霍、丢弃、毁坏的，无法追缴或者几经转手，最初形态被破坏的，应当根据失主、证人的陈述、证言和提供的有效凭证以及被告人的陈述，按规定的核价方法，确定原被盗物品的价值。本案据此对被盗的珠宝制品等特定物，在无法追缴又无发票、银行提款付款证明等确定原被盗物品价值时，综合被害人陈述、证人证言以及相关书证等，以被害人实际支出的费用认定盗窃数额，可供借鉴。

---

① 2013年4月4日最高人民法院、最高人民检察院《关于办理盗窃刑事案件适用法律若干问题的解释》实施后，该司法解释失效。

上海市徐汇区人民检察院
起 诉 书

沪徐检刑诉〔2010〕265 号

被告人孙某某，男，1963 年××生，身份证号码：3102211963××××××××，汉族，初中文化，本市××珠宝店个体经营户，户籍在本市××路××。2008 年 10 月 16 日因涉嫌诈骗罪被上海市公安局徐汇分局刑事拘留，2008 年 11 月 12 日被该局取保候审，2010 年 3 月 1 日经本院批准由该局执行逮捕。

本案由上海市公安局徐汇分局侦查终结，以被告人孙某某涉嫌诈骗罪，于 2010 年 4 月 28 日移送本院审查起诉。本院受理后，于 2010 年 4 月 29 日分别告知被告人有权委托辩护人，被害人有权委托诉讼代理人；依法讯问了被告人，审查了全部案卷材料。

经依法审查查明：

2004 年 6 月，被害人高某某经他人介绍以人民币 100 万元（以下币种均为人民币）的价格从他人处购得一件红宝石原料，并支付给介绍人 5 万元的费用。2006 年 1 月，高某某将上述原料委托张某某等人设计、雕刻成一件山水样式的“红宝石摆件”，支付加工费 18 万元；完工后于同年下半年将上述摆件委托范某某等人抛光，支付加工费 2 万元。被告人孙某某因经营玉石生意与高某某结识，得知高某某有意出售“红宝石摆件”。

2008 年 7 月 20 日，被害人高某某携带“红宝石摆件”及二十余件小型玉制品从云南至本市，并在被告人孙某某安排下入住本市上海南站附近的奥凯宾馆。同月 22 日下午，高某某在孙某某陪同下携带“红宝石摆件”、玉制品至买家李某某处商谈。因高某某拒绝李某某提出的代卖方案，双方未能就“红宝石摆件”的出售事宜达成共识。嗣后，高某某将“红宝石摆件”、玉制品放在孙某某驾驶轿车的后备厢内，随车返回奥凯宾馆。后二人在宾馆附近的饭店用餐时，孙某某借故离开，秘密开走装有“红宝石摆件”、玉制品的轿车并关闭手机逃逸。

上述事实，有以下证据证明：

1. 证人奥某某、苏某某、张某某等的证言笔录、被害人高某某的陈述笔录、委托加工合同等书证及国家首饰质量监督检验中心鉴定证书，证明高某某以100万元的价格从他人处购得一件红宝石原料，并另外支付给中间介绍人5万元费用。尔后，高某某将上述原料委托他人设计、雕刻成一件红宝石摆件，并支付加工费18万元，并在完工后将上述摆件委托他人抛光，并支付加工费2万元。

2. 证人文某甲、文某乙等的证言及辨认笔录、被害人高某某的陈述笔录、手机短消息截屏、上海公安道口机动车、驾驶人查控信息等书证，证明高某某携带一件“红宝石摆件”及二十余件小型玉制品至本市并由孙某某帮助寻找买家，尔后，高某某搭乘由孙某某驾驶的轿车，并将“红宝石摆件”、玉制品放置在轿车内至买家李某某处商谈，但双方买卖未能达成。嗣后，高某某将“红宝石摆件”、玉制品放在孙某某驾驶轿车的后备厢内，随车返回奥凯宾馆。后二人在宾馆附近的饭店用餐时，孙某某借故离开，秘密开走装有“红宝石摆件”、玉制品的轿车并关闭手机逃逸。

3. 《接受刑事案件登记表》《立案决定书》、抓获经过、工作情况、《扣押物品清单》等书证、物证，证明本案案发、破案经过。

4. 被告人孙某某的供述笔录，证明孙某某趁高某某不备之际，秘密窃取高某某的财物后逃逸的事实。

上述证据来源及收集程序合法，内容客观真实，足以认定指控事实。

本院认为，被告人孙某某以非法占有为目的，秘密窃取他人财物，价值人民币100余万元，数额特别巨大，其行为触犯了《中华人民共和国刑法》第二百六十四条，犯罪事实清楚，证据确实、充分，应当以盗窃罪追究其刑事责任。根据《中华人民共和国刑事诉讼法》第一百四十一条的规定，提起公诉，请依法审判。

此致

上海市徐汇区人民法院

检 察 员 王 嫣

代理检察员 许 磊

二〇一〇年五月二十五日

附：1. 被告人孙某某现羁押于上海市徐汇区看守所。
2. 证据目录二页和主要证据复印件。
3. 赃证物品清单一份
4. 相关法律条文。(略)

上海市徐汇区人民法院
刑事判决书

（2010）徐刑初字第311号

公诉机关上海市徐汇区人民检察院。

被告人孙某某，男，1963年××月××日生，汉族，初中文化，本市××珠宝店个体经营户，户籍地本市××路××。2008年10月16日因本案被上海市公安局徐汇分局刑事拘留，同年11月12日被该局取保候审，2010年3月1日被依法逮捕。现羁押于上海市徐汇区看守所。

指定辩护人叶某某，上海市××律师事务所律师。

上海市徐汇区人民检察院以沪徐检刑诉〔2010〕265号起诉书指控被告人孙某某犯盗窃罪，于2010年5月28日向本院提起公诉。本院依法组成合议庭，公开开庭进行了审理。上海市徐汇区人民检察院指派代理检察员许磊出庭支持公诉。被告人孙某某及其指定辩护人叶某某到庭参加了诉讼。其间，本案延期审理。现已审理终结。

上海市徐汇区人民检察院指控：

2004年6月，被害人高某某经他人介绍以人民币100万元（以下币种均为人民币）的价格从他人处购得一件红宝石原料，并支付给介绍人5万元的费用。2006年1月，高某某将上述原料委托张某某等人设计、雕刻成一件山水样式的“红宝石摆件”，支付加工费18万元；完工后于同年下半年将上述摆件委托范某某等人抛光，支付加工费2万元。被告人孙某某因经营玉石生意与高某某结识，得知高某某有意出售“红宝石摆件”。

2008年7月20日，被害人高某某携带“红宝石摆件”及二十余件小型玉制品至本市，并在被告人孙某某的安排下入住本市上海南站附近的奥凯宾馆。同月22日下午，高某某在孙某某陪同下携带“红宝石摆件”、玉制品至买家李某某处商谈。因高某某拒绝李某某提出的代卖方案，双方未能就“红宝石摆件”的出售事宜达成共识。嗣后，高某某将“红宝石摆件”、玉制品放在孙某某驾驶轿车的后备厢内，随车返回奥凯宾馆。后二人在宾馆附近的饭店用餐时，孙某某借故离开，秘密开走装有“红宝石摆件”、玉制品的轿车并关闭手机逃逸。

公诉机关认定被告人孙某某以非法占有为目的，秘密窃取他人财物，价值100余万元，数额特别巨大。其行为触犯了《中华人民共和国刑法》第二百六十四条之规定，应当以盗窃罪追究其刑事责任。提请依法审判。

被告人孙某某对公诉机关指控的罪名和事实均有异议，辩称涉案“红宝石摆件”和玉制品是其以10万元的价格从被害人高某某处买下，其已经为此支付给高某某8万元，因此，其行为不构成盗窃罪。孙某某同时辩称涉案“红宝石摆件”的原料并非真正的红宝石，其曾经将该“红宝石摆件”带至华东理工大学矿石研究所进行鉴定，结论为非红宝石。因此，孙某某对公诉机关认定的涉案“红宝石摆件”的价值有异议。孙某某的辩护人对本案的定性无异议，但认为涉案“红宝石摆件”的真伪存在疑问，其价值应该以权威的鉴定结论为依据。

经审理查明，2004年6月，被害人高某某经他人介绍，购得一件红宝石原料，并为此支付介绍人5万元费用；2006年1月，高某某将上述原料委托张某某等人设计、雕刻成一件山水样式的“红宝石摆件”，支付加工费18万元；同年下半年又将上述摆件委托范某某等人抛光，支付加工费2万元。被告人孙某某因经营玉石生意与高某某结识，得知高某某有意出售“红宝石摆件”。

2008年7月20日，被害人高某某携带“红宝石摆件”及二十余件小型玉制品至本市，并在被告人孙某某的安排下入住本市上海南站附近的奥凯宾馆。同月22日下午，被告人孙某某陪同高某某至李某某处商谈“红宝石摆件”的出售事宜，因李某某只愿为高某某代售“红宝石摆件”而买卖未成。嗣后，高某某将“红宝石摆件”和玉制品放置在孙某某所驾轿车的后备厢内，随车返回奥凯宾馆。后孙某某借故离开，秘密开走了装有“红宝石摆件”和玉制品的轿车并关闭手机离沪。当日晚22时许，高某某至公安机关报案。2008年7月23日晚，高某某收到孙某某发来的短信，内容为：“高哥不好意思把你的东西带走，给我两个月时间，做掉了把钱回（原文）给你，做不掉把东西给你，我只想做点差价。”

又查明，华东理工大学相关宝石鉴定机构（即“华东理工大学宝石检测中心”）2008年7月至2010年3月期间并未对涉案“红宝石摆件”进行过任何鉴定，也未出具过相关鉴定证书。

上述事实，由下列证据证实：

1. 证人文某甲、文某乙等的证言笔录及辨认笔录，被害人高某某的陈述笔录，被告人孙某某的供述笔录，手机短信截屏，上海公安道口机动车、驾驶人查控信息等，证明高某某携带一件“红宝石摆件”及二十余件小型玉制品至本市由被告人孙某某帮助寻找买家，尔后，高某某搭乘孙某某驾驶的轿车，并将“红宝石摆件”、玉制品放置在孙某某的轿车内至买家李某某处商谈，但双方买卖未能达成。嗣后，高某某将“红宝石摆件”、玉制品放在孙某某驾驶的轿车的后备厢内，随车返回奥凯宾馆。后孙某某借故离开，秘密开走装有“红宝石摆件”及玉制品的轿车并关闭手机逃逸。

2. 证人奥某某、苏某某等的证言笔录及辨认笔录，被害人高某某的陈述笔录，证明高某某从他人处购得一件红宝石原料，并另外支付给中间人5万元费用。

3. 证人张某某、贾某某、吴某某、陈某某等的证言笔录及辨认笔录，被害人高某某的陈述笔录，委托加工合同，证明高某某将上述原料委托他人设计、雕刻成一件山水样式“红宝石摆件”，并支付加工费18万元。

4. 证人范某甲、范某乙等的证言笔录及辨认笔录，被害人高某某的陈述笔录，证明高某某将雕刻成的“红宝石摆件”委托他人抛光，并支付加工费2万元。

5. 证人杨某某、段某某的证言笔录及辨认笔录，国家首饰质量监督检验中心鉴定证书，中国国家认证认可监督管理委员会颁发的资质认定材料，检验任务委托书等，证明被害人高某某的“红宝石摆件”经有资质的机构鉴定，成分为红宝石。

6. 被告人孙某某以往的供述笔录，证明孙某某到案后供述其已将被害人高某某放在其轿车内的“红宝石摆件”及玉制品全部销赃，获取赃款6万余元并挥霍一空。

7. 接受刑事案件登记表，立案决定书，抓获经过，案发经过，工作情况，扣押物品清单等，证明本案案发、破案经过及涉案“红宝石摆件”、玉制品因无法追回而无法进行无赃估价的情况。

8. 调取证据清单、“说明”、中国国家认证认可监督管理委员会颁发的资质认定材料等，证明涉案“红宝石摆件”并未经华东理工大学宝石检测中心鉴定。

上述证据，均经庭审查证属实，本院予以确认。

针对本案的争议焦点，本院评判如下：

第一，关于被告人孙某某行为的性质问题。被告人孙某某辩称其已经以10万元的价格从被害人高某某处买下了“红宝石摆件”及其他玉制品，并已付款8万元，因此其没有盗窃高某某的财物。但上述买卖合意及付款行为均无任何证据可予印证。结合高某某于孙某某带走“红宝石摆件”及玉制品的当晚即向公安机关报案的事实，以及孙某某于2008年7月23日发给高某某的手机短信内容等，孙某某的辩解明显不符常理，本院不予采纳。被告人孙某某将被害人高某某的“红宝石摆件”及其他玉制品秘密取走，使上述物品脱离高某某的控制，又关闭手机，切断高某某与其取得联系的途径，其行为符合盗窃罪的构成要件，应当以盗窃罪认定。

第二，关于被盗的“红宝石摆件”与被害人高某某委托雕刻、抛光及鉴定的“红宝石摆件”的同一性问题。被害人高某某曾将一红宝石原石委托张某某、贾某某设计雕刻成“红宝石摆件”，后该摆件又经范某甲、范某乙抛光，并由杨某某带至国家首饰质量监督检验中心鉴定；2008年7月高某某携带一“红宝石摆件”至上海，由被告人孙某某介绍买家，在此期间，该“红宝石摆件”曾向证人文某甲、文某乙、李某某等人展示，上述证人经对相关照片进行辨认后，均确认其所见的“红宝石摆件”与被害人委托雕刻、抛光、鉴定的“红宝石摆件”为同一件。国家首饰质量监督检验中心亦认定涉案的“红宝石摆件”确系该中心曾鉴定过的“红宝石摆件”。综上，本院确认本案被盗“红宝石摆件”即为被害人委托雕刻、抛光以及经国家首饰质量监督检验中心鉴定的“红宝石摆件”。

第三，关于被盗“红宝石摆件”及其他小型玉制品的价值问题。本案中“红宝石摆件”及其他小型玉制品的实物未查获，故无法通过相关部门的价格认证来确认其实际价值。但结合温某某、奥某某、苏某某的证人证言等相关证据综合分析，本案被害人高某某经上述三人介绍，从阿某某处购得了红宝石原石，高某某另支付了三人中介费5万元。虽现因阿某某已死亡，具体买卖过程及价格无法核实，高某某亦无法出示相关付款凭证，但高某某从阿某某处购买过红宝石原石及为此支付过5万元中介费的事实可予确认。另张某某证实高某某曾委托其设计雕刻该“红宝石摆件”，加工费18万元，由其下属员工贾某某完成具体雕刻工作，其支付给贾某某雕刻费12万元，贾某某亦证实了上述事实；范某某证实高某某曾将该“红宝石摆件”委托其抛光，费用为2万元。再结合被告人孙某某将其他小型玉制品销赃后得款4万余元的供述，本院确认本案被盗物品的价值及附加值不低于29万元。

综上所述，本院认为，被告人孙某某以非法占有为目的，秘密窃取他人财物，数额特别巨大，其行为已构成盗窃罪，应予处罚。公诉机关指控的罪名成立。被告人关于其行为性质和涉案“红宝石摆件”真伪的辩解以及辩护人提出的辩护意见，因与查明的事实不符，亦无相应的证据证实，本院不予采纳。根据被告人犯罪的事实、性质、情节、社会危害程度和认罪态度，依照《中华人民共和国刑法》第二百六十四条、第五十五条第一款、第五十六条第一款、第六十四条之规定，判决如下：

一、被告人孙某某犯盗窃罪，判处有期徒刑十三年。剥夺政治权利二年，并处罚金人民币十万元。

（刑期从判决执行之日起计算，判决执行以前先行羁押的，羁押一日折抵刑期一日，即自2010年3月1日起至2023年1月31日止；罚金自判决生效第二日起一个月内缴纳。）

二、违法所得责令退赔被害人。

如不服本判决，可在接到判决书的第二日起十日内，通过本院或直接向上海市第一中级人民法院提出上诉。书面上诉的，应当提交上诉状正本一份，副本一份。

审 判 长　王利民
代理审判员　刘　华
代理审判员　王晓明
二〇一〇年七月二十二日
书 记 员　王　嫣

上海市徐汇区人民检察院
刑事抗诉书

沪徐检刑抗〔2010〕1号

上海市徐汇区人民法院以（2010）徐刑初字第311号刑事判决书对本院提起公诉的被告人孙某某盗窃一案作出判决，判决被告人孙某某犯盗窃罪，判处有期徒刑十三年，剥夺政治权利二年，并处罚金人民币十万元。本院依法审查后认为，该判决对孙某某的犯罪行为，在认定事实上确有错误，导致量刑不当。理由如下：

一、一审判决证据采信不当，认定事实错误

本案中，被害人高某某的陈述，直接参与交易的介绍人奥某某、苏某某等人的证言相互印证，直接证明高某某经人介绍，出资购买红宝石以及支付中介费的事实，被告人孙某某对此没有提出异议，国家首饰质量监督检验中心鉴定证书证明高某某购买的确系红宝石。据此，应当认定2004年6月，高某某经奥某某等三人介绍以人民币100万元（以下币种均为人民币）的价格从阿某某处购得一件红宝石原料，并支付5万元中介费的事实，且证据确实、充分。

被害人高某某委托工艺师将红宝石原料加工成山水样式“红宝石摆件”，支付加工费20万元，赋予了该红宝石的艺术价值并提高了其市场价格。尽管被告人孙某某拒不如实供述赃物去向，致“红宝石摆件”至今无法找到，但并不影响对被盗红宝石价格的认定。认定孙某某盗窃数额的最低限度，应当是高某某购买红宝石支付的对价、中介费和加工费共计125万元。

一审判决中，认定“本案被盗物品的价值及附加值不低于29万元”的结论是错误的，判决将被害人高某某支付的25万元加工费、中介费计入被告人孙某某盗窃数额，但以“因阿某某已死亡，具体买卖过程及价格无法核实，高某某无法出示相关付款凭证”为由，不认定高某某出资100万元购买红宝石的事实，导致判决没有认定盗窃犯罪中最重要的事实——被盗物品本身的价值，而只是认定被盗物品的加工费、中介费，不仅认定事实错误，且论证理由荒谬。

首先，被害人陈述和3名介绍人证言相互印证，直接证明被害人高某某出资100万元购买红宝石，支付5万元中介费的事实，具体买卖过程及交易价格已经得到核实确认。判决对由多名证人直接证明的事实中，出资100万元购买红宝石的部分不予认定，却又认定只有被告人孙某某供述的“销赃其他小型玉制品得款4万余元”的事实，并将该4万余元计入孙某某盗窃数额，证据采信不当。

其次，被害人高某某在红宝石交易中，没有采用支付对价，获取付款凭证的交易方式，而是遵循玉石行业的交易习惯，由3名介绍人直接介绍、证明的方式交易，这是高某某“无法出示相关付款凭证”的原因。高某某通过交易购进了货真价实的巨型红宝石，并为此支付5万元高额中介费，进一步印证高某某出资100万元购买红宝石的事实真实可信。

二、一审判决认定事实错误导致量刑不当

一审判决不认定被害人高某某出资100万元购买红宝石的事实，仅将高某某支付的25万元加工费、中介费以及销赃其他小型玉制品得款计入被告人孙某某盗窃数额，认定“本案被盗物品的价值及附加值不低于29万元”，据此判处孙某某有期徒刑十三年，剥夺政治权利二年，并处罚金人民币十万元的刑罚。判决认定事实的错误，认定盗窃数额的模糊性，导致量刑依据与量刑结果不符，不足以服人。

案件发生后，被害人高某某四处反映案情，积极配合政法机关调查，付出了大量心血。被告人孙某某到案后不配合调查，在公安机关侦查期间还脱保逃逸，政法机关为侦查此案耗费了很大的资源，本案具有较大社会影响。高某某价值高昂的“红宝石摆件”没有追回，判决又不认定高某某出资100万元购买红宝石的事实，被害人的合法权益没有得到维护，被害人对判决的错误提出了意见。

综上所述，上海市徐汇区人民法院（2010）徐刑初字第311号刑事判决书对被告人孙某某的判决，证据采信不当，在认定事实上确有错误，导致量刑不当，造成一定社会影响。该判决错误不纠正，不能体现刑事判决的公正性。为准确惩治犯罪，维护司法公正，依照《中华人民共和国刑事诉讼法》第一百八十一条的规定，特提出抗诉，请依法判处。

此致

上海市第一中级人民法院

上海市徐汇区人民检察院

二〇一〇年八月四日

注：被告人孙某某现羁押在上海市徐汇区看守所。

上海市第一中级人民法院
刑事判决书

（2010）沪一中刑终字第761号

抗诉机关上海市徐汇区人民检察院。

上诉人（原审被告人）孙某某，男，1963年××月××日出生于上海市，汉族，初中文化，本市××珠宝店个体经营户，户籍所在地本市××路；因本案于2008年10月16日被刑事拘留，同年11月12日被取保候审，2010年3月1日被逮捕；现羁押于上海市徐汇区看守所。

上海市徐汇区人民法院审理上海市徐汇区人民检察院指控原审被告人孙某某犯盗窃罪一案，于2010年7月22日作出（2010）徐刑初字第311号刑事判决。上海市徐汇区人民检察院以原判认定事实错误、量刑不当为由，向本院提出抗诉。原审被告人孙某某不服，提出上诉。本院依法组成合议庭，公开开庭审理了本案。上海市人民检察院第一分院指派代理检察员万大庆出庭履行职务。上诉人（原审被告人）孙某某到庭参加诉讼。现已审理终结。

原判认定，2004年6月，被害人高某某经他人介绍，购得一件红宝石原料，并为此支付介绍人人民币5万元（以下币种相同）费用。2006年1月，高某某将上述原料委托张某某等人设计、雕刻成一件山水样式的“红宝石摆件”，支付加工费18万元；同年下半年又将上述摆件委托范某某等人抛光，支付加工费2万元。被告人孙某某因经营玉石生意与高某某结识，得知高某某有意出售“红宝石摆件”。

2008年7月20日，被害人高某某携带“红宝石摆件”及二十余件小型玉制品至本市，并在被告人孙某某的安排下入住本市上海南站附近的宾馆。同月22日下午，被告人孙某某陪同高某某至李某某处商谈“红宝石摆件”的出售事宜，因李某某只愿为高某某代售“红宝石摆件”而买卖未成。嗣后，高某某将“红宝石摆件”和玉制品放置在孙某某所驾轿车的后备厢内，随车返回宾馆。后孙某某借故离开，秘密开走了装有“红宝石摆件”和玉制品的轿车并关闭手机离沪。当日晚22时许，高某某至公安机关报案。2008年7月23日晚，高某某收到孙某某发来的短信，内容为：“高哥不好意思把你的东西带走，给我两个月时间，做掉了把钱回（原文）给你，做不掉把东西给你，我只想做点差价。”

华东理工大学相关宝石鉴定机构（即“华东理工大学宝石检测中心”）2008 年 7 月至 2010 年 3 月期间未对涉案“口红宝石摆件”进行过任何鉴定，也未出具过相关鉴定证书。

认定上述事实并经一审庭审质证的证据有：被害人高某某的陈述笔录，证人文某某等人的证言及辨认笔录，国家首饰质量监督检验中心鉴定证书、中国国家认证认可监督管理委员会颁发的资质认定材料、检验任务委托书、接受刑事案件登记表、立案决定书、抓获经过、案发经过、工作情况、扣押物品清单、调取证据清单、说明、委托加工合同、手机短信截屏、上海公安道口机动车、驾驶人查控信息等，被告人孙某某亦供述在案。原审法院据此认为，被告人孙某某以非法占有为目的，秘密窃取他人财物，数额特别巨大，其行为已构成盗窃罪。据此，原审法院依照《中华人民共和国刑法》第二百六十四条、第五十五条第一款、第五十六条第一款、第六十四条之规定，对被告人孙某某犯盗窃罪，判处有期徒刑十三年，剥夺政治权利二年，并处罚金人民币十万元；违法所得责令退赔被害人。

上海市徐汇区人民检察院抗诉提出：1. 一审证据采信不当，认定事实错误。被害人高某某的陈述及直接参与交易的介绍人奥某某、苏某某等人的证言，证明被害人高某某经奥某某等三人介绍以 100 万元的价格从“阿某某”处购得一件红宝石原料，并支付 5 万元中介费。原判只认定被盗“红宝石摆件”的加工费、中介费 25 万元，而未认定被害人高某某出资购买红宝石原料的 100 万元，故一审认定事实错误。2. 一审认定事实错误导致量刑不当。

上诉人孙某某在二审审理期间申请撤回上诉，但又辩称：1. 案发前，其已将高某某的“红宝石摆件”等物品买下，故其行为不构成盗窃罪；2. “红宝石摆件”的价格未经鉴定，对高某某购买及加工红宝石的价格有异议；3. 原判罚金过高。

上海市人民检察院第一分院的出庭意见除同意上海市徐汇区人民检察院关于应当把被害人购买红宝石原料的 100 万元计入盗窃数额的意见外，还认为一审对孙某某判处的罚金刑畸轻，故支持上海市徐汇区人民检察院的抗诉意见，建议二审法院依法改判。

二审经审理查明：2004 年 6 月，被害人高某某经奥某某、苏某某等人介绍以 100 万元的价格从他人处购得一件红宝石原料，并向奥某某、苏某某、等人支付 5 万元介绍费。二审查明的其他事实与原审相同。

针对检察机关的抗诉意见及出庭意见、上诉人孙某某的上诉理由，本院评判如下：

（一）关于上诉人孙某某的行为是否构成盗窃罪的问题

经查，孙某某关于其以10万元价格买下被害人高某某的“红宝石摆件”及其他玉制品的供述，无相关证据证实；而孙某某关于其未与被害人高某某打招呼，便将被害人高某某的“红宝石摆件”等物品偷偷带走的供述与高某某的陈述相互印证。孙某某使用秘密手段获取被害人高某某的“红宝石摆件”及其他玉制品并销赃，其行为符合盗窃罪的特征。上诉人孙某某的该上诉理由缺乏事实和法律依据，本院不予采纳。

（二）关于如何认定本案盗窃数额的问题

经查，被害人高某某构陈述证实，2004年6月，其通过奥某某、苏某某等人介绍以100万元从阿某某处购得一件红宝石原料，并向奥某某、苏某某等人支付了5万元介绍费。后其委托张某某等人将红宝石原料设计、雕刻成“红宝石摆件”并支付加工费18万元。其还委托范某某等人将该摆件抛光并支付2万元。2007年10月，其委托杨某某将上述摆件送至国家首饰质量监督检验中心鉴定，鉴定结论为红宝石摆件。被害人高某某的相关陈述分别得到证人奥某某、苏某某等人的证言笔录、辨认笔录及相关书证的证实，故被害人高某某购买以及加工红宝石原料的费用为125万元的事实可以认定，连同孙某某将其他小型玉制品销赃得款4万余元，共计129万余元。被盗“红宝石摆件”虽未能估价，但被害人用于该“红宝石摆件”的成本及遭受的财产损失129万元是客观事实。孙某某对涉案“红宝石摆件”的真伪及被害人购买、加工“红宝石摆件”的费用提出异议，但无相关证据证实，故本案盗窃数额应认定为129万元，检察机关的相关意见具有事实依据，本院予以采纳。

（三）关于本案的量刑问题

经查，依照《中华人民共和国刑法》第二百六十四条之规定，“盗窃公私财物，数额特别巨大或者有其他特别严重情节的，处十年以上有期徒刑或者无期徒刑，并处罚金或者没收财产。”原判对被告人孙某某犯盗窃罪，判处有期徒刑十三年，剥夺政治权利二年，并处罚金人民币十万元。鉴于原判所依据之事实有误，本院对原判量刑依法改判。上诉人孙某某的相关上诉理由不能成立。检察机关的相关意见本院予以采纳。

本院认为，上诉人孙某某以非法占有为目的，秘密窃取公民财物，数额特别巨大，其行为已构成盗窃罪。原判认定事实错误，应予纠正。上诉人在二审审理期间申请撤回上诉，由于原判事实有误，且上诉人坚持其上诉理由，故对上诉人之申请本院不予准许。上海市徐汇区人民检察院的抗诉意见及上海市人民检察院第一分院的支持抗诉意见正确，本院予以采纳。据此，依照《中华人民共和国刑法》第二百六十四条、第五十五条第一款、第五十六条第一款、第五十三条、第六十四条及《中华人民共和国刑事诉讼法》第一百八十九条第（三）项之规定，判决如下：

一、撤销上海市徐汇区人民法院（2010）徐刑初字第311号刑事判决。

二、上诉人孙某某犯盗窃罪，判处有期徒刑十五年，剥夺政治权利四年，并处罚金人民币二十万元。

（刑期从判决执行之日起计算。判决执行以前先行羁押的，羁押一日折抵刑期一日。即自2010年3月1日起至2005年1月31日止。罚金自本判决发生法律效力第二日起一个月内缴纳。）

三、违法所得责令退赔被害入。

本判决为终审判决。

审　判　长　任素贤
代理审判员　吴循敏
代理审判员　邱阳戎
二〇一〇年十一月二十四日
书　记　员　黄　琦

附：相关的法律条文

《中华人民共和国刑法》

第二百六十四条　盗窃公私财物，数额较大或者多次盗窃的，处三年以下有期徒刑、拘役或者管制，并处或者单处罚金；数额巨大或者有其他严重情节的，处三年以上十年以下有期徒刑，并处罚金；数额特别巨大或者有其他特别严重情节的，处十年以上有期徒刑或者无期徒刑，并处罚金或者没收财产；有下列情形之一的，处无期徒刑或者死刑，并处没收财产：

……

第五十五条　剥夺政治权利的期限，除本法第五十七条规定外，为一年以上五年以下。

……

第五十六条　对于危害国家安全的犯罪分子应当附加剥夺政治权利；对于故意杀人、强奸、放火、爆炸、投毒、抢劫等严重破坏社会秩序的犯罪分子，可以附加剥夺政治权利。

……

第五十三条 罚金在判决指定的期限内一次或者分期缴纳。期满不缴纳的，强制缴纳。对于不能全部缴纳罚金的，人民法院在任何时候发现被执行人有可以执行的财产，应当随时追缴。如果由于遭遇不能抗拒的灾祸缴纳确实有困难的，可以酌情减少或者免除。

第六十四条 犯罪分子违法所得的一切财物。应当予以追缴或者责令退赔；对被害人的合法财产，应当及时返还；违禁品和供犯罪所用的本人财物，应出予以没收。没收的财物和罚金，一律上缴国库，不得挪用和自行处理。

……

《中华人民共和国刑事诉讼法》

第一百八十九条 第二审人民法院对不服第一审判决的上诉、抗诉案件，经过审理后，应当按照下列情形分别处理：

……

（三）原判决事实不清楚或者证据不足的，可以在查清事实后改判；也可以裁定撤销原判，发回原审人民法院重新审判。

准确适用《刑法修正案（八）》依法处理入户盗窃违法犯罪行为

——徐某某盗窃案

【案例要旨】

对“入户盗窃”少量财物的，应根据《刑法修正案（八）》的规定，综合考查其行为的社会危害、主观恶性和人身危险性等，正确适用盗窃罪的刑法规定定罪处罚。

【案情简要】

被告人徐某某，1995 年 × × 月 × × 日生，因采用破坏车窗的方式行窃，于 2011 年 5 月先后被江西、上海两地公安机关处以行政拘留，后次行政拘留处罚自同月 21 日至 25 日（因系未成年人，故未实际执行）。同月 25 日凌晨，徐某某至 × × 镇 × × 村 × × 号，撬窗入户窃得被害人丁某某财物价值共计人民币 288 元。当日，其因形迹可疑受到民警盘查并被查获随身所携赃物，后如实供述罪行。

7 月 28 日，松江区人民检察院以盗窃罪提起公诉。8 月 4 日，闵行区人民法院以盗窃罪判处被告人徐某某拘役 3 个月，并处罚金人民币 1000 元。判决已发生法律效力。

【典型意义】

徐某某盗窃一案，是上海市司法机关首例适用《刑法修正案（八）》对入户盗窃少量财物的行为定罪处罚的案件。被告人徐某某盗窃数额虽仅为 288 元，但其在因盗窃违法行为先后被处行政拘留，且在处罚期内，又采用撬窗入室方式入户盗窃，根据 2011 年修正的《刑法》第 264 条规定，应以盗窃罪追究其刑事责任。

入户盗窃侵犯公民的财产和居住安全，是严重威胁社会治安和人民群众安全感的常见多发犯罪。《刑法修正案（八）》对“入户盗窃”不再规定以数额较大或多次为构罪要件，体现了刑法对此类行为的严格规制，是应对社会治安形势变化的重大法律调整。实践中应注意根据案件具体情况、结合刑法总则规定予以准确把握：对于行为人有盗窃习性，频繁实施盗窃行为、特别是在盗窃违法行为被行政处罚后随即又入户盗窃的，应依法认定构成盗窃罪，根据2011年修正的《刑法》第264条定罪处罚。对于入户盗窃已构成犯罪，但综合考虑行为人的作案动机、案发后的表现、初犯、偶犯、刑事责任年龄和能力等因素，属情节较轻的，可依法建议法院适用单处罚金、缓刑等非监禁刑刑罚方式；情节轻微的，可决定不起诉。综合上述因素，认为社会危害性不大的，如具有入户违法情节轻微、没有窃得财物或者窃得财物极少并得到被害人谅解等情形，属“情节显著轻微的”，可依法不作为犯罪处理。

注：本案起诉书、判决书略。

正确认定盗用燃气案件的犯罪数额

——靳某甲、林某某盗用燃气案

【案例要旨】

靳某甲、林某某盗用燃气案是上海市首例以盗用燃气定罪处理的案件。司法解释虽然对盗用燃气等无形财产已有明确规定，但法律对盗窃无形财产的数量、价格认定标准和估价程序缺乏统一的规范。司法实践中如何科学计算盗用燃气类案件的犯罪数额，直接关系对此类新类型案件的正确处理。

【案情简要】

2008 年 10 月，靳某甲与其丈夫林某某共同无证经营位于本市杨浦区的“××酒家”。在未向燃气公司付清管道施工费用，燃气公司未安装燃气表具、开通人工煤气的情况下，通过私接管道的方式盗用人工煤气用于酒家的经营活动。2009 年 3 月，燃气公司在日常检查过程中发现上述情况并拆除了私接设施后，被告人仍请他人再次违规私接燃气管道、擅自开通并继续盗用人工煤气用于经营活动。2009 年 7 月 15 日，燃气公司在日常检查过程中再次发现其行为，向杨浦公安分局报案。经鉴定，两被告人无证经营“××酒家”期间，盗用人工煤气合计价值人民币 83000 余元。

2009 年 10 月 22 日，杨浦区人民检察院提起公诉；11 月 13 日，杨浦区人民法院以盗窃罪判处靳某甲有期徒刑 3 年，缓刑 4 年，罚金人民币 2 万元；判处林某某有期徒刑 3 年，缓刑 3 年，罚金人民币 2 万元。

【典型意义】

最高人民法院《关于审理盗窃案件具体应用法律若干问题的解释》[①] 明确

---

① 2013 年 4 月 4 日最高人民法院、最高人民检察院《关于办理盗窃刑事案件适用法律若干问题的解释》实施后，该司法解释失效。——编者注

规定："盗窃的公私财物，包括电力、煤气、天然气等"。对于实践中大量发生的盗用燃气等犯罪行为，检察机关应当依法履行法律监督职责，以防止法律、司法解释规定长期虚设，损害法律权威。

盗用燃气数额的认定，既涉及定罪又涉及量刑，在司法解释对无形财产犯罪数额的计算没有明确规定的情况下，杨浦区人民检察院根据案件的实际情况，在大量调查取证工作的基础上，确立了本案犯罪数额的计算方式和认证规则，即犯罪金额＝设备总流量×营业小时×营业天数×燃气单价。设备总流量的计算采取了同类营业场所比对后，由专业机构根据国家标准进行检验测试的方式最终确定；营业小时、营业天数的确定，则鉴于此类无证小饭店经营的非规范性，采取了有利于被告人原则，根据被告人关于营业时间的供述就低认定。此计算公式和计算标准、认证规则不仅得到了专业价格鉴定机构、独立第三方物价鉴定部门的认可，而且为被告人所接受，并在法院最终裁判时得到法院判决的确认，既为案件的准确处理提供了科学的依据，也为同类案件的办理提供了很好的参考。

本案被告人以私接管道，直接破坏燃气设备的方式实施盗用燃气，用于无证经营酒家，且经燃气公司检查发现后不知悔改，行为人的主观恶性明显，其行为的危害性严重，应以盗窃罪依法处理。在办理此类案件中，应注意区分盗用燃气是为家庭生活还是用于生产经营、是偶尔为之还是长期盗用，以及盗用数额、危害程度等不同情形，将打击的重点放在数额巨大、情节严重，或采用破坏性手段盗用等具有严重社会危害性的犯罪行为上。同时，还应扩大办案的社会效果，注意选择典型案例加强宣传，教育企业和民众树立依法用气、安全用气的意识。

上海市杨浦区人民检察院

起 诉 书

沪杨检刑诉〔2009〕601号

被告人靳某甲，女，1980年××月××日生，汉族，初中文化程度，无业。户籍在安徽省颍上县××镇××庄××号，暂住本市杨浦区××路××号。因涉嫌盗窃罪，于2009年7月16日被上海市公安局杨浦分局刑事拘留，同年8月7日经本院批准逮捕，同日由上海市公安局杨浦分局执行逮捕，现羁押于本市杨浦区看守所。

被告人林某某，男，1982年××月××日生，汉族，初中文化程度，无业。户籍在江苏省阜宁县××镇××居委会××组××号，暂住本市杨浦区××路××号。因涉嫌盗窃罪，于2009年7月17日被上海市公安局杨浦分局刑事拘留，同年8月7日经本院批准逮捕，同日由上海市公安局杨浦分局执行逮捕，2009年9月28日经上海市公安局杨浦分局批准被取保候审，同日被本院决定取保候审。

本案由上海市公安局杨浦分局侦查终结，以被告人靳某甲、林某某涉嫌盗窃罪，于2009年9月28日向本院移送审查起诉。本院受理后，于2009年9月28日告知被告人有权委托辩护人，并依法讯问了被告人，审查了全部案件材料。

经依法审查查明：

2008年10月，被告人靳某甲从其姐靳某乙（另行处理）处接手无证经营位于本市杨浦区××路××号“××酒家”，并与其丈夫被告人林某某共同经营。在未向上海燃气市北销售有限公司付清人工煤气管道施工费用的情况下，通过私接的管道盗用人工煤气用于酒家的日常经营活动。2009年3月，上海燃气市北销售有限公司工作人员在日常检查过程中发现上述情况并拆除私接的接口、管道后，被告人靳某甲、林某某为牟取私利，仍请他人违规私接燃气管道、擅自开通并继续盗用人工煤气用于“××酒家”的日常经营活动。2009年7月15日，上海燃气市北销售有限公司工作人员在日常检查过程中再次发现“××酒家”有私接管道、盗用人工煤气的行为，并向上海市公安局杨浦分局报案。

经鉴定，被告人靳某甲、林某某在经营“××酒家”期间，盗用人工煤气合计价值人民币83000余元。案发后，被告人靳某甲、林某某在家属的配合下退赔了所有赃款。

上述事实有：1. 书证：上海燃气市北销售有限公司在案发后出具的《报案报告》、上海市燃气管理处在案发现场制作的现场笔录及拍摄的部分现场照片；上海燃气市北销售有限公司与“××酒家”签订的《燃气工程预收款协议书》《燃气设备供需合同书》及收费后出具的相关发票；被告人靳某甲与陈某某签订的租赁××路××号门面房的《房屋租赁合同》及《补充协议书》；上海市发展和改革委员会、上海市城乡建设和交通委员会于2008年11月联合发文《关于本市非居民用户人工煤气销售价格联动调整的通知》；上海市燃气安全和装备质量监督检验站出具的《关于××路××号××酒店现场测试报告》；2. 证人证言：证人徐某某、王某某、沈某某、夏某某、张某某、方某某、范某某等的证词；3. 被告人供述：被告人靳某甲、林某某到案后多次的供述；4. 鉴定结论：上海市价格认证中心杨浦分部出具的《物品财产价格鉴定结论书》等证据证实。

本院认为，被告人靳某甲、林某某以非法占有为目的，秘密窃取公共财物，数额巨大，其行为已触犯《中华人民共和国刑法》第二十五条、第二百六十四条之规定，犯罪事实清楚，证据确实、充分，应当以盗窃罪追究刑事责任。依照《中华人民共和国刑事诉讼法》第一百四十一条之规定，提起公诉，请依法审判。

此致

上海市杨浦区人民法院

副检察长　李　翔

检 察 员　丁　磊

二〇〇九年十月二十日

附：1. 被告人靳某甲现羁押于本市杨浦区看守所，被告人林某某现取保候审；

2. 随案移送证据目录、证人名单各一份及侦查卷宗二册；

3. 《普通程序审理被告人认罪案件建议书》一份。

上海市杨浦区人民法院
刑事判决书

(2009) 杨刑初字第596号

公诉机关上海市杨浦区人民检察院。

被告人靳某甲，女，1980年××月××日出生于安徽省颍上县，汉族，初中文化，无业，户籍在安徽省颍上县××镇××村××号。因涉嫌盗窃罪于2009年7月16日被刑事拘留，同年8月7日被逮捕，现羁押于本市杨浦区看守所。

辩护人樊某某，上海市××律师事务所律师。

被告人林某某，男，1982年××月××日出生于江苏省阜宁县，汉族，初中文化，无业，户籍在江苏省阜宁县××镇××居委会××组××号。因涉嫌盗窃罪于2009年7月17日被刑事拘留，同年8月7日被逮捕，同年9月28日被取保候审。

辩护人张某某，上海市某某律师事务所律师。

上海市杨浦区人民检察院以沪杨检刑诉〔2009〕601号起诉书指控被告人靳某甲、林某某犯盗窃罪，于2009年10月22日向本院提起公诉。本院依法组成合议庭，适用“被告人认罪案件”普通程序，公开开庭审理了本案。上海市杨浦区人民检察院副检察长李翔、检察员丁磊出庭支持公诉，被告人靳某甲、林某某及辩护人樊某某、张某某，证人钱某某到庭参加诉讼。现已审理终结。

经审理查明：2008年10月，被告人靳某甲从其姐靳某乙（另行处理）处接手无证经营位于本市杨浦区××路××号“××酒家”，并与其丈夫被告人林某某共同经营。在未向上海燃气市北销售有限公司付清人工煤气管道施工费用的情况下，通过私接的管道盗用人工煤气用于酒家的经营活动。2009年3月，上海燃气市北销售有限公司工作人员在检查中发现上述情况后开具了违章通知单，并让店主停止盗用煤气的行为。此后，被告人靳某甲、林某某为牟取私利，仍请他人违规私接燃气管道、擅自开通并继续盗用人工煤气用于“××酒家”的经营活动。2009年7月15日，上海燃气市北销售有限公司工作人员在检查中再次发现“××酒家”有私接管道、盗用人工煤气的行为后，向上海市公安局杨浦分局报案。

经鉴定，被告人靳某甲、林某某在经营“××酒家”期间，于2008年10月1日至11月9日、2008年11月10日至11月30日、2008年12月1日至2009年1月31日、2009年5月1日至7月15日盗用人工煤气合计价值人民币83000余元。

案发后，被告人靳某甲、林某某在家属的配合下退赔了所有赃款。

上述事实，被告人靳某甲、林某某及辩护人在开庭审理过程中均无异议，并有证人徐某某、王某某、沈某某、夏某某、张某甲、方某某、范某某、钱某某的证言，上海燃气市北销售有限公司出具和提供的《报案报告》《燃气工程预收款协议书》《燃气设备供需合同书》《违章处理单》、相关发票等，上海燃气管理处制作的现场笔录及现场照片，书证《结婚证》《房屋租赁合同》《补充协议书》《协议书》、上海市发展和改革委员会、上海市城乡建设和交通委员会《关于本市非居民用户人工煤气销售价格联动调整的通知》等，上海市燃气安全和装备质量监督检验站出具的《关于××路××号××酒店现场测试报告》，上海市价格认证中心杨浦分部出具的《物品财产价格鉴定结论书》，上海市公安局扣押物品、文件清单，公安机关出具的工作情况等证据证实，足以认定。

本院认为，被告人靳某甲、林某某以非法占有为目的，秘密窃取公共财物，数额巨大，其行为均已构成盗窃罪。公诉机关的指控成立，对被告人靳某甲、林某某依法应予惩处。关于被告人林某某的辩护人提出林系从犯的意见，本院审核认为，“××酒家”系被告人靳某甲、林某某夫妻俩共同经营，且私接燃气管道的行为是靳某甲、林某某共同商量，由被告人林某某让他人私接的，其与被告人靳某甲在本案中的地位相当，故不能认定为从犯。辩护人关于本案的事实、性质、情节、认罪、悔罪态度和社会危害性及提出对被告人适用缓刑的意见，公诉机关不持异议，与法不悖，予以采纳。鉴于被告人靳某甲、林某某能自愿认罪，并已退赔了全部赃款，依法酌情从轻处罚。为严肃国法，保护公共财产所有权不受侵犯，依照《中华人民共和国刑法》第二百六十四条、第二十五条第一款、第七十二条、第七十三条第二、三款、第五十三条、第六十四条之规定，判决如下：

一、被告人靳某甲犯盗窃罪，判处有期徒刑三年，缓刑四年，罚金人民币二万元；

二、被告人林某某犯盗窃罪，判处有期徒刑三年，缓刑三年，罚金人民币二万元；

（二名被告人的缓刑考验期限，均从判决确定之日起计算；罚金均自本判决发生法律效力之日起十日内向本院缴纳。)

靳某甲、林某某回到社区后，应当遵守法律、法规、服从监督管理，接受教育，完成公益劳动，做一名有益社会的公民。

三、扣押在案的赃款发还被害单位上海燃气市北销售有限公司。

如不服本判决，可在接到判决书的第二日起十日内，通过本院或者直接向上海市第二中级人民法院提起上诉。书面上诉的，应当提交上诉状正本一份，副本三份。

审　判　长　朱伟民
审　判　员　陈蔓莉
人民陪审员　周　云
二〇〇九年十一月十三日
书　记　员　周广明

附：相关法律条文

《中华人民共和国刑法》

第二百六十四条　盗窃公私财物，数额较大或者多次盗窃的，处三年以下有期徒刑、拘役或者管制，并处或者单处罚金；数额巨大或者有其他严重情节的，处三年以上十年以下有期徒刑，并处罚金；数额特别巨大或者有其他特别严重情节的，处十年以上有期徒刑或者无期徒刑，并处罚金或者没收财产；有下列情形之一的，处无期徒刑或者死刑，并处没收财产：

(一) 盗窃金融机构，数额特别巨大的；

(二) 盗窃珍贵文物，情节严重的。

第二十五条第一款　共同犯罪是指二人以上共同故意犯罪。

第七十二条　对于被判处拘役、三年以下有期徒刑的犯罪分子，根据犯罪分子的犯罪情节和悔罪表现，适用缓刑确实不致再危害社会的，可以宣告缓刑。

被宣告缓刑的犯罪分子，如果被判处附加刑，附加刑仍须执行。

第七十三条第二款、第三款　有期徒刑的缓刑考验期限为原判刑期以上五年以下，但是不能少于一年。

缓刑考验期限，从判决确定之日起计算。

第五十三条　罚金在判决指定的期限内一次或者分期缴纳，期满不缴纳的，强制缴纳。对于不能全部缴纳罚金的，人民法院在任何时候发现被执行人有可以执行的财产，应当随时追缴。如果由于遭遇不能抗拒的灾祸缴纳确实有困难的，可以酌情减少或者免除。

第六十四条 犯罪分子违法所得的一切财产，应当予以追缴或者责令退赔；对被害人的合法财产，应当及时返还；违禁品和供犯罪所用的本人财物，应当予以没收。没收的财物和罚金，一律上缴国库，不得挪用和自行处理。

针对网络平台虚构事实骗取数额较大财物的构成诈骗罪

——董某某等、袁某某、薛某某利用O2O网络平台诈骗三案

【案例要旨】

以非法占有为目的，针对网络平台采用自我交易方式、虚构提供服务的事实，或者使用伪造、虚假的电子信息、程序等，骗取数额较大财产性利益的，构成诈骗罪。犯罪数额以被害人（单位）实际损失额认定。

【案情简要】

案例一：2015年，某网约车平台注册登记司机董某某、谈某某、高某某、宋某某，分别用购买、租赁未实名登记的手机号注册网约车乘客端，并在乘客端账户内预充打车费一二十元。随后，他们各自虚构用车订单，并用本人或其实际控制的其他司机端账户接单，发起较短距离用车需求，后又故意变更目的地延长乘车距离，致使应付车费大幅提高。由于乘客端账户预存打车费较少，无法支付全额车费。网约车公司为提升市场占有率，按照内部规定，在这种情况下由公司垫付车费，同样给予司机承接订单的补贴。四被告人采用这一手段，分别非法获取网约车公司垫付车费及公司给予司机承接订单的补贴。董某某获取40664.94元，谈某某获取14211.99元，高某某获取38943.01元，宋某某获取6627.43元。

普陀区人民检察院以被告人董某某等四人犯诈骗罪提起公诉。普陀区人民法院采纳指控意见，鉴于四被告人到案后能如实供述自己的罪行，依法可从轻处罚，四被告人家属均已代为全额退赔赃款，可酌情从轻处罚，分别判处被告人董某某等四人有期徒刑8个月至1年，并处罚金各人民币1000元；四被告人所得赃款依法发还被害单位。一审宣判后，四被告人未上诉，判决已生效。

案例二：2015年5月至10月间，被告人袁某某在其经营的××网店上售卖“××”App内首单优惠补贴资格。其通过租赁的手机号码和自行注册的

电子邮箱批量注册“××”网络送餐平台的新会员账户后，利用电脑安卓模拟器（模拟手机硬件/模拟手机镜像），规避“××”送餐平台的后台识别，非法获取该平台新用户首单5元至20元不等的优惠补贴资格，并以1元至4.5元不等的价格进行售卖。截至案发，共计造成被害单位“××”平台运营公司××网络科技（上海）有限公司实际损失人民币9.8万余元。

普陀区人民检察院以被告人袁某某犯诈骗罪提起公诉。普陀区人民法院采纳指控意见，鉴于被告人系自首，依法可减轻处罚，其家属代为全额退赔赃款，可酌情从轻处罚，以诈骗罪判处被告人袁某某有期徒刑2年，缓刑2年，并处罚金人民币8000元。一审宣判后，被告人未上诉，判决已生效。

案例三：2016年5月至10月间，被告人薛某某被上海某某酒店管理有限公司（某某五星酒店经营者）辞退后，多次虚构住客身份在“××网”预定某某五星酒店客房，再登录其掌握的该酒店的审核网上订单的账号对虚假订房订单予以确认，使“××网”后台相信有真实入住。被告人薛某某以此手法骗取“××网”返现奖励共计人民币38000余元。

普陀区人民检察院以被告人薛某某犯诈骗罪提起公诉。普陀区人民法院采纳指控意见，鉴于被告人薛某某到案后能够如实供述自己的犯罪事实，且其家属已代为退赔了赃款，依法可以从轻处罚，判处其有期徒刑1年，并处罚金人民币2000元。一审宣判后，被告人未上诉，判决已生效。

【典型意义】

当前，网络约车、网络订餐、网络订房等互联网经济新形态发展迅速。一些互联网公司为抢占市场，以提供订单补贴、首单优惠、奖励返现等形式吸引客户参与。一些不法分子采取违法手段，骗取互联网公司给予的补贴、返现等，数额较大的，可以构成诈骗罪。

一、网络平台向消费者提供的优惠补贴、奖励返现等，免除了消费者应支付的部分债务，系实际的财产性利益，可以作为诈骗罪的犯罪对象

根据有关规定，财产性利益可以成为诈骗罪的对象。上述案例中，优惠、补贴、返现资格等作为消费者获得对应财产性利益的“凭证”，具有“见证即付”的特征，即只要完成订单或首次下单消费，就可以按照网络平台的规定获得补贴、优惠或者返现，直接可以折算成现实的货币利益，故可以认定为诈骗罪等侵财类犯罪的对象。

二、针对网络平台采用自我交易方式、虚构提供服务的事实，或者使用伪造、虚假的电子信息、程序等，侵犯被害人财产性利益的，系诈骗行为

上述案例中，行为人以非法占有为目的，或通过网约车平台与网约车公司进行交流，发出虚构的用车需求，使网约车公司误认为是符合公司补贴规则的订单，基于错误认识，给予行为人垫付车费及订单补贴；或者使用伪造、虚假的电子信息、程序等，逃避审核，使网络订餐、订房平台误以为是符合首单优惠、奖励返现的订单，基于错误认识，给予优惠或者返现。其行为均符合诈骗罪的行为特征，应认定为诈骗行为。

三、犯罪金额应以被害人（单位）的实际损失数额认定

与传统诈骗犯罪不同，利用O2O网络平台实施的诈骗案件多涉及诈骗者、网络平台、消费者、商家等多方主体，被害人（单位）的实际损失数额与被告人的实际获利数额也常常不一致。如被告人袁某某诈骗案中，“××”平台兑现的首单优惠（“××”直接给到线下商户）数额为98000余元，但被告人的实际获利额为50000余元；被告人薛某某诈骗案中，“××”的返现额为38000余元，但某某五星酒店基于民事合同关系支付给“××”的返点为49000余元。在认定利用O2O网络平台实施的诈骗案件犯罪数额时，可参照有关司法解释规定，以被害人（单位）的实际损失额计算犯罪数额。

董某某等利用 O2O 网络平台诈骗案法律文书：

上海市普陀区人民检察院
起 诉 书

沪普检诉刑诉〔2016〕313 号

被告人董某某，男，1981 年××月××日生，公民身份号码：3101101981×××××××××，汉族，高中文化，无业，户籍在本市××路××弄××号，住本市××路××弄××号××室。2015 年 11 月 4 日因涉嫌诈骗罪被上海市公安局普陀分局刑事拘留，同月 12 日经本院批准并于次日由该局执行逮捕。

被告人谈某某，男，1984 年××月××日生，公民身份号码：3101101984×××××××××，汉族，高中文化，无业，户籍在本市××路××弄××号，住本市××路××弄××号××室。

被告人高某某，男，1974 年××月××日生，公民身份号码：3101031974×××××××××，汉族，高中文化，无业，户籍在本市××路××弄××号，住本市××路××弄××号××室。

被告人宋某某，女，1977 年××月××日生，公民身份号码：3201071977×××××××××，汉族，大专文化，××火车站员工，户籍在本市××路××弄××号××室，住本市××路××弄××号××室。

被告人谈某某、高某某、宋某某于 2015 年 9 月 24 日因涉嫌诈骗罪被上海市公安局普陀分局刑事拘留，次日被延长拘留期限至三十天，10 月 28 日经本院批准并于次日由该局执行逮捕。

本案由上海市公安局普陀分局侦查终结，以被告人董某某、谈某某、高某某、宋某某涉嫌诈骗罪，于 2015 年 12 月 29 日向本院移送审查起诉。本院受理后，于同月 31 日告知被告人有权委托辩护人，于同月 29 日告知被害人有权委托诉讼代理人，依法讯问了被告人，听取了辩护人、被害人的意见，审查了全部案件材料。本院于 2016 年 1 月 28 日退回补充侦查，上海市公安局普陀分局于 2 月 26 日补查重报。其间本院决定延长审查起诉期限两次。

经依法审查查明：

被告人董某某、谈某某、高某某、宋某某系“一号专车”注册登记司机。2015年始，四名被告人从费某某（另案处理）或他处购买未实名登记的手机号注册“一号专车”乘客端，虚构用车订单，后用本人或其实际控制的他人司机端账户接单，骗取被害单位上海××信息技术有限公司垫付的用车费用及公司给予司机承接订单的奖励费。其中，被告人董某某利用本人、夏某某、顾某某等账号，以上述方法诈骗共计40664.94元人民币（以下币种同）；被告人谈某某利用本人、王某某账号，以上述方法诈骗14211.99元；被告人高某某利用本人、侯某某、胡某某、叶某某、王某某、吴某某、马某某、杨某某、张某某、潘某甲、潘某乙、潘某丙等账号，以上述方法诈骗38943.01元；被告人宋某某利用本人、徐某某账号，以上述方法诈骗6627.43元。

2015年9月23日，公安民警在国定路邯郸路洞子张火锅店抓获被告人宋某某、高某某；次日在被告人谈某某位于龙华路的暂住处抓获被告人谈某某；上述三名被告人到案后均如实供述罪行；2015年9月26日，被告人董某某接通知后至派出所接受调查，到案时未作如实供述，后如实供述诈骗罪行。

认定上述事实的证据如下：

1. 被害单位证人陈某某的证言，证明其系上海××信息技术有限公司法务，其公司通过后台数据发现有司机利用其公司收费方式上的便利，虚构订单骗取公司钱款的事实。

2. 证人夏某某、顾某某的证言，证明被告人董某某用过两人支付宝账户刷单的事实。

3. 证人王某某、叶某某的证言，证明高某某、宋某某借用过两人身份证号码用于注册一号专车司机端账户的事实。

4. 证人徐某某的证言，证明其一号专车司机端账号是宋某某申请并使用的事实。

5. 扣押决定书，接受证据清单，证明已依法扣押宋某某2部手机、谈某某2部手机、高某某1部手机、董某某1部手机。

6. 手机截屏，证明被告人司机端信息。

7. 订单明细，证明被告人虚构订单骗取钱款的具体情况及金额。

8. 协助查询财产通知书，证明涉案人员账户情况。

9. 被害单位的组织机构代码证、营业执照，证明被害单位系合法成立及有关信息。

10. 涉案司机信息明细、机动车详细信息，证明涉案司机账户的相关信息。

11. 汽车租赁服务合作协议3份，相关租赁服务公司的营业执照、组织机构代码证、税务登记证、开户许可证，证明上海××信息技术有限公司与上海××租赁服务有限公司、上海××有限公司、上海××汽车租赁服务有限公司签订汽车租赁服务合作协议及公司的资质。

12. 公安机关出具的工作情况，证明本案案发及被告人到案情况。

13. 常住人口基本信息，证明被告人的身份情况。

14. 被告人董某某、谈某某、高某某、宋某某的供述，证明四人虚构用车订单，用本人或其实际控制的他人司机端账户接单，骗取钱款的事实。

上述证据来源及收集程序合法，内容客观真实，足以认定指控事实。被告人董某某、谈某某、高某某、宋某某对基本犯罪事实无异议。

本院认为，被告人董某某、谈某某、高某某、宋某某诈骗公私财产，数额较大，其行为均已触犯《中华人民共和国刑法》第二百六十六条，犯罪事实清楚，证据确实、充分，应当以诈骗罪追究其刑事责任。四名被告人到案后均作如实供述，根据《中华人民共和国刑法》第六十七条第三款的规定，可以从轻处罚。根据《中华人民共和国刑事诉讼法》第一百七十二条的规定，提起公诉，请依法判处。

此致

上海市普陀区人民法院

副检察长　唐　敏

检 察 员　胡敏颖

二〇一六年三月三十日

附：1. 被告人董某某、谈某某、高某某、宋某某现均被羁押于上海市普陀区看守所。

2. 案卷材料和证据四册。

3.《适用简易程序建议书》一份。

4.《量刑建议书》四份。

附：相关法律条文

《中华人民共和国刑法》

第六十七条第三款　犯罪嫌疑人虽不具有前两款规定的自首情节，但是如实供述自己罪行的，可以从轻处罚；因其如实供述自己罪行，避免特别严重后果发生的，可以减轻处罚。

第二百六十六条 诈骗公私财物，数额较大的，处三年以下有期徒刑、拘役或者管制，并处或者单处罚金；数额巨大或者有其他严重情节的，处三年以上十年以下有期徒刑，并处罚金；数额特别巨大或者有其他特别严重情节的，处十年以上有期徒刑或者无期徒刑，并处罚金或者没收财产。本法另有规定的，依照规定。

《中华人民共和国刑事诉讼法》

第一百七十二条 人民检察院认为犯罪嫌疑人的犯罪事实已经查清，证据确实、充分，依法应当追究刑事责任的，应当作出起诉决定，按照审判管辖的规定，向人民法院提起公诉，并将案件材料、证据移送人民法院。

上海市普陀区人民法院
刑事判决书

（2016）沪0107刑初377号

公诉机关上海市普陀区人民检察院。

被告人董某某（3101101981××××××××），男，1981年××月××日出生，汉族，出生地上海市，初中文化，无业，户籍地上海市××路××弄××号，现住上海市××路××弄××号××室；因本案于2015年11月4日被上海市公安局普陀分局刑事拘留，同年11月3日被依法逮捕；现羁押于上海市普陀区看守所。

辩护人刘某某，上海××律师事务所律师。

被告人谈某某（3101101984××××××××），男，1984年××月××日出生，汉族，出生地上海市，高中文化，无业，户籍地上海市××路××弄××号，现住上海市××路××弄××号××室；因本案于2015年9月24日被上海市公安局普陀分局刑事拘留，同年10月29日被依法逮捕；现羁押于上海市普陀区看守所。

辩护人沈某某，上海市××律师事务所律师。

被告人高某某（3101031974××××××××），男，1974年××月××日出生，汉族，出生地上海市，高中文化，无业，户籍地上海市××路××弄××号，现住上海市××路××弄××号××室；2005年因犯倒卖车票罪被判处拘役四个月，缓刑六个月，并处罚金人民币185118元；因本案于2015年9月24日被上海市公安局普陀分局刑事拘留，同年10月29日被依法逮捕；现羁押于上海市普陀区看守所。

辩护人常某某，上海市××律师事务所律师。

被告人宋某某（3201071977××××××××），女，1977年××月××日出生，汉族，出生地上海市，大专文化，××火车站员工，户籍地上海市××路××弄××号××室，现住上海市××路××弄××号××室；因本案于2015年9月24日被上海市公安局普陀分局刑事拘留，同年10月29日被依法逮捕；现羁押于上海市普陀区看守所。

辩护人卫某某，上海××律师事务所律师。

上海市普陀区人民检察院以沪普检诉刑诉〔2016〕313号起诉书指控被告人董某某、谈某某、高某某、宋某某犯诈骗罪，于2016年4月1日向本院提起公诉。本院依法适用简易程序，实行独任审判，公开开庭审理了本案。上海市普陀区人民检察院指派检察员胡敏颖出庭支持公诉，被告人董某某、谈某某、高某某、宋某某到庭参加诉讼。现已审理终结。

上海市普陀区人民检察院指控：被告人董某某、谈某某、高某某、宋某某系“一号专车”注册登记司机。2015年始，四名被告人从费某某（另案处理）或他处购买未实名登记的手机号注册“一号专车”乘客端，虚构用车订单，后用本人或其实际控制的他人司机端账户接单，骗取被害单位上海××信息技术有限公司垫付的用车费用及公司给予司机承接订单的奖励费。其中，被告人董某某利用本人、夏某某、顾某某等账号，以上述方法诈骗共计人民币（以下币种均为人民币）40664.94元；被告人谈某某利用本人、王某某账号，以上述方法诈骗14211.99元；被告人高某某利用本人、侯某某、胡某某、叶某某、王某某、吴某某、马某某、杨某某、张某某、潘某甲、潘某乙、潘某丙等账号，以上述方法诈骗38943.01元；被告人宋某某利用本人、徐某某账号，以上述方法诈骗6627.43元。

2015年9月23日，公安民警在国定路邯郸路洞子张火锅店抓获被告人宋某某、高某某；次日在被告人谈某某位于龙华路的暂住处抓获被告人谈某某；上述三名被告人到案后均如实供述罪行：2015年9月26日，被告人董某某接通知后至派出所接受调查，到案时未作如实供述，后如实供述诈骗罪行。

上述事实，被告人董某某、谈某某、高某某、宋某某在开庭审理过程中均无异议，并有证人陈某某的证言，证人夏某某、顾某某的证言，证人王某某、叶某某的证言，证人徐某某的证言，扣押决定书，接受证据清单，手机截屏，订单明细，协助查询财产通知书，被害单位的组织机构代码证、营业执照，涉案司机信息明细、机动车详细信息，汽车租赁服务合作协议3份，相关租赁服务公司的营业执照、组织机构代码证、税务登记证、开户许可证，常住人口基本信息，公安机关出具的工作情况等证据证实，足以认定。

本院认为，被告人董某某、谈某某、高某某、宋某某以非法占有为目的，采用虚构事实、隐瞒真相的方法，骗取他人钱财，数额较大，其行为已构成诈骗罪，依法应予处罚。上海市普陀区人民检察院指控被告人董某某、谈某某、高某某、宋某某的犯罪事实清楚，罪名成立。被告人董某某、谈某某、高某某、宋某某到案后能如实供述自己的罪行，依法可从轻处罚。被告人董某某、谈某某、高某某、宋某某的家属均已代为全额退赔赃款，可对四名被告人酌情从轻处罚。辩护人提出对被告人从轻处理的辩护意见本院均予采纳，关于减轻及适用缓刑的辩护意见不予采纳。公诉机关的量刑建议，亦可采纳。根据各被告人在共同犯罪中的地位、作用和对社会的危害程度，依照《中华人民共和国刑法》第二百六十六条、第六十七条第三款、第六十四条之规定，判决如下：

一、被告人董某某犯诈骗罪，判处有期徒刑一年，并处罚金人民币一千元。

（刑期从判决执行之日起计算，判决执行以前先行羁押的，羁押一日折抵刑期一日，即自2015年11月4日起至2016年11月2日止；罚金款应在本判决生效后一个月内缴纳至本院。）

二、被告人谈某某犯诈骗罪，判处有期徒刑十个月，并处罚金人民币一千元。

（刑期从判决执行之日起计算。判决执行以前先行羁押的，羁押一日折抵刑期一日，即自2015年9月24日起至2016年7月23日止；罚金款应在本判决生效后一个月内缴纳至本院。）

三、被告人高某某犯诈骗罪，判处有期徒刑一年，并处罚金人民币一千元。

（刑期从判决执行之日起计算。判决执行以前先行羁押的，羁押一日折抵刑期一日，即自2015年9月23日起至2016年9月22日止；罚金款应在本判决生效后一个月内缴纳至本院。）

四、被告人宋某某犯诈骗罪，判处有期徒刑八个月，并处罚金人民币一千元。

（刑期从判决执行之日起计算。判决执行以前先行羁押的，羁押一日折抵刑期一日，即自2015年9月23日起至2016年5月22日止；罚金款应在本判决生效后一个月内缴纳至本院。）

五、赃款依法发还被害单位。

如不服本判决，可在接到判决书的第二日起十日内，通过本院或者直接向上海市第二中级人民法院提出上诉。书面上诉的，应当提交上诉状正本一份，副本一份。

审 判 员 董婷婷

二〇一六年四月十八日

书 记 员 殷轶群

附：相关法律条文

《中华人民共和国刑法》

第二百六十六条 诈骗公私财物，数额较大的，处三年以下有期徒刑、拘役或者管制，并处或者单处罚金；数额巨大或者有其他严重情节的，处三年以上十年以下有期徒刑，并处罚金；数额特别巨大或者有其他特别严重情节的，处十年以上有期徒刑或者无期徒刑，并处罚金或者没收财产。本法另有规定的，依照规定。

第六十七条第三款 犯罪嫌疑人虽不具有前两款规定的自首情节，但是如实供述自己罪行的，可以从轻处罚；因其如实供述自己罪行，避免特别严重后果发生的，可以减轻处罚。

第六十四条 犯罪分子违法所得的一切财物，应当予以追缴或者责令退赔；对被害人的合法财产，应当及时返还；违禁品和供犯罪所用的本人财物，应当予以没收。没收的财物和罚金，一律上缴国库，不得挪用和自行处理。

袁某某利用 O2O 网络平台诈骗案法律文书：

上海市普陀区人民检察院

起 诉 书

沪普检诉刑诉〔2016〕1200 号

被告人袁某某，男，1991 年××月××日生，公民身份号码：4111231991×××××××××，汉族，中专文化，农民，户籍在河南省××市××区××镇××村××组××号。2016 年 5 月 1 日因涉嫌诈骗罪被上海市公安局普陀分局刑事拘留，5 月 3 日被延长拘留期限至三十天，同年 6 月 7 日经我院批准并于次日由该局执行逮捕。

本案由上海市公安局普陀分局侦查终结，以被告人袁某某涉嫌诈骗罪，于 2016 年 8 月 3 日向本院移送审查起诉。本院受理后，于 8 月 5 日已告知被告人有权委托辩护人及被害人有权委托诉讼代理人，依法讯问了被告人，听取了辩护人的意见，审查了全部案件材料。本院于 2016 年 9 月 2 日退回补充侦查，上海市公安局普陀分局于 9 月 28 日补查重报。其间，本院决定延长审查起诉期限半个月。

经依法审查查明：

2015 年 5 月起，被告人袁某某在××网上其经营的××商铺上，售卖××App 内首单优惠补贴资格。其通过租赁来的手机号码和自行注册的电子邮箱注册××平台用户名；设置呼叫转移蒙蔽××平台的后台语音审核；并在客户使用这些用户名下单订餐时，使用模拟器模拟手机硬件骗过××平台的后台识别，共计骗取被害单位××平台运营公司××网络科技（上海）有限公司人民币 9.8 万余元补贴款。

2016 年 4 月 30 日，公安机关至被告人袁某某位于河南省××市的暂住地，袁某某接其父电话后自动归案。

认定上述事实的主要证据有：被害单位的报案材料、证人孙某某、陈某某、李某某的证言、扣押决定书及扣押清单、调取证据通知书、调取证据清单及相关数据、被害单位出具的情况说明及数据表、公安机关出具的抓捕经过及工作情况、被告人袁某某的供述等。上述证据来源及收集程序合法，内容客观真实，足以认定指控事实。被告人袁某某对基本犯罪事实无异议。

本院认为，被告人袁某某以非法占有为目的，诈骗公司财物，数额巨大，其行为已触犯《中华人民共和国刑法》第二百六十六条，犯罪事实清楚，证据确实、充分，应当以诈骗罪追究其刑事责任。被告人袁某某自动投案，如实供述自己的罪行，根据《中华人民共和国刑法》第六十七条第一款的规定，系自首，可以从轻或者减轻处罚。根据《中华人民共和国刑事诉讼法》第一百七十二条的规定，提起公诉，请依法判处。

此致

上海市普陀区人民法院

检察员　胡敏颖

二〇一六年十一月八日

附：1. 被告人袁某某现被羁押于上海市普陀区看守所。

2. 案卷材料和证据三册。

附：相关法律条文

《中华人民共和国刑法》

第六十七条第一款　犯罪以后自动投案，如实供述自己的罪行的，是自首。对于自首的犯罪分子，可以从轻或者减轻处罚。其中，犯罪较轻的，可以免除处罚。

第二百六十六条　诈骗公私财物，数额较大的，处三年以下有期徒刑、拘役或者管制，并处或者单处罚金；数额巨大或者有其他严重情节的，处三年以上十年以下有期徒刑，并处罚金；数额特别巨大或者有其他特别严重情节的，处十年以上有期徒刑或者无期徒刑，并处罚金或者没收财产。本法另有规定的，依照规定。

《中华人民共和国刑事诉讼法》

第一百七十二条　人民检察院认为犯罪嫌疑人的犯罪事实已经查清，证据确实、充分，依法应当追究刑事责任的，应当作出起诉决定，按照审判管辖的规定，向人民法院提起公诉，并将案件材料、证据移送人民法院。

上海市普陀区人民法院
刑事判决书

（2016）沪0107刑初1354号

公诉机关上海市普陀区人民检察院。

被告人袁某某（4111231991××××××××），男，1991年××月××日出生，汉族，出生地河南省××区，中专文化，农民，户籍所在地河南省××市××区××镇××村××组××号；因本案于2016年5月1日被上海市公安局普陀分局刑事拘留，同年6月8日被依法逮捕；现羁押于上海市普陀区看守所。

辩护人辛某某，北京××（上海）律师事务所律师。

辩护人徐某某，北京××（上海）律师事务所律师。

上海市普陀区人民检察院以沪普检诉刑诉〔2016〕1200号起诉书指控被告人袁某某犯诈骗罪，于2016年11月12日向本院提起公诉。本院依法组成合议庭，公开开庭审理了本案。上海市普陀区人民检察院指派检察员吴波、胡敏颖出庭支持公诉，被告人袁某某及其辩护人辛某某、徐某某到庭参加诉讼。现已审理终结。

上海市普陀区人民检察院指控：2015年5月起，被告人袁某某在××网上其经营的××商铺上，售卖××App内首单优惠补贴资格。其通过租赁来的手机号码和自行注册的电子邮箱注册××平台用户名；设置呼叫转移蒙蔽××平台后台语音审核；并在客户使用这些用户名下单订餐时，使用模拟器模拟手机硬件骗过××平台后台识别，共计骗取被害单位××平台运营公司××网络科技（上海）有限公司人民币（以下币种均为人民币）9.8万余元补贴款。

2016年4月，公安机关至被告人袁某某位于河南省××市的暂住地，袁某某接其父电话后自动归案。

公诉机关指控证据有被害单位的报案材料、证人孙某某、陈某某、李某某的证言、扣押决定书及扣押清单、调取证据通知书、调取证据清单及相关数据、被害单位出具的情况说明及数据表、公安机关出具的抓捕经过及工作情况、被告人袁某某的供述等。

公诉机关认定被告人袁某某的行为已构成诈骗罪，鉴于被告人袁某某系自首，认罪态度较好，且退赔了赃款，依法可以减轻处罚，建议本院依照《中华人民共和国刑法》第二百六十六条、第六十七条第一款之规定对被告人袁某某处罚。

庭审中，被告人袁某某对起诉书指控的犯罪事实和罪名无异议。辩护人对起诉书指控被告人的犯罪事实和罪名亦无异议，并提请法院考虑被告人具有自首情节，退赔了赃款，且系初犯，对被告人宣告缓刑。

经审理查明，2015 年 5 月起，被告人袁某某在××网其经营的××商铺上，售卖××App 内首单优惠补贴资格。其通过租赁来的手机号码和自行注册的电子邮箱注册××平台用户名；设置呼叫转移蒙蔽××平台后台语音审核；并在客户使用这些用户名下单订餐时，使用模拟器模拟手机硬件骗过××平台后台识别，共计骗取被害单位××平台运营公司××网络科技（上海）有限公司人民币 9.8 万余元补贴款。

2016 年 4 月 29 日，公安机关至被告人袁某某位于河南省××市的暂住地，袁某某接其父电话后自动归案。

上述事实，有公诉机关提供的下列证据证实，均经庭审举证、质证，查证属实，并与被告人的供述相互一致，本院予以确认：

1. 被害单位的报案材料及证人孙某某（系被害单位监察部负责人）的证言，证明××平台运营公司××网络科技（上海）有限公司设置首单优惠的资格要求，该公司于 2015 年 10 月报案称××网上有一家名为××的店铺利用自制的外挂程序大量刷取××平台新用户首单红包并对外销售，造成该公司大量经济损失。

2. 证人陈某某的证言，证实其曾在××网××商户内购买过 46 次××平台首单优惠补贴，一次单价一般在 3 元左右，可享受 10 元至 30 元不等的首单优惠。买家在网店拍下首单优惠补贴之后，卖家会通过××网将账号、密码发送给买家，买家用上述账号、密码在自己的手机上登录××App 点餐，随后将点餐截图发给卖家，卖家会再次使用上述账号、密码登录，并在后台操作之后通知买家再次登录，本来在买家用户手机上无法显示的首单优惠补贴会在卖家操作之后显示并能够使用，之后支付扣除首单优惠补贴的金额就完成一单交易。

3. 证人李某某的证言，其系××平台的注册商户，证实商户在××平台有专门账户，客户在××平台消费的钱款均由××平台公司打入专门账户。首单优惠补贴系××平台公司开展的优惠活动，该优惠仅针对首次点单的新用户，客户在××平台点单后，××平台公司会按照订单总额跟商户结算钱款，即平台须将首单优惠补贴也支付给商户。

4. 扣押决定书、扣押清单，证实公安机关将涉案的手机及银行卡予以扣押。

5. 调取证据通知书、调取证据清单及相关数据、被害单位出具的情况说明及数据表，证实被告人袁某某通过销售首单优惠补贴，骗取被害单位9.8万余元补贴款。

6. 公安机关出具的抓捕经过及工作情况，证明被告人袁某某的到案情况。

本院认为，被告人袁某某以非法占有为目的，采用虚构事实、隐瞒真相的方法，骗取他人钱财，数额巨大，其行为已构成诈骗罪，依法应予处罚。上海市普陀区人民检察院指控被告人袁某某的犯罪事实清楚，罪名成立。被告人袁某某主动投案，到案后如实供述自己的罪行，系自首，依法可减轻处罚。被告人袁某某的家属代为退赔了被害单位赃款，依法可酌情从轻处罚。鉴于上述情节，且被告人袁某某具有认罪悔罪表现，故对辩护人提出宣告缓刑的辩护意见，予以采纳。对公诉机关的量刑建议，也予采纳。依照《中华人民共和国刑法》第二百六十六条，第六十七条第一款，第七十二条第一款、第三款，第七十三条第二款、第三款，第六十四条及最高人民法院《关于处理自首和立功具体应用法律若干问题的解释》第一条之规定，判决如下：

一、被告人袁某某犯诈骗罪，判处有期徒刑二年，缓刑二年，并处罚金人民币八千元。

（缓刑考验期限，从判决确定之日起计算；罚金款应在本判决生效之日起一个月内缴纳。）

被告人袁某某回到社区后应当遵守法律、法规，服从监督管理，接受教育，完成公益劳动，做一名有益社会的公民。

二、赃款人民币九万八千元依法发还被害单位。

如不服本判决，可在接到判决书的第二日起十日内，通过本院或者直接向上海市第二中级人民法院提出上诉。书面上诉的，应当提交上诉状正本一份，副本一份。

审　判　长　唐　敏
审　判　员　董婷婷
人民陪审员　浦　艳
二〇一六年十二月二十九日
书　记　员　殷轶群

附：相关法律条文

《中华人民共和国刑法》

第二百六十六条 诈骗公私财物，数额较大的，处三年以下有期徒刑、拘役或者管制，并处或者单处罚金；数额巨大或者有其他严重情节的，处三年以上十年以下有期徒刑，并处罚金；数额特别巨大或者有其他特别严重情节的，处十年以上有期徒刑或者无期徒刑，并处罚金或者没收财产。本法另有规定的，依照规定。

第六十七条第一款 犯罪以后自动投案，如实供述自己的罪行的，是自首。对于自首的犯罪分子，可以从轻或者减轻处罚。其中，犯罪较轻的，可以免除处罚。

第七十二条第一款 对于被判处拘役、三年以下有期徒刑的犯罪分子，同时符合下列条件的，可以宣告缓刑，对其中不满十八周岁的人、怀孕的妇女和已满七十五周岁的人，应当宣告缓刑：

（一）犯罪情节较轻；

（二）有悔罪表现；

（三）没有再犯罪的危险；

（四）宣告缓刑对所居住社区没有重大不良影响。

第三款 被宣告缓刑的犯罪分子，如果被判处附加刑，附加刑仍须执行。

第七十三条第二款、第三款 有期徒刑的缓刑考验期限为原判刑期以上五年以下，但是不能少于一年。

缓刑考验期限，从判决确定之日起计算。

第六十四条 犯罪分子违法所得的一切财物，应当予以追缴或者责令退赔；对被害人的合法财产，应当及时返还；违禁品和供犯罪所用的本人财物，应当予以没收。没收的财物和罚金，一律上缴国库，不得挪用和自行处理。

最高人民法院《关于处理自首和立功具体应用法律若干问题的解释》

第一条 根据刑法第六十七条第一款的规定，犯罪以后自动投案，如实供述自己的罪行的，是自首。

薛某某利用O2O网络平台诈骗案法律文书：

上海市普陀区人民检察院

起诉书

沪普检诉刑诉〔2017〕508号

被告人薛某某（曾用名：王某某），男，1983年××月××日生，公民身份号码3101051983××××××××，汉族，大专文化，原系上海××酒店管理有限公司工作人员，户籍在本市××区××路××弄××号××室，暂住本市××区××路××弄××号××室。2007年11月因犯盗窃罪被上海市长宁区人民法院判处有期徒刑一年，缓刑一年。2016年12月13日因涉嫌诈骗罪被上海市公安局普陀分局刑事拘留，同日延长刑事拘留期限至三十天，经本院批准，2017年1月17日由该局执行逮捕。

本案由上海市公安局普陀分局侦查终结，以被告人薛某某涉嫌诈骗罪，于2017年3月15日移送本院审查起诉。本院受理后，于次日分别告知被告人有权委托辩护人以及被害单位有权委托诉讼代理人；依法讯问了被告人，审查了全部案件材料。被告人薛某某同意适用简易程序审理本案。

经依法审查查明：

2016年5月至10月间，被告人薛某某被上海××酒店管理有限公司（××酒店）辞退后，多次虚构住客身份在××网预定××酒店客房，再登录其掌握的该酒店的审核网上订单的账号对虚假订房予以确认，使××网后台相信有真实入住。被告人薛某某以此手法骗取××网返现奖励共计人民币38000余元。××酒店在不知情的情况下，基于民事合同关系，支付给××网人民币49000余元。

2016年12月13日，被告人薛某某被公安机关抓获。案发后，被告人薛某某家属代为赔付了酒店损失，取得了酒店的谅解。

上述事实，有以下证据证明：

1. 证人李某某的陈述，其系××酒店经理，证明酒店对账时发现有虚假订单产生的佣金已经通过酒店支付给××网并已经返现给被告人薛某某个人账户的事实。

2. 扣押决定书、扣押清单，证明公安机关从被告人薛某某处扣押了三张银行卡的事实。

3. 劳务合同、离职证明等，证明被告人薛某某于2016年4月30日从××酒店离职的事实。

4. 账单一组、表单一组、查询函等，证明2016年5月至10月，被告人薛某某骗取××网返现人民币38000余元的事实。

5. 合同书一份，证明××酒店与××网合作的事实。

6. 抓获情况，证明被告人薛某某的到案经过。

7. 前科材料，证明被告人薛某某的前科情况。

8. 谅解书、收条，证明被告人薛某某家属已代为赔付了××酒店等事实。

9. 被告人薛某某的供述，证明其离职后，通过已掌握的××酒店的后台账户，私下予以确认其在××网上填写的虚假住客身份，骗取××网对订房客户的现金返还奖励等事实。

上述证据来源及收集程序合法，内容客观真实，足以认定指控事实。被告人薛某某对基本犯罪事实无异议。

本院认为，被告人薛某某以非法占有为目的，虚构事实，骗取公私财物，数额较大，其行为已触犯《中华人民共和国刑法》第二百六十六条的规定，犯罪事实清楚，证据确实、充分，应当以诈骗罪追究刑事责任。被告人薛某某如实供述自己的罪行，根据《中华人民共和国刑法》第六十七条第三款的规定，可以从轻处罚。根据《中华人民共和国刑事诉讼法》第一百七十二条的规定，提起公诉，请依法审判。

此致

上海市普陀区人民法院

代理检察员　苏　坤

二〇一七年六月十五日

附：1. 被告人薛某某现羁押于上海市第三看守所。

2. 侦查卷宗三册。

3.《简易程序建议书》一份。

4.《量刑建议书》一份。

附：相关法律条文

《中华人民共和国刑法》

第六十七条 ……

犯罪嫌疑人虽不具有前两款规定的自首情节，但是如实供述自己罪行的，可以从轻处罚；因其如实供述自己罪行，避免特别严重后果发生的，可以减轻处罚。

第二百六十六条 诈骗公私财物，数额较大的，处三年以下有期徒刑、拘役或者管制，并处或者单处罚金；数额巨大或者有其他严重情节的，处三年以上十年以下有期徒刑，并处罚金；数额特别巨大或者有其他特别严重情节的，处十年以上有期徒刑或者无期徒刑，并处罚金或者没收财产。本法另有规定的，依照规定。

《中华人民共和国刑事诉讼法》

第一百七十二条 人民检察院认为犯罪嫌疑人的犯罪事实已经查清，证据确实、充分，依法应当追究刑事责任的，应当作出起诉决定，按照审判管辖的规定，向人民法院提起公诉，并将案卷材料、证据移送人民法院。

上海市普陀区人民法院
刑事判决书

（2017）沪0107刑初567号

公诉机关上海市普陀区人民检察院。

被告人薛某某，曾用名：王某某，男，1983年××月××日出生于上海市，汉族，大专文化，原系上海××酒店管理有限公司员工，户籍地本市××区××路××弄××号××室，暂住本市××区××路××弄××号××室；2007年11月因犯盗窃罪被上海市长宁区人民法院判处有期徒刑一年，缓刑一年。现因本案于2016年12月13日被上海市公安局普陀分局刑事拘留，2017年1月17日被依法逮捕。现羁押于上海市第三看守所。

辩护人张某某，上海××律师事务所律师。

上海市普陀区人民检察院以沪普检诉刑诉〔2017〕508号起诉书指控被告人薛某某犯诈骗罪，于2017年6月18日向本院提起公诉。本院依法适用简易程序，实行独任审判，公开开庭审理了本案。上海市普陀区人民检察院指派检察员程其铭出庭支持公诉，被告人薛某某及辩护人张某某到庭参加诉讼。现已审理终结。

上海市普陀区人民检察院指控，2016年5月至10月间，被告人薛某某被上海××酒店管理有限公司辞退后，多次虚构住客身份在“××网”预定上海××酒店管理有限公司经营的“××五星酒店”客房，再登录其掌握的该酒店的审核网上订单的账号对虚假订房予以确认，使“××网”后台相信有真实入住。被告人薛某某以此手法骗取“××网”返现奖励共计人民币38000余元。“××五星酒店”在不知情的情况下，基于民事合同关系，支付××计算机技术（上海）有限公司人民币49000余元。

2016年12月13日，被告人薛某某被公安机关抓获。

上述事实，被告人薛某某及其辩护人在开庭审理过程中均无异议，并有证人李某某的证言，劳务合同、离职证明，合同书，账单、表单、查询函，扣押决定书、扣押清单，谅解书、收条，公安业务档案卡片详细信息，常住人口基本信息，工作情况等证据证实，足以认定。

本院认为，被告人薛某某以非法占有为目的，采用虚构事实，隐瞒真相的方法，骗取公私财物，数额较大，其行为已构成诈骗罪，依法应予处罚。上海市普陀区人民检察院的指控事实和罪名成立。被告人薛某某曾因犯罪被判，依法酌情从严处罚。被告人薛某某到案后能如实供述自己的犯罪事实，且在案发后，其家属已代为退赔了赃款，依法可从轻处罚。辩护人建议对被告人薛某某从轻处罚的辩护意见，可予采纳，但辩护人建议对被告人薛某某适用缓刑的辩护意见，不予采纳。公诉机关提出的量刑建议，可予采纳。根据被告人薛某某的犯罪事实、性质、情节和对于社会的危害程度等，依照《中华人民共和国刑法》第二百六十六条、第六十七条第三款之规定，判决如下：

被告人薛某某犯诈骗罪，判处有期徒刑一年，并处罚金人民币二千元。

（刑期从判决执行之日起计算。判决执行以前先行羁押的，羁押一日折抵刑期一日，即自2016年12月13日起至2017年12月12日止；罚金款应在本判决生效之日起一个月内缴纳。）

如不服本判决，可在接到判决书的第二日起十日内，通过本院或者直接向上海市第二中级人民法院提出上诉。书面上诉的，应当提交上诉状正本一份，副本一份。

审　判　员　陈　肸

二〇一七年六月二十九日

书　记　员　何国斌

附：相关法律条文

《中华人民共和国刑法》

第二百六十六条　诈骗公私财物，数额较大的，处三年以下有期徒刑、拘役或者管制，并处或者单处罚金；数额巨大或者有其他严重情节的，处三年以上十年以下有期徒刑，并处罚金；数额特别巨大或者有其他特别严重情节的，处十年以上有期徒刑或者无期徒刑，并处罚金或者没收财产。本法另有规定的，依照规定。

第六十七条　……

犯罪嫌疑人虽不具有前两款规定的自首情节，但是如实供述自己罪行的，可以从轻处罚；因其如实供述自己罪行，避免特别严重后果发生的，可以减轻处罚。

检察官办案蓝宝书

上海市检察机关典型案例汇编

（下）

上海市人民检察院／编

中国检察出版社

目 录

一、实体篇

二、程 序 篇

三、其　　他

抢夺他人财物在逃离途中被人赃俱获应认定为抢夺罪既遂

——刘某某抢夺抗诉案

【案例要旨】

行为人抢夺他人财物，致使被害人对财物失去控制，虽然行为人在逃离途中人赃俱获，仍应认定为抢夺罪既遂。

【案情简要】

2012 年 11 月 24 日 11 时 30 分许，原审被告人刘某某步行至本市广元西路、恭城路路口，趁被害人杨某某不备，夺取杨某某左手握着的红色长方形皮制钱包一个（内有现金人民币 866 元等物）及三星牌 GT—19300 型白色手机一部（价值人民币 3318 元）。刘某某在逃离途中被公安人员抓获。

徐汇区人民法院以抢夺罪（既遂）判处刘某某有期徒刑 2 年。刘某某不服，提出上诉。上海市第一中级人民法院认为，刘某某实施抢夺行为后，被害人即大声呼救并追赶刘某某，行人、民警闻讯后相继加入追赶，将刘某某人赃俱获，故可以认为被害人的财物仍处于被害人及抓捕者的目击控制范围而未失控，应认定刘某某抢夺未遂，据此改判有期徒刑 1 年 6 个月。徐汇区人民检察院经上海市人民检察院第一分院提请上海市人民检察院按照审判监督程序提出抗诉。上海市人民检察院经检委会讨论后提出抗诉，上海市高级人民法院再审采纳抗诉意见并作出裁定，认定刘某某抢夺既遂。

【典型意义】

刘某某抢夺抗诉案系纠正二审法院适用法律错误的再审抗诉案件，争议焦点在于行为人抢夺他人财物后，在逃离途中被人赃俱获，应认定为抢夺既遂还是未遂。实际办案中，应结合案件具体情况分析判定被害人是否对财物失去控制以及事后追捕且人赃俱获是否影响犯罪既遂的成立。

一、不能以“目击控制”作为判断被害人是否对财物有效控制的界限

区分抢夺罪既遂与未遂的标准，系被害人是否因行为人的抢夺行为而对财物失去有效控制和支配，其判断依据在于行为人的抢夺行为使财物所处的实际状态，而不在于该财物是否处于被害人及抓捕者的目击控制范围。本案中，刘某某从被害人处夺取手机和钱包后，致手机从其手中掉落到地面，但被害人及抓捕者均未发现。此外，刘某某在逃离途中始终将钱包藏入自己衣内，且案发现场距离被抓地点500余米，并在广元西路右转至华山路时存在视野障碍，被害人及抓捕者也无法对钱包进行“目击控制”；还需要注意的是，钱包一直处于刘某某的实际控制之下，其控制力要远远强于所谓的“目击控制”，并能够排除被害人对钱包的占有。由此可见，涉案的手机和钱包已完全脱离了被害人的有效控制和支配。虽然被害人在行人及民警帮助下最终恢复了对手机和钱包的占有，但这属于失而复得，不能据此否定被害人之前对该财物已经失控的事实。

二、事后追捕且人赃俱获不影响犯罪既遂的成立

事后追捕行为，不论是被害人的自救行为，还是行人的见义勇为，抑或民警的履职行为，都是在犯罪既遂之后，为挽回被害人的财产损失而实施的救济行为。如果因事后追捕且人赃俱获而否定犯罪既遂的成立，无疑是要求被害人只有放弃追捕行为才能认定行为人犯罪既遂并使其得到严惩，这显然不符合司法逻辑，也易造成执法混乱。本案中，被害人呼救并追赶，以及行人、民警闻讯后相继加入追赶，均属事后追捕行为；被害人因人赃俱获而对财物失而复得，不能等同于行为人因意志以外的原因而未得逞。因此，上述情形不影响抢夺罪既遂的成立。

上海市徐汇区人民检察院

起 诉 书

沪徐检刑诉〔2013〕153号

被告人刘某某，男，1992年××月××日生，公民身份号码：4208811992×××××××××，汉族，初中文化，无业，户籍在湖北省钟祥市××镇××，无固定住所。2012年11月24日因涉嫌抢夺罪，由上海市公安局徐汇分局刑事拘留，同年11月26日延长刑事拘留期限至七天，2012年12月5日经本院批准并由该局执行逮捕。

本案由上海市公安局徐汇分局侦查终结，以被告人刘某某涉嫌抢夺罪，于2013年2月1日向本院移送审查起诉。本院受理后，于同日告知被告人有权委托辩护人、函告被害人有权委托诉讼代理人；依法讯问了被告人，审查了全部案件材料。被告人刘某某对本案同意适用简易程序审理。

经依法审查查明：

2012年11月24日11时许，被告人刘某某步行至本市广元西路、恭城路路口，趁被害人杨某某不备，从杨某某手中夺走钱包一个（内有现金人民币866元等物）及三星牌GT—19300型手机一部（价值人民币3318.66元），后在逃离现场时被公安人员抓获。

到案后，被告人刘某某如实供述了自己的罪行。

上述事实，有以下证据证明：

1. 被害人杨某某的陈述，以及监控录像及截图，证实杨某某的钱包及手机被刘某某夺走的事实。

2.《扣押物品、文件清单》《调取证据清单》及赃证物品照片，证实公安机关扣押、调取赃证物品的情况。

3.《上海市公安局案件接报回执单》《上海市公安局受案登记表》《接受刑事案件登记表》、工作情况，以及证人赵某某、印某某、吴某某的证言，证实本案案发经过及被告人刘某某的到案情况。

4.《上海市徐汇区物价局价格鉴定结论书》，证实经鉴定，三星牌GT—19300型手机一部价值人民币3318.66元。

5. 被告人刘某某的供述及辨认笔录，其对上述犯罪事实供认不讳。

上述证据收集程序合法，内容客观真实，足以认定指控事实。被告人刘某某对基本犯罪事实无异议。

本院认为，被告人刘某某以非法占有为目的，乘人不备，公然夺取他人价值人民币4100余元的财物，数额较大，其行为触犯了《中华人民共和国刑法》第二百六十七条第一款之规定，应当以抢夺罪追究其刑事责任。被告人刘某某如实供述自己的罪行，根据《中华人民共和国刑法》第六十七条第三款，可以从轻处罚。根据《中华人民共和国刑事诉讼法》第一百七十二条的规定，提起公诉，请依法审判。

此致

上海市徐汇区人民法院

检　察　员　胡卓英
代理检察员　张　颜
代理检察员　戴　捷
二〇一三年二月二十八日

附：1. 被告人刘某某现羁押于上海市徐汇区看守所。
2. 侦查卷宗二册。
3. 《适用简易程序建议书》一份。
4. 《量刑建议书》一份。

附：相关法律条文

《中华人民共和国刑法》

第六十七条第三款　犯罪嫌疑人虽不具有前两款规定的自首情节，但是如实供述自己罪行的，可以从轻处罚；因其如实供述自己罪行，避免特别严重后果发生的，可以减轻处罚。

第二百六十七条第一款　抢夺公私财物，数额较大的，处三年以下有期徒刑、拘役或者管制，并处或者单处罚金；数额巨大或者有其他严重情节的，处三年以上十年以下有期徒刑，并处罚金；数额特别巨大或者有其他特别严重情节的，处十年以上有期徒刑或者无期徒刑，并处罚金或者没收财产。

《中华人民共和国刑事诉讼法》

第一百七十二条 人民检察院认为犯罪嫌疑人的犯罪事实已经查清，证据确实、充分，依法应当追究刑事责任的，应当作出起诉决定，按照审判管辖的规定，向人民法院提起公诉，并将案卷材料、证据移送人民法院。

上海市徐汇区人民法院
刑事判决书

（2013）徐刑初字第195号

公诉机关上海市徐汇区人民检察院。

被告人刘某某，男，1992年××月××日出生于湖北省钟祥市，汉族，初中文化，无业，户籍地湖北省钟祥市××镇××，无固定住所。2012年11月24日因本案被上海市公安局徐汇分局刑事拘留，同年12月5日被逮捕。现羁押于上海市徐汇区看守所。

指定辩护人吴某某，上海市××律师事务所律师。

上海市徐汇区人民检察院以沪徐检刑诉〔2013〕153号起诉书指控被告人刘某某犯抢夺罪，于2013年3月4日向本院提起公诉。本院依法适用简易程序，实行独任审判，公开开庭审理了本案。上海市徐汇区人民检察院指派代理检察员戴捷出庭支持公诉。被告人刘某某及其指定辩护人吴某某到庭参加诉讼。现已审理终结。

上海市徐汇区人民检察院指控：2012年11月24日11时许，被告人刘某某步行至本市广元西路、恭城路路口，趁被害人杨某某不备，从杨某某手中抢走钱包一个（内有现金人民币866元等物）及三星牌GT—19300型手机一部（价值人民币3318.66元），后在逃离现场时被公安人员抓获。到案后，被告人刘某某如实供述了自己的罪行。公诉机关认定被告人刘某某的行为触犯《中华人民共和国刑法》第二百六十七条第一款之规定，应当以抢夺罪追究被告人刘某某的刑事责任。建议对其判处三年以下有期徒刑并处罚金的刑事处罚。提请依法审判。

被告人刘某某对起诉书指控的犯罪事实无异议。指定辩护人认为被告人到案后如实供述自己的犯罪行为，建议法院对其从轻处罚。

经审理查明，公诉机关指控的上述犯罪事实，不仅有被害人杨某某的陈述，而且有监控录像截图、扣押物品、文件清单、调取证据清单、赃证物品照片、上海市公安局案件接报回执单、上海市公安局受案登记表、接受刑事案件登记表、上海市徐汇区物价局价格鉴定结论书及被告人刘某某的供述等证据予以证实，足以认定。

本院认为，被告人刘某某以非法占有为目的，乘人不备，公然夺取他人价值人民币4100余元的财物，数额较大，其行为已构成抢夺罪，应予处罚。公诉机关的指控成立。鉴于被告人刘某某到案后如实供述自己的罪行，且赃款赃物已被追回，依法予以从轻处罚。公诉机关的量刑建议符合罪刑相当原则，本院予以支持。根据被告人犯罪的事实、性质、情节和对于社会的危害程度，依照《中华人民共和国刑法》第二百六十七条第一款、第六十七条第三款、第五十三条、第六十四条之规定，判决如下：

一、被告人刘某某犯抢夺罪，判处有期徒刑二年，并处罚金人民币二千元。

（刑期从判决执行之日起计算。判决执行以前先行羁押的，羁押一日折抵刑期一日，即自2012年11月24日起至2014年11月23日止。罚金自本判决生效之日起一个月内向本院缴纳。）

二、已被追回的赃款赃物予以发还被害人。

审　判　员　朱锡伟

二〇一三年三月十三日

书　记　员　施旭婷

上海市第一中级人民法院

刑事判决书

（2013）沪一中刑终字第394号

原公诉机关上海市徐汇区人民检察院。

上诉人（原审被告人）自报刘某某，男，1992年××月××日出生于湖北省钟祥市××镇××，汉族，初中文化，无业，户籍所在地湖北省钟祥市××镇××，2012年11月24日因本案被刑事拘留，同年12月5日被逮捕；现羁押于上海市徐汇区看守所。

上海市徐汇区人民法院审理上海市徐汇区人民检察院指控原审被告人刘某某犯抢夺罪一案，于2013年3月13日作出（2013）徐刑初字第195号刑事判决。原审被告人刘某某不服，提出上诉。本院依法组成合议庭，公开开庭审理了本案。上海市人民检察院第一分院指派检察员刘慧萍出庭履行职务。上诉人（原审被告人）刘某某到庭参加诉讼。现已审理终结。

原审判决认定：

2012年11月24日11时许，被告人刘某某步行至本市广元西路、恭城路路口，趁被害人杨某某不备，从杨某某手中抢走钱包一个（内有现金人民币866元等物）及三星牌GT—19300型手机一部（价值人民币3318.66元），后在逃离现场时被公安人员抓获。到案后，被告人刘某某如实供述了自己的罪行。

认定上述事实并经一审庭审质证的证据有：被害人杨某某的陈述，监控录像截图、扣押物品、文件清单、调取证据清单、赃证物品照片、案件接报回执单、受案登记表、接受刑事案件登记表、价格鉴定结论书等，被告人刘某某亦供述在案。原审法院据此认为，被告人刘某某以非法占有为目的，乘人不备，公然夺取他人价值人民币4100余元的财物，数额较大，其行为已构成抢夺罪。鉴于被告人刘某某到案后如实供述自己的罪行，且赃款赃物已被追回，依法从轻处罚。据此，原审法院依照《中华人民共和国刑法》第二百六十七条第一款、第六十七条第三款、第五十三条、第六十四条之规定，对被告人刘某某犯抢夺罪，判处有期徒刑二年，并处罚金人民币二千元；已被追回的赃款赃物予以发还被害人。

上诉人刘某某上诉提出，其未抢夺被害人的手机，且原判量刑过重。

上海市人民检察院第一分院出庭意见认为，原判认定上诉人刘某某犯抢夺罪的事实清楚，证据确实、充分，定性准确，量刑适当，且审判程序合法，建议二审法院驳回上诉，维持原判。

经审理查明，原判认定的事实清楚，证据确实、充分，应予以确认。

本院认为，上诉人刘某某以非法占有为目的，乘人不备，公然夺取他人财物，数额较大，其行为已构成抢夺罪。刘某某实施抢夺行为后，被害人杨某某即大声呼救并追赶刘，行人赵某某、民警印某某、吴某某闻讯后相继加入追赶，将刘某某人赃俱获，故可以认为被害人的财物仍处于被害人及抓捕者的目击控制范围而未失控，应认定刘某某系抢夺未遂。关于刘某某提出其未抢夺被害人手机的上诉理由，经查，被害人杨某某的陈述，刘某某到案后的供述，现场监控录像截图及扣押物品文件清单均证实，刘某某抢夺被害人的钱包、手机，刘某某的该上诉理由与查证事实不符，本院不予采纳。鉴于刘某某具有未遂情节，可以比照既遂犯从轻处罚，刘某某所提原判量刑过重的上诉理由，本院予以采纳。据此，依照《中华人民共和国刑法》第二百六十七条第一款、第二十三条、第六十七条第三款、第五十三条、第六十四条及《中华人民共和国刑事诉讼法》第二百二十五条第一款第（二）项之规定，判决如下：

一、维持上海市徐汇区人民法院（2013）徐刑初字第195号刑事判决第二项，即已被追回的赃款赃物予以发还被害人。

二、撤销上海市徐汇区人民法院（2013）徐刑初字第195号刑事判决第一项，即被告人刘某某抢夺罪，判处有期徒刑二年，并处罚金人民币二千元。

三、上诉人刘某某犯抢夺罪，判处有期徒刑一年六个月，并处罚金人民币二千元。

（刑期从判决执行之日起计算。判决执行以前先行羁押的，羁押一日折抵刑期一日，即自2012年11月24日起至2014年5月23日止。罚金自本判决发生法律效力第二日起一个月内缴纳。）

本判决为终审判决。

审　判　长　任素贤
代理审判员　吴循敏
代理审判员　邱阳戎
二〇一三年五月二十八日
书　记　员　唐晓怡

附：相关法律条文

《中华人民共和国刑法》

第二百六十七条 抢夺公私财物，数额较大的，处三年以下有期徒刑、拘役或者管制，并处或者单处罚金；数额巨大或者有其他严重情节的，处三年以上十年以下有期徒刑，并处罚金；数额特别巨大或者有其他特别严重情节的，处十年以上有期徒刑或者无期徒刑，并处罚金或者没收财产。

……

第二十三条 已经着手实行犯罪，由于犯罪分子意志以外的原因而未得逞的，是犯罪未遂。

对于未遂犯，可以比照既遂犯从轻或者减轻处罚。

第六十七条 ……

犯罪嫌疑人虽不具有前两款规定的自首情节，但是如实供述自己罪行的，可以从轻处罚；因其如实供述自己罪行，避免特别严重后果发生的，可以减轻处罚。

第五十三条 罚金在判决指定的期限内一次或者分期缴纳，期满不缴纳的，强制缴纳。对于不能全部缴纳罚金的，人民法院在任何时候发现被执行人有可以执行的财产，应当随时追缴。如果由于遭遇不能抗拒的灾祸缴纳确实有困难的，可以酌情减少或者免除。

第六十四条 犯罪分子违法所得的一切财物，应当予以追缴或者责令退赔；对被害人的合法财产，应当及时返还；违禁品和供犯罪所用的本人财物，应当予以没收。没收的财物和罚金，一律上缴国库，不得挪用和自行处理。

《中华人民共和国刑事诉讼法》

第二百二十五条 第二审人民法院对不服第一审判决的上诉、抗诉案件，经过审理后，应当按照下列情形分别处理：

……

（二）原判决认定事实没有错误，但适用法律有错误，或者量刑不当的，应当改判；

……

上海市徐汇区人民检察院
建议提请抗诉报告书

沪徐检刑诉建提抗〔2013〕1号

上海市人民检察院第一分院：

本院于2013年2月1日受理上海市公安局徐汇分局以沪公（徐）诉字〔2013〕第1081号起诉意见书移送审查起诉的犯罪嫌疑人刘某某涉嫌抢夺罪一案。2013年2月28日，本院以被告人刘某某犯抢夺罪（既遂）提起公诉。2013年3月13日，徐汇区法院以刘某某犯抢夺罪（既遂），判处其有期徒刑二年，并处罚金人民币二千元。刘某某不服一审判决，上诉至上海市第一中级人民法院。上海市第一中级人民法院于2013年5月28日作出终审判决，以抢夺罪（未遂）判处刘某某有期徒刑一年六个月，并处罚金人民币二千元。本院于2013年6月3日收到二审判决书。

现将审查情况及处理意见报告如下：

一、被告人及其他诉讼参与人基本情况

被告人刘某某，男，1992年××月××日生，公民身份号码：4208811992××××××××，汉族，初中文化，无业，户籍在湖北省钟祥市××镇××，无固定住所。2012年11月24日因涉嫌抢夺罪，由上海市公安局徐汇分局刑事拘留，同年11月26日延长刑事拘留期限至七天，2012年12月5日经本院批准并由该局执行逮捕。

被害人杨某某，女，1967年××月××日生，住本市××路××弄××号××室。

二、案发经过

2012年11月24日11时40分许，上海市公安局徐汇分局徐家汇派出所民警巡逻至本市广元西路12号附近时，发现一女子正在追赶一名抢夺其财物后逃跑的男子，即上前抓捕，后在轨道交通九号线徐家汇站16号出口处抓获涉嫌抢夺他人财物的嫌疑人。经讯问，犯罪嫌疑人刘某某供述了自己因经济拮据见财起意，公然夺取他人财物。遂告案破。

三、本院起诉书指控的事实和量刑意见

2012年11月24日11时许，被告人刘某某步行至本市广元西路、恭城路路口，趁被害人杨某某不备，从杨某某手中夺走钱包一个（内有现金人民币866元等物）及三星牌GT—19300型手机一部（价值人民币3318.66元），后在逃离现场时被公安人员抓获。

到案后，被告人刘某某如实供述了自己的罪行。

基于上述事实，本院建议法院判处被告人刘某某三年以下有期徒刑，并处罚金。

四、一审判决认定的事实和判处的刑罚

一审法院审理查明的事实与本院指控的事实一致，判处刘某某有期徒刑二年，并处罚金人民币二千元。

五、被告人刘某某上诉的理由

被告人刘某某对其犯抢夺罪无异议，但提出其未抢夺被害人手机，认为原判量刑过重。

六、二审改判的理由

二审法院认为，刘某某实施抢夺行为后，被害人杨某某即大声呼救并追赶刘某某，行人赵某某、民警印某某、吴某某闻讯后相继加入追赶，将刘某某人赃俱获，故可以认为被害人的财物仍处于被害人及抓捕者的目击控制范围而未失控，应认定刘某某抢夺未遂。

关于刘某某提出其未抢夺被害人手机的上诉理由，与查证事实不符，二审法院不予采纳。

鉴于刘某某具有未遂情节，可以比照既遂犯从轻处罚，刘某某所提原判量刑过重的上诉理由，二审法院予以采纳，判处刘某某有期徒刑一年六个月，并处罚金人民币二千元。

七、提请抗诉的理由和法律依据

（一）事实认定错误。

二审判决认定“被害人的财物仍处于被害人及抓捕者的目击控制范围而未失控”缺乏事实依据。本案中，刘某某从被害人处夺得钱包一个及手机一部后，在逃跑过程中手机从其手中掉落到地面，但刘某某、被害人及事后的抓捕者均未发现，后该手机被路人拾得，该手机事实上已经脱离了被害人及被告人的视线范围，事后参与的抓捕者更是不知该手机的存在。可见，被害人及抓捕者虽因被害人的呼救产生了共同控制财物的意识联络，但被害人及抓捕者并未实际共同目击控制财物。由于被抢财物系可随身藏匿携带的小件物品，被害人及抓捕者在追捕过程中均未见到手机及钱包，手机在途中掉落，钱包在刘某某被抓获时从其衣服中掉出。因此，本案并不发生共同控制或同种控制连接，在刘某某抢夺被害人的财物后，被害人的财物已经失控。

（二）法律适用错误。

根据刑法规定，已经着手实行犯罪，由于犯罪分子意志以外的原因而未得逞，是犯罪未遂。本案中，刘某某实施抢夺行为并取得财物，其犯罪行为就已经既遂。

1. 被告人已经实际控制被抢财物

抢夺罪，是指以非法占有为目的，当场直接夺取他人紧密占有的数额较大的公私财物的行为。抢夺罪犯罪构成要件齐备的客观标志，就是公然夺取的犯罪行为造成了行为人非法占有所夺取的公私财物的犯罪结果。因此，非法占有财物的犯罪结果是否发生，是抢夺罪既遂与未遂的区分标准。非法占有财物的犯罪结果，是以行为人对财物获得了实际控制为标准。刑法上的占有，在于确认财产被现实控制支配的事实，这种实际控制并无时间长短的要求，也不要求行为人实际上已经利用了该财物。本案中，刘某某从被害人处抢夺得财物后，就已经实际控制了被抢财物。不论其是在逃跑中无意间将手机掉落，还是得手后有意将手机丢弃，都发生在其排除被害人对财物的控制支配，并建立新的控制支配关系之后。

2. 被害人对被抢财物已经失控

（1）从财物的属性、特征及控制方式看，本案被抢财物系可以随身藏匿携带的小件物品，被抢时置于被害人身体的直接控制之下。首先，被害人及抓捕者在追赶刘某某时并未目击到被抢财物，不存在对财物的目击控制；其次，目击控制的控制力明显弱于身体掌控，被害人及抓捕者无法通过目击，控制住迅速移动中的被抢财物。因此，刘某某公然将被害人身体掌控下的财物夺走，使财物脱离了主人的控制范围，其所破坏的不仅是被害人对财物原有的控制方式，还直接破坏了被害人对财物的占有关系。

（2）从案发地点、环境看，刘某某在马路上公然抢夺，该场所系开放性的公共空间。刘某某实施抢夺并取得财物的地点为广元西路、恭城路路口，后其沿广元西路从西向东逃跑至华山路，又沿华山路由北向南逃跑至轨交9号线16号口楼梯处被抓获。抓获地点远离作案地点约500米，也超出了一般人无障碍视野范围。虽然由于行人赵某某、途中刚巧路过的民警相继追赶，及路人的拾金不昧，被害人事后恢复控制了财物，但这不能否定被害人已丧失对财物实际控制的事实，不影响抢夺罪既遂的成立。

综上，就本次犯罪而言，既遂的故意犯罪形态已经出现，就不可能再出现未遂形态。事发后，被害人呼救并追赶，以及行人、民警闻讯后相继加入追赶，均属事后的抓捕行为。因此，不应适用刑法第二十三条的规定。

八、本院检委会意见

本院检察委员会经讨论认为，上海市第一中级人民法院（2013）沪一中刑终字第394号刑事判决书适用法律确有错误，应根据《中华人民共和国刑事诉讼法》第二百四十三条第三款规定，按照审判监督程序予以纠正。

为保证法律的统一正确实施，特建议你院提请上海市人民检察院通过审判监督程序对此案提出抗诉。

上海市徐汇区人民检察院

二〇一三年八月五日

上海市高级人民法院
刑事裁定书

（2013）沪高刑再终字第6号

抗诉机关上海市人民检察院。

原审上诉人（原审被告人）刘某某，男，1992年××月××日出生，汉族，初中文化，无业，户籍地湖北省钟祥市××镇××，现在上海市北新泾监狱服刑。

指定辩护人高某某，上海××律师事务所律师。

上海市徐汇区人民检察院指控原审被告人刘某某犯抢夺罪一案，上海市徐汇区人民法院于2013年3月13日作出（2013）徐刑初字第195号刑事判决。刘某某不服，提出上诉。上海市第一中级人民法院于2013年5月28日作出（2013）沪一中刑终字第394号刑事判决。判决发生法律效力后，上海市人民检察院按照审判监督程序向本院提出抗诉。本院依法组成合议庭，公开开庭进行了审理。上海市人民检察院指派代理检察员王涛出庭履行职务。原审被告人刘某某及其指定辩护人高某某到庭参加诉讼。现已审理终结。

原一、二审根据被害人的陈述，证人证言，以及监控录像截图，上海市公安局徐汇分局扣押物品、文件清单、调取证据清单及赃物品照片，上海市公安局案件接报回执单、上海市公安局受案登记表、接受刑事案件登记表，以及上海市徐汇区物价局价格鉴定结论书，被告人刘某某的供述及辨认笔录等证据认定，2012年11月24日11时许，刘某某步行至本市广元西路、恭城路路口，趁被害人不备，从其手中抢走钱包一个（内有现金人民币866元等物）及三星牌GT—19300型手机一部（价值人民币3318.66元），后在逃离现场时被公安人员抓获。到案后，刘某某如实供述了自己的罪行。

一审法院认为，被告人刘某某以非法占有为目的，乘人不备，公然夺取他人价值人民币4100余元的财物，数额较大，其行为已构成抢夺罪。鉴于被告人刘某某到案后如实供述自己的罪行，且赃款赃物已被追回，依法从轻处罚。据此，依照《中华人民共和国刑法》第二百六十七条第一款、第六十七条第三款、第五十三条、第六十四条之规定，对被告人刘某某以抢夺罪，判处有期徒刑二年，并处罚金人民币二千元；已被追回的赃款赃物予以发还被害人。

判决后，刘某某提出上诉。二审法院确认一审判决认定的事实证据，但认为刘某某实施抢夺行为后，被害人杨某某即大声呼救并追赶刘，行人、民警闻讯后相继加入追赶，将刘某某人赃俱获，故可认为被害人的财物仍处于被害人及抓捕者的目击控制范围而未失控，应认定刘某某系抢夺未遂。据此，依照《中华人民共和国刑法》第二百六十七条第一款、第二十三条、第六十七条第三款、第五十三条、第六十四条及《中华人民共和国刑事诉讼法》第二百二十五条第一款第（二）项之规定，作出如下判决：一、维持上海市徐汇区人民法院（2013）徐刑初字第195号刑事判决第二项，即已被追回的赃款赃物予以发还被害人。二、撤销上海市徐汇区人民法院（2013）徐刑初字第195号刑事判决第一项，即被告人刘某某犯抢夺罪，判处有期徒刑二年，并处罚金人民币二千元。三、上诉人刘某某犯抢夺罪，判处有期徒刑一年六个月，并处罚金人民币二千元。

上海市人民检察院抗诉认为，二审判决认定原审被告人刘某某抢夺未遂，属适用法律错误。1. 二审判决认定涉案财物仍处于被害人及抓捕者的目击控制范围而未失控与案件事实不符。刘某某从被害人处夺取钱包和手机后，财物一直处于刘某某的实际控制之下，涉案财物已完全脱离了被害人的控制。2. 二审判决认定原审被告人刘某某抢夺未遂与刑法规定不符。刘某某夺取被害人手中的钱包和手机后逃离现场，致使被害人对自己的财物失去有效控制，抢夺犯罪已经既遂。3. 二审判决以事后追捕且人赃俱获为由认定犯罪未遂与司法逻辑不符。如果因事后追捕且人赃俱获而否定犯罪既遂的成立，无疑是要求被害人只有放弃追捕行为才能认定行为人犯罪既遂并使其得到严惩，这显然不符合司法逻辑。

刘某某辩称自己短时间内就被被害人、民警、路人抓获，没有获得任何财物，因此围追的人员形成对其的目击控制。

刘某某的辩护人认为，刘某某在实施抢夺犯罪过程中并未实际非法占有或者控制财物，原审被告人刘某某在抢夺的第一时间即被被害人发现、呼救、追赶，之后又被闻讯而来的民警、路人追赶直至被抓获。众人抓捕行为使得客观上刘某某无法实现非法占有或控制的目的，共同围追的人员形成对刘某某的目击控制，建议再审维持二审判决。

经再审审理查明的事实证据与原一、二审判决相同。

本院认为，被告人刘某某以非法占有为目的，乘人不备，公然夺取他人价值人民币4100余元的财物，数额较大，其行为已构成抢夺罪。刘某某从被害人处夺取钱包和手机即逃离，被害人对自己的财物已经失去控制，刘某某抢夺犯罪行为已经完成，其行为应以犯罪既遂论处。被害人、路人、民警追赶的行为属于事后抓捕行为，不影响刘某某抢夺罪既遂的成立。原二审判决认定本案构成抢夺未遂，且适用《中华人民共和国刑法》第二十三条确有瑕疵，应予纠正。上海市人民检察院关于本案构成抢夺既遂的抗诉意见成立。鉴于被告人刘某某系初犯，且到案后如实供述自己的罪行，赃款赃物已被追回等因素，原二审判决对刘某某以抢夺罪判处一年六个月有期徒刑的量刑，并无不当。辩护人建议维持原二审定罪量刑的意见，可予采纳。依照《中华人民共和国刑事诉讼法》第二百四十五条，以及《最高人民法院关于适用〈中华人民共和国刑事诉讼法〉的解释》第三百八十九条第（二）项之规定，裁定如下：

维持上海市第一中级人民法院（2013）沪一中刑终字第394号刑事判决。

本裁定为终审裁定。

审　判　长　严　军
代理审判员　金　果
代理审判员　陈　磊
二〇一四年四月三日
书　记　员　余厚海

附：相关法律条文

《中华人民共和国刑法》

第二百六十七条　抢夺公私财物，数额较大的，处三年以下有期徒刑、拘役或者管制，并处或者单处罚金；数额巨大或者有其他严重情节的，处三年以上十年以下有期徒刑，并处罚金；数额特别巨大或者有其他特别严重情节的，处十年以上有期徒刑或者无期徒刑，并处罚金或者没收财产。

第六十七条　……

犯罪嫌疑人虽不具有前两款规定的自首情节，但是如实供述自己罪行的，可以从轻处罚；因其如实供述自己罪行，避免特别严重后果发生的，可以减轻处罚。

第五十三条　罚金在判决指定的期限内一次或者分期缴纳。期满不缴纳的，强制缴纳。对于不能全部缴纳罚金的，人民法院在任何时候发现被执行人有可以执行的财产，应当随时追缴。如果由于遭遇不能抗拒的灾祸缴纳确实有困难的，可以酌情减少或者免除。

第六十四条　犯罪分子违法所得的一切财物，应当予以追缴或者责令退赔；对被害人的合法财产，应当及时返还；违禁品和供犯罪所用的本人财物，应当予以没收。没收的财物和罚金，一律上缴国库，不得挪用和自行处理。

《中华人民共和国刑事诉讼法》

第二百四十五条 人民法院按照审判监督程序重新审判的案件，由原审人民法院审理的，应当另行组成合议庭进行。如果原来是第一审案件，应当依照第一审程序进行审判，所作的判决、裁定，可以上诉、抗诉；如果原来是第二审案件，或者是上级人民法院提审的案件，应当依照第二审程序进行审判，所作的判决、裁定，是终审的判决，裁定。

人民法院开庭审理的再审案件，同级人民检察院应当派员出席法庭。

最高人民法院《关于适用〈中华人民共和国刑事诉讼法〉的解释》

第三百六十九条条 再审案件经过重新审理后，应当按照下列情形分别处理：

……

（二）原判决、裁定定罪准确、量刑适当，但在认定事实、适用法律等方面有瑕疵的，应当裁定纠正并维持原判决、裁定；

……

正确理解和适用《刑法》条文严格限定十四至十六周岁主体的刑事责任范围

——晋某某携带凶器抢夺案

【案例要旨】

《刑法》第17条第2款规定，已满14周岁未满16周岁的人犯抢劫罪应负刑事责任，但其范围宜严格限定为《刑法》第263条规定的典型抢劫罪，而不包括《刑法》第269条规定的转化型抢劫罪和第267条第2款规定的准抢劫罪。

【案情简要】

犯罪嫌疑人晋某某（男，1994年××月××日生）与父母吵架后离家，因手头拮据而萌生抢夺钱财的念头，并为犯罪购买了一把匕首。2009年10月1日7时30分许，晋某某随身携带匕首，至本市昆明路安国路路口，趁行人吕某某不备，夺走其拎包（内有现金人民币550元）后逃跑。被害人追赶并呼救，周围群众上前协助抓捕，晋某某拔出匕首向抓捕人员挥舞，后被民警抓获。

公安机关以犯罪嫌疑人晋某某涉嫌抢劫罪移送审查起诉。虹口区人民检察院审查后认为，犯罪嫌疑人晋某某作案时已满14周岁未满16周岁，依法对转化型抢劫和携带凶器抢夺行为均不负刑事责任，遂将该案退回公安机关另处。

【典型意义】

《刑法》第17条第2款规定，已满14周岁未满16周岁的人犯抢劫罪，应当负刑事责任。但是，最高人民法院《关于审理未成年人刑事案件具体应用法律若干问题的解释》第10条第1款规定："已满14周岁不满16周岁的人盗窃、诈骗、抢夺他人财物，为窝藏赃物、抗拒抓捕或者毁灭罪证，当场使用暴力，故意伤害致人重伤或者死亡，或者故意杀人的，应当分别以故意伤害罪或者故意杀人罪定罪处罚。”这一司法解释缩小了《刑法》第17条第2款规定的“抢劫罪”范围，将转化型抢劫罪排除在已满14周岁不满16周岁的人应负刑事责任的罪行之外，充分考虑了此类主体对非典型抢劫罪的抢劫性质认知能力有限的因素，也契合了“两减少、两扩大”的刑事政策要求。

“携带凶器抢夺”与转化型抢劫同属准用《刑法》第263条的规定构成抢劫罪的情形，宜将其排除在此类主体负刑事责任的罪行范围之外。因为根据上述司法解释的规定，已满14周岁未满16周岁的人实施转化型抢劫行为，即使当场使用暴力并造成轻伤害后果的，也不负刑事责任。相比之下，此类主体虽携带凶器实施抢夺，但并未向被害人有意显示凶器，也未实施针对人身的暴力及造成伤害后果，其社会危害性相对更小，故不宜以抢劫罪追究其刑事责任。

注：相关法律文书略。

犯意表示与教唆他人犯罪的区分

——刘某某等人抢夺案

【案例要旨】

为收回欠款，指使他人“飞车抢夺”并提供作案工具，事后取得赃款，虽未明确抢夺的具体时间、地点和对象，已不同于犯意表示，属教唆他人犯罪，应以抢夺共犯追究其刑事责任；被教唆者最终实施其他犯罪的，教唆者对实行过限行为不负责任。

【案情简要】

2009年5月，刘某某因为贺某某、王某某、张某某（系未成年人）解决纠纷，收取相应费用和报酬；至6月底7月初，贺某某等人仍有2000余元未付。刘某某即提出由其提供一辆黑色轻便摩托车，让贺某某等人“飞车抢夺”，并于7月8日前还款。

7月4日21时，王某某等人驾驶刘某某提供的摩托车，采用“飞车抢夺”方式，抢得被害人放在自行车前车斗内的小包一只，内有人民币980元。7月8日，贺某某将该980元连同筹得的其他钱款交给刘某某。

7月7日21时，贺某某等人驾驶刘某某提供的摩托车欲飞车行抢，因被害人始终在人行道上行走，故贺某某将车停在马路边望风接应，张某某下车到马路对面，采取推倒被害人、用脚踹被害人手和脸部的方式，抢得被害人拎包一只（包内无钱款）。

此外，刘某某还于2008年12月，指使贺某某、张某某等人盗窃价值4400余元的摩托车一辆。

普陀区人民检察院以被告人刘某某犯抢夺罪、抢劫罪、盗窃罪提起公诉，普陀区人民法院审理后判定刘某某犯盗窃罪；但认为，刘某某为了索回因帮贺某某等人出面解决纠纷而支付的费用，让贺某某等人采用“飞车抢包”方法还钱，无充分证据证明刘某某对贺某某等人实施犯罪的时间、地点、对象、次数等进行了明确、具体的约定。故刘某某仅是一般的犯意表示，未参与实施犯罪，不具有共同犯罪中共谋的明确犯罪故意，否定了刘某某犯抢夺、抢劫罪的指控。普陀区人民检察院抗诉认为，刘某某让贺某某等人“飞车抢夺”且提供作案工具，并实际取得了抢来的钱款，既有唆使他人犯罪的行为，也有帮助他人犯罪的行为，符合共同犯罪的构成要件。上海市第二中级人民法院审理后认为，刘某某构成抢夺罪的共犯，但对贺某某等人实行过限的抢劫犯罪不负刑事责任，以抢夺罪判处刘某某有期徒刑1年，并处罚金人民币1000元。

【典型意义】

《刑法》第29条第1款规定，教唆他人犯罪的，应当按照他在共同犯罪中所起的作用处罚。刘某某为索取解决纠纷的费用和报酬，唆使他人“飞车抢夺”、提供作案用的摩托车、限定最后还款日期并于当日取得赃款，应认定其成立教唆犯，以抢夺罪追究其刑事责任。对于因“飞车抢夺”未果转而实施的抢劫行为，因其已超出其唆使抢夺犯罪范围，属于被教唆人实行过限的抢劫行为，刘某某对抢劫犯罪不应承担责任。

共同犯罪是常见的犯罪形式，教唆犯作为共同犯罪的一种类型，与犯意表示有严格区分。教唆他人犯罪是为引起他人犯罪意图而故意实施的行为；被教唆人应当是达到一定刑事责任能力的人，否则应为间接实行行为；被教唆人原先已有犯罪决意，教唆的内容是犯罪方法或提供某种帮助的，则构成传授犯罪方法罪或共同犯罪的从犯。犯意表示是本人犯意的单纯表露，系尚未对外界造成危害的行为，不具有社会危害性，但倘若表示的内容为故意引起他人犯罪意图，则超出了单纯流露犯意的范围，本身已具有相当的社会危害性，在齐备其他构成要件时，应构成教唆犯。因此，犯意表示与教唆犯，其本质的区别在于是否超出了犯罪意图的外化范畴，进而产生对社会危害的结果，当这一结果是行为人能够认识，并加以追求时，即不应属于犯意表示。当然，被教唆人所犯之罪超出教唆行为范围即实行过限的，教唆者仅对所教唆之罪负责，对超出部分不负刑事责任。

上海市普陀区人民检察院
起 诉 书

沪普检未诉〔2010〕29号

被告人刘某某，男，1987年××月××日出生，公民身份证号码3101071987×××××××××，汉族，高中文化，无职业，户籍地本市××路××弄××号××室。因涉嫌抢夺罪，于2010年5月14日被上海市公安局普陀分局刑事拘留，2010年5月17日，由上海市公安局普陀分局延长刑事拘留至30日，同年6月10日经本院批准，次日由上海市公安局普陀分局执行逮捕。

被告人贺某某，男，1990年××月××日生，公民身份证号码3101071990×××××××××，汉族，初中文化，无职业，户籍地本市××村××号××室。因犯抢劫罪于2010年2月被上海市普陀区人民法院判处有期徒刑十年，并处罚金人民币一万元。现羁押于普陀区看守所。

被告人张某某，男，1991年××月××日生，公民身份证号码3101071991×××××××××，汉族，初中文化，无职业，户籍地本市××村××号××室，现住本市××村××号××室。因犯抢劫罪于2010年2月被上海市普陀区人民法院判处有期徒刑七年，并处罚金人民币六千元。现羁押于普陀区看守所。

被告人王某某，男，1989年××月××日出生，公民身份证号码3101071989×××××××××，汉族，大专在读，户籍地上海市××路××弄××号××室。因涉嫌盗窃罪于2010年5月20日被上海市公安局普陀分局取保候审。

法定代理人张某某，系未成年被告人张某某的母亲，住本市××村××号××室。

本案由上海市公安局普陀分局侦查终结，以被告人刘某某涉嫌盗窃罪、抢劫罪、抢夺罪，被告人贺某某、张某某、王某某涉嫌盗窃罪，于2010年6月28日移送本院审查起诉。本院受理后，于2010年6月29日告知被告人、未成年被告人的法定代理人有权委托辩护人，2010年6月29日告知被害人有权委托诉讼代理人；依法讯问了被告人，审查了全部案件材料，并就是否适应简易程序审理听取了被告人的意见，其表示同意。

经依法审查查明：

1. 2008年12月23日18时许，被告人刘某某指使被告人贺某某、张某某、王某某为其盗窃停在宜川路413弄门口的一辆黑色嘉爵150型轻便摩托车。随后，由被告人王某某望风，被告人贺某某、张某某实施盗窃，并将该轻便摩托车推离现场。事后，将该辆轻便摩托车交给被告人刘某某使用。经上海市价格认证中心普陀分部物品财产估价鉴定，该被盗黑色嘉爵150摩托车价值人民币4400元。

2. 2009年7月4日21时20分许，经事先预谋，被告人刘某某提供作案工具轻便摩托车一辆，由王某某、周某某（均已被判决）驾驶轻便摩托车，窜至本市中潭路交通枢纽站743路公交车终点站路边，以“飞车抢夺”（王某某开车，周某某实施抢夺）的方式，抢得被害人李某某放在自行车前斗内的小包一只（内有人民币980元等财物）。

3. 2009年7月7日21时30分，经事先预谋，被告人刘某某提供作案工具轻便摩托车一辆，由贺某某、张某某（均已被判决）驾驶轻便摩托车，窜至本市柳营路768弄小区门口附近。被告人贺某某将车停在马路边望风接应，被告人张某某跟在被害人季某某身后，采取推倒被害人、用脚踹被害人的手和脸部的方式，抢得被害人包一只。后二人驾驶轻便摩托车逃跑。

被告人贺某某、张某某在服刑期间主动交代了伙同他人盗窃的犯罪事实。

被告人王某某于2010年5月20日向真光派出所投案自首，如实交代了犯罪事实。

证明上述事实的主要证据有：1. 被害人陈某某、李某某、季某某的陈述；2. 证人王某某、周某某等人的证言；3. 物品价格鉴定书；4. 刑事判决书、上海市新收监狱文件、工作情况，辨认笔录等书证；5. 被告人的供述等证据。

上述证据来源及收集程序合法，内容客观真实，足以认定指控事实。

本院认为，被告人刘某某、贺某某、张某某、王某某以非法占有为目的，共同秘密窃取财物，数额较大，其行为已触犯《中华人民共和国刑法》第二百六十四条第一款，犯罪事实清楚，证据确实、充分，应当以盗窃罪追究其刑事责任。被告人刘某某以非法占有为目的，伙同他人共同抢劫、抢夺他人财物，其行为已触犯《中华人民共和国刑法》第二百六十三条第一款、第二百六十七条第一款，犯罪事实清楚，证据确实、充分，应当以抢劫罪、抢夺罪追究其刑事责任。被告人贺某某、张某某、王某某具有自首情节，根据《中华人民共和国刑法》第六十七条第一款，可以从轻处罚。被告人张某某犯罪时已满十六周岁不满十八周岁，根据《中华人民共和国刑法》第十七条第一款、第三款之规定，应当减轻处罚。被告人刘某某在判决宣告前一人犯数罪，根据《中华人民共和国刑法》第六十九条第一款，应当数罪并罚。被告人贺某某、张某某在判决宣告以后，刑罚执行完毕以前，发现在判决宣告以前还有其他罪没有被判决，根据《中华人民共和国刑法》第七十条、第六十九条，应当数罪并罚。根据《中华人民共和国刑事诉讼法》第一百四十一条的规定，提起公诉，请依法审判。

此致

上海市普陀区人民法院

检察员　张　敏

二〇一〇年九月二十一日

附：1. 被告人刘某某、贺某某、张某某现被羁押于普陀区看守所；被告人王某某被取保候审于住所。

2. 侦查卷宗5册。

3. 量刑建议书2份。

4. 教育词2份。

附：相关法律条文

《中华人民共和国刑法》

第二百六十三条　以暴力、胁迫或者其他方法抢劫公私财物的，处三年以上十年以下有期徒刑，并处罚金；有下列情形之一的，处十年以上有期徒刑、无期徒刑或者死刑，并处罚金或者没收财产：

（一）入户抢劫的；

（二）在公共交通工具上抢劫的；

（三）抢劫银行或者其他金融机构的；

（四）多次抢劫或者抢劫数额巨大的；

（五）抢劫致人重伤、死亡的；

（六）冒充军警人员抢劫的；

（七）持枪抢劫的；

（八）抢劫军用物资或者抢险、救灾、救济物资的。

第二百六十四条　盗窃公私财物，数额较大或者多次盗窃的，处三年以下有期徒刑、拘役或者管制，并处或者单处罚金；数额巨大或者有其他严重情节的，处三年以上十年以下有期徒刑，并处罚金；数额特别巨大或者有其他特别严重情节的，处十年以上有期徒刑或者无期徒刑，并处罚金或者没收财产；有下列情形之一的，处无期徒刑或者死刑，并处没收财产：

（一）盗窃金融机构，数额特别巨大的；

（二）盗窃珍贵文物，情节严重的。

第二百六十七条 抢夺公私财物，数额较大的，处三年以下有期徒刑、拘役或者管制，并处或者单处罚金；数额巨大或者有其他严重情节的，处三年以上十年以下有期徒刑，并处罚金；数额特别巨大或者有其他特别严重情节的，处十年以上有期徒刑或者无期徒刑，并处罚金或者没收财产。

携带凶器抢夺的，依照本法第二百六十三条的规定定罪处罚。

第十七条第一款、第二款、第三款 已满十六周岁的人犯罪，应当负刑事责任。

已满十四周岁不满十六周岁的人，犯故意杀人、故意伤害致人重伤或者死亡、强奸、抢劫、贩卖毒品、放火、爆炸、投毒罪的，应当负刑事责任。

已满十四周岁不满十八周岁的人犯罪，应当从轻或者减轻处罚。

第六十七条 犯罪以后自动投案，如实供述自己的罪行的，是自首。对于自首的犯罪分子，可以从轻或者减轻处罚。其中，犯罪较轻的，可以免除处罚。

被采取强制措施的犯罪嫌疑人、被告人和正在服刑的罪犯，如实供述司法机关还未掌握的本人其他罪行的，以自首论。

第六十九条 判决宣告以前一人犯数罪的，除判处死刑和无期徒刑的以外，应当在总和刑期以下、数刑中最高刑期以上，酌情决定执行的刑期，但是管制最高不能超过三年，拘役最高不能超过一年，有期徒刑最高不能超过二十年。

如果数罪中有判处附加刑的，附加刑仍须执行。

第七十条 判决宣告以后，刑罚执行完毕以前，发现被判刑的犯罪分子在判决宣告以前还有其他罪没有判决的，应当对新发现的罪作出判决，把前后两个判决所判处的刑罚，依照本法第六十九条的规定，决定执行的刑罚。已经执行的刑期，应当计算在新判决决定的刑期以内。

《中华人民共和国刑事诉讼法》

第一百四十一条 人民检察院认为被告人的犯罪事实已经查清，证据确实、充分，依法应当追究刑事责任的，应当作出起诉决定，按照审判管辖的规定，向人民法院提起公诉。

上海市普陀区人民法院
刑事判决书

（2010）普刑初字第644号

公诉机关上海市普陀区人民检察院。

被告人刘某某，男，1987年××月××日生，汉族，出生地上海市，高中文化，无业，住本市××路××弄××号××室；因本案于2010年5月14日被上海市公安局普陀分局刑事拘留，同年6月11日被依法逮捕。现羁押于上海市普陀区看守所。

辩护人江某某，上海市××律师事务所律师。

被告人贺某某，男，1990年××月××日生，汉族，出生地上海市，初中文化，无业，住本市××村××号××室；因犯抢劫罪于2010年2月被本院判处有期徒刑十年，并处罚金人民币一万元。现在服刑并羁押于上海市普陀区看守所。

被告人张某某，男，1991年××月××日生，汉族，出生地上海市，初中文化，原系上海市××学校学生，户籍地本市××村××号××室，住本市××村××号××室；因犯抢劫罪于2010年2月被本院判处有期徒刑七年，并处罚金人民币六千元。现在服刑并羁押于上海市普陀区看守所。

被告人王某某，男，1989年××月××日生，汉族，出生地上海市，大专文化，上海××职业技术学院学生，住本市××路××弄××号××室；因本案于2010年5月20日被上海市公安局普陀分局取保候审。

上海市普陀区人民检察院以沪普检未诉〔2010〕29号起诉书指控被告人刘某某、贺某某、张某某、王某某犯盗窃罪，被告人刘某某犯抢夺、抢劫罪，于2010年9月26日向上海市普陀区人民法院提起公诉。本院依法组成合议庭，公开开庭审理了本案。上海市普陀区人民检察院指派检察员张敏出庭支持公诉，被告人刘某某及其辩护人江某某，被告人贺某某、张某某、王某某到庭参加诉讼。2010年11月9日，公诉机关以补充侦查为由向本院申请延期审理，并于同年11月15日向本院申请恢复审理。现已审理终结。

公诉机关指控，2008年12月23日18时许，被告人刘某某指使被告人贺某某、张某某、王某某为其盗窃停放在本市宜川路413弄门口的一辆嘉爵150型轻便摩托车（价值人民币4400元）。随后，由被告人王某某望风，被告人贺某某、张某某实施盗窃，并将该轻便摩托车推离现场。事后，上述赃车由被告人刘某某使用。

2009年7月4日21时20分许，经事先预谋，被告人刘某某提供作案工具轻便摩托车一辆，由王某某、周某某（均已被判刑）驾驶轻便摩托车，窜至本市中潭路交通枢纽站743路公交车终点站路边，以“飞车抢夺”（王某某开车，周某某实施抢夺）的方式，抢得被害人李某某放在自行车前斗内的小包一只（内有现金人民币980元等财物）。

2009年7月7日21时30分，经事先预谋，被告人刘某某提供作案工具轻便摩托车一辆，由被告人贺某某、张某某（均已被判刑）驾驶轻便摩托车，窜至本市柳营路768弄小区门口附近。被告人贺某某将车停在马路边望风接应，被告人张某某跟在被害人季某某身后，采取推倒被害人、用脚踹被害人的手和脸部的方式，抢得被害人包一只，后两人驾驶轻便摩托车逃跑。

被告人贺某某、张某某在服刑期间主动交代了伙同被告人刘某某等人实施盗窃的犯罪事实；被告人王某某于同年5月20日主动至公安机关投案并如实供述了上述盗窃事实。

公诉机关提供了被害人陈某某、李某某、季某某的陈述，证人王某某、周某某、顾某某的证言，辨认笔录及辨认照片，物品财产估价鉴定结论书，赃车照片，辨认现场照片，上海市公安局普陀分局扣押物品清单、发还物品清单，上海市公安局验伤通知书，本院（2010）普少刑初字第3号刑事判决书，上海市新收犯监狱文件，工作情况记录等证据证实上述事实。

公诉机关认为，被告人刘某某、贺某某、张某某、王某某结伙以非法占有为目的，秘密窃取公民财物，数额较大，其行为均已构成盗窃罪；被告人刘某某以非法占有为目的，伙同他人共同抢夺、抢劫他人财物，其行为已构成抢夺罪、抢劫罪。被告人贺某某、张某某、王某某均有自首情节，依法均可从轻处罚；被告人张某某犯罪时已满十六周岁未满十八周岁，依法应从轻处罚；被告人刘某某一人犯数罪，依法应数罪并罚；被告人贺某某、张某某在判决宣告以后，刑罚执行完毕以前，发现在判决宣告以前还有其他罪没有判决，依法应对新罪做出判决，与前罪并罚。公诉机关提请本院依照《中华人民共和国刑法》第二百六十四条，第二百六十七条第一款，第二百六十三条、第六十七条第一款，第十七条第一款、第三款，第六十九条，第七十条之规定，分别对四名被告人予以处罚。

庭审中，被告人刘某某否认公诉机关指控其参与盗窃、抢夺、抢劫的犯罪事实。

被告人刘某某的辩护人认为，公诉机关指控被告人刘某某盗窃犯罪，只有同案犯的供述，无其他证据印证；而抢夺、抢劫犯罪，被告人贺某某、张某某的供述以及证人王某某、周某某的证言中，对于谁提供作案工具前后有多处矛盾之处，并提供了证人方某某、张某某、陆某某、严某某的证言来证明被告人刘某某没有参与盗窃、抢夺、抢劫犯罪，故公诉机关指控被告人刘某某犯盗窃罪、抢夺罪、抢劫罪，证据不足，应当认定被告人刘某某无罪。

被告人贺某某、张某某、王某某对上述指控均供认不讳。

经审理查明，2008 年 12 月 23 日 18 时许，被告人刘某某指使被告人贺某某、张某某、王某某为其盗窃被害人陈某某停放在本市宜川路 413 弄门口的一辆嘉爵 150 型轻便摩托车（价值人民币 4400 元）。随后，由被告人王某某望风，被告人贺某某、张某某采用将该轻便摩托车推离现场的方法窃得该车后将该车交给被告人刘某某使用。案发后，被告人王某某配合公安机关追缴了上述摩托车，并由公安机关将该摩托车发还被害人陈某某。

被告人贺某某、张某某在服刑期间主动交代了司法机关尚未掌握的上述盗窃事实；2010 年 5 月 14 日，被告人刘某某因涉嫌盗窃犯罪被公安机关抓获归案；同年 5 月 20 日，被告人王某某主动至公安机关投案并如实供述了上述盗窃事实。

上述事实，有以下证据证明：

1. 被告人贺某某、张某某的当庭供述，证明 2008 年 12 月下旬某日 18 时许，被告人张某某接被告人刘某某的电话，被告人刘某某让两人去刘某某居住小区本市宜川路 413 弄门口偷一辆未上锁的踏板摩托车。随后，两人赶至小区，碰到被告人刘某某、王某某后，由被告人王某某望风，两人采用轮流将该摩托车推离原地的方法，窃得该摩托车。嗣后，该摩托车交被告人刘某某使用。

2. 被告人王某某的当庭供述，证明 2008 年 12 月底某日，被告人刘某某打电话让其至本市宜川路 413 弄小区去偷一辆未上锁的摩托车，其至小区小花园，由被告人贺某某、张某某至小区门口偷车，其望风，窃得该摩托车。后被告人刘某某将所盗窃的上述摩托车停放在其居住的小区地下停车库。案发后，其配合公安机关追缴了该摩托车。

3. 被害人陈某某的陈述，证明 2008 年 12 月 23 日 9 时 30 分许，其将一辆嘉爵 150 型轻便摩托车停放在本市宜川路 413 号小区门口，车未上锁，当日 23 时许，发现车不见了。

4. 赃车照片，证明被害人陈某某被盗摩托车的外观情况。

5. 辨认笔录及辨认照片，证明作案地点经被告人张某某、王某某辨认属实，并经被告人贺某某、张某某辨认，被告人刘某某参与盗窃。

6. 上海市公安局普陀分局扣押物品清单、发还物品清单，证明被害人陈某某被盗的摩托车已由公安机关扣押并已发还被害人陈某某。

7. 物品财产估价鉴定结论书，证明被盗摩托车的价值。

8. 上海市新收犯监狱文件，证明被告人贺某某、张某某在服刑期间主动交代了伙同被告人刘某某等人实施盗窃的犯罪事实。

9. 本院（2010）普少刑初字第3号刑事判决书，证明被告人贺某某、张某某已因抢劫犯罪被本院判刑。

10. 工作情况记录，证明本案的案发情况以及2010年5月14日，被告人刘某某因涉嫌盗窃犯罪被公安机关抓获，同年5月20日，被告人王某某主动至公安机关投案并如实供述了自己的犯罪事实。

上述事实，均由公诉机关举证，并经当庭质证，查证属实，本院予以确认。

本院认为，被告人刘某某、贺某某、张某某、王某某结伙以非法占有为目的，秘密窃取公民财物，数额较大，其行为已构成盗窃罪，依法均应予以处罚。上海市普陀区人民检察院指控四名被告人犯盗窃罪的事实及罪名成立。

关于公诉机关指控被告人刘某某参与盗窃犯罪，经查，被告人刘某某指使被告人贺某某、张某某、王某某盗窃摩托车并使用该摩托车的事实，有同案三名被告人的当庭指证，且与上海市公安局普陀分局的扣押物品清单等证据相印证，证据充分，应予确认。辩护人当庭宣读的证人方某某的证言，不足以证明被告人刘某某未参与盗窃犯罪，故被告人刘某某的相关辩解及辩护人提出的相关辩护意见，均不予采纳。

关于公诉机关指控被告人刘某某参与抢夺、抢劫犯罪，经查，公诉机关提供的相关证握可以认定，被告人刘某某为了索回因帮被告人贺某某等人出面解决纠纷而支付的费用，让被告人贺某某等人采用“飞车抢包”等方法获取钱款，后取得了被告人贺某某等人归还的钱款。被告人贺某某等人虽然实施了犯罪，但现无充分的证据证明被告人刘某某对被告人贺某某等人实施犯罪的时间、地点、对象、次数等进行了明确、具体的约定；被告人贺某某等人实施犯罪所驾驶的轻便摩托车由被告人刘某某提供；且事后被告人刘某某明知取得的钱款系赃款等，故根据现有证据查证的事实，被告人刘某某仅仅是一般犯意表示，未参与实施犯罪，不具有共同犯罪中共谋的明确犯罪故意，尚难确定被告人刘某某系抢夺、抢劫犯罪的成员，据此，公诉机关指控被告人刘某某犯抢夺罪、抢劫罪的证据尚不充分，罪名尚不能成立。被告人刘某某及辩护人提出被告人刘某某犯抢夺、抢劫罪的罪名不能成立的辩护意见，均可采纳。

被告人贺某某、张某某在判决宣告以后，刑罚执行完毕以前，发现在判决宣告以前还有其他罪没有判决，依法应对新发现的罪作出判决，再对前罪和后罪所判处的刑罚予以并罚。被告人贺某某、张某某、王某某均有自首情节，依法均可从轻处罚。被告人张某某犯罪时已满十六周岁未满十八周岁，依法应从轻处罚。被告人王某某在案发后配合公安机关追缴赃车，且在被司法机关取保候审期间，能遵纪守法，依法可酌情从宽处罚并适用缓刑予以考验。根据四名被告人的犯罪事实、性质、情节和对于社会的危害程度，依照《中华人民共和国刑法》第二百六十四条，第二十五条第一款，第七十条，第六十九条，第六十七条第一款，第十七条第一款、第三款，第七十二条，第七十三条第一款、第三款以及最高人民法院《关于处理自首和立功具体应用法律若干问题的解释》第一条之规定，判决如下：

一、被告人刘某某犯盗窃罪，判处有期徒刑九个月，并处罚金人民币一千元。

（刑期从判决生效之日起计算。判决执行以前先行羁押的，羁押一日抵刑期一日，即自2010年5月14日起至2011年2月13日止；罚金款应在本判决生效之日起十五日内缴纳。）

二、被告人贺某某犯盗窃罪，判处拘役六个月，并处罚金人民币一千元；连同前罪抢劫罪判处的有期徒刑十年，并处罚金人民币一万元，决定执行有期徒刑十年，并处罚金人民币一万一千元。

（刑期从判决生效之日起计算。判决执行以前先行羁押的，羁押一日抵刑期一日，即自2009年7月9日起至2019年7月8日止；罚金款应在本判决生效之日起十五日内缴纳。）

三、被告人张某某犯盗窃罪，判处拘役四个月，并处罚金人民币五百元；连同前罪抢劫罪判处的有期徒刑七年，并处罚金人民币六千元，决定执行有期徒刑七年，并处罚金人民币六千五百元。

（刑期从判决生效之日起计算。判决执行以前先行羁押的，羁押一日抵刑期一日，即自2009年7月10日起至2016年7月9日止；罚金款应在本判决生效之日起十五日内缴纳。）

四、被告人王某某犯盗窃罪，判处拘役五个月，缓刑五个月，并处罚金人民币一千元。

（缓刑考验期限，从判决确定之日起计算；罚金款应在本判决生效之日起十五日内缴纳。）

被告人王某某回到社区后应当遵守法律、法规，服从监督管理，接受教育，完成公益劳动，做一名有益社会的公民。

如不服本判决，可在接到判决书的第二日起十日内，通过本院或者直接向上海市第二中级人民法院提出上诉。书面上诉的，应当提交上诉状正本一份，副本一份。

审　判　长　唐慧琴
审　判　员　陈　肸
人民陪审员　张凤珠
二〇一〇年十二月二十九日
书　记　员　王洁敏

附：相关法律条文

《中华人民共和国刑法》

第二百六十四条　盗窃公私财物，数额较大或者多次盗窃的，处三年以下有期徒刑、拘役或者管制，并处或者单处罚金；数额巨大或者有其他严重情节的，处三年以上十年以下有期徒刑，并处罚金；数额特别巨大或者有其他特别严重情节的，处十年以上有期徒刑或者无期徒刑，并处罚金或者没收财产；有下列情形之一的，处无期徒刑或者死刑，并处没收财产：

（一）盗窃金融机构，数额特别巨大的；

（二）盗窃珍贵文物，情节严重的。

第二十五条第一款　共同犯罪是指二人以上共同故意犯罪。

第七十条　判决宣告以后，刑罚执行完毕以前，发现被判刑的犯罪分子在判决宣告以前还有其他罪没有判决的，应当对新发现的罪作出判决，把前后两个判决所判处的刑罚，依照本法第六十九条的规定，决定执行的刑罚。已经执行的刑期，应当计算在新判决决定的刑期以内。

第六十九条　判决宣告以前一人犯数罪的，除判处死刑和无期徒刑的以外，应当在总和刑期以下、数刑中最高刑期以上，酌情决定执行的刑期，但是管制最高不能超过三年，拘役最高不能超过一年，有期徒刑最高不能超过二十年。

如果数罪中有判处附加刑的，附加刑仍须执行。

第六十七条第一款　犯罪以后自动投案，如实供述自己的罪行的，是自首。对于自首的犯罪分子，可以从轻或者减轻处罚。其中，犯罪较轻的，可以免除处罚。

第十七条第一款、第三款 已满十六周岁的人犯罪，应当负刑事责任。

已满十四周岁不满十八周岁的人犯罪，应当从轻或者减轻处罚。

第七十二条 对于被判处拘役、三年以下有期徒刑的犯罪分子，根据犯罪分子的犯罪情节和悔罪表现，适用缓刑确实不致再危害社会的，可以宣告缓刑。

被宣告缓刑的犯罪分子，如果被判处附加刑，附加刑仍须执行。

第七十三条第一款、第三款 拘役的缓刑考验期限为原判刑期以上一年以下，但是不能少于二个月。

缓刑考验期限，从判决确定之日起计算。

最高人民法院《关于处理自首和立功具体应用法律若干问题的解释》

第一条 根据刑法第六十七条第一款的规定，犯罪以后自动投案，如实供述自己的罪行的，是自首。

（一）自动投案，是指犯罪事实或者犯罪嫌疑人未被司法机关发觉，或者虽被发觉，但犯罪嫌疑人尚未收到询问、未被采取强制措施时，主动、直接向公安机关、人民检察院或者人民法院投案。

犯罪嫌疑人向其所在单位、城乡基层组织或者其他有关负责人员投案的；犯罪嫌疑人因病、伤或者为了减轻犯罪后果，委托他人先代为投案，或者先以信电投案的；罪行未被司法机关发觉，仅因形迹可疑被有关组织或者司法机关盘问、教育后，主动交代自己的罪行的；犯罪后逃跑，在被通缉、追捕过程中，主动投案的；经查实确已准备去投案，或者正在投案途中，被公安机关捕获的，应当视为自动投案。

并非出于犯罪嫌疑人主动，而是经亲友规劝、陪同投案的；公安机关通知犯罪嫌疑人的亲友，或者亲友主动报案后，将犯罪嫌疑人送去投案的，也应当视为自动投案。

犯罪嫌疑人自动投案后又逃跑的，不能认定为自首。

（二）如实供述自己的罪行，是指犯罪嫌疑人自动投案后，如实交代自己的主要犯罪事实。

犯有数罪的犯罪嫌疑人仅如实供述所犯数罪中部分犯罪的，只对如实供述部分犯罪的行为，认定为自首。

共同犯罪案件中的犯罪嫌疑人，除如实供述自己的罪行，还应当供述所知的同案犯，主犯则应当供述所知其他同案的共同犯罪事实，才能认定为自首。

犯罪嫌疑人自动投案并如实供述自己的罪行后又翻供的，不能认定为自首，但在一审判决前又能如实供述的，应当认定为自首。

上海市普陀区人民检察院
刑事抗诉书

沪普检刑抗〔2011〕1号

上海市普陀区人民法院以（2010）普刑初字第644号刑事判决书对被告人刘某某、贺某某、张某某、王某某盗窃、抢劫、抢夺一案作出一审判决：被告人刘某某犯盗窃罪，判处有期徒刑九个月，并处罚金人民币一千元。认定被告人贺某某犯盗窃罪，判处拘役六个月，并处罚金人民币一千元；连同前罪抢劫罪判处的有期徒刑十年，并处罚金人民币一万元，决定执行有期徒刑十年，并处罚金人民币一万一千元。认定被告人张某某犯盗窃罪，判处拘役四个月，并处罚金人民币五百元；连同前罪抢劫罪判处的有期徒刑七年，并处罚金人民币六千元，决定执行有期徒刑七年，并处罚金人民币六千五百元。认定被告人王某某犯盗窃罪，判处拘役五个月，缓刑五个月，并处罚金人民币一千元。同时判决公诉机关指控被告人刘某某犯抢夺罪、抢劫罪的证据尚不充分，罪名尚不能成立。

本院依法审查后认为：该判决认定被告人刘某某、贺某某、张某某、王某某犯盗窃罪事实清楚、定性准确、量刑恰当，但未认定被告人刘某某犯抢夺罪、抢劫罪系认定事实有误、适用法律不当。理由如下：

被告人刘某某为索回因帮助被告人贺某某等人出面解决纠纷而支付的费用，唆使贺某某等人采用“飞车抢包”等方法获取钱款，且提供轻便摩托车作为作案工具，并在贺某某等人作案后取得了抢来的钱款，上述事实有贺某某等五名同案人的一致指认，判决书中也予以认可。但判决书同时认为，刘某某仅仅是一般犯意表示，未参与实施犯罪，不具有共同犯罪中共谋的明确犯罪故意，故不能认定系抢夺、抢劫犯罪的成员，明显与事实不符，与法理相悖。按照共同犯罪理论，共同预谋是共同犯罪的形式之一，没有明确约定犯罪时间、地点及没有亲自实施犯罪不影响共同犯罪的成立。刘某某既有唆使他人犯罪，也有帮助他人犯罪的行为，完全符合共同犯罪的构成要件，判决书认为刘某某犯抢夺罪、抢劫罪的罪名不能成立，显属错误。

综上所述：（2010）普刑初字第644号刑事判决书未认定被告人刘某某犯

抢夺罪、抢劫罪从而认定事实有误、适用法律不当。为维护司法公正，准确惩治犯罪，依照《中华人民共和国刑事诉讼法》第一百八十一条的规定，特提出抗诉，请依法判处。

此致

上海市第二中级人民法院

上海市普陀区人民检察院

二〇一一年一月七日

附：1. 被告人刘某某、贺某某、张某某现羁押于普陀区看守所；

2. 被告人王某某现被取保候审于住所。

上海市第二中级人民法院
刑事判决书

（2011）沪二中少刑终字第7号

抗诉机关上海市普陀区人民检察院。

原审被告人刘某某，男，1987年××月××日生于上海市，汉族，高中文化，无业，住本市××路××弄××号××室；因本案于2010年5月14日被刑事拘留，同年6月11日被逮捕，2011年2月13日被取保候审，同年3月8日被逮捕，现羁押于本市普陀区看守所。

指定辩护人曹某某，上海市××律师事务所律师。

原审被告人贺某某，男，1990年××月××日生于上海市，汉族，初中文化，无业，住本市××村××号××室；因犯抢劫罪于2010年2月被判处有期徒刑十年，罚金人民币一万元。现在本市普陀区看守所服刑。

指定辩护人龙某某，上海××律师事务所律师。

原审被告人张某某，男，1991年6月13日生于上海市，汉族，初中文化，原系上海市××学校学生，户籍地本市××村××号××室，住本市××村××号××室；因犯抢劫罪于2010年2月被判处有期徒刑七年，罚金人民币六千元。现在本市普陀区看守所服刑。

辩护人陆某某、李某甲，上海市××律师事务所律师。

原审被告人王某某，男，1989年××月××日生于上海市，汉族，大专文化，原系上海××技术学院学生，住本市××路××弄××号××室。因本案于2010年5月20日被取保候审。

指定辩护人高某某，上海××律师事务所律师。

上海市普陀区人民法院审理上海市普陀区人民检察院指控原审被告人刘某某犯盗窃、抢夺、抢劫罪；贺某某、张某某、王某某犯盗窃罪一案，于2010年12月29日作出（2010）普刑初字第644号刑事判决。判决后，上海市普陀区人民检察院提出抗诉。本院依法组成合议庭，公开开庭审理了本案。上海市人民检察院第二分院指派检察员杜民霞出庭支持抗诉。原审被告人刘某某及其指定辩护人曹某某、原审被告人贺某某及其指定辩护人龙某某、原审被告人张某某及其委托的辩护人陆某某、原审被告人王某某及其指定辩护人高某某均出庭参加诉讼。现已审理终结。

原审法院依据被害人陈某某的陈述；赃车照片；扣押物品清单、发还物品清单；估价鉴定结论书；上海市新收犯监狱文件；相关判决书；公安机关工作情况记录；被告人贺某某、张某某、王某某的供述及辨认笔录、辨认照片等证据认定：

2008年12月23日18时许，被告人刘某某指使被告人贺某某、张某某、王某某为其盗窃陈某某停放在本市宜川路413弄门口的价值人民币4400元（以下币种均为人民币）的嘉爵150型轻便摩托车一辆。随后，由王某某望风，贺某某、张某某将该轻便摩托车推离现场并交给刘某某使用。案发后，王某某配合公安机关追缴了上述摩托车并发还失主陈某某。

2010年3月，贺某某、张某某在服刑期间主动交代了司法机关尚未掌握的上述盗窃事实；同年5月20日，王某某自首。

原审判决认为，被告人刘某某、贺某某、张某某、王某某结伙以非法占有为目的，秘密窃取公民财物，数额较大，其行为均已构成盗窃罪，依法均应予以处罚。贺某某、张某某在判决宣告以后，刑罚执行完毕以前，发现在判决宣告以前还有其他罪没有判决，依法应对新发现的罪作出判决，再对前罪和后罪所判处的刑罚予以并罚。贺某某、张某某、王某某有自首情节，依法均可从轻处罚；张某某犯罪时已满十六周岁未满十八周岁，依法可从轻处罚；王某某在案发后配合公安机关追缴赃车，在取保候审期间，能遵纪守法，依法可酌情从宽处罚并适用缓刑。据此，依照《中华人民共和国刑法》第二百六十四条，第二十五条第一款，第七十条，第六十九条，第六十七条第一款，第十七条第一款、第三款，第七十二条，第七十三条第一款、第三款以及最高人民法院《关于处理自首和立功具体应用法律若干问题的解释》第一条之规定，对被告人刘某某以盗窃罪判处有期徒刑九个月，罚金一千元；对被告人贺某某以盗窃罪判处拘役六个月，罚金一千元，连同前罪抢劫罪判处的有期徒刑十年，罚金一万元，决定执行有期徒刑十年，罚金一万一千元；对被告人张某某以盗窃罪判处拘役四个月，罚金五百元，连同前罪抢劫罪判处的有期徒刑七年，罚金六千元，决定执行有期徒刑七年，罚金六千五百元；对被告人王某某以盗窃罪判处拘役五个月，缓刑五个月，罚金一千元。

此外，原公诉机关还起诉：

1. 2009年7月4日21时20分许，经预谋，被告人刘某某提供轻便摩托车一辆，由王某某、周某某（均已被判刑）驾驶该车，至本市中潭路交通枢纽站743路公交车终点站路边，以“飞车抢夺”（王某某开车，周某某实施抢夺）的方式，抢得李某某放在自行车前斗内的小包一只（内有现金980元等财物）。

2. 2009年7月7日21时30分，经预谋，被告人刘某某提供轻便摩托车一辆，由贺某某、张某某（均已被判刑）驾驶该车，至本市柳营路768弄小区门口附近。贺某某将车停在马路边望风接应，张某某跟在被害人季某某身后，采取推倒被害人、用脚踹被害人的手和脸部的方式，抢得被害人包一只。

据此，原公诉机关认为，被告人刘某某以非法占有为目的，还伙同他人共同抢劫、抢夺他人财物，其行为构成抢劫罪、抢夺罪，且在判决宣告前一人犯数罪，依法应当数罪并罚。

原审法院认为，刘某某为了索回因帮贺某某等人出面解决纠纷而支付的费用，让贺某某等人采用“飞车抢包”等方法获取钱款，后取得了贺某某等人归还的钱款。但现无充分的证据证明刘某某对贺某某等人实施犯罪的时间、地点、对象、次数等进行了明确、具体的约定；贺某某等人实施犯罪所驾驶的轻便摩托车由刘某某提供；且事后刘某某明知取得的钱款系赃款等。故根据现有证据查证的事实，刘某某仅仅是一般犯意表示，未参与实施犯罪，不具有共同犯罪中共谋的明确犯罪故意。公诉机关指控刘某某参与抢夺、抢劫犯罪的证据尚不充分，罪名不能成立。

上海市普陀区人民检察院抗诉认为，原判决认定被告人刘某某、贺某某、张某某、王某某犯盗窃罪的事实清楚、定性准确、量刑恰当。刘某某还为了索回因帮贺某某等人出面解决纠纷而支付的费用，让贺某某等人采用“飞车抢包”等方法获取钱款，且提供轻便摩托车作为作案工具，并在贺某某等人作案后取得了抢来的钱款。故刘某某既有唆使他人犯罪的行为，也有帮助他人犯罪的行为，完全符合共同犯罪的构成要件。原审判决认定事实有误，未认定刘某某的行为构成抢夺、抢劫罪不当。

上海市人民检察院第二分院支持抗诉认为，原审判决认定原审被告人刘某某、贺某某、张某某、王某某犯盗窃罪的事实清楚，证据确实、充分，适用法律正确，量刑适当。但未认定刘某某犯抢劫、抢夺罪并予量刑处罚，系认定事实错误、适用法律不当，建议依法纠正。

原审被告人刘某某及其辩护人对原判认定刘某某犯盗窃罪及量刑均无异议，但认为，刘某某只有催债行为，无教唆、提供车辆的行为，拿到还款时也不知是赃款，故不构成抢夺、抢劫罪的共犯。

原审被告人贺某某、张某某及其各自的辩护人对原判均无异议，但均提出是受刘某某指使才“飞车抢包”的，应认定贺某某、张某某为从犯，予以从轻处罚；二人在到案后检举刘某某指使王某某、周某某“飞车抢包”的行为，应认定为立功。

原审被告人王某某及其辩护人对原判决均无异议。

本院经审理查明，原审被告人刘某某、贺某某、张某某、王某某犯盗窃罪的事实、证据均与原判决相同。

本院另查明：

2009年5月，因原审被告人贺某某、王某某、周某某、张某某（均已被判刑）等人的朋友与他人发生纠纷，故贺某某让原审被告人刘某某帮忙解决。事后，刘某某让贺某某等人承担解决纠纷的费用，至同年6月底7月初，经刘某某多次催讨，贺某某等人仍有2000余元还不出。刘某某即提出让贺某某等人用“飞车抢包”的方法抢钱，于2009年7月8日还款，并提出由其提供车辆。

2009年7月4日21时20分许，原审被告人王某某、周某某驾驶由原审被告人刘某某提供的黑色轻便摩托车一辆，在本市中潭路交通枢纽站743路公交车终点站附近，见被害人李某某独自一人骑着自行车，遂放慢车速从李某某左后方靠近，由坐在摩托车后座上的周某某动手，从李某某的自行车前车斗内抢得装有现金980元等物的包一只后，驾车逃跑。事后，二人将980元交给贺某某。贺某某于2009年7月8日连同其他钱款一并交给刘某某，双方结清钱款。

上述事实有下列证据证明：

一、证明各被告人之间钱款往来经过的证据

1. 原审被告人王某某、周某某、贺某某、张某某及涉案人员顾某某等五人的供述证实，2009年5月，刘某某在帮贺某某、王某某、周某某、张某某等人的朋友朱某某解决纠纷的过程中打伤了人，为此，向贺某某等人讨要医药费1900元及好处费2600元。5月份，几人先凑了1900元给刘某某，余款还不出，只好同意刘某某“飞车抢包”的提议，分别去抢，抢到钱后交给贺某某保管，贺某某在2009年7月8日凑齐了钱款还给刘某某，双方结清欠款。

2. 原审被告人刘某某的供述证实，因贺某某等人和别人发生纠纷，其以中间人的角色垫付了3000元。贺某某于5月先还了1000元；余款2000元一直未付，其要求贺某某等人不管用什么方法，在2009年7月8日一定要还。之后，在7月8日收到贺某某还来的2000元，双方结清钱款。

二、证明刘某某提出“飞车抢包”的证据

1. 原审被告人贺某某、张某某的供述证实，刘某某为索要欠款，分别于2009年5月的一天及同年7月1日两次提出让贺某某等人用“飞车抢包”的方法还钱，说这样来钱快，而且不容易被抓，并主动提供车辆。第一次几人没同意，第二次是实在没办法了才同意的。贺某某还供称，“飞车抢包”没必要商量，一人开车，由坐在后座的人抢包。

2. 原审被告人王某某、涉案人员顾某某的供述证实，刘某某为了索要欠款，于2009年7月1日提出让贺某某等人“飞车抢包”，并称由其来提供车辆。王某某还供称，“飞包”就是指飞车抢夺。

3. 原审被告人周某某的供述证实，刘某某为了索要欠款，于2009年6月的一天提出让贺某某等人“飞车抢包”，并由其提供车辆。刘某某还说，“飞包”就是两个人骑摩托车找那些背包的女人，然后开车靠近她们，后座的人去抢包再利用车的速度逃跑。

三、证明刘某某提供车辆的证据

1. 原审被告人贺某某、张某某、王某某、周某某的供述证实，在刘某某提出“飞车抢包”后，几人分别实施了几次抢包行为，都是事先与刘某某联系后取得车辆的。贺某某、张某某的供述还证实，每次抢包都提前告诉刘某某，并找刘某某拿钥匙，用好后把车停到刘某某小区的车棚内，抢完后刘某某会问今天抢了多少，抢的人会告诉他。

2. 被告人刘某某的供述证实，作案用的黑色轻便摩托车停放在其居住的小区车棚内。

四、证明王某某、周某某实施抢夺及赃款去向的证据

1. （2010）普少刑初字第3号刑事判决书证实，王某某、周某某于2009年7月4日抢得被害人李某某的包一只，并因此以抢夺罪各被判处拘役五个月，罚金五百元。

2. 原审被告人王某某、周某某的供述证实，抢来的980元钱交给了贺某某。

3. 原审被告人贺某某的供述证实，收到王某某、周某某抢来的980元钱，并于2009年7月8日连同其他钱款一并还给刘某某。

4. 原审被告人刘某某的供述证实，2009年7月8日收到贺某某归还的2000元钱。

上述证据，均经当庭质证，查证属实，本院予以确认。

本院认为：原审被告人刘某某构成抢夺罪的共犯。刘某某为索取帮贺某某等人出面解决纠纷而支付的费用，指使贺某某、王某某、周某某、张某某等人采用“飞车抢包”的方法抢钱、提供了作案用的黑色轻便摩托车一辆，限定最后还款日为2009年7月8日，并于该日取得了贺某某等人行抢所得的赃款，刘某某的行为已构成抢夺罪。

原审被告人刘某某不构成抢劫罪的共犯。无论是教唆犯还是实行犯，其主观故意的内容都是相同的，并且主观上具有犯意的沟通和联系，这是使共同犯

罪人承担共同犯罪的刑事责任的主观基础，而超出共同故意范围的犯罪，不构成共同犯罪。从现有证据分析，本案各原审被告人对于如何实施“飞车抢包”均较为明确，即“飞车抢夺”。2009 年 7 月 7 日晚贺某某、张某某是因为被害人始终在人行道上，无法采用“飞车抢夺”的方法抢，才临时起意由张某某下车到马路对面实施拦路抢劫的。故贺某某、张某某的抢劫行为超出了与刘某某预谋时的“飞车抢夺”的故意，对该实行过限的行为，应由贺某某、张某某二人承担相应的法律后果，刘某某不构成抢劫犯罪的共犯。

综上所述，原审判决认定原审被告人刘某某、贺某某、张某某、王某某犯盗窃罪的事实清楚，证据确实、充分，适用法律正确，量刑适当。刘某某还以非法占有为目的，伙同他人，乘人不备，公然夺取他人财物，数额较大，其行为又构成抢夺罪，对其依法应两罪并罚。刘某某教唆不满十八周岁的人实施犯罪，依法应从重处罚。原审判决对刘某某参与抢夺的犯罪行为未予定罪处罚不当，依法应予纠正。抗诉机关关于刘某某犯抢夺罪的抗诉意见有理，依法予以支持。对刘某某及其辩护人提出刘某某未参与抢夺犯罪的辩解及辩护意见，不予采信。贺某某、张某某实施的抢劫行为超出了与刘某某预谋时的共同故意，属实行过限行为，故刘某某不构成该节抢劫犯罪的共犯。抗诉机关关于刘某某犯抢劫罪的抗诉意见依据尚不充分，不予支持。对刘某某及其辩护人提出刘某某未参与抢劫犯罪的辩解及辩护意见，予以采纳。对贺某某、张某某及其辩护人提出的检举立功的意见，经查，贺某某、张某某、王某某、周某某等人与刘某某共同预谋后，为实现同一犯罪目的分别实施抢夺、抢劫行为，故对贺某某、张某某二人如实供述涉案人员犯罪事实的行为均不能以立功论，对两原审被告人的辩解及辩护人的辩护意见，均不予采纳。据此，依照《中华人民共和国刑事诉讼法》第一百八十九条第（一）、（三）项和《中华人民共和国刑法》第二百六十四条第一款，第二百六十七条第一款，第二十五条第一款，第二十九条第一款，第七十条，第六十九条，第六十七条第一款，第十七条第一款、第三款，第七十二条，第七十三条第一款、第三款以及最高人民法院《关于处理自首和立功具体应用法律若干问题的解释》第一条之规定，判决如下：

一、维持上海市普陀区人民法院（2010）普刑初字第 644 号刑事判决主文第二、三、四项，即被告人贺某某犯盗窃罪，判处拘役六个月，并处罚金人民币一千元；连同前罪抢劫罪判处的有期徒刑十年，并处罚金人民币一万元，决定执行有期徒刑十年，并处罚金人民币一万一千元。被告人张某某犯盗窃罪，判处拘役四个月，并处罚金人民币五百元；连同前罪抢劫罪判处的有期徒刑七年，并处罚金人民币六千元，决定执行有期徒刑七年，并处罚金人民币六千五百元。被告人王某某犯盗窃罪，判处拘役五个月，缓刑五个月，并处罚金人民币一千元。

二、撤销上海市普陀区人民法院（2010）普刑初字第644号刑事判决主文第一项，即被告人刘某某犯盗窃罪，判处有期徒刑九个月，并处罚金人民币一千元。

三、被告人刘某某犯抢夺罪判处有期徒刑一年，并处罚金人民币一千元；犯盗窃罪判处有期徒刑九个月，并处罚金人民币一千元；决定执行有期徒刑一年六个月，并处罚金人民币二千元。

（刑期从判决生效之日起计算。判决执行以前先行羁押的，羁押一日折抵刑期一日，即自2011年3月8日起至2011年12月7日止；罚金应在本判决生效之日起十五日内向本院缴纳。）

本判决为终审判决。

审　判　长　张　华
代理审判员　段　婷
代理审判员　陆晓波
二〇一一年三月十五日
书　记　员　朱　捷

附：相关法律条文

《中华人民共和国刑法》

第二百六十四条　盗窃公私财物，数额较大或者多次盗窃的，处三年以下有期徒刑、拘役或者管制，并处或者单处罚金；数额巨大或者有其他严重情节的，处三年以上十年以下有期徒刑，并处罚金；数额特别巨大或者有其他特别严重情节的，处十年以上有期徒刑或者无期徒刑，并处罚金或者没收财产；有下列情形之一的，处无期徒刑或者死刑，并处没收财产：

（一）盗窃金融机构，数额特别巨大的；

（二）盗窃珍贵文物，情节严重的。

第二百六十七条第一款　抢夺公私财物，数额较大的，处三年以下有期徒刑、拘役或者管制，并处或者单处罚金；数额巨大或者有其他严重情节的，处三年以上十年以下有期徒刑，并处罚金；数额特别巨大或者有其他特别严重情节的，处十年以上有期徒刑或者无期徒刑，并处罚金或者没收财产。

第二十五条第一款　共同犯罪是指二人以上共同故意犯罪。

第二十九条第一款 教唆他人犯罪的，应当按照他在共同犯罪中所起的作用处罚。教唆不满十八周岁的人犯罪的，应当从重处罚。

第七十条 判决宣告以后，刑罚执行完毕以前，发现被判刑的犯罪分子在判决宣告以前还有其他罪没有判决的，应当对新发现的罪作出判决，把前后两个判决所判处的刑罚，依照本法第六十九条的规定，决定执行的刑罚。已经执行的刑期，应当计算在新判决决定的刑期以内。

第六十九条 判决宣告以前一人犯数罪的，除判处死刑和无期徒刑的以外，应当在总和刑期以下、数刑中最高刑期以上，酌情决定执行的刑期，但是管制最高不能超过三年，拘役最高不能超过一年，有期徒刑最高不能超过二十年。

如果数罪中有判处附加刑的，附加刑仍须执行。

第六十七条第一款 犯罪以后自动投案，如实供述自己的罪行的，是自首。对于自首的犯罪分子，可以从轻或者减轻处罚。其中，犯罪较轻的，可以免除处罚。

第十七条第一款、第三款 已满十六周岁的人犯罪，应当负刑事责任。

已满十四周岁不满十八周岁的人犯罪，应当从轻或者减轻处罚。

第七十二条 对于被判处拘役、三年以下有期徒刑的犯罪分子，根据犯罪分子的犯罪情节和悔罪表现，适用缓刑确实不致再危害社会的，宣告缓刑。

被宣告缓刑的犯罪分子，如果被判处附加刑，附加刑仍须执行。

第七十三条第一款、第三款 拘役的缓刑考验期限为原判刑期以上一年以下，但是不能少于二个月。

缓刑考验期限，从判决确定之日起计算。

最高人民法院《关于处理自首和立功具体应用法律若干问题的解释》

第一条 根据刑法第六十七条第一款的规定，犯罪以后自动投案，如实供述自己的罪行的，是自首。

（一）自动投案，是指犯罪事实或者犯罪嫌疑人未被司法机关发觉，或者虽被发觉，但犯罪嫌疑人尚未收到询问，未被采取强制措施时，主动、直接向公安机关、人民检察院或者人民法院投案。

犯罪嫌疑人向其所在单位、城乡基层组织或者其他有关负责人员投案的；犯罪嫌疑人因病、伤或者为了减轻犯罪后果，委托他人先代为投案，或者先以信电投案的；罪行未被司法机关发觉，仅因形迹可疑被有关组织或者司法机关盘问、教育后，主动交代自己的罪行的；犯罪后逃跑，在被通缉、追捕过程中，主动投案的；经查实确已准备去投案，或者正在投案途中，被公安机关捕获的，应当视为自动投案。

并非出于犯罪嫌疑人主动，而是经亲友规劝、陪同投案的；公安机关通知犯罪嫌疑人的亲友，或者亲友主动报案后，将犯罪嫌疑人送去投案的，也应当视为自动投案。

犯罪嫌疑人自动投案后又逃跑的，不能认定为自首。

（二）如实供述自己的罪行，是指犯罪嫌疑人自动投案后，如实供述自己的主要犯罪事实。

犯有数罪的犯罪嫌疑人仅如实供述所犯数罪中部分犯罪的，只对如实供述部分犯罪的行为，认定为自首。

共同犯罪案件中的犯罪嫌疑人，除如实供述自己的罪行，还应当供述所知的同案犯，主犯则应当供述所知其他同案的共同犯罪事实，才能认定为自首。

犯罪嫌疑人自动投案并如实供述自己的罪行后又翻供的，不能认定为自首，但在一审判决前又能如实供述的，应当认定为自首。

《中华人民共和国刑事诉讼法》

第一百八十九条 第二审人民法院对不服第一审判决的上诉、抗诉案件，经过审理后，应当按照下列情形分别处理：

（一）原判决认定事实和适用法律正确、量刑适当的，应当裁定驳回上诉或者抗诉，维持原判；

（二）原判决认定事实没有错误，但适用法律有错误，或者量刑不当的，应当改判；

（三）原判决事实不清楚或者证据不足的，可以在查清事实后改判；也可以裁定撤销原判，发回原审人民法院重新审判。

共同挪用犯罪的认定

——范某甲挪用资金、挪用公款案

【案例要旨】

经事先约定，行为人多次共同挪用单位钱款，虽有放弃犯罪的口头表示，但得知挪用人又挪出公款后，仍实施挪用行为的，应认定其具有共同挪用的概括性故意，成立挪用型犯罪的共犯；挪用人主体身份不同的，应分别认定为挪用资金罪或者挪用公款罪。

【案情简要】

××丙公司系国家出资的非国有公司，并与外资合资设立××戊公司。因被国有××庚公司收购，××丙公司成为国有企业。范某甲系××丙公司、××戊公司的财务总监、财务部部长；韩某某（另案处理）系××丙公司财务部主管，两人均具有管理公司资金职责。企业改制后，范某甲的职务自然延续，归属××庚公司派出和管辖。

企业改制前，范某甲、韩某某即共谋用本单位资金炒股牟利，商定由韩某某负责办理资金划转，范某甲负责股票买卖和还款。之后，两人利用各自的职务便利，自2007年1月至2008年10月，先后4次共同挪用两公司款项共计3357.26万元。

另查明：2008年4月，韩某某擅自将××丙公司的2200万元划至范某甲控制的账户申购新股，范某甲虽曾口头表示不要再挪用公司资金炒股，但得知钱款到账后仍用该款炒股营利。

2009年2月，范某甲与韩某某再次共同挪用××戊公司资金2500万元炒股。为归还挪用钱款，范某甲虚构××戊公司与供应商之间的货物交易事实，于同年11月2日，将企业改制前挪用、企业改制后归还的170万元再次挪用，用于填补2500万元挪用款中未予归还的部分。至案发，该170万元尚未归还。

2010年6月9日，浦东新区人民检察院以被告人范某甲犯挪用资金罪、挪用公款罪提起公诉，认为××丙公司改制为国有企业，范某甲具有国家工作人员身份，其后挪用行为构成挪用公款罪，且至案发尚有170万元未归还。一审法院审理后，采纳了公诉机关指控范某甲挪用2500万元构成挪用公款的意见，但否定了2008年4月范某甲与韩某某共同挪用××丙公司2200万元的指控事实；法院认为双方虽在挪用第一笔钱款之前共谋并进行了相应的分工，但并未就挪用的数额、次数等形成明确的合意，认定两人已形成挪用的概括性故意证据不足，范某甲不构成韩某某挪用公款2200万元的共犯；对至案发尚未归还的170万元，法院认为该170万元被重复挪用2次，且第1次系挪用资金行为，尽管后次挪用时范某甲的身份发生了变化，但资金的性质自始未变，实际受损的也是××戊公司，将其评价为挪用资金未归还能体现罪责刑相适应的原则。据此，一审法院于同年9月20日，以挪用公款罪判处范某甲有期徒刑6年、挪用资金罪判处有期徒刑5年6个月。浦东新区人民检察院于10月9日提出抗诉并获上级院支持。2010年12月23日，上海市第一中级人民法院采纳检察机关意见，以挪用公款罪改判范某甲有期徒刑10年、挪用资金罪判处有期徒刑5年6个月。

【典型意义】

本案系一起行为人按照事先共谋并分工、连续多次实施挪用行为的共同犯罪案件。范某甲虽有过不再挪用的口头意思表示，但当得知其下属韩某某已挪用公款2200万元后，作为负有公司资金运作监管职责的财务总监，其既未向公司报告或阻止，也未将公款归还××丙公司，而将2200万元资金用于个人炒股牟利。该行为方式与此前已实施的3次挪用资金行为和此后又实施的2次挪用公款行为并无不同，均系按照首次挪用资金前双方已商定的方式操作，应认定成立共同犯罪。2009年11月2日，范某甲挪用××戊公司资金170万元用于归还挪用××丙公司的部分公款的行为，与其2007年5月挪用××戊公司资金170万余元后归还的行为没有关联，是新的挪用行为，且后次挪用时其主体身份已因企业改制而转变为国家工作人员，故应认定为《刑法》第272条第2款规定的挪用公款罪；该170万元至案发仍未归还，应依法认定为挪用公款数额巨大不退还，处10年以上有期徒刑或者无期徒刑。

对于发生在企业改制前后的多次共同挪用行为，应从行为人共谋的时间、内容、事后态度以及各次挪用行为的关联度等方面，综合判断是否共同犯罪：对于行为人事先已约定共同挪用且明确分工，事后按照约定方式连续多次实施了挪用行为的，即使行为人曾经作出过阻却共谋的意思表示，但事后仍按原约定实施挪用行为的，仍应认定其成为挪用型犯罪的共犯；对挪用行为的性质，应当严格按照法律规定，以行为人的主体身份，而非资金所有单位的性质确定。

上海市浦东新区人民检察院

起 诉 书

沪浦检反诉〔2010〕20004 号

被告人范某甲，男，1973 年××月××日生，身份证号码：3101101973××××××××，汉族，硕士文化，原系上海浦东××有限公司（以下简称“××丙公司”）财务总监，兼任上海××有限公司（以下简称“××戊公司”）财务总监、财务部部长，住上海市浦东新区××路××弄××号××室。2009 年 12 月 29 日因涉嫌挪用公款罪、贪污罪被本院刑事拘留，2010 年 1 月 10 日因涉嫌挪用公款罪经本院决定逮捕。

被告人范某甲涉嫌挪用公款罪、挪用资金罪一案，由本院于 2010 年 2 月 25 日侦查终结移送审查起诉。本院于 2010 年 2 月 25 日已告知被告人有权委托辩护人，听取了被告人的辩护人龚某某的意见；依法讯问了被告人，审查了全部案件材料，并就是否适用普通程序审理“被告人认罪案件”听取了被告人范某甲及其辩护人的意见，被告人范某甲表示同意。经审查，于 2010 年 4 月 6 日退回补充侦查，本院反贪局于 2010 年 4 月 28 日补充侦查终结，移送审查起诉。

经依法审查查明：

1995 年 12 月，国有控股企业上海××甲有限公司（以下简称“××甲公司”）与国有独资企业上海××乙有限公司共同出资设立了××丙公司。2003 年 10 月，××丙公司与上海××丁有限公司、××戊（中国）投资有限公司设立了××戊公司。2007 年 10 月 22 日，国有企业上海××总公司（以下简称“××庚公司”）收购了××甲公司对××丙公司的股权，××丙公司、××戊公司的隶属关系均划入××庚公司。至此，××丙公司从非国有企业转制为国有企业。

1996 年起，被告人范某甲就职于××甲公司，2005 年 6 月起被××甲公司派出担任××丙公司和××戊公司财务总监、财务部部长等职务，全面负责××丙公司和××戊公司财务部工作。2008 年 7 月 1 日，被告人范某甲的人事关系从××甲公司转至××丙公司，并继续担任××丙公司和××戊公司的财务总监。

2007 年 1 月至 2009 年 11 月间，被告人范某甲在担任××丙公司财务总监期间，利用负责总管该公司会计、预算和资本投资、财务规划、资金运作监管等职务便利，单独或伙同韩某某（另案处理），多次挪用××丙公司、××戊公司的资金。其中挪用资金共计人民币 1657.26 万元，至案发尚有人民币 187 万余元未归还；挪用公款共计人民币 6700 万元，至案发尚有人民币 170 万元未归还。分述如下：

一、挪用资金罪

2007 年 1 月 18 日，被告人范某甲伙同韩某某将××丙公司的人民币 1000 万元划至上海××销售有限公司（以下简称“××壬公司”）的机构账户进行炒股营利活动，2007 年 3 月 29 日已归还。

2007 年 5 月 9 日，被告人范某甲伙同韩某某以退回扶持款的名义将××街道支付给××戊公司的“专项扶持款”人民币 177.26 万元划至上海××辛公司的机构账户进行炒股营利活动，2009 年 6 月 22 日已归还 170 万余元。

2008 年 1 月 15 日，被告人范某甲伙同韩某某以收取扶持款后不入账的方式将××功能区经济发展促进中心支付给××戊公司的“专项扶持款”共计人民币 180 万元直接背书给××辛公司，并划入××辛公司的机构账户进行炒股营利活动，至案发未归还。

2008 年 6 月 17 日，被告人范某甲虚构××戊公司的供应商扬州市××机械有限公司（以下简称“××癸公司”）向××戊公司申请借款的名义，将××戊公司的人民币 300 万元通过××癸公司账户转账，划至××辛公司的机构账户进行炒股营利活动，2009 年 1 月已归还。

二、挪用公款罪

2008 年 4 月 8 日，韩某某擅自将××丙公司的人民币 2200 万元划至××壬公司的机构账户用于申购新股，被告人范某甲得知后伙同韩某某共同将该笔资金继续用于炒股营利活动，2008 年 4 月 29 日已归还。

2008 年 10 月 21 日，被告人范某甲伙同韩某某将××丙公司的人民币 2000 万元通过××戊公司账户转账，划至××辛公司的机构账户进行炒股营利活动，2008 年 12 月 29 日已归还。

2009 年 2 月 13 日，被告人范某甲伙同韩某某将××丙公司的人民币 2500 万元通过××戊公司账户转账，划至××辛公司的机构账户进行炒股营利活动，2009 年 11 月 4 日已归还。

2009 年 11 月 2 日，被告人范某甲虚构××戊公司与××癸公司之间的货物交易的事实，将已经归还××戊公司的 170 万元挪用出来用于部分归还上述

2500 万元欠款，至案发未归还。

上述事实，有以下证据证明：

1. 上海××甲公司、上海××丙公司、上海××庚公司、上海××乙有限公司、上海××戊公司的营业执照、工商资料、上海市产权交易合同，证实上述单位的性质以及股权变更情况。

2. 上海××庚资源管理有限公司出具的职务证明、职务任命平移证明、有关任职通知、劳动关系转移三方协议书、相关劳动合同，证实被告人范某甲的职务情况。

3. 上海浦东××丙公司出具的职务证明，证实同案关系人韩某某的职务情况。

4. 同案关系人韩某某的证言，证实其伙同被告人范某甲共同挪用××丙公司、××戊公司钱款的事实。

5. 证人李某某等人的证言，证实被告人范某甲未经××戊公司总经理同意，从××戊公司挪用相关钱款的事实。

6. 证人许某某的证言，证实被告人范某甲未经××丙公司总经理同意，从××丙公司挪用相关钱款的事实。

7. 证人吴某某、林某某的证言，证实经被告人范某甲要求扬州市××癸公司虚构与××戊公司的借款、货物交易，提供账户走账的事实。

8. 证人张某某的证言，证实相关单位拨付给××戊公司“专项扶持款”的事实。

9. 证人熊某某、胡某某的证言，证实××壬公司、××辛公司是被告人范某甲操控下的空壳公司，无实际业务，相关会计凭证上加盖私人印章的情况证人胡某某本人并不知情。

10. 证人郑某某、杭某某等人出具的情况说明，证实作为××丙公司和××戊公司的董事，对于被告人范某甲挪用二公司钱款进行所谓委托理财的情况并不知情。

11. 公信中南会计师事务所出具的司法鉴定意见书和相关公司财务凭证、协议书、票据、银行对账单、证券开户资料及交易记录等书证，证实被告人范某甲挪用公款和挪用资金的经过和具体数额。

12. 上海××壬公司、上海××辛公司的工商资料，证实两家公司的股东情况。

13. 上海市工商行政管理局青浦分局行政处罚决定书，证实××壬公司因 2007 年未进行工商年检，于 2008 年 12 月被吊销营业执照。

14. 被告人范某甲的供述，证实其对上述事实供认不讳。

15. 本院反贪局出具的案发经过，证实被告人范某甲的到案情况。

16. 户籍资料，证实被告人范某甲的基本情况。

上述证据来源及收集程序合法，内容客观真实，足以认定指控事实。被告人范某甲对基本犯罪事实无异议。

本院认为，2007 年 1 月至 2009 年 1 月期间，被告人范某甲利用担任××丙公司财务总监、××戊公司财务总监、财务部部长的职务便利，单独或者伙同××丙公司财务部主管韩某某，先后多次挪用上述两公司的钱款共计人民币 1657.26 万元用于营利活动，至案发尚有 187 万余元未归还，其行为已触犯《中华人民共和国刑法》第二百七十二条，犯罪事实清楚，证据确实充分，应当以挪用资金罪追究其刑事责任，依法应处三年以上十年以下有期徒刑。2008 年 4 月至 2009 年 11 月期间，被告人范某甲利用担任××丙公司、××戊公司财务总监的职务便利，伙同××丙公司财务部主管韩某某，先后多次挪用上述两公司的钱款共计人民币 6700 万元用于营利活动，至案发尚有 170 万元未归还，其行为已触犯《中华人民共和国刑法》第三百八十四条，犯罪事实清楚，证据确实充分，应当以挪用公款罪追究其刑事责任，依法应处十年以上有期徒刑。被告人范某甲一人犯二罪，根据《中华人民共和国刑法》第六十九条的规定，应当数罪并罚。根据《中华人民共和国刑事诉讼法》第一百四十一条之规定，提起公诉，请依法审判。

此致

上海市浦东新区人民法院

代理检察员　吴菊萍

二〇一〇年六月八日

附：1. 被告人范某甲现羁押于浦东新区看守所。

2. 侦查卷宗九册。

3. 《适用普通程序审理“被告人认罪案件”建议书》一份。

附：相关法律条文

《中华人民共和国刑法》

第二百七十二条 公司、企业或者其他单位的工作人员，利用职务上的便利，挪用本单位资金归个人使用或者借贷给他人，数额较大、超过三个月未还的，或者虽未超过三个月，但数额较大、进行营利活动的，或者进行非法活动的，处三年以下有期徒刑或者拘役；挪用本单位资金数额巨大的，或者数额较大不退还的，处三年以上十年以下有期徒刑。

国有公司、企业或者其他国有单位中从事公务的人员和国有公司、企业或者其他国有单位委派到非国有公司、企业以及其他单位从事公务的人员有前款行为的，依照本法第三百八十四条的规定定罪处罚。

第三百八十四条 国家工作人员利用职务上的便利，挪用公款归个人使用，进行非法活动的，或者挪用公款数额较大、进行营利活动的，或者挪用公款数额较大、超过三个月未还的，是挪用公款罪，处五年以下有期徒刑或者拘役；情节严重的，处五年以上有期徒刑。挪用公款数额巨大不退还的，处十年以上有期徒刑或者无期徒刑。

挪用用于救灾、抢险、防汛、优抚、扶贫、移民、救济款物归个人使用的，从重处罚。

最高人民法院《关于审理挪用公款案件具体应用法律若干问题的解释》

四、多次挪用公款不还，挪用公款数额累计计算；多次挪用公款，并以后次挪用的公款归还前次挪用购公款，挪用公款数额以案发时未还的实际数额认定。

《中华人民共和国刑事诉讼法》

第一百四十一条 人民检察院认为犯罪嫌疑人的犯罪事实已经查清，证据确实、充分，依法应当追究刑事责任的，应当作出起诉决定，按照审判管辖的规定，向人民法院提起公诉。

上海市浦东新区人民法院
刑事判决书

（2010）浦刑初字第1423号

公诉机关上海市浦东新区人民检察院。

被告人范某甲，男，1973年××月××日生，汉族，出生地新疆维吾尔自治区库尔勒市，硕士研究生文化，系上海浦东××燃油喷射有限公司财务总监、兼任上海××燃油喷射有限公司财务总监、财务部部长，住上海市浦东新区××路××弄××号××室。因本案于2009年12月29日被刑事拘留，2010年1月11日被逮捕。现羁押于上海市浦东新区看守所。

辩护人龚某某，上海市××律师事务所律师。

上海市浦东新区人民检察院以沪浦检反诉〔2010〕20004号起诉书指控被告人范某甲犯挪用公款罪、挪用资金罪，于2010年6月9日向本院提起公诉。本院依法组成合议庭，公开开庭审理了本案。上海市浦东新区人民检察院指派代理检察员吴菊萍出庭支持公诉。被告人范某甲及其辩护人龚某某到庭参加诉讼。其间，经辩护人申请，本院决定延期审理2次。现已审理终结。

上海市浦东新区人民检察院指控，2007年1月至2009年11月，被告人范某甲在担任上海浦东××燃油喷射有限公司（以下简称××丙公司）财务总监、上海××燃油喷射有限公司（以下简称××戊公司）财务总监、财务部部长期间，单独或伙同××丙公司财务主管韩某某利用职务便利，多次挪用××丙公司和××戊公司的资金供个人进行炒股营利活动，其中挪用资金人民币1657.26万元（以下所涉币种均为人民币），至案发尚有187万余元未归还；挪用公款6700万元，至案发尚有人民币170万元未归还。

为证实上述指控，公诉机关当庭宣读了证人韩某某、李某某、董某某、刘某某、王某某等人的证言、相关公司的工商登记材料、企立法人营业执照、产权交易合同、任职通知、劳动关系三方转移切议、职务任命平移证明、职务证明、财务凭证、协议书、票据、银行对账单、证券开户资料及交易记录、司法鉴定意见书、案发经过等证据。公诉机关认为，依照《中华人民共和国刑法》第二百七十二条、第三百八十四条、第六十九条之规定，被告人范某甲的行为已构成挪用公款罪和挪用资金罪，应当两罪并罚。

被告人范某甲提出××癸公司的300万元是借款，不是挪用资金行为。辩护人提出如下意见：1. ××丙公司是在2010年1月29日工商登记变更为国内合资的有限责任公司，之前的工商登记材料反映××丙公司是外商投资企业与内资合资的有限责任公司，故范某甲的行为应当以挪用资金罪一罪定罪处罚。2. ××癸公司的300万元系民事借款关系，不是挪用资金行为。3. 范某甲在本单位找其谈话时即交代了主要犯罪事实，应当认定为自首。4. 范某甲积极筹措资金还款，案发后有悔罪表现，建议对范从轻处罚。庭审中，被告人范某甲未出示证据。辩护人当庭出示了××丙公司的工商登记材料、银行对账单、民事裁定书等证据，以佐证其辩护意见。

经审理查明，

一、主体身份事实

1995年12月，国有控股企业上海××股份有限公司（以下简称××甲公司）与国有独资企业上海××乙机械有限公司共同出资成立了××丙公司。2003年10月，××丙公司与上海××丁国际贸易有限公司、××戊（中国）投资有限公司设立了××戊公司，公司性质为中外合资企业。2007年10月22日，国有独资企业上海××庚（集团）总公司（以下简称××庚公司）收购了××甲公司对××丙公司的股权，××丙公司、××戊公司的隶属关系均划入××庚公司。至此，××丙公司从非国有企北转制为纯国有企业。

被告人范某甲于2005年6月起被××甲公司派出担任××丙公司和××戊公司财务总监、财务部部长等职务，负责总管××丙公司会计、预算和资本投资、财务规划、资金运作监管等工作，并负责主持××戊公司财务部工作，审核监督资金的动用、筹划经营资金等工作。2008年7月1日，范某甲的人事关系从××甲公司转至××丙公司，并继续担任××丙公司和××戊公司的财务总监，同时兼××戊公司的财务部部长。其间，2007年10月，××丙公司和××戊公司的隶属关系划入××庚公司后，范某甲原任两个公司的财务总监职务平移至××庚公司，××庚公司不再出批复和重新任免，属××庚公司派出和管辖。

韩某某（另案处理）于2005年8月起，担任××丙公司财务部主管，负责该公司财务预算、成本核算、资金管理等工作。

二、挪用资金事实

1. 2007年1月18日，被告人范某甲经与韩某某商谋后，利用各自的职务便利，将××丙公司资金1000万元划入范某甲等人开设并实际由范某甲一人控制的上海××汽配销售有限公司（以下简称××辛公司）账户，后又划入范某甲等人开设并实际由范某甲一人控制的上海××物资销售有限公司（以下简称××壬公司）银行账户，并将其中的970万元转入××壬公司在××万国上海××路证券营业部（以下简称××路营业部）的机构账户进行炒股营利活动，于同年3月29日归还该笔1000万元。

2. 2007年5月9日，被告人范某甲利用在××戊公司担任财务总监兼任财务部部长的职务便利，在韩某某的帮助下，以退回扶持款的名义，将××街道支付给××戊公司扶持资金177.26万元通过××丙公司走账后划入××辛公司账户，并将其中170万元划入××辛公司在××路营业部的机构账户进行炒股营利活动，于2009年6月22日归还170万元。

3. 2008年1月15日，被告人范某甲利用在××戊公司担任财务总监兼任财务部部长的职务便利，在韩某某的帮助下，以收取扶持款后不入账的方式将××功能区经济发展促进中心支付给××戊公司的资金180万元直接背书给××辛公司，后划入××辛公司在××路营业部的机构账户进行炒股营利活动，至案发仍未归还。

4. 2008年6月17日，被告人范某甲虚构××戊公司的供应商扬州市××机械有限公司（以下简称××癸公司）向××戊公司申请借款的名义，将××戊公司的人民币300万元通过××癸公司账户转账后，实际划至××辛公司在××路营业部的机构账户供其进行炒股营利活动，于2009年1月归还该笔钱款。

三、挪用公款事实

1. 2008年10月，被告人范某甲与韩某某（另案处理）商谋后，利用各自的职务便利，将××丙公司资金2000万元通过范某甲兼任财务总监、财务部部长的××戊公司账户转账，划至××辛公司在××路营业部的机构账户进行炒股营利活动，于同年12月底归还该笔钱款。

2. 2009年2月，被告人范某甲与韩某某合谋后，利用各自的职务便利，由范某甲向××丙公司虚报下属××戊公司需借用资金5000万元后，韩某某将该笔资金划至××戊公司账户。当月，韩某某又将上述资金中的2500万元通过××戊公司划转至××辛公司在××路营业部的机构账户供其和被告人范某甲进行炒股营利活动，于同年11月初归还该笔钱款。其中，2009年11月2日，被告人范某甲虚构××戊公司与××癸公司之间货物交易的事实，将前述挪用后已经归还××戊公司的170万元再次挪用后用于归还填补上述2500万元挪用款中的部分欠款。至案发，该170万元尚未归还。

四、到案情况

2009年12月28日，司法机关会同本单位纪委找被告人范某甲谈话时，范某甲最初供述了办案机关已经掌握的挪用4500万元的犯罪事实，并主动坦白交代了挪用资金350万余元的事实。在韩某某已作交代后，又供述了其他犯罪事实。

另经查明，2008年4月8日，韩某某擅自将××丙公司的2200万元划至××壬公司在××路营业部的机构账户申购新股，此后被告人范某甲得知后，使用上述钱款继续用于炒股营利活动，于同年4月29日归还该笔钱款。

认定上述事实，有下列证据予以证实：

一、关于主体身份事实的证据

1. 工商登记材料、企业法人营业执照，证实××甲公司、××庚公司、××丙公司、××戊公司等单位的工商登记情况和企业性质；

2. 上海市产权交易合同，证实2007年10月22日，国有独资企业××庚公司收购了××甲公司对××丙公司的股权，并在产权交易所进行了登记，××丙公司从非国有公司转制为纯国有公司；

3. 劳动关系转移三方协议书、劳动合同、任职通知、职务证明，证实被告人范某甲和韩某某在××戊公司和××丙公司的任职情况以及所具有的职责范围；

4. 被告人范某甲的供述。

二、关于挪用事实的证据

1. 同案关系人韩某某的供述，证实2005年底、2006年初，范某甲和其谈到申购新股的事情，其提出使用没有关联的第三方炒股，可以规避母公司的监管。2006年初，范某甲讲打算和其一起用××壬公司提供的账户炒股，其表示同意，两人到××路营业部开设的证券账户，并商量好其负责办理资金在银行间的划转，范某甲具体负责股票买卖。2007年1月，其和范某甲商定后，挪用××丙公司的1000万元到××壬公司的证券账户申购新股，3月底将1000万元原路返××丙公司。为了掩盖资金被挪用的事实，其还伪造银行对账单。当年4月，范某甲说又买了××辛公司，商定再到××路营业部开设机构账户炒股。2007年五六月和2008年初，范某甲先后给其金额分别为170万余元和180万元的2张支票，说是地方政府给××戊公司的扶持款，要求其全部划入××辛公司账户用于炒股。2008年夏天的时候，范某甲告诉其有300万元资金到了××辛公司的招商银行账户，后其按照范某甲要求将钱划到证券账户给范某甲炒股使用。之后其问范某甲是什么钱，范某甲只说是××戊公司的资金，通过业务单位××癸公司转过来，具体情况没有细说。到了年底，范某甲讲要把300万元还回××戊公司，让其划入××癸公司，之后××癸公司如何支付给××戊公司的情况不清楚。2008年4月，其没有和范某甲商量，擅自从××丙公司划出2200万元到××壬公司证券账户申购新股牟利，中签后其将此事告诉范某甲，告诉范密码和中签新股的情况范某甲称尽快套现，不要再申购新股，月底前钱要返回××丙公司。资金解冻后，其将新股卖掉，发现范某甲用解冻后的资金在炒卖股票。月底时其将2200万元归还到××丙公司。2008年10月，范某甲讲用××戊公司的资金炒股亏损严重，后其按照范某甲的要求从××丙公司划2000万元到××戊公司，12月时其将2000万元按原路返回××丙公司。2009年初，范某甲和其商量2007和2008年炒股亏损350万余元，准备以下属××戊公司需要运营资金为名，向××丙公司借款5000万元，将其中的2500万元拿出来炒股。后范某甲得到董事会的支付许可后，其将5000万元划到××戊公司，并将其中的2500万元划到××辛公司炒股。2009年四五月，范某甲炒股营利了，让其从××辛公司向××癸公司支付170万元。以归还2007年上半年挪用的扶持款。在审计署追查挪用2500万元的情况并要求追回时，范某甲将股票变现，还向业务单位××有色金属铸造有限公司等单位筹措了数百万元还给××丙公司。××辛公司和××壬公司的具体情况不清楚，范某甲只讲是买来的，两公司所用印章是范妻子胡某某的名字，因为划转资金方便，范某甲将两公司的图章和资料交其保管。

2. 证人刘某某的证言，证实2007年三四月起至2009年6月，其在××戊公司担任财务室室长一职。2007年四五月，范某甲安排其开具1张金额为177.26万元的支票给××丙公司，并要求其在支票存根的收款栏填写××街道办事处，支票联的收款人内填写××丙公司。当天韩某某取走了支票。2008年初，其和范某甲到××功能区域经济发展促进中心取回了180万元扶持款的支票，范某甲要其不要做进公司账里。后其按照范某甲要求加盖公章并填好背书，韩某某当天取走了支票，这笔钱如何处理不清楚。2008年国庆节前后、2009年初，范某甲说准备以××戊公司名义理财，后其按照范某甲要求先后将××丙公司划到××戊公司的2000万元和2500万元划入××辛公司，2000万元是在2008年12月回到××戊公司的，2500万元何时归还不清楚。2008年6月的一天，××癸公司老板娘到××戊公司给其1份预付300万元货款的申请，范某甲在材料上签字同意后，其按照付款流程支付300万元到××癸公司。2009年4月，范某甲对其讲在没有真实货物交易的情况下，开170万元发票到××癸公司，××癸公司会有170万元资金支付过来的。

3. 证人许某某的证言，证实××丙公司规定大笔资金的划出必须经过其批准。××辛公司和××壬公司与××丙公司没有任何关系。对于2007年1月的1000万元、2008年4月的2200万元、2008年10月的2000万元三笔资金的支付情况在范某甲案发前其完全不知情。2009年2月，范某甲上报××戊公司需申请资金6000万元，经××丙公司办公会研究决定实际借给××戊公司5000万元，是给××戊公司作为生产经营使用的。对于××丙公司与××辛公司之间的理财协议其不知情。××戊公司每年会收到街道的专项扶持款，如何处理由××戊公司总经理李某某负责。对于2009年5月9日，出票人为××戊公司，被背书人为××丙公司，金额为177.26万元的支票流动情况不清楚。

4. 证人李某某的证言，证实其自××戊公司成立之日起担任总经理。××戊公司每年会收到街道的扶持款，财务应进账。177.26万元和180万元的两笔扶持款其不知情，由财务总监范某甲具体经办。对于2008年10月21日××戊公司收到××丙公司2000万元，同日即支付给××辛公司的情况也不知情。2009年初，范某甲提出××戊公司运营资金紧张需向××丙公司借款，其同意。具体由范某甲测算操作。2009年2月13日，××戊公司收到从××丙公司借来的3000万元运营资金。其对于2月16日××戊公司向××辛公司支付2500万元的情况不清楚，公司董事会也没有讨论过××戊公司与××辛公司的拆借协议。2009年11月2日财务室主任范某乙向其汇报范某甲拿来了××癸公司开具的170万元的发票，要她做账，她觉得不妥。后其打电话问范某甲，范某甲解释曾向业务单位××癸公司虚开170万元的发票，没有真实业务，所以对方开同样金额的发票把账冲平。2008年6月12日××戊公司向××癸公司支付300万元的情况也不知情，按公司规定计划外资金的支付必须经其同意才可支付。

5. 证人董某某的证言，证实××戊公司与××辛公司于2008年10月12日和2009年1月6日签订的资金拆借协议是财务总监范某甲拿过来的，其没有审核直接盖章了。

6. 证人范某乙的证言，证实2009年11月2日，范某甲急着划170万元到××癸公司，付款理由是支付货款。后来范某甲将××癸公司出具的170万元发票交给其做账。其在做账时发现有问题，后询问范某甲，范某甲讲是为了增加××戊公司的销售收入，虚构了170万元的货物交易，现在这笔业务也是虚构的，为了冲平账把钱还给××癸公司。

7. 证人王某某的证言，证实××戊公司与××辛公司支付2000万元和2500万元的招商银行付款回单都不是其经手的，是由刘某某操作的。

8. 证人熊某某的证言，证实××辛公司和××壬公司是2004年3月其和范某甲一起设立的，手续由范某甲找青浦经济城办理，其没有出过钱，公司没有开展过任何立务。当年8月其离开2家公司，自此再没有联系。

9. 证人胡某某的证言，证实2004年前后，其曾听范某甲说起和熊某某等共同投资成立公司，至于是否成立不知道。其和××辛公司没有关系，加盖在××辛公司贷记凭证上的私人印章不是其盖上去的。

10. 证人张某某的证言，证实其负责沪东地区的招商工作，为了吸引企业落户××功能区，会根据企业上缴的税收，按照一定比例给予返还款（扶持款）。退款采用银行划账或开具支票等方式，2004 年开始就给予××戊公司一定扶持款。

11. 证人吴某某、林某某的证言，证实其两人分别是××癸公司法定代表人、会计。2008 年 6 月前后，范某甲讲朋友的公司缺少资金，范某甲会有钱到朋友公司的，但要借用××癸公司的账户走账。后按照范某甲的意思，××癸公司以购买设备为由向××戊公司拟制了借款 300 万元的报告交给范某甲。××戊公司将 300 万元支付给××癸公司后，林某某就将 300 万元支付到范某甲提供的××辛公司的账户上。××癸公司与××辛公司之间没有业务往来。2008 年 12 月，范某甲将 300 万元还到××癸公司，之后××癸公司将 200 万元还给××戊公司，另 100 万元用以冲抵货款了。2009 年 4 月，范某甲讲会通过××辛公司打给××癸公司 170 万元，并要××癸公司虚拟与××戊公司之间 170 万元的货物交易，收到 170 万元后，70 万元支付给××戊公司了，另 100 万元冲抵了××戊公司的货款。2009 年 11 月，范某甲又讲的 170 万元要做平账，让××癸公司开发票给××戊公司。××戊公司就把 170 万元支付到××癸公司，林某某划到了范某甲提供的××辛公司账户。

12. 工商登记材料，行政处罚决定书，证实××辛公司和××壬公司的注册登记情况以及××壬公司因 2007 年未进行年检，已被工商部吊销营业执照。

13. 银行贷记凭证、本票、付款凭证、收款凭证、收款回单、支票、协议书、大额资金支付审批表、收据联、银行对账单等财务凭证、司法鉴定意见书，证实××丙公司、××戊公司的资金往来、被挪用、归还的情况。

14. 证券账户开户资料、交易明细清单，证实××辛公司、××壬公司在××路开设证券账户并进行股票买卖的情况。

15. 被告人范某甲的供述与上述证据能够相互印证。其中对于 300 万元一节挪用事实的供述为：因 357 万余元的专项扶持款拿来炒股后亏得厉害，想翻本。2008 年 6 月的一天，其对××戊公司的供货商××癸公司的老板吴某某称朋友的××辛公司资金周转紧张，需××癸公司以资金紧张需要购买设备为由向××戊公司虚拟借款 300 万元的报告，借××癸公司走账把 300 万元转到××辛公司账上。吴某某同意了后虚拟了申请报告，其让生产部采购员徐某某开了付款申请单并在主管领导一栏签字同意，后将申请报告和付款申请单让刘某某划款 300 万元到××癸公司，××癸公司收到后转到××辛公司，其让韩某某转到股市账户了。

三、关于案发情况的证据

1. 案发经过，证实 2009 年 12 月 11 日，浦东新区检察院反贪局接到有关举报材料反映××丙公司范某甲有挪用公司资金至其个人设立的××辛公司用于炒股的嫌疑。后与××庚公司纪委取得联系，并一同找范某甲谈话，范某甲对于反贪局和纪委已掌握的挪用4500万元的事实作了交代，但并未作如实、详细的交代，并主动交代了挪用资金350万余元的事实，当日再向××丙公司主管韩某某取证过程中，韩某某主动交代了伙同范某甲挪用4500万元的事实，还交代了挪用3200万元炒卖股票的事实。据此，纪委就3200万元的事实再向范某甲询问，范某甲才交代了伙同韩某某共同挪用3200万元的事实，并在司法机关掌握有关证据后又交代了挪用资金300万元的事实。

2. 被告人范某甲的供述。

上述证据形式、来源合法，均由公诉方当庭举证，并经庭审质证属实，本院予以确认。

庭审中，辩护人出示了以下证据材料：

1. 工商登记材料，证实××丙公司的企业性质于2010年1月29日才由工商局批准变更为国内合资的有限公司，换领营业执照，之前的工商登记仍反映出至案发时××丙公司为外商投资企业与内资合资的有限责任公司。

2. 民事裁定书、财产保全告知书，证实范某甲的存款、房产、汽车等被查封情况，以进一步印证范某甲曾向××有色金属铸造有限公司借款归还所挪用的部分款项，目前虽想继续还款，但房产尚有60余万元贷款，且存款等财产已被查封无力归还的情况。

对于辩护方出示的第（1）项证据，本院认为该份关于××丙公司形式登记的证据不足以反驳公诉方出示的关于××丙公司的股东出资、产权交易登记等实质内容的证据，本院不予采纳。

对于辩方出示的第（2）项证据，本院认为该份证据对于本案的事实、定性以及量刑均不具有关联性、影响力，缺乏实质的证明价值，本院亦不予采纳。

本院认为，被告人范某甲身为国有公司中从事公务的国家工作人员，利用职务上的便利，挪用本单位资金4500万元归个人进行营利活动，情节严重，其行为已构成挪用公款罪。范某甲身为公司工作人员，利用职务上的便利，挪用本单位资金1600万余元进行营利活动，数额巨大，且尚有357万余元不退还，其行为又已构成挪用资金罪，对范某甲依法予以两罪并罚。

庭审中控辩双方围绕本案的事实、定性、量刑情节等阐述了各自的意见和理由，现本院依据事实、证据和法律适用作如下分析评判：

一、关于定罪问题

公诉机关指控被告人范某甲的行为已构成挪用公款罪和挪用资金罪。辩护人提出工商登记显示××丙公司在2010年1月之前系中外合资企业，而非国有公司，故对于被告人范某甲的犯罪行为应当以挪用资金罪一罪定罪处罚。

本院认为，被告人范某甲的行为已构成挪用公款罪和挪用资金罪，应予两罪并罚。辩护人的意见理由不成立，不予采信。理由分析阐述如下：

××丙公司于2007年10月22日在产权交易所进行股权交易后，从非纯国有企业改制成为完全由国有股东投资成立的纯国有企业，其性质发生了根本的变化，形式登记上的瑕疵不足以否定××丙公司系国有公司的实质。被告人范某甲的身份随着××丙公司的转制发生变化，××丙公司在转制为国有公司后，范某甲的人事关系于2008年7月1日从××甲公司转至××丙公司，从2007年10月22日企业转制至2008年7月29日人事关系转移期间，××庚公司收购××甲公司股权后没有及时签订劳动合同、下发任命通知等，范某甲在××丙公司和××戊公司延续原来××甲公司委派的职权，其工资也仍由××甲公司支付，从有利于被告人原则出发，本院认为范某甲在此期间虽实际管理国有资产，但主体尚未成为国家工作人员，就低认定在此期间范某甲的身份仍系非国家工作人员，2008年7月1日起范某甲才正式具有国家工作人员的身份，并以此时间节点界定范某甲挪用公司资金的行为性质，前后的挪用行为分别以挪用资金罪和挪用公款罪定罪处罚。

二、300万元一节事实的定性问题

公诉机关指控被告人范某甲通过××癸公司向××戊公司借用300万元用于炒股活动的行为系挪用资金行为，被告人范某甲及辩护人提出300万元是××癸公司向××戊公司商借后，再出借与其使用，是民事借款关系。

本院认为，被告人范某甲通过××癸公司向××戊公司借款300万元实质为挪用资金的犯罪行为。理由阐述如下：

相关证人证言和被告人范某甲的供述证实，××癸公司本身并无向××戊公司借款的意图，也没有出借钱款给××辛公司的想法，更没有资金借予××辛公司，启动借款程序的真正目的是范某甲个人需要资金炒股，经范某甲提议后借××癸公司名义向××戊公司借款并走账，300万元的资金走向也客观地反映出其源头出处是××戊公司，并通过××癸公司走账后最终流向××辛公司的证券账户，虽然形式上经过正常的审批程序，并经层层转账后显示××辛公司的300万元是直接从××癸公司划入的，但究其实质终是××戊公司的钱款，所谓的××癸公司借款是范某甲为掩盖其挪用资金行为所虚列的名义、虚设的环节，范某甲及其辩护人的意见理由不成立。

三、范某甲是否与韩某某构成挪用2200万元公款的共犯问题

公诉机关指控韩某某于2008年4月挪用2200万元公款炒股，范某甲得知后也予以使用进行炒股营利活动，和韩某某系挪用共犯。

本院认为，认定范某甲与韩某某共同挪用2200万元的证据不足，公诉机

关的指控不予支持。理由分析阐述如下：

对于被告人范某甲是在韩某某已经将2200万元从××戊公司挪出到××辛公司的情况下再予以使用的事实无可争议，足以确立。

最高人民法院《关于审理挪用公款案件具体应序法律若干问题的解释》第八条规定：挪用公款给他人使用，使用人与挪用人共谋，指使与策划取得挪用款的，以挪用公款罪的共犯定罪处罚。就本案而言，首先，被告人范某甲与韩某某虽在挪用第一笔钱款之前共同商议挪用单位资金进行炒股营利活动并进行了相应的分工，但双方仅仅是达成盖然性的犯罪起意，就挪用的数额，特别是挪用的次数仅此一次还是以后还将不断地、多次地挪用并没有形成具体明确的合意，因此认定范某甲、韩某某此时就对以后的每次挪用行为已经达成概括性故意的证据不足，而此后每次实施挪用行为时两人都会进行再合意、再分工的种种行为也恰恰反映了两人之间并没有形成概括性的故意，故发动犯意时的盖然性故意不足以涵盖每一次挪用时具体明确的犯意。其次，虽然范某甲在知道系挪用而来的公款后仍然使用，但由于韩某某在实施挪用公款行为的时候，范某甲没有参与共谋、也没有策划或指使韩某某挪用此笔款项的任何行为，且其是在韩某某的挪用公款行为已经实施完毕后才知道并予以使用的，故范的行为显然不符合上述解释关于挪用共犯的规定。最后，法院在审理韩某某一案时，韩某某当庭供称之所以瞒着范某甲挪用2200万元，是因为范某甲之前已向其表示过不要再挪用公司资金炒股，有过阻止其继续挪用公司资金的明确意思表示，由此认定范某甲与韩某某共同挪用2200万元的证据更显不足。

三、尚未归还的170万元的性质归属问题

公诉机关指控被告人范某甲挪用公款至案发时尚未归还的数额为170万元。

本院认为被告人范某甲挪用公款的数额至案发时已全部归还，170万元应计入挪用资金尚未归还的数额之中。理由具体阐述如下：

庭审查明的事实和证据可以确立的无可辩驳事实是：170万元是属于××戊公司的资金，该笔钱款先后被重复挪用了2次，且第1次系挪用资金的犯罪行为。在确定上述事实的基础上，对于第2次挪用后没有归还的行为定性，公诉机关认为，该笔170万元在第2次挪用时基于范某甲的身份发生了变化，范某甲当时系国有××丙公司委派到非国有××戊公司中从事公务的人员，挪用的170万元的行为性质系挪用公款。本院认为，最高人民法院《关于审理挪用公款案件具休应用法律若干问题的解释》第四条规定：多次挪用公款，并以后次挪用的公款归还前次挪用的公款，挪用公款数额以案发时未还的实际数额认定。结合本案来看，范某甲再次挪用170万元的目的是拆东墙补西墙，用于归还此前挪用的2500万元的公款的欠款缺口，挪用行为符合上述以后款归还前款的规定，并综合考虑到该次挪用行为至案发未满三个月，虽归还的是营利活动的欠款，但由于2500万元已经认定为营利活动，对于为归还2500万元而挪用的170万元再认定为进行营利活动有重复评价之嫌，故该次挪用数额不计入犯罪数额中。基此，尽管范某甲的身份发生了变化，但资金的性质属性从始至终并没有改变，一直属××戊公司所有，范某甲拆东墙补西墙的挪用行为实际造成的是非国有公司××戊公司损失170万元，从刑法的谦抑原则出发，将该笔170万元认定为挪用资金未归还的数额亦可体现刑法的罪责刑相适应原则。

四、自首的认定问题：公诉机关认为被告人范某甲不具有自首行为，辩护人提出范某甲在纪委尚未找其谈话时未采取强制措施前，即主动供述了主要犯罪事实，其行为应当认定为自首

本院认为，被告人范某甲不具有自首行为。理由阐述如下：案发经过表明二层事实：其一，被告人范某甲是在司法机关得到线索并经调查取证，掌握了范某甲挪用××丙公司4500万元公款的事实后，会同纪委找其谈话时才交代了挪用4500万元的事实；其二，范某甲主动交代了纪委尚未掌握的挪用××戊公司350万余元扶持款的事实，但对于挪用1300万元事实或是在韩某某交代之后或是在司法机关经调查取证掌握之后。根据《最高人民法院、最高人民检察院关于办理职务犯罪案件认定自首、立功等量刑情节若干问题的意见》第一条之规定：没有自动投案，在办案机关调查谈话、讯问、采取调查措施或者强制措施期间，犯罪分子如实交代办案机关掌握的线索所针对的事实的，不能认定为自首。本案中被告人范某甲不具有投案的自动性，且到案之初所交代的是办案机关已经掌握的事实，显然不符合自首条件，也丧失了主动坦白司法机关未掌握的挪用资金1300万元事实的时机，但对于挪用资金350余万元的二节犯罪事实在量刑时予以酌情考虑。

综上，为严肃国家法制，保护公司财产权利不受侵犯，根据本案的犯罪事实、情节、性质、社会危害程度以及范某甲在犯罪中的具体行为、作用、交代态度等，依照《中华人民共和国刑法》第三百八十四条、第二百七十二条、第六十九条、第六十四条之规定，判决如下：

一、被告人范某甲犯挪用公款罪，判处有期徒刑六年；犯挪用资金罪，判处有期徒刑五年六个月；决定执行有期徒刑十年。

（刑期从判决执行之日起计算。判决执行以前先行羁押的，羁押一日折抵刑期一日，即自2009年12月28日起至2019年12月27日止。）

二、违法所得责令退赔。如不服本判决，可在接到判决书的第二日起十日

内，通过本院或者直接向上海市第一中级人民法院提出上诉。书面上诉的，应当提交上诉状正本一份，副本二份。

审　判　长　马超杰
审　判　员　李俊英
人民陪审员　周国莲
二〇一〇年九月二十日
书　记　员　邱　燕

附：相关法律条文

《中华人民共和国刑法》

第三百八十四条　国家工作人员利用职务上的便利，挪用公款归个人使用，进行非法活动的，或者挪用公款数额较大、进行营利活动的，或者挪用公款数额较大、超过三个月未还的，是挪用公款罪，处五年以下有期徒刑或者拘役；情节严重的，处五年以上有期徒刑。挪用公款数额巨大不退还的，处十年以上有期徒刑或者无期徒刑。

挪用用于救灾、抢险、防汛、优抚、扶贫、移民、救济款物归个人使用的，从重处罚。

第二百七十二条　公司、企业或者其他单位的工作人员，利用职务上的便利，挪用本单位资金归个人使用或者借贷给他人，数额较大、超过三个月未还的，或者虽未超过三个月，但数额较大、进行营利活动的，或者进行非法活动的，处三年以下有期徒刑或者拘役；挪用本单位资金数额巨大的，或者数额较大不退还的，处三年以上十年以下有期徒刑。

国有公司、企业或者其他国有单位中从事公务的人员和国有公司、企业或者其他国有单位委派到非国有公司、企业以及其他单位从事公务的人员有前款行为的，依照本法第三百八十四条的规定定罪处罚。

第六十九条　判决宣告以前一人犯数罪的，除判处死刑和无期徒刑的以外，应当在总和刑期以下、数刑中最高刑期以上，酌情决定执行的刑期，但是管制最高不能超过三年，拘役最高不能超过一年，有期徒刑最高不能超过二十年。

如果数罪中有判处附加刑的，附加刑仍须执行。

第六十四条　犯罪分子违法所得的一切财物，应当予以追缴或者责令退赔；对被害人的合法财产，应当及时返还；违禁品和供犯罪所用的本人财物，应当予以没收。没收的财物和罚金，一律上缴国库，不得挪用和自行处理。

上海市浦东新区人民检察院
刑事抗诉书

沪浦检抗〔2010〕3号

原审被告人范某甲，男，1973年××月××日生，身份证号码：3101101973××××××××，汉族，硕士文化，原系上海浦东××燃油喷射有限公司（以下简称“××公司”）财务总监，兼任上海××燃油喷射有限公司（以下简称“××公司”）财务总监、财务部部长，户籍地上海市浦东新区××路××弄××号××室。2009年12月29日因涉嫌挪用公款罪、贪污罪被本院刑事拘留，2010年1月10日因涉嫌挪用公款罪经本院决定逮捕，次日由上海市公安局浦东分局执行逮捕。

原审被告人范某甲挪用资金、挪用公款一案，由本院于2010年2月25日侦查终结移送审查起诉。本院于2010年6月8日向上海市浦东新区人民法院提起公诉。2010年9月29日本院收到上海市浦东新区人民法院（2010）浦刑初字第1423号刑事判决书，判决被告人范某甲犯挪用公款罪，判处有期徒刑六年；犯挪用资金罪，判处有期徒刑五年六个月；决定执行有期徒刑十年。

本院依法审查后认为，上海市浦东新区人民法院刑事判决书认定2008年4月8日韩某某挪用2200万元公款炒股，范某甲得知后也予以使用进行炒股一节事实，范某甲不构成共同犯罪，还认定尚未归还的170万元应计入挪用资金尚未归还的数额中而不计入挪用公款尚未归还的数额中，属于认定事实有误，适用法律不当，导致量刑畸轻。具体理由如下：

一、从全案事实来看，韩某某挪用2200万元后与范某甲共同使用的行为，应当认定为二人共同犯罪。

1. 二人在事先有概括性故意。本案范某甲和韩某某经预谋多次共同实施了挪用资金或公款的行为。二人在预谋阶段曾商定用两家空壳公司开设机构账户炒股，具体分工是：公司钱款划转由韩某某操作，股票买卖则由范某甲负责，钱款何时还回××公司、××公司也由范某甲决定，二人形成了“你挪我用”的共同故意和分工约定。事实上本案其余五次挪用行为也是按照这个分工进行的。因此，应当认定从2006年底起至案发二人形成了概括性故意，并在该概括性故意下实施了一系列挪用行为，范某甲并非单纯的事后使用人。

2. 推翻上述概括性故意，阻却范某甲在该节犯罪上的共同故意理由不足。从行为的一惯性上看，在 2008 年 4 月 8 日韩某某擅自将××公司 2200 万元划至××公司的机构账户前，二人共同实施了三次挪用行为，之后又实施了三次挪用行为，二人对于挪用××公司、××公司的钱款用于炒股有概括性的明知。虽然范某甲在挪用的心态上存在既想挪用又害怕的矛盾，但这事实上没有影响二人一次又一次地实施挪用行为，因此不影响二人共同故意挪用的主观心态。

3. 从韩某某的主观心态上看，其实施该节挪用行为时并不排斥范某甲的知晓和参与，相反韩某某的主观与之前发生的和之后发生的几次挪用行为是一致的，要告诉范某甲、与范某甲共同挪用。一方面，韩某某将该笔 2200 万元划入的是二人共同控制且以范某甲控制为主的××公司账户。该账户二人都有密码，即便韩某某不说，范某甲也可以随时在账户中看到这笔 2200 万元，而且韩某某只负责把钱划入该账户，在该账户中如何买卖股票、何时把资金划回均由范某甲决定。另一方面，韩某某在从××公司划出这 2200 万元后很快就告诉了范某甲，而且这笔钱也确实由范某甲继续用于炒股，与其他几次挪用并无不同。

4. 从范某甲的事后行为来看，其认可该笔挪用行为。范某甲得知挪用后，虽然口头上表示反对，并嘱咐韩某某赶紧将钱返还，但是在行动上范某甲不是在资金一解冻时就将钱直接还回××公司并向领导汇报，而是在资金一解冻时马上用于炒股，证明范某甲言行不一的实质是要挪用而非不再挪用。

5. 从范某甲、韩某某的供证情况看，范某甲并非不想挪用公款，而是要求韩某某将挪用公款的手段做得更隐蔽一些，即不从××公司账上直接挪用，而是要先转至××公司后再挪用。

因此，综合全案的犯罪事实和证据，应当认定该节犯罪二人已经形成具有具体内容的概括性故意，并分工合作实施挪用公款行为，属共同故意犯罪，判决认定范某甲未参与共同犯罪不当，应适用《中华人民共和国刑法》第二十五条第一款、第二十六条第四款之规定，按照范某甲参与的全部犯罪处罚。

二、尚未归还的 170 万元应计入挪用公款尚未归还的数额之中。

1. 第二次挪用 170 万元的行为性质为挪用公款。第二次挪用时范某甲的主体身份已经成为国家工作人员，根据《刑法》第 272 条第 2 款的规定，国有公司委派到非国有公司中从事公务的人员挪用资金的，应当认定为挪用公款罪，也即认定挪用行为的性质不是看挪用的钱款本身的性质，而是看挪用人的主体身份。

2. 第二次挪用170万元的用途应当认定为营利活动，不需要“超过三个月未还”的时间要件，单次行为已构成挪用公款罪。范某甲第二次挪用170万元是用于归还2500万元欠款的，而这2500万元本身是营利活动产生的债务，根据《全国法院审理经济犯罪案件工作座谈会纪要》的规定：“挪用公款归还个人欠款的，应当根据产生欠款的原因，分别认定属于挪用公款的何种情形。归还个人进行非法活动或者进行营利活动产生的欠款，应当认定为挪用公款进行非法活动或者进行营利活动。”故应当认定第二次挪用170万元是用于营利活动。

3. 所挪用的170万元用于归还被告人范某甲先前挪用的2500万元公款。其不挪用此170万元公款，将导致先前挪用的公款不能退还。

4. 根据《中华人民共和国刑法》第三百八十四条之规定，挪用公款数额巨大不退还的，处十年以上有期徒刑或者无期徒刑，因此判决书未认定范某甲挪用170万元公款不退还，直接导致本罪量刑畸轻。

综上所述，为维护司法公正，准确惩治犯罪，依照《中华人民共和国刑事诉讼法》第一百八十一条之规定，特提出抗诉，请依法判处。

此致

上海市第一中级人民法院

上海市浦东新区人民检察院

二〇一〇年十月九日

上海市第一中级人民法院
刑事判决书

（2010）沪一中刑终字第938号

抗诉机关（原公诉机关）上海市浦东新区人民检察院。

原审被告人范某甲，男，1973年××月××日生，汉族，出生地新疆维吾尔自治区库尔勒市，硕士研究生文化，系上海浦东××丙燃油喷射有限公司财务总监兼上海××戊燃油喷射有限公司财务总监、财务部部长，住上海市浦东新区××路××弄××号××室；因本案于2009年12月29日被刑事拘留，2010年1月11日被逮捕。现羁押于上海市浦东新区看守所。

辩护人龚某某，上海市××律师事务所律师。

上海市浦东新区人民法院审理上海市浦东新区人民检察院指控原审被告人范某甲犯挪用公款罪、挪用资金罪一案，于2010年9月20日作出（2010）浦刑初字第1423号刑事判决。上海市浦东新区人民检察院提出抗诉。本院依法组成合议庭，于2010年11月15日公开开庭审理了本案。上海市人民检察院第一分院指派代理检察员沙京出庭支持抗诉。原审被告人范某甲及辩护人龚某某到庭参加诉讼。现已审理终结。

一审判决认定：

（一）被告人范某甲主体身份的事实

1995年12月，国有控股企业上海××甲股份有限公司（以下简称××甲公司）与国有独资企业上海××乙机械有限公司共同出资成立了上海浦东××丙燃油喷射有限公司（以下简称××丙公司）。2003年10月，××丙公司与上海××丁国际贸易有限公司、××戊（中国）投资有限公司设立了上海××戊燃油喷射有限公司（以下简称××戊公司），公司性质为中外合资企业。2007年10月22日，国有独资企业上海××庚（集团）总公司（以下简称××庚公司）收购了××甲公司对××丙公司的股权，××丙公司、××戊公司的隶属关系均划入××庚公司。至此，××丙公司从非国有企业转制为国有企业。被告人范某甲于2005年6月起被××甲公司派出担任××丙公司和××戊公司财务总监、财务部部长等职务，负责总管×

××丙公司会计、预算和资本投资、财务规划、资金运作监管等工作，并负责主持××戊公司财务部工作，审核监督资金的动用、筹划经营资金等。2008年7月1日，范某甲的人事关系从××甲公司转至××丙公司，并继续担任××丙公司和××戊公司的财务总监，同时兼××戊公司的财务部部长。期间，2007年10月，××丙公司和××戊公司的隶属关系划入××庚公司后，范某甲原任两个公司的财务总监职务平移至××庚公司，××庚公司不再批复和重新任免，属××庚公司派出和管辖。韩某某（另案处理）于2005年8月起，担任××丙公司财务部主管，负责该公司财务预算、成本核算、资金管理等工作。

（二）挪用资金的事实

1. 2007年1月18日，被告人范某甲经与韩某某商谋后，利用各自的职务便利，将××丙公司资金人民币1000万元划入范某甲等人开设并实际由范一人控制的上海××辛汽配销售有限公司（以下简称××辛公司）账户，后又划入范某甲等人开设并实际由范一人控制的上海××壬物资销售有限公司（以下简称××壬公司）银行账户，并将其中的970万元转入××壬公司在申银万国上海隆昌路证券营业部（以下简称隆昌路营业部）的机构账户进行炒股营利活动，于同年3月29日归还该笔1000万元。

2. 2007年5月9日，被告人范某甲利用在××戊公司担任财务总监兼任财务部部长的职务便利，在韩某某的帮助下，以退回扶持款的名义，将××街道支付给××戊公司扶持资金人民币177.26万元通过××丙公司走账后划入××辛公司账户，并将其中170万元划入××辛公司在隆昌路营业部的机构账户进行炒股营利活动，于2009年6月22日归还170万元。

3. 2008年1月15日，被告人范某甲利用在××戊公司担任财务总监兼任财务部部长的职务便利，在韩某某的帮助下，以收取扶持款后不入账的方式将××功能区经济发展促进中心支付给××戊公司的资金人民币180万元直接背书给××辛公司，后划入××辛公司在隆昌路营业部的机构账户进行炒股营利活动，至案发仍未归还。

4. 2008年6月17日，被告人范某甲虚构××戊公司的供应商扬州市××癸机械有限公司（以下简称××癸公司）向××戊公司申请借款的名义，将××戊公司的人民币300万元通过××癸公司账户转账后，实际划至××辛公司在隆昌路营业部的机构账户供其进行炒股营利活动，于2009年1月归还该笔钱款。

（三）挪用公款的事实

1. 2008年10月，被告人范某甲与韩某某商谋后，利用各自的职务便利，将××丙公司资金人民币2000万元通过范某甲兼任财务总监、财务部部长的××戊公司账户转账，划至××辛公司在隆昌路营业部的机构账户进行炒股营利活动，于同年12月底归还该笔钱款。

2. 2009年2月，被告人范某甲与韩某某合谋后，利用各自的职务便利，由范某甲向××丙公司虚报下属××戊公司需借用资金人民币5000万元后，韩某某将该笔资金划至××戊公司账户。当月16日，韩某某又将上述资金中的2500万元通过××戊公司划转至××辛公司在隆昌路营业部的机构账户供其和被告人范某甲进行炒股营利活动，于同年11月初归还该笔钱款。其中，2009年11月2日，被告人范某甲虚构××戊公司与××癸公司之间货物交易的事实，将前述挪用后已经归还××戊公司的170万元再次挪用后用于归还填补上述2500万元挪用款中的部分欠款。至案发，该170万元尚未归还。

（四）到案情况

2009年12月28日，司法机关会同被告人范某甲所在单位纪委找范某甲谈话时，范某甲最初供述了办案机关已经掌握的挪用4500万元的犯罪事实，并主动坦白交代了挪用资金350万余元的事实。在韩某某已作交代后，又供述了其他犯罪事实。

一审判决另查明：2008年4月8日，韩某某擅自将××丙公司的2200万元划至××壬公司在隆昌路营业部的机构账户申购新股，此后被告人范某甲得知后，使用上述钱款继续用于炒股营利活动，于同年4月29日归还该笔钱款。

认定上述事实并经一审庭审质证的证据有：××甲公司、××庚公司、××丙公司、××戊公司等单位的工商登记材料、企业法人营业执照；上海市产权交易合同；劳动关系转移三方协议书、劳动合同、任职通知、职务证明；同案关系人韩某某的供述；证人刘某某、许某某等人的证言；××辛公司和××壬公司的工商登记材料、行政处罚决定书；银行贷记凭证、本票、付款凭证、收款凭证、收款回单、支票、协议书、大额资金支付审批表、收据联、银行对账单等财务凭证；司法鉴定意见书；证券账户开户资料、交易明细清单；案发经过；被告人范某甲的供述。一审法院据此认为，被告人范某甲身为国有公司中从事公务的国家工作人员，利用职务上的便利，挪用本单位资金人民币4500万元归个人进行营利活动，其行为已构成挪用公款罪；范某甲身为公司工作人员，利用职务上的便利，挪用本单位资金人民币1600万余元进行营利活动，数额巨大，且尚有357万余元不退还，其行为又已构成挪用资金罪，对范某甲依法予以两罪并罚。该院依照《中华人民共和国刑法》第三百八十四条、第二百七十二条、第六十九条、第六十四条之规定，对被告人范某甲犯挪用公款罪，判处有期徒刑六年，犯挪用资金罪，判处有期徒刑五年六个月，决定执行有期徒刑十年；违法所得责令退赔。

抗诉机关抗诉提出：1. 原审被告人范某甲与同案关系人韩某某就挪用公款已形成概括性故意，对于范某甲在得知韩某某挪用公款人民币 2200 万元后予以使用的行为，应当认定该节事实其与韩某某属于共同犯罪；2. 原审被告人范某甲的主体身份成为国家工作人员后，为了归还其挪用的公款人民币 2500 万元，而再次挪用 170 万元，该 170 万元尚未归还，应当认定为挪用公款数额巨大不退还，一审判决就此认定错误，导致对范某甲量刑畸轻。

上海市人民检察院第一分院出庭意见认为，一审判决就挪用人民币2200万元一节未认定原审被告人范某甲构成共同犯罪，并且将未归还的人民币 170 万元计入挪用资金尚未归还的数额而不计入挪用公款尚未归还的数额中，属于认定事实有误，适用法律不当，导致量刑畸轻。据此，抗诉机关的抗诉理由正确，应予支持。

原审被告人范某甲对一审判决不持异议。范某甲的辩护人认为，根据产权交易合同的约定，在工商变更登记手续完成前，××丙公司所产生的经营性盈亏仍由××甲公司按原持股比例享有或承担，据此，在××丙公司工商登记变更前，范某甲的主体身份应认定为公司工作人员而非国家工作人员，其挪用公司资金的行为性质应认定为挪用资金罪。

经二审审理查明的本案事实和证据与一审基本相同。

针对检辩双方各自的意见，结合本案的事实和证据，评判如下：

关于原审被告人范某甲的主体身份问题。经查，2007 年 10 月 22 日，国有公司××庚公司收购了××甲公司在××丙公司中的股权，××丙公司的性质即从非国有公司变更为国有公司，而工商登记变更手续的滞后并不影响××丙公司性质的转变。因此，一审判决以××丙公司性质的实质转变为基础来认定原审被告人范某甲主体身份的变化，并据此认定范某甲部分挪用行为构成挪用公款罪，并无不当。

关于原审被告人范某甲是否构成挪用公款人民币 2200 万元一节事实的共犯问题。经查，原审被告人范某甲与同案关系人韩某某预谋挪用公司资金炒股时并未限定挪用资金的数额，此后两人多次共同挪用公司资金炒股，因此，范某甲和韩某某在挪用公司资金炒股上形成了概括性故意。韩某某挪用人民币 2200 万元至股票账户并及时告知了范某甲，而范某甲得知上述资金划入股票账户后即继续用之炒股，两人的行为均是在这种概括性故意的支配下实施的。此外，韩某某关于范某甲在其挪用2200万元资金之前曾明确阻止其挪用的相关供述，并未得到范某甲在本案侦查阶段所作供述的印证。据此，原审被告人范某甲在得知同案关系人韩某某挪用公款2200万元后将该款项用于炒股的行为，与韩某某的挪用公款行为属于共同犯罪，上述金额应计入范某甲挪用公款的犯罪数额内。

关于原审被告人范某甲未归还的人民币170万元的性质问题。经查，2007年5月9日，原审被告人范某甲挪用××戊公司资金人民币177.26万元，至2009年6月22日归还了170万元。2009年11月2日，范某甲又挪用××戊公司的人民币170万元用于归还其于同年2月16日挪用××丙公司人民币2500万元中的部分欠款，该170万元至今未归还。原审被告人范某甲挪用该170万元时，其主体身份已是国家工作人员，且与2007年5月挪用177万余元的行为之间并不存在实质上的关联。因此，对于至今未归还的170万元，应认定为挪用公款数额巨大不退还。

本院认为，原审被告人范某甲身为国有公司中从事公务的人员，利用职务上的便利，挪用公款人民币6700万元归个人使用，进行营利活动，其行为已构成挪用公款罪，且属挪用公款数额巨大不退还；范某甲身为公司工作人员，利用职务上的便利，挪用本公司资金人民币1600余万元归个人使用，进行营利活动，数额巨大，其行为又构成挪用资金罪，对范某甲依法应予两罪并罚。一审判决未认定原审被告人范某甲构成挪用公款2200万元的共犯，且将未归还的170万元计入挪用资金尚未归还的数额而不计入挪用公款尚未归还的数额中，确有错误，应予纠正。抗诉机关的抗诉意见及二审检察机关支持抗诉的出庭意见正确，应予采纳。原审被告人范某甲的辩护人的辩护意见，缺乏法律依据，本院不予采纳。据此，依照《中华人民共和国刑事诉讼法》第一百八十九条第（二）项及《中华人民共和国刑法》第三百八十四条、第二百七十二条、第六十九条、第六十四条之规定，判决如下：

一、维持上海市浦东新区人民法院（2010）浦刑初字第1423号刑事判决第二项，即：违法所得责令退赔；

二、撤销上海市浦东新区人民法院（2010）浦刑初字第1423号刑事判决第一项，即：被告人范某甲犯挪用公款罪，判处有期徒刑六年，犯挪用资金罪，判处有期徒刑五年六个月，决定执行有期徒刑十年；

三、原审被告人范某甲犯挪用公款罪，判处有期徒刑十年；犯挪用资金罪，判处有期徒刑五年六个月；决定执行有期徒刑十二年。

（刑期从判决执行之日起计算。判决执行以前先行羁押的，羁押一日折抵

刑期一日，即自2009年12月28日起至2021年12月27日止。）

本判决为终审判决。

审　判　长　陈　捷
代理审判员　韦　庆
代理审判员　钱　卫
二〇一〇年十二月二十三日
书　记　员　马扬宁

附：相关法律条文

《中华人民共和国刑事诉讼法》

第一百八十九条第（二）项　第二审人民法院对不服第一审判决的上诉、抗诉案件，经过审理后，应当按照下列情形分别处理：……

（二）原判决认定事实没有错误，但适用法律有错误，或者量刑不当的，应当改判；……

《中华人民共和国刑法》

第三百八十四条　国家工作人员利用职务上的便利，挪用公款归个人使用，进行非法活动的，或者挪用公款数额较大、进行营利活动的，或者挪用公款数额较大，超过三个月未还的，是挪用公款罪，处五年以下有期徒刑或者拘役；情节严重的，处五年以上有期徒刑。挪用公款数额巨大不退还的，处十年以上有期徒刑或者无期徒刑。

挪用用于救灾、抢险、防汛、优抚、扶贫、移民、救济款物归个人使用的，从重处罚。

第二百七十二条　公司、企业或者其他单位的工作人员，利用职务上的便利，挪用本单位资金归个人使用或者借贷给他人，数额较大、超过三个月未还的，或者虽未超过三个月，但数额较大、进行营利活动的，或者进行非法活动的，处三年以下有期徒刑或者拘役；挪用本单位资金数额巨大的，或者数额较大不退还的，处三年以上十年以下有期徒刑。

国有公司、企业或者其他国有单位中从事公务的人员和国有公司、企业或者其他国有单位委派到非国有公司、企业以及其他单位从事公务的人员有前款行为的，依照本法第三百八十四条的规定定罪处罚。

第六十九条　判决宣告以前一人犯数罪的，除判处死刑和无期徒刑的以外，应当在总和刑期以下、数刑中最高刑期以上，酌情决定执行的刑期，但是管制最高不能超过三年，拘役最高不能超过一年，有期徒刑最高不能超过二十年。

如果数罪中有判处附加刑的，附加刑仍须执行。

第六十四条 犯罪分子违法所得的一切财物，应当予以追缴或者责令退赔；对被害人的合法财产，应当及时返还；违禁品和供犯罪所用的本人财物，应当予以没收。没收的财物和罚金，一律上缴国库，不得挪用和自行处理。

正确把握拒不支付劳动报酬罪的构成要件

——黄某某拒不支付劳动报酬案

【案例要旨】

行为人以转移财产、逃匿等方法逃避支付劳动者的劳动报酬，并导致事后不能支付的，是否具有支付能力，不影响拒不支付劳动报酬罪成立。

【案情简要】

2012 年至 2013 年 1 月，被告人黄某某在上海市奉贤区××镇经营××服装厂期间，拖欠 39 名工人工资共计人民币 44 万余元。2013 年 2 月 8 日，在××镇政府的协调下，被告人黄某某签订劳动报酬支付协议书，承诺于同年 6 月 30 日前支付全部工资。2013 年 4 月，被告人黄某某擅自将服装厂的 39 台机器转移并逃匿。2013 年 7 月 1 日，××镇人民政府张贴告示并发函送达《责令支付通知书》，被告人黄某某收到通知书后仍未支付上述工人工资。

2014 年 1 月 24 日，奉贤区人民检察院以被告人黄某某构成拒不支付劳动报酬罪提起公诉；同年 2 月 28 日，奉贤区人民法院采纳指控意见，以拒不支付劳动报酬罪判处被告人黄某某有期徒刑 1 年 3 个月，并处罚金人民币 5 万元。被告人未提出上诉，判决已生效。

【典型意义】

为切实维护劳动者合法权益，《刑法修正案（八）》增设了拒不支付劳动报酬罪，对以转移财产、逃匿等方法拒不支付劳动者的劳动报酬或者有能力支付而不支付劳动者的劳动报酬，数额较大，经政府有关部门责令支付仍不支付的行为，以拒不支付劳动报酬罪定罪处罚。黄某某拒不支付劳动报酬一案，是本市司法机关首例适用《刑法修正案（八）》，对以转移财产、逃匿等方法逃避支付劳动者报酬的行为追究刑事责任的案件。

《刑法修正案（八）》将“以转移财产、逃匿等方法逃避支付劳动者的劳动报酬”和“有能力支付而不支付劳动者劳动报酬”并列规定为拒不支付劳动报酬罪的两种行为方式。对“以转移财产、逃匿等方法逃避支付劳动者的劳动报酬”的行为，一方面反映行为人主观上有拒不支付劳动报酬的故意；另一方面在客观上不要求行为人具有支付能力，行为人欠薪后不是设法与劳动者进行协商，通过各种方法筹集资金支付劳动报酬，反而采取逃匿、转移财产等方式逃避支付，法律将之直接作为入罪要件。故具体办案中，无须将是否具有支付能力作为入罪要件的审查重点。在本案中，被告人黄某某在镇政府协调工资发放事宜后，非但没有积极作为，反而将厂里生产机器擅自转移回老家，拒接相关人员电话，对政府部门责令支付通知置之不理，其拒不支付劳动报酬的主观恶意明显。

根据最高人民法院《关于审理拒不支付劳动报酬刑事案件适用法律若干问题的解释》规定，本案中，被告人拒不支付39名工人工资共计人民币44万余元，属数额较大，且其在收到镇政府《责令支付通知书》后，仍未支付上述工人工资，故应当以拒不支付劳动报酬罪追究其刑事责任。

上海市奉贤区人民检察院

起 诉 书

沪奉检刑诉〔2014〕50号

被告人黄某某，男，汉族，19××年××月××日出生，初中文化，公民身份号码34242×××××××××××××，原系上海××服装厂经营者，家住安徽省寿县××镇××村××组。因涉嫌拒不支付劳动报酬罪，于2013年7月2日被上海市公安局奉贤分局依法刑事拘留，8月12日经本院批准逮捕并由上海市公安局奉贤分局执行。

本案由上海市公安局奉贤分局侦查终结，以被告人黄某某涉嫌拒不支付劳动报酬罪一案2013年9月24日向本院移送审查起诉。本院受理后，于次日已告知被告人有权委托辩护人，依法讯问了被告人，审查了全部案件材料。被告人黄某某同意，对本案适用简易程序审理。经审查，本案于2013年11月7日、2014年1月3日退回补充侦查，上海市公安局奉贤分局于2013年11月21日、1月10日补充侦查终结移送审查起诉。

经依法审查查明：

2012年2月至2013年1月，被告人黄某某在上海市奉贤区××镇××路××号经营上海××服装厂期间拖欠39名工人工资共计人民币44万余元。2013年2月8日，在××镇人民政府的协调下，被告人黄某某签订劳动报酬支付协议书承诺于2013年6月30日前支付全部工资。2013年4月，被告人黄某某擅自将服装厂的39台机器设备转移并逃匿。2013年7月1日，××镇政府张贴告示并发函送达《责令支付通知书》，被告人黄某某接到通知后至今仍未交付上述工人工资。

2013年7月29日，被告人黄某某至公安机关投案，并如实供述上述犯罪事实。

上述事实主要有以下证据证明：

1. 被告人黄某某的供述证实，其因服装厂资金困难拖欠工人工资，经政府通知至今仍未支付上述工资的事实。

2. 证人朱某甲、孟某某、张某某、文某某、马某某、郭某某、曾某某、朱某乙、周某、谢某甲、陈某某、卢某某、谢某乙、杨某某的证言证实，被告人黄某某拖欠其2012年2月至2013年1月的工资以及转移服装厂设备后逃匿的事实。

3. 欠薪明细表、工资条及承诺书、劳动报酬支付协议书证实，经××镇人民政府协调结算，被告人黄某某至今仍拖欠××服装厂39名工人工资共计人民币44万余元。该事实另有证人李某某的证言予以印证。

4. ××镇人民政府责令支付通知书及工作情况证实，政府责令被告人黄某某支付劳动报酬的情况。

5. 案发经过证实本案案发及被告人黄某某具有自首情节。

6. 常住人口基本信息证实被告人黄某某的年龄及身份。

7. 查封决定书及查封物品清单证实公安机关已查封被告人黄某某转移的机器设备共计39台。

上述证据收集程序合法，内容客观真实，足以认定指控的事实。被告人黄某某对基本犯罪事实无异议。

本院认为，被告人黄某某以转移财产、逃匿等方法逃避支付劳动者的劳动报酬，数额较大，经政府有关部门责令支付仍不支付，其行为已触犯《中华人民共和国刑法》第一百七十六条之一第一款，应当以拒不支付劳动报酬罪追究刑事责任。被告人黄某某具有自首情节，根据《中华人民共和国刑法》第六十七条第一款，可以从轻处罚。被告人黄某某自愿认罪，悔罪态度较好，可酌情从轻处罚。根据《中华人民共和国刑事诉讼法》第一百七十一条的规定，提起公诉，请依法审判。

此致

上海市奉贤区人民法院

检察员　彭丽娜

二〇一四年一月二十四日

附：1. 被告人黄某某现被羁押于奉贤区看守所。

2. 侦查卷宗叁册。

3. 适用简易程序建议书壹份。

4. 量刑建议书壹份。

5. 移送物品清单壹份。

6. 相关法律条文。（略）

上海市奉贤区人民法院
刑事判决书

（2014）奉刑初字第176号

公诉机关上海市奉贤区人民检察院。

被告人黄某某。

上海市奉贤区人民检察院以沪奉检刑诉〔2014〕50号起诉书指控被告人黄某某犯拒不支付劳动报酬罪，于2014年1月24日向本院提起公诉，并建议适用简易程序。本院经审查后发现不宜适用简易程序，后转为适用普通程序，依法组成合议庭，于2014年2月18日公开开庭审理了本案，上海市奉贤区人民检察院指派检察员彭某某出庭支持公诉，被告人黄某某到庭参加诉讼。现已审理终结。

经审理查明，2012年2月至2013年1月，被告人黄某某在本区××镇××路××号经营所谓上海××服装厂（未经工商注册登记）期间，拖欠39名被害人工资共计人民币447749元。2013年2月8日，在××镇人民政府的协调下，被告人黄某某签订劳动报酬支付协议书，承诺于2013年6月30日前支付全部工资。2013年4月，被告人黄某某擅自将服装厂的39台机器设备转移并逃匿。2013年7月1日，××镇人民政府张贴告示并发函送达《责令支付通知书》，被告人黄某某接到通知后至今仍未支付上述工人的工资。

2013年7月29日，被告人黄某某至公安机关投案，并如实供述了上述犯罪事实。

上述事实，被告人黄某某在开庭审理过程中亦无异议，且有被害人朱某甲、孟某某、张某某、文某某、马某某、曾某某、朱某乙、周某、谢某甲、卢某某、谢某乙、杨某某的陈述，证人郭某某、陈某某、李某的证言，公安机关制作并出具的查封决定书及查封物品清单、案发经过，欠薪明细表、工资条及承诺书、劳动报酬支付协议书，××镇人民政府责令支付通知书及工作情况等证据证实，足以认定。

本院认为，被告人黄某某以转移财产、逃匿等方法逃避支付三十九名劳动者的劳动报酬447749元，数额较大，经政府有关部门责令支付仍不支付，其行为显已触犯刑律，构成拒不支付劳动报酬罪。公诉机关指控的罪名成立。被告人黄某某具有自首情节，依法可从轻处罚。本院在量刑时综合考虑被告人黄某某的犯罪事实、情节、性质、社会危害性及认罪悔罪表现等。为严肃国家法制，确保劳动者的财产所有权不受侵犯，依照《中华人民共和国刑法》第二百七十六条之一第一款、第六十七条第一款、第六十四条之规定，判决如下：

一、被告人黄某某犯拒不支付劳动报酬罪，判处有期徒刑一年六个月，并处罚金人民币五万元。

（刑期从判决执行之日起计算。判决执行以前先行羁押的，羁押一日折抵刑期一日，即自2013年7月29日起至2015年1月28日止。罚金于本判决生效后10日内缴纳。）

二、责令被告人黄某某退赔三十九名被害人经济损失人民币四十四万七千七百四十九元。

如不服本判决，可在接到判决书的第二日起十日内，通过本院或者直接向上海市第一中级人民法院提出上诉。书面上诉的，应当提交上诉状正本一份，副本二份。

审判长　余　红
审判员　吴耀军
审判员　万剑峰
二〇一四年三月十一日
书记员　徐艺闻
书记员　徐　珍

附：相关法律条文

《中华人民共和国刑法》

第二百七十六条之一第一款　以转移财产、逃匿等方法逃避支付劳动者的劳动报酬或者有能力支付而不支付劳动者的劳动报酬，数额较大，经政府有关部门责令支付仍不支付的，处三年以下有期徒刑或者拘役，并处或者单处罚金；造成严重后果的，处三年以上七年以下有期徒刑，并处罚金。

第六十七条第一款　犯罪以后自动投案，如实供述自己的罪行的，是自首。对于自首的犯罪分子，可以从轻或者减轻处罚。其中，犯罪较轻的，可以免除处罚。

第六十四条 犯罪分子违法所得的一切财物，应当予以追缴或者责令退赔；对被害人的合法财产，应当及时返还；违禁品和供犯罪所用的本人财物，应当予以没收。没收的财物和罚金，一律上缴国库，不得挪用和自行处理。

正确认识妨害公务案的社会危害性 实现办案“三个效果”的统一

——翟某某妨害公务案

【案例要旨】

暴力袭警、扬言报复政法干警等妨害公务类案件具有明显的社会危害性，处理不当易产生较为恶劣的社会影响。办理此类案件应正确把握妨害公务等罪的犯罪构成要件，坚持办案“三个效果”的统一。

【案情简要】

被告人翟某某，男，1982年××月××日生。

2008年7月9日17时15分许，被告人翟某某在齐河路258号“麦当劳”餐厅门口准备发动其轻便摩托车时，因民警孙某某怀疑该车系被盗抢车辆（后经查该车确为被盗车辆），遂上前检查，翟某某拒不接受检查，强行驾车逃跑，并将拉住翟某某不让其逃走的孙某某随车拖出十几米，后双方均摔倒在地。起身后，被告人翟某某采用拳击、掐脖子等手段对孙某某进行殴打，致其外伤后鼻出血，经法医学鉴定已构成轻微伤。后被告人翟某某被增援的民警抓获。

被告人翟某某因涉嫌妨害公务罪，于2008年7月10日被上海市公安局浦东分局刑事拘留，2008年7月22日经上海市浦东新区人民检察院批准逮捕，次日由上海市公安局浦东分局执行逮捕。2008年8月7日，上海市公安局浦东分局以被告人翟某某涉嫌妨害公务罪向上海市浦东新区人民检察院移送审查起诉。2008年8月25日上海市浦东新区人民检察院以被告人翟某某犯妨害公务罪，向上海市浦东新区人民法院提起公诉。

【典型意义】

2008年8月27日，上海市人民检察院检察委员会讨论后认为，近期本市暴力袭警、扬言报复政法干警等案件时有发生，全市各级检察机关在办理此类案件时，要充分注意以下几方面的问题：

一、统一思想，正确认识此类案件的社会危害性

暴力袭警、扬言报复政法干警等案件具有明显的社会危害性。此类案件，除传统行为方式外，近期还出现了以扬言杀害、爆炸等方式对政法干警进行要挟、威胁等新情况。全市各级检察机关要进一步提高对办理此类案件重要性的认识，积极配合公安机关保持对此类案件的法律震慑力，该批捕的要及时批捕，该起诉的要坚决起诉，依法准确、有力地打击此类犯罪，以保障政法干警依法执行公务，维护社会治安稳定。

二、严格执法，准确把握妨害公务等犯罪的构成要件

上海市各级检察机关在办理此类案件时，要严格执行中共上海市委政法委《关于恐吓敲诈类案件适用法律的专题会议纪要》、上海市公检法司《关于本市办理妨害人民警察依法执行职务违法犯罪案件的意见》和上海市人民检察院侦监处《关于办理暴力袭警、扬言报复干警等类案件的指导意见》等的有关规定，注意区分罪与非罪、此罪与彼罪、一罪与数罪，准确适用刑法。

三、加强配合，形成严厉打击此类案件的执法合力

当前，上海市正处于此类案件的多发期。全市各级检察机关在具体案件的办理过程中，要严格执行《关于侦查监督部门与公诉部门工作衔接的暂行规定》和《上海市检察机关侦查监督部门介入侦查引导取证工作办法（试行）》的规定，适时介入侦查引导取证。对重点案件要尽早介入侦查，了解案情，掌握证据；对正在审查的案件，特别是重大恶性案件要尽快提起公诉；对已提起公诉的案件，要主动商请法院及时审判；认识有分歧的，要及时报请市检察院研究。

四、坚持办案“三个效果”的统一，切忌“就案办案”“机械执法”

暴力袭警、扬言报复政法干警等案件社会关注度高，敏感性强。案件如果处理不当，会引发连锁反应，导致不法分子跟风作案，增加不稳定因素。因此，办理此类案件时要特别注意办案的政治效果和社会效果，不能“就案办案”“机械执法”，要做到办理一案，教育一片。全市各级检察机关要在市委政法委的领导下，配合公安、法院统一思想，选择典型案件，利用新闻等媒体和社区法制宣传栏等载体，在人民群众中广泛开展有针对性的法制宣传教育，使人民群众自觉遵守法律，支持、理解、配合政法机关共同维护社会的正常秩序。

上海市浦东新区人民检察院
起 诉 书

沪浦检刑诉〔2008〕1109号

被告人翟某某，男，1982年××月××日生，汉族，大专文化，原系××证券公司××，户籍地安徽省南陵县××镇××号。被告人翟某某因涉嫌妨害公务罪，于2008年7月10日被上海市公安局浦东分局刑事拘留，2008年7月22日经本院批准逮捕，次日由上海市公安局浦东分局执行逮捕。

本案由上海市公安局浦东分局侦查终结，以被告人翟某某涉嫌妨害公务罪，于2008年8月7日向本院移送审查起诉。本院受理后，于2008年8月7日已告知被告人有权委托辩护人，同日已告知被害人有权委托诉讼代理人，依法讯问了被告人，审查了全部案件材料。

经依法审查查明：

2008年7月9日17时15分许，被告人翟某某在齐河路258号“麦当劳”餐厅门口准备发动其轻便摩托车时，因民警孙某某怀疑该车系被盗抢车辆（后经查该车确为被盗车辆），遂上前检查，翟某某拒不接受检查，强行驾车逃跑，并将拉住翟某某不让其逃走的孙某某随车拖出十几米，后双方均摔倒在地。起身后，被告人翟某某采用拳击、掐脖子等手段对孙某某进行殴打，致其外伤后鼻出血，经法医学鉴定已构成轻微伤。后被告人翟某某被增援的民警抓获。

上述事实，有以下证据证明：

1. 被告人翟某某的供述，证实其案发时妨害公务的事实；

2. 被害人孙某某的陈述，证实其执行公务时遭被告人翟某某暴力阻碍致伤的事实；

3. 证人张某某、邓某甲、邓某乙的证言，证实案发时被告人翟某某妨害公务的事实；

4. 证人金某某的证言，证实涉案轻便摩托车系其被盗车辆；

5. 照片，证实案发时被告人翟某某殴打的是民警；

6. 信息，证实被害人孙某某系本市交警支队三大队民警；

7. 上海市公安局浦东分局扣押、发还物品清单，证实涉案轻便摩托车已发还被害人金某某；

8. 发票，证实涉案轻便摩托车购买时价格；

9. 上海市公安局浦东分局验伤通知书，证实案发时被害人孙某某外伤性鼻出血、多处软组织挫伤等；

10. 情况说明，证实本案相关情况；

11. 案发经过，证实被告人翟某某没有自首情节；

12. 上海市公安局损伤伤残鉴定中心鉴定书，证实被害人孙某某的伤势已构成轻微伤；

13. 户籍资料，证实被告人翟某某的基本情况。

本院认为，被告人翟某某以暴力方法阻碍人民警察依法执行职务，且致其轻微伤，其行为已触犯《中华人民共和国刑法》第二百七十七条，应当以妨害公务罪追究其刑事责任，处三年以下有期徒刑、拘役、管制或者罚金。根据《中华人民共和国刑事诉讼法》第一百四十一条的规定，提起公诉，请依法审判。

此致

上海市浦东新区人民法院

检察员　戴　黎

二〇〇八年八月二十五日

附：1. 被告人翟某某现羁押于浦东新区看守所，番号：08××××；

2. 侦查卷宗2册；

3.《适用简易程序建议书》1份。

上海市浦东新区人民法院

刑事判决书

（2008）浦刑初字第1626号

公诉机关上海市浦东新区人民检察院。

被告人翟某某，男，1982年××月××日出生于安徽省南陵县，汉族，大专文化，原系太阳证券公司员工，户籍安徽省南陵县××镇××路××号。因本案于2008年7月10日被刑事拘留，同年7月23日被逮捕。现羁押于上海市浦东新区看守所。

辩护人何某某、程某某，上海市某某律师事务所律师。

上海市浦东新区人民检察院以沪浦检刑诉〔2008〕1109号起诉书指控被告人翟某某犯妨害公务罪，于2008年8月26日向本院提起公诉。本院依法适用简易程序。实行独任审判，公开开庭审理了本案。被告人翟某某及其辩护人何某某、程某某到庭参加诉讼。现已审理终结。

公诉机关指控，2008年7月9日17时15分许，被告人翟某某在本市浦东新区齐河路258号“麦当劳”餐厅门口准备发动其轻便摩托车时，因上海市公安局浦东分局交警支队三大队民警孙某某怀疑该车系被盗抢车辆（后经查该车确为被盗车辆），遂上前检查，被告人翟某某拒不接受检查，强行驾车逃跑，并将拉住翟某某不让其逃走的孙某某随车拖出10余米，后双方均摔倒在地。被告人翟某某起身后，采用拳击、掐脖子等手段对被害人孙某某进行殴打。致孙某某外伤后鼻出血，经法医学鉴定，该伤势已构成轻微伤。后被告人翟某某被增援民警抓获。

以上事实，被告人翟某某在开庭审理过程中亦无异议，并有证人张某某、邓某甲、邓某乙、金某某的证言；被害人孙某某的陈述，公安机关扣押物品清单、发还清单、验伤通知书、拍摄的照片，上海市公安局损伤伤残鉴定中心鉴定书及有关的案发经过等证据证实，足以认定。

本院认为，被告人翟某某以暴力方法阻碍公安机关工作人员依法履行职责，其行为已构成妨害公务罪。被告人翟某某归案后交代、认罪态度较好，酌情从轻处罚，辩护人的相关意见予以采纳。依照《中华人民共和国刑法》第二百七十七条之规定，判决如下：被告人翟某某犯妨害公务罪：判处有期徒刑一年六个月。（刑期从判决执行之日起计算。判决执行以前先行羁押的，羁押一日折抵刑期一日。即自2008年7月9日起至2010年1月8日止。）

如不服本判决，可在接到判决书的第二日起十日内，通过本院或者直接向上海市第一中级人民法院提出上诉。书面上诉的，应当提交上诉状正本一份，副本二份。

审 判 员 王美玲
二〇〇八年九月五日
书 记 员 陈 洁

附：相关法律条文

《中华人民共和国刑法》

第二百七十七条 以暴力、威胁方法阻碍国家机关工作人员依法执行职务的，处三年以下有期徒刑、拘役、管制或者罚金。

以暴力、威胁方法阻碍全国人民代表大会和地方各级人民代表大会代表依法执行代表职务的，依照前款的规定处罚。

在自然灾害和突发事件中，以暴力、威胁方法阻碍红十字会工作人员依法履行职责的，依照第一款的规定处罚。

故意阻碍国家安全机关、公安机关依法执行国家安全工作任务，未使用暴力、威胁方法，造成严重后果的，依照第一款的规定处罚。

机动车临时号牌 应当认定为“国家机关证件”

——马某某、陈某某买卖国家机关证件案

【案例要旨】

机动车临时号牌（系“临时行驶车号牌”的俗称）是公安机关在特定情形下，向申领人制发的道路行驶凭证，其载明内容及效力与机动车行驶证基本一致，应当认定为“国家机关证件”。

【案情简要】

被告人陈某某系本市公安机关车辆管理所协管员，负责审核办理机动车临时号牌的相关材料，并核发机动车临时号牌；被告人马某某系代办机动车临时号牌的“黄牛”。2016年1月至3月，被告人马某某采用修改客户茅某某、张某某、王某某等人身份证号码后进行二次复印的手段，伙同陈某某骗领机动车临时号牌3份，后分别以人民币1000元的价格贩卖牟利。

2016年4月26日，民警根据关联案件中获取的线索将马某某、陈某某抓获。

松江区人民检察院于2016年9月21日对被告人马某某、陈某某以买卖国家机关证件罪提起公诉；松江区人民法院采纳指控意见，于同年10月24日以买卖国家机关证件罪分别判处马某某、陈某某拘役6个月，并处罚金人民币1000元，判决已生效。

【典型意义】

近年来，伪造、变造、买卖机动车临时号牌的违法犯罪现象比较突出①，

---

① 2016年6月6日《人民公安报》第002版：据报道，2016年4月上海市公安局捣毁一个伪造、买卖机动车临时号牌的犯罪团伙，共抓获团伙成员19名，缴获4万余张伪造的机动车临时号牌以及一大批制假工具。该团伙地跨上海、浙江、湖南三地，辐射全国多个省市，实施“印制、推介、销售”机动车临时号牌“一条龙”犯罪。

已严重影响到了正常的道路交通秩序和社会公共信用关系。由于我国刑法及相关司法解释并未对机动车临时号牌的属性作出规定，导致司法实践中对伪造、变造、买卖机动车临时号牌的行为性质产生分歧。本案诉讼过程中，曾有意见认为机动车正式号牌[①]尚且不属于“国家机关证件”，举重以明轻，临时号牌当然也不能认定为“国家机关证件”。该案的判决对正确认定机动车临时号牌的性质，具有参考和借鉴作用。

上海市人民检察院检察委员会经审议后认为，机动车临时号牌有别于机动车正式号牌，其除具备机动车正式号牌的识别作用外，还具有证明作用，属于我国《刑法》第280条第1款规定的“国家机关证件”。从制发主体上看，根据《机动车登记规定》第37条、《上海市道路交通管理条例》第22条，机动车临时号牌系由公安机关统一制发，而公安机关属于国家机关。从载明内容上看，机动车正式号牌仅载明了机动车所属区域及车牌号码；而机动车临时号牌不仅载明了所属区域及车牌号码，而且载明了机动车所有人姓名、住址、车辆类型、厂牌型号、发动机号码、车辆识别代码等内容，更重要的是机动车临时号牌上盖有发牌机关印章，这与公安机关依法核发的车辆行驶证载明的内容基本一致。从功能效力上看，根据《中华人民共和国道路交通安全法》《机动车登记规定》《上海市道路交通管理条例》[②]，机动车正式号牌的申领人在取得正

① 2009年1月1日最高人民法院研究室《〈关于伪造、变造、买卖民用机动车号牌行为能否以伪造、变造、买卖国家机关证件罪定罪处罚问题的请示〉的答复》中指出，民用机动车号牌不属于《刑法》第280条第1款规定的“国家机关证件”。

② 《中华人民共和国道路交通安全法》第8条：“国家对机动车实行登记制度。机动车经公安机关交通管理部门登记后，方可上道路行驶。尚未登记的机动车，需要临时上道路行驶的，应当取得临时通行牌证。”第9条第2款：“公安机关交通管理部门应当自受理申请之日起五个工作日内完成机动车登记审查工作，对符合前款规定条件的，应当发放机动车登记证书、号牌和行驶证；对不符合前款规定条件的，应当向申请人说明不予登记的理由。”第11条第1款：“驾驶机动车上道路行驶，应当悬挂机动车号牌，放置检验合格标志、保险标志，并随车携带机动车行驶证。”《上海市道路交通管理条例》第19条第1款：“机动车和按照本市有关规定应当注册登记的非机动车以及其他通行工具，应当经公安机关注册登记，取得车辆号牌、行驶证或者行车执照等登记凭证后方可上道路行驶；自行车、残疾人手摇轮椅车等非机动车实行自愿登记。”第22条第1款：“尚未注册登记的机动车，因提取车辆、申请注册登记需要临时上道路行驶的，应当取得公安机关核发的临时行驶车号牌。”《机动车登记规定》第45条：“机动车具有下列情形之一，需要临时上道路行驶的，机动车所有人应当向车辆管理所申领临时行驶车号牌：（一）未销售的；（二）购买、调拨、赠予等方式获得机动车后尚未注册登记的；（三）进行科研、定型试验的；（四）因轴荷、总质量、外廓尺寸超出国家标准不予办理注册登记的特型机动车。”

式号牌的同时，将会取得机动车行驶证；而机动车临时号牌的申领人在申领机动车临时号牌时暂未取得机动车行驶证。在前一种情形下，机动车若欲上道路行驶，需将机动车正式号牌悬挂于规定位置并携带机动车行驶证；在后一种情形下，仅悬挂机动车临时号牌即可上道路行驶。

由此可见，机动车临时号牌在内容上是机动车正式号牌和机动车行驶证的相加，在功能上是二者的综合体。而机动车行驶证因具备国家机关证件的所有特征，已被相关司法解释明确认定为“国家机关证件”①。综上，机动车临时号牌在具有了与机动车行驶证相同内容、功能的前提下，当然也应当认定为“国家机关证件”。

---

① 2007年5月9日最高人民法院、最高人民检察院《关于办理与盗窃、抢劫、诈骗、抢夺机动车相关刑事案件具体应用法律若干问题的解释》第2条：“伪造、变造、买卖机动车行驶证、登记证书，累计3本以上的，依照刑法第280条第1款的规定，以伪造、变造、买卖国家机关证件罪定罪，处3年以下有期徒刑、拘役、管制或者剥夺政治权利。”

上海市松江区人民检察院
起诉书

沪松检诉刑诉〔2016〕1591号

被告人马某某，男，1969年××月××日生，公民身份号码：3101101969××××××××，汉族，初中文化，农民，户籍及居住地在上海市闵行区××路××弄××号××室。2016年4月26日因涉嫌买卖国家机关证件罪，由上海市公安局松江分局刑事拘留，4月28日延长刑事拘留期限至三十天，6月1日经本院批准，次日由上海市公安局松江分局执行逮捕。

被告人陈某某，男，1985年××月××日生，公民身份号码：3101061985××××××××，汉族，初中文化，农民，户籍在上海市普陀区××路××弄××号××室，暂住上海市静安区××路××弄××号××室。2016年4月26日因涉嫌买卖国家机关证件罪，由上海市公安局松江分局刑事拘留，4月29日延长刑事拘留期限至三十天，6月1日经本院批准，次日由上海市公安局松江分局执行逮捕。

本案由上海市公安局松江分局侦查终结，以被告人马某某、陈某某涉嫌买卖国家机关证件罪，于2016年7月19日移送本院审查起诉，后经上海市人民检察院第一分院指定由本院管辖。本院受理后，于同日已分别告知被告人有权委托辩护人；依法讯问了被告人，审查了全部案件材料。经审查，于2016年9月1日退回补充侦查，2016年9月18日上海市公安局松江分局补充侦查终结，移送本院审查起诉。

经依法审查查明：

2016年1月28日，被告人马某某通过修改客户茅某某身份证号码后进行二次复印的手段，伙同陈某某骗领临时行驶车号牌，后以1000元的价格贩卖牟利。

2016年3月4日，被告人马某某伙同陈某某，以同样手段骗领临时行驶车号牌后以1000元的价格贩卖给张某某。

2016年3月30日，被告人马某某伙同陈某某，以同样手段骗领临时行驶车号牌后以1000元的价格贩卖给王某某。

2016年4月26日，民警将马某某、陈某某抓获。

上述事实，有以下证据证明：

1. 证人茅某某的证言证实，其曾以人民币1600元的价格通过他人购买了第四张上海临牌；证人王某某的证言证实，其曾通过他人办理了第四张上海临牌；证人张某某的证言证实，其曾以人民币1000元的价格通过他人购买了一张登记名为梁某某的第四张上海临牌。

2. 上海市公安局车辆临时号牌核查系统核查材料证实，茅某某于2016年1月28日办理第四张上海临牌（号码为沪P××××4）；梁某某于2016年3月4日办理第四张上海临牌（号码为沪P××××5）；王某某于2016年3月30日办理第四张上海临牌（号码为沪P××××1）。

3. 扣押决定书、扣押清单、照片及被告人马某某手机微信与客户的聊天记录证实，2016年1月28日，微信名为“沈某某”的客户委托马某某为茅某某办理第四张临牌，并支付1000元；2016年3月3日，微信名为“Yoshiki小飛飛”的客户委托马某某为梁某某办理第四张临牌，并支付1000元；2016年3月30日，微信名为“Kelly”的客户委托马某某为王某某办理第四张临牌，并支付1000元。

4. 常住人口信息表证实，被告人马某某、陈某某的自然身份情况，其作案时均已达完全刑事责任年龄。

5. 公安机关出具的案发抓获经过证实，本案侦破情况及被告人马某某、陈某某的到案经过。

6. 被告人马某某、陈某某的多次供述证实，其对上述犯罪事实供认不讳。

以上证据来源及收集程序合法，内容客观真实，足以认定指控事实。被告人马某某、陈某某对基本犯罪事实无异议。

本院认为，被告人马某某、陈某某买卖国家机关证件，其行为均已触犯《中华人民共和国刑法》第二百八十条、第二十五条第一款之规定，犯罪事实清楚、证据确实充分，应当以买卖国家机关证件罪追究其刑事责任。被告人马某某、陈某某均如实供述自己的罪行，根据《中华人民共和国刑法》第六十七条第三款，可依法从轻处罚。根据《中华人民共和国刑事诉讼法》第一百七十二条之规定，提起公诉，请依法审判。

此致

上海市松江区人民法院

检察员　屠爱胜

二〇一六年九月二十一日

附：1. 被告人马某某现羁押于上海市松江区看守所；被告人陈某某现羁押于上海市第三看守所。

2. 侦查卷宗三册和《证人名单》一份一页。

附：相关法律条文

《中华人民共和国刑法》

第二十五条第一款 共同犯罪是指二人以上共同故意犯罪。

第六十七条第三款 犯罪嫌疑人虽不具有前两款规定的自首情节，但是如实供述自己罪行的，可以从轻处罚；因其如实供述自己罪行，避免特别严重后果发生的，可以减轻处罚。

第二百八十条第一款 伪造、变造、买卖或者盗窃、抢夺、毁灭国家机关的公文、证件、印章的，处三年以下有期徒刑、拘役、管制或者剥夺政治权利，并处罚金；情节严重的，处三年以上十年以下有期徒刑，并处罚金。

《中华人民共和国刑事诉讼法》

第一百七十二条 人民检察院认为犯罪嫌疑人的犯罪事实已经查清，证据确实、充分，依法应当追究刑事责任的，应当作出起诉决定，按照审判管辖的规定，向人民法院提起公诉，并将案卷材料、证据移送人民法院。

上海市松江区人民法院
刑事判决书

（2016）沪0117刑初1603号

公诉机关上海市松江区人民检察院。

被告人马某某，男，1969年××月××日出生，汉族，户籍所在地上海市闵行区。

辩护人王某某，北京市××律师事务所上海分所律师。

被告人陈某某，男，1985年××月××日出生，汉族，户籍所在地上海市普陀区。

辩护人孙某某，上海市××律师事务所律师。

上海市松江区人民检察院以沪松检诉刑诉〔2016〕1591号起诉书指控被告人马某某、陈某某犯买卖国家机关证件罪，于2016年9月21日向本院提起公诉。上海市第一中级人民法院于2016年10月13日指定本案由本院管辖。本院依法适用普通程序，组成合议庭，公开开庭审理了本案。上海市松江区人民检察院检察员屠爱胜，被告人马某某及其辩护人王某某、被告人陈某某及其辩护人孙某某到庭参加了诉讼。现已审理终结。

经审理查明：2016年1月28日，被告人马某某通过修改客户茅某某身份证号码后进行二次复印的手段，伙同被告人陈某某骗领临时行驶车号牌，后以人民币1000元的价格贩卖牟利。2016年3月4日，被告人马某某、陈某某，以同样手段骗领临时行驶车号牌后以1000元的价格贩卖给张某某。2016年3月30日，被告人马某某、陈某某，以同样手段骗领临时行驶车号牌后以1000元的价格贩卖给王某甲。2016年4月26日，民警将马某某、陈某某抓获。上述事实，被告人在开庭审理过程中亦无异议，且有证人茅某某、张某某、王某甲的证言，公安机关车辆临时号牌核查系统核查材料，扣押决定书、扣押清单、照片以及聊天记录，案发抓获经过以及户籍资料等证据予以证实，足以认定。

本院认为，被告人马某某、陈某某买卖国家机关证件，其行为已构成买卖国家机关证件罪。公诉机关指控的罪名成立。被告人马某某、陈某某到案后如实供述自己罪行，当庭表示自愿认罪，在家属帮助下退还了违法所得，可依法从轻处罚。

综上，根据被告人犯罪的事实、性质、情节和对于社会的危害程度等，依照《中华人民共和国刑法》第二百八十条第一款，第二十五条第一款，第六十七条第三款，第六十四条，第五十二条，第五十三条的规定，判决如下：

一、被告人马某某犯买卖国家机关证件罪，判处拘役六个月，并处罚金人民币一千元。

（刑期从判决执行之日起计算，判决执行以前先行羁押的，羁押一日折抵刑期一日，即自2016年4月26日起至2016年10月25日止；罚金于本判决生效之日起十日内向本院缴纳。）

二、被告人陈某某犯买卖国家机关证件罪，判处拘役六个月，并处罚金人民币一千元。

（刑期从判决执行之日起计算，判决执行以前先行羁押的，羁押一日折抵刑期一日，即自2016年4月26日起至2016年10月25日止；罚金于本判决生效之日起十日内向本院缴纳。）

三、在案的违法所得人民币三千元以及相应的临时行驶车号牌，予以没收。

如不服本判决，可在接到判决书的第二日起十日内，通过本院或者直接向上海市第一中级人民法院提出上诉。书面上诉的，应当提交上诉状正本一份，副本二份。

审　判　长　张　华
人民陪审员　张士雄
人民陪审员　李美华
二〇一六年十月二十六日
书　记　员　王　鹏

附：相关法律条文

《中华人民共和国刑法》

第二百八十条第一款　伪造、变造、买卖或者盗窃、抢夺、毁灭国家机关的公文、证件、印章的，处三年以下有期徒刑、拘役、管制或者剥夺政治权利，并处罚金；情节严重的，处三年以上十年以下有期徒刑，并处罚金。

第二十五条第一款 共同犯罪是指二人以上共同故意犯罪。

第六十七条第一款 犯罪嫌疑人虽不具有前两款规定的自首情节，但是如实供述自己罪行的，可以从轻处罚；因其如实供述自己罪行，避免特别严重后果发生的，可以减轻处罚。

第六十四条 犯罪分子违法所得的一切财物，应当予以追缴或者责令退赔；对被害人的合法财产，应当及时返还；违禁品和供犯罪所用的本人财物，应当予以没收。没收的财物和罚金，一律上缴国库，不得挪用和自行处理。

第五十二条 判处罚金，应当根据犯罪情节决定罚金数额。

第五十三条 罚金在判决指定的期限内一次或者分期缴纳。期满不缴纳的，强制缴纳。对于不能全部缴纳罚金的，人民法院在任何时候发现被执行人有可以执行的财产，应当随时追缴。

由于遭遇不能抗拒的灾祸等原因缴纳确实有困难的，经人民法院裁定，可以延期缴纳、酌情减少或者免除。

法律授权规定的国家考试属于“法律规定的国家考试”

——张某甲等人组织考试作弊、张某辛等人代替考试二案

【案例要旨】

在认定《刑法》第284条之一规定的组织考试作弊罪、代替考试罪中的“法律规定的国家考试”时，要严格限定“法律”的范围，仅限于全国人大及其常委会制定的法律，而对于“法律规定”的具体方式，则包括法律直接规定和法律授权规定。

【案情简要】

案例一：2015年底，被告人张某甲、陈某甲、包某某预谋在2016年度全国会计专业技术中级资格考试中组织考生作弊，并从中牟利。后三人招收考生报名，统一选定考点，准备作弊工具并培训考生使用。2016年9月10日上午，陈某甲指使他人进入杨浦区、青浦区等考点，利用随身携带的作弊器材拍摄试卷并将视频传送至场外。陈某甲安排付某某、张某乙（均另处）利用电脑将上述视频截图，并将考题交由其和张某甲组织的人员进行答题。形成答案后，张某甲将答案传输给等候在崇明区扬子中学考点周边的包某某，包某某等人再通过作弊设备传送给考生。期间，巡考人员查获使用作弊设备接收答案的考生60余名。

崇明区人民检察院对三人以组织考试作弊罪提起公诉，崇明区人民法院采纳指控意见，以组织考试作弊罪判处三人有期徒刑1年6个月至1年4个月不等，并处罚金人民币20000元至16000万元不等。判决已生效。

案例二：2016年10月28日，被告人马某某联系被告人张某辛，要求张某辛代替自己参加2016年上海市成人高校招生统一文化考试，张某辛表示同意。次日上午，张某辛持马某某身份证、准考证至华东师范大学第三附属中学

教学楼308教室第48考场参加语文科目考试。在完成该科目考试后，被监考人员发现。

金山区人民检察院以代替考试罪对张某辛、马某某提起公诉，金山区人民法院采纳指控意见，以代替考试罪判处张某辛、马某某拘役2个月，缓刑2个月，并处罚金人民币4000元。判决已生效。

【典型意义】

为避免打击范围过宽，《刑法修正案（九）》在增设组织考试作弊罪、代替考试罪时，将草案中的“国家规定的考试”修改为“法律规定的国家考试”，以此限定考试的种类。对于此处的“法律”，应作狭义理解，根据《立法法》第7条的规定，仅限于全国人大及其常委会制定的法律。

一、法律直接规定的国家考试当然属于“法律规定的国家考试”

法律直接规定的国家考试要求该考试必须在“法律”中有明确规定，至于具体考试的名称可以与“法律”中的用语不同，只要实质指向同一考试即可。“国家考试”也不限于全国统一考试，在一定地区组织实施的考试也可能是“国家考试”。例如，《公务员法》第21条规定，录用担任主任科员以下及其他相当职务层次的非领导职务公务员，采取公开考试的办法。其中，中央机关及其直属机构录用公务员考试属于“国家考试”，地方机关依照上述法律组织实施的录用公务员考试也是“国家考试”。此外，常见的法律直接规定的国家考试还包括医师资格考试（《执业医师法》第8条）、执业兽医资格考试（《动物防疫法》第54条）、注册会计师考试（《注册会计师法》第7条）、统计专业技术职务资格考试（《统计法》第31条）、教师资格考试（《教师法》第10条）、国家统一法律职业资格考试（《检察官法》《法官法》《律师法》等）、机动车驾驶资格考试（《道路交通安全法》第19条）、导游资格考试（《旅游法》第37条）、评估师资格考试（《资产评估法》第9条）等。

二、法律授权规定的国家考试应认定为“法律规定的国家考试”

司法实践中还存在一种法律授权规定的国家考试，即法律没有直接规定具体考试，而是授权特定职能部门加以规定。如案例一中，《会计法》第38条只是要求担任会计机构负责人应当具备会计专业技术职务资格，对于该项资格的管理办法（包括实行国家考试）则授权国务院财政部门予以规定，即2000年财政部、人事部《会计专业技术资格考试暂行规定》第3条明确，会计专业技术资格实行全国统一组织、统一考试时间、统一考试大纲、统一考试命题、统一合格标准的考试制度。又如案例二中，《教育法》第21条只是规定实行国家教育考试制度，并没有直接明确国家教育考试的种类，而是授权国务院教育行政部门予以确定，即2012年教育部《国家教育考试违规处理办法》第2条明确将成人高等学校招生考试规定为国家教育考试。可见，上述法律和对应的部门规章是一脉相承的关系，后者是对前者授权规定的具体落实。因此，对于法律已经明确规定相关考试制度或者从事某一职业应当具备某种资格的，在此基础上又授权特定职能部门确定的具体考试，应当认定为“法律规定的国家考试”。

张某甲等人组织考试作弊案法律文书：

上海市崇明区人民检察院

起 诉 书

沪崇检诉刑诉〔2017〕169号

被告人张某甲，男，1986年××月××日生，公民身份号码：3101061986××××××××，汉族，大专文化，上海××企业管理咨询有限公司经营者，户籍在本市××路××弄××号××室，住本市××路××弄××号××室。

被告人陈某甲，男，1983年××月××日生，公民身份号码：3101131983××××××××，汉族，中专文化，上海××商务信息咨询有限公司经营者，住本市××镇××村××号。

被告人包某某，男，1986年××月××日生，公民身份号码：5130211986××××××××，汉族，大学文化，上海××文化传播有限公司经营者，户籍在四川省达县××乡××街××号，暂住本市南宁路××弄××号××室。

上列三名被告人均于2016年9月11日因涉嫌组织考试作弊罪，被上海市公安局崇明分局刑事拘留；同年9月14日被延长刑事拘留至三十日。2016年10月18日，经本院批准，同日由上海市公安局崇明分局执行逮捕。

本案由上海市公安局崇明分局侦查终结，以被告人张某甲、陈某甲、包某某涉嫌组织考试作弊罪，于2016年12月15日向本院移送审查起诉。本院受理后，于三日内分别告知三名被告人有权委托辩护人；依法讯问了被告人，审查了全部案件材料。经审查，本院于2017年1月25日、4月6日对本案两次退回补充侦查；上海市公安局崇明分局于2017年2月23日、5月3日补充侦查完毕移送本院审查起诉。被告人张某甲、陈某甲、包某某同意本案适用简易程序审理。

经依法审查查明：

2015年底，被告人张某甲伙同被告人陈某甲、包某某经预谋在2016年度全国会计专业技术中级资格考试中组织考生作弊，以从中牟利。随后，张某甲、陈某甲、包某某分别自行或委托蔡某某、沈某某（均另行处理）等人陆续招收考生报名参加该考试并收取费用，并将考试地点选在上海市崇明区扬子中学等考点。期间，张某甲、陈某甲通过网购等方式准备作弊工具，张某甲、包某某、王某甲（另行处理）等人还在考试前组织考生进行作弊器使用培训，后由张某甲、包某某、蔡某某、沈某某、杨某甲（另行处理）等将作弊器发放给考生。

2016年9月10日上午，马某某、刘某某（均另行处理）受陈某甲指使，分别潜入2016年度全国会计专业技术中级资格考试杨浦区、青浦区等考点，利用随身携带的作弊器材将考试试卷视频传送至陈某甲安排的付某某、张某乙（均另行处理）的电脑，由两人将视频截图后，发送至陈某甲电脑。随后，陈某甲将试卷打印交由其和张某甲通过陆某甲（另行处理）组织的唐某某、李某乙（均另行处理）等人做题。答案形成后，张某甲、陈某甲、包某某分别自行或通过付某某、张某乙、吕某某、苏某甲（均另行处理）等人将答案通过作弊设备传送给考生。

当日上午，上海市职业能力考试院工作人员在上海市崇明区扬子中学考点巡考过程中，当场查获使用作弊器接收答案的考生60余名。

同日晚及次日，包某某、张某甲、陈某甲分别被公安机关抓获到案，到案后均基本如实供述了上述犯罪事实。

认定上述事实的证据如下：

1. 物证、书证

（1）常住人口基本信息，证实张某甲、陈某甲、包某某作案时均已达负完全刑事责任年龄。

（2）受案登记表、案发经过及抓获经过，证实本案经李某甲等人报案而案发，张某甲、陈某甲、包某某被抓获到案后基本如实供述了犯罪事实。

（3）部分考生名单复印件，证实在崇明参加考试作弊的部分考生的情况。

（4）财政部、人力资源和社会保障部全国会计专业资格考试领导小组办公室文件，证实2016年度全国会计专业技术中级资格考试的基本概况。

（5）调取证据清单、扣押清单及照片，证实公安机关从上海市职业能力考试院高某某处调取2016年度全国会计专业技术资格考试中级会计资格试题本三份（财务管理、经济法、中级会计实务）及计算器66台；从苏某甲处扣押了两台作弊使用的电工器材（一台金色、一台黑色）。

2. 证人证言

（1）证人李某甲及印某某的证言，证实2016年9月10日上午在崇明区扬子中学举行全国会计专业技术中级职称考试中，发现有60多名考生采用计算器样式的接收器作弊。

(2) 证人王某甲的证言，其参与了招生、作弊器材使用培训等工作。

(3) 证人陆某甲、唐某某、李某乙的证言及辨认笔录，证实张某甲让陆某甲找来唐某某、李某乙等人在2016年9月10日这天帮忙做题。

(4) 证人沈某某及蔡某某的证言，证实他们作为包某某的招生下线，帮包某某招生；同时他们把作弊器发放给考生。

(5) 证人马某某及刘某某的证言，证实陈某甲让他们俩去考场偷拍试卷，并传送出来用于作弊。

(6) 证人苏某甲的证言，证实其在扬子中学考点附近的车上，和包某某一起，在收到张某甲发来的答案后，通过作弊器发送给考生。

(7) 证人付某某、张某乙及吕某某，证实付某某、张某乙在收到马某某等传来的视频后进行截图；同时她们和吕某某等人一起把答案通过作弊器传送给考生。

(8) 证人杨某甲的证言，证实其老板是沈某某。其联系沈某某招的考生参加培训，并发放作弊器给考生。

(9) 证人李某丙、郭某某的证言及李某丙的辨认笔录，证实他们曾卖过作弊器给张某甲。

(10) 证人陶某某、谢某某、陈某乙、张某丙、王某乙、王某丙、程某某、白某某、褚某某、陆某乙、周某甲、史某某、钱某甲、杨某乙、吴某某、王某丁、朱某甲、邹某某证言以及证人赵某甲、周某乙、童某某、朱某乙、黄某某、陈某丙、钱某乙、乐某某、解某某、张某丁、李某丁、赵某乙、俞某甲、俞某乙、赵某丙、陈某丁、苏某乙、金某某、郑某某证言及辨认笔录，证实参加考试作弊的考生如何联系培训人员、如何接受作弊器的培训、如何缴费以及考试作弊被抓等事实。

3. 被告人供述

被告人张某甲的供述及辨认笔录以及陈某甲、包某某的供述，证实了他们涉嫌组织考试作弊的犯罪事实。

上述证据收集程序合法，内容客观真实，足以认定指控事实。被告人张某甲、陈某甲、包某某对基本犯罪事实无异议。

本院认为，被告人张某甲、陈某甲、包某某在法律规定的国家考试中，组织作弊，其行为均已触犯《中华人民共和国刑法》(以下简称《刑法》)第二百八十四条之一第一款、第二十五条第一款，犯罪事实清楚，证据确实充分，应当以组织考试作弊罪分别追究三名被告人共同犯罪的刑事责任。张某甲、陈某甲、包某某系坦白，根据《刑法》第六十七条第三款的规定，可以从轻处罚。根据《中华人民共和国刑事诉讼法》第一百七十二条的规定，提起公诉，请依法判处。

此致

上海市崇明区人民法院

检察员　包　强

检察员　赵洋阳

二〇一七年六月八日

附：1. 被告人张某甲、陈某甲、包某某现均羁押于崇明区看守所。

2. 案卷材料和证据9册。

3.《适用简易程序建议书》1份。

4. 随案移送物品详见清单。

附：相关法律条文

《中华人民共和国刑法》

第二十五条第一款　共同犯罪是指二人以上共同故意犯罪。

第六十七条第三款　犯罪嫌疑人虽不具有前两款规定的自首情节，但是如实供述自己罪行的，可以从轻处罚，因其如实供述自己罪行，避免特别严重后果发生的，可以减轻处罚。

第二百八十四条之一第一款　在法律规定的国家考试中，组织作弊的，处三年以下有期徒刑或者拘役，并处或者单处罚金；情节严重的，处三年以上七年以下有期徒刑，并处罚金。

《中华人民共和国刑事诉讼法》

第一百七十二条　人民检察院认为犯罪嫌疑人的犯罪事实已经查清，证据确实、充分，依法应当追究刑事责任的，应当作出起诉决定，按照审判管辖的规定，向人民法院提起公诉，并将案卷材料、证据移送人民法院。

上海市崇明区人民法院
刑事判决书

（2017）沪0151刑初155号

公诉机关上海市崇明区人民检察院。

被告人张某甲，男，1986年××月××日出生于上海市，公民身份号码：3101061986××××××××，汉族，大专文化程度，系上海××企业管理咨询有限公司法定代表人，住上海市闵行区××路××弄××号××室，户籍所在地上海市闵行区××路××弄××号××室。因涉嫌犯组织考试作弊罪于2016年9月11日被刑事拘留，同年10月18日被逮捕。现羁押于上海市崇明区看守所。

辩护人张某戊，上海市××律师事务所律师。

辩护人季某某，上海××律师事务所律师。

被告人陈某甲，男，1983年10月25日出生于上海市，公民身份号码：3101131983××××××××，汉族，中专文化程度，系上海××商务信息咨询有限公司法定代表人，住上海市宝山区××镇××村张家祠堂××号。因涉嫌犯组织考试作弊罪于2016年9月11日被刑事拘留，同年10月18日被逮捕。现羁押于上海市崇明区看守所。

辩护人杨某某，上海市××律师事务所律师。

被告人包某某，男，1986年××月××日出生于四川省达县，公民身份号码：5130211986××××××××，汉族，大学文化程度，系上海××文化传播有限公司法定代表人，暂住于上海市徐汇区××路××弄××号××室，户籍所在地四川省达县××乡××街××号。因涉嫌犯组织考试作弊罪于2016年9月11日被刑事拘留，同年10月18日被逮捕。现羁押于上海市崇明区看守所。

辩护人苏某某，上海××律师事务所律师。

上海市崇明区人民检察院以沪崇检诉刑诉〔2017〕169号起诉书指控被告

人张某甲、陈某甲、包某某犯组织考试作弊罪，于2017年6月8日向本院提起公诉。本院依法适用简易程序，组成合议庭，公开开庭审理了本案。上海市崇明区人民检察院检察员包强、赵洋阳，被告人张某甲及其辩护人张某戊、季某某，被告人陈某甲及其辩护人杨某某，被告人包某某及其辩护人苏某某到庭参加了诉讼。在审理过程中，上海市崇明区人民检察院建议延期审理一次，本院予以同意。现已审理终结。

公诉机关指控，2015年底，被告人张某甲、陈某甲、包某某三人预谋在2016年度全国会计专业技术中级资格考试中组织考生作弊，并从中牟利。后张某甲、包某某自行或委托他人招收考生报名参加该考试并收取费用，并将考试地点统一选定在本区扬子中学考点。期间，张某甲、陈某甲通过网购等方式准备作弊工具，张某甲、包某某等人组织相关考生进行作弊器使用培训并将作弊器分发给考生。

2016年9月10日上午，陈某甲指使马某某、刘某某（均另行处理）等人进入2016年度全国会计专业技术中级资格考试考点，利用随身携带的作弊器材拍摄考试试卷并将视频通过网络传送至场外。陈某甲安排付某某、张某乙（均另行处理）利用电脑将上述视频截图，并将考题交由其和张某甲组织的人员进行答题。形成答案后，张某甲将答案通过网络传输给等候在扬子中学考场周边的包某某，包某某等人再将答案通过作弊设备传送给相关考生。当日上午，上海市职业能力考试院工作人员在本区扬子中学考点巡考过程中，当场查获使用上述作弊设备进行作弊的考生60余名。

2016年9月10日晚，公安人员在本区陈家镇地区抓获被告人包某某。次日，公安人员在本市闵行区、宝山区分别抓获被告人张某甲、陈某甲。到案后，三名被告人对上述犯罪事实供认不讳。

另查明，包某某从蔡某某、沈某某处分别收取招生费用54000元、42000元；张某甲从包某某处收取60000元。

上述事实，被告人张某甲，陈某甲，包某某，及其各自辩护人在开庭审理过程中均不持异议，且有公安机关出具或调取的受案登记表、案发经过、到案经过、调取证据清单、扣押清单、刑事摄影照片、《考试作弊人员名单》、《关于2016年度全国会计专业技术中、高级资格考试考务日程安排及有关事项的通知》，证人李某甲、印某某等人的证言，相关辨认笔录，常住人口基本信息等证据证实，足以认定。

本院认为，被告人张某甲、陈某甲、包某某在法律规定的国家考试中，组织作弊，其行为均已构成组织考试作弊罪，依法应予惩处。公诉机关的指控事实清楚，证据确实充分，指控的罪名成立，本院依法予以支持。关于三名被告人在共同犯罪中的作用，经查，三名被告人经预谋组织考试作弊，在招收生源、购买作弊器材、培训考生使用作弊器材、潜入考场拍摄试卷、场外截录拍摄内容、组织人员答题、传送答案等环节上互有分工，均对共同犯罪的实施起到了重要、积极的作用，在共同犯罪中的作用、地位基本相当，故陈某甲的辩护人关于陈某甲作用相对较小、包某某的辩护人关于包某某系从犯的辩护意见均与查明的事实不符，本院不予采纳。辩护人关于三名被告人具有坦白情节，认罪、悔罪态度较好且系初犯，请求法庭从轻处罚的辩护意见于法有据，本院予以采纳。为严肃国家法制，维护社会管理秩序，综合考虑本案所涉考试的社会影响程度及该次犯罪的社会危害性，结合三名被告人在共同犯罪中的具体作用及其认罪、悔罪态度，依照《中华人民共和国刑法》第二百八十四条之一第一款、第二十五条第一款、第六十七条第三款、第五十二条、第五十三条、第六十四条之规定，判决如下：

一、被告人张某甲犯组织考试作弊罪，判处有期徒刑一年六个月，并处罚金人民币二万元。

（刑期从判决执行之日起计算。判决执行以前先行羁押的，羁押一日折抵刑期一日，即自2016年9月11日起至2018年3月10日止；罚金自本判决生效之日起一个月内缴纳。）

二、被告人陈某甲犯组织考试作弊罪，判处有期徒刑一年五个月，并处罚金人民币一万八千元。

（刑期从判决执行之日起计算。判决执行以前先行羁押的，羁押一日折抵刑期一日，即自2016年9月11日起至2018年2月10日止；罚金自本判决生效之日起一个月内缴纳。）

三、被告人包某某犯组织考试作弊罪，判处有期徒刑一年四个月，并处罚金人民币一万六千元。

（刑期从判决执行之日起计算。判决执行以前先行羁押的，羁押一日折抵刑期一日，即自2016年9月10日起至2018年1月9日止；罚金自本判决生效之日起一个月内缴纳。）

四、作案工具发射器二台、计算器六十六部予以没收；责令被告人张某甲、包某某分别退出违法所得人民币六万元、三万六千元，予以没收。

如不服本判决，可在接到判决书的第二日起十日内，通过本院或者直接向

上海市第二中级人民法院提出上诉。书面上诉的，应当提交上诉状正本一份，副本一份。

审　判　长　陈　昌
审　判　员　金立寅
人民陪审员　张　兵
二〇一七年七月十七日
书　记　员　曲　翔

附：相关法律条文

《中华人民共和国刑法》

第二百八十四之一第一款　在法律规定的国家考试中，组织作弊的，处三年以下有期徒刑或者拘役，并处或者单处罚金；情节严重的，处三年以上七年以下有期徒刑，并处罚金。

第二十五条第一款　共同犯罪是指二人以上共同故意犯罪。

第六十七条第三款　犯罪嫌疑人虽不具有前两款规定的自首情节，但是如实供述自己罪行的，可以从轻处罚；因其如实供述自己罪行，避免特别严重后果发生的，可以减轻处罚。

第五十二条　判处罚金，应当根据犯罪情节决定罚金数额。

第五十三条　罚金在判决指定的期限内一次或者分期缴纳。期满不缴纳的，强制缴纳。对于不能全部缴纳罚金的，人民法院在任何时候发现被执行人有可以执行的财产，应当随时追缴。

由于遭遇不能抗拒的灾祸等原因缴纳确实有困难的，经人民法院裁定，可以延期缴纳、酌情减少或者免除。

第六十四条　犯罪分子违法所得的一切财物，应当予以追缴或者责令退赔；对被害人的合法财产，应当及时返还；违禁品和供犯罪所用的本人财物，应当予以没收。没收的财物和罚金，一律上缴国库，不得挪用和自行处理。

上海市第二中级人民法院
刑事裁定书

（2017）沪02刑终959号

原公诉机关上海市崇明区人民检察院。

上诉人（原审被告人）张某甲，男，1986年××月××日出生，户籍所在地上海市闵行区，住上海市闵行区。

上诉人（原审被告人）陈某甲，男，1983年××月××日出生，住上海市宝山区。

原审被告人包某某，男，1986年××月××日出生于四川省达县，汉族，大学文化，系上海××文化传播有限公司法定代表人，户籍所在地四川省达县××乡××街××号，暂住上海市徐汇区。

三名原审被告人均因涉嫌犯组织考试作弊罪于2015年9月11日被刑事拘留，同年10月18日被逮捕。现羁押于上海市崇明区看守所。

上海市崇明区人民法院审理上海市崇明区人民检察院指控原审被告人张某甲、陈某甲、包某某犯组织考试作弊罪一案，于2017年7月17日作出（2017）沪0151刑初155号刑事判决。张某甲、陈某甲不服，提出上诉。本院依法组成合议庭，公开开庭审理了本案。上海市人民检察院第二分院指派检察员出庭履行职务。上诉人张某甲、陈某甲到庭参加诉讼。现已审理终结。

上海市崇明区人民法院根据公安机关出具或调取的受案登记表、案发经过、到案经过、调取证据清单、扣押清单、刑事摄影照片、《考试作弊人员名单》、《关于2016年度全国会计专业技术中、高级资格考试考务日程安排及有关事项的通知》，证人李某甲、印某某等人的证言，相关辨认笔录，常住人口基本信息，张某甲、陈某甲、包某某的供述等证据判决认定，2015年底，被告人张某甲、陈某甲、包某某三人预谋在2016年度全国会计专业技术中级资格考试中组织考生作弊，并从中牟利。后张某甲、包某某自行或委托他人招收考生报名参加该考试并收取费用，并将考试地点统一选定在本区扬子中学考点。期间，张某甲、陈某甲通过网购等方式准备作弊工具，张某甲、包某某等人组织相关考生进行作弊器使用培训并将作弊器分发给考生。2016年9月10日上午，陈某甲指使马某某、刘某某（均另行处理）等人进入2016年度全国会计专业技术中级资格考试考点，利用随身携带的作弊器材拍摄考试试卷并将视频通过网络传送至场外。陈某甲安排付某某、张某乙（均另行处理）利用电脑将上述视频截图，并将考题交由其和张某甲组织的人员进行答题。形成答案后，张某甲将答案通过网络传输给等候在扬子中学考场周边的包某某，包某某等人再将答案通过作弊设备传送给相关考生。当日上午，上海市职业能力考试院工作人员在本区扬子中学考点巡考过程中，当场查获使用上述作弊设备进行作弊的考生60余名。2016年9月10日晚，公安人员在本区陈家镇地区抓获被告人包某某。次日，公安人员在本市闵行区、宝山区分别抓获被告人张某甲、陈某甲。到案后，三名被告人对上述犯罪事实供认不讳。另查明，包某某从蔡某某、沈某某处分别收取招生费用54000元、42000元；张某甲从包某某处收取60000元。

该院认为，被告人张某甲、陈某甲、包某某在法律规定的国家考试中，组织作弊，其行为均已构成组织考试作弊罪。三名被告人经预谋组织考试作弊，在招收生源、购买作弊器材、培训考生使用作弊器材、潜入考场拍摄试卷、场外截录拍摄内容、组织人员答题、传送答案等环节上互有分工，均对共同犯罪的实施起到了重要、积极的作用，在共同犯罪中的作用、地位基本相当。三名被告人具有坦白情节，认罪、悔罪态度较好且系初犯，可从轻处罚。依照《中华人民共和国刑法》第二百八十四条之一第一款、第二十五条第一款、第六十七条第三款、第五十二条、第五十三条、第六十四条之规定，对被告人张某甲犯组织考试作弊罪，判处有期徒刑一年六个月，并处罚金人民币二万元；对被告人陈某甲犯组织考试作弊罪，判处有期徒刑一年五个月，并处罚金人民币一万八千元；对被告人包某某犯组织考试作弊罪，判处有期徒刑一年四个月，并处罚金人民币一万六千元；作案工具发射器二台、计算器六十六部予以没收；责令被告人张某甲、包某某分别退出违法所得人民币六万元、三万六千元，予以没收。

上诉人张某甲提出原判认定考生的数量不正确，其在共同犯罪中起辅助作用，另外其检举揭发他人犯罪，原判未认定其有立功情节，其违法所得没有达到六万元，其中部分钱款用来购置作弊器，故原判量刑过重。

上诉人陈某甲提出其在犯罪中的作用小，原判量刑过重。

上海市人民检察院第二分院认为原判认定上诉人张某甲、陈某甲，原审被告人包某某犯组织考试作弊罪的事实清楚，证据确实、充分。适用法律、定性正确，且诉讼程序合法。原判量刑并无不当。在案证据证实本案参与作弊人员有六十多名，张某甲收到违法所得六万元，如何使用不影响认定为非法所得，两名上诉人在犯罪中共同预谋、互相配合、互有分工，作用基本相当。故两名上诉人的上诉理由不能成立。建议驳回上诉，维持原判。

本院二审审理查明的事实和证据与原判决相同。

本院认为，上诉人张某甲、陈某甲及原审被告人包某某的行为均已构成组织考试作弊罪。根据在案证据，共计六十余名考生在扬子中学考场利用上诉人提供的作弊器作弊，张某甲在一审庭审中对原公诉机关指控的考生人数为六十余名不持异议，故本案作弊人数应为六十余人。张某甲检举同监房在押人员犯罪，经核查该在押人员的行为不构成犯罪，故张某甲不构成立功。张某甲从包某某处收取六万元，钱款的用途并不影响认定该钱款系违法所得。原判三名被告人在共同犯罪中互有分工、相互配合，作用和地位基本相当，均不是辅助作用。原判决根据各名被告人的犯罪事实、性质、三人均如实供述犯罪事实等综合考量，对各名被告人所作的量刑并无不当，且审判程序合法。上诉人张某甲、陈某甲的上诉理由均不能成立。上海市人民检察院第二分院的意见正确。据此，依照《中华人民共和国刑事诉讼法》第二百二十五条第一款第（一）项之规定，裁定如下：

驳回上诉，维持原判。

本裁定为终审裁定。

审　判　长　姜琳炜
代理审判员　董婷婷
代理审判员　陈春丹
二〇一七年八月二十八日
书　记　员　余茵莺

附：相关法律条文

《中华人民共和国刑事诉讼法》

第二百二十五条第一款第一项　第二审人民法院对不服第一审判决的上诉、抗诉案件，经过审理后，应当按照下列情形分别处理：

（一）原判决认定事实和适用法律正确、量刑适当，应当裁定驳回上诉或者抗诉，维持原判；

……

上海市第二中级人民法院

刑事裁定书

（2017）沪02刑终959号之一

原审被告人张某甲等人上诉一案，本院于2017年8月28日作出（2017）沪02刑终959号刑事裁定书。现发现其中有错误字句，特此补充裁定如下：

原裁定书第一页第十六行“2015年”①；

现更正为“2016年”。

审　判　长　姜琳炜

代理审判员　董婷婷

代理审判员　陈春丹

二〇一七年八月三十一日

书　记　员　余茵莺

① 本裁定书更正的信息为三名原审被告人被刑事拘留的时间，应为“2016年9月11日”。——编者注

张某辛等人代替考试案法律文书：

上海市金山区人民检察院
起 诉 书

沪金检诉刑诉〔2017〕328 号

被告人张某辛，女，1984 年××月××日生，公民身份号码：1309821984××××××××，汉族，大学文化，无业，户籍在河北省石家庄市××区××路××号，暂住上海市徐汇区××村××号××室。2016 年 10 月 29 日因涉嫌代替考试罪，由上海市公安局金山分局取保候审。

被告人马某某，女，1985 年××月××日生，公民身份号码：3424231985××××××××，汉族，中专文化，系××牛肉汤小吃店经营者，户籍在安徽省霍邱县××镇××村××组××号，暂住上海市金山区××镇××道××弄××号××室。2016 年 10 月 29 日因涉嫌代替考试罪，由上海市公安局金山分局取保候审。

本案由上海市公安局金山分局侦查终结，以被告人张某辛、马某某涉嫌代替考试罪，于 2016 年 11 月 28 日移送本院审查起诉。本院受理后，于三日内告知被告人有权委托辩护人；依法讯问了被告人，审查了全部案件材料。经审查，分别于 2017 年 1 月 12 日、2017 年 3 月 23 日退回上海市公安局金山分局补充侦查，上海市公安局金山分局分别于 2017 年 2 月 8 日、2017 年 4 月 13 日补充侦查终结，移送本院审查起诉。被告人张某辛、马某某对本案同意适用简易程序审理。

经依法审查查明：

2016 年 10 月 28 日，被告人马某某联系被告人张某辛要求其代替自己参加 2016 年上海市成人高校招生统一文化考试，被告人张某辛表示同意。次日，被告人张某辛持被告人马某某身份证、准考证，代替马某某至华东师范大学第三附属中学教学楼 308 教室第 48 考场参加 2016 年上海市成人高校招生统一文化考试，并完成了上午的语文科目考试。

当日上午，被监考人员发现后，被告人张某辛即向监考人员承认替考，监考老师遂报警。被告人张某辛于当日经民警传唤到案，被告人马某某于当日下午主动至公安机关投案自首，两名被告人到案后均如实供述了上述事实。

上述事实，有以下证据证明：

1. 证人顾某某、朱某某证言及辨认笔录，证实被告人张某辛于2016年10月29日持被告人马某某身份证、准考证至华东师范大学第三附属中学第48考场参加2016年上海市成人高校招生统一文化考试的事实。

2. 公安机关出具的调取证据清单、制作的视听资料说明书，证实从华东师范大学第三附属中学调取考场视频一份及被告人张某辛代替被告人马某某参加考试的经过。

3. 公安机关出具的接受证据清单，证实案发当日监考人员对考生违规情况的处理和上报情况。

4. 公安机关拍摄的由被告人马某某、张某辛签字确认的马某某准考证、身份证照片，证实马某某的准考证、身份证信息等情况。

5.《2016年全国成人高校招生办法》《教育部关于做好2016年全国成人高校考试招生工作的通知》《关于做好2016年成人高等学校招生全国统一考试和高等教育自学考试安全保卫工作的通知》等规定，证实成人高校招生统一文化考试是法律规定的国家考试。

6. 公安机关出具的侦破经过，证实本案案发及二名被告人的到案经过。

7. 公安机关出具的户籍资料，证实二名被告人的年龄、身份等信息。

8. 被告人张某辛、马某某到案后的供述及辨认笔录，证实其对上述犯罪事实供认不讳。

上述证据收集程序合法，内容客观真实，足以认定指控事实。被告人张某辛、马某某对基本犯罪事实无异议。

本院认为，被告人张某辛代替他人参加法律规定的国家考试，被告人马某某让他人代替自己参加法律规定的国家考试，其行为均已触犯《中华人民共和国刑法》第二百八十四条之一第四款、第二十五条第一款，均应当以代替考试罪追究其刑事责任。被告人张某辛、马某某犯罪后能自动投案并如实供述自己的罪行，根据《中华人民共和国刑法》第六十七条第一款，系自首，均可以从轻处罚。根据《中华人民共和国刑事诉讼法》第一百七十二条的规定，提起公诉，请依法审判。

此致

上海市金山区人民法院

代理检察员　周　蕾

二〇一七年四月十八日

附：1. 被告人张某辛、马某某现取保候审于居住地；
2. 侦查卷宗一册；
3. 《适用简易程序建议书》一份；
4. 《量刑建议书》一份。

附：相关法律条文

《中华人民共和国刑法》

第二百八十四条之一 在法律规定的国家考试中，组织作弊的，处三年以下有期徒刑或者拘役，并处或者单处罚金；情节严重的，处三年以上七年以下有期徒刑，并处罚金。

为他人实施前款犯罪提供作弊器材或者其他帮助的，依照前款的规定处罚。

为实施考试作弊的行为，向他人非法出售或者提供第一款规定的考试的试题、答案的，依照第一款的规定处罚。

代替他人或者让他人代替自己参加第一款规定的考试的，处拘役或者管制，并处或者单处罚金。

第二十五条第一款 共同犯罪是指二人以上共同故意犯罪。

第六十七条第一款 犯罪后自动投案，如实供述自己的罪行的，是自首。对于自首的犯罪分子，可以从轻或者减轻处罚。其中，犯罪较轻的，可以免除处罚。

《中华人民共和国刑事诉讼法》

第一百七十二条 人民检察院认为犯罪嫌疑人的犯罪事实已经查清，证据确实、充分，依法应当追究刑事责任的，应当作出起诉决定，按照审判管辖的规定，向人民法院提起公诉，并将案卷材料、证据移送人民法院。

上海市金山区人民法院
刑事判决书

（2017）沪0116刑初453号

公诉机关上海市金山区人民检察院。

被告人张某辛，女，汉族，大学文化，无业，户籍所在地河北省，住上海市浦东新区。

被告人马某某，女，汉族，中专文化，系个体经营者，户籍所在地安徽省霍，暂住上海市金山区。

上述二被告人因本案于2016年10月29日被取保候审。现在暂住地。

上海市金山区人民检察院以沪金检诉刑诉〔2017〕328号起诉书指控被告人张某辛、马某某犯代替考试罪，于2017年4月18日向本院提起公诉。本院依法适用简易程序，实行独任审判，公开开庭审理了本案。上海市金山区人民检察院指派检察员耿方方出庭支持公诉，被告人张某辛、马某某到庭参加诉讼。现已审理终结。

公诉机关指控：

2016年10月28日，被告人马某某联系被告人张某辛要求其代替自己参加2016年上海市成人高校招生统一文化考试，被告人张某辛表示同意。次日，被告人张某辛持被告人马某某身份证、准考证，代替马某某至华东师范大学第三附属中学教学楼308教室第48考场参加2016年上海市成人高校招生统一文化考试，并完成了上午的语文科目考试。

当日上午，被监考人员发现后，被告人张某辛即向监考人员承认替考，监考老师遂报警。被告人张某辛于当日经民警传唤到案，被告人马某某于当日下午主动至公安机关投案自首，两名被告人到案后均如实供述了上述事实。

上述事实，被告人张某辛、马某某在开庭审理过程中亦无异议，且有其辨认笔录，证人顾某某、朱某某的证言及辨认笔录，《2016年全国成人高校招生办法》《教育部关于做好2016年全国成人高校考试招生工作的通知》《关于做好2016年成人高等学校招生全国统一考试和高等教育自学考试安全保卫工作的通知》等规定，公安机关制作的视听资料说明书、拍摄的由被告人马某某、张某辛签字确认的马某某准考证、身份证照片、出具的调取证据清单、接受证据清单、侦破经过、户籍资料等证据所证实，足以认定。

本院认为，被告人张某辛代替他人参加法律规定的国家考试，被告人马某某让他人代替自己参加法律规定的国家考试，其行为均已构成代替考试罪。被告人张某辛、马某某主动向公安机关投案，如实交代自己的罪行，是自首，可以从轻处罚。被告人张某辛、马某某有悔罪表现，均可酌情从轻处罚并适用缓刑。依据《中华人民共和国刑法》第二百八十四条之一第四款，第二十五条第一款，第六十七条第一款，第七十二条第一款、第三款之规定，判决如下：

一、被告人张某辛犯代替考试罪，判处拘役二个月，缓刑二个月，并处罚金人民币四千元。

二、被告人马某某犯代替考试罪，判处拘役二个月，缓刑二个月，并处罚金人民币四千元。

张某辛、马某某回到社区后，应当遵守法律、法规，服从监督管理，接受教育，完成公益劳动，做一名有益社会的公民。

（缓刑考验期限均自判决确定之日起计算；罚金均自判决生效之日起十日内缴纳。）

如不服本判决，可在接到判决书的第二日起十日内，通过本院或者直接向上海市第一中级人民法院提出上诉。书面上诉的，应当提交上诉状正本一份，副本二份。

审判员　徐　艳

二〇一七年四月二十五日

书记员　尹卓然

附：相关法律条文

《中华人民共和国刑法》

第二百八十四条之一　在法律规定的国家考试中，组织作弊的，处三年以下有期徒刑或者拘役，并处或者单处罚金；情节严重的，处三年以上七年以下有期徒刑，并处罚金。

为他人实施前款犯罪提供作弊器材或者其他帮助的，依照前款的规定处罚。

为实施考试作弊行为，向他人非法出售或者提供第一款规定的考试的试题、答案的，依照第一款的规定处罚。

代替他人或者让他人代替自己参加第一款规定的考试的，处拘役或者管制，并处或者单处罚金。

第二十五条第一款 共同犯罪是指二人以上共同故意犯罪。

第六十七条 犯罪以后自动投案，如实供述自己的罪行的，是自首。对于自首的犯罪分子，可以从轻或者减轻处罚。其中，犯罪较轻的，可以免除处罚。

被采取强制措施的犯罪嫌疑人、被告人和正在服刑的罪犯，如实供述司法机关还未掌握的本人其他罪行的，以自首论。

犯罪嫌疑人虽不具有前两款规定的自首情节，但是如实供述自己罪行的，可以从轻处罚；因其如实供述自己罪行，避免特别严重后果发生的，可以减轻处罚。

第七十二条 对于被判处拘役、三年以下有期徒刑的犯罪分子，同时符合下列条件的，可以宣告缓刑，对其中不满十八周岁的人、怀孕的妇女和已满七十五周岁的人，应当宣告缓刑：

（一）犯罪情节较轻；

（二）有悔罪表现；

（三）没有再犯罪的危险；

（四）宣告缓刑对所居住社区没有重大不良影响。

宣告缓刑，可以根据犯罪情况，同时禁止犯罪分子在缓刑考验期限内从事特定活动，进入特定区域、场所，接触特定的人。

被宣告缓刑的犯罪分子，如果被判处附加刑，附加刑仍须执行。

代替他人参加法律规定的国家考试的，构成代替考试罪

——李某甲代替考试案

【案例要旨】

代替他人或者让他人代替自己参加法律规定的国家考试的，构成代替考试罪，是否完成全部考试、是否取得成绩等情节及后果不影响犯罪认定。

【案情简要】

2015年9月间，被告人李某甲应张某某（另案处理）所托，答应代替余某某（另案处理）参加2016年全国硕士研究生考试。同年11月间，被告人李某甲至招生信息采集点，冒余某某身份确认报考信息并拍摄照片制作准考证以备替考之用。2015年12月26日，被告人李某甲持余某某身份证及准考证，代替余某某至东华大学参加2016年全国硕士研究生招生考试，在完成上午的管理类联考综合能力考试后，被监考人员发现，李某甲即向监考人员承认替考。被告人李某甲于当日经民警传唤到案，供述了上述事实。

黄浦区人民检察院于2016年7月4日对被告人李某甲以代替考试罪提起公诉；黄浦区人民法院采纳指控意见，于同年7月22日以代替考试罪判处李某甲拘役2个月，缓刑2个月，并处罚金人民币5000元，判决已生效。

【典型意义】

考试作弊严重影响公平公正的考试秩序，破坏社会诚信体系，针对这一实际情况，《刑法修正案（九)》增设考试作弊犯罪，将在法律规定的国家考试中，组织作弊的，为他人提供作弊器材或者其他帮助的，向他人非法出售或者提供试题、答案的，以及代替他人或者让他人代替自己参加考试等破坏考试秩序的行为规定为犯罪。本案系《刑法修正案（九)》实施后，上海市以代替考

试罪定罪处刑的首例案件，对准确运用刑法打击考试作弊犯罪具有借鉴意义。

一、准确把握法律规定的国家考试的范围

代替他人或者让他人代替自己参加法律规定的国家考试的，构成代替考试罪。为了限缩刑事惩治的范围，《刑法》第284条之一将本罪所涉考试限定为“法律规定的国家考试”，主要可以从两个方面加以把握：一方面是所涉考试必须是法律明确规定，即只限于全国人民代表大会及其常务委员会制定的法律中规定的考试，不包括其他国家规定中涉及的考试。本案所涉全国硕士研究生考试即系根据《中华人民共和国高等教育法》第19条规定①组织的考试，属于根据法律规定组织实施的国家考试，被告人李某甲代替他人参加该考试，应当认定为代替考试罪。但另一方面，所涉考试必须是“国家考试”，既包括由中央国家机关所组织的考试，也包括根据法律委托地方国家机关或者行业组织等组织的考试。换言之，是否属于“国家考试”，核心在于是否有“法律规定”，并不在于考试的组织主体。

二、替考人参加了考试即可构成代替考试罪

《刑法》对代替考试罪并无情节、后果等特别要求，只要替考人参加了考试就应当认定构成代替考试罪，至于是否完成全部考试、是否取得成绩、是否影响其他考生录取等不影响犯罪认定。本案被告人李某甲已经进入考场完成了一个科目考试，虽被监考老师发现无法继续其他考试科目，但其已经实施代替考试行为，应当认定为代替考试罪。

---

① 《中华人民共和国高等教育法》第19条规定：高级中等教育毕业或者具有同等学力的，经考试合格，由实施相应学历教育的高等学校录取，取得专科生或者本科生入学资格。本科毕业或者具有同等学力的，经考试合格，由实施相应学历教育的高等学校或者经批准承担研究生教育任务的科学研究机构录取，取得硕士研究生入学资格。硕士研究生毕业或者具有同等学力的，经考试合格，由实施相应学历教育的高等学校或者经批准承担研究生教育任务的科学研究机构录取，取得博士研究生入学资格。允许特定学科和专业的本科毕业生直接取得博士研究生入学资格，具体办法由国务院教育行政部门规定。

上海市黄浦区人民检察院

起 诉 书

沪黄检诉刑诉〔2016〕505号

被告人李某甲（曾用名：李某乙），男，1985年××月××日出生，公民身份号码：3708281985×××××××××，汉族，硕士研究生，上海××策划有限公司员工，户籍在山东省济宁市金乡县××镇××街××巷××号，暂住本市金山区××镇××村××号××室。2015年12月26日因涉嫌代替考试罪，由上海市公安局取保候审。

本案由上海市公安局侦查终结，以被告人李某甲涉嫌代替考试罪，于2016年5月12日向本院移送审查起诉。本院受理后，于同日告知被告人有权委托辩护人，依法讯问了被告人，审查了全部案件材料，被告人李某甲对本案同意适用简易程序审理。

经依法审查查明：

2015年9月间，被告人李某甲应张某某（另案处理）所托，代替余某某（另案处理）参加2016年全国硕士研究生招生考试。同年11月间，被告人李某甲持张某某转交的余某某身份证至东华大学延安西路校区研究生招生信息采集点，确认已由张某某网上填具完毕的报考信息，并拍摄其本人照片制作准考证以备替考之用。2015年12月26日，被告人李某甲持印有其照片的准考证及余某某的身份证，代替余某某至东华大学第四教学楼505教室第60考场参加2016年全国硕士研究生招生考试，在完成上午的管理类联考综合能力考试后，被监考人员发现，李某甲即向监考人员承认替考。被告人李某甲于当日经民警传唤到案，其到案后主动供述上述事实。

上述事实，主要有以下证据证明：

1. 被告人李某甲的多次供述及辨认笔录，对上述犯罪事实供认不讳。

2. 证人张某某、陈某某、余某某的证言及辨认笔录，吴某某的证言等证据，分别证实被告人李某甲受张某某委托，代替余某某参加2016年全国硕士研究生招生考试时被查获的事实。

3. 调取证据通知书、调取证据清单、视频录像、截图与视频说明、准考证、余某某的身份证等证据，分别证实被告人李某甲持余某某的身份证及载有余某某个人报考信息的准考证，代替余某某参加2016年全国硕士研究生招生考试时，被监考人员查获的事实。

4. 东华大学研究生招生办公室、保卫处提供的教育部文件，证实根据规定，硕士生入学考试是国家教育统一考试的事实。

5. 侦查机关出具的到案经过、常住人口基本信息、户籍证明等证据，分别证实被告人李某甲的身份及到案情况等事实。

上述证据收集程序合法，内容客观真实，足以认定指控事实。被告人李某甲对基本犯罪事实无异议。

本院认为，被告人李某甲代替他人参加法律规定的国家考试，其行为已触犯《中华人民共和国刑法》第二百八十四条之一的规定，犯罪事实清楚，证据确实、充分，应当以代替考试罪追究其刑事责任。被告人李某甲主动到案且如实供述，适用《中华人民共和国刑法》第六十七条第一款之规定，系自首，可以从轻处罚。根据《中华人民共和国刑事诉讼法》第一百七十二条之规定，提起公诉，请依法审判。

此致

上海市黄浦区人民法院

检察员　袁雪娣

二〇一六年六月八日

附：1. 被告人李某甲现取保候审于其居住地，联系电话1882125××××。

2. 案卷二册、光盘一张。

3. 《适用简易程序建议书》一份。

4. 《量刑建议书》二份。

附：相关法律条文

《中华人民共和国刑法》

第六十七条第一款　犯罪以后自动投案，如实供述自己的罪行的，是自首。对于自首的犯罪分子，可以从轻或者减轻处罚。其中，犯罪较轻的，可以免除处罚。

第二百八十四条之一　在法律规定的国家考试中，组织作弊的，处三年以下有期徒刑或者拘役，并处或者单处罚金；情节严重的，处三年以上七年以下有期徒刑，并处罚金。

为他人实施前款犯罪提供作弊器材或者其他帮助的，依照前款的规定处罚。

为实施考试作弊行为，向他人非法出售或者提供第一款规定的考试的试题、答案的，依照第一款的规定处罚。

代替他人考试或者让他人代替自己参加第一款规定的考试的，处拘役或者管制，并处或者单处罚金。

《中华人民共和国刑事诉讼法》

第一百七十二条 人民检察院认为犯罪嫌疑人的犯罪事实已经查清，证据确实、充分，依法应当追究刑事责任的，应当作出起诉决定，按照审判管辖的规定，向人民法院提起公诉，并将案件材料、证据移送人民法院。

上海市黄浦区人民法院
刑事判决书

（2016）沪0101刑初653号

公诉机关上海市黄浦区人民检察院。

被告人李某甲（曾用名：李某乙），男，1985年××月××日出生于山东省济宁市，汉族，硕士研究生文化，上海××策划有限公司员工，户籍在山东省济宁市金乡县××镇××村××街××巷××号，暂住本市金山区××镇××村××号××室；因本案于2015年12月26日被取保候审至今。

辩护人樊某某，上海市××律师事务所律师。

上海市黄浦区人民检察院以沪黄检诉刑诉〔2016〕505号起诉书指控被告人李某甲犯代替考试罪，于2016年7月4日向本院提起公诉。本院依法适用简易程序，实行独任审判，公开开庭审理了本案。上海市黄浦区人民检察院指派检察员袁雪娣出庭支持公诉，被告人李某甲及由上海市黄浦区法律援助中心指派的上海市××律师事务所樊某某律师到庭参加诉讼。现已审理终结。

上海市黄浦区人民检察院指控：2015年9月间，被告人李某甲应张某某（另案处理）所托，代替余某某（另案处理）参加2016年全国硕士研究生招生考试。同年11月间，被告人李某甲持张某某转交的余某某身份证至东华大学延安西路校区研究生招生信息采集点，确认已由张某某网上填具完毕的报考信息，并拍摄其本人照片制作准考证以备替考之用。2015年12月26日，被告人李某甲持印有其照片的准考证及余某某的身份证，代替余某某至东华大学第四教学楼××教室第60考场参加2016年全国硕士研究生招生考试，在完成上午的管理类联考综合能力考试后，被监考人员发现，李某甲即向监考人员承认替考。被告人李某甲于当日经民警传唤到案，其到案后主动供述上述事实。

上述事实，被告人李某甲在庭审中并无异议，并有证人张某某、陈某某、余某某的证言及辨认笔录，吴某某的证言，调取证据通知书、调取证据清单、视频录像、截图与视频说明、准考证、余某某的身份证，东华大学研究生招生办公室、保卫处提供的教育部文件，侦查机关出具的到案经过、常住人口基本信息、户籍证明以及被告人李某甲的供述及辨认笔录等证据证实，足以认定。

本院认为，被告人李某甲替他人参加法律规定的国家考试，其行为已触犯刑律，构成代替考试罪，应依法追究其刑事责任。公诉机关指控的罪名成立，应当予以支持。被告人李某甲主动投案且如实供述自己的罪行，系自首，依法可从轻处罚。被告人李某甲代替他人参加全国硕士研究生招生考试，破坏了公平公正的考试秩序，社会危害性明显，辩护人所提对李某甲免予刑事处罚的辩护意见，与本案的犯罪事实与情节不相适应，本院不予采纳。辩护人所提被告人系初犯、偶犯，犯罪情节相对较轻，悔罪态度较好等辩护意见，本院予以采纳，在量刑时一并予以考虑。综合本案的犯罪事实、情节，被告人的认罪悔罪态度，可对被告人李某甲适用缓刑。据此，依照《中华人民共和国刑法》第二百八十四条之一第一款、第四款，第六十七条第一款，第七十二条第一款、第三款之规定，判决如下：

被告人李某甲犯代替考试罪，判处拘役二个月，缓刑二个月，并处罚金人民币五千元。

（缓刑考验期，从判决确定之日起计算；罚金自判决生效后第二日起十日内缴纳。）

如不服本判决，可在接到判决书的第二日起十日内，通过本院或者直接向上海市第二中级人民法院提出上诉。书面上诉的，应当提交上诉状正本一份，副本一份。

被告人李某甲，你应当吸取此次教训，从今以后认真遵守法律、法规，接受教育，在缓刑考验期内服从监督管理，完成公益劳动，做有益社会的诚信公民。

审 判 员　刘艳燕
二〇一六年七月二十二日
书 记 员　苏文逸

附：相关法律条文

《中华人民共和国刑法》

第二百八十四条之一第一款、第四款　在法律规定的国家考试中，组织作弊的，处三年以下有期徒刑或者拘役，并处或者单处罚金；情节严重的，处三年以上七年以下有期徒刑，并处罚金。

代替他人或者让他人代替自己参加第一款规定的考试的，处拘役或者管制，并处或者单处罚金。

第六十七条第一款　犯罪以后自动投案，如实供述自己的罪行的，是自首。对于自首的犯罪分子，可以从轻或者减轻处罚。其中，犯罪较轻的，可以免除处罚。

第七十二条第一款、第三款　对于被判处拘役、三年以下有期徒刑的犯罪分子，同时符合下列条件的，可以宣告缓刑，对其中不满十八周岁的人、怀孕的妇女和已满七十五周岁的人，应当宣告缓刑：

（一）犯罪情节较轻；

（二）有悔罪表现；

（三）没有再犯罪的危险；

（四）宣告缓刑对所居住社区没有重大不良影响。

被宣告缓刑的犯罪分子，如果被判处附加刑，附加刑仍须执行。

正确认定为他人侵入计算机系统提供程序行为的犯罪性质

——万某甲、赵某某入侵某公司计算机系统案

【案例要旨】

明知他人实施侵入、非法控制计算机信息系统的违法犯罪行为而为其提供程序、工具，情节严重的，应认定提供侵入、非法控制计算机信息系统程序、工具罪。

【案情简要】

2012 年，被告人万某甲在上海某网络发展有限公司（以下简称某公司）网站服务器内植入具有远程控制、盗取数据等功能的木马程序，其在明知被告人赵某某意欲进一步侵入某公司计算机系统的情况下，仍提供上述程序，使赵某某利用该程序进一步侵入某公司内网服务器，并从数据库中盗取某公司商户账号、密码共计 486079 组（其中，8217 个账号绑定了某密宝，经过某密宝认证就能登录）。案发后，经比对，共有 467207 组账号、密码数据与数据库内现时商户账号、密码数据匹配。

浦东新区人民检察院以被告人万某甲构成提供侵入、非法控制计算机信息系统程序、工具罪，被告人赵某某构成非法获取计算机信息系统数据罪提起公诉。浦东新区人民法院支持检察机关的指控意见，分别判处被告人万某甲有期徒刑 3 年，缓刑 3 年，罚金人民币 3000 元，判处被告人赵某某有期徒刑 3 年，缓刑 4 年，罚金人民币 5000 元。该案判决已生效。

【典型意义】

本案是一起典型的黑客入侵计算机信息系统案，也是提供犯罪工具者与非法获取计算机信息者之间存在关联但又相对独立的犯罪案件。作为上海市成功

办理首例提供侵入、非法控制计算机信息系统程序、工具犯罪案件，对检察机关今后正确办理此类案件，具有参考和借鉴作用。

首先，要正确厘清计算机程序的性质。刑法规定的提供侵入、非法控制计算机信息系统程序、工具罪根据程序性质设置不同的罪状，查明计算机程序的性质对于准确认定犯罪十分必要。本案被告人万某甲提供的木马程序属于既可以用于违法犯罪目的，也可以用于合法目的的“中性程序”，并非专门用于侵入、非法控制计算机信息系统的程序、工具。因此，不能仅凭提供程序的客观行为直接认定万某甲构成犯罪。

其次，要正确认定犯罪构成要件。在木马程序本身不能确定系专门用于侵入、非法控制计算机信息系统的程序、工具的情况下，程序提供者是否明知受让者是用于违法犯罪的目的，是构成犯罪的基础条件。本案被告人万某甲在明知赵某某意欲进一步入侵某公司计算机系统实施违法犯罪的情况下，仍将木马程序提供给赵某某，致使某公司计算机系统遭此木马程序侵入，大量商户账户信息被窃，万某甲的行为符合“明知他人实施侵入、非法控制计算机信息系统的违法犯罪行为而为其提供程序、工具”的罪状要求。

再次，要正确把握“情节严重”的认定标准。“两高”《关于办理危害计算机信息系统安全刑事案件应用法律若干问题的解释》第 3 条对“情节严重”标准作了规定，虽然既有提供人次、违法所得和造成经济损失的标准要求，但也规定了“其他情节严重”的情形。办案中，要结合案件查明的事实，准确把握法律规定要求。本案被告人万某甲提供木马程序，赵某某使用非法侵入被害单位计算机系统，致使商户 48 万余个账户登录信息被窃，应当认定万某甲的犯罪情节与赵某某的犯罪情节相当，应适用“其他情节特别严重”的情形。

最后，要正确区分关联性犯罪与共同犯罪的性质。本案虽然具有关联性，但被告人之间又相对独立。现有证据难以证实受让者与提供者之间存在犯意联络，将提供者认定为受让者犯罪行为共犯的依据不够充分，且刑法与司法解释已经将明知他人实施侵入、非法控制计算机信息系统而向其提供程序、工具的行为规定为独立罪名。因此，对被告人万某甲应当以提供侵入、非法控制计算机信息系统程序、工具罪定罪处罚。

上海市浦东新区人民检察院
起 诉 书

沪浦检刑诉〔2013〕2544－1号

被告人万某甲（曾用名万某乙），男，1990年××月××日生，公民身份号码4307221990××××××××，汉族，初中文化，无业，户籍在湖南省汉寿县××区××镇××组。2012年10月25日因涉嫌非法侵入计算机信息系统罪由上海市公安局浦东分局刑事拘留，2012年11月30日经本院批准逮捕，同日由上海市公安局浦东分局执行。

本案由上海市公安局浦东分局侦查终结，以被告人万某甲涉嫌非法获取计算机信息系统数据罪，于2013年1月30日移送本院审查起诉。本院受理后，于2013年1月30日已告知被告人有权委托辩护人；依法讯问了被告人，审查了全部案件材料。经审查，于2013年3月13日、5月24日两次退回补充侦查，上海市公安局浦东分局侦查终结，于2013年6月24日移送本院审查起诉。被告人万某甲同意对本案适用简易程序审理。

经依法审查查明：

2012年，被告人万某甲在上海××网络发展有限公司（以下简称××公司）计算机信息系统内植入具有木马特性的Zxshell程序，后其将该程序的控制权交给赵某某（另案处理），赵某某利用该程序进一步侵入××公司计算机信息系统，并使用自××公司计算机信息系统内获取的××公司云主机代金券，于2012年9月10日租用了IP地址为58.××.××.××的××公司云主机（落地地址：江苏省无锡市，以下简称无锡云主机），并将自××公司计算机信息系统内下载的××易售数据库用户账号、密码共计486079组存入该云主机内。（其中，8217个账号绑定了××密宝，须经过××密宝认证才能登录。）

另查明，上述被告人万某甲、赵某某入侵、渗透××公司计算机信息系统行为，造成损失估算为人民币46万余元。

2012年10月24日晚，被告人万某甲被公安机关抓获，到案后，被告人万某甲如实供述了基本犯罪事实。

上述事实，有以下证据证实：

1. 扣押物品、文件清单、照片、公安机关制作的“涉案计算机工作情况”及光盘，证实自赵某某处扣押WD硬盘一块，检查后导出文件“××案编号三”存入光盘。

2. 公安机关制作的“涉网案件犯罪现场勘验报告”“××员工机工作情况”及光盘，证实公安机关对××公司8台服务器、14块员工电脑硬盘检查后分别导出文件“远程取证.rar”“××员工机rar”，存入光盘。

3. 公安机关制作的“无锡服务器工作情况”及光盘，证实公安机关对无锡云主机检查后导出文件“××云主机.rar”。

4. ××公司提供的“云租用情况”，证明无锡云主机于2012年9月10日使用代金券租用，后在2012年10月10日，赵某某通过其财付通充值140元。

5. 公安机关制作的“云主机SQL客户端连接esalesdb记录截屏”，证明（1）无锡云主机主机名SNDA-0DR×××××××；（2）2012年10月间访问过pscvdbl31.××××.com.

6. ××公司提供的esalesdb数据库服务器（主机名：pscvdbl31.××××.com，IP为10.××.××.××）被登录日志，证明2012年9月27日至10月10日期间，主机名为SNDA-0DR×××××××的无锡云主机于凌晨时间多次登录。

7. 公安机关制作的“涉案账号数据比对工作情况”、××公司提供“情况说明”二份，证明：（1）无锡云主机导出文件“××云主机.rar”中疑似用户账号、密码的486079组数据，经与IP为10.××.××.××的esalesdb数据库服务器内用户账号、密码比对，有483106组用户账号匹配，在这483106组数据中有467207组账号、密码均匹配；（2）在前述486079组疑似用户账号、密码的数据中，有8217个用户绑定了××密宝。

8. 公安机关制作的“8.8.ki域名注册信息工作情况”、由常州××软件技术有限公司提供的“情况说明”，证明：（1）8.8.ki域名注册登记邮箱：60××××@qq.com；（2）Luckycn.××××.org域名注册邮箱jack×××××××@163.com。

9. 由××公司提供的损失清单，证明××公司因被告人万某甲、赵某某入侵、渗透行为造成损失估算为人民币46万余元。

10. 被害单位证人韩某某、杜某某证言，证明××公司在2012年3月前后发现计算机信息系统内被植入木马程序Zxshell，反链地址为指向IP1.××.××.××的Luckycn.××××.org域名，后至2012年8月至10月期间，××公司多台服务器及员工电脑内发现大量木马程序等。

11. 盘石软件（上海）有限公司计算机司法鉴定所“木马功能性鉴定”司法鉴定、补充说明、补充说明贰，证明经对“××案编号三”“远程取证.rar”“××员工机 rar”进行鉴定，存在 Zxshell 木马程序/相关木马程序反链地址为 1.××.××.××的电脑有 9 台，反链地址为 8.8ki 的电脑有 7 台，反链地址为 58.××.××.××的电脑有 1 台，反链地址及端口号包含“mi.mi.××:××”“luckycn.××.××:××”“202.96.××.××:××”的电脑有 1 台。

12. 侦破过程工作情况，证实本案案发及被告人万某甲被抓获到案的经过。

13. 被告人万某甲、涉案人赵某某均供认不讳。

上述证据来源及收集程序合法，内容客观真实，足以认定指控事实。被告人万某甲对基本犯罪事实无异议。

本院认为，被告人万某甲明知他人实施侵入、非法控制计算机信息系统的违法犯罪行为而为其提供程序、工具，情节特别严重，其行为已触犯《中华人民共和国刑法》第二百八十五条第三款的规定，犯罪事实清楚，证据确实、充分，应当以提供侵入、非法控制计算机信息系统程序、工具罪追究刑事责任。被告人万某甲到案后，如实供述犯罪事实，根据《中华人民共和国刑法》第六十七条第三款，可以从轻处罚。建议对被告人万某甲处五年以下有期徒刑，并处罚金。根据《中华人民共和国刑事诉讼法》第一百七十二条的规定，提起公诉，请依法审判。

此致

上海市浦东新区人民法院

检察员　杨晓波

二〇一三年八月十五日

附：1. 被告人万某甲现羁押于上海市浦东新区看守所。

2. 公安机关侦查卷三册、补充材料一册、光盘。

3.《适用简易程序建议书》《派员出席法庭通知书》各一份。

4. 赃证物品清单一份。

附：相关法律条文

《中华人民共和国刑法》

第六十七条　犯罪以后自动投案，如实供述自己的罪行的，是自首。对于自首的犯罪分子，可以从轻或者减轻处罚。其中，犯罪较轻的，可以免除处罚。

被采取强制措施的犯罪嫌疑人、被告人和正在服刑的罪犯，如实供述司法机关还未掌握的本人其他罪行的，以自首论。

犯罪嫌疑人虽不具有前两款规定的自首情节，如实供述自己罪行的，可以从轻处罚；因其如实供述自己罪行，避免特别严重后果发生的，可以减轻处罚。

第二百八十五条　违反国家规定，侵入国家事务、国防建设、尖端科学技术领域的计算机信息系统的，处三年以下有期徒刑或者拘役。

违反国家规定，侵入前款规定以外的计算机信息系统或者采用其他技术手段，获取该计算机信息系统中存储、处理或者传输的数据，或者对该计算机信息系统实施非法控制，情节严重的，处三年以下有期徒刑或者拘役，并处或者单处罚金；情节特别严重的，处三年以上七年以下有期徒刑，并处罚金。

提供专门用于侵入、非法控制计算机信息系统的程序、工具，或者明知他人实施侵入、非法控制计算机信息系统的违法犯罪行为而为其提供程序、工具，情节严重的，依照前款的规定处罚。

《中华人民共和国刑事诉讼法》

第一百七十二条　人民检察院认为犯罪嫌疑人的犯罪事实已经查清，证据确实、充分，依法应当追究刑事责任的，应当作出起诉决定，按照审判管辖的规定，向人民法院提起公诉，并将案卷材料、证据移送人民法院。

上海市浦东新区人民法院
刑事判决书

（2013）浦刑初字第2614号

公诉机关上海市浦东新区人民检察院。

被告人万某甲，曾用名万某乙，男，1990年××月××日出生于湖南省汉寿县，汉族，初中文化，无业，户籍地湖南省汉寿县××区××镇××社区××组。因涉嫌犯非法侵入计算机信息系统罪于2012年10月25日被刑事拘留，同年11月30日被逮捕。现羁押于上海市浦东新区看守所。

辩护人万某丙，广东××律师事务所上海分所律师。

上海市浦东新区人民检察院以沪浦检刑诉〔2013〕2544－1号起诉书指控被告人万某甲犯提供侵入、非法控制计算机信息系统程序、工具罪于2013年8月2日向本院提起公诉。本案由简易程序转为普通程序审理。本院依法组成合议庭，公开开庭审理了本案。上海市浦东新区人民检察院指派检察员杨晓波出庭支持公诉，被告人万某甲、辩护人万某丙到庭参加诉讼。现已审理终结。

上海市浦东新区人民检察院指控，2012年，被告人万某甲在上海××网络发展有限公司（以下简称"××公司"）计算机信息系统内植入具有木马特性的程序，后其将该程序的控制权交给赵某某（另案处理），赵某某利用该程序进一步侵入××公司计算机信息系统，并使用××公司云主机代金券，于2012年9月10日租用了××公司云主机，并将自××公司计算机信息系统内下载的××易售数据库用户账号、密码共计486079组存入该云主机内。（其中8217个账号绑定了××密宝，须经××密宝认证才能登录。）被告人万某甲入侵、渗透××公司计算机信息系统行为，造成损失估算为人民币46万余元。2012年10月24日，被告人万某甲被抓获，其到案后如实供述了上述事实。针对上述指控，公诉机关当庭宣读并出示了证人韩某某、杜某某的证言、扣押清单、照片、工作情况、现场勘验报告、工作情况、记录截屏、司法鉴定、补充说明等。公诉机关认为，被告人万某甲的行为已触犯《中华人民共和国刑法》第二百八十五条第三款之规定，构成提供侵入、非法控制计算机系统程序、工具罪；被告人万某甲能如实供述犯罪事实，可依法从轻处罚；建议对被告人万某甲判处五年以下有期徒刑，并处罚金。

被告人万某甲对上述指控无异议。

辩护人提出：1. 被告人万某甲仅提供了一个程序，其本人没有从中获利；2. 万某甲行为是否构成犯罪，以赵某某行为是否给相关单位造成经济损失为前提，现有证据尚不足以认定赵某某构成犯罪；3. 本案的损失系被害单位的估值，没有经过第三方的鉴定，不能据此认定相应的经济损失；4. 如果法庭判定万某甲构成犯罪，希望法庭考虑到被告人万某甲能如实供述犯罪事实，对于产生的后果所起作用较小，主观恶性小，建议对其宣告缓刑。

经审理查明，2011 年底至 2012 年，被告人万某甲在湖南省长沙市××大道××花园××幢××室其住处，使用特定工具软件对相应 IP 地址段的网站服务器进行扫描时，发现××公司服务器有漏洞，遂上传了具有木马特性的 Zxshell 程序到该服务器，并通过该木马程序侵入××公司网站服务器，之后，被告人万某甲通过 QQ 将上述木马控制端截图传给赵某某（另案处理）。赵某某利用该程序进一步侵入××公司的其他服务器及计算机，获取了××公司用户账号及密码 48 万余组（其中 46 万余组账号、密码与××公司数据库服务器内的用户账号、密码均匹配，8217 个用户绑定了××密宝），并造成××公司一定的经济损失。

2012 年 10 月 24 日，被告人万某甲被抓获，其到案后如实供述了基本犯罪事实以上事实，有下列经庭审举证、质证的证据证实，本院予以确认：

1. 证人韩某某的证言，韩某某陈述，2012 年 8 月，××公司员工在对账作业时发现数据库异常，后经公司技术人员分析发现，公司内员工使用的计算机及运行的服务器存在木马程序，被非法窃取、访问公司网络内的计算机数据；另发现 2012 年 2 月起××公司负责运行的游戏服务器内有种植木马的情况，9 月 29 日起，服务器数据被修改，10 月，公司客户账号内在线卡库存被窃，造成经济损失人民币 53 万余元；后又发现被窃的在线卡已被转移至 30 余个其他××账号，但账号内的在线卡已通过淘宝交易、游戏内交易等方式被套取现金。

2. 证人杜某某的证言，杜某某陈述，2012 年 8 月，公司发现数据库存在异常修改现象，公司技术人员对公司员工使用的计算机和运行的服务器进行排查后，发现员工计算机等多台主机硬盘内存在木马程序，该木马的反链 IP 地址为 1.××.××.××，该 IP 绑定的域名为 luckcn.××.org。

3. 常州贝特康姆软件技术有限公司出具的情况说明，证实域名为 luckcn.××.org 指向的 IP 地址为 1.××.××.××，登记注册邮箱为被告人万某甲使用的 jack324××××××××.cora。

4. 云租用情况、云主机客户端连接记录截屏、××公司提供的登陆日志，证实赵某某租赁了“云主机”，该云主机的完整计算机名称为“SNDA－ODR153M6EG”，该计算机在2012年10月10日多次访问了××公司的××××.com。

5. 涉案账号数据比对工作情况，从IP为58.××.××.××.的××公司云主机服务器内提取的疑似××公司用户账号及密码的文本文件“ACCOUMT－FORUPDATE－ALL. HT”内的账号及密码进行验证，将上述账号密码数据导入××易售数据库，共导入账号密码数据486079组，其中467207组账号密码数据与××数据库内用户账号及密码数据均匹配；在48万余组数据中有8217个××通行证账号绑定了××密宝。

6. 扣押清单，记载了2012年10月27日，公安人员从万某甲处扣押苹果笔记本电脑1台，从赵某某处扣押联想笔记本电脑1台、Kingstone牌64G硬盘1个、WD牌500G硬盘1个、日立牌120G硬盘1个。

7. 涉案计算机工作情况，证实从赵某某处扣押的联想笔记本电脑内装有的硬盘中发现涉案文件2个，该文件已保存在鉴定书附件文件“××案编号一.rar”中；从“Kingstone”硬盘中发现涉案文件3个，已保存至附件文件“××案编号二.rar”中；在WD硬盘中发现涉案文件11个，已保存至附件文件“××案编号三.rar”中。

8. 现场勘查笔录，证实通过远程勘验，导出××网络发展有限公司8台服务器的硬盘内文件10个，取证录像文件9个，保存至附件文件“远程取证.rar”中。

9. ××员工机工作情况，证实××公司送检的涉嫌被黑客入侵种植木马的电脑硬盘14块，上述硬盘经检查发现涉案的木马文件，将木马文件导出并保存在相应的文件内，后将上述文件均保存在附件文件“××员工机.rar”中。

10. 无锡服务器工作情况，证实对××公司经营的IP地址为58.××.××.××的××公司“云主机”服务器内文件进行提取固定，在云主机的分区镜像dd文件内发现涉案文件1742个，已全部保存至附件文件“××云主机.rar”，该文件“××云主机.rar”分别刻盘保存。

11. “木马功能性鉴定”司法鉴定，证实“××员工机.rar”“××云主机.rar”“××案编号三.rar”“远程取证.rar”文件进行鉴定，上述文件中11个可执行程序为“ZXshell”远程控制软件的下线程序，该程序本身具有隐藏自身的特性，并可对目标主机进行“文件管理”“远程桌面”“操纵账号”“注册服务”等功能提供可能性，该执行程序具有木马特性。

12. 司法鉴定补充说明、补充说明贰，证实“远程取证.rar”“××员工机．rar”中的部分文件木马程序的反链地址为“1. ××. ××. ××”，即木马程序来源于万某甲。

13. ××公司出具的材料，记载了××公司为应对此次被告人入侵计算机系统事件，安排员工重新安装入侵服务器、网络终端病毒扫描、分析入侵木马、侦办协调案件等，共产生人力费用为人民币467468元。

14. 案发经过，证实被告人万某甲的到案情况。

15. 被告人的供述。

本院认为，被告人万某甲向他人传送具有远程控制、盗取数据等功能的木马程序，致使被害单位计算机系统遭此木马程序侵入，计算机系统内大量数据被窃，情节特别严重，其行为已构成提供侵入、非法控制计算机信息系统程序、工具罪。公诉机关的指控成立，本院予以支持。

本案中，被告人万某甲系非法程序的提供者，而赵某某系该程序的使用者，两人的行为确实密切关联，但该提供行为与使用行为相对独立，且法律将这两种行为单独入罪，只要被告人万某甲行为符合提供侵入、非法控制计算机信息系统程序、工具罪的客观要件即可定罪处罚，赵某某行为是否构成犯罪不影响对万某甲行为性质的判定，故辩护人提出的被告人万某甲构成犯罪必须以赵某某构成犯罪为前提的辩护意见，有悖于法律规定，本院不予采纳。关于本案被害单位的经济损失，被害单位计算机系统遭到非法程序入侵后确实需要花费一定的人力、物力进行修复，经济损失客观存在，但仅依据当庭出示的被害单位出具的损失数据尚不足以真实、客观地反映被告人行为给被害单位所造成的经济损失，故不宜以该数据来认定被告人的犯罪情节，但在对被告人量刑时予以考量。

被告人万某甲到案后能如实供述犯罪事实，当庭自愿认罪，可依法从轻处罚，同时考虑到被害单位对被告人表示谅解，对被告人可适用非监禁刑。辩护人要求对被告人从轻处罚的意见，本院予以采纳。依照《中华人民共和国刑法》第二百八十五条第三款、第六十七条第三款、第七十二条、第七十三条、第五十三条之规定，判决如下：

被告人万某甲犯提供侵入、非法控制计算机信息系统程序、工具罪，判处有期徒刑三年，缓刑三年，罚金人民币三千元。

（缓刑考验期限，从判决确定之日起计算。罚金于判决生效后一个月内缴纳。）

被告人万某甲回到社区后，应当遵守法律、法规，服从监督管理，接受教育，完成公益劳动，做一名有益社会的公民。

如不服本判决，可在接到判决书的第二日起十日内，通过本院或者直接向

上海市第一中级人民法院提出上诉。书面上诉的，应当提交上诉状正本一份，副本二份。

审　判　长　苏　琼
审　判　员　凌　鸿
人民陪审员　孙宝祥
二〇一三年十一月七日
书　记　员　吴　裕

附：相关法律条文

《中华人民共和国刑法》

第二百八十五条　违反国家规定，侵入国家事务、国防建设、尖端科学技术领域的计算机信息系统的，处三年以下有期徒刑或者拘役。

违反国家规定，侵入前款规定以外的计算机信息系统或者采用其他技术手段，获取该计算机信息系统中存储、处理或者传输的数据，或者对该计算机信息系统实施非法控制，情节严重的，处三年以下有期徒刑或者拘役，并处或者单处罚金；情节特别严重的，处三年以上七年以下有期徒刑，并处罚金。

提供专门用于侵入、非法控制计算机信息系统的程序、工具，或者明知他人实施侵入、非法控制计算机信息系统的违法犯罪行为而为其提供程序、工具，情节严重的，依照前款的规定处罚。

第六十七条　犯罪以后自动投案，如实供述自己的罪行的，是自首。对于自首的犯罪分子，可以从轻或者减轻处罚。其中，犯罪较轻的，可以免除处罚。

被采取强制措施的犯罪嫌疑人、被告人和正在服刑的罪犯，如实供述司法机关还未掌握的本人其他罪行的，以自首论。

犯罪嫌疑人虽不具有前两款规定的自首情节，但是如实供述自己罪行的，可以从轻处罚；因其如实供述自己罪行，避免特别严重后果发生的，可以减轻处罚。

第七十二条　对于被判处拘役、三年以下有期徒刑的犯罪分子，同时符合下列条件的，可以宣告缓刑，对其中不满十八周岁的人、怀孕的妇女和已满七十五周岁的人，应当宣告缓刑：

（一）犯罪情节较轻；

（二）有悔罪表现；

（三）没有再犯罪的危险；

（四）宣告缓刑对所居住社区没有重大不良影响。

宣告缓刑，可以根据犯罪情况，同时禁止犯罪分子在缓刑考验期限内从事特定活动，进入特定区域、场所，接触特定的人被宣告缓刑的犯罪分子，如果被判处附加刑，附加刑仍须执行。

第七十三条 拘役的缓刑考验期限为原判刑期以上一年以下，但是不能少于二个月。

有期徒刑的缓刑考验期限为原判刑期以上五年以下，但是不能少于一年。

缓刑考验期限，从判决确定之日起计算。

第五十三条 罚金在判决指定的期限内一次或者分期缴纳。期满不缴纳的，强制缴纳。对于不能全部缴纳罚金的，人民法院在任何时候发现被执行人有可以执行的财产，应当随时追缴。如果由于遭遇不能抗拒的灾祸缴纳确实有困难的，可以酌情减少或者免除。

上海市浦东新区人民检察院

起诉书

沪浦检刑诉〔2013〕2544－2号

被告人赵某某，男，1988年××月××日生，公民身份号码1427031988××××××××，汉族，初中文化，无业，户籍在山西省河津市××街××号。2012年10月25日因涉嫌非法侵入计算机信息系统罪由上海市公安局浦东分局刑事拘留，2012年11月30日经本院批准逮捕，同日由上海市公安局浦东分局执行。

本案由上海市公安局浦东分局侦查终结，以被告人赵某某涉嫌非法获取计算机信息系统数据罪，于2013年1月30日移送本院审查起诉。本院受理后，于2013年1月30日已告知被告人有权委托辩护人；依法讯问了被告人，审查了全部案件材料。经审查，于2013年3月13日、5月24日两次退回补充侦查，上海市公安局浦东分局侦查终结，于2013年6月24日移送本院审查起诉。被告人赵某某同意对本案适用简易程序审理。

经依法审查查明：

2012年，万某甲（另案处理）在上海××网络发展有限公司（以下简称××公司）计算机信息系统内植入具有木马特性的Zxshell程序，后其将该程序的控制权交给被告人赵某某，被告人赵某某利用程序进一步侵入××公司计算机信息系统，并使用自××公司计算机信息系统内获取的××公司云主机代金券，于2012年9月10日租用了IP地址为58.××.××.××的××公司云主机（落地地址：江苏省无锡市，以下简称无锡云主机），并将自××公司计算机信息系统内下载的××易售数据库用户账号、密码共计486079组存入该云主机内。（其中，8217个账号绑定了××密宝，须经过××密宝认证才能登录。）

另查明，上述万某甲、被告人赵某某入侵、渗透××公司计算机信息系统行为，造成损失估算为人民币46万余元。

2012年10月24日晚，被告人赵某某被公安机关抓获，到案后，被告人赵某某如实供述了基本犯罪事实。

上述事实，有以下证据证实：

1. 扣押物品、文件清单、照片、公安机关制作的“涉案计算机工作情况”及光盘，证实自被告人赵某某处扣押WD硬盘一块，检查后导出文件“××案编号三”存入光盘。

2. 公安机关制作的“涉网案件犯罪现场勘验报告”“××员工机工作情况”及光盘，证实公安机关对××公司8台服务器、14块员工电脑硬盘检查后分别导出文件“远程取证.rar”“××员工机.rar”，存入光盘。

3. 公安机关制作的“无锡服务器工作情况”及光盘，证实公安机关对无锡云主机检查后导出文件“××云主机.rar”。

4. ××公司提供的“云租用情况”，证明无锡云主机于2012年9月10日使用代金券租用，后在2012年10月10日，被告人赵某某通过其财付通充值140元。

5. 公安机关制作的“云主机SQL客户端连接esalesdb记录截屏”，证明（1）无锡云主机主机名SNDA－0DR×××××××；（2）2012年10月间访问过pscvdbl31.××.com.

6. ××公司提供的esalesdb数据库服务器（主机名：pscvdbl31.××××.com，IP为10.××.××.××）被登录日志，证明2012年9月27日至10月10日期间，主机名为SNDA－0DR×××××××的无锡云主机于凌晨时间多次登录。

7. 公安机关制作的“涉案账号数据比对工作情况”、××公司提供“情况说明”二份，证明：（1）无锡云主机导出文件“××云主机.rar”中疑似用户账号、密码的486079组数据，经与IP为10.××.××.××的esalesdb数据库服务器内用户账号、密码比对，有483106组用户账号匹配，在这483106组数据中有467207组账号、密码均匹配；（2）在前述486079组疑似用户账号、密码的数据中，有8217个用户绑定了××密宝。

8. 公安机关制作的“8.8.ki域名注册信息工作情况”、由常州某软件技术有限公司提供的“情况说明”，证明：（1）8.8.ki域名注册登记邮箱：60××××@qq.com；（2）Luckycn.××.org域名注册邮箱jack××××××××@163.com.

9. 由××公司提供的损失清单，证明××公司因万某甲、被告人赵某某入侵、渗透行为造成损失估算为人民币46万余元。

10. 被害单位证人韩某某、杜某某证言，证明××公司在2012年3月前后发现计算机信息系统内被植入木马程序Zxshell，反链地址为指向IP1.××.××.××的Luckycn.××.org域名，后至2012年8月至10月期间，在××

公司多台服务器及员工电脑内发现大量木马程序等。

11. 盘石软件（上海）有限公司计算机司法鉴定所“木马功能性鉴定”司法鉴定、补充说明、补充说明贰，证明经对“××案编号三”“远程取证.rar”“××员工机.rar”进行鉴定，存在Zxshell木马程序，相关木马程序反链地址为1.××.××.××的电脑有9台，反链地址为8.8ki的电脑有7台，反链地址为58.211.190.252的电脑有1台，反链地址及端口号包含“mi.mi.××：××”“luckycn.××.××：××”“202.96.××.××：××”的电脑有1台。

12. 侦破过程工作情况，证实本案案发及被告人赵某某被抓获到案的经过。

13. 涉案人万某甲供述，证明其于2012年在××公司计算机信息系统内植入木马程序，后其将程序控制权交给被告人赵某某，由被告人赵某某实施进一步渗透行为。

14. 被告人赵某某供认不讳。

上述证据来源及收集程序合法，内容客观真实，足以认定指控事实，被告人赵某某对基本犯罪事实无异议。

本院认为，被告人赵某某违反国家规定，侵入计算机信息系统，获取该计算机信息系统中存储的数据，情节特别严重，其行为已触犯《中华人民共和国刑法》第二百八十五条第二款的规定，犯罪事实清楚，证据确实、充分，应当以非法获取计算机信息系统数据罪追究刑事责任。被告人赵某某到案后，如实供述犯罪事实，根据《中华人民共和国刑法》第六十七条第三款，可以从轻处罚。建议对被告人赵某某处五年以下有期徒刑，并处罚金。根据《中华人民共和国刑事诉讼法》第一百七十二条的规定，提起公诉，请依法审判。

此致

上海市浦东新区人民法院

检察员　杨晓波

二〇一三年八月五日

附：1. 被告人赵某某现羁押于上海市浦东新区看守所。

2. 公安机关侦查卷三册、补充材料一册、光盘。

3. 《适用简易程序建议书》《派员出席法庭通知书》各一份。

4. 赃证物品清单一份。

附：相关法律条文

《中华人民共和国刑法》

第六十七条 犯罪以后自动投案，如实供述自己的罪行的，是自首。对于自首的犯罪分子，可以从轻或者减轻处罚。其中，犯罪较轻的，可以免除处罚。

被采取强制措施的犯罪嫌疑人、被告人和正在服刑的罪犯，如实供述司法机关还未掌握的本人其他罪行的，以自首论。

犯罪嫌疑人虽不具有前两款规定的自首情节，但是如实供述自己罪行的，可以从轻处罚；因其如实供述自己罪行，避免特别严重后果发生的，可以减轻处罚。

第二百八十五条 违反国家规定，侵入国家事务、国防建设、尖端科学技术领域的计算机信息系统的，处三年以下有期徒刑或者拘役。

违反国家规定，侵入前款规定以外的计算机信息系统或者采用其他技术手段，获取该计算机信息系统中存储、处理或者传输的数据，或者对该计算机信息系统实施非法控制，情节严重的，处三年以下有期徒刑或者拘役，并处或者单处罚金；情节特别严重的，处三年以上七年以下有期徒刑，并处罚金。

提供专门用于侵入、非法控制计算机信息系统的程序、工具，或者明知他人实施侵入、非法控制计算机信息系统的违法犯罪行为而为其提供程序、工具，情节严重的，依照前款的规定处罚。

《中华人民共和国刑事诉讼法》

第一百七十二条 人民检察院认为犯罪嫌疑人的犯罪事实已经查清，证据确实、充分，依法应当追究刑事责任的，应当作出起诉决定，按照审判管辖的规定，向人民法院提起公诉，并将案卷材料、证据移送人民法院。

上海市浦东新区人民法院
刑事判决书

（2013）浦刑初字第2613号

公诉机关上海市浦东新区人民检察院。

被告人赵某某，男，1988年××月××日出生于山西省河津市，汉族，初中文化，无业，户籍地山西省河津市××街××号。因涉嫌犯非法侵入计算机信息系统罪于2012年10月25日被刑事拘留，因涉嫌犯非法获取计算机信息系统数据罪于2012年11月30日被逮捕。现羁押于上海市浦东新区看守所。

辩护人郑某某，上海××律师事务所律师。

上海市浦东新区人民检察院以沪浦检刑诉〔2013〕2544－2号起诉书指控被告人赵某某犯非法获取计算机信息系统数据罪，于2013年8月2日向本院提起公诉。本案由简易程序转为普通程序审理。本院依法组成合议庭，公开开庭审理了本案。上海市浦东新区人民检察院指派检察员杨晓波出庭支持公诉，被告人赵某某、辩护人郑某某到庭参加诉讼。现已审理终结。

上海市浦东新区人民检察院指控，2012年，万某甲（另案处理）在上海××网络发展有限公司（以下简称“××公司”）计算机信息系统内植入具有木马特性的Zxshell程序，后将该程序控制权交给被告人赵某某，被告人赵某某利用该程序进一步侵入××公司计算机系统，并使用自××公司计算机系统内获取的××公司云主机代金券，于2012年9月10日租用了IP地址为58.××.××.××的××公司云主机（落地地址为：江苏省无锡市，以下简称“无锡云主机”），并将自××公司计算机系统内下载的××易售数据库用户账号、密码共计48万余组存入该云主机内（其中8217个账号绑定了××密宝），被告人赵某某入侵、渗透××公司计算机信息系统行为，造成损失估算为人民币46万余元。2012年10月24日晚，被告人赵某某被抓获，其到案后如实供述了上述事实。针对上述指控，公诉机关当庭宣读并出示了证人韩某某、杜某某的证言、扣押清单、照片、工作情况、现场勘验报告、工作情况、记录截屏、司法鉴定、补充说明等。公诉机关认为，被告人赵某某的行为已触犯《中华人民共和国刑法》第二百八十五条第二款之规定，构成非法获取计算机信息系统数据罪；被告人赵某某能如实供述犯罪事实，可依法从轻处罚；建议对被告人赵某某判处五年以下有期徒刑，并处罚金。

被告人赵某某对公诉机关的指控无异议。

辩护人提出：1. 无锡云主机并非赵某某一人使用，赵某某的QQ号可能被他人盗用，他人有可能使用赵某某的QQ号登录××数据库；2. 现有证据不能证实无锡云主机登录过××数据库；3. 涉案的48万组账号不能证实是否真实有效；4. ××公司的网络系统不涉及民生、国防、金融、医疗等领域，侵入该系统造成的后果不严重，被告人赵某某行为不属于情节特别严重；5. ××公司估算的损失不能作为定案的依据；6. 被告人赵某某出于好奇入侵××公司计算机系统，其行为仅是一般违法行为，不能认定为犯罪。

经审理查明，2012年，被告人赵某某通过QQ从万某甲（另案处理）处获得了××公司计算机系统被植入木马特性的Zxshell程序，被告人赵某某利用该程序进一步侵入××公司内网服务器，并从××公司计算机系统的××易售数据库内下载了用户账户、密码486079组（其中46万余组账号、密码与××公司数据库服务器内的用户账号、密码均匹配，8217个用户绑定了××密宝）。被告人赵某某将上述下载的用户信息存入其本人租赁的IP地址为58.××.××.××主机内。被告人的入侵行为给××公司造成了一定的经济损失。

2012年10月24日晚，被告人赵某某在湖南省常德市被抓获，其到案后如实供述了上述事实。

以上事实，有下列经庭审举证质证的证据证实，本院予以确认：

1. 证人韩某某的证言，韩某某陈述，2012年8月，××公司员工在对账作业时发现数据库异常，后经公司技术人员分析发现，公司内员工使用的计算机及运行的服务器存在木马程序，被非法窃取、访问公司网络内的计算机数据；另发现2012年2月起××公司负责运行的游戏服务器内有种植木马的情况，9月29日起，服务器数据被修改，10月，公司客户账号内在线卡库存被窃，造成经济损失人民币53万余元；后又发现被窃的在线卡已被转移至30余个其他××账号，但账号内的在线卡已通过淘宝交易、游戏内交易等方式被套取现金。

2. 证人杜某某的证言，杜某某陈述，2012年8月，公司发现数据库存在异常修改现象，公司技术人员对公司员工使用的计算机和运行的服务器进行排查后，发现员工计算机等多台主机硬盘内存在木马程序，该木马的反链IP地址为1.××.××.××，该IP绑定的域名为luckcn.××.org。

3. 涉案关系人万某甲的供述，万某甲供述其在××公司计算机系统植入了木马程序，然后通过QQ将该木马控制端截图传给赵某某。

4. 扣押清单、工作情况，记载了 2012 年 10 月 27 日，公安人员从万某甲处扣押苹果笔记本电脑 1 台，从赵某某处扣押联想笔记本电脑 1 台、Kingstone 牌 64G 硬盘 1 个、WD 牌 500G 硬盘 1 个、日立牌 120G 硬盘 1 个；从 WD 牌的硬盘内查出后缀为“dll”的木马程序与××公司被侵入服务器上提取的木马程序比对一致。

5. 涉案计算机工作情况，证实从赵某某处扣押的联想笔记本电脑内装有的硬盘中发现涉案文件 2 个，该文件已保存在鉴定书附件文件“××案编号一.rar”中；从“Kingstone”硬盘中发现涉案文件 3 个，已保存至附件文件“××案编号二.rar”中；在 WD 硬盘中发现涉案文件 11 个，已保存至附件文件“××案编号三.rar”中。

6. 现场勘查笔录，证实通过远程勘验，导出××网络发展有限公司 8 台服务器的硬盘内文件 10 个，取证录像文件 9 个。

7. ××员工机工作情况，证实××公司送检的涉嫌被黑客入侵种植木马的电脑硬盘 14 块，上述硬盘经检查发现涉案的木马文件，将木马文件导出并保存在相应的文件内，后将上述文件均保存在附件文件“××员工机.rar”中。

8. 无锡服务器工作情况，证实对××公司经营的 IP 地址为 58.××.××.××的××公司“云主机”服务器内文件进行提取固定，在云主机的分区镜像 dd 文件内发现涉案文件 1742 个，已全部保存至附件文件“××云主机.rar”中，该文件“××云主机.rar”分别刻盘保存，从该云主机内发现大量××公司的内部资料。

9. 云租用情况，证实木马控制端机器 58.××.××.××所有者的××通行证 ID 为 1893××××××，该 ID 有 1 条财付通充值记录，记录 2012 年 10 月 10 日，赵某某通过财付通充值人民币 140 元。

10. 云主机客户端连接记录截屏，显示云主机的完整计算机名称为“SNDA－0DR×××××××”，该计算机在 2012 年 10 月 10 日多次访问了××公司的 pscvdbl31.××.com（××公司数据库）。

11. ××公司提供的登录日志，证实 2012 年 9 月 27 日至 10 月 10 日，主机名为 SNDA－0DR×××××××多次登录主机名为 pscvdbl31.××.com 的数据库。

12. 涉案账号数据比对工作情况，从 IP 为 58.××.××.××的××公司云主机服务器内提取的疑似××公司用户账号及密码的文本文件“ACCOUNT－FORUPDATE－ALL.HT”内的账号及密码进行验证，将上述账号密码数据导入××易售数据库，共导入账号密码数据 486079 组，其中，467207 组账号密码数据与××数据库内用户账号及密码数据均匹配；在 48 万余组数据中有

8217 个××通行证账号绑定了××密宝。

13. 网络域名注册信息工作情况，证实本案中被告人使用木马中含有反弹地址 8.8ki，该域名注册登记邮箱为被告人赵某某使用的 QQ 邮箱 60××××@qq.com。

14. 常州某软件技术有限公司出具的情况说明，证实域名为 luckcn.××.org 指向的 IP 地址为 1.××.××.××，登记注册邮箱为被告人万某甲使用的 jack×××××××@163.com。

15. "木马功能性鉴定"司法鉴定，证实"××员工机.rar""××云主机.rar""××案编号三.rar""远程取证.rar"文件进行鉴定，上述文件中 11 个可执行程序为"ZXshell"远程控制软件的下线程序，该程序本身具有隐藏自身的特性，并可对目标主机进行"文件管理""远程桌面""操纵账号""注册服务"等功能提供可能性，该执行程序具有木马特性。

16. 司法鉴定补充说明、补充说明贰，证实"远程取证.rar""××员工机.rar"中的部分文件的反链地址为"1.××.××.××"（该 IP 地址对应的网络域名系万某某注册使用）；"远程取证.rar"中的部分文件的反链地址为"58.××.××.××"，即木马程序来源于被告人赵某某控制的无锡云主机的 IP 地址；"××员工机.rar"中的部分文件的反链地址为"8.8ki"。(8.8ki 系被告人赵某某注册的网络域名。)

17. ××公司出具的材料，记载了××公司为应对此次被告人入侵计算机系统事件，安排员工重新安装入侵服务器、网络终端病毒扫描、分析入侵木马、侦办协调案件等，共产生人力费用为人民币 467468 元。

18. 案发经过，证实被告人赵某某的到案情况。

19. 被告人的供述。

本院认为，被告人赵某某违反国家规定，利用植入木马程序侵入他人计算机系统，获取该计算机信息系统中存储的用户信息，且获取的用户信息量达 40 余万组，情节特别严重，其行为已构成非法获取计算机信息系统数据罪。公诉机关的指控成立，本院予以支持。

对于辩护人提出被告人系无罪的辩护意见，综合本案的证据及事实，本院作如下评判：第一，被告人赵某某实施了侵入××公司计算机系统行为，并从××公司计算机系统内获取了大量的数据。本案的检查记录、工作情况、司法鉴定等书证、物证均证实了被告人赵某某利用木马程序侵入××公司服务器，并下载了大量的××公司用户信息保存在其控制的云主机内，被告人赵某某对此亦作了供认。第二，被告人赵某某获取的用户账号、密码系确认用户在计算机系统上操作的数据，系身份认证信息，属于"计算机信息系统数据"。第三，被告人赵某某的行为应认定为“情节特别严重”，《最高人民法院、最高人民检察院关于办理危害计算机信息系统安全刑事案件应用法律若干问题的解释》中明确规定获取一般身份认证信息2500组以上的，应认定为“情节特别严重”，本案被告人非法获取的用户信息量已远远超过此标准，依法应认定为“情节特别严重”。第四，现无证据证实有他人使用被告人赵某某的QQ号登录无锡云主机并从中获取××公司用户数据。第五，关于本案被害单位的经济损失，被害单位计算机系统遭到非法程序入侵后确实需要花费一定的人力、物力进行修复，经济损失客观存在，但仅依据当庭出示的被害单位出具的损失数据尚不足以真实、客观地反映被告人行为给被害单位所造成的经济损失，故不宜以该数据来认定被告人的犯罪情节，但在对被告人量刑时予以考量。综上，本院认为被告人赵某某的行为已完全符合非法获取计算机信息系统数据罪的构成要件，辩护人的相关辩护意见，本院不予采纳。

被告人赵某某到案后能如实供述犯罪事实，当庭自愿认罪，可依法从轻处罚；同时考虑被害单位××公司对被告人表示谅解，对被告人赵某某可适用非监禁刑。依照《中华人民共和国刑法》第二百八十五条第二款、第六十七条第三款、第七十二条、第七十三条、第五十三条之规定，判决如下：

被告人赵某某犯非法获取计算机信息系统数据罪，判处有期徒刑三年，缓刑四年，罚金人民币五千元。

（缓刑考验期限，从判决确定之日起计算。罚金于判决生效后一个月内缴纳。）

被告人赵某某回到社区后，应当遵守法律、法规，服从监督管理，接受教育，完成公益劳动，做一名有益社会的公民。

如不服本判决，可在接到判决书的第二日起十日内，通过本院或者直接向上海市第一中级人民法院提出上诉。书面上诉的，应当提交上诉状正本一份，副本二份。

审判长　苏琼
审判员　凌鸿
人民陪审员　孙宝祥
二〇一三年十一月七日
书记员　吴裕

附：相关法律条文

《中华人民共和国刑法》

第二百八十五条 违反国家规定，侵入国家事务、国防建设、尖端科学技术领域的计算机信息系统的，处三年以下有期徒刑或者拘役。

违反国家规定，侵入前款规定以外的计算机信息系统或者采用其他技术手段，获取该计算机信息系统中存储、处理或者传输的数据，或者对该计算机信息系统实施非法控制，情节严重的，处三年以下有期徒刑或者拘役，并处或者单处罚金；情节特别严重的，处三年以上七年以下有期徒刑，并处罚金。

提供专门用于侵入、非法控制计算机信息系统的程序、工具，或者明知他人实施侵入、非法控制计算机信息系统的违法犯罪行为而为其提供程序、工具，情节严重的，依照前款的规定处罚。

第六十七条 犯罪以后自动投案，如实供述自己的罪行的，是自首。对于自首的犯罪分子，可以从轻或者减轻处罚。其中，犯罪较轻的，可以免除处罚。

被采取强制措施的犯罪嫌疑人、被告人和正在服刑的罪犯，如实供述司法机关还未掌握的本人其他罪行的，以自首论。

犯罪嫌疑人虽不具有前两款规定的自首情节，但是如实供述自己罪行的，可以从轻处罚；因其如实供述自己罪行，避免特别严重后果发生的，可以减轻处罚。

第七十二条 对于被判处拘役、三年以下有期徒刑的犯罪分子，同时符合下列条件的，可以宣告缓刑，对其中不满十八周岁的人、怀孕的妇女和已满七十五周岁的人，应当宣告缓刑：

（一）犯罪情节较轻；

（二）有悔罪表现；

（三）没有再犯罪的危险；

（四）宣告缓刑对所居住社区没有重大不良影响。

宣告缓刑，可以根据犯罪情况，同时禁止犯罪分子在缓刑考验期限内从事特定活动，进入特定区域、场所，接触特定的人。

被宣告缓刑的犯罪分子，如果被判处附加刑，附加刑仍须执行。

第七十三条 拘役的缓刑考验期限为原判刑期以上一年以下，但是不能少于二个月。

有期徒刑的缓刑考验期限为原判刑期以上五年以下，但是不能少于一年。

缓刑考验期限，从判决确定之日起计算。

第五十三条 罚金在判决指定的期限内一次或者分期缴纳。期满不缴纳的，强制缴纳。对于不能全部缴纳罚金的，人民法院在任何时候发现被执行人有可以执行的财产，应当随时追缴。如果由于遭遇不能抗拒的灾祸缴纳确实有困难的，可以酌情减少或者免除。

准确认定网络犯罪具体罪名

——陈某某、王某某、孟某某等人网络犯罪案

【案例要旨】

非法获取网络游戏玩家信息予以出售，购买者借此盗窃玩家游戏账户内虚拟财物的，应区分各行为人主观故意、侵害对象、犯罪手段和犯罪目的等情况，准确认定非法获取计算机信息系统数据罪、非法获取公民个人信息罪和盗窃罪。

【案情简要】

2009年7月中旬，王某某登录上海××软件有限公司运营的网络游戏“××”官方网站时，发现该网站存在系统漏洞。王某某与陈某某经共谋，由陈某某提供技术帮助，王某某使用黑客软件扫描××游戏的服务器，非法获取权限后下载游戏玩家加密的网络个人信息411万余条。8月12日，陈某某以20万元的价格将上述资料信息出售给孟某某。8月14日至9月29日，孟某某伙同他人对上述加密资料信息进行破解，获取了部分游戏玩家的用户名和密码，进而登录游戏玩家账户窃取虚拟游戏装备和游戏币，在淘宝网等网站上销售获利3万余元。

2010年3月19日，徐汇区人民检察院以盗窃罪对孟某某等人提起公诉；6月7日，徐汇区人民法院以盗窃罪判处孟某某有期徒刑3年11个月，并处罚金人民币2万元；11月19日，徐汇区人民检察院以非法获取计算机信息系统数据罪对陈某某、王某某提起公诉；12月7日，徐汇区人民法院以非法获取计算机信息系统数据罪分别判处陈某某、王某某有期徒刑1年缓刑1年，并处罚金人民币2万元。

【典型意义】

本案是一起以黑客手段获取网游公司记载玩家信息的计算机系统数据予以

出售，购买者破解后进而窃取游戏玩家虚拟财产的网络犯罪案件。多名被告人实施了数个客观上相互关联但主观上相对独立的行为，应当根据刑法共同犯罪的规定，准确把握各被告人之间是否具有共同犯罪的故意和行为：陈某某明知王某某有非法获取计算机信息系统数据的行为仍为其提供技术帮助，应认定为共同犯罪；陈某某、王某某不知孟某某等人购买数据是用于盗窃他人虚拟财物，与孟某某等人没有盗窃的共同故意，不构成共同犯罪，应当根据刑法分则规定分别认定罪名。

非法获取计算机信息系统数据罪是《刑法修正案（七）》新设罪名，与窃取虚拟财物的盗窃罪主要区别在于：一是犯罪目的不同。前者以非法获取计算机系统数据为目的，并无出售牟利的要求；后者则是出于非法占有他人财物的目的，行为人是通过非法获得的计算机系统数据而直接占有被侵害者的财物。二是犯罪对象不同。前者非法获取的计算机系统中存储、处理或传输中的数据本身不具有财产属性；后者窃取的虚拟财物，是游戏玩家付出一定时间、一定劳动后产生的价值承载体，在一定范围内可以交易和流通，具有财产属性。三是犯罪客体不同，前者侵害的客体是计算机信息系统安全，是妨害社会管理秩序类犯罪；后者直接侵害了游戏网络运营商或者玩家的财产权利，属侵财类犯罪。

此外，行为人窃取的计算机数据中包含能够识别玩家真实身份的个人信息，同时可能触犯非法获取公民个人信息罪。此时，应着重考察行为目的和情节，其对具有非法获取公民个人信息目的且情节严重的，应以其目的行为确定相应罪名；对其在非法获取计算机数据同时，获得个人信息，但无侵害个人信息安全、自由的目的和行为的，则应认定为侵害计算机信息系统的犯罪。

上海市徐汇区人民检察院
起诉书

沪徐检刑诉〔2010〕598号

被告人陈某某，男，1984年××月××日生，公民身份号码：4101051984×××××××××，汉族，大学文化，无业，户籍地河南省开封市禹王台区××，主本市长宁区××。因本案于2009年9月11日由上海市公安局徐汇分局取保候审，2010年10月19日由本院取保候审。

被告人王某某，男，1988年××月××日生，公民身份号码：4309211989×××××××××，汉族，大学文化，无业，户籍地湖南省南县××乡××村××，住广东省广州市天河区××。因本案于2009年9月11日由上海市公安局徐汇分局取保候审，2010年10月14日由本院取保候审。

本案由上海市公安局徐汇分局侦查终结，以被告人陈某某、王某某涉嫌非法获取计算机信息系统数据罪，于2010年9月10日向本院移送审查起诉。本院受理后，于同月13日告知两名被告人有权委托辩护人；依法讯问了被告人，审查了全部案件材料。

经依法审查查明：

2009年7月中旬，被告人王某某登录由上海××软件有限公司运营的网络游戏“××”的官方网站时，发现该网站存在系统漏洞。后王某某使用“reduh”和“webshell”等软件以在服务器上建立隧道的方式非法侵入××游戏的服务器，并下载了部分游戏玩家数据库资料，主要为游戏玩家的用户名和密码。期间，被告人陈某某在明知王某某上述行为后为其提供技术方面的帮助。

2009年7月下旬，陈某某与王某某商议决定出售非法获取的××游戏玩家数据库资料。后陈某某通过朋友介绍认识了网名为“纵横网络”的人，双方经商议后以5000元的价格成交了一个区的××游戏玩家数据库。此后，因“纵横网络”没有继续向陈某某询问购买事宜，陈某某、王某某遂决定另行寻找买家。

2009年8月初，陈某某与朋友孟某某通过QQ联系，谈妥以20万元的价格出售全部××游戏玩家数据库资料。8月12日，孟某某根据陈某某提供的账号，在上海分别向陈某某的农业银行卡和王某某的工商银行卡各汇了10万元，总计20万元，陈某某将其中8万元存入王某某所有的户名为王某甲的工商银行账户内。当晚，陈某某通过QQ将××游戏玩家数据库资料发给了孟某某。孟某某经上网测试，发现数据库信息不完整，并将情况告知陈某某。次日，王某某再次通过已经建立的隧道，非法侵入××游戏的服务器，下载了剩余的数据库资料，并通过QQ发给陈某某，陈某某将接收的数据库转发给孟某某。经核查，陈某某、王某某非法下载并出售××游戏玩家的用户名和密码共计4117221条。

2009年8月14日、17日，陈某某、王某某先后至派出所投案，如实供述了犯罪事实，并退还了各自全部的犯罪所得。

认定上述事实的主要证据有：

1. 证人孟某某的证言，证实陈某某将非法侵入上海××软件有限公司运营的××游戏服务器后获取的数据库资料以20万元的价格出售给孟某某的事实，该事实另有证人苏某某，方某某、赵某某的证言，陈某某与孟某某的聊天记录等予以佐证；

2. 上海市公安局徐汇分局公共信息网络安全监察队出具的工作情况，证明从陈某某处扣押的IBM手提电脑内查点出csv格式文件26个，总共包含4117221名××游戏玩家的用户名和密码信息；

3. 淘宝网交易记录截图，王某某的证言，证实陈某某与网名为“纵横网络”的人交易一个区××游戏数据库资料的情况；

4. 银行卡账户明细清单，证明孟某某、陈某某、王某某、王某甲所有的银行账户于2009年8月12日的资金存取情况；

5. 证人王某某的证言，上海××软件有限公司出具的损失报告，被删账号客户信息等书证，证实了上海××软件有限公司获悉有人兜售××游戏玩家数据库后报案的情况，以及此后因账号被盗致公司损失情况；

6. 康健新村派出所出具的案发经过，证明了陈某某、王某某的到案经过，以及具有自首情节的说明；

7. 上海市徐汇区人民法院刑事判决书、上海市第一中级人民法院刑事裁定书，证明了孟某某、苏某某、方某某、赵某某等人因犯盗窃罪分别被判处刑罚的情况；

8. 陈某某、王某某的供述，两人对非法侵入××游戏服务器获取数据库资料的犯罪事实供认不讳。

上述证据来源及收集程序合法，内容客观真实，足以认定指控事实。被告人陈某某、王某某对基本犯罪事实无异议。

本院认为，被告人陈某某、王某某采用在服务器上建立隧道的方法，非法侵入××公司营运的××游戏服务器，获取游戏玩家用户名和密码共计410余万条，情节严重，其行为均触犯了《中华人民共和国刑法》第二百八十五条第二款，第二十五条第一款，应当以非法获取计算机信息系统数据罪追究两名被告人共同犯罪的刑事责任。陈某某、王某某系自首，根据《刑法》第六十七条第一款的规定，可以从轻或减轻处罚；两名被告人到案后认罪态度较好且主动退赃，可酌情从轻处罚。根据《中华人民共和国刑事诉讼法》第一百四十一条之规定，提起公诉，请依法审判。

此致

上海市徐汇区人民法院

检　察　员　樊冬云

代理检察员　顾　伟

二〇一〇年十一月十九日

附：1. 侦查卷宗伍册。

2.《证据目录》壹份。

3. 被告人陈某某、王某某现于住处候审。

4. 赃证物品随案移送。

附：相关法律条文

《中华人民共和国刑法》

第六十七条第一款　犯罪以后自动投案，如实供述自己的罪行的，是自首。对于自首的犯罪分子，可以从轻或者减轻处罚。其中，犯罪较轻的，可以免除处罚。

第二百八十五条　违反国家规定，侵入国家事务、国防建设、尖端科学技术领域的计算机信息系统的，处三年以下有期徒刑或者拘役。

违反国家规定，侵入前款规定以外的计算机信息系统或者采用其他技术手段，获取该计算机信息系统中存储、处理或者传输的数据，或者对该计算机信息系统实施非法控制，情节严重的，处三年以下有期徒刑或者拘役，并处或者单处罚金；情节特别严重的，处三年以上七以下有期徒刑，并处罚金。

提供专门用于侵入、非法控制计算机信息系统的程序、工具，或者明知他人实施侵入、非法控制计算机信息系统的违法犯罪行为而为其提供程序、工具，情节严重的，依照前款的规定处罚。

《中华人民共和国刑事诉讼法》

第一百四十一条　人民检察院认为犯罪嫌疑人的犯罪事实已经查清，证据确实、充分，依法应当追究刑事责任的，应当作出起诉决定，按照审判管辖的规定，向人民法院提起公诉。

上海市徐汇区人民法院
刑事判决书

（2010）徐刑初字第793号

公诉机关上海市徐汇区人民检察院。

被告人陈某某，男，1984年××月××日生，汉族，大学文化，上海××信息技术有限公司员工，户籍地河南省开封市禹王台区，住上海市长宁区。2009年9月11日因本案被上海市公安局徐汇分局取保候审。同年10月19日被上海市徐汇区人民检察院取保候审。

被告人王某某，男，1988年××月××日生，汉族，大学文化，广东省××通信公司员工，户籍地湖南省南县，住广东省广州市天河区，2009年9月11日因本案被上海市公安局徐汇分局取保候审，同年10月14日被上海市徐汇区人民检察院取保候审。

上海市徐汇区人民检察院以沪徐检刑诉〔2010〕598号起诉书指控被告人陈某某、王某某犯非法获取计算机信息系统数据罪，于2010年11月22日向本院提起公诉。本院依法组成合议庭，公开开庭进行了审理。上海市徐汇区人民检察院指派代理检察员出庭支持公诉。被告人陈某某、王某某到庭参加诉讼。现已审理终结。

上海市徐汇区人民检察院指控：

2009年7月中旬，被告人王某某登录由上海××软件有限公司（以下简称××公司）运营的网络游戏××的官方网站时，发现该网站存在系统漏洞。后王某某使用“reduh”和“webshell”等软件以在服务器上建立隧道的方式非法侵入××游戏的服务器，并下载了部分游戏玩家数据库资料，主要为游戏玩家的用户名和密码。期间，被告人陈某某在明知王某某上述行为后为其提供技术方面的帮助。

2009年7月下旬，陈某某与王某某商议决定出售非法获取的××游戏玩家数据库资料。后陈某某通过朋友介绍认识了网名为“纵横网络”的人，双方经商议后以人民币5000元（以下币种均为人民币）的价格成交了一个区的××游戏玩家数据库。此后，因“纵横网络”没有继续向陈某某询问购买事宜，陈某某、王某某遂决定另行寻找买家。

2009年8月初，陈某某与朋友孟某某通过QQ联系，谈妥以20万元的价格出售全部××游戏玩家数据库资料。8月12日，孟某某根据陈某某提供的账号，在上海分别向陈某某的农业银行卡和王某某的工商银行卡各汇了10万元，总计20万元，陈某某将其中8万元存入王某某所有的户名为王某甲的工商银行账户内。当晚，陈某某通过QQ将××游戏玩家数据库资料发给了孟某某。孟某某经上网测试，发现数据库信息不完整，并将情况告知陈某某。次日，王某某再次通过已经建立的隧道，非法入侵××游戏的服务器，下载了剩余的数据库资料，并通过QQ发给陈某某，陈某某将接收的数据库转发给孟某某。经核查，陈某某、王某某非法下载并出售××游戏玩家的用户名和密码共计4117221条。

2009年8月14日、17日，被告人陈某某、王某某先后向公安机关投案，如实供述了全部犯罪事实，并退还了各自全部的犯罪所得。

公诉机关认定两名被告人的行为触犯了《中华人民共和国刑法》第二百八十五条第二款、第二十五条第一款之规定，应当以非法获取计算机信息系统数据罪追究两名被告人共同犯罪的刑事责任。鉴于被告人陈某某、王某某系自首，根据《刑法》第六十七条第一款的规定，可以从轻或减轻处罚。两名被告人到案后认罪态度较好且主动退赃，可酌情从轻处罚。建议对被告人陈某某、王某某均判处有期徒刑一年以上并处罚金的刑事处罚。提请依法审判。

经审理查明，上述事实，除被告人陈某某、王某某在庭审中供认不讳外，还有证人孟某某、苏某某、方某某、赵某某、王某某、王某甲的证言笔录、聊天记录、淘宝网交易记录截图、工作情况、银行卡账户明细清单、案发经过、被删账号客户信息、××公司出具的损失报告、刑事判决书、刑事裁定书、案发经过等证据佐证，足以认定。

本院认为，被告人陈某某、王某某采用在服务器上建立隧道的方法，非法侵入××公司营运的××游戏服务器，获取游戏玩家用户名和密码共计410余万条，情节严重，其行为已构成非法获取计算机信息系统数据罪，且系共同犯罪，应予处罚。公诉机关指控的罪名成立。鉴于被告人陈某某、王某某系初犯，有自首情节，并已退出全部涉案赃款，依法予以从轻处罚。公诉机关的量刑建议符合刑法罪刑相适应原则，本院予以采纳。根据本案的事实、性质、情节和对社会的危害程度，依照《中华人民共和国刑法》第二百八十五条第二款，第二十五条第一款，六十七条第一款，第七十二条，第七十三条第二款、第三款，第五十三条之规定，判决如下：

一、被告人陈某某犯非法获取计算机信息系统数据罪，判处有期徒刑一年，缓刑一年，并处罚金人民币二万元。

（缓刑考验期限，从判决确定之日起计算；罚金从本判决生效之日起一个月内向本院缴纳。）

二、被告人王某某犯非法获取计算机信息系统数据罪，判处有期徒刑一年，缓刑一年，并处罚金人民币二万元。

（缓刑考验期限，从判决确定之日起计算；罚金从本判决生效之日起一个月内向本院缴纳。）

陈某某、王某某在社区中，应当遵守法律、法规，服从社区矫正机构的监督管理，接受教育，完成公益劳动，做一名有益社会的公民。

如不服本判决，可在接到判决书的第二日起十日内，通过本院或直接向上海市第一中级人民法院提出上诉。书面上诉的，应当提交上诉状正本一份，副本一份。

审 判 长 彭 涛

审 判 员 罗 涛

人民陪审员 王婉娜

二〇一〇年十二月七日

书 记 员 蒋 骅

DNS 劫持造成严重后果的构成破坏计算机信息系统罪

——付某某、黄某甲破坏计算机信息系统案

【案例要旨】

采用恶意修改互联网用户路由器 DNS 设置的方式劫持用户流量，系对计算机信息系统中存储的数据进行修改的操作，后果严重的，构成破坏计算机信息系统罪。

【案情简要】

2013 年底至 2014 年 10 月，被告人付某某、黄某甲等人租赁多台服务器，使用恶意代码修改互联网用户路由器内的 DNS 设置，进而使用户登录“××××”等导航网站时跳转至其设置的“××××”导航网站。被告人付某某、黄某甲通过上述方式将劫持的互联网用户流量出售给杭州××科技有限公司（“××××”导航网站所有者），违法所得共计人民币 754762.34 元。

2015 年 4 月 2 日，浦东新区人民检察院以被告人付某某、黄某甲构成破坏计算机信息系统罪提起公诉；同年 5 月 20 日，浦东新区人民法院支持指控意见，判处被告人付某某、黄某甲有期徒刑 3 年，缓刑 3 年。该案判决后，二名被告人均未提出上诉，判决现已生效。

【典型意义】

流量劫持是近年来比较常见的互联网行业不正当竞争行为，不仅扰乱互联网行业的正常竞争秩序，恶意侵占竞争对手的市场份额，而且严重侵害普通互联网用户的合法权利，亟须运用法律手段加以规范。本案是全国首例向法院提起公诉的采用 DNS 劫持方法进行流量劫持的新类型案件，对正确认定流量劫持的行为性质，准确运用刑法打击犯罪，具有参考和借鉴作用。

一、DNS 劫持应当认定为破坏计算机信息系统的行为

流量劫持有多种方法，本案采用的 DNS 劫持方法是较为常见的一种。被告人付某某、黄某甲先行在网页广告内植入能修改网民路由器 DNS 设置的代码，网民浏览网页时，代码将网民路由器内 DNS 的 IP 地址修改为其架设的 DNS 的 IP 地址，然后被告人又在其架设的 DNS 内事先设置了想让网民访问的网站 IP 地址，最终网民登录网站时就被强行跳转至被告人想让网民访问的网站。从行为特征看，修改网民路由器内 DNS 的 IP 地址，实质就是对网络设备存储的数据进行修改。根据“两高”《关于办理危害计算机信息系统安全刑事案件应用法律若干问题的解释》第 11 条的规定，计算机信息系统包括网络设备等。据此，DNS 劫持系对计算机信息系统中存储的数据进行修改操作，依法应当认定为破坏计算机信息系统的行为。

二、应当结合行为特征把握流量劫持行为的具体属性

需要注意的是，流量劫持有多种方法，判断行为是构成破坏计算机信息系统罪或属于不正当竞争行为，应当结合行为的具体特征分析，重点关注行为是否对计算机、网络设备、通信设备、自动化控制设备等计算机信息系统中存储、处理或者传输的数据或应用程序进行删除、修改、增加等操作。行为人未采取技术手段破坏用户计算机信息系统，而是采取诱导用户自行进入特定网站的手段以实现流量劫持目的，不能认定为破坏计算机信息系统罪。

上海市浦东新区人民检察院

起 诉 书

沪浦检张江院刑诉〔2015〕1079 号

被告人付某某，男，1993 年××月××日生，公民身份号码6104811993×××××××××，汉族，高中文化，无业，户籍在天津市河东区××园××号楼××门××号。2014 年 11 月 17 日因涉嫌破坏计算机信息系统罪由上海市公安局浦东分局刑事拘留，2014 年 11 月 19 日由上海市公安局浦东分局延长刑事拘留期限至三十日。2014 年 12 月 23 日经本院批准逮捕，同日由上海市公安局浦东分局执行。

被告人黄某甲，男，1982 年××月××日生，公民身份号码4414811982×××××××××，汉族，大学文化，深圳××科技有限公司××，户籍在广东省兴宁市××镇××村××号。2014 年 11 月 17 日因涉嫌破坏计算机信息系统罪由上海市公安局浦东分局刑事拘留，2014 年 11 月 19 日由上海市公安局浦东分局延长刑事拘留期限至三十日。2014 年 12 月 23 日经本院批准逮捕，同日由上海市公安局浦东分局执行。

本案由上海市公安局浦东分局侦查终结，以被告人付某某、黄某甲涉嫌破坏计算机信息系统罪，于 2015 年 1 月 19 日移送本院审查起诉。本院受理后，于 2015 年 1 月 19 日已告知被告人有权委托辩护人；依法讯问了被告人，审查了全部案件材料。经审查，于 2015 年 3 月 4 日退回补充侦查，上海市公安局浦东分局侦查终结，于 2015 年 3 月 13 日移送本院审查起诉。被告人付某某、黄某甲同意对本案适用简易程序审理。

经依法审查查明：

2013 年底至 2014 年 10 月，被告人付某某、黄某甲等人，租赁多台服务器，使用恶意代码修改互联网用户路由器的 DNS 设置，进而使用户登录××××等导航网站时跳转至其设置的××××导航网站，被告人付某某、黄某甲再将获取的互联网用户流量出售给杭州××科技有限公司（××××导航网站所有者），违法所得共计人民币 754762.34 元。

2014 年 11 月 17 日，被告人付某某接公安机关电话通知，主动投案并如实供述了犯罪事实。案发后，被告人付某某让其母亲熊某某打电话劝被告人黄某甲投案，2014 年 11 月 17 日，被告人黄某甲主动投案并如实供述了犯罪事实。

上述事实，有以下证据证实：

1. 扣押决定书、扣押笔录、扣押清单、照片证实，从被告人付某某处查获硬盘 1 只的事实。

2. 聊天记录、收益账户、收入统计表、代码截图等书证证实，被告人付某某与被告人黄某甲、涉案人董某某共谋劫持流量的过程。

3. 由被劫持的被害人签名的情况说明、上海××科技有限公司提供的被劫持被害人劫持情况证实，部分被害人登录网站时被劫持的事实。

4. 调取证据通知书、调取证据清单、由支付宝公司提供的光盘、账户明细打印件证实，被告人付某某收取出售流量钱款及被告人付某某、黄某甲等人用于支出的钱款情况。

5. 证人姜某某证言证实，被告人付某某租用服务器并于 2014 年 10 月份重装系统的事实。

6. 证人黄某乙证言证实，被告人黄某甲注册域名××××的事实。

7. 证人汪某某证言、杭州××公司提供的付款证明证实，杭州××公司为购买流量共支付人民币 754762.34 元的事实。

8. 被害单位证人康某某、于某某证言证实，上海××科技有限公司拥有的导航网站流量被劫持的情况。

9. 上有“1209 代码”字样光盘、上海辰星电子数据司法鉴定中心司法鉴定检验报告书、补充鉴定书证实，（1）在××××的网站上，发现域名“××××”所对应的 IP 地址记录值为“××××”。（2）对送检硬盘中“JC 收益支出”和“JC2 收益支出”进行了固定保全。（3）对送检硬盘 QQ 账号为 1×××××××××（付某某）的用户与 QQ 账号为 2×××××××××（黄某甲）、7××××××（董某某）的用户聊天记录进行了固定保全。（4）对送检硬盘中×××的用户旺旺聊天记录进行了固定保全。（5）对涉案程序代码进行功能检验，发现在特定网络环境中打开包含该程序代码的网页，会将计算机所在网络中路由器的 DNS 设置改成涉案程序代码中设置的 IP 地址。

10. 案发经过、关于付某某、黄某甲到案情况说明证实，本案案发及被告人付某某、黄某甲到案的经过。

11. 被告人付某某、黄某甲均供认不讳。

上述证据来源及收集程序合法，内容客观真实，足以认定指控事实。被告人付某某、黄某甲对基本犯罪事实无异议。

本院认为，被告人付某某、黄某甲违反国家规定，对计算机信息系统中存储的数据进行修改，后果特别严重，其行为已触犯《中华人民共和国刑法》第二百八十六条第一款、第二款，第二十五条第一款的规定，犯罪事实清楚，证据确实、充分，应当以破坏计算机信息系统罪追究刑事责任。被告人付某某、黄某甲均具有自首情节，根据《中华人民共和国刑法》第六十七条第一款，可以从轻或者减轻处罚。被告人付某某具有立功情节，根据《中华人民共和国刑法》第六十八条，可以从轻处罚。根据《中华人民共和国刑事诉讼法》第一百七十二条的规定，提起公诉，请依法审判。

此致

上海市浦东新区人民法院

检察员　杨晓波

二〇一五年三月三十日

附：1. 被告人付某某、黄某甲现羁押于上海市浦东新区看守所。

2. 公安机关侦查卷宗六册。

3.《适用简易程序建议书》一份，《量刑建议书》两式四份。

4. 赃证物品清单一份。

附：相关法律条文

《中华人民共和国刑法》

第六十七条　犯罪以后自动投案，如实供述自己的罪行的，是自首。对于自首的犯罪分子，可以从轻或者减轻处罚。其中，犯罪较轻的，可以免除处罚。

被采取强制措施的犯罪嫌疑人、被告人和正在服刑的罪犯，如实供述司法机关还未掌握的本人其他罪行的，以自首论。

犯罪嫌疑人虽不具有前两款规定的自首情节，如实供述自己罪行的，可以从轻处罚；因其如实供述自己罪行，避免特别严重后果发生的，可以减轻处罚。

第六十八条　犯罪分子有揭发他人犯罪行为，查证属实的，或者提供重要线索，从而得以侦破其他案件等立功表现的，可以从轻或者减轻处罚；有重大立功表现的，可以减轻或者免除处罚。

第二百八十六条第一款、第二款　违反国家规定，对计算机信息系统功能进行删除、修改、增加、干扰，造成计算机信息系统不能正常运行，后果严重的，处五年以下有期徒刑或者拘役；后果特别严重的，处五年以上有期徒刑。

违反国家规定，对计算机信息系统中存储、处理或者传输的数据和应用程序进行删除、修改、增加的操作，后果严重的，依照前款的规定处罚。

《中华人民共和国刑事诉讼法》

第一百七十二条 人民检察院认为犯罪嫌疑人的犯罪事实已经查清，证据确实、充分，依法应当追究刑事责任的，应当作出起诉决定，按照审判管辖的规定，向人民法院提起公诉，并将案卷材料、证据移送人民法院。

上海市浦东新区人民法院
刑事判决书

（2015）浦刑初字第1460号

公诉机关上海市浦东新区人民检察院。

被告人付某某，曾用名付某甲，男，1993年××月××日生，汉族，出生地陕西省兴平市，高中文化，无固定职业，户籍地天津市河东区××园××号楼××门××号；因涉嫌犯破坏计算机信息系统罪于2014年11月17日被上海市公安局浦东分局刑事拘留，同年12月23日被依法逮捕；现羁押于上海市浦东新区看守所。

辩护人杨某某，上海市××律师事务所律师。

被告人黄某甲，男，1982年××月××日生，汉族，出生地广东省兴宁市，大学文化，在业，户籍地广东省兴宁市××镇××村××号；因涉嫌犯破坏计算机信息系统罪于2014年11月17日被上海市公安局浦东分局刑事拘留，同年12月23日被依法逮捕；现羁押于上海市浦东新区看守所。

辩护人马某某，北京××（上海）律师事务所律师。

上海市浦东新区人民检察院以沪浦检张江院刑诉〔2015〕1079号起诉书指控被告人付某某、黄某甲犯破坏计算机信息系统罪，于2015年4月2日向本院提起公诉。本院于同日立案后，依法适用普通程序，组成合议庭，公开开庭审理了本案。上海市浦东新区人民检察院指派检察员杨晓波出庭支持公诉，被告人付某某、黄某甲及辩护人杨某某、马某某到庭参加诉讼。现已审理终结。

经审理查明，2013年底至2014年10月，被告人付某某、黄某甲等人租赁多台服务器，使用恶意代码修改互联网用户路由器的DNS设置，进而使用户登录××××等导航网站时跳转至其设置的××××导航网站，被告人付某某、黄某甲等人再将获取的互联网用户流量出售给杭州××科技有限公司（系××××导航网站所有者），违法所得合计人民币754762.34元。

2014年11月17日，被告人付某某接民警电话通知后自动至公安机关，到案后如实供述了上述犯罪事实。后被告人付某某让其母亲熊某某打电话劝被告人黄某甲投案，2014年11月17日，被告人黄某甲主动投案并如实供述了上述犯罪事实。案发后，公安机关扣押了计算机硬盘一只。

本院审理期间，被告人付某某、黄某甲在亲友的帮助下退缴违法所得人民币754762.34元。

上述事实，被告人付某某、黄某甲在开庭审理过程中亦无异议，且有经庭审质证属实的被害单位员工康某某、于某某的陈述笔录，扣押决定书、扣押笔录、扣押清单、照片，聊天记录、收益账户、收入统计表、代码截图等，由被害人签名的情况说明、上海××科技有限公司提供的相关情况，调取证据通知书、调取证据清单、由支付宝公司提供的光盘及相关支付宝账户明细，证人姜某某、黄某乙的证言笔录，证人汪某某的证言笔录、杭州××科技有限公司提供的付款证明，上有“1209代码”字样光盘、上海辰星电子数据司法鉴定中心司法鉴定检验报告书、补充鉴定书，公安机关出具的案发经过、关于被告人付某某、黄某甲的到案情况说明，被告人付某某、黄某甲的供述笔录等证据证实，足以认定。

本院认为，被告人付某某、黄某甲违反国家规定，对计算机信息系统中存储的数据进行修改，后果特别严重，依照《中华人民共和国刑法》第二百八十六条、第二十五条第一款的规定，均已构成破坏计算机信息系统罪，分别应处五年以上有期徒刑。公诉机关指控被告人付某某、黄某甲犯破坏计算机信息系统罪的事实清楚，证据确实、充分，罪名成立。被告人付某某、黄某甲具有自首情节，依照《中华人民共和国刑法》第六十七条第一款的规定，均可以减轻处罚。被告人付某某让其母亲劝说被告人黄某甲投案，可以酌情从轻处罚。依照《中华人民共和国刑法》第七十二条第一款和第七十三条第二款、第三款的规定，对被告人付某某、黄某甲均可以宣告缓刑。辩护人的相关辩护意见本院予以采纳。依照《中华人民共和国刑法》第六十四条的规定，扣押在案的作案工具以及退缴在案的违法所得应予没收。本院为维护社会公共秩序，判决如下：

一、被告人付某某犯破坏计算机信息系统罪，判处有期徒刑三年，缓刑三年。

（缓刑考验期限，从判决确定之日起计算。）

二、被告人黄某甲犯破坏计算机信息系统罪，判处有期徒刑三年，缓刑三年。

（缓刑考验期限，从判决确定之日起计算。）

三、扣押在案的作案工具以及退缴在案的违法所得予以没收。

付某某、黄某甲回到社区后，应当遵守法律、法规，服从公安、社区矫正等部门的监督管理，接受教育，完成公益劳动，做一名有益社会的公民。

如不服本判决，可在接到判决书的第二日起十日内，通过本院或者直接向上海市第一中级人民法院提出上诉。书面上诉的，应当提交上诉状正本一份，副本二份。

审 判 长 李 俊
代理审判员 白艳利
人民陪审员 朱根初
二〇一五年五月二十日
书 记 员 张小延

附：相关法律条文

《中华人民共和国刑法》

第二百八十六条 违反国家规定，对计算机信息系统功能进行删除、修改、增加、干扰，造成计算机信息系统不能正常运行，后果严重的，处五年以下有期徒刑或者拘役；后果特别严重的，处五年以上有期徒刑。

违反国家规定，对计算机信息系统中存储、处理或者传输的数据和应用程序进行删除、修改、增加的操作，后果严重的，依照前款的规定处罚。

故意制作、传播计算机病毒等破坏性程序，影响计算机系统正常运行，后果严重的，依照第一款的规定处罚。

第二十五条第一款 共同犯罪是指二人以上共同故意犯罪。

第六十七条第一款 犯罪以后自动投案，如实供述自己的罪行的，是自首。对于自首的犯罪分子，可以从轻或者减轻处罚。其中，犯罪较轻的，可以免除处罚。

第七十二条第一款 对于被判处拘役、三年以下有期徒刑的犯罪分子，同时符合下列条件的，可以宣告缓刑，对其中不满十八周岁的人、怀孕的妇女和已满七十五周岁的人，应当宣告缓刑：

（一）犯罪情节较轻；

（二）有悔罪表现；

（三）没有再犯罪的危险；

（四）宣告缓刑对所居住社区没有重大不良影响。

第七十三条 拘役的缓刑考验期限为原判刑期以上一年以下，但是不能少于二个月。

有期徒刑的缓刑考验期限为原判刑期以上五年以下，但是不能少于一年。

缓刑考验期限，从判决确定之日起计算。

第六十四条 犯罪分子违法所得的一切财物，应当予以追缴或者责令退赔；对被害人的合法财产，应当及时返还；违禁品和供犯罪所用的本人财物，应当予以没收。没收的财物和罚金，一律上缴国库，不得挪用和自行处理。

利用微信群组织“红包接龙”并从中牟利的属于开设赌场行为

——何某某等人开设赌场案

【案例要旨】

行为人以牟利为目的，建立微信群并制定配套游戏规则、奖惩机制后，组织他人在该微信群内以发红包、抢红包的方式接龙，从玩家发出的红包中抽头渔利的，系开设赌场行为，符合《刑法》第303条第2款规定的，应以开设赌场罪定罪处罚。

【案情简要】

2015年8月，被告人何某某、吴某某提议建立微信群，组织他人以“抢红包”方式进行牟利，被告人单某某遂建立了名为“面膜288一盒4片”的微信群，被告人何某某、吴某某、单某某三人作为微信群管理员并一起拉人进入该微信群参与赌博。被告人何某某等为该微信群制定了赌博规则，规定“发包人”每次发288元的四人抢红包供群内不特定的四人来抢，由抢到红包金额倒数第二小的参赌者继续发下一个红包，如需代发红包，则由被告人单某某、蒋某某等人作为“代包人”从“发包人”处收取288元，扣除28元代包费后在群内发出一个260元的红包。上述代包费最后均由管理员统一收取、支配（每一笔代包费分别由“代包人”获得8元，管理员获得20元）；该群还规定了奖惩制度，例如抢到“豹子号”“顺子号”红包的，可以获得由管理员发放的相应数额的奖金，“拖包”“赖包”的无权领奖，以制约参与人员。至案发，该群成员最多时达50余人，发放红包500余个，涉案赌资人民币10万余元。

徐汇区人民检察院以开设赌场罪提起公诉后，徐汇区人民法院以开设赌场罪分别判处被告人何某某有期徒刑8个月，并处罚金人民币4千元；被告人吴某某有期徒刑10个月，并处罚金人民币5千元；被告人单某某拘役6个月、缓刑6个月，并处罚金人民币3千元；被告人蒋某某拘役4个月，缓刑4个月，并处罚金人民币2千元。四名被告人均未上诉，判决已生效。

【典型意义】

本案系上海市首例对利用微信群抢红包功能开设赌场的行为予以定罪处罚的新类型案件，对于准确认定涉及移动网络空间的“开设赌场”行为性质、正确把握日常生活中使用微信抢红包功能进行的娱乐活动与违法犯罪行为的界限等，具有借鉴意义；也有助于避免机械理解刑法中开设赌场罪的行为模式，有效打击网络赌博类违法犯罪行为。

一、建立抢红包微信群邀请参赌人员加入并对其进行管理、提供服务等的，系为赌博提供场所的行为

“两高一部”《关于办理网络赌博犯罪案件适用法律若干问题的意见》将虚拟的网络空间视作现实空间的延展，明确利用互联网、移动通讯终端等传输赌博视频、数据，建立赌博网站并接受投注、提供给他人组织赌博、担任代理并接受投注，或者参与赌博网站利润分成的，均属于开设赌场行为。本案被告人建立的抢红包微信群，其本质是借助手机终端以及微信软件形成的、具有一定用户指向性的移动网络空间，被告人具有添加、删除群组成员的管理权限，其他用户不经群主验证同意不得进入，据此，该空间在一定程度上具有独立于其他网络空间的封闭性，被告人将参赌人员加入该微信群并进行管理、服务，应当视作为赌博提供场所。

二、制定“红包接龙”的规则、奖惩机制等，应视作设定赌博方式的行为

本案中，被告人主要通过制定一系列的赌博规则、奖惩机制等对涉案微信群进行管理。首先，微信红包一旦发出，用户抢到的金额大小由系统自动决定的随机性，实际取代了骰子、扑克等传统赌具的功能，而且更加便捷、直观。其次，被告人制定了赌博输赢判定规则。即每轮抢到红包的四个玩家中金额倒数第二小的即为输家，需在群中再发一个红包供其他玩家争抢，使赌博得以轮转、继续。最后，被告人还制定了相应的奖惩机制。例如，抽到“豹子号”“顺子号”红包的玩家可以获得相应数额的奖金、输了不按规定发红包的取消福利、多个账号同时抢红包的移出微信群等。被告人通过上述规则设定了赌博方式，并以此实现对赌场的管理、对赌客的制约。

三、收取“代包费”系抽头渔利行为

是否以营利为目的是区分赌博罪与非罪以及赌博违法犯罪行为的关键。开设赌场的本质是“抽头渔利”，即庄家根据输赢结果抽取一定比例的费用（俗称“水钱”），并以此牟利。本案中，被告人利用微信用户每日发送红包的数量、金额存在一定限制的便利，在微信群中设有专门负责代替输家发红包的“代包人”。“代包人”在一轮抢红包结束后，根据管理员指示从输家处收取转账款，抽取一定金额的代包费后再将剩余金额作为红包发出，经查，代包费最终流向本案的几名被告人，其实质系抽头渔利。

网络时代，随着微信等通信工具的发展和普及，犯罪分子开设赌场的方式也在不断更新，社会危害性更大。本案系通过移动网络空间开设赌场的新类型案件，其针对的是手机用户，既具有传播范围的广泛性，又具有传播对象的不特定性。从被告人的营利模式看，由于其制定的赌博规则简单明了，易于操作，且基本没有犯罪成本，极易迅速蔓延，对此本市各级检察机关必须给予高度重视，在坚持罪刑法定原则的前提下，有效打击各类网络赌博行为，维护良好的社会秩序。

上海市徐汇区人民检察院
起诉书

沪徐检诉刑诉〔2015〕996号

被告人何某某，男，1987年××月××日生，身份证号码：3101071987××××××××，汉族，初中文化，××房产咨询有限公司业务员，户籍地本市普陀区，现住本市普陀区。2008年因犯抢劫罪被上海市嘉定区人民法院判处有期徒刑一年六个月，2010年5月25日刑满释放。因本案于2015年9月8日被上海市公安局徐汇分局刑事拘留，同月11日被释放，当日被取保候审。

被告人单某某，女，1988年××月××日生，身份证号码：3101131988××××××××，汉族，大专文化，上海××投资管理有限公司业务员，户籍地本市静安区，现住本市宝山区。因本案于2015年9月8日被上海市公安局徐汇分局刑事拘留，同月11日被释放，当日被取保候审。

被告人吴某某，男，1988年××月××日生，身份证号码：3101071988××××××××，汉族，初中文化，无业，户籍地本市普陀区，现住本市。2007年因犯诈骗罪被上海市长宁区人民法院判处有期徒刑一年十个月；2011年因犯非法拘禁罪被上海市虹口区人民法院判处有期徒刑二年，2013年3月14日刑满释放。因本案于2015年9月8日被上海市公安局徐汇分局刑事拘留，同月11日被释放，当日被取保候审。

被告人蒋某某，女，1992年××月××日生，身份证号码：3101081992××××××××，汉族，中专文化，无业，户籍在本市普陀区，现住本市。因本案于2015年9月8日被上海市公安局徐汇分局刑事拘留，同月11日被释放，当日被取保候审。

本案由上海市公安局徐汇分局侦查终结，以被告人何某某、单某某、吴某某、蒋某某涉嫌开设赌场罪，于2015年9月28日移送本院审查起诉。本院受理后，于当日已分别告知各被告人有权委托辩护人；依法讯问了被告人，审查了全部案件材料。被告人何某某、单某某、吴某某、蒋某某均对本案同意适用简易程序审理

经依法审查查明：

2015年8月，被告人何某某、吴某某提议建立微信群，以“抢红包”方式进行赌博牟利。同年8月3日，被告人单某某根据何某某、吴某某的提议建立了名为“面膜288一盒4片”的微信群，由何某某、吴某某、单某某一起拉人进入该微信群参与赌博，由单某某及被告人蒋某某等充当“代包人”。该微信群规定，发包人每次发288元的四人抢红包，由抢到红包金额倒数第二小的参赌者继续发下一个红包，如需要由“代包人”代发红包，则需支付“代包人”人民币8元，支付给群主人民币20元。何某某还为该微信群制定赌博规则，设立奖励制度，至案发，该群成员最多时达50余人，发放红包500余个，涉案下赌资10万余元。

2015年8月27日、28日、9月8日，被告人单某某、何某某、吴某某、蒋某某先后向公安机关投案，并交代了全部犯罪事实。

上述事实，有以下证据证明：

1. 证人陈某某、赵某某、刘某某、李某某的证言笔录；

2. 扣押笔录、扣押决定书及扣押清单、微信聊天截屏、微信交易记录清单等书证；

3. 被告人何某某、单某某、吴某某、蒋某某的供述笔录，对上述犯罪事实供认不讳。

本院认为，被告人何某某、单某某、吴某某、蒋某某以营利为目的，结伙开设赌场，其行为均已触犯《中华人民共和国刑法》第三百零三条第二款、第二十五条第一款之规定，犯罪事实清楚，证据确实充分，应当以开设赌场罪追究其共同犯罪的刑事责任。其中，被告人何某某、单某某、吴某某在共同犯罪中起主要作用，根据《中华人民共和国刑法》第二十六条之规定系主犯。被告人蒋某某在共同犯罪中起辅助作用，根据《中华人民共和国刑法》第二十七条之规定，系从犯，应当从轻处罚。何某某、单某某、吴某某、蒋某某均系自首，根据《中华人民共和国刑法》第六十七条第一款之规定，可以从轻处罚。根据《中华人民共和国刑事诉讼法》第一百七十二条的规定，提起公诉，请依法审判。

此致

上海市徐汇区人民法院

检察员　许　军

检察员　顾　伟

二〇一五年十一月十一日

附：1. 被告人何某某现在本市普陀区××路××弄××号××室候审，被告人单某某现在本市宝山区××路××弄××号××室候审，被告人吴某某、蒋某某现在本市××村××号候审，均由上海市公安局徐汇分局执行。

2. 侦查卷宗二册。

3. 《适用简易程序建议书》一份。

4. 量刑建议书四份。

5. 赃证物品随案移送。

上海市徐汇区人民法院
刑事判决书

（2015）徐刑初字第1063号

公诉机关上海市徐汇区人民检察院。

被告人何某某，男，1987年××月××日出生于上海市，汉族，初中文化，系××房产咨询有限公司业务员，户籍地上海市普陀区××村××号××室，住上海市普陀区××路××弄××号××室。2008年因犯抢劫罪被判处有期徒刑一年六个月，2010年5月25日刑满释放。2015年9月8日因本案被上海市公安局徐汇分局刑事拘留，同年9月11日被取保候审。2015年11月13日被本院取保候审。2015年11月30日被逮捕。现羁押于上海市徐汇区看守所。

辩护人雷某某，上海××律师事务所律师，系上海市徐汇区法律援助中心指派。

被告人单某某，女，1988年××月××日出生于上海市，汉族，大专文化，系上海××投资管理有限公司业务员，户籍地上海市静安区××路××弄××号，住上海市宝山区××路××弄××号××室。2015年9月8日因本案被上海市公安局徐汇分局刑事拘留，同年9月11日被取保候审。2015年11月13日被本院取保候审。

辩护人郑某某，上海××律师事务所律师，系上海市徐汇区法律援助中心指派。

被告人吴某某，男，1988年××月××日出生于上海市，汉族，初中文化，无业，户籍地上海市普陀区××路××弄××号，住上海市××村××号。2007年因犯诈骗罪被判处有期徒刑一年十个月；2011年因犯非法拘禁罪被判处有期徒刑二年，2013年3月14日刑满释放。2015年9月8日因本案被上海市公安局徐汇分局刑事拘留，同年9月11日被取保候审。2015年11月13日被本院取保候审。2015年11月30日被逮捕。现羁押于上海市徐汇区看守所。

辩护人叶某某，上海××律师事务所律师，系上海市徐汇区法律援助中心指派。

被告人蒋某某，女，1992年××月××日出生于上海市，汉族，中专文化，无业，户籍地上海市普陀区××路××村××号××室，住上海市××村××号。2015年9月8日因本案被上海市公安局徐汇分局刑事拘留，同年9月11日被取保候审。2015年11月13日被本院取保候审。

辩护人康某某，上海市××律师事务所律师，系上海市徐汇区法律援助中心指派。

上海市徐汇区人民检察院以沪徐检诉刑诉〔2015〕996号起诉书指控被告人何某某、单某某、吴某某、蒋某某犯开设赌场罪，于2015年11月11日向本院提起公诉。本院于2015年11月13日立案，依法适用普通程序，组成合议庭，公开开庭审理了本案。上海市徐汇区人民检察院指派检察员许军出庭支持公诉，被告人何某某及其辩护人雷某某、被告人单某某及其辩护人郑某某、被告人吴某某及其辩护人叶某某、被告人蒋某某及其辩护人康某某到庭参加诉讼。现已审理终结。

上海市徐汇区人民检察院指控：2015年8月，被告人何某某、吴某某提议建立微信群，以“抢红包”方式进行赌博牟利。同年8月3日，被告人单某某根据被告人何某某、吴某某的提议建立了名为“面膜288一盒4片”的微信群，由被告人何某某、吴某某、单某某一起拉人进入该微信群参与赌博，由被告人单某某及被告人蒋某某等充当“代包人”。该微信群规定，发包人每次发288元的四人抢红包，由抢到红包金额倒数第二小的参赌者继续发下一个红包，如需要由“代包人”代发红包，则需要支付“代包人”人民币8元，支付给群主人民币20元。被告人何某某还为该微信群制定赌博规则，设立奖励制度，至案发，该群成员最多时达50余人，发放红包500余个，涉案下赌资10万余元。2015年8月27日、28日、9月8日，被告人单某某、何某某、吴某某、蒋某某先后向公安机关投案，并交代了全部犯罪事实。公诉机关认定被告人何某某、单某某、吴某某、蒋某某的行为触犯了《中华人民共和国刑法》第三百零三条第二款、第二十五条第一款、第二十六条、第二十七条、第六十七条第一款之规定，应当以开设赌场罪追究被告人何某某、单某某、吴某某、蒋某某共同犯罪的刑事责任。提请依法审判。

被告人何某某、单某某、吴某某、蒋某某对起诉书指控的犯罪事实和罪名均无异议。

被告人何某某的辩护人认为，被告人具有自首情节，到案后认罪态度较好，建议法院对其从轻处罚。

被告人单某某的辩护人认为，被告人系初犯、没有前科劣迹，并具有自首情节，建议法院对其从轻处罚。

被告人吴某某的辩护人认为，被告人系自首，且社会危害性较小，建议法院对其从轻处罚。

被告人蒋某某的辩护人认为，被告人主观恶性较小，有自首情节，系从犯，建议法院对其从轻处罚。

经审理查明，公诉机关指控的上述犯罪事实，有证人陈某某、赵某某、刘某某、李某某等人的证言，扣押笔录、扣押决定书、扣押清单、微信聊天截屏、微信交易记录清单、现场勘验笔录及被告人何某某、单某某、吴某某、蒋某某的供述等证据证实。

上述证据均经当庭出示、辨认、质证等法庭调查程序查证属实，证据确实、充分。

本院认为，被告人何某某、单某某、吴某某、蒋某某结伙以营利为目的，开设赌场，组织多人采用向微信群内发放并抢夺红包的方式进行赌博，其行为均已构成开设赌场罪，且系共同犯罪，应予处罚。公诉机关的指控成立。被告人何某某曾因犯罪受过刑事处罚；被告人吴某某曾因犯罪被判处有期徒刑，在刑罚执行完毕后五年以内再犯应当判处有期徒刑以上刑罚之罪，系累犯，依法应予从重处罚。被告人何某某、单某某、吴某某在共同犯罪中起主要作用，系主犯；被告人蒋某某在共同犯罪中起辅助作用，系从犯，依法予以从轻处罚。鉴于被告人何某某、单某某、吴某某、蒋某某系自首，依法分别予以从轻处罚。根据各名被告人在共同犯罪中的作用、本案的事实、性质、情节、社会危害性等，依照《中华人民共和国刑法》第三百零三条第二款，第二十五条第一款，第二十六条，第二十七条，第六十五条第一款，第六十七条第一款，第七十二条第一款、第三款，第七十三条第一款、第三款，第五十三条，第六十四条之规定，判决如下：

一、被告人何某某犯开设赌场罪，判处有期徒刑八个月，并处罚金人民币四千元。

（刑期从判决执行之日起计算。判决执行以前先行羁押的，羁押一日折抵刑期一日，即自2015年11月30日起至2016年7月25日止。罚金自本判决生效之日起一个月内缴纳。）

二、被告人单某某犯开设赌场罪，判处拘役六个月，缓刑六个月，并处罚金人民币三千元。

（缓刑考验期限，从判决确定之日起计算。罚金自本判决生效之日起一个月内缴纳。）

三、被告人吴某某犯开设赌场罪，判处有期徒刑十个月，并处罚金人民币五千元。

（刑期从判决执行之日起计算。判决执行以前先行羁押的，羁押一日折抵刑期一日，即自2015年11月30日起至2016年9月25日止。罚金自本判决生效之日起一个月内缴纳。）

四、被告人蒋某某犯开设赌场罪，判处拘役四个月，缓刑四个月，并处罚金人民币二千元。

（缓刑考验期限，从判决确定之日起计算。罚金自本判决生效之日起一个月内缴纳。）

五、缴获的违禁品及违法所得予以没收。

被告人单某某、蒋某某，回到社区后，应当遵守法律、法规，服从社区矫正机构的监督管理，接受教育，完成公益劳动，做有益社会的公民。

如不服本判决，可在接到判决书的第二日起十日内，通过本院或者直接向上海市第一中级人民法院提出上诉。书面上诉的，应当提交上诉状正本一份，副本一份。

审 判 长 薛 振
审 判 员 朱锡伟
人民陪审员 刘绿华
二〇一五年十一月三十日
书 记 员 杨莉莉

附：相关法律条文

《中华人民共和国刑法》

第三百零三条第二款 开设赌场的，处三年以下有期徒刑、拘役或者管制，并处罚金；情节严重的，处三年以上十年以下有期徒刑，并处罚金。

第二十五条第一款 共同犯罪是指二人以上共同故意犯罪。

第二十六条 组织、领导犯罪集团进行犯罪活动的或者在共同犯罪中起主要作用的，是主犯。

三人以上为共同实施犯罪而组成的较为固定的犯罪组织，是犯罪集团。

对组织、领导犯罪集团的首要分子，按照集团所犯的全部罪行处罚。

对于第三款规定以外的主犯，应当按照其所参与的或者组织、指挥的全部犯罪处罚。

第二十七条 在共同犯罪中起次要或者辅助作用的，是从犯。

对于从犯，应当从轻、减轻处罚或者免除处罚。

第六十五条第一款 被判处有期徒刑以上刑罚的犯罪分子，刑罚执行完毕或者赦免以后，在五年以内再犯应当判处有期徒刑以上刑罚之罪的，是累犯，应当从重处罚，但是过失犯罪和不满十八周岁的人犯罪的除外。

第六十七条第一款 犯罪以后自动投案，如实供述自己的罪行的，是自首。对于自首的犯罪分子，可以从轻或者减轻处罚。其中，犯罪较轻的，可以免除处罚。

第七十二条第一款、第三款 对于被判处拘役、三年以下有期徒刑的犯罪分子，同时符合下列条件的，可以宣告缓刑，对其中不满十八周岁的人、怀孕的妇女和已满七十五周岁的人，应当宣告缓刑：

（一）犯罪情节较轻；

（二）有悔罪表现；

（三）没有再犯罪的危险；

（四）宣告缓刑对所居住社区没有重大不良影响。

被宣告缓刑的犯罪分子，如果被判处附加刑，附加刑仍须执行。

第七十三条第一款、第三款 拘役的缓刑考验期限为原判刑期以上一年以下，但是不能少于二个月。

缓刑考验期限，从判决确定之日起计算。

第五十三条 罚金在判决指定的期限内一次或者分期缴纳。期满不缴纳的，强制缴纳。对于不能全部缴纳罚金的，人民法院在任何时候发现被执行人有可以执行的财产，应当随时追缴。

由于遭遇不能抗拒的灾祸等原因缴纳确实有困难的，经人民法院裁定，可以延期缴纳、酌情减少或者免除。

第六十四条 犯罪分子违法所得的一切财物，应当予以追缴或者责令退赔；对被害人的合法财产，应当及时返还；违禁品和供犯罪所用的本人财物，应当予以没收。没收的财物和罚金，一律上缴国库，不得挪用和自行处理。

区分娱乐场所正常经营与开设赌场行为准确认定新类型开设赌场犯罪的性质

——朱某甲等十三人开设赌场案

【案例要旨】

采用新手段、呈现新类型的赌博犯罪日趋猖獗，办案中要准确把握新类型赌博犯罪的定罪标准，区分赌博犯罪与一般性娱乐活动的界限，加大对新类型赌博犯罪的打击力度。

【案情简要】

2012年7月起，被告人朱某甲、戴某甲在未取得经营许可的情况下，擅自在本市浦东新区某处开设“上海××俱乐部”，雇用被告人代某某等11人，从事收银、发牌等工作，以“精英赛型德州扑克”的形式供他人进行聚众赌博。参加者以人民币兑换积点，再换赌博筹码，最低充值100元人民币，上不封顶；参加者可随意加入或退出；参加者可用手中的筹码换成积点存入会员卡内，也可用会员卡内的积点兑换手机、平板电脑等相应奖品。组织方按照当天赌博活动的总收入抽取20%，收取参加者每人每小时36元的台费，会员在兑换奖品时再以拉POS机的手续费名义扣除其3%的积点，从中抽头渔利。2012年11月1日，公安机关在该俱乐部抓获朱某甲等13人以及参赌人员30余人。

浦东新区人民检察院以开设赌场罪对朱某甲等13人提起公诉，浦东新区人民法院开庭审理后以开设赌场罪判处被告人朱某甲拘役6个月，缓刑6个月，罚金人民币8万元；判处被告人戴某甲拘役6个月，缓刑6个月，罚金人民币5万元；对被告人代某某等11人亦被判处相应刑罚。本案判决已经生效。

【典型意义】

本案是上海市办理的首例通过设立俱乐部以举办“德州扑克”比赛形式

开设赌场，进行聚众赌博的犯罪案件。浦东新区人民检察院依法对案件提起公诉并被法院作出有罪判决，对于上海市检察机关办理新类型赌博犯罪案件，具有借鉴意义。

一、正确厘清新类型赌博犯罪特征

“德州扑克”本身是一种娱乐形式，其中“组织比赛型德州扑克”，通过扑克比赛，对成绩优异者进行财物奖励，系具有竞技性比赛内容的一般性娱乐活动。但“精英赛型德州扑克”中通过游戏形式进行聚众赌博，因此办案中应正确把握赌博的特征。赌博的本质特征在于参加者以营利为目的根据事先约定的规则，以偶然因素决定财物归属。一是主观上以投机营利为目的。以较少的投入获取较多财富，甚至不劳而获，参与赌博者的主要目的在于获取一定的财物、财产性利益。二是客观上行为人互争胜负以决定财物的输赢结果取决于偶然的事实，且偶然因素是双方行为人主观上不能预见、不能确定或不能支配的。三是赌博行为的标的是财物及各种财产性利益。胜者可以直接获取钱财，也可能获得代金券等权利凭证再兑付为现金或物品。本案中，经营者对投注金额上不封顶，比赛所涉及的输赢金额也没有限制，系典型的“精英赛型德州扑克”。双方主观上存在明显的投机对赌性质，客观上以比赛结果决定筹码归属，虽然筹码不能直接兑换成现金，仅淡化了赌博的表象，但不妨碍其投机营利的赌博本质。2012 年 10 月 29 日，公安部治安管理局在对天津市公安局治安总队相关请示的答复精神中明确，“德州扑克俱乐部”以“德州扑克”游戏为名，通过缴纳报名费或者现金换取筹码参加比赛的形式，赢取现金、有价证券或者其他财物，和从中抽头渔利的行为，应当认定为赌博。

二、正确区分赌博行为与一般娱乐活动、竞技性赛事的界限

首先是主观目的不同。赌博的主观目的是投机营利。亲朋好友之间以棋牌、麻将等方式娱乐消遣，参与者的主要目的是追求娱乐和对自己技术上的肯定，以激励各方参与；竞技性赛事中设置奖金是为了吸引更多优秀选手参与，激励其高水平发挥。

其次是奖励数额大小。娱乐消遣输赢所涉及的财物数额较小，竞技性赛事奖励金额相对固定、少量。赌博者在投机营利心理驱使下，只要双方合意达成，其赌注可大可小，上不封顶。

三、正确区分娱乐场所正常经营行为与开设赌场行为的界限

传统的开设赌场行为是指“设立、承包、租赁专门用于赌博活动的场所、提供赌博工具的行为”。开设俱乐部进行娱乐活动，则是一种正常的经营活动，但利用俱乐部游戏活动进行聚众赌博活动属于新类型的开设赌场活动。正常经营活动与开设赌场的区分：一是看收取服务费的方式。正常经营行为应该是收取固定费用。开设赌场则一般采取根据赌博人员参赌获利金额“抽水”提成的方式收钱。二是看收取服务费的金额。正常经营行为收取固定费用，应该符合物价部门审核批准的项目和标准。开设赌场收取的是参赌人的台费、报名费等。三是看提供的娱乐用具。正常经营行为一般只提供扑克、麻将、象棋等常规普通的娱乐用具，不提供兑换筹码服务。对新类型赌博犯罪活动，办案中要准确把握赌博的本质特征及与一般娱乐活动的区别，加大依法打击的力度。

上海市浦东新区人民检察院
起 诉 书

沪浦检刑诉〔2013〕1399号

被告人朱某甲，男，1971年××月××日生，公民身份号码：3204041971×××××××××，汉族，大学文化，系上海××投资有限公司××，户籍在江苏省常州市××区××家园××幢××单元××室，住上海市浦东新区××路××弄××号××室。

被告人戴某甲，男，1978年××月××日生，公民身份号码：3101101978×××××××××，汉族，大专文化，无业，户籍在上海市虹口区××路××村××号××室，住上海市浦东新区××村××号××室。

被告人代某某，男，1992年××月××日生，公民身份号码：3412241992×××××××××，汉族，初中文化，农民，户籍在安徽省蒙城县××镇××村××庄××号。

被告人刘某甲，女，1986年××月××日生，公民身份号码：3101061986×××××××××，汉族，大专文化，无业，户籍在上海市静安区××路××弄××号××室，住上海市黄浦区××路××号。

被告人刘某乙，男，1990年××月××日生，公民身份号码：3412241990×××××××××，汉族，初中文化，农民，户籍在安徽省蒙城县××镇××村××庄××号。

被告人宋某甲，男，1990年××月××日生，公民身份号码：4104261990×××××××××，汉族，初中文化，农民，户籍在河南省襄城县××镇××村××号附××号。

被告人徐某甲，男，1987年××月××日生，公民身份号码：3402211987×××××××××，汉族，大专文化，系上海××房地产顾问有限公司××，户籍在安徽省芜湖市××县××镇××路××号。

被告人曹某某，男，1988年××月××日生，公民身份号码：3210811988×××××××××，汉族，初中文化，农民，户籍在江苏省仪征市××乡××村××组××号。

被告人梁某甲，男，1983年××月××日生，公民身份号码：3404211983××××××××，汉族，初中文化，农民，户籍在安徽省凤台县××镇××村××队××号。

被告人王某甲，男，1988年××月××日生，公民身份号码：3210811988××××××××，汉族，中专文化，农民，户籍在江苏省仪征市××乡××村××组××号。

被告人梁某乙，男，1988年××月××日生，公民身份号码：3404211988××××××××，汉族，初中文化，农民，户籍在安徽省凤台县××镇××村××队××号。

被告人刘某丙，女，1988年××月××日生，公民身份号码：3207241988××××××××，汉族，中专文化，无业，户籍在江苏省无锡市××区××路××号。

被告人阮某某，女，1989年××月××日生，公民身份号码：3402211989××××××××，汉族，中专文化，无业，户籍在江苏省无锡市××区××巷××号。

被告人朱某甲、戴某甲、代某某、刘某甲、刘某乙、宋某甲、徐某甲、曹某某、梁某甲、王某甲、梁某乙、刘某丙、阮某某均因涉嫌开设赌场罪于2012年11月2日被上海市公安局浦东分局刑事拘留，2012年11月5日由上海市公安局浦东分局延长刑事拘留期限至三十日，2012年11月29日被上海市公安局浦东分局取保候审。

本案由上海市公安局浦东分局侦查终结，以被告人朱某甲、戴某甲、代某某、刘某甲、刘某乙、宋某甲、徐某甲、曹某某、梁某甲、王某甲、梁某乙、刘某丙、阮某某涉嫌开设赌场罪，于2013年2月4日移送本院审查起诉。本院受理后，于2013年2月4日至6日已分别告知被告人有权委托辩护人；依法讯问了被告人，审查了全部案件材料。

经依法审查查明：

2012年7月起，被告人朱某甲、戴某甲在上海市浦东新区××路××号地下一层开设“上海××俱乐部”，先后雇用被告人代某某、刘某甲、刘某乙、宋某甲、徐某甲、曹某某、梁某甲、王某甲、梁某乙、刘某丙、阮某某等人为工作人员，在上述俱乐部内以“德州扑克”形式供他人进行赌博活动，并从中抽头渔利。2012年11月1日，该俱乐部被公安机关当场查获。

上述事实，有以下证据证明：

1. 被告人朱某甲、戴某甲、代某某、刘某甲、刘某乙、宋某甲、徐某甲、曹某某、梁某甲、王某甲、梁某乙、刘某丙、阮某某的供述，证实上述犯罪事实；

2. 证人孙某甲、朱某乙等人的证言及辨认笔录，证实其在上述俱乐部内参与赌博的事实；

3. 上海市公安局浦东分局扣押物品清单、收缴物品清单及中国农业银行现金缴款单，证实涉案赌资、计算机等物品的扣押、收缴情况；

4. 上海市公安局浦东分局行政处罚决定书，证实孙某甲、朱某乙等涉案参赌人员均已被处以行政处罚；

5. 上海市公安局浦东分局出具的案发经过，证实抓获被告人朱某甲、戴某甲、代某某、刘某甲、刘某乙、宋某甲、徐某甲、曹某某、梁某甲、王某甲、梁某乙、刘某丙、阮某某的经过。

上述证据收集程序合法，内容客观真实，足以认定指控事实。被告人朱某甲、戴某甲、代某某、刘某甲、刘某乙、宋某甲、徐某甲、曹某某、梁某甲、王某甲、梁某乙、刘某丙、阮某某对基本犯罪事实均无异议。

本院认为，被告人朱某甲、戴某甲、代某某、刘某甲、刘某乙、宋某甲、徐某甲、曹某某、梁某甲、王某甲、梁某乙、刘某丙、阮某某以营利为目的，开设赌场，或直接提供经营帮助，供他人进行赌博活动，其行为均已触犯《中华人民共和国刑法》第三百零三条第二款，犯罪事实清楚，证据确实、充分，应当以开设赌场罪追究其刑事责任。被告人朱某甲、戴某甲、代某某、刘某甲、刘某乙、宋某甲、徐某甲、曹某某、梁某甲、王某甲、梁某乙、刘某丙、阮某某系共同犯罪，适用《中华人民共和国刑法》第二十五条第一款之规定。其中被告人朱某甲、戴某甲在本次共同犯罪中起主要作用，是主犯，适用《中华人民共和国刑法》第二十六条第一款之规定；被告人代某某、刘某甲、刘某乙、宋某甲、徐某甲、曹某某、梁某甲、王某甲、梁某乙、刘某丙、阮某某起辅助作用，是从犯，适用《中华人民共和国刑法》第二十七条之规定，应当从轻处罚。被告人朱某甲、戴某甲、代某某、刘某甲、刘某乙、宋某甲、徐某甲、曹某某、梁某甲、王某甲、梁某乙、刘某丙、阮某某均能如实供述自己的罪行，适用《中华人民共和国刑法》第六十七条第三款之规定，可以从轻处罚。依照《中华人民共和国刑事诉讼法》第一百七十二条之规定，提起公诉，请依法审判。

此致

上海市浦东新区人民法院

检察员　陈　钢

二〇一三年五月二十九日

附：1. 被告人朱某甲、戴某甲、代某某、刘某甲、刘某乙、宋某甲、徐某甲、曹某某、梁某甲、王某甲、梁某乙、刘某丙、阮某某现均取保候审于其暂住处（联系电话：1347269××××，1361197××××，1376432××××，1366158××××，1363643××××，1316198××××，1502121××××，1861614××××，1870180××××，1350178××××，1508868××××，1396179××××，1560195××××）。

2. 公安侦查卷宗6册。

3.《赃证物品清单》1份。

附：相关法律条文

《中华人民共和国刑法》

第二十五条第一款 共同犯罪是指二人以上共同故意犯罪。

第二十六条第一款 组织、领导犯罪集团进行犯罪活动的或者在共同犯罪中起主要作用的，是主犯。

第二十七条 在共同犯罪中起次要或者辅助作用的，是从犯。

对于从犯，应当从轻、减轻处罚或者免除处罚。

第六十七条第三款 犯罪嫌疑人虽不具有前两款规定的自首情节，但是如实供述自己罪行的，可以从轻处罚；因其如实供述自己罪行，避免特别严重后果发生的，可以减轻处罚。

第三百零三条第二款 开设赌场的，处三年以下有期徒刑、拘役或者管制，并处罚金；情节严重的，处三年以上十年以下有期徒刑，并处罚金。

《中华人民共和国刑事诉讼法》

第一百七十二条 人民检察院认为犯罪嫌疑人的犯罪事实已经查清，证据确实、充分，依法应当追究刑事责任的，应当作出起诉决定，按照审判管辖的规定，向人民法院提起公诉，并将案卷材料、证据移送人民法院。

上海市浦东新区人民法院
刑事判决书

（2013）浦刑初字第1777号

公诉机关上海市浦东新区人民检察院。

被告人朱某甲，男，1971年××月××日生，汉族，出生地江苏省常州市，大学文化，系上海××投资有限公司××，户籍地江苏省常州市××区××家园××幢××单元××室。

辩护人安某某，上海××律师事务所律师。

被告人戴某甲，男，1978年××月××日生，汉族，出生地上海市，大专文化，无业，户籍地上海市虹口区××路××村××号××室。

被告人代某某，男，1992年××月××日生，汉族，出生地安徽省蒙城县，初中文化，农民，户籍地安徽省蒙城县××镇××村××庄××号。

被告人刘某甲，女，1986年××月××日生，汉族，出生地上海市，大专文化，无业，户籍地上海市静安区××路××弄××号××室。

被告人刘某乙，男，1990年××月××日生，汉族，出生地安徽省蒙城县，初中文化，农民，户籍地安徽省蒙城县××镇××村××庄××号。

被告人宋某甲，男，1990年××月××日生，汉族，出生地河南省襄城县，初中文化，农民，户籍地河南省襄城县××镇××村××号附××号。

被告人徐某甲，男，1987年××月××日生，汉族，出生地安徽省芜湖市，大专文化，系上海××房地产顾问有限公司××，户籍地安徽省芜湖市××县××镇××路××号。

被告人曹某某，男，1988年××月××日生，汉族，出生地江苏省仪征市，初中文化，农民，户籍地江苏省××市××乡××村××组××号。

被告人梁某甲，男，1983年××月××日生，汉族，出生地安徽省凤台县，初中文化，农民，户籍地安徽省凤台县××镇××村××队××号。

被告人王某甲，男，1988年××月××日生，汉族，出生地江苏省仪征市，中专文化，农民，户籍地江苏省仪征市××乡××村××组××号。

被告人梁某乙，男，1988年××月××日生，汉族，出生地安徽省凤台县，初中文化，农民，户籍地安徽省凤台县××镇××村××队××号。

被告人刘某丙，女，1988年××月××日生，汉族，出生地江苏省无锡市，中专文化，无业，户籍地江苏省无锡市××区××路××号。

被告人阮某某，女，1989年××月××日生，汉族，出生地江苏省无锡市，中专文化，无业，户籍地江苏省无锡市××区××巷××号。

上列被告人均因本案于2012年11月2日被刑事拘留，同年11月5日被延长刑事拘留期限至三十日，同年11月29日取保候审。

上海市浦东新区人民检察院以沪浦检刑诉〔2013〕1399号起诉书指控上列被告人犯开设赌场罪，于2013年5月31日向本院提起公诉。本院适用普通程序，依法组成合议庭，公开开庭审理了本案。上海市浦东新区人民检察院指派检察员陈钢出庭支持公诉。被告人朱某甲及其辩护人安某某、被告人戴某甲、代某某、刘某甲、刘某乙、宋某甲、徐某甲、曹某某、梁某甲、王某甲、梁某乙、刘某丙、阮某某到庭参加诉讼。现已审理终结。

上海市浦东新区人民检察院指控：

2012年7月起，被告人朱某甲、戴某甲在上海市浦东新区××路××号地下一层开设“上海市××俱乐部”，先后雇用被告人代某某、刘某甲、刘某乙、宋某甲、徐某甲、曹某某、梁某甲、王某甲、梁某乙、刘某丙、阮某某等人为工作人员，在上述俱乐部内以“德州扑克”形式供他人进行赌博活动，并从中抽头渔利。2012年11月1日，该俱乐部被公安机关当场查获。

公诉机关为证实上述指控，当庭讯问了被告人，宣读和出示了上列被告人供述，证人孙某甲、朱某乙等人的证言及辨认笔录，上海市公安局浦东分局扣押物品清单、收缴物品清单及现金缴款单，行政处罚决定书，案发经过等证据。公诉机关认为，上列被告人以营利为目的开设赌场或者直接提供经营帮助，供他人进行赌博活动，应当以开设赌场罪追究刑事责任。其中被告人朱某甲、戴某甲系主犯，其余被告人系从犯，全案被告人均系坦白。依法提审判。

上列被告人及辩护人对公诉机关的指控无异议。

经本院审理查明事实与公诉机关指控事实相同。

上述事实，有经庭审质证，本院确认的如下证据证实：

1. 证人孙某甲、朱某乙、陈某甲、孙某乙、陆某某、李某甲、陈某乙等人的证言及辨认笔录。证实2012年11月1日，在浦东新区××路××号地下一层“上海××德州扑克俱乐部”实施“德州扑克”赌博活动时被当场查获的情况。

2. 证人党某某、葛某某的证言。分别证实2012年11月1日在浦东新区×

×路××号的“德州扑克”赌博情况和被告人朱某甲为该俱乐部负责人的情况。

3. 上海市公安局浦东分局扣押物品清单、收缴物品清单及中国农业银行的现金缴款单。证实涉案作案工具及赌资分别被扣押和收缴。

4. 上海市公安局浦东分局行政处罚决定书。证实涉案参赌人员均已被行政处罚。

5. 案发经过。证实2012年11月1日20时15分许，浦东公安分局在上海市浦东新区××路××号地下一层“上海××俱乐部”内，当场抓获朱某甲等在场涉赌人员。

6. 被告人朱某甲的供述。证实该“上海××俱乐部”系其与被告人戴某甲一起开设的，其任老板，戴某甲任经理。该俱乐部自2012年7月开始营业，并通过网络微博发帖招募会员，每个会员用人民币充值，一元人民币相当于一万个积点，最低充值一百元人民币，由工作人员根据积点换取筹码。会员可以选择组织比赛型和精英赛两种“德州扑克”玩法。玩家赢得所有筹码后根据该2种形式分别排出前三名和兑换为积点存入会员卡。俱乐部通过收取每人每小时36元的台费和3%的积点手续费、组织比赛门票收入作为营利来源，每天的营业收入也是收银员直接交给其。该俱乐部其持80%的股份，戴某甲持5%的股份，年终按照比例分红。

7. 被告人戴某甲的供述。证实其和朱某甲一起开设该“上海××俱乐部”，平时由其负责对俱乐部服务员的监督及日常管理，并对朱某甲汇报工作，俱乐部中的服务人员、设备均由其操办。案发当天，共有四桌三十多人在进行组织比赛型的玩法，当时四桌发牌的人员分别是被告人徐某甲、梁某乙、代某某、宋某甲。其他的工作人员端茶或卖零食，过一段时间再替换发牌人员。该俱乐部由朱某甲持有30%的股份，自己持有5%的股份。年终时根据该比例分配俱乐部盈利。

8. 被告人刘某甲的供述。证实其自2012年7月1日在该“上海××俱乐部”担任吧台收银工作。组织比赛形式的“德州扑克”按照门票收入的20%作为获利，精英赛收取每人每小时36元作为台费。具体赌博是由发牌的工作人员向会员发2张牌，然后进行投注，投注几轮后，手中牌与台面上的公牌进行配对，谁大谁就赢下所有桌面赌注。平时场子是戴某甲管理的，朱某甲是老板。

9. 被告人曹某某的供述。证实其在该“上海××俱乐部”担任发牌工作，有时顶一会收银台的工作。该俱乐部内是在进行“德州扑克”形式的下注赌博活动。

10. 被告人宋某甲的供述。证实其在该“上海××俱乐部”担任发牌、端茶送水、偶尔收银的工作。该俱乐部内是在进行“德州扑克”形式的下注赌博活动。

11. 被告人刘某乙的供述。证实其在该“上海××俱乐部”担任发牌、端茶送水的工作。该俱乐部内是在进行“德州扑克”形式的下注赌博活动。

12. 被告人刘某丙的供述。证实其在该“上海××俱乐部”担任发牌的工作。该俱乐部内是在进行“德州扑克”形式的下注赌博活动。

13. 被告人徐某甲的供述。证实其在该“上海××俱乐部”担任发牌、端茶卖零食的工作。该俱乐部内是在进行“德州扑克”形式的下注赌博活动。

14. 被告人代某某的供述。证实其在该“上海××俱乐部”担任发牌、端茶卖零食的工作。该俱乐部内是在进行“德州扑克”形式的下注赌博活动。

15. 被告人梁某乙的供述。证实其自2012年8月起在该“上海××俱乐部”担任发牌、端茶送水的工作。该俱乐部内是在进行“德州扑克”形式的下注赌博活动。

16. 被告人王某甲的供述。证实其在该“上海××俱乐部”担任监管赛事、偶尔收银的工作。该俱乐部内是在进行“德州扑克”形式的下注赌博活动。老板是朱某甲和戴某甲。

17. 被告人梁某甲的供述。证实其在该“上海××俱乐部”担任发牌、端茶送水的工作。该俱乐部内是在进行“德州扑克”形式的下注赌博活动。其是戴某甲招聘进来的。

18. 被告人阮某某的供述。证实其在该“上海××俱乐部”担任发牌、偶尔收银的工作。该俱乐部内是在进行“德州扑克”形式的下注赌博活动。

本院认为，以营利为目的，设立、承包、租赁专门用于赌博活动的场所，提供赌博用具的，或者明知他人系开设赌场，而提供经营管理帮助的，是刑法所规定的“开设赌场”。本案中，被告人朱某甲、戴某甲以营利为目的租赁固定场所和提供赌具供他人赌博活动，被告人代某某、刘某甲、刘某乙、宋某甲、徐某甲、曹某某、梁某甲、王某甲、梁某乙、刘某丙、阮某某为他人开设赌场提供经营帮助，其行为均构成开设赌场罪。公诉机关指控的罪名成立。上列被告人系共同犯罪，其中被告人朱某甲、戴某甲系主犯，其余被告人系从犯。对于从犯，依法予以从轻处罚。上列被告人均系坦白，均依法从轻处罚。上列被告人当庭认罪悔罪，均依法适用缓刑。据此，依照《中华人民共和国刑法》第三百零三条、第七十三条、第七十二条、第六十七条、第六十四条、第五十三条、第二十七条、第二十六条、第二十五条之规定，判决如下：

一、被告人朱某甲犯开设赌场罪，判处拘役六个月，缓刑六个月，并处罚金人民币八万元（已缴纳）；

（缓刑考验期限自本判决确定之日起算。）

二、被告人戴某甲犯开设赌场罪，判处拘役六个月，缓刑六个月，并处罚金人民币五万元（已缴纳）；

（缓刑考验期限自本判决确定之日起算。）

三、被告人代某某犯开设赌场罪，判处拘役四个月，缓刑四个月，并处罚金人民币四千元（此款于本判决生效后一个月内缴纳）；

（缓刑考验期限自本判决确定之日起算。）

四、被告人刘某甲犯开设赌场罪，判处拘役四个月，缓刑四个月，并处罚金人民币四千元（此款于本判决生效后一个月内缴纳）；

（缓刑考验期限自本判决确定之日起算。）

五、被告人刘某乙犯开设赌场罪，判处拘役四个月，缓刑四个月，并处罚金人民币四千元（此款于本判决生效后一个月内缴纳）；

（缓刑考验期限自本判决确定之日起算。）

六、被告人宋某甲犯开设赌场罪，判处拘役四个月，缓刑四个月，并处罚金人民币四千元（此款于本判决生效后一个月内缴纳）；

（缓刑考验期限自本判决确定之日起算。）

七、被告人徐某甲犯开设赌场罪，判处拘役四个月，缓刑四个月，并处罚金人民币四千元（此款于本判决生效后一个月内缴纳）；

（缓刑考验期限自本判决确定之日起算。）

八、被告人曹某某犯开设赌场罪，判处拘役四个月，缓刑四个月，并处罚金人民币四千元（此款于本判决生效后一个月内缴纳）；

（缓刑考验期限自本判决确定之日起算。）

九、被告人梁某甲犯开设赌场罪，判处拘役四个月，缓刑四个月，并处罚金人民币四千元（此款于本判决生效后一个月内缴纳）；

（缓刑考验期限自本判决确定之日起算。）

十、被告人王某甲犯开设赌场罪，判处拘役四个月，缓刑四个月，并处罚金人民币四千元（此款于本判决生效后一个月内缴纳）；

（缓刑考验期限自本判决确定之日起算。）

十一、被告人梁某乙犯开设赌场罪，判处拘役三个月，缓刑三个月，并处罚金人民币三千元（此款于本判决生效后一个月内缴纳）；

（缓刑考验期限自本判决确定之日起算。）

十二、被告人刘某丙犯开设赌场罪，判处拘役三个月，缓刑三个月，并处罚金人民币三千元（此款于本判决生效后一个月内缴纳）；

（缓刑考验期限自本判决确定之日起算。）

十三、被告人阮某某犯开设赌场罪，判处拘役三个月，缓刑三个月，并处罚金人民币三千元（此款于本判决生效后一个月内缴纳）；

（缓刑考验期限自本判决确定之日起算。）

十四、扣押在案的作案工具依法予以没收，对被告人犯罪所得，依法予以追缴后没收。

被告人朱某甲、戴某甲、代某某、刘某甲、刘某乙、宋某甲、徐某甲、曹某某、梁某甲、王某甲、梁某乙、刘某丙、阮某某等回到社区后，应当遵守法律、法规，服从监督管理，接受教育，完成公益劳动，做一名有益社会的公民。

如不服本判决，可在接到判决书的第二日起十日内，通过本院或者直接向上海市第一中级人民法院提出上诉。书面上诉的，应当提交上诉状正本一份，副本二份。

审　判　长　丁晓青
代理审判员　张鹏飞
人民陪审员　黄玉娟
二〇一三年七月三十一日
书　记　员　李　瑾

附：相关法律条文

《中华人民共和国刑法》

第三百零三条　以营利为目的，聚众赌博或者以赌博为业的，处三年以下有期徒刑、拘役或者管制，并处罚金。

开设赌场的，处三年以下有期徒刑、拘役或者管制，并处罚金；情节严重的，处三年以上十年以下有期徒刑，并处罚金。

第二十五条第一款　共同犯罪是指二人以上共同故意犯罪。

第二十六条　组织、领导犯罪集团进行犯罪活动的或者在共同犯罪中起主要作用的，是主犯。

三人以上为共同实施犯罪而组成的较为固定的犯罪组织，是犯罪集团。

对组织、领导犯罪集团的首要分子，按照集团所犯的全部罪行处罚。

对于第三款规定以外的主犯，应当按照其所参与的或者组织、指挥的全部犯罪处罚。

第二十七条 在共同犯罪中起次要或者辅助作用的，是从犯。

对于从犯，应当从轻、减轻处罚或者免除处罚。

第五十三条 罚金在判决指定的期限内一次或者分期缴纳。期满不缴纳的，强制缴纳。对于不能全部缴纳罚金的，人民法院在任何时候发现被执行人有可以执行的财产，应当随时追缴。如果由于遭遇不能抗拒的灾祸缴纳确实有困难的，可以酌情减少或者免除。

第六十四条 犯罪分子违法所得的一切财物，应当予以追缴或者责令退赔；对被害人的合法财产，应当及时返还；违禁品和供犯罪所用的本人财物，应当予以没收。没收的财物和罚金，一律上缴国库，不得挪用和自行处理。

第六十七条 犯罪以后自动投案，如实供述自己的罪行的，是自首。对于自首的犯罪分子，可以从轻或者减轻处罚。其中，犯罪较轻的，可以免除处罚。

被采取强制措施的犯罪嫌疑人、被告人和正在服刑的罪犯，如实供述司法机关还未掌握的本人其他罪行的，以自首论。

犯罪嫌疑人虽不具有前两款规定的自首情节，但是如实供述自己罪行的，可以从轻处罚；因其如实供述自己罪行，避免特别严重后果发生的，可以减轻处罚。

第七十二条 对于被判处拘役、三年以下有期徒刑的犯罪分子，同时符合下列条件的，可以宣告缓刑，对其中不满十八周岁的人、怀孕的妇女和已满七十五周岁的人，应当宣告缓刑：

（一）犯罪情节较轻；

（二）有悔罪表现；

（三）没有再犯罪的危险；

（四）宣告缓刑对所居住社区没有重大不良影响。

宣告缓刑，可以根据犯罪情况，同时禁止犯罪分子在缓刑考验期限内从事特定活动，进入特定区域、场所，接触特定的人。

被宣告缓刑的犯罪分子，如果被判处附加刑，附加刑仍须执行。

第七十三条 拘役的缓刑考验期限为原判刑期以上一年以下，但是不能少于二个月。

有期徒刑的缓刑考验期限为原判刑期以上五年以下，但是不能少于一年。

缓刑考验期限，从判决确定之日起计算。

临时入境行为的合法性是否会影响偷越国（边）境罪的认定

——杰某某等四人偷越国（边）境案

【案例要旨】

通过中介组织人员代办旅游签证、购买联程机票，利用过境免签政策，假借过境我国口岸前往第三国或地区的名义，临时入境后中断后续行程，非法滞留我国境内，情节严重的，构成偷越国（边）境罪。

【案情简要】

2017 年 8 月至 9 月初，被告人杰某某、哈某某、马某甲、安某某（均为菲律宾籍）为在我国境内非法务工，勾结罗某某（菲律宾籍，在逃）、刘某某（另案处理）等中介组织人员，由罗某某代为申请获得阿拉伯联合酋长国"旅游/单次—短期"电子签证，并购买"马尼拉—香港—上海虹桥—上海浦东—迪拜"的联程机票，持各自护照，利用我国"过境免签"政策，以赴迪拜旅游需过境上海口岸为由，于 2017 年 9 月 4 日一同乘坐 MU722 航班从上海虹桥国际机场入境，后中断后续行程，在刘某某的接应、中转下，分赴成都、北京、武汉等地雇主住处非法从事家政服务。

2017 年 12 月 11 日，上海市公安局嘉定分局以杰某某等四人涉嫌偷越国（边）境罪移送上海市嘉定区人民检察院审查起诉。

审查起诉阶段，检察机关为保障各犯罪嫌疑人的诉讼权利，及时与上海市外事翻译工作者协会取得联系，为四名犯罪嫌疑人聘请了翻译人员。同时，将各犯罪嫌疑人的法律援助申请书转送嘉定区法律援助中心，由嘉定区法律援助中心指派律师为四名犯罪嫌疑人提供辩护。检察机关依法告知各犯罪嫌疑人认罪认罚可能导致的法律后果，四名犯罪嫌疑人在辩护人的见证下分别签署了《认罪认罚具结书》。

2018 年 1 月 26 日，上海市嘉定区人民检察院以杰某某等四名被告人犯偷越国（边）境罪向上海市嘉定区人民法院提起公诉。同年2月12日，上海市嘉定区人民法院适用简易程序公开开庭审理了本案。

法庭调查阶段，公诉人宣读起诉书指控杰某某等四名被告人违反我国国（边）境管理法规，勾结境内外中介组织人员，结伙偷越国（边）境，情节严重，其行为构成偷越国（边）境罪。对以上指控的犯罪事实，公诉人出示了三组证据予以证明：

一是关于四名被告人偷越国（边）境的证据。包括：1. 阿拉伯联合酋长国签发的电子签证打印件、航空公司机票、行程单、护照签注页、扣押决定书、扣押清单等书证；2. 同案关系人刘某某的供述及辨认笔录；3. 被告人杰某某、哈某某、马某甲、安某某的供述及辨认笔录。证明：2017年8月至9月初，四名被告人勾结罗某某、刘某某等中介组织人员，由罗某某代为申请获得阿拉伯联合酋长国“旅游/单次—短期”电子签证，并购买联程机票，利用我国过境免签政策，以赴迪拜旅游需过境上海口岸为由，乘坐MU722航班从上海虹桥国际机场入境，后中断后续行程，非法滞留我国境内。

二是关于四名被告人非法滞留我国境内从事家政服务的证据。包括：1. 相关微信聊天记录截屏等书证；2. 证人关某某、孙某某、甘某某、彭某某的证言及辨认笔录；3. 同案关系人刘某某的供述；4. 被告人杰某某、哈某某、马某甲、安某某的供述。证明：经刘某某介绍，四名被告人滞留我国境内后分别至关某某、孙某某、甘某某、彭某某住处从事家政服务，四名雇主分别支付刘某某中介费用人民币2.6万元、5.3万元、5.3万元和3万元。

三是关于四名被告人主体身份情况的证据。包括四名被告人持有的护照等书证。证明：四名被告人均系菲律宾籍。

法庭辩论阶段，公诉人发表公诉意见：

第一，四名被告人利用过境免签政策非法滞留我国境内系偷越国（边）境的行为。我国《出境入境管理法》第22条第（三）项规定，持联程客票搭乘国际航行的航空器从中国过境前往第三国或者地区，在中国境内停留不超过24小时且不离开口岸的外国人，可以免办签证。本案中，杰某某等四名被告人在境内外“蛇头”的帮助下，以赴迪拜旅游需过境我国上海口岸为由，持本人护照、联程机票从上海虹桥国际机场临时入境。根据上述规定，其在我国境内停留不得超过24小时，且不得离开上海口岸。但杰某某等人中断后续行程，分赴成都、北京、武汉等地从事家政服务，非法滞留我国境内，妨害了我国国（边）境管理秩序，主观上亦具有违法性认识，应认定为偷越国（边）境行为。

第二，四名被告人基于犯意联络共同偷越国（边）境的行为符合“情节严重”的法定情形。根据最高人民法院、最高人民检察院《关于办理妨害国（边）境管理刑事案件应用法律若干问题的解释》第5条第（二）项的规定，偷越国（边）境三次以上或者三人以上结伙偷越国（边）境的，应当认定为《刑法》第322条规定的“情节严重”。本案中，四名被告人彼此并不认识，系各自找到中介组织人员罗某某，但从菲律宾马尼拉机场出发之前，四人一起接受了罗某某的培训，如入境方式、遇到盘查时的应对技巧以及在上海的接送安排，形成了共同偷越国（边）境的犯意联络，且在整个过程中相互帮助、相互配合，直至入境我国后分赴各地，故应认定四人结伙偷越国（边）境，符合“情节严重”的情形，应以偷越国（边）境罪追究其刑事责任。

第三，关于本案量刑建议。根据《刑法》第322条、第35条的规定，四名被告人的行为构成偷越国（边）境罪，依法应在一年以下有期徒刑至管制之间量刑，并处罚金，驱逐出境。鉴于四名被告人具有坦白情节，可以从轻处罚，建议分别判处被告人杰某某、哈某某、马某甲、安某某拘役6个月，并处罚金，驱逐出境。

四名被告人及其辩护人对公诉意见没有异议。辩护人提出，四名被告人到案后能够如实供述自己的罪行，建议从轻处罚。

法庭经审理，认定公诉人提交的证据能够相互印证，予以确认。上海市嘉定区人民法院综合考虑全案犯罪事实、情节，于2018年2月12日当庭作出一审判决，以偷越国（边）境罪判处被告人杰某某、哈某某、马某甲、安某某拘役6个月，并处罚金人民币1000元，驱逐出境。一审宣判后，四名被告人均未上诉，判决已生效。

【典型意义】

本案系全国首例外国人利用我国过境免签政策偷越国（边）境被追究刑事责任的案件。过境免签政策是国际社会的通行做法，但存在不法人员利用该政策进入我国境内并非法滞留的情况，对其中情节严重的行为有必要动用刑事手段予以规制。因此，行为人通过中介组织人员代办旅游签证、购买联程机票，利用过境免签政策，假借过境我国口岸前往第三国或地区的名义，临时入境后中断后续行程，非法滞留我国境内，情节严重的，应当以偷越国（边）境罪追究其刑事责任。

办案中，对于临时入境行为的合法性是否会影响偷越国边境罪的认定存在不同意见。对此，需要从入境目的的非法性和滞留行为的违法性两个方面进行判断。首先，行为人利用过境免签政策进入我国境内往往是为了实现非法务工或从事其他违法犯罪活动的目的，其主观上对利用过境免签政策滞留我国境内具有明显的违法性认识。其次，对符合办理24小时过境免签申请的外国人，出入境管理部门为其签发临时入境许可，但根据法律规定，该外国人在我国境内停留不得超过24小时且不得离开入境口岸。对于超过24小时非法滞留我国境内且离开入境口岸非法务工或从事其他违法犯罪活动的外国人，系以临时入境行为的合法性掩盖入境目的的非法性，其行为性质就由合法的临时入境行为转化为偷越国（边）境行为。

上海市嘉定区人民检察院

起诉书

沪嘉检诉刑诉〔2018〕212号

被告人杰某某（GE××××），女，1982年××月××日生，菲律宾共和国国籍，护照号码：P2435××××，在沪无固定住处。2017年9月5日因涉嫌偷越国（边）境罪，由上海市公安局嘉定分局刑事拘留。

被告人哈某某（HA××××），女，1983年××月××日生，菲律宾共和国国籍，护照号码：EC316××××，在沪无固定住处。2017年9月21日因涉嫌偷越国（边）境罪，由上海市公安局嘉定分局刑事拘留。

被告人马某甲（MAR××××），女，1990年××月××日生，菲律宾共和国国籍，护照号码：EC332××××，在沪无固定住处。2017年9月15日因涉嫌偷越国（边）境罪，由上海市公安局嘉定分局刑事拘留。

被告人安某某（AGNE××××），女，1978年××月××日生，菲律宾共和国国籍，护照号码：P4050××××，在沪无固定住处。2017年9月21日因涉嫌偷越国（边）境罪，由上海市公安局嘉定分局刑事拘留。

上列四名被告人，均因涉嫌偷越国（边）境罪，于2017年10月11日经本院批准，次日由上海市公安局嘉定分局执行逮捕。

本案由上海市公安局嘉定分局侦查终结，以被告人杰某某、哈某某、马某甲、安某某涉嫌偷越国（边）境罪，于2017年12月11日向本院移送审查起诉。本院受理后，于同月14日已告知各被告人有权委托辩护人，告知各被告人认罪认罚可能导致的法律后果；依法讯问了各被告人，听取了各被告人的辩护人的意见，审查了全部案件材料。被告人杰某某、哈某某、马某甲、安某某均对本案同意适用简易程序审理。

经依法审查查明：

2017年8月至9月初，被告人杰某某、哈某某、马某甲、安某某为实现在我国境内非法务工的目的，勾结罗某某（菲律宾籍，在逃）、刘某某（另案处理）等中介组织人员，均由罗某某代为申请获得阿拉伯联合酋长国“旅游/单次—短期”电子签证，并购买“马尼拉—香港—上海虹桥—上海浦东—迪拜”

的联程机票，持各人护照，假借赴迪拜旅游、过境我国上海口岸的名义，利用我国《出境入境管理法》关于“持联程客票搭乘国际航行的航空器从中国过境前往第三国或者地区，在中国境内停留不超过24小时且不离开口岸的，可以免办签证”的法律规定，于2017年9月4日14时40分一同乘坐MU722航班飞抵上海，从上海虹桥国际机场入境后非法中断后续行程、非法滞留于我国境内，在刘某某的接应、中转下，分赴成都、北京、武汉等地雇主住处非法从事家政服务。

公安机关经侦查，确定被告人杰某某、哈某某、马某甲、安某某具有重大作案嫌疑，于2017年9月5日在上海浦东国际机场将准备搭乘当日12时15分的HU7846航班前往咸阳的被告人杰某某抓获归案；于同月14日，在北京将被告人马某甲抓获；于同月20日，分别在成都、武汉将被告人哈某某、安某某抓获。上述四名被告人到案后均如实供述了其主要犯罪事实。

上述事实，有以下证据证明：

1. 相关阿拉伯联合酋长国签发的电子签证打印件、航空公司机票、行程单、护照签注页等书证，另案人员刘某某的供述及辨认笔录，能够与被告人杰某某、哈某某、马某甲、安某某的供述及相关辨认笔录相互印证，证实本案各被告人与他人勾结，为在我国境内非法务工，于2017年8月开始结伙利用我国法律规定的过境免签政策，持联程机票等于2017年9月4日共同飞抵上海虹桥国际机场并入境，后非法滞留于我国境内，由刘某某负责接应、购买国内航班机票和送机，分别飞往我国其他城市等事实。

2. 相关微信聊天记录截屏等书证，证人关某某、孙某某、甘某某、彭某某证言及相关辨认笔录，另案人员刘某某的供述，能够与被告人杰某某、哈某某、马某甲、安某某的供述相互印证，证实上述关某某等我国境内雇主，分别支付刘某某中介费用人民币2.6万元、5.3万元、5.3万元和3万元，经刘非法中介，各自非法雇用各被告人至其住处从事家政服务等事实，其中杰某某因被公安机关抓获而未到目的地，其余被告人均已于案发前在各雇主住处非法务工。

3. 公安机关的扣押决定书、扣押清单、随案移送清单等书证，证实公安机关依法自被告人杰某某处扣押上海至咸阳的HU7846航班登机牌1张、电子签证页及行程单等共计7张、护照1本、三星牌手机1部；自被告人哈某某处扣押护照1本、三星牌手机1部；自被告人马某某处扣押电子签证页及行程单等共计7张、护照1本、三星牌手机1部；自被告人安某某处扣押电子签证页及行程单等共计3张、护照1本、三星牌手机1部等客观情况，及上述物品均已随案移送等事实。

4. 公安机关出具的抓获经过等书证，证实本案的案发、侦破以及各被告人的到案经过等事实。

5. 各被告人所持有的护照等书证，证实各被告人的自然身份状况。

6. 被告人杰某某、哈某某、马某甲、安某某到案后，对上述犯罪事实均供认不讳。

上述证据来源及收集程序合法，内容客观真实，足以认定指控事实。被告人杰某某、哈某某、马某甲、安某某对基本犯罪事实无异议，并自愿认罪认罚。

本院认为，被告人杰某某、哈某某、马某甲、安某某违反我国国（边）境管理法规，勾结境内外人员，结伙偷越国（边）境，情节严重，其行为已触犯《中华人民共和国刑法》第二十五条第一款、第三百二十二条的规定，犯罪事实清楚，证据确实、充分，均应当以偷越国（边）境罪追究其刑事责任。被告人杰某某、哈某某、马某甲、安某某能如实供述自己罪行，根据《中华人民共和国刑法》第六十七条第三款的规定，可以从轻处罚。结合本案的犯罪事实、情节、危害后果，建议判处被告人杰某某、哈某某、马某甲、安某某拘役六个月，并处罚金，驱逐出境。根据《中华人民共和国刑事诉讼法》第一百七十二条的规定，提起公诉，请依法审判。

此致

上海市嘉定区人民法院

检察员　李鉴振

二〇一八年一月二十六日

附：1. 被告人杰某某、哈某某、马某甲、安某某现羁押于上海市看守所。

2. 侦查卷宗 4 册。

3. 《适用简易程序建议书》1 份。

4. 《认罪认罚具结书》4 份。

5. 赃证物品清单 1 份。

附：相关法律条文

《中华人民共和国刑法》

第二十五条第一款　共同犯罪是指二人以上共同故意犯罪。

第六十七条第三款　犯罪嫌疑人虽不具有前两款规定的自首情节，但是如实供述自己罪行的，可以从轻处罚；因其如实供述自己罪行，避免特别严重后果发生的，可以减轻处罚。

第三百二十二条 违反国（边）境管理法规，偷越国（边）境，情节严重的，处一年以下有期徒刑、拘役、或者管制，并处罚金；为参加恐怖活动组织、接受恐怖活动培训或者实施恐怖活动，偷越国（边）境的，处一年以上三年以下有期徒刑，并处罚金。

《中华人民共和国刑事诉讼法》

第一百七十二条 人民检察院认为犯罪嫌疑人的犯罪事实已经查清，证据确实、充分，依法应当追究刑事责任的，应当作出起诉决定，按照审判管辖的规定，向人民法院提起公诉，并将案卷材料、证据移送人民法院。

上海市嘉定区人民法院
刑事判决书

（2018）沪0114刑初245号

公诉机关中华人民共和国上海市嘉定区人民检察院。

被告人杰某某（GE××××），女，1982年××月××日生，菲律宾共和国国籍，护照号码：P2435××××；因涉嫌偷越国（边）境犯罪于2017年9月5日被上海市公安局嘉定分局刑事拘留，同年10月12日被依法逮捕；现羁押于上海市看守所。

辩护人史某某，上海市××律师事务所律师。

被告人哈某某（HA××××）女，1983年××月××日生，菲律宾共和国国籍，护照号码：316××××；因涉嫌偷越国（边）境犯罪于2017年9月21日被上海市公安局嘉定分局刑事拘留，同年10月12日被依法逮捕；现羁押于上海市看守所。

辩护人马某乙，上海市××律师事务所律师。

被告人马某甲（MAR××××），女，1990年××月××日生，菲律宾共和国国籍，护照号码：332××××；因涉嫌偷越国（边）境犯罪于2017年9月15日被上海市公安局嘉定分局刑事拘留，同年10月12日被依法逮捕；现羁押于上海市看守所。

辩护人盛某某，上海市××律师事务所律师。

被告人安某某（AGEN××××），女，1978年××月××日生，菲律宾共和国国籍，护照号码：405××××；因涉嫌偷越国（边）境犯罪于2017年9月21日被上海市公安局嘉定分局刑事拘留，同年10月12日被依法逮捕；现羁押于上海市看守所。

辩护人叶某某，上海市××律师事务所律师。

上海市嘉定区人民检察院以沪嘉检诉刑诉〔2018〕212号起诉书指控被告人杰某某、哈某某、马某甲、安某某犯偷越国（边）境罪，于2018年2月5日向本院提起公诉。中华人民共和国上海市高级人民法院指定本院管辖。本院受理后，依法适用刑事案件认罪认罚简易程序，实行独任审判，公开开庭审理了本案。上海市嘉定区人民检察院检察员李鉴振、被告人杰某某、哈某某、马某甲、安某某及辩护人史某某、马某乙、盛某某、叶某某到庭参加诉讼。上海市外事翻译工作者协会顾某某担任庭审翻译。现已审理终结。

公诉机关指控，2017年8月至9月初，被告人杰某某、哈某某、马某甲、安某某为在我国境内非法务工，勾结境内、外中介组织人员，由中介组织人员代为申请获得阿拉伯联合酋长国“旅游/单次—短期”电子签证、购买“马尼拉—香港—上海虹桥—上海浦东—迪拜”的联程机票，由各被告人持护照，利用《中华人民共和国出境入境管理法》关于持联程客票搭乘国际航行的航空器从中国过境前往第三国或者地区，在中国境内停留不超过24小时且不离开口岸的外国人，可以免办签证的规定，以赴迪拜旅游需过境我国上海口岸为由，一同乘坐MU722航班于2017年9月4日14时40分自上海虹桥国际机场入境。后各被告人中断后续行程，在中介组织人员接应、中转下，分赴成都、北京、武汉等地雇主的住处从事家政服务。

公安机关经侦查，发现被告人杰某某、哈某某、马某甲、安某某具有重大作案嫌疑。2017年9月5日，公安人员在上海浦东国际机场抓获准备前往咸阳的被告人杰某某；同月14日，在北京抓获被告人马某甲；同月20日，分别在成都、武汉抓获被告人哈某某、安某某。四名被告人到案后均如实供述了上述主要犯罪事实。

上述事实，被告人杰某某、哈某某、马某甲、安某某在开庭审理过程中亦无异议，并有同案关系证人刘某某的供述，证人关某某、孙某某、甘某某、彭某某的证言，公安机关制作的辨认笔录、扣押决定书、扣押清单、随案移送清单、抓获经过，有关的电子签证打印件、机票、行程单、护照签注页、微信聊天记录截图，被告人杰某某、哈某某、马某甲、安某某的护照及有关供述等证据证实，足以认定。

本院认为，被告人杰某某、哈某某、马某甲、安某某违反我国国（边）境管理法规，偷越国（边）境，情节严重，其行为均已构成偷越国（边）境罪，公诉机关指控的罪名成立。控、辩双方关于杰某某、哈某某、马某甲、安某某到案后能够如实供述自己的罪行，均可以从轻处罚的意见，合法有据，本院予以支持。为维护社会秩序，保护国（边）境管理制度不受侵犯，依照《中华人民共和国刑法》第六条第一款、第三百二十二条、第三十五条、第二十五条第一款、第六十七条第三款及第五十三条之规定，判决如下：

一、被告人杰某某犯偷越国（边）境罪，判处拘役六个月，并处罚金人民币一千元，驱逐出境；

（刑期从判决执行之日起计算。判决执行以前先行羁押的，羁押一日折抵

刑期一日，即自2017年9月5日起至2018年3月4日止。）

二、被告人哈某某犯偷越国（边）境罪，判处拘役六个月，并处罚金人民币一千元，驱逐出境；

（刑期从判决执行之日起计算。判决执行以前先行羁押的，羁押一日折抵刑期一日，即自2017年9月20日起至2018年3月19日止。）

三、被告人马某甲犯偷越国（边）境罪，判处拘役六个月，并处罚金人民币一千元，驱逐出境；

（刑期从判决执行之日起计算。判决执行以前先行羁押的，羁押一日折抵刑期一日，即自2017年9月14日起至2018年3月13日止。）

四、被告人安某某犯偷越国（边）境罪，判处拘役六个月，并处罚金人民币一千元，驱逐出境。

（刑期从判决执行之日起计算。判决执行以前先行羁押的，羁押一日折抵刑期一日，即自2017年9月20日起至2018年3月19日止。）

（上述罚金均应自本判决生效之日起十日内缴纳。）

如不服本判决，可在接到判决书的第二日起十日内，通过本院或者直接向中华人民共和国上海市第二中级人民法院提出上诉。书面上诉的，应提交上诉状正本一份，副本二份。

审 判 员　徐怡南

二〇一八年二月十二日

法官助理　黄　薇

书 记 员　吴任远

附：相关法律条文

《中华人民共和国刑法》

第六条第一款　凡在中华人民共和国领域内犯罪的，除法律有特别规定的以外，都适用本法。

第三百二十二条　违反国（边）境管理法规，偷越国（边）境，情节严重的，处一年以下有期徒刑、拘役或者管制，并处罚金；为参加恐怖活动组织、接受恐怖活动培训或者实施恐怖活动，偷越国（边）境的，处一年以上三年以下有期徒刑，并处罚金。

第三十五条　对于犯罪的外国人，可以独立适用或者附加适用驱逐出境。

第二十五条第一款　共同犯罪是指二人以上共同故意犯罪。

第六十七条第三款 犯罪嫌疑人虽不具有前二款规定的自首情节，但是如实供述自己罪行的，可以从轻处罚；因其如实供述自己罪行，避免特别严重后果发生的，可以减轻处罚。

第五十三条 罚金在判决指定的期限内一次或者分期缴纳。期满不缴纳的，强制缴纳。对于不能全部缴纳罚金的，人民法院在任何时候发现被执行人有可以执行的财产，应当随时追缴。

由于遭遇不能抗拒的灾祸等原因缴纳确实有困难的，经人民法院裁定，可以延期缴纳、酌情减少或者免除。

准确适用法律依法惩治污染环境犯罪

——顾某某污染环境案

【案例要旨】

在《刑法修正案（八）》实施之前，行为人违反国家规定，排放、倾倒或者处置污染物，严重污染环境的，应适用修正前的《刑法》第 338 条，以污染环境罪追诉；被害单位、环境保护行政主管部门或者其他依照法律规定行使环境监督管理权的部门未就环境污染造成的损失主张权利的，检察机关可以检察建议形式督促其提起民事诉讼。

【案情简要】

2011 年 4 月 11 日，顾某某将废油残液（700—800 公升）用水稀释后运至青浦区青东农场附近小路欲倾倒，后因害怕被发现而运回沪青平公路××号其所在的公司。当晚，顾某某将上述废油残液全部倾倒在公司的空地上，并用水冲洗，致废油残液通过下水道排入公司旁的淀浦河内，使淀浦河遭污染造成青浦区××水厂紧急停运。经上海市环境监测中心测试，沪青平公路××号地面采样水及淀浦河南岸排放口采样水等均检测出柠檬烯等化合物及二氯甲烷、三氯甲烷等有毒物质，南门桥（城中北路桥）段淀浦河水样检测为中毒，淀浦河水质污染。经青浦区物价局鉴定，该次事故造成公私财产损失总计人民币 387100 元。

2011 年 4 月 14 日，青浦公安分局以重大环境污染事故罪立案侦查；7 月 28 日，青浦区人民检察院以污染环境罪提起公诉；8 月 16 日，青浦区人民法院以污染环境罪判处顾某某有期徒刑 1 年，罚金人民币 10 万元。判决生效后，青浦区人民检察院先后以检察建议形式，督促区朱家角镇环境卫生管理所、区河道水闸管理所和上海市堤防（泵闸）设施管理处就该次环境污染事故遭受的实际损失提起民事诉讼。被建议单位根据建议内容提起民事诉讼后，部分已与被告人签订调解协议。

【典型意义】

本案系《刑法修正案（八）》施行后，上海市司法机关首例以污染环境罪判决的新罪名案件。顾某某违反国家规定，向土地、水体倾倒有毒物质，造成淀浦河污染、××水厂紧急停运，致使公私财产损失387100元，根据《刑法》第12条第1款、第338条，已构成重大环境污染事故罪。因起诉、判决时《刑法修正案（八）》已实施，应以污染环境罪追究其刑事责任；对造成的公私财产的损失，检察机关可督促有关单位提起民事诉讼。

为依法惩治严重污染环境的行为，保护生态安全，《刑法修正案（八）》将《刑法》第338条重大环境污染事故罪修改为污染环境罪，对构成犯罪的危害后果由“造成重大环境污染事故，致使公私财产遭受重大损失或者人身伤亡的严重后果”修改为“严重污染环境”，同时，扩大了污染物的范围。对此，实践中应正确理解和适用。对于发生在2011年5月1日后的污染环境行为，应根据修正后的《刑法》第338条追究行为人刑事责任；对发生在《刑法修正案（八）》实施前的污染环境行为进行追诉时，应根据《刑法》第12条第1款的规定，适用修正前的《刑法》第338条追究行为人刑事责任，但罪名应认定为污染环境罪。对此类危及公共利益的犯罪，检察机关应全面履行法律监督职能，刑检部门与民检部门应加强配合，形成联动，在依法追究被告人污染环境罪刑事责任的同时，通过督促起诉等方式，切实维护因犯罪行为遭受损害的国家和集体利益。青浦区人民检察院的做法值得借鉴。

上海市青浦区人民检察院
起诉书

沪青检刑诉〔2011〕341号

被告人顾某某，男，1966年××月××日生，身份证号码：3102291966××××××××，汉族，初中文化，上海××贸易有限公司法定代表人，户籍在上海市青浦区××镇××村×××号，住本区××路××号××室。2011年4月16日因涉嫌重大环境污染事故罪被上海市公安局青浦分局刑事拘留，2011年4月29日经本院批准由上海市公安局青浦分局执行逮捕。

本案由上海市公安局青浦分局侦查终结，以被告人顾某某涉嫌重大环境污染事故罪，于2011年6月14日向本院移送审查起诉。本院受理后，于2011年6月15日告知被告人有权委托辩护人，依法讯问了被告人，审查了全部案件材料，并就是否适用普通程序审理“被告人认罪案件”听取了被告人顾某某的意见，其表示同意。

经依法审查查明：

被告人顾某某于2005年前后从刘某某处购得废油，再将废油混入柴油作为燃料油销售给工厂，后将废油中不能再使用的残液放入塑料桶中露天存放。2011年4月11日上午，被告人顾某某将上述废油残液用水稀释后抽到油罐车中，运至青浦区青东农场附近小路欲倒掉，因害怕发现而未倾倒。当晚，被告人顾某某将油罐车开回沪青平公路××号上海××贸易有限公司内，将油罐车里的废油残液全部倾倒在公司的空地上，并用水冲洗，废油残液通过下水道排入公司旁的淀浦河内，造成淀浦河污染，青浦区××水厂紧急停运的重大环境污染事故。经上海市环境监测中心测试，上海××贸易有限公司内地面采样水及淀浦河南岸排放口采样水等均监测出柠檬烯等化合物及二氯甲烷、三氯甲烷等有毒物质，南门桥（城中北路桥）段淀浦河水样监测为中毒，淀浦河水质污染。经鉴定，造成公私财产损失总计人民币387100元。

2011年4月16日，被告人顾某某至公安机关投案，供述了犯罪事实。

上述事实，有以下证据证明：

1. 被告人顾某某的供述，证人顾某甲的证人证实，被告人顾某某在2005

年前后从他人处购得废油，后将废油残液放入塑料桶内露天存放。2011年4月11日，被告人顾某某将废油残液运至青浦区青东农场处欲倾倒，因害怕未果，后将废油残液运回沪青平公路××号上海××贸易有限公司，并倾倒在公司空地上，用水冲洗，后废油残液通过下水道流入淀浦河。

2. 证人刘某某的证言证实，被告人顾某某曾在2005年前后从刘某某处购得废油。

3. 上海市青浦区环境保护局现场检查笔录，照片证实，2011年4月9日开始，上海市青浦区环境保护局对沪青平公路××号上海××贸易有限公司检查，现场的状况及取样的情况；上海市环境监测中心出具的《关于“4·11”淀浦河重大环境污染事件应急监测的情况说明》证实，上海市环境监测中心对相关水体取样和监测的情况。

4. 上海市环境监测中心出具的《“4·11”青浦区淀浦河南门桥异味应急监测报告》《“4·11”青浦区淀浦河南门桥异味应急监测测试报告》及上海市青浦区环境监测站和上海市青浦区环境监察支队出具的《关于“4·11”淀浦河环境污染事故现场的情况说明》证实，沪青平公路××号上海××贸易有限公司地面采样水及淀浦河南岸排放口采样水等均监测出柠檬烯等化合物及二氯甲烷、三氯甲烷等有毒物质，沪青平公路××号内场地残液和排放口的污染物质与淀浦河水受污染的物质是一致的。

5. 《危险化学品名录》证实，二氯甲烷和三氯甲烷属于“毒害品”。

6. 上海市环境监测中心出具的《淀浦河、沪青平公路水质应急监测测试报告》，专家会商意见证实，沪青平公路××号上海××贸易有限公司排入河道的污水含有有毒物质，会对受纳污水的河道造成污染影响；上海市水务局出具的《因××水厂紧急停役产生的应急处置费用的情况说明》证实，本次水污染造成了青浦区××水厂紧急停运。

7. 上海市环境科学研究院出具的《“4·11淀浦河南门桥异味事件”废液排放量模型反演结果报告》证实，通过模型预测和评估，推算出本次事件二氯甲烷和三氯甲烷的倾倒入河量。

8. 证人蒋某某的证言证实，2011年4月11日晚，蒋某某沿青浦区环城东路回家，发现淀浦河内发出一股异香，至城中南路附近，该异香更重，后在城中南路附近的淀浦河中发现有黄绿色的漂浮物，河内的鱼死了许多。

9. 《关于青浦区淀浦河“4·11”重大环境污染事故公私财产损失的价格鉴定结论书》，相关费用说明等证实，本次环境污染造成公私财产损失共计人民币387100元。

10. 案发经过证实，本案的案发情况及被告人顾某某投案自首的情况。

11. 常住人口基本信息证实，被告人顾某某的基本身份信息。

上述证据来源及收集程序合法，内容客观真实，足以认定指控事实。被告人顾某某对基本犯罪事实无异议。

本院认为，被告人顾某某违反国家规定，向土地，水体倾倒有毒物质，造成重大环境污染事故，致使公私财产遭受重大损失，其行为已触犯《中华人民共和国刑法》第十二条第一款、第三百三十八条，犯罪事实清楚，证据确凿、充分，应当以污染环境罪追究其刑事责任。被告人顾某某自动投案，如实供述自己的罪行，是自首，根据《中华人民共和国刑法》第六十七条第一款，可以从轻处罚。根据《中华人民共和国刑法》第一百四十一条的规定，提起公诉，请依法审判。

此致

上海市青浦区人民法院

检察员　华　峰

二〇一一年七月二十八日

附：1. 被告人顾某某现羁押于青浦区看守所。

2. 证据目录一页，证人名单一页和主要证据复印件一册。

3.《适用普通程序审理“被告人认罪案件”建议书》一份。

附：相关法律条文

《中华人民共和国刑法》

第三百三十八条　违反国家规定，向土地，水体，大气排放、倾倒或者处置有放射性的废物、含传染病病原体的废物、有毒物质或者其他危险废物，造成重大环境污染事故，致使公私财产遭受重大损失或者人身伤亡的严重后果的，处三年以下有期徒刑或者拘役，并处或者单处罚金；后果特别严重的，处三年以上七年以下有期徒刑，并处罚金。

第十二条第一款　中华人民共和国成立以后本法施行以前的行为，如果当时的法律不认为是犯罪的，适用当时的法律；如果当时的法律认为是犯罪的，依照本法总则第四章第八节的规定应当追诉的，按照当时的法律追究刑事责任，但是如果本法不认为是犯罪或者处刑较轻的，适用本法。

第六十七条第一款　犯罪以后自动投案，如实供述自己的罪行的，是自首。对于自首的犯罪分子，可以从轻或者减轻处罚。其中，犯罪较轻的，可以免除处罚。

《中华人民共和国刑事诉讼法》

第一百四十一条 人民检察院认为犯罪嫌疑人的犯罪事实已经查清，证据确实充分，依法应当追究刑事责任的，应当作出起诉决定，按照审判管辖的规定，向人民法院提起公诉。

上海市青浦区人民法院
刑事判决书

（2011）青刑初字第407号

公诉机关上海市青浦区人民检察院。

被告人顾某某，男，1966年××月××日生于上海市青浦县（身份证号码3102291966×××××××××），汉族，小学文化程度，系上海××贸易有限公司法定代表人，户籍所在地上海市青浦区××镇××村××号，现住上海市青浦区××路××号××室。2011年4月16日因涉嫌重大环境污染事故犯罪被上海市公安局青浦分局刑事拘留，同年4月29日被依法逮捕。现押于上海市青浦区看守所。

辩护人张某某，上海市××律师事务所律师。

上海市青浦区人民检察院以沪青检刑诉〔2011〕341号起诉书指控被告人顾某某犯污染环境罪，于2011年7月28日向本院提起公诉。本院依法组成合议庭，公开开庭审理了本案。上海市青浦区人民检察院指派检察员华锋出庭支持公诉，被告人顾某某及其辩护人张某某到庭参加诉讼。现已审理终结。

经审理查明：

被告人顾某某于2005年前后从刘某某处购得废油，再将废油混入柴油作为燃料销售给工厂，后将废油中不能再使用的残液放入塑料桶中露天存放。2011年4月11日上午，被告人顾某某将上述废油残液用水稀释后抽到油罐车中，运至上海市青浦区青东农场附近小路欲倾倒，后因害怕而未实施。当晚，被告人顾某某将油罐车开回上海市青浦区沪青平公路××号上海××贸易有限公司内，将油罐车内的废油残液全部倾倒在公司的空地上，并用水冲洗，废油残液通过下水道排入公司旁的淀浦河内，造成淀浦河污染、青浦区××水厂紧急停运的重大环境污染事故。经上海市环境监测中心测试，上海××贸易有限公司内地面采样水及淀浦河南岸排放口采样水等均检测出柠檬烯等化合物及二氯甲烷、三氯甲烷等有毒物质，南门桥（城中北路桥）段淀浦河水样检测为中毒，淀浦河水质污染。经鉴定，该次事故共造成公私财产损失计人民币387100元。

另查明，被告人顾某某于2011年4月16日主动至公安机关投案，并如实供述了上述事实。

上述事实，被告人顾某某在开庭审理过程中亦无异议，且有证人顾某甲、刘某某、蒋某某的证言笔录，上海市青浦区环境保护局现场检查笔录，上海市环境监测中心出具的《“4·11”青浦区淀浦河南门桥异味应急监测报告》《“4·11”青浦区淀浦河南门桥异味应急监测测试报告》，上海市青浦区环境监测站和上海市青浦区环境监察支队出具的《关于“4·11”淀浦河环境污染事故现场的情况说明》，上海市环境监测中心出具的《淀浦河、沪青平公路水质应急监测测试报告》、专家会商意见，《危险化学品名录》，上海市环境科学研究院出具的《“4·11淀浦河南门桥异味事件”废液排放量模型反演结果报告》，上海市青浦区物价局出具的《关于青浦区淀浦河“4·11”重大环境污染事故公私财产损失的价格鉴定结论书》，相关费用说明，上海市公安局青浦分局出具的案发经过，被告人的户籍资料等证据证实，足以认定。

本院认为，被告人顾某某违反国家规定，向土地、水体倾倒有毒物质，造成重大环境污染事故，致使公私财产遭受重大损失，其行为已构成污染环境罪，依法应予惩处。被告人顾某某犯罪后自动投案，并如实供述自己的罪行，系自首，依法可以从轻处罚。公诉机关指控被告人顾某某的犯罪罪名及认定其系自首的公诉意见正确，本院予以确认。被告人顾某某的辩护人以其当事人具有自首情节，系初犯为由建议法庭从轻处罚的辩护意见，因与查明的事实相符，故本院予以采纳；但辩护人建议法庭对其当事人适用缓刑的辩护意见，本院综合本案的事实、性质、情节及社会危害性，不予采纳。为维护社会管理秩序，保护环境资源不受侵犯，依照《中华人民共和国刑法》第十二条第一款、第三百三十八条、第六十七条第一款、第五十二条、第五十三条之规定，判决如下：

被告人顾某某犯污染环境罪，判处有期徒刑一年，并处罚金人民币十万元。

（刑期从判决执行之日起计算。判决执行以前先行羁押的，羁押一日折抵刑期一日，即自2011年4月16日起至2012年4月15日止；罚金应于本判决生效后三十日内一次性向本院缴纳。）

如不服本判决，可在接到判决书的第二日起十日内，通过本院或者直接向上海市第二中级人民法院提出上诉。书面上诉的，应当提交上诉状正本一份，副本一份。

审 判 长 姚丽萍

人民陪审员 刘小弟

人民陪审员 陆伟锋

二〇一一年八月十六日

书 记 员 沈宝琴

附：相关法律条文

《中华人民共和国刑法》

第十二条第一款 中华人民共和国成立以后本法施行以前的行为，如果当时的法律不认为是犯罪的，适用当时的法律；如果当时的法律认为是犯罪的，依照本法总则第四章第八节的规定应当追诉的，按照当时的法律追究刑事责任，但是如果本法不认为是犯罪或者处刑较轻的，适用本法。

第三百三十八条 违反国家规定，向土地、水体、大气排放、倾倒或者处置有放射性的废物、含传染病病原体的废物、有毒物质或者其他危险废物，造成重大环境污染事故，致使公私财产遭受重大损失或者人身伤亡的严重后果的，处三年以下有期徒刑或者拘役，并处或者单处罚金；后果特别严重的，处三年以上七年以下有期徒刑，并处罚金。

第六十七条第一款 犯罪以后自动投案，如实供述自己的罪行的，是自首。对于自首的犯罪分子，可以从轻或者减轻处罚。其中，犯罪较轻的，可以免除处罚。

第五十二条 判处罚金，应当根据犯罪情节决定罚金数额。

第五十三条 罚金在判决指定的期限内一次或者分期缴纳。期满不缴纳的，强制缴纳。对于不能全部缴纳罚金的，人民法院在任何时候发现被执行人有可以执行的财产，应当随时追缴。如果由于遭遇不能抗拒的灾祸缴纳确实有困难的，可以酌情减少或者免除。

未变更不动产权属登记，能否认定贪污既遂

——吴某某贪污抗诉案

【案例要旨】

虽未进行权属变更登记，但行为人已“实际控制”隐匿的国有单位不动产，且该不动产已脱离原单位控制的，应认定其贪污犯罪既遂。

【案情简要】

被告人吴某某原系国有××公司负责人。2009年11月底至2010年5月，在××公司转制过程中，吴某某利用全面负责公司经营管理的职务便利，将4012万余元债权、231万余元公款、价值414万余元的房产及14万余元房租收益等资产隐匿账外不纳入评估，致使上述资产转为其持有股份的私有××公司控制。

吴某某到案后辩称，涉案房产系向煤气公司借用，以将要归还且房产仍登记在原公司名下为由，否定其非法占有房产。经查，1998年上海市公用事业局将煤气公司营业所站点用房无偿调拨并更名至××公司的前身××监理中心名下。2003年7月，××监理中心将退租站点用房获得的247万余元补偿款购买涉案房产（房产证权利人为××监理中心），但未在单位账内体现。2009年××监理中心更名为××公司，吴某某指令员工将房产证权利人更名为××公司。转制后，吴某某未办理房产权属变更登记，但仍将房产用于出租获取收益。案发后，通过他人检举暴露该房产的存在，并从吴某某办公场所查获××公司转制前的单位证明文件、单位公章、法定代表人私印和身份证复印件等。

上海市人民检察院第二分院起诉认为，吴某某贪污债权、公款、房产等财物数额合计4600余万元；上海市第二中级人民法院审理后认为，涉案房产权属仍属××公司，认定该房产脱离××公司控制，吴某某非法占有及实际控制、支配该房产的证据尚不充分，起诉指控吴某某贪污××公司价值414万余

元房产的事实不能成立。上海市人民检察院第二分院提出抗诉得到上海市人民检察院支持，上海市高级人民法院二审判决采纳抗诉意见，吴某某在国有企业转制过程中隐匿涉案房产的行为，依法应一并以贪污罪论处。

【典型意义】

吴某某贪污抗诉案系纠正法院部分事实认定错误的二审抗诉案件，争议焦点在于改制过程中隐匿的房产未办理权属变更登记，能否认定对房产的非法占有。根据《物权法》第九条的规定，不动产物权的设立、变更、转让和消灭，经依法登记，发生效力；未经登记，不发生效力。但刑法认定非法占有关注的是行为本质，不以民事关系是否变动为条件。实际办案中，应综合案件具体情况分析判定隐匿行为是否使不动产脱离国有单位控制、行为人是否实际控制及主观上是否具有非法占有目的。

一、根据涉案房产的实际控制状态判断是否脱离国有单位控制

就不动产而言，产权登记主要作用在于确定权属。如果产权证权利人无法认识名下存在不动产，则不能简单根据产权权属认定不动产的实际控制状态。本案涉案房产始终隐于账外，时间长达六年，通常财务审查无法发现，这导致国有单位无从认识涉案房产的存在。转制时，吴某某不进行说明，上级单位无法知晓存在房产。转制后，原国有单位主体消亡，继受权利的上级国有单位又毫不知情，即使房产仍登记在原国有单位名下，上级国有单位也无法实际控制，应当确认原国有单位名下的房产已经脱离国有单位的控制。

二、根据所有权掌控支配判断行为人是否实际控制房产

未变更权属登记的情况下，占有、使用、收益、处分不动产往往受到影响，但也不能以缺乏权属变更登记直接否定实际控制，而应当结合不动产占有、使用、收益、处分权能的实际支配情况综合判断行为人是否实际控制房产。本案中，企业转制后，吴某某已经实际控制涉案房产及相关权利凭证，并将房产用于出租并收取租金，实现对房产的占有、使用、收益；同时，吴某某还实际取得××公司转制前的单位证明文件、单位公章、法定代表人私印及身份证复印件，在形式上取得房产交易过户的条件，实际控制房产处分权能，变更权属登记已无障碍；此外，在国有单位不知存在房产的情况，吴某某占有、利用、处分房产不会引发他人对抗。从涉案房产具体权能支配情况看，未变更权属登记不会对吴某某掌控房产造成影响，应认定其已实际控制房产。

三、根据行为人的客观行为判断其主观是否具有非法占有目的

参照《全国法院审理金融犯罪案件工作座谈会纪要》第3条的规定，在司法实践中，认定是否具有非法占有为目的，应当坚持主客观相一致的原则，既要避免单纯根据损失结果客观归罪，也不能仅凭被告人自己的供述，而应当根据案件具体情况具体分析。吴某某在国有公司改制过程中隐匿房产，并在改制后继续占有，客观行为足以推定其主观上具有非法占有目的。至于未办理权属变更登记，不影响非法占有目的的认定。因为刑法上的非法占有不同于民法上的合法所有，其强调对财物的事实控制，而非法律确认。办案时，应高度重视对犯罪嫌疑人、被告人辩解的审查，必要时应专门调查核实。本案通过查证能够排除吴某某关于归还房产的辩解，故应当认定其主观上具有非法占有涉案房产的目的。

上海市人民检察院第二分院
起诉书

沪检二分刑诉〔2011〕221号

被告人吴某某，女，19××年××月××日生，公民身份号码：310×××××××××××××××××，汉族，浙江省宁波市人、大学本科文化，原系上海××工程建设监理中心有限公司法定代表人、总经理、负责人，户籍地及实际居住地：上海市××路××弄××号××室。因涉嫌贪污罪，于2011年2月24日被上海市虹口区人民检察院决定取保候审，由上海市公安局静安分局执行，同年4月1日经本院决定，由上海市公安局虹口分局执行逮捕。

本案由上海市虹口区人民检察院侦查终结，以被告人吴某某涉嫌贪污罪，于同年9月6日报送本院审查起诉。本院受理后，已告知被告人有权委托辩护人，依法讯问了被告人，审查了全部案件材料。

经依法审查查明：

1994年至2010年5月，被告人吴某某先后担任国有企业上海××工程建设监理中心有限公司（以下简称：××公司）法定代表人、总经理，全面负责公司经营、管理工作。

被告人吴某某利用职务便利，指使崔某某、蒋某某、姚某某（均另行处理）于2008年9月至2009年2月，将公司监理费收入采用与第三方签订虚假劳务合同等手法，转至普陀区民兵以劳养武服务部套现，并从中提取现金142万余元人民币（以下均为人民币）以个人名义存入银行；指使姚某某于2007年初至2009年12月，采用虚列职工工资的手法套现，将其中60万余元以姚某某个人名义开立银行存单。

2009年8月底至2010年5月，被告人吴某某在××公司由国有企业转让改制非国有公司以及审计部门对××公司进行审计过程中，利用其职务便利，指使崔某某、姚某某、蒋某某采用销毁公司财务账册、凭证和伪造账册和凭证，指使崔某某、姚某某和蒋某某将上述个人名下的银行定期存单分别带回家中藏匿，伙同汪某某（另行处理）、崔某某等故意将上述账外资金，以及××公司所有的商品房一套（经价格鉴定该商品房价值414万余元）、××公司在

2004年至2009年11月30日与上海市自来水××乙有限公司等单位之间产生的工程委托监理项目监理费用应收款4012万余元不纳入企业转制的资产评估中，通过向上级主管单位及审计、评估单位提供虚假的企业报表，致使××公司的产权价值被严重低估，最后仅以143万余元的价格被转让。

其间，被告人吴某某与参加招投标企业上海××甲建设工程监理有限公司（以下简称：××甲公司）周某某（另行处理）签订协议约定，由××公司和××甲公司共同出资，以××甲公司名义参加招投标获让××公司后，由吴某某等个人占有××公司49%的股份，××公司转制后，仍由吴某某全面负责公司经营活动，除了向××甲公司缴纳部分管理等费用以外，所有盈亏仍由吴某某承担。

被告人吴某某单独及分别伙同蒋某某、汪某某、崔某某、姚某某等人，在本单位由国有企业转制成非国有公司过程中，采用欺骗、隐瞒、低估资产等手法，侵吞国有财产共计4600余万元。转制后，上述国有公司财产被被告人吴某某实际控制。

认定上述事实的证据：

1. 上海××丁建设管理有限公司提供的上海××丁建设管理有限公司的公司章程、××公司成立文件及其上级单位演变材料、××公司《营业执照》、章程，被告人吴某某的干部履历表、职务证明等证明被告人吴某某主体身份及职务便利的证明材料及证人徐某某的证言等证据证实：2009年12月，上海××丁建设管理有限公司将其下属国有企业××公司产权转让给××甲公司，至2010年5月对××公司进行资产评估后改制成非国有公司；自公司成立后直至改制转让，吴某某作为公司董事及总经理，全面负责公司日常经营管理活动；上级主管单位对于吴某某等隐匿资产情况不知情。

2. 上海司法会计中心出具的关于吴某某涉嫌贪污公款情况的《司法鉴定意见书》，上海市普陀区民兵以劳养武服务部提供的历年来帮助××公司套取现金及双方签订的虚假监理劳务合同、项目完成交款结算单、财务凭证、发票单据等书证，上海市审计局、上海××丁建设管理有限公司、上海市自来水××乙有限公司等单位提供的××公司历年工程项目相关合同、财务凭证，上海市虹口区人民检察院依法从崔某某、姚某某、蒋某某家中查获的定期存单、银行卡、活期存折及其银行开户资料、资金进出明细、存款利息清单，上海联合产权交易所提供的××公司企业价值评估报告书、产权交易合同、交易凭证，上海市虹口区人民检察院调取的涉案房产××路××号××层××室购房款项来源、房产证、买卖合同、发票、租赁合同、被扣押的房租以及上海市虹口区物价局关于该房产的价格评估报告，上海市虹口区人民检察院依法从××公司调取的财务登记账册、凭证、工资、奖金、津贴发放清单等书证材料等证据证实：××公司于2009年11月正式启动股权全额转让，于2010年5月31日完成产权交割；在经营及转让改制期间，相关应收“监理费”等巨额国有资产被隐匿，未提交纳入资产评估以及资金资产流转、分发等；蒋某某及崔某某、姚某某在被告人吴某某指使下将单位公款存入个人名下私分利息，并将存单等带回家中藏匿；被告人吴某某指使姚某某历年来采用虚列部分员工名册和相应工资、奖金、津贴等名义支出，“吃空饷”逐月截留、累积现金的方式，私设账外现金“小金库”，直到案发前还指使姚某某、蒋某某、崔某某等人伪造财务登记。

3. 证人周某某的证言及其提供的两份“合作协议”等证据证实：被告人吴某某与周某某约定并签订协议由××公司和××甲公司共同出资参加招投标获让××公司后，由吴某某等个人占有××公司股份；××公司转制后，仍由吴某某全面负责公司经营活动，除了向××甲公司缴纳部分管理费用以外，所有盈亏由吴某某承担。

4. 证人姚某某、崔某某、汪某某、蒋某某的证言等证据证实：2002年至2010年5月，被告人吴某某授意公司财务崔某某长期将公司监理费收入通过采用与第三方签订虚假劳务合同的手法，将公司合法营业收入转至普陀区民兵以劳养武服务部套现，形成外挂账外资金；长期在实发工资名单上虚列人头数，虚增职工工资支出从公司账内套现累积现金；在××公司转制成民营企业过程中，被告人吴某某伙同汪某某、崔某某故意将上述账外资金予以隐匿不纳入企业资产评估；被告人吴某某指使被告人蒋某某及崔某某、姚某某，将公司公款以个人名义存入银行，并在转制过程中，故意将上述存单及用公款购买的商品房予以隐匿不纳入评估；在审计部门对××公司审计期间，被告人吴某某指使崔某某、姚某某、蒋某某采用销毁原始账册、财务凭证和虚列、分摊支出项，调平收支，重新伪造账册和财务凭证，将上述个人名下的银行存单带回家中藏匿至案发被追缴；被告人吴某某明知××公司与上海市自来水××乙有限公司等单位之间有大量工程委托监理项目的监理费用尚未结算收取，应作为企业应收款纳入转制时的资产评估范围，仍将这些企业应收款故意隐匿于账外，不纳入转制评估，并向上级主管单位及审计、评估单位提供虚假的企业经营损益报表；转制后，自公司转制至案发前，陆续收取上述隐匿的监理费应收款。

5. 证人王某甲的证言证实：××公司一直存在以劳养武和工资小金库两块账外资产的情况，在转制过程中，被告人吴某某等人对这两块资产隐瞒不报。

6. 证人王某乙、宋某某、达某某、周某某、史某某等证言证实：××公司与上海市自来水××乙有限公司等单位之间长期存在业务关系，××公司为了做到监理业务，在收到两家单位的监理费后有主动用账外现金购买消费卡或直接返还现金的形式给予上述业务单位相关人员回扣、好处费。

7. 证人宋某某、周某某、姜某某等的证言证实：××公司与上海市自来水××乙有限公司等单位之间长期存在业务关系，在监理业务结算方面，只要工程竣工后，××公司即可以与上述单位进行业务结算，有时上述单位也会通知吴某某或王某结算费用，但要××公司提供监理业务发票；造成××公司与上述单位之间的监理工程项目早已竣工，但是监理费迟迟不予结算的原因是由于吴某某本人在明知可以结算或得到对方可以结算通知的情况下，不将监理费发票提交给业务对方，致使对方无法付款结算。

8. 证人毕某某、徐某某等证言证实：涉案××路××号××层××室房产系××公司所有的性质来源。

9. 被告人吴某某对其部分犯罪事实作了供认。

上述证据来源及收集程序合法，内容客观真实，足以认定指控事实。

本院认为，被告人吴某某作为国家工作人员，伙同他人利用职务上的便利，采用侵吞、骗取等非法手段非法占有公共财物，犯罪数额4600余万元，情节特别严重，其行为已触犯《中华人民共和国刑法》第三百八十二条、第三百八十三条第一款第（一）项的规定，犯罪事实清楚、证据确实充分，应当以贪污罪追究其刑事责任。根据《中华人民共和国刑事诉讼法》第一百四十一条的规定，提起公诉，请依法审判。

此致

上海市第二中级人民法院

检察员　秦炯天

二〇一一年十二月二十五日

附：1. 被告人吴某某现羁押于上海市虹口区看守所；

2. 证据目录1份和主要证据复印件3册。

附：相关法律条文

《中华人民共和国刑法》

第三百八十二条 国家工作人员利用职务上的便利，侵吞、窃取、骗取或者以其他手段非法占有公共财物的，是贪污罪。

受国家机关、国有公司、企业、事业单位、人民团体委托管理、经营国有财产的人员，利用职务上的便利，侵吞、窃取、骗取或者以其他手段非法占有国有财物的，以贪污论。

与前两款所列人员勾结，伙同贪污的，以共犯论处。

第三百八十三条 对犯贪污罪的，根据情节轻重，分别依照下列规定处罚：

（一）个人贪污数额在十万元以上的，处十年以上有期徒刑或者无期徒刑，可以并处没收财产；情节特别严重的，处死刑，并处没收财产。

（二）个人贪污数额在五万元以上不满十万元的，处五年以上有期徒刑，可以并处没收财产；情节特别严重的，处无期徒刑，并处没收财产。

（三）个人贪污数额在五千元以上不满五万元的，处一年以上七年以下有期徒刑；情节严重的，处七年以上十年以下有期徒刑。个人贪污数额在五千元以上不满一万元，犯罪后有悔改表现、积极退赃的，可以减轻处罚或者免予刑事处罚，由其所在单位或者上级主管机关给予行政处分。

（四）个人贪污数额不满五千元，情节较重的，处二年以下有期徒刑或者拘役；情节较轻的，由其所在单位或者上级主管机关酌情给予行政处分。

对多次贪污未经处理的，按照累计贪污数额处罚。

《中华人民共和国刑事诉讼法》

第二十条 中级人民法院管辖下列第一审刑事案件：

(1) 反革命案件、危害国家安全案件；

(2) 可能判处无期徒刑、死刑的普通刑事案件；

(3) 外国人犯罪的刑事案件。

第一百四十一条 人民检察院认为犯罪嫌疑人的犯罪事实已经查清，证据确实、充分，依法应当追究刑事责任的，应当作出起诉决定，按照审判管辖的规定，向人民法院提起公诉。

上海市第二中级人民法院
刑事判决书

（2012）沪二中刑初字第15号

公诉机关上海市人民检察院第二分院。

被告人吴某某，女，19××年××月××日出生于浙江省宁波市，汉族，大学文化，原系上海××工程建设监理中心有限公司法定代表人、总经理，户籍地本市××路××弄××号××室。因本案于2011年2月24日被取保候审，同年4月1日被逮捕。现羁押于上海市虹口区看守所。

辩护人毛某某、李某某，上海××律师事务所律师。

上海市人民检察院第二分院起诉指控被告人吴某某犯贪污罪一案，于2011年12月25日以沪检二分刑诉〔2011〕221号起诉书向本院提起公诉。本院受理后，依法组成合议庭，公开开庭审理了本案。上海市人民检察院第二分院指派检察员秦炯天出庭支持公诉。被告人吴某某及其辩护人毛某某、李某某均到庭参加诉讼。现已审理终结。

公诉机关起诉指控：1994年至2010年5月，被告人吴某某担任国有企业上海××工程建设监理中心有限公司（以下简称××公司）总经理和负责人，全面负责公司经营、管理工作。吴某某利用职务便利，指使公司员工崔某某、姚某某、蒋某某于2008年9月至2009年2月，将公司监理费收入采用与第三方签订虚假劳务合同等手法，转至普陀区民兵以劳养武服务部套现，并从中提取现金人民币142万余元（以下币种均为“人民币”）以个人名义存入银行，指使姚某某于2007年初至2009年12月，采用虚列职工工资的手法套现，将其中60万余元以姚某某个人名义开立银行存单。上述公款所产生的利息共计66024.99元被吴某某等人私分；另查，××公司转制完成后吴某某还以预发奖金的名义，伙同副总经理汪某某、崔某某等人从××公司账外资金中提现218400元予以私分，吴某某分得84000元。

2009年8月底至2010年5月，被告人吴某某在××公司由国有企业转制非国有公司以及审计部门对××公司进行审计过程中，利用职务便利，指使崔某某、姚某某、蒋某某采用销毁公司财务账册、凭证和伪造账册和凭证，指使崔某某、姚某某和蒋某某将上述个人名下的银行定期存单分别带回家中藏匿，伙同汪某某、崔某某等故意将上述账外资金及××公司所有的商品房一套（经鉴定价值414万余元，该房历年来产生的房租共计145481.6元被吴某某隐匿账外，实际控制）、××公司在2004年至2009年11月30日与上海市自来水××乙有限公司等单位之间产生的工程委托监理项目监理费用应收款4012万余元不纳入企业转制的资产评估中，通过向上级主管单位及审计、评估单位提供虚假的企业报表，致使××公司的产权价值被严重低估，最后仅以143万余元的价格被转让。

其间，被告人吴某某与参加招投标企业上海××甲建设工程监理有限公司（以下简称“××甲公司”）周某某签订协议约定，由××公司和××甲公司共同出资，以××甲公司名义参加招投标获让××公司后，由吴某某等个人占有××公司49%的股份，××公司转制后，仍由吴某某全面负责公司经营活动，除了向××甲公司缴纳部分管理等费用以外，所有盈亏仍由吴某某承担。

为证实上述事实，公诉人当庭出示或宣读了证人徐某某、周某某、姚某某、崔某某等人的证言；上海××丁建设管理有限公司提供的公司章程、××公司成立文件及其上级单位演变材料、××公司《营业执照》、章程、被告人吴某某的干部履历表、职务证明；上海司法会计中心出具的《司法鉴定意见书》，虚假监理劳务合同，项目完成交款结算单，收、付款凭证，支票存根，贷记凭证，发票，责任支付审批单，相关情况说明等单据，凭证汇总材料；工程建设监理合同、监理劳务合同、各类收付款财务凭证；上海联合产权交易所提供的××公司企业价值评估报告书、产权交易合同、产权交易凭证等材料；银行定期存单、银行卡、活期存折、开户资料、定期存单、资金进出明细、储蓄存款利息清单；伪造的“以劳养武”银行存款日记账和现金日记账、相关财务凭证；房产证、买卖合同、发票、租赁合同、价格评估报告等证据及被告人吴某某的供述。

公诉机关认为，被告人吴某某作为国家工作人员，伙同他人利用职务上的便利，采用侵吞、骗取等手段非法占有公共财物，数额达4600余万元，情节特别严重，其行为已构成贪污罪，提请本院依法审判。

被告人吴某某对指控其在企业转制过程中，指使他人将公司账外资金隐匿不予评估，并以员工个人名义开设定期存单，在转制后藏匿及在转制过程中将公司应收款、房产隐匿不纳入评估的行为无异议，但认为自己主观上不具有非法占有上述财物的目的，亦未实施侵占的行为。吴某某的辩护人当庭出示了有关××公司营业执照，改制的请示、批复，股东决定，董事会决议，任命书，年检报告等书证，并提出：1. 吴某某虽有指使他人通过以劳养武、虚列职工工资等方式套现，并将这部分账外资金存入公司员工个人名下，在××公司改制过程中故意将上述公款隐匿账外不纳入评估的行为，但吴某某主观上对上述公款不具有个人占有的故意，应认定为私分国有资产罪；2. 关于指控吴某某侵吞××公司名下位于本市××路××号××层××室房屋的事实，因吴某某对该房所有权认识有误，误以为该房购房款来源于××公司获取的煤气公司调拨给其使用的房屋退租后的补偿款，故不属××公司资产，未将其纳入评估范围，且该房产权始终在××公司名下，吴某某不具有非法占有房屋的故意，不构成犯罪；3. ××公司在转制过程中的4012万余元应收款并非吴某某主观上故意隐瞒不予结算并将其不纳入审计、评估范围，而是客观原因造成尚未结算，其中的2300余万元在××公司转制后已经收回并作为公司日常运营费用支出，其余1600余万元尚未收回，吴某某无法对上述债权予以控制、占有，故吴某某的行为亦不构成犯罪。综上，辩护人请求本院在考虑到吴某某到案后认罪态度较好，且退赔违法所得，年老多病，对其从轻或减轻处罚，并予监外执行。

经本院审理查明的事实如下：

一、被告人主体身份及涉案单位的变更情况

经查，被告人吴某某自1988年4月至1998年6月，担任上海市××丙管理局（以下简称"××丙局"）基建处副处长。1994年4月，××丙局出资100万元成立上海××工程建设监理公司，吴某某担任公司法定代表人、经理，全面负责公司经营管理工作。1998年，上海××工程建设监理公司更名为上海××工程建设监理中心（以下简称"××监理中心"），同年，吴某某从××丙局退休。2008年10月，××监理中心转入国有企业上海××丁建设管理有限公司（以下简称"××丁公司"）管理。同年12月，吴某某被免去法定代表人的职务，徐某某担任××监理中心法定代表人、董事长，吴某某通过"股东决定"担任公司董事。同月，××监理中心更名为××公司，仍由吴某某全面负责××公司经营管理工作直至案发。

2010年5月21日，××公司经资产评估后以143.07万元通过产权交易，转让给非国有的××甲公司。同年6月，××甲公司免去吴某某××公司董事职务。

上述事实由《干部履历表》《退休（退职）审批表》、上海××丁建设工程有限公司出具的《职务证明》、上海××丙管理局沪用人（1994）第577号《关于同意建立上海市××工程建设监理公司的批复》、《上海××工程建设监理公司章程》《企业法定代表人任职证明》《企业法人营业执照》《企业名称变更核准通知书》《免职书》《股东决定》、上海集联资产评估有限公司出具的

《上海××工程建设监理中心有限公司企业价值评估报告书》《上海产权交易合同》等书证及证人徐某某的证言证实。

二、具体犯罪事实

1. 关于起诉指控被告人吴某某贪污4012万余元的事实

2009年11月底，××公司经上级主管单位××丁公司同意开始转制评估，并以2009年11月30日为评估基准日，对××公司全部权益价值评估为1430653.93元。2010年5月21日，由××丁公司通过产权交易以1430700元的价格与非国有××甲公司签订产权交易合同转让××公司100%股权。在此期间，吴某某明知××公司在2004年至2009年11月30日公司资产评估基准日间，与上海市自来水××乙有限公司、市××有限公司、闵××有限公司、奉××有限公司、上海浦东××自来水有限公司、上海燃气××销售有限公司、××销售有限公司、上海××燃气有限公司、上海天然气××有限公司等单位之间有大量工程委托监理项目的监理费用尚未收取，应作为企业应收款纳入转制时的资产评估范围，仍利用其职务便利，将与上述单位间共计40127685.84元应收款故意隐匿于账外，不纳入评估范围，并向上级主管单位及审计、评估单位提供虚假的企业经营损益报表，致使××公司的产权价值被严重低估。转制后，吴某某及××公司副总经理汪某某（另案处理）通过以个人名义与转让方××甲公司签订合作协议，获取该公司49%的股权并经××甲公司授权仍负责对××公司的日常经营管理，除向××甲公司缴纳部分管理费用外，所有盈亏由吴某某承担。至此，上述被隐匿的××公司应收债权共计40127685.84元被吴某某个人实际控制。

认定上述事实的证据有：

（1）上海集联资产评估有限公司出具的《上海××工程建设监理中心有限公司企业价值评估报告书》《上海产权交易合同》《关于上海××工程建设监理中心有限公司产权转让的请示》《关于上海××工程建设监理中心有限公司股权的批复》《股东决定》《企业国有资产产权登记证》等书证、证人徐某某的证言证实：2009年11月，××公司经上级主管××丁公司同意开始转制评估，并于2009年11月30日为评估基准日，对××公司全部权益价值评估为1430653.93元。2010年5月21日××公司通过产权交易以1430700元转让给非国有××甲公司。

（2）证人宋某某、周某某、姜某某、蒋某某、王某某、史某某、汪某某、陈某甲、陈某乙等人的证言证实：××公司与上海浦东××自来水有限公司、上海市自来水××乙有限公司等9家单位之间长期存在业务关系，在监理业务结算方面，只要工程竣工后，××公司即可以与上述单位进行业务结算，造成

××公司与上述单位之间的监理工程项目早已经竣工，但是监理费不予结算的原因，是由于吴某某本人或者其要求王某某在明知可以结算或得到对方可以结算通知的情况下，不将监理费发票提交给对方，致使对方无法付款结算。

（3）证人姚某某、崔某某的证言，《司法鉴定意见书》证实：2004 年 12 月至 2009 年 11 月，吴某某明知××公司与上海自来水闵××有限公司等 9 家公司之间有大量工程委托监理项目的监理费用尚未结算收取，应作为企业应收款纳入转制时的资产评估范围，将这些企业应收款故意隐匿于账外，不纳入转制评估，并向上级主管单位及审计、评估单位提供虚假的企业经营损益报表。转制时尚有 40127685.84 元监理费应收款被吴某某隐匿，未纳入评估范围。

（4）证人汪某某、周某某的证言、《合作协议》、授权委托书、付款凭单、《关于上海××工程建设监理中心有限公司有关工程项目结算的声明》、上海××甲建设工程监理有限公司出具的《关于我公司与上海××工程建设监理中心所签订的合同及事实情况的报告》等书证证实：2010 年 12 月，××公司转制后，吴某某及汪某某通过以个人名义与转让方××甲公司签订合作协议，获取该公司 49% 的股权并经××甲公司授权仍负责对××公司的日常经营管理，除向××甲公司缴纳部分管理费用外，所有盈亏由吴某某承担。

2. 关于起诉指控被告人吴某某贪污 231 万余元的事实

2002 年至 2010 年 5 月，被告人吴某某授意公司财务崔某某长期将公司监理费收入通过采用与第三方签订虚假劳务合同的方法，将公司合法营业收入以配合费、劳务费等名义转至普陀区民兵以劳养武服务部套现，形成××公司 2000 余万元账外资金。2008 年 9 月至 2009 年 2 月，被告人吴某某指使崔某某、蒋某某、姚某某（均另案处理），将上述公司账外资金中的 1320000 元分别以个人名义至银行开立定期存单（其中崔某某名下存入 330000 元、蒋某某名下存入 400000 元、姚某某名下存入 590000 元）。

2007 年初至 2009 年 12 月，被告人吴某某指使姚某某采用长期在实发工资名单上虚列人头数，虚增职工工资支出从公司账内套现，逐月截留、累积现金的手法，在账外形成、私设现金小金库，累计金额 605600 元。其间，吴某某指使姚某某分四笔将该款以姚某某个人名义开立定期存单（金额分别为 370000 元、66000 元、130000 元和 39600 元）。2009 年 11 月底至 2010 年 5 月，在××公司转制过程中，吴某某故意将上述 1320000 元、605600 元及另一张以蒋某某个人名义开设的，亦为账外资金形成的金额为 108362.85 元的活期存折隐匿账外不纳入评估。2010 年八九月间，在上海市审计局对××公司进行审计过程中，吴某某指使崔某某等人采用销毁原始账册、财务凭证，重新伪造账册和财务凭证等手段掩盖上述隐匿公款的事实，吴某某还指使崔某某等三人将上述各自名下的存单分别带回家中藏匿。至案发，上述账外资金被吴某某等人实际控制。其间，上述公款产生的利息共计66024.99元被被告人吴某某等人共同私分。

2010年8月，××公司转制后，被告人吴某某伙同汪某某、崔某某等人以预发奖金的名义，从公司以劳养武账外资金中提现218400元予以私分。其中被告人吴某某从中分到现金84000元。

至案发，上述被藏匿的存单分别在姚某某、蒋某某、崔某某家中被追缴。被告人吴某某退出84000元。

认定上述事实的证据有：

（1）上海司法会计中心出具的《司法鉴定意见书》、上海市普陀区民兵以劳养武服务部出具的《基层人武部民兵以劳养武服务项目完成交款结算单》、进账单、付款凭证、记账联、贷记凭证、支取明细、领款单、《责任支付审批单》《工程建设监理合同》《监理劳务合同》等书证及被告人吴某某的供述等证据证实：2002年至2010年5月，被告人吴某某授意公司财务崔某某长期将公司监理费收入通过采用与第三方签订虚假劳务合同的方法，将公司合法营业收入以配合费、劳务费等名义转至普陀区民兵以劳养武服务部套现，形成2000余万元账外资金。

（2）证人姚某某、崔某某、蒋某某、汪某某、王某的证言，《协助查询存款通知书》《个人存款凭条》《储蓄存款利息清单》《上海银行整存整取定期储蓄存单》《中国民生银行个人定期存单》、取款凭条、活期存折、现场搜查照片、伪造的银行存款日记账、现金日记账及相关财务凭证等书证及被告人吴某某的供述证实：2008年9月至2009年2月，被告人吴某某指使××公司员工蒋某某、崔某某、姚某某（均已判刑），将公司账外资金中的1320000元分别以崔某某、蒋某某和姚某某个人名义至银行开立定期存单。嗣后，在××公司改制过程中，吴某某将上述1320000元公款隐匿账外不纳入评估并在审计部门对××公司进行审计过程中，指使崔某某等人采用销毁原始账册、财务凭证，重新伪造账册和财务凭证等手段掩盖上述隐匿公款的事实，吴某某还指使崔某某等三人将上述各自名下的定期存单及另一张以蒋某某个人名义开设的，亦为账外资金形成的未纳入转制评估范围的金额为108362.85元的活期存折分别带回家中藏匿。至案发，上述账外资金被吴某某等人实际控制。其间，上述1320000元所产生的利息共计46407.16元被吴某某等人共同私分。2010年8月，××公司转制后，被告人吴某某伙同汪某某、崔某某等人以预发奖金的名义，从公司以劳养武账外资金中提现218400元予以共同私分。其中吴某某从中分到现金84000元。至案发，上述被藏匿家中的存单被追缴。

（3）证人姚某某、崔某某、蒋某某、汪某某、王某某的证言，《××公司虚设工资名册情况查证表》《上海××工程建设监理中心工资、津贴、福利、奖金发放一览表》、工资单、《个人存款凭条》《协助查询存款通知书》《上海银行整存整取定期储蓄存单》等书证证实：2007年初至2009年12月，被告人吴某某指使姚某某采用长期在实发工资名单上虚列人头数，虚增职工工资支出从公司账内套现，逐月截留、累积现金的手法，在账外形成、私设现金小金库，累计金额605600元。在××公司转制过程中，被告人吴某某故意将上述公款予以隐匿不纳入评估，转制完成后，吴某某亦指使姚某某将该存单带回家中藏匿，至案发上述公款所产生的利息共计19617.83元被被告人吴某某等人私分的事实。

（4）证人王某某、宋某某、达某某、周某某、史某某的证言证实：××公司与上海浦东××自来水有限公司、上海市自来水××乙有限公司、上海燃气××销售有限公司之间长期存在业务关系，××公司为了做到监理业务，在收到两家单位的监理费后有主动用账外现金购买消费卡或直接返还现金的形式给予上述业务单位相关人员回扣、好处费，不存在对方委托通过“以劳养武”另外再套取现金后，账外积存在××公司的情况。

3. 关于起诉指控被告人吴某某贪污××公司房屋价值414万余元的事实

1998年经公用事业局同意将煤气公司营业所位于本市××路××号的站点用房使用权无偿调拨给××监理中心使用，并经更名至该公司名下。2003年7月16日，××监理中心通过与上海××戊置业有限公司（以下简称“××戊公司”）签订退租协议，退租上述房屋，由此获得2471430元的补偿款。同年8月6日，该笔补偿款由××戊公司直接打入上海××壬房地产咨询有限公司，未入××监理中心账内。2004年2月19日，××监理中心通过上海××壬房地产咨询有限公司，用上述补偿款中的2160000元购买了位于本市××路××号××层××室的房屋（面积254.82平方米、权利人为××监理中心）。该房产权证由原××公司副总经理童某某保管，2007年童某某去世后，吴某某等人将产证取回自己保管至案发。2009年因××监理中心更名为××公司，吴某某遂指使汪某某将产证更名为××公司。2009年11月底至2010年5月，在××公司转制过程中，该套商品房被吴某某隐匿于账外未纳入评估。在公司转制前后，该房历年来所产生的房租收益共计145481.6元亦被吴某某实际控制。经评估，在××公司2009年11月30日转制评估基准日时，上述房屋价值为4140500元。

上述事实由证人毕某某、徐某某等人的证言，上海市虹口区物价局出具的《关于上海市××路××号××层××室房地产的价格鉴定结论书》《上海市房地产买卖合同》、发票、《上海市房地产权证》《租赁合同》《关于站点用房更户的申请》、上海市煤气公司沪煤办（1998）503号《关于调整营业所站点用房的批复》、上海煤气销售（集团）有限公司营业所沪煤营基（1998）第89号《关于调整营业所站点用房的请示》、上海××工程建设监理中心致××戊置业公司函、《卢湾区共有房屋使用权有偿退租协议书》《退房单》、支票等书证证实。

上述证据均经当庭出示、质证、辨认等法庭调查程序查证属实，证据确实、充分。

本院对控辩双方争议焦点评判如下：

1. 关于吴某某隐匿××公司4012万余元应收款的行为性质

经查，被告人吴某某原系××丙局基建处副处长，1994年4月，吴某某经××丙局任命，担任该局下属国有企业××公司法定代表人、总经理。2008年12月，××丁公司虽发文免去吴某某法人代表职务，但其仍担任公司董事、经理，全面负责公司经营管理工作直至公司改制前，故其主体身份应认定为国家工作人员。2004年12月至2009年11月，××公司受托的建设工程监理项目中，涉及在2009年11月30日公司转制评估前已开工，2010年5月21日转制完成前竣工的9家单位共计应收监理费40127685.84元。被告人吴某某作为国有资产的管理者，明知上述应收款应作为国有资产的重要组成部分，应该一并纳入企业转制审计、评估中，但仍利用其全面负责管理公司事务的职务便利，在国有公司改制过程中通过隐瞒债权的方式故意隐匿公司财产，并向上级主管单位及审计部门提供虚假的企业经营损益报表，致使国有产权价值被严重低估，仅以143万余元的价格被转让。转制后，上述国有资产已脱离公司监管，被吴某某等个人控制，且在转制完成后吴某某已不具有国家工作人员的主体身份，其通过与××甲公司签订合作协议，个人参股的形式参与对转制后××公司的管理，对上述款项的支取属个人决定，而非对国有资产的管理，故其行为已构成贪污罪，且应以转制评估基准日时被其隐匿的全部债权数额认定犯罪金额。吴某某及其辩护人相关辩解和辩护意见不能成立，本院不予采纳。

2. 关于吴某某隐匿××公司231万余元公款的行为性质

经查，××公司在2008年回归××丁公司管理前，公司长期处于游离状态，缺乏监管，上级公司对××公司存在账外资金及资金的使用，调配情况均不知情。吴某某利用担任××公司法定代表人、经理，全面负责管理公司事务的职务便利，明知在公司转制过程中应当将其控制和管理的国有资产移交给上级主管单位，仍指使他人公款私存隐匿公司账外资金，并采用销毁账册，伪造凭证等方式掩盖上述事实，致使国有公司在转制后失去对上述资产的监管，而被吴某某等个人控制并予私分。吴某某的行为符合贪污罪以非法占有为目的的主观故意和以侵吞等手法占有公共财产的客观要件，已构成贪污罪，而与私分国有资产以单位名义将国有资产集体私分给个人的主、客观要件不符。吴某某及其辩护人相关辩解及辩护意见均不能成立。

3. 关于吴某某隐匿××公司名下房产的行为性质

经查，证人唐某某、汪某某、姚某某的证言、在案书证及被告人吴某某到案后的供述可证实，吴某某曾多次对汪某某、姚某某等人表示由于××公司名下位于本市××路××号××层××室的房屋购房款来源系原××丙局通过调拨煤气公司营业房给××公司所获取的退租补偿金，其主观上一直认为该房以后是要归还煤气公司的，且该房自购买至案发一直登记在“××监理中心”或“××公司”名下。根据相关法律规定，房屋作为不动产，其转移必须经过法定登记程序才能对抗第三方，涉案房产虽在转制评估时被隐匿在账外，但房屋权属仍属××公司，认定该房屋脱离××公司控制，吴某某非法占有及实际控制、支配该房屋的证据尚不充分，但该房屋历年来出租所产生的租金隐匿在账外由吴某某实际控制，对该14万余元应认定为吴某某构成贪污犯罪。吴某某及其辩护人的相关辩解及辩护意见可予采纳。

本院认为，被告人吴某某身为国家工作人员，利用管理国有资产的职务便利，在国有企业转制过程中，故意将4200余万元资产隐匿账外，不纳入公司转制评估范围，致使公司转制后国有资产被其2人控制支配，其行为已构成贪污罪，依法应予惩处。公诉机关指控罪名成立。本案部分赃款已被追缴，且吴某某到案后退出部分赃款，可酌情从轻处罚。依照《中华人民共和国刑法》第三百八十二条，第三百八十三条第一款第（一）项、第二款，第二十五条第一款，第五十七条第一款，第六十四条，第九十一条，第九十三条之规定，判决如下：

一、被告人吴某某犯贪污罪，判处无期徒刑，剥夺政治权利终身，并处没收个人财产人民币五十万元；

（刑期从判决确定之日起计算。）

二、违法所得予以追缴。

如不服本判决，可在接到判决书的第二日起十日内，通过本院或者直接向

上海市高级人民法院提出上诉。书面上诉的，应当提交上诉状正本一份、副本一份。

审　判　长　夏稷栋
代理审判员　管勤莺
人民陪审员　杨长林
二〇一二年六月五日
书　记　员　马君珺

附：相关法律条文

《中华人民共和国刑法》

第三百八十二条　国家工作人员利用职务上的便利，侵吞、窃取、骗取或者以其他手段非法占有国家公共财物的，是贪污罪。

受国家机关、国有公司、企业、事业单位、人民团体委托管理、经验国有财产的人员，利用职务上的便利，侵吞、窃取、骗取或者以其他手段非法占有国家财物的，以贪污论。

与前两款所列人员勾结，伙同贪污的，以共犯论处。

第三百八十三条第一款第一项、第二款　对犯贪污罪的，根据情节轻重，分别依照下列规定处罚：

(1) 个人贪污数额在十万元以上的，处以十年以上有期徒刑或者无期徒刑，可以并处没收财产；情节特别严重的，处死刑，并处没收财产。

对多次贪污未经处理的，按照累计贪污数额处罚。

第二十五条第一款　共同犯罪是指二人以上共同故意犯罪。

第五十七条第一款　对于判处死刑、无期徒刑的犯罪分子，应当剥夺政治权利终身。

第六十四条　犯罪分子违法所得的一切财物，应当予以追缴或者令退赔；对被害人的合法财产，应当及时返还；违禁品和供犯罪所用的本人财物，应当予以没收。没收的财物和罚金，一律上缴国库，不得挪用和自行处理。

第九十一条　本法所称公共财产，是指下列财产：

(1) 国有财产；

(2) 劳动群众集体所用的财产；

(3) 用于扶贫和其他公益事业的社会捐赠或者专项基金的财产。

在国家机关、国有公司、企业、集体企业和人民团体管理、使用或者运输中的私人财产，以公共财产论。

第九十三条 本法所称国家工作人员，是指国家机关中从事公务的人员。

国有公司、企业、事业单位、人民团体中从事公务的人员和国家机关、国有公司、企业、事业单位委派到非国有公司、企业、事业单位、社会团体从事公务的人员，以及其他依照法律从事公务的人员，以国家工作人员论。

上海市人民检察院第二分院
刑事抗诉书

沪检二分刑二审抗〔2012〕1号

上海市第二中级人民法院于2012年6月5日作出（2012）沪二中刑初字第15号刑事判决，判决被告人吴某某犯贪污罪，判处无期徒刑，剥夺政治权利终身，并处没收个人财产人民币五十万元；违法所得予以追缴。本院依法审查后认为，该判决认定的部分事实错误，且量刑畸轻。主要理由和依据如下：

一、一审判决书对被告人吴某某隐匿上海××工程建设监理中心有限公司（以下简称××公司）名下房产的行为性质认定错误

一审判决认定："涉案房屋虽在转制评估时被隐匿在账外，但房屋权属仍属××公司，认定该房屋脱离××公司控制，吴某某非法占有及实际控制、支配该房屋的证据尚不充分。"本院审查后认为，被告人吴某某主观上明知上述房产属于国有资产，却采用隐匿在账外的方式对该房产实现了完全独占、排他的非法控制，该行为应当认定为贪污性质。具体理由阐释如下：

第一，案件事实和相关证据已经证明，随着国有的××公司转制，原有被吴某某隐匿的应收账款、房产等国有资产均归属于上海××甲建设工程监理有限公司（以下简称××甲公司）完全控股后的××公司。而吴某某则与收购××公司的××甲公司私下约定，吴在转制后的××公司中，占有49%的个人股份，并全面负责公司的经营管理活动，除缴纳部分管理费以外，公司的盈亏由吴某某承担。故被告人吴某某采用低估资产、隐瞒债权方法获得的应收账款、房产等国有资产均应当被认定为贪污犯罪的金额。

第二，案件事实和相关证据已经证明，原××公司名下上海市静安区××路××号××层××室房产与××公司的应收账款均属于国有公司资产。法院判决确认被告人吴某某在××公司转制过程中隐匿公司账外资金，致使国有公司在转制后失去对该资金的监管，故认定上述应收账款为贪污金额。但本案中的房产与应收账款性质相同，法院对吴某某隐匿该房产的行为性质却不认定为贪污，显然自相矛盾。

第三，上述房产已完全脱离国有公司的控制，且该房产及公司转制前的营

业执照复印件、法定代表人私章等材料随公司股权变更后仍由吴某某实际控制，吴某某完全可以凭借上述材料对该房产进行过户转让。即使上述材料遗失，吴某某也完全可以凭借××公司的相关手续，变更上述房产。故一审判决以“房屋权属仍属××公司”，且“认定该房屋脱离××公司控制，吴某某非法占有及实际控制、支配该房屋的证据尚不充分”为由，否定吴某某侵占上述房产进而构成贪污犯罪，既不符合事实，也不符合法律。

二、一审判决书判处被告人吴某某无期徒刑，量刑畸轻

被告人吴某某作为国家工作人员，在××公司转制过程中采用隐匿、欺骗的手段致使公司的产权价值被严重低估，且其非法占有公共财物的犯罪数额高达4600余万元，造成国有资产巨额流失，情节特别严重，且吴某某在法庭上认罪态度较差，故一审判决仅判处其无期徒刑，属量刑畸轻。

综上所述，本院认为，上海市第二中级人民法院（2012）沪二中刑初字第15号刑事判决书，部分事实认定确有错误，量刑畸轻。为维护司法公正，准确惩治犯罪，依照《中华人民共和国刑事诉讼法》第一百八十一条的规定，特提出抗诉，请依法判处。

此致

上海市高级人民法院

检察员　秦炯天

二〇一二年六月十五日

附：被告人吴某某现羁押于上海市虹口区看守所。

上海市高级人民法院
刑事判决书

（2012）沪高刑终字第123号

抗诉机关上海市人民检察院第二分院。

上诉人（原审被告人）吴某某，女，19××年××月××日出生于浙江省宁波市，汉族，大学文化，原系上海××工程建设监理中心有限公司（下称××公司）法定代表人、总经理，户籍地本市××路××弄××号××室，因涉嫌犯贪污罪于2011年2月24日被取保候审，同年4月1日被逮捕，现羁押于上海市虹口区看守所。

辩护人方某，上海市××律师事务所律师。

辩护人孙某，山东××律师事务所律师。

上海市第二中级人民法院审理上海市人民检察院第二分院指控原审被告人吴某某犯贪污罪一案，于二〇一二年六月五日作出（2012）沪二中刑初字第15号刑事判决。上海市人民检察院第二分院认为原判认定的部分事实确有错误、量刑畸轻，提出抗诉。原审被告人吴某某亦对判决不服，提出上诉。本院2012年7月6日受理后，依法组成合议庭，于同年9月4日公开开庭审理了本案。上海市人民检察院指派检察员郑燕、代理检察员郑勇出庭履行职务。上诉人吴某某及其辩护人方某、孙某到庭参加诉讼。现已审理终结。

原判认定：

一、关于被告人吴某某主体身份等事实

1988年4月至1998年6月，被告人吴某某担任上海市××丙管理局（下称××丙局）基建处副处长。1994年4月，××丙局出资100万元人民币（以下币种相同）成立上海××工程建设监理公司，吴某某担任公司法定代表人、经理，全面负责公司经营管理工作。1998年，上海××工程建设监理公司更名为上海××工程建设监理中心（下称××监理中心），同年，吴某某从××丙局退休。2008年10月，××监理中心转入国有上海××丁建设管理有限公司（下称××丁公司）管理。同年12月，吴某某被免去法定代表人的职务，徐某某担任××监理中心法定代表人、董事长。同月，××监理中心更名为××公司，仍由吴某某全面负责××公司经营管理工作直至案发。

2010年5月21日，××公司经资产评估后通过产权交易，以143.07万元的价格转让给非国有的上海××甲建设工程监理有限公司（下称××甲公司）。

证明上述事实的证据有：《干部履历表》《退休（退职）审批表》、上海××丁建设工程有限公司出具的《职务证明》、《关于同意建立上海市××工程建设监理公司的批复》《上海××工程建设监理公司章程》《企业法定代表人任职证明》《企业法人营业执照》《企业名称变更核准通知书》《免职书》《股东决定》《上海××工程建设监理中心有限公司企业价值评估报告书》《上海产权交易合同》等书证及证人徐某某的证言等。

二、关于起诉指控被告人吴某某贪污4012万余元的事实

2009年11月底，××公司经上级主管单位××丁公司同意开始转制评估，并以2009年11月30日为评估基准日，对××公司全部权益价值评估为143万余元。2010年5月21日，由××丁公司通过产权交易以143万余元的价格将××公司100%股权转让给××甲公司。其间，吴某某明知××公司在2004年至2009年11月30日公司资产评估基准日间，与上海市自来水××乙有限公司、市××有限公司、闵××有限公司、奉××有限公司、上海浦东××自来水有限公司、上海燃气××销售有限公司、××销售有限公司、上海××燃气有限公司、上海天然气××有限公司等单位之间有大量工程委托监理项目的监理费用尚未收取，应作为企业应收债权纳入转制时的资产评估范围，仍利用其职务便利，将与上述单位间共计40127685.84元应收债权故意隐匿于账外，不纳入评估范围，并向上级主管单位及审计、评估单位提供虚假的企业经营损益报表，致使××公司的价值被严重低估。转制后，吴某某和××公司副总经理汪某某（另案处理）通过以个人名义与受让方××甲公司签订合作协议，获取该公司49%的股权并经××甲公司授权仍负责××公司的日常经营管理，除向××甲公司缴纳部分管理费用外，所有盈亏由吴某某承担。至此，上述被隐匿的××公司应收债权共计4012万余元被吴某某实际控制。

证明上述事实的证据有：(1)《上海××工程建设监理中心有限公司企业价值评估报告书》《上海产权交易合同》《关于上海××工程建设监理中心有限公司产权转让的请示》《关于上海××工程建设监理中心有限公司股权的批复》《股东决定》《企业国有资产产权登记证》《合作协议》、授权委托书、付款凭单、《关于上海××工程建设监理中心有限公司有关工程项目结算的声明》、××甲公司《关于我公司与上海××工程建设监理中心所签订的合同及事实情况的报告》《司法鉴定意见书》等；(2)证人徐某某、宋某某、周某

甲、姜某某、蒋某某、王某某、史某某、汪某某、陈某甲、陈某乙、姚某某、崔某某、汪某某、周某乙的证言等。

三、关于起诉指控被告人吴某某贪污231万余元的事实

2002年至2010年5月，被告人吴某某授意财务崔某某（另案处理）长期将公司监理费收入通过采用与第三方签订虚假劳务合同的方法，把公司合法营业收入以配合费、劳务费等名义转至普陀区民兵以劳养武服务部套现，形成××公司2000余万元账外资金。2008年9月至2009年2月，吴某某指使崔某某、蒋某某、姚某某（均另案处理），将上述公司账外资金中的132万元分别以个人名义至银行开立定期存单。

2007年初至2009年12月，吴某某指使姚某某采用长期在实发工资名单上虚列人头数，虚增职工工资支出从公司账内套现，逐月截留、累积现金的方法，在账外形成、私设现金小金库，累计金额60.56万元。其间，吴某某指使姚某某分四笔将该款以姚某某个人名义开立定期存单。2009年11月底至2010年5月，在××公司转制过程中，吴某某故意将上述132万元、60.56万元及另一张以蒋某某个人名义开设的，亦为账外资金形成的金额为108362.85元的活期存折隐匿账外不纳入评估。2010年八九月间，在上海市审计局对××公司进行审计过程中，吴某某指使崔某某等人采用销毁原始账册、财务凭证，重新伪造账册和财务凭证等手段掩盖上述隐匿公款的事实，吴某某还指使崔某某等三人将上述各自名下的存单分别带回家中藏匿。至案发，上述账外资金被吴某某等人实际控制。其间，上述公款产生的利息共计66024.99元被吴某某等人共同私分。

2010年8月，××公司转制后，吴某某伙同汪某某、崔某某等人以预发奖金的名义，从公司以劳养武账外资金中提现21.84万元予以私分，其中吴某某分到8.4万元。

至案发，上述被藏匿的存单分别在姚某某、蒋某某、崔某某家中被追缴。吴某某退出8.4万元。

证明上述事实的证据有：(1)《司法鉴定意见书》《基层人武部民兵以劳养武服务项目完成交款结算单》、进账单、付款凭证、记账联、贷记凭证、支取明细、领款单、《责任支付审批单》《工程建设监理合同》《监理劳务合同》《协助查询存款通知书》《个人存款凭条》《储蓄存款利息清单》《上海银行整存整取定期储蓄存单》《中国民生银行个人定期存单》、取款凭条、活期存折、现场搜查照片、伪造的银行存款日记账、现金日记账及相关财务凭证、《××公司虚设工资名册情况查证表》《上海××工程建设监理中心工资、津贴、福利、奖金发放一览表》、工资单、《个人存款凭条》《协助查询存款通知书》

《上海银行整存整取定期储蓄存单》等书证；(2) 证人姚某某、崔某某、蒋某某、汪某某、王某、王某某、宋某某、达某某、周某某、史某某的证言；(3) 被告人吴某某的供述。

四、关于起诉指控被告人吴某某贪污××公司房屋价值414万余元的事实

1998年经××丙局同意将煤气公司营业所位于本市××路××号的站点用房使用权无偿调拨给××监理中心使用，并经更名至该公司名下。2003年7月16日，××监理中心通过与上海××戊置业有限公司（以下简称“××戊公司”）签订退租协议，退租上述房屋，由此获得2471430元的补偿款。同年8月6日，该笔补偿款由××戊公司直接打入上海××壬房地产咨询有限公司，未入××监理中心账内。2004年2月19日，××监理中心通过上海××壬房地产咨询有限公司，用上述补偿款中的2160000元购买了位于本市××路××号××层××室的房屋（面积254.82平方米、权利人为××监理中心）。该房产权证由原××公司副总经理童某某保管，2007年童某某去世后，吴某某等人将产证取回自己保管至案发。2009年因××监理中心更名为××公司，吴某某遂指使汪某某将产证更名为××公司。2009年11月底至2010年5月，在××公司转制过程中，该套商品房被吴某某隐匿于账外未纳入评估。在公司转制前后，该房历年来所产生的房租收益共计145481.6元亦被吴某某实际控制。经评估，在××公司2009年11月30日转制评估基准日时，上述房屋价值为4140500元。

证明上述事实的证据有：证人毕某某、徐某某、孙某某、戴某某、谷某某、杨某某、吴某某、田某某、朱某某、唐某某的证言，《关于上海市××路××号××层××室房地产的价格鉴定结论书》、《上海市房地产买卖合同》、发票、《上海市房地产权证》、《租赁合同》、《关于站点用房更户的申请》、《关于调整营业所站点用房的批复》、《关于调整营业所站点用房的请示》、上海××工程建设监理中心致××戊置业公司函、《卢湾区共有房屋使用权有偿退租协议书》、《退房单》、支票等。

原判认为，被告人吴某某身为国家工作人员，利用管理国有资产的职务便利，在国有企业转制过程中，故意将4200余万元资产隐匿账外，不纳入公司转制评估范围，致使公司转制后国有资产被其个人控制支配，其行为已构成贪污罪。关于吴某某隐匿××公司名下房产的性质，由于吴某某主观上一直认为该房产以后要归还煤气公司，且该房产自购买至案发一直登记在“××监理中心”或“××公司”名下，因此认定该房屋已脱离××公司控制，由吴某某非法占有及实际控制、支配该房屋的证据尚不充分。但该房屋历年来出租所产生的租金隐匿在账外由吴某某实际控制，对该14万余元应认定吴某某构成

贪污罪。鉴于本案部分赃款已被追缴，且吴某某到案后退出部分赃款，可酌情从轻处罚。据此，依法以贪污罪判处被告人吴某某无期徒刑，剥夺政治权利终身，并处没收个人财产人民币五十万元；违法所得予以追缴。

上海市人民检察院第二分院抗诉认为：原判对被告人吴某某隐匿××公司名下房产的行为定性错误；判处吴某某无期徒刑，量刑不当。

上海市人民检察院认为：(1) 原判对上诉人吴某某隐匿××公司名下房产的事实认定错误。现有证据足以证实吴某某主观上具有非法占有涉案房产的目的，客观上涉案房产已经脱离国家控制并为吴某某实际控制。(2) 原判对吴某某量刑畸轻。吴某某贪污数额极大，还刻意掩盖罪行，认罪悔罪态度差，其贪污行为已经造成巨额国有资产流失，应当认定贪污犯罪情节特别严重。建议对其判处死刑，可不立即执行。

上诉人吴某某及其辩护人认为，(1) 原判将4012万元“应收监理费”全部认定为吴某某的贪污数额错误，且部分系未遂；(2) 原判认定吴某某的部分犯罪行为有误，国有资产被低估转让有多种原因，由吴某某一人承担显属不公；(3) 上诉人年事已高，系初犯、偶犯且已退赔所获赃款，原判量刑过重。

本院经审理查明的事实和证据与原判相同。

另查明，根据证人姚某某的证言、扣押物品清单及搜查照片证实，直至吴某某等人贪污案发后，通过他人检举才暴露出涉案房产的存在，并从吴某某办公场所查获××公司改制前的相关证明文件、单位公章、法定代表人徐某某的私印和身份证复印件等；上述证据足以证明，××公司转制完成后，涉案房产已脱离了该国有资产权利人的控制，实际由吴某某等人控制。同时，《司法鉴定意见书》证实，贪污所得4200余万元钱款中，被吴某某用于转制后××公司经营活动及个人实际非法占有的为870余万元。

根据现已审理查明的事实和证据，本院对二审诉讼各方的意见评判如下：

一、关于上诉人吴某某是否贪污涉案房产的问题

经查：(1) 证人杨某某、戴某某、谷某某的证言证实，吴某某明知煤气公司营业用房系上级单位无偿调拨给××公司的房产，而非××公司借用煤气公司的房产；证人汪某某证言证实，2010年下半年，其担心受牵连，曾对吴某某提出××路这套房子的事应该想办法处理好，继续拿在手里终归是个大问题，今后万一被发现要出事情，最好是和上级讲清楚，该交的要交掉的。吴某某事后答复说，反正没有将户名更改到其个人名下，真的万一被查到也不要紧，这套房子当初资金、房子都是从煤气公司过来的，大不了到时候讲还给煤气公司。证人姚某某证言证实，2011年3月份吴某某取保候审回来，其曾当着蒋某某的面问吴某某，那套房子会不会被查出来，吴某某说如果没有人讲，

房子的事情是查不出来的，这套房子公司账上没反映过，固定资产也从来没登记过，再说这套房子的产证当初登记的就是××监理中心的名字，就算被查到也用不着怕，反正这套房子没有过户到自己名下。证人蒋某某的证言印证了姚某所说的内容。吴某某对直至案发未向上级单位有任何归还涉案房产的行为及意思表示亦供认在案。(2) 在案证据证实，涉案房产始终隐于账外，未经资产登记，财务审查也没有发现；转制时，吴某某就该房屋未向上级单位或评估单位进行说明，上级单位以及转制后的××公司法人代表都根本不知该房产的存在。(3) 搜查笔录、扣押物品清单以及照片等证实，××公司的公章、转制前的营业执照复印件、法定代表人徐某某的私印及身份证复印件等仍由吴某某实际掌控。

本院认为，现有证据足以证实，吴某某所谓将房产归还煤气公司的说法是发生在转制完成之后，系逃避法律追究的托词，其主观上具有非法占有涉案房产的目的，客观上涉案房产已经脱离国家控制，被吴某某实际控制，并且完全有条件随时将房产过户更名。刑法上对非法占有的认定更注重行为本质而非财物所有权的表现形式，非法占有目的的实现并不以得到民法上的确认为条件。根据最高人民法院、最高人民检察院《关于办理国家出资企业中职务犯罪案件具体应用法律若干问题的意见》的有关规定，受国有企业委托管理、经营国有财产的人员利用职务上的便利，在国家出资企业改制过程中故意通过低估资产、隐瞒债权、虚设债务、虚构产权交易等方式隐匿公司、企业财产，转为本人持有股份的改制后公司所有，应当依法追究刑事责任的，以贪污罪定罪处罚，贪污数额以所隐匿财产金额计算。所隐匿财产在改制过程中已为行为人实际控制，或者国家出资企业改制已经完成的，以犯罪既遂处理。故吴某某非法隐匿并控制涉案房产的行为应认定为贪污既遂。

二、关于吴某某的上诉理由和辩护人的辩护意见

经查，(1)《职务证明》《股东决定》《企业法人营业执照》等书证、证人徐某某、汪某某、蒋某某、姚某某、崔某某的证言证实，吴某某始终全面负责国有××公司的经营管理工作；(2)《上海××工程建设监理中心公司企业价值评估报告书》、证人徐某某的证言及汪某某、蒋某某、姚某某、崔某某的证言还证实，吴某某在企业转制过程中未将归属于国有企业的4012万余元应收债权及200余万元公款纳入评估，伙同他人私分上述公款产生的6万余元利息，并私自提取账外资金21万余元进行私分；(3)《合作协议》、证人周某某、汪某某的证言证实，吴某某、汪某某以个人名义持有改制后××公司49%股份，并由吴某某自主经营、独立核算、自负盈亏，原上级单位及××甲公司在对上述债权、公款毫不知情的情况下，吴某某已经实现对这些债权、公

款的实际控制；（4）吴某某供认，××公司转制时尚未收取，但已经竣工及在建工程的应收监理费用属于改制前××公司的国有资产，转制时应当纳入评估，其没有将上述应收款资料提供给审计评估人员。××公司转制之前，其已经向上级单位上交了两套房产和百万元的资产，转制评估时再将账外资产全部交出来有点不太舍得，总想留块下来大家一起分。证人王某、姚某某、崔某某、蒋某某的证言证实，在市审计局对改制后××公司进行延伸审计时，吴某某要求姚某某等人采用销毁原始账册、财务凭证、重新伪造账册和财务凭证的手段进行掩盖。

本院认为，吴某某对国有××公司负有主要的管理职责，其主观上具有占有国有资产的故意，客观上利用职务便利，伙同他人在经营、管理国有企业及改制过程中实施了隐匿国有财产的行为，使之脱离国有资产权利人的控制，并实际由吴某某等人控制，依照相关法律规定，其行为已构成贪污罪且系既遂，依法应承担相应的刑事责任。上诉人吴某某贪污4600余万元，数额极大，又具有指使他人篡改账目，刻意掩盖罪行，认罪悔罪态度差等情节，依法应予从严惩处。吴某某及其辩护人提出吴某某年事已高，系初犯、偶犯，并已退还了个人实际所得赃款等情节，不足以对其从轻处罚。

综合上述评判意见，本院确认，原判定罪准确，审判程序合法，认定被告人吴某某利用管理国有资产的职务便利，在国有企业转制过程中贪污4200余万元国有资产的事实清楚，证据确实、充分，应予确认。同时，上诉人吴某某利用管理国有资产的职务便利，在国有企业转制过程中隐匿涉案房产的行为，依法亦应当一并以贪污罪论处。原判认为涉案房产权属仍属××公司，在案证据尚不足以认定该房屋脱离××公司控制及被吴某某非法占有、实际控制和支配等，系认定事实有误，应予纠正。对涉案房产，应予追缴并发还该国有资产权利人。检察机关相关抗诉意见应予支持。鉴于本案贪污数额4600万余元中，被吴某某用于转制后××公司经营活动及个人实际非法占有的为870余万元等具体情节，其贪污犯罪尚不属情节特别严重，依法应处十年以上有期徒刑或者无期徒刑。原判对吴某某以贪污罪判处无期徒刑，剥夺政治权利终身，并处没收个人财产人民币五十万元，量刑适当，检察机关关于原判量刑畸轻的抗诉意见，本院不予支持。上诉人吴某某及其辩护人相关的上诉理由和辩护意见均不能成立。依照《中华人民共和国刑法》第三百八十二条，第三百八十三条第一款第（一）项、第二款，第五十七条第一款，第六十四条，第九十一条，第九十三条及《中华人民共和国刑事诉讼法》第一百八十九条第（三）项之规定，判决如下：

一、维持上海市第二中级人民法院（2012）沪二中刑初字第15号刑事判决的第一项，即“被告人吴某某犯贪污罪，判处无期徒刑，剥夺政治权利终身，并处没收个人财产人民币五十万元”；

二、撤销上海市第二中级人民法院（2012）沪二中刑初字第15号刑事判决的第二项，即“违法所得予以追缴”；

三、贪污犯罪违法所得钱款、房产等国有资产予以追缴，并发还该国有资产权利人。

本判决为终审判决。

审判长　周　强
审判员　徐文伟
审判员　邱胜冬
二〇一二年十一月二十日
书记员　孙静言

附：相关法律条文

《中华人民共和国刑事诉讼法》

第一百八十九条第三项　第二审人民法院对不服第一审判决的上诉、抗诉案件，经过审理后，应当按照下列情形分别处理：

（三）原判决事实不清楚或者证据不足的，可以在查清事实后改判也可以裁定撤销原判，发回原审人民法院重新审判。

利用企业改制之机侵吞公共财物构成贪污罪

——王某甲贪污案

【案例要旨】

企业改制过程中，国家工作人员利用职务便利，将企业财产隐匿于以单位名义设立实为个人控制的账户，不论个人是否实际占有，均应全额认定为贪污罪。

【案情简要】

新某某集团由某某镇政府和其投资成立的某某城乡公司共同出资设立。2004年至2005年，某某镇政府决定对新某某集团（以下简称集团）实行改制。资产评估前，王某甲利用担任某某镇党委书记兼集团董事长等职务便利，指使集团原会计金某某秘密将9700万元集团资产划至王某甲个人控制的某某镇联社账户加以隐匿，不计入评估资产。2005年10月和2006年7月，集团通过两次改制，将其资产以1.7亿余元的价格转让给包括被告人王某甲在内的个人和其他单位，其中王某甲（王某甲在第一次改制后已辞去某某镇党委书记的职务）占5%的股份。2005年12月，王某甲又指使金某某将上述9700万元转到改制后的集团账外账户继续隐匿；至2007年2月，将其中的2000余万元用于集团发放奖金、购买基金等。

2008年11月12日，上海市人民检察院第二分院以王某甲利用职务便利侵吞9700万元构成贪污罪提起公诉；2010年11月15日，上海市第二中级人民法院以贪污罪判处王某甲无期徒刑，剥夺政治权利终身，并处没收财产60万元。

【典型意义】

王某甲贪污案系一起利用企业改制之机侵吞公共财物的典型贪污案件。王某甲利用担任改制前集团领导职务的便利，指使他人秘密将9700万元集团财产转移至账外账户，部分用于改制后自己经营的公司。虽然该 9700 万元划入的系以某某镇联社和集团名义设立的账户，但所在单位均不知晓，资金进出均未登记在集团财务账中，系由王某甲个人控制并使用。尽管王某甲仅持有改制后企业 5% 的股份，隐匿的部分钱款用于改制后的企业，但不影响其贪污的性质和数额的认定。

“两高”最近联合制发的《关于办理国家出资企业中职务犯罪案件具体应用法律若干问题的意见》明确，国家工作人员利用企业改制之机故意隐匿公共财物进而非法占有的，成立贪污罪。所隐匿财产在改制过程中已为行为人实际控制，或者所在单位改制已经完成的，应认定贪污既遂；行为人实际控制公共财物后，是否将财物据为己有，不影响贪污既遂的认定；除改制后企业中仍有国有股份，应按股份比例扣除归于国有的部分外，因被隐匿的公共财物均受到行为人非法侵害，应以所隐匿财产数额认定其犯罪数额。各级院应结合本案例认真学习并准确适用该规定。

上海市人民检察院第二分院

起诉书

沪检二分刑诉〔2008〕75号

被告人王某甲，男，1952年××月××日生，身份证号码3101071952××××××××，汉族，硕士文化，原系上海新某某（集团）有限公司党委书记、董事长、法定代表人，住本市××区××路××弄××号××室。因本案于2007年10月9日经上海市普陀区人民检察院决定，由上海市公安局普陀分局执行刑事拘留；同年10月22日经上海市普陀区人民检察院决定，次日由上海市公安局普陀分局执行逮捕。

本案由上海市普陀区人民检察院侦查终结，以被告人王某甲涉嫌贪污罪、受贿罪、职务侵占罪，于2008年5月6日向本院报送审查起诉。本院受理后，于同年5月8日已告知被告人有权委托辩护人。审查起诉期间，本院依法讯问了被告人，审查了全部案件材料。其间，本院依法将本案延长审查起诉期限三次，退回补充侦查二次。

经依法审查查明：

1994年3月至2007年，被告人王某甲利用担任上海市某某区某某镇镇长、党委书记，上海新某某（集团）有限公司（以下简称“新某某集团”）党委书记、董事长等职务便利，侵吞公共财物，侵占公司财物，并收受贿赂。具体犯罪事实分述如下：

（一）贪污罪

1998年4月，上海某某区某某镇政府与镇属集体所有制企业上海市某某区某某城乡建设开发公司（以下简称“某某城乡公司”），以集体资产实物出资（前者出资90%，后者出资10%）共计人民币2亿元（以下币种未注明的均为人民币），注册成立新某甲集团。该公司为有限责任公司，法定代表人为被告人王某甲。

2005年9月，新某甲集团经签约完成第一次转制的产权转让，某某镇政府将拥有的新某甲集团股权中的50%分别转让给上海某某企业有限公司、上海某某科技发展有限公司、上海某某机械有限公司、上海某某汽车配件有限公司及被告人王某甲个人，其中王某甲拥有5%股权，产权转让总价为85744640.30元。同年10月，新某甲集团完成工商变更登记。2006年6月，新某甲集团经签约完成第二次转制的产权转让，某某镇政府将拥有的新某甲集团剩余40%股权，某某城乡公司将拥有的新某甲集团10%股权，合计以85744640.30元的价格全部转让给上海某某投资有限公司。同年7月，新某甲集团完成工商变更登记。

2004年9月至2005年4月，在新某甲集团第一次转制的资产评估基准日前，被告人王某甲利用担任某某镇党委书记等职务便利，以划转误入款等名义，陆续从新某甲集团及由王某甲控制的某某镇政府开设的324594－080×××××××集体经济账户（内部称“125账户”）划转9700万元款项，入某某镇集体经济合作联社324594－080××××××××账户（以下简称“6164账户”）。上述9700万元款项在新某甲集团转制评估时，均未列入评估资产。

2005年12月，王某甲又擅自指使新某甲集团财务人员，将上述6164账户内的9700万元，加上产生的利息收入等共计97561275.32元，划入新某甲集团开设在长征信用社的324594－080××××××××账外账户予以隐匿。

2006年7月，新某甲集团完成第二次转制后，王某甲仍将上述9700余万元继续隐匿于新某甲集团的上述账外账户之中，由其个人控制，并予部分使用。

2007年9月，在普陀区纪委调查新某某集团账册后，王某甲指示财务人员将上述账外账户及相关资产上交某某镇政府。

（二）受贿罪

1.1998年11月，被告人王某甲在某某城乡公司与上海某某区房地产（集团）有限公司（以下简称“某乙集团”）联合开发怒江小区地块过程中，利用职务便利为该公司增加1000多平方米工程，并收受某乙集团给予贿赂款100万元。后王某甲先后将该款用于他人公司注册及王某甲个人投资。

2.2002年2月，被告人王某甲在某某城乡公司与广东省某某市某某建设开发有限公司（以下简称“某甲公司”）共同开发新某某花苑地块及开发权转让过程中，利用职务便利为该公司获得600万元补偿款，并收受某甲公司总经理袁某某给予的贿赂款250万元。后王某甲将该款用于其个人投资。

3.2002年4月、6月，被告人王某甲在某某城乡公司与上海某某房地产开发有限公司（以下简称“某某房产”）共同开发新长征花苑地块及开发权转让过程中，利用职务便利为该公司获得1000万元补偿款，并收受某某房产董事长徐某某分二次给予的贿赂款计200万元。后王某甲将该款用于其个人投资。

4.2001年初，上海某某建设工程有限公司（以下简称“某乙公司”）董事长、总经理顾某某为承接某某镇相关土地开发项目，即提议被告人王某甲等人至该公司入股，并许诺按王某甲的入股本金金额赠予等额的干股。同年3月，顾某某收到王某甲委托他人转交的入股款40万元。2002年至2005年，王某甲先后收受顾某某给予的红利136万元，并得到股本金返还款80万元。此外，王某甲还于2005年9月至2006年五六月，分别收受某乙公司顾某某为承接某某镇相关土地开发项目而给予的贿赂款港币10万元及人民币10万元。

（三）职务侵占罪

1. 2005年10月新某某集团完成第一次转制后，被告人王某甲陆续缴纳了部分5%的个人受让股权款，但仍有178万余元未缴清。2006年6月，王某甲在担任上海某某商务服务管理有限公司（以下简称“某丙公司”）法定代表人期间，授意财务人员金某某从某丙公司划款为其支付上述178万余元。同年6月、7月，金某某经王某甲同意，虚构策划服务费的名义，以支付开票税金并以支票套现的方式，分二次从上海某某商务咨询有限公司（以下简称“某丁公司”）处开出付款人为某丙公司的总金额为200万元的发票22张，据此从某丙公司先后开具2张金额均为100万元的支票至某丁公司。扣除套取现金所支付的税金后，王某甲和金某某通过上述方法，共套取现金186万元。同年6月、7月，金某某按王某甲指示，将其中1787773.27元作为王某甲个人缴纳的受让股权款，分二次支付给某某镇农村集体资产管理委员会；余款7万余元则由王某甲个人花用。

2. 2001年8月，某某城乡公司因与上海某甲房地产有限公司共同开发俞赵宅项目而无偿获得约800平方米商铺。2003年5月，被告人王某甲决定由新某某集团代某某城乡公司无偿受让了总价为3176840元的××路××号、××号、××号、××号和××路××弄××号底层商铺。2004年4月，上述商铺作为固定资产入新某某集团财务账。2007年2月，王某甲指使财务人员，以支付××路房产余款为由，从新某某集团开出金额为3176840元、收款人空白的支票。随后，王某甲将上述支票交与其朋友王某，用于归还其个人借款。

2007年9月，被告人王某甲在普陀区纪委找其谈话过程中，交代了自己的主要犯罪事实。

认定上述事实的证据如下：

新某某集团等单位工商登记资料，干部任免审批表、任职情况及主要工作职责，协议书、发票、票据、付款凭证、银行进账单、对账单、账页等书证；证人黄某某、潘某某、徐某某、袁某某、顾某某、曹某某、沈某某等证言；上海司法会计中心《司法鉴定意见书》等鉴定结论；被告人王某甲的供述。

本院认为，被告人王某甲利用国家工作人员职务上的便利，侵吞公共财物

9000余万元，并非法收受他人财物600余万元，为他人谋取利益；又利用公司人员职务上的便利，非法占有本单位财物500余万元，数额巨大，其行为已分别触犯《中华人民共和国刑法》第三百八十二条、第三百八十三条第一款第（一）项、第三百八十五条、第三百八十六条、第二百七十一条第一款，犯罪事实清楚，证据确实充分，应当以贪污罪、受贿罪、职务侵占罪追究其刑事责任。被告人王某甲犯数罪，根据《中华人民共和国刑法》第六十九条之规定，应予数罪并罚。被告人王某甲系自首，可适用《中华人民共和国刑法》第六十七条。根据《中华人民共和国刑事诉讼法》第一百四十一条之规定，提起公诉，请依法审判。

此致

上海市第二中级人民法院

检　察　员　潘建安

代理检察员　孔　雁

二〇〇八年十一月十二日

附：1. 被告人王某甲现羁押于上海市看守所；

2. 证据目录壹份和主要证据复印件贰册。

上海市第二中级人民法院
刑事判决书

（2008）沪二中刑初字第182号

公诉机关上海市人民检察院第二分院。

被告人王某甲，男，1952年××月××日出生于上海市，汉族，硕士研究生文化，系中共上海某某（集团）有限公司委员会（以下简称某甲集团）原书记，上海某某（集团）有限公司（以下简称新某乙集团）原董事长，住本市××路××弄××号××室。因涉嫌贪污罪、受贿罪于2007年10月9日被刑事拘留，同月23日被逮捕。现羁押于上海市看守所。

委托辩护人郑某甲、李某，上海市××律师事务所律师。

上海市人民检察院第二分院以沪检二分刑诉〔2008〕75号起诉书指控被告人王某甲犯贪污罪、受贿罪和职务侵占罪，向本院提起公诉。本院受理后，依法组成合议庭，公开开庭审理了本案。上海市人民检察院第二分院指派代理检察员孔雁、万春艳出庭支持公诉，被告人王某甲及其辩护人郑某甲、李某到庭参加诉讼。现已审理终结。

上海市人民检察院第二分院依据新某乙集团等单位的工商登记资料和《干部任免审批表》《任职情况及主要工作职责》，相关合同、协议书、票据、付款凭证、银行进账单、对账单、领用支票申请单、账页、现金解款单等书证，证人黄某某、金某某、潘某甲、徐某某、沈某甲、袁某某、赵某某、洪某某、王某乙、潘某乙、顾某某、唐某某、贺某某、郑某某、王某丙、王某丁、沈某乙等人的证言，上海司法会计中心出具的《司法鉴定意见书》以及被告人王某甲的供述等证据指控：

一、贪污罪

被告人王某甲系中共上海市某某区某某镇委员会（以下简称某某镇党委）原书记兼新某甲集团书记、董事长，2004年9月至2005年4月新某乙集团第一次转制前，王某甲利用职务便利，以划转误入款等名义，陆续将新某乙集团和上海市某某区某某镇人民政府（以下简称某某镇政府）账户内人民币（以下未注明币种均为人民币）9700万元划入其他账户，未列入新某乙集团转制的评估资产，后王某甲于2005年12月又指使财务将上述款项连同利息转到新某乙集团账外账户予以隐匿，直到2006年7月新某乙集团完成第二次转职后，王某甲仍继续隐匿该款，并由其个人控制和部分使用。

二、受贿罪

（一）1998年11月，被告人王某甲在上海某某城乡建设开发有限公司（以下简称某某城建公司）与上海某某区房地产（集团）有限公司（以下简称某丙集团）联合开发怒江小区地块中，利用职务便利为某丙集团增加1000多平方米工程，并收受某丙集团给予的贿赂100万元，用于他人公司注册及个人投资。

（二）2002年2月，被告人王某甲在某某城建公司与广东省汕头市某某建设（集团）公司（以下简称某丁集团）共同开发新某某花苑及开发权转让中，利用职务便利为该集团获得600万元补偿款，并收受某丁集团总经理袁某某给予的贿赂250万元，用于个人投资。

（三）2002年4月和6月，被告人王某甲在某某城建公司与上海某某房地产开发有限公司（以下简称某甲公司）共同开发新长征花苑及开发权转让中，利用职务便利为该公司获得1000万元补偿款，并收受某甲公司董事长徐某某给予的贿赂200万元，用于个人投资。

（四）2001年初，上海某某建设工程有限公司（以下简称某乙公司）总经理顾某某为承接某某镇土地开发项目，提议被告人王某甲等人到该公司入股，并许诺按股本金再赠予等额的干股。同年3月，顾某某收到王某甲委托他人转交的股款40万元后，王某甲于2002年至2005年收受顾某某给予的红利136万元，并得到股本金返还款80万元。此外，王某甲还于2005年9月至2006年五六月，分别收受顾某某为承接某某镇土地开发项目而给予的好处费10万元和港币10万元。

三、职务侵占罪

（一）2005年10月，新某乙集团在完成第一次转制后，被告人王某甲仍有178万余元股款未缴清。2006年6月，王某甲在担任上海某某商务服务管理有限公司（以下简称某丙公司）法定代表人期间，授意会计金某某从某丙公司划款支付上述股款，金某某便虚构策划服务费等名义，分两次开具金额各100万元的支票给上海某某商务咨询有限公司（以下简称某丁公司），在扣除相应税金后又从某丁公司套取现金186万元，其中，178万余元用于王某甲缴纳股权转让款，余款7万余元被王某甲花用。

（二）2001年8月，某某城建公司与上海某乙房地产有限公司（以下简称某戊公司）共同开发某项目时，无偿获得约800平方米的商铺。2003年5月，被告人王某甲决定由新某乙集团代某某城建公司无偿受让了总价为317万余元的××路××号、××号、××号、××号和××路××弄××号底层商铺。2004年4月，上述商铺作为固定资产进入新某乙集团财务账。2007年2月，王某甲指使财务人员，以支付××路房产余款为由，从新某乙集团开出金额为317万余元、收款人空白的支票。随后，王某甲将上述支票交与其朋友王某，用于归还其个人借款。

上海市人民检察院第二分院据此认为，被告人王某甲利用国家工作人员职务上的便利，侵吞公共财物9000余万元，其行为已触犯《中华人民共和国刑法》第三百八十二条、第三百八十三条第一款第（一）项的规定，构成贪污罪；被告人王某甲又利用国家工作人员的职务便利，非法收受他人财物600余万元，为他人谋取利益，其行为已触犯《中华人民共和国刑法》第三百八十五条、第三百八十六条的规定，构成受贿罪；被告人王某甲还利用公司人员的职务便利，非法占有其所在单位资金500余万元，数额巨大，其行为已触犯《中华人民共和国刑法》第二百七十一条第一款的规定，构成职务侵占罪，故对被告人王某甲应三罪并罚。被告人王某甲有自首情节，可适用《中华人民共和国刑法》第六十七条规定。

针对公诉机关指控被告人王某甲犯贪污罪的事实，王某甲及其辩护人认为，虽然王某甲将9700万元划到新某乙集团等账外账户，但该账户均属某某镇政府和新某乙集团的账户，新某乙集团部分职工也都知道，且该款除部分用于发放职工奖金外，没有被王某甲个人占有，故王某甲没有侵吞上述钱款的主观故意和客观行为。

针对公诉机关指控被告人王某甲收受某丙集团、某甲公司贿赂的事实，虽然王某甲没有提出异议，但辩护人认为，根据现有证据只能认定该款系借款，公诉机关指控此节事实系受贿的证据不足。

针对公诉机关指控被告人王某甲收受某乙公司原总经理顾某某贿赂的事实，王某甲及其辩护人认为指控的金额有误。

此外，辩护人还以王某甲有自首情节等为由，要求对王某甲减轻处罚。

经审理查明：

一、贪污事实

新某乙集团是由某某镇政府和其投资成立的某某城建公司共同出资设立，2004年至2005年，某某镇政府决定对新某乙集团实行转制，并委托上海某某资产评估有限公司（以下简称某已公司）进行评估。其间，被告人王某甲利用担任某某镇党委书记兼新某乙集团董事长等职务便利，在某已公司对新某乙集团资产评估前的2004年7月至2005年5月27日，指使新某乙集团原会计金某某秘密将某某镇政府拨给新某乙集团企业发展资金4500万元，某某镇政府为安置动拆迁人员向新某乙集团购买商品房的房款3500万元，新某乙集团收取某某亚洲控股有限公司股权转让款200万元和新某乙集团应收上海某某莱蓝子股份有限公司股权转让款1500万元共计9700万元，划到上海市某某区某某镇集体经济合作联社（以下简称某某镇联社），没有计入新某乙集团的评估资产中，导致新某乙集团转制的资产价值仅为1.7亿余元。

2005年10月和2006年7月，新某乙集团通过两次转制，将其资产以1.7亿余元的价格转让给包括被告人王某甲在内的个人和其他单位，其中王某甲占有5%股份，且王某甲在第一次转制后辞去了某某镇党委书记的职务。2005年12月至2007年2月，王某甲又指使金某某将上述9700万元转到其个人控制的新某乙集团账外账户后，将其中的2000余万元用于转制后新某乙集团发放奖金、购买基金等。

以上事实，由公诉人当庭出示或宣读，经控、辩双方辨认、质证等法庭调查程序查证属实，并由本院确认的下列证据证实：

1. 上海市某某区人民政府（以下简称某某区政府）和某某镇党委出具的《批复》，某某镇政府出具的《情况说明》以及《申请报告》《企业法人变更登记申请书》《验资报告》《股东会决议》《董事会决议》等工商资料，证实了新某乙集团成立的基本情况。

2. 中共上海市某某区委员会组织部提供的《干部任免呈报表》《干部任免审批表》《干部职务变动登记表》《通知》，新某乙集团提供的《职务任免通知》《辞职申请》等证据证实，被告人王某甲于1996年3月至2001年9月任某某镇政府镇长；2001年9月至2002年2月任某某镇党委书记兼某某镇政府镇长；2002年2月至2005年10月任某某镇党委书记兼新某乙集团董事长等职；2005年10月至案发任新某甲集团书记、董事长。

3. 某某镇政府提供的《关于要求对上海新某乙集团有限公司进行改制的请示》《关于对上海新某乙集团有限公司进行改制确定审计评估基准日的批复》，某某区政府提供的《关于同意上海新某乙集团有限公司进行改制的批复》《关于同意上海新某乙集团有限公司股权转让的批复》等证据证实，新某乙集团经某某区政府和某某镇政府同意，从2004年至2006年分两次实行转制，并确定资产评估日为2005年5月31日。

4. 新某乙集团原会计金某某的陈述证实：（1）2004年7月至2005年5月27日，其根据王某甲指示，将新某乙集团9700万元划入某某镇联社账户上，其中4500万元系某某镇政府拨款，3500万元系某某镇政府用于购买动迁房支付的房款，1700万元系新某乙集团收取的股权转让款；（2）由于某某镇联社账户不符合规定，其又根据王某甲指示，将9700万元连同利息转到了由王某甲个人控制的新某乙集团账外账户，后该款中的2000余万元用于改制后新某乙集团发放奖金、购买基金等。

5. 某某镇政府原镇长黄某某、某某镇党委原副书记蒋某某、新某乙集团原副总经理兼办公室主任王某戊等人的陈述证实，他们均不知道新某乙集团有账外账户。

6. 新某乙集团原出纳胡某甲、某某镇政府原副镇长胡某乙等人的陈述分别证实，某某镇联社、新某乙集团等账外账户均由王某甲控制和决定，财务人员都是根据王某甲的指示具体操作。

7. 上海司法会计中心出具的《司法鉴定意见书》及相关记账凭证、收据、付款申请单、进账单、协议、付款证明单、支票、贷记凭证、账册、基金开户凭条、股票明细对账单等书证证实：（1）2004年7月至2005年5月27日，新某乙集团将某某镇政府划拨的企业发展资金4500万元、某某镇政府为安置动拆迁人员向新某乙集团购买阳光威尼斯商品房的房款3500万元、新某乙集团收取某某亚洲控股有限公司股权转让款200万元和新某乙集团应收上海某某菜蓝子股份有限公司股权转让款1500万元划到某某镇联社账户中；（2）2005年12月21日，上述资金连同利息计9810万余元又转入新某乙集团的账外账户，截至2007年2月，该款中的138万余元用于发放改制后新某乙集团部分员工2000年年终奖和红包、2006年上半年双过半奖和半年度奖、年终奖，2000万元以投资款名义划到某某证券股份有限公司上海××路营业部为改制后新某乙集团购买基金等；（3）新某乙集团开设的上述账外账户，其资金进出均未录入该集团财务账册中的银行存款日记账。

8. 上海联合产权交易所出具的《产权转让交割单》《产权交易凭证》和上海司法会计中心出具的《司法鉴定意见书》等证据证实：（1）2005年5月31日，某已公司评估新某乙集团总资产的价值为1.7亿余元（不包括上述9700万元）；（2）2005年10月9日和2006年7月4日，新某乙集团以1.7亿余元的总价分两次转让给了上海某某企业有限公司等单位和被告人王某甲，其中王某甲占5%股份。

9. 被告人王某甲对以上事实供认不讳，且与上述证据相互印证。

二、受贿事实

（一）1996年，某丙集团为参与本市普陀区大渡河路东侧、桃浦河西侧、梅岭路南侧、怒江路北侧怒江小区25亩土地的开发建设，与时任某某镇政府镇长的被告人王某甲等人多次协商后，在同年11月14日与某某城建公司签订了《联合开发协议书》，某丙集团为此成立了联建办公室，并按规定陆续向某某城建公司支付了相关费用。后某丙集团负责人徐某某在得知所开发的项目中可增加住宅建设面积1000余平方米，即向王某甲提出由某丙集团承建，王某甲表示同意。1998年11月，王某甲收取了某丙集团一张金额为100万元的转账支票，给朋友曹某某、沈某乙等人使用。

以上事实，由公诉人当庭出示或宣读，经控、辩双方辨认、质证等法庭调查程序查证属实，并由本院确认的下列证据证实：

1. 某丙集团原负责人徐某某的陈述证实：（1）1996年起，某丙集团有意参与怒江小区开发，徐某某与王某甲等人经多次协商，在同年11月与某某城建公司签订了《联合开发协议书》，某丙集团还专门成立了联建办公室；（2）当徐某某得知所开发的项目中可以增加住宅建设面积1000余平方米后，即向王某甲提出由某丙集团施工，得到王某甲的同意。

2. 某某城建公司原总经理潘某甲的陈述证实：（1）怒江小区由某某城建公司等单位共同开发，其中某某城建公司开发的25亩土地交由某丙集团负责施工，某丙集团为此成立了联建办公司；（2）该项目在开发中，因另一家单位将其开发的1500平方米土地转让给了城建公司，故某丙集团又获得了上述新增面积土地的开发权。

3. 某丙集团原联建办公室负责人沈某甲的陈述：（1）1996年11月，某丙集团与某某城建公司签订协议合作开发怒江小区，某丙集团为此成立了联建办公室，并通过联建办公室逐步向某某城建公司支付了规定的费用；（2）1998年11月，王某甲以某某镇政府下属企业急需资金为由，让某丙集团支付100万元，尽管某丙集团已按规定支付了建设费用，但考虑到后期费用总要支付，王某甲又是某某镇政府主要领导，经请示徐某某后，让财务开具了一张收款单位空白、金额为100万元的支票给王某甲。

4. 某丙集团原联建办公室财务主管汤某某的陈述证实：（1）联建办公室在1998年11月以转账方式支付过100万元，因听说该款已支付给某某城建公司，故其作为应收款挂在账上；（2）汤某某曾多次到某某城建公司索要收据，但因某某城建公司没有收到该款而不愿出具收据，故用其他发票冲平了账目。

5. 相关合同、协议、支票、进账单、付款凭证、记账凭证等书证分别证实：（1）1996年11月14日，某丙集团与某某城建公司就开发建设本市普陀区大渡河路东侧、桃浦河西侧、梅岭路南侧、怒江路北侧内25亩土地的怒江小区签订了《联合开发协议书》，某丙集团通过联建办公室逐步支付了相关建设费用；（2）后某某城建公司又获得了1000余平方米面积的住宅建设项目，于1997年3月双方签订了相关协议；（3）1998年11月，联建办公室通过转账方式支付给上海某某物业发展有限公司100万元，在支付凭证上写有“经徐主任同意暂借”字样，联建办公室先以“应收长征款”入账，2000年12月30日又以“对外投资（沪太路）”和“朱某某”借款等名义冲平了上述账目。

6. 证人沈某乙的证言及中国工商银行存折等证据分别证实，王某甲于2000年3月将一张户名是曹某某、金额为100万元的中国工商银行存折交给沈某乙，由沈某乙提取并使用。

7. 被告人王某甲对以上事实供认不讳，且与上述证据相互印证。

（二）1998年4月13日，某丁集团为参与本市普陀区某某镇虬江河以南、清峪路以北、古镇路以东、万镇路以西某某花苑四街坊60亩土地的开发建设，与某某城建公司签订了《协议书》，后因某某镇政府下属企业有意参与开发等原因，时任某某镇政府镇长的被告人王某甲决定单方中止协议，并提出向某丁集团补偿600万元，某丁集团法定代表人袁某某表示同意。2002年1月至2月，某某城建公司先后向某丁集团支付了600万元，袁某某为了表示感谢，将一张金额为250万元的支票给王某甲，王某甲即将该支票给朋友沈某乙使用。

以上事实，有公诉人当庭出示或宣读，经控、辩双方辨认、质证等法庭调查程序查证属实，并由本院确认的下列证据证实：

1. 某丁集团法定代表人袁某某的陈述证实：（1）1997年至1998年，某丁集团就开发建设某某镇某某花苑与某某城建公司签订了协议，后王某甲等人有意让某丁集团退出，并答应补偿给某丁集团600万元，他表示同意；（2）考虑到某丁集团在签订开发协议后仅支付过少部分资金，现中止协议后又通过王某甲获得了600万元补偿款，为了表示感谢，便送给王某甲一张金额为250万元的支票。

2. 某丁集团员工赵某某、某某城建公司原法定代表人洪某某和原总经理潘某甲等人的陈述，分别证实了某丁集团参与某某花苑开发建设的时间、地点、签订和中止协议的原因、经过等。

3. 证人沈某乙的证言证实，王某甲曾将一张金额为250万元的某丁集团支票交给沈某乙使用，沈某乙将该款汇到了上海某某实业有限公司。

4. 某丁集团和某某城建公司提供的相关合同、协议书、支票、进账单、收据、领用支票申请单、记账凭证等书证分别证实：（1）1998年4月13日，某丁集团就开发建设本市普陀区某某镇轧江河以南、清峪路以北、古镇路以东、万镇路以西60亩土地的某某花苑四街坊，与某某城建公司签订了《协议书》；（2）2001年12月25日，某丁集团与某某城建公司又签订了中止开发《协议书》，某某城建公司于2002年1月至2月向某丁集团支付了600万元，其中250万元汇到上海某某实业有限公司。

5. 被告人王某甲对以上事实供认不讳，且与上述证据相互印证。

（三）1998年，某甲公司为参与本市普陀区清峪路以南、金沙江路以北、吉镇路以西、祁连山南路以东新长征花苑六街坊约112.8亩土地的开发建设，与时任某某镇政府镇长的被告人王某甲等人多次协商后，在同年12月11日与某某城建公司签订了《协议书》，某甲公司为此支付了前期费用计1150万元，后因其他单位有意参与开发建设，王某甲决定中止该协议，并许诺除退还某甲公司已支付的前期费用外，再向某甲公司补偿1000万元等，某甲公司原董事长徐某某表示同意。2002年4月至6月，王某甲收取了某甲公司两张金额计200万元的支票，给朋友沈某乙使用。

以上事实，由公诉人当庭出示或宣读，经控、辩双方辨认、质证等法庭调查程序查证属实，并由本院确认的下列证据证实：

1. 某甲公司原董事长徐某某的陈述证实：（1）1998年，某甲公司有意参与某某花苑六街坊的土地开发，其与王某甲等人多次协商后与某某城建公司签订了联合开发《协议书》，某甲公司为此支付了前期费用计1000余万元；（2）后王某甲提出中止协议要求，并许诺某某城建公司除退还某甲公司已支付的费用外，再向某甲公司补偿1000万元，徐某某表示同意；（3）2002年4月至6月，王某甲从某甲公司取得了200万元，至今未还。

2. 某某城建公司原法定代表人洪某某的陈述证实，1998年，某甲公司徐某某有意参与某某花苑六街坊的土地开发，与王某甲、潘某甲等人多次协商后，由其代表某某城建公司与某甲公司签订了《协议书》，后又签订了中止协议并作了相应补偿，具体由王某甲决定。

3. 相关协议书、支票、进账单、付款凭证、记账凭证等书证分别证实：（1）某甲公司于1998年12月11日与某某城建公司就开发本市普陀区清峪路以南、金沙江路以北、吉镇路以西、祁连山南路以东某某花苑六街坊约112.8亩土地签订了《协议书》；（2）2001年12月26日，某甲公司与某某城建公司又签订中止《协议书》，明确某某城建公司除退还某甲公司1150万元外，再向某甲公司补偿1000万元等；（3）2002年4月至6月，某甲公司将200万元分别划到上海某甲实业有限公司、上海某某实业有限公司。

4. 证人沈某乙的证言证实，王某甲将两张金额计200万元的某甲公司支票交给沈某乙使用后，沈某乙将该款分别汇到上海某甲实业有限公司、上海某某实业有限公司。

5. 被告人王某甲对以上事实供认不讳，且与上述证据相互印证。

（四）2001年3月，某乙公司原总经理顾某某（另案处理）为参与某某镇的土地开发建设，提议让时任某某镇政府镇长的被告人王某甲等人投资，某乙公司根据投资金额赠送等额资金后，再以每年40%的比例分红给王某甲等人。不久，王某甲以亲属等人的名义通过潘某甲交给顾某某40万元，顾某某于2002年至2004年以分红的名义先后给予王某甲计96万元（其中48万元系好处费），2005年又在王某甲收回本金时再给予王某甲好处费20万元。其间，某乙公司承接了本市普陀区某某镇梅川路西南侧的真北路市场服务中心一、二期工程，桃浦路以北、真北路以东的星河世纪城B1地块住宅开发，清峪路以南、祁连山路以东的某某镇市民健身活动中心等项目。此外，被告人王某甲还于2005年至2006年先后收取顾某某给予的好处费10万元和港币10万元。

以上事实，由公诉人当庭出示或宣读，经控、辩双方辨认、质证等法庭调查程序查证属实，并由本院确认的下列证据证实：

1. 某乙公司原总经理顾某某的陈述证实：（1）他为了使某乙公司承接某某镇工程项目，曾提议让王某甲等人投资某乙公司，某乙公司以其投资金额赠送等额资金后，再以每年40%的比例分红；（2）不久，王某甲以其亲属等人名义通过潘某甲交给顾某某40万元，后在2002年至2004年收到了顾某某以分红名义给予的资金计96万元；（3）2005年上半年，王某甲要求收回投资时，顾某某除退还给王某甲本金40万元外，还另外给予王某甲20万元；（4）上述期间，某乙公司承接了真北路市场服务中心一、二期工程等项目；（5）2005年至2006年，顾某某为了承接其他项目，还先后给予王某甲人民币和港币各10万元。

2. 某某城建公司原总经理潘某甲的陈述证实，2001年初，顾某某为了承接工程，曾提议让王某甲、潘某甲等人投资某乙公司，每年按比例分红，顾某某还许诺按“一送一”的比例赠送资金，王某甲同意后便通过他以其亲属等人名义交给顾某某40万元，后顾某某四次分给他们红利，第一次32万元是通过他转交给王某甲的。

3. 某乙公司原财务主管唐某某的陈述及其提供的一张变笺等证据证实，2001年3月，顾某某交给他60万元现金和一张写有四人名字的便笺，让他按照上述人员记账。

4. 某乙公司提供的《工程施工承包合同》《补充协议》《建设工程施工合同》等书证分别证实，某乙公司于2002年2月18日与新某乙集团签订了位于本市普陀区梅川路西南侧真北路市场服务中心一、二期工程的《工程施工承包合同》，于2004年5月24日签订了本市普陀区桃浦路以北、真北路以东星河世纪城B1地块住宅的《建设工程施工合同》，于2002年8月8日与某某城建公司签订了本市普陀区清峪路以南、祁连山路以东某某镇市民健身活动中心的《建设工程施工合同》等。

5. 被告人王某甲对以上事实供认不讳，且与上述证据相互印证。

三、职务侵占事实

（一）某丙公司于2005年9月由新某乙集团等单位共同出资设立，法定代表人由时任新某甲集团书记、董事长的被告人王某甲兼任。2006年6月至7月，王某甲得知其还欠新某乙集团转制时应向某某镇政府交纳的股权转让款170余万元，便与会计金某某（另案处理）商量后，以某丙公司需支付策划服务费的虚假名义，将某丙公司200万元通过某丁公司提现，用于支付其股权转让款和日常开销等。

以上事实，由公诉人当庭出示或宣读，经控、辩双方辨认、质证等法庭调查程序查证属实，并由本院确认的下列证据证实：

1. 上海市工商行政管理局普陀分局提供的《企业法人营业执照》及章程、证明、投入资本明细等证据，证实了某丙公司的基本情况。

2. 某丙公司原兼职会计金某某的陈述证实：（1）2006年6月，王某甲得知其还应向某某镇政府交纳股权转让款170余万元后，便与其商量从某丙公司提款缴付，金某某遂与某丁公司负责人贺某某商量；（2）2006年6月19日和7月3日，金某某在王某甲授意下，以某丙公司需支付策划服务费的虚假名义，先后开出两张金额各100万元的支票给某丁公司，再从某丁公司提现186万元，其中178.7万余元用于支付王某甲股权转让款，余款7万余元交给王某甲。

3. 某丁公司负责人贺某某的陈述证实，2006年6月，金某某以公司急需资金为由提出通过某丁公司提现，贺某某表示同意，后金某某于6月和7月以支付所谓策划费的名义分别开具某丙公司两张金额各100万元支票给某丁公司，贺某某则开具某丁公司发票给金某某，并在扣除开票税金7%后向金某某支付了186万元。

4. 上海司法会计中心出具的《司法鉴定意见书》及相关支票、发票、付款凭证、现金解款单等书证证实：（1）某丙公司于2006年6月19日和7月3日经王某甲签字，以支付策划服务费的名义分别开出两张金额各100万元的支票给某丁公司，并由某丁公司开具22张发票，以借记管理费用200万元、贷记银行存款200万元入账，某丁公司在收到上述两张支票后解交银行，并以借记银行存款200万元、贷记主营业务收入200万元入账，且于同年6月30日至9月30日开出12张支票提现68万元，又通过其他单位提现118万元；（2）2006年6月22日和7月11日，某某镇政府收到王某甲支付的股权转让款计178万余元。

5. 被告人王某甲对以上事实供认不讳，且与上述证据相互印证。

（二）1994年7月13日，某某城建公司与某戊公司签订了《联合开发某某镇××基地协议书》，双方约定在本市普陀区新村路以北、灵石路以西、高压线东南约3.5万平方米的地块联合建造商品住宅，并按住宅总面积进行分配，某某城建公司可分得40%。2001年8月，某某城建公司与某戊公司的投资单位上海某辛房地产有限公司（以下简称某辛公司）签订了《关于××二街坊土地补偿结算协议》，某某城建公司可得到包括商场面积800平方米在内共1.6万余平方米的房产等，某辛公司遂将××路××号、××号、××号、××号和××路××弄××号底层共五套近800平方米的商铺分配给某某城建公司，但时任某某镇政府镇长的被告人王某甲要求将上述房产无偿转到新某乙集团名下，2003年5月26日，新某乙集团以317万余元购房的名义办理了房产转移登记手续。后新某乙集团在将该房产作为固定资产登记入账的同时，又将该317万余元作为长期应付款挂在账上，且在新某乙集团转制时一并纳入新某乙集团的转制资产。2007年2月26日，被告人王某甲利用担任改制后新某甲集团书记、董事长的职务便利，指使会计金某某以支付房产余款为名，从该集团开具金额为317万余元的支票给朋友王某丙，作为其个人归还借款。

以上事实，有公诉人当庭出示或宣读，经控、辩双方辨认、质证等法庭调查程序查证属实，并由本院确认的下列证据证实：

1. 某戊公司总经理郑某某的陈述证实：（1）某戊公司于1994年7月与某某城建公司就联合开发某某镇××基地签订了协议，并约定项目完成后，某某城建公司可得40%住宅面积的房产，后某戊公司将××路××号、××号、××号、××号和××路××弄××号底层共五套近800平方米的商铺分配给某某城建公司，并由某戊公司的投资单位某辛公司与某某城建公司签订了结算协议；（2）上述房产原本应属某某城建公司无偿取得，后由新某乙集团接受，新某乙集团与某某城建公司均是某某镇政府投资单位，某戊公司只要根据协议将相应房产交给某某镇政府即可。

2. 某某城建公司原总经理潘某甲的陈述，除与证人郑某某的上述证言一致外，还证实以上近800平方米的商铺应该分配给某某城建公司，但王某甲决定转到新某乙集团名下，且因某某城建公司与新某乙集团均系某某镇政府投资的单位，无须新某乙集团再支付房款给某某城建公司，属无偿划拨。

3. 新某乙集团原会计金某某的陈述证实：（1）2003年7月，税务机关在对新某乙集团查账时发现，有五套新村路房产没有作为固定资产入账，金某某经请示领导后，根据房产登记资料中记载的房产价值，将该房产作为固定资产入账，并作为应付新村路房产余款317万余元挂在账上；（2）2007年初，金某某根据王某甲要求，从新某乙集团开具一张金额为317万余元的支票给王某甲。

4. 证人王某丙、王某丁等人的证言分别证实，王某丙曾借给王某甲300万元用于股票交易，后在2007年2月王某甲将一张新某乙集团金额为317万余元支票给王某丙作为还款，王某丙通过上海某某智能控制设备有限公司、台州某某铝业有限公司套取现金。

5. 上海司法会计中心出具的《司法鉴定意见书》及相关协议、支票、付款和记账凭证、房地产登记申请书、账册等书证分别证实：（1）1994年7月13日，某某城建公司与某戊公司签订了《联合开发某某镇××基地协议书》，约定在本市普陀区新村路以北、灵石路以西、高压线东南约3.5万平方米地块联合建造商品住宅，并按住宅总面积进行利益分配，其中某某城建公司得40%；（2）2001年8月，某某城建公司与某辛公司签订了《关于××二街坊土地补偿结算协议》，由某某城建公司获得包括××路××号、××号、××号、××号和××路××弄××号底层共五套近800平方米的商铺在内计1.6万余平方米的房产等；（3）2003年5月26日，新某乙集团以317万余元和购房名义办理了房产转移登记手续，新某乙集团也将该房产作为固定资产入账，但却将房款317万余元作为长期应付款挂在账上；（4）2007年2月26日，新某乙集团一张以支付新村路房产余款317万余元的支票划到上海某某智能控制设备有限公司、台州某某铝业有限公司后提现。

6. 某己公司出具的《评估报告》证实，2005年5月31日止，新某乙集团的上述五套房产及应付房款317万余元均纳入新某乙集团转制资产的评估范围。

7. 被告人王某甲对以上事实供认不讳，且与上述证据相互印证。

本案中控、辩双方主要争议焦点：一是被告人王某甲是否具有侵占新某乙集团9700万元的主观故意和客观行为；二是被告人王某甲收受某丙集团、某甲公司贿赂的事实能否成立；三是公诉机关指控被告人王某甲收受某乙公司原总经理顾某某贿赂的金额是否有误。

现根据审理查明的事实和证据，结合控、辩双方的观点，分别发表评判意见如下：

第一，关于王某甲是否具有侵占新某乙集团9700万元的主观故意和客观行为的问题。

经查：1.《司法鉴定意见书》及相关记账凭证、收据、批复等证实，新某乙集团从2004年起决定实行转制，并确定2005年5月31日为资产评估日，但在2004年7月至2005年5月27日，新某乙集团9700万元通过某某镇联社转到新某乙集团账外账户，该账户资金的进出均未登记在集团财务账中，导致某己公司于2005年5月31日确认的新某乙集团总资产价值仅为1.7亿余元，而上述9700万元中的2000余万元后又被用于改制后新某乙集团发放奖金、购买基金等；2. 证人金某某除承认上述事实外，还证实其在王某甲指使下秘密将上述9700万元转到新某乙集团账外账户，该账户由王某甲个人控制和决定；3. 证人王某、蒋某某、胡某乙等某某镇政府其他班子成员均证实，他们不知道新某某集团有账外账户；4. 相关《产权转让交割单》《产权交易凭证》等证实，新某乙集团以1.7亿余元的总价分两次转让给包括王某甲在内的个人和单位，王某甲占有5%股份；5. 被告人王某甲也曾供认，他为了在改制前还担任某某镇领导职务，可以将资金控制起来便于今后使用，便指使会计将新某乙集团9700万元转到账外账户。

本院认为，被告人王某甲具有侵占新某乙集团9700万元的主观故意和客观行为，理由如下：

1. 被告人王某甲在新某乙集团改制前，指使他人秘密将9700万元转移到由其个人控制的账外账户，没有作为新某乙集团转制时的评估资产，导致新某乙集团在转制时的资产价值大大减少，客观上造成了某某镇政府公共财产的损失，这一损失是被告人王某甲利用职务便利所造成的。

2. 被告人王某甲在担任某某镇政府主要领导期间，虽以某某镇政府等名义开设了多个账外账户，但这些账户只有王某甲等人知道并控制。尤其在新某乙集团改制后，王某甲已不再具有公职人员身份的情况下，应当将其控制的账外账及时移交给某某镇政府管理，但王某甲却始终隐匿，使某某镇政府失去了对该账户中9700万元的控制，而由王某甲实际控制和支配，故应当认定王某甲具有非法占有该款的主观故意和客观行为。

3. 被告人王某甲在明知该款系某某镇政府的公共财产且不能擅自处分的情况下，仍趁新某乙集团改制前其还担任领导职务的便利，采用隐匿公共资产的方法将其非法占有，然后用于自己经营的公司发放奖金、补贴、投资等，其实施了非法占有该款的行为。

4. 被告人王某甲及其辩护人以该9700万元仍在新某乙集团账户，王某甲没有将其非法占为己有等为由，否认王某甲具有非法占有的主观故意和客观行为，一方面混淆了新某乙集团改制前后分属两种不同性质单位这一事实，即把改制后的新某乙集团仍然看作原来由镇政府全额投资的单位；另一方面机械地把以某某镇政府等名义设立的银行账户都理解为是公共账户，而掩盖了当时王某甲设立账外账户时其他人均不知情，完全由王某甲等人控制的真相。

因此，被告人王某甲的辩解及辩护人的辩护意见，无事实和法律依据，本院不予采信和采纳。

第二，关于王某甲收受某丙集团、某甲公司贿赂的事实能否成立的问题。

经查：1. 证人沈某甲证实，某丙集团在开发怒江小区项目时，被告人王某甲以某某镇政府下属企业急需资金为名让某丙集团支付100万元，虽然某丙集团已向某某城建公司支付了规定费用，但因王某甲是某某镇政府主要领导，故请示了徐某某后开具了一张100万元支票给王某甲；证人汤某某证实，联建办公室在1998年11月以转账方式支付过100万元，因听说支付给某某城建公司，故该款作为应收款挂在账上，后用其他发票冲平了账目；相关支票、账册等证实，联建办公室在支付上述100万元后，先以“应收长征款”入账，再以“对外投资（沪太路）”和“朱某某”借款等名义冲平账目；被告人王某甲供认，徐某某在怒江小区项目开发时曾许诺将会以借为名给他好处，在项目完成后为了表示感谢就将一张100万元支票给了他。2. 证人徐某某及相关协议书、支票、进账单等证实，某甲公司在得到某某城建公司1000万元补偿后，借给王某甲200万元至今未还；相关记账凭证等证实，某甲公司支付200万元后，先以“其他应收款”入账，再“转账怒江土地开发、拆迁补偿费”名义冲平账目；被告人王某甲供认，徐某某为了表示感谢而送给他两张某甲公司计200万元的支票。

本院认为，相关人员虽然对王某甲收取钱款的性质等有不同说法，但现有证据却分别证实，某丙集团和某甲公司支付给王某甲计300万元首先不是开发项目中应付的资金；其次两家单位分别在1998年和2002年将资金给王某甲后，均用其他凭证做平了账目，证明该笔资金不是借款；再则王某甲收取该款直至案发始终没有归还，因为王某甲知道这是某丙集团和某甲公司在开发某某镇相关项目或退出开发得到补偿后给予的好处费。由此看出，被告人王某甲实际上是以借为名收取他人钱款，为他人谋取利益，故对辩护人提出公诉机关指控该两节事实证据不足的辩护意见，均不予采纳。

第三，关于公诉机关指控王某甲收受某乙公司原总经理顾某某贿赂的金额是否有误的问题。

经查，被告人王某甲对其收取顾某某钱款的金额曾有不同供述，但其中关于他于2002年至2004年先后三次收取计96万元（其中48万元系好处费），2005年在收回投资本金时又收取好处费20万元，2005年至2006年收取好处费10万元和港币10万元等供述，得到了行贿人顾某某的证实。

本院认为，根据现有证据，应当认定被告人王某甲收受顾某某好处费计78万元和港币10万元。公诉机关指控的金额有误，予以纠正。

综上，本院认为，被告人王某甲在新某乙集团实施转制期间，利用担任某某镇党委书记兼新某乙集团董事长等职务便利，非法将9700万元国有资产隐匿在其个人控制的账户中，使某某镇政府失去对该笔固有资产的控制，其行为已构成贪污罪，依法应处十年以上有期徒刑或者无期徒刑，可以并处没收财产；被告人王某甲还利用担任某某镇政府镇长等职务便利，非法收受他人钱款630余万元，为他人谋取利益，其行为又构成受贿罪，依法应处十年以上有期徒刑或者无期徒刑，可以并处没收财产；被告人王某甲在担任改制后属非国有性质的新某甲集团书记、董事长及某丙公司法定代表人期间，利用职务便利，将上述单位资金500余万元非法占为已有，其行为还构成职务侵占罪，且数额巨大，依法应处五年以上有期徒刑，可以并处没收财产，故对王某甲应予三罪并罚。上海市人民检察院第二分院指控的罪名成立。关于控、辩双方提出被告人王某甲有自首情节的问题，经查，被告人王某甲在中共上海市普陀区纪律检查委员会对其采取“双规”的调查措施期间，除如实供述办案机关已经掌握的贪污事实外，还主动交代办案机关尚未掌握的受贿罪和职务侵占罪事实，根据法律规定，因王某甲对其所犯贪污罪没有主动投案，故不能以自首认定；而王某甲主动交代受贿罪、职务侵占罪的事实，既是办案机关尚未掌握，也与办案机关已经掌握的罪行属不同种罪名，故对其所犯受贿罪、职务侵占罪可以认定自首，并可分别从轻处罚，因此辩护人提出对王某甲减轻处罚的意见，本院不予采纳。鉴于王某甲犯罪所得的大部分赃款已被追缴，可酌情从轻处罚。为维护社会主义法制，保障国有资产、公司财产不受侵犯和国家工作人员的职务廉洁性，依照《中华人民共和国刑法》第三百八十二条第一款、第三百八十三条第一款第（一）项、第三百八十五条第一款、第三百八十六条、第二百七十一条第一款、第九十三条、第六十九条、第六十七条、第五十六条第一款、第五十五条第一款、第五十七条第一款和第六十四条的规定，判决如下：

一、被告人王某甲犯贪污罪，判处无期徒刑，剥夺政治权利终身，并处没收财产人民币六十万元；犯受贿罪，判处有期徒刑十二年，剥夺政治权利三年，并处没收财产人民币三十万元；犯职务侵占罪，判处有期徒刑八年，并处没收财产人民币十万元，决定执行无期徒刑，剥夺政治权利终身，并处没收财产人民币一百万元。

（刑期从判决确定之日起计算。）

二、贪污和职务侵占所得予以追缴，并分别发还上海市某某区某某镇人民政府、上海某某（集团）有限公司和上海某某商务服务管理有限公司；受贿所得予以没收，不足部分责令退赔。

如不服本判决，可在接到判决书的第二日起十日内，通过本法院或者直接向上海市高级人民法院提出上诉。书面上诉的，应当提交上诉状正本一份，副本一份。

审 判 长 费 晔
审 判 员 杨庆堂
代理审判员 贾凤英
二〇一〇年十一月十五日
书 记 员 刘 伟

附：相关法律条文

《中华人民共和国刑法》

第三百八十二条第一款 国家工作人员利用职务上的便利，侵吞、窃取、骗取或者以其他手段非法占有公共财物的，是贪污罪。

第三百八十三条第一款第一项 对犯贪污罪的，根据情节轻重，分别依照下列规定处罚：(一) 个人贪污数额在十万元以上的，处十年以上有期徒刑或者无期徒刑，可以并处没收财产；情节特别严重的，处死刑，并处没收财产。

第三百八十五条第一款 国家工作人员利用职务上的便利，索取他人财物的，或者非法收受他人财物，为他人谋取利益的，是受贿罪。

第三百八十六条 对犯受贿罪的，根据受贿所得数额及情节，依照本法第三百八十三条的规定处罚。索贿的从重处罚。

第二百七十一条第一款 公司、企业或者其他单位的人员，利用职务上的便利，将本单位财物非法占为己有，数额较大的，处五年以下有期徒刑或者拘役；数额巨大的，处五年以上有期徒刑，可以并处没收财产。

第九十三条 本法所称国家工作人员，是指国家机关中从事公务的人员。

国有公司、企业、事业单位、人民团体中从事公务的人员和国家机关、国有公司、企业、事业单位委派到非国有公司、企业、事业单位、社会团体从事公务的人员，以及其他依照法律从事公务的人员，以国家工作人员论。

第六十九条 判决宣告以前一人犯数罪的，除判处死刑和无期徒刑的以外，应当在总和刑期以下、数刑中最高刑期以上，酌情决定执行的刑期，但是管制最高不能超过三年，拘役最高不能超过一年，有期徒刑最高不能超过二十年。

如果数罪中有判处附加刑的，附加刑仍须执行。

第六十七条 犯罪以后自动投案，如实供述自己的罪行的，是自首。对于自首的犯罪分子，可以从轻或者减轻处罚。其中，犯罪较轻的，可以免除处罚。

被采取强制措施的犯罪嫌疑人、被告人和正在服刑的罪犯，如实供述司法机关还未掌握的本人其他罪行的，以自首论。

第五十五条第一款 剥夺政治权利的期限，除本法第五十七条规定外，为一年以上五年以下。

第五十六条第一款 对于危害国家安全的犯罪分子应当附加剥夺政治权利；对于故意杀人、强奸、放火、爆炸、投毒、抢劫等严重破坏社会秩序的犯罪分子，可以附加剥夺政治权利。

第五十七条第一款 对于被判处死刑、无期徒刑的犯罪分子，应当剥夺政治权利终身。

第六十四条 犯罪分子违法所得的一切财物，应当予以追缴或者责令退赔；对被害人的合法财产，应当及时返还；违禁品和供犯罪所用的本人财物，应当予以没收。没收的财物和罚金，一律上缴国库，不得挪用和自行处理。

上海市高级人民法院
刑事裁定书

（2010）沪高刑终字第177号

原公诉机关上海市人民检察院第二分院。

上诉人（原审被告人）王某甲，男，1952年××月××日出生于上海市，汉族，硕士研究生文化，系中共上海新某某（集团）有限公司委员会（以下简称新某某集团党委）原书记，上海新某某（集团）有限公司（以下简称新某某集团）原董事长，住本市××路××弄××号××室。因涉嫌犯贪污罪、受贿罪于2007年10月9日被刑事拘留，同月23日被逮捕。现羁押于上海市看守所。

辩护人郑某甲、李某，上海市××律师事务所律师。

上海市第二中级人民法院审理上海市人民检察院第二分院指控原审被告人王某甲犯贪污罪、受贿罪、职务侵占罪一案，于二〇一〇年十一月十五日作出（2008）沪二中刑初字第182号刑事判决。原审被告人王某甲不服，提出上诉。本院于2010年11月26日受理后，依法组成合议庭，经过阅卷，讯问被告人，听取辩护人的辩护意见，认为事实清楚，决定不开庭审理。本案现已审理终结。

原判认定：

一、贪污事实

新某某集团是由上海市某某区某某镇人民政府（以下简称某某镇政府）和其投资成立的某某城建公司共同出资设立，2004年至2005年，某某镇政府决定对新某某集团实行转制，并委托上海某某资产评估有限公司（以下简称某甲公司）进行评估。其间，被告人王某甲利用担任某某镇党委书记兼新某某集团董事长等职务便利，在某甲公司对新某某集团资产评估前的2004年7月至2005年5月27日，指使新某某集团原会计金某某秘密将某某镇政府拨给新某某集团企业发展资金人民币（以下币种除特别注明外均为人民币）4500万元，某某镇政府为安置动拆迁人员向新某某集团购买商品房的房款3500万元，新某某集团收取某某亚洲控股有限公司股权转让款200万元和新某某集团应收上海某某莱蓝子股份有限公司股权转让款1500万元共计9700万元，划到上海市某某区某某镇集体经济合作联社（以下简称合作联社），没有计入新某某集团的评估资产中，导致新某某集团转制的资产价值仅为1.7亿余元。

2005年10月和2006年7月，新某某集团通过两次转制，将其资产以1.7亿余元的价格转让给包括被告人王某甲在内的个人和其他单位，其中王某甲占有5%股份，且王某甲在第一次转制后辞去了某某镇党委书记的职务。2005年12月至2007年2月，王某甲又指使金某某将上述9700万元转到其个人控制的新某某集团账外账户后，将其中的2000余万元用于转制后新某某集团发放奖金、购买基金等。

二、受贿事实

1998年11月至2006年6月，被告人王某甲利用担任某某镇政府镇长的职务便利，为上海某某区房地产（集团）有限公司、广东省某某市某某建设（集团）公司、上海某某房地产开发有限公司、上海某某建设工程有限公司等四家单位在某某镇土地开发建设过程中提供帮助，非法收受上述四家单位贿赂款共计638万元、港币10万元。

三、职务侵占事实

2007年2月至2006年6月，被告人王某甲利用担任上海某某商务服务管理有限公司（以下简称某某服务公司）法定代表人和改制后新某某集团董事长的职务便利，以虚构策划服务费和支付所谓房产余款的名义，非法占有上述两家公司517万余元，用于个人缴纳股权受让款、挥霍和归还个人债务。

原判认定以上事实的证据有：新某某集团等相关单位的工商登记资料和《干部任免审批表》《任职情况及主要工作职责》，相关合同、协议书、票据、付款凭证、银行进账单、对账单、领用支票申请单、账页、现金解款单等书证，证人黄某某、金某某、潘某甲、徐某某、沈某甲、袁某某、赵某某、洪某某、王某乙、潘某乙、顾某某、唐某某、贺某某、郑某某、王某丙、王某丁、沈某乙等人的证言，上海司法会计中心出具的《司法鉴定意见书》以及被告人王某甲的供述等。

原判认为，被告人王某甲在新某某集团实施转制期间，利用担任某某镇党委书记兼新某某集团董事长等职务便利，非法将9700万元固有资产隐匿在其个人控制的账户中，使某某镇政府失去对该笔国有资产的控制，其行为已构成贪污罪；被告人王某甲还利用担任某某镇政府镇长等职务便利，非法收受他人钱款630余万元，为他人谋取利益，其行为又构成受贿罪；被告人王某甲在担任改制后属非国有性质的新某某集团党委书记、董事长及某某服务公司法定代表人期间，利用职务便利，将上述单位资金500余万元非法占为已有，其行为还构成职务侵占罪，对王某甲应予数罪并罚。王某甲主动交代受贿罪、职务侵占罪的事实，既是办案机关尚未掌握，也与办案机关已经掌握的罪行属不同种罪名，故对其所犯受贿罪、职务侵占罪可以认定自首，并可分别从轻处罚。鉴于王某甲犯罪所得的大部分赃款已被追缴，可酌情从轻处罚。依照《中华人民共和国刑法》第三百八十二条第一款、第三百八十三条第一款第（一）项、第三百八十五条第一款、第三百八十六条、第二百七十一条第一款、第九十三条、第六十九条、第六十七条、第五十六条第一款、第五十五条第一款、第五十七条第一款和第六十四条的规定，对被告人王某甲以贪污罪，判处无期徒刑，剥夺政治权利终身，并处没收财产人民币六十万元；以受贿罪，判处有期徒刑十二年，剥夺政治权利三年，并处没收财产人民币三十万元；以职务侵占罪，判处有期徒刑八年，并处没收财产人民币十万元，决定执行无期徒刑，剥夺政治权利终身，并处没收财产人民币一百万元；贪污和职务侵占所得予以追缴，并分别发还上海市某某区某某镇人民政府、上海新某某（集团）有限公司和上海某某商务服务管理有限公司；受贿所得予以没收，不足部分责令退赔。

上诉人王某甲及其辩护人认为，王某甲主观上并没有非法占有9700万元的故意，其行为不构成贪污罪。即使所涉9700万元一节其行为构成犯罪，也应认定王某甲在该节中具有自首情节。

本院审理查明的事实和证据与原判相同。

根据现已审理查明的事实和证据，本院评判如下：

一、王某甲的行为是否构成贪污罪

经查，王某甲到案后供称，王之所以这样做的目的是从改制后新某某集团利益着想，因新某某集团在改制前已经亏损，其可以趁改制前还担任某某镇主要领导之机，将上述资金转出后控制起来，便于改制后能够随时灵活使用，解决日后集团经营过程中碰到的股东分红、员工奖金等问题，如果等改制后再操作就不那么方便了。据此，王某甲主观上具有利用职务便利权侵吞国有资产9700万元的故意。

从涉案的几个账户性质看，虽均属某某镇政府和新某某集团所有，但涉案账户均是政府和单位的账外账户，均是由王某甲一人控制并决定账户内资金的去向，某某镇政府和新某某集团的其他领导对资金的使用、调配均不知情。在新某某集团改制后的2006年7月，王某甲已不再具有公职人员身份，王应当将控制和管理的上述所有账内、账外账户移交给某某镇政府处理，或者向某某镇政府作一个说明，但王某甲却始终隐匿账户资金，至2007年9月中共上海市普陀区纪律检查委员会（以下简称普陀区纪委）调查时才被迫交出账户。

其间，王某甲实际控制了隐匿账户中的9700万元资金，而某某镇政府实际上已失去了对该资产的控制，这种行为完全符合刑法意义上“所谓非法占有是指行为人在没有法律依据和财产所有人失去控制的情况下对该财物实际控制的一种状态”的特征，可以认定王某甲实际上已非法占有了某某镇政府的9700万元资产。王某甲上述采用隐匿公共资产的方法将其非法占有的行为符合贪污罪的基本特征。

据此，本院认为，王某甲在新某某集团实施转制期间，利用其担任某某镇党委书记兼新某某集团党委书记、董事长的职务便利，非法将9700万元国有资产隐匿在其个人控制的账户中，使某某镇政府失去对该笔国有资产的控制，其行为已构成贪污罪，贪污数额为9700万元。

二、所涉9700万元一节中王某甲是否具有自首情节

经查，普陀区人民检察院反贪污贿赂局出具的《关于犯罪嫌疑人王某甲案发经过的情况说明》证实，普陀区纪委于2007年3月接到群众举报，反映王某甲在企业改制中涉嫌违纪违法问题，经初步调查发现，王某甲在新某某集团改制过程中设立账外账户隐匿集体资产9700余万元，且王某甲个人及其家属经济反常等。普陀区纪委于同年9月8日对王某甲实行“双规”。王某甲在“双规”期间，交代了其在新某某集团转制过程中隐匿、侵吞9700万元国有资产的犯罪事实，并且还主动交代了侦办机关未掌握的其他犯罪。同年10月9日，上海市普陀区人民检察院正式立案侦查，并于当日对王某甲刑事拘留。

证人蒋某某（某某镇党委原副书记）证实，2007年9月8日下午，其约王某甲来谈兴力达项目的有关事宜。王某甲来了，之后，根本没有心思谈该项目。王某甲对其讲出事情了，合作联社账户上有一笔9700万元的资金是属于镇政府的钱，因新某某集团的财务不清楚而没有交给镇政府，所以王某甲提出想把该账户以及账上的资金交还给镇政府。

本院认为，本案系因群众举报而案发，普陀区纪委于2007年9月8日对王某甲采取“双规”措施，同年10月9日，检察机关对其刑事拘留，因此，王某甲并非自动到案。2007年9月8日下午，王某甲虽向蒋某某提起，合作联社账户上有一笔9700万元的资金是属于镇政府的钱，但王某甲并未向蒋某某如实交代其隐匿9700万元的主观动机和客观事实，却把责任推卸给新某某集团的财务，称系因财务不清楚而没有交给镇政府。因此，王某甲的行为亦不属向某某镇政府自动投案。据此，本院认为，王某甲及其辩护人提出，王在此节中具有自首情节，缺乏事实依据，应不予采纳。

综上，本院确认，原判认定王某甲犯贪污罪、受贿罪、职务侵占罪的事实清楚，证据确实、充分，适用法律正确，量刑适当，审判程序合法。上诉人的

上诉理由及辩护人的辩护意见，本院均不予采纳。依照《中华人民共和国刑事诉讼法》第一百八十九条第（一）项的规定，裁定如下：

驳回上诉，维持原判。

本裁定为终审裁定。

审判长　肖伟琦
审判员　徐文伟
审判员　邱胜冬
二〇一一年一月十日
书记员　孙静言

附：相关法律条文

《中华人民共和国刑事诉讼法》

第一百八十九条第一款第一项　第二审人民法院对不服第一审判决的上诉、抗诉案件，经过审理后，应当按照下列情形分别处理：

（一）原判决认定事实和适用法律正确、量刑适当的，应当裁定驳回上诉或者抗诉，维持原判。

结合犯罪对象的特殊性准确认定犯罪形态

——沈某某、林某某、苗某某贪污案

【案例要旨】

根据我国《票据法》的规定，票据具有特定属性，占据票据并不等于实现了票据所承载的权利。贪污犯截留票据的行为与后续的其他人兑现票据财产权利的行为也有可能构成贪污罪的共犯，不可简单地将二者割裂定罪。

【案情简要】

被告人沈某某，男，系上海某某总公司资产财务部部长。

被告人林某某，女，退休。

被告人苗某某，男，系上海某甲轴承有限公司经理。

2004 年 10 月，被告人沈某某在担任上海某某（集团）总公司资产财务部部长兼上海某某总公司销售公司（以下简称销售公司）财务主管期间，与销售公司会计林某某商议，利用销售公司歇业之际，虚增销售公司应付款，截留销售公司收取的 11 张承兑汇票。2005 年 1 月，沈某某、林某某二人将此事告知原销售公司销售二科科长、上海某甲轴承有限公司（以下简称某甲公司）经理苗某某，并由苗某某通过某甲公司等单位将上述汇票兑现。后三名被告人将兑现的款项分赃，其中被告人沈某某分得 34 万元，被告人林某某分得 336851.63 元，被告人苗某某分得 35 万元。

此外，2004 年 11 月，被告人林某某将湖北荆州某某汽车零部件制造有限公司（以下简称某某公司）应付销售公司的 45 万元货款与销售公司账面上的应付款冲销。2005 年 2 月、5 月，某某公司分别将应付销售公司的 2 张共计 45 万元的票据交付苗某某。被告人苗某某与沈某某、林某某二人商量后，将 2 张票据通过有关公司兑现。2006 年 7 月，三名被告人将该 45 万元平分。

2008 年 3 月 13 日，黄浦区人民检察院以被告人沈某某、林某某、苗某某犯贪污罪向黄浦区人民法院提起公诉。2008 年 5 月 22 日，黄浦区人民法院一审判决：被告人沈某某犯贪污罪，判处有期徒刑6年，没收财产人民币2万元；被告人林某某犯贪污罪，判处有期徒刑6年，没收财产人民币2万元；被告人苗某某犯掩饰、隐瞒犯罪所得罪，判处有期徒刑2年6个月，并处罚金人民币1万元。

黄浦区人民检察院认为法院一审判决适用法律错误，经检察委员会讨论决定，对本案向上海市第二中级人民法院提起抗诉。上海市人民检察院第二分院支持了黄浦区人民检察院的抗诉。2008年11月21日，上海市第二中级人民法院认为一审法院对被告人苗某某以掩饰、隐瞒犯罪所得罪定罪不当，改判被告人苗某某犯贪污罪，判处有期徒刑5年，没收财产人民币2万元。

【典型意义】

2009年6月24日，上海市人民检察院检察委员会讨论后认为，该案例所涉及的与票据相关的贪污罪停止形态和共犯形态的认定问题，对本市各级检察机关办理此类案件具有借鉴意义。

一、把握标准，准确认定犯罪形态

本案的争议焦点集中在第一节事实中，一是如何看待沈某某、林某某截留承兑汇票的行为与沈某某、林某某会同苗某某兑现汇票的行为之间的关系，即被告人沈某某、林某某截留承兑汇票时，是否已经成立贪污罪的既遂；二是被告人苗某某是构成沈某某、林某某贪污罪的共犯，还是构成掩饰、隐瞒犯罪所得罪。

犯罪停止形态，是指故意犯罪在其发展过程中，由于某种原因而停止下来的状态。它是对犯罪从实施到结束整个过程的形态认定，而不是对整个犯罪行为中某个阶段性行为的认定。沈某某、林某某截留承兑汇票的犯罪故意是贪污国家财产，由于票据具有特定属性，根据我国《票据法》的规定，行为人占有承兑汇票，可以作为票据持有人请求承兑人兑现，但不等于就此实现了票据所承载的财产权利。因此，沈某某、林某某两人截留汇票的行为只是贪污犯罪的一个部分，与后续的会同苗某某兑现汇票行为，共同组成了贪污犯罪行为。所以不应将沈某某、林某某截留汇票这一阶段性行为割裂出来进行犯罪形态分析，而应当把截留汇票与兑现汇票作为一个整体的贪污犯罪行为来加以认定。

二、以客观事实为依据，依法追究贪污罪的共同犯罪

共同犯罪，既可以是各共犯人在事前形成共同的犯罪故意，进而实施共同犯罪行为；也可以是在犯罪进行过程中，形成共同犯罪故意，并共同实施犯罪行为。在本案中，苗某某虽然没有参加截留承兑汇票的行为，但是，他明知沈某某、林某某截留了承兑汇票，并积极帮助其兑现汇票，使得票据权利转化为现实财物，获得三人当中份额最大的赃款，应当认定苗某某与沈某某、林某某有贪污的共同故意，并具有共同的贪污行为。

贪污罪既遂与未遂的标准，根据现行司法解释，采用实际控制说。根据最高人民法院2003年《全国法院审理经济犯罪案件工作座谈会纪要》的规定，贪污罪是一种以非法占有为目的的财产性职务犯罪，应当以行为人是否实际控制财物作为区分既遂与未遂的标准。在本案中，沈某某、林某某和苗某某等三人以共同的犯罪故意，实施共同的犯罪行为，实现了对财物的实际控制，应当以贪污罪（既遂）的共同犯罪对上述三人进行定罪处罚。

三、加强学习研究，不断提高执法水平

检察机关服务“两个中心”建设，不仅要加强对法律知识的学习和掌握，更要学习金融、航运的相关知识和国际规则。本案也提示我们，要深入把握票据等金融知识，深化经济刑法研究，不断提高服务“两个中心”的执法能力和水平。

上海市黄浦区人民检察

起 诉 书

沪黄检刑诉〔2008〕56-58号

被告人沈某某，男，1965年××月××日出生，汉族，研究生文化，系上海某某总公司资产财务部部长，户籍所在地本市××村××号××室，住本市××路××弄××号××室。

被告人林某某，女，1960年××月××日出生，汉族，大学文化，现退休，户籍所在地本市××路××弄××号××室，住本市××路××弄××号××室。

被告人苗某某，男，1961年××月××日出生，汉族，高中文化，系上海某甲轴承有限公司经理，住本市××路××弄××号××室。

上述三名被告人现均因涉嫌贪污罪，于2007年10月16日被本院决定刑事拘留，2007年10月30日经本院批准逮捕，同日由上海市公安局黄浦分局执行逮捕。

本案由本院侦终结，于2008年1月29日进入审查起诉阶段，于2008年1月30日已告知被告人有权委托辩护人，同日告知被害单位有权委托诉讼代理人，依法讯问了被告人，审查了全部案件材料。

经依法审查查明：

1.2004年10月，被告人沈某某在担任上海某某总公司资产财务部部长兼上海某某总公司销售公司（以下简称销售公司）财务主管期间，与销售公司会计林某某商议，利用销售公司歇业之际，由被告人林某某制作虚假的财务凭证，将销售公司账面上暂不需支付的应付款合并转到上海某乙轴承有限公司、上海某丙通用轴承有限公司（以下简称某乙公司、某丙公司）名下，再将业务单位支付的11张共计1006851.63元商业承兑汇票、银行承兑汇票作为支付某乙公司、某丙公司的应付货款。2004年11月，被告人林某某、沈某某又经商议，用虚开的3张海鸥饭店的会务费发票，共计2万元在销售公司账上予以报销。2005年1月，被告人沈某某、林某某将此事告知原销售公司销售二科科长、上海某甲轴承有限公司（以下简称某甲公司）经理苗某某，商定三人共同分赃，并利用上述承兑汇票，通过某甲公司兑现30万元。嗣后，被告人林某某又于2005年1月至6月通过某甲公司、某丙公司陆续将上述全部票据兑现。2005年8月，三名被告人将上述款项分赃，其中被告人沈某某分得34万元，被告人林某某分得336851.63元，被告人苗某某分得35万元。

2.2004年11月，被告人林某某将湖北某某汽车零部件制造有限公司应付销售公司的45万元货款与销售公司账面上的应付款冲销。2005年1月，被告人沈某某、苗某某赴荆州对账催款。2005年2月、5月湖北某某汽车零部件制造有限公司分别将应付销售公司的2张共计45万元的票据交付苗某某。被告人苗某某即将该2张票据交于林某某，经与沈某某商量后，林某某将该2张票据通过佳捷公司兑现。2006年7月，三名被告人将该45万元平分。

上述事实：有以下证据证明：

1. 被告人林某某、沈某某、苗某某的供述：2. 证人金某某、吴某某、费某某、刘某某、朱某某等证言；3. 审计报告；4. 相关书证。

本院认为，被告人沈某某、林某某、苗某某系国家工作人员，利用职务便利，共同侵吞公款，其行为已触犯《中华人民共和国刑法》第三百八十二条、第三百八十三条第一款第（一）项，犯罪事实清楚，证据确实、充分，应当以贪污罪分别追究其刑事责任。因系共同犯罪，适用《中华人民共和国刑法》第二十五条。被告人沈某某、林某某在共同犯罪中起主要作用，是主犯，适用《中华人民共和国刑法》第二十六条第一、四款。被告人苗某某在共同犯罪中起次要作用，是从犯，适用《中华人民共和国刑法》第二十七条，应当从轻或减轻处罚。被告人林某某系自首，适用《中华人民共和国刑法》第六十七条第一款，可以从轻或减轻处罚。根据《中华人民共和国刑事诉讼法》第一百四十一条之规定，提起公诉，请依法审判。

此致

上海市黄浦区人民法院

检察员　赵颖华

二〇〇八年三月十三日

附：1. 被告人沈某某、林某某、苗某某现羁押于上海市黄浦区看守所。

2. 主要证据复印件一册。

3. 证据目录、证人名单各一份。

上海市黄浦区人民法院
刑事判决书

（2008）黄刑初字第83号

公诉机关上海市黄浦区人民检察院。

被告人沈某某，男，1965年××月××日出生于上海市，汉族，研究生文化，系上海某某总公司资产财务部部长，住本市××路××弄××号××室（户籍所在地本市××村××号××室）。因涉嫌犯贪污罪，于2007年10月16日被刑事拘留，同年10月30日被依法逮捕，现羁押于上海市黄浦区看守所。

辩护人程某某，上海某某律师事务所律师。

被告人林某某，女，1960年××月××日出生于上海市，汉族，大学文化，系上海某甲轴承有限公司财务人员，住本市××路××弄××号××室（户籍所在地本市××路××弄××号××室）。因涉嫌犯贪污罪，于2007年10月16日被刑事拘留，同年10月30日被依法逮捕，现羁押于上海市黄浦区看守所。

辩护人乔某某，上海某某律师事务所律师。

辩护人伍某某，上海市某某律师事务所律师。

被告人苗某某，男，1961年××月××日出生于上海市，汉族，高中文化，系上海某甲轴承有限公司经理，住本市××路××弄××号××室。因涉嫌犯贪污罪，于2007年10月16日刑事拘留，同年10月30日被依法逮捕，现羁押于上海市黄浦区看守所。

辩护人胡某某，上海胡某某律师事务所律师。

辩护人赵某某，上海市某某律师事务所律师。

上海市黄浦区人民检察院以沪黄检刑诉〔2008〕56－58号起诉书指控被告人沈某某、林某某、苗某某犯贪污罪，于2008年3月12日向本院提起公诉。本院依法组成合议庭，公开开庭审理了本案。上海市黄浦区人民检察院指派检察员赵颖华出庭支持公诉，被告人沈某某及其辩护人程某某，被告人林某某及其辩护人乔某某、伍某某，被告人苗某某及其辩护人胡某某、赵某某到庭参加诉讼。现已审理终结。其间，沈某某的辩护人提出需要调取新的证据，经本院决定延期审理一个月。

上海市黄浦区人民检察院指控，2004年10月，被告人沈某某在担任上海某某总公司资产财务部部长兼上海某某总公司销售公司（以下简称销售公司）财务主管期间，与销售公司会计林某某商议，利用销售公司歇业之际，由被告人林某某制作虚假的财务凭证，将销售公司账面上暂不需支付的应付款合并转到上海某乙轴承有限公司、上海某丙通用轴承有限公司（以下简称某乙公司、某丙公司）名下，再将业务单位支付的11张共计人民币（以下币种均为人民币）1006851.63元商业承兑汇票、银行承兑汇票作为支付某甲公司、某乙公司的应付货款。2004年11月，被告人林某某、沈某某又经商议，用虚开的3张海鸥饭店的会务费发票，共计2万元在销售公司账上予以报销。2005年1月，被告人沈某某、林某某将此事告知原销售公司销售二科科长、上海某甲轴承有限公司（以下简称某甲公司）经理苗某某，商定三人共同分赃。并利用上述承兑汇票，通过某甲公司兑现30万元。嗣后，被告人林某某又于2005年1月至6月通过某甲公司、某戊公司陆续将上述全部票据兑现。2005年8月，三名被告人将上述款项分赃，其中被告人沈某某分得34万元，被告人林某某分得336851.63元，被告人苗某某分得35万元。

2004年11月，被告人林某某将湖北荆州某某汽车零部件制造有限公司（以下简称某某公司）应付于销售公司的45万元货款与销售公司账面上的应付款冲销。2005年1月，被告人沈某某、苗某某赴荆州对账催款。2005年2月、5月湖北荆州某某零部件制造有限公司分别将应付销售公司的2张共计45万元的票据交付于苗某某。被告人苗某某即将该2张票据交于林某某，经与沈某某商量后，林某某将该2张票据通过某丙公司兑现。2006年7月，三名被告人将该45万元平分。

指控上述事实的证据有被告人林某某、沈某某、苗某某的供述，证人金某某、吴某某、费某某、刘某某、朱某某等人的证言，审计报告，相关书证。检察院认为，被告人沈某某、林某某、苗某某的行为已触犯《中华人民共和国刑法》第三百八十二条、第三百八十三条第一款第（一）项，应当以贪污罪分别追究其刑事责任。因系共同犯罪，适用《刑法》第二十五条。被告人沈某某、林某某在共同犯罪中起主要作用，是主犯，适用《刑法》第二十六条第一、四款。被告人苗某某在共同犯罪中起次要作用，是从犯，适用《刑法》第二十七条，应当从轻或减轻处罚。被告人林某某系自首，适用《刑法》第六十七条第一款，可以从轻或减轻处罚。

被告人沈某某在庭审中对自己参与的犯罪事实供认不讳，但辩称其在被采取强制措施前交代了自己的犯罪事实，是自首。关于指控其参与贪污45万元一节，其事先并不知情，是林某某收到汇票后才告诉他的。

沈某某的辩护人在庭审中提出：沈某某是在被采取强制措施前如实交代自己的罪行，应认定为自首。本案所有的账都是林某某做的，沈某某虽是财务主管，但该职务与本案犯罪中的作用没有必然的关系。沈某某在共同犯罪中只是起了次要作用，是从犯。沈某某在家属帮助下退赔了全部赃款，希望法庭能减轻处罚。

被告人林某某在庭审中对参与的犯罪事实供认不讳，但辩称11张汇票带到某甲公司去时，其没有告诉过苗某某。起诉书指控2005年1月三名被告人商量分钱，不是事实，是在8月份沈某某告诉其要分钱，才决定分钱的。

被告人林某某的辩护人在庭审中提出：林某某做假账将钱从销售公司转到某甲公司时，主观上并没有非法占有的故意，只是准备钱将来可以给某甲公司使用，而某甲公司又是由原销售公司的转制人员组成。虽沈某某讲不要将钱留在某甲公司账上，但林某某还是将所有汇票由某甲公司背书去的，某甲公司具有不能摆脱的责任，林某某将销售公司的钱转出来的目的是给某甲公司使用，是为了单位的利益。后林某某等人分的钱是已转到某甲公司的钱，利用的是某甲公司的职务之便，故本案应认定为职务侵占罪。在分钱时林某某是听从于沈某某的，分的钱又是最少，不应作为本案的主犯。林某某是自首，又有检举同案犯的行为，家属帮助退赔了全部赃款。建议法庭对林某某减轻处罚。

庭审中被告人苗某某辩称，检察机关第一次找其协助调查时，其就交代了犯罪事实，应算自首。关于指控其参与贪污45万元一节，其开始并不知情，到分钱时才知道是从销售公司截留的。

被告人苗某某的辩护人在庭审中提出：对检察院指控被告人苗某某犯贪污罪没有异议。但认为苗某某只应对30万元的帮助行为承担责任。11张汇票中除30万元是在林某某不慎转入某甲公司后，由苗某某签字同意转出外。其他的汇票苗某某均没有实施过任何帮助行为，故其只应对这30万元承担责任(个人实得10万元)，其余所得40万元是不当得利。关于指控参与贪污45万元一节，因其对林某某事先做假账并不知情，也未参与，故不应当承担责任。苗某某到某某公司去是洽谈业务，而不是去对账的，此后收到某某公司的汇票再转交林某某也只是正常的工作流程，他并不知道哪张汇票是支付45万元的，因苗某某与沈某某、林某某没有实施共同犯罪行为，不构成共同犯罪。苗某某在参与的30万元的共同犯罪中起了次要作用，是从犯，应当从轻或减轻处罚。苗某某在没有采取强制措施之前，就主动交代了全部犯罪事实，应认定为自首。苗某某无前科，一贯表现良好。案发后认罪态度较好，家属帮助退赔了全部赃款，建议法庭能对被告人宣告缓刑。

经审理查明，销售公司系国有企业。被告人沈某某原系上海某某总公司资产财务部部长兼销售公司财务主管；被告人林某某原系销售公司会计；被告人苗某某原系销售公司销售二科科长。2004年在销售公司歇业清理账目过程中，沈某某与林某某商定将销售公司账目中暂无须支付的款或无法退还的款及盘盈物资款共计人民币1006851.63元，虚增为某乙公司、某丙公司的债权，并将销售公司收到的11张共计1006851.63元承兑汇票作为支付这两家公司的应付货款，使销售公司的账做平，将这11张承兑汇票截留在林某某处。2005年1月林某某将截留的11张承兑汇票中的两张到期承兑汇票（分别为30万元和36615.34元）通过银行兑现转入某甲公司，而后又按沈某某要求将该款从某甲公司转至某丙公司。苗某某在得知该款是林某某、沈某某截留的情况下，仍在申请付款单上签字，同意将30万元转出。其余到期的承兑汇票则均由时任某甲公司会计的林某某直接转到某丙公司兑现，全部现金由林某某保管。

2004年11月，沈某某与林某某商议搞些假发票到销售公司报销提现。于是林某某通过朱某某取得3张共计人民币2万元的某某饭店会务费发票在销售公司报销，提出2万元现金也由林某某保管。

2005年8月林某某与沈某某商议，由沈某某决定将已提现的1026851.63元与苗某某三人平分。其中，沈某某分得34万元，林某某分得336851.63元，苗某某分得35万元。

另查，2004年11月林某某在做销售公司清理往来呆滞账时，将某某公司应付于销售公司的45万元货款在账面上做了应付款冲销处理。并将此事告诉了沈某某。2005年8月林某某在取得这笔钱款后与沈某某商议，由沈某某决定将该款与苗某某三人平分。2006年7月苗某某在明知沈某某、林某某是侵占销售公司钱款的情况下，仍根据沈某某的要求接收了林某某给予的30万元，并将其中的15万元转交给了沈某某。

2007年10月15日沈某某、林某某在检察院协助调查时，在立案前如实供述了自己的犯罪事实。同月16日苗某某在检察院协助调查时，在立案前交代了犯罪事实。案发后，三名被告人在其家属帮助下退出了全部赃款共计1476851.63元。

上述事实，有检察院向本院提供并由公诉人当庭宣读、出示的证人金某某关于帮助林某某用承兑汇票套取现金及通过朱某某帮助林某某取得3张某某饭店发票经过的证言；证人吴某某关于销售公司破产前盘库情况的证言；证人费某某关于苗某某原系某甲公司经理，负责某甲公司销售业务，某某公司业务在原销售公司就是苗某某经办情况的证言；证人刘某某关于成立某甲公司情况的证言；证人朱某某关于向金某某提供3张××饭店发票情况的证言；上海某某总公司销售公司、上海某某（集团）有限公司、上海某甲轴承有限公司、上海某丙通用轴承有限公司的工商资料；被告人沈某某、林某某、苗某某的职务证明；上海公信中南会计师事务所有限公司出具的司法鉴定意见书及相关书证、相关财务凭证；销售公司的有关账册及财务凭证；被告人沈某某、林某某、苗某某收受赃款的单据，林某某填写后由苗某某签字的30万元付款申请单及有关的书证等证据所证实。上列证据，经过法庭质证，证据合法、有效，应予确认。

本院认为，被告人沈某某、林某某系国家工作人员，利用职务便利，共同侵吞公款，其行为均已构成《中华人民共和国刑法》第三百八十二条规定的贪污罪，应依照《刑法》第三百八十三条第一款第（一）项之规定，分别追究刑事责任。沈某某、林某某系共同犯罪，适用《刑法》第二十五条第一款，应共同承担相应的刑事责任。检察院指控被告人苗某某参与共同贪污缺乏证据证明，指控的罪名不能成立。苗某某既没有参与事先的预谋，也没有参与隐匿、转移变现和商量分赃，其行为不构成贪污罪，但当他得知林某某、沈某某隐匿、转移并将销售公司的国有资产变现的情况下，帮助转移部分赃款和收受赃款，其行为已构成掩饰、隐瞒犯罪所得罪，且情节严重，应当依照《刑法》第三百一十二条规定予以刑事处罚。三名被告人均在检察机关立案前，主动交代了自己的犯罪事实，有自首情节，并退赔了全部赃款，可适用《刑法》第六十七条第一款，减轻处罚。退赔的赃款，根据《刑法》第六十四条之规定，发还被害单位。被告人沈某某身为财务主管，与林某某共同商议侵占公款，并决定了对赃款的占有和分配；被告人林某某利用销售公司会计的职务之便，经与沈某某共同商议，通过做假账，隐瞒、转移、占有国有资产，并在销售公司歇业后，通过其他手段将国有资产变现，其与沈某某在共同犯罪中相辅相成，互为依托，地位作用相当，没有主从之分，故对辩护人提出的沈某某、林某某系从犯的意见，本院不予采纳。苗某某因不构成共同贪污犯罪，故不适用共同犯罪中关于从犯，应当从轻或减轻的法律规定。根据苗某某犯掩饰、隐瞒犯罪所得罪的情节，不宜适用缓刑，故其辩护人提出苗某某是从犯及要求对其宣告缓刑的辩护意见，本院不予采纳。据此，判决如下：

一、被告人沈某某犯贪污罪，判处有期徒刑六年，没收财产人民币二万元。

（刑期从判决执行之日起计算。判决执行以前先行羁押的，羁押一日折抵刑期一日，即自2007年10月15日起至2013年10月14日止；没收的财产自本判决生效后第二日起十日内执行。）

二、被告人林某某犯贪污罪，判处有期徒刑六年，没收财产人民币二万元。

（刑期从判决执行之日起计算。判决执行以前先行羁押的，羁押一日折抵刑期一日，即自2007年10月15日起至2013年10月14日止；没收的财产自本判决生效后第二日起十日内执行。）

三、被告人苗某某犯掩饰、隐瞒犯罪所得罪，判处有期徒刑二年六个月，并处罚金人民币一万元。

（刑期从判决执行之日起计算。判决执行以前先行羁押的，羁押一日折抵刑期一日，即自2007年10月16日起至2010年4月15日止；罚金自本判决生效后第二日起十日内缴纳。）

四、退赔的赃款，发还被害单位。

如不服本判决，可在接到判决书的第二日起十日内，通过本院或者直接向上海市第二中级人民法院提出上诉。书面上诉的，应当提交上诉状正本一份，副本三份。

审判长　陈平建
审判员　李　蘋
审判员　乔志华
二〇〇八年五月二十二日
书记员　朱国强

上海市黄浦区人民检察院
刑事抗诉书

沪黄检刑抗〔2008〕2号

上海市黄浦区人民法院以（2008）黄刑初字第83号刑事判决书于2008年5月22日对被告人沈某某、林某某以贪污罪分别判处有期徒刑六年，没收财产人民币二万元。对被告人苗某某以掩饰、隐瞒犯罪所得罪判处有期徒刑二年六个月，并处罚金人民币一万元。本院依法审查后认为该判决适用法律有误，导致定性不当，量刑畸轻，确有错误，理由如下：

一、认定被告人苗某某构成掩饰、隐瞒犯罪所得罪系定性错误。

一审法院判决认为，苗某某既没有参与事先的预谋，也没有参与隐匿、转移变现和商量分赃，其行为不构成贪污罪，但当他得知林某某、沈某某隐匿、转移并将销售公司的国有资产变现的情况下，帮助转移部分赃款和收受赃款，其行为已构成掩饰、隐瞒犯罪所得罪，且情节严重。

本院认为，本案中，被告人沈某某、林某某合谋隐匿了11张承兑汇票，欲带至新成立的某甲公司，当汇票到期时，三名被告人合谋此汇票不给公司而由个人兑现分赃，这是贪污的整个过程。尽管林某某等在销售公司歇业前已做平账，但当时在账面反映林某某所控制的为应付票据，是一种票据承兑权利，非实际获利。承兑汇票只有到期兑现才属获利，贪污者才最终得益，故兑现是本案实现不可或缺的过程。被告人苗某某恰是在得知承兑汇票（这些汇票的业务多系苗本人经办）被隐匿后，参与了商量兑现和分赃，并且在兑现30万元时具体实施操作。该事实得到三名被告人供述及有关书证的印证，且被告人苗某某当庭供认，兑现前即从沈某某处得知该隐匿的100余万元用于三人分赃，而后才实施30万元兑现的操作，因此，有充分的证据证实被告人苗某某参与了贪污的共同犯罪，故判决书对被告人苗某某适用法律有误，导致定性不当。

二、认定被告人沈某某、苗某某有自首情节系适用法律有误，导致量刑不当。

一审判决认为，三名被告人均在检察机关立案前，主动交代了自己的犯罪事实，有自首情节。

本院认为：侦查部门接到举报材料于2007年10月15日传被告人林某某、沈某某协助调查。协助调查期间，被告人林某某先于沈某某主动供述全部犯罪事实，且能找到书证佐证。被告人沈某某与林某某虽同日被协助调查，但被告人沈某某拒不供述，直至林某某供述后，侦查机关掌握犯罪事实后，被告人沈某某才经教育供述犯罪事实。被告人苗某某在林某某、沈某某供述次日，侦查部门已掌握充分证据时，才被要求协助调查，其间其供述犯罪事实。

根据《中华人民共和国刑法》第六十七条第一款规定及最高人民法院《关于处理自首和立功具体应用法律若干问题的解释》的规定，认定自首和准自首必须具备自动投案或者主动交代"司法机关尚未掌握的罪行"。被告人沈某某、苗某某均非自动到侦查机关，且均是在侦查机关已经掌握了相关证据，确定有重大嫌疑后才做供述，缺乏主动性。"根据《近期最高人民法院刑事审判动态情况通报》第四条，关于职务犯罪自首条件的把握规定：事先掌握有关事实、证据，尚未告知被告人时，被告人经教育主动交代犯罪事实的，不认定为自首。"故法院认定被告人沈某某、苗某某为自首，系适用法律错误，导致量刑不当。

综上所述，被告人苗某某的行为已触犯《中华人民共和国刑法》第三百八十二条、第三百八十三条第一款第（一）项，犯罪事实清楚，证据确实、充分，应当以贪污罪追究其刑事责任。被告人沈某某、苗某某不能认定为自首。为维护司法公正，准确惩治犯罪，依照《中华人民共和国刑事诉讼法》第一百八十一条的规定，特提出抗诉，请依法判处。

此致

上海市第二中级人民法院

上海市黄浦区人民检察院
二〇〇八年五月三十日

附：1. 抄报上海市人民检察院第二分院；

2. 被告人林某某、沈某某、苗某某现羁押于上海市黄浦区看守所。

上海市第二中级人民法院
刑事判决书

（2008）沪二中刑终字第371号

抗诉机关上海市黄浦区人民检察院。

上诉人（原审被告人）林某某，女，1960年××月××日出生于上海市，汉族，中专文化，系上海某甲轴承有限公司财务人员，住本市××路××弄××号××室（户籍所在地本市××路××弄××号××室）。因本案于2007年10月16日被刑事拘留，同年10月30日被逮捕。现羁押于上海市黄浦区看守所。

辩护人乔某某、伍某某，上海市某某律师事务所律师。

上诉人（原审被告人）苗某某，男，1961年××月××日出生于上海市，汉族，高中文化，系上海某甲轴承有限公司经理，住本市××路××弄××号××室。因本案于2007年10月16日刑事拘留，同年10月30日被逮捕。现羁押于上海市黄浦区看守所。

辩护人孙某某，上海市某某律师事务所律师。

原审被告人沈某某，男，1965年××月××日出生于上海市，汉族，研究生文化，系上海某某总公司资产财务部部长，住本市××路××弄××号××室（户籍所在地本市××村××号××室）。因本案于2007年10月16日被刑事拘留，同年10月30日被逮捕。现羁押于上海市黄浦区看守所。

辩护人程某某，上海某某律师事务所律师。

上海市黄浦区人民法院审理上海市黄浦区人民检察院指控被告人沈某某、林某某、苗某某犯贪污罪，于二〇〇八年五月二十二日作出（2008）黄刑初字第83号刑事判决。上海市黄浦区人民检察院认为原判决确有错误，向本院提出抗诉。被告人林某某、苗某某不服，向本院提出上诉。本院依法组成合议庭，公开开庭审理了本案。上海市人民检察院第二分院指派代理检察员瞿勇出庭支持抗诉。被告人沈某某及其辩护人程某某，被告人林某某及其辩护人乔某某、伍某某，被告人苗某某及其辩护人孙某某到庭参加诉讼。

上海市黄浦区人民法院判决认定，上海某某总公司销售公司（以下简称

"销售公司"）系国有企业。被告人沈某某原系上海某某总公司资产财务部部长兼销售公司财务主管，被告人林某某原系销售公司会计，被告人苗某某原系销售公司销售二科科长。2004 年，在销售公司歇业清理账目过程中，沈某某与林某某商定将销售公司账目中暂无须支付或无法退还的款项及盘盈物资款共计人民币 1006851.63 元，虚增为上海某乙轴承有限公司、上海某丙通用轴承有限公司（以下分别简称"某乙公司""某丙公司"）的债权，并将销售公司收到的 11 张共计人民币 1006851.63 元（以下币种均为人民币）承兑汇票作为支付这两家公司的应付货款，使销售公司的账做平，将这 11 张承兑汇票截留在林某某处。2005 年 1 月，林某某将截留的 11 张承兑汇票中的两张到期承兑汇票（分别为 30 万元和 36615.34 元）通过银行兑现转入上海某甲轴承有限公司（以下简称"某甲公司"），而后又按沈某某要求将该款从某甲公司转至某丙公司。苗某某在得知该款是林某某、沈某某截留的情况下，仍在申请付款单上签字，同意将 30 万元转出。其余到期的承兑汇票则均由时任某甲公司会计的林某某直接转到某丙公司兑现，提取现金后由林某某保管。2004 年 11 月，经沈某某与林某某商议使用假发票从销售公司报销提取现金，由林某某通过朱某某取得 3 张共计人民币 2 万元的某某饭店会务费发票在销售公司报销，提出 2 万元现金由林某某保管。2005 年 8 月，林某某与沈某某商议，由沈某某决定将已提现的 1026851.63 元与苗某某三人平分。其中，沈某某分得 34 万元，林某某分得 336851.63 元，苗某某分得 35 万元。2004 年 11 月，林某某在做销售公司清理往来呆滞账时，将湖北荆州某某汽车零部件制造有限公司（以下简称"某某公司"）应付于销售公司的 45 万元货款在账面上做了应付款冲销处理，并将此事告诉了沈某某。2005 年 8 月，林某某在取得这笔钱款后与沈某某商议，由沈某某决定将该款与苗某某三人平分。2006 年 7 月，苗某某在明知沈某某、林某某是侵占销售公司钱款的情况下，仍根据沈某某的要求接收了林某某给予的 30 万元，并将其中的 15 万元转交给了沈某某。2007 年 10 月 15 日，沈某某、林某某在检察院协助调查时，在立案前如实供述了自己的犯罪事实。同月 16 日，苗某某在检察院协助调查时，在立案前交代了犯罪事实。案发后，三名被告人在家属帮助下退出了全部赃款共计 1476851.63 元。

原审法院认为，被告人沈某某、林某某系国家工作人员，利用职务便利，共同侵吞公款，其行为均已构成《中华人民共和国刑法》第三百八十二条规定的贪污罪，应依照《刑法》第三百八十三条第一款第（一）项之规定，分别追究刑事责任。沈某某、林某某系共同犯罪，适用《刑法》第二十五条第一款，应共同承担相应的刑事责任。被告人苗某某既未参与事先的预谋，也未参与隐匿、转移变现和商量分赃，其行为不构成贪污罪。但当苗某某得知林某某、沈某某隐匿、转移并将销售公司的国有资产变现的情况下，帮助转移部分赃款和收受赃款，其行为已构成掩饰、隐瞒犯罪所得罪，且情节严重，应依照《刑法》第三百一十二条规定予以刑事处罚。三名被告人均在检察机关立案前主动交代了自己的犯罪事实，有自首情节，并退赔了全部赃款，可适用《刑法》第六十七条第一款，减轻处罚。退赔的赃款，根据《刑法》第六十四条之规定，发还被害单位。据此，对被告人沈某某、林某某犯贪污罪，分别判处有期徒刑六年，没收财产人民币二万元；对被告人苗某某犯掩饰、隐瞒犯罪所得罪，判处有期徒刑二年六个月，并处罚金人民币一万元；退赔的赃款，发还被害单位。

上海市黄浦区人民检察院抗诉提出，被告人苗某某是在得知相关承兑汇票被沈某某、林某某隐匿的情况下，参与截留其中的30万元，苗某某参与了共同贪污，原审法院对苗某某以掩饰、隐瞒犯罪所得罪定罪不当，应当以贪污共犯论处；被告人沈某某、林某某虽同日被要求协助调查，但在林某某供述相关犯罪事实后，沈某某才供述了犯罪事实，苗某某于次日在检察机关予以供述，故沈某某、苗某某系在司法机关掌握相关犯罪事实后才予以供述，依照《中华人民共和国刑法》第六十七条的规定及相关司法解释，不能认定沈某某、苗某某具有自首情节。据此，认为原审法院适用法律错误，导致量刑不当，依照《中华人民共和国刑事诉讼法》第一百八十一条之规定，提出抗诉。

上海市人民检察院第二分院认为，被告人苗某某参与沈某某、林某某对截留款对款和共同分赃，应以贪污罪认定。被告人沈某某、苗某某并非自动投案，且均系在司法机关掌握其犯罪事实后所作供述，不符合认定自首的条件。原判决认定被告人苗某某犯掩饰、隐瞒犯罪所得罪及认定被告人沈某某、苗某某具有自首情节，显属适用法律错误，导致量刑不当。据此，依照《中华人民共和国刑事诉讼法》第一百八十八条的规定，支持抗诉，请依法纠正。

被告人林某某上诉提出，其行为属于职务侵占，而非贪污犯罪，林某某的辩护人认为，本案所有票据全部背书至某甲公司，属某甲公司的钱款；在三名被告人实际获取钱款时，已无销售公司的职务，应认定为职务侵占。

被告人苗某某上诉提出，未为侵吞销售公司的钱款与其他人商量，不构成贪污罪。苗某某的辩护人认为，苗某某未参与隐匿、截留、平分钱款，整个过程是沈某某、林某某操作的；苗某某仅是为沈某某、林某某隐瞒了犯罪所得，原审法院定性准确。苗某某在检察机关采取强制措施前，供述了相关事实，应当认为具有自首情节，原审法院量刑适当。

经审理查明，原审法院判决认定被告人沈某某、林某某分别系原销售公司财务主管、会计，被告人苗某某系该公司销售二科科长。沈某某、林某某经合谋于2004年11月销售公司歇业清理过程中，虚增销售公司应付款，截留销售公司收取的11张承兑汇票，计1006851.63元分期提取现金，其中30万元于2005年1月由苗某某作为某甲公司负责人同意转至某丙公司提现，同期沈某某、林某某还合谋虚报销售公司会务费2万元，以上总计侵吞销售公司货款1026851.63元，经林某某、沈某某与苗某某商量后决定私分，其中沈某某分得34万元，林某某分得336851.63元，苗某某分得35万元；2006年7月，被告人沈某某、林某某、苗某某又私分某某公司支付给销售公司的货款45万元，三人各得15万元的事实清楚，证据确实、充分，应予确认。

被告人苗某某作为原销售公司的主要销售负责人，明知沈某某、林某某通过违法手段侵吞公司的货款，又参与从中提取部分公款，与沈某某、林某某共同分赃，客观上参与了沈某某、林某某侵吞本单位财产，苗某某的行为已充分反映其主观上具有非法占有销售公司财产的故意。应以共同贪污论处。被告人沈某某、林某某作为销售公司的财务人员虚列应付项目，为主截留公款，系本案主犯；被告人苗某某在共同犯罪中起次要作用，应以从犯论处。检察机关提出被告人苗某某构成共同贪污的抗诉意见成立。苗某某提出的上诉理由不能成立，辩护人的相关辩护意见不予采信。

2007年10月15日，被告人林某某、沈某某在检察机关调查过程中先后如实供述了上述事实，使检察机关充分掌握本案的相关事实。依照《中华人民共和国刑法》第六十七条第二款的规定，均可以自首论。被告人苗某某在检察机关已掌握其参与侵吞公款的情况下，于次日被带至检察机关接受讯问，并于当天被刑事拘留。故不符合《中华人民共和国刑法》第六十七条对自首作出的相关规定，检察机关提出苗某某不具有自首情节的抗诉理由成立，苗某某的辩护人提出的相关辩护意见不予采纳。本院认为，被告人沈某某、林某某、苗某某作为国有公司中从事公务的人员，由沈某某、林某某利用财务工作的职务便利，与苗某某共同侵吞本单位公款147万余元，依照《中华人民共和国刑法》第九十三条第二款、第三百八十二条第一款之规定，三名被告人的行为均已构成贪污罪，依照《中华人民共和国刑法》第三百八十三条第一款第（一）项之规定，应对三名被告人分别判处十年以上有期徒刑，并处没收财产。林某某上诉提出其行为属职务侵占罪的理由不能成立，其辩护人提出的相关辩护意见不予采信。原审法院根据被告人沈某某、林某某犯贪污罪的事实，在共同犯罪中所起的作用、具有自首并能退缴赃款等情节，依照《中华人民共和国刑法》第六十七条、第二十五条第一款、第二十六条第一款之规定，对被告人沈某某、林某某作出的判决符合法律规定，并无不当。原审法院对被告人苗某某以掩饰、隐瞒犯罪所得罪定罪不当，且苗某某不具有自首情节，故应予以改判。但鉴于苗某某在共同犯罪中系从犯，并能退缴违法所得，依照《中华人民共和国刑法》第二十七条之规定，予以减轻处罚。据此，依照《中华人民共和国刑事诉讼法》第一百八十九条第（二）项之规定，判决如下：

一、维持上海市黄浦区人民法院（2008）黄刑初字第83号刑事判决第一、二、四项，即被告人沈某某犯贪污罪，判处有期徒刑六年，没收财产人民币二万元；被告人林某某犯贪污罪，判处有期徒刑六年，没收财产人民币二万元；退赔的赃款，发还被害单位。

二、撤销上海市黄浦区人民法院（2008）黄刑初字第83号刑事判决第三项，即被告人苗某某犯掩饰、隐瞒犯罪所得罪，判处有期徒刑二年六个月，并处罚金人民币一万元。

三、被告人苗某某犯贪污罪，判处有期徒刑五年，没收财产人民币二万元。

（刑期从判决执行之日起计算。判决执行以前先行羁押的，羁押一日折抵刑期一日，即自2007年10月16日起至2012年10月15日止；没收的财产自判决后第二日起十日内执行。）

本判决为终审判决。

审　判　长　吴　欣
代理审判员　魏金江
代理审判员　沈　燕
二〇〇八年十一月二十一日
书　记　员　李　华
书　记　员　王　潮

查办涉农职务犯罪案件，注意准确把握政策与适用法律

——张某甲等贪污案

【案例要旨】

依法查处涉农职务犯罪是检察机关维护农民利益、贯彻与落实国家支农惠农政策的重要职能。在查处该类犯罪，需要准确把握我国涉农政策与适用法律，严格区分罪与非罪的界限，以取得惩罚犯罪、维护农村经济发展与社会稳定的良好效果。

【案情简要】

犯罪嫌疑人张某甲，男，1946 年××月××日生，原系上海市南汇区××镇××村村民委员会（以下简称村委会）主任兼中共南汇区××镇××村总支部委员会（以下简称党总支）委员。

犯罪嫌疑人傅某某，男，1960 年××月××日生，原系上海市南汇区××镇××村村委会副主任。

犯罪嫌疑人秦某某，男，1954 年××月××日生，原系上海市南汇区××镇××村村委会委员。

犯罪嫌疑人徐某某，女，1954 年××月××日生，原系中共南汇区××镇××村党总支委员。

2005 年 10 月，张某甲、傅某某、秦某某、徐某某等四人因沪芦高速公路周浦段被征地，需协助××镇人民政府具体办理××村被征用土地拆迁人员的小城镇社会保险（以下简称镇保）工作。在村委会、党总支讨论办理镇保事宜的会议上，张某甲明知自己及傅某某的妻子闵某某、秦某某、徐某某不符合此次办理镇保的条件，仍提议将上述人员纳入办理镇保的上报名单，傅某某、秦某某、徐某某均表示同意，党总支书记陆某某也表示同意。因村委会会计拒绝将上述四人材料上报，张某甲便向××镇原重大项目办公室工作人员张某

乙、××镇劳动保障中心负责办理镇保的工作人员张某丙打招呼。后由张某甲在“××村被征地人员人数确认表”中签名，并加盖村委会公章，张某丙安排工作人员将张某甲、闵某某、秦某某、徐某某四人列入××村镇保人员名单中，一并办理了镇保，但违规人员均未公示。××镇人民政府为张某甲、闵某某、秦某某、徐某某向上海市社会保险事业基金管理中心缴纳社会保险金分别为52260元（人民币，下同）、76260元、57060元、62160元，共计247740元；自2006年2月至2007年3月，张某甲领取了镇保补贴费5739.13元；闵某某、秦某某、徐某某各领取4500元，共计19239.13元。

因当地农民集体到××镇政府上访举报，镇党政领导明确表示要查清后，给群众一个答复。2007年2月14日，××镇纪委下发了《关于违规办理小城镇保险自查自纠的通知》，同月17日，张某甲、傅某某、秦某某、徐某某向镇纪委上交了自查自纠表，说明为本人及其家属违规办理镇保的事实。

2007年3月5日，××镇纪委将张某甲等四人的有关材料移送南汇区人民检察院反贪局。南汇区人民检察院反贪局经初查，确认张某甲等四人涉嫌贪污罪，于同年3月7日对上述四人以贪污罪立案侦查，并于同月7日、13日分别将张某甲、傅某某、秦某某、徐某某传唤到案。四人到案后，均如实供述了在办理沪芦高速公路项目中，为本人或家属违规办理镇保的事实。

南汇区人民检察院反贪局经侦查终结，于2007年6月11日将该案移送审查起诉。区院公诉科经审查，对张某甲等四名犯罪嫌疑人是否构成贪污罪形成了不同意见，遂提请南汇区人民检察院检委会讨论。南汇区人民检察院检委会于同年12月12日讨论后书面请示上海市人民检察院第一分院。上海市人民检察院第一分院经检委会讨论后，书面请示上海市人民检察院。

【典型意义】

2008年6月12日，上海市人民检察院检察委员会讨论后认为，南汇区人民检察院办理该起涉及农村征地镇保领域的贪污案件，对全市检察机关当前查办涉农职务犯罪案件在把握政策和适用法律方面，具有一定的典型意义。

一、要依法严肃查处涉农职务犯罪案件

依法查办涉农职务犯罪是检察机关贯彻落实党的十七大精神的重要举措，也是检察工作服从服务于党和国家工作大局，推进农村反腐倡廉建设，保障民生，维护农村社会和谐，促进各项改革措施正确实施的具体体现。全市各级检察机关要充分发挥检察职能，深入开展查办涉农职务犯罪案件工作，依法查处发生在人民群众身边、直接侵害农民利益、妨害支农惠农政策落实的职务犯罪，为社会主义新农村建设提供有力司法保障。本案所涉及的“镇保”是本

市探索建立为失地农民解决切身利益并受到广大农民欢迎的支农惠农政策。张某甲等人利用职务便利，骗取国家镇保资金的行为，严重侵害了失地农民和国家的利益，引起当地农民的不满，成为农村的不稳定因素，具有相当的社会危害性，故应当依法追究。

二、正确适用法律，严格区分罪与非罪的界限

涉农职务犯罪案件涉及面广，案情复杂，涉及罪与非罪、此罪与彼罪、既遂与未遂、个人犯罪与共同犯罪等法律适用问题。各级检察机关在办理涉农职务犯罪案件中，要正确理解和适用刑法的有关规定，准确把握和区分罪与非罪的界限标准，保证办案的质量和效果。张某甲等人作为村委会的干部，利用协助镇政府办理镇保的职务便利，在上报镇保的人员名单中弄虚作假，骗取国家小城镇社会保险金247740元，已实际取得19239.13元，其行为符合贪污罪的构成要件。

三、注意把握政策，分清情况，区别对待

涉农职务犯罪案件涉及刑罚的介入尺度、案件处理的社会效果、农村的经济发展与社会稳定等政策把握问题。各级检察机关在办理涉农职务犯罪案件中，要根据案件的具体情况进行具体分析，注意区别对待，做到该严则严，当宽则宽，宽严适度，做到法律效果与社会效果的统一。本案系一起共同犯罪案件，但各犯罪嫌疑人在整个犯罪过程中所起的作用是不同的。张某甲是本案犯罪行为的提议者和积极实施者，在整个共同犯罪中所起作用明显，应当认定为主犯，并对其提起公诉；傅某某等三人在整个犯罪过程中作用相对较小，犯罪情节轻微，可依法不起诉。

四、注重协调，加强沟通，形成打击犯罪的合力

在办理涉农职务犯罪案件过程中，各级检察机关要注意加强与地方党委、纪检监察、人民法院等部门的协作与配合，形成惩治和预防涉农职务犯罪的合力。下级院遇到疑难、复杂问题，要及时向上级院请示报告，及时统一检察办案中的思想认识和执法标准。本案在办理过程中，检察机关及时与纪委、法院、镇保管理部门等进行了沟通，得到了有关方面的支持，统一了政策思想，有利于保证办案质量，取得良好的社会效果。

注：相关法律文书略。

准确把握国家出资企业分支机构中国家工作人员的认定

——黄某甲、邵某某受贿案

【案例要旨】

经国家出资企业分支机构负有管理、监督国有资产的组织批准或者研究决定，代表其在下一级分支机构中从事公务的人员，应当认定为国家工作人员。

【案情简要】

2005年至2011年，被告人黄某甲经中国××银行（国有控股的股份制商业银行）上海静安支行党委研究决定，先后担任上海新闸路支行、上海东海广场支行行长。被告人邵某某经××银行上海静安支行行长办公会议审定，先后担任××银行上海新闸路支行、上海东海广场支行客户经理。其间，黄某甲、邵某某在办理信贷业务过程中共同接受请托，利用受理、审核信贷申请的职务便利，为他人谋取利益，并多次收受财物共计人民币26.2万元，其中黄某甲个人实际收受财物共计人民币14.4万元，邵某某个人实际收受财物共计人民币11.8万元。此外，黄某甲还单独利用职务便利为他人谋取利益，收受财物共计人民币3.5万元。

静安区人民检察院经审查后认定：被告人黄某甲系国家工作人员，邵某某系非国家工作人员，在共同犯罪中黄某甲为主犯、邵某某为从犯，根据法律规定应以主犯的犯罪性质追究刑事责任，因此对二人均以受贿罪提起公诉。辩护人提出二人均构成非国家工作人员受贿罪，检察机关认为国家出资企业的分支机构中负有管理、监督国有资产职责的组织具有委派国家工作人员的主体资格，是违背了法律条文精神的扩大解释。静安区人民法院采纳辩护人意见，判决认定：国家出资企业中负有管理、监督国有资产职责的组织，除国有资产监督管理机构、国有公司、企业、事业单位以外，主要是指上级或本级国有出资企业内部的党委、党政联席会议，而××银行静安支行属于国家出资企业分支机构，其委派到下属分支机构从事管理工作的人员，不宜认定为国家工作人员。故以非国家工作人员受贿罪判处被告人黄某甲有期徒刑3年，缓刑3年，判处被告人邵某某有期徒刑2年，缓刑2年。

一审宣判后，静安区人民检察院向上海市第二中级人民法院提出抗诉。上海市第二中级人民法院经审理后采纳检察机关抗诉意见，以受贿罪改判被告人黄某甲有期徒刑5年，并处没收财产人民币5万元；以受贿罪改判被告人邵某某有期徒刑3年，缓刑3年。

【典型意义】

国家出资企业中普遍存在分支机构，正确认识分支机构在国家出资企业中的地位及属性，正确理解国家出资企业分支机构中的组织对批准或研究决定国家工作人员的职责及效力，对于办理国家出资企业职务犯罪案件至关重要。

一、“间接委派”是认定国家工作人员的重要形式

1997年《刑法》第93条规定：“国家机关、国有公司、企业、事业单位委派到非国有公司、企业、事业单位、社会团体从事公务的人员，以及其他依照法律从事公务的人员，以国家工作人员论。”自此，“委派”成为认定国家工作人员的重要形式，但委派主体严格限定于“国家机关、国有公司、企业、事业单位”。此后，2001年最高人民法院《关于在国有资本控股、参股的股份有限公司中从事管理工作的人员利用职务便利非法占有本公司财物定罪问题的批复》、2003年《全国法院审理经济犯罪案件工作座谈会纪要》、2005年最高人民法院《关于如何认定国有控股、参股股份有限公司中的国有公司、企业人员的解释》基本沿袭了上述规定，再次明确在国有控股、参股公司中只有受国家机关、国有公司、企业、事业单位委派从事公务的人员才能以国家工作人员论，通常称之为“直接委派”。

2010年最高人民法院、最高人民检察院《关于办理国家出资企业中职务犯罪案件具体应用法律若干问题的意见》（以下简称《意见》）在相当程度上扩张了国家工作人员的认定范围，将原来只能“直接委派”扩大到可“间接委派”，即经国家出资企业中负有管理、监督国有资产职责的组织批准或研究决定，代表其在国有控股、参股公司及其分支机构中从事组织、领导、监督、经营、管理工作的人员，也应当认定为国家工作人员。

二、国家出资企业分支机构具有间接委派的主体资格

《意见》规定：“经国家出资企业中负有管理、监督国有资产职责的组织批准或者研究决定，代表其在国有控股、参股公司及其分支机构中从事组织、领导、监督、经营、管理工作的人员，应当认定为国家工作人员。”仅从字面理解，“分支机构”不在委派单位范畴之内，这也是一审检法产生分歧的症结点。但是，国家出资企业的核心属性在于该企业资本中含有国有资本，而国家出资企业分支机构的资本中亦有国有资本，国家出资企业的分支机构虽不能对外独立承担民事责任，但并不能否定其在内部具有一定的人事任免权。《国有企业领导人员廉洁从业若干规定》第2条规定：“本规定适用于国有独资企业、国有控股企业（含国有独资金融企业和国有控股金融企业）及其分支机构的领导班子成员。”最高人民法院在《意见》的“理解与适用”中说明：“在公司、企业还是在其分支机构，在法律意义上对于国家工作人员的认定并无必然关联。”据此可见，《意见》中的“分支机构”表述，仅起特别说明作用，其目的是为完整表述被委派单位，并非为了与委派主体相区别的内容，更不是限制国家出资企业分支机构成为委派的主体。将国家出资企业分支机构中负有管理、监督国有资产职责的组织解释为具有批准或者研究决定相关国家工作人员的主体资格，并没有对《意见》第6条第2款作出不当的扩大解释。

上海市静安区人民检察院
起诉书

沪静检诉刑诉〔2014〕483号

被告人黄某甲，男，1971年××月××日生，公民身份号码：3101061971××××××××，汉族，大学文化，中国××银行股份有限公司上海静安支行业务四部经理，户籍在本市黄浦区××路××弄××号××楼，住本市黄浦区××路××弄××号××室。

被告人邵某某，男，1970年××月××日生，公民身份号码：3101061970××××××××，汉族，大专文化，中国××银行股份有限公司上海静安支行业务四部客户经理，住本市普陀区××路××弄××号××室。

上列二名被告人均于2014年7月25日因涉嫌受贿罪，经本院决定并由上海市公安局静安分局执行刑事拘留，同年8月8日经上海市人民检察院第二分院决定并由上海市公安局静安分局执行逮捕。

被告人黄某甲、邵某某受贿罪一案，由本院于2014年10月8日侦查终结。本院于2014年10月11日告知被告人有权委托辩护人；依法讯问了被告人，审查了全部案件材料。

经依法审查查明：

1. 共同受贿部分

2005年至2011年，被告人黄某甲先后担任中国××银行股份有限公司（以下简称“××银行”）上海新闸路支行、上海东海广场支行行长及上海静安支行业务四部经理，被告人邵某某先后担任××银行上海新闸路支行、上海东海广场支行、上海静安支行业务四部客户经理。期间，被告人黄某甲、邵某某在办理信贷业务过程中共同接受请托，利用受理、审核信贷申请的职务便利，为林某某、黄某乙（均另案处理）及其所经营的公司谋取利益，并多次收受林某某、黄某乙给予的财物共计人民币26.2万元，其中黄某甲个人实际收受财物共计人民币14.4万元，邵某某个人实际收受财物共计人民币11.8万元。

2. 单独受贿部分

被告人黄某甲于2007年至2011年，在先后担任××银行上海新闸路支行、上海东海广场支行行长及上海静安支行业务四部经理期间，在办理信贷业务过程中，利用审核信贷申请的职务便利，为施某某（另案处理）、沈某某及其所经营的公司谋取利益，并收受施某某、沈某某给予的财物共计人民币3.5万元。

案发后，被告人黄某甲有自首情节。

上述事实，有以下证据证明：

1. 工商档案机读、登记材料、营业执照、组织机构代码证、黄某甲职务证明、干部任免审批表、任免通知、邵某某职务证明、经办岗位员工聘用表、聘任通知等书证，证实被告人黄某甲系国家工作人员，具有审核信贷申请等职责，被告人邵某某具有受理信贷申请等职责。

2. 证人林某某、黄某乙、施某某、沈某某等的证言及营业执照、借款申请书、中国××银行经营周转类信贷业务申报书、中国××银行速贷通业务申报书、中国××银行上海市分行授信申报书、人民币流动资金贷款合同、人民币资金借款合同、中国××银行贷款转存凭证、核定贷款指标通知书等书证，证实被告人黄某甲单独及与被告人邵某某共同利用职务便利为林某某、黄某乙、施某某、沈某某及其所经营的公司谋取利益，并收受林某某、黄某乙、施某某、沈某某给予的财物的事实。

3. 被告人黄某甲、邵某某的供述，证实其二人共同利用职务便利为林某某、黄某乙及其所经营的公司谋取利益，并收受林某某、黄某乙给予的财物，及被告人黄某甲单独利用职务便利为施某某、沈某某及其所经营的公司谋取利益，并收受施某某、沈某某给予的财物的事实。

4. ××银行上海静安支行出具的情况说明及本院反贪污贿赂局出具的案发情况说明等书证，证实被告人黄某甲自动投案并如实供述自己罪行的事实。

上述证据来源及收集程序合法，内容客观真实，足以认定指控事实。

本院认为，被告人黄某甲身为国家工作人员，伙同被告人邵某某，利用职务便利，非法收受他人财物，为他人谋取利益；被告人黄某甲还单独利用职务便利，非法收受他人财物，为他人谋取利益，其行为均已触犯《中华人民共和国刑法》第二十五条第一款，第三百八十五条第一款，第三百八十六条，第三百八十三条第一款第（一）项、第二款，第九十三条，犯罪事实清楚，证据确实、充分，均应当以受贿罪追究其刑事责任。在共同犯罪中，被告人黄某甲起主要作用，根据《中华人民共和国刑法》第二十六条第一款、第四款的规定，系主犯；被告人邵某某起次要作用，根据《中华人民共和国刑法》第二十七条的规定，系从犯，应当从轻或者减轻处罚。被告人黄某甲有自首情节，根据《中华人民共和国刑法》第六十七条第一款的规定，可以从轻或者减轻处罚。根据《中华人民共和国刑事诉讼法》第一百七十二条的规定，提起公诉，请依法审判。

此致

上海市静安区人民法院

检察员　张　婷

检察员　朱海荣

二〇一四年十一月十七日

附：1. 被告人黄某甲、邵某某现羁押于上海市静安区看守所。

2. 侦查卷宗十三册，补充材料一页。

3. 证人（鉴定人）名单一份。

4. 换押证二份。

5. 相关法律条文。（略）

上海市静安区人民法院
刑事判决书

（2014）静刑初字第528号

公诉机关上海市静安区人民检察院。

被告人黄某甲，男，1971年××月××日出生于上海市，汉族，大学文化程度，中国××银行股份有限公司上海静安支行业务四部经理，户籍在本市黄浦区××路××弄××号××楼，住本市黄浦区××路××弄××号××室。因涉嫌犯受贿罪，于2014年7月25日被上海市公安局静安分局刑事拘留，同年8月8日经上海市人民检察院第二分院批准被逮捕。现羁押于上海市静安区看守所。

辩护人李某某，上海市××律师事务所律师。

被告人邵某某，男，1970年××月××日出生于上海市，汉族，大专文化程度，中国××银行股份有限公司上海静安支行业务四部客户经理，住本市普陀区××路××弄××号××室。因涉嫌犯受贿罪，于2014年7月25日被上海市公安局静安分局刑事拘留，同年8月8日经上海市人民检察院第二分院批准被逮捕。现羁押于上海市静安区看守所。

辩护人陆某某、周某某，上海市××律师事务所律师。

上海市静安区人民检察院以沪静检诉刑诉〔2014〕483号起诉书，指控被告人黄某甲、邵某某犯受贿罪，于2014年11月18日向本院提起公诉。本院受理后，依法适用普通程序，组成合议庭，于2014年12月3日公开开庭审理了本案。上海市静安区人民检察院指派检察员朱海荣出庭支持公诉，被告人黄某甲及其辩护人李某某、被告人邵某某及其辩护人陆某某到庭参加诉讼。现已审理终结。

上海市静安区人民检察院指控：

1. 共同受贿部分

2005年至2011年，被告人黄某甲先后担任中国××银行股份有限公司（以下简称××银行）上海新闸路支行、上海东海广场支行行长及上海静安支行业务四部经理，被告人邵某某先后担任××银行上海新闸路支行、上海东海广场支行、上海静安支行业务四部客户经理。期间，被告人黄某甲、邵某某在办理信贷业务过程中共同接受请托，利用受理、审核信贷申请的职务便利，为林某某、黄某乙（均另案处理）及其所经营的公司谋取利益，并多次收受林某某、黄某乙给予的财物共计人民币26.2万元，其中黄某甲个人实际收受财物共计人民币14.4万元，邵某某个人实际收受财物共计人民币11.8万元。

2. 单独受贿部分

被告人黄某甲于2007年至2011年，在先后担任××银行上海新闸路支行、上海东海广场支行行长及上海静安支行业务四部经理期间，在办理信贷业务过程中，利用审核信贷申请的职务便利，为施某某（另案处理）、沈某某及其所经营的公司谋取利益，并收受施某某、沈某某给予的财物共计人民币3.5万元。

案发后，被告人黄某甲有自首情节。

针对上述指控事实，公诉机关当庭出示并宣读了下列证据材料：工商档案机读、登记材料、营业执照、组织机构代码证、职务证明、干部任免审批表、任免通知、经办岗位员工聘用表、聘任通知等书证；证人林某某、黄某乙、施某某、沈某某等的证言、借款申请书、××银行速贷通业务申报书、授信申报书、人民币流动资金贷款合同、人民币资金借款合同、贷款转存凭证、核定贷款指标通知书及被告人黄某甲、邵某某的供述、××银行上海静安支行出具的情况说明及案发情况说明。

公诉机关据此认为，被告人黄某甲身为国家工作人员，伙同被告人邵某某，利用职务便利，非法收受他人财物，为他人谋取利益。被告人黄某甲还单独利用职务便利，非法收受他人财物，为他人谋取利益，其行为均已触犯《中华人民共和国刑法》第二十五条第一款，第三百八十五条第一款，第三百八十六条，第三百八十三条第一款第（一）项、第二款，第九十三条的规定，应以受贿罪追究刑事责任。在共同犯罪中，被告人黄某甲起主要作用，系主犯；被告人邵某某起次要作用，系从犯，应当从轻或减轻处罚。被告人黄某甲有自首情节，可以从轻或减轻处罚。

被告人黄某甲及其辩护人认为，对被告人黄某甲收受他人财物的事实没有异议，但对公诉机关指控其为国家工作人员持有异议。××银行早在2004年已改制，目前为股份公司，不属于国有企业。被告人黄某甲是由××银行上海静安支行党委任命的，并非国家机关、国有企业、事业单位委派到非国有公司、企业、事业单位、社会团体从事公务的人员，应当认定系非国家工作人员，应当按照非国家工作人员受贿罪处罚。被告人黄某甲有自首情节，又一贯表现良好，系初犯、偶犯，现又主动退赃，请求对其适用缓刑。

被告人邵某某及其辩护人认为，对被告人邵某某收受他人财物的事实没有异议，但对公诉机关指控其为国家工作人员持有异议。同意黄某甲辩护人对本案的定性，应当认定邵某某触犯的为非国家工作人员受贿罪。被告人邵某某系从犯，到案后能如实交代，认罪态度较好，已全部退清赃款，建议对其适用缓刑。

经审理查明，2005 年至 2011 年，被告人黄某甲先后担任××银行上海新闸路支行、上海东海广场支行行长及上海静安支行业务四部经理，被告人邵某某先后担任××银行上海新闸路支行、上海东海广场支行、上海静安支行业务四部客户经理期间，被告人黄某甲、邵某某在办理信贷业务过程中共同接受请托，利用受理、审核信贷申请的职务便利，为林某某、黄某乙及其所经营的公司谋取利益，并多次收受林某某、黄某乙给予的财物共计人民币 26.2 万元，其中黄某甲个人实际收受财物共计人民币 14.4 万元，邵某某个人实际收受财物共计人民币 11.8 万元。

另，被告人黄某甲于 2007 年至 2011 年，在先后担任××银行上海新闸路支行、上海东海广场支行行长及上海静安支行业务四部经理期间，在办理信贷业务过程中，利用审核信贷申请的职务便利，为施某某、沈某某及其所经营的公司谋取利益，并收受施某某、沈某某给予的财物共计人民币 3.5 万元。

案发后，被告人黄某甲有自首情节。

本案在审理中，被告人邵某某退出赃款人民币 11.8 万元，被告人黄某甲退出赃款人民币 17.9 万元。

以上事实，有工商档案机读、登记材料、营业执照、组织机构代码证、职务证明、干部任免审批表、任免通知、经办岗位员工聘用表、聘任通知等书证；证人林某某、黄某乙、施某某、沈某某等的证言、借款申请书、××银行速贷通业务申报书、授信申报书、人民币流动资金贷款合同、人民币资金借款合同、贷款转存凭证、核定贷款指标通知书及被告人黄某甲、邵某某的供述、××银行上海静安支行出具的情况说明及案发情况说明等证据证实，足以认定。

本院认为，被告人黄某甲、邵某某利用职务便利，非法收受他人财物，为他人谋利益，对该节事实，控辩双方并无异议，公诉机关指控被告人黄某甲、邵某某犯罪事实清楚，证据确凿充分。关于辩护人提出被告人黄某甲、邵某某不具有国家工作人员身份的辩护意见，经查，被告人邵某某从部队复员后至××银行上海静安支行工作，长期从事信贷业务，担任客户经理，其从事的并非对国有资产的监督、管理工作，其身份为非国家工作人员，检察机关并不持异议，但由于本案是共同犯罪，被告人黄某甲是否系国家工作人员，直接影响到对邵某某的定性。本案关键黄某甲是否系国家工作人员，被告人黄某甲担任××银行上海新闸路支行、上海东海广场支行行长及上海静安支行业务四部经理，均是××银行上海静安支行党委研究决定聘用的，根据最高人民法院、最高人民检察院于2010年11月联合下发的《关于办理国家出资企业中职务犯罪案件具体应用法律若干问题的意见》第六条第二款规定："经国家出资企业中负有管理、监督国有资产职责的组织批准或者研究决定，代表其在国有控股、参股公司及其分支机构中从事组织、领导、监督、经营、管理工作的人员，应当认定为国家工作人员。"需要引起注意的是，这里所谓的组织，除国有资产监督管理机构、国有公司、企业、事业单位之外，主要是指上级或本级国有出资企业内部的党委、党政联席会。而被告人黄某甲是××银行上海静安支行党委任命的，××银行上海静安支行本身是国有控股企业的分支机构，并非国家机关、企业、事业单位，其委派到下属分支机构从事管理工作，从有利于被告人考虑，以定非国家工作人员身份为妥。由于被告人黄某甲、邵某某不属于受国家机关或国有公司、企业委派在国有控股公司从事管理工作的人员，被告人黄某甲、邵某某并不具有国家工作人员身份，其身份情况不符合受贿罪的主体要求，因此，辩护人的辩护意见具有法律依据，予以采纳。在共同犯罪中，被告人黄某甲起主要作用，系主犯。被告人黄某甲有自首情节，又退赔了全部赃款，可以减轻处罚并适用缓刑。被告人邵某某起次要作用，系从犯，犯罪后能如实坦白自己的罪行，又退赔了全部赃款，可以依法减轻处罚并可适用缓刑。

据此，为维护金融管理秩序，严肃国家法制，依照《中华人民共和国刑法》第一百八十四条第一款，第一百六十三条第一款，第二十五条第一款，第二十六条第一款、第四款，第二十七条，第六十七条第一款、第三款，第七十二条第一款，第七十三条第二款、第三款和第六十四条之规定，判决如下：

1. 被告人黄某甲犯非国家工作人员受贿罪，判处有期徒刑三年，缓刑三年。

（缓刑考验期限，从判决确定之日起计算。）

2. 被告人邵某某犯非国家工作人员受贿罪，判处有期徒刑二年，缓刑二年。

（缓刑考验期限，从判决确定之日起计算。）

3. 被告人黄某甲退缴的赃款人民币十七万九千元和被告人邵某某退缴的赃款人民币十一万八千元予以没收，上缴国库。

被告人黄某甲、邵某某回归社会后应当遵守法律、法规，服从监督管理，接受教育，完成公益劳动，做一名有益社会的公民。

如不服本判决，可在接到本判决书的第二天起十日内，通过本院或直接向上海市第二中级人民法院提出上诉。书面上诉的，应提交上诉状正本一份、副本二份。

审 判 长　吴国强
代理审判员　钱丽娜
人民陪审员　吕梅芬
二〇一四年十二月二十三日
书 记 员　王盈之

上海市静安区人民检察院
刑事抗诉书

沪静检诉诉刑抗〔2015〕1号

上海市静安区人民法院以（2014）静刑初字第528号刑事判决书对被告人黄某甲、邵某某受贿一案作出判决。本院经依法审查后认为，该判决认定事实有误，定性不当，导致量刑畸轻。理由如下：

一、判决认定被告人黄某甲主体身份错误，导致对二名被告人认定罪名不正确

一审判决认为：被告人黄某甲单独及与邵某某共同利用职务便利，非法收受他人财物，为他人谋取利益，事实清楚，证据确实、充分。被告人邵某某的身份为非国家工作人员，被告人黄某甲是否系国家工作人员，直接影响到对二名被告人的定性。被告人黄某甲担任中国××银行股份有限公司（以下简称“××银行”）上海新闸路支行、上海东海广场支行行长及上海静安支行业务四部经理，均是××银行上海静安支行党委研究决定聘用的，最高人民法院、最高人民检察院《关于办理国家出资企业中职务犯罪案件具体应用法律若干问题的意见》（以下简称《意见》）第六条第二款规定：“经国家出资企业中负有管理、监督国有资产职责的组织批准或者研究决定，代表其在国有控股、参股公司及其分支机构中从事组织、领导、监督、经营、管理工作的人员，应当认定为国家工作人员。”这里所谓的组织，除国有资产监督管理机构、国有公司、企业、事业单位之外，主要是指上级或者本级国有出资企业内部的党委、党政联席会。而被告人黄某甲是××银行上海静安支行党委任命的，××银行上海静安支行本身是国有控股企业的分支机构，并非国家机关、企业、事业单位，其委派到下属分支机构从事管理工作，从有利于被告人考虑，以定非国家工作人员身份为妥。据此，判决认定被告人黄某甲、邵某某均不具有国家工作人员身份，判处被告人黄某甲、邵某某犯非国家工作人员受贿罪。

本院认为，一审判决认定被告人黄某甲主体身份错误，导致对二名被告人认定罪名不正确。

第一，《中华人民共和国公司法》（以下简称《公司法》）第十四条规定，

公司可以设立分公司。分公司不具有法人资格，其民事责任由公司承担。××银行上海静安支行隶属于××银行，其具有国家出资企业的性质。

第二，根据《意见》第六条第二款的规定，“国家出资企业中负有管理、监督国有资产职责的组织”（主要是指上级或者本级国有出资企业内部的党委、党政联席会）具有国家工作人员的委派主体资格。本案中，××银行属于国家出资企业，其下属所有分支机构（如上海市分行、上海静安支行、上海新闸路支行、上海东海广场支行等）虽不具有独立的法人资格，但其性质亦隶属于××银行，且分支机构的党委亦负有管理、监督国有资产的职责。

第三，《意见》在任命组织部分未具体表述“及其分支机构”，而在任职范围部分，详细表述为“国有控股、参股公司及其分支机构”。对此，上述《意见》的“理解与适用”明确说明，“在公司、企业还是在其分支机构，在法律意义上对于国家工作人员的认定并无必然关联，鉴于国家出资企业中普遍存在分支机构，故《意见》特别加以说明”。由此可知，关于任职范围部分出现“及其分支机构”的表述，仅仅起“特别说明”的作用，并非为了与任命组织部分的主体相区别，不能据此排除国家出资企业分支机构中相关组织的主体资格。

据此，无论从《公司法》还是《意见》的规定出发，被告人黄某甲属于国家出资企业中从事组织、领导、监督、经营、管理工作的人员，应当认定为国家工作人员，其单独及伙同被告人邵某某，利用职务便利，非法收受他人财物，为他人谋取利益，根据《中华人民共和国刑法》第二十五条第一款，第三百八十五条第一款，第三百八十六条，第三百八十三条第一款第（一）项、第二款，第九十三条的规定，均应当以受贿罪追究被告人黄某甲、邵某某刑事责任。

二、判决由于认定罪名不正确，导致对二名被告人量刑畸轻

一审判决认定被告人黄某甲犯非国家工作人员受贿罪，有自首情节，减轻处罚，对其判处有期徒刑三年，缓刑三年；认定被告人邵某某犯非国家工作人员受贿罪，系从犯，减轻处罚，对其判处有期徒刑二年，缓刑二年。

本院认为，被告人黄某甲身为国家工作人员，伙同被告人邵某某受贿合计人民币26.2万元，单独受贿人民币3.5万元，二名被告人均应当构成受贿罪。被告人黄某甲有自首情节，被告人邵某某系从犯，即便减轻处罚仍均应当判处五年以上有期徒刑，可以并处没收财产。据此，一审判决由于认定罪名不正确，导致对二名被告人量刑畸轻。

综上所述，上海市静安区人民法院（2014）静刑初字第528号刑事判决书认定事实有误，定性不当，导致量刑畸轻。为维护司法公正，准确惩治犯

罪，根据《中华人民共和国刑事诉讼法》第二百一十七条的规定，特提出抗诉，请依法判处。

此致

上海市第二中级人民法院

上海市静安区人民检察院

二〇一四年十二月三十一日

上海市第二中级人民法院
刑事判决书

（2015）沪二中刑终字第80号

抗诉机关（原公诉机关）上海市静安区人民检察院。

原审被告人黄某甲，男，1971年××月××日出生于上海市，汉族，大学文化，原系中国××银行股份有限公司上海静安支行业务四部经理，户籍在上海市黄浦区××路××弄××号××楼，住上海市黄浦区××路××弄××号××室。因涉嫌犯受贿罪于2014年7月25日被刑事拘留，同年8月8日被逮捕，同年12月23日被取保候审，2015年6月18日被逮捕。现羁押于上海市静安区看守所。

辩护人李某某，上海市××律师事务所律师。

原审被告人邵某某，男，1970年××月××日出生于上海市，汉族，大专文化，原系中国××银行股份有限公司上海静安支行业务四部客户经理，住上海市普陀区××路××弄××号××室。因涉嫌犯受贿罪于2014年7月25日被刑事拘留，同年8月8日被逮捕，同年12月23日被取保候审。

辩护人陆某某、周某某，上海市××律师事务所律师。

上海市静安区人民法院审理上海市静安区人民检察院指控被告人黄某甲、邵某某犯受贿罪一案，于2014年12月23日作出（2014）静刑初字第528号刑事判决。上海市静安区人民检察院认为，原判认定被告人黄某甲主体身份错误，导致对两名被告人认定罪名不正确，量刑畸轻，提出抗诉。本院于2015年1月14日立案，依法组成合议庭，公开开庭审理了本案。上海市人民检察院第二分院指派检察员杨丽平、代理检察员蒋玉婷出庭履行职务。原审被告人黄某甲及辩护人李某某，原审被告人邵某某及辩护人陆某某均到庭参加诉讼。审理期间，上海市人民检察院第二分院建议延期审理，本院予以同意，现已审理终结。

上海市静安区人民法院依据工商档案机读、登记材料、营业执照、组织机构代码证、职务证明、干部任免审批表、任免通知、经办岗位员工聘用表、聘任通知等书证；证人林某某、黄某乙、施某某、沈某某等人的证言、借款申请书、中国××银行速贷通业务申报书、授信申报书、人民币流动资金贷款合同、人民币资金借款合同、贷款转存凭证、核定贷款指标通知书以及被告人黄某甲、邵某某的供述、中共中国××银行上海静安支行纪律检查委员会（以下简称静安支行纪委）出具的情况说明等证据判决认定：2005年至2011年被告人黄某甲先后担任中国××银行股份有限公司（以下简称××银行）上海新闸路支行、上海东海广场支行行长及上海静安支行业务四部经理，被告人邵某某先后担任××银行上海新闸路支行、上海东海广场支行、上海静安支行业务四部客户经理。期间，被告人黄某甲、邵某某在办理信贷业务过程中共同接受请托，利用受理、审核信贷申请的职务便利，为林某某、黄某乙及其所经营的公司谋取利益，并多次收受林某某、黄某乙给予的财物共计人民币26.2万元（以下币种均为人民币），其中黄某甲个人实际收受财物共计14.4万元，邵某某个人实际收受财物共计11.8万元。此外，被告人黄某甲在2007年至2011年期间，利用上述审核信贷申请的职务便利，为施某某、沈某某及其所经营的公司谋取利益，并收受施某某、沈某某给予的财物共计3.5万元。案发后，黄某甲具有自首情节。在审理过程中，黄某甲退出赃款17.9万元，邵某某退出赃款11.8万元。

上海市静安区人民法院认为，被告人黄某甲担任××银行上海新闸路支行、上海东海广场支行行长及上海静安支行业务四部经理，均由中共中国××银行上海静安支行委员会（以下简称静安支行党委）研究决定聘用。最高人民法院、最高人民检察院于2010年11月联合下发的《关于办理国家出资企业中职务犯罪案件具体应用法律若干问题的意见》（以下简称《两高意见》）第六条第二款规定："经国家出资企业中负有管理、监督国有资产职责的组织批准或者研究决定，代表其在国有控股、参股公司及其分支机构中从事组织、领导、监督、经营、管理工作的人员，应当认定为国家工作人员。"这里的"组织"，除国有资产监督管理机构、国有公司、企业、事业单位之外，主要是指上级或本级国有出资企业内部的党委、党政联席会。而××银行上海静安支行本身是国有控股企业的分支机构，并非国家机关、企业、事业单位，其委派到下属分支机构从事管理工作的人员，从有利于被告人考虑，宜认定为非国家工作人员为妥。被告人邵某某从部队复员后至××银行上海静安支行工作，长期从事信贷业务，担任客户经理，其从事的并非对国有资产的监督、管理工作，系非国家工作人员。由于两名被告人均不属于受国家机关或国有公司、企业委派在国有控股公司从事管理工作的人员，不具有国家工作人员身份，不符合受贿罪的主体要求。对于他们利用职务便利，非法收受他人财物，为他人谋取利益的行为应以非国家工作人员论处。在共同犯罪中，被告人黄某甲起主要作用，系主犯，黄某甲具有自首情节，退赔全部赃款，可以对其减轻处罚并适用缓刑。被告人邵某某起次要作用，系从犯，犯罪后能如实供述自己的罪行，退赔全部赃款，可以对其减轻处罚并适用缓刑。依照《中华人民共和国刑法》第一百八十四条第一款，第一百六十三条第一款，第二十五条第一款，第二十六条第一款、第四款，第二十七条，第六十七条第一款、第三款，第七十二条第一款，第七十三条第二款、第三款和第六十四条之规定，以非国家工作人员受贿罪分别判处黄某甲有期徒刑三年，缓刑三年，判处邵某某有期徒刑二年，缓刑二年，黄某甲退缴的赃款17.9万元和邵某某退缴的赃款11.8万元予以没收，上缴国库。

一审宣判后，上海市静安区人民检察院认为原判认定被告人黄某甲主体身份错误，导致对黄某甲、邵某某认定罪名不正确，量刑畸轻，向我院提出抗诉。主要理由如下：1. ××银行属于国家出资企业，其下属的分支机构虽不具有独立的法人资格，但性质仍为国家出资企业。2. 根据《两高意见》第六条第二款的规定，国家出资企业中负有管理、监督国有资产职责的组织具有委派国家工作人员的主体资格，国家出资企业分支机构的党委负有管理、监督国有资产的职责，亦具有委派国家工作人员的主体资格。因此，静安支行党委作为国家出资企业的分支机构，具有委派国家工作人员的主体资格。3. 被告人黄某甲经××银行上海静安支行党委研究决定，在其业务四部以及下辖的上海新闸路支行、上海东海广场支行从事组织、领导、监督、经营、管理工作，符合《两高意见》第六条第二款的规定，应当认定黄某甲为国家工作人员。黄某甲单独及伙同邵某某，利用职务便利，非法收受他人财物，为他人谋取利益，应以受贿罪追究两人的刑事责任。4. 黄某甲伙同邵某某共同受贿26.2万元，还单独受贿3.5万元，原判以非国家工作人员受贿罪对黄某甲、邵某某定罪量刑，导致对两人的量刑畸轻。故依照《中华人民共和国刑事诉讼法》第二百一十七条之规定，提出抗诉。

二审期间，上海市人民检察院第二分院向我院提交了证人葛某某于2015年4月10日所作的证言以及相关静安支行党委讨论记录，并认为黄某甲的身份系国家工作人员，应认定黄某甲、邵某某的行为构成受贿罪，原判定性错误，导致对两名被告人量刑畸轻，请我院依法纠正。

原审被告人黄某甲、邵某某认为原判正确，请求我院驳回抗诉，维持原判。二审期间，黄某甲的辩护人向我院提交了××银行静安支行出具的《关于黄某甲任职情况说明》和证人葛某某于2015年3月30日所作的证言。原审被告人黄某甲、邵某某的辩护人认为，原判认定黄某甲、邵某某犯非国家工作人员受贿罪适用法律正确，量刑适当，请求驳回抗诉，维持原判。具体理由如下：1. 黄某甲、邵某某均系金融机构工作人员，《中华人民共和国刑法》第一百八十四条系拟制规定，即对于金融机构工作人员收受贿赂的行为，一般应以非国家工作人员受贿罪论处。《两高意见》关于国家出资企业中国家工作人员的认定仅适用于一般主体，不适用于金融机构工作人员。特别规定优于普通规定，对于两名原审被告人收受贿赂的行为应认定为非国家工作人员受贿罪。2. 检察机关认为国家出资企业的分支机构中负有管理、监督国有资产职责的组织具有委派国家工作人员的主体资格，是对《两高意见》第六条第二款作了不当的扩大解释，违背了法律条文的精神和刑法的谦抑性原则。3. 对于黄某甲的职务聘任文件均为××银行静安支行行政发文，不是党委发文，黄某甲的职务不是由党委任命的，黄某甲不具有国家工作人员的身份。4. 黄某甲具有自首情节，邵某某在共同犯罪中系从犯，两人尽管收受了钱财，但没有给银行造成损失，经手的贷款全部如期收回，并退缴了全部赃款，认罪悔罪态度好，原判对两人减轻处罚并判处缓刑，于法不悖，应予维持。

二审经审理查明：

（一）原审被告人黄某甲、邵某某的主体身份及工作职责

中国××银行原系国有企业，于2004年进行股份制改革，设立中国××银行股份有限公司，系国有控股上市公司。原审被告人黄某甲1995年大学毕业后进入中国××银行上海市第三支行工作，1997年进入中国××银行上海市静安支行工作。2003年经静安支行党委研究决定，并报经××银行上海市分行审核，中国人民银行上海分行批准同意，聘任黄某甲担任中国××银行上海市静安支行下辖的上海市新闸路支行行长。2009年经静安支行党委研究决定，报经××银行上海市分行审批同意，聘任黄某甲担任××银行上海静安支行下辖的上海东海广场支行行长，同时免去其上海新闸路支行行长职务。2011年经静安支行党委研究决定，报经××银行上海市分行审批同意，聘任黄某甲担任××银行上海静安支行业务四部经理，同时免去其上海东海广场支行行长职务。

黄某甲担任上海新闸路支行行长、上海东海广场支行行长期间的主要工作职责是：负责上海新闸路支行、上海东海广场支行各项经营目标的完成，审核客户经理上报的各类业务材料，指导客户经理开展业务工作，对本部门的风险和内控管理进行指导、检查等。黄某甲担任××银行上海静安支行业务四部经理的主要工作职责是：负责部门内部管理，对客户经理推荐的贷款客户进行查实，对客户经理推荐的贷款资料、客户评价报告、申报书、客户授信额度进行审查，对客户经理的信贷业务经营和操作进行监管，并协助客户经理做好不良贷款的清理、控制及催收等。

原审被告人邵某某从部队复员后于1993年进入中国××银行上海市静安支行工作，2003年9月经中国××银行上海市静安支行行长办公会议审定通过，并报经上海市分行审核同意被聘任为一级业务员。2003年9月至2010年1月，担任××银行上海新闸路支行客户经理，2010年1月至2011年6月，担任××银行上海东海广场支行客户经理，2011年6月担任××银行上海静安支行业务四部客户经理。

邵某某担任客户经理的主要工作职责是：起草或拟定客户的信贷业务申报书、客户评价报告、项目评估报告等材料，加强和完善贷中、贷后管理机制，完成贷后检查、记录、收贷收息、风险情况报告等。

上述事实，有经一审、二审庭审举证、质证，本院予以确认的下列证据证实：

1. ××银行上海市分行、上海静安支行、上海东海广场支行的档案机读材料，××银行上海新闸路支行的营业执照等证据证实，中国××银行原系国有企业，2004年股份制改革后，设立中国××银行股份有限公司，系国有控股上市公司。××银行上海市分行、上海静安支行、上海东海广场支行、上海新闸路支行均为××银行的分支机构。

2. ××银行上海静安支行出具的《黄某甲职务证明》、黄某甲《干部任免审批表》、某沪静安〔2003〕57号《关于黄某甲等同志职务任免的通知》、某沪静安〔2009〕95号《关于黄某甲等同志职务任免的通知》、某沪静安〔2011〕36号《关于黄某甲同志职务任免的通知》、相关静安支行党委讨论记录以及证人葛某某（××银行上海静安支行综合管理部经理）的证言等证据证实黄某甲的任职情况及相关职务职责。

3. ××银行上海静安支行出具的《邵某某职务证明》、邵某某《应征公民入伍登记表》、邵某某《义务兵退出现役登记表》、邵某某《职工简历表》、某沪静安〔2003〕73号《关于聘任戴某某等同志经办岗位职务的通知》等证据证实邵某某的任职情况及相关职务职责。

（二）原审被告人黄某甲、邵某某受贿事实

2005年至2011年，原审被告人黄某甲先后担任××银行上海新闸路支行、上海东海广场支行行长及上海静安支行业务四部经理，原审被告人邵某某先后担任××银行上海新闸路支行、上海东海广场支行、上海静安支行业务四部客户经理期间，两人在办理信贷业务过程中接受请托，利用受理、审核信贷申请的职务便利，为林某某经营的上海宝投物资有限公司等，为黄某乙经营的上海××实业有限公司、上海××企业发展有限公司等在申请贷款方面谋取利益，并多次收受林某某、黄某乙给予的财物共计26.2万元，其中黄某甲个人实际收受财物共计14.4万元，邵某某个人实际收受财物共计11.8万元。

此外，原审被告人黄某甲在2007年至2011年，利用上述审核信贷申请的职务便利，为施某某经营的上海××金属材料有限公司、沈某某经营的上海××实业有限公司在申请贷款方面谋取利益，并收受施某某、沈某某给予的财物共计3.5万元。

2014年7月24日，黄某甲投案自首，并如实供述了受贿犯罪事实。在一审审理过程中，黄某甲退出赃款17.9万元，邵某某退出赃款11.8万元。

上述事实，有经一审、二审庭审举证、质证，本院予以确认的下列证据证实：

1. 证人林某某、黄某乙、施某某、沈某某等人的证言，相关公司《企业法人营业执照》《借款申请书》《中国××银行经营周转类信贷业务申报书》《中国××银行“速贷通”业务申报书》《中国××银行上海市分行授信申报书》《人民币流动资金贷款合同》《人民币资金借款合同》《中国××银行贷款转存凭证》《核定贷款指标通知书》等书证证实，黄某甲与邵某某各自利用职务便利为林某某经营的上海××物资有限公司等，为黄某乙经营的上海××实业有限公司、上海××企业发展有限公司等在申请贷款方面谋取利益，并多次收受林某某、黄某乙给予的财物的事实；黄某甲单独利用职务便利为施某某经营的上海××金属材料有限公司、沈某某经营的上海××实业有限公司在申请贷款方面谋取利益，并收受施某某、沈某某给予的财物的事实。

2. 原审被告人黄某甲、邵某某对于利用职务便利为他人谋取利益，并收受他人财物的事实供认不讳，并且能够与上述证据相互印证。

3. 静安支行纪委出具的《情况说明》证实，原审被告人黄某甲具有自首情节。

本案的主要争议焦点在于，原审被告人黄某甲是否系国家工作人员，黄某甲、邵某某的行为是否构成受贿罪，本院评判如下：

第一，本院认为原审被告人黄某甲系国家工作人员。主要理由如下：

首先，《中华人民共和国刑法》第一百八十四条是注意规定，而非拟制规定。注意规定是在刑法已作相关规定的前提下，提示司法人员注意，以免司法人员混淆或忽略的规定。注意规定没有改变刑法基本规定，只是对基本规定内容的重申，即使不设置注意规定，也存在相应的法律适用根据。注意规定只是一种提示性条款，其表述的内容与基本规定的内容完全相同，不会导致不符合基本规定的行为也按基本规定处理。法律拟制与注意规定不同，它是指某些情形虽然不符合刑法基本规定，但刑法却明文规定如果符合一定条件仍按基本规定论处。《中华人民共和国刑法》第一百八十四条规定：“银行或者其他金融机构的工作人员在金融业务活动中索取他人财物或者非法收受他人财物，为他人谋取利益的，或者违反国家规定，收受各种名义的回扣、手续费，归个人所有的，依照本法第一百六十三条的规定定罪处罚。国有金融机构工作人员和国有金融机构委派到非国有金融机构从事公务的人员有前款行为的，依照本法第三百八十五条、第三百八十六条的规定定罪处罚。”根据上述法条的表述，当金融机构工作人员的行为符合刑法第一百六十三条规定的非国家工作人员受贿罪构成要件时，以非国家工作人员受贿罪论处，当金融机构工作人员的行为符合刑法第三百八十五条规定的受贿罪构成要件时，以受贿罪论处。因此，《中华人民共和国刑法》第一百八十四条系注意规定，不存在对于金融机构工作人员收受贿赂的行为有特别认定的规定。

其次，国家出资企业分支机构中负有管理、监督国有资产职责的组织可以批准或者研究决定相关国家工作人员。《两高意见》第六条第二款规定：“经国家出资企业中负有管理、监督国有资产职责的组织批准或者研究决定，代表其在国有控股、参股公司及其分支机构中从事组织、领导、监督、经营、管理工作的人员，应当认定为国家工作人员。”《两高意见》第七条规定：“本意见所称‘国家出资企业’，包括国家出资的国有独资公司、国有独资企业，以及国有资本控股公司、国有资本参股公司。是否属于国家出资企业不清楚的，应遵循‘谁投资、谁拥有产权’的原则进行界定。”根据《两高意见》的上述规定，国家出资企业的核心属性在于该企业资本中含有国有资本。而国家出资企业分支机构的资本中亦含有国有资本，故将其界定为国家出资企业，并没有超出国家出资企业的通常字面含义，是经国家出资企业任命还是经其分支机构任命，在法律意义上对于国家工作人员的认定并无影响。虽然企业的分支机构一般不能对外独立承担民事责任，但是并不能够否定其在内部具有一定的人事任免权。刑法具有保护法益和和保障人权的双重目的，将国家出资企业分支机构中负有管理、监督国有资产职责的组织解释为具有批准或者研究决定相关国家工作人员的主体资格，并没有对《两高意见》第六条第二款作出不当的扩大解释，也没有违背刑法的谦抑性原则。

最后，原审被告人黄某甲系经××银行上海静安支行中负有管理、监督国有资产职责的组织研究决定的工作人员。黄某甲《干部任免审批表》、某沪静安〔2003〕57号《关于黄某甲等同志职务任免的通知》、某沪静安〔2009〕95号《关于黄某甲等同志职务任免的通知》、某沪静安〔2011〕36号《关于黄某甲同志职务任免的通知》、相关静安支行党委讨论记录以及证人葛某某的证言证实，黄某甲担任××银行上海新闸路支行行长、上海东海广场支行行长以及上海静区支行业务四部经理，均经过了静区支行党委开会、研究情况说明》、证人葛某某2015年3月30日所作证言均未否认上述事实。因此，黄某甲系经××银行上海静安支行中负有管理、监督国有资产职责的组织研究决定的工作人员。

综合上述分析，原审被告人黄某甲经国家出资企业××银行上海静安支行中负有管理、监督国有资产职责的组织研究决定，代表其在××银行上海新闸路支行、上海东海广场支行、上海静安支行从事组织、领导、监督、经营、管理等工作，本院认为应当认定黄某甲系国家工作人员。原审被告人及辩护人的意见不能成立。

第二，本院认为原审被告人黄某甲、邵某某的行为构成受贿罪。

黄某甲系国家工作人员，邵某某系非国家工作人员，通过意思联络，分别利用各自的职务便利为他人谋取利益，收受财物共计26.2万元，系共同犯罪。根据最高人民法院、最高人民检察院《关于办理商业贿赂刑事案件适用法律若干问题的意见》第十一条第（三）项的规定，非国家工作人员与国家工作人员通谋，共同收受他人财物，构成共同犯罪的，根据双方利用职务便利的具体情形分别定罪追究刑事责任；分别利用各自的职务便利为他人谋取利益的，按照主犯的犯罪性质追究刑事责任，不能分清主从犯的，可以受贿罪追究刑事责任。黄某甲作为邵某某的上级主管，在相关贷款申请的审核中对邵某某具有管理、监督权，为行贿者相关贷款申请的顺利、尽快办理发挥了更为主要的作用，在共同犯罪中起主要作用，系主犯。因此，应当按照黄某甲的犯罪性质追究刑事责任，即黄某甲、邵某某构成受贿罪。此外，黄某甲作为国家工作人员，利用职务便利，单独收受他人财物3.5万元，为他人谋取利益，亦构成受贿罪。原审被告人及辩护人的意见不能成立。

综上，本院认为，原审被告人黄某甲身为国家工作人员，单独及伙同原审被告人邵某某，利用职务便利，非法收受他人财物，为他人谋取利益，两人的行为均已构成受贿罪。原判认定黄某甲系非国家工作人员，导致对黄某甲、邵某某认定罪名有误，量刑不当，应予改判。上海市静安区人民检察院、上海市人民检察院第二分院的意见正确，应予支持。黄某甲具有自首情节，可以减轻处罚。在共同受贿犯罪中，黄某甲起主要作用，系主犯；邵某某起次要作用，系从犯，应当从轻、减轻或者免除处罚。邵某某到案后能够如实供述自己的罪行，对其可以从轻处罚。两名原审被告人退赔了全部赃款，可以酌情从轻处罚。邵某某符合适用缓刑条件，对其宣告缓刑。据此，依照《中华人民共和国刑事诉讼法》第二百二十五条第一款第（二）项和《中华人民共和国刑法》第三百八十五条第一款，第三百八十六条，第三百八十三条，第二十五条第一款，第二十六条第一款、第四款，第二十七条，第六十七条第一款、第三款，

第七十二条第一款，第七十三条第二款、第三款，第六十四条之规定，判决如下：

一、维持上海市静安区人民法院（2014）静刑初字第528号刑事判决的第三项，即黄某甲退缴的赃款人民币十七万九千元和邵某某退缴的赃款人民币十一万八千元予以没收，上缴国库；

二、撤销上海市静安区人民法院（2014）静刑初字第528号刑事判决的第一项，即被告人黄某甲犯非国家工作人员受贿罪，判处有期徒刑三年，缓刑三年；

三、撤销上海市静安区人民法院（2014）静刑初字第528号刑事判决的第二项，即被告人邵某某犯非国家工作人员受贿罪，判处有期徒刑二年，缓刑二年；

四、原审被告人黄某甲犯受贿罪，判处有期徒刑五年，并处没收财产人民币五万元；

（刑期从判决执行之日起计算。判决执行以前先行羁押的，羁押一日折抵刑期一日，即自2015年6月18日起至2020年1月17日止。）

五、原审被告人邵某某犯受贿罪，判处有期徒刑三年，缓刑三年。

（缓刑考验期限，从判决确定之日起计算。）

本判决为终审判决。

审判长　沈　言
审判员　张莺姿
审判员　李杰文
二〇一五年七月三日
书记员　胥保平

依法准确办理交易型特定关系人受贿案件

——娄某甲受贿案

【案例要旨】

国家工作人员利用职务上的便利为请托人谋取利益后，授意请托人将明显低于市场价的动迁安置房转让给特定关系人，属受贿性质。此类案件因法律关系复杂，关键证人与被告人之间利益、情感交织，对法律适用、证据固定和诉讼程序均提出了特殊要求，需采取针对性的方法，对案件进行审查和定案。

【案情简要】

被告人娄某甲在担任国有上海×甲城市建设综合开发有限公司（以下简称“×甲公司”）动迁部副经理期间，利用担任动迁项目负责人，主持动迁基地日常管理的职务便利，接受原工作单位领导周某某请托，在审核动迁居民补偿方案及发放相关动迁安置费用过程中，给予动迁居民胡某某（系周某某的女婿）增加动迁补偿等利益。嗣后，在被告人娄某甲授意下，胡某某凭借其动迁居民身份以人民币1002211元申购动迁安置房一套并按原价转让给王某甲、王某乙（系娄某甲姐夫、外甥）。经鉴定，产权过户当日，上述房产实际市场价值为1513500元，被告人娄某甲通过上述方式为王某甲等人获取房屋差价计人民币511289元。

被告人娄某甲到案后始终否认为胡某某谋取非法利益和授意胡向王某甲以明显低于市场价格转让房产。辩护人认为本案事实不清，证据不足，进行无罪辩护；并在检察机关侦查和审查起诉期间，先后二次以被告人心动过速为由申请取保候审。关键证人王某甲的证言亦出现反复。

静安区人民法院审理本案时，合议庭亦有证据不足，拟判无罪的观点，并将案件提交审委会讨论。静安区人民检察院针对合议庭拟判无罪的观点和理由，进行了全面梳理和研究，检察长列席审委会时充分发表意见，得到了审委会的采纳。2013年12月11日，静安区人民法院以受贿罪判处被告人娄某甲有期徒刑10年6个月，并处没收财产人民币5万元。2014年3月21日，上海市第二中级人民法院作出驳回上诉，维持原判的裁定，判决已生效。

【典型意义】

本案由特定关系人以交易形式收受贿赂，是一种新类型受贿案件，手段隐蔽性强，法律关系复杂，且被告人与行贿人、特定关系人利益关系紧密，办案难度大，检察机关在办理此类案件时，应当准确把握此类行为"权钱交易"的本质属性，准确认定犯罪性质，同时，在证据收集、固定、采信以及诉讼程序等方面，均需加强分析研判，明晰办案思路，采取针对性的对策措施，确保侦办和指控效果。

一、本案应认定为由特定关系人以交易形式收受贿赂

被告人娄某甲利用职务便利在动迁时为行贿人谋取利益，据此授意行贿人另行申购动迁安置房并按原价转让给其姐夫、外甥，根据最高人民法院、最高人民检察院《关于办理受贿刑事案件适用法律若干问题的意见》（以下简称《意见》）的规定，其系授意请托人以交易形式将财物给予特定关系人，应当以受贿论处。

1. 以原价购买动迁安置房应当认定为受贿行为。动迁安置房是专供动迁居民的保障性用房，其特点在于动迁居民能够以明显低于市场价格的特殊价格获得房产，实际价差包含政府的税费支持和政策优惠，体现了动迁居民专享的财产性利益。国家工作人员授意请托人以原价转让动迁安置房，实际上是以交易的形式掩盖收受贿赂的实质，无偿获取了房产上所承载的财产性利益，根据《意见》要求应当认定为以明显低于市场的价格向请托人购买房屋，并按照交易时当地市场价格与实际支付价格的差额计算受贿数额。

2. 授意请托人以原价转让动迁安置房体现受贿的主观故意。动迁安置房的申购价格明显低于市场价格，是众所周知的常识，被告人娄某甲长期从事动拆迁工作，对此具有更明确的认识（第一次双方以原价申请房产交易登记时，因价格过低无法通过审核），因此，其明知动迁安置房原价明显低于市场价格，仍授意请托人以原价转让，足以认定其具有非法获取动迁安置房承载的财产性利益的主观故意。

3. 由被告人的姐夫、外甥收受财物，应当认定为由特定关系人收受贿赂。本案房产受让人虽为被告人的姐夫、外甥，但二人与被告人的姐姐之间存在共同财产关系，故被告人的姐姐也是实际获益人，根据《意见》的规定，属于特定关系人收受财物范畴。

二、检察机关应当娴熟运用诉讼策略，依法严厉打击职务犯罪

检察机关今后在办理此类“零口供”案件时，应当充分借鉴静安区人民检察院的办案经验，既要积极运用《刑事诉讼法》赋予的各项诉讼措施巩固、强化指控，又要高度重视侦查、起诉程序的合法性。一要根据案件特点展开证据收集、固定及质证。交易型特定关系人受贿案件中，请托人、特定关系人与被告人之间存在亲情、利益等错综关系，关键证据具有不稳定性，应当抓住请托人、特定关系人相互关系、交往情况的基本事实，紧紧围绕授意行为、反常交易等关键点，构建证据体系，破解被告人“零口供”难题，并可要求证人亲笔书写证言，有效运用同步录音录像的方式固定关键证人的证言，为法庭质证奠定基础。二要充分运用诉讼规则，确保案件指控效果。办理疑难复杂案件，开庭前可积极建议法院召开庭前会议，全面了解辩护观点和意见，并针对性地制定出庭预案，保证当庭指控犯罪的主动权；庭审后，应与合议庭主动沟通，及时了解、掌握合议庭对案件的合议情况及初步意见，保证检察长列席审委会时能充分全面阐明观点和依据。三要依法开展羁押必要性审查，保障诉讼顺利进行。本案中，针对辩方二次以被告人心动过速为理由提出变更强制措施，及时采取对被告人进行全面体检，调取既往病历、咨询主治医生、了解羁押期间状况等方式，审慎判别是否具备羁押条件；尤其在其第二次提出申请后，既未因理由相同而轻易驳回申请，亦不因再次病发而草率同意，而是通过走访权威医院，咨询相关专家，在科学评估其身体状况的基础上，最终做出不予变更强制措施的决定，保障了诉讼顺利进行。

注：二审裁定书略。

上海市静安区人民检察院

起 诉 书

沪静检刑诉〔2013〕417号

被告人娄某甲，男，1956年××月××日生，公民身份号码3101061956××××××××，汉族，大专文化，原系上海××城市建设综合开发有限公司销售经营部经理。户籍在本市静安区××路××弄××号××室，住本市静安区××路××号××室。2005年2月因犯妨害公务罪，被上海市普陀区人民法院判处罚金人民币一万元。2013年5月29日因涉嫌受贿罪，经本院决定并于同日由上海市公安局静安分局执行刑事拘留；同年6月9日经上海市人民检察院第二分院决定，同日由上海市公安局静安分局执行逮捕。

被告人娄某甲涉嫌受贿罪一案，由本院于2013年8月9日侦查终结。本院于2013年8月12日告知被告人有权委托辩护人；依法讯问了被告人，听取了被告人的辩护人的意见，审查了全部案件材料。

经依法审查查明：

被告人娄某甲于2007年9月至2009年10月，身为国有公司上海××城市建设综合开发有限公司（以下简称“××公司”）职员、动迁部副经理，在受××公司任命担任上海警备区××部××号地块基地（以下简称“××基地”）动迁项目负责人期间，利用主持动迁基地日常管理工作，审核动迁居民补偿方案及相关动迁安置费用发放等职务便利，接受本市静安区××路××弄××号该动迁项目内居民胡某某的请托，为胡某某谋取增加动迁安置费等利益。

在胡某某动迁安置结束后，经被告人娄某甲授意，请托人胡某某于2010年4月，利用动迁居民的身份，以明显低于市场的人民币1002211元的优惠价格，申购得本市××路××弄××号××室动迁安置房，而后将该房产原价转售给被告人胞姐娄某乙家庭。经鉴定，产权过户当日，该房产实际市场价值为人民币1513500元。被告人娄某甲通过上述方式收受胡某某给予的贿赂计人民币 511289 元。

2013 年 5 月 28 日，本院对被告人娄某甲进行传唤。到案后被告人否认收受请托人财物的犯罪事实。

上述事实，有以下证据证明：

1. 被告人娄某甲、证人娄某乙的户籍资料、上海市普陀区人民法院刑事判决书、干部履历表、××公司出具的职务证明等书证；证人夏某某、钱某某、娄某乙等人的证言，证实被告人娄某甲属于国家工作人员，具有负责动迁项目管理工作等职责；娄某乙系被告人的胞姐。

2. 证人胡某某、王某某、娄某乙、曹某甲、柴某某、张某某、曹某乙等人的证言、上海市城市居住房屋拆迁补偿安置协议、货币安置申请、配套商品房申购报告、××基地拆迁发放费用凭证、××基地居民特别情况内部审批表等书证，证实被告人娄某甲接受动迁居民胡某某的请托，利用职务便利，为胡某某谋取增加动迁安置费等利益的事实。

3. 证人胡某某、王某某、娄某乙、曹某甲、马某某等人的证言、动迁安置房申请、动迁购房证明单、民生银行签购单、上海市房地产买卖合同等书证，证实请托人胡某某在自己动迁结束后，经被告人授意，以动迁居民身份，按明显低于市场的动迁优惠价格申购得××路××弄××号××室动迁安置房，并将该套房产原价转售给被告人胞姐家庭的事实。

4. 上海立公信房地产估价有限公司鉴定人员出具的房地产估价报告，证实胡某某将××路××弄××号××室产权过户给被告人胞姐家庭当日，该房产的市场价值为人民币 1513500 元。

5. 被告人娄某甲历次供述，证实其供认自己系国家工作人员的身份及接受胡某某请托的事实。

6. 本院反贪局出具的案发经过，证实本案案发及被告人娄某甲的到案情况。

上述证据收集程序合法，内容客观真实，足以认定指控事实。

本院认为，被告人娄某甲身为国家工作人员，利用负责动迁项目工作等职务上的便利为他人谋取利益，收受贿赂达人民币 50 余万元，其行为已触犯《中华人民共和国刑法》第九十三条第二款、第三百八十五条第一款、第三百八十六条、第三百八十三条第一款第（一）项、《最高人民法院、最高人民检察院关于办理受贿刑事案件适用法律若干问题的意见》第一条、第七条、第十一条之规定，犯罪事实清楚，证据确凿充分，应当以受贿罪追究其刑事责任。根据《中华人民共和国刑事诉讼法》第一百七十二条的规定，提起公诉，请依法审判。

此致

上海市静安区人民法院

检察员　郑　翼

二〇一三年九月二十二日

附：1. 被告人娄某甲现羁押于上海市静安区看守所。辩护人上海市通浩律师事务所仲某某、刘某某律师，联系电话：130××××××××、158××××××××。

2. 侦查卷宗五册、房地产评估报告一册、本市静安区××路××弄××号动迁资料一册、补充证据材料一册。

3. 《证人（鉴定人）名单》一份。

4. 换押证一份。

5. 相关法律条文。（略）

上海市静安区人民法院

刑事判决书

（2013）静刑初字第450号

公诉机关上海市静安区人民检察院。

被告人娄某甲，男，1956年××月××日出生于上海市，汉族，大专文化程度，上海××城市建设综合开发有限公司（以下简称×甲公司）销售经营部经理，户籍地为本市××路××弄××号××室，居住地为本市××路××号××室。2005年2月因犯妨害公务罪，被上海市普陀区人民法院判处罚金人民币一万元。因涉嫌犯受贿罪，于2013年5月29日经上海市静安区人民检察院决定被刑事拘留；2013年6月9日经上海市人民检察院第二分院决定被逮捕。现羁押于上海市静安区看守所。

辩护人曾某、曹某丙，上海市××律师事务所律师。

上海市静安区人民检察院以沪静检刑诉〔2013〕417号起诉书指控娄某甲犯受贿罪，于2013年9月26日向本院提起公诉。本院受理后，依法组成合议庭，于2013年11月5日公开开庭审理了本案。上海市静安区人民检察院指派检察员郑翼出庭支持公诉，被告人娄某甲及其辩护人曾某、曹某丙律师到庭参加诉讼。本案现已审理终结。

上海市静安区人民检察院指控，被告人娄某甲在担任国有×甲公司动迁部副经理、上海警备区××基地（以下简称××基地）负责人期间，于2007年9月至2009年10月，利用主持日常管理工作、审核动迁居民补偿和安置费用发放等职务便利，接受被动迁居民胡某某的请托，为胡某某谋取增加动迁安置费利益，授意请托人胡某某于2010年4月，利用动迁居民的身份，以人民币（以下币种相同）1002211元明显低于市场的优惠价格，申购得本市××路××弄××号××室动迁安置房，胡某某而后又将该房产按原价转售给被告人胞姐娄某乙。经鉴定，产权过户当日，该房产实际市场价值为1513500元。被告人实际收受贿赂511289元。

为证明上述指控的事实，公诉人在法庭上讯问了被告人娄某甲，宣读了证人夏某某、钱某某、胡某某、王某甲、娄某乙、曹某甲、柴某某、张某甲、曹某乙、马某某等人的证言、上海立公信房地产估价有限公司鉴定人员出具的房地产估价报告；出示了被告人娄某甲的户籍资料、干部履历表、职务证明、上海市普陀区人民法院刑事判决书、上海市城市居住房屋拆迁补偿安置协议、货币安置申请、配套商品房申购报告、××基地拆迁发放费用凭证、××基地居民特别情况内部审批表等书证。

检察机关据此认为，被告人娄某甲的行为已构成受贿罪，应依照《中华人民共和国刑法》第九十三条第二款、第三百八十五条第一款、第三百八十六条和第三百八十三条第一款第（一）项之规定，追究被告人娄某甲的刑事责任。

被告人娄某甲及其辩护人认为，胡某某将享受优惠价的安置房原价转卖给被告人姐姐，现在没有任何证据证实被告人娄某甲事先、事中和事后明知实际成交价，检察机关认定被告人娄某甲主观上具有受贿的故意，事实不清，证据不充分确凿，不能因为实际成交价与市场价存在差价而客观归罪于被告人娄某甲。因此，依照《中华人民共和国刑法》第三条和《中华人民共和国刑事诉讼法》第一百九十五条第（三）项之规定，应宣告被告人娄某甲无罪。

经审理查明：

一、被告人主体身份的事实和证据

×甲公司于1992年注册成立，住所地为本市××路××号××室，法定代表人王某乙，公司性质系国有独资公司，发起人为国有独资企业上海市静安区××控股（集团）有限公司。2004年3月，×甲公司、国有上海××房产综合开发有限公司（以下简称×乙公司）、非国有上海××房地产有限公司（以下简称×丙公司）共同出资成立了上海××动拆迁有限公司（以下简称×丁公司），经营地在本市××路××号××楼，法定代表人张某乙，公司经营范围包括房屋动拆迁及其咨询，物业管理，房屋出租等。2005年1月，×丁公司成立后又设立了三个非独立法人的分公司，分别隶属于三个股东，以×丁公司或所属分公司的名义对外开展业务。×丁公司三分公司隶属于×甲公司。

被告人于1995年进入×甲公司工作，于2009年至2013年2月，担任×甲公司动迁部副经理，并受×甲公司的委派，在×丁公司三分公司以×丁公司的名义开展动拆迁业务，在此期间还担任××基地负责人，主持××基地日常管理工作，审核相关动迁安置费用发放等职责。

证明上述事实的证据有：

1. ×甲公司、上海市静安区××控股（集团）有限公司的企业法人营业执照等工商资料、上海市房产管理局、上海市静安区建设管理局相关批复文件证明，×甲公司性质为国有公司。

2. 侦查部门依法调取的×丁公司工商登记资料、公司章程、×丁公司三分公司工商资料证明，×甲公司与非国有企业（有自然人参股）×丙公司、国有企业×乙公司共同成立具有动拆迁资质的×丁公司。

3. ×甲公司出具的被告人《任职证明》《以工代干人员转干审批表》《干部履历表》，2009年7月、2013年2月《关于被告人任职通知》证明，被告人于1995年12月进入×甲公司工作，2009年被任命为×甲公司动迁部副经理；2013年被任命为×甲公司销售经营部经理。被告人在被任命为×甲公司动迁部副经理后，先后担任××基地、95号C块动迁负责人，主持基地日常管理工作，审核相关动迁安置费用的发放。

4. 证人原×甲公司副总经理夏某某于2013年6月4日陈述，“被告人是1995年到×甲公司工作的，始终从事动迁拆迁工作。2009年8月××基地进行后期的时候，被告人因工作完成较好，被任命为×甲公司动迁部副经理。2013年2月被任命为×甲公司销售经营科科长，主要是解决职级问题，具体还是负责动迁工作。在我分管动迁工作后，被告人一直是我分管的。××基地和××路××号××块项目负责人都是被告人。每个动迁基地都会确定一名基地负责人，现场负责动迁基地的各项工作，被告人作为基地负责人负责基地的日常管理工作、与居民谈判、动迁协议的审核和签订等，但涉及最后动迁费用的发放环节，被告人有复核权，还必须我签字同意”。

5. 证人×甲公司动迁部经理钱某某于2013年7月29日陈述，“2006年我从区住宅局调入×甲公司，一直到2012年5月接受安排到事务所任职，期间一直担任×甲公司动迁部经理。按照规定实施动迁的单位必须要有动迁资格，但是区里这么多公司，不能每一家都去申请一份资质，所以经区里决定由×甲公司、×丙公司、×乙公司共同成立一家×丁公司，并下设三家分公司，分别对应三个股东，这样×丁公司只需要申请一个动迁资质。虽然动迁实施单位是×丁公司三分公司，实际上是×甲公司的。后来由于三分公司不是独立法人，所以在业务中直接用×丁公司名义，盖×丁公司的章。我担任过××、95号C块基地负责人。但是当时考虑到我2006年到×甲公司以后才刚开始接触动迁工作，确实不是很熟悉，所以×甲公司领导安排我和被告人担任基地负责人，我和被告人之间也是有明确分工的，我主要负责面上的工作，动迁业务这块是交给被告人负责的，所以代表公司与动迁居民签协议也是被告人。这个分工是由×甲公司领导在会议上口头明确过的。2008年4月，正逢北京奥运会前，×甲公司安排我专门负责相关的维稳工作，我就正式把动迁专用章交给了被告，包括××基地上的事情我也全部转移给被告人了。之后的情况我不清楚”。

6. 被告人娄某甲于2013年8月8日供述，“×甲公司是一家国有公司，主要经营房地产开发销售、房屋动拆迁、物业管理等方面的业务。×甲公司原来具有拆迁资质，后来因为区里面拆迁资质合并，于是×甲公司和×丙公司、×乙公司共同出资成立了×丁公司，这两家公司和×甲公司一样，都是静安区××控股集团下属的公司。×丁公司成立之后，下面分别又成立了三家分公司，分别对应三个股东，其中×丁公司三分公司就是对应×甲公司的，×甲公司开展动拆迁业务，就是以×丁公司三分公司的名义开展，三分公司里的员工都是×甲公司的职工。我在担任×甲公司动迁部副经理的时候，对外开展动拆迁业务均以×丁公司三分公司的名义进行的，实际上就是×甲公司借助×丁公司三分公司这样一个抬头。我在担任×甲公司动迁部副经理期间，工作内容就是负责动拆迁工作。我做过不少动迁项目，包括小莘庄、万春街公安局基地、××基地、西斯文等一些项目。其中做××基地和95号C块两个动迁项目的时候，我正好担任动迁部副经理，在项目中担任基地负责人。每个项目都有一个总负责人，总负责人是×甲公司的总经理或者副总经理担任，如何确定总负责人我不清楚，而总负责人下一级就是常驻在动迁基地上，具体负责动迁事宜的基地负责人，基地负责人则是由×甲公司领导任命的。我就是×甲公司领导通知我担任基地负责人的，但我没有看到过书面通知”。

“我作为基地负责人，主要负责动迁业务这一块，就是包括与动迁居民洽谈，动迁协议的审核、签订、动迁政策的落实，等等。当然，动迁协议最终发放动迁费用的环节，必须由动迁总负责人签字同意。当时除了我，还有另一个人担任基地负责人，就是×甲公司动迁部经理钱某某，他负责宣传、后勤方面的工作，我负责业务推进工作。××基地项目总负责是×甲公司的副总经理夏某某。”

“具体流程是这样的，首先由动迁经办人根据动迁标准和政策，与居民就动迁条件进行谈判，双方大致形成一致意见后，动迁经办人上报给块长，块长随后向我汇报。我听取汇报后，就召开公信平台会议，召集区旧区改造办公室、房地局拆迁科、所在地街道、居委会、法律顾问，有时还有人民代表，一同听取块长的汇报，然后讨论决定是否认可补偿条件。如果认可了条件，参加会议的人都在会议纪要上签字，会议纪要交给块长，块长通知经办人让居民来签订协议。居民在动迁协议上签字后，在规定的时间内搬离，工程队就会去验收，验收后动迁组内勤就会根据块长提供的动迁情况制作一张公司内部的《费用结算情况表》，写明动迁户的详细情况和动迁条件，交由块长审核签字，块长签字后将这份《费用结算情况表》和动迁协议一起交给我审批。我作为负责人审核同意后在协议上签字，并加盖动迁专用章，在《费用结算情况表》

上签字，随后把这些材料交给开发商，开发商在动迁协议上盖章确认后，我返回给块长，随后由块长制作费用发放单，再由块长、我、夏总签字后发放给动迁居民。如果条件谈不成则退回去继续谈判。一户居民搬离，出具报空单，所有动迁费用发放完毕，这户动迁居民的动迁工作就结束了。”

上述这组证据证实了以下事实：第一，×甲公司系国有企业；第二，×丁公司系非国有企业；第三，被告人娄某甲受国有企业的委派，在非国有企业中从事公务；第四，被告人娄某甲系依法论处的国家工作人员。

二、被告人娄某甲利用职务之便，为请托人胡某某谋利的事实和证据

2007年9月，××基地实施动拆迁。胡某某一家6口居住在本市××路××弄××号，承租建筑面积46.66平方米，系被动拆迁对象。胡某某岳母周某某系被告人娄某甲在上海市静安区房地产管理局××路房管所工作期间的领导，请托负责××基地动拆迁工作的被告人给予胡某某照顾，获取更多动迁补偿。

2008年1月16日，胡某某与××基地达成动迁协议，获得补偿款183万元。2008年1月30日至4月22日，××基地向胡某某陆续发放了补偿款。2008年10月20日，胡某某一家腾空。××基地工作即将完成时，×甲公司考虑到先期腾空的居民补偿尚不到位，决定再予以补偿。胡某某一家等系在补偿范围内。2009年10月27日，胡某某一家再次获得补偿款56万元。

证明上述事实的证据有：

7.《上海市发展改革委关于同意开展警备区××工程有关工作的复函》《关于核发××工程〈建筑用地规划许可证〉的通知》《警备区××工程动拆迁工作计划》《房屋拆迁许可证》证明，2007年7月24日上海市发改委同意上海市警备区后勤部在××路××号地块南侧征地18.3亩。

8. 证人胡某某于2013年5月31日的陈述，“被告人和我的岳母当年是××房管所的同事，所以我在动迁之前就认识被告人，只是平时接触不多。2007年9月前后，我家开始动迁，当时动迁基地负责人是被告人”。

“××路××弄××号是我原来居住的使用权房，属于旧里，承租人一共是6个户口，全部面积大约是46平方米。2007年9月开始，常德路××弄××号所属地块开始动迁，负责动迁的经办人是柴某某和张某甲。我通过我的岳母向被告人打招呼。最后谈好动迁补偿款是180万元，加上3万元大病补贴，一共183万元。我签好动迁协议后就陆续领取了动迁补偿款，正式搬离是在2008年8月初，至于《房屋搬空验收单》上为什么落款时间为“2008年10月20日”我不清楚。后来在一次见面聊天的时候，我向被告人提出，我搬走以后动迁标准肯定会越来越高，我拿到的补偿款在当时算是高的，但是和比我

晚结束动迁的居民来比可能就不算高了。被告人答应帮我争取一下。2009年九十月份的时候，当时这个基地的动迁基本上完成了。被告人告诉我，他帮我又争取到了56万元。我自己算一下，算上我动迁拿到的183万元，加上56万元，一共是239万元，差不多我家每人40万元，据我所知和这个基地后期动迁的额度差不多。被告人能帮我争取这么多，也算很到位了，我也很感谢他。”

9. 证人胡某某妻子曹某甲于2013年6月27日陈述，“我是胡某某的妻子，××路××弄××号动迁的时候我参加的。34号是使用权房旧里，承租人一共是6个户口，包括了我和我丈夫、儿子，还有胡某某的父母和外甥，全部面积大约是46平方米，房子是在2007年开始动迁的。一开始我并不认识被告人，只是通过我母亲听说被告人当年是××房管所的同事。我们家的动迁谈了几次，协议补偿款是180万元，加上3万元大病补贴，总共是183万元。我认为180万元的补偿标准我肯定是不满意的，要不是被告人来找我们，我们不会签协议的。被告人说等到动迁工程结束后会有一个办公会议，会对部分动迁居民再追加补偿，到时候他会帮我们争取的。一直到我们搬走以后差不多一年半，被告人通知胡某某又去签了一份动迁协议，追加补偿款56万元。这样算下来我们一共拿到239万元补偿款”。

10. 证人夏某某于2013年6月4日陈述，“根据动迁工作自身规律，动迁时间越早动迁方案控制得比较紧，补偿越低，相反动迁时间越晚动迁方案控制得比较宽松，补偿就越高。××基地的动迁费用控制得比较好，一般在人均30万元到32万元左右或者每平米3万元到3.2万元左右。我印象中到后期动迁补偿的标准应该达到了人均36万元到37万元左右。极个别的强迁上访的，可能会拿到人均40万元以上的补偿。胡某某不是上访户，他在项目中期就签好协议搬走了。在××基地开始动迁后，有一批居民是响应我们建议的，很快签好协议就搬走了，难免他们受补偿的数额就少于后走的居民。为了给这些居民一个补偿，×甲公司开会讨论确定在整体动迁工作结束前，按照后期实际动迁标准给予部分先走居民一定的补偿。所以确实有一批先走的居民是后来追加补偿一笔动迁补偿款的，这是大家口头讨论决定的。当时参加讨论的人各自提出了追加补偿的名单，经讨论确定后给予补偿”。

11. 证人×甲公司聘用工作人员柴某某于2013年5月30日陈述，“胡某某家的动迁是我和张某甲负责的，被告人曾找我说有人跟他打招呼，意思让我在动迁过程中关照一下，通俗点说就是“就高不就低”，能给足胡某某的政策就给足他。我就答应了，是按照动迁政策操作的”。

12. 证人×甲公司裁审裁决员张某甲于2013年5月30日陈述，“我参与

××基地的动迁工作，胡某某是我当时具体经办的一户动迁居民，当时是我和柴某某搭档一起经办的，但是因为我刚参加动迁工作，什么都不懂，所以我只是副手，都是由柴某某具体操作的。在胡某某家搬空、动迁费用发放完毕后，他们家的动迁安置工作就结束了”。

13. 证人×甲公司聘用工作人员曹某乙于2013年7月2日陈述，“××路××弄××号的动迁，我担任块长。动迁工作进行到中期，进度不理想。通过动迁经办人了解到胡某某人际关系比较好，如果他能早点搬走，那么对其他居民来说是一种触动。所以就决定多做做胡某某的工作。我自己也找胡某某谈过。谈下来的结果是一共给他们家180万元的补偿款。当时动迁标准是随着动迁工作的开展慢慢提高的，××基地动迁工作起步时的补偿金额大约是人均25万元，到后期补偿金额能达到36万元、37万元左右，也有达到40万元。胡某某中期搬走，他拿到人均30万元的标准在当时不算低，但是跟后期的居民比起来就显得低了。胡某某自己也去了解了这个情况，所以他曾提出如果今后动迁标准提高了，还要补偿他的。这种事情不是我能够说了算的，但是又不能直接拒绝胡某某，所以我只是说看情况。2009年的时候胡某某来找我，他提出动迁标准提高了，所以要追加给他补偿，我就把这个情况向被告人汇报了，最终追加了他56万元。被告人应该是向×甲公司汇报并由×甲公司最终决定的”。

14. 侦查部门依法收集的《上海市城市居住房屋拆迁补偿安置协议》（使用货币补偿）、《货币安置申请》编号：1－49，签订日期：2008年1月16日，胡某某在货币政策1281690元的基础上，申请补助518310元，合计180万元、《配套商品房申购报告》《动迁安置房屋所有人确认书》《配套商品房供应单》《警备区××基地使用房源流程清单》《特殊对象申请审核表》《居民动迁安置预审表》编号：1－49，审批日期：2008年1月16日，2008年1月16日，经被告人签批，×丁公司与××路××弄××号动迁居民胡某某户签订动迁协议，约定动迁补偿总额为180万元整，另外还有特殊对象补偿一人次、《退房单》《搬空验收单》《设备验收单》《警备区××基地拆迁发放费用凭证》编号：1－49，领款日期：2008年1月30日30万元、2008年3月28日150万元、2008年4月22日3万元、《货币安置申请》《警备区××基地居民特别情况内部审批表》《调查核定表》编号1－49，2009年10月18日至10月20日，审批同意给予××工程动拆迁工作计划56万元补助、《基地拆迁发放费用凭证》：编号1－49，领款日期：2009年10月27日、在审查起诉阶段依法收集的《上海警备区××工程动迁基地房屋拆迁补偿安置实施方案》证明了胡某某全家两次被动迁补偿的过程。

15. 被告人娄某甲于2013年8月8日终审供述，“胡某某的岳母周某某是我原来在××路房管所的老领导。我在负责××基地动迁项目的时候，周某某曾经找过我，让我在动迁的时候照顾一下她的女儿曹某甲和女婿胡某某，因为胡某某的家就在这个动迁项目范围内。我当时觉得老领导找我帮忙，我能帮的话肯定要帮的，所以就答应她了。之后过了一个星期左右，胡某某和曹某甲就来找我，同样也是希望我在动迁过程中照顾一下。我就是在负责胡某某他们家动迁工作的经办人向我汇报的时候，向经办人关照了一下，让他们在政策范围内“就高不就低”，能做多少做多少。此外，我还向胡某某提出，让他们做个榜样，早一点搬走，这样在动迁结束后，我还会补偿他们一下的。胡某某他们拿到动迁补偿分成了两部分，第一部分是最初拿到的180多万元，其中还包括胡某某申购的两套房子，一套是江桥的房子，属于配套商品房，房款直接在动迁补偿款里面扣除，另一套是长寿路上长寿新村的房子，这套房子不属于配套安置房，是×甲公司拿出来的商品房，按照市场价出售的，胡某某拿到动迁补偿款后直接购买的。2008年4月时候，他领取了补偿款，之后又过了几个月才搬走的。胡某某获得的第二部分补偿是在他动迁结束后，因为我曾答应给他补偿，所以在2009年10月，以动迁补偿的名义，又向他发放了56万元。在之前，我已经向夏某某提出要对一些先搬走的居民给予补偿，2009年9月，××基地工作做得差不多的时候，×甲公司召开了一次办公会议，按照后期实际动迁标准，给予先走的部分居民一定补偿，我当时在会议上提出了胡某某，所以经讨论决定给予他56万元补偿。这个是公司口头讨论决定的，包括夏某某、许某某都在场”。

上述这组证据，证实了以下几个事实：第一，2007年7月，上海市发改委同意××基地动拆迁；第二，胡某某全家系被动拆迁对象；第三，胡某某向负责××基地的负责人被告人请托；第四，被告人娄某甲接受了请托，为胡某某在动迁过程中谋取了利益；第五，被告人娄某甲为胡某某谋取的利益符合相关政策规定。

2010年4月，被告人娄某甲授意请托人胡某某利用动迁居民的身份，以人民币1002211元明显低于市场的的优惠价格，申购得本市××路××弄××号××室动迁安置房，胡某某而后又将该房产按原价转售给被告人胞姐娄某乙。经鉴定，产权过户当日，该房产实际市场价值为1513500元。被告人娄某甲实际收受贿赂511289元。

16. 证人胡某某于2013年5月31日陈述，“2010年年初，大概在春节前后，我记得在和被告人吃饭的时候，当时我和妻子都在现场，王某甲是否在场我记不清了。吃饭聊天的过程中，娄某甲就说起他姐夫王某甲想为儿子买套房子，但上海房价很高，所以比较吃力。我就和娄某甲说，我是动迁居民，不知道能不能再申请一套动迁安置房。我提出让被告人去看看是否能把剩下来的那个申购安置房份额给他的外甥，如果可以的话，借我的名义用动迁价格将房子买下来，而后平价转让给娄某甲的外甥，这样可以便宜不少，毕竟以动迁安置的名义购买房产要比市场价便宜很多。被告人听了之后很高兴，对我表示感谢，说要去了解一下我是否还可以再买一套房子。我之所以主动提出，也是看了被告人在我家动迁过程中确实帮了很大的忙的面子上，帮我撑足了补偿款，甚至在我搬走以后还为我争取了56万元，再加上他和我岳母的关系。因此作为我来说，一直想表达一份感念之情。因为被告人表示钞票肯定是不拿的，所以我总是有个心结，感觉欠他一个人情没有还”。

“过了大约一个礼拜，被告人打电话给我，告诉我清涧路的房子属于动迁安置房，必须以我的名义去购买，产证写我的名字。所以被告人和我说好，先以我的名义把这套房子买下来，由我挂名后转给王某甲，期间产生的税费也由王某甲承担。”

“（再补偿协议签好后），被告人又打电话给我，让我和王某甲区××豪园的售楼处支付房款。当时我在金沙江路枣阳路附近接了王某甲，然后一起去了清涧路，在售楼处王某甲一次性刷卡支付了房款。房款是100万元多个零头，也就是动迁安置协议上的金额。当时去清涧路只有我和王某甲两个人。这套房子的事情上，我一直是和被告人打交道的，直到按照被告人的安排去付房款再和王某甲碰头的。”

“等我拿到开发商给我的产证后，我打电话给被告人，被告人就让我和王某甲再一起去普陀区房地产交易中心，在那里办理了××路××弄××号××室的房屋产权转让手续，产生的税费都是王某甲支付的，办理手续的就我们两个人。二手房交易合同上的房款金额是139万多元，交易合同是虚的，纯粹是应付手续，双方没有执行过。”

证人胡某某于2013年7月30日陈述，“我办好转让手续，打电话给被告人，告诉他过户已经弄好了。被告人听了后说谢谢我，我说都是自己人，不要客气，你动迁都帮了我那么多忙。被告人也就没有多说什么了”。

证人胡某某于2013年8月9日陈述，“我们决定平价把房子卖给王某甲，事先当着大家的面说清楚了。隔了一个星期，被告人让我和王某甲去××豪园的售楼处支付房款”。

证人胡某某于2013年9月3日、11日陈述，“就在2009年我家动迁结束后，有一天被告人找到我，说让我帮他一个忙。他当时告诉我，他的姐夫王某甲的儿子要结婚，要买房子，上海的房价太贵了，所以王某甲想请被告人帮帮忙。被告人就想到了我，想让我帮忙。他说让我再以动迁户的身份向动迁基地申请一套动迁房，然后平价、就是按照动迁的价格转让给他的姐夫。这样可以便宜不少，毕竟以动迁安置的名义购买房产要比市场价便宜很多。我说没有问题。我按照被告人的要求，给动迁组递交了一份申请，这份申请实际上是我写了之后，再让我老婆抄写了一遍，以居住困难的名义申请购买清涧路的房子。几天后，被告人再让我去动迁组签一份动迁协议，购买清涧路的房子。具体的操作流程都是被告人在操作。在我的申请批下来之后，我就通过被告人和王某甲联系上了”。

17. 证人王某甲于2013年5月29日陈述，“我妻子叫娄某乙与娄某甲是亲兄妹，所以我是娄某甲的姐夫。××豪园××路××弄××号××室的房子是我买的，产证上是我和我儿子王某丙的名字。2010年初，我儿子在筹备结婚，儿媳觉得浦江镇的房子不方便，所以我考虑再买一套房子给儿子和儿媳作婚房，为此我也在各处看房。在我妻子那边的家庭聚会聊天过程中，我多次说起过想买套房子的想法，毕竟娄某甲等对房子的情况比较了解，顺便也可以听听大家的意见。后来娄某甲给我一个信息，胡某某有一套房子要出手。当时，胡某某的房子要动迁，所以有一个购买清涧路房子的额度，他愿意让出来，价格就是动迁安置的价格。大约是每平米1万元，总价是100多万元，我也能接受，而且胡某某出手的价格确实比市场价便宜不少，所以最终决定还是买下胡某某的房子。我用不着花心思跟胡某某谈价格，先以胡某某的名义把这套房子买下来，房款由我直接支付给开发商，胡某某拿到这套房子的产证后，再过户给我，期间产生的税费由我承担。我记得那天我跟胡某某说好到开发商去支付房款，胡某某到金沙江路枣阳路接我，两个人一起到××豪园小区里的售楼处，我把准备好的100万余元房款一次性付给了开发商。胡某某拿到开发商给的产证后，我和胡某某再一起去普陀区房产交易中心，在那里办了××路××弄××号××室的房屋转让手续，把原本挂在胡某某名下的房子转到我和儿子王某丙名下，转让产生的税费都是我支付的。我买下清涧路房子的价款是按照动迁政策原本应该给胡某某作为动迁户才能享受的价格计算的，每平米比市场价低了3000多元，当时我和胡某某想直接按照100万余元的价格交易，但是房产交易中心认为这个价格过低，有认为做低交易价格的嫌疑，所以不予认可，为此我专门在交易中心隔壁找了一家房产评估机构，据他们提供的数据讲清涧路这个区域的房子市场成交价至少是139.4万元，所以我们就立刻修正了交易价格，把合同总价改成139.4万元，再到交易中心，结果交易中心就顺利受理并按照这个价格做出了房产证”。

“作为我本人的出发点来说，我是想为儿子解决房子的问题，正好从娄某甲那里得到了这样一个消息，关键是价格确实比市场价便宜不少，所以我才会下决心出钱买下来，原本是胡某某才能享受到的动迁价格，他完全可以自己买下来这套房子然后再按照市场价卖出去，但是胡某某偏偏把机会给了我，结果确实让我节省了40万元左右的差价，我也明白，我和胡某某没什么交情，他没有理由把他自己的利益让出来给我。之所以这样，无非是考虑到娄某甲是负责动迁的，看在娄某甲的面子上。”

18. 侦查部门依法收集的《房屋转让协议书》《安置房源及市场评估情况表》证明，2007年9月1日，上海××房地产开发有限公司与×丁公司达成协议，上海××房地产开发有限公司将××路××弄47、51、54、56、58、62、76、84、86号共计66套房屋调拨至××基地动迁安置居民使用。其中××号××室评估单价1.015万元每平方米，总价1002211元，全装修。

19. 侦查部门依法收集的《申请》证明，2010年4月1日胡某某申请××路××豪园二房一厅房子一套。

20. 侦查部门依法收集的《上海市城市居住房屋拆迁补偿安置协议》（使用货币补偿）证明，协议号1－49，2010年4月15日签订；协议内容：保底安置优惠计算90万元、速迁奖7万元、人口奖30万元，协议合计款项1272090元。胡某某购清涧路房子，房价100万余元，从补偿款中支付，安置人口6人。

21. 侦查部门依法收集的《购房联系单》《购房确认单》《动迁安置房所有人确认书》《动迁购房证明单》证明，2010年4月8日×丁公司出具胡某某购房证明。

22. 侦查部门依法收集的《胡某某房款及其他费用结算清单》、房款发票、付款刷卡存根证明，2010年4月9日，胡某某支付了全部房款（实际由王某甲刷卡支付）。

23. 侦查部门依法收集的《上海市商品房销售合同》《上海市城市居住房屋拆迁补偿安置协议》（使用面积标准房屋调换）、《上海市财政局契税缴款书》证明，2010年4月9日胡某某和上海××房地产开发有限公司签订合同，购买清涧路房产，2010年5月20日支付契税。

24. 侦查部门依法收集的《上海市房地产买卖合同》《上海市普陀区房地产登记收件收据》《上海市房地产登记申请书》证明，2010年7月15日，胡某某与王某甲签订房屋买卖合同、房价139万余元。2010年7月16日申请登记，受让人王某甲、王某丙。

25. 上海立公信房地产估价有限公司于2013年7月30日至8月6日作出《普陀区××路××弄××号××室居住用房估价报告》：估价时点，2010年7月29日，房地产单价，15328元每平方米，总价151.35万元。

这组证据证实了以下几个事实：第一，被告人娄某甲授意胡某某以动迁居民的名义申购安置房；第二，授意胡某某将申购的安置房，以明显低于市场的价格转售给胞姐娄某乙家庭；第三，2010 年 7 月 29 日，房地产单价每平方米 15328 元，上海市××路××弄××号××室总价 151.35 万元。

上述所有证据均经本庭当庭查证属实，证据间已形成本院所认定的事实锁链，且来源合法，应作为本案定案的依据。

本院认为，被告人娄某甲受国有公司的委派，在非国有公司从事公务，利用职务之便，为请托人谋取利益，让特定的关系人以明显低于市场的价格向请托人购买房屋，差额达 50 余万元，其行为已构成受贿罪，应依法予以惩处。检察机关指控被告人娄某甲的犯罪事实清楚，证据确凿充分，定性正确。

从庭审中查明的事实和证据表明，被告人娄某甲利用职务之便，为请托人谋取利益，让特定的关系人以明显低于市场的价格向请托人购买房屋，差额达人民币 50 余万元，不仅有被告人娄某甲在胡某某与王某甲之间居间介绍的行为为证，还有证人胡某某、王某甲的证言相印证，足以认定。因此，被告人娄某甲及其辩护人提出的、检察机关认定被告人娄某甲受贿主观故意的事实不清，证据不充分确凿的辩称和辩护意见，有悖于事实，本院不予采纳。

被告人娄某甲案发后拒不交代认罪，未退缴赃款，在量刑时一并予以考虑。

据此，为维护国有企业正常工作秩序，严肃国家法制，依照《中华人民共和国刑法》第三百八十五条第一款、第三百八十六条、第三百八十三条第一款第（一）项、第九十三条和第六十四条之规定，判决如下：

一、被告人娄某甲犯受贿罪，判处有期徒刑十年六个月，并处没收财产人民币五万元。

（刑期从判决执行之日起计算。判决执行以前先行羁押的，羁押一日折抵刑期一日，即自 2013 年 5 月 28 日起至 2023 年 11 月 27 日止。）

二、被告人娄某甲应在本判决生效之日起十日内，退缴人民币五十一万一千二百八十九元，抵赃款予以没收，上缴国库。

如不服本判决，可在接到判决书的第二日起十日内，通过本院或者直接向上海市第二中级人民法院提出上诉。书面上诉的，应当提交上诉状正本一份，副本二份。

审 判 长　孙　玮
审 判 员　竺　越
人民陪审员　许其勇
二〇一三年十二月十一日
书 记 员　谢文娟

公立医疗机构网络管理员“拉统方”行为的性质

——吕某某受贿案

【案例要旨】

公立医疗机构中，具有管理、监控药品用量职责的网络管理员是国家工作人员；其利用职务之便，为医药销售代表提供医生药品用量信息，收受财物的，构成受贿罪。

【案情简要】

××路、××路街道社区卫生服务中心系国家差额拨款的国有事业单位，于2009年12月合并。

被告人吕某某，2004年5月起至案发担任××路街道社区卫生服务中心网络管理员。负责对该社区卫生服务中心计算机设备及其配件的维护、保养、采购；网络信息维护，包括对医生的工作量进行统计、汇总，监控医生超量或异常用药情况，及时向中心办公室汇报，并确保统计数据的真实性、安全性和保密性。

2006年至2010年，吕某某利用担任两家社区卫生服务中心网络管理员的职务便利，多次擅自为医药销售代表提供医生用药量信息，供其向医生发放药品回扣，并收受医药销售代表给予的贿赂款共计23500元。此外，吕某某还在负责采购计算机及相关配件的业务中，多次收受供货单位销售员给予的贿赂款共计144700元。吕某某于2011年4月19日向所在单位投案自首，后退缴赃款人民币10万元，并主动向有关部门检举揭发了他人犯罪行为，经查证属实。

虹口区人民检察院以受贿罪提起公诉。辩方认为，两家社区卫生服务中心系集体所有制事业单位，吕某某不具备国家工作人员身份，应认定其构成非国家工作人员受贿罪。虹口区人民法院审理后认为，两家社区卫生服务中心虽然保留了集体所有制的登记形式，但其实质上是虹口区卫生局举办的差额拨款国有事业单位，遂以受贿罪判处吕某某有期徒刑 6 年，并处没收财产 2 万元。吕某某以其不具有国家工作人员身份为由提出上诉；辩护人又提出吕某某作为网络管理员从事的是劳务活动而非公务活动的意见。上海市第二中级人民法院审理后认为，吕某某在事业单位中履行了对国有资产的管理、对公共事务的监督职责，应认定为从事公务，遂裁定驳回上诉，维持原判。

【典型意义】

吕某某受贿一案，是本市首起对公立医疗机构工作人员“拉统方”行为予以刑事追究的案件。“拉统方”是指，医疗机构中个人或部门为医药营销人员提供医生或部门一定时期内临床用药量信息，供其发放药品回扣的行为。行为人“拉统方”进而收受贿赂的，应根据其是否从事公务，分别以受贿罪或非国家工作人员受贿罪定罪处罚。

《全国法院审理经济犯罪案件工作座谈会纪要》明确规定：“从事公务，是指代表国家机关、国有公司、企业事业单位、人民团体履行组织、领导、监督、管理等职责。公务主要表现为与职权相联系的公共事务以及监督、管理国有财产的职务活动。”本案中，吕某某作为公立医疗机构的网络管理员，其职责范围除维护社区卫生中心的网络信息外，还要对医生的工作量包括业务总金额、看病人次、人均费用、药品所占业务总金额的比例等进行统计、汇总，监控医生超量或异常用药情况；当发现医生超量或异常用药情况时，应及时向中心领导反映，反映出其职务实质上包含了对公立医疗机构药事活动的监督、管理，属于履行国有资产的管理和对公共事务的监督范畴，应认定为从事公务的性质。其利用网络管理员的职务便利，收受医药销售代表给予的财物，并在提供医生药品用量信息方面为其谋取利益，依法构成受贿罪。

公立医疗机构网络管理员“拉统方”，已成为医药购销领域贿赂滋生的重要环节，应当依法惩处。实践中应注意结合网络管理员的具体职责准确认定行为性质：公立医疗机构的网络管理员仅负责通过计算机网络对本单位的信息数据进行汇总、整理和保存等技术性服务、保障工作的，其“拉统方”是利用不具备职权内容的劳务、技术服务中的职务便利，并非公务，借机收受贿赂的应依法认定为非国家工作人员受贿罪；但倘若其被赋予管理、监督药品用量信息等职责，则具有公共医疗机构监督管理性质，应视作“从事公务”，其“拉统方”进而收受贿赂的，应依法认定为受贿罪。

注：二审裁定书略。

上海市虹口区人民检察院
起诉书

沪虹检刑诉〔2011〕第708号

被告人吕某某，男，1976年××月××日生，公民身份号码：3101091976×××××××××，汉族，大学文化，原系上海市××社区卫生服务中心、上海市××社区卫生服务中心××、××，住本市××路××号。2011年4月19日因涉嫌受贿罪经本院决定并由上海市公安局虹口分局执行刑事拘留，同年4月20日被该局决定延长刑事拘留期限至七日。2011年5月3日经上海市人民检察院第二分院批准并由该局依法执行逮捕。2011年6月23日，经上海市人民检察院第二分院决定，延长侦查羁押期限一个月。

被告人吕某某涉嫌受贿罪一案，由本院于2011年7月26日侦查终结移送审查起诉。本院于2011年7月26日告知被告人有权委托辩护人，依法讯问了被告人，审查了全部案件材料，并就是否适用普通程序审理“被告人认罪案件”听取了被告人吕某某的意见，其表示同意。

经依法审查查明：

被告人吕某某于2006年至2010年，在担任上海市××社区卫生服务中心，××社区卫生服务中心××、××期间，利用其负责采购本单位计算机及相关配件和管理本单位医药信息等职务便利，多次收受供货单位上海××科技有限公司销售员吴某某贿赂款共计人民币80750元：多次收受上海××企业管理咨询有限公司销售员卢某某的贿赂款共计人民币42000元；多次收受××供应商王某某的贿赂款共计人民币16950元；多次收受上海××网络科技有限公司销管员郁某某的贿赂共计价值人民币5000元的联华OK卡；多次收受医药销售代表邓某某贿赂款人民币20500元；多次收受医药销售代表刘某某贿赂款人民币3000元。

上述贿赂款共计人民币168200元，全部用于家庭开销。被告人吕某某于2011年4月19日向所在单位投案自首。

上述事实，主要有以下证据证实：

1. 虹口区机构编制委员会关于上海审虹口区卫生监督所等事业单位机构

编制清理的批复，证实了上海市××、××社区卫生服务中心属于差额拨款的事业单位。

2. 上海市××社区卫生服务中心提供的被告人吕某某的职务证明和岗位职责说明，证实了被告人的任职情况和职责内容。

3. 证人吴某某、卢某某、王某某、郁某某、邓某某、刘某某的证言，证实了他们给予被告人吕某某贿赂款的时间，地点和财物数额。

4. 中国工商银行提供的银行对账单和汇款凭证，证实了卢某某、邓某某、王某某、吴某某等人曾向吕某某个人账户汇款的事实。

5. 上海市××、××社区卫生服务中心的采购清单；证实了被告人吕某某负责采购卢某某、邓某某、王某某、吴某某所在单位器材的事实。

6. 被告人吕某某上述事实的多次供述，证实了其于2006年至2010年，在担任上海市××社区卫生服务中心、××社区卫生服务中心××、××期间，利用其负责采购本单位计算机及相关配件和管理本单位医药信息等职务便利，多次收受供货单位业务人员及医药销售代表贿赂款的具体经过。

上述证据来源及收集程序合法，内容客观真实，足以认定指控事实。被告人吕某某对基本事实和证据均无异议。

本院认为，被告人吕某某身为国家工作人员，利用职务上的便利，非法收受他人财物，为他人谋取利益，其行为已触犯《中华人民共和国刑法》第三百八十五条第一款，第三百八十六条，第三百八十三条第一款第（一）项、第二款，应当以受贿罪追究其刑事责任。被告人吕某某系自首，适用《中华人民共和国刑法》第六十七条第一款之规定。被告人吕某某案后有立功表现，适用《中华人民共和国刑法》第六十八条之规定。根据《中华人民共和国刑事诉讼法》第一百四十一条之规定，提起公诉，请依法审判。

此致

上海市虹口区人民法院

检察员　刁骏杰

二〇一一年八月二日

附：1. 被告人吕某某现羁押于上海港公安局看守所。

2. 侦查卷宗4册。

3.《适用普通程序简化审建议书》1份。

附：相关法律条文

《中华人民共和国刑法》

第六十七条第一款 犯罪以后自动投案，如实供述自己的罪行的，是自首。对于自首的犯罪分子，可以从轻或者减轻处罚。其中，犯罪较轻的，可以免除处罚。

第六十八条 犯罪分子有揭发他人犯罪行为，查证属实的，或者提供重要线索，从而得以侦破其他案件等立功表现的，可以从轻或者减轻处罚；有重大立功表现的，可以减轻或者免除处罚。

第三百八十五条第一款 国家工作人员利用职务上的便利，索取他人财物，或者非法收受他人财物，为他人谋取利益的，是受贿罪。

第三百八十六条 对犯受贿罪的，根据受贿所得数额及情节，依照本法第三百八十三条的规定处罚。索贿的从重处罚。

第三百八十三条 对犯贪污罪的，根据情节轻重，分别依照下列规定处罚：

（一）个人贪污数额在十万元以上的，处十年以上有期徒刑或者无期徒刑，可以并处没收财产；情节特别严重的，处死刑，并处没收财产。

（二）个人贪污数额在五万元以上不满十万元的，处五年以上有期徒刑，可以并处没收财产；情节特别严重的，处无期徒刑，并处没收财产。

（三）个人贪污数额在五千元以上不满五万元的，处一年以上七年以下有期徒刑；情节严重的，处七年以上十年以下有期徒刑。个人贪污数额在五千元以上不满一万元，犯罪后有悔改表现、积极退赃的，可以减轻处罚或者免予刑事处罚，由其所在单位或者上级主管机关给予行政处分。

（四）个人贪污数额不满五千元，情节较重的，处二年以下有期徒刑或者拘役；情节较轻的，由其所在单位或者上级主管机关酌情给予行政处分。

对多次贪污未经处理的，按照累计贪污数额处罚。

《中华人民共和国刑事诉讼法》

第一百四十一条 人民检察院认为犯罪嫌疑人的犯罪事实已经查清，证据确实、充分，依法应当追究刑事责任的，应当作出起诉决定，按照审判管辖的规定，向人民法院提起公诉。

上海市虹口区人民法院
刑事判决书

(2011) 虹刑初字第668号

公诉机关上海市虹口区人民检察院。

被告人吕某某，男，1976年××月××日出生于上海市，公民身份号码3101091976××××××××，汉族，大学文化程度，原系上海市××社区卫生服务中心，上海市××社区卫生服务中心××、××，户籍所在地本市××路××号，暂住本市××村××号××室。因涉嫌犯受贿罪于2011年4月19日被羁押，同日被刑事拘留，同年5月3日被逮捕。现羁押于上海港公安局看守所。

辩护人胡某某，上海市××律师事务所律师。

上海市虹口区人民检察院以沪虹检刑诉〔2011〕第708号起诉书指控被告人吕某某受贿罪，于2011年8月3日向本院提起公诉。本院依法组成合议庭，公开开庭审理了本案。上海市虹口区人民检察院指派检察员刁骏杰出庭支持公诉，被告人吕某某及其辩护人胡某某到庭参加诉讼。期间，辩护人和公诉人分别以补充调查和补充侦查为由，各提出延期审理1次。现已审理终结。

上海市虹口区人民检察院指控被告人吕某某于2006年至2010年，在担任上海市××社区卫生服务中心、××社区卫生服务中心××、××期间，利用其负责采购本单位计算机及相关配件和管理本单位医药信息等职务便利，多次收受多家供货单位销售员及医药销售代表的贿赂款，共计人民币168200元。公诉机关依据证人吴某某、卢某某、王某某、郁某某、邓某某、刘某某、许某某等人的证言，中国工商银行提供的《银行对账单》和《汇款凭证》，上海市虹口区机构编制委员会出具的《关于上海市虹口区卫生局卫生监督所等事业单位机构编制清理的批复》《关于事业单位依法登记情况的说明》，上海市虹口区卫生局出具的《关于社区卫生服务中心相关事宜情况》，××社区卫生服务中心出具的《职务证明》以及提供上述2家社区卫生服务中心的《事业单位法人证书》《组织机构代码证》《医疗机构执业许可证》以及《国有资产总量及保值情况表》等证据，指控被告人吕某某身为国家工作人员，利用职务上的便利，非法收受他人财物，为他人谋取利益，应当以受贿罪追究其刑事责任，同时认定吕某某具有自首和立功情节。提请本院根据《中华人民共和国刑法》第三百八十五条第一款，第三百八十六条，第三百八十三条第一款第（一）项、第二款，第六十七条第一款及第六十八条的规定，对被告人吕某某定罪判处。

庭审中，被告人吕某某对公诉机关指控的犯罪事实及定性均无异议。其辩护人辩称，涉案的两家单位上海市××社区卫生服务中心和××社区卫生服务中心对外公开的信息中所有制形式是集体所有制事业单位，因此吕某某主体身份不符合国家工作人员的认定条件，不应当构成受贿罪，而应认定为非国家工作人员受贿罪。为此，辩护人提供了由上海市卫生局出具的《政府信息公开申请答复书》及其附件《上海市××社区卫生服务中心医疗机构执业登记信息》，其中载明上海市××社区卫生服务中心的所有制形式为集体所有制，经营性质为非营利性（政府办）。另辩护人提出鉴于吕某某有自首、立功的法定从轻或减轻情节，请求对其减轻处罚的辩护意见。

经审理查明，被告人吕某某于2004年5月进入××社区卫生服务中心担任××和××职务。2009年12月，××社区卫生服务中心并入××社区卫生服务中心，吕某某继续担任新合并成立的××社区卫生服务中心的××和××。上述2家社区卫生服务中心的性质均系由虹口区卫生局举办的差额拨款形式的国有事业单位。从2006年至2010年：被告人吕某某利用担任该2家单位上述岗位的职务便利，在其负责为本单位采购计算机及相关配件和管理本单代表的贿赂款共计人民币168200元，全部用于家庭开销支出。具体分述如下：

1. 被告人吕某某利用其负责采购本单位计算机及相关配件的职务便利，在采购计算机及配件的业务中，多次收受供货单位上海××科技有限公司销售员吴某某给予的贿赂款共计人民币80750元。

2. 被告人吕某某利用其负责采购本单位计算机及相关配件的职务便利，在采购计算机及配件的业务中，多次收受供货单位上海××企业管理咨询有限公司总经理卢某某给予的贿赂款共计人民币42000元。

3. 被告人吕某某利用其负责采购本单位计算机及相关配件的职务便利，在采购计算机及配件的业务中，多次收受××供应商王某某给予的贿赂款共计人民币16950元。

4. 被告人吕某某利用其负责采购本单位计算机及相关配件的职务便利，在采购计算机及配件的业务中，多次收受供货单位上海××网络科技有限公司销售员郁某某给予的贿赂共计价值人民币5000元的联华OK卡。

5. 被告人吕某某利用管理本单位医药信息的职务便利，多次擅自对外提供医生药品用量等信息并收受医药销售代表邓某某给予的贿赂款人民币20500元。

6. 被告人吕某某利用管理本单位医药信息的职务便利，多次擅自对外提供医生药品用量等信息并收受医药销售代表刘某某给予的贿赂款人民币3000元。

2011年4月19日，被告人吕某某主动向所在单位投案，并如实供述了上述受贿犯罪事实。到案后，吕某某又主动向有关部门检举揭发了他人犯罪行为，现经查证属实。在本院审理期间，被告人吕某某是在其家属的帮助下主动向法院退出赃款人民币10万元。

以上事实，有公诉机关提供的下列证据证实：

1. 上海市虹口区机构编制委员会出具的《关于上海市虹口区卫生局卫生监督所等事业单位机构编制清理的批复》，证实××社区卫生服务中心、××社区卫生服务中心等8家社区卫生服务中心（地段医院）以及上海市第一人民医院分院等均系差额拨款事业单位。

2. 上海市虹口区机构编制委员会出具的《关于事业单位依法登记情况的说明》，证实全区所有登记在册的事业单位，包括上述2家社区卫生服务中心从2001年开始即按照国务院第252号令《事业单位登记管理暂行条例》第2条“本条例所称事业单位，是指国家为了社会公益目的，由国家机关举办或者其他组织利用国有资产举办的，从事教育，科技、文化、卫生等活动的社会服务组织的规定进行管理”。

3. 上海市虹口区卫生局出具的《关于社区卫生服务中心相关事宜情况》，证实虹口区卫生局下属包括上述2家单位在内的8家社区卫生服务中心，每年区卫生局都会根据财力可能，对上述8家社区卫生服务中心进行统一的财政投入。具体运营过程中，除财政保障经费外的其它经费开支均为自收自支，自负盈亏。故上述8家社区卫生服务中心均为差额拨款的事业单位且资产性质均属于国有资产。

4. ××社区卫生服务中心提供的上述2家单位的《事业单位法人证书》《组织机构代码证》《医疗机构执业许可证》以及《国有资产总量及保值情况表》，证实至少从2001年开始，上述2家单位均系事业法人和非营利性医疗机构，举办单位均为上海市虹口区卫生局，经费来源为差额拨款，制发单位为国家事业单位登记管理局，资产性质为国有资产。

5. 证人许某某的证言，证实其1999年进入××社区卫生服务中心工作，2003年开始担任该单位的主任（院长），2009年12月开始又担任新合并成立的××社区卫生服务中心的主任（院长），其所担任的这两家社区卫生服务中心所有职工的工资收入和福利待遇没有集体事业编制和全民事业编制的区别，2家单位每年的年终盈利分配比例由区财政局规定，工资奖金发放总额由区卫生局审核，职工退休后的工资由社保按照国家规定发放，该2家单位的资产均系国有资产，从2007年底开始每年要做国有资产总量及保值情况报表。

6. 上海市××社区卫生服务中心提供的被告人吕某某的《岗位职责说明》和《职务证明（补充）》，证实被告人吕某某的任职情况和职责内容。

7. 证人吴某某、卢某某、王某某、郁某某、邓某某、刘某某的证言，证实上述人员给予吕某某贿赂款的时间、地点和数额。

8. 中国工商银行提供的《银行对账单》和《汇款凭证》，证实了卢某某、邓某某、王某某、吴某某等人曾向吕某某个人账户汇款的事实。

9. 上海市××社区卫生服务中心，××社区卫生服务中心的《采购清单》，证实了被告人吕某某负责采购卢某某、邓某某、王某某、吴某某所在单位器材的事实。

10. 上海市虹口区人民检察院反贪污贿赂局出具的《案发经过》，证实被告人吕某某的自首情节。

11. 上海市虹口区人民检察院反贪污贿赂局提供的《立案决定书》，证实被告人吕某某的立功情节。

上述证据经当庭质证，能互相印证并无矛盾，证据确凿充分，本院予以确认。

关于辩护人提出的被告人吕某某犯罪期间所在的工作单位上海市××社区卫生服务中心和××社区卫生服务中心属于集体所有制性质的事业单位，故被告人的主体身份不符合国家工作人员的辩护意见，经查，根据1998年国务院《事业单位登记管理暂行条例》第2条的规定（具体内容为：本条例所称事业单位，是指国家为了社会公益目的，由国家机关举办或者其他组织利用国有资产举办的，从事教育、科技、文化、卫生等活动的社会服务组织），结合现已查明的被告人犯罪时所在的2家工作单位的《事业单位法人证书》上载明的该2家社区卫生服务中心举办单位均为上海市虹口区卫生局，经费来源为差额拨款，同时再考察其具体的资产性质和经营状况，可以综合认定该2家社区卫生服务中心无论形式上还是实质上均已符合国务院《事业单位登记管理暂行条例》第2条的规定，虽然其目前对外仍保留集体所有制的登记形式，但实质上该2家社区卫生服务中心的性质应为国有事业单位，故被告人吕某某主体身份应认定为国家工作人员，符合受贿罪的构成要件，辩护人的辩护意见与事实不符，本院不予采信。

本院认为，被告人吕某某身为国家工作人员，利用职务上的便利，非法收受他人财物，为他人谋取利益，其行为已构成受贿罪。上海市虹口区人民检察院指控被告人吕某某犯受贿罪罪名成立。被告人吕某某案发后能自动投案，如实供述自己的罪行，系自首，到案后又有检举揭发他人犯罪行为的立功表现，可减轻处罚。在本院审理期间，被告人吕某某在其家属的帮助下能主动退出部分赃款，可酌情从轻处罚。关于辩护人提出的请求对被告人吕某某减轻处罚的辩护意见，与事实和法律相符，本院予以采纳。为维护社会秩序，保护国家工作人员的职务廉洁性不受侵犯，依照《中华人民共和国刑法》第三百八十五条第一款，第三百八十六条，第三百八十三条第一款第（一）项、第二款，第六十七条第一款，第六十八条及第六十四条之规定，判决如下：

一、被告人吕某某犯受贿罪，判处有期徒刑六年，并处没收财产人民币二万元。

（刑期从判决执行之日起计算。判决执行以前先行羁押的，羁押一日折抵刑期一日，即自2011年4月19日起至2017年4月18日止。）

二、尚未退出的赃款予以追缴连同已退出的赃款一并没收。

如不服本判决，可在接到判决书的第二日起十日内，通过本院或者直接向上海市第二中级人民法院提出上诉。书面上诉的，应当提交上诉状正本一份，副本二份。

审 判 长　李惠康
代理审判员　叶　琦
人民陪审员　曲旭滨
二〇一一年十一月三十日
书 记 员　陈春丹

与国家工作人员关系密切的人利用该国家工作人员的职务行为为请托人谋取不正当利益并收受财物的系利用影响力受贿

——朱某某利用影响力受贿案

【案例要旨】

与国家工作人员关系密切的人，通过该国家工作人员职务上的行为，为请托人违规变更强制措施，谋取不正当利益，收受请托人数额较大财物的，构成利用影响力受贿罪。

【案情简要】

被告人朱某某，××餐饮公司、××KTV股东，与上海市公安局××分局原副局长叶某某是老乡，相识二十多年，二人及双方家人经常一起吃饭、旅游，并有经济往来，关系密切。

2015年9月，朱某某的朋友白某某受陈某某（时因涉嫌容留卖淫罪被执行逮捕）家属的委托，请托朱某某帮忙为陈某某变更强制措施，朱某某遂请叶某某帮忙。叶某某在了解到陈某某案同案犯仍然在逃的情况下，让朱某某通知陈某某家属向审理支队递交申请取保候审材料，并授意办案部门变更强制措施，其审批同意后，陈某某被取保释放。期间，朱某某收受白某某感谢费人民币10万元，对此叶某某并不知情。

经指定管辖，本案由普陀区人民检察院侦查、起诉，普陀区人民法院审判。2016年7月1日，普陀区人民检察院以被告人朱某某犯利用影响力受贿罪提起公诉；同年8月26日，普陀区人民法院以利用影响力受贿罪判处被告人朱某某有期徒刑1年，并处罚金人民币15万元。判决已生效。

【典型意义】

为严厉打击国家工作人员“身边人”收受贿赂行为，《刑法修正案（七）》

规定，国家工作人员的近亲属或者其他与该国家工作人员关系密切的人，通过该国家工作人员职务上的行为，或者利用该国家工作人员职权或者地位形成的便利条件，通过其他国家工作人员职务上的行为，为请托人谋取不正当利益，索取或者收受请托人财物，数额较大或者有其他较重情节的，构成利用影响力受贿罪。普陀区人民检察院办理的朱某某利用影响力受贿一案，系 2009 年 2 月 28 日《刑法修正案（七）》施行以来，本市司法机关对非国家工作人员利用影响力受贿行为定罪处罚的首例案件，对于同类案件的办理具有参考价值。

一、准确理解《刑法修正案（七）》“利用影响力受贿罪”的意义

受贿犯罪作为一种典型的职务犯罪，不仅严重败坏社会风气，而且动摇执政根基，历来为刑法打击重点。而随着我国经济社会的发展，刑法打击受贿犯罪的主体也相应变迁：1979 年我国刑法将受贿犯罪主体规定为国家工作人员；1988 年《关于惩治贪污罪贿赂罪的补充规定》将受贿犯罪的主体扩大为“国家工作人员、集体经济组织工作人员或者其他从事公务的人员”；1997 年刑法将受贿犯罪的主体规定为国家工作人员和以国家工作人员论的人员；2009 年《刑法修正案（七）》明确了受贿犯罪主体还包括领导干部的“身边人”，我国受贿犯罪的主体范围在不断扩大，并逐渐与国际接轨。但无论受贿犯罪主体如何变迁，其主要表现形式均为职务、身份、权力、地位等与金钱财物的非法交易，即权钱交易的本质。《刑法修正案（七）》“利用影响力受贿罪”将依附于公职人员羽翼之下的“身边人”纳入我国刑法惩治贿赂犯罪的体系之中，不仅扎紧了反腐败篱笆，彰显我国法治进步，也为司法机关打击日益复杂的贿赂犯罪提供了基础性的保障和法律依据。

二、准确认定“密切关系人”

《刑法修正案（七）》明确利用影响力受贿罪的主体为“国家工作人员的近亲属或者与该国家工作人员关系密切的人”，实践中对于“密切关系人”范围的把握应当适中，既不能放纵犯罪，也不能打击面过宽。我们认为，“密切关系人”的认定，应以其客观上是否有能力请求国家工作人员为其请托人谋取不正当利益，是否有能力利用该国家工作人员的职权或者地位形成的便利条件，通过其他国家工作人员职务上的行为为其请托人谋取不正当利益来判断。本案被告人朱某某与时任公安分局副局长的叶某某相识、交往多年，关系密切，叶某某利用其职务、地位和社会影响长期为朱某某提供了便利、谋取利益。在本案中，朱某某基于与国家工作人员叶某某的密切关系，请求叶某某利用公安机关工作人员的职务便利，为其请托人陈某某谋取不正当利益，应依法认定朱某某为叶某某的密切关系人。

三、准确认定“不正当利益”

《刑法修正案（七）》明确利用影响力受贿罪的成立以密切关系人通过国家工作人员职务上的行为为请托人谋取不正当利益为前提，即谋取不正当利益是本罪构成的必备要件。根据《关于人民检察院直接受理立案侦查案件立案标准的规定（试行）》（高检发释字〔1999〕2号）和《关于办理商业贿赂刑事案件适用法律若干问题的意见》（法发〔2008〕33号）的规定，“不正当利益”包括本身不正当的利益（违反法律、法规、规章或者政策规定的利益）与获得的手段、方式、途径不正当的利益（违反法律、法规、规章、政策和行业规范的规定提供帮助或者方便条件而获得的利益）。在本案中，朱某某在接受陈某某家属请托后，向叶某某提出为陈某某办理取保候审的请托。叶某某在接受请托后，违反公安机关过问案情的相关规定，过问陈某某案情，并授意审理队为陈某某变更强制措施。审理队获得授意后，向承办人提出为陈某某办理取保候审，后由叶某某审批同意。陈某某从被逮捕后的羁押状态变更为人身相对自由的取保候审状态，系通过叶某某利用其职务行为以及其职务形成的便利条件，违反《刑事诉讼法》以及公安部相关规章的规定，以不正当手段、方式、途径获得的利益，系属不正当利益。

注：相关法律文书略。

职务侦查中自侦案件必须接受人民监督员的监督

——李某某行贿案

【案例要旨】

严肃惩处行贿犯罪，是反腐败斗争的重要任务。正确认识与把握行贿罪的构成要件，以准确打击犯罪。明确“不正当利益”并不仅仅限于“违法利益”，还要分析行贿人的手段和行为、受贿人提供的帮助与便利条件是否违反了法律、法规的规定。

【案情简要】

被告人李某某，男，1967年××月××日生，原系上海××有限公司法定代表人。

被告人李某某在以其个人以及实际由其个人出资成立的上海××有限公司，挂靠上海市××经济技术发展有限公司下属建筑安装工程公司后，为了承接工程，谋取不正当利益，先后多次给予原上海市××经济技术发展有限公司工程技术部部长、副总经理、上海市莘庄工业区管理委员会副主任冯某某人民币共计21万元。案发后，被告人李某某畏罪潜逃。后经网上追逃，在安徽省寿县将其抓获归案。

2005年9月，闵行区人民检察院反贪局在侦查冯某某受贿案过程中，发现李某某有行贿嫌疑，遂于9月22日对其立案侦查并决定刑事拘留。因李某某在逃，经商请闵行公安分局网上追逃，11月18日，李某某被安徽省寿县公安局抓获，次日由闵行区人民检察院将其押解回沪，实施刑事拘留，11月24日变更强制措施为取保候审。

2006年5月22日，闵行区人民检察院反贪局侦查终结后认为，李某某的行为不符合行贿罪的构成要件，不构成行贿罪。根据《刑事诉讼法》第130条的规定，拟撤销案件，并提请人民监督员进行监督。5月26日，上海市人民检察院第一分院人民监督员办公室组织人民监督员对该案进行了监督评议。人民监督员一致认为，李某某未按国家招投标法规定进行工程招投标，从程序上违反了国家法律法规，因而获取的利益应视为不正当利益。同时，行贿犯罪具有相当的社会危害，社会影响恶劣，对李某某行贿案作撤案处理不妥。经独立评议、投票表决，一致不同意闵行区人民检察院对李某某涉嫌行贿拟作撤销案件的意见，建议移送闵行区人民检察院公诉部门审查处理。6月20日，根据人民监督员的评议意见，案件移送闵行区人民检察院公诉科审查。

闵行区人民检察院公诉科、分管检察长审查后认为，鉴于实践中此类案件的定罪分歧较大，人民监督员对拟撤销案件提出异议，为妥善处理本案，提请本院检委会讨论决定。8月7日，闵行区人民检察院检委会对该案进行了讨论。多数委员认为，李某某在承接建筑工程业务中，违反了反不正当竞争法的有关规定，给予国家工作人员贿赂，其行为构成行贿罪。闵行区人民检察院检委会决定，对李某某的行为倾向于构成行贿罪，并书面请示上海市人民检察院第一分院。10月10日，上海市人民检察院第一分院书面批复认为，被告人李某某的行为构成行贿罪。

10月18日，闵行区人民检察院以被告人李某某犯行贿罪，向闵行区人民法院提起公诉。2007年4月5日，闵行区人民法院判决李某某构成行贿罪，并对其判处了有期徒刑实刑。该判决已发生法律效力。

【典型意义】

2008年6月12日，上海市人民检察院检察委员会讨论后认为，闵行区人民检察院办理的李某某行贿案对全市检察机关查办行贿犯罪具有示范意义，值得认真总结和借鉴。

一、对严重行贿犯罪，要严肃查处，坚决打击

严肃惩处严重行贿犯罪，对于全面落实党中央反腐败工作部署，把反腐败斗争引向深入，从源头上遏制和预防受贿犯罪具有重要意义。1999年3月4日，“两高”《关于在办理受贿犯罪大要案的同时要严肃查处严重行贿犯罪分子的通知》（以下简称《通知》）中已有明确要求。各级院要继续把严肃惩处严重行贿犯罪作为当前反腐败斗争的一项重要任务，依法严肃惩处，坚决打击。本案被告人李某某为承接工程，多次行贿国家工作人员冯某某共计人民币21万元，情节严重，应予以严肃惩处。闵行区人民检察院依法对本案立案侦查、提起公诉的做法，凸显了对严重行贿犯罪的打击力度，起到了良好的震慑和预防贿赂犯罪作用。

二、要正确认识和全面把握行贿罪的构成要件，体现办案法律效果、社会效果的有机统一

根据“两高”《通知》规定，“谋取不正当利益”是指谋取违反法律、法规、国家政策和国务院各部门规章规定的利益，以及要求国家工作人员或者有关单位提供违反上述法律、法规、规章等的帮助或者方便条件。因此，在认定行贿犯罪时，既要全面考察行贿人谋取的利益本身是否不正当，防止将“不正当利益”限制解释为“违法利益”；又要深入分析行贿人的手段和行为是否违反有关法律、法规等规定；还要分析受贿人提供的帮助或者方便条件是否违反法律、法规等规定。本案中，被告人李某某通过行贿手段，要求国家工作人员冯某某在招投标过程中给予其帮助，行贿人的行贿行为和受贿人的帮助行为均违反了招投标法和反不正当竞争法的有关规定，所以应当认定被告人李某某有“为谋取不正当利益”的主观故意，实施了“为谋取不正当利益”的违法行为，符合法律规定的构成要件。同时要指出，办理行贿案件应当具体情况具体分析，注意区别对待，对行贿数额不大，情节轻微或者具有法定从轻、减轻和免除处罚条件的行贿犯罪，可以依法予以从轻、减轻和免除处罚，全面体现办案的法律效果和社会效果。

三、“三类案件”“五种情形”的自侦案件必须认真接受人民监督员的监督

实践证明，人民监督员制度对规范自侦案件的办理和接受社会监督起到了积极的作用。根据最高人民检察院的有关规定，人民检察院查办职务犯罪案件涉及犯罪嫌疑人不服逮捕决定的、拟撤销案件的、拟不起诉的“三类案件”以及发现有应当立案而不立案或者不应当立案而立案的、超期羁押的、违法搜查、扣押、冻结的，应当给予刑事赔偿而不依法予以确认或者不执行刑事赔偿决定的、检察人员在办案中有徇私舞弊、贪赃枉法、刑讯逼供、暴力取证等违法违纪情况的“五种情形”，应当提交人民监督员评议监督。本案办理过程中，闵行区人民检察院对李某某的行贿行为拟作撤销案件处理后，严格按照规定及时提请上级院组织人民监督员进行监督，并充分听取人民监督员的不同意见，对案件的正确处理起到了重要作用。在自侦案件的办理过程中，各级院要认真听取人民监督员对“三类案件”“五种情形”的监督意见，自觉主动接受监督。

上海市闵行区人民检察院
起诉书

沪闵检侦诉〔2006〕15号

被告人李某某，男，1967年××月××日出生，汉族，初中文化，系上海××有限公司法定代表人，家住闵行区××路××弄××号××室，户籍所在地安徽省寿县××镇××村××组。2005年11月19日因涉嫌行贿罪经本院决定并由上海市公安局闵行分局（以下简称闵行公安分局）执行刑事拘留；2005年11月24日因涉嫌行贿罪被本院取保候审。

被告人李某某行贿一案，由本院侦查终结，于2006年6月30日移送审查起诉。根据法律规定，本院于2006年7月3日已告知被告人有权委托辩护人。

经依法审查查明：

被告人李某某于2001年至2005年8月挂靠于上海市××有限公司下属建筑公司期间，为承接××区的土方工程，先后九次向原上海市××有限公司工程技术部部长（后任该公司分管工程的副总经理）冯某某行贿人民币共计210000元。

上述事实有证人冯某某、卫某某、李某甲证言，有关书证、判决书等证据证实。被告人亦供述在案。

本院认为，被告人李某某为谋取不正当利益，在经济往来中，违反国家规定，给予国家工作人员财物达二十一万元，情节严重，其行为已触犯《中华人民共和国刑法》第三百八十九条第二款、第三百九十第一款之规定，应当以行贿罪追究其刑事责任。根据《中华人民共和国刑事诉讼法》第一百四十一条的规定，提起公诉，请依法审判。

此致

上海市闵行区人民法院

检察员　潘文龙

二〇〇六年十月十八日

附：1. 被告人现在外候审。

2. 侦查卷宗2册、《适用普通程序审理“被告人认罪案件”建议书》1份随案移送。

上海市闵行区人民法院
刑事判决书

（2006）闵刑初字第1398号

公诉机关上海市闵行区人民检察院。

被告人李某某，男，1967年××月××日出生于安徽省寿县，汉族，初中文化，原系上海××有限公司（以下简称××公司）法定代表人，住上海市闵行区××路××弄××号××室（户籍所在地安徽省寿县××镇××村××组）；因涉嫌犯行贿罪于2005年11月19日被刑事拘留，同年11月24日被取保候审，2007年2月13日被逮捕。现羁押于上海市闵行区看守所。

辩护人曹某某，上海市××律师事务所律师。

辩护人夏某甲，上海××律师事务所律师。

上海市闵行区人民检察院以沪闵检侦诉〔2006〕15号起诉书指控被告人李某某犯行贿罪，于2006年10月19日向本院提起公诉：本院依法组成合议庭，公开开庭审理了本案。上海市闵行区人民检察院指派检察员潘文龙出庭支持公诉，被告人李某某及其辩护人曹某某、夏某甲到庭参加诉讼。本案经延期审理，现已审理终结。

上海市闵行区人民检察院指控：被告人李某某于2001年至2005年8月挂靠于上海市××有限公司下属建筑公司期间，为承接××工业区的土方工程，先后九次向原上海市××有限公司工程技术部部长（后任该公司分管工程的副总经理）冯某某行贿人民币共计21万元。为证实上述指控的事实，公诉机关当庭宣读和出示了证人证言、有关书证及被告人供述等证据。据此，公诉机关认为被告人李某某的行为应当以行贿罪追究刑事责任，提请本院依法判处。

对公诉机关的指控，被告人李某某辩解：1. 其是以××公司挂靠上海市××有限公司下属建筑公司；2. 其共给予冯某某人民币17万余元，其中给冯某某请客吃饭用去4万元，冯某某让其报销出国费用人民币4万余元，借给冯某某买房、装修房屋人民币9万元；3. 其未谋取不正当利益。

辩护人提出：1. 李某某是以××公司挂靠上海市××有限公司下属建筑公司，故李某某给予冯某某财物是单位行为；2. 李某某通过合法的招投标程序承接工程，工程造价经审核，工程质量经验收合格，故李某某未谋取不正当利益；3. 冯某某让李某某为其报销的出国费用人民币4万余元属索贿，故不能认定李某某行贿；4. 李某某所负责的××公司在与上海市××有限公司业务往来结束后，借给冯某某的人民币9万元不能认定为行贿；5. 李某某具有自首情节。

经审理查明：2001年至2005年8月，被告人李某某在以其个人以及实际由其个人出资成立的××公司，挂靠上海市××有限公司下属建筑安装工程有限公司后，为了承接工程，谋取不正当利益，先后多次给予原上海市××有限公司工程技术部部长、副总经理、上海市××工业区管理委员会副主任冯某某人民币共计21万元。

以上事实，有下列经庭审举证、质证的证据证实，本院予以确认：

1. 证人冯某某的证言证实，2001年至2005年8月李某某在承接上海市××工业区土方工程期间，先后多次给予其人民币21万元。且证实李某某是通过其介绍、推荐到下属建筑公司承接工程。2003年年底，承接工程采用招投标后，其作为招投标小组成员及分管领导，负责招投标的最后审批工作。李某某在其介绍、推荐以及给予其财物后屡屡中标。

2. 证人孙某某的证言证实，李某某是通过总公司副总经理的推荐承接××工业区的土方工程。施行招投标后，其虽是招投标小组成员，但冯某某不仅是招投标小组成员，而且是分管工程的副总经理，负责整个招投标工作，审批招投标结果，所以李某某投标，大家心里清楚凭李某某与冯某某的关系，工程肯定让李某某承接，招投标也就成了一种走过场的形式。

3. 证人夏某乙的证言证实，李某某是通过总公司副总经理的推荐承接××工业区的土方工程。施行招投标后，其和冯某某等人是招投标小组成员，冯某某是领导，最后中标结果由冯某某审批，应该说没有冯某某的推荐，李某某根本没有机会参与投标，李某某能屡屡中标是因为冯某某的影响力。

4. 证人卫某某的证言证实，李某某是以个人挂靠××工业区建筑安装工程有限公司，工程管理和质量监督由该公司负责，决算由总公司负责。挂靠仅是形式，李某某承接工程均通过××工业区里面的关系人，只是借用××工业区建筑安装工程有限公司的名义与工业区签订合同而已。

5. 证人李某甲的证言证实，其弟李某某注册的××公司，其只是名义上的出资人，实际由李某某一人出资经营。

6. 有关证明及书证证实，李某某挂靠上海市××工业区建筑安装工程有限公司承接××工业区土方工程及一些业务往来的工程合同等。

7. 被告人李某某在检察机关多次供述其给予冯某某人民币21万元的

事实。

8. 本院（2006）闵刑初字第98号刑事判决书证实，本院以冯某某犯受贿罪判处刑罚的情况。

根据庭审中对上述证据的质证情况及控辩双方的意见，本院评判如下：

1. 关于被告人李某某给予冯某某以财物是否属单位行为的问题。经查，证人李某甲的证言及被告人李某某的供述证实，李某甲只是××公司名义上的出资人，××公司实际由李某某个人出资经营，利益亦归李某某个人所有。因此，李某某为了承接工程，给予冯某某以财物的行为当属个人行为。故李某某及其辩护人的辩解、辩护意见，本院不予采纳。

2. 关于被告人李某某是否属"谋取不正当利益"的问题。经查，根据有关法律规定，"谋取不正当利益"是指谋取违反法律、法规、国家政策和国务院各部门规章规定的利益，以及要求国家工作人员或者有关单位提供违反法律、法规、国家政策和国务院各部门规章规定的帮助或者方便条件。本案中，证人冯某某、孙某某、夏某乙的证言证实，李某某为使自己投标的工程中标，且为以后能再承接工程，其通过给予负责招标的冯某某以财物，使收受贿赂的冯某某利用职务便利，暗箱操作让其中标承接工程，招投标变成表面的形式。显见，李某某的行为违反了招投标的有关规定，亦即符合了其要求国家工作人员或者有关单位提供违反法律、法规、国家政策和国务院各部门规章规定的帮助或者方便条件，应当认定李某某"谋取不正当利益"。故李某某及其辩护人的辩解、辩护意见，本院不予采纳。

3. 关于被告人李某某行贿的数额问题。经查，证人冯某某的证言证实，李某某为了承接工程，先后多次给予其人民币共计21万元，对此，李某某在检察机关亦作了供认。现李某某供称其中人民币4万元系冯某某索取，以及人民币9万元系冯某某借款，均没有相应的充分证据证明。故李某某及其辩护人的辩解、辩护意见，本院不予采纳。

4. 关于被告人李某某是否具有自首情节的问题。经查，李某某系在检察机关掌握其行贿事实，决定立案侦查及刑事拘留后，通过网上追逃抓获归案，此不符合自首的构成要件。故辩护人的辩护意见，本院不予采纳。

综上所述，本院认为，被告人李某某为谋取不正当利益，给予国家工作人员以财物共计人民币21万元，其行为已构成行贿罪，且属情节严重。公诉机关指控成立，予以确认。据此，为维护国家工作人员职务的廉洁性，依照《中华人民共和国刑法》第三百八十九条第一款、第三百九十条第一款之规定，判决如下：

被告人李某某犯行贿罪，判处有期徒刑五年。

（刑期从判决执行之日起计算。判决执行以前先行羁押的，羁押一日折抵刑期一日，即自2007年2月13日起至2012年2月7日止。）

如不服本判决，可在接到判决书的第二日起十日内，通过本院或者直接向上海市第一中级人民法院提出上诉。书面上诉的，应当提交上诉状正本一份，副本两份。通过本院书面上诉的，应将上诉状正、副本送（寄）往本院立案庭。

审　判　长　黄红红
人民陪审员　莫英红
人民陪审员　蔡全荪
二〇〇七年四月五日
书　记　员　顾菊玲

准确把握巨额财产来源不明罪行为要件和罪数关系

——徐某甲巨额财产来源不明、隐瞒境外存款案

【案例要旨】

国家工作人员拥有巨额财产，在《刑法修正案（七）》施行后不能说明来源的，应适用修正后的刑法定罪处罚；行为人将来源不明的巨额财产存放境外，未按规定如实申报的，同时构成隐瞒境外存款罪，应予数罪并罚。

【案情简要】

徐某甲系国家机关工作人员，具有申报境外存款的义务。2007 年 7 月和 10 月，徐某甲先后二次共将本人存款港币 75.5 万元汇至罗某某在香港上海商业银行的私人账户；并通过罗某某以同等市价购进"国讯国际"H 股，徐某甲在历年财产申报时对上述情况均隐瞒不报。自 1998 年 3 月至 2009 年 7 月间，其家庭财产和支出总额为 1576.9 万元，扣除其家庭合法收入及能够说明合法来源的财产合计 635.7 万余元，受贿所得 96.5 万元，尚有差额财产 844 万余元不能说明来源。

2010 年 4 月 25 日，静安区人民检察院提起公诉认为，被告人徐某甲的财产、支出明显超过合法收入，差额特别巨大，且不能说明来源；其还隐瞒境外存款，未依照国家规定申报，数额较大，其行为分别构成巨额财产来源不明罪和隐瞒境外存款罪，应予数罪并罚。一审庭审中，辩护人认为，徐某甲来源不明的巨额财产形成于 2009 年 2 月 28 日前，按照从旧兼从轻原则，应适用《刑法修正案（七）》施行前的《刑法》第 395 条第 1 款予以处罚；其隐瞒境外存款的行为按照禁止重复评价原则，不应实行数罪并罚。静安区人民法院部分采纳辩护人意见，于 8 月 20 日适用《刑法修正案（七）》前的《刑法》第 395 条第 1 款，以巨额财产来源不明罪判处徐某甲有期徒刑 2 年；以隐瞒境外存款罪判处徐某甲有期徒刑 6 个月，并数罪并罚。同月 30 日，静安区人民检察院

以原判未适用《刑法修正案（七）》系适用法律错误为由提出抗诉；2011年4月22日，上海市第二中级人民法院采纳检察机关意见，适用修正后的《刑法》第395条第1款，改判徐某甲有期徒刑6年。

【典型意义】

2009年2月28日颁布施行的《刑法修正案（七）》调整了巨额财产来源不明罪的法定刑，规定国家工作人员的财产、支出明显超过合法收入，差额特别巨大，不能说明来源的，处5年以上10年以下有期徒刑。本案自2009年7月案发直至庭审终结，被告人徐某甲对其拥有的844万余元的财产始终不能说明来源，构成巨额财产来源不明罪；其不能说明来源的财产差额部分高达844万余元，接近立案标准的30倍，应认定差额特别巨大，适用修正后的《刑法》第395条第1款，判处5年以上10年以下有期徒刑。被告人徐某甲还将844万余元巨额财产中的73.5万元存放境外，未依法履行申报义务，同时构成隐瞒境外存款罪，应予数罪并罚。

根据刑法规定，成立巨额财产来源不明罪需同时具备行为人拥有巨额财产和不能说明来源两个条件，且不能说明来源是本罪的重要特征。案发后侦查机关查证国家工作人员的财产、支出明显超过合法收入，差额巨大，经责令行为人不能说明来源时，即成立巨额财产来源不明罪。由于拥有巨额财产处于持续状态，故行为人在2009年2月28日《刑法修正案（七）》颁布施行后不能说明其巨额财产来源的，应适用修正后的《刑法》第395条第1款规定予以处罚。虽尚无司法解释对“差额特别巨大”的认定标准作出规定，但本案查证的巨额财产数额应认定为数额特别巨大。需注意的是，本罪的犯罪数额为行为人不能说明来源的财产数额，至于行为人将不能说明来源的巨额财产存放境内还是境外，均不影响本罪认定；但行为人具有申报个人境外存款的法定义务，将部分或全部巨额财产存放境外，未如实申报的，同时构成隐瞒境外存款罪，应予数罪并罚。

上海市静安区人民检察院
起诉书

沪静检刑诉〔2010〕8号

被告人徐某甲，男，1953年××月××日生，汉族，大学文化，原上海市×甲委员会信息产业管理处处长、上海市×乙委员会电子信息产业管理处处长，住本市××路××弄××号××室。2009年7月22日经本院决定并由上海市公安局静安分局执行刑事拘留；2009年8月4日经本院决定并由上海市公安局静安分局执行逮捕；2009年9月23日，经上海市人民检察院第二分院批准，延长侦查羁押期限一个月；2009年10月22日，经上海市人民检察院批准，延长侦查羁押期限二个月。

被告人徐某甲涉嫌受贿罪、巨额财产来源不明罪、隐瞒境外存款罪一案，由本院侦查终结。于2010年1月6日告知被告人有权委托辩护人，听取了被告人的辩护人薛某某、朱某某律师的意见；依法讯问了被告人，审查了全部案件材料。经审查，于2010年2月11日退回补充侦查，2010年3月10日补充侦查终结，再次移送审查起诉。

经依法审查查明：

（一）受贿罪

被告人徐某甲于2005年6月至2009年2月期间担任上海市×甲委员会（以下简称“×甲委”）信息产业管理处处长。2009年2月上海市×甲委员会与上海市×丙委员会合并为上海市×乙委员会（以下简称“×乙委”），徐某甲担任电子信息产业管理处处长。

被告人徐某甲于2005年8月至2009年5月，在先后担任×甲委产业管理处处长、×乙委电子信息产业管理处处长期间，利用主管本市电子信息产业各项政策支持、组织推进工作，并负责“软件和集成电路产业发展专项资金”（以下简称“专项资金”）申请项目初审、发放、验收等职务便利，以借款、收取“顾问费”等名义，先后索取或非法收受他人财物，为他人谋取利益。被告人索取、非法收受贿赂款共计人民币96.5万余元。具体分述如下：

1.2005年八九月期间，被告人徐某甲利用其职务便利，以投资商品房需借款为由，向正在申请“专项资金”的××微电子（上海）有限公司（以下简称“×甲公司”）法定代表人钱某某索取人民币20万元，并未出具借条或履行其他借款手续。直至2009年案发，被告人始终未归还该款。

2. 2005年9月期间，被告人徐某甲利用其职务便利，以投资商品房需借款为由，向正在申请“专项资金”的上海××信息系统有限公司（以下简称“×乙公司”）法定代表人曾某某索取人民币40万元，并未出具借条或履行其他借款手续。直至2009年案发，被告人始终未归还该款。

3. 2005年10月期间，被告人徐某甲利用其职务便利，以兼任上海××科学园区发展有限公司（以下简称“×丙公司”）顾问为由，向该公司索取人民币10万元。

4. 2005年7月，×甲委、××大学、上海××电子有限公司达成合作意向并签署协议。×甲委委派被告人担任该项目管委会副主任兼任下属研究所副所长职务。2005年9月至2009年5月期间，被告人徐某甲利用其职务便利，先后收受合作方上海××电子有限公司的上级公司北京××科技有限公司（以下简称“×丁公司”）以“津贴”名义支付的贿赂款共计人民币22.5万元。

5. 2007年，正在申请“专项资金”的上海××系统集成有限公司（以下简称“×戊公司”）副总经理朱某甲通过时任×甲委办公室副主任的苗某某（另案处理），向被告人徐某甲请托，以期获得“专项资金”。被告人徐某甲利用其职务便利，为×戊公司获得“专项资金”提供帮助。2008年初，被告人徐某甲通过苗某某收受朱某甲给予的人民币4万余元。

2009年7月21日，被告人徐某甲在×甲委纪委谈话时，主动交代了自己利用职务便利，收受×戊公司朱某甲贿赂款人民币4万余元的事实。

（二）巨额财产来源不明罪

案发后，侦查机关依法查获的被告人徐某甲银行存款、房产、股票等财产及徐某甲及其家庭成员的支出共计折合人民币15769758.24元。经查，1998年3月至2009年7月期间徐某甲及其家庭成员合法收入及其他能说明来源的合法财产合计人民币5982931.33元；徐某甲犯罪所得人民币96.5万余元。扣除上述两项，差额部分折合人民币882.1万余元，徐某甲不能说明其来源。

（三）隐瞒境外存款罪

2007年7月，被告人徐某甲根据事先约定，通过工商银行将本人存款人民币360565元兑换成港币37万元，汇至××银行港澳台投资部总经理罗某某提供的香港上海商业银行的私人账户中用于炒股。

2007年10月，徐某甲以妻子陈某某的名义，通过上海银行将本人存款人民币374520元兑换成港币38.5万元，汇至上述私人账户中用于炒股。

被告人徐某甲在国家机关领导干部历次财产申报过程中，均未如实申报，隐瞒了上述在境外存款的事实。

上述事实，有以下证据证明：

1. 被告人主体身份及工作职责的证据

（1）被告人户籍资料、×甲委《组织机构代码证》《任命通知书》《上海市×甲委员会软件和集成电路产业发展专项资金管理办法》等书证证实：被告人属于国家工作人员，在先后担任×甲委信息产业管理处处长、×乙委电子信息产业管理处处长期间，具有主管本市电子信息产业各项政策支持、组织推进等工作，并负责“专项资金”申请项目初审、发放、验收等工作职责。

（2）证人朱某乙、林某某、朱某丙的证言证实：被告人的主要工作职责和职务便利，与上述书证相印证。

（3）被告人徐某甲的供述，对其国家工作人员的身份及主要工作职责供认不讳。

2. 受贿罪的证据

（1）×甲公司工商资料、收到“专项资金”拨款等书证、证人钱某某的证言、汇款及个人贷款记录证实：2005年8月至9月期间，被告人以投资商品房为由向×甲公司法定代表人钱某某索取人民币20万元的事实。

（2）×乙公司工商资料、收到“专项资金”拨款等书证、证人曾某某、蒋某某、朱某丙的证言、汇款及个人贷款记录证实：2005年8月至9月期间，被告人已投资商品房为由向×乙公司法定代表人曾某某索取人民币40万元的事实。

（3）×丙公司及其下属企业工商资料、收到“专项资金”拨款等书证、证人夏某某、吴某某的证言等证据证实：2005年10月期间，被告人以担任×丙公司顾问应获取“顾问费”为由，索取人民币10万元的事实。

（4）×丁公司出具的《情况说明》《合作协议》《合作研究所章程》及汇款记录、证人唐某某的证言证实：2005年至2009年期间，×丁公司以“津贴”为名，每月给予由×甲委委派担任合作研究所副主任的被告人人民币5千元，共计人民币22.5万元的事实。

（5）×戊公司工商资料、收到“专项资金”拨款等书证、证人朱某甲、苗某某、胡某某的证言证实：被告人于2007年通过苗某某接受朱某甲请托，利用职务便利为×戊公司申请“专项资金”提供帮助，并于2008年初通过苗某某获得朱某甲给予的贿赂款人民币4万余元的事实。

（6）被告人徐某甲的供述，对其利用职务便利收受朱某甲贿赂款的事实供认不讳；但辩称其收取钱某某、曾某某钱款系借款，收取×丙公司、×丁公司钱款系担任顾问等职务的报酬。

3. 巨额财产来源不明罪的证据

（1）被告人个人收入情况证明、被告人家人收入情况证明、证人陈某某、徐某乙、徐某丙、李某某的证言证实：1998年3月至2009年7月期间，被告人个人及其家人财产、支出中590余万元的来源。

（2）上海公信中南会计师事务所出具的《司法鉴定意见书》证实，1998年3月至2009年7月期间，被告人及其家庭财产、支出总额为人民币1500余万元。

（3）被告人徐某甲的供述，对于上述财产之间的差额不能说明来源。

4. 隐瞒境外存款罪的证据

（1）被告人工商银行、上海银行换汇、汇款记录、证人罗某某的香港上海商业银行港币账户开户凭证、被告人个人财产申报表、证人罗某某、陈某某的证言证实：2007年，被告人先后两次将共计港币75.5万元（折合人民币735085元）从国内汇至罗某某境外港币账户用于炒H股，并始终未按规定向上级机关申报的事实。

（2）被告人徐某甲的供述，对于其向境外汇款存入港币账户炒H股，并未向上级机关申报的事实供认不讳。

5. 量刑情节的证据

（1）被告人徐某甲于2009年7月21日所写亲笔材料、次日所作调查笔录证实：被告人在纪委谈话期间，主动交代了自己利用职务便利收受×戊公司朱某甲贿赂款人民币4万余元的事实。

（2）侦查部门扣押物品清单、银行冻结通知等书证，证实从被告人处扣押、冻结涉案财物及非法所得的事实。

上述证据来源及收集程序合法，内容客观真实，足以认定指控的事实。

本院认为，被告人徐某甲身为国家工作人员，利用职务上的便利，先后索取他人财物或非法收受贿赂，为他人谋取利益，共计人民币96.5万余元；被告人的财产、支出明显超过合法收入、差额特别巨大，且不能说明来源；被告人还隐瞒境外存款，未依照国家规定申报，数额较大，其行为已分别触犯《中华人民共和国刑法》第九十三条第一款，第三百八十三条第一款第（一）项、第二款，第三百八十五条第一款，第三百八十六条，第三百九十五条，第六十九条之规定，犯罪事实清楚，证据确实充分，应以受贿罪、巨额财产来源不明罪、隐瞒境外存款罪追究其刑事责任，并数罪并罚。被告人徐某甲有索贿行为，根据《中华人民共和国刑法》第三百八十六条的规定，应从重处罚。

被告人徐某甲在接受纪委调查期间，主动交代了自己的部分受贿罪行，根据《中华人民共和国刑法》的六十七条第一款，系自首，可从轻处罚。根据《中华人民共和国刑事诉讼法》第一百四十一条的规定，提起公诉，请依法审判。

此致

上海市静安区人民法院

检察员　郑　翼

二〇一〇年四月二十五日

附：1. 被告人徐某甲现羁押于上海港公安局看守所。

2. 侦查卷宗二册、主要证据复印件一册、《司法鉴定意见书》一册及附属材料八册。

3. 《证据目录》《证人名单》各一份。

4. 《移送扣押、冻结物品、文书决定书》一份。

5. 换押证一份。

6. 案犯身份卡一份。

7. 相关法律条文。(略)

上海市静安区人民法院
刑事判决书

（2010）静刑初字第200号

公诉机关上海市静安区人民检察院。

被告人徐某甲，男，1953年××月××日出生于上海市，汉族，大学文化程度，原上海市×甲委员会（以下简称×甲委）、上海市×乙委员会（以下简称×乙委）电子信息产业管理处处长，住本市××路××弄××号××室。因涉嫌犯受贿罪、巨额财产来源不明罪、隐瞒境外存款罪，分别于2009年7月22日、8月4日，经上海市静安区人民检察院决定被刑事拘留和逮捕，现羁押于上海港公安局看守所。

辩护人薛某某、朱某某，上海××律师事务所律师。

上海市静安区人民检察院以沪静检刑诉〔2010〕8号起诉书指控被告人徐某甲犯受贿罪、巨额财产来源不明罪、隐瞒境外存款罪，于2010年4月26日向本院提起公诉。本院受理后依法组成合议庭，于2010年7月5日、28日公开开庭进行了审理。上海市静安区人民检察院指派检察员郑翼出庭支持公诉。被告人徐某甲及其辩护人薛某某、朱某某律师到庭参加诉讼。本案现已审理终结。

上海市静安区人民检察院指控，被告人徐某甲于2005年6月至2009年2月，担任×甲委信息产业管理处处长；2009年2月担任×乙委电子信息产业管理处处长。

被告人徐某甲在先后担任×甲委信息产业管理处处长、×乙委电子信息产业管理处处长期间，利用职务之便，为请托人谋取利益，以“借款”“顾问费”等名义，分别索取或收受请托人××微电子（上海）有限公司（以下简称×甲公司）法定代表人钱某某、上海××信息系统有限公司（以下简称×乙公司）法定代表人曾某某、上海××科学园区发展有限公司（以下简称×丙公司）人民币20万元、40万元和10万元；以“津贴”等名义，分别非法收受请托人北京××科技有限公司（以下简称×丁公司）、上海××系统集成有限公司（以下简称×戊公司）副总经理朱某甲的钱财人民币22.5万元、4

万余元。

1998年3月至2009年7月期间，被告人徐某甲及其家庭成员的合法收入和其他能说明来源的合法财产共计人民币5982931.33元，犯罪所得人民币96.5万余元；及其家庭成员的支出共计折合人民币15769758.24元，扣除被告人徐某甲及其家庭成员的合法收入和其他能说明来源的合法财产以及被告人徐某甲的犯罪所得，差额部分折合人民币882.1万余元，不能说明其来源。

2007年7月，被告人徐某甲通过工商银行，将本人存款人民币360565元兑换成港币37万元，汇至××银行港澳台投资部总经理罗某某提供的香港上海商业银行的私人账户中用于炒股；2007年10月，以妻子陈某某的名义，通过上海银行将本人存款人民币374520元兑换成港币38.5万元，汇至上述私人账户中用于炒股。被告人徐某甲在国家机关领导干部历次财产申报过程中，隐瞒了上述在境外的存款。

2009年7月22日，被告人徐某甲在本单位纪律检查工作委员会向其调查期间，主动交代了部分受贿犯罪事实。

为证明上述指控的事实，公诉人在法庭上讯问了被告人徐某甲；出示了被告人徐某甲的户籍资料，×甲委《组织机构代码证》，《任命通知书》，《×甲委软件和集成电路产业发展专项资金管理办法》，×甲公司、×乙公司、×丙公司、×戊公司的工商资料、专项资金拨款等材料，×丁公司出具的《情况说明》《合作协议》《合作研究所章程》和汇款记录，被告人徐某甲及其家人的收入情况证明，被告人徐某甲工商银行、上海银行的换汇、汇款记录，罗某某在香港上海商业银行港币账户的开户凭证、被告人徐某甲的个人财产申报表，被告人徐某甲于2009年7月21日所写的亲笔材料和扣押物品清单等书证；宣读了证人钱某某、曾某某、蒋某甲、朱某乙、夏某某、吴某某、朱某甲、苗某某、胡某某、朱某丙、林某某、朱某丁、徐某乙、徐某丙、李某某、罗某某、陈某某的证言和司法审计鉴定结论等证据。

检察机关据此认为，被告人徐某甲的行为已构成受贿罪、巨额财产来源不明罪、隐瞒境外存款罪，应依照《中华人民共和国刑法》第九十三条第一款，第三百八十三条第一款第（一）项、第二款，第三百八十五条第一款，第三百八十六条，第三百九十五条，第六十七条第一款和第六十九条之规定，追究被告人徐某甲的刑事责任。

被告人徐某甲及其辩护人薛某某、朱某某律师对检察机关指控被告人徐某甲受贿罪、巨额财产来源不明罪和隐瞒境外存款罪的事实或定性持异议。主要理由有：第一，检察机关指控被告人索取×甲公司和×乙公司贿赂共计人民币60万元，系民事借贷关系，不符合受贿罪的特征，应予否定。第二，检察机关指控被告人徐某甲收受×丙公司和×丁公司贿赂共计人民币32.5万元，系被告人徐某甲应得的“津贴”和“顾问费”，被告人徐某甲未利用职务之便，为×丙公司和×丁公司谋取利益，此两节也不应以犯罪论处。第三，检察机关指控被告人徐某甲巨额财产来源不明共有人民币880万元，目前被告人徐某甲能够说明来源的，如其参加有关单位组织的项目评审、年会、论坛研讨会等获取的收入，共有人民币100余万元，检察机关在侦查时未予调查核实，这应根据相关证据在被告人徐某甲巨额财产来源不明的犯罪数额中予以剔除。第四，被告人徐某甲来源不明的巨额财产，形成于2009年2月28日之前，按照从旧兼从轻的原则，被告人徐某甲应适用《中华人民共和国刑法》第三百九十五条第一款之规定，而不应适用2009年2月28日颁布的《中华人民共和国刑法修正案（七）》第十四条。第五，检察机关指控徐某甲犯隐瞒境外存款罪，违反了禁止重复评价的原则，此节应以巨额财产来源不明罪定罪处罚，不应实行数罪并罚。第六，被告人徐某甲辩称，其在羁押期间有立功表现，可依照《中华人民共和国刑法》第六十八条第一款之规定，减轻处罚。

为此，辩护人向法庭出示了有关被告人徐某甲参加有关部门组织的年会、评审、论坛等相关书证。公诉人基本无异议。

经审理查明：

一、被告人徐某甲主体身份的事实和证据

×甲委、×乙委系国家机关。

被告人徐某甲于1998年3月进入×甲委工作，2005年6月至2009年2月，担任×甲委信息产业管理处处长。2009年2月上海市信息化委员会与上海市经济工作委员会合并为经信委。被告人徐某甲担任×乙委电子信息产业管理处处长。

×甲委、×乙委信息产业管理处处长的主要职责：全面负责本部门各项职能工作，主要负责全市软件和集成电路产业发展专项资金（以下简称专项资金）的项目审核、发放和验收工作。

证明上述事实的证据有：

1. 代码号为00242××××－0×甲委《组织机构代码证》证明，×甲委机构类型系机关法人。

2. 《上海市人民政府办公厅关于印发×乙委主要职责内设机构和人员编制规定的通知》《×乙委关于印发〈×乙委内设机构主要职责〉的通知》证明，电子信息产业处为×乙委内设机构，其主要职责包括：第一，组织推进电子信息产品制造业发展，制定并组织实施本市电子信息产业中长期发展规划和年度计划，参与制定相关的支持政策；第二，参与组织实施国家电子信息产业发展基金和国家科技重大专项中的电子信息产品项目，跟踪推进本市信息产业重大项目建设；第三，组织推进电子信息产业基地、园区和公共服务平台建设。参与、组织电子信息产业利用外资项目；第四，负责电子信息产业分析汇总工作，做好电子信息产业发展的基础工作，负责与国内外相关产业组织的联系，组织参与电子信息产业、企业的调整和重组；第五，负责本市有关电子信息产品制造企业的认定和产品认定工作。

3. 中共上海市信息化委员会党组2005年6月《关于徐某甲等同志任职的通知》、中共上海市经济和信息化工作委员会干部处提供的上海市国家公务员登记表及相关任免审批表、被告人徐某甲的《职务证明》《干部履历表》证明，2005年6月至2009年2月，被告人徐某甲担任×甲委信息产业管理处处长，2009年2月上海市信息化委员会与上海市经济工作委员会合并为×乙委。被告人徐某甲担任×乙委电子信息产业管理处处长。

4.《×甲委软件和集成电路产业发展专项资金管理办法》和本市鼓励软件产业和集成电路产业发展的相关规定证明，×甲委专项资金是为支持软件和集成电路产业为核心的信息产业的发展，包括软件业和集成电路设计业发展所需的基础设施及公共服务配套项目、软件和集成电路生产企业设计开发软件和集成电路产品的产业化项目、国家电子信息产业发展基金项目配套等。

×甲委产业管理处负责发布项目指南，组织项目申报、答辩、评审等工作，编制项目计划，对项目实施情况进行检查，组织项目验收。项目申报流程包括：×甲委每年初组织专家确定当年专项资金支持项目指南，每年分两批安排专项资金项目计划。符合条件的单位在每年4月底和10月底进行项目申报。产业管理处受理申报材料后，委托中介机构组织专家进行评估，并汇总、审核中介机构评估结果，对部分重点项目进行招标或者前期论证，制订项目计划草案，上报×甲委主任办公会议审查。

5. 证人×乙委软件和信息服务业处处长朱某丙、副处长林某某、朱某丁陈述了与书证相互吻合的关于×乙委电子信息产业处的主要工作内容，证明了被告人徐某甲主要负责专项资金工作，对项目的筛选、确定和发放金额基本上都是被告人徐某甲操作，其他副处长仅提供微调建议。

6. 被告人徐某甲供述，×甲委信息产业管理处的主要职能：一是组织推进电子信息产品制造业发展，制定并组织实施本市电子信息产业中长期发展规划和年度计划；二是参与组织实施国家电子信息产业发展基金和国家科技重大专项中的电子信息产品项目；三是组织推进电子信息产业基地、园区和公共服务平台建设；四是负责电子信息产业分析汇总工作，做好电子信息产业发展的基础工作；五是负责本市有关电子信息产品制造业的企业认定和产品认定工作。作为产业管理处处长的主要职务是：全面负责产业管理处的各项工作。产业管理处主要通过专项资金支持来扶植信息产业行业的发展。上海市市政府每年从财政中拨款2亿元人民币支持以软件和集成电路产业为核心的信息产业的发展。专项资金主要包括无偿资助和贷款贴息两种方式。专项资金使用的具体流程是：第一，年初组织专家确定当年专项资金支持项目指南；第二，指南制作完成后发布于×甲委的官方网站上；第三，符合申报条件的单位提交相关申报材料；第四，产业管理处委托互联网中心组织专家进行评估；第五，产业管理处对评估结果进行汇总，上报×甲委办理使用手续；第六，项目完成后，由产业管理处组织相关部门进行验收评审。由我和两个副处长负责筛选项目，主要由我负责拍板决定。每家企业每年获得该基金的上限在200万元以内，每家企业获得的发展基金不超过项目总投资的30%。

上述这组证据证实了以下事实：第一，×甲委、×乙委系国家机关；第二，被告人徐某甲在国家机关依法从事公务，系国家工作人员。

二、被告人徐某甲受贿的事实和证据

1. 被告人徐某甲索取×甲公司人民币20万元的事实和证据

2005年，×甲公司向×甲委申请专项资金。

同年八九月间，被告人徐某甲购买了两套静安××园二期的房产。在当时有能力支付房款的情况下，被告人徐某甲以“借购房款”为由，向×甲公司法定代表人钱某某索取人民币20万元。被告人徐某甲收款后未履行任何借款手续，直至案发的长达四年之久时间内，在有能力归还的情况下，始终未归还该款。

同年12月和2007年12月，×甲公司通过×甲委审核，先后获得专项资金拨款人民币120万元和150万元。

证明上述事实的证据有：

（1）×甲公司的工商资料证明，×甲公司系依法设立的企业法人。

（2）×甲委专项基金划拨单等书证证明，×甲公司于2005年12月、2007年12月，分别收到专项资金拨款人民币120万元、150万元。

（3）中国工商银行上海市分行凭证证明，2005年9月5日，钱某某汇款给被告人徐某甲人民币20万元。

（4）证人×甲公司法定代表人钱某某陈述，“×甲公司是我2004年前后在上海投资开办的一家外企。主营业务范围是集成电路和芯片设计，属于信息领域的企业，业务上的主管部门是×甲委。2005年、2007年，×甲公司先后两次向×甲委申请过软件和集成电路发展基金，经过审核和验收，2005年获得120万元，2007年获得150万元。徐某甲是×甲委信息产业管理处处长，该处是主管我们公司的职能部门之一。我回国后一直从事信息领域的业务，在工作上难免和徐某甲打交道；同时我又是上海信息领域的专家，经常被×甲委、市科委召集起来作为专家评审组成员参与评审，这些场合都会和徐某甲打交道，因此彼此比较熟悉，私人关系还算可以，比较谈得来”。

“我记得2005年的一天，我约徐某甲吃午饭。席间徐某甲就问我商借资金，开口借人民币20万元。我当时答复他身边没有这么多钱，公司的钱又是不能动的，也没有给明确的答复。过了一阵子的一天，徐某甲又跑到我公司，在我办公室里谈到这件事情。我记得当时他的心情很急切，明确告诉我他打算买市中心陕西北路的商品房，价格很合算，但是手头上有资金缺口，还差人民币20万想向我借。我想他多次问我商借，毕竟是主管我们公司的政府职能部门的处长，不借的话情面上也过不去，何况今后公司发展或多或少离不开政府相关部门的扶持，我就答复徐某甲我自己凑一下再说，之后我从我个人财产中拿出了人民币20万元。考虑今后有个依据，就把钱存到徐某甲的账户内，而不是给他现金。我向徐某甲要了一个账户，让助理为我从浦发银行的账户中提取了人民币20万元现金，存到了徐某甲的账户中。当时还有银行存款回执，现在回执也找不到了。借款的时候徐某甲什么手续也没有留给我，我现在手里根本没有依据证实我借了人民币20万元给徐某甲。这笔钱至今徐某甲也没有还给我，他也没有主动提过要还钱给我。我没有明确向他提出过要还钱，记得几年中我几次旁敲侧击问过徐某甲房子的事情，徐某甲都没有接我的话，我也只能算了。我没有明确让徐某甲还钱，是因为我个人情面比较薄，如果他想还给我，自然就还了，他如果不想还，我也没有办法，我的性格做不出让他写还款计划什么的事清，毕竟徐某甲是主管信息领域产业发展工作的政府官员，也是主管我们公司的官员，向他要人民币20万元等于撕破脸皮，闹翻了对公司长远利益不利。时间那么长了，我估计徐某甲不想还钱了，如果他不打算还我，我也没有办法。在我看来这笔人民币20万元不是我主动要“孝敬”他的，但是如果徐某甲认为他帮助我公司争取到了人民币270万元基金，我们就应该给他好处，他就可以不还人民币20万元了，这纯粹是他个人“敲竹杠”的心态，我很无奈。”

（5）被告人徐某甲供述，“在担任处长职务期间，我为了买房子向×甲公司的钱某某借过钱，该公司申请过专项资金。大约在2005年八九月时，我认购了静安××园二期的房产，两套房子加起来要人民币210多万元，虽然当时我股票市值有几百万，但那时的行情很好，我不舍得把股票抛掉套现，也不想把未到期的定期储蓄里的钱拿出来。一下子拿不出那么多钱，我就向×甲公司的钱某某借了人民币20万。他当时没立即答应我借款。过了几天，他打电话告诉我已落实了资金，我现在给了他我的账号。又过了几天，我发现钱已到账。我当时没写借条，也没明确说过什么时候还钱”。

“我与钱某某是工作上的关系认识的，一方面我和他比较熟，另一方面钱某某的公司是做集成电路的，以后还要我帮忙申请专项基金。他的公司申请过专项基金，×甲委在2005和2007年，先后拨款人民币270万元专项基金给×甲公司。这两笔钱是我作为主管部门负责人进行管理的。”

这组证据证实了以下几个事实：第一，被告人徐某甲利用职务之便，为请托人×甲公司谋取利益；第二，被告人徐某甲收受×甲公司贿赂人民币20万元。

2. 被告人徐某甲索取×乙公司人民币40万元的事实和证据

2005年，×乙公司向×甲委申请专项资金。

同年八九月间，被告人徐某甲购买了两套静安××园二期的房产。在当时有能力支付房款的情况下，被告人徐某甲以“借购房款”为由，向×乙公司法定代表人曾某某索取人民币40万元。被告人徐某甲收款后，未履行任何借款手续，直至案发的长达四年之久时间内，在有能力归还的情况下，始终未归还该款。

2006年1月和2007年11月，×乙公司通过×甲委审核，先后获得专项资金拨款人民币80万元和150万元。

证明上述事实的证据有：

（1）×乙公司的工商资料证明，×乙公司系依法设立的企业法人。

（2）×甲委专项基金划拨单等书证证明，×乙公司于2006年1月、2007年11月收到专项资金拨款人民币80万元、150万元。

（3）中国工商银行上海市分行相关凭证证明，2005年9月5日，蒋某甲汇款人民币5万元给徐某甲；2005年9月7日，蒋某甲汇款人民币5万元给徐某甲；2005年9月7日，朱某乙汇款人民币5万元给徐某甲；2005年9月7日，朱某乙转账人民币5万元给徐某甲；2005年9月12日，×乙公司汇款人民币20万元至上海××房地产有限公司。

（4）曾某某从×乙公司账上提款人民币40万元和事后将人民币40万元归还的记录证明，曾某某曾在×乙公司提款人民币40万元的事实。

（5）证人×乙公司法定代表人曾某某陈述，“徐某甲是×甲委信息化产业管理处处长，2009年×甲委和市经委合并后，担任×乙委电子产业处的处长。我早年在工作中认识了徐某甲。徐某甲所在的部门就是专门负责专项资金申请的审核和管理，当然因为最终专项资金是以信息委名义下拨的，因此他们部门的意见还是要报上级领导同意的”。

"2005年8月中下旬，有一次徐某甲打电话给我说正准备买房子，而且是托了关系，价格比市场价低。因为他自己财力有限，想问我借人民币30余万元。因为我当时个人资金比较紧张，就答复他可以先凑一下。徐某甲表示开发商那里可以宽限2个星期。到了2005年9月上旬前后，我以个人名义从×乙公司账上借款人民币10万元，并出具了借条给公司，注明"汇款徐"，随后让×乙公司当时的出纳蒋某甲将这笔现金提出来后，根据徐某甲提供的其本人的银行账号存入了徐某甲的账户中，另外我还让×乙公司的会计朱某乙先垫付了人民币5万元，也让朱某乙把钱存入了徐某甲的卡中，事后我把钱还给了朱某乙。剩下的人民币20万元大约是在2005年9月中旬，我仍旧以个人名义从×乙公司账上借了人民币20万元，再让蒋某甲去银行开具了一张收款人为徐某甲购买房产的那家开发商××房地产公司的本票。本票开好后，我让蒋某甲将本票交给了徐某甲。"

"我想徐某甲是管理专项资金审批发放的处长，我们公司每年都会申请专项资金，既然他开口向我借钱，我也不能不给这个面子，否则等于无形中得罪了他。虽然当时公司的周转资金比较紧张，但是我还是答应下来了。上述借给徐某甲的钱，到现在徐某甲仍没有归还，我用自己的钱还给了×乙公司，所以×乙公司账上这笔借款已经核销了。这钱是徐某甲向我借的，但是因为我个人一下子筹不到那么多钱，所以暂时向公司借了钱再借给徐某甲，我当时写了借条给公司财务，做账也做成我个人借款，对应"其他应收款"科目。如果徐某甲不还，或者短期内不还，这笔账就一直挂在公司账上，我很难向其他股东交代，毕竟徐某甲是向我借钱，而不是向公司借钱，所以我才会用自己的钱先还到公司账上。这样一来，即使徐某甲不还钱，公司的账上也没有问题了。我将钱借给徐某甲的时候，徐某甲并没有写借条给我，我也没有主动问他要过。主要原因是不好意思开口。徐某甲是×甲委分管专项资金发放的部门领导，他开口向我借钱，我东拼西凑的帮他都落实了，如果非要他写借条，首先我面子上过不去，讲不出口，而且本来借钱给他就是想能够拉近彼此的关系，如果强求他写借条，徐某甲肯定有想法，如果他不愿意这样做，我就变成了里外不是人，这对我们公司今后开展业务肯定不利。徐某甲自己也从未主动提出过要归还借款。我没有从正面向他提出要还钱，只是在2006年二三月徐某甲来我公司时，曾向他暗示公司最近资金比较紧张，但是他没有搭理我。我想他是装糊涂，不想还钱了。实事求是的说，我在用自己的钱把公司的借款还上去时，已经想到了徐某甲万一不还钱怎么办的问题，徐某甲故意不还钱给我，想赖掉这笔钱的话，我也是没有一点办法的，我也不会盯着他要钱。徐某甲在我们公司获得专项资金的过程中是有作用的，帮了公司的忙。"

"经过回忆我前后和徐某甲之间的经济往来应该是他问我借了40万没有还，而不是我上次说的35万。"

（6）证人×乙公司出纳蒋某甲陈述，"2005年9月，我根据曾某某的指示，将收款单位为××房地产公司20万元的本票交给他人，并将人民币10万元分两次转账至徐某甲的账户上"。

（7）证人×乙公司兼职会计朱某乙陈述，"2005年9月，我根据曾某某的要求，分两次将自己的个人资金共计人民币10万元转入徐某甲的银行账户内。曾某某后来归还了上述借款"。

（8）被告人徐某甲供述，"在担任处长职务期间，我为了买房子向×乙公司的曾某某借过人民币40万元，我到现在都没还钱，当时我也是以买房名义向他借的，他也同意的。其中人民币20万是通过银行转账，剩下的人民币20万是他手下的财务直接开好本票后交给我，再由我交到房产开发商手里的。我认为我和曾某某的关系还可以，不需要写借条，也没约定还款日期，到现在为止一分钱都没还。我在担任处长后，先后在2006年和2007年一共拨付人民币230万元专项基金给×乙公司。考虑到曾某某是我的老同事，又借了人民币40万元给我，所以我在申报过程中给予了倾斜、帮助，使×乙公司获得过两次专项基金"。

这组证据证实了以下几个事实：第一，被告人徐某甲利用职务之便，为请托人×乙公司谋取利益；第二，被告人徐某甲收受×乙公司贿赂人民币40万元。

3. 被告人徐某甲收受×丙公司人民币10万元的事实和证据

2004年，×丙公司下属企业上海××数码信息港有限公司向×乙委申请专项资金。被告人徐某甲当时兼任×丙公司的顾问。2005年10月，被告人徐某甲以"顾问费"的名义，收受×丙公司人民币10万元。

2004年、2006年，上海××数码信息港有限公司先后两次获得专项资金拨款人民币400万元。

证明上述事实的证据有：

（1）×丙公司工商登记证明，×丙公司系依法设立的企业法人。

（2）上海××信息数码港有限公司工商登记证明，上海××信息数码港有限公司系依法设立的企业法人。

（3）×甲委专项基金划拨单等书证证明，上海××数码信息港有限公司于2004年、2007年分别两次收到专项资金拨款人民币400万元；

（4）证人×丙公司副总经理夏某某陈述，"我从2002年×丙公司成立时应聘担任副总经理的。徐某甲是×甲委产业管理处的处长，是主管上海市信息产业发展的部门领导。我本人与徐某甲并无经济上的往来，但是×丙公司于2005年12月曾给过徐某甲一笔人民币10万元的‘顾问费’”。

“2004年底至2005年初，紫竹园区完成了前期基础设施的建设，开始对外招商。在此过程中，我们了解到其他一些科技园区诸如张江、漕河泾等都聘请顾问，为招商工作提供信息支持。我作为分管招商工作的副总，就向公司总经理提出建议，也为×丙公司聘请顾问。沈某总经理同意了提议，让我们物色人员，我当时就想到了徐某甲，他作为×甲委产业管理处的处长，对上海信息产业发展的规划、政策等都非常了解，我觉得聘请他当我们公司的顾问，对我们的招商引资是有帮助的，于是我们就聘请了徐某甲担任公司顾问。在聘任徐某甲的时候，×丙公司并没有想到要向他支付任何报酬，所以我们也就没有和徐某甲谈过支付报酬的事情，我们本意是希望通过徐某甲为顾问，来拉近和他的关系，有利于公司的长远发展。徐某甲曾向我暗示过几次，担任顾问一般会有车马费等报酬，但我没有接口，后来我们聘请的另一个顾问叶某到公司报道，提出让公司支付顾问费，我知道徐某甲这样的人是不能得罪的，毕竟他是信息产业处的领导，于是借叶某提出顾问费的机会，也向沈某总经理提出给徐某甲按照叶某的标准支付“顾问费”。沈总同意了我的提议，决定支付给徐某甲人民币10万元。”

（5）证人×丙公司出纳吴某某陈述，“×丙公司支付了被告人徐某甲‘顾问费’人民币10万元”。

（6）被告人徐某甲供述，“我在2005年年底的时候，一次性收受了×丙公司给我的‘顾问费’人民币10万元。2005年，×丙公司在招商初期不是很顺利，所以副总夏某某向我提出聘请我担任顾问，希望我能帮助他们招商引资。他们聘请我很大因素是因为我所处的职位能得到的信息对×丙公司的招商引资很关键。我当时就答应了。×丙公司向我颁发了聘书，当时没谈过报酬的事。在2005年年底，×丙公司一次性给了我人民币10万元的‘顾问费’。夏某某说这是他们单位的惯例，于是我就收下了这笔钱”。

这组证据证实了以下几个事实：第一，被告人徐某甲利用职务之便，为请托人×丙公司谋利；第二，被告人徐某甲收受×丙公司贿赂人民币10万元。

4. 被告人徐某甲收受×丁公司人民币22.5万元的事实和证据

2005年7月，×甲委、××大学、上海××电子有限公司达成合作协议，共同成立××大学多媒体传输芯片技术研究所。×甲委委派徐某甲担任该合作部门的管委会副主任兼任下属研究所副所长职务。

2005年9月至2009年5月期间，被告人徐某甲利用职务便利，以“津贴费”的名义，收受合作方上海××电子有限公司的上级公司×丁公司人民币

22.5 万元。

证明上述事实的证据有：

（1）×丁公司工商登记证明，×丙公司系依法设立的企业法人。

（2）×丁公司出具的情况说明证明，为了加快上海市信息产业特别是半导体产业的发展，扶植手机地面接收数字电视项目的研发和申报国家标准，2005 年 6 月上海市人民政府及×甲委通过×丁公司的子公司上海××电子技术有限公司，与××大学合作，由×甲委出资人民币 800 万元，上海××电子技术有限公司出资人民币 200 万元，××大学出技术，联合成立××大学（信息技术研究院）多媒体传输芯片技术研究所。根据《合作协议书》及《研究所章程》的规定，成立项目管理委员会，由××大学委派杨某某教授任主任，×甲委委派徐某甲处长为副主任，参与合作项目的管理与监督，同时也兼任研究所副所长，协助所长开展日常工作。考虑到研究所在北京，项目实施在上海，徐处长主要负责协调试验产品生产、测试及产品鉴定工作，并协调产品上市后的生产安排。徐处长已联系相关部委完成试验产品鉴定会的所有准备工作（后因故在举办前夕临时取消），在产品上市后定期协调中芯国标公司及宏力半导体公司生产线日程安排，已完成约 1500 万美元的订单生产任务。考虑到这些因素公司决定给徐某甲处长每月发放税后人民币 5000 元作为担任副所长的职务津贴，所得税由公司代扣代缴，从 2005 年 9 月开始到 2009 年 5 月结束，累计发工资 22.5 万元，至于徐某甲处长怎样处理职务津贴公司并不清楚，特此说明。

（3）×丁公司提供的《合作协议》证明，×甲委、×丁公司的子公司上海××电子技术有限公司和××大学，联合成立××大学（信息技术研究院）多媒体传输芯片技术研究所。

（4）×丁公司汇款给被告人徐某甲的钱款记录和相关银行凭证证明，被告人徐某甲收取了×丁公司“津贴费”人民币 22.5 万元。

（5）证人×丁公司副总经理唐某某陈述，“×丁公司、×甲委、××大学三方面签署过一份合作协议，主要是为了推进多媒体产业在上海的研发、投入过程。在合作协议中，明确在三方合作过程中，各自委派人员设置管委会，负责重大事项的决策。管委会下设置一家研究所，作为具体的执行机构。我记得在管委会中，×甲委委派了徐某甲处长。×丁公司曾经在一段时间内每个月固定给徐某甲发放过一笔收入，金额为税后人民币 5000 元”。

（6）被告人徐某甲供述，“在 2006 年的时候，国家准备成立数字电视工程中心，市政府想争取将该中心设立在上海，同时打算从北京引进多载波的技术团队，上海××公司就此成立。该公司的上游资金是美国的风投出的钱，技术依赖于××大学，发起人是×丁公司。公司相关负责人提议让我加入管委会，并担任副主任，我就答应了。依据协议书，×甲委直接委派我出任管委会副主任。我主要负责上海方面的协调工作。我做的都是我的本职工作"。

"2005年×丁公司的副总唐某某告诉我说管委会成员每个人都有津贴，公司每个月会向你卡中打人民币5000元钱。唐某某就问我要了一个银行账号。我一直觉得这钱不能拿，也就一直没用过这卡。我对人民币22.5万元的金额无异议。"

这组证据证实了以下几个事实：第一，被告人徐某甲受本单位委派，至非国有公司×丁公司依法从事公务；第二，被告人徐某甲收受×丁公司贿赂人民币22.5万元。

5. 被告人徐某甲收受×戊公司人民币4万余元的事实和证据

2007年，×戊公司副总经理朱某甲通过时任×甲委办公室副主任的苗某某（另案处理），向被告人徐某甲请托，以期帮助该公司获得专项资金。被告人徐某甲接受苗某某的请托后，利用主管专项资金项目申报管理和计划编制的职务便利，为×戊公司提供帮助，使×戊公司获取了人民币120万元的专项资金拨款。2008年初，苗某某收受朱某甲人民币12万元，其中人民币4万余元转交给被告人徐某甲。

证明上述事实的证据有：

（1）×戊公司工商登记证明，×戊公司系依法设立的企业法人。

（2）×甲委专项基金划拨单等书证证明，×戊公司2007年12月获得专项资金拨款人民币120万元。

（3）证人苗某某陈述，"2007年4月左右，×戊公司的副总朱某甲找到我，说能够申领到专项基金的公司很少，问我能不能帮忙牵线一下产业处的处长徐某甲，让徐某甲帮帮忙。我答应帮助朱某甲。在2007年7月左右，我就约徐某甲在大浪淘沙徐汇店打麻将，就这样帮助朱某甲和徐某甲认识了。2007年年底，朱某甲打电话给我，说发展基金已经到公司账上了，他想意思意思，谢谢我和徐某甲。那天我就和朱某甲约好在大浪淘沙徐汇店打麻将。最后离开的时候，朱某甲给了我人民币12万元，说是给我和徐某甲意思意思的。之后我分几次给了徐某甲大约人民币4万元"。

（4）证人×戊公司副总经理朱某甲陈述，"2007年在×戊公司申请该年度专项基金期间，我找到苗某某，请苗某某帮忙联系主管该基金审批和发放的信息委产业处处长徐某甲。苗某某答应了，并通过徐某甲帮助×戊公司获得人民币120万元的专项基金。为对苗某某与徐某甲的帮忙表示感谢，并希望两人以后在业务上能给予照顾，2008年春节后不久，我在大浪淘沙徐汇店与苗某某吃饭时送给苗某某现金人民币12万元，并让苗某某代为分配给徐某甲”。

（5）被告人徐某甲供述，“×甲委办公室副主任苗某某托我在×戊公司申请专项基金的事上帮帮忙，这家公司后来拿到了人民币120万的专项基金。期间，我收受了由苗某某转送给我的人民币4万余元”。

这组证据证明了以下事实：第一，被告人徐某甲利用职务之便，为请托人×戊公司谋取利益；第二，被告人徐某甲收受×戊公司贿赂人民币4万余元。

三、隐瞒境外存款罪部分

被告人徐某甲在公务活动中结识了××银行港澳台投资部总经理罗某某。被告人徐某甲与罗某某约定，借用罗某某在香港的银行账户交易香港H股，收益归被告人徐某甲所有。2007年7月，徐某甲通过工商银行将本人存款人民币360565元兑换成港币37万元，汇至罗某某的香港上海商业银行的私人账户中。2007年10月，徐某甲以妻子陈某某的名义，通过上海银行将本人存款人民币374520元兑换成港币38.5万元，汇至上述私人账户中。罗某某将上述港币75.5万元按照徐某甲的要求，以市价购进“国讯国际”H股股票。

被告人徐某甲系应按规定必须申报本人在境外存款的国家机关领导干部，在历次财产申报中均未如实申报其在香港存款的事实。

证明上述事实的证据有：

1. 被告人徐某甲于2007年7月9日、2007年10月15日，分别通过工商银行上海银行，将人民币360565元换汇成港币37万元和人民币374520元换汇成港币38.5万元，汇往境外罗某某的账号为3282421××××账户。

2. 股票交易的相关凭证证明，被告人徐某甲指令罗某某购买了H股。

3. 香港上海商业银行相关书证证明，罗某某在该行开设了港币账户。

4. ×乙委提供的被告人徐某甲2006年以来个人财产申报表证明，被告人徐某甲未按规定向上级机关申报境外存款。

5. 证人××银行总行港台业务部总经理罗某某陈述，“我是在2006年年底认识徐某甲。我认识他之后，徐某甲曾经先后交给我70多万元港币，委托我帮他在香港交易一个H股股票，不过现在是血本无归，被深深套住了。我和徐某甲在炒股方面交流比较多。谈话过程中，徐某甲流露出对于H股市场的兴趣，我也指导过他如果要正式做的话，最好持本人往来港澳通行证到香港直接办理开户手续，徐某甲可能觉得有些不方便，曾经提出拜托我帮他用我的H股交易账户做股票，当时我也没有回绝。到了2007年6、7月，有一次徐某甲和我电话联系，看样子比较急，他对我说看中一个H股，急着马上出手想尽快买进，也来不及办理开户手续了，让我帮帮忙。我同意了。过了一两天，徐某甲把37万元港币汇到了我给他的由我开户在香港上海商业银行的一个银行账户内，收到钱后，我就帮他完成了股票交易。2007年10月，徐某甲又联系我，想追加投资38万元港币，我也同意了，当时我们银行开通了小额外币自由买卖业务，我就让他来找我，我陪他拿着存折在柜面上完成了汇款手续。因为7月那次已经用足了徐某甲个人的外汇因私购汇额度，所以10月这次是用他家人的名义完成的购汇手续”。

6. 证人被告人徐某甲妻子陈某某陈述证明了被告人徐某甲使用其名义购买港币的事实。

7. 被告人徐某甲供述，“我在2006年底去台湾公务考察的过程中，结识了同行的××银行港澳台部经理罗某某。后来我托她帮我买H股，用她的账号炒股票，盈亏都是我个人的。我就把人民币兑换成37万港币汇到了她的账号里。2007年10月，我用我妻子陈某某的名义汇兑成38.5万港币，汇到罗某某的账户里。我汇款委托罗某某交易H股就两次。身为处级干部，我没有申报我在境外炒股的情况”。

这组证据证实了以下几个事实：第一，被告人徐某甲将人民币74万余元在境外进行股票交易；第二，被告人徐某甲系按规定应申报个人境外财产的国家工作人员；第三，被告人徐某甲在历次申报中未向上级申报机关如实申报个人境外存款人民币74万余元。

四、被告人徐某甲巨额财产来源不明的事实和证据

1998年3月至2009年7月本案案发，被告人徐某甲家庭银行存款、房产、股票等财产和支出总额为人民币1576.9万元，扣除被告人徐某甲和妻子陈某某的合法收入以及被告人徐某甲能够说明合法来源的财产合计人民币598.2万余元，被告人徐某甲受贿所得人民币96.5万余元，隐瞒境外存款人民币74万余元，审理中本院查明的被告人徐某甲能够说明来源的、并有证据证明的合法收入人民币315078.07元，（其中，被告人徐某甲从河南调回上海工作时带回的人民币10万元；稿费、咨询费、评审工程劳务费收入人民币8.835万元；审计部门审计被告人徐某甲妻子陈某某合法收入有误人民币156728.07元；被告人徐某甲代苗某某购买钻石重复计算人民币3万元），被告人徐某甲仍有差额达人民币849万余元不能说明合法来源。

证明上述事实的证据有：

1. 被告人徐某甲个人收入、妻子陈某某工资、奖金收入情况说明和相应材料证明，1998年3月至2009年7月本案案发，被告人徐某甲家庭银行存款、房产、股票等财产和支出总额为人民币1576.9万元，合法收入以及被告人徐某甲能够说明合法来源的财产合计人民币598.2万余元，其中，陈某某收入1998年至2009年7月，工资收入377835.57元；2008年至2009年7月，奖金

收入 24175.00 元；1998 年至 2008 年，现金形式发放奖金 4500 × 11 = 49500 元。

2. 证人被告人徐某甲的妻子陈某某、被告人徐某甲的儿子徐某乙、上海市 × × 制造业行业协会职工徐某丙和上海市 × × 制造业行业协会李某某的证言，均证明了被告人徐某甲于 1998 年至 2009 年期间个人、家庭的收入、支出情况。

3. 被告人徐某甲供述，“截至立案当日，各项资产和支出总额为人民币 1576.9 万元，能够说明的合法收入为人民币 598.2 万元，差额部分人民币 978.6 万元，我认为数早比我自己估计的要多。目前我一共交代了人民币 106.5 万元。我认为我的部分收入在本单位的财务资料中无法反映出来，有些像拿人家卡这种可能不是很合适，目前我能想起来的就这么多。我儿子徐某乙奖学金一直有，读本科时家里支付过学费、生活费。读研以后学费全免的，我儿子没给过家里钱，也没问家里要过钱。我妻子除了单位收入没别的收入，我有其他途径的收入。我和我的家庭没继承过遗产，也没有彩票中奖等情况”。

4. 司法审计鉴定结论证明，根据现有材料，被告人徐某甲及其家庭成员 1998 年 3 月至 2009 年 7 月期间，资产支出总额为人民币 15769758.24 元，不含被告人徐某甲及其家庭成员的消费及日常生活开支，各项收入总额为人民币 5982931.33 元。

5. 辩护人在庭审中向本庭提供的相关书证证明，审理中本院查明的、被告人徐某甲能够说明来源的合法收入人民币 315078.07 元。

这组证据证实了以下几个事实：第一，被告人徐某甲案发时家庭财产共折合人民币 1576.9 万元；第二，被告人徐某甲及其家庭成员合法收入共计人民币 598.2 万余元，被告人徐某甲能够说明来源的合法收入人民币 315078.07 元；第三，被告人受贿所得人民币 96.5 万元，隐瞒境外存款人民币 74 万余元；第四，被告人徐某甲有人民币 849 万余元的财产无法说明来源。

五、被告人徐某甲量刑情节的事实和证据

1. 被告人徐某甲立功的事实和证据。

被告人徐某甲于 2010 年 6 月，向上海港公安局看守所民警谭某某和驻所检察官黄强检举，同监室犯罪嫌疑人蒋某乙在聊天时，讲述亲属刘某某等人于 2009 年 7 月间，在黄浦江上交通肇事并将被撞船舶的船员推入江中。接报后，上海海事公安局对该悬案展开侦查，并抓获了犯罪嫌疑人刘某某、高某某。目前，该案定交通肇事罪或故意杀人罪尚未定论。

证明上述事实的证据有：

(1) 上海海事公安局出具的书证，证明了刘某某、高某某案的案发系被告人徐某甲“贴靠”检举的事实。

(2) 上海海事公安局立案决定书、刑事拘留证，证明了刘某某、高某某两人已被刑事拘留、案件尚在侦查过程中的事实。

(3) 证人蒋某乙、谭某某的证言证明了被告人徐某甲向他们检举揭发刘某某、高某某的事实。

这组证据证实了被告人徐某甲有检举立功表现的事实。

2. 查扣被告人徐某甲赃款赃物的事实和证据

案发后，检察机关从被告人徐某甲处扣押、冻结了本市××路××弄××号××室、××路××弄××号××室和××路××弄××号（别墅）房产三处；美元221887.55元；家庭存款人民币1736507.93元。

证明上述事实的证据有：

检察机关的扣押物品清单、财产冻结书证，证明了上述事实。

上述所有证据，均经本庭当庭查证属实，证据间已形成本院所认定了的被告人徐某甲受贿、隐瞒境外存款和巨额财产来源不明的锁链，内容客观真实，且来源合法，应作为本案定案的依据。

本院认为，被告人徐某甲系国家机关工作人员，利用职务之便，为请托人谋利，收受请托人贿赂共计人民币96.5万元，其行为已构成受贿罪；被告人徐某甲具有申报个人境外存款的法定义务，未如实申报个人境外存款人民币74万余元，其行为已构成隐瞒境外存款罪；被告人徐某甲有巨额财产人民币849万余元，不能说明来源，其行为已构成巨额财产来源不明罪，应依法予以数罪并罚。检察机关指控被告人徐某甲犯有受贿罪、隐瞒境外存款罪和巨额财产来源不明罪的基本犯罪事实清楚，证据确实充分，定性正确。

从庭审中查明的事实和证据表明，被告人徐某甲于2005年八九月间，以购房需要资金为名，分别向×甲公司法定代表人钱某某和×乙公司法定代表人曾某某“借款”人民币20万元和40万元，但被告人徐某甲，第一，未按正常手续出具借条；第二，本身就有购房能力无须借款；第三，至案发长达四年多的时间里有能力还款而不予归还；第四，不仅如此，也未向钱某某、曾某某两人表示过还款。这不仅有被告人徐某甲的供述为证，还有证人钱某某、曾某某的证言和案发后查获的被告人徐某甲家庭财产情况予以印证，足以认定。根据庭审中查明的这些基本事实，可以推定，被告人徐某甲客观上以“借款”为名，主观上具有索取他人贿赂的故意。因此，被告人徐某甲及其辩护人提出的此两节系民事借贷关系，应在被告人徐某甲受贿数额中予以剔除的辩称和辩护意见，有悖于事实和法律对受贿罪构成要件的规定，本院不予采纳。

从庭审中查明的事实和证据表明，×丙公司聘请被告人徐某甲为顾问，并给被告人徐某甲顾问费人民币10万元，看中的是被告人徐某甲系×甲委和×乙委的信息产业管理处处长这一身份，目的是利用被告人徐某甲的职务之便，为谋取本单位今后的期待利益。这不仅有证人×丙公司副总经理夏某某的证言证实，还有查获的被告人徐某甲身份证明等证据佐证。被告人徐某甲虽然在案发时还未为×丙公司谋取利益，但受贿犯罪为请托人谋取利益的客观要件，包括过去的利益、当前的利益和期待的利益，不能因为被告人徐某甲尚未为×丙公司谋取期待利益，而认定被告人徐某甲此节缺乏为请托人谋利的受贿罪客观要件，不构成犯罪。因此，被告人徐某甲及其辩护人提出的此节被告人徐某甲未为他人谋取利益，不构成犯罪的辩称和辩护意见，有悖于法律对受贿犯罪构成要件的规定，本院不予采纳。

从庭审中查明的事实和证据表明，被告人徐某甲受国家机关委派，至合作方依法从事公务，收受合作方×丁公司人民币22.5万元，这不仅有被告人徐某甲的供述为证，而且该供述与证人×丁公司副总经理唐某某的证言和查获的相关书证吻合。被告人徐某甲利用受国家机关委派依法从事公务的职务便利，收受合作万钱款，符合受贿犯罪的全部构成要件，应以犯罪论处。因此，被告人徐某甲及其辩护人提出的此节被告人徐某甲未利用职务之便的辩称和辩护意见，不符合事实，本院不予采纳。

但被告人徐某甲收受×丁公司贿赂人民币22.5万元一节，检察机关适用法律有误。本院认为，对被告人徐某甲这一行为，应首先适用《中华人民共和国刑法》第一百六十三条第三款，然后再适用《中华人民共和国刑法》第三百八十五条之规定，对被告人徐某甲定罪处罚。检察机关现直接适用《中华人民共和国刑法》第三百八十五条和第三百八十六条之规定，对被告人徐某甲定罪处罚，属法律适用失误，本院予以纠正。

具有法定申报义务的行为人，巨额财产来源不明罪已经既遂，再将一部分来源不明的巨额财产转移至境外并隐瞒不报，不履行应当申报的法定义务，不仅侵犯了国家工作人员的职务廉洁性，还侵犯了国家的外汇管理秩序，系两个独立的、侵犯不同客体的犯罪行为，应对行为人境内、境外的财产分别定罪，予以数罪并罚。这并不违反刑法对行为人同一行为禁止重复评价的原则。因此，辩护人提出的被告人徐某甲将来源不明的巨额财产的一部分，在境外进行股票买卖，违反了刑法禁止重复评价原则的辩护意见，有悖于刑法原理，本院不予采纳。

从庭审中查明的事实和证据表明，检察机关认定被告人徐某甲巨额财产来源不明的数额为人民币880万余元。审理中查明，被告人徐某甲还有能够说明来源的、并有证据证实的合法财产人民币31万余元。因此，被告人徐某甲的辩护人提出的该人民币31万余元，应在巨额财产来源不明罪数额中予以扣除的辩护意见，符合事实，本院予以采纳。公诉人亦当庭表示无异议。

2009年2月28日，全国人大常委会颁布实行《中华人民共和国刑法修正案（七）》。该修正案第十四条将《刑法》第三百九十五条第一款巨额财产来源不明罪的最高刑处有期徒刑五年修改为："国家工作人员的财产、支出明显超过合法收入，差额巨大的，可以责令该国家工作人员说明来源，不能说明来源的，差额部分以非法所得论，处五年以下有期徒刑或者拘役，差额特别巨大的，处五年以上十年以下有期徒刑。财产的差额部分予以追缴。"检察机关对被告人徐某甲适用《中华人民共和国刑法修正案（七）》第十四条规定的《中华人民共和国刑法》第三百九十五条第一款，认定被告人徐某甲"差额特别巨大"。

从庭审中查明的事实和证据表明，被告人徐某甲于2009年7月被依法查处，案发后检察机关查获的被告人徐某甲所有的家庭财产为人民币1500余万元，而来源不明的巨额财产仅有人民币849万余元，这不仅有被告人徐某甲的供述为证，还有查获的被告人徐某甲及其家人的收入凭证和司法审计鉴定结论等证据证实。但目前没有充分确凿的证据能够证明，被告人徐某甲在2009年2月之后仍有犯罪所得，且来源不明的巨额财产全部或有一部分形成于2009年2月28日《中华人民共和国刑法修正案（七）》颁布实行之后。因此，按照谦抑原则和从旧兼从轻的溯及力原则，现在只能推定被告人徐某甲来源不明巨额财产形成的时间为2009年2月28日之前，应适用《中华人民共和国刑法修正案（七）》实行之前的《中华人民共和国刑法》第三百九十五条第一款之规定，对被告人徐某甲巨额财产来源不明罪定罪处罚。被告人徐某甲的辩护人就此节提出的辩护意见，符合刑法谦抑原则和从旧兼从轻的溯及力原则，本院予以采纳，并在判决时增加适用《中华人民共和国刑法》第十二条第一款之规定。

从庭审中查明的事实和证据表明，检察机关通过他人举报掌握了被告人徐某甲受贿的事实，于2009年7月20日至×乙委的纪检部门做了通报。纪检部门根据通报的情况，当天找被告人徐某甲进行谈话。被告人徐某甲交代了受贿犯罪的事实。这不仅有被告人徐某甲的供述为证，还有×乙委纪检部门出具的相关书证予以印证。根据最高人民法院关于纪检部门掌握情况后并找行为人谈话，行为人交代了纪检机关已经掌握的犯罪事实，只能认定行为人坦白交代较好，不能认定自首的规定，被告人徐某甲系在纪检部门已经掌握了其犯罪事实的情况下，才向纪检部门坦白交代受贿事实，缺乏自动投案的自首要件，不能认定为自首。因此，检察机关、被告人徐某甲及其辩护人提出的被告人徐某甲具有自首情节的公诉、辩称和辩护意见，有悖于事实、法律和最高人民法院对自首认定的规定，本院不予采纳。

案发后，被告人徐某甲有检举立功表现，在受贿犯罪部分可依法减轻处罚，在巨额财产来源不明犯罪和隐瞒境外存款犯罪部分可依法从轻处罚，被告人徐某甲对基本犯罪事实尚能坦白交代，检察机关追缴了全部赃款，可酌情从轻处罚。公诉人和辩护人就被告人徐某甲量刑情节的公诉和辩护意见，符合事实和法律对立功量刑的规定，本院予以采纳。

据此，为维护国家机关的正常活动和国家机关工作人员的职务廉洁性，严肃国家法制，依照《中华人民共和国刑法》第三百八十五条、第三百八十六条、第三百八十三条第一款第（一）项、第三百九十五条、第一百六十三条第三款、第十二条第一款、第六十八条第一款、第六十九条、第九十三条和第六十四条之规定，判决如下：

一、被告人徐某甲犯受贿罪，判处有期徒刑九年，并处没收财产人民币十万元；犯巨额财产来源不明罪，判处有期徒刑二年；犯隐瞒境外存款罪，判处有期徒刑六个月；决定执行有期徒刑十一年，并处没收财产人民币十万元。

（刑期从判决执行之日起计算。判决执行以前先行羁押的，羁押一日折抵刑期一日，即自2009年7月20日起至2020年7月19日止。）

二、查获的被告人徐某甲受贿赃款人民币九十六万五千元、巨额财产来源不明赃款人民币八百四十九万元，予以没收，上缴国库。

如不服本判决，可在接到判决书的第二日起十日内，通过本院或者直接向上海市第二中级人民法院提出上诉。书面上诉的，应当提交上诉状正本一份，副本二份。

审　判　长　孙　玮
代理审判员　余　亮
代理审判员　黄　念
二〇一〇年八月十三日
书　记　员　王心颖

上海市静安区人民检察院
刑事抗诉书

沪静检刑抗〔2010〕1号

上海市静安区人民法院以（2010）静刑初字第200号刑事判决书对被告人徐某甲受贿罪、巨额财产来源不明罪、隐瞒境外存款罪一案作出判决。本院依法审查后认为，该判决适用法律确有错误，导致对被告人徐某甲量刑畸轻。理由如下：

一、判决对于被告人徐某甲巨额财产来源不明罪部分未适用2009年2月28日颁布实行的《中华人民共和国刑法修正案（七）》第十四条的规定，属适用法律错误。

一审判决认定，被告人徐某甲于2009年7月被依法查处，案发后检察机关查获的被告人所有家庭财产为人民币1500余万元，而来源不明的巨额财产有人民币849万余元。目前没有充分确凿的证据能够证明，被告人徐某甲在2009年2月之后仍有犯罪所得，且来源不明的巨额财产全部或有一部分形成于2009年2月28日《中华人民共和国刑法修正案（七）》颁布实行之后。因此，按照谦抑原则和从旧兼从轻的溯及力原则，现在只能推定被告人来源不明巨额财产形成的时间为2009年2月28日之前。对被告人以巨额财产来源不明罪定罪处罚，不应适用《中华人民共和国刑法修正案（七）》第十四条的规定。

本院认为，第一，巨额财产差额的形成仅是构成巨额财产来源不明罪的前提条件，而行为人不能说明财产来源的行为才是构成该罪的实质要件。第二，根据现有证据，本案于2009年7月案发后，被告人徐某甲在侦查、审查起诉直至庭审终结，对于自己全部家庭财产中人民币849万余元的部分始终不能说明来源。因此，对被告人徐某甲以巨额财产来源不明罪定罪处罚，应适用《中华人民共和国刑法修正案（七）》第十四条的规定。

据此，被告人徐某甲巨额财产来源不明，差额特别巨大，依法应判处五年以上十年以下有期徒刑。一审判决未适用《中华人民共和国刑法修正案（七）》第十四条的规定，显属适用法律错误。

二、判决对被告人徐某甲受贿罪部分减轻处罚，属适用法律错误。

一审判决认定，案发后被告人徐某甲有检举立功表现，因此在受贿犯罪部分可依法减轻处罚。

本院认为，被告人徐某甲虽然有检举立功的表现，但该情节目前尚未被确认为“重大立功”，属于一般立功情节，依法可从轻或减轻处罚；鉴于被告人受贿达人民币96.5万余元，其中主动索贿达人民币70万元，依法应从重处罚。

据此，被告人徐某甲虽然有立功检举，但不应对其受贿罪部分减轻处罚。一审判决对被告人适用减轻处罚，显属适用法律错误。

三、因判决适用法律错误，导致对被告人徐某甲量刑畸轻。一审判决认定，被告人徐某甲犯受贿罪，判处有期徒刑九年，并处没收财产人民币十万元；犯巨额财产来源不明罪，判处有期徒刑二年；犯隐瞒境外存款罪，判处有期徒刑六个月；决定执行有期徒刑十一年，并处没收财产人民币十万元。

本院认为，被告人徐某甲犯受贿罪，受贿金额达人民币96.5万余元，依法应判处十年以上有期徒刑，并处没收财产；且被告人有索贿情节，应从重处罚；犯巨额财产来源不明罪，差额特别巨大，依法应判处五年以上十年以下有期徒刑；犯隐瞒境外存款罪，依法应判处二年以下有期徒刑；被告人徐某甲有立功检举情节，可从轻处罚。

据此，法院判决量刑畸轻。

综上所述，本院认为，上海市静安区人民法院（2010）静刑初字第200号刑事判决书适用法律确有错误，导致量刑畸轻。为维护司法公正，准确惩治犯罪，依照《中华人民共和国刑事诉讼法》第一百八十一条的规定，特提出抗诉，请依法判处。

此致

上海市第二中级人民法院

上海市静安区人民检察院

二〇一〇年八月三十日

附：被告人徐某甲现羁押于上海港看守所。

上海市第二中级人民法院
刑事判决书

（2010）沪二中刑终字第587号

抗诉机关上海市静安区人民检察院。

原审被告人徐某甲，男，1953年××月××日出生于上海市，汉族，大学文化程度，原上海市×甲委员会（以下简称“×甲委”）、上海市×乙委员会（以下简称“×乙委”）电子息产业管理处处长，住本市××路××弄××号××室。因本于2009年7月22日被刑事拘留，同年8月4日被逮捕。现羁押于上海港公安局看守所。

辩护人薛某某、朱某某，上海××律师事务所律师。

上海市静安区人民法院审理上海市静安区人民检察院指控原被告人徐某甲犯受贿罪、巨额财产来源不明罪、隐瞒境外存款罪一案，于二〇一〇年八月十三日作出（2010）静刑初字第200号刑事判决。上海市静安区人民检察院认为判决确有错误，向本院起抗诉。本院受理后依法组成合议庭，公开开庭审理了本案。上海市人民检察院第二分院指派检察员李小文出庭履行职务。原被告人徐某甲及其辩护人薛某某、朱某某均到庭参加诉讼。现已审理终结。

上海市静安区人民法院判决认定：

一、被告人徐某甲的主体身份

被告人徐某甲于1998年3月进入×甲委工作，2005年6月至2009年2月，担任×甲委信息产业管理处处长。2009年2月×甲委与上海市×丙委员会合并为×乙委，被告人徐某甲担任×乙委电子信息产业管理处处长，主要职责是：负责本部门各项职能工作，主要负责全市软件和集成电路产业发展专项资金（以下简称“专项资金”）的项目审核、发放和验收工作。

原审法院认定上述事实的证据有，×甲委《组织机构代码证》《上海市人民政府办公厅关于印发×乙委主要职责内设机构和人员编制规定的通知》《×乙委关于印发〈×乙委内设机构主要职责〉的通知》《关于徐某甲等同志任职的通知》、上海市国家公务员登记表及相关任免审批表、《职务证明》《干部履历表》《×甲委软件和集成电路产业发展专项资金管理办法》等书证；证人宋某某、林某某、朱某甲的证言以及被告人徐某甲的供述等。

二、被告人徐某甲受贿的事实

1. 2005年八九月间，被告人徐某甲购买了两套静安××园二期房产，在有能力支付房款情况下，以“借购房款”为由向××微电子（上海）有限公司（以下简称“×甲公司”）法定代表人钱某某索取人民币20万元（以下币种除特别注明外均为人民币）。被告人徐某甲收款后未履行任何借款手续，直至案发亦未归还该款。同年12月和2007年12月，×甲公司向×甲委申请专项资金并通过审核，先后获得专项资金拨款120万元和150万元。

原审法院认定上述事实的证据有：×甲公司的工商资料、×甲委专项基金划拨单、中国工商银行上海市分行凭证等书证；证人钱某某关于2005年徐某甲向其借款20万元至今未还的证言以及被告人徐某甲关于2005年向×甲公司钱某某借款20万元的供述等。

2. 2005年八九月间，被告人徐某甲购买了两套静安××园二期房产，在有能力支付房款的情况下，仍以“借购房款”为由向上海××信息系统有限公司（以下简称“×乙公司”）法定代表人曾某某索取40万元。被告人徐某甲收款后，未履行任何借款手续，直至案发仍未归还该款。2006年1月和2007年11月，×乙公司向×甲委申请专项资金并通过审核，先后获得专项资金拨款80万元和150万元。

原审法院认定上述事实的证据有：×乙公司的工商资料、×甲委专项基金划拨单、中国工商银行上海市分行相关凭证、曾某某从×乙公司提款40万元和事后将40万元归还的记录等书证；曾某某关于2005年8月徐某甲向其借款30余万元，其通过朱某甲、蒋某某等人将钱款交给徐某甲的证言；证人朱某甲、蒋某某的相关证言以及被告人徐某甲关于向×乙公司的曾某某借40万元至今未还的供述等。

3. 2004年，上海××科学园区发展有限公司（以下简称“×丙公司”）下属企业上海××信息港有限公司向×甲委申请专项资金。2005年10月，兼任×丙公司顾问的被告人徐某甲以“顾问费”的名义，收受×丙公司10万元。2004年、2006年，上海××信息港有限公司先后两次获得专项资金拨款400万元。

原审法院认定上述事实的证据有，×丙公司工商资料、上海××信息数码港有限公司工商资料、×甲委专项基金划拨单等书证；证人×丙公司副总经理夏某某于2005年12月曾给过徐某甲一笔10万元“顾问费”的证言；证人×丙公司出纳吴某某关于支付徐某甲“顾问费”10万元的证言以及被告人徐某甲关于在2005年年底收受×丙公司“顾问费”10万元的供述等。

4. 2005年7月，×甲委、××大学及上海××电子有限公司达成合作协议，共同成立××大学多媒体传输芯片技术研究所。×甲委委派徐某甲担任该合作部门管委会副主任并兼任下属研究所副所长职务。2005年9月至2009年5月间，被告人徐某甲利用职务便利，以“津贴费”的名义收受合作方上海××电子有限公司的上级公司北京××科技有限公司（以下简称“×丁公司”）22.5万元。

原审法院认定上述事实的证据有，×丁公司工商登记资料、×丁公司出具的情况说明、×丁公司提供的《合作协议》、×丁公司汇款给徐某甲钱款的记录和相关银行凭证等书证；证人×丁公司副总经理唐某某的证言以及被告人徐某甲关于从×丁公司领取津贴费每月5000元共计22.5万元的供述等。

5. 2007年，上海××系统集成有限公司（以下简称“×戊公司”）副总经理朱某乙通过时任×甲委办公室副主任的苗某某（另案处理）请托被告人徐某甲，以期帮助该公司获得专项资金。被告人徐某甲接受苗某某的请托后，利用主管专项资金项目申报管理和计划编制的职务便利，为×戊公司提供帮助，使得×戊公司获取了120万元的专项资金拨款。2008年初，被告人徐某甲从苗某某处收受朱某乙的好处费4万余元。

原审法院认定上述事实的证据有，×戊公司工商登记资料、×甲委专项基金划拨单等书证；证人苗某某关于2007年接受×戊公司副总经理朱某乙给的好处费用12万元，其分次转交给徐某甲大约4万元的证言；证人朱某乙关于为感谢苗某某及徐某甲的帮助送给苗某某现金12万元，并让苗某某代为分配给徐某甲的证言以及被告人徐某甲从苗某某处收受朱某乙4万余元的供述等。

三、被告人徐某甲隐瞒境外存款的事实

被告人徐某甲在公务活动中结识了××银行港澳台投资部总经理罗某某并与罗某某约定，借用罗某某在香港的银行账户交易香港H股，收益归徐某甲所有。2007年7月，被告人徐某甲通过工商银行将存款360565元兑换成港币37万元汇至罗某某在香港上海商业银行的私人账户中。2007年10月，被告人徐某甲以妻子陈某某的名义，通过××银行将存款374520元兑换成港币38.5万元，汇至上述账户。按照被告人徐某甲的要求，罗某某将上述港币75.5万元以市价购进“国讯国际”H股股票。被告人徐某甲系应申报本人在境外存款的国家机关领导干部，在历次财产申报中均未如实申报上述境外投资钱款。

原审法院认定上述事实的证据有，香港上海商业银行相关书证、股票交易的相关凭证、×乙委提供的被告人徐某甲自2006年以来个人财产申报表等书证；证人××银行总行港澳台投资部总经理罗某某、被告人徐某甲妻子陈某某的相关证言以及被告人徐某甲供述等。

四、被告人徐某甲巨额财产来源不明的事实

1998年3月至2009年7月案发，被告人徐某甲家庭银行存款、房产、股票等财产和支出总额为1576.9万元，扣除被告人徐某甲和妻子陈某某的合法收入以及被告人徐某甲能够说明合法来源的财产合计598.2万余元，被告人徐某甲受贿所得96.5万余元，审理中查明的被告人徐某甲能够说明来源并有证据证明的合法收入315078.07元，（其中，被告人徐某甲从河南调回上海工作时带回的10万元；稿费、咨询费、评审工程劳务费收入8.835万元；审计部门审计被告人徐某甲妻子陈某某合法收入有误156728.07元；被告人徐某甲代苗某某购买钻石重复计算3万元），被告人徐某甲仍有差额达849万余元不能说明合法来源。

原审法院认定上述事买的证据有，被告人徐某甲个人收入、妻子陈某某工资、奖金收入情况说明和相应材料证明等书证；司法审计鉴定结论；证人被告人徐某甲的妻子陈某某、被告人徐某甲的儿子徐某乙、上海市××制造业行业协会职工徐某丙、上海市××制造业行业协会李某某的相关证言以及被告人徐某甲供述等。

五、被告人徐某甲的量刑情节

案发后，检察机关从被告人徐某甲处扣押、冻结了本市××路××弄××号××室、××路××弄××号××室和××路××弄××号（别墅）房产三处；家庭存款美元221887.55元，人民币1736507.93元。

另查，被告人徐某甲在羁押期间具有检举揭发他人犯罪的立功表现。

原审法院认为，被告人徐某甲于2005年八九月间，以购房需要资金为名，分别向×甲公司法定代表人钱某某和×乙公司法定代表人曾某某“借款”20万元和40万元，但被告人徐某甲有购房能力无须借款，未按正常手续出具借条，至案发长达四年多的时间里有能力还款而不予归还，亦未向钱、曾两人表示过还款，足以认定被告人徐某甲客观上以“借款”为名，主观上具有索取他人贿赂的故意，应以受贿罪论处。

×丙公司聘请被告人徐某甲为顾问，并给被告人徐某甲顾问费10万元，目的是利用被告人徐某甲的职务便利谋取本单位利益。被告人徐某甲虽然在案发时还未为×丙公司谋取利益，但受贿犯罪为请托人谋取利益包括期待利益，故应一并以受贿罪论处。

被告人徐某甲受国家机关委派，至合作方依法从事公务，收受合作方×丁公司22.5万元，这不仅有被告人徐某甲的供述，且该供述与证人×丁公司副总经理唐某某的证言和查获的相关书证吻合。被告人徐某甲利用受国家机关委派依法从事公务的职务便利，收受合作方钱款，符合受贿犯罪的全部构成要件，也应以受贿罪论处。

被告人徐某甲属具有法定申报义务的国家工作人员，其已犯巨额财产来源不明罪，再将一部分来源不明的巨额财产转移至境外并隐瞒不报，不履行应当申报的法定义务，应对被告人徐某甲境内、境外的财产分别定罪，予以数罪并罚。

上海市静安区人民检察院认为，应适用《中华人民共和国刑法修正案（七）》第十四条规定的《中华人民共和国刑法》第三百九十五条第一款，认定被告人徐某甲犯巨额财产来源不明罪属“差额特别巨大”。原审法院认为，被告人徐某甲于2009年7月案发，检察机关查获的被告人徐某甲家庭财产为1500万余元，而来源不明的巨额财产为849万余元。但目前没有充分证据证明被告人徐某甲在2009年2月《中华人民共和国刑法修正案（七）》颁布施行之后仍有财产形成。故按照谦抑原则和从旧兼从轻的溯及力原则，应适用《中华人民共和国刑法修正案（七）》施行之前的《中人民共和国刑法》第三百九十五条第一款之规定，对被告人徐某甲犯巨额财产来源不明罪定罪处罚。

上海市静安区人民检察院通过他人举报掌握了被告人徐某甲受贿的事实，于2009年7月20日至×乙委纪检部门做了通报。纪检部门根据通报情况，当日找被告人徐某甲谈话。被告人徐某甲交待了受贿犯罪的事实。被告人徐某甲系在纪检部门已经掌握了其犯罪事实的情况下，才向纪检部门坦白交待了受贿事实，缺乏主动投案的自首要件，不能认定为自首。

综上，原审法院认为，被告人徐某甲系国家机关工作人员，利用职务之便，为请托人谋利，收受请托人贿赂共计96.5万元，其行为已构成受贿罪；被告人徐某甲具有申报个人境外存款的法定义务，未如实申报个人境外存款74万余元，其行为已构成隐瞒境外存款罪；被告人徐某甲的财产、支出明显超过其合法收入，有财产差额849万余元不能说明来源，其行为已构成巨额财产来源不明罪，依法应予数罪并罚。案发后，被告人徐某甲有检举立功表现，在受贿犯罪部分可依法减轻处罚，在巨额财产来源不明犯罪和隐瞒境外存款犯罪部分可依法从轻处罚；被告人徐某甲对基本犯罪事实尚能坦白交代，检察机关追缴了全部赃款，可酌情从轻处罚。据此，为维护国家机关的正常活动和国家机关工作人员的职务廉洁性，严肃国家法制，依照《中华人民共和国刑法》第三百八十五条、第三百八十六条、第三百八十三条第一款第（一）项、第三百九十五条、第一百六十三条第三款、第十二条第一款、第六十八条第一款、第六十九条、第九十三条和第六十四条之规定，对被告人徐某甲犯受贿罪，判处有期徒刑九年，并处没收财产人民币十万元；犯巨额财产来源不明罪，判处有期徒刑二年；犯隐瞒境外存款罪，判处有期徒刑六个月；决定执行有期徒刑十一年，并处没收财产人民币十万元；查获的被告人徐某甲受贿赃款人民币九十六万五千元、巨额财产来源不明赃款人民币八百四十九万元，予以没收，上缴国库。

上海市静安区人民检察院抗诉认为：一、原审法院对被告人徐某甲犯巨额财产来源不明罪未适用2009年2月28日颁布并施行的《中华人民共和国刑法修正案（七）》属适用法律错误。理由是：第一，财产差额的形成仅是构成巨额财产来源不明罪的前提条件，而行为人不能说明差额财产来源的行为才是构成该罪的实质要件；第二，被告人徐某甲在侦查、审查起诉直至审判阶段，对自己全部家庭财产中尚有差额财产849万余元不能说明来源。二、原审法院对被告人徐某甲犯受贿罪减轻处罚属适用法律错误。理由是，被告人徐某甲的立功表现不构成重大立功，属一般立功情节，依法可从轻或减轻处罚，但鉴于被告人徐某甲受贿96.5万元，其中索贿达60万元，依法应从重处罚。综上认为，由于原审法院对被告人徐某甲上述两罪适用法律错误，导致对被告人徐某甲量刑畸轻。被告人徐某甲犯受贿罪，受贿金额达96.5万元，依法应判处十年以上有期徒刑，并处没收财产，且其具有索贿情节，应从重处罚；犯巨额财产来源不明罪，差额特别巨大，依法应判处五年以上十年以下有期徒刑；犯隐瞒境外存款罪依法应判二年以下有期徒刑；被告人徐某甲有立功情节，对被告人徐某甲犯上述罪行依法可从轻处罚。

上海市人民检察院第二分院支持上海市静安区人民检察院的抗诉意见。由于被告人徐某甲检举的犯罪嫌疑人目前由杨浦区人民检察院审查起诉，不能认定被告人徐某甲的立功表现属于重大立功。希望本院依法改判。

原审被告人徐某甲辩称，其从×甲公司法定代表人钱某某和×乙公司法定代表人曾某某“借款”20万元和40万元系民事借款，从×丙公司所拿10万元系“顾问费”，从×丁公司所拿22.5万元并无职务便利，是正常的劳务津贴，均不构成受贿罪。

徐某甲辩护人认为，根据法律规定，巨额财产来源不明罪中，要求犯罪嫌疑人说明财产来源是司法机关办案中的程序性规定，而不是该罪成立的必要条件。由于被告人徐某甲巨额财产均形成于《中华人民共和国刑法修正案（七）》施行之前，故对徐某甲应当适用原刑法规定；被告人徐某甲犯受贿罪，但徐到案后能如实主动交待自己的受贿事实，且其检举的犯罪嫌疑人可被判处无期徒刑以上刑罚，属于重大立功，依法可减轻或免除处罚，故原审法院对被告人徐某甲定罪量刑正确，抗诉意见不能成立；另，在隐瞒境外存款罪一节，被告人徐某甲在境外投资的74万余元是股票投资而不是存款，不能认定为犯罪，即使认定为犯罪，亦不应该在巨额财产来源不明罪中重复计算。

经审理查明，被告人徐某甲索取×甲公司20万元、索取×乙公司40万元、收受×丙公司10万元、收受×丁公司22.5万元、收受×戊公司4万元，共计受贿96.5万元，其中索贿60万元。

被告人徐某甲系国家机关工作人员，具有申报境外存款的义务。2007年7月，被告人徐某甲通过工商银行将本人存款360565元兑换成港币37万元，汇至罗某某在香港上海商业银行的私人账户；又于2007年10月，以其妻子陈某某名义，通过××银行将存款人民币374520元兑换成港币38.5万元，汇至上述账户，通过罗某某将港币75.5万元以市价购进"国讯国际"H股，被告人徐某甲在历年财产申报时对上述情况均隐瞒不报。

被告人徐某甲系国家机关工作人员，自1998年3月至2009年7月间，其家庭银行存款、房产、股票等财产和支出总额为1576.9万元，扣除被告人徐某甲和妻子陈某某的合法收入以及徐能够说明合法来源的财产合计635.7万余元，徐某甲受贿所得96.5万元，被告人徐某甲仍有差额财产844万余元不能说明来源。

原审法院认定被告人徐某甲上述犯罪事实清楚，证据确实、充分，本院予以确认。

对控辩双方意见评判如下：

1. 被告人徐某甲作为×甲委信息产业管理处处长，对全市软件和集成电路产业发展专项资金具有审核、发放和验收职权，但被告人徐某甲却对相关专项资金申报单位，以借款、顾问费、劳务津贴等名义索要或收取贿赂，故其犯罪所得应以受贿罪论处。被告人徐某甲的辩解及辩护人的辩护意见均不予采纳。

2. 2009年7月被告人徐某甲因犯受贿罪案发，经检察机关查证，被告人徐某甲财产、支出明显超过合法收入，差额特别巨大，且不能说明来源。被告人徐某甲在2009年2月28日《中华人民共和国刑法修正案（七）》颁布施行之后有巨额财产不能说明来源合法，故应以《中华人民共和国刑法修正案（七）》第十四条之规定予以处罚。抗诉机关的抗诉意见成立。

3. 被告人徐某甲检举揭发他人犯罪，属一般立功，但其受贿金额达96.5万元，其中索贿金额达60万元，应依法从重处罚，但综合其到案后交代态度较好且全额退赃等情节，本院对被告人徐某甲犯受贿罪从轻处罚。抗诉机关的抗诉意见成立。

4. 被告人徐某甲系国家机关工作人员，依照国家规定应当申报境外存款，包括外币、也包括其他投资款，如债券、股票等有价证券，但其隐瞒不报；被告人徐某甲财产、支出明显超过合法收入，差额特别巨大，且不能说明来源，其行为分别构成隐瞒境外存款罪和巨额财产来源不明罪，应予数罪并罚。辩护人相关的意见不予采纳。

综上，本院认为，被告人徐某甲作为国家机关工作人员利用职务上的便利，收受他人贿赂共计96.5万元，为他人谋利，其行为已构成受贿罪；被告人徐某甲具有申报个人境外存款的法定义务，未如实申报个人境外存款73.5万余元，其行为已构成隐瞒境外存款罪；被告人徐某甲的财产、支出明显超过其合法收入，有财产差额844万余元不能说明来源，差额特别巨大，其行为已构成巨额财产来源不明罪，依法应予以数罪并罚。被告人徐某甲有检举立功表现，已退赔了全部受贿赃款，故对被告人徐某甲所犯罪行均从轻处罚。据此，依照《中华人民共和国刑事诉讼法》第一百八十九条第（二）项、《中华人民共和国刑法》第三百八十五条、第三百八十六条、第三百八十三条第一款第（一）项、第三百九十五条、第一百六十三条第三款、第六十八条第一款、第六十九条、第九十三条和第六十四条之规定，判决如下：

一、撤销上海市静安区人民法院（2010）静刑初字第200号刑事判决。

二、被人徐某甲犯受贿罪，判处有期徒刑十年，并处没收财产人民币十万元；犯巨额财产来源不明罪，判处有期徒刑六年；犯隐瞒境外存款罪，判处有期徒刑六个月。决定执行有期徒刑十五年，并处没收财产人民币十万元。

（刑期从判决执行之日起计算。判决执行以前先行羁押的，羁押一日折抵刑期一日，即自2009年7月20日起至2024年7月19日止。）

三、查获的被告人徐某甲受贿赃款人民币九十六万五千元；来源不明的财产人民币八百四十四万元作为非法所得予以追缴。

本判决为终审判决。

审 判 长 吴 欣
代理审判员 彭卫东
代理审判员 逢淑琴
二〇一一年四月二十二日
书 记 员 李 华

准确认定经济损失依法保护公共财产

——李某某等三人滥用职权案

【案例要旨】

动拆迁领域渎职类案件造成政府购置的动迁安置房损失的，应以房屋市场价格和挽回经济损失所支付的费用作为认定公共财产损失的依据。

【案情简要】

被告人李某某原任本市嘉定区××镇动拆迁指挥部××，受××镇政府委托负责该镇农户动拆迁的推进、管理工作。2012年12月，其明知周某丙、刘某某两户不在该镇××村一队拆迁项目的补偿安置范围内，不应获得补偿安置，仍根据周某丙、刘某某两户提供的少量材料，授意、指使被告人汪某某、金某甲违规予以办理补偿安置手续，并通过他人编造了虚假的周某丙、刘某某两户房屋拆迁估价报告。汪某某、金某甲二人明知上述情况不符合工作要求，仍违规予以办理。2013年1月，周某丙、刘某某两户分别获得位于嘉定区××路××弄的安置房2套。

经鉴定，上述4套安置房在犯罪行为发生时市场价为人民币608万元。嘉定区人民检察院依此鉴定价格以滥用职权罪对三名被告人提起公诉，嘉定区人民法院未采纳指控意见，以政府购置该4套安置房的实际出资138万余元及为追回房屋所缴纳税费16万余元认定为犯罪数额。嘉定区人民检察院提出抗诉并得到上海市人民检察院第二分院支抗，二审法院经审理后采纳抗诉意见，改判三名被告人滥用职权造成公共财产遭受经济损失624万元，并分别对三名被告人增加刑期。

【典型意义】

征地拆迁是涉及社会稳定和民生的重要工作，是人民群众关注的热点问题。发生在征地拆迁领域的职务犯罪案件，造成国家和公共财产的重大损失，严重损害人民群众的切身利益，准确查处此类案件具有极其重要的意义。本案的成功抗诉，对于征地拆迁领域内渎职类案件如何准确认定犯罪数额，具有指导和借鉴意义。

一、公共财产损失的认定，应包括资产升值部分

本案所涉房产系由××镇政府于2004年出资采购的动迁安置房，房产性质为商品房，有较为确定的市场价格，采购费用为138万余元。至2012年犯罪行为发生时，4套商品房随着房地产市场的发展，价格已大幅上升至608万元。

一审法院将××镇政府2004年购房费用138万余元和为追回3套房产而支付的契税16.6万余元作为滥用职权所造成的经济损失，未考虑房产增值部分。而房产升值部分本应由出资人××镇政府所享有，并在动拆迁补偿安置过程中作为政府补贴的一部分，转让给符合条件的补偿安置对象，应当计入公共财产的损失数额。

二、以购置成本认定为公共财产损失的数额，不利于公共财产的保护及违法所得的追缴

本案涉案4套房产，检察机关于立案后追回其中3套，另有1套房产已被涉案人刘某某出售给第三人，成交价为98.8万元。因房产买受人系善意取得，司法机关无法追回该房产。若依据一审判决所认定的公共财产损失数额，该套房屋涉案金额为22万余元，远低于刘某某出售该房屋所获利益，以此价格认定公共财产的损失将导致司法机关无法律依据继续追缴76万余元违法所得，不利于公共财产损失的挽回。

三、为挽回公共财产损失而支付的开支、费用，应计入公共财产损失

根据“两高”《关于办理渎职刑事案件适用法律若干问题的解释（一）》（以下简称《解释》）的规定，为挽回渎职犯罪所造成损失而支付的各种开支、费用应计入公共财产损失。

本案中，××镇政府为追回涉案的3套房屋，共支付契税16.6万余元，属于为挽回经济损失所支付的必要开支，应一并计入渎职犯罪所造成的经济损失，一审公诉机关在提起公诉时未将此笔金额计入经济损失。检察机关在案件侦查、审查起诉过程中应充分注意，对可能存在的土地出让金减免、税费减免等隐性的国家经济损失，以及为挽回经济损失而支付的费用等进行调查取证和全面认定。

四、确定经济损失应以立案时为基准点

嘉定区人民检察院于2015年1月20日对本案立案侦查，涉案房屋估价于同月15日作出，房屋价格评估基准日为2012年11月15日，即拆迁房屋补偿安置协议签订日。由此可见，本案是以犯罪行为发生时的公共财产损失认定为渎职犯罪造成的经济损失。

上海市人民检察院检委会认为，根据《解释》的相关规定，应以立案时造成的财产损失认定为宜。渎职犯罪具有行为与结果不同步的特征，渎职犯罪行为发生后的经济损失可能持续扩大，也可能逐渐减少，但是作为定罪量刑的重要情节，经济损失必须是确定的。因此，《解释》规定：本解释规定的“经济损失”，是指渎职犯罪或者与渎职犯罪相关联的犯罪立案时已经实际造成的财产损失。司法解释规定以“立案时”，而非“行为时”的一般司法认定标准，这一必要调整既是渎职犯罪行为与结果不同步的客观需要，也有鼓励行为人积极挽回损失、避免损失扩大的政策考虑。

上海市嘉定区人民检察院
起 诉 书

沪嘉检诉刑诉〔2015〕973号

被告人李某某，男，1963年××月××日生，公民身份号码：3102221963×××××××××，汉族，上海市嘉定区人，中专文化，原系嘉定区××镇动拆迁指挥部××、嘉定区房屋土地征收工作××镇指挥部××，户籍所在地嘉定区××镇××村××号，现住本区××镇××路××弄××号××室。2014年12月2日犯贪污罪被嘉定区人民法院判处有期徒刑三年，缓刑四年。2015年1月21日因涉嫌滥用职权罪，经本院决定，由上海市公安局嘉定分局执行刑事拘留，同年2月3日经上海市人民检察院第二分院审查批准，次日由上海市公安局嘉定分局执行逮捕。

被告人汪某某，男，1955年××月××日生，公民身份号码：3101071955×××××××××，汉族，浙江省萧山市人，初中文化，原系上海××拆迁服务有限公司××，户籍所在地及居住地嘉定区××镇××村××号××室。2015年1月21日因涉嫌滥用职权罪，经本院决定取保候审。

被告人金某甲，男，1953年××月××日生，公民身份号码：3102221953×××××××××，汉族，上海市嘉定区人，初中文化，退休，户籍所在地嘉定区××镇××村××号，现住本区××坊×号××室。2015年1月21日因涉嫌滥用职权罪，经本院决定取保候审。

本案由本院反渎职侵权局侦查终结，以被告人李某某、汪某某、金某甲涉嫌滥用职权罪，于2015年4月2日向本院移送审查起诉。本院受理后，于次日已分别告知各被告人有权委托辩护人，依法讯问了被告人，审查了全部案件材料，经审查于2015年5月13日退回补充侦查，本院反渎职侵权局于同年6月4日补充侦查终结，再次移送审查起诉。

经依法审查查明：

2012年间，本区××镇××村一队拆迁过程中，被告人李某某先后担任嘉定区××镇动拆迁指挥部××、嘉定区房屋土地征收工作××镇指挥部××，受××镇政府委托，负责该镇农户动拆迁工作的推进、管理。

被告人汪某某受上海××拆迁服务有限公司聘用，委派其担任××村一队拆迁工作人员，负责该拆迁基地的管理、协调工作。被告人金某甲受汪某某聘用，参与该拆迁项目具体工作。

2012 年 12 月，被告人李某某明知周某丙、刘某某两户不在××村一队拆迁项目的补偿安置范围内，不应获得补偿安置，仍根据周某丙、刘某某两户提供的少量材料，授意、指使被告人汪某某、金某甲违规予以办理补偿安置手续，并通过他人编造了周某丙、刘某某两户不真实的房屋拆迁估价报告。被告人汪某某、金某甲明知周某丙、刘某某两户不符合补偿安置条件、李某某的行为不符合动拆迁工作要求，仍违规为周某丙、刘某某两户办理拆迁安置补偿手续。2013 年 1 月，周某丙、刘某某两户据此分别获得××路××弄××号××室、××号××室及××路××弄××号××室、××号××室安置房。经价格鉴定，上述四套安置房市场价为人民币 608 万元。

案发后，被告人李某某及被告人汪某某、金某甲于 2015 年 1 月 20 日经电话通知后主动接受调查，并如实供述上述基本犯罪事实。涉案安置房现已追回××路××弄××号××室、××号××室、××号××室三套。

认定上述事实的主要证据如下：

1. 相关任免职通知、岗位说明、刑事判决书、户籍资料；2. 拆迁委托协议、临时聘用合同等书证、证人赵某某、朱某甲的证言；3. ××村第一村民组农户动迁工作方案、补偿安置方案等书证、本市征收集体房屋土地补偿暂行规定等书证；4. 证人冯某甲、王某甲、吴某某、倪某某、陈某某的证言；5. 证人周某甲、周某乙、张某某、王某乙的证言、农户签到表、征询单、委托协议及估价报告等书证；6. 关系证人杨某某、周某丙、刘某某的证言、证人肖某某的证言、安置补偿协议、商品房出售合同、房地产登记簿查询信息等书证；7. 证人王某丙、朱某乙、金某乙、冯某乙、徐某某的证言、估价报告；8. 证人黄某某的证言、安置明细表等书证；9. 价格鉴定结论书、协议书等书证、退房协议书及情况说明等书证；10. 被告人李某某、汪某某、金某甲的供述。

上述证据来源及收集程序合法，内容客观真实，足以认定指控事实。

本院认为，被告人李某某身为受国家机关委托代表国家机关行使职权的组织中从事公务的人员，滥用职权，致使国家利益遭受重大损失，情节特别严重；被告人汪某某、金某甲受李某某指使，明知李某某实施犯罪活动仍提供帮助，其行为均已触犯《中华人民共和国刑法》第三百九十七条第一款，犯罪事实清楚，证据确实充分，应当以滥用职权罪追究其刑事责任。根据《中华人民共和国刑法》第二十五条的规定，本案系共同犯罪，其中被告人李某某在共同犯罪中起主要作用，系主犯；被告人汪某某、金某甲均起次要、辅助作用，均系从犯，根据《中华人民共和国刑法》第二十七条的规定，应当从轻或减轻处罚。被告人李某某在缓刑考验期内被发现判决宣告前还有其他犯罪没有判决，根据《中华人民共和国刑法》第七十七条、第六十九条的规定，应予撤销缓刑，数罪并罚。被告人李某某、汪某某、金某甲均具有自首情节，根据《中华人民共和国刑法》第六十七条第一款的规定，可以减轻处罚。根据《中华人民共和国刑事诉讼法》第一百七十二条的规定，提起公诉，请依法判处。

此致

上海市嘉定区人民法院

代理检察员　苏牧青

二〇一五年六月二十四日

附：1. 被告人李某某现羁押于嘉定区看守所；被告人汪某某、金某甲分别于居住地候审；联系电话：1380165××××（汪）1350191××××（金）。

2. 侦查卷宗7册。

附：相关法律条文

《中华人民共和国刑法》

第三百九十七条第一款　国家机关工作人员滥用职权或者玩忽职守，致使公共财产、国家和人民利益遭受重大损失的，处三年以下有期徒刑或者拘役；情节特别严重的，处三年以上七年以下有期徒刑。本法另有规定的，依照规定。

第六十七条第一款　犯罪以后自动投案，如实供述自己的罪行的，是自首。对于自首的犯罪分子，可以从轻或者减轻处罚。其中，犯罪较轻的，可以免除处罚。

第二十五条第一款　共同犯罪是指二人以上共同故意犯罪。

第二十六条第一款　组织、领导犯罪集团进行犯罪活动的或者在共同犯罪中起主要作用的，是主犯。

第二十七条　在共同犯罪中起次要或者辅助作用的，是从犯。

对于从犯，应当从轻、减轻处罚或者免除处罚。

第七十七条第一款　被宣告缓刑的犯罪分子，在缓刑考验期限内犯新罪或者发现判决宣告以前还有其他罪没有判决的，应当撤销缓刑，对新犯的罪或者新发现的罪作出判决，把前罪和后罪所判处的刑罚，依照本法第六十九条的规定，决定执行的刑罚。

第六十九条第一款、第三款 判决宣告以前一人犯数罪的，除判处死刑和无期徒刑的以外，应当在总和刑期以下、数刑中最高刑期以上，酌情决定执行的刑期，但是管制最高不能超过三年，拘役最高不能超过一年，有期徒刑总和刑期不满三十五年的，最高不能超过二十年，总和刑期在三十五年以上的，最高不能超过二十五年。

数罪中有判处附加刑的，附加刑仍须执行，其中附加刑种类相同的，合并执行，种类不同的，分别执行。

《中华人民共和国刑事诉讼法》

第一百七十二条 人民检察院认为犯罪嫌疑人的犯罪事实已经查清，证据确实、充分，依法应当追究刑事责任的，应当作出起诉决定，按照审判管辖的规定，向人民法院提起公诉，并将案卷材料、证据移送人民法院。

上海市嘉定区人民法院
刑事判决书

（2015）嘉刑初字第1035号

公诉机关上海市嘉定区人民检察院。

被告人李某某，男，1963年××月××日出生于上海××，公民身份号码3102221963×××××××××，汉族，中专文化，原系嘉定区××镇动拆迁指挥部××、嘉定区房屋土地征收工作××镇指挥部××，户籍所在地上海市嘉定区××镇××村××号，住上海市嘉定区××镇××路××弄××号××室；2014年12月因犯贪污罪被本院判处有期徒刑3年，缓刑4年；2015年1月21日因涉嫌滥用职权犯罪被上海××公安局嘉定分局刑事拘留，同年2月4日被依法逮捕；现羁押于上海××嘉定区看守所。

辩护人黄某甲、王某丁，上海××律师事务所律师。

被告人汪某某，男，1955年××月××日出生于上海市，公民身份号码3101071955×××××××××，汉族，初中文化，户籍所在地及居住地上海市嘉定区××镇××村××号××室；2015年1月21日因涉嫌滥用职权犯罪被取保候审。

辩护人陆某、程某，上海××律师事务所律师。

被告人金某甲，男，1953年××月××日出生于上海××，公民身份号码3102221953×××××××××，汉族，初中文化，户籍所在地上海市嘉定区××镇××村××号，住上海市嘉定区××坊××号××室；2015年1月21日因涉嫌滥用职权犯罪被取保候审。

辩护人史某某，上海××律师事务所律师。

上海市嘉定区人民检察院以沪嘉检诉刑诉〔2015〕973号起诉书指控被告人李某某、汪某某、金某甲犯滥用职权罪，于2015年7月3日向本院提起公诉。本院受理后，依法组成合议庭，召开庭前会议并公开开庭审理了本案。人民检察院指派检察员苏牧青出庭支持公诉，被告人李某某、汪某某、金某甲、辩护人黄某甲、王某丁、陆某、程某、史某某参加庭前会议，被告人李某某、汪某某、金某甲、辩护人黄某甲、陆某、史某某到庭参加诉讼。经延期审理，现已审理终结。

公诉机关指控，2012年间，本区××镇××村第一村民组拆迁过程中，被告人李某某先后担任嘉定区××镇动拆迁指挥部××、嘉定区房屋土地征收工作××镇指挥部（以下简称××动拆迁指挥部）××，受××镇政府委托，负责该镇农户动拆迁工作的推进、管理。

被告人汪某某受上海××服务有限公司（以下简称嘉×公司）聘用，委派其担任××村第一村民组拆迁工作人员，负责该拆迁基地的管理、协调工作。被告人金某甲受汪某某聘用，参与该拆迁项目具体工作。

2012年12月，被告人李某某明知刘某某、周某丙两户不在××村第一村民组拆迁项目的补偿安置范围内，不应获得补偿安置，仍根据刘某某、周某丙两户提供的少量材料，授意、指使被告人汪某某、金某甲违规予以办理补偿安置手续，并通过他人编造了刘某某、周某丙两户不真实的房屋拆迁估价报告。被告人汪某某、金某甲明知刘某某、周某丙两户不符合补偿安置条件、李某某的行为不符合动拆迁工作要求，仍违规为刘某某、周某丙两户办理拆迁安置补偿。2013年1月，刘某某、周某丙两户据此分别获得××路××弄××号××室、××号××室及××路××弄××号××室、××号××室安置房。经价格鉴定，上述四套安置房市场价为人民币（以下币种同）608万元。

案发后，被告人李某某及被告人汪某某、金某甲于2015年1月20日经电话通知后主动接受调查，并如实供述上述基本犯罪事实。涉案安置房现已追回××路××弄××号××室、××号××室、××号××室三套。

公诉机关指控上述事实的证据有：相关任免职通知、岗位说明、刑事判决书、户籍资料、拆迁委托协议、临时聘用合同、证人赵某某、朱某甲的证言，××村第一村民组农户动迁工作方案、补偿安置方案、本市征收集体房屋土地补偿暂行规定等，证人冯某甲、王某甲、吴某某、倪某某、陈某某的证言，证人周某甲、周某乙、张某某、王某乙的证言、农户签到表、征询单、委托协议及估价报告等，关系证人杨某某、刘某某、周某丙的证言、证人肖某某的证言、安置补偿协议、商品房出售合同、房地产登记簿查询信息等，证人王某丙、朱某乙、金某乙、冯某乙、徐某某的证言、估价报告，证人黄某某的证言、安置明细表等，价值鉴定结论书、协议书、退房协议书、情况说明等，被告人李某某、汪某某、金某甲的供述等。

公诉机关认为，被告人李某某身为受国家机关委托代表国家机关行使职权的组织中从事公务的人员，滥用职权，致使国家利益遭受重大损失，情节特别严重；被告人汪某某、金某甲受李某某指使，明知李某某实施犯罪活动仍提供帮助，其行为均应当以滥用职权罪追究刑事责任。本案系共同犯罪；李某某在共同犯罪中起主要作用，系主犯；汪某某、金某甲起次要、辅助作用，均系从犯，应当从轻或减轻处罚；李某某在缓刑考验期内被发现判决宣告前还有其他犯罪没有判决，应予撤销缓刑，数罪并罚；李某某、汪某某、金某甲均具有自首情节，可以减轻处罚；涉案四套房屋已追回三套，可以酌情从轻处罚；建议对李某某判处三年以下有期徒刑并数罪并罚，对汪某某、金某甲判处二年以下有期徒刑可适用缓刑。

被告人李某某对起诉指控的犯罪事实、罪名及证据均无异议，表示自愿认罪。李某某辩称××动拆迁指挥部与动迁公司的职责是有分工的，指挥部负责协调、管理，动迁公司负责签约、洽谈、补偿、安置；刘某某的弟弟是第一户签约，其出发点是为了推进后期的动迁工作；刘某某、周某丙虽然不属于安置户，但还是可以以优惠价购买一套房屋。

被告人李某某的辩护人对起诉指控李某某的犯罪事实及罪名没有异议，提出李某某没有直接给予安置的权力，被告人汪某某、金某甲具体负责和实施动迁安置协议的签订，汪某某、金某甲二人所起的作用并非帮助、辅助作用；犯罪数额以市场价格进行认定有失公允，应以购置房屋的成本价格确定；李某某主观上为了推进动迁工作，缺乏对法律、法规和政策的重视和把握导致犯罪；刘某某、周某丙两户虽不符合动迁条件，但可以享受优惠价格；案发后李某某及时向上级反映情况，目前已有三套房屋退还；李某某认罪、悔罪态度好，系自首；建议对李某某减轻处罚。

被告人汪某某辩称其并非嘉×公司的项目经理，后认可其系挂靠嘉×公司承接动迁项目，对起诉指控其的犯罪事实没有意见，但对指控的罪名表示请求法庭依法认定。被告人汪某某的辩护人提出汪某某在动迁中不具备动迁人员或项目经理的资质，汪某某作为非国家机关工作人员，不能构成与国家机关工作人员的共犯；汪某某在本案中仅是执行××动拆迁指挥部领导交办的任务，本身没有职权，更不存在滥用；动迁协议需××动拆迁指挥部与农户协商一致方可签订，不是通过行政、司法手段强制拆迁，签订委托协议、临时聘用协议是为了费用结算；汪某某在本案中所起作用很小，李某某作为××动拆迁指挥部副总指挥起关键性作用，汪某某、金某甲只是提供服务，不能决定补偿安置，房源和评估报告是李某某交办后由金某甲具体操作，汪某某参与度低；刘某某、周某丙两户根据动迁标准也应获得一定的补偿，通过优惠购房获得动迁房，并不完全不属于补偿范围；汪某某、金某甲二人主观上是执行上级领导的指示，推进动迁的进度，案发后才知道是违规安置；本案以四套房屋的市场价格确定损失不合理；案发后汪某某积极配合涉案房屋的退还；汪某某系从犯，具有自首情节，可以从轻、减轻处罚；希望法庭查明事实公正判决。

被告人金某甲及辩护人对起诉指控金某甲的犯罪事实、罪名及情节均无异议，金某甲表示自愿认罪。辩护人提出金某甲系自首，在共同犯罪中系从犯，目前三套房屋已追回，金某甲自愿认罪，主观恶性小，犯罪情节轻微，请求对金某甲减轻处罚并适用缓刑。

经审理查明，2012 年 2 月至 2013 年 3 月间，被告人李某某担任嘉定区××镇动拆迁指挥部（后更名为嘉定区房屋土地征收工作××镇指挥部，以下简称××动拆迁指挥部）副总指挥，受××镇政府委托，全面负责该镇农户动迁工作的推进、管理。

2012 年间，在××镇政府对该镇××村第一村民组动迁过程中，被告人汪某某挂靠嘉×公司承接动迁项目，作为动迁工作人员，负责××村第一村民组动迁基地的管理、协调工作；被告人金某甲受汪某某聘用，参与××村第一村民组动迁项目的具体工作。

2012 年 12 月，被告人李某某明知刘某某、周某丙两户不在××村第一村民组动迁项目的补偿安置范围内，不属于动迁安置对象，仍根据刘某某、周某丙两户提供的少量材料，授意、指使被告人汪某某、金某甲违规办理补偿安置手续，并通过他人编造刘某某、周某丙两户虚假的房屋拆迁估价报告。汪某某、金某甲明知刘某某、周某丙两户不属于动迁补偿安置对象、李某某的行为不符合动拆迁工作要求，仍违规为刘某某、周某丙两户办理动迁安置补偿手续。2013 年 1 月，刘某某、周某丙两户据此分别获得××路××弄××号××室、××号××室及××路××弄××号××室、××号××室安置房。

2015 年 1 月 20 日，被告人李某某、汪某某、金某甲经电话通知，主动到案接受调查，到案后均如实供述了上述基本犯罪事实。案发后，涉案安置房已追回××路××弄××号××室、××号××室、××号××室三套。

另查明，2005 年 12 月，嘉定区××镇人民政府与上海市徐汇区××建设投资开发有限公司签订《协议书》，就××镇一街坊 60/1 宗地的动迁安置房源的价格问题等达成一致意见，其中约定应嘉定区××镇人民政府要求调换为商品住宅的动迁安置房的售价为每平方米 3700 元，涉案安置房屋即属于其中；后嘉定区××镇人民政府于 2006 年 7 月前按上述约定售价将回购房价款予以交付。涉案的四套安置房面积共计 373.12 平方米。

案发后，刘某某、周某丙退还的涉案房屋已重新登记至上海××建设投资有限公司（以下简称××城投公司）名下，其间××城投公司申报并缴纳契税共计 16.6 万余元。

证实上述事实的证据有：

第一组证据，证实被告人李某某、汪某某、金某甲的主体身份及任职、职责情况。

1.《关于调整××镇机关部分部门设置的通知》、任免职通知等，证实××动拆迁指挥部的机构设置及被告人李某某的任职情况。

2. 岗位说明，证实××动拆迁指挥部的工作职责为负责和协调××镇各基地的房地征收推进各项工作等。

3. 证人冯某甲（系××镇人民政府副镇长）、王某甲（系江桥动拆迁指挥部副总指挥）、吴某某的证言，证实××动拆迁指挥部的成立、机构设置及工作人员的职责分工。

4. 证人赵某某、朱某甲的证言、委某某、临时聘用合同及支付明细、岗位水平证书，证实被告人汪某某与嘉×公司的关系、汪某某及金某甲在××村第一村民组动迁项目的工作情况。

5. 刑事判决书，证实被告人李某某的前罪判决情况。

6. 常住人口基本信息，证实被告人李某某、汪某某、金某甲的主体身份。

第二组证据，证实嘉定区××镇××村第一村民组动迁项目的相关情况。

1. ××村第一村民组农户动迁工作方案、补偿安置方案及告知书，证实该动迁项目的动迁工作流程及确定的计户原则等。

2. 证人冯某甲的证言，证实××村第一村民组动迁项目的确定及工作开展情况，刘某某、周某丙两户是不符合动迁安置条件的，××动拆迁指挥部没有将该两户的动迁安置情况向其汇报的事实。

3. 证人王某甲、吴某某、倪某某的证言，证实××村第一村民组动迁项目的相关情况，包括嘉×公司、评估公司的确定，具体的征收过程，农户动迁补偿安置的原则和方案以及房源的确定等，刘某某、周某丙两户不在计户范围内，不能享受动迁安置的事实。

4. 证人陈某某、周某甲、周某乙、张某某、王某乙的证言、农户签到表、征询单、告示、委托协议及估价报告、发票等，证实××村第一村民组动迁项目的开展情况，其间经村民投票决定，选择上海×甲有限公司作为评估机构；刘某某、周某丙户在前期摸底时已被认为不符合拆迁补偿安置标准，不属安置对象，故未列入动员会等前期动拆迁工作的事实。

第三组证据，证实被告人李某某结伙被告人汪某某、金某甲在动迁项目过程中实施滥用职权行为的事实。

1. 证人杨某某、周某丙、刘某某的证言，证实刘某某、周某丙两户在××村第一村民组动迁项目中，通过被告人李某某各获得一大一小两套动迁安置房作为安置补偿的情况，周某丙户的相关评估报告所涉房屋实际不存在的事实。

2. 证人王某丙（系上海×乙有限公司总经理）、朱某乙、金某乙（均系上海×乙有限公司估价师）、冯某乙、徐某某（均系上海×乙有限公司工作人员）的证言及估价报告，证实证人冯某某被告人李某某的要求出具虚假的周某丙户、刘某某户的估价报告的事实。

3. 证人黄某某的证言、农户动迁补偿安置明细表、沙河一队安置房源安排汇总等，证实在农户动迁补偿安置明细表中刘某某、周某丙位列该明细表最后两位，对应门牌号码为“无号”；以及该动迁项目实施过程中公示的安置房源情况，其中未发现涉案房源的公示情况。

4. 公章使用登记簿，证实××城投公司2012年11月至2014年12月期间的公章使用情况，其中涉及××村第一村民组动迁项目的公章使用，由被告人金某甲及证人朱某甲领用的事实。

5. 拆迁补偿安置协议、购买灶间协议、户口簿、入户通知、天际蓝桥入住资料签收单等，证实刘某某、周某丙两户获得动迁安置房屋的情况。

6. 证人肖某某的证言、商品房出售合同、房屋产权证明等，证实刘某某取得××路××弄××号××室安置房后，以98.8万元的价格出售给肖某某的事实。

7. 被告人李某某、汪某某、金某甲到案后的多次供述等。

第四组证据，证实被告人李某某等人滥用职权的行为所造成的公共财产的损失。

1. 协议书、区政府会议纪要等，证实嘉定区××镇人民政府购置涉案动迁配套商品房的合同约定内容，包括价格及房款给付方式等。

2. ××镇动迁回购房已付资金明细表、记账凭证、收据等，证实涉案动迁配套商品房的房款给付情况。

3. 情况说明、退房协议书、税收缴款书、契税纳税申报表、契税已申报办理证明、上海××房地产权证，证实涉案三套房产的退还及契税缴纳情况。

证实本案事实的证据还有：人民检察院反渎职侵权局出具的情况说明，证实本案的案发及三名被告人的到案经过。

上述证据，经庭审质证属实，本院予以确认。

本院认为，被告人李某某作为嘉定区××镇动拆迁指挥部（后更名为嘉定区房屋土地征收工作××镇指挥部）副总指挥，违法向非动迁人员安置动迁配套商品房，致使公共财产损失154万余元；被告人汪某某、金某甲在为基层人民政府进行动拆迁工作中，受李某某指使，明知李某某违规安置动迁配套商品房，仍帮助办理动迁安置补偿手续，致使李某某违法向非动迁人员安置动迁配套商品房，造成公共财产损失154万余元；三名被告人的行为均已构成滥用职权罪，且属于情节特别严重，应依法予以惩处。

对于公诉机关指控李某某等人滥用职权造成公共财产直接经济损失608万元，本院认为，李某某等三名被告人的行为本质是利用职权，将政府用于动迁补贴的财政支出补偿了不应当补偿的对象，造成了公共财产的损失，公诉机关以案发时的商品房估价为依据计算李某某等三名被告人滥用职权的行为造成公共财产的损失数额并不妥当。李某某等三名被告人滥用职权所造成的损失，应当为政府在涉案动迁安置配套商品房上的财政损失，该金额即为与三名被告人的滥用职权行为有直接因果关系而造成的公共财产的损失。经确认，××镇人民政府以每平方米3700元的价格购置涉案动迁配套商品房，李某某等三名被告人违规安置动迁配套商品房4套，计373.12平方米，鉴于公诉机关未对可能存在的相关动迁配套房工程的贷款利息、土地出让金减免及相关税费减免等损失予以明确，故认定三名被告人的滥用职权行为造成公共财产的直接损失计138万余元。另根据相关司法解释，滥用职权所造成的经济损失包括为挽回渎职犯罪所造成损失而支付的各种开支、费用等，故本案为追回涉案房产而支出的契税16.6万元应一并计入损失数额。故本案中三名被告人滥用职权，致使公共财产遭受的经济损失共计154万余元。

控辩双方关于本案系共同犯罪，李某某在共同犯罪中起主要作用，系主犯；汪某某、金某甲系从犯，对于从犯应当从轻或减轻处罚；李某某在缓刑考验期限内被发现判决宣告以前还有其他罪没有判决的，应当撤销缓刑，实行数罪并罚；李某某、汪某某、金某甲均系自首，可以从轻或减轻处罚；涉案房屋已由刘某某、周某丙退还其中的三套，可以对李某某等三人酌情从轻处罚的意见，均合法有据，本院予以采纳。汪某某的辩护人提出汪某某作为非国家机关工作人员，不能构成与国家机关工作人员的共犯；汪某某在案发时不具有职权，当时并不知晓系违规安置，上述辩护意见缺乏事实和法律依据，本院不予采纳。

综合本案的犯罪手段、危害后果等情节，本院在量刑时一并予以体现，并采纳控辩双方关于对汪某某、金某甲可适用缓刑的建议。依照《中华人民共和国刑法》第三百九十七条第一款，第二十五条第一款，第二十六条第一款，第二十七条，第七十七条第一款，第六十九条第一款、第三款，第六十七条第一款，第七十二条第一款，第七十三条第二款、第三款，第六十四条，最高人民法院、最高人民检察院《关于办理渎职刑事案件适用法律若干问题的解释(一)》第一条、第八条第一款、第三款及最高人民法院《关于处理自首和立功具体应用法律若干问题的解释》第一条之规定，判决如下：

一、被告人李某某犯滥用职权罪，判处有期徒刑一年六个月；撤销本院

(2014）嘉刑初字第1517号刑事判决书主文中对被告人李某某犯贪污罪，判处有期徒刑三年，缓刑四年的缓刑执行部分；决定执行有期徒刑三年六个月；

（刑期从判决执行之日起计算。判决执行以前先行羁押的，羁押一日折抵刑期一日，即自2015年1月20日起至2018年7月19日止。）

二、被告人汪某某犯滥用职权罪，判处有期徒刑一年，缓刑一年；

三、被告人金某甲犯滥用职权罪，判处有期徒刑十个月，缓刑一年；

（上述缓刑考验期限，均从判决确定之日起计算。）

四、继续追缴违法所得。被告人汪某某、金某甲回到社区后，应当遵守法律、法规，服从监督管理，接受教育，完成公益劳动，做一名有益社会的公民。

如不服本判决，可在接到判决书的第二日起十日内，通过本院或者直接向上海××第二中级人民法院提出上诉。书面上诉的，应当提交上诉状正本一份，副本两份。

审　判　长　黄　卉
代理审判员　徐怡南
二〇一六年五月二十五日
书　记　员　刘　荣

附：相关法律条文

《中华人民共和国刑法》

第三百九十七条第一款　国家机关工作人员滥用职权或者玩忽职守，致使公共财产、国家和人民利益遭受重大损失的，处三年以下有期徒刑或者拘役；情节特别严重的，处三年以上七年以下有期徒刑。本法另有规定的，依照规定。

第二十五条第一款　共同犯罪是指二人以上共同故意犯罪。

第二十六条第一款　组织、领导犯罪集团进行犯罪活动的或者在共同犯罪中起主要作用的，是主犯。

第二十七条　在共同犯罪中起次要或者辅助作用的，是从犯。

对于从犯，应当从轻、减轻处罚或者免除处罚。

第七十七条第一款　被宣告缓刑的犯罪分子，在缓刑考验期限内犯新罪或者发现判决宣告以前还有其他罪没有判决的，应当撤销缓刑，对新犯的罪或者新发现的罪作出判决，把前罪和后罪所判处的刑罚，依照本法第六十九条的规定，决定执行的刑罚。

第六十九条第一款、第三款 判决宣告以前一人犯数罪的，除判处死刑和无期徒刑的以外，应当在总和刑期以下、数刑中最高刑期以上，酌情决定执行的刑期，但是管制最高不能超过三年，拘役最高不能超过一年，有期徒刑总和刑期不满三十五年的，最高不能超过二十年，总和刑期在三十五年以上的，最高不能超过二十五年。

数罪中有判处附加刑的，附加刑仍须执行，其中附加刑种类相同的，合并执行，种类不同的，分别执行。

第六十七条第一款 犯罪以后自动投案，如实供述自己的罪行的，是自首。对于自首的犯罪分子，可以从轻或者减轻处罚。其中，犯罪较轻的，可以免除处罚。

第七十二条第一款 对于被判处拘役、三年以下有期徒刑的犯罪分子，同时符合下列条件的，可以宣告缓刑，对其中不满十八周岁的人、怀孕的妇女和已满七十五周岁的人，应当宣告缓刑：

（一）犯罪情节较轻；

（二）有悔罪表现；

（三）没有再犯罪的危险；

（四）宣告缓刑对所居住社区没有重大不良影响。

第七十三条第二款、第三款 有期徒刑的缓刑考验期限为原判刑期以上五年以下，但是不能少于一年。

缓刑考验期限，从判决确定之日起计算。

第六十四条 犯罪分子违法所得的一切财物，应当予以追缴或者责令退赔；对被害人的合法财产，应当及时返还；违禁品和供犯罪所用的本人财物，应当予以没收。没收的财物和罚金，一律上缴国库，不得挪用和自行处理。

最高人民法院、最高人民检察院《关于办理渎职刑事案件适用法律若干问题的解释（一）》

第一条 国家机关工作人员滥用职权或者玩忽职守，具有下列情形之一的，应当认定为刑法第三百九十七条规定的“致使公共财产、国家和人民利益遭受重大损失”：

（一）造成死亡1人以上，或者重伤3人以上，或者轻伤9人以上，或者重伤2人、轻伤3人以上，或者重伤1人、轻伤6人以上的；

（二）造成经济损失30万元以上的；

（三）造成恶劣社会影响的；

（四）其他致使公共财产、国家和人民利益遭受重大损失的情形。

具有下列情形之一的，应当认定为刑法第三百九十七条规定的“情节特别严重”：

（一）造成伤亡达到前款第（一）项规定人数3倍以上的；

（二）造成经济损失150万元以上的；

（三）造成前款规定的损失后果，不报、迟报、谎报或者授意、指使、强令他人不报、迟报、谎报事故情况，致使损失后果持续、扩大或者抢救工作延误的；

（四）造成特别恶劣社会影响的；

（五）其他特别严重的情节。

第八条第一款、第三款　本解释规定的“经济损失”，是指渎职犯罪或者与渎职犯罪相关联的犯罪立案时已经实际造成的财产损失，包括为挽回渎职犯罪所造成损失而支付的各种开支、费用等。立案后至提起公诉前持续发生的经济损失，应一并计入渎职犯罪造成的经济损失。

渎职犯罪或者与渎职犯罪相关联的犯罪立案后，犯罪分子及其亲友自行挽回的经济损失，司法机关或者犯罪分子所在单位及其上级主管部门挽回的经济损失，或者因客观原因减少的经济损失，不予扣减，但可以作为酌定从轻处罚的情节。

最高人民法院《关于处理自首和立功具体应用法律若干问题的解释》

第一条　根据刑法第六十七条第一款的规定，犯罪以后自动投案，如实供述自己的罪行的，是自首。

（一）自动投案，是指犯罪事实或者犯罪嫌疑人未被司法机关发觉，或者虽被发觉，但犯罪嫌疑人尚未受到讯问、未被采取强制措施时，主动、直接向公安机关、人民检察院或者人民法院投案。

犯罪嫌疑人向其所在单位、城乡基层组织或者其他有关负责人员投案的；犯罪嫌疑人因病、伤或者为了减轻犯罪后果，委托他人先代为投案，或者先以信电投案的；罪行未被司法机关发觉，仅因形迹可疑被有关组织或者司法机关盘问、教育后，主动交代自己的罪行的；犯罪后逃跑，在被通缉、追捕过程中，主动投案的；经查实确已准备去投案，或者正在投案途中，被公安机关捕获的，应当视为自动投案。

并非出于犯罪嫌疑人主动，而是经亲友规劝、陪同投案的；公安机关通知犯罪嫌疑人的亲友，或者亲友主动报案后，将犯罪嫌疑人送去投案的，也应当视为自动投案。

犯罪嫌疑人自动投案后又逃跑的，不能认定为自首。

（二）如实供述自己的罪行，是指犯罪嫌疑人自动投案后，如实交代自己的主要犯罪事实。

犯有数罪的犯罪嫌疑人仅如实供述所犯数罪中部分犯罪的，只对如实供述部分犯罪的行为，认定为自首。

共同犯罪案件中的犯罪嫌疑人，除如实供述自己的罪行，还应当供述所知的同案犯，主犯则应当供述所知其他同案的共同犯罪事实，才能认定为自首。

犯罪嫌疑人自动投案并如实供述自己的罪行后又翻供的，不能认定为自首，但在一审判决前又能如实供述的，应当认定为自首。

上海市嘉定区人民检察院

刑事抗诉书

沪嘉检诉诉刑抗〔2016〕2号

上海市嘉定区人民法院以（2015）嘉刑初字第1035号刑事判决书对被告人李某某、汪某某、金某甲涉嫌滥用职权罪一案，判决被告人李某某犯滥用职权罪，判处有期徒刑一年六个月，撤销该院（2014）嘉刑初字第1517号刑事判决书主文中对被告人李某某犯贪污罪，判处有期徒刑三年，缓刑四年的缓刑执行部分，决定执行有期徒刑三年六个月；被告人汪某某犯滥用职权罪，判处有期徒刑一年，缓刑一年；被告人金某甲犯滥用职权罪，判处有期徒刑十个月，缓刑一年；继续追缴违法所得。本院于2016年5月30日收到刑事判决书后，经依法审查认为，该判决认定事实部分中，认定被告人李某某等三人造成公共财产损失的数额确有错误，理由如下：

一、一审判决以涉案4套房屋的购置成本作为公共财产所遭受经济损失有所不妥。××镇政府于2004年签约购置的动拆迁配套商品房，其支付的购置成本仅为公共财产所遭受财产损失的一部分，不能全面反映实际经济损失。自2004年至2012年案发，随着房地产市场的发展，所购4套商品房的实际价格已大幅上升，其升值部分应由出资人××镇政府所享有，并在动拆迁补偿安置过程中作为政府补贴的一部分，转让给符合条件的补偿安置对象。并且就客观事实而言，该部分利益的价值，远高于政府为购置房屋而支付的成本价，是动拆迁补偿安置过程中补偿安置对象所追求的主要利益，应当计入公共财产的损失数额。

二、涉案4套房屋性质为商品房，受市场规律的调节和影响，以市场价格作为认定公共财产经济损失的依据，合法有据。涉案4套房屋不同于一般动迁安置房，过户至补偿安置对象后不受三至五年内不得上市交易的限制，可直接过户交易。案中一套住房即在过户后不久被以接近市场价的价格出售，至今无法追回。因此，涉案4套房屋的实际价值，均受到市场规律的调节和影响，其市场价格是其作为商品所具有的交换价值的真实体现，也是计算前述因房价上升而产生的升值利益的重要依据。因此，涉案4套房屋的市场价格是涉案房屋价值的真实体现，据此认定公共财产的实际经济损失符合法律规定。

三、一审判决认定不利于对公共财产的追回、保护。本案中尚有××路×弄×号××室房屋未追回，且已转让给善意第三人，客观上无法追回。在向刘某某及李某某等三人被告人追缴违法所得的过程中，可能出现追缴数额大于判决所认定的经济损失数额的情形，从而对公共财产的追回、保护造成障碍。

综上所述，本院认为，上海市嘉定区人民法院（2015）嘉刑初字第1035号刑事判决书认定事实错误。为维护司法公正，准确惩治犯罪，依照《中华人民共和国刑事诉讼法》第二百一十七条的规定，特提出抗诉，请依法判处。

此致

上海市第二中级人民法院

上海市嘉定区人民检察院

二〇一六年六月七日

附：被告人李某某现羁押于嘉定区看守所；被告人汪某某、金某甲现于居住地取保候审。

上海市第二中级人民法院
刑事判决书

（2016）沪二中刑终字第722号

抗诉机关上海市嘉定区人民检察院。

上诉人（原审被告人）汪某某，男，1955年××月××日出生于上海市，汉族，初中文化，户籍地及居住地上海市嘉定区××镇××村××号××室。因本案于2016年5月25日被取保候审。

辩护人陆某某，上海××律师事务所律师。

原审被告人李某某，男，1963年××月××日出生于上海市，汉族，中专文化，原系上海市嘉定区××镇动拆迁指挥部××、上海市嘉定区房屋土地征收工作××镇指挥部××，户籍地本市嘉定区××镇××村××号，居住地本市嘉定区××镇××路××弄××号××室。2014年12月因犯贪污罪被判处有期徒刑3年，缓刑4年。因本案于2015年1月21日被刑事拘留，同年2月4日被逮捕。现羁押于上海市嘉定区看守所。

原审被告人金某甲，男，1953年××月××日出生于上海市，汉族，初中文化，户籍地嘉定区××镇××村××号，居住地本区××坊××号××室。因本案于2016年5月25日被取保候审。

上海市嘉定区人民法院审理上海市嘉定区人民检察院指控原审被告人李某某、汪某某、金某甲犯滥用职权罪一案，于2016年5月25日作出（2015）嘉刑初字第1035号刑事判决。上海市嘉定区人民检察院提起抗诉。原审被告人汪某某不服，提出上诉。本院受理后依法组成合议庭，公开开庭审理了本案。上海市人民检察院第二分院指派检察员许莉莉出庭支持抗诉。原审被告人李某某、汪某某、金某甲及汪某某的辩护人陆某某到庭参加诉讼。本案现已审理终结。

上海市嘉定区人民法院根据关于调整××镇机关部分部门设置的通知，岗位说明，拆迁委托协议，临时聘用合同，××村第一村民组农户动迁工作方案，补偿安置方案，上海市征收集体房屋土地补偿暂行规定，农户签到表，征询单，委托协议，估价报告，拆迁补偿安置协议，购买灶间协议，户口簿，入户通知书，××入住资料签收单，商品房出售合同，房屋产权证明，安置明细表，协议书，退房协议书，情况说明，协议书，区政府会议纪要，××镇动迁回购房已付资金明细表，记账凭证，收据，税收缴款书，契税纳税申报表，契税已申报办理证明，证人冯某某、赵某某、朱某某、王某某、吴某某、倪某某等人的证言及原审被告人李某某、汪某某、金某甲的供述等证据判决认定：

2012 年 2 月至 2013 年 3 月间，原审被告人李某某担任嘉定区××镇动拆迁指挥部（后更名为嘉定区房屋土地征收工作××镇指挥部，以下简称××镇动拆迁指挥部）××，受××镇政府委托，全面负责该镇农户动迁工作的推进、管理。2012 年间，在××镇政府对该镇××村第一村民组动迁过程中，原审被告人汪某某挂靠上海××拆迁服务有限公司承接动迁项目，作为动迁工作人员，负责××村第一村民组动迁基地的管理、协调工作。原审被告人金某甲受汪某某聘用，参与××村第一村民组动迁项目的具体工作。

2012 年 12 月，原审被告人李某某明知刘某某、周某丙两户不在××村第一村民组动迁项目的补偿安置范围内，不属于动迁安置对象，仍根据刘某某、周某丙两户提供的少量材料，授意、指使汪某某、金某甲违规办理补偿安置手续，并通过他人制作刘、周两户虚假的房屋拆迁估价报告。汪某某、金某甲明知刘、周两户不属于动迁补偿安置对象、李某某的行为不符合动拆迁工作要求，仍违规为刘某某、周某丙两户办理动迁安置补偿手续。2013 年 1 月，刘、周两户据此分别获得××路××弄××号××室、××号××室及××路××弄××号××室等动迁安置房。

2015 年 1 月 20 日，原审被告人李某某、汪某某、金某甲经电话通知，主动到案接受调查，到案后均如实供述了上述基本犯罪事实。案发后，涉案房屋已追回××路××弄××号××室、××号××室、××号××室三套，并已重新登记至上海××城市建设投资有限公司名下，申报并缴纳契税共计人民币 16.6 万余元（以下币种均为人民币）。

另查明，2005 年 12 月，本市嘉定区××镇人民政府与本市市徐汇区××建设投资开发有限公司签订协议书，就××镇一街坊 60/1 宗地的动迁安置房源的价格问题等达成协议，约定应嘉定区××镇人民政府要求调换为商品房的动迁安置房的售价为每平方米 3700 元。2006 年 7 月前，嘉定区××镇人民政府按约定支付了回购房价款。涉案的四套安置房即系该动迁安置商品房，面积共计 373.12 平方米。

上海市嘉定区人民法院认为，原审被告人李某某作为嘉定区××镇动拆迁指挥部××，违法向非动迁人员安置动迁配套商品房，致使公共财产损失 154 万余元；原审被告人汪某某、金某甲在为基层人民政府进行动拆迁工作中，受李某某指使，明知李某某违规安置动迁配套商品房，仍帮助办理动迁安置补偿手续，致使李某某违法向非动迁人员安置动迁配套商品房，造成公共财产损失154万余元；三人的行为均已构成滥用职权罪，且属于情节特别严重，依法应予惩处。本案系共同犯罪，李某某在共同犯罪中起主要作用，系主犯；汪某某、金某甲系从犯，对于从犯应当从轻或减轻处罚；李某某在缓刑考验期限内被发现判决宣告以前还有其他罪没有判决的，应当撤销缓刑，实行数罪并罚；李某某、汪某某、金某甲均系自首，可以从轻或减轻处罚；综合本案的犯罪手段、危害后果等情节，在量刑时一并予以体现，对汪某某、金某甲可适用缓刑。根据2012年“两高”《关于办理渎职刑事案件适用法律若干问题的解释（一）》第一条的规定，造成经济损失150万元以上的，属于“情节特别严重”。依照《中华人民共和国刑法》第三百九十七条第一款，第二十五条第一款，第二十六条第一款，第二十七条，第七十七条第一款，第六十九条第一款、第三款，第六十七条第一款，第七十二条第一款，第七十三条第二款、第三款，第六十四条，《最高人民法院、最高人民检察院关于办理渎职刑事案件适用法律若干问题的解释（一）》第一条，第八条第一款、第三款及最高人民法院《关于处理自首和立功具体应用法律若干问题的解释》第一条之规定，以滥用职权罪分别判处被告人李某某有期徒刑一年六个月，撤销（2014）嘉刑初字第1517号刑事判决书主文中对李某某犯贪污罪，判处有期徒刑三年，缓刑四年的缓刑执行部分，决定执行有期徒刑三年六个月；判处汪某某有期徒刑一年，缓刑一年；判处金某甲有期徒刑十个月，缓刑一年；继续追缴违法所得。

上海市嘉定区人民检察院抗诉提出，涉案4套房屋系政府于2005年购置的动拆迁配套商品房，支付的购置成本仅为公共财产的一部分，自2005年至2012年案发，房屋的实际价格已大幅上升，升值部分应由政府享有，并在动拆迁安置过程中作为政府补贴的一部分，转让给符合条件的动迁安置对象；涉案的4套房屋不同于一般的动迁安置房，过户至动迁安置对象后不受三年或五年不得上市交易的限制；涉案的其中一套房屋在过户后不久即被以接近市场价的价格出售给善意第三人，至今未能追回，如以购置成本认定，不利于追回和保护公共财产。综上认为，应以犯罪行为时的市场评估价格认定本案国家财产损失的依据。

上海市人民检察院第二分院支持抗诉认为，原判认定李某某等人犯滥用职权罪的基本事实正确，但认定国家财产损失数额有误，同意抗诉机关意见，要求本院予以纠正。

上诉人汪某某及其辩护人提出，汪系挂靠上海××拆迁服务有限公司承接动迁项目，并非国家公务人员，不符合滥用职权罪的主体身份，此外，汪系根据李某某的指令办理动迁事务，不存在滥用职权行为。汪某某的辩护人还提出汪某某系从犯，且具有自首，积极配合退还涉案房屋等情节，请求法院从轻处罚。

原审被告人李某某、金某甲对原审判决无异议。

本院经过审理查明的基本事实及采纳的证据与原判一致。另查明，根据上海市嘉定区价格认证中心出具的《价格鉴定结论书》证实，涉案房产的市场评估价为608万余元。

现就控辩意见评析如下：

一、关于汪某某是否构成滥用职权罪的闻题

经查，原审被告人李某某受××镇党委、政府任命，担任嘉定区××镇动拆近指挥部××、嘉定区房屋土地征收工作××镇指挥部××，分管该镇农户动迁工作的推进、管理，故李某某系国家工作人员，具备滥用职权罪主体身份。上诉人汪某某挂靠上海××拆迁服务有限公司并雇用原审被告人金某甲共同承接动迁项目，李某某、汪某某及金某甲均系起草、审核拆迁补偿安置办法的人员，且上诉人汪某某曾在拆迁动员会上对安置办法进行宣传、解释，三人对于安置办法中的计户标准、按户安置以及评估公司委托规则等均应是明知的。汪某某、金某甲作为拆迁受托方的主要工作人员，在前期工作中对动迁农户有密切接触和了解，明知村委会已经投票委托了评估公司，却未对李某某提供的其他机构出具的评估报告提出异议，并违规帮助李某某办理动迁安置补偿手续，属默认并参与李某某的违法犯罪行为。汪、金二人的行为属于无身份者为有身份者的犯罪行为提供帮助，应按照身份犯的行为性质定罪，以共犯论处，汪某某构成滥用职权罪。因此，汪某某及其辩护人的相关意见与查明的事实不符，本院不予采纳。

二、关于本案国家财产损失数额认定问题

首先，涉案房产性质为商品房，不同于一般的动迁安置，过户至补偿安置对象后不受三年或五年不得上市交易的限制，故三名被告人实施滥用职权行为时，该四套房屋具有确定的市场价格；其次，涉案房产在政府采购后至犯罪行为发生时市场价格已大幅上升，升值部分应由出资人××镇政府所享有，并在动拆迁安置过程中作为政府补贴的一部分，转让给符合条件的补偿安置对象。刘某某、周某丙两户不属于动迁补偿安置对象，若不以三名被告人行为时涉案房产的市场价格而是以原购入价格计算国家财产损失，在滥用职权行为发生时，房价上升或者下降，都会造成明显的司法不公；最后，涉案房产中的一套房屋在分给刘某某后不久即被刘以接近市场价的价格98.8万元出售他人，至今未能追回，如以购入价格认定，判决确定的经济损失数额远低于房屋的市场价格，不利于国家财产的追回和保护。综上认为，本案应以涉案房产的市场评估价及因追回房产而支出的契税共计624.6万元认定李某某等人滥用职权造成的国家财产损失。检察机关的抗诉意见正确，本院予以采纳。原判认定国家财产损失数额有误，本院予以纠正。

本院认为，原审被告人李某某作为嘉定区××镇动拆迁指挥部××，违法向非动迁人员安置动迁配套商品房，造成公共财产损失624.6万元；原审被告人汪某某、金某甲在为基层人民政府进行动拆迁工作中，受李某某指使，明知李某某违规安置动迁配套商品房，仍帮助办理动迁安置补偿手续，致使李某某违法向非动迁人员安置动迁配套商品房，造成公共财产损失624.6万元；三人的行为均已构成滥用职权罪，且属于情节特别严重，依法应予惩处。在共同犯罪中，李某某系主犯；汪某某、金某甲系从犯，应从轻处罚。李某某、汪某某、金某甲具有自首情节，均可减轻处罚，并对汪某某、金某甲适用缓刑。依照《中国人民共和国刑事诉讼法》第二百二十五条第（三）项，《中华人民共和国刑法》第三百九十七条第一款，第二十五条第一款，第二十六条第一款，第二十七条，第七十七条第一款，第六十九条第一款，第六十七条第一款，第七十二条第一款，第七十三条第二款、第三款之规定，判决如下：

一、撤销上海市嘉定区人民法院（2015）嘉刑初字第1035号刑事判决。

二、原审被告人李某某犯滥用职权罪判处有期徒刑二年六个月；撤销上海市嘉定区人民法院（2014）嘉刑初字第1517号刑事判决书主文中对被告人李某某犯贪污罪，判处有期徒刑三年，缓刑四年的缓刑执行部分；决定执行有期徒刑四年六个月。

（刑期从判决执行之日起计算。判决执行以前先行羁押的，羁押一日折抵刑期一日，即自2015年1月20日起至2019年7月19日止。）

三、上诉人汪某某犯滥用职权罪，判处有期徒刑一年六个月，缓刑一年六个月。

（缓刑考验期限，从判决确定之日起计算。）

四、原审被告人金某甲犯滥用职权罪，判处有期徒刑一年，缓刑一年。

（缓刑考验期限，从判决确定之日起计算。）

汪某某、金某甲回到社区后，应当遵守法律、法规，服从监督管理，接受教育，完成公益劳动，做一名有益社会的公民。本判决为终审判决。

审　判　长　王宗光
审　判　员　夏稷栋
审　判　员　彭卫东
二〇一六年十一月二十九日
书　记　员　周孟君

附：相关法律条文

《中华人民共和国刑事诉讼法》

第二百二十五条 第二审人民法院对不服第一审判决的上诉、抗诉案件，经过审理后，应当按照下列情形分别处理：

……

（三）原判决事实不清楚或者证据不足的，可以在查清事实后改判；也可以裁定撤销原判，发回原审人民法院重新审判。

……

《中华人民共和国刑法》

第三百九十七条 国家机关工作人员滥用职权或者玩忽职守，致使公共财产、国家和人民利益遭受重大损失的，处三年以下有期徒刑或者拘役；情节特别严重的，处三年以上七年以下有期徒刑。本法另有规定的，依照规定。

……

第二十五条 共同犯罪是指二人以上共同故意犯罪。

……

第二十六条 组织、领导犯罪集团进行犯罪活动的或者在共同犯罪中起主要作用的，是主犯。

……

第二十七条 在共同犯罪中起次要或者辅助作用的，是从犯。

对于从犯，应当从轻、减轻处罚或者免除处罚。

第七十七条 被宣告缓刑的犯罪分子，在缓刑考验期限内犯新罪或者发现判决宣告以前还有其他罪没有判决的，应当撤销缓刑，对新犯的罪或者新发现的罪作出判决，把前罪和后罪所判处的刑罚，依照本法第六十九条的规定，决定执行的刑罚。

……

第六十九条 判决宣告以前一人犯数罪的，除判处死刑和无期徒刑的以外，应当在总和刑期以下、数刑中最高刑期以上，酌情决定执行的刑期，但是管制最高不能超过三年，拘役最高不能超过一年，有期徒刑总和刑期不满三十五年的，最高不能超过二十年，总和刑期在三十五年以上的，最高不能超过二十五年。

……

第六十七条 犯罪以后自动投案，如实供述自己的罪行的，是自首。对于自首的犯罪分子，可以从轻或者减轻处罚。其中，犯罪较轻的，可以免除处罚。

……

第七十二条 对于被判处拘役、三年以下有期徒刑的犯罪分子，同时符合下列条件的，可以宣告缓刑，对其中不满十八周岁的人、怀孕的妇女和已满七十五周岁的人，应当宣告缓刑：

（一）犯罪情节较轻；

（二）有悔罪表现；

（三）没有再犯罪的危险；

（四）宣告缓刑对所居住社区没有重大不良影响。

……

第七十三条

……

有期徒刑的缓刑考验期限为原判刑期以上五年以下，但是不能少于一年。

缓刑考验期限，从判决确定之日起计算。

村级基层组织干部亦可成为渎职罪主体

——陈某某、林某某、李某某滥用职权案

【案例要旨】

村民委员会等村级基层组织干部，受人民政府委托从事“镇保”工作，意味着代表国家行使职权。其在工作过程中有渎职行为，构成犯罪的，应依照刑法关于渎职罪的规定追究其刑事责任。

【案情简要】

被告人陈某某，原系上海市奉贤区××镇推进镇保工作领导小组办公室负责人。

被告人林某某，原系上海市奉贤区××镇××村党支部书记兼村民委员会主任、村小城镇社会保险工作负责人。

被告人李某某，原系上海市奉贤区××镇××村党支部委员、村民委员会副主任、村小城镇社会保险工作经办人。

2004年1月至2006年6月间，被告人陈某某利用担任上海市奉贤区××镇推进镇保工作领导小组办公室负责人的职务便利，被告人林某某、李某某作为上海市奉贤区××镇××村基层组织成员，利用受上海市奉贤区××镇人民政府委托分别担任××村小城镇社会保险工作负责人、经办人的职务便利，在从事被征用农民集体所有土地农业人员就业和社会保障工作过程中，违反相关规定，采用虚增被征用土地面积等方法徇私舞弊，共同或者单独将××村、××村、××村114名不符合镇保条件的人员纳入镇保范围，致使××镇人民政府为上述人员缴纳镇保费用共计人民币600余万元、上海市社会保险事业基金结算管理中心为上述人员实际发放镇保资金共计人民币178万余元，并造成了恶劣的社会影响。

2008年7月28日，奉贤区人民检察院以被告人陈某某、林某某、李某某犯滥用职权罪向奉贤区人民法院提起公诉。2008年12月15日，奉贤区人民

法院以滥用职权罪判处陈某某有期徒刑2年；林某某有期徒刑1年6个月，缓刑1年6个月；李某某有期徒刑1年，缓刑1年。

【典型意义】

2009年2月26日，上海市人民检察院检察委员会对该案例进行讨论后认为，奉贤区人民检察院办理的陈某某、林某某、李某某滥用职权案中所反映的农村村级基层组织干部渎职犯罪现象在推进小城镇社保工作中有一定的普遍性，因此，该案的起诉、判决对于农村地区发生的同类案件的办理具有借鉴意义。

一、准确把握渎职罪主体的适用范围，依法严肃查办渎职犯罪

2002年12月28日全国人大常委会《关于〈中华人民共和国刑法〉第九章渎职罪主体适用问题的解释》规定，“在依照法律、法规规定行使国家行政管理职权的组织中从事公务的人员，或者在受国家机关委托代表国家机关行使职权的组织中从事公务的人员，或者虽未列入国家机关人员编制但在国家机关中从事公务的人员，在代表国家机关行使职权时，有渎职行为，构成犯罪的，依照刑法关于渎职罪的规定追究刑事责任。”根据该规定，只要行为人所在的组织是受国家机关委托代表国家行使职权的单位，且行为人在该组织内从事公务，就可以认定行为人为渎职罪的主体。因此，村民委员会等村级基层组织干部，在受人民政府委托代表政府从事“镇保”工作时，有渎职行为，构成犯罪的，应当以渎职罪追究其刑事责任。

二、认真查办“镇保”工作中的渎职犯罪案件，维护农村和谐稳定

近年来，涉及农村征地“镇保”工作的职务犯罪呈多发趋势，不仅直接危害党和政府支农、惠农政策的实施，而且引发了群众越级上访、集体上访等严重后果，直接影响农村社会稳定。全市各级检察机关要从服务农村经济发展、切实保障农民利益的高度出发，对人民群众反映强烈、党委政府关注、影响农村和谐稳定的案件，要及时查办。在查办案件时，还要从构建社会主义和谐社会出发，认真贯彻宽严相济刑事政策，做到该严则严，当宽则宽，区别对待。

三、切实提高服务大局的自觉性，延伸放大办案效果

全市各级检察机关在查办涉及“镇保”渎职案件的同时，要积极做好渎职犯罪的预防工作，并会同党委和政府相关部门共同认真分析发案原因，研究提出防范的对策、建议。还要运用典型案例开展警示教育和法治宣传，充分发挥查办渎职犯罪的预防、教育、惩戒功能，为推进“镇保”工作的健康发展提供强有力的法律保障和法律服务。

上海市奉贤区人民检察院
起 诉 书

沪奉检刑诉〔2008〕539 号

被告人陈某某，男，1946 年××月××日生，汉族，中专文化，家住上海市奉贤区××镇××村××号，原系上海市奉贤区××镇推进镇保工作领导小组办公室（以下简称“镇保办”）负责人。因涉嫌滥用职权罪，于2008 年4 月 15 日经本院决定刑事拘留，同日由上海市公安局奉贤分局执行刑事拘留；2008 年 4 月 29 日经本院决定逮捕，同日由上海市公安局奉贤分局执行逮捕。

被告人林某某，女，1960 年×月××日生，汉族，高中文化，家住上海市奉贤区××镇××村××号，原系上海市奉贤区××镇××村党支部书记兼村民委员会主任、村小城镇社会保险（以下简称“镇保”）工作负责人。因涉嫌滥用职权罪，于 2008 年 4 月 15 日经本院决定取保候审，同日由上海市公安局奉贤分局执行取保候审。

被告人李某某，曾用名李某甲，男，1958 年××月××日生，汉族，初中文化，家住上海市奉贤区××镇××村××号，原系上海市奉贤区××镇××村党支部委员、村民委员会副主任、村镇保工作经办人。因涉嫌滥用职权罪，于 2008 年 4 月 15 日经本院决定取保候审，同日由上海市公安局奉贤分局执行取保候审。

被告人陈某某、林某某、李某某滥用职权一案，由本院侦查终结。于2008 年 7 月 1 日已告知被告人有权委托辩护人。

经依法审查查明：

2004 年 1 月至 2006 年 6 月期间，被告人陈某某利用担任上海市奉贤区××镇镇保办负责人的职务便利，被告人林某某、李某某作为上海市奉贤区××镇××村基层组织成员，利用受上海市奉贤区××镇人民政府委托分别担任××村镇保工作负责人、经办人的职务便利，在从事被征用农民集体所有土地农业人员就业和社会保障（以下简称“被征地人员就业和保障”）工作过程中，违反相关规定，采用虚增被征用土地面积等方法徇私舞弊，共同或者单独将××村、××村、××村 114 名不符合镇保条件的人员纳入镇保范围，致使本区

××镇人民政府为上述人员缴纳镇保费用共计人民币6321850元、上海市社会保险事业基金结算管理中心（以下简称“市社保中心”）为上述人员实际发放镇保基金共计人民币1789573.89元，并造成了恶劣的社会影响。其中，被告人陈某某共同及单独将71名不符合镇保条件人员纳入镇保范围，致使本区××镇人民政府缴纳镇保费用共计人民币4116770元、市社保中心实际发放镇保基金共计人民币1143881.27元；被告人林某某共同及单独将79名不符合镇保条件人员纳入镇保范围，致使本区××镇人民政府缴纳镇保费用共计人民币4481710元、市社保中心实际发放镇保基金共计人民币1248626.82元；被告人李某某共同及单独将60名不符合镇保条件人员纳入镇保范围，致使本区××镇人民政府缴纳镇保费用共计人民币3517570元、市社保中心实际发放镇保基金共计人民币950953.80元。具体分述如下：

1.2004年1月至2006年6月期间，被告人陈某某、林某某、李某某利用职务便利，在负责本区××镇××村被征地人员就业和保障工作过程中，违反相关规定，在明知××村已无被征用土地面积，也无镇保名额可配置的情况下，共谋采用虚增被征用土地面积的方法徇私舞弊，由被告人陈某某根据该村需要虚增的48名镇保名额，以“××路拓宽”为名计算得出需被征用土地面积59.61亩并分摊至各村民小组，被告人李某某则根据陈某某提供的虚假亩数虚造《××镇市、区级道路建设用地面积分组明细表》，再由被告人林某某持该表至本区××镇土地管理所副所长朱某某（另案处理）处违规加盖公章，获取被征用土地面积的虚假证明，从而将××村48名不符合镇保条件的人员纳入镇保范围，致使本区××镇人民政府为上述人员缴纳镇保费用共计人民币2897100元、市社保中心为上述人员实际发放镇保基金共计人民币776944元。

2.2004年1月至2006年6月期间，被告人陈某某利用职务便利，在负责本区××镇××村、××村被征地人员就业和保障工作过程中，违反相关规定，采用虚增被征用土地面积或村民小组16周岁以上农村户籍人口总数等方法徇私舞弊，将合计13名不符合镇保条件的人员纳入镇保范围，致使本区××镇人民政府为上述人员缴纳镇保费用共计人民币728300元、市社保中心为上述人员实际发放镇保基金共计人民币205544.10元。

3.2004年1月至2006年6月期间，被告人陈某某利用职务便利，在负责本区××镇××村被征地人员就业和保障工作过程中，违反相关规定，明知该村在为不符合镇保条件的人员办理镇保，仍帮助测算、调整各村民小组被征用土地面积，从而将××村10名不符合镇保条件的人员纳入镇保范围，致使本区××镇人民政府为上述人员缴纳镇保费用共计人民币491370元、市社保中心为上述人员实际发放镇保基金共计人民币161393.17元。

4. 2004 年 1 月至 2006 年 6 月期间，被告人林某某利用职务便利，在负责本区××镇××村被征地人员就业和保障工作过程中，违反相关规定，擅自决定将其本人、家属、亲友及其他村民等 31 名不符合镇保条件的人员纳入镇保范围，致使本区××镇人民政府为上述人员缴纳镇保费用共计人民币 1584610 元、市社保中心为上述人员实际发放镇保基金共计人民币 471682. 82 元。

5. 2004 年 1 月至 2006 年 6 月期间，被告人李某某利用职务便利，在经办本区××镇××村被征地人员就业和保障工作过程中，违反相关规定，擅自将其本人、家属、亲友及其他村民等 12 名不符合镇保条件的人员纳入镇保范围，致使本区××镇人民政府为上述人员缴纳镇保费用共计人民币 620470 元、市社保中心为上述人员实际发放镇保基金共计人民币 174009. 80 元。

被告人陈某某、林某某、李某某在尚未被司法机关采取强制措施时，即如实供述了各自的犯罪事实。

上述事实有：关于三名被告人主体身份及权限职责的证明材料；关于小城镇社会保险、被征用农民集体所有土地农业人员就业和社会保障的规章制度、政府文件、实施方案、工作流程图、会议记录等书证材料；杨某某、臧某某、瞿某某、周某甲、吴某某、朱某某、王某某、李某某、张某某、罗某某、周某乙以及违规办理镇保人员本人或其家属等共计 100 名证人的证言；上海市奉贤区××镇××村、××村、××村各自于 2004 年至 2006 年间推进镇保工作被征用农民集体所有土地落实农业人员社会保障资料及离土农民办理镇保花名册；上海市奉贤区××房地管理所提供的 1985 年至 2003 年××镇公路土地使用汇总表，××镇市、区级道路建设用地面积分组明细表及相关地籍图；上海市奉贤区××镇推进镇保工作领导小组办公室对××村、××村、××村办理镇保情况的核算资料；上海市奉贤区××镇人民政府于 2004 年至 2008 年缴纳镇保费用的财务凭证等物证、书证；上海市奉贤区社会保险事业管理中心提供的发放镇保基金明细资料；上海司法会计中心查证报告；侦查部门出具的案发经过；常住人口基本信息；被告人陈某某、林某某、李某某的供述等证据予以证实。

本院认为，被告人陈某某身为国家机关工作人员，被告人林某某、李某某作为在受国家机关委托代表国家机关行使职权的组织中从事公务的人员，在负责或经办被征用农民集体所有土地农业人员就业和社会保障工作过程中，徇私舞弊、滥用职权，将不符合镇保条件的人员纳入镇保范围，直接致使公共财产遭受重大损失，并造成恶劣的社会影响，情节特别严重，其行为均已触犯《中华人民共和国刑法》第三百九十七条、第二十五条第一款之规定，应当以滥用职权罪追究刑事责任，部分属共同犯罪。三名被告人均具有自首情节，适用《中华人民共和国刑法》第六十七条第一款之规定，可以从轻或者减轻处罚。根据《中华人民共和国刑事诉讼法》第一百四十一条之规定，提起公诉，请依法审判。

此致

上海市奉贤区人民法院

检　察　员　夏春雷

代理检察员　李　丹

二〇〇八年七月二十八日

附：1. 被告人陈某某现羁押于奉贤区看守所，被告人林某某、李某某取保候审于现住所；

2. 主要证据复印件及证据目录、证人名单；

3.《适用普通程序审理“被告人认罪案件”建议书》壹份。

上海市奉贤区人民法院
刑事判决书

（2008）奉刑初字第660号

公诉机关上海市奉贤区人民检察院。

被告人陈某某，男，1946年××月××日出生于上海奉贤，汉族，中专文化，原系上海市奉贤区××镇推进镇保工作领导小组办公室负责人。家住上海市奉贤区××镇××村×××号。因涉嫌滥用职权犯罪，于2008年4月15日被刑事拘留，同年4月29日被逮捕。现羁押于上海市奉贤区看守所。

辩护人卫某某，上海××律师事务所律师。

被告人林某某，女，1960年×月××日出生于上海奉贤，汉族，高中文化，原系上海市奉贤区××镇××村党支部书记兼村民委员会主任、村小城镇社会保险工作负责人，家住上海市奉贤区××镇××村××号。因涉嫌滥用职权犯罪，于2008年4月15日被取保候审。

辩护人徐某某，上海××律师事务所律师。

被告人李某某（曾用名李某甲），男，1958年××月××日出生于上海奉贤，汉族，初中文化，原系上海市奉贤区××镇××村党支部委员、村民委员会副主任、村小城镇社会保险工作经办人，家住上海市奉贤区××镇××村××号。因涉嫌滥用职权犯罪，于2007年4月15日被取保候审。

上海市奉贤区人民检察院以沪奉检刑诉〔2008〕539号起诉书指控被告人陈某某、林某某、李某某犯滥用职权罪，于2008年7月28日向本院提起公诉。本院依法组成合议庭，于2008年8月26日公开开庭审理了本案。上海市奉贤区人民检察院指派检察员夏春雷、代理检察员李丹出庭支持公诉，被告人陈某某、林某某、李某某及辩护人卫某某、徐某某到庭参加诉讼。期间，公诉机关、辩护人各建议本院延期审理一次。现已审理终结。

经审理查明，2004年1月至2006年6月期间，被告人陈某某利用担任上海市奉贤区××镇推进镇保工作领导小组办公室（以下简称镇保办）负责人的职务便利，被告人林某某、李某某作为上海市奉贤区××镇××村基层组织成员，利用受上海市奉贤区××镇人民政府委托分别担任××村小城镇社会保险（以下简称镇保）工作负责人、经办人的职务便利，在从事被征用农民集体所有土地农业人员就业和社会保障（以下简称被征地人员就业和保障）工作过程中，违反相关规定，采用虚增被征用土地面积等方法徇私舞弊，共同或者单独将××村、××村、××村114名不符合镇保条件的人员纳入镇保范围，致使本区××镇人民政府（以下简称镇政府）为上述人员缴纳镇保费用共计人民币600余万元、上海市社会保险事业基金结算管理中心（以下简称市社保中心）为上述人员实际发放镇保资金共计人民币178万余元，并造成了恶劣的社会影响。其中，被告人陈某某参与将71名不符合镇保条件人员纳入镇保范围，致使镇政府缴纳镇保费用共计人民币400余万元、市社保中心实际发放镇保资金共计人民币114万余元；被告人林某某参与将79名不符合镇保条件人员纳入镇保范围，致使镇政府缴纳镇保费用共计人民币400余万元、市社保中心实际发放镇保资金共计人民币124万余元；被告人李某某参与将60名不符合镇保条件人员纳入镇保范围，致使镇政府缴纳镇保费用共计人民币300余万元，市社保中心实际发放镇保资金共计人民币95万余元。具体如下：

1. 2004年1月至2006年6月期间，被告人陈某某、林某某、李某某利用职务便利，在负责本区××镇××村被征地人员就业和保障工作过程中，违反相关规定，在明知××村已无被征用土地面积，也无镇保名额可配置的情况下，共谋采用虚增被征用土地面积的方法徇私舞弊，由被告人陈某某根据该村需要虚增的48名镇保名额，以“××路拓宽”为名计算得出需被征用土地面积59.61亩并分摊至各村民小组，被告人李某某则根据陈某某提供的虚假亩数虚造《××镇市、区级道路建设用地面积分组明细表》，再由被告人林某某持该表至本区××镇土地管理所副所长朱某某（另案处理）处违规加盖该所公章，获取被征用土地面积的虚假证明，从而将××村48名不符合镇保条件的人员纳入镇保范围，致使镇政府为上述人员缴纳镇保费用共计人民币200余万元，市社保中心为上述人员实际发放镇保资金共计人民币77万余元。

2. 2004年1月至2006年6月期间，被告人陈某某利用职务便利，在负责本区××镇××村、××村被征地人员就业和保障工作过程中，违反相关规定。采用虚增被征用土地面积或村民小组16周岁以上农村户籍人口总数等方法徇私舞弊，将13名不符合镇保条件的人员纳入镇保范围，致使镇政府为上述人员缴纳镇保费用共计人民币70余万元，市社保中心为上述人员实际发放镇保资金共计人民币20万余元。

3. 2004年1月至2006年6月期间，被告人陈某某利用职务便利，在负责本区××镇××村被征地人员就业和保障工作过程中，违反相关规定，明知该村在为不符合镇保条件的人员办理镇保，仍帮助测算、调整各村民小组被征用土地面积，从而将××村10名不符合镇保条件的人员纳入镇保范围，致使镇政府为上述人员缴纳镇保费用共计人民币40余万元，市社保中心为上述人员实际发放镇保资金共计人民币16万余元。

4.2004年1月至2006年6月期间，被告人林某某利用职务便利，在负责本区××镇××村被征地人员就业和保障工作过程中，违反相关规定，擅自决定将其本人、家属、亲友及其他村民等31名不符合镇保条件的人员纳入镇保范围，致使镇政府为上述人员缴纳镇保费用共计人民币100余万元，市社保中心为上述人员实际发放镇保资金共计人民币47万余元。

5.2004年1月至2006年6月期间，被告人李某某利用职务便利，在经办本区××镇××村被征地人员就业和保障工作过程中，违反相关规定，擅自将其本人、家属，亲友及其他村民等12名不符合镇保条件的人员纳入镇保范围。致使镇政府为上述人员缴纳镇保费用共计人民币60余万元，市社保中心为上述人员实际发放镇保资金共计人民币17万余元。

被告人陈某某、林某某、李某某在尚未被司法机关采取强制措施时，即如实供述了各自的犯罪事实。

上述事实各被告人在开庭审理过程中均无异议，且有同案关系人朱某某的供述，证人杨某某、藏某某、霍某某、周某甲、吴某某、王某某、李某某、张某某、罗某某、周某乙及陈某某等百余名违规办理镇保人员的证言，关于镇保、被征地人员就业和保障的制度、政府文件、工作方案及流程图等材料，上海市奉贤区××房地管理所提供的1985年至2003年××镇公路土地使用汇总表及××镇市、区级道路建设用地面积分组明细表、相关地籍图，上海市奉贤区××镇××村、××村、××村各自于2004年至2006年间被征地人员就业和保障资料及离土农民办理镇保花名册，镇保办对××村、××村、××村办理镇保情况的核算资料，镇政府于2004年至2008年缴纳镇保费用的财务凭证等，上海市奉贤区社会保险事业管理中心提供的发放镇保金明细表，上海司法会计中心出具的查证报告，中共上海市奉贤区××镇委员会出具的被告人陈某某的任职证明及干部履历表、公务员登记表，镇政府出具的“关于镇保办”机构性质的证明及委托说明，镇保办出具的被告人林某某、李某某的证明及镇党群办公室提供的考察报告、干部任免表，上海市奉贤区人民检察院反渎职侵权局出具的案发经过等证据证实，足以认定。

本院认为，被告人陈某某身为国家机关工作人员，被告人林某某、李某某作为在受国家机关委托代表国家机关行使职权的组织中从事公务的人员，在负责或经办被征地人员就业和保障工作过程中，故意违反有关规定，共同或单独擅自将不符合镇保条件的人员纳入镇保范围，直接致使公共财产遭受重大损失，并造成恶劣社会影响，其行为均已触犯刑律，构成滥用职权罪，且有为徇个人私情，私利的徇私舞弊情节。其中，被告人陈某某、林某某情节特别严重。辩护人提出被告人陈某某的行为构成玩忽职守罪，且不具有徇私舞弊情节的意见与本院查证的事实不符，故不予采纳。经查，在共同犯罪中，三名被告人的地位、作用相当，难以区分主从犯，对被告人林某某辩护人提出的从犯意见本院不予采纳。犯罪后，三名被告人在尚未被司法机关采取强制措施时，如实供述自己的罪行，属自首，依法可从轻或减轻处罚；庭审中，三名被告人能自愿认罪，可酌情从轻处罚。综上，本院在量刑时根据各被告人的犯罪事实、性质、情节、社会危害程度及损失挽回情况等，采纳控辩双方提出的减轻处罚意见，但对辩护人提出对被告人陈某某予以宣告缓刑的意见不予采纳。为严肃国家法制，确保国家机关的正常活动，维护国家工作人员职务的廉洁性，依照《中华人民共和国刑法》第三百九十七条、第二十五条第一款、第六十七条第一款、第七十二条第一款、第七十三条第二、三款之规定，判决如下：

一、被告人陈某某犯滥用职权罪，判处有期徒刑二年。

（刑期从判决执行之日起计算。判决执行以前先行羁押的，羁押一日折抵刑期一日，即自2008年4月15日起至2010年4月14日止。）

二、被告人林某某犯滥用职权罪，判处有期徒刑一年六个月，宣告缓刑一年六个月。

（缓刑考验期限，从判决确定之日起计算。）

三、被告人李某某犯滥用职权罪，判处有期徒刑一年，宣告缓刑一年。

（缓刑考验期限，从判决确定之日起计算。）

被告人林某某、李某某回到社区后，应当遵守法律法规，服从监督管理，接受教育，完成公益劳动，做一名有益社会的公民。

如不服本判决，可在接到判决书的第二日起十日内，通过本院或者直接向上海市第一中级人民法院提出上诉。书面上诉的，应当提交上诉状正本一份，副本四份。

审判长　范爱军

审判员　陈士龙

审判员　胡秀华

二〇〇八年十二月十五日

书记员　严　蕾

故意泄露全国职业资格考试试题应以故意泄露国家秘密罪定罪处罚

——叶某某故意泄露国家秘密案

【案例要旨】

明知未启用的全国职业资格考试试题属于国家绝密级事项，仍故意将试题泄露给他人的，构成故意泄露国家秘密罪。

【案情简要】

被告人叶某某，原系××公司技术总监。

2010年8月，叶某某受中国××工程造价管理协会短期聘任，担任2010年度全国造价工程师执业资格考试的命题、终审专家，参与《工程造价案例分析》试卷的命题、初审以及《工程造价计价与控制》试卷的终审、校对工作，接触并知晓上述两个科目的全部内容，明知未启用的考试试题属国家绝密级事项及其保密期限，并多次签订《资格考试试卷（题）命制、审定保密保证书》和《保密责任书》，明确了其保密义务。

同年9月至10月中旬，为提高公司员工的考生通过率，××公司要求叶某某向公司总经理董某某、副总经理李某某提供相关复习资料，并由董某某、李某某分别为公司员工培训上述两个科目。期间，叶某某将其掌握的两份试卷中的部分试题，采用划知识点、提供载有试题内容的电子文档等方法，泄露给董、李用于考前培训。同时，叶某某还将上述电子文档泄露给王某甲等公司员工。经国家保密局鉴定，上述两份试卷均属绝密级国家秘密。

静安区人民检察院起诉后，静安区人民法院以故意泄露国家秘密罪判处被告人叶某某有期徒刑2年，缓刑2年。判决已发生法律效力。

【典型意义】

静安区人民检察院侦查、起诉的叶某某泄露国家秘密一案，系上海市司法机关首次办理泄露全国执业资格考试保密试题的新类型案件。叶某某受聘担任全国造价工程师执业资格考试的命审题专家，签订了相关保密协议，明知违规提供考试试题及可能造成的后果，仍将部分试题以划知识点、提供电子文档等方式泄露给李某某、董某某二人和其他考生，用于考前辅导培训，导致两件绝密级国家秘密事项泄露，其行为符合故意泄露国家秘密罪的构成要件，应予定罪处罚。

国家统一组织的执业资格考试试题保密工作，关系到国家信誉和考试的权威公正，关系到国家重大利益。保守国家秘密是宪法规定的公民义务，任何知悉尚处保密期的国家统一执业资格考试试题的人员，违反国家秘密法规定，故意或者过失泄露国家秘密，情节严重的，都应受到刑事追究。“泄露国家秘密”，是指行为人把自己掌管或者知悉的国家秘密让不应知悉者知悉，或者故意使国家秘密超出了限定的接触范围；泄露的方式可以是口头泄露也可以是书面泄露，可以是用交付实物的方式泄露，也可以是用发送电子信息等方式泄露。根据最高人民检察院《关于渎职侵权犯罪案件立案标准的规定》，泄露绝密级国家秘密 1 项（件）以上、机密级国家秘密 2 项（件）以上、秘密级国家秘密 3 项（件）（过失泄露 4 项）以上的，应予追诉，对此实践中应准确把握，依法惩处泄露国家秘密违法犯罪行为，有效维护保守国家秘密制度，严肃法制。

同时值得肯定的是，静安区人民检察院针对办案中发现的对命审题人员疏于管理，缺乏有效的预防泄密手段和监督措施等问题，专门向中国建设工程造价管理协会制发了检察建议，提出隔离管理命审题核心人员、缩短命题与考试的时间间隔等进一步规范全国执业资格考试命题保密工作的建议，引起被建议单位高度重视，采取措施，改进命题制度，建立专家选拔任用机制，设立考务部、规范考务工作，取得较好效果。

上海市静安区人民检察院

起 诉 书

沪静检刑诉〔2011〕284 号

被告人叶某某，男，1944 年××月××日出生，公民身份号码：3101081944××××××××，汉族，研究生学历，上海××投资监理有限公司技术总监，住本市××路××弄××支弄××号××室。2011 年 4 月 26 日因涉嫌故意泄露国家秘密罪，由本院刑事拘留，同月 30 日延长拘留期限四日，同年 5 月 9 日经上海市人民检察院第二分院批准并由上海市公安局静安分局执行逮捕。

被告人李某某，女，1963 年××月××日出生，公民身份号码：3701111963××××××××，汉族，大学文化，上海××投资监理有限公司副总经理、第二事业部总经理，家住本市××路××弄××号××室，户籍在本市××路××弄××号楼××室。2011 年 5 月 26 日因涉嫌故意泄露国家秘密罪，由本院刑事拘留，同月 30 日延长拘留期限四日，同年 6 月 9 日由本院决定取保候审。

被告人叶某某、李某某涉嫌故意泄露国家秘密罪一案，由本院侦查终结。本院于 2011 年 7 月 8 日告知两名被告人有权委托辩护人，并听取了意见。经审查，于 2011 年 8 月 22 日退回补充侦查，本院反渎局于 2011 年 9 月 20 日补充侦查终结，移送审查起诉。依法讯问了被告人，审查了全部案件材料。

经依法审查查明：

被告人叶某某于 2010 年 8 月，受中国××管理协会短期聘任，担任 2010 年度全国造价工程师执业资格考试的命题、终审专家，参与《工程造价案例分析》（以下简称《案例分析》）试卷的命题、初审以及《工程造价计价与控制》（以下简称《计价与控制》）试卷的终审、校对工作，接触并知晓上述两个科目试题的全部内容，并在此期间多次签订《资格考试试卷（题）命制、审定保密保证书》（以下简称《保证书》）和《保密责任书》，明确未启用的考试试题属于国家绝密级事项及保密期限和保密义务。

2010 年 9 月至 10 月中旬，上海××投资监理有限公司（以下简称××公司）组织员工进行 2010 年度全国造价师执业资格考试考前培训，并指派××

公司总经理董某某为考生培训《计价与控制》科目、指派副总经理被告人李某某为考生培训《案例分析》科目。期间，被告人叶某某为提高××公司员工的考试通过率，故意违反《保证书》《保密责任书》的有关规定，将其掌握的《案例分析》《计价与控制》试卷中的部分试题，采用在教材上划知识点、提供载有试题内容的电子文档等手法，泄露给被告人李某某及董某某用于考前培训。同时，被告人叶某某还将上述电子文档泄露给王某甲（另案处理）、龚某某、印某某等人。

2010年9月28日、10月13日，被告人李某某明知被告人叶某某系2010年度全国造价工程师执业资格考试命审题专家，提供的电子文档涉及《案例分析》试卷的试题内容，仍通过划知识点、投影、讲解等方式将试题泄露给××公司四十余名考生。

经鉴定，上述《案例分析》《计价与控制》考试试卷均属于绝密级国家秘密。

2011年4月26日、5月25日，本院先后对被告人叶某某、李某某进行传唤。

上述事实，有以下证据证明：

1. 由××公司提供的聘用合同书、情况说明、劳动合同书、人力资源和社会保障部人事考试中心提供的《全国造价工程师执业资格考试命（审）题专家登记表》《资格考试试卷（题）命制、审定保密保证书》《保密责任书》、命题、初审、终审三阶段《试卷领用登记表》《命题专家名单》《初审专家名单》《终审专家名单》、中国建设工程造价管理协会提供的《证明》、《2010年造价工程师执业资格考试考务工作情况说明》、本院反渎局依法收集的××公司工商档案等书证、证人马某某、舒某某、吴某某等人的证言以及被告人叶某某、李某某的供述，证实了被告人叶某某于2010年8月，受中国××管理协会聘任，担任2010年度全国造价工程师执业资格考试的命题、终审专家，参与《案例分析》试卷的命题、初审和《计价与控制》试卷的终审、校对工作，并在此期间多次签订《保证书》和《保密责任书》，系掌握国家秘密的人员。

2. 由人力资源和社会保障部人事考试中心提供的2010年度《案例分析》《计价与控制》试卷、《2010年全国造价工程师执业资格考试“工程造价案例分析”科目试卷与“举报泄密材料”比对情况的说明》及比对材料、《2010年全国造价工程师执业资格考试“工程造价计价与控制”科目试卷与“疑似泄密材料”比对情况的说明》及比对材料、本院反渎局依法制作和收集的扣押物品清单、《案例分析》《计价与控制》教材用书等书证、物证、北京市国家安全局司法鉴定中心鉴定人员出具的《电子数据鉴定书》、证人龚某某、王某甲、王某乙、董某某、顾某某、朱某甲、管某某、王某丙、刘某某、吴某某、印某某等人的证言以及被告人叶某某、李某某的供述，证实了被告人叶某某向他人泄露其所掌握的2010年度全国造价工程师资格考试《案例分析》《计价与控制》试卷中的部分试题内容。

3. 由上海市职业能力考试院出具的《上海××投资监理有限公司参加2010年度造价工程师执业资格考试人员名单》、本院反渎局依法收集的《2010年全国造价工程师执业资格考试人员培训签到表》等书证、证人顾某某、朱某甲、符某某、刘某某、洪某某、陈某某、张某某、王某丁、陆某某、丁某某、沈某某、孙某某、王某戊、朱某乙等人的证言以及被告人叶某某、李某某的供述，证实了2010年9月28日、10月13日，被告人李某某将由被告人叶某某提供的涉及《案例分析》试卷试题的内容，通过划知识点、投影、讲解等方式泄露给××公司四十余名考生的事实。

4. 由本院依法收集的《造价工程师执业资格制度暂行规定》《人事工作中国家秘密及其密级具体范围的规定》《人事工作中国家秘密及其密级具体范围的补充规定》等书证、北京市国家保密局出具的《密级鉴定书》，证实了2010年度全国造价工程师执业资格考试《案例分析》《计价与控制》考试试卷在启用前属于绝密级国家秘密。

上述证据来源及收集程序合法，内容客观真实，足以认定指控事实。

本院认为，被告人叶某某、李某某共同违反《中华人民共和国保守国家秘密法》的规定，故意泄露绝密级国家秘密，情节严重，其行为均已触犯《中华人民共和国刑法》第二十五条第一款、第三百九十八条，犯罪事实清楚，证据确实、充分，应以故意泄露国家秘密罪追究刑事责任。被告人叶某某在共同犯罪中起主要作用，根据《中华人民共和国刑法》第二十六条第一款、第四款之规定，是主犯。被告人李某某在共同犯罪中起次要作用，根据《中华人民共和国刑法》第二十七条，系从犯，应从轻处罚。被告人叶某某能如实供述自己罪行，根据《中华人民共和国刑法》第六十七条第三款之规定，可从轻处罚。根据《中华人民共和国刑事诉讼法》第一百四十一条之规定，提起公诉，请依法审判。

此致

上海市静安区人民法院

检察员　张　婷

二〇一一年十一月四日

附：1. 被告人叶某某现羁押于上海市静安区看守所，被告人李某某现取保候审于其居住地本市徐汇区××路××弄××号××室。

2. 侦查卷宗1册，证据目录、证人名单各1份，主要证据复印件1册。

3. 换押证1份。

4. 案犯身份卡1张。

5. 赃证物品详见清单。

6. 相关法律条文。（略）

上海市静安区人民法院
刑事判决书

（2011）静刑初字第405号

公诉机关上海市静安区人民检察院。

被告人叶某某，男，1944年××月××日出生于上海市，汉族，研究生文化程度，上海××投资监理有限公司技术总监，住本市××路××弄××支弄××号××室。因涉嫌犯故意泄露国家秘密罪于2011年4月26日被上海市静安区人民检察院刑事拘留；同年5月9日经上海市人民检察院第二分院批准被逮捕。现羁押于上海市静安区看守所。

辩护人翟某某、余某某，上海市××律师事务所律师。

被告人李某某，女，1963年××月××日出生于辽宁省阜新市，汉族，大学文化程度，上海××投资监理有限公司副总经理、第二事业部总经理，住本市××路××弄××号××室。因涉嫌犯故意泄露国家秘密罪于2011年5月26日被上海市静安区人民检察院刑事拘留；同年6月9日被上海市静安区人民检察院取保候审；同年11月10日被本院取保候审。现取保候审。

辩护人张某甲，上海市××律师事务所律师。

辩护人王某辛，上海××律师事务所律师。

上海市静安区人民检察院以沪静检刑诉〔2011〕284号起诉书，指控被告人叶某某、李某某犯故意泄露国家秘密罪，于2011年11月4日向本院提起公诉。本院受理后，依法组成合议庭，于2011年11月22日不公开开庭进行了审理。上海市静安区人民检察院指派检察员张婷出庭支持公诉。被告人叶某某及其辩护人翟某某、余某某，被告人李某某及其辩护人张某甲、王某辛到庭参加诉讼。现已审理终结。

经审理查明，被告人叶某某于2010年8月，受中国××管理协会短期聘任，担任2010年度全国造价工程师执业资格考试的命题、终审专家，参与《工程造价案例分析》试卷的命题、初审以及《工程造价计价与控制》试卷的终审、校对工作，接触并知晓两个科目试题的全部内容，并在此期间多次签订《资格考试试卷（题）命制、审定保密保证书》和《保密责任书》，明确未启用的考试试题属于国家绝密级事项及保密期限和保密义务。

同年9月至10月中旬，上海××投资监理有限公司（以下简称××公司）组织员工进行2010年度全国造价师执业资格考试考前培训。××公司明知被告人叶某某为2010年度全国造价工程师执业资格考试的命审题专家，不得为员工进行考前培训，为提高公司员工的考生通过率，公司要求被告人叶某某向公司总经理董某某、副总经理李某某提供相关复习资料，由董某某为考生培训《工程造价计价与控制》科目，李某某为考生培训《工程造价案例分析》科目。期间被告人叶某某故意违反保密规定，将其掌握的《工程造价计价与控制》《工程造价案例分析》试卷中的部分试题，采用在教材书上划知识点、提供载有试题内容的电子文档等方法，泄露给被告人李某某及董某某用于考前培训。同时，被告人叶某某还将上述电子文档泄露给王某某、龚某某、印某某等人。

同年9月28日、10月13日，被告人李某某明知被告人叶某某系2010年度全国造价工程师执业资格考试命审题专家，提供的电子文档可能涉及《工程造价案例分析》试卷的试题内容，仍通过划知识点、投影、讲解等方式将试题泄露给××公司四十余名考生。

经鉴定，上述《工程造价计价与控制》《工程造价案例分析》考试试卷均属于绝密级国家秘密。

上述事实，两名被告人在开庭过程中亦无异议，且有证人马某某、舒某某、吴某某、董某某、龚某某、王某某、顾某某等人的证言、《全国造价工程师执业资格考试命（审）题专家登记表》《保密责任书》《电子数据鉴定书》《密级鉴定书》及两名被告人的当庭供述等证据证实，足以认定。

本院认为，被告人叶某某、李某某违反《中华人民共和国保守国家秘密法》的规定，故意泄露绝密级国家秘密，情节严重，其行为均已构成故意泄露国家秘密罪，依法应予惩处。公诉机关指控两被告人的犯罪事实清楚，证据确凿充分，定性正确。被告人叶某某在共同犯罪中起主要作用，系主犯。被告人李某某在共同犯罪中起次要作用，系从犯，依法可从轻处罚。鉴于被告人叶某某、李某某系单位安排为员工进行考前培训，主观恶性相对较小，且均能如实供述自己的罪行，有认罪悔罪表现，故被告人叶某某的辩护人要求从轻处罚并适用缓刑、被告人李某某的辩护人要求免除处罚的意见，符合法律规定，本院予以采纳。

据此，为维护保守国家秘密制度，严肃国家法制，依照《中华人民共和国刑法》第三百九十八条，第二十五条第一款，第二十六条第一款、第四款，第二十七条，第六十七条第三款，第七十二条第一款，第七十三条第二款之规定，判决如下：

一、被告人叶某某犯故意泄露国家秘密罪，判处有期徒刑二年，缓刑二年。

（缓刑考验期限，从判决确定之日起计算。）

二、被告人李某某犯故意泄露国家秘密罪，免予刑事处罚。

被告人叶某某回归社会后应当遵守法律、法规，服从监督管理，接受教育，完成公益劳动，做一名有益社会的公民。

如不服本判决，可在接到判决书的第二日起十日内，通过本院或者直接向上海市第二中级人民法院提出上诉。书面上诉的，应当提交上诉状正本一份，副本二份。

审 判 长 姜 灏
审 判 员 芮志平
人民陪审员 余震源
二〇一一年十一月二十四日
书 记 员 魏 凯

准确把握徇私枉法罪的主体和行为要件

——陈某某徇私枉法案

【案例要旨】

不具体承办案件的司法工作人员，徇私将因职务获悉的案件信息泄露给他人，放弃履行抓捕职责，致使犯罪嫌疑人未能及时受到追诉的，构成徇私枉法罪。

【案情简要】

被告人陈某某，案发前系嘉定公安分局××派出所巡逻民警，主要负责辖区接处警，治安巡逻，盘问、检查可疑人员、车辆和物品，抓捕违法犯罪嫌疑人员、街面控制及社保队员管理等工作。

2010年6月17日晚，××舞厅发生一起聚众斗殴案件，××派出所于当日接报警后立案侦查并于次日早晨在全所例会上进行了案件通报，陈某某亦在场。参与聚众斗殴的吴某甲（2011年3月7日因聚众斗殴被判有期徒刑1年10个月）为逃避法律追究，通过严某（原系陈某某同事，涉案前已辞职，2012年3月11日因本案被不起诉）向陈某某打听案情。陈某某将派出所例会通报的案件信息透露给严某，又多次将向承办此案的民警叶某某（陈某某同事，2011年10月20日因本案被判处有期徒刑2年，缓刑2年）探听的案情及侦查情况告知严某和吴某甲。7月中旬，陈某某、叶某某参加吴某甲的安排吃请时，向吴某甲泄露了案情、证据及侦查方向，并分别接受了吴某甲托严某送的人民币5000元。

2010年9月下旬，吴某甲因涉嫌其他犯罪被抓获，后检举陈某某等人徇私枉法，本案由此而案发。嘉定区人民检察院提起公诉后，嘉定区人民法院以徇私枉法罪判处陈某某有期徒刑1年9个月，缓刑2年。判决已发生效力。

【典型意义】

《刑法》第399条规定，司法工作人员徇私枉法、徇情枉法，对明知是有罪的人而故意包庇不使他受追诉，处5年以下有期徒刑或者拘役。《刑法》第94条规定，本法所称司法工作人员，是指有侦查、检察、审判、监管职责的工作人员。陈某某虽非吴某甲聚众斗殴案承办人，但其作为有抓捕违法犯罪嫌疑人员职责的派出所巡逻民警，属于《刑法》第94条规定的具有侦查职责的司法工作人员，属徇私枉法罪主体。陈某某在吴某甲聚众斗殴案案发次日的案件通报会上即获知相关案件信息；又专门多次向办案人员打听吴某甲的案情、证据及侦查方向，足以证明其明知吴某甲是有罪的人；陈某某为徇私情，明知吴某甲为涉案违法犯罪嫌疑人员，仍向其泄露案情及侦查情况，并接受其吃请及贿赂，不履行抓捕职责，致使吴某甲未能及时得到追诉，其行为符合"对明知是有罪的人而故意包庇不使他受追诉"的要求，应认定为徇私枉法罪。

徇私枉法罪是典型的渎职类犯罪，严重扰乱国家司法机关的正常活动，破坏国家司法机关的威信和正常活动，损害法律权威，应依法惩处。根据最高人民检察院《关于渎职侵权犯罪案件立案标准的规定》（以下简称《渎职罪立案标准》）规定，司法工作人员徇私枉法、徇情枉法，"对明知是有犯罪事实需要追究刑事责任的人，采取伪造、隐匿、毁灭证据或者其他隐瞒事实、违反法律的手段，故意包庇使其不受立案、侦查、起诉、审判的"或者"在立案后，采取伪造、隐匿、毁灭证据或者其他隐瞒事实、违反法律的手段，应当采取强制措施而不采取强制措施，或者虽然采取强制措施，但中断侦查或者超过法定期限不采取任何措施，实际放任不管，以及违法撤销、变更强制措施，致使犯罪嫌疑人、被告人实际脱离司法机关侦控的"均应立案侦查。

根据上述规定，司法实践中应结合案件具体情况准确把握：第一，依照《刑法》第94条规定，构成徇私枉法罪主体的司法工作人员是有侦查、检察、审判、监管职责的人，应理解为包括但不限于案件的承办人，其职责与追诉犯罪具有关联的司法工作人员，无论是否具体承办案件，均符合徇私枉法罪的主体条件。第二，根据《刑法》第399条及《渎职罪立案标准》规定，徇私枉法的行为方式，既包括伪造、隐匿、毁灭证据或者其他隐瞒事实、违法撤销、变更强制措施等作为形式，也包括应当抓捕而不予抓捕，或者抓捕后中断侦查的不作为形式；行为人负有侦查、检察、审判、监管职责而不履行或者不正确履行，应采取相应措施而不采取或者消极、违法履职的，均属徇私枉法；造成有罪的人未及时受到追诉的危害后果的，即构成徇私枉法罪。第三，行为人同时构成受贿罪、妨害作证罪、帮助当事人毁灭、伪造证据罪的，应当从一重罪定罪处罚。

上海市嘉定区人民检察院

起 诉 书

沪嘉检刑诉〔2011〕613号

被告人陈某某，男，1975年××月××日生，公民身份号码：3102221975××××××××汉族，中共党员，大专文化，户籍在上海市嘉定区××镇××村××号，现住上海市嘉定区××镇××路××号××室，原系上海市××局嘉定分局××派出所民警。2011年6月15日因涉嫌徇私枉法罪被上海市嘉定区人民检察院刑事拘留，同年6月29日，经上海市人民检察院第二分院决定逮捕，现羁押于上海铁路公安处看守所。

本案由上海市嘉定区人民检察院侦查终结，以被告人陈某某涉嫌私枉法罪，于2011年8月24日移送审查起诉。本院受理后，于当日告知被告人有权委托辩护人，依法讯问了被告人，审查了全部案件材料，并就是否适用普通程序审理"被告人认罪案件"听取了被告人陈某某的意见，其表示同意。

经依法审查查明：

2008年至2011年6月，被告人陈某某在上海市公安局嘉定分局××派出所担任巡逻组民警，主要负责辖区接处警、治安巡逻、盘问、检查可疑人员、车辆和物品、抓捕违法被告人员、街面控制及社保动员的管理等工作。

2010年6月17日夜，嘉定区××镇××路××舞厅发生了一起聚众斗殴案件。××派出所于当日接报警后立案侦查并在次日早晨全所例会上进行了案件通报。此后，参与此次斗殴但尚未到案的吴某甲（另处）为逃避法律追究，于2010年6月至7月间，多次通过严某（另处）联系被告人陈某某打探案情。陈某某通过向派出所内承办此案的民警叶某某（另处）了解案件侦查情况，告知严某及吴某甲。2010年7月17日，被告人陈某某接受吴某甲通过严某的邀请，告知叶某某并同叶一起到嘉定区××镇××路"××馆"、××路"××KTV"等处接受吴某甲安排的吃饭、娱乐活动。期间，陈某某、叶某某向吴某甲泄露了案情、证据及侦查方向，分别接受了吴某甲托严某送的人民币5000元。

被告人陈某某明知吴某甲为涉案嫌疑人，接受吴某甲宴请、娱乐并收受钱款，既不积极履行职责对吴某甲进行抓捕，又未请示报告，致使应当承担刑事责任的吴某甲未能及时得到追究，直至2010年9月27日，吴某甲因另案在××检查站安检时才被抓获。2011年3月7日，上海市嘉定区人民法院以吴某甲犯聚众斗殴罪，判处有期徒刑一年十个月。

2011年3月，嘉定区人民检察院收到相关举报线索进行初查，同月公安机关进行内部调查并于6月14日将陈某某移交检察机关处理。

上述事实有以下证据证实：

1. 证人吴某甲的证言，证实其参与2010年6月17日夜发生在嘉定区××镇××路××舞厅的聚众斗殴案件后，为逃避追究，于2010年6月至7月间通过严某从××派出所民警陈某某处探听案情，后又邀请陈某某及办案民警叶某某到嘉定区××镇××路“××馆”、××路“××KTV”等处吃饭、娱乐，其间，被告人陈某某向其泄露案情并接受其托严某送的人民币5000元的事实。

2. 叶某某的供述，证实2010年6月至7月间，陈某某向其询问2010年6月17日××镇××路××舞厅聚众斗殴案案情及涉及吴某甲的情况，后其同陈某某一起接受吴某甲通过严某安排的吃饭、娱乐活动，收受钱款，不积极履行抓捕及调查的职责，致使吴某甲未能及时得到追究的事实。

3. 严某的供述，证实2010年6月至7月间，其为帮助吴某甲逃避参与聚众斗殴可能带来的法律追究，向××派出所民警陈某某打探案情，后又邀请叶某某、陈某某到嘉定区××镇××路“××馆”、××路“××KTV”等处吃饭、娱乐，期间，陈某某、叶某某向吴某甲泄露了案情、证据及侦查方向，分别接受了吴某甲托严某送的人民币5000元的事实。

4. 证人项某某的证言，证实在聚众斗殴案发生两三天之后，其在××派出所对案发现场监控录像中皖××××××的QQ汽车为吴某甲所有的事实以及事发一个月后吴某甲到其公司修理上述车辆的事实。

5. 证人吴某乙的证言，证实2010年6月至7月间，××派出所因吴某甲涉嫌参与聚众斗殴开展调查的事实。

6. 证人朱某甲（××派出所副所长）、纪某某（××派出所阜南治安警组警长）张某甲、仇某某、李某某（均为××派出所民警）的证言，证实2010年6月17日××镇××路××舞厅的聚众斗殴案发生后，经立案侦查，确定吴某甲有重大作案嫌疑，但吴某甲直至2010年9月才到案的事实以及该案由阜南警组叶某某主要负责承办的情况。

7. 证人张某乙的证言、上海××厂竣工施工单，证实2010年7月，吴某甲到其经营的汽修厂修理聚众斗殴中撞人车辆的情况以及严某为帮助吴某甲逃避法律追究，于2010年7月17日请陈某某、叶某某到嘉定区××镇××路“××馆”、××路“××KTV”等处吃饭、娱乐的事实。

8. 证人张某丙、王某某、朱某乙、张某丁的证言，证实严某为帮助吴某甲逃避法律追究，于2010年7月17日请陈某某、叶某某到嘉定区××镇××路“××馆”、××路“××KTV”等处吃饭、娱乐的事实。

9. 证人叶某某、周某某的证言，证实2010年7月17日同陈某某、叶某某、严某先后在嘉定区××镇××路“××馆”、××路“××KTV”等处吃饭、娱乐的事实。

10. 证人时某某、陆某某的证言，证实2010年9月27日，吴某甲因另案在××检查站安检时才被抓获的事实。

11. 被告人陈某某的多次供述，证实2010年6月至7月间，其将2010年6月17日××镇××路××舞厅的聚众斗殴案件的办案人员、办案进展情况告知涉嫌此案的吴某甲及其请托的严某，后又同叶某某一同接受吴通过严某安排的吃饭、娱乐活动。其间，其和叶某某向吴某甲泄露了案情并分别接受吴某甲托严某送的人民币5000元的事实。

12. 上海市公安局嘉定分局组织机构代码证、被告人陈某某的干部履历表、上海市国家公务员登记表、人民警察警衔变动审批表、警官证复印件、公务员年度考核登记表、辞退决定等材料，证实陈某某系上海公安局嘉定分局民警，从2005年1月开始在该局××派出所工作，直至2011年6月14日被辞退的事实。

13. 上海市公安局嘉定分局出具的陈某某任职岗位和职责证明，证实陈某某从2008年起担任××派出所巡逻组民警，主要负责辖区接处警、治安巡逻、盘问、检查可疑人员、车辆和物品、抓捕违法被告人员、街面控制及社保队员的管理等。

14. 上海市公安局嘉定分局沪公（嘉）立字〔2010〕第2430号立案决定书、接报回执单、××派出所值班表、2010年6月18日晨会记录、吴某甲皖××××××车辆信息、监控录像截图等材料，证实吴某甲参与的聚众斗殴发生后，××派出所开展侦查工作的情况。

15. 上海××厂竣工施工单，证实2010年7月吴某甲到张某经营的汽修厂修理涉案车辆的事实。

16. 吴某甲与严某间互通短信的相关照片、陈某某接受吴某甲吃饭、娱乐地点的相关照片。

17. 在逃人员登记信息表、2010年9月27日上海市公安局嘉定分局××派出所出具的工作情况，证实吴某甲因其他案件被安徽寿县公安机关网上追逃，2010 年 9 月 27 日在 ×× 检查站安检时被抓获的事实。

18. 吴某甲聚众斗殴案件的侦查证据材料、上海市嘉定区人民法院（2010）嘉刑初字第 99 号刑事判决书，证实吴某甲因聚众斗殴罪于 2011 年 3 月 7 日被判处有期徒刑一年十个月的事实。

19. 上海市公安局嘉定分局因本案对陈某某进行内部立案调查以及对陈某某进行处分的相关材料。

20. 嘉定区人民检察院反渎职侵权局出具的案发情况说明，证实 2011 年 3 月 16 日，吴某甲向嘉定区人民检察院驻嘉定看守所检察室举报了本案事实，后上海市公安局嘉定分局对陈某某、叶某某进行内部查处并于 6 月 14 日移交检察机关处理的情况。

21. 常住人口基本信息，证实被告人陈某某的身份情况。

上述证据来源及收集程序合法，内容客观真实，足以认定指控事实，被告人陈某某对基本犯罪事实无异议。

本院认为，被告人陈某某作为司法工作人员，明知他人是犯罪嫌疑人而故意泄露案情不采取强制措施，接受被告人宴请、娱乐并收受钱款，徇私枉法、徇情枉法，致使被告人未能及时得到追究，其行为已经触犯《中华人民共和国刑法》第三百九十九条第一款，应当以徇私枉法罪追究其刑事责任。被告人陈某某能如实供述全部犯罪事实，根据《中华人民共和国刑法》第六十七条第三款之规定，可以从轻处罚。根据《中华人民共和国刑事诉讼法》第一百四十一条之规定，提起公诉，请依法审判。

此致

上海市嘉定区人民法院

检　察　员　石全红

代理检察员　孟　春

二〇一一年九月八日

附：1. 被告人陈某某现羁押于上海铁路公安处看守。

2. 侦查卷宗 4 册。

3.《适用普通程序简化审建议书》1 份。

4.《量刑建议书》1 份。

附：相关法律条文

《中华人民共和国刑法》

第三百九十九条第一款 司法工作人员徇私枉法、徇情枉法，对明知是无罪的人而使他受追诉、对明知是有罪的人而故意包庇不使他受追诉，或者在刑事审判活动中故意违背事实和法律作枉法裁判的，处五年以下有期徒刑或者拘役；情节严重的，处五年以上十年以下有期徒刑；情节特别严重的，处十年以上有期徒刑。

第六十七条 犯罪以后自动投案，如实供述自己的罪行的，是自首。对于自首的犯罪分子，可以从轻或者减轻处罚。其中，犯罪较轻的，可以免除处罚。

被采取强制措施的犯罪嫌疑人、被告人和正在服刑的罪犯，如实供述司法机关还未掌握的本人其他罪行的，以自首论。

被告人虽不具有前两款规定的自首情节，但是如实供述自己罪行，可以从轻处罚；因其如实供述自己罪行，避免特别严重后果发生的，可以减轻处罚。

《中华人民共和国刑事诉讼法》

第一百四十一条 人民检察院认为犯罪嫌疑人的犯罪事实已经查清，证据确实、充分，依法应当追究刑事责任的，应当作出起诉决定，按照审判管辖的规定，向人民法院提起公诉。

上海市嘉定区人民法院

刑事判决书

（2011）嘉刑初字第642号

公诉机关上海市嘉定区人民检察院。

被告人陈某某，男，1975年××月××日出生于上海××，汉族，大专文化，原系上海市公安局嘉定分局××派出所民警，户籍所在地上海××嘉定区××镇××村××号，居住地上海市嘉定区××镇××路××号××室；2011年6月15日因涉嫌徇私枉法犯罪被上海市嘉定区人民检察院刑事拘留，同年6月29日被依法逮捕；现羁押于上海铁路公安处看守所。

辩护人仇某，上海××律师事务所律师。

以沪嘉检刑诉〔2011〕613号起诉书指控被告人陈某某犯徇私枉法罪，于2011年9月9日向本院提起公诉。本院受理后，依法组成合议庭，公开开庭审理了本案。上海市嘉定区人民检察院代理检察员孟春、被告人陈某某及其辩护人仇某到庭参加诉讼。现已审理终结。

经审理查明，2008年至2011年6月，被告人陈某某在上海市公安局嘉定分局××派出所担任巡逻民警，主要负责辖区接处警、治安巡逻、盘问、检查可疑人员、车辆和物品、抓捕违法人员、街面控制及社保队员管理等工作。2010年6月17日晚，嘉定区××镇××路××舞厅发生了一起聚众斗殴案件。××派出所于当日接报警后立案侦查并在次日早晨全所例会上进行了案件通报。此后，参与此次斗殴但尚未到案的吴某甲（另处）为逃避法律追究，通过严某联系被告人陈某某打探案情。陈某某将向承办此案的民警叶某某（另处）了解的案情及侦查情况，告知了严某及吴某甲。2010年7月，被告人陈某某接受吴某甲通过严某的邀请，告知叶某某并同叶一起至嘉定区××镇××路“××馆”、××路“××KTV”等处接受吴某甲安排的宴请、娱乐活动。期间，陈某某、叶某某向吴某甲泄露了案情、证据及侦查方向，分别接受了吴某甲托严某送的人民币5000元。

被告人陈某某明知吴某甲为涉案嫌疑人，仍接受吴某甲宴请、娱乐并收受钱款，既不积极履行对吴某甲进行抓捕的职责，又未请示报告，致使应当承担刑事责任的吴某甲未能及时得到追究，直至2010年9月27日，吴某甲因另案在××检查站安检时才被抓获。2011年3月7日，吴某甲因犯聚众斗殴罪被本院判处刑罚。

2011年3月，检察机关收到相关举报线索对陈某某进行初查，同月，公安机关进行内部调查并于6月14日将陈某某移交检察机关处理。

上述事实，被告人陈某某在开庭审理过程中无异议，且有上海市公安局嘉定分局的组织机构代码证、被告人陈某某的任职岗位和职责证明、国家公务员登记表、公务员年度考核表、人民警察警衔变动审批表、警官证、辞退、处分决定，同案关系人叶某某、严某的供述，证人吴某甲、项某某、吴某乙、朱某甲、纪某某、张某甲、仇某某、李某某、张某乙、张某丙、王某某、朱某乙、张某丁、叶某某、周某某、时某某、陆某某的证言，上海××公安局嘉定分局制作的《立案决定书》、接报回执单、有关派出所的值班表、晨会记录、皖×××××车辆信息、监控录像截图、工作情况、抓获信息、在逃人员登记信息表，有关短信内容照片，吴某甲案件相关材料，有关刑事判决书，上海××厂竣工施工单及被告人陈某某的常住人口基本信息等证据证实，足以认定。

本院认为，被告人陈某某作为司法工作人员，明知他人系犯罪嫌疑人而故意泄露案情，不履行办案职责，不采取强制措施，接受犯罪嫌疑人宴请、娱乐并收受钱款，徇私枉法，致使犯罪嫌疑人未能及时得到追究，其行为已构成徇私枉法罪。公、辩双方认为被告人陈某某能如实供述自己的犯罪事实，可以从轻处罚的意见合法有据，本院予以支持，并采纳公、辩双方关于对被告人适用缓刑的建议。现为严肃国法，维护国家司法机关的正常活动秩序，依照《中华人民共和国刑法》第三百九十九条第一款，第九十三条第一款，第六十七条第三款，第七十二条第一款，第七十三条第二款、第三款之规定，判决如下：

被告人陈某某犯徇私枉法罪，判处有期徒刑一年九个月，缓刑二年。

被告人陈某某回到社区后，应当遵守法律、法规，服从监督管理，接受教育，完成公益劳动，做一名有益社会的公民。

如不服本判决，可在接到判决书的第二日起十日内，通过本院或者直接向上海市第二中级人民法院提出上诉。书面上诉的，应当提交上诉状正本一份，副本两份。

审　判　长　朱坚军
人民陪审员　王涯芹
人民陪审员　王玉祥
二〇一一年十月二十日
书　记　员　朱　群
书　记　员　朱　玲

附：相关法律条文

《中华人民共和国刑法》

第三百九十九条第一款 司法工作人员徇私枉法、徇情枉法，对明知是无罪的人而使他受追诉、对明知是有罪的人而故意包庇不使他受追诉，或者在刑事审判活动中故意违背事实和法律作枉法裁判的，处五年以下有期徒刑或者拘役；情节严重的，处五年以上十年以下有期徒刑；情节特别严重的，处十年以上有期徒刑。

第九十三条第一款 本法所称的国家工作人员，是指国家机关中从事公务的人员。

第六十七条 犯罪以后自动投案，如实供述自己的罪行的，是自首。

对于自首的犯罪分子，可以从轻或者减轻处罚。其中，犯罪较轻的，可以免除处罚。

被采取强制措施的犯罪嫌疑人、被告人和正在服刑的罪犯，如实供述司法机关还未掌握的本人其他罪行的，以自首论。

犯罪嫌疑人虽不具有前两款规定的自首情节，但是如实供述自己罪行的，可以从轻处罚；因其如实供述自己罪行，避免特别严重后果发生的，可以减轻处罚。

第七十二条第一款、第三款 对于被判处拘役、三年以下有期徒刑的犯罪分子，同时符合下列条件的，可以宣告缓刑，对其中不满十八周岁的人、怀孕的妇女和已满七十五周岁的人，应当宣告缓刑：

（一）犯罪情节较轻；

（二）有悔罪表现；

（三）没有再犯罪的危险；

（四）宣告缓刑对所居住社区没有重大不良影响。

被宣告缓刑的犯罪分子，如果被判处附加刑，附加刑仍须执行。

第七十三条第二款、第三款 有期徒刑的缓刑考验期限为原判刑期以上五年以下，但不能少于一年。

缓刑考验期限，从判决确定之日起计算。

提高线索发现能力
准确把握渎职犯罪构成要件

——黄某某帮助犯罪分子逃避处罚
销售假冒注册商标的商品案

【案例要旨】

渎职侵权案件隐蔽性强、对政策把握能力要求高、查处难度大，积极拓展案件线索的发现和移送渠道。在履职过程中，利用职务便利向犯罪分子通风报信或指使他人通风报信等手法，使犯罪分子逃避查处，构成帮助犯罪分子逃避处罚罪。

【案情简要】

被告人黄某某，男，1982年××月××日生，原系上海市烟草专卖局静安分局稽查员。

被告人黄某某于2004年11月起，伙同本市××路××号××杂货店经营者蔡某某将假冒中华卷烟，先后销售给黄某某的亲友毛某某、张某某等人共计200余条，销售金额达人民币8.6万余元。期间，被告人黄某某利用烟草稽查员的职务便利，在查禁假烟销售的履职过程中，采用自行通风报信或指使同事向他人通风报信等手法，多次将其所在稽查支队突击检查假烟销售行动的部署，事先泄露给蔡某某，致使蔡某某销售假冒烟草制品的犯罪行为得以逃避查处。

静安区人民检察院公诉科于2008年1月21日受理公安机关移送起诉的黄某某涉嫌销售假冒注册商标的商品案。公诉部门在审查中发现，黄某某身为上海市烟草专卖局静安分局稽查员，不仅伙同他人共同贩卖假冒的烟草制品，而且为使销假行为不被查处，多次向蔡某某通风报信，泄露其所在稽查队突击检查贩卖假冒卷烟的部署情况，涉嫌帮助犯罪分子逃避处罚，公诉科遂将线索向反渎局提供。

静安区人民检察院反渎局根据公诉科移送的线索，以涉嫌帮助犯罪分子逃避处罚罪对黄某某立案侦查。后经深入追查，还立案查处了黄某某的同事滕某某（原系稽查员）帮助犯罪分子逃避处罚案。

5月2日，静安区人民检察院以被告人黄某某犯帮助犯罪分子逃避处罚罪、销售假冒注册商标的商品罪，向静安区人民法院提起公诉。6月6日，静安区人民法院判决黄某某构成帮助犯罪分子逃避处罚罪、销售假冒注册商标的商品罪，对其数罪并罚判处有期徒刑2年，并处罚金1000元。该判决已发生法律效力。

【典型意义】

2008年10月30日，上海市人民检察院检察委员会讨论后认为，静安区人民检察院办理的黄某某帮助犯罪分子逃避处罚、销售假冒注册商标的商品罪案对上海市检察机关查办渎职犯罪具有示范意义，值得总结和借鉴。

一、努力提高渎职侵权犯罪案件的线索发现能力

渎职侵权案件具有隐蔽性强、政策界限把握要求高、查处难度大等特点。要根据最高人民检察院《关于加强反渎职侵权能力建设的决定》的要求，摸索反渎职侵权工作规律，根据渎职侵权犯罪特点，努力提高发现线索能力，找到反渎职侵权工作的切入点和突破口，掌握查办工作的主动权。

二、增强查办渎职侵权犯罪案件的合力

要认真执行上海市人民检察院反渎局、侦监处《关于在反渎、侦监工作中加强协作配合的暂行规定》和上海市人民检察院反渎局、公诉处《关于在反渎、公诉工作中加强协作配合的暂行规定》等规定。反渎职侵权部门要主动加强与侦查监督、公诉、监所、民行、控告申诉等部门的沟通协调，积极拓展案件线索的发现和移送渠道。各相关业务部门也要增强查办渎职侵权犯罪案件的敏感度，对在办案过程认为可能存在渎职侵权行为的，应及时将线索移送反渎职侵权部门。

三、加强法律政策研究

渎职侵权犯罪案件有很强的专业性，其所涉及的法律政策适用疑难问题也较多。反渎职侵权部门对于疑难复杂案件、检法争议较大案件，要加强研究，主动邀请侦监、公诉等部门提前介入。尤其是对涉及主体身份、因果关系、损失计算等长期困扰司法实践的争议问题，要加强调查研究，寻找理论支撑，并争取与法院取得共识，善于运用法律惩办渎职侵权犯罪。

上海市静安区人民检察院

起诉书

沪静检刑诉〔2008〕20、104号

被告人黄某某，男，1982年××月××日生，汉族，大专文化，上海市××专卖局××分局稽查员，住本市××路××弄××号××室，户籍地为本市××路××弄××号××室。因本案于2007年11月9日被上海市公安局静安分局决定取保候审，2008年1月23日被本院决定取保候审，同年3月24日被本院决定逮捕，同日由上海市公安局静安分局执行逮捕。

被告人黄某某涉嫌销售假冒注册商标的商品罪，由上海市公安局静安分局侦查终结，于2008年1月21日向本院移送审查起诉。本院受理后，于同月21日告知被告人有权委托辩护人，次日告知被害单位有权委托诉讼代理人。经审查，于2008年3月7日退回补充侦查，上海市公安局静安分局于2008年3月17日补充侦查终结，移送本院审查起诉。被告人黄某某涉嫌帮助犯罪分子逃避处罚罪，由本院反渎职侵权局侦查终结，于2008年4月10日移送审查起诉。本院于2008年4月11日告知被告人有权委托辩护人。

经依法审查查明：

一、帮助犯罪分子逃避处罚罪

被告人黄某某在担任上海市××专卖局××分局稽查支队稽查员期间，于2006年9月至2007年10月，在对假烟销售活动进行查禁的履职过程中，采用通风报信的手法，多次将其所在稽查支队突击检查假烟销售行动的部署安排，事先泄露给其管辖的本市××路××号××杂货店经营者蔡某某（已判决），致使蔡某某销售假冒烟草制品的犯罪行为得以逃避查处。

2007年春节期间，被告人黄某某还指使同事滕某某（另行处理），将其所在稽查支队春节突击检查假烟销售行动的部署安排，事先泄露给蔡某某，致使蔡某某销售假冒烟草制品的犯罪行为得以逃避查处。

二、销售假冒注册商标的商品罪

被告人黄某某于2004年11月起，伙同蔡某某将假冒中华卷烟，先后销售给黄某某的亲友毛某某、张某某等人共计200余条，销售金额达人民币8.6万余元。

案发后，被告人黄某某有自首情节。

上述事实，有以下证据证明：

1. 上海市××专卖局××分局出具的职务证明、岗位聘任、调动报批报备表、执法证、市场稽查员岗位规范、市场检查情况记录表、加班审批表、移动电话通信记录等书证；

2. 证人蔡某某、陈某某、滕某某、杨某某、毛某某、张某某、郭某某、刘某某、施某某、沈某某等人的证言；

3. 被人黄某某的供述。

本院认为，被告人黄某某作为在行使国家行政管理职权的组织中从事公务的人员，在依法履行查禁犯罪活动职责的过程中，多次亲自或指使他人向犯罪分子通风报信，帮助犯罪分子逃避处罚；又伙同他人销售明知是假冒注册商标的烟草制品，数额较大，其行为已分别触犯《中华人民共和国刑法》第四百一十七条、第二百一十四条、第二十五条第一款、第六十九条以及全国人大常委会《关于〈中华人民共和国刑法〉第九章渎职犯罪主体适用问题的解释》之规定，应以帮助犯罪分子逃避处罚罪、销售假冒注册商标的商品罪数罪并罚。被告人黄某某在帮助犯罪分子逃避处罚的共同犯罪行为中起主要作用，依照《中华人民共和国刑法》第二十六条第一、四款，系主犯，应按照其参与、指挥的全部犯罪处罚。鉴于被告人黄某某有自首情节，依照《中华人民共和国刑法》第六十七条第一款之规定，可从轻处罚。根据《中华人民共和国刑事诉讼法》第一百四十一条之规定，提起公诉，请依法审判。

此致

上海市静安区人民法院

代理检察员　张　婷

二〇〇八年五月二日

附：1. 被告人黄某某现羁押于上海市静安区看守所。

2. 随案移送侦查卷宗1册，证据目录、证人名单各1份。

3. 主要证据复印件1册。

4. 换押证1份。

上海市静安区人民法院
刑事判决书

（2008）静刑初字第145号

公诉机关上海市静安区人民检察院。

被告人黄某某，男，1982年××月××日出生于江苏省启东市，汉族，大专文化程度，上海市××专卖局××分局稽查员，住本市××路××弄××号××室，户籍地为本市××路××弄××号××室。因涉嫌销售假冒注册商标的商品犯罪，于2007年11月9日经上海市公安局静安分局决定被取保候审；2008年1月23日经上海市静安区人民检察院决定被取保候审；同年3月24日经上海市静安区人民检察院决定被逮捕。现羁押于上海市静安区看守所。

辩护人沈某甲，上海市××律师事务所律师。

上海市静安区人民检察院以沪静检刑诉〔2008〕20、104号起诉书指控被告人黄某某犯帮助犯罪分子逃避处罚罪、销售假冒注册商标的商品罪，于2008年5月4日向本院提起公诉。本院受理后，依法组成合议庭，于2008年5月21日、6月6日公开开庭审理了本案。上海市静安区人民检察院指派代理检察员张婷出庭支持公诉，被告人黄某某及其辩护人沈某甲律师到庭参加诉讼。现已审理终结。

上海市静安区人民检察院指控，被告人黄某某于2006年9月至2007年10月，在履行查禁犯罪职责中，多次或指使他人向犯罪分子蔡某某（因犯销售假冒注册商标的商品罪，被本院判处有期徒刑一年）通风报信，致使蔡某某得以逃避处罚。被告人黄某某于2004年11月起，伙同蔡某某销售假冒注册商标的中华卷烟，销售金额达人民币8.6万余元。

为证明上述指控的事实，公诉人在法庭上讯问了被告人黄某某；出示了被告人黄某某的岗位聘任、调动报批报备表、执法证，市场检查情况记录表，加班审批表，移动电话通信记录等书证；宣读了上海市××专卖局××分局出具的被告人黄某某的职务证明，市场稽查员岗位规范，证人蔡某某、陈某某、滕某某、杨某某、毛某某、张某某、郭某某、刘某某、施某某、沈某某等人的证言。

检察机关据此认为，被告人黄某某的行为已分别构成帮助犯罪分子逃避处罚罪、销售假冒注册商标的商品罪，应依照《中华人民共和国刑法》第四百一十七条、第二百一十四条、第二十五条第一款和第六十九条之规定，追究其刑事责任；同时认为，被告人黄某某有自首情节，根据《中华人民共和国刑法》第六十七条第一款之规定，可依法从轻处罚。

被告人黄某某对检察机关的指控和公诉人在法庭上出示、宣读的证据无异议。被告人黄某某的辩护人对检察机关的指控的事实和公诉人在法庭上出示、宣读的证据无异议。但被告人黄某某的辩护人认为，被告人黄某某不是负有查禁犯罪活动职责的国家工作人员，在主体上不具备帮助犯罪分子逃避处罚罪的要件；被告人黄某某向蔡某某通风报信，系为了使自己与蔡某某共同销售假冒注册商标的中华卷烟的犯罪行为不被败露，被告人黄某某和蔡某某系一个犯罪共同体，被帮助的对象系犯罪分子本人，客观上不符合帮助犯罪分子逃避处罚罪规定的被帮助的对象系犯罪分子他人的要件。因此，被告人黄某某不构成帮助犯罪分子逃避处罚罪，应以销售假冒注册商标的商品罪对被告人黄某某定罪处罚。

经审理查明，被告人黄某某系上海市××专卖局××分局稽查支队（以下简称稽查支队）稽查员，于2006年9月至2007年10月，在查禁销售假冒、伪劣卷烟违法犯罪活动中，多次将稽查支队突击检查的部署安排，事先泄露给其管辖的本市××路××号××杂货店经营者蔡某某。2007年春节期间，被告人黄某某因私离沪。离沪前还指使其同事滕某某（另行处理），将稽查支队春节突击检查的部署安排，事先泄露给蔡某某。致使蔡某某销售假冒注册商标卷烟的犯罪行为得以逃避处罚。

又查，被告人黄某某还于2004年11月起，多次以介绍他人至蔡某某处购买假冒注册商标的中华卷烟、共同分利的方式，伙同蔡某某将假冒注册商标的中华卷烟先后销售给毛某某、张某某等人共计200余条，销售金额达人民币8.6万余元。

被告人黄某某于2007年11月7日在单位调查时，主动交代了上述事实。

上述事实，有以下证据证明：

1. 上海市××专卖局××分局的事业单位法人证书证明，上海市××专卖局××分局的宗旨和业务范围为烟草专卖市场的稽查和烟草专卖案件的查处。上海市××专卖局××分局出具的被告人黄某某的职务证明、岗位聘任书、调动报批报备表、执法证、市场稽查员岗位规范证明，被告人黄某某系稽查支队的稽查员。

2. 被告人黄某某的当庭供述与上述书证相互吻合。

上述1、2组证据，证实了被告人黄某某系稽查支队稽查员的事实。

3. 上海市××专卖局××分局出具的稽查支队市场检查情况记录表、加班审批表证明，稽查支队于2006年9月至2007年10月，多次进行了突击检查。案发后查获的被告人黄某某移动电话的通信记录证明，在稽查支队多次突击检查前，被告人黄某某的移动电话与青青杂货店有过通话的事实。

4. 同伙滕某某供述，2007年春节，被告人黄某某在离沪前，要其将稽查支队突击检查的消息事先告知蔡某某。其曾几次将稽查支队突击检查的消息事先告知了蔡某某。证人蔡某某、蔡某某之妻杨某某陈述，被告人黄某某和滕某某于2006年9月至2007年10月，多次将稽查支队突击检查的消息事先在电话中告知了他们。他们便在突击检查时，停止销售假冒注册商标的烟草制品。

5. 被告人黄某某的当庭供述与查获的书证、同伙的供述和证人的证言相互一致。

上述3、4、5组证据，证实了被告人黄某某在稽查支队突击检查前，为销售假冒注册商标的烟草制品的蔡某某通风报信，致使蔡某某销售假冒注册商标的商品的犯罪行为得以逃避处罚的事实。

6. 同伙蔡某某供述，2004年11月起，其与被告人黄某某将200余条假冒注册商标的中华卷烟，先后销售给被告人黄某某的亲戚毛某某、张某某等人，金额达人民币8.6万余元。证人毛某某、张某某、郭某某、刘某某、施某某、沈某某等人陈述，被告人黄某某曾经将200余条假冒注册商标的中华卷烟销售给他们。

7. 被告人黄某某的当庭供述，与同伙的供述和证人的证词相互印证。

上述6、7组证据，证实了被告人黄某某与蔡某某共同销售假冒注册商标的商品的事实。

8. 证人稽查支队队长陈某某陈述，被告人黄某某于2007年11月7日在单位调查时，主动交代了帮助犯罪分子逃避处罚、与他人共同销售假冒注册商标的商品的事实。被告人黄某某于2007年11月7日写给单位的亲笔供述，与证人的证言相互佐证。

这组证据证实了被告人黄某某在单位调查时，主动交代帮助犯罪分子逃避处罚、销售假冒注册商标的商品的事实。

上述1—8组证据，均经本庭当庭查证属实，证据间已形成证实被告人黄某某帮助犯罪分子逃避处罚、销售假冒注册商标的商品的锁链，且来源合法，应作为本案定案的依据。

本院认为，被告人黄某某系有查禁犯罪活动职责的国家工作人员，多次或指使他人向犯罪分子通风报信，帮助犯罪分子逃避处罚，又伙同他人销售明知是假冒注册商标的商品，数额较大，其行为已分别构成帮助犯罪分子逃避处罚罪、销售假冒注册商标的商品罪，应按照数罪并罚的原则依法予以惩处。检察机关指控被告人黄某某的犯罪事实清楚，证据确凿充分，定性正确。

首先，被告人黄某某应以“国家机关工作人员”论处。《中华人民共和国行政处罚法》第十八条第一款、第十九条第一款第（一）项规定，行政机关依照法律、法规或者规章的规定，可以在其法定权限内，委托依法成立的管理公共事务的组织实施行政处罚。根据这一法律规定和上海市××专卖局××分局事业单位法人证书可以确认，上海市××专卖局××分局系依法成立的管理公共事务的组织，受国家行政机关的委托，依法行使烟草专卖市场的稽查和烟草专卖案件的查处行政执法权，具有国家机关的职能。

全国人大常委会《关于〈中华人民共和国刑法〉第九章渎职罪主体适用问题的解释》规定，在依照法律、法规规定行使国家行政管理职权的组织中从事公务的人员，或者在受国家机关委托代表国家机关行使职权的组织中从事公务的人员，或者虽未列入国家机关人员编制但在国家机关中从事公务的人员，在代表国家机关行使职权时，构成犯罪的，依照刑法关于渎职罪的规定追究刑事责任。根据这一立法解释和庭审中查证的被告人黄某某主体身份的证据应予确认，被告人黄某某系稽查支队的工作人员，代表国家机关行使行政执法权，应以“国家机关工作人员”论处。

其次，被告人黄某某承担“查禁犯罪活动”职责。最高人民检察院《关于渎职侵权犯罪案件立案标准的规定》将帮助犯罪分子逃避处罚罪的主体规定为“有查禁犯罪活动职责的司法及公安、国家安全、海关、税务等国家机关工作人员”。其中，司法及公安、国家安全、海关属于刑诉法规定的具有刑事侦查权的国家机关，当然地承担查禁犯罪活动职责。在限定有查禁犯罪活动职责的“税务等国家机关工作人员”的外延时，除税务以外的其他国家机关的工作人员是否包含在最高人民检察院司法解释“等”的内涵中，就必须从其他国家机关工作人员的职责与税务机关工作人员的职责在法律和法规规定上是否相同或相似予以判断。

国家税务总局发布的《税务稽查工作规程》的第四十一条规定，“审理结束后，审理人员应当提出综合性审理意见，……对构成犯罪，应当移交司法机关的，制作《税务违法案件移交书》，经局长批准后，移交司法机关处理。”国家烟草专卖局《烟草专卖行政处罚程序规定》第二十九条规定，案件调查终结后，应当分别作出如下决定：其中第四项规定，违法行为构成犯罪的，依法移送司法机关。从《税务稽查工作规程》《烟草专卖行政处罚程序规定》对构成犯罪违法行为相同处置的规定评判，税务机关和烟草专卖局的工作人员，在发现犯罪活动时，必须收集、整理有关证据材料并移交司法机关，他们均具有法律上相同的查禁犯罪活动的职责。被告人黄某某系缉查支队的工作人员，因此，其具有法律赋予的查禁犯罪活动的职责，符合帮助犯罪分子逃避处罚罪的主体要件。

从庭审中查明的证据和事实表明，蔡某某不仅与被告人黄某某共同销售假冒注册商标的中华卷烟，还个人销售其他假冒注册商标的红双喜、牡丹等卷烟，且被告人黄某某系明知的。这不仅有被告人黄某某的当庭供述为证，还有同伙蔡某某的供述、案发后缉查支队查获的蔡某某销售的假冒注册商标的红双喜、牡丹等卷烟等相印证。被告人黄某某将缉查支队突击检查的消息向蔡某某通风报信，客观上不仅使其与蔡某某共同销售假冒注册商标的中华卷烟的犯罪共同体的犯罪行为不致败露，也致使蔡某某个人销售假冒注册商标的其他卷烟的犯罪行为逃避了刑法追究。因此，被告人黄某某为蔡某某通风报信，致使蔡某某个人销售假冒注册商标的商品的犯罪逃避处罚，符合帮助犯罪分子逃避处罚罪被帮助的对象系他人犯罪分子的客观行为要件。

综上所述，被告人黄某某的行为符合帮助犯罪分子逃避处罚罪的主体和客观行为要件，其辩护人就此提出的辩护意见，不符合法律对帮助犯罪分子逃避处罚罪构成要件的规定，本院不予采纳。

被告人黄某某系查处烟草专卖案件的国家工作人员，与销售假冒注册商标的商品的犯罪分子相互勾结，共同实施犯罪，应依照最高人民法院、最高人民检察院的有关规定，从重处罚；被告人黄某某在本单位调查时，主动交代全部犯罪事实，可以自首论处，依法可从轻处罚；被告人黄某某在与蔡某某共同销售假冒注册商标的商品的共同犯罪中，两人犯罪作用基本相当，无主、从犯之分；但被告人黄某某在与滕某某帮助犯罪分子逃避处罚的共同犯罪中，被告人黄某某指使滕某某为犯罪分子通风报信，挑起犯意，处于主要的地位，系主犯，应对全部犯罪结果负责。公诉人和辩护人就被告人黄某某量刑情节的公诉和辩护意见，符合事实和法律对自首处罚的规定，本院予以采纳。

据此，为维护国家机关工作人员职务廉洁性、商标管理和社会主义市场经济秩序，保护权利人的知识产权不受侵犯，严肃国家法制，依照《中华人民共和国刑法》第四百一十七条、第二百一十四条、第二十五条第一款、第二十六条第一、四款、第六十九条、第六十七条第一款和第六十四条之规定，判决如下：

一、被告人黄某某犯帮助犯罪分子逃避处罚罪，判处有期徒刑一年六个月；犯销售假冒注册商标的商品罪，判处有期徒刑一年，并处罚金人民币二千元；决定执行有期徒刑二年，并处罚金二千元。

（刑期自判决执行之日起计算。判决执行以前先行羁押的，羁押一日折抵刑期一日。即自2008年3月24日起至2010年3月23日止。罚金应于判决生效后五日内向本院缴纳。）

二、追缴被告人黄某某违法所得，上缴国库。

如不服本判决，可在接到判决书的第二日起十日内，通过本院或者直接向上海市第二中级人民法院提出上诉，书面上诉的应当提交上诉状正本一份，副本二份。

审判长　孙　玮
审判员　芮志平
审判员　竺　越
二〇〇八年六月六日
书记员　王心颖

二、程序篇

中国公民在境外犯罪受刑罚处罚回国后仍可依法追究刑事责任

——黄某某故意杀人案

【案例要旨】

中国公民在境外犯罪受刑罚处罚，回国后是否需要依照我国刑法继续追究刑事责任以及如何适用刑罚，应当综合考虑被告人所犯罪行的严重程度、人身危险性程度、外国法院量刑是否适当、被害人或其家属有无谅解等因素进行判断。根据我国与外国签订的司法协助条约获取的境外证据，可以在我国刑事诉讼中使用。

【案情简要】

被告人黄某某与被害人孟某甲均系赴日本打工的中国公民。2004 年 7 月 19 日，二人在东京都目黑区 × ×目 × ×番 × ×号 × ×庄 × ×室的住所内因琐事发生冲突，黄某某持刀追刺孟某甲至公寓门前的道路，追上后持刀连续刺入孟某甲的胸部及背部等处。经鉴定，孟某甲系因前胸部心脏刺创导致的瞬间大量失血过多而死亡，该前胸部心脏刺创系致命伤。同年 12 月 17 日，东京地方法院以黄某某犯故意杀人罪、非法滞留罪，合并判处其有期徒刑 11 年。2014 年 12 月 2 日，黄某某被假释。同月 12 日，上海市公安局在虹桥国际机场将被遣返回国的黄某某抓获。

杨浦区人民检察院于 2016 年 5 月 24 日以故意杀人罪对黄某某提起公诉，杨浦区人民法院采纳指控意见，于 2017 年 4 月 6 日以故意杀人罪判处黄某某有期徒刑 8 年。黄某某提出上诉，上海市第二中级人民法院裁定驳回上诉，维持原判。

【典型意义】

由于出境留学、工作人员越来越多，涉及我国公民在境外的刑事案件时有发生，本案的处理对于中国公民在境外犯罪受过刑罚处罚，回国后如何追究其刑事责任具有借鉴意义。

一、中国公民在境外犯罪受过刑罚处罚的，应当综合判断是否继续追责以及如何适用刑罚

我国《刑法》第10条规定："凡在中华人民共和国领域外犯罪，依照本法应当负刑事责任的，虽然经过外国审判，仍然可以依照本法追究，但是在外国已经受过刑罚处罚的，可以免除或者减轻处罚。"也就是说，中国公民在境外犯罪受过刑罚处罚，回国后仍然可以依照我国刑法继续追究其刑事责任。至于追责必要性以及如何适用刑罚，应当综合考虑被告人所犯罪行的严重程度、人身危险性程度、外国法院量刑是否适当、被害人或其家属有无谅解等因素进行判断。

具体到本案，黄某某在日本实施故意杀人犯罪，性质恶劣，手段残忍，具有严重的社会危害性；面对确凿证据拒不承认犯罪事实，在服刑后毫无悔改之意，具有严重的人身危险性；东京地方法院以黄某某犯故意杀人罪、非法滞留罪对其合并判处有期徒刑11年，比国内同类型案件的判决明显偏轻；东京地方法院判决黄某某赔偿被害人家属经济损失61万余元，但至今尚有17万余元未赔付，也未获得家属谅解。因此，我国司法机关依法以故意杀人罪继续追究黄某某的刑事责任具有必要性。同时，鉴于黄某某在日本已经服刑超过10年，根据罪责刑相适应原则和预防犯罪、改造罪犯的需要，决定对其减轻处罚，依法判处有期徒刑8年。

二、根据我国与外国签订的司法协助条约获取的境外证据，可以在我国刑事诉讼中使用

我国刑事诉讼法及相关司法解释对境外证据的审查和认定未作特别规定，故外国司法机关收集和认定的证据只要确认系根据我国与外国签订的刑事司法协助条约获取，就可以认定其具有证据资格，能够在我国刑事诉讼中使用。当然，对于证据的证明力、证明内容，我国司法机关应当独立作出判断，不能因为该证据已被外国法院判决认定而直接采信。

根据《中日刑事司法协助条约》第18条的规定，任何一方中央机关根据本条约转递的文件经该方主管机关或者中央机关签字或者盖章后，无须认证或者其他证明。本案中，上海市公安局刑侦部门会同上海市人民检察院第二分院侦监部门组成联合工作组，经由公安部国际合作局向日本法务省刑事局提出刑事司法协助请求，赴日本调查核实证据。日本警方在联合工作组的见证下，对担任本案司法解剖的执刀医生、鉴定书制作人以及侦查人员进行询问，赴案发现场勘查周边地形环境、被害人被害位置以及目击证人案发时所处位置，并出具相应的答复书、报告书。上述材料以及日本转递的东京地方法院、高等法院判决认定的相关证据系依照条约，通过国际刑事司法协助的形式获取，并由日本法务省盖章确认，具备相应的证据资格，经庭审举证质证，杨浦区人民法院及上海市二中院在裁判文书中予以采信。

上海市杨浦区人民检察院
起诉书

沪杨检公诉刑诉〔2016〕443号

被告人黄某某，男，1955年××月××日生，公民身份号码：3101091955××××××××，汉族，初中文化，户籍在上海市杨浦区××路××弄××号××室。2004年12月17日，被告人黄某某在日本杀人、违反出入境管理及难民认定法被日本东京地方法院判处有期徒刑11年。2014年12月2日，被告人黄某某被假释出狱。同年12月12日，被告人黄某某被日本入境管理局遣返回国。同日，上海市公安局在上海虹桥机场依法传唤黄某某，并以涉嫌故意杀人罪对黄某某刑事拘留并羁押于上海市看守所。2014年12月17日至2016年1月4日，上海市公安局委托复旦大学医学院司法鉴定中心对被告人黄某某进行精神病司法鉴定，鉴定结论为：黄某某目前无精神病、目前具有受审能力。2016年1月12日经上海市人民检察院第二分院批准并由上海市公安局执行逮捕。

本案由上海市公安局侦查终结，以被告人黄某某涉嫌故意杀人罪，于2016年3月11日向上海市人民检察院第二分院移送审查起诉，上海市人民检察院第二分院于2016年4月11日将本案交由本院审查起诉，本院受理后，于2016年4月13日已告知被告人有权委托辩护人，2016年4月11日已告知被害人家属有权委托诉讼代理人。依法讯问了被告人，审查了全部案件材料。

经依法审查查明：

2004年7月19日，被告人黄某某与被害人孟某甲在日本东京都目黑区××目××番××号××庄××室的住所内因琐事引发纠纷。之后，被告人黄某某持刀追砍被害人孟某甲直至××号××庄公寓门前的道路上。嗣后，被告人黄某某追上逃离的被害人孟某甲，持刀连续数次刺入被害人孟某甲的胸部和背部，致使被害人孟某甲因前胸部心脏刺创导致的失血过多而当场死亡。日本警方接警后赶赴现场，被害人孟某甲已呈俯卧位趴在××庄外面的道路上，全身是血，其已无脉搏、无呼吸、无意识。经鉴定被害人孟某甲系因前胸部心脏刺创导致的瞬间大量失血过多而死亡，该前胸部心脏刺创系致命伤。

认定上述事实的证据如下：

1. 日本转递的相关案件证据材料：日本司法部刑事事务局的函；日本东京地方检察厅函；日本东京地方法院判决书；东京高等法院判决书；第一次公审被告人供述记录；第二次公审被告人供述记录；现行犯逮捕手续；尸检报告；诊断结果报告书；检验见证报告书；解剖见证报告；实况现场调查笔录；检验笔录；搜查扣押笔录；数码相机拍照报告书；测量结果报告书；证人尾崎某某、瓜田某某、大友某某、堀田某某、笹田某某、王某某口供报告；犯罪现场再现笔录；参考相关的出入境国及外国人登陆记录；护照复印件报告书；材料复印报告书；黄某某口供报告；户口本获取经过报告书；鉴定委托书；鉴定书；证据处理情况报告书等。

2. 日本转递的公检联合调查组赴日调查取证的相关材料：日本法务省刑事局国际事务课致公安部国际合作局国际刑警组织中国国际中心局的函；日本警察厅刑事局致法务省刑事局的函；报告书（黄某某假释情况）；互助相关事项照会；日本法务省保护局观察课的答复书；日本警察厅刑事局致法务省刑事局的函；报告书（确认犯罪现场、与日本侦查人员信息交换、与司法解剖人员信息交换的情况）；吉田某某教授出具的对被害人孟某甲尸体解剖的情况。

3. 被害人孟某甲父亲孟某丙的报案笔录；复旦大学上海医学院司法鉴定中心出具的《司法鉴定意见书》；证人王某某、孟某乙等的证言。

被告人黄某某在日本警方讯问时对犯罪事实作了供述，在其被遣返回国后否认其持刀刺过被害人孟某甲，辩称孟某甲的死亡并非其造成的。

上述证据来源及收集程序合法，内容客观真实，足以认定指控事实。

本院认为，被告人黄某某故意杀人，其行为已触犯《中华人民共和国刑法》第七条、第二百三十二条，犯罪事实清楚，证据确实充分，应当以故意杀人罪追究其刑事责任。因其在日本已接受刑罚处罚，根据《中华人民共和国刑法》第十条之规定，可以减轻处罚。根据《中华人民共和国刑事诉讼法》第一百七十二条的规定，提起公诉，请依法审判。

此致

上海市杨浦区人民法院

检察员　方毓敏

二〇一六年五月二十四日

附：1. 被告人黄某某现羁押于上海市看守所。
2. 证人名单一份、侦查卷宗九册。
3. 相关法律条文。
4. 辩护人庄某某，上海××律师事务所律师，由上海市杨浦区法律援助中心指派；诉讼代理人高某某，上海××律师事务所律师，由上海市法律援助中心指派。

附：相关法律条文

《中华人民共和国刑法》

第二百三十二条 故意杀人的，处死刑、无期徒刑或者十年以上有期徒刑；情节较轻的，处三年以上十年以下有期徒刑。

第七条 中华人民共和国公民在中华人民共和国领域外犯本法规定之罪的，适用本法，但是按本法规定的最高刑为三年以下有期徒刑的，可以不予追究。

中华人民共和国国家工作人员和军人在中华人民共和国领域外犯本法规定之罪的，适用本法。

第十条 凡在中华人民共和国领域外犯罪，依照本法应当负刑事责任的，虽然经过外国审判，仍然可以依照本法追究，但是在外国已经受过刑罚处罚的，可以免除或者减轻处罚。

《中华人民共和国刑事诉讼法》

第一百七十二条 人民检察院认为犯罪嫌疑人的犯罪事实已经查清，证据确实、充分，依法应当追究刑事责任的，应当作出起诉决定，按照审判管辖的规定，向人民法院提起公诉，并将案卷材料、证据移送人民法院。

上海市杨浦区人民法院
刑事判决书

（2016）沪 0110 刑初 449 号

公诉机关上海市杨浦区人民检察院。

被告人黄某某，男，1955 年 2 月 24 日出生于福建省莆田县，汉族，初中文化，无业，户籍在上海市杨浦区××路××弄××号××室。2004 年 12 月 17 日，被告人黄某某在日本国因杀人、违反出入境管理及难民认定法一案被日本东京地方法院判处有期徒刑十一年，2014 年 12 月 2 日被假释。2014 年 12 月 12 日，被告人黄某某被遣返回中国，同日因涉嫌犯故意杀人罪被上海市公安局刑事拘留，同年 12 月 17 日至 2016 年 1 月 4 日因对其精神状态及受审能力进行鉴定，中止计算羁押期限，2016 年 1 月 12 日经上海市人民检察院第二分院批准被上海市公安局执行逮捕。现羁押于上海市看守所。

辩护人庄某某，上海××律师事务所律师。

上海市杨浦区人民检察院以沪杨检公诉刑诉〔2016〕443 号起诉书指控被告人黄某某犯故意杀人罪，向本院提起公诉。本院依法组成合议庭，公开开庭审理了本案。上海市杨浦区人民检察院指派检察员方毓敏出庭支持公诉，被告人黄某某及上海市杨浦区法律援助中心指派的辩护人庄某某到庭参加诉讼。现已审理终结。

上海市杨浦区人民检察院指控，2004 年 7 月 19 日，被告人黄某某与被害人孟某甲在日本东京都目黑区××目××番××号××庄××室的住所内因琐事引发纠纷。之后，被告人黄某某持刀追砍被害人孟某甲直至××号××庄公寓门前的道路上。嗣后，被告人黄某某追上逃离的被害人孟某甲，持刀连续数次刺入被害人孟某甲的胸部和背部，致使被害人孟某甲因前胸部心脏刺创导致的失血过多而当场死亡。日本警方接警后赶赴现场，被害人孟某甲已呈俯卧位趴在××庄外面的道路上，全身是血，其已无脉搏、无呼吸、无意识。经鉴定被害人孟某甲系因前胸部心脏刺创导致的瞬间大量失血过多而死亡，该前胸部心脏刺创系致命伤。

该院认为，被告人黄某某故意杀人，其行为已触犯《中华人民共和国刑法》第七条、第二百三十二条，犯罪事实清楚，证据确实、充分，应当以故意杀人罪追究其刑事责任。因其在日本已接受刑罚处罚，根据《中华人民共和国刑法》第十条之规定，可以减轻处罚。

被告人黄某某辩解，被害人孟某甲不是被其所杀。黄某某供述，事发当日，其与被害人孟某甲在××庄××室住所内曾发生争执，继而引发肢体冲突，孟某甲从冰箱上拿起刀向黄某某刺来，黄某某将刀夺下，但黄某某未持刀追砍并刺死孟某甲。

辩护人庄某某辩称，被告人黄某某已在外国接受过刑事处罚，依法可以减轻或者免除处罚，且黄某某家属已向被害人家属赔偿人民币45万元，请求对被告人黄某某减轻处罚。

公诉人指出，本案证据均系依法取得，我国调查小组也到日本进行现场调查；现场照片、勘验笔录、证人证言及被告人黄某某的有罪供述等能够证实黄某某在××庄门口道路上持刀刺戳孟某甲，法医鉴定人所作尸体检验报告、鉴定书及警察署见证鉴定过程的书证均证实被害人孟某甲系被用刀杀死，根据创口部位能够反映行凶者的杀人故意，日本警方从黄某某处扣押的带血刀具印证黄某某刀刺孟某甲，且造成孟某甲死亡的事实。被告人黄某某的行为构成故意杀人罪，黄某某的辩解与证据不符，不应采纳。

经审理查明，被告人黄某某与被害人孟某甲均系中国赴日本打工人员，二人同住日本东京都目黑区××目××番××号××庄××室。2004年7月19日18时48分许，被告人黄某某与被害人孟某甲在××庄××室住所内因琐事发生冲突，被告人黄某某持厨刀刺孟某甲，并追赶孟某甲至××号××庄公寓门前道路，追上孟某甲后持刀连续刺入被害人孟某甲的胸部及背部等处，孟某甲被刺倒地后，黄某某持刀返回××庄××室住所。当地警察接到报警赶至现场时，被害人孟某甲俯卧于××庄外面的道路上，全身是血，经呼叫无反应，在被送到医院抢救后于当日20时许确认死亡。同时，警察根据邻居指认，至××庄××室将被告人黄某某抓获，并在室内发现一把带血厨刀，黄某某向警察承认自己持刀刺人。

经鉴定，被害人孟某甲系因前胸部心脏刺创导致失血过多而死亡，该前胸部心脏刺创系致命伤。

案发后，被告人黄某某在日本被判处有期徒刑，2014年12月2日获假释。2014年12月12日，上海市公安局刑事侦查总队于上海虹桥国际机场将被遣返回国的被告人黄某某抓获归案。

以上事实，有下列证据为证：

1. 日本法务省刑事局、日本东京地方检察厅、日本警察厅刑事局等部门分别出具的函、上海市公安局刑事侦查总队三支队出具的《关于黄某某故意杀人案赴日本调查取证的工作情况》，证明我国公安及检察机关根据我国与日本国之间缔结的关于刑事司法协助的条约，从日本相关部门获取本案证据，且派员赴日实地走访、核实相关证据。

2. 东京地方法院判决书、东京高等法院判决书，警视厅组织犯罪对策部组织犯罪对策第二课司法警察员巡查部长相田今日子出具的《报告书》、警视厅组织犯罪对策部组织犯罪对策第二课课长司法警察员警视冈谷晃治出具的《互助相关事项照会》、法务省保护局观察课课长今福章二出具的《答复书》，证明2004年12月17日，被告人黄某某因被诉杀人、违反出入境管理及难民认定法一案被东京地方法院判处有期徒刑十一年，东京高等法院于2005年5月17日判决驳回黄某某上诉，2014年6月18日，日本关东地方更生保护委员会受理黑羽监狱假释申请，同年10月27日作出同意假释黄某某的决定，假释日期为2014年12月2日。

3. 证人尾崎某某的证言附示意图，证明2004年7月19日18时48分前后，尾崎某某从东京都目黑区××目××番××号××公寓××楼住处外出时，从公寓左斜前方的公寓传来了一个人的叫喊声，随后传来东西破碎和人从楼梯上跌下的声音，之后跑出两名男子，一人先出来，另一人在追赶，尾崎某某没有看到之后的经过，直到两人在道路上面对面站着，被害人面朝尾崎某某方向，发出叫声后身体前倾，犯罪嫌疑人右手在被害人腹部到胸口位置，后被害人手压胸腹部，该处血流出来了，犯罪嫌疑人右手上举，从被害人上方向背部或肩部用力挥下，再举起来时，尾崎某某看到犯罪嫌疑人手上握刀，犯罪嫌疑人左手压着被害人左肩，再次向背部、肩部位置挥刀，被害人此时不再叫喊，犯罪嫌疑人左手压着被害人右肩，用右手向被害人腹部到胸部位置自下往上刺了一刀，后尾崎某某因害怕回到自己公寓并报警。

4. 证人瓜田某某的证言，证明2004年7月19日18时45分前后，瓜田某某在东京都目黑区××目××番××号××庄××室听到隔壁××室传来吵架声，用的是中国话，不久听见有人冲下楼梯的声音，瓜田某某打开房门，看见走廊上点点血迹直到楼下，瓜田某某到公寓门口路上，看到一名胸口、胳膊全是血的男子（经辨认是黄某某）右手持全是血的菜刀，很激动的样子，上了公寓楼梯，瓜田某某看见路上有一名男子倒在地上，血越流越多。

5. 警视厅碑文谷警察署的《现行犯逮捕手续书》，证明碑文谷警察署司法巡查小宫庄太等警察到现场时，被害人趴倒在××目××番××号处的马路上，身上有伤、浑身是血，经呼叫无反应，经他人指认，警察在××庄××室找到黄某某，黄某某承认其刺了被害人，并指出了砧板上一把沾满血迹的厨刀就是刺被害人所使用的刀具，小宫庄太将黄某某作为现行犯逮捕。

6. 警视厅组织犯罪对策部组织犯罪对策第二课司法警察员警部补堂口刚志制作的报告书附会议照片，证明2015年12月，在中国公安及检察机关派员见证下，日本警方向当时处理案件的警察进行询问，小宫庄太证明其到现场时被害人已俯卧在地，在其之前到达的警察告知其被害人已无脉搏、无呼吸、无意识，其和搭档经他人指认进入××庄，发现入口处有血迹，在××庄××室，发现犯罪嫌疑人低头坐在床上，身上有血，经其询问，犯罪嫌疑人承认刺了人并指出作案工具为厨房内一把沾血刀具，其和搭档遂对犯罪嫌疑人实施逮捕并带至碑文谷警察署，其间犯罪嫌疑人未作辩解。

7. 碑文谷警察署司法警察员警部补池田胜彦制作的《实况现场调查笔录》《检验笔录》附现场示意图，证明案发现场××庄门口道路上，东面靠北沿着墙的道路上（孟某甲倒地处）有一堆类似血液物体的痕迹（周边还零星有类似血痕物体的滴下痕迹和飞沫痕迹），相同地方的水泥墙上附着有类似血痕物体；从上述位置到××庄一楼出入门的道路上，有零星的拇指大小到小指大小的暗红色类似血痕物体的滴下痕迹；××庄玄关门外侧水泥地上，附着有暗红色拇指大小到赤豆大小的类似血痕物体的滴下痕迹；××庄内台阶、楼梯、走廊内有多处类似血痕的痕迹；××庄××室内榻榻米上、冰箱门上、水槽内、装相机的纸袋内等多处有类似血痕的物体附着，电话机的电话线已损坏；警方在××庄××室东侧靠近水槽靠北侧的塑料红色置物架上白色砧板处，扣押刀刃长约18厘米附着有类似血痕物体的厨刀。

8. 警视厅组织犯罪对策部组织犯罪对策第二课司法警察员警部补大岩伸浩制作的关于犯罪现场确认的报告书附现场示意图、现场照片，证明2015年12月，日本警方在上海市公安局刑事侦查总队人员见证下察看、确认案发现场以及证人尾崎某某目击本案时所处位置。

9. 碑文谷警察署司法巡查三浦刚制作的《搜查扣押笔录》、司法警察员巡查部长久保塚将志制作的《数码照片拍摄报告书》及作案工具照片，证明日本警方对本案作案工具厨刀（刀刃长约18厘米附着有类似血痕的物体）一把予以扣押并拍照固定的事实。

10. 碑文谷警察署巡查部长酒井健志制作的《测量结果报告书》，证明厨刀总长度约30.5厘米，刀刃长度约18厘米，刀刃最大宽度约4.5厘米，刀背厚度约2毫米。

11. 碑文谷警察署司法警察员警部补久间信彦、巡查部长迁村昭久提供的《诊断结果报告书》，证明被收治人系东京都目黑区××目××番××号××庄××室孟某甲，孟某甲由急救队送昭和大学医院收治，其伤势包括左胸正中到达心脏的刺创（宽约4厘米）、右胸部到达肺部的刺创、后颈部到达肋骨部的刺创、右背刺创，治疗过程从心肺停止、呼吸停止的状态开始实施复苏术的同时开胸，因心脏洞穿、大量出血，心脏停止跳动，抢救无效，于2004年7月19日20时确认死亡。

12. 碑文谷警察署司法警察员巡查部长本田浩之提供的《检验见证报告书》，证明由警视厅刑事部鉴证科检验官司法警察员警部烟山龙治对被害人孟某甲进行了检验，对其死因怀疑系胸部及背部刺切创所导致的失血过多，开始检验的时间为死后3小时左右，凶器推定为含有宽度4厘米部分的尖锐刀具，孟某甲头、面、颈、胸腹、上下肢等全身多处有表皮剥落，以及胸腹、背部、上肢等处有多个创口等情况。

13. 东京都监察医、东京大学研究生院医学系研究科法医学教授吉田某某出具的《尸体检验报告》《鉴定书》、碑文谷警察署司法警察员警部补内田克彦提供的《解剖见证报告书》，证明由吉田某某对被害人孟某甲的尸体进行检查并执刀解剖，确认孟某甲头、面、颈、胸腹、上下肢等全身多处有表皮剥落，以及胸腹、背部、上肢等部位有多处创口，包括（1）头部、面部、四肢等处有数量较多的挫伤（计有27处），主要创口有①左肩峰外侧后部有3.5厘米及4.5厘米向外突出的“<”字形状瓣状切开创；②前胸中部靠左胸骨颈切迹以下14.5厘米处向斜左下方有4.1厘米长的双线缝合创口，从心包膜前面右侧长4厘米左右的创口刺入，从右心室前壁将包括三尖瓣前部右冠状动脉附近部位的右心房前面纵向切断4.5厘米左右，至大动脉起始部位右侧约1.2厘米的纵向切断为止；③右前胸部有向上3.5厘米、向右方6.7厘米的反“L”字形的创口；④脊柱部颈椎点向斜右下方向有长3.7厘米的创口；⑤右肩胛下方有长7.5厘米的创口。（2）推定凶器是刀刃薄的一侧锋利的尖锐刀具，刀体长15厘米左右、刀刃最大宽度4.0厘米左右（参考值），上述部位②系致命创。(3) 死因：孟某甲因前胸部心脏刺创导致的失血过多死亡。

14. 警视厅组织犯罪对策部组织犯罪对策第二课司法警察员巡查部长相田今日子制作的报告书、吉田某某制作的答复书，证明2015年12月，上海市公安局刑事侦查总队会同上海市人民检察院第二分院侦查监督部门组成联合工作小组赴日本调查取证，吉田某某根据事先获得的上海市公安局提出的问题作出书面答复，并在联合工作小组见证下接受日本警方询问，确认上述鉴定意见，指出：(1) 致命伤是前胸中部靠左向斜左下方有4.1厘米长的刺创，是刀具刺了心脏，其认为心脏受到这样的伤是不可能行动和走路的；(2) 最深的伤口是胸骨的伤，穿透了第四肋间；(3) 右前胸部反“L”字形的刺切创是刺了一下拔出刀后改变刀刃方向再刺形成；(4) 排除被害人头部伤（擦挫伤）对死因的影响，排除被害人系固有疾病导致死亡等情况。

15. 被告人黄某某的供述

（1）2004年8月2日在碑文谷警察署所作供述，证明2004年7月19日，黄某某和孟某甲本来约好去池袋购物，因黄某某未陪孟某甲购物，孟某甲很生气，孟某甲回到住处东京都目黑区××目××番××号××庄××室后，为此事和黄某某发生争执，并将黄某某推离××室，黄某某将孟某甲推回了××室，孟某甲即从冰箱上取出菜刀，举在黄某某面前。黄某某用右手夺过菜刀，刺了孟某甲左胸部。孟某甲从房间奔出，黄某某也追出房间，两人在下楼时先后滚落楼梯，孟某甲站起来手搭公寓大门把手时，黄某某以刀刃向下的方式，用菜刀刺了孟某甲一侧肩膀附近。孟某甲逃出大门十米左右，转身面对黄某某，用双手抓住黄某某双手腕，黄某某挣脱右手，捅进孟某甲乳头和心窝间附近，后又在同样位置捅了一次，最后一次捅在左胸乳头和心窝之间。孟某甲向前扑倒，血从胸部附近流出。嗣后，黄某某回到房间。

（2）被告人黄某某在东京地方法院的公审供述记录（辩护人盘问），证明黄某某说孟某甲是猪，孟某甲拿出厨刀刺向黄某某（但辩护人进一步盘问时黄某某又称孟某甲是用刀指着黄某某，并不会刺到），黄某某夺过刀，为吓唬孟某甲，黄某某向孟某甲侧腹部下空隙刺了一刀，黄某某认为即使刺到也只是擦破皮。后孟某甲伺机逃出屋外。黄某某怕非法滞留身份暴露，持刀追出屋外，希望叫回孟某甲。孟某甲下楼时跌到了一楼，黄某某也跟着追下楼从楼梯上跌下，拿在手里的厨刀撞到了被害人身体。黄某某称其最初在屋里反击被害人刺了一刀，在楼梯上跌倒时撞到了孟某甲，可能拿的刀刺了孟某甲胸口，因为两个人都跌倒了，可能刺了孟某甲背部，当时想抓住孟某甲，但是忘了手里拿着刀，可能刺了孟某甲几刀，记得在外面刺了三刀，分别在前面、右腕和右胸。

16. 碑文谷警察署司法警察员警部补内田克彦、巡查部长酒井健志制作的《犯罪现场再现笔录》附照片，证明日本警方根据被告人黄某某供述，还原其杀害孟某甲的过程。具体为孟某甲与黄某某发生争执后，孟某甲说与黄某某断绝关系并要赶黄某某走，同时，孟某甲拔掉电话机的电话线，将电话机扔向储藏柜，又将电风扇、电饭锅的连接线拔掉，让黄某某滚出去，孟某甲按着黄某某的肩膀催促黄某某从房间出去并推黄某某的背，黄某某与孟某甲相互推搡，将孟某甲推至居室内的冰箱附近，在两人间的距离稍微分开时，孟某甲拿起了冰箱上放着的菜刀向黄某某逼来，黄某某夺刀，将菜刀刺向孟某甲胸部，孟某甲双手挡着胸部，黄某某刺中孟某甲，孟某甲向屋外跑，黄某某拿着菜刀去追，孟某甲下了两三级台阶，踏空了，滚下楼梯，黄某某下楼梯时踩空，滚了下去，菜刀还在手上，孟手搭在一楼出入口门把手上，想要站起来，黄某某用手中的菜刀向孟某甲的背部刺去，黄某某在门前站起来时，孟某甲已经跑到外面了，黄某某追上孟某甲，左手搭在孟某甲的左肩膀，孟某甲回头对着黄某某，两人相互头碰头，双手互压，菜刀仍在黄某某手上，黄某某对孟某甲说"回去吧"，但是孟某甲没有回答，黄某某又向孟某甲胸部刺了三刀，孟某甲当场倒下趴在地上，胸部流出血来，黄某某离开现场，回到房间，将菜刀放在冰箱边的菜板上。

17. 证人王某某、大友某某、崛田某某、笹田某某的证言，碑文谷警察署司法警察员巡查部长御子柴武志制作的《护照复印报告书》、相关的出入境及外国人登录记录、碑文谷警察署司法警察员警部补黑泽伸行制作的《户口簿获取经过报告书》，证明孟某甲、黄某某由中国赴日本打工及居住于东京都目黑区××目××番××号××庄××室等情况。

18. 上海市公安局《受案登记表》及《关于黄某某故意杀人案案件来源、抓获经过的工作情况》，证明案发及被告人黄某某的到案情况。

19. (2007) 杨民一（民）初字第1223号民事判决书，证明本院判决黄某某赔偿被害人亲属死亡赔偿金等费用合计人民币60余万元。

上述证据均经庭审质证属实，足以认定。

关于被告人黄某某是否持刀杀害孟某甲，本院评判如下：

被告人黄某某供认了其与被害人孟某甲在××庄住所内发生争执，继而引发肢体冲突，孟某甲从冰箱上拿起刀向黄某某刺来，黄某某将刀夺下等情况，但否认持刀刺死孟某甲。

日本警方提供的证据表明，警察到场时发现浑身是血的被害人俯卧在地，身上有伤，此时已无反应，经送医院救治无效确认被害人死亡。通过对尸体外表检验及解剖，确认被害人全身有大量挫伤及数处创口，主要创口在前胸、肩背等处，其中前胸部心脏刺创为致命伤；抓获被告人黄某某的警察证明，在××庄××室找到被告人黄某某时，黄某某向警察承认自己刺了被害人，并向警察指明了作案工具；目击证人尾崎某某的证言证明被告人黄某某手中持刀一路追赶被害人至××庄外道路，且持刀连续刺入被害人胸部等处，尾崎某某描述的刀刺部位也与尸体外表检验及解剖情况相印证。

被告人黄某某在日本警方及东京地方法院所作供述均承认自己刀刺被害人的事实，并且向日本警方模拟、还原其杀害孟某甲的过程，其供述内容与本案其他证据相互印证，足以证实其持刀刺死被害人的事实，且从被告人黄某某持刀连续刺入被害人身体的次数、创口形态、位置（胸、背等要害部位）等情况亦足以证实被告人黄某某故意杀害被害人孟某甲，故对被告人黄某某的相关辩解，本院不予采纳。

本院认为，被告人黄某某持刀故意非法剥夺他人生命，符合我国刑法关于故意杀人罪的规定，黄某某的行为已构成故意杀人罪，公诉机关指控的罪名成立，应予支持。被告人黄某某系中国公民，其在中国领域外犯我国刑法规定之罪，应适用我国刑法，其虽经外国审判但仍可依照我国刑法追究刑事责任；鉴于被告人黄某某已在外国受过刑罚处罚，依法可以减轻处罚。对于被告人黄某某犯罪的事实、性质、情节、危害程度及民事赔偿等情况均在量刑中予以考虑。为严肃国法，保护公民人身权利不受侵犯，依照《中华人民共和国刑法》第二百三十二条、第七条第一款、第十条之规定，判决如下：

被告人黄某某犯故意杀人罪，判处有期徒刑八年。

（刑期从判决执行之日起计算。判决执行以前先行羁押的，羁押一日折抵刑期一日，即自2014年12月12日起至2022年12月11日止。）

如不服本判决，可在接到判决书的第二日起十日内，通过本院或者直接向上海市第二中级人民法院提出上诉。书面上诉的，应当提交上诉状正本一份，副本一份。

审　判　长　李晓东
人民陪审员　徐力勤
人民陪审员　陆金芳
二〇一七年四月六日
法官助理　朱志豪
书　记　员　赵　静

上海市第二中级人民法院
刑事裁定书

（2017）沪02刑终532号

原公诉机关中华人民共和国上海市杨浦区人民检察院。

上诉人（原审被告人）黄某某，男，1955年2月24日出生于福建省莆田县，汉族，初中文化，无业，户籍在上海市杨浦区××路××弄××号××室。因杀人、违反出入境管理及难民认定法一案于2004年12月17日被日本国东京地方法院判处有期徒刑十一年，2014年12月2日被假释，2014年12月12日被遣返回中国，同日因涉嫌犯故意杀人罪被刑事拘留，2016年1月12日被逮捕。现羁押于上海市看守所。

辩护人张某，上海市××律师事务所律师。

中华人民共和国上海市杨浦区人民法院审理上海市杨浦区人民检察院指控原审被告人黄某某犯故意杀人罪一案，于2017年4月6日作出（2016）沪0110刑初449号刑事判决。黄某某不服，提出上诉。本院依法组成合议庭，公开开庭审理了本案。中华人民共和国上海市人民检察院第二分院指派检察员曹小航出庭履行职务。上诉人黄某某及本院通过上海市法律援助中心指派的辩护人张某、证人孟某某到庭参加诉讼。现已审理终结。

上海市杨浦区人民法院判决认定，被告人黄某某与被害人孟某甲均系中国赴日本国打工人员，二人同住日本国东京都目黑区××目××番××号××庄××室。2004年7月19日18时48分许，被告人黄某某与被害人孟某甲在××庄××室住所内因琐事发生冲突，被告人黄某某持厨刀刺孟某甲，并追赶孟某甲至××号××庄公寓门前道路，追上孟某甲后持刀连续刺入被害人孟某甲的胸部及背部等处，孟某甲被刺倒地后，黄某某持刀返回××庄××室住所。当地警察接到报警赶至现场时，被害人孟某甲俯卧于××庄外面的道路上，全身是血，经呼叫无反应，在被送到医院抢救后于当日20时许确认死亡。同时，警察根据邻居指认，至××庄××室将被告人黄某某抓获，并在室内发现一把带血厨刀，黄某某向警察承认自己持刀刺人。经鉴定，被害人孟某甲系因前胸部心脏刺创导致失血过多而死亡，该前胸部心脏刺创系致命伤。案发后，被告人黄某某在日本国被判处有期徒刑，2014 年 12 月 2 日获假释。2014 年 12 月 12 日，上海市公安局刑事侦查总队在上海虹桥国际机场将被遣返回国的被告人黄某某抓获归案。

证明以上事实的证据有日本国法务省刑事局、日本国东京地方检察厅、日本国警察厅刑事局等部门分别出具的函、上海市公安局刑事侦查总队三支队出具的《关于黄某某故意杀人案赴日本国调查取证的工作情况》，东京地方法院判决书、东京高等法院判决书，警视厅组织犯罪对策部组织犯罪对策第二课司法警察员巡查部长相田今日子出具的《报告书》、警视厅组织犯罪对策部组织犯罪对策第二课课长司法警察员警视冈谷晃治出具的《互助相关事项照会》、法务省保护局观察课课长今福章二出具的《答复书》，证人尾崎某某的证言附示意图，证人瓜田某某的证言，日本国警视厅碑文谷警察署的《现行犯逮捕手续书》、警视厅组织犯罪对策部组织犯罪对策第二课司法警察员警部补堂口刚志制作的报告书附会议照片、大岩伸浩制作的关于犯罪现场确认的报告书附现场示意图、现场照片，碑文谷警察署司法警察员警部补池田胜彦制作的《实况现场调查笔录》《检验笔录》附现场示意图，碑文谷警察署司法巡查三浦刚制作的《搜查扣押笔录》、司法警察员巡查部长久保塚将志制作的《数码照片拍摄报告书》及作案工具照片，碑文谷警察署巡查部长酒井健志制作的《测量结果报告书》，碑文谷警察署司法警察员警部补内田克彦、巡查部长酒井健志制作的《犯罪现场再现笔录》附照片，碑文谷警察署司法警察员警部补久间信彦、巡查部长迁村昭久提供的《诊断结果报告书》，碑文谷警察署司法警察员巡查部长本田浩之提供的《检验见证报告书》，东京都监察医、东京大学研究生院医学系研究科法医学教授吉田某某出具的《尸体检验报告》《鉴定书》、碑文谷警察署司法警察员警部补内田克彦提供的《解剖见证报告书》，警视厅组织犯罪对策部组织犯罪对策第二课司法警察员巡查部长相田今日子制作的报告书、吉田某某制作的答复书，证人王某某、大友某某、崛田某某、笹田某某的证言，碑文谷警察署司法警察员巡查部长御子柴武志制作的《护照复印报告书》、相关的出入境及外国人登陆记录、碑文谷警察署司法警察员警部补黑泽伸行制作的《户口簿获取经过报告书》，上海市公安局《受案登记表》及《关于黄某某故意杀人案案件来源、抓获经过的工作情况》，杨浦区人民法院（2007）杨民一（民）初字第 1223 号民事判决书，被告人黄某某的供述等。

该院认为，被告人黄某某持刀故意非法剥夺他人生命，其行为已构成故意杀人罪。被告人黄某某系中国公民，其在中国领域外犯我国刑法规定之罪，应适用我国刑法，其虽经外国审判但仍可依照我国刑法追究刑事责任；鉴于被告人黄某某已在外国受过刑罚处罚，依法可以减轻处罚。对于被告人黄某某犯罪的事实、性质、情节、危害程度及民事赔偿等情况均在量刑中予以考虑。依照《中华人民共和国刑法》第二百三十二条、第七条第一款、第十条之规定，对被告人黄某某犯故意杀人罪，判处有期徒刑八年。

上诉人黄某某提出，因孟某甲先持刀袭击黄某某，黄某某为自卫夺刀受伤，未故意杀害孟某甲，原判认定其犯罪的证据不足且日本国判决书中的证据系捏造，其中尸体照片中的人并非孟某甲。

辩护人对本案的事实和定性不持异议，提出黄某某在日本国已接受过刑事处罚，加之本案因琐事引发，且被害人家属已经获得相当的民事赔偿，故可减轻处罚。

上海市人民检察院第二分院检察员宣读了证人孟某甲的父亲孟某乙、母亲解某某的证言，申请证人孟某甲的姐姐孟某某出庭，以证实作为本案证据的尸体照片中的尸体系孟某甲的尸体，认为原判认定黄某某犯故意杀人罪的事实清楚，证据确实、充分，适用法律、定性正确，且诉讼程序合法，原判量刑并无不当。在案证据均系日本国警方合法取得，且经过中国警方和检察官的核实，证据均真实有效，证明了黄某某持刀具追杀被害人致其死亡，且黄某某在日本国法院一审法庭审理过程中当庭承认杀害被害人的事实，故上诉人的上诉理由不能成立。黄某某因本案在日本国被判处有期徒刑十一年，比国内同类型案件的判决明显偏轻，黄某某至今未足额赔偿被害人家属的经济损失，亦未获得家属谅解，且黄某某拒不承认犯罪事实，原审法院对其量刑并无不当，故辩护人的辩护意见不能成立，建议驳回上诉，维持原判。

本院二审审理查明的事实和证据与原判决相同。

本院认为，上诉人黄某某的行为已构成故意杀人罪。目击证人尾崎某某的证言附示意图、证人瓜田某某的证言、日本国警方提供的相关勘验、扣押、诊断、检验报告等书证能够相互印证，黄某某实施了杀害被害人孟某甲的行为，被害人的父母及姐姐均证实尸检照片的真实性，黄某某对杀害孟某甲多次供述在案。原判认定黄某某犯故意杀人罪的事实清楚，证据确实、充分。黄某某辩解相关证据系捏造，没有法律依据。黄某某的上诉理由不能成立。原判量刑适当，且诉讼程序合法，对辩护人的辩护意见不予采纳。上海市人民检察院第二分院的意见正确。据此，依照《中华人民共和国刑事诉讼法》第二百二十五条第一款第（一）项之规定，裁定如下：

驳回上诉，维持原判。

本裁定为终审裁定。

审　判　长　姜琳炜
代理审判员　董婷婷
代理审判员　陈春丹
二〇一七年六月七日
书　记　员　余茵莺

附：相关法律条文

《中华人民共和国刑事诉讼法》

第二百二十五条第一款第一项　第二审人民法院对不服第一审判决的上诉、抗诉案件，经过审理后，应当按照下列情形分别处理：

（一）原判决认定事实和适用法律正确、量刑适当，应当裁定驳回上诉或者抗诉，维持原判。

在假释考验期内犯新罪的，假释考验期及减刑刑期应计入前罪未执行刑期

——曹某某盗窃抗诉案

【案例要旨】

在假释考验期内犯新罪的，撤销假释实行数罪并罚时，应将假释考验期及减刑裁定减去的刑期计入前罪未执行的刑期。

【案情简要】

原审被告人曹某某因犯盗窃罪于2006年10月30日被山东省青岛市市南区人民法院判处有期徒刑11年，并处罚金4万元。2010年10月29日被裁定减刑1年。2013年1月31日被裁定假释，假释考验期限自2013年1月31日起至2016年2月16日止。

2015年2月4日凌晨，张某某、曹某某、冉某某等人结伙至本市闵行区××路××弄小区，由曹某某、冉某某等人望风，张某某用插片开门的方式先后进入三名被害人住处，分别窃得手机一部、现金2000余元、笔记本电脑一台。同年2月9日，张某某、曹某某、冉某某被公安机关抓获。

闵行区人民法院以盗窃罪判处曹某某有期徒刑1年6个月，并处罚金4000元，与前罪未执行的刑期1年8日（2015年2月9日至2016年2月16日），并处罚金40000元并罚，决定执行有期徒刑2年，并处罚金44000元。曹某某以量刑过重为由提出上诉。上海市人民检察院第一分院认为，一审判决在确定前罪未执行的刑期时适用法律错误，导致量刑偏轻。上海市第一中级人民法院采纳该意见，但基于上诉不加刑原则，于2016年2月19日裁定驳回上诉，维持原判。对此，上海市人民检察院第一分院经检委会讨论决定，于同年3月30日提请上海市人民检察院按照审判监督程序提出抗诉。上海市人民检察院经检委会讨论后于7月13日提出抗诉。8月25日，上海市高级人民法院决定指令上海市第一中级人民法院再审。上海市第一中级人民法院于11月25

日以盗窃罪判处曹某某有期徒刑 1 年 6 个月，并处罚金 4000 元，与前罪未执行的刑期 4 年 17 日，并处罚金 40000 元决定执行有期徒刑 4 年 6 个月，并处罚金 44000 元。

【典型意义】

曹某某盗窃抗诉案系纠正原审判决、裁定适用法律错误导致量刑不当的再审抗诉案件。对于在假释考验期内犯新罪的，撤销假释实行数罪并罚时，应将假释考验期及减刑裁定减去的刑期计入前罪未执行的刑期。实际办案中，须严格依照法律和司法解释的规定对公诉案件和法院裁判进行审查，避免类似错误再次发生。

一、在假释考验期内犯新罪的，应将假释考验期和减刑裁定减去的刑期计入前罪未执行的刑期

假释是对于被判处有期徒刑、无期徒刑的犯罪分子附条件予以提前释放的制度。从《刑法》第 83 条、第 85 条、第 86 条第 1 款的规定来看，假释考验期内，前罪剩余刑期并未得到执行，在此期间犯新罪的，假释后所经过的考验期不属于已经执行的刑期，应将假释考验期全部计入前罪未执行的刑期。同时，根据 2012 年最高人民法院《关于罪犯因漏罪、新罪数罪并罚时原减刑裁定应如何处理的意见》的规定，罪犯被裁定减刑后，因被发现漏罪或者又犯新罪而依法进行数罪并罚时，经减刑裁定减去的刑期不计入已经执行的刑期。①

本案中，曹某某的假释考验期自 2013 年 1 月 31 日起至 2016 年 2 月 16 日止。在此期间，曹某某又犯盗窃罪，并于 2015 年 2 月 9 日被抓获，其假释考验期 3 年 17 日及减刑裁定减去的有期徒刑 1 年应全部计入前罪未执行的刑期，而不能仅将剩余的假释考验期 1 年 8 日作为前罪未执行的刑期。

二、各级公诉部门要严把审查起诉和裁判审查关，切实履行好指控犯罪和审判监督的职责

对于假释后所经过的考验期是否计入前罪未执行的刑期，一审承办人在裁判审查时曾有所提及，但认为现有法律未作出明确规定，遂根据个别学者的观点同意法院判决；而对于减刑裁定减去的刑期应计入前罪未执行的刑期，一审承办人在审查起诉和裁判审查过程中均未发现。上述两个问题反映出其对法

① 最高人民法院于 2016 年 11 月 14 日发布、2017 年 1 月 1 日生效的《关于办理减刑、假释案件具体应用法律的规定》第 33、34 条对故意犯罪和发现漏罪作了不同规定，应引起重视。

律、司法解释的相关规定和既有判例[①]研习不够、理解不深，对案件、裁判的审查过于表面化和片面化。审查起诉和裁判审查是公诉部门履行指控犯罪和审判监督职责的关键环节，只有把好这两道关口，才能真正提高办案的质量和水平。

鉴此，各级公诉部门在办案过程中应严把审查起诉关，对相关法律、司法解释和典型案例要做到温故知新、学以致用，既要关注定罪证据，也要重视量刑证据，树立依法全面审查的意识。案件宣判后，各级公诉部门更要严把裁判审查关，采取对照审查、重点审查、全面审查的递进式审查方法，对刑事判决、裁定一查认定事实、二查适用法律、三查采信证据、四查裁量刑罚、五查审判程序，确保每一起刑事案件都能得到公正裁判。

注：一审起诉书、判决书略。

① 最高人民法院主办的《刑事审判参考》2014 年第 4 集（总第 99 集）刊登的江苏省司法机关于 2013 年办理的朱林森等人盗窃案与本案极其相似。

上海市人民检察院
刑事抗诉书（节录）

沪检诉一审刑抗〔2016〕2号

原审被告人曹某某，男，1975年××月××日出生于湖北省利川市，汉族，公民身份号码：4228021975×××××××××，小学文化，农民，户籍地湖北省利川市南坪乡××村××组××号。2006年10月30日因犯盗窃罪被山东省青岛市市南区人民法院判处有期徒刑十一年，并处罚金人民币四万元。2010年10月29日被裁定减刑一年。2013年1月31日被裁定假释，假释考验期限自2013年1月31日起至2016年2月16日止。因本案现在上海市五角场监狱服刑。

……

上海市闵行区人民法院以（2015）闵刑初字第2182号刑事判决书对原审被告人曹某某以盗窃罪判处有期徒刑一年六个月，并处罚金人民币四千元；撤销假释，与前罪未执行的刑期一年八日，并处罚金人民币四万元并罚，决定执行有期徒刑二年，并处罚金人民币四万四千元。上海市第一中级人民法院以（2015）沪一中刑终字第2505号刑事裁定书驳回上诉，维持原判。上海市人民检察院第一分院以沪检一分二审提抗〔2016〕1号提请本院按照审判监督程序提出抗诉。经依法审查，本案的事实如下：

2015年2月4日凌晨，原审被告人曹某某、张某某、冉某某等人结伙至本市闵行区××路××弄小区，由曹某某、冉某某等人望风，张某某用插片开门的方式先后进入××号××室许某某住处、××号××室高某某住处、××号××室李某某住处，分别窃得手机一部、现金人民币2000余元、笔记本电脑一台。2015年2月9日，曹某某、张某某、冉某某被公安机关抓获，张某某、冉某某到案后如实供述了上述主要事实。

本院认为，原审被告人曹某某在假释考验期内又犯盗窃罪，原审判决、裁定在确定前罪未执行的刑期时，适用法律错误，导致量刑不当。理由如下：

一、原审判决、裁定没有将假释后所经过的考验期二年九日计入前罪未执行的刑期

假释是对于被判处有期徒刑、无期徒刑的犯罪分子附条件予以提前释放的制度。从刑法第八十三条、第八十五条、第八十六条第一款的规定来看，假释考验期内，前罪剩余刑期并未得到执行，在此期间又犯罪的，假释后所经过的考验期不属于已经执行的刑期，应计入前罪未执行的刑期。本案中，曹某某的假释考验期自2013年1月31日起至2016年2月16日止。在此期间，曹某某又犯盗窃罪，并于2015年2月9日被抓获，其假释考验期三年十七日应全部计入前罪未执行的刑期，而不能仅将剩余的假释考验期一年八日作为前罪未执行的刑期。

二、原审判决、裁定没有将减刑裁定减去的有期徒刑一年计入前罪未执行的刑期

最高人民法院《关于罪犯因漏罪、新罪数罪并罚时原减刑裁定应如何处理的意见》规定，罪犯被裁定减刑后，因被发现漏罪或者又犯新罪而依法进行数罪并罚时，经减刑裁定减去的刑期不计入已经执行的刑期。本案中，曹某某经减刑裁定减去的有期徒刑一年，不能计入已经执行的刑期，而应计入前罪未执行的刑期。

三、原审判决、裁定对曹某某数罪并罚决定执行有期徒刑二年属量刑不当

曹某某前罪未执行的刑期包括假释考验期三年十七日和减刑裁定减去的有期徒刑一年，共计四年十七日。与犯新罪被判处有期徒刑一年六个月并罚，应在四年十七日至五年六个月十七日内决定执行的刑期。原审判决、裁定认定其前罪未执行的刑期为一年八日，数罪并罚后决定执行有期徒刑二年，属量刑不当。

综上所述，原审被告人曹某某在假释考验期内，伙同他人多次入户盗窃，犯罪事实清楚，证据确实、充分。原审判决、裁定撤销假释实行数罪并罚时，没有将假释后所经过的考验期二年九日及减刑裁定减去的有期徒刑一年计入前罪未执行的刑期，系适用法律错误，导致量刑不当。为维护司法公正，准确惩治犯罪，依照《中华人民共和国刑事诉讼法》第二百四十三条第三款的规定，特提出抗诉，请依法审判。

此致

上海市高级人民法院

上海市人民检察院
二〇一六年七月十三日

上海市高级人民法院
再审决定书

（2016）沪刑再3号

抗诉机关上海市人民检察院。

原审被告人曹某某，男，1975年××月××日出生于湖北省利川市，汉族，小学文化，户籍所在地湖北省利川市××乡××村××组××号。2006年10月因犯盗窃罪被判处有期徒刑十一年，并处罚金人民币四万元；2013年1月31日被假释，假释考验期自2013年1月31日起至2016年2月16日止。因本案于2015年2月10日被刑事拘留。现在上海市五角场监狱服刑。

原审被告人冉某某，男，1973年××月××日出生于湖北省利川市，土家族，小学文化，户籍所在地湖北省利川市××镇××村××组××号。2016年5月8日刑满释放。

原审被告人张某某，男，1981年××月××日出生于湖北省利川市，汉族，小学文化，户籍所在地湖北省利川市××镇××村××组××号。现在上海市北新泾监狱服刑。

上海市闵行区人民法院审理上海市闵行区人民检察院指控原审被告人曹某某、冉某某、张某某犯盗窃罪一案，于二〇一五年十一月九日作出（2015）闵刑初字第2182号刑事判决：1. 被告人张某某犯盗窃罪，判处有期徒刑二年，并处罚金人民币五千元。2. 撤销山东省青岛市中级人民法院（2013）青刑执释字第435号刑事裁定书对被告人曹某某的假释。3. 被告人曹某某犯盗窃罪，判处有期徒刑一年六个月，并处罚金人民币四千元；与前罪未执行的刑期一年八日，并处罚金人民币四万元并罚，决定执行有期徒刑二年，并处罚金人民币四万四千元。4. 被告人冉某某犯盗窃罪，判处有期徒刑一年三个月，并处罚金人民币三千元。5. 追缴被告人张某某、曹某某、冉某某的违法所得发还失主。判决后，原审被告人曹某某等人不服，提出上诉。上海市第一中级人民法院于二〇一六年二月十九日以（2015）沪一中刑终字第2505号刑事裁定，驳回上诉，维持原判。裁判发生法律效力后，上海市人民检察院第一分院提请上海市人民检察院依照审判监督程序提出抗诉。上海市人民检察院经审查认为原裁判适用法律错误，导致量刑不当，遂向本院提出抗诉。本院依法组成合议庭进行了审理，现已审理完毕。

本院经审查认为，原审被告人曹某某于二〇〇六年十月三十日因犯盗窃罪被山东省青岛市市南区人民法院判处有期徒刑十一年，并处罚金人民币四万元。山东省青岛市中级人民法院于二〇〇六年十二月十一日裁定予以维持。二〇一〇年十月二十九日，曹某某被减刑一年。二〇一三年一月三十一日，曹某某被山东省青岛市中级人民法院裁定假释，假释考验期自二〇一三年一月三十一日起至二〇一六年二月十六日止。原一、二审裁判认定曹某某系在假释考验期内犯罪，应当撤销假释，并执行数罪并罚并无不当，但原一审判决将假释考验期折抵刑期，属认定事实不清，致适用法律错误。且原一、二审裁判没有将对曹某某裁定减去的一年有期徒刑计入前罪未执行的刑期，致对原审被告人曹某某进行数罪并罚时，对总和刑期认定的事实不清。据此，依照《中华人民共和国刑事诉讼法》第二百四十三条第四款、最高人民法院《关于适用〈中华人民共和国刑事诉讼法〉的解释》第三百八十一条的规定，决定如下：

指令上海市第一中级人民法院对本案进行再审。

再审期间，不停止原判决（裁定）的执行。

上海市高级人民法院

二〇一六年八月二十五日

上海市第一中级人民法院
刑事判决书

（2016）沪01刑再2号

抗诉机关上海市人民检察院。

原审上诉人（一审被告人）曹某某，男，1975年××月××日出生于湖北省利川市，汉族，小学文化，农民，户籍地湖北省利川市××乡××村××组××号。2006年10月30日因犯盗窃罪被山东省青岛市市南区人民法院判处有期徒刑十一年，并处罚金人民币四万元。2013年1月31日，被山东省青岛市中级人民法院裁定假释，假释考验期自2013年1月31日至2016年2月16日止。因本案于2015年2月10日被刑事拘留，同年3月18日被逮捕。现在上海市五角场监狱服刑。

原审上诉人（一审被告人）冉某某，男，1973年××月××日出生于湖北省利川市，土家族，小学文化，农民，户籍地湖北省利川市××镇××村××组××号。2006年1月17日因犯盗窃罪被原上海市卢湾区人民法院判处有期徒刑一年六个月，并处罚金人民币二千元。因本案于2015年2月10日被刑事拘留，同年3月18日被逮捕。现已刑满释放。

原一审被告人张某某，男，1981年××月××日出生于湖北省利川市，汉族，小学文化，农民，户籍地湖北省利川市××镇××村××组××号。2003年2月14日因犯盗窃罪被上海市普陀区人民法院判处有期徒刑三年，并处罚金人民币五千元；2009年11月10日因犯盗窃罪被重庆市璧山县人民法院判处有期徒刑六年，并处罚金人民币一万元，2013年6月11日刑满释放。因本案于2015年2月10日被刑事拘留，同年3月18日被逮捕。现在上海市北新泾监狱服刑。

上海市闵行区人民检察院指控原审被告人张某某、曹某某、冉某某犯盗窃罪一案，上海市闵行区人民法院（以下简称闵行法院）审理于2015年11月9日作出（2015）闵刑初字第2182号刑事判决。判决后，原一审被告人曹某某、冉某某不服，提出上诉。经本院审理后于2016年2月19日作出（2015）沪一中刑终字第2505号刑事裁定，驳回曹某某、冉某某的上诉，维持原判。上述裁判发生法律效力后，上海市人民检察院以原裁判适用法律错误，导致量刑不当为由提出抗诉。经上海市高级人民法院审理后，于2016年8月25日作出（2016）沪刑再3号再审决定书，指令本院对本案进行再审；再审期间不停止原判决（裁定）的执行。本院依法另行组成合议庭，于同年11月23日公开开庭审理了本案。上海市人民检察院指派上海市人民检察院第一分院检察员李玉堂出庭履行职务。原审上诉人曹某某到庭参加诉讼。本案现已审理终结。

闵行法院判决认定，2015年2月4日凌晨，被告人张某某、曹某某、冉某某等人结伙至上海市闵行区××路××弄××号××室失主许某某的住处，由被告人曹某某、冉某某等人望风，由被告人张某某用插片开门的方式窃得手机一部。2015年2月4日凌晨，被告人张某某、曹某某、冉某某等人结伙至上海市闵行区××路××弄小区××号××室失主高某某的住处，由被告人曹某某、冉某某等人望风，由被告人张某某用插片开门的方式窃得现金人民币2000余元。2015年2月4日凌晨，被告人张某某、曹某某、冉某某筹人结伙至上海市闵行区××路××弄小区××号××室失主李某某的住处，由被告人曹某某、冉某某等人望风，由被告人张某某用插片开门的方式窃得笔记本电脑一台。2015年2月9日，被告人张某某、曹某某、冉某某被公安机关抓获，被告人张某某、冉某某到案后如实供述了上述主要事实。

闵行法院认为，被告人张某某、曹某某、冉某某以非法占有为目的，多次采用秘密手段，入户窃取他人财物，三被告人的行为均已构成盗窃罪，且属共同犯罪，依法均应予惩处。公诉机关指控的犯罪事实和罪名成立。被告人张某某在共同犯罪中起主要作用，系主犯；被告人曹某某、冉某某起次要作用，系从犯，依法应当从轻处罚。被告人张某某曾因故意犯罪被判处有期徒刑，在刑罚执行完毕后五年内再犯应当判处有期徒刑以上刑罚之罪，系累犯，依法应当从重处罚。被告人曹某某在假释考验期内犯新罪，依法应当撤销假释，实行数罪并罚。被告人张某某、冉某某归案后均如实供述自己的罪行，具有坦白情节，依法均可以从轻处罚。被告人曹某某能够当庭认罪，可以酌情从轻处罚。辩护人以被告人曹某某系从犯、当庭认罪为由，请求对其从宽处罚的意见，予以采纳。依照《中华人民共和国刑法》第二百六十四条，第二十五条第一款，第二十六条第一款、第四款，第二十七条，第六十五务第一款，第六十七条第三款，第八十六条第一款，第七十一条，第六十九条，第五十二条，第五十三条，第六十四条之规定判决：一、被告人张某某犯盗窃罪，判处有期徒刑二年，并处罚金人民币五千元；二、撤销山东省青岛市中级人民法院（2013）青刑执释字第435号刑事裁定书对被告人曹某某的假释：三、被告人曹某某犯盗窃罪，判处有期徒刑一年六个月，并处罚金人民币四千元；与前罪未执行的刑期一年八日，并处罚金人民币四万元并罚，决定执行有期徒刑二年，并处罚金人民币四万四千元。四、被告人冉某某犯盗窃罪，判处有期徒刑一年三个月，并处罚金人民币三千元。五、追缴被告人张某某、曹某某、冉某某的违法所得发还失主。

本院再审开庭审理期间，上海市人民检察院第一分院出庭意见认为，原判决、裁定认定的盗窃犯罪事实清楚，证据确实充分。但原判决、裁定在计算曹某某刑期时，原一审判决将假释考验期折抵刑期系法律适用错误，同时，原审将对曹某某裁定减刑的一年有期徒刑计入前罪已经执行的刑期，致使对曹某某进行数罪并罚时计算刑期发生错误，曹某某前罪未执行的刑期为四年十七日，建议本院依法予以纠正。

曹某某对原判决、裁定认定的盗窃犯罪事实和证据均无异议。对检察机关的出庭意见亦表示没有异议。本院对此依法予以确认。

经再审查明，原判决、裁定认定张某某、曹某某、冉某某盗窃犯罪的事实清楚，证据确实充分。

另查明，曹某某于2006年10月30日因犯盗窃罪被山东省青岛市市南区人民法院判处有期徒刑十一年，服刑期间，于2010年10月29日被裁定减刑一年。

本院认为，原判决、裁定认定张某某、曹某某、冉某某盗窃犯罪事实清楚，证据确实充分，依法应予处罚。原判决、裁定对张某某、冉某某的定罪量刑均无不当，应予维持。原判决、裁定对曹某某的定罪以及就本案犯罪事实判处曹某某有期徒刑一年六个月，并处罚金人民币四千元也无不当，但在对曹某某进行数罪并罚计算刑期时，原一审判决将假释考验期折抵刑期，以及曹某某被裁定减去的一年有期徒刑计入前罪已经执行的刑期，是否适当，是本案的争议焦点。

关于假释考验期是否折抵刑期的问题。本院认为，假释是对判处有期徒刑的犯罪分子附条件的提前释放，被假释的犯罪分子在假释考验期内未犯新罪或发现漏罪，剩余刑罚就不再执行。对于在假释考验期限内再犯新罪的犯罪分子，应当依法撤销假释数罪并罚。本院须指出，被假释的罪犯，如果在假释考验期限内没有再犯新罪，没有发现未判决的漏罪或没有违反法律或有关假释的监管规定的，就认为原判刑罚已执行完毕。面曹某某在假释考验期内，再犯新罪，则其相关刑罚没有得到执行，原一审法院将曹某某的假释考验期折抵刑期，于法不符。本院原二审时已经注意到这一问题，但鉴于人民法院审理上诉案件不得加重被告人刑罚的规定，维持了原一审判决。现检察机关对此提起的抗诉成立，本院应予纠正。

关于曹某某被裁定减去的一年有期徒刑是否应计入前罪已经执行的刑期的问题。最高人民法院法〔2012〕44号《关于罪犯因漏罪、新罪数罪并罚时原减刑裁定应如何处理的意见》规定："罪犯被裁定减刑后，因被发现漏罪或者又犯新罪而依法进行数罪并罚时，经减刑裁定减去的刑期不计入已经执行的刑期。在此后对因漏罪数罪并罚的罪犯依法减刑，决定减刑的频次、幅度时，应当对其原经减刑裁定减去的刑期酌予考虑。”据此，曹某某被裁定减刑的一年有期徒刑，不应计入前罪已经执行的刑期。

综上，曹某某因犯盗窃罪于2006年10月30日被山东省青岛市市南区人民法院判处有期徒刑十一年，实际服刑六年十一个月十三日，被裁定减去一年的刑期以及假释考验期均不应计入已经执行的刑期，前罪没有执行的刑期应为四年十七日。本院在前罪没有执行的刑罚和后罪所判处的刑罚总和刑期以下，数刑种最高刑期以上，酌情决定执行的刑期，据此，依照《中华人民共和国刑事诉讼法》第二百四十五条、第二百二十五条第一款第（三）项和《中华人民共和国刑法》第二百六十四条、第二十五条第一款、第二十七条、第六十七条第三款、第八十六条第一款、第七十一条、第六十九条、第五十二条、第五十三条之规定，判决如下：

一、维持本院（2015）沪一中刑终字第2505号刑事裁定冉某某、张某某的部分和上海市闵行区人民法院（2015）闵刑初字第2182号刑事判决第一、二、四、五项，即维持冉某某、张某某的定罪量刑部分，以及撤销对曹某某假释、追缴违法所得部分。

二、撤销本院（2015）沪一中刑终字第2505号刑事裁定曹某某部分和上海市闵行区人民法院（2015）闵刑初字第2182号刑事判决第三项，即曹某某犯盗窃罪，判处有期徒刑一年六个月，并处罚金人民币四千元；与前罪未执行的刑期一年八日，并处罚金人民币四万元并罚，决定执行有期徒刑二年，并处罚金人民币四万四千元。

三、曹某某犯盗窃罪，判处有期徒刑一年六个月，并处罚金人民币四千元；与前罪未执行的刑期四年十七日，并处罚金人民币四万元并罚，决定执行有期徒刑四年六个月，并处罚金人民币四万四千元。

（曹某某刑期从判决执行之日起计算。判决执行以前先行羁押的，羁押一日折抵刑期一日，即自2015年2月9日起至2019年8月8日止。罚金于本判决生效之日起一个月内缴纳，已缴纳的，从总额中予以扣除。）

本判决为终审判决。

审 判 长 屠春含
审 判 员 蔡茜芸
审 判 员 王 伟
二〇一六年十一月二十五日
书 记 员 施维莉

准确把握电子证据特点，依法有效打击犯罪

——寿某某等十七人开设赌场案

【案例要旨】

电子证据是2012年修正的《刑事诉讼法》规定的新证据类型，要准确把握电子证据的审查特点，严格依法运用电子证据，打击利用网络实施的各类犯罪。

【案情简要】

2011年7月至2012年7月间，被告人寿某某伙同他人，在获取××等赌博网站代理账号并担任代理（一级代理）后，招募被告人蒋某某等五人担任其下级代理（二级代理），蒋某某等人又分别招募被告人孙某某、刘某甲担任其下级代理（三级代理），接受投注，发展参赌人员，并从中抽头渔利。经鉴定，被告人寿某某所持赌博网站代理账号内投注金额共计人民币633亿余元，从中抽头渔利人民币1100余万元。黄浦区人民检察院经审查，于2013年4月19日对被告人寿某某等17人以开设赌场罪向黄浦区人民法院提起公诉。黄浦区人民法院于2013年7月19日以被告人寿某某等17人犯开设赌场罪，分别判处其10年至1年1个月有期徒刑，并处罚金人民币502万元至2万元。上海市第二中级人民法院于2013年9月24日开庭审理，驳回被告人寿某某等5人的上诉，维持原判。判决已生效。

黄浦区人民检察院在审查案件中，针对公安机关移送起诉时仅将电子证据作为辅助证据的情形，严格按照2012年修正的《刑事诉讼法》及司法解释的规定，通过退回补充侦查，要求公安机关对依法收集、固定电子证据的情况予以规范说明，将收集到的全部涉案电子证据进行司法鉴定。案件再次移送起诉时原先17册案卷已扩充到62册，其中由电子证据转化而成的书面证据占其中2/3，不仅确认本案赌博投注金额高达633亿余元，还追诉了2名被告人。

【典型意义】

电子证据是借助于电子技术、设备以及网络载体而形成的新类型证据。在司法实践中，电子证据内容本身具有的客观性、稳定性决定了其是一种证明力较强的证据，但电子证据不仅需要专业解读，而且其存在形式的易变和获取方式的不受限等特征，完全不同于传统的证据特征。黄浦区人民检察院在办理这起境内赌博代理层级最高、涉案人员众多、参赌投注数额巨大的网络赌博案件中，重视和准确把握电子证据的审查特点，严格依法运用电子证据，起诉后获得一、二审法院裁判支持。对于全市检察机关审查、固定电子证据，具有一定的借鉴与指导作用。

一、准确把握电子证据特点，严格依法审查

检察机关在办理网络犯罪案件中，要高度重视电子证据对于证明犯罪的特殊价值与重要作用，避免审查中仅重视传统类型证据而忽视电子证据的倾向。一是要重视甄别电子证据来源。对侦查机关通过侦查所掌握的网络赌博账号及密码登录的赌博网站，在抓捕被告人过程中获取住所内电脑等器材上截获的电子数据以及网站记账平台所截获的赌博投注记录数据等电子证据，除审查侦查机关提供的案发经过说明，要求侦查机关对固定电子证据的方式、电子证据本身的内容形式进行表格式的详细描述，包括电子证据储存的介质及格式内容外，重点审查电子证据是否已转化固定为书面证据并交被告人签字确认；要注意审查侦查人员制作电子证据时签字、盖章情况，确保电子证据的收集合法性和规范性。二是规范电子证据固证。针对电子证据的特点，检察机关既要重视对电子证据形成的时间、地点、对象、重要信息、制作人、制作过程及电子设备等一般情况的审查；又要加强对电子证据是否存在选择性收集或收集有疏漏、复制有错误，以及侧重于有罪证据收集而忽视无罪或罪轻证据收集等实质内容情况的审查；还要重点对移动电子储存介质和原始存储设备中的电子证据是否一致，电子储存介质和转化为书面证据的电子证据以及公安机关提供的电子证据制作说明是否一致的审查。从而确保电子证据客观性、真实性的要求。

二、充分运用电子证据，有效打击犯罪

网络赌博犯罪是犯罪分子利用网络载体聚众赌博的违法活动，层级多、人员多、赌资投注多，检察机关要重视运用电子证据作为指控犯罪的核心证据。一是利用电子证据，核查账号性质。网络赌博中是否持有赌博网站的代理账号和代理账号内参赌人员的投注情况是认定犯罪的关键，审查中要运用电子证据厘清持有代理账号行为人与持有会员账号行为人的区别和行为特征，结合司法解释的有关规定，准确认定被告人在参与网络赌博犯罪中的地位。明确被告人是否具有“犯罪情节严重”量刑情节。二是依据电子证据，确定赌资金额。电子证据外在形式是电子数据，网络赌博赌资又反映在不同账号内投注数据，检察机关要重视作为指控犯罪核心证据的电子证据是否进行司法鉴定这一重要环节，为审查后依法指控犯罪奠定扎实基础。

上海市黄浦区人民检察院
起 诉 书

沪黄检刑诉〔2013〕257－1号

被告人寿某某，男，1977年××月××日出生，公民身份号码：3101101977×××××××××，汉族，中专文化，无业，户籍在本市××村××号××室，住本市××路××弄××号××室。2011年10月24日因犯开设赌场罪被上海市青浦区人民法院判处有期徒刑三年，缓刑三年。2012年7月12日因涉嫌开设赌场罪，由上海市公安局黄浦分局刑事拘留，同年7月14日延长刑事拘留期限至三十天，同年8月17日经本院批准，同日由上海市公安局黄浦分局执行逮捕。

被告人蒋某某（绰号"期期"或"其其"），男，1978年××月××日出生，公民身份号码：3101091978×××××××××，汉族，初中文化，无业，户籍在本市××路××弄××号××室，住本市××路××庭××号××室。2011年12月23日因犯开设赌场罪被上海市黄浦区人民法院判处有期徒刑三年，缓刑三年。2012年7月12日因涉嫌赌博罪，由上海市公安局黄浦分局刑事拘留，同年7月14日延长刑事拘留期限至三十天，同年8月17日因涉嫌开设赌场罪经本院批准，同日由上海市公安局黄埔分局执行逮捕。

被告人陈某某（绰号"小把戏"），男，1963年××月××日出生，公民身份号码：3101091963×××××××××，汉族，高中文化，无业，户籍在本市××路××弄××号，住本市××路××弄××号××。2012年7月12日因涉嫌赌博罪，由上海市公安局黄浦分局刑事拘留，同年7月14日延长刑事拘留期限至三十天，同年8月17日因涉嫌开设赌场罪经本院批准，同日由上海市公安局黄浦分局执行逮捕。

被告人宋某某（绰号"小军"），男，1982年××月××日出生，公民身份号码：3101081982×××××××××，汉族，初中文化，无业，户籍在本市××路××弄××号，住本市××路××弄××号××室。2012年11月15日因犯非法拘禁罪被上海市黄浦区人民法院判处有期徒刑一年一个月（执刑期限：2012年7月5日至2013年8月4日）。

被告人任某某（绰号“小宁”），男，1969 年××月××日出生，公民身份号码：3101091969×××××××××，汉族，中专文化，无业，户籍在本市××路××号，住本市××村××号××室。2007 年 8 月 15 日因赌博罪被上海市浦东新区人民法院判处有期徒刑一年七个月，2008 年 7 月 3 日刑满释放。2012 年 7 月 12 日因涉嫌赌博罪，由上海市公安局黄浦分局刑事拘留，同年 7 月 14 日延长刑事拘留期限至三十天，同年 8 月 17 日因涉嫌开设赌场罪经本院批准，同日由上海市公安局黄浦分局执行逮捕。

被告人孙某某，男，1967 年××月××日出生，公民身份号码：3101031967×××××××××，汉族，大专文化，无业，住本市××路××弄××号××室。2012 年 7 月 12 日因涉嫌赌博罪，由上海市公安局黄浦分局刑事拘留，同年 7 月 14 日延长刑事拘留期限至三十天，同年 8 月 17 日因涉嫌开设赌场罪经本院批准，同日由上海市公安局黄浦分局执行逮捕，同年 9 月 11 日由上海市公安局黄浦分局取保候审，同年 10 月 19 日由本院决定继续取保候审。

被告人刘某某，男，1971 年××月××日出生，公民身份号码：3101091971×××××××××，汉族，高中文化，无业，住本市××路××弄××号××室。2012 年 7 月 11 日因涉嫌赌博罪，由上海市公安局黄浦分局刑事拘留，同年 7 月 14 日延长刑事拘留期限至三十天，同年 8 月 17 日因涉嫌开设赌场罪经本院批准，同日由上海市公安局黄浦分局执行逮捕。

被告人沈某某（绰号“沈公子”），男，1981 年××月××日出生，公民身份号码：3101151981×××××××××，汉族，高中文化，系上海××摄影有限公司职工，住本市××村××号××室。2012 年 7 月 12 日因涉嫌赌博罪，由上海市公安局黄浦分局刑事拘留，同年 7 月 14 日延长刑事拘留期限至三十天，同年 8 月 17 日因涉嫌开设赌场罪由上海市公安局黄浦分局取保候审，2013 年 1 月 23 日由本院决定继续取保候审。

被告人彭某某，女，1958 年××月××日出生，公民身份号码：3101101958×××××××××，汉族，高中文化，无业，户籍在本市××路××号，现住在本市××路××弄××号××室。2012 年 7 月 12 日因涉嫌赌博罪，由上海市公安局黄浦分局刑事拘留，同年 7 月 14 日延长刑事拘留期限至三十天，同年 8 月 17 日因涉嫌开设赌场罪经本院批准，同日由上海市公安局黄浦分局执行逮捕。

被告人毕某某，女，1963 年××月××日出生，公民身份号码：3101091963×××××××××，汉族，初中文化，虹口××公司营业员，户籍在本市××路××号，住本市××路××弄××号××室。2012 年 7 月 12 日因涉嫌赌博罪，由上海市公安局黄浦分局刑事拘留，同年7月14日延长刑事拘留期限至三十天，同年8月17日因涉嫌开设赌场罪经本院批准，同日由上海市公安局黄浦分局执行逮捕。

被告人胡某某（绰号“小虎”），男，1977年××月××日出生，公民身份号码：3101101977×××××××××，汉族，中专文化，无业，户籍在本市××路××号二楼，住本市××村××号××室。2012年7月12日因涉嫌开设赌场罪，由上海市公安局黄浦分局刑事拘留，同年7月14日延长刑事拘留期限至三十天，同年8月17日经本院批准，同日由上海市公安局黄浦分局执行逮捕。

被告人陆某某（绰号“浩浩”或“豪”），男，1975年××月××日出生，公民身份号码：3302041975×××××××××，汉族，初中文化，无业，户籍在本市××路××弄××号二层后楼，住本市××路××弄××号××室。2012年7月12日因涉嫌开设赌场罪，由上海市公安局黄浦分局刑事拘留，同年7月14日延长刑事拘留期限至三十天，同年8月17日经本院批准，同日由上海市公安局黄浦分局执行逮捕。

被告人朱某某，男，1976年××月××日出生，公民身份号码：3301251976×××××××××，汉族，初中文化；无业，户籍在浙江省杭州市余杭区××镇××村××路××弄××号××室，住本市××路××弄××号××室。2012年7月12日因涉嫌开设赌场罪，由上海市公安局黄浦分局刑事拘留，同年7月14日延长刑事拘留期限至三十天，同年8月17日经本院批准，同日由上海市公安局黄浦分局执行逮捕。

被告人王某某（绰号“小辉”），男，1978年××月××日出生，公民身份号码：3211021978×××××××××，汉族，初中文化，无业，住本市××路××号底。2012年7月12日因涉嫌赌博罪，由上海市公安局黄浦分局刑事拘留，同年7月14日延长刑事拘留期限至三十天，同年8月17日因涉嫌开设赌场罪经本院批准，同日由上海市公安局黄浦分局执行逮捕。

被告人庄某某（绰号“小乐民”），男，1961年××月××日出生，公民身份号码：3101041961×××××××××，汉族，初中文化，无业，住本市××路××弄××号××室。2012年7月12日因涉嫌赌博罪，由上海市公安局黄浦分局刑事拘留，同年7月14日延长刑事拘留期限至三十天，同年8月17日因涉嫌开设赌场罪经本院批准，同日由上海市公安局黄浦分局执行逮捕。

被告人李某某，男，1978年××月××日出生，公民身份号码：3101101978×××××××××，汉族，高中文化，系上海市××股份有限公司职工，户籍在本市××村××号××室，住本市××路××弄××座××室。

2012 年 7 月 11 日因涉嫌赌博罪，由上海市公安局黄浦分局刑事拘留，同年 7 月 14 日延长刑事拘留期限至三十天，同年 8 月 17 日因涉嫌开设赌场罪经本院批准，同日由上海市公安局黄浦分局执行逮捕。

被告人徐某某，男，1981 年 ××月 ××日出生，公民身份号码：3101021981××××××××，汉族，大专文化，无业，户籍在本市××路××弄××号××室，住本市××路××弄××号××室。2012 年 7 月 11 日因涉嫌赌博罪，由上海市公安局黄浦分局刑事拘留，同年 7 月 14 日延长刑事拘留期限至三十天，同年 8 月 17 日因涉嫌开设赌场罪经本院批准，同日由上海市公安局黄浦分局执行逮捕。

本案由上海市公安局黄浦分局侦查终结，以被告人寿某某等 17 名被告人涉嫌开设赌场罪，于 2012 年 10 月 16 日、2012 年 12 月 28 日分别移送本院审查起诉。本院受理后，先后于 2012 年 10 月 17 日、2013 年 1 月 4 日告知 17 名被告人有权委托辩护人，依法讯问了被告人，审查了全部案件材料。经审查，于 2012 年 11 月 28 日和 2013 年 2 月 7 日两次退回补充侦查，上海市公安局黄浦分局补充侦查终结，于 2013 年 3 月 6 日移送本院审查起诉。

经依法审查查明：

2011 年 7 月至 2012 年 7 月，被告人寿某某从他人处获取皇冠、××等赌博网站代理账号并担任代理。同时招募被告人蒋某某、陈某某、宋某某、任某某、沈某某等人担任其下级代理，接受投注，并从中抽头渔利。经鉴定，寿某某所持有代理账号内投注金额共计人民币 63319965044 元，从中抽头渔利人民币 1100 余万元。在此期间，被告人寿某某指使被告人胡某某为其分发赌博账号、通过网站记账平台制作赌博账并负责收付银行赌博款；指使被告人陆某某为其收付现金赌博款；指使被告人朱某某为其向上级代理运送现金赌博款，并开办银行借记卡供其用于结算赌博账。

2011 年 7 月至 2012 年 7 月，被告人蒋某某从寿某某处先后获取××等赌博网站代理账号，担任代理，招募被告人孙某某、刘某某担任下级代理，发展杨某甲、沈某甲等参赌人员，接受投注，三人均从中抽头渔利。经鉴定，蒋某某所持有代理账号内投注金额共计人民币 5346794981 元，孙某某所持有代理账号内投注金额共计人民币 32072964 元，刘某某所持有代理账号内投注金额共计人民币 18753507 元。2011 年 10 月至 2012 年 4 月期间，被告人王某某帮助蒋某某代为收付赌博款，经鉴定，上述期间内，蒋某某所持有的赌博代理账号内投注金额为人民币 449781644 元。2012 年 4 月至 2012 年 7 月期间，被告人胡某某负责为蒋某某制作赌博账。

2011 年 7 月至 2012 年 7 月，被告人陈某某从寿某某处获取××等赌博网站代理账号后，担任代理，招募被告人毕某某、彭某某担任下级代理，发展郑某某、王某甲等参赌人员，接受投注，三人均从中抽头渔利。经鉴定陈某某所持有代理账号内投注金额共计人民币3053882288元。2011年7月至2012年3月期间，被告人庄某某帮助陈某某，发展曹某某、卢某某等参赌人员，接受投注，代为收付赌博款，并从中抽头渔利。

2011年7月至2012年7月，被告人宋某某从寿某某处获取××等赌博网站代理账号后，担任代理，发展张某某、刘某甲（另案处理）、李某某等参赌人员，接受投注，从中抽头渔利。其间，被告人李某某帮助宋某某发展张某某、裴某某等参赌人员，接受投注，代为收付赌博款，从中抽头渔利。经鉴定，宋某某所持有代理账号内投注金额共计人民币6803911635元。

2011年7月至2012年7月，被告人任某某从寿某某处获取××等赌博网站代理账号后，担任代理，发展朱某甲、陆某甲、葛某某等参赌人员，接受投注，并从中抽头渔利。经鉴定，任某某所持有代理账号内投注金额共计人民币1837618521元。

2012年1月至同年7月，被告人沈某某从寿某某处获取××赌博网站代理账号后，为赌博网站担任代理，发展参赌人员闵某某、李某甲，接受投注，并从中抽头渔利。

2011年8月至2012年7月，被告人徐某某从同案犯顾某某（另案处理）处获取××赌博网站会员账号后，帮助网站代理人员发展参赌人员陈某甲、秦某某，并从中抽头渔利。

2012年7月11日，公安机关将被告人寿某某、蒋某某、陈某某、任某某、孙某某、刘某某、沈某某、彭某某、毕某某、胡某某、陆某某、朱某某、王某某、庄某某、李某某、徐某某抓获归案。

上述事实，有以下证据证明：

1. 被告人寿某某、蒋某某、陈某某、宋某某、任某某、孙某某、刘某某、沈某某、彭某某、毕某某、胡某某、陆某某、朱某某、王某某、庄某某、李某某、徐某某的供述；2. 证人宋某、杨某甲等人的证言及辨认笔录；3. 公安机关搜查笔录；4. 公安机关扣押物品清单、银行账户明细单、记账本、公安机关工作记录等有关书证；5. 公安机关提取的有关赌博网站页面、电子交易记录等电子数据及其制作说明；6. 上海公信中南会计师事务所有限公司关于寿某某涉嫌网络赌博案案额的司法鉴定意见书；7. 被告人寿某某、蒋某某、任某某、宋某某的刑事判决书、释放证明。

上述证据收集程序合法，内容客观真实，足以认定指控事实。17名被告人对基本犯罪事实无异议。

本院认为，被告人寿某某伙同被告人胡某某、陆某某、朱某某，为赌博网站担任代理并接受投注，并为赌博网站招募下级代理，由下级代理接受投注，赌资数额高达人民币633亿余元，情节严重。被告人蒋某某为赌博网站担任代理，并招募下级代理，由下级代理接受投注，赌资数额达人民币53亿余元，情节严重。被告人陈某某为赌博网站担任代理并招募下级代理，由下级代理接受投注，赌资数额达人民币30亿余元，情节严重。被告人宋某某、任某某、孙某某、刘某某、沈某某、彭某某、毕某某为赌博网站担任代理并接受投注。其中宋某某代理的赌博网站的赌资数额达人民币68亿余元，任某某代理的赌博网站赌资数额达人民币18亿余元，孙某某代理的赌博网站赌资数额达人民币3207万余元，刘某某代理的赌博网站赌资数额达人民币1815万余元，均系情节严重。被告人庄某某、李某某、徐某某、王某某帮助赌博网站代理人员发展参赌人员，或收付赌博款，并从中抽头渔利。本案系共同犯罪，被告人寿某某、蒋某某、陈某某、宋某某、任某某、孙某某、刘某某、沈某某、彭某某、毕某某、胡某某、陆某某、朱某某、王某某、庄某某、李某某、徐某某的行为均已触犯《中华人民共和国刑法》第三百零三条第二款、第二十五条第一款，应当以开设赌场罪分别追究其刑事责任。被告人寿某某、蒋某某、陈某某、宋某某、任某某、孙某某、刘某某、沈某某、彭某某、毕某某在共同犯罪中起主要作用，根据《中华人民共和国刑法》第二十六条第一款的规定，系主犯。被告人胡某某、陆某某、朱某某、王某某、庄某某、李某某、徐某某在共同犯罪中起次要或者辅助作用，根据《中华人民共和国刑法》第二十七条的规定，系从犯，分别应当减轻或从轻处罚。其中，被告人任某某曾因犯罪被判处有期徒刑，在刑罚执行完毕后五年内再犯应当判处有期徒刑以上刑罚之罪，根据《中华人民共和国刑法》第六十五条第一款的规定，系累犯，应当从重处罚。被告人寿某某、蒋某某在缓刑考验期限内发现判决宣告以前还有其他罪没有判决的，根据《中华人民共和国刑法》第六十九条、第七十七条第一款的规定，应当撤销缓刑，实行数罪并罚。被告人宋某某在判决宣告以后，刑罚执行完毕以前，发现在判决宣告以前还有其他罪没有判决，根据《中华人民共和国刑法》第六十九条、第七十条的规定，应当实行数罪并罚。被告人寿某某、蒋某某、陈某某、宋某某、任某某、孙某某、刘某某、沈某某、彭某某、毕某某、胡某某、陆某某、朱某某、王某某、庄某某、李某某、徐某某均如实供述自己的罪行，根据《中华人民共和国刑法》第六十七条第三款的规定，可以从轻处罚。根据《中华人民共和国刑事诉讼法》第一百七十二条的规定，提起公诉，请依法审判。

此致
上海市黄浦区人民法院

检　察　员　潘薇杰
检　察　员　陈伟平
代理检察员　王文涛
代理检察员　张　璐
二〇一三年四月十八日

附：1. 被告人寿某某、蒋某某、陈某某、宋某某、任某某、刘某某、彭某某、毕某某、胡某某、陆某某、朱某某、王某某、庄某某、李某某、徐某某现羁押于上海市黄浦区看守所；被告人沈某某、孙某某现取保候审于其居住地。
2. 侦查卷宗44册。
3. 司法鉴定意见书18册。
4. 补充材料1册。
5. 证人名单1份。

附：相关法律条文

《中华人民共和国刑法》

第三百零三条第二款　开设赌场的，处三年以下有期徒刑、拘役或者管制，并处罚金；情节严重的，处三年以上十年以下有期徒刑，并处罚金。

第二十五条第一款　共同犯罪是指二人以上共同故意犯罪。

第二十六条第一款　组织、领导犯罪集团进行犯罪活动的或者在共同犯罪中起主要作用的，是主犯。

第二十七条　在共同犯罪中起次要或者辅助作用的，是从犯。

对于从犯，应当从轻、减轻处罚或者免除处罚。

第六十五条第一款　被判处有期徒刑以上刑罚的犯罪分子，刑罚执行完毕或者赦免以后，在五年以内再犯应当判处有期徒刑以上刑罚之罪的，是累犯，应当从重处罚，但是过失犯罪和不满十八周岁的人犯罪的除外。

第六十七条第三款　犯罪嫌疑人虽不具有前两款规定的自首情节，但是如实供述自己罪行的，可以从轻处罚；因其如实供述自己罪行，避免特别严重后果发生的，可以减轻和不满十八周岁的人犯罪的除外。

第六十九条 判决宣告以前一人犯数罪的，除判处死刑和无期徒刑的以外，应当在总和刑期以下、数刑中最高刑期以上，酌情决定执行的刑期，但是管制最高不能超过三年，拘役最高不能超过一年，有期徒刑总和刑期不满三十五年的，最高不能超过二十年，总和刑期在三十五年以上的，最高不能超过二十五年。

数罪中有判处附加刑的，附加刑仍须执行，其中附加刑种类相同的，合并执行，种类不同的，分别执行。

第七十条 判决宣告以后，刑罚执行完毕以前，发现被判刑的犯罪分子在判决宣告以前还有其他罪没有判决的，应当对新发现的罪作出判决，把前后两个判决所判处的刑罚，依照本法第六十九条的规定，决定执行的刑罚。已经执行的刑期，应当计算在新判决决定的刑期以内。

第七十七条第一款 被宣告缓刑的犯罪分子，在缓刑考验期限内犯新罪或者发现判决宣告以前还有其他罪没有判决的，应当撤销缓刑，对新犯的罪或者新发现的罪作出判决，把前罪和后罪所判处的刑罚，依照本法第六十九条的规定，决定执行的刑罚。

《中华人民共和国刑事诉讼法》

第一百七十二条 人民检察院认为犯罪嫌疑人的犯罪事实已经查清，证据确实、充分，依法应当追究刑事责任的，应当作出起诉决定，按照审判管辖的规定，向人民法院提起公诉，并将案卷材料移送人民法院。

上海市黄浦区人民法院

刑事判决书

（2013）黄浦刑初字第310号

公诉机关上海市黄浦区人民检察院。

被告人寿某某，男，1977年××月××日出生于浙江省诸暨市，汉族，中专文化，无业，户籍在本市××村××号××室，住本市××路××弄××号××室；曾因犯开设赌场罪于2011年10月被判处有期徒刑3年，缓刑3年，并处罚金人民币2万元；因涉嫌犯开设赌场罪于2012年7月11日被羁押，次日被刑事拘留，同年8月17日被逮捕。现羁押于上海市黄浦区看守所。

辩护人仲某某、徐某某，上海市××律师事务所律师。

被告人蒋某某，绰号"期期"或"其其"，男，1978年××月××日出生于江苏省南通市，汉族，初中文化，无业，住本市××路××弄××号××室；曾因犯开设赌场罪于2011年12月被判处有期徒刑3年，缓刑3年，并处罚金人民币5万元；因涉嫌犯赌博罪于2012年7月11日被羁押，次日被刑事拘留，因涉嫌犯开设赌场罪于同年8月17日被逮捕。现羁押于上海市黄浦区看守所。

辩护人俞某某、陈某甲，上海市××律师事务所律师。

被告人陈某某，绰号"小把戏"，男，1963年××月××日出生于上海市，汉族，高中文化，无业，户籍在本市××路××弄××号，住本市××路××弄××号××；因涉嫌犯赌博罪于2012年7月11日被羁押，次日被刑事拘留，因涉嫌犯开设赌场罪于同年8月17日被逮捕。现羁押于上海市黄浦区看守所。

辩护人汤某某、祝某某，上海市××律师事务所律师。

被告人宋某某，绰号"小军"，男，1982年××月××日出生于上海市，汉族，中专文化，无业，户籍在本市××路××弄××号，住本市××路××弄××号××室；曾因犯非法拘禁罪于2012年11月被判处有期徒刑1年1个月（执刑期限：2012年7月5日至2013年8月4日）。现羁押于上海市黄浦区看守所。

辩护人张某甲，上海市××律师事务所律师。

被告人任某某，绰号“小宁”，男，1969年××月××日出生于上海市，汉族，中专文化，无业，户籍在本市××路××号，住本市××村××号××室；曾因犯赌博罪于2007年8月被判处有期徒刑1年7个月，2008年7月3日刑满释放；因涉嫌犯赌博罪于2012年7月11日被羁押，次日被刑事拘留，因涉嫌犯开设赌场罪于同年8月17日被逮捕。现羁押于上海市黄浦区看守所。

辩护人刘某甲、陈某乙，上海市××律师事务所律师。

被告人孙某某，男，1967年××月××日出生于上海市，汉族，大专文化，无业，户籍在本市××路××弄××号××室，住本市××路××弄××号××室；因涉嫌犯赌博罪于2012年7月11日被羁押，次日被刑事拘留，因涉嫌犯开设赌场罪于同年8月17日被逮捕，同年9月11日由上海市公安局黄浦分局取保候审，同年10月19日由上海市黄浦区人民检察院决定继续取保候审。

辩护人张某乙，上海××律师事务所律师。

被告人刘某某，男，1971年××月××日出生于上海市，汉族，高中文化，无业，住本市××路××弄××号××室；因涉嫌犯赌博罪于2012年7月11日被刑事拘留，因涉嫌犯开设赌场罪于同年8月17日被逮捕。现羁押于上海市黄浦区看守所。

辩护人徐某甲，上海××律师事务所律师。

被告人沈某某，绰号“沈公子”，男，1981年××月××日出生于上海市，汉族，高中文化，系上海××摄影有限公司职工，住本市××村××号××室；因涉嫌犯赌博罪于2012年7月11日被羁押，次日被刑事拘留，因涉嫌犯开设赌场罪于同年8月17日被上海市公安局黄浦分局取保候审，2013年1月23日由上海市黄浦区人民检察院决定继续取保候审。2013年7月11日由本院决定逮捕。现羁押于上海市黄浦区看守所。

指定辩护人朱某甲，上海××律师事务所律师。

被告人彭某某，女，1958年××月××日出生于上海市，汉族，高中文化，无业，户籍在本市××路××号，住本市××路××弄××号××室；因涉嫌犯赌博罪于2012年7月11日被羁押，次日被刑事拘留，因涉嫌犯开设赌场罪于同年8月17日被逮捕。现羁押于上海市黄浦区看守所。

辩护人王某甲，上海市××律师事务所律师。

被告人毕某某，女，1963年××月××日出生于上海市，汉族，初中文化，系虹口××公司营业员，户籍在本市××路××号，住本市××路××弄××号××室；因涉嫌犯赌博罪于2012年7月11日被羁押，次日被刑事拘留，因涉嫌犯开设赌场罪于同年8月17日被逮捕。现羁押于上海市黄浦区看守所。

辩护人林某某，上海××律师事务所律师。

被告人胡某某，男，1977年××月××日出生于上海市，汉族，中专文化，无业，户籍在本市××路××号二楼，住本市××村××号××室；因涉嫌犯开设赌场罪于2012年7月11日被羁押，次日被刑事拘留，同年8月17日被逮捕。现羁押于上海市黄浦区看守所。

辩护人贾某某，上海××律师事务所律师。

被告人陆某某，绰号“浩浩”或“豪”，男，1975年××月××日出生于黑龙江省，汉族，初中文化，无业，户籍在本市××路××弄××号二层后楼，住本市××路××弄××号××室；因涉嫌犯开设赌场罪于2012年7月11日被羁押，次日被刑事扣留，同年8月17日被逮捕。现羁押于上海市黄浦区看守所。

辩护人陈某丙，上海市××律师事务所律师。

被告人朱某某，男，1976年××月××日出生于浙江省余姚市，汉族，初中文化，无业，户籍在浙江省杭州市余杭区××镇××村××组××弄××号，住本市××路××弄××号××室；因涉嫌犯开设赌场罪于2012年7月11日被羁押，次日被刑事拘留，同年8月17日被逮捕。现羁押于上海市黄浦区看守所。

辩护人金某某、王某丙，上海××律师事务所律师。

被告人王某某，绰号“小辉”，男，1978年××月××日出生于江苏省镇江市，汉族，初中文化，无业，住本市××路××号底：因涉嫌犯赌博罪于2012年7月11日被羁押，次日被刑事拘留，因涉嫌犯开设赌场罪于同年8月17日被逮捕。现羁押于上海市黄浦区看守所。

辩护人陈某丁，上海市××律师事务所律师。

被告人庄某某，绰号“小乐民”，男，1961年××月××日出生于上海市，汉族，初中文化，无业，住本市××路××弄××号××室；因涉嫌犯赌博罪于2012年7月11日被羁押，次日被刑事拘留，因涉嫌犯开设赌场罪于同年8月17日被逮捕。现羁押于上海市黄浦区看守所。

指定辩护人庄某甲、陈某戊，上海市××律师事务所律师。

被告人李某某，男，1978年××月××日出生于上海市，汉族，高中文化，系上海市××股份有限公司职工，户籍在本市××村××号××室，住本市××路××弄××座××室；因涉嫌犯赌博罪于2012年7月11日被刑事拘留，因涉嫌犯开设赌场罪于同年8月17日被逮捕。现羁押于上海市黄浦区看守所。

辩护人苏某某，上海市××律师事务所律师。

被告人徐某某，男，1981年××月××日出生于上海市，汉族，大专文化，无业，户籍在本市××路××弄××号××室，住本市××路××弄××号××室；因涉嫌犯赌博罪于2012年7月11日被刑事拘留，因涉嫌犯开设赌场罪于同年8月17日被逮捕。现羁押于上海市黄浦区看守所。

辩护人刘某丙，上海市××律师事务所律师。

上海市黄浦区人民检察院以沪黄检刑诉〔2013〕257－1号起诉书指控被告人寿某某、蒋某某、陈某某、宋某某、任某某、孙某某、刘某某、沈某某、彭某某、毕某某、胡某某、陆某某、朱某某、王某某、庄某某、李某某、徐某某犯开设赌场罪，于2013年4月19日向本院提起公诉。本院依法组成合议庭，公开开庭审理了本案。上海市黄浦区人民检察院指派检察员潘薇杰、陈伟平、代理检察员王文涛、张璐、孙雯芳出庭支持公诉，被告人寿某某、蒋某某、陈某某、宋某某、任某某、孙某某、刘某某、沈某某、彭某某、毕某某、胡某某、陆某某、朱某某、王某某、庄某某、李某某、徐某某及辩护人仲某某、俞某某、汤某某、张某甲、刘某甲、张某乙、徐某甲、朱某甲、王某甲、林某某、贾某某、陈某丙、金某某、陈某丁、庄某甲、苏某某、刘某丙到庭参加诉讼。现已审理终结。

上海市黄浦区人民检察院指控，2011年7月至2012年7月，被告人寿某某从他人处获取××等赌博网站代理账号并担任代理。同时招募被告人蒋某某、陈某某、宋某某、任某某、沈某某等人担任其下级代理，接受投注，并从中抽头渔利。经鉴定，寿某某所持有代理账号内投注金额共计人民币63319965044元，从中抽头渔利人民币1100余万元。在此期间，被告人寿某某指使被告人胡某某为其分发赌博账号、通过网站记账平台制作赌博账并负责收付银行赌博款；指使被告人陆某某为其收付现金赌博款；指使被告人朱某某为其向上级代理运送现金赌博款，并开办银行借记卡供其用于结算赌博账。2011年7月至2012年7月，被告人蒋某某从寿某某处先后获取××等赌博网站代理账号，担任代理，招募被告人孙某某、刘某某担任下级代理，发展杨某丙、沈某戊等参赌人员，接受投注，三人均从中抽头渔利。经鉴定，蒋某某所持有代理账号内投注金额共计人民币5346794981元，孙某某所持有代理账号内投注金额共计人民币32072964元，刘某某所持有代理账号内投注金额共计人民币18753507元。2011年10月2012年4月期间，被告人王某某帮助蒋某某代为收付赌博款，经鉴定，上述期间内，蒋某某所持有的赌博代理账号内投注金额为人民币449781644元。2012年4月至2012年7月期间，被告人胡某某负责为蒋某某制作赌博账目。2011年7月至2012年7月，被告人陈某某从寿某某处获取××等赌博网站代理账号后，担任代理，招募被告人毕某某、彭某某担任下级代理，发展郑某甲、王某丙等参赌人员，接受投注，三人均从中抽头渔利。经鉴定，陈某某所持有代理账号内投注金额共计人民币3053882288元。2011年7月至2012年3月期间，被告人庄某某帮助陈某某，发展曹某某、卢某某等参赌人员，接受投注，代为收付赌博款，并从中抽头渔利。2011年7月至2012年7月，被告人宋某某从寿某某处获取××等赌博网站代理账号后，担任代理，发展张某庚、刘某乙（另案处理）、李某某等参赌人员，接受投注，从中抽头渔利。其间，被告人李某某帮助宋某某发展张某、裴某某等参赌人员，接受投注，代为收付赌博款，从中抽头渔利。经鉴定，宋某某所持有代理账号内投注金额共计人民币6803911635元。2011年7月至2012年7月，被告人任某某从寿某某处获取××等赌博网站代理账号后，担任代理，发展朱某丙、陆某庚、葛某某等参赌人员，接受投注，并从中抽头渔利。经鉴定，任某某所持有代理账号内投注金额共计人民币1837618521元。2012年1月至同年7月，被告人沈某某从寿某某处获取××赌博网站代理账号后，为赌博网站担任代理，发展参赌人员闵某某、李某辛，接受投注，并从中抽头渔利。2011年8月至2012年7月，被告人徐某某从同案犯顾某庚（另案处理）处获取××赌博网站会员账号后，帮助网站代理人员发展参赌人员陈某戊、秦某某，并从中抽头渔利。2012年7月11日，公安机关将被告人寿某某、蒋某某、陈某某、任某某、孙某某、刘某某、沈某某、彭某某、毕某某、胡某某、陆某某、朱某某、王某某、庄某某、李某某、徐某某抓获归案。为证明上述指控，公诉人当庭宣读或出示了证人郑某甲、秦某某等人的书面证言及辨认笔录，公安机关制作的搜查笔录、扣押物品清单及相关银行账户明细单、记账本，涉案移动电话机、电脑的截屏照片，公安机关提取的有关赌博网站页面、电子交易记录等电子数据及其制作说明，公安机关出具的工作记录，上海公信中南会计师事务所有限公司的司法鉴定意见书，被告人寿某某、蒋某某、任某某、宋某某的前科材料，被告人寿某某、蒋某某、陈某某、宋某某、任某某、孙某某、刘某某、沈某某、彭某某、毕某某、胡某某、陆某某、朱某某、王某某、庄某某、李某某、徐某某的供述等证据材料，并据此认为，被告人寿某某伙同被告人胡某某、陆某某、朱某某，为赌博网站担任代理、接受投注，并为赌博网站招募下级代理，由下级代理接受投注，赌资数额高达人民币633亿余元，情节严重。被告人蒋某某为赌博网站担任代理，并招募下级代理，由下级代理接受投注，赌资数额达人民币53亿余元，情节严重。被告人陈某某为赌博网站担任代理并招募下级代理，由下级代理接受投注，赌资数额达人民币30亿余元，情节严重。被告人宋某某、任某某、孙某某、刘某某、沈某某、彭某某、毕某某为赌博网站担任代理并接受投注。其中宋某某代理的赌博网站的赌资数额达人民币68亿余元，任某某代理的赌博网站赌资数额达人民币18亿余元，孙某某代理的赌博网站赌资数额达人民币3207万余元，刘某某代理的赌博网站赌资数额达人民币1815万余元，均系情节严重。被告人庄某某、李某某、徐某某、王某某帮助赌博网站代理人员发展参赌人员，或收付赌博款，并从中抽头渔利。上述17名被告人的行为均已触犯《中华人民共和国刑法》第三百零三条第二款、第二十五条第一款，应当以开设赌场罪分别追究其刑事责任。本案系共同犯罪，被告人寿某某、蒋某某、陈某某、宋某某、任某某、孙某某、刘某某、沈某某、彭某某、毕某某在共同犯罪中起主要作用，适用《中华人民共和国刑法》第二十六条第一款，系主犯。被告人胡某某、陆某某、朱某某、王某某、庄某某、李某某、徐某某在共同犯罪中起次要或者辅助作用，适用《中华人民共和国刑法》第二十七条，系从犯，分别应当减轻或从轻处罚。被告人任某某系累犯，适用《中华人民共和国刑法》第六十五条第一款，应当从重处罚。被告人寿某某、蒋某某在缓刑考验期限内发现判决宣告以前还有其他罪没有判决的，适用《中华人民共和国刑法》第六十九条、第七十七条第一款，应当撤销缓刑，实行数罪并罚。被告人宋某某在判决宣告以后，刑罚执行完毕以前，发现在判决宣告以前还有其他罪没有判决，适用《中华人民共和国刑法》第六十九条、第七十条，应当实行数罪并罚。被告人宋某某有立功表现，适用《中华人民共和国刑法》第六十八条，可从轻处罚。被告人寿某某、蒋某某、陈某某、宋某某、任某某、孙某某、刘某某、沈某某、彭某某、毕某某、胡某某、陆某某、朱某某、王某某、庄某某、李某某、徐某某均如实供述自己的罪行，适用《中华人民共和国刑法》第六十七条第三款，可以从轻处罚。综上，请合议庭根据本案的事实及法律对各被告人作出公正的判决。

被告人寿某某及其辩护人对公诉机关指控的基本事实、证据及定性无异议。被告人寿某某向法庭表示认罪，但提出其也不是很清楚下家的数量及其投注金额。被告人寿某某的辩护人提出如下辩护意见：1. 寿某某系主犯，但寿某某亦有上家，与其相比，寿某某的作用就相对较小；2. 寿某某对基本事实是予以认可的，但在某些人员没有到案，有些证据不能进一步加强证明的情况下，请法庭在量刑时留有余地；寿某某如实供述自己的罪行，依法可从轻处罚。综上，请求法庭对寿某某根据罪行相一致的原则予以判决。

被告人蒋某某及其辩护人对公诉机关指控的事实、证据及定性均无异议。被告人蒋某某的辩护人提出如下辩护意见：1. 蒋某某如实供述自己的罪行，依法可从轻处罚；2. 蒋某某与寿某某之间存在人民币50万元借款关系，与刘某某之间存在人民币3万元借款关系，故上述资金往来不属于赌博资金，请法庭在犯罪金额中予以扣除。

被告人陈某某及其辩护人对公诉机关指控的基本事实、证据及定性均无异议。被告人陈某某表示自己亦有参赌的情况。被告人陈某某的辩护人提出如下辩护意见：1. 陈某某到案后如实供述自己的罪行，依法可从轻处罚；2. 陈某某无前科劣迹；3. 本案所涉金额仅是一个虚拟的记账数字，网络赌博金额的计算和传统赌博有所区别，参赌人员反复投注，金额需累计，故对犯罪金额存有异议；4. 陈某某本人也参与了赌博，该部分应当予以剔除。综上，请求法庭对陈某某从轻处罚。

被告人宋某某及其辩护人对公诉机关指控的事实、证据及定性均无异议。被告人宋某某请求法庭对其宽大处理。被告人宋某某的辩护人提出如下辩护意见：1. 宋某某到案后如实供述自己的罪行，依法可从轻处罚；2. 宋某某有立功表现，依法可从轻、减轻处罚；3. 关于涉案的68亿元投注金额，其中有很大部分是宋某某自身参赌的金额。综上，请求法庭对宋某某减轻处罚。

被告人任某某及其辩护人对公诉机关指控的事实、证据及定性均无异议。被告人任某某的辩护人提出如下辩护意见：1. 任某某到案后如实供述自己的罪行，依法可从轻处罚；2. 任某某发展的都是会员，没有再下设代理人；3. 任某某代理账号内的18亿元投注金额中大部分是任某某自己参赌的金额，应当予以扣除。

被告人孙某某及其辩护人对公诉机关指控的事实、证据及定性均无异议。被告人孙某某请求法庭对其从轻处罚。被告人孙某某的辩护人提出如下辩护意见：1. 孙某某到案后如实供述自己的罪行，依法可从轻处罚；2. 孙某某系初犯，无前科劣迹；3. 孙某某的视网膜有脱落的危险，取保候审阶段仍然在专业医院治疗。综上，请求法庭对被告人孙某某从轻或减轻处罚并适用缓刑。

被告人刘某某及其辩护人对公诉机关指控的事实、证据及定性均无异议。被告人刘某某表示认罪，请求法庭对其宽大处理。被告人刘某某的辩护人提出如下辩护意见：1. 刘某某的代理账号内的投注金额中大部分是刘某某自己参赌产生，而且投注的金额是累计产生的；2. 刘某某系初犯，到案后如实供述自己的罪行，依法可从轻处罚；3. 刘某某系从犯，依法可从轻、减轻处罚；4. 刘某某在羁押期间为公安机关查清了1名犯罪分子的真实身份，应当参照立功处理；5. 刘某某在犯罪过程中只把账号交给3名参赌人员，且额度不大，参与犯罪时间短、影响小；6. 刘某某本人身体不好。综上，请求法庭对刘某某减轻处罚并适用缓刑。

被告人沈某某及其辩护人对公诉机关指控的事实、证据及定性均无异议。被告人沈某某的辩护人提出如下辩护意见：1. 沈某某到案后如实交代了犯罪事实，依法可以从轻处罚；2. 沈某某系初犯；3. 沈某某在整个开设赌场的共同犯罪过程中，犯罪情节一般。综上，请求法庭对沈某某从轻处罚并适用缓刑。

被告人彭某某及其辩护人对公诉机关指控的事实、证据及定性均无异议。彭某某表示要重新做人。被告人彭某某的辩护人提出如下辩护意见：1. 彭某某对赌博网站的运作等一无所知，所起作用亦是次要的，依法应认定为从犯；2. 彭某某的犯罪情节一般；3. 被告人彭某某系初犯、偶犯，到案后认罪态度良好。综上，请求法庭对彭某某从轻处罚并适用缓刑。

被告人毕某某及其辩护人对公诉机关指控的事实、证据及定性均无异议。被告人毕某某表示认罪、悔罪，并请求法庭对其从轻处罚。被告人毕某某的辩护人提出如下辩护意见：1. 毕某某虽有代理账号，但系其丈夫下设和发展的，毕某某在本案中所起作用较小，应认定为从犯；2. 毕某某参与犯罪时间很短，犯罪情节也是最轻的；3. 毕某某的丈夫已死亡，孩子尚在读大学。综上，请求法庭对毕某某从轻处罚并适用缓刑，或者在现有的羁押期限内予以量刑。

被告人胡某某及其辩护人对公诉机关指控的事实、证据及定性均无异议。被告人胡某某表示认罪、悔罪，并请求法庭对其从轻处罚。被告人胡某某的辩护人提出如下辩护意见：1. 胡某某到案后如实交代犯罪事实，依法可以从轻处罚；2. 胡某某在为寿某某做赌博账目时还在为十几家企业的网站做维护工作，有些企业还表示愿意等胡某某出来后让其继续为他们工作；3. 胡某某犯罪的主观恶性不大，其本人不参与赌博；4. 胡某某系家庭的主要经济来源，其孩子尚年幼。综上，请求法庭对胡某某从轻处罚并适用缓刑。

被告人陆某某及其辩护人对公诉机关指控的事实、证据及定性均无异议。被告人陆某某表示认罪，并请求法庭对其从轻处罚。被告人陆某某的辩护人提出如下辩护意见：1. 陆某某系从犯，到案后如实交代其犯罪事实；2. 陆某某仅是将其视为一份工作，领取工资，自己并不参与赌博；3. 陆某某系初犯、偶犯。综上，请求法庭对其判处最轻的刑罚，在羁押期限内量刑。

被告人朱某某及其辩护人对公诉机关指控的事实、证据及定性均无异议。被告人朱某某表示认罪，并请求法庭对其从轻处罚。被告人朱某某的辩护人提出如下辩护意见：1. 朱某某系从犯，为寿某某开车仅仅是其一份工作，其也并非一直为寿某某送赌博款；2. 朱某某是应寿某某要求开设 3 张银行卡，并供寿某某使用，本人也不参与赌博；3. 朱某某系初犯，到案后如实交代其犯罪事实。综上，请求法庭对朱某某减轻处罚并适用缓刑。

被告人王某某及其辩护人对公诉机关指控的事实、证据及定性均无异议。被告人王某某的辩护人提出如下辩护意见：1. 王某某系从犯，到案后如实交代其犯罪事实；2. 王某某仅是蒋某某的司机，为蒋收取赌博资金，犯罪时间只有6个月，犯罪情节一般；3. 王某某无前科劣迹，只是因为工作的关系偶然参与了犯罪。综上，请求法庭对王某某减轻处罚并适用缓刑，或者在羁押期限内量刑。

被告人庄某某及其辩护人对公诉机关指控的事实、证据及定性均无异议。被告人庄某某的辩护人提出如下辩护意见：1. 庄某某系从犯，到案后如实交代其犯罪事实；2. 庄某某无前科，且患有传染性肝炎。综上，请求法庭对庄某某从轻处罚并适用缓刑。

被告人李某某及其辩护人对公诉机关指控的事实、证据及定性均无异议。被告人李某某的辩护人提出如下辩护意见：1. 李某某系从犯，到案后如实交代其犯罪事实；2. 李某某所涉赌博数额不大，犯罪情节一般，社会危害较轻；3. 李某某无前科劣迹，犯罪主观恶性程度较轻。综上，请求法庭对李某某从轻处罚。

被告人徐某某及其辩护人对公诉机关指控的事实、证据及定性均无异议。被告人徐某某的辩护人提出如下辩护意见：1. 徐某某在本案中起了帮助作用，系从犯，依法可以从轻、减轻处罚或免除处罚；2. 徐某某如实供述自己的罪行，依法可从轻处罚；3. 徐某某系初犯，犯罪情节一般，社会危害性较小。综上，请求法庭对徐某某适用缓刑。

经审理查明，被告人寿某某于2011年7月至2012年7月间，从他人处获取××等赌博网站代理账号并担任代理，同时招募被告人蒋某某、陈某某、宋某某、任某某、沈某某等人担任其下级代理，接受投注，并从中抽头渔利。期间，被告人寿某某指使被告人胡某某为其分发赌博账号、通过网站记账平台制作赌博账目并负责收付银行赌博款；指使被告人陆某某为其收付现金赌博款；指使被告人朱某某为其向上级代理运送现金赌博款，并开办银行卡供其用于结算赌博账。经鉴定，寿某某所持有代理账号内投注金额共计人民币63319965044元，并从中抽头渔利。

被告人蒋某某于2011年7月至2012年7月间，从寿某某处先后获取××等赌博网站代理账号并担任代理，又招募被告人孙某某、刘某某担任下级代理，由其分别发展杨某丙、沈某戌等参赌人员，接受投注，三人均从中抽头渔利。被告人胡某某于2012年4月至2012年7月间，又负责为蒋某某制作赌博账。经鉴定，蒋某某所持有代理账号内投注金额共计人民币5346794981元，孙某某所持有代理账号内投注金额共计人民币32072964元，刘某某所持有代理账号内投注金额共计人民币18753507元。此外，被告人王某某于2011年10月至2012年4月间帮助蒋某某代为收付赌博款，经鉴定，上述期间内，蒋某某所持有的赌博代理账号内投注金额为人民币449781644元。

被告人陈某某于2011年7月2012年7月间，从寿某某处获取××等赌博网站代理账号后，担任代理，又先后招募被告人彭某某、毕某某担任下级代理，由其分别接受王某丙、郑某甲等参赌人员投注，三人均从中抽头渔利。被告人庄某某于2011年7月至2012年3月间，帮助陈某某，发展曹某某、卢某某等参赌人员，接受投注，代为收付赌博款，并从中抽头渔利。经鉴定，陈某某所持有代理账号内投注金额共计人民币3053882288元。

被告人宋某某于2011年7月至2012年7月间，从寿某某处获取××等赌博网站代理账号后，担任代理，发展张某庚、刘某乙（另案处理）、李某某等参赌人员，接受投注，从中抽头渔利。其间，被告人李某某帮助宋某某发展张某、裴某某等参赌人员，接受投注，代为收付赌博款，从中抽头渔利。经鉴定，宋某某所持有代理账号内投注金额共计人民币6803911635元。

被告人任某某于2011年7月至2012年7月间，从寿某某处获取××等赌博网站代理账号后，担任代理，发展朱某丙、陆某庚、葛某某等参赌人员，接受投注，并从中抽头渔利。经鉴定，任某某所持有代理账号内投注金额共计人民币1837618521元。

被告人沈某某于2012年1月至2012年7月间，从寿某某处获取××赌博网站代理账号后，为赌博网站担任代理，发展参赌人员闵某某、李某辛，接受投注，并从中抽头渔利。

2011年8月至2012年7月，被告人徐某某从顾某庚（另案处理）处获取××赌博网站会员账号后，帮助赌博网站代理人员发展参赌人员陈某戊、秦某某，并从中抽头渔利。

公安机关经侦查，于2012年7月11日将被告人寿某某、蒋某某、陈某某、任某某、孙某某、刘某某、沈某某、彭某某、毕某某、胡某某、陆某某、朱某某、王某某、庄某某、李某某、徐某某抓获。公安机关还从被告人陆某某处查扣了涉案的赌资人民币206万元、美元8500元、港币22500元、欧元200元。

上述事实，有证人宋某、杨某丙、秦某某等人分别所作关于其获取网络赌博会员账号后投注参赌等情况的书面证言及辨认笔录；证人周某某关于宋某某从寿某某处获取赌博网站代理账号后发展参赌人员等情况的书面证言；公安机关制作的搜查笔录、扣押物品清单及相关银行账户明细单、记账本；涉案移动电话机、电脑的截屏照片；公安机关提取的有关赌博网站页面、电子记录等电子数据及其制作说明；公安机关出具的工作记录；上海公信中南会计师事务所有限公司的司法鉴定意见书；被告人寿某某、蒋某某、任某某、宋某某的前科材料，被告人寿某某、蒋某某、陈某某、宋某某、任某某、孙某某、刘某某、沈某某、彭某某、毕某某、胡某某、陆某某、朱某某、王某某、庄某某、李某某、徐某某的供述等经庭审举证、质证的证据证实，应予认定。

关于被告人寿某某、陈某某、宋某某、任某某、刘某某及其辩护人所作对犯罪金额的辩解、辩护意见。经查，司法鉴定意见书系根据查获的被告人寿某某等人电脑数据资料、银行账单、记账本等证据材料，并结合被告人胡某某的供述等，对被告人寿某某相关账号内的投注金额相加，确定其代理赌博网站的涉案投注金额为人民币633亿余元，其余被告人的涉案投注金额亦据此分别确定。此外，被告人自身参赌的情况并不影响投注金额的认定。故上述被告人及其辩护人的该节辩解、辩护意见缺乏事实、法律依据，不予采纳。

本院认为，被告人寿某某在被告人胡某某、陆某某、朱某某的协助下，为赌博网站担任代理并接受投注，寿某某又为赌博网站招募被告人蒋某某、陈某某、宋某某、任某某、沈某某等人作为赌博网站的下级代理，由下级代理接受投注。被告人蒋某某、陈某某分别招募被告人孙某某、刘某某、彭某某、毕某某作为赌博网站的下级代理，由其接受投注，被告人王某某、庄某某、李某某、徐某某分别帮助赌博网站代理人员发展参赌人员，或收付赌博款，并从中抽头渔利。其中，被告人寿某某、蒋某某、陈某某、宋某某、任某某、孙某某、刘某某代理赌博网站的涉案投注金额分别达人民币633亿余元、53亿余元、30亿余元、68亿余元、18亿余元、3207万余元、1815万余元，均系情节严重。上述各被告人的行为均已构成开设赌场罪。公诉机关指控的基本事实清楚，证据确实充分，指控的罪名成立，本院予以确认，应依法对各被告人予以刑事处罚。本案系共同犯罪，其中，被告人寿某某、蒋某某、陈某某、宋某某、任某某、孙某某、刘某某、沈某某、彭某某、毕某某在共同犯罪中起主要作用，系主犯，依法应当按照各自所参与的犯罪处罚；被告人胡某某、陆某某、朱某某、王某某、庄某某、李某某、徐某某在共同犯罪中起次要或者辅助作用，系从犯，依法应当分别减轻或从轻处罚。关于被告人刘某某、彭某某、毕某某的辩护人所作各被告人应认定为从犯的辩护意见，本院认为，被告人刘某某、彭某某、毕某某在取得赌博网站代理账号后，实施了担任代理，或发展参赌人员、接受投注，或接受参赌人员投注，继而从中抽头渔利的行为，可见，各被告人在其所参与的犯罪中起了主要作用，依法应认定为主犯，故对上述辩护人的该节辩护意见不予采纳。被告人任某某系累犯，依法应当从重处罚。被告人寿某某曾因犯开设赌场罪于2011年10月被判处有期徒刑3年，缓刑3年，并处罚金人民币2万元（该罚金刑已执行部分），被告人蒋某某曾因犯开设赌场罪于2011年12月被判处有期徒刑3年，缓刑3年，并处罚金人民币5万元（该罚金刑尚未执行完毕），两被告人在缓刑考验期限内发现判决宣告以前还有其他罪没有判决，依法应当撤销缓刑，予以数罪并罚。被告人宋某某曾因犯非法拘禁罪于2012年11月被判处有期徒刑1年1个月，现在判决宣告以后，刑罚执行完毕以前，发现在该判决宣告以前还有其他罪没有判决，依法应当予以数罪并罚。被告人寿某某、蒋某某、陈某某、宋某某、任某某、孙某某、刘某某、沈某某、彭某某、毕某某、胡某某、陆某某、朱某某、王某某、庄某某、李某某、徐某某均如实供述自己的罪行，依法可以从轻处罚。被告人宋某某有立功表现，依法可从轻处罚。关于被告人刘某某的辩护人所作刘某某为公安机关查明了1名犯罪分子的真实身份，应当参照立功处理的辩护意见，经查，被告人刘某某该行为依法不能认定为有立功表现，故对该节辩护意见不予采纳。关于被告人孙某某、刘某某、沈某某、彭某某、毕某某、胡某某、朱某某、王某某、庄某某、徐某某的辩护人所作对各被告人适用缓刑的辩护意见。本院认为，根据被告人孙某某、刘某某、沈某某、彭某某、毕某某、胡某某、朱某某、王某某、庄某某、徐某某的犯罪情节等，不宜适用缓刑，故对该节辩护意见不予采纳。据此，依照《中华人民共和国刑法》第三百零三条第二款、第二十五条第一款、第二十六条第一款、第四款、第二十七条、第六十五条第一款、第六十七条第三款、第六十八条、第六十九条、第七十条、第七十七条第一款、第六十四条之规定，判决如下：

一、被告人寿某某犯开设赌场罪，判处有期徒刑八年，并处罚金人民币五百万元，撤销上海市青浦区人民法院（2011）青刑初字第577号刑事判决对被告人寿某某判处有期徒刑三年，缓刑三年，并处罚金人民币二万元中的缓刑部分；决定执行有期徒刑十年，并处罚金人民币五百零二万元。

（刑期从判决执行之日起计算。判决执行以前先行羁押的，羁押一日折抵刑期一日，即自2012年7月11日起至2022年7月10日止。罚金自判决生效后第二日起十日内缴纳，已缴纳部分可予抵扣。）

二、被告人蒋某某犯开设赌场罪，判处有期徒刑五年六个月，并处罚金人民币一百万元，撤销本院（2011）黄浦刑初字第162号刑事判决对被告人蒋某某判处有期徒刑三年，缓刑三年，并处罚金人民币五万元中的缓刑部分；决定执行有期徒刑七年六个月，并处罚金人民币一百零五万元。

（刑期从判决执行之日起计算。判决执行以前先行羁押的，羁押一日折抵刑期一日，即自2012年7月11日起至2020年1月10日止。罚金自判决生效后第二日起十日内缴纳，已缴纳部分可予抵扣。）

三、被告人陈某某犯开设赌场罪，判处有期徒刑五年，并处罚金人民币一百万元。

（刑期从判决执行之日起计算。判决执行以前先行羁押的，羁押一日折抵刑期一日，即自2012年7月11日起至2017年7月10日止。罚金自判决生效后第二日起十日内缴纳。）

四、被告人宋某某犯开设赌场罪，判处有期徒刑五年，并处罚金人民币一百万元，连同本院（2012）黄浦刑初字第1268号刑事判决对被告人宋某某判处有期徒刑一年一个月的部分，决定执行有期徒刑五年九个月，并处罚金人民币一百万元。

（刑期从判决执行之日起计算。判决执行以前先行羁押的，羁押一日折抵刑期一日，即自2012年7月5日起至2018年4月4日止。罚金自判决生效后第二日起十日内缴纳。）

五、被告人任某某犯开设赌场罪，判处有期徒刑五年六个月，并处罚金人民币一百万元。

（刑期从判决执行之日起计算。判决执行以前先行羁押的，羁押一日折抵刑期一日，即自2012年7月11日起至2018年1月10日止。罚金自判决生效后第二日起十日内缴纳。）

六、被告人孙某某犯开设赌场罪，判处有期徒刑三年三个月，并处罚金人民币五十万元。

（刑期从判决执行之日起计算。罚金自判决生效后第二日起十日内缴纳。）

七、被告人刘某某犯开设赌场罪，判处有期徒刑三年，并处罚金人民币五十万元。

（刑期从判决执行之日起计算。判决执行以前先行羁押的，羁押一日折抵刑期一日，即自2012年7月11日起至2015年7月10日止。罚金自判决生效后第二日起十日内缴纳。）

八、被告人沈某某犯开设赌场罪，判处有期徒刑一年二个月，并处罚金人民币十万元。

（刑期从判决执行之日起计算。判决执行以前先行羁押的，羁押一日折抵刑期一日，即自2013年7月11日起至2014年8月3日止。罚金自判决生效后第二日起十日内缴纳。）

九、被告人彭某某犯开设赌场罪，判处有期徒刑一年二个月，并处罚金人民币十万元。

（刑期从判决执行之日起计算。判决执行以前先行羁押的，羁押一日折抵刑期一日，即自2012年7月11日起至2013年9月10日止。罚金自判决生效后第二日起十日内缴纳。）

十、被告人毕某某犯开设赌场罪，判处有期徒刑一年二个月，并处罚金人民币十万元。

（刑期从判决执行之日起计算。判决执行以前先行羁押的，羁押一日折抵刑期一日，即自2012年7月11日起至2013年9月10日止。罚金自判决生效后第二日起十日内缴纳。）

十一、被告人胡某某犯开设赌场罪，判处有期徒刑二年，并处罚金人民币五万元。

（刑期从判决执行之日起计算。判决执行以前先行羁押的，羁押一日折抵刑期一日，即自2012年7月11日起至2014年7月10日止。罚金自判决生效后第二日起十日内缴纳。）

十二、被告人陆某某犯开设赌场罪，判处有期徒刑一年六个月，并处罚金人民币三万元。

（刑期从判决执行之日起计算。判决执行以前先行羁押的，羁押一日折抵刑期一日，即自2012年7月11日起至2014年1月10日止。罚金自判决生效后第二日起十日内缴纳。）

十三、被告人朱某某犯开设赌场罪，判处有期徒刑一年三个月，并处罚金人民币二万元。

（刑期从判决执行之日起计算。判决执行以前先行羁押的，羁押一日折抵刑期一日，即自2012年7月11日起至2013年10月10日止。罚金自判决生效后第二日起十日内缴纳。）

十四、被告人王某某犯开设赌场罪，判处有期徒刑一年一个月，并处罚金人民币二万元。

（刑期从判决执行之日起计算。判决执行以前先行羁押的，羁押一日折抵刑期一日，即自2012年7月11日起至2013年8月10日止。罚金自判决生效后第二日起十日内缴纳。）

十五、被告人庄某某犯开设赌场罪，判处有期徒刑一年一个月，并处罚金人民币二万元。

（刑期从判决执行之日起计算。判决执行以前先行羁押的，羁押一日折抵刑期一日，即自2012年7月11日起至2013年8月10日止。罚金自判决生效后第二日起十日内缴纳。）

十六、被告人李某某犯开设赌场罪，判处有期徒刑一年一个月，并处罚金人民币二万元。

（刑期从判决执行之日起计算。判决执行以前先行羁押的，羁押一日折抵

刑期一日，即自2012年7月11日起至2013年8月10日止。罚金自判决生效后第二日起十日内缴纳。)

十七、被告人徐某某犯开设赌场罪，判处有期徒刑一年一个月，并处罚金人民币二万元。

(刑期从判决执行之日起计算。判决执行以前先行羁押的，羁押一日折抵刑期一日，即自2012年7月11日起至2013年8月10日止。罚金自判决生效后第二日起十日内缴纳。)

十八、扣押在案的赌资予以没收。

十九、扣押在案的作案工具电脑、移动电话机等物，予以没收。

如不服本判决，可在接到判决书的第二日起十日内，通过本院或者直接向上海市第二中级人民法院提出上诉。书面上诉的，应当提交上诉状正本一份，副本十七份。

审　判　长　吴明峰
代理审判员　胡晓爽
人民陪审员　方国芬
二〇一三年七月十九日
书　记　员　谢　磊

附：相关法律条文

《中华人民共和国刑法》

第三百零三条　……

开设赌场的，处三年以下有期徒刑、拘役或者管制，并处罚金；情节严重的，处三年以上十年以下有期徒刑，并处罚金。

第二十五条　共同犯罪是指二人以上共同故意犯罪。

……

第二十六条　组织、领导犯罪集团进行犯罪活动的或者在共同犯罪中起主要作用的，是主犯。

……

……

对于第三款规定以外的主犯，应当按照其所参与的或者组织、指挥的全部犯罪处罚。

第二十七条　在共同犯罪中起次要或者辅助作用的，是从犯。

对于从犯，应当从轻、减轻处罚或者免除处罚。

第六十九条 判决宣告以前一人犯数罪的，除判处死刑和无期徒刑的以外，应当在总和刑期以下、数刑中最高刑期以上，酌情决定执行的刑期，但是管制最高不能超过三年，拘役最高不能超过一年，有期徒刑总和刑期不满三十五年的，最高不能超过二十年，总和刑期在三十五年以上的，最高不能超过二十五年。

数罪中有判处附加刑的，附加刑仍须执行，其中附加刑种类相同的，合并执行，种类不同的，分别执行。

第七十条 判决宣告以后，刑罚执行完毕以前，发现被判刑的犯罪分子在判决宣告以前还有其他罪没有判决的，应当对新发现的罪作出判决，把前后两个判决所判处的刑罚，依照本法第六十九条的规定，决定执行的刑罚。已经执行的刑期，应当计算在新判决决定的刑期以内。

第七十七条 被宣告缓刑的犯罪分子，在缓刑考验期限内犯新罪或者发现判决宣告以前还有其他罪没有判决的，应当撤销缓刑，对新犯的罪或者新发现的罪作出判决，把前罪和后罪所判处的刑罚，依照本法第六十九条的规定，决定执行的刑罚。

……

第六十七条 ……

犯罪嫌疑人虽不具有前两款规定的自首情节，但是如实供述自己罪行的，可以从轻处罚；因其如实供述自己罪行，避免特别严重后果发生的，可以减轻处罚。

第六十八条 犯罪分子有揭发他人犯罪行为，查证属实的，或者提供重要线索，从而得以侦破其他案件等立功表现的，可以从轻或者减轻处罚；有重大立功表现的，可以减轻或者免除处罚。

第六十四条 犯罪分子违法所得的一切财物，应当予以追缴或者责令退赔；对被害人的合法财产，应当及时返还；违禁品和供犯罪所用的本人财物，应当予以没收。没收的财物和罚金，一律上缴国库，不得挪用和自行处理。

排除非法言词证据，正确处理案件

——班某某强奸案

【案例要旨】

检察机关在审查案件时，应充分重视犯罪嫌疑人提供的刑讯逼供等非法取证线索，运用各种方式及时开展调查核实工作，注重发挥全程讯问录音、录像在审查认定证据中的作用，一旦发现以刑讯逼供等非法方法获取的言词证据，应依法予以排除，并综合全案证据状况，对案件作出正确处理。

【案情简要】

2012 年 10 月 16 日 19 时许，犯罪嫌疑人班某某（系未成年人）用 QQ 约刚认识的女网友张某（系成年人）与朋友一同吃饭饮酒，后又将张某带至松江区××路××弄××号一民房内发生了性关系。期间，张某男友因接到张某未通话即挂断的电话，便带人四下寻找，至松江区谷阳北路公证处附近发现张某和欲打车送其的班某某。张某当即向男友哭诉刚才被班某某强奸。班某某则称不认识张某并逃逸。张某的男友遂报警而案发。

2012 年 12 月 19 日上海市公安局松江分局以犯罪嫌疑人班某某涉嫌强奸罪移送松江区人民检察院审查起诉。承办人提审时，班某某翻供并提供了侦查人员刑讯、诱供的线索。经审查，公安机关随案移送的录音录像不完整，遂要求移送当次讯问的全程录像，并通过调查核实了公安机关对班某某讯问中存在殴打、体罚、言语侮辱、威胁和合适成年人未到场、笔录签名造假的情况。2013 年 3 月，松江区人民检察院经审查作出将案件退回公安机关补充侦查的决定，并制发了《纠正非法取证意见书》。公安机关随后将本案撤回，并对相关人员作出严肃处理。

【典型意义】

本案系 2012 年修正的《刑事诉讼法》实施后，上海市检察机关排除非法言词证据的典型案件，对办理此类案件具有借鉴价值。

一、全面细致审查证据材料，发现非法取证线索后，应结合案件特点，充分运用各种方式开展调查核实

检察机关在审查案件时，应结合案件的性质、特征等具体情况审查认定证据，认为证据体系可能存在薄弱环节的，应当要求公安机关及时补强。充分重视关键证据的合法性问题，对于强奸等较为倚重言词证据的案件，应注意听取犯罪嫌疑人辩解、复核被害人陈述，并注重发挥讯问录音、录像在证据审核中的作用。对于犯罪嫌疑人提出的非法取证线索，当现有材料无法证明取证合法性时，应当充分运用各种法定调查方式，及时进行调查核实。

本案在审查批捕阶段证据基本吻合、并未发现刑讯逼供等非法取证问题，但考虑到案件整体证据体系较为薄弱，松江区人民检察院提出移送讯问录音录像以补强证据的意见。审查起诉阶段，犯罪嫌疑人翻供并提供了刑讯、诱供等线索。松江区人民检察院经比对发现，笔录显示讯问进行了近 11 小时，公安机关却只报送了时长 20 分钟的讯问录像，通过再次调取全程同步录音录像，发现侦查人员对犯罪嫌疑人确有打耳光、皮鞋踩脚、光脚罚站、言语侮辱及威胁等行为，据此认定该笔录属于应予排除的非法言词证据。值得一提的是，审查还发现，讯问录像中全程并无女性参与，而笔录上却有一名女性合适成年人的签名。经调查，该合适成年人并未实际到场，系事后补写签名。实践中若仅发生这种违反法定程序取证的情况，还不能认定该笔录为应予排除的非法证据，而属瑕疵证据，可以允许侦查机关补正或者作出合理解释。

二、排除非法证据后，应综合全案证据情况，对案件作出正确处理决定

根据《刑事诉讼法》第 54 条的规定，检察机关发现有应当排除的证据，应依法予以排除，不得作为起诉决定的依据。需要注意的是，排除非法证据仅仅意味着不得将该份证据作为定案依据，而并非排除对案件整体的定罪可能性，检察机关仍应积极引导侦查，补强相关证据。根据《人民检察院刑事诉讼规则（试行）》第 379 条规定，公诉部门在排除非法证据同时可以要求侦查机关另行指派侦查人员重新调查取证，必要时也可以自行调查取证。如果其他在案证据确实、充分，能够形成完整的证据锁链，排除合理怀疑，则应当依法认定案件事实，作出正确的处理决定。这是刑事司法不枉不纵的必然要求，也体现了保障人权和保护社会之间的平衡。

本案在排除了非法取得的犯罪嫌疑人供述之后，松江区人民检察院经过调查发现，被害人两性关系较为混乱，并且无正当理由拒绝检察机关的取证要求，致使其原陈述的真实性无法确认，不能作为定案根据。强奸案件的本质是性行为违背妇女意志，一旦缺少被害人陈述，是否违背妇女意志则无从查证。

公安机关在退补阶段认为本案已经失去重新调查取证的可能性，故作出撤案决定，将犯罪嫌疑人班某某释放。

三、经调查核实确有非法取证行为，应及时提出纠正意见，依法履行法律监督职责

根据《人民检察院刑事诉讼规则（试行）》第 71、72 条的规定，检察机关认为存在以非法方法收集证据情形的，可以书面要求侦查机关对证据收集的合法性进行说明。经调查核实确有以非法方法收集的言词证据应予以排除，并应当依法向被调查人所在的侦查机关提出纠正意见。

本案经调查核实，并要求对取证合法性进行说明后，承办人认为侦查人员确有非法获取犯罪嫌疑人供述的情形，遂报分管检察长决定将该份言词证据予以排除，向松江公安分局制发了《纠正非法取证意见书》，并积极跟进纠正落实情况。分局针对纠正意见及时进行了整改，对相关责任人予以纪律处分并将其调离岗位；在全局范围内排查类似问题，开展规范执法主题教育，明确责任追究机制，强化民警的取证合法性、办案规范性意识。

注：相关法律文书略。

抓住重点，加大对量刑证据的审查力度

——吴某某非法持有毒品抗诉案

【案例要旨】

检察机关审查案件证据既要重视实体事实，又要重视量刑情节，这对于防止假自首、假立功具有现实意义。审查被告人是否构成立功，要注重从立功证据的证明内容与被检举案件实际发案情况两个方面查证。

【案情简要】

2008 年 5 月 12 日 20 时 30 分许，闸北公安分局接到举报，在本市新闸路黄河路路口，从原审被告人吴某某的右裤袋里查获甲基苯丙胺 55.9 克。

闸北区人民法院于 2008 年 7 月 15 日作出一审判决，认定原审被告人吴某某犯非法持有毒品罪判处有期徒刑 7 年 6 个月，并处罚金 1.1 万元。一审判决后，吴某某在闸北分局民警陆某某怂恿下，向闸北看守所民警方某某虚假检举徐某某等人毒品犯罪事实，并按方某某要求将笔录时间倒签至 2008 年 6 月 28 日，随后提出上诉。闸北公安分局刑侦支队也出具《工作情况》证明根据闸北看守所提供的线索抓获徐某某的情况。上海市第二中级人民法院根据吴某某检举笔录及上述《工作情况》认定吴某某具有立功表现，于 2008 年 9 月 2 日作出二审判决，对吴某某减轻处罚，改判有期徒刑 6 年，并处罚金 1 万元。经查，徐某某容留他人吸食毒品案已于 2008 年 7 月 4 日被破获。

本案二审判决生效后，闸北区人民检察院在侦查陆某某、赵某某、方某某受贿、行贿、徇私枉法案过程中，发现闸北分局民警陆某某、方某某等人提供虚假证明材料，致本案二审判决错误认定原审被告人吴某某具有立功情节，闸北区人民检察院经上海市人民检察院第二分院提请上海市人民检察院按照审判监督程序提出抗诉。上海市人民检察院经检委会讨论认为，原二审判决采信的立功材料内容不实，导致认定量刑事实和适用法律错误，量刑不当，应予纠正。上海市人民检察院提出抗诉后，上海市高级人民法院再审采纳抗诉意见，改判吴某某有期徒刑7年6个月，并处罚金1.5万元。

【典型意义】

吴某某非法持有毒品抗诉案，系一审判决后，因公安人员为吴某某提供虚假立功材料，导致二审法院错误认定吴某某具有立功表现，适用法律错误，量刑不当，检察机关通过审判监督程序抗诉纠正的案件。实践中，立功材料不规范、不全面、不真实的情况时有发生，检察机关应当增强监督意识，不仅重视对案件实体事实的审查，还应重视对量刑证据的审查力度。就本案而言，检察机关要严格依照刑法及相关司法解释的规定慎重审查核实立功材料，确保被告人检举揭发内容、司法机关调查核实情况、被检举揭发人的供述及被检举揭发案件的相关法律文书的客观真实且相互印证，防止假立功情形发生。同时，对虚假立功案件要关注其中可能隐藏的职务犯罪线索，加大对虚假立功材料如何形成、怎样提供等方面的监督力度，既确保法律正确实施，又依法打击司法人员渎职犯罪。

本案抗诉取得成功，虽然案件线索源于吴某某家属举报陆某某等人受贿、行贿、徇私枉法，但闸北区人民检察院在查办职务犯罪案件时，既注重抗诉线索的调查核实，又抓住重点，从虚假立功材料如何形成及被检举案件实际案发情况两个方面开展查证，查明被检举案件告破在先，而后吴某某虚假“检举”的事实，从而证实二审判决采信的立功量刑证据缺乏依据，为提出抗诉被采纳奠定了基础。

对刑事案件量刑情节抗诉，一般对犯罪事实并无争议，因此，抗诉书制作要抓住重点，详略得当。以本案抗诉书为例，对无争议的犯罪事实简要带过，主要围绕二审判决采信立功证据缺乏依据和量刑不当两个方面，重点突出，层次分明，说服力强，抗诉理由全部被再审法庭采纳。

注：一审、二审法律文书略。

上海市人民检察院
刑事抗诉书

沪检刑审监抗〔2012〕4号

原审被告人吴某某，男，1968年××月××日出生，公民身份证号码：3101081968×××××××××，汉族，初中文化，无业，户籍在本市东××路××弄××号。现在新疆生产建设兵团西山监狱服刑。

2008年7月15日，上海市闸北区人民法院以（2008）闸刑初字第463号刑事判决书，对上海市闸北区人民检察院提起公诉的被告人吴某某非法持有毒品一案作出一审判决，认定吴某某犯非法持有毒品罪判处有期徒刑七年六个月，并处罚金人民币一万五千元。同年9月2日，上海市第二中级人民法院以（2008）沪二中刑终字第492号刑事判决书作出二审判决，认定吴某某具有立功情节，改判吴某某有期徒刑六年，并处罚金一万元。

判决生效后，上海市闸北区人民检察院发现二审法院改判确有错误，通过上海市人民检察院第二分院提请本院按照审判监督程序提出抗诉。

经依法审查，本案的事实如下：

2008年5月12日20时30分许，闸北区公安分局接到举报，在本市新闸路黄河路路口，从原审被告人吴某某的右裤袋里查获甲基苯丙胺55.9克。

另查明，原审被告人吴某某在一审判决前没有检举揭发。2008年7月15日一审判决后，吴某某在闸北区公安分局民警陆某某怂恿下，向闸北区看守所民警方某某检举徐某某等人毒品犯罪事实，并按方某某要求将笔录时间倒签至同年6月28日。随后，闸北区公安分局刑侦支队出具《工作情况》证明根据闸北区看守所提供的线索抓获徐某某。事实上徐某某容留他人吸毒案已于同年7月4日被破获。

本院认为，原一、二审判决认定的犯罪事实清楚，证据确实充分，但原二审判决采信的立功证据材料内容不实，错误认定原审被告人吴某某具有立功表现，导致认定量刑事实和适用法律错误，量刑明显不当。理由如下：

一、原二审判决采信的立功证据材料内容不实

二审判决后，有新的证据证实原二审判决采信的立功证据材料内容不实。

一是（2011）闸刑初字第238号陆某某案刑事判决书、（2012）闸刑初字第303号方某某案刑事判决书，罪犯陆某某、方某某及原审被告人吴某某的供述证实，吴某某检举徐某某的笔录制作时间系从2008年7月20日前后倒签至2008年6月28日，随后被闸北区公安分局刑侦支队出具的《工作情况》加以确认。二是徐某某案《接受刑事案件登记表》《立案决定书》《拘留证》等书证及证人公安办案民警许某甲、董某某、胥某某的证言证实，公安机关已于2008年7月4日破获徐某某案。上述证据足以证明吴某某检举行为与徐某某案侦破无关，原二审判决据以认定吴某某具有立功表现的证据检举笔录及《工作情况》等内容不实。

二、原二审判决认定吴某某具有立功情节并减轻处罚，属于认定量刑事实、适用法律错误，量刑明显不当。

原二审判决根据内容不实的证据材料错误认定吴某某具有立功表现，适用《中华人民共和国刑法》第六十八条的规定，对其减轻处罚，改判其有期徒刑六年，并处罚金一万元，在认定量刑事实和适用法律上均有错误，且量刑明显不当。

综上所述，由于原二审判决采信的立功证据材料内容不实，导致认定量刑事实和适用法律错误，量刑明显不当。为维护司法公正，准确惩治犯罪，根据《中华人民共和国刑事诉讼法》第二百零五条第三款的规定，对上海市第二中级人民法院（2008）沪二中刑终字第492号刑事判决书提出抗诉，请依法审判。

此致

上海市高级人民法院

上海市人民检察院

二〇一二年十二月二十四日

附：1. 原审被告人吴某某现羁押于新疆生产建设兵团西山监狱（新疆维吾尔自治区乌鲁木齐市西山路甲支008信箱，邮编：830009）。

2. 证据材料卷宗二十册（其中，新的证据材料卷宗一册，吴某某案卷宗材料三册，徐某某案卷宗材料二册，陆某某案卷宗材料八册，方某某案卷宗材料六册）。

3. 相关法律条文。（略）

上海市高级人民法院
刑事判决书

（2013）沪高刑再终字第1号

抗诉机关上海市人民检察院。

原审被告人吴某某，男，1968年××月××日出生于上海市，汉族，初中文化程度，无业，户籍在本市××路××弄××号。因本案于2008年5月21日被刑事拘留，同年5月27日被逮捕。现在新疆生产建设兵团农六师新湖监狱服刑。

指定辩护人黄某某，上海××律师事务所律师。

指定辩护人崔某某，新疆××律师事务所律师。

上海市闸北区人民法院审理上海市闸北区人民检察院指控原审被告人吴某某犯非法持有毒品罪一案，于二〇〇八年七月十五日作出（2008）闸刑初字第463号刑事判决，认定吴某某犯非法持有毒品罪，判处有期徒刑七年六个月，并处罚金人民币一万五千元。判决后，吴某某不服，提出上诉。上海市第二中级人民法院于同年九月二日作出（2008）沪二中刑终字第492号刑事判决，认定吴某某具有立功情节，以非法持有毒品罪判处吴某某有期徒刑六年，并处罚金人民币一万元。判决发生法律效力后，上海市人民检察院于二〇一二年十二月二十四日按照审判监督程序向本院提出抗诉。本院依法组成合议庭，公开开庭审理了本案。上海市人民检察院指派代理检察员郑某乙、王某某出庭履行职务。原审被告人吴某某及其指定辩护人崔某某到庭参加诉讼。现已审理完毕。

上海市闸北区人民法院根据被告人吴某某的供述，证人朱某某、吕某某的证言，扣押物品清单、收缴毒品专用单据、赃物照片、毒品检验中心检验报告、鉴定结论通知书等证据认定，2008年5月12日20时30分许，闸北公安分局接到举报，在本市新闸路黄河路口，从被告人吴某某的右裤袋里查获甲基苯丙胺55.9克。据此认为，被告人吴某某非法持有甲基苯丙胺55.9克，其行为已构成非法持有毒品罪，依照《中华人民共和国刑法》第三百四十八条之规定，对被告人吴某某以非法持有毒品罪，判处有期徒刑七年六个月，并处罚金人民币一万五千元。

吴某某上诉对一审判决认定的事实和定性均无异议，提出其有检举他人犯罪的立功表现，要求从轻处罚。

上海市人民检察院第二分院在二审庭审中出示、宣读并质证了吴某某检举揭发他人犯罪的讯问笔录、上海市公安局闸北分局的《深挖犯罪线索查证反馈表》《拘留证》《立案决定书》《接受刑事案件登记表》以及《工作情况》等证据，以此证实吴某某到案后检举揭发他人犯罪的情况已被公安机关查实。

上海市人民检察院第二分院认为，一审法院根据相关证人证言以及书证、物证等证据认定上诉人吴某某非法持有甲基苯丙胺55.9克的事实清楚，证据确实，且据此作出的判决定性准确、量刑恰当。鉴于吴某某的检举揭发已被查证属实，建议二审法院据此依法裁决。

上海市第二中级人民法院认为，一审法院根据吴某某犯罪的事实，性质及社会危害性依法所作出的判决，事实清楚、证据确实、充分，定罪准确，量刑适当，审判程序合法。鉴于吴某某的检举揭发情况在该院审理期间已由公安机关查证属实，应当认定其有立功情节，依法可以减轻处罚。据此，依照《中华人民共和国刑事诉讼法》第一百八十九条第（三）项以及《中华人民共和国刑法》第三百四十八条、第六十八条第一款之规定，撤销上海市闸北区人民法院（2008）闸刑初字第463号刑事判决；以非法持有毒品罪判处吴某某有期徒刑六年，并处罚金人民币一万元。

上海市人民检察院抗诉认为，原一、二审判决认定的犯罪事实清楚，证据确实充分，但原二审判决采信的立功证据材料内容不实，导致认定量刑事实和适用法律错误，量刑明显不当，应当予以纠正。理由是：

1. 二审判决后，有新证据证实原二审判决采信的立功证据材料内容不实。

抗诉机关为此提供了（2011）闸刑初字第238号陆某某受贿案刑事判决书、（2012）闸刑初字第303号方某某徇私枉法案刑事判决书，罪犯陆某某、方某某以及原审被告人吴某某的供述证实吴某某检举徐某某的笔录制作时间系从2008年7月20日前后倒签至2008年6月28日，随后被上海市公安局闸北分局（以下简称闸北公安分局）刑侦支队出具的《工作情况》加以确认。

抗诉机关还提供了徐某某案《接受刑事案件登记表》《立案决定书》《拘留证》以及证人公安办案民警许某甲、董某某、胥某某的证言，证实公安机关已于2008年7月4日破获徐某某案。抗诉机关认为上述证据足以证明吴某某的检举行为与徐某某案的侦破无关，原二审判决据以认定吴某某具有立功表现的相关证据内容不实。

2. 原二审判决根据内容不实的证据材料认定吴某某具有立功表现，对其减轻处罚，在认定量刑事实和适用法律上均有错误，且量刑明显不当。

原审被告人吴某某对原判认定其犯非法持有毒品罪的事实没有异议。吴某某提出系在一审判决前检举揭发，检举笔录不存在倒签的情况；检察机关提审时存在诱供，其供述内容不实；罪犯陆某某、方某某与原审被告人吴某某在法律上存在利害关系，两人的供述不能作为本案证据使用。

吴某某的辩护人对本案定性没有异议，认为就被告人吴某某是否具有立功情节请合议庭予以查清，希望法院考虑到原审被告人吴某某是初犯且此前无前科劣迹，结合案件事实给予其公正的判决。

本院经审理查明的吴某某非法持有毒品的事实和证据与原判相同。原判所列举的认定原审被告人吴某某犯非法持有毒品罪的证据均经原审当庭出示、辨认、质证等法庭调查程序查证属实。原判认定的事实本院予以确认。

另查明，2008 年 5 月，原审被告人吴某某因非法持有毒品被闸北公安分局缉毒队抓获并羁押在上海市闸北区看守所（以下简称闸北看守所）。吴某某的妻子许某乙为使吴某某得到减轻处罚，通过赵某某（另案处理）帮忙疏通关系。赵某某安排闸北公安分局民警陆某某（因犯受贿罪已判刑）与许某乙等人见面，陆某某接受请托，之后许某乙等人将人民币 10 万元交给赵某某，赵某某将其中 4 万元送给陆某某。

嗣后，陆某某向闸北看守所管教民警方某某（因犯殉私枉法罪已判刑）打听吴某某的情况，得知吴某某正好关押在方某某负责看管的监区。随后将打听的情况反馈给赵某某。2008 年 6 月，方某某应陆某某的要求，违规安排陆某某与吴某某见面。届时，陆某某向吴某某暗示自己系受吴某某的家人委托，进而劝吴某某检举揭发争取立功，未果。同年 7 月 15 日，上海市闸北区人民法院以非法持有毒品罪判处吴某某有期徒刑七年六个月，并处罚金人民币一万五千元。

宣判后，吴某某的家属对一审判决结果不满，要求陆某某退还钱款，陆某某表示再想办法让吴某某检举揭发，并索要了吴某某与家人的合影照，再次进入监所，在方某某的安排下违规会见吴某某，继续劝吴某某检举揭发，并让吴某某找方某某做笔录。同年 7 月 20 日前后，即在吴某某一审判决后的 10 天上诉期内，方某某即为吴某某制作了吴某某检举揭发徐某某等人涉嫌毒品犯罪的笔录，并将笔录的制作时间提前至同年 6 月 28 日。随后，闸北公安分局刑侦支队出具《工作情况》证明系根据闸北看守所提供的线索抓获徐某某。事实上，徐某某容留他人吸毒案已于同年 7 月 4 日被破获。同年 7 月 25 日，吴某某对一审判决提出上诉。上海市第二中级人民法院依据方某某制作的检举笔录以及上述《工作情况》等材料，认为吴某某检举揭发的情况已由公安机关查证属实，具有立功情节，遂对吴某某适用减轻处罚，改判有期徒刑六年，罚金人民币一万元。

二审判决后，吴某某的家人仍对判决结果不满，许某乙等人开始向赵某某追讨10万元遭拒，遂向有关部门检举。

以上事实，有下列证据证实：

1.（2011）闸刑初字第238号陆某某受贿案刑事判决书、（2012）闸刑初字第303号方某某徇私枉法案刑事判决书、罪犯陆某某、方某某的供述、原审被告人吴某某2010年8月31日、同年9月1日的供述等证实，吴某某检举徐某某的笔录的制作时间系从2008年7月20日前后倒签至2008年6月28日。

2. 徐某某案《接受刑事案件登记表》《立案决定书》《拘留证》以及证人公安办案民警许某甲、董某某、胥某某的证言，证实公安机关已于2008年7月4日破获徐某某案。

上述证据均经庭审质证，本院予以确认。

针对本案的争议焦点，本院评判如下：

（一）罪犯陆某某、方某某的供述能否作为本案证据使用

罪犯陆某某、方某某证实吴某某倒签检举笔录的供述是以自己入罪为前提，相关内容还得到罪犯赵某某的供述、陆某某受贿案中证人许某乙、许某丙证言的印证，本院予以采信。吴某某现提出供述内容不实，没有相关证据证实，且与上述证据相矛盾，本院不予采信。

（二）吴某某检举揭发系在一审判决之前还是之后

经查，现有证据表明吴某某是于一审判决（2008年7月15日）后，同年7月20日前后向方某某检举徐某某等人涉嫌贩卖毒品。

罪犯陆某某供述证实，一审判决后，他曾应赵某某的要求一起去见许某丙，并告知他们曾进过监区叫吴某某检举，吴某某不肯检举，可能是吴某某还不相信他，陆某某决定再去会见吴某某，为了让吴某某相信是家属托过来的，提出拿生活照给吴某某看一下。大概是7月18日中午，第二次到闸北看守所北监，劝他检举立功，吴某某讲让他考虑考虑。

罪犯方某某供述证实，吴某某是在一审以后，7月20日前后提出要检举的，吴某某认为一审判决得较重，所以要检举揭发。

罪犯赵某某供述证实，第一次陆某某会见吴某某是在一审判决前，其在看守所门口交给陆一包香烟；第二次会见是在一审判决后，其从许某乙、许某丙处拿了吴某某的照片交给陆某某。

陆某某受贿案中证人许某乙、许某丙的证言证实，一审判决后，吴某某的

家人对判决结果不满，要求退还10万元，并再次约陆某某、赵某某见面。见面后双方争吵起来，陆某某提出再次会见吴某某，许某乙便向陆某某提供了吴某某和家人的合影照。

吴某某曾供述，陆某某第一次和他会面，让他检举揭发，他担心是陆某某给自己设套，对陆某某不相信，也根本就不想揭发人家。一审判决之后，陆某某给他看了家里人的照片，才确信他是受了吴家人的委托，确实在帮忙，特别是判决后，感到判得比较重，所以才检举揭发。

综上，吴某某在一审判决后才提出检举揭发的事实得到了罪犯陆某某、方某某的供述的证实，吴某某也做过同样内容的供述，与陆某某受贿案中证人许某乙、许某丙的证言能够相互印证。若如吴某某所述，其在2008年6月28日已检举他人，但吴某某在2008年7月11日一审开庭庭审中，却明确表示没有检举揭发，显然不符合常理。吴某某现提出在一审判决前就向方某某检举他人犯罪，检举揭发笔录时间没有倒签的辩解没有事实依据，且与上述证据相互矛盾，本院不予采信。

（三）吴某某的检举与徐某某案的破获并无关联

徐某某案《接受刑事案件登记表》《立案决定书》《拘留证》以及证人公安办案民警许某甲、董某某、胥某某的证言表明公安机关已于2008年7月4日破获徐某某案。闸北公安分局刑侦支队出具证明吴某某有立功表现的《工作情况》没有其他证据可以证实，且与上述证据相矛盾，足以证实该《工作情况》内容不实。吴某某的检举对徐某某案的破获没有起过作用。

本院认为，原审被告人吴某某非法持有甲基苯丙胺55.9克，其行为已构成非法持有毒品罪，依法应予处罚。原二审法院根据内容不实的证据材料认定吴某某具有立功表现，适用《中华人民共和国刑法》第六十八条第一款的规定，对其减轻处罚，改判其有期徒刑六年，并处罚金人民币一万元，在认定量刑事实、适用法律上均有错误，量刑明显不当。上海市人民检察院的抗诉意见正确。据此，依照《中华人民共和国刑法》第三百四十八条、《中华人民共和国刑事诉讼法》第二百四十五条、最高人民法院《关于适用〈中华人民共和国刑事诉讼法〉的解释》第三百八十九条第（四）项之规定，判决如下：

一、撤销上海市第二中级人民法院（2008）沪二中刑终字第492号刑事判决；

二、原审被告人吴某某犯非法持有毒品罪，判处有期徒刑七年六个月，并处罚金人民币一万五千元。

（刑期自判决执行之日起计算。判决执行以前先行羁押的，羁押一日折抵刑期一日。即自2008年5月21日起至2015年11月20日止；罚金自本判决生效之日起三十日内缴纳。)

本判决为终审判决。

审 判 长 包晔弘
审 判 员 何 庆
代理审判员 陈 磊
二〇一三年七月一日
书 记 员 金 果

运用法医文证审查纠正鉴定结论偏差

——马某某、田某某抢劫案

【案例要旨】

审查起诉中应加强对司法鉴定意见的专业审查，充分运用检察技术手段，有效防止因鉴定结论偏差导致案件事实认定错误。

【案情简要】

被告人马某某、田某某因经济拮据共谋抢劫。2010 年 1 月 5 日晚 7 时许，马某某、田某某二人分别携带弹簧刀，至本市中山北路某发廊对女服务员实施抢劫。其间，马某某刀刺被害人唐某某颈部致其死亡；田某某持刀刺伤被害人杜某某颈部、下颌部。同月 15 日，华东政法大学司法鉴定中心出具《司法鉴定意见书》认为，杜某某面部疤痕单条长 8 厘米，累计长 13.2 厘米，已达到容貌毁损程度，构成重伤。一审指控、判决据此认定两被告人抢劫致一人死亡、一人重伤，并以抢劫罪判处马某某死刑、田某某无期徒刑。马某某以原判事实不清，量刑过重为由提出上诉。

二审期间，上海市人民检察院技术处接受上海市人民检察院公诉二处委托，对本案鉴定结论进行文证审查后认为：面部损伤形成稳定的疤痕，在临床上一般要 3—6 个月；损伤后 3 个月内进行鉴定，应参照《人体轻伤鉴定标准（试行）》第 14 条，暂行评定为轻伤；对是否达到容貌毁损的程度，宜在伤后 3 个月以上进行补充鉴定或重新鉴定。据此，公诉二处另行委托鉴定机构对杜某某的伤势重新鉴定。2011 年 1 月 14 日，经重新鉴定，杜某某面部瘢痕累计长 12.6 厘米，但未致使眼睑、鼻、口唇、面颊等部位容貌毁损或者功能障碍，构成轻伤。技术处再次对重新鉴定意见书进行文证审查，确认鉴定程序合法、结论正确，可以作为证据使用。二审庭审时，出庭检察员出示了该鉴定意见书，并建议法院纠正原判认定的事实。4 月 20 日，二审法院采纳检察机关意见，认定两被告人抢劫致一人死亡、一人轻伤，并改判田某某有期徒刑 15 年。

【典型意义】

本案系一起纠正因运用鉴定结论不当，导致事实认定和量刑错误的二审案件。一审指控、判决采信了被害人伤后第10天即作出的重伤鉴定结论，违背了损伤鉴定时间的要求，造成部分案件事实认定错误。二审检察中，通过委托技术部门进行法医文证审查，发现和纠正了一审认定的错误，确保了案件质量。

鉴定结论不是当然采信的证据，审查起诉中应严格遵照《办理死刑案件审查判断证据若干问题的规定》，加强对鉴定结论合法性、真实性的审查，应注意审查鉴定机构和鉴定人是否具有合法的资质、鉴定程序是否符合法律及有关规定，是否按照本专业的检验鉴定规程和技术方法要求进行鉴定等。在对人身伤害类案件的法医学鉴定结论进行审查时，尤其要注意审查是否符合鉴定的特定标准。由于审查鉴定结论具有很强的专业性，应发挥检察技术部门的专业优势，通过文证审查、提供咨询等方式，提高证据审查运用的技术含量，确保案件质量。办案人员亦应逐步掌握常见技术鉴定的基本原理和程序规范，积极适应具有专业性的证据审查、出庭要求，以切实履行检察职能。

注：本案二审法律文书略。

上海市人民检察院第二分院

起诉书

沪检二分刑诉〔2010〕86号

被告人马某某，男，1989年××月××日生，身份证号码6422221989××××××××，回族，初中文化，农民，户籍地宁夏回族自治区吴忠市红寺堡开发区××村××号，因本案于2010年1月16日被上海市公安局普陀分局刑事拘留，同年2月8日经上海市普陀区人民检察院批准，次日由上海市公安局普陀分局执行逮捕。

被告人田某某，男，1989年××月××日生，身份证号码6422221989××××××××，回族，初中文化，农名，户籍地宁夏回族自治区海原县××村××号，因本案于2010年1月6日被上海市公安局普陀分局刑事拘留，同年2月8日经上海市普陀区人民检察院批准，次日由上海市公安局普陀分局执行逮捕。

本案由上海市公安局普陀分局侦查终结，以被告人马某某涉嫌抢劫罪、盗窃罪、被告人田某某涉嫌抢劫罪，于2010年3月31日移送上海市普陀区人民检察院审查起诉。该院受理后，已于法定期限内告知被告人有权委托辩护人、告知被害人及近亲属有权委托诉讼代理人，并于同年4月12日报送本院审查起诉。本院受理后，依法讯问了被告人，审查了全部案件材料。

经依法审查查明：

2010年1月5日，被告人马某某、田某某因经济拮据，经马某某提议，决定共同实施抢劫。当晚19时许，马某某、田某某二人分别携带事先准备的弹簧刀，行至本市中山北路1281号“天使人家”发廊时，马某某提议进入该发廊伺机抢劫女服务员，田某某表示同意。马某某、田某某二人进入发廊，在与被害人唐某某、杜某某谈好服务费用后，马某某、田某某二人分别将唐某某、杜某某带至该发廊两间相连的房内。其间，为实施抢劫，马某某用随身携带的弹簧刀猛刺唐某某左颈部一刀，后逃逸；田某某用随身携带的弹簧刀刺戳杜某某颈部、下颌部等处数刀后，被发廊老板卞某某及周围群众当场扭获。经鉴定：唐某某系生前被他人用锐器刺戳左颈部造成头臂干断离及右肺上叶贯通创致失血性休克而死亡；杜某某遭锐器作用致面部、颈部及右手创伤，构成重伤。

同月14日19时许，被告人马某某在安徽省广德县新杭镇桃园村“竹香酒家”门前，将被害人甘某某停放在该处的一辆价值人民币1800元、牌照为皖PL××××的新大洲SDH125－40型摩托车盗走。当晚22时许，马某某驾驶该摩托车逃至江苏省宜兴市后，被当地公安人员抓获。

上述事实，有以下证据证明：

1. 上海市公安局普陀分局及安徽省广德县公安局《接受刑事案件登记表》，证实了本案的报案情况。

2. 上海市公安局普陀分局《现场勘验检查笔录》《现场勘验检查提取痕迹、物品登记表》、案发现场平面示意图及照片，证实了案发现场的情况。

3. 上海市公安局物证鉴定中心《法医学尸体检验鉴定书》，证实唐某某系生前被他人用锐器刺戳左颈部造成头臂干断离及右肺上叶贯通创致失血性休克而死亡；华东政法大学司法鉴定中心《司法鉴定意见书》，证实杜某某遭锐器作用致面部、颈部及右手创伤，面部疤痕已达容貌毁损程度，构成重伤；上海市公安局物证鉴定中心《鉴定书》，证实了现场提取痕迹的DNA鉴定情况。

4. 上海市公安局普陀分局及江苏省宜兴市公安局出具的《扣押物品、文件清单》《发还物品、文件清单》，证实公安人员从马某某处扣押弹簧刀一把、牌照为皖PL××××的摩托车一辆，从田某某处扣押弹簧匕首一把；公安人员于2010年1月15日将上述被扣押的摩托车发还给被害人甘某某。

5. 安徽省广德县价格认证中心《价格鉴定结论书》，证实涉案新大洲SDH125－40型摩托车价格为人民币1800元整。

6. 被害人杜某某的证言及辨认笔录，证实了被告人田某某为实施抢劫而持刀刺戳自己数刀以及其后田某某被抓获的事实经过；证人卞某某、程某某的证言及辨认笔录，共同证实了被告人田某某作案后被发现以及扭获的情况。

7. 被害人甘某某的证言，证实了其在2010年1月14日19时许发现自己的摩托车失窃后报警的事实经过。

8. 证人徐某某的证言、公安机关出具的《抓获经过》，共同证实了马某某在逃至江苏省宜兴市后因形迹可疑被民警盘问后被抓获的事实。

9. 被告人马某某到案后，对其经与田某某预谋，在2010年1月5日至中山北路1281号“天使人家”发廊内实施抢劫时将被害人唐某某刺戳致死，以及逃逸过程中在安徽省广德县新杭镇桃园村“竹香酒家”门前盗窃一辆摩托车的事实供认不讳；被告人田某某到案后，亦对其预谋并伙同马某某至上述发廊以抢劫为目的刺戳被害人杜某某数刀的犯罪事实予以了多次有罪供述。此外，两名被告人到案后，对自己实施犯罪的作案地点、作案凶器等均进行了辨认和签名确认。

上述证据来源及收集程序合法，内容客观真实，足以认定指控事实。

本院认为，被告人马某某以非法占有为目的，以暴力方法抢劫他人财物，致一人死亡，被告人田某某以非法占有为目的，以暴力方法抢劫他人财物，致一人重伤，马某某、田某某的行为均已触犯《中华人民共和国刑法》第二百六十三条第（五）项，犯罪事实清楚，证据确实充分，应当以抢劫罪分别追究其刑事责任；被告人马某某、田某某系共同犯罪，应适用《中华人民共和国刑法》第二十五条第一款；被告人马某某还以非法占有为目的，秘密窃取他人财物且数额较大，其行为已触犯《中华人民共和国刑法》第二百六十四条，犯罪事实清楚，证据确实充分，应当以盗窃罪追究其刑事责任。根据《中华人民共和国刑法》第六十九条第一款，对被告人马某某应数罪并罚。根据《中华人民共和国刑事诉讼法》第一百四十一条的规定，提起公诉，请依法审判。

此致

上海市第二中级人民法院

代理检察员　邢菲菲

二〇一〇年五月二十四日

附：1. 被告人马某某、田某某现羁押于上海市普陀区看守所。

2. 证据目录2页、证人名单1页、主要证据复印件48份129页。

附：相关法律条文

《中华人民共和国刑法》

第二十五条　共同犯罪是指二人以上共同故意犯罪。

二人以上共同过失犯罪，不以共同犯罪论处；应当负刑事责任的，按照他们所犯的罪分别处罚。

第六十九条　判决宣告以前一人犯数罪的，除判处死刑和无期徒刑的以外，应当在总和刑期以下、数刑中最高刑期以上，酌情决定执行的刑期，但是管制最高不能超过三年，拘役最高不能超过一年，有期徒刑最高不能超过二十年。

如果数罪中有判处附加刑的，附加刑仍须执行。

第二百六十三条 以暴力、胁迫或者其他方法抢劫公私财物的，处三年以上十年以下有期徒刑，并处罚金；有下列情形之一的，处十年以上有期徒刑、无期徒刑或者死刑，并处罚金或者没收财产：

（一）入户抢劫的；

（二）在公共交通工具上抢劫的；

（三）抢劫银行或者其他金融机构的；

（四）多次抢劫或者抢劫数额巨大的；

（五）抢劫致人重伤、死亡的；

（六）冒充军警人员抢劫的；

（七）持枪抢劫的；

（八）抢劫军用物资或者抢险、救灾、救济物资的。

第二百六十四条 盗窃公私财物，数额较大或者多次盗窃的，处三年以下有期徒刑、拘役或者管制，并处或者单处罚金；数额巨大或者有其他严重情节的，处三年以上十年以下有期徒刑，并处罚金；数额特别巨大或者有其他特别严重情节的，处十年以上有期徒刑或者无期徒刑，并处罚金或者没收财产；有下列情形之一的，处无期徒刑或者死刑，并处没收财产：

（一）盗窃金融机构，数额特别巨大的；

（二）盗窃珍贵文物，情节严重的。

《中华人民共和国刑事诉讼法》

第二十条 中级人民法院管辖下列第一审刑事案件：

（一）反革命案件、危害国家安全案件；

（二）可能判处无期徒刑、死刑的普通刑事案件；

（三）外国人犯罪的刑事案件。

第一百四十一条 人民检察院认为被告人的犯罪事实已经查清，证据确实、充分，依法应当追究刑事责任的，应当作出起诉决定，按照审判管辖的规定，向人民法院提起公诉。

上海市第二中级人民法院
刑事判决书

（2010）沪二中刑初字第100号

公诉机关上海市人民检察院第二分院。

被告人马某某，男，1989年××月××日出生于宁夏回族自治区吴忠市，回族，初中文化程度，农民，户籍所在地宁夏回族自治区吴忠市红寺堡开发区××村××号。因本案于2010年1月16日被刑事拘留，同年2月9日被逮捕。现羁押于上海市普陀区看守所。

辩护人陈某某、彭某某，上海××律师事务所律师。

被告人田某某，男，1989年××月××日出生于宁夏回族自治区海原县，回族，小学文化程度，农民，户籍所在地宁夏回族自治区海原县××村××号。因本案于2010年1月6日被刑事拘留，同年2月9日被逮捕。现羁押于上海市普陀区看守所。

辩护人杨某某，上海中××律师事务所律师。

上海市人民检察院第二分院以沪检二分刑诉〔2010〕86号起诉书指控被告人马某某犯抢劫罪、盗窃罪，被告人田某某犯抢劫罪向本院提起公诉。本院依法组成合议庭，因本案涉及个人隐私，于2010年6月29日不公开开庭审理了本案。上海市人民检察院第二分院指派代理检察员邢菲菲出庭支持公诉。被告人马某某、田某某及其辩护人陈某某、彭某某、杨某某出庭参加诉讼。现已审理终结。

上海市人民检察院第二分院指控：

2010年1月5日，被告人马某某、田某某因经济拮据，经马某某提议，决定共同实施抢劫。当晚19时许，马某某、田某某二人分别携带事先准备的弹簧刀，行至本市中山北路1281号“天使人家”发廊时，马某某提议进入该发廊伺机抢劫女服务员，田某某表示同意。马某某、田某某二人进入发廊，在与被害人唐某某、杜某某谈好服务费用后，马某某、田某某二人分别将唐某某、杜某某带至该发廊两间相连的房内。其间，为实施抢劫，马某某用随身携带的弹簧刀猛刺唐某某左颈部一刀，后逃逸；田某某用随身携带的弹簧刀刺戳杜某某颈部、下颌部等处数刀后，被发廊老板卞某某及周围群众当场扭获。经鉴定：唐某某系生前被他人用锐器刺戳左颈部造成头臂干断离及右肺上叶贯通创致失血性休克而死亡；杜某某遭锐器作用致面部、颈部及右手创伤，构成重伤。

同月14日19时许，被告人马某某在安徽省广德县新杭镇桃园村“竹香酒家”门前，将被害人甘某某停放在该处的一辆价值人民币1800元、牌照为皖PL××××的新大洲SDH125－40型摩托车盗走。当晚22时许，马某某驾驶该摩托车逃至江苏省宜兴市后，被当地公安人员抓获。

为证明上述指控事实，公诉人当庭宣读了上海市公安局《现场勘验检查笔录》，上海市公安局物证鉴定中心《鉴定书》《法医学尸体检验鉴定书》，华东政法大学司法鉴定中心《司法鉴定意见书》，安徽省广德县价格认证中心《价格鉴定结论书》，被害人杜某某的证言及辨认笔录，被害人甘某某的证言以及证人卞某某、徐某某等人的证言，当庭出示了作案工具两把弹簧刀。公诉机关认为，被告人马某某以非法占有为目的，以暴力方法抢劫他人财物，致一人死亡，被告人田某某以非法占有为目的，以暴力方法抢劫他人财物，致一人重伤，马某某、田某某的行为均已触犯《中华人民共和国刑法》第二百六十三条第（五）项、第二百六十四条、第二十五条第一款、第六十九条第一款之规定，应当以抢劫罪、盗窃罪追究被告人马某某的刑事责任，以抢劫罪追究被告人田某某的刑事责任。

被告人马某某、田某某对指控的犯罪事实供认不讳。马某某提出自己曾拨打过110电话投案，有自首行为。

马某某的辩护人提出，马某某刺戳被害人仅一刀，没有直接致被害人死亡的故意，未劫得财物，建议对马某某从轻处罚。

田某某的辩护人提出，田某某没有直接对被害人唐某某行凶，不应当承担唐某某死亡的刑事责任，建议对田某某从轻判处有期徒刑。

经审理查明：

（一）抢劫事实

被告人马某某、田某某因经济拮据，共谋抢劫。2010年1月5日20时许，两人各自携带一把弹簧刀寻找作案目标，途经本市中山北路1281号“天使人家”发廊，在得知店内只有两名女子时，马某某提议抢劫，田某某表示同意，两人约定各对付一个，抢劫时不能让对方发出声音。在约定嫖娼后，被告人马某某与被害人唐某某、被告人田某某与被害人杜某某分别进入店内两间隔断房内，马某某伺机持刀猛刺唐某某左颈部一刀，致唐某某因头臂干断离及右肺上叶贯通创而失血性休克死亡；田某某持刀刺戳杜某某下颌部等处，致杜某某重伤。被告人马某某行凶后当即逃离现场，被告人田某某被当场抓获。

认定上述事实的证据有：

1. 上海市公安局《现场勘验检查笔录》证明，现场位于本市普陀区中山北路1281号，该房是一套两室户结构公房改建而成的按摩房，店名为“天使人家”。经勘查，店铺五斗橱附近有一把折叠刀，刀上有擦拭状血迹，沙发附近地面上有少量滴血，地面上有一张湿巾纸，纸巾上有擦拭状血迹。店铺北侧靠西一扇木门，门把上有少量擦试状血迹。南室木门靠厨房一面的门把上有少量擦拭痕迹，北室门把上有擦试状血迹。北室被分割成过道，南、中、北三间隔断。南间按摩床床单上有少量滴血和滩血，墙上挂着一件黑色外套和一件黑色夹克衫。中间隔断的房门内侧门板上有溅状血迹，该隔断靠内是一张按摩床，床上头东脚西仰卧着一具女尸，尸体下方床单上有大量滩血及溅血，室内方凳上有一条淡蓝色牛仔裤、一件紫色夹克衫、一件黑色外套及一顶黑色绒线帽。淡蓝色牛仔裤上有溅状血迹，墙面上有溅状血迹，地面上有一双白色运动鞋，左脚运动鞋上有滴状和擦拭状血迹。

2. 上海市公安局物证鉴定中心《鉴定书》证实，DNA检验结果表明，不能排除南房间床上的床单上血迹、店铺沙发下地面上滴血、店铺内沙发下纸巾血迹、店铺内地面上匕首血迹为被害人杜某某所留；不能排除北室中间隔断内床上的淡蓝色牛仔裤上的涂取物、北室中间隔断内床上的黑色绒线帽上的涂取物的生物性物质为被告人马某某所留，不能排除南室北侧门把手上的血迹、北室中间隔断床上的紫色夹克衫上的涂取物中混有死者唐某某的生物性物质和马某某的生物性物质。不能排除北室中间隔断地面上白色运动鞋（左脚）鞋帮上的血迹，淡蓝色牛仔裤上的血迹，房门内侧溅血、墙上溅血、床单上的血迹、店铺内北侧门把手上的血迹、北室南侧门把手的血迹为唐某某所留。

3. 上海市公安局物证鉴定中心《法医学尸体鉴定书》证实，死者全身体表皮肤苍白呈贫血貌，球睑结膜、口唇黏膜及胸腹腔各脏器均呈贫血状。颈项部左侧胸锁关节上方见一处横行长3.9厘米的皮肤创口并伴有0.5厘米的浅表表皮创伤，该创创道方向由左上斜向右下，深达右侧胸腔，头臂干断离，右肺上叶见贯通创，两侧胸腔见大量积血，死者唐某某系生前被他人用锐器刺戳左颈部造成头臂干断离及右肺上叶贯通创致失血性休克而死亡。

4. 华东政法大学司法鉴定中心《司法鉴定意见书》证实，被鉴定人杜某某下颏部至左下颌角处横行疤痕长8厘米，左下颌角上方不规则疤痕5.2厘米，其上方表皮损伤痕2.5×1.8厘米。颈前上段斜形疤痕长2.9厘米，向二端延续划痕共长5.5厘米，颈前下段疤痕长1.6厘米，右拇指指腹缝合创长3.3厘米。被鉴定人杜某某遭锐器作用致面部、颈部及右手创伤，面部疤痕单条长8厘米，累计长13.2厘米，参照《人体重伤鉴定标准》第十六条之规定，面部疤痕已达容貌毁损程度，构成重伤。

5. 被害人杜某某的陈述及辨认笔录证实，2010年1月5日20时许，其和唐某某在中山北路“天使人家”，店内来了两名男子，即马某某和田某某，马某某问唐某某店里有几个人，唐某某答两个人，之后唐某某与马某某、杜某某与田某某各自进入北室两间隔断房内，其听见两名男子用地方话交流，大致是问开始动手了吗？田某某拿出一把刀架在其脖子上，田某某在听到唐某某“啊…”的惨叫后，猛地用刀刺戳其颈部等处，并用手捂其嘴巴不让其发出声音，后来店老板进来将田某某抓获。

6. 证人卞某某（“天使人家”老板）的证言及辨认笔录证实，2010年1月5日20时许，其看到两名男子进入店内，不久一男子从店内跑出来，其进入店内，看见田某某对杜某某行凶，遂将田某某抓获。

7.《扣押物品清单》及照片证实，从马某某处查获弹簧刀一把；在现场扣押弹簧刀一把，刀上有血迹，刀柄上有花纹。

8. 被告人马某某、田某某均供述，马某某、田某某两人因身边没钱，由马某某提出抢劫，两人共同约定抢劫女的，抢劫的时候，用刀威胁对方，不让对方发出声音。为此两人各携带一把弹簧刀，一起寻找作案目标。2010年1月5日20时许，两人途经中山北路“天使人家”，在得知店内只有两名女子时，两人决定实施抢劫，马某某用刀刺戳唐某某、田某某用刀刺戳杜某某。两名被告人当庭辨认了两把弹簧刀，确认是作案时使用的刀具，其中刀柄上有花纹的一把弹簧刀是田某某使用的。两名被告人经照片辨认，现场留有的衣裤、鞋等物是两名被告人留下的。

上述证据均经当庭出示、辨认、质证等法庭调查程序查证属实，认定被告人马某某、田某某犯抢劫罪的证据有被害人杜某某的指控，以及现场留有的衣物、相关鉴定结论、证人证言等证据证实，且均与两名被告人供述相吻合，田某某还被当场抓获，对于抢劫的主观故意，两名被告人作了一致稳定的供述，证据确实、充分。

（二）盗窃事实

2010年1月14日晚，被告人马某某在安徽省广德县新杭镇桃园村“竹香酒家”门前，盗窃甘某某停放在该处的一辆新大洲摩托车，牌照为皖PL×××，价值人民币1800元，马某某驾驶该车逃离至江苏省宜兴市，因形迹可疑，被警方抓获。

认定上述事实的证据有：

1. 被害人甘某某报案陈述，2010年1月14日18时许，其在安徽省广德县新杭镇桃园村与浙江省交界处的“竹香酒家”饭店吃饭，驾驶的摩托车停在饭店门口，19点半左右发现其驾驶的摩托车被盗，该车车牌号为皖PL××××。

2. 证人徐某某的证言证实，2010年1月14日22时30分许，宜兴开发区派出所保安人员一行6人在辖区内巡逻，在该辖区广汇小区附近，发现一名男子骑着一辆摩托车开过，形迹可疑，徐某某等人将该男子拦下，对其进行盘问，问摩托车来历，该男子说不清楚，让他把车钥匙拿出来，那男子称没有钥匙，民警摸其口袋，发现袋内有1把刀，民警将该男子带回所里，问该男子姓名、地址，该男子称叫马某某，民警上网查询，发现该男子系网上追逃的嫌疑人。

3.《扣押物品清单》证实，被告人马某某被抓后，扣押其驾驶的黑色新大洲牌摩托车一辆，牌号为皖PL××××。

4. 车辆行驶证证实，牌号为皖PL××××的新大洲牌SDH125-40型摩托车，车辆所有人为甘某某。

5. 安徽省广德县价格认证中心《价格鉴定结论书》证实，被鉴定的新大洲SDH125-40型摩托车，价值人民币1800元。

6. 被告人马某某对盗窃的事实供认不讳。

上述证据均经当庭出示、辨认、质证等法庭调查程序查证属实，认定被告人马某某犯盗窃罪的证据有被告人马某某供述，被害人甘某某的陈述，且有查获的车辆及车辆的估价，车辆行驶证等证据证实，证据确实、充分。

对两名被告人及其辩护人的辩解和辩护意见评判如下：

1. 被告人马某某供述，马某某在逃亡途中拨打过110报警电话自首，但马某某不能说清何时、何地拨打110电话，据马某某供述，其逃跑路线途经上海市、浙江省、安徽省、江苏省等地，故难以查实马某某是否打过该电话。从马某某到案的情况看，马某某没有主动到公安机关投案，相反，马某某因形迹可疑被宜兴警方抓获时，没有投案的意思表示，且否认盗窃，也没有主动交代抢劫的犯罪事实，其行为不符合自首的法律规定。

2. 被告人田某某的辩护人提出，田某某仅对重伤的杜某某承担法律责任。经查，被告人马某某、田某某共同预谋抢劫、共同进入“天使人家”，在对两名被害人实施抢劫过程中有意思联络、互相呼应，本案应以共同犯罪来追究两名被告人的刑事责任，根据共同犯罪理论，被告人马某某、田某某应该对致一人死亡、一人重伤的后果共同承担法律责任。

3. 被告人马某某为图钱财，首先提议抢劫，动机卑劣，在共同抢劫犯罪中，造成一人死亡、一人重伤的严重后果，其中马某某的行为直接致人死亡，马某某没有自首等法定的从轻处罚情节，被害人家属不愿意接受马某某家属的赔偿款，故对辩护人建议对马某某从轻处罚的辩护意见，不予采纳。被告人田某某共谋抢劫，在抢劫犯罪中，导致一人死亡、一人重伤的严重后果，对辩护人建议对田在有期徒刑范围内从轻处罚的辩护意见，也不予采纳。

本院认为，被告人马某某、田某某为图钱财，共同预谋抢劫，采用暴力手段，致一人死亡、一人重伤，其行为均构成抢劫罪，依法应予严惩。被告人马某某在逃跑途中还秘密窃取他人财物，数额较大，构成盗窃罪。公诉机关指控的罪名成立。辩护人建议对两名被告人从轻处罚的辩护意见，本院不予采纳。为维护公民的人身权利和财产权利不受侵犯，根据《中华人民共和国刑法》第二百六十三条第（五）项、第二百六十四条、第二十五条第一款、第六十九条、第五十七条第一款、第六十四条之规定，判决如下：

一、被告人马某某犯抢劫罪，判处死刑，剥夺政治权利终身，并处没收个人全部财产；犯盗窃罪，判处有期徒刑六个月，并处罚金人民币一千元，决定执行死刑，剥夺政治权利终身，并处没收个人全部财产。

二、被告人田某某犯抢劫罪，判处无期徒刑，剥夺政治权利终身，并处没收财产人民币四万元。

三、查获的赃物发还被害人，犯罪工具弹簧刀二把予以没收。

如不服本判决，可在接到判决书的第二日起十日内，通过本院或者直接向上海市高级人民法院提出上诉。书面上诉的，应当提交上诉状正本一份，副本一份。

审 判 长　何仁利
审 判 员　朱春媚
代理审判员　章丽斌
二〇一〇年十月九日
书 记 员　胥保平

附：相关法律条文

《中华人民共和国刑法》

第二百六十三条第一款第五项　以暴力、胁迫或者其他方法抢劫公私财物的，处三年以上十年以下有期徒刑，并处罚金；有下列情形之一的，处十年以上有期徒刑、无期徒刑或者死刑，并处罚金或者没收财产：

（五）抢劫致人重伤、死亡的。

第二百六十四条 盗窃公私财物，数额较大或者多次盗窃的，处三年以下有期徒刑、拘役或者管制，并处或者单处罚金；数额巨大或者其他严重情节的，处三年以上十年以下有期徒刑，并处罚金；数额特别巨大或者有其他特别严重情节的，处十年以上有期徒刑或者无期徒刑，并处罚金或者没收财产；有下列情形之一的，处无期徒刑或者死刑，并处没收财产；

（一）盗窃金融机构，数额特别巨大的；

（二）盗窃珍贵文物，情节严重的。

第二十五条第一款 共同犯罪是指二人以上共同故意犯罪。

第五十七条第一款 对于被判处死刑、无期徒刑的犯罪分子，应当剥夺政治权利终身。

第六十九条 判决宣告以前一人犯数罪的，除判处死刑和无期徒刑的以外，应当在总和刑期以下、数刑中最高刑期以上，酌情决定执行的刑期，但是管制最高不能超过三年，拘役最高不能超过一年，有期徒刑最高不能超过二十年。

如果数罪中有判处附加刑的，附加刑仍须执行。

第六十四条 犯罪分子违法所得的一切财物，应当予以追缴或者责令退赔；对被害人的合法财产，应当及时返还；违禁品和供犯罪所用的本人财物，应当予以没收。没收的财物和罚金，一律上缴国库，不得挪用和自行处理。

二审案件审查中强化侦查监督深挖遗漏罪犯

——朱某某抢劫上诉案

【案例要旨】

二审案件审查中应严格审查死刑案件上诉人辩解，积极引导侦查追漏纠错。

【案情简要】

原起诉指控：被告人朱某某于2008年3月15日20时许，强行闯入被害人顾某甲家中，翻找到数张银行卡和存折，威逼顾某甲说出密码遭拒后，将顾某甲勒死。朱某某劫得人民币100余元、价值人民币1080元的黑色三星牌手机一部及熊猫牌香烟等物后逃逸。

上海市第二中级人民法院开庭审理后以抢劫罪判处朱某某死刑，立即执行。

2008年12月，朱某某不服一审判决提出上诉。上诉期间，上海市人民检察院公诉处在审查中发现：1. 朱某某在上诉期间突然变供，辩称另有卫某、翟某两人共同作案；2. 案卷《扣押物品、文件清单》反映，朱某某随身携带一张名叫“卫某”的身份证，“卫某”是否确有其人，在侦查、审查起诉和一审判决期间均未涉及，应该予以核实和查清。针对上述情况，二审检察官多次提审上诉人、走访市公安局法医鉴定室和毒物检验鉴定室、调看案发现场监控录像，发现被害人尸体上的透明胶带缠绕比较整齐并被移至房间床下的箱子内，确有多人作案的嫌疑。就此，引导公安机关查明上诉人作案当晚确与卫某、翟某（在逃）共同住宿，并对卫某、翟某发出网上追逃令。同年4月卫某在宝山落网，但在公安第一次提审时，拒绝承认，后经二审检察官与公安人员共商方案，提审卫某，在政策感召下，卫某如实交待了伙同朱某某、翟某共同作案的事实。2009年5月，上海市人民检察院向上海市高级人民法院建议对本案发回重审被采纳。2010年10月，上海市第二中级人民法院重新审理本案后以抢劫罪判处朱某某死刑，缓期2年执行；判处卫某无期徒刑。

【典型意义】

一、高度重视辩解，保障上诉人辩护权

本案后果严重，应当重罚。但根据“多人共同作案致一人死亡应慎重适用死刑”的政策，应当重视“命案”上诉人多人作案的辩解。由于上诉案件历经侦查、批捕、审查起诉和一审判决等诉讼阶段，须防止对上诉人供述先入为主。

二、把握二审特点，全面细致审查证据

二审案件审查中应当贯彻全面审查证据的原则，尤其应重视侦查、审查起诉和一审判决中未涉及的证据和事实，注意证据分析中发现存在的疑点，善于从证据细节中判断案件事实，甄别辩解的合理性。

三、积极引导侦查，切实履行监督职责

二审检察部门在全面审查证据基础上，针对发现的疑点和线索，应积极引导公安开展补充侦查，明确侦查方向，补充证据、查明真相，确保共同犯罪中的遗漏罪犯被依法追诉，切实履行侦查监督职责。

上海市人民检察院第二分院
起诉书

沪检二分刑诉〔2008〕118号

被告人朱某某，男，1984年××月××日生，身份证号码3102301984××××××××，汉族，初中文化，无业，住所地上海市崇明县××镇××村××号。因犯抢劫罪于2002年12月被上海市浦东新区人民法院判处有期徒刑二年，2004年8月刑满释放。因本案，于2008年3月17日被上海市公安局嘉定分局刑事拘留，经上海市嘉定区人民检察院批准，于2008年3月27日由上海市安局嘉定分局执行逮捕。

被害人顾某甲，男，76岁，因本案，于2008年3月15日死亡。

本案由上海市公安局嘉定分局侦查终结，以被告人朱某某涉嫌抢劫罪，于2008年5月26日向上海市嘉定区人民检察院移送起诉。该院受理后，于2008年7月4日将本案报送本院审诉。本院受理后，于三日内已依法告知被告人有权委托辩护，并听取了被害人家属的意见。审查起诉期间，审查人员依法讯问了被告人，审查了全部案件材料。

经依法审查查明：

被告人朱某某经预谋，于2008年3月15日20时许，携透明塑胶带，强行闯入本市嘉定区××镇××公寓××号××室被害人顾某甲家中，用胶带捆绑顾某甲的手、脚，封住顾某甲的嘴巴。随后朱某某在室内翻找到数张银行卡和存折及熊猫牌香烟等物。为获取银行卡和存折密码，朱某某在厨房找到一把小刀，用刀威逼顾某甲说出密码，遭顾某甲拒绝后，朱某某用一根红色纤维绳，套住顾某甲颈部，将顾某甲勒死，并将顾某甲的尸体藏匿于卧室床板下。随后朱某某劫得人民币100余元、价值人民币1080元的三星牌SGH－X828型手机一部、价值人民币1600元的熊猫牌香烟两条。经法医鉴定，被害人顾某甲系生前被他人勒颈致机械性窒息而死亡。

被告人朱某某于2008年3月17日在上海市崇明县港沿镇东方网点港沿店内被公安人员抓获。

认定上述事实的证据如下：

上海市公安局《现场勘查笔录》；上海市公安局物证鉴定中心《尸体检验报告》；上海市公安局《扣押物品清单》；上海市嘉定区物价局《财产物品估价鉴定结论书》；证人顾某乙、季某某、顾某丙、韩某某、张某、姚某某、陆某某、秦某等人的证言；被告人朱某某的供述。

本院认为，被告人朱某某以非法占有为目的，经预谋，入户以暴力手段劫取被害人顾某甲财物，并致一人死亡，其行为已触犯了《中华人民共和国刑法》第二百六十三条第一、五项，犯罪事实清楚，证据确实充分，应当以抢劫罪追究其刑事责任。被告人朱某某曾因犯罪被判处有期徒刑以上刑罚，刑罚执行完毕五年以内再犯应当判处有期徒刑以上刑罚之罪，系累犯，根据《中华人民共和国刑法》第六十五条前款之规定，应于从重处罚。根据《中华人民共和国刑事诉讼法》第一百四十一条之规定，提起公诉，请依法判处。

此致

上海市第二中级人民法院

检察员　宋亭亭

二〇〇八年七月二十三日

附：1. 被告人朱某某现羁押于上海市看守所；

2. 主要证据复印件壹册；证据目录壹份。

上海市第二中级人民法院
刑事判决书

（2008）沪二中刑初字第105号

公诉机关上海市人民检察院第二分院。

被告人朱某某，男，1984年××月××日出生于上海市，汉族，初中文化，无业，住址上海市崇明县××镇××村××号。2002年12月因犯抢劫罪被判处有期徒刑二年，2004年8月刑满释放。因本案于2008年3月17日被刑事拘留，同年3月27日被逮捕，现羁押于上海市看守所。

指定辩护人钱某某、任某某，上海市××律师事务所律师。

上海市人民检察院第二分院以沪检二分刑诉〔2008〕118号起诉书指控被告人朱某某犯抢劫罪，向本院提起公诉。本院受理后，依法组成合议庭，公开开庭审理了本案。上海市人民检察院第二分院指派检察员宋亭亭出庭支持公诉。被告人朱某某及其辩护人钱某某均到庭参加诉讼。现已审理终结。

上海市人民检察院第二分院指控，被告人朱某某经预谋，于2008年3月15日20时许，携透明胶带，强行闯入本市嘉定区××镇××公寓××号××室被害人顾某甲家中，用胶带捆绑顾的手、脚，封住顾的嘴巴。随后朱某某在室内翻找到数张银行卡和存折及熊猫牌香烟等物。为获取银行卡密码，朱某某在厨房找到一把小刀，用刀威逼顾某甲说出密码，遭顾某甲拒绝，朱某某用一根红色纤维绳套住顾某甲颈部，将顾某甲勒死，并将尸体藏匿于卧室床板下。随后，朱某某劫得人民币100余元、价值人民币1080元的三星牌SGH－X828型手机一部及熊猫牌香烟两条等物后逃逸。

为证实上述指控事实，公诉人当庭宣读了公安机关的《现场勘查笔录》《尸体检验报告》《扣押物品清单》，上海市嘉定区物价局《财产物品估价鉴定结论书》，证人顾某乙、季某某、顾某丙、韩某某、张某、陆某某、秦某等人的证言笔录等证据。据此，公诉机关认为被告人朱某某的行为构成抢劫罪，并致一人死亡，又系累犯，提请本院依照《中华人民共和国刑法》第二百六十三条第（一）项、第（五）项，第六十五条的规定，追究被告人朱某某的刑事责任。

被告人朱某某对起诉指控其强行进入被害人顾某甲住处，采用暴力劫取顾某甲财物，并致顾某甲死亡的事实无异议，但辩称其因与顾某甲之子顾某乙有债务纠纷，去顾某甲家是向顾某甲索取顾某乙的联系方式，后临时起意劫取财物。

辩护人提出，公诉机关根据朱某某的供述认定其强行进入被害人顾某甲住所，那么也应认定朱某某关于其进入顾某甲住所目的的供述，因此认定朱某某系入户抢劫无事实依据；朱某某到案后能如实供抢劫事实，有悔罪表现，建议对其从轻处罚。

经审理查明：被告人朱某某于2008年3月15日20时许，携带作案工具透明胶带，进入本市嘉定区××镇××路××弄××号××室被害人顾某甲家中，用胶带捆绑住顾某甲的手、脚，封住顾的嘴，又用一根红色纤维绳，将顾某甲勒死，并将尸体藏匿于卧室床板下箱体内，在劫得被害人顾某甲人民币100余元、价值1080元的黑色三星牌SGH－X828型手机一部及熊猫牌香烟两条等物后逃逸。经鉴定，被害人顾某甲系生前被他人勒颈致机械性窒息而死亡。

证实上述事实的证据有：

1. 公安机关《现场勘查笔录》证明：案发现场位于本市嘉定区××镇××路××公寓××号××室，该户为二室一厅的结构，门窗完好无损。进门为过道，在门口处的过道北侧墙上靠有两把拖把。东面卧室靠东墙居中摆放一张床，移开席梦思是南北两块等同的木板，移开北块木板，发现有三个格状空间，在最东侧一格内有一具尸体，头东脚西呈仰卧状，双手放于身体两侧，尸体上身着羊毛衫，外有马夹，下身穿棉毛裤，双足着袜，脸部盖有两件外衣，移开外衣后，发现尸体整个头面部缠绕透明带，颈部缠绕一根双股红色纤维绳，左右手均缠绕透明胶带。尸头下有一只枕头，尸身下有一只破裂的塑料编织袋。现场勘查，发现室内地板上有明显的拖擦痕迹。

2. 公安机关《尸体检验报告》证明：死者顾某甲头面部有透胶带缠绕若干圈，遮住两眼、两耳及口鼻部，颜面青紫肿胀，眼球睑结膜检见多量出血点。颈部有长166厘米的红色纤维绳双股绕颈项部一圈于颈项部交叉，颈项部形成一环形索沟。四肢多处皮下出血。结论，死者顾某甲系生前被他人勒颈致机械性窒息而死亡。

3. 证人顾某乙（被害人之子）证词笔录证明，2008年3月16日，顾某乙至其父顾某甲住处发现顾某甲不在家，防盗门是用钥匙锁住的，门里有两把拖把，平时应该放在卫生间的，地面非常干净，这些都跟平时不一样，房间里电话线被拔下，还少了两条熊猫牌香烟，又在床上的枕头下发现了其父的帽子，感觉出事了，打了110报警电话。警察赶到后让顾某乙移开床上的席梦思，翻开床板，发现顾某甲的尸体。证人顾某乙关于发现其父顾某甲失踪后报警并在警员到场后发现顾某甲尸体的陈述内容与顾某乙妻子季某某、弟弟顾某丙及证人张某、韩某某等人的证词内容相符。顾某乙还证明：经整理顾某甲的财物，发现少了一部黑色三星牌手机，两条黄壳熊猫牌香烟，还有顾某甲的身份证及几张存折，至于少了多少现金，不清楚。顾某乙提供了顾某甲购买三星牌SGH－X828型手机的发票，发票上记载购买时间为2007年12月8日，手机串码为352129011023968。

4. 证人陆某某（崇明县玲珑通讯店业主）证词笔录证明：2008年3月16日19时许，有一个20多岁的男子到陆某某在崇明县经营的玲珑通讯店出售一部黑色三星牌SGH－X828型手机，成色较新，最后以人民币200元成交的，后来这部手机给了店内员工秦某，手机串码为：352129011023968。证人陆某某证词得到证人秦某（崇明县玲珑通讯店员工）证词内容的印证。证人陆某某从一组照片中辨认出朱某某系出售该手机的男子。

5. 公安机关《调取证据清单》《发还物品清单》证明，从证人秦某处调取串码为352129011023968黑色三星牌SGH－X828型机一部，并发还给被害人顾某甲之子顾某丙。查获的手机串号被害人顾某甲之子顾某乙提供手机购买发票上记载的手机串码一致。上海市嘉定区物价局《财产物品估价鉴定结论书》证明，前述手机经估价鉴定为人民币1080元。

6.《上海市浦东新区人民法院刑事判决书》、上海市新收犯监狱出具的《释放证明书》证明：2002年12月，被告人朱某某因犯抢劫罪被判处有期徒刑二年，2004年8月20日刑满释放。

7. 被告人朱某某关于抢劫细节及销售劫得手机的供述与上述证据相符。

以上证据经当庭宣读、质证等法庭调查程序查证属实，证据确实、充分。

本院认为，被告人朱某某为图财，采用暴力方法入户劫取他人财物，并杀死一人，其行为构成抢劫罪，罪行极其严重，且系累犯，依法应当从重处罚。公诉机关指控罪名成立。被告人朱某某携带作案工具进入被害人住处的事实证明其入户前已有抢劫的故意，因此对朱某某及其辩护人提出其系进入被害人住处后临时起意，不属入户抢劫的辩护意见不予采纳。据此，依照《中华人民共和国刑法》第二百六十三条第（一）、第（五）项，第五十七条第一款，第六十五条第一款，第六十四条的规定，判决如下：

一、被告人朱某某犯抢劫罪，判处死刑，剥夺政治权利终身，并处没收个人全部财产。

二、违法所得查获后发还被害人家属，犯罪工具予以没收。

如不服本判决，可在接到判决书的第二日起十日内，通过本院或者直接向上海市高级人民法院提出上诉。书面上诉的，应当提交上诉状正本一份，副本一份。

审　判　长　何仁利
审　判　员　朱春媚
代理审判员　章丽斌
二〇〇八年十二月四日
书　记　员　胥保平

上海市高级人民法院

刑事裁定书

(2008)沪高刑终字第191号

原公诉机关上海市人民检察院第二分院。

上诉人(原审被告人)朱某某,男,1984年××月××日出生于上海市,汉族,初中文化程度,无业,住上海市崇明县××镇××村××号。2002年12月犯抢劫罪被判处有期徒刑二年,2004年8月刑满释放。因本案于2008年3月17日被刑事拘留,同年3月27日被逮捕,现羁押于上海市提篮桥监狱。

指定辩护人钱某某、任某某,上海市××律师事务所律师。

上海市第二中级人民法院审理上海市人民检察院第二分院指控原审被告人朱某某犯抢劫罪一案,于二〇〇八年十二月四日作出(2008)沪二中刑初字第105号刑事判决,认定被告人朱某某犯抢劫罪,判处死刑,剥夺政治权利终身,并处没收个人全部财产。原审被告人朱某某不服,以原判认定的抢劫犯罪非其一人所为为由,提出上诉。本院依法组成合议庭审理了本案。现已审理终结。

本院认为,原判认定被告人朱某某犯抢劫罪的事实不清。据此,依照《中华人民共和国刑事诉讼法》第一百八十九条第(三)项之规定,裁定如下:

一、撤销上海市第二中级人民法院(2008)沪二中刑初字第105号刑事判决;

二、发回上海市第二中级人民法院重新审判。

本裁定为终审裁定。

审 判 长 徐 伟

审 判 员 戚廷梅

代理审判员 王凯庆

二〇〇九年六月三十日

书 记 员 刘 华

附：相关法律条文

《中华人民共和国刑事诉讼法》

第一百八十九条第一款第三项　第二审人民法院对不服第一审判决的上诉、抗诉案件，经过审理后，应当按照下列情形分别处理：

（三）原判决事实不清楚或证据不足的，可以在查清事实后改判；也可以裁定撤销原判，发回原审人民法院重新审判。

上海市第二中级人民法院
刑事判决书

（2009）沪二中刑初字第119号

公诉机关上海市人民检察院第二分院。

被告人朱某某，男，1984年××月××日出生于上海市，汉族，初中文化，无业，住本市崇明县××镇××村××号。2002年12月因犯抢劫罪被判处有期徒刑二年，2004年8月刑满释放。因本案于2008年3月17日被刑事拘留，同年3月27日被逮捕。现羁押于上海市看守所。

指定辩护人钱某某，上海市××律师事务所律师。

被告人卫某，男，1984年××月××日出生于上海市，汉族，初中文化，无业，住本市崇明县××镇××村××号。2001年11月因犯盗窃罪被判处拘役四个月；2002年11月因犯盗窃罪被判处有期徒刑二年；2005年1月因犯盗窃罪被判处有期徒刑七个月；2005年11月因犯盗窃罪被判处有期徒刑二年六个月，2008年1月刑满释放。因本案于2009年2月23日被刑事拘留，同年4月1日被逮捕。现羁押于上海市看守所。

指定辩护人任某某，上海市××律师事务所律师。

上海市人民检察院第二分院以沪检二分刑诉〔2008〕118－〔2009〕108号起诉书指控被告人朱某某、卫某犯抢劫罪，向本院提起公诉。本院受理后，依法组成合议庭，公开开庭审理了本案。上海市人民检察院第二分院指派检察员宋亭亭出庭支持公诉，被告人朱某某、卫某及其辩护人钱某某、任某某均到庭参加诉讼。现已审理终结。

上海市人民检察院第二分院起诉指控：

（一）2008年3月15日20时许，被告人朱某某伙同卫某、翟某携透明塑胶带，强行闯入本市嘉定区××镇××公寓××号××室被害人顾某甲家中，用胶带捆绑顾某甲的手、脚，封住顾某甲的嘴巴，随后在室内翻找到数张银行卡和存折，威逼顾某甲说出银行卡和存折密码，遭顾某甲拒绝后，朱某某、卫某、翟某在客厅内找到一根红色纤维绳，套住顾某甲颈部，将顾某甲勒死，并将顾某甲的尸体藏匿于卧室床板下，并劫得人民币（以下币种均为“人民币”）100余元、价值1080元的三星牌SGH－X828型手机一部、价值1600元的熊猫牌香烟两条。

（二）2008年8月14日8时许，被告人卫某伙同黄某某、龚某某、施某甲共谋以黄某某过生日为名将丁某约至本市宝山区同济支路的“有名仔食府”，抢劫丁某的黄金项链。当晚22时许，黄某某将被害人丁某及其女友施某乙约至“有名仔食府”就餐，将丁某灌醉。次日凌晨1时许，卫某、黄某某等人将丁某送至宝山区××村××号暂住处门口时，由卫某分散施某乙注意力，黄某某、龚某某抓住丁某双手，施某甲从背后抢走丁某颈部价值8293余元的黄金项链一根，并用随身携带的水果刀划伤丁某拇指后逃逸。

为证实上述指控的事实，公诉人当庭宣读、出示了上海市公安局《现场勘查笔录》；上海市公安局物证鉴定中心《尸体检验报告》；上海市公安局《扣押物品清单》；上海市嘉定区物价局、宝山区物价局《财产物品估价鉴定结论书》；被害人丁某的陈述；证人顾某乙、季某某、顾某丙、韩某某、张某、姚某某、陆某某、秦某、黄某某、龚某某、施某乙等人的证言；被告人朱某某、卫某的供述等证据。

公诉机关认为，被告人朱某某伙同卫某以非法占有为目的，入户以暴力手段劫取被害人顾某甲财物，并致一人死亡，被告人卫某还伙同他人抢劫财物价值8000余元，其行为均应当以抢劫罪追究刑事责任。朱某某、卫某均系累犯，应予从重处罚。

被告人朱某某、卫某对起诉指控两人伙同他人强行进入被害人顾某甲住处，采用暴力劫取顾某甲财物，并致顾某甲死亡的事实无异议；卫某对起诉指控其伙同他人抢劫被害人丁某财物的事实亦无异议。朱某某、卫某的辩护人对公诉机关指控两被告人的行为构成抢劫罪均不持异议。朱某某的辩护人提出，朱某某因与顾某甲之子顾某乙有债务纠纷，去顾家是向顾某甲索取顾某乙的联系方式，后临时起意劫取财物，因此认定朱某某系入户抢劫缺乏依据；朱某某到案后能如实供述抢劫事实，有悔罪表现，建议对其从轻处罚。卫某的辩护人提出，在公诉机关指控的第一节犯罪中，认定卫某动手实施对被害人顾某甲勒颈致其死亡的证据不足，卫某具有自首情节，在共同犯罪中作用较轻；在公诉机关指控的第二节犯罪中，卫某系从犯，结合卫某到案后认罪态度较好等情节，建议亦对其从轻处罚。

经审理查明：

（一）被告人朱某某结伙被告人卫某、翟某（另案处理）经预谋，携带作案工具透明胶带，于2008年3月15日晚8时许，强行进入本市嘉定区××镇××路××公寓××弄××号××室被害人顾某甲家中。朱某某等人用胶带捆绑住顾某甲的手、脚，封住顾某甲的嘴，朱某某、卫某、翟某在室内翻找到数张银行卡和存折，威逼顾某甲说出银行卡和存折密码，遭顾某甲拒绝，后又在客厅内找到一根红色纤维绳，将顾某甲勒死，并将尸体藏匿于卧室床板下的箱体内。朱某某、卫某、翟某在顾某甲家中劫得现金100余元、价值1080元的黑色三星牌SGH－X828型手机一部及价值1600元的熊猫牌香烟两条等财物后逃逸。经鉴定，被害人顾某甲系生前被他人勒颈致机械性窒息而死亡。

认定上述事实的证据有：

1. 上海市公安局《现场勘查笔录》《现场方位示意图》、案发现场照片、《现场勘查物证物品提取清单》《物证鉴定书》等证实：案发现场位于本市嘉定区××镇××路××弄××公寓××号××室及该户的建筑结构，室内物件的摆放；在东房间靠东墙的床下发现头面部缠绕透明胶带纸，颈部缠绕一根双股红色纤维绳，左右手均缠绕透明胶带纸的被害人尸体一具及尸体呈现的形态、身上衣着等情况；现场勘查中，在室内地板上发现明显的拖擦痕迹。

2. 公安机关《尸体检验报告》证实：死者顾某甲头面部有透明胶带缠绕若干圈，遮住两眼、两耳及口鼻部，颜面青紫肿胀，两眼球睑结膜检见多量出血点。颈部有长166厘米的红色纤维绳呈双股绕颈项部一圈于颈项部交叉，颈项部形成一环形索沟。四肢有多处皮下出血。结论，死者顾某甲系生前被他人勒颈致机械性窒息而死亡。

3. 被告人朱某某、卫某的辨认笔录及照片证实：参与作案的系朱某某、卫某、翟某及三人抢劫杀害被害人顾某甲的具体作案地点。

4. 证人顾某乙（被害人之子）证词证实：2008年3月16日，顾某乙发现其父顾某甲失踪后报警并在公安人员到达现场后发现顾某甲尸体。顾某乙的陈述内容与其妻子季某某、弟弟顾某丙及证人张某、韩某某等人的证词内容相符。顾某乙还证实：经整理顾某甲的财物，发现少了一部黑色三星牌手机，两条黄壳熊猫牌香烟，还有顾某甲的身份证及几张存折，并提供了顾某甲购买三星牌手机的发票。

5. 证人陆某某（崇明县玲珑通讯店业主）证词证实：2008年3月16日晚上7时许，有一小青年到玲珑通讯店出售一部黑色三星牌SGH－X828型手机，成色较新。证人陆某某的证词内容得到证人秦某（崇明县玲珑通讯店员工）证词内容的印证。陆某某从一组照片中辨认出朱某某系出售手机的男青年。

6. 公安机关《调取证据清单》《发还物品清单》证实：从证人秦某处调取串码为352129011023968黑色三星牌SGH－X828型手机一部，并发还给被害人顾某甲之子顾某丙。调取的手机串号与被害人顾某甲之子顾某乙提供手机购买发票上记载的手机串码相一致。上海市嘉定区物价局《财产物品估价鉴定结论书》证明，上述三星牌 SGH－X828 型手机经估价鉴定为 1080 元。

7. 证人高某某（朱某某之母）证词证实：2008 年 3 月 17 日中午，朱某某回家吃饭，当时朱某某带了两个朋友，饭后一同离去，后来朱某某的一个朋友又到家，从朱某某的衣柜里拿了一只马夹袋，内有两条熊猫牌香烟等。上海市嘉定区物价局《财产物品估价鉴定结论书》证明，上述两条熊猫牌香烟经估价鉴定每条各为 800 元。

8. 公安机关《搜查笔录》《扣押物品、文件清单》证实：2009 年 1 月 12 日，公安人员根据被告人朱某某的交代，对朱某某的住处崇明县××镇××村××号进行搜查，查获户名为被害人顾某甲的银行存折、银行卡若干及顾某甲的身份证、户口簿等物。上海市公安局物证鉴定中心经痕迹检验，在上述物证中未检出任何手印。

9.《上海市浦东新区人民法院刑事判决书》《崇明县人民法院刑事判决书》及有关的《释放证明书》证实：被告人朱某某于 2002 年 12 月因犯抢劫罪被判处有期徒刑二年，2004 年 8 月 20 日刑满释放；被告人卫某于 2005 年 11 月因犯盗窃罪被判处有期徒刑二年六个月，2008 年 1 月 22 日刑满释放。

10. 被告人朱某某、卫某对本案作案时间、作案地点、作案对象、参与作案人员、共谋上门讨债、事先购买作案工具、进入被害人家中的过程、采用的暴力方式、藏匿尸体的地点、劫取的财物、清理现场及离开现场的路线、方式的供述内容基本相符，并与上述证据相印证。

（二）2008 年 8 月 14 日晚，被告人卫某伙同黄某某、龚某某、施某甲（均另案处理）共谋以黄某某过生日为名将被害人丁某约至位于本市宝山区同济支路上的“有名仔食府”，伺机抢劫丁某的黄金项链。当日 22 时许，由黄某某将丁某及丁某的女友施某乙约至“有名仔食府”，与卫某、龚某某、施某甲等人一同就餐，席间，丁某被灌醉。次日凌晨 1 时许，卫某、黄某某、龚某某、施某甲将丁某送至本市宝山区××村××号丁某的暂住处门口时，由卫某分散施某乙的注意力，黄某某、龚某某抓住丁某双手，施某甲从背后抢走丁某颈部价值 8293 余元的黄金项链一根，并用随身携带的水果刀划伤丁某拇指后逃逸。

认定上述事实的证据有：

1. 涉案人员黄某某的供述证实：其伙同卫某、龚某某、施某甲共谋以其过生日为名将被害人丁某约至本市宝山区同济支路的“有名仔食府”，将丁某灌醉，后将丁某送至其暂住处门口时，由卫某分散丁某女友施某乙的注意力，黄某某、龚某某抓住丁某双手，施某甲从背后抢走丁某黄金项链一根。黄某某的供述内容与涉案人员龚某某的供述内容相印证。

2. 被害人丁某的陈述证实：丁某遭被告人卫某等人抢劫的时间、地点、被劫财物及遭抢劫的经过。丁某的陈述内容与证人施某乙的证言内容、涉案人员黄某某、龚某某的供述内容相印证。

被害人丁某陈述还证实，被劫金项链是其2008年2月份在共和新路共江路口的一家珠宝店购买的，购买时的价格是9000余元。

3. 被告人卫某、涉案人员龚某某、被害人丁某、证人施某乙的辨认笔录及照片证实：参与作案的系卫某、黄某某、龚某某等人及上述人员抢劫被害人丁某一根黄金项链的具体作案地点。

4. 上海市宝山区物价局《财产物品估价鉴定结论书》及相关发票证实：被害人丁某被劫的黄金项链重35.14克，价值8293.04元。

5. 被告人卫某对上述事实供认不讳，并与上述证据印证一致。

上述证据均经当庭出示、质证、辨认等法庭调查程序查证属实。证据确实、充分。

本院认为，被告人朱某某结伙被告人卫某等人为图财，采用暴力方法入户劫取他人财物，并杀死一人；卫某还伙同他人抢劫公民价值8000余元的财物，朱某某、卫某的行为均已构成抢劫罪，又均系累犯，依法均应予以从重处罚。公诉机关指控的罪名成立。在第一节犯罪中，朱某某、卫某等人经预谋后，携带作案工具透明胶带，并采用暴力方法强行进入被害人顾某甲住处劫得财物的事实证明朱某某、卫某在入户前已有抢劫作案的故意，而非进入被害人住处后临时起意抢劫，朱某某的辩护人关于朱某某、卫某系进入被害人住处后临时起意抢劫的辩护意见，不予采纳。卫某伙同朱某某等人在抢劫过程中实施了对被害人顾某甲勒颈的加害行为的事实，不仅有朱某某供述内容的证实，且卫某到案后就此亦曾供认在案；卫某在公安机关就其伙同朱某某等人对顾某甲实施抢劫一节对其讯问当日拒不供述犯罪事实，缺乏如实交代犯罪的主动性，依法不能认定自首，卫某的辩护人提出在公诉机关指控的第一节犯罪中，认定卫某动手实施对被害人顾某甲勒颈致其死亡的证据不足，卫某具有自首情节的辩护意见，均不成立，不予采纳。在第一节共同犯罪中，卫某的地位、作用轻于朱某某；在第二节共同犯罪中，卫某仅实施了分散被害人女友注意力的行为，对黄某某、龚某某等人抢劫犯罪起到辅助作用，可认定卫某系从犯，予以从轻处罚。卫某的辩护人请求对卫某从轻处罚的意见，可予采纳。为维护社会治安秩序，保障公民的人身权利及财产权利不受侵犯，依照《中华人民共和国刑法》第二百六十三条第（一）项、第（五）项、第四十八条第一款、第二十五条第一款、第二十七条、第五十六条第一款、第五十七条第一款，第六十五条第一款、第六十四条的规定，判决如下：

一、被告人朱某某犯抢劫罪，判处死刑，缓期二年执行，剥夺政治权利终身，并处没收个人全部财产。

（死刑缓期二年执行的期间，从高级人民法院核准之日起计算。）

二、被告人卫某犯抢劫罪，判处无期徒刑，剥夺政治权利终身，并处没收个人全部财产。

三、被告人朱某某、卫某的违法所得予以追缴。

如不服本判决，可在接到判决书的第二日起十日内，通过本院或者直接向上海市高级人民法院提出上诉。书面上诉的，应当提交上诉状正本一份，副本一份。

审　判　长　夏稷栋
代理审判员　沈　言
代理审判员　叶　琦
二〇一〇年七月十九日
书　记　员　马君珺

附：相关法律条文

《中华人民共和国刑法》

第二百六十三条第一款第一项、第五项　以暴力、胁迫或者其他方法抢劫公私财物的，处三年以上十年以下有期徒刑，并处罚金；有下列情形之一的，处十年以上有期徒刑、无期徒刑或者死刑，并处罚金或者没收财产：

（一）入户抢劫的；

（五）抢劫致人重伤、死亡的；

第四十八条第一款　死刑只适用于罪行极其严重的犯罪分子。对于应当判处死刑的犯罪分子，如果不是必须立即执行的，可以判处死刑同时宣告缓期二年执行。

第二十五条　共同犯罪是指二人以上共同故意犯罪。

第二十七条　在共同犯罪中起次要或者辅助作用的，是从犯。

对于从犯，应当从轻、减轻处罚或者免除处罚。

第五十六条第一款　对于危害国家安全的犯罪分子应当附加剥夺政治权利；对于故意杀人、强奸、放火、爆炸、投毒、抢劫等严重破坏社会秩序的犯罪分子，可以附加剥夺政治权利。

第五十七条第一款　对于被判处死刑、无期徒刑的犯罪分子，应当剥夺政治权利终身。

第六十五条第一款　被判处有期徒刑以上刑罚的犯罪分子，刑罚执行完毕或者赦免以后，在五年以内再犯应当判处有期徒刑以上刑罚之罪的，是累犯，应当从重处罚，但是过失犯罪除外。

第六十四条　犯罪分子违法所得的一切财物，应当予以追缴或者责令退赔；对被害人的合法财产，应当及时返还；违禁品和供犯罪所用的本人财物，应当予以没收。没收的财物和罚金，一律上缴国库，不得挪用和自行处理。

"先供后证"情况下有效引导侦查取证

——陈某某盗窃案

【案例要旨】

在犯罪嫌疑人"先供"但侦查机关未及时"后证"情况下，检察机关应根据犯罪嫌疑人供述的关键细节，详细制作《提供法庭审判所需证据材料意见书》，引导侦查机关运用侦查实验、重新勘验检查、调取被害人陈述等手段，及时补强和固定证据，充分证实犯罪。

【案情简要】

2009年7月，本市波特曼、加州和兴国宾馆健身中心先后发生更衣箱被撬盗案件。公安机关经调取监控录像发现，已于7月8日离境的马来西亚人陈某某有重大作案嫌疑，遂对其实施边控。9月9日6时30分，陈某某由北京国际机场入境时被抓获。到案后陈某某供称，其于6月20日至7月5日，在本市及深圳市5次使用本名或者化名进入健身中心、高尔夫球场等的更衣室，采用螺丝刀撬锁或铁钳剪锁方式，窃得数名被害人手表、手机、现金等财物。案发后，因被撬窃更衣箱多人使用，现场勘查中未能提取到指纹、脚印等痕迹证据；作案工具、赃物均已灭失。

案件移送审查批捕后，上海市人民检察院第一分院针对本案犯罪嫌疑人供述无充分证据予以印证的情况，运用《提供法庭审判所需证据材料意见书》，进行了有效地引导取证工作：

针对兴国宾馆"被盗更衣箱门上未发现撬痕"的现场勘查笔录与犯罪嫌疑人关于使用螺丝刀撬窃供述之间的矛盾，建议公安机关再次提审陈某某，详细讯问作案过程；经陈某某交代，其系先打开自己租用的更衣箱，后用螺丝刀撬开相邻更衣箱门的侧面并用力拉开该相邻更衣箱箱门，遂建议公安机关进行侦查实验，证实了犯罪嫌疑人的供述，并从被盗更衣箱的相邻更衣箱内侧门板上发现了螺丝刀撬痕。

针对犯罪嫌疑人供认化名进入加州健身中心，但无相应监控录像佐证，建议调取该中心案发当天的登记记录和前台服务员证言，证实当时仅有一名使用该化名的散客进入该中心，进而印证犯罪嫌疑人的供述。

针对陈某某交代的撬窃高尔夫球场更衣室的事实，因无被害人报案而未予查证，建议公安机关进一步开展调查取证工作。公安机关据此补充了相应的被害人陈述、犯罪现场被撬印痕，发案当天案发单位登记记录等重要证据，公安机关还对辨认过程以录音录像固定。与陈某某的供述相互印证，形成了证据锁链。同时，还建议公安机关采用犯罪嫌疑人亲笔供词方式固定证据。

此案侦查终结后，经上海市人民检察院第一分院提起公诉，上海市第一中级人民法院全部采纳引导侦查取得的证据，以盗窃罪判处陈某某有期徒刑2年6个月。陈某某亦未提出上诉。

【典型意义】

本案系一起引导公安机关完善“先供后证”的典型案件。犯罪嫌疑人到案作有罪供述后，因作案工具、赃款赃物、指纹、脚印等客观证据灭失，个别被害人未能找到，犯罪嫌疑人的有罪供述虽与被害人的陈述一致，但与部分现场勘验检查笔录相矛盾，且部分有罪供述没有被害人陈述等证据佐证，若犯罪嫌疑人翻供，将难以证实犯罪。为此，上海市人民检察院第一分院从现有证据入手，深入分析证据，充分运用《提供法庭审判所需证据材料意见书》，积极引导侦查取证，根据犯罪嫌疑人供述的重要细节，及时建议公安机关进行侦查实验、重新勘验检查、复核证人等工作，补充了相关的痕迹物证、书证、证人证言等证据，有力补强了已有证据，进一步固定了犯罪嫌疑人供述，形成完整、稳定的证据锁链，获得法院判决支持。

《刑事诉讼法》第46条规定，只有被告人口供，没有其他证据的，不能认定被告人有罪。实践中，在对“先供”但未及时“后证”类案件进行审查批捕、起诉时，应根据证据的具体状况，善于引导侦查取证：对于现场勘验笔录不完整、与犯罪嫌疑人有罪供述之间存有矛盾的，及时建议侦查机关运用勘验检查、侦查试验等手段，以获取痕迹物证等印证犯罪嫌疑人供述的真实性；对于犯罪嫌疑人有罪供述无被害人陈述印证的，指明运用辨认作案现场、调取相关书证等方式和途径寻找被害人、证人，及时补强证据；对于作案工具已灭失，赃款赃物无法调取，作案现场已被破坏，造成客观证据有限的，采用犯罪嫌疑人亲笔供词方式固定证据，从而保证侦查取证工作客观、全面，确保准确指控犯罪。

上海市人民检察院第一分院

起诉书

沪检一分刑诉〔2009〕317号

被告人陈某某（T某某），男，马来西亚国籍（护照号码H20××），1967年××月××日生，高中文化，马来西亚吉隆坡××公司工作，住马来西亚吉隆坡××区××路××座（系自报）。被告人陈某某因涉嫌盗窃罪于2009年9月9日被上海市公安局刑事拘留，同年10月16日经本院批准被执行逮捕。

本案由上海市公安局侦查终结，并以被告人陈某某涉嫌盗窃罪，于2009年11月11日移送本院审查起诉。

经依法审查查明：

2009年6月20日至7月5日，被告人陈某某先后在上海及深圳等地，采用螺丝刀、铁钳等工具撬开、剪断更衣箱门锁等方法，盗窃作案5起，窃得手表、手机、现金等财物，共计价值人民币1.7万余元。

具体事实分述如下：

1. 2009年7月1日13时许，被告人陈某某至上海市静安区波特曼大酒店7楼健身中心男子更衣室，采用螺丝刀撬锁的方法，窃得被害人蔡某某手表、诺基亚E71型手机（价值人民币2002元）、现金等财物，共计价值人民币4000余元。

2. 2009年7月1日16时许，被告人陈某某至上海市卢湾区加州耀能健身中心男子更衣室，采用铁钳剪断挂锁的方法，窃得被害人赫某某UT-ZL. HERBERT手表、现金等财物，共计价值人民币800元。

3. 2009年7月4日12时许，被告人陈某某至上海市浦东新区滨海高尔夫球场男子更衣室，采用螺丝刀撬锁的方法，窃得被害人李某某现金人民币1000余元。

4. 2009年7月5日15时许，被告人陈某某至长宁区兴国宾馆3楼克拉克健身中心男子更衣室，采用螺丝刀撬锁的方法，窃得被害人杨某某手表、夏普SH1810C型手机（价值人民币3035元）、现金等财物，共计价值人民币6000

余元。

5. 2009年6月20日下午，被告人陈某某至广东省深圳市福田区深圳高尔夫俱乐部男子更衣室，采用螺丝刀撬锁的方法，窃得被害人秦某某手表、人民币5000余元、港币1000余元（折合人民币880余元）等财物，共计价值人民币5880余元。认定上述事实的主要证据如下：被害人蔡某某、赫某某、李某乙、杨某某、秦某某的陈述；证人王某某、彭某某等人的证言；查获的手机、中国银行上海市宝山支行提供的证明等物证、书证；物品财产估价鉴定结论；现场勘查笔录；视听资料以及被告人陈某某的供述。

本院认为，被告人陈某某以非法占有为目的，多次盗窃，且数额较大，其行为触犯了《中华人民共和国刑法》第二百六十四条之规定，并应依照《中华人民共和国刑法》第六条之规定，以盗窃罪追究刑事责任。根据《中华人民共和国刑事诉讼法》第一百四十一条之规定，现将被告人陈某某提起公诉，请依法审判。

此致

上海市第一中级人民法院

检　察　员　贺　卫

代理检察员　孙　琳

二〇〇九年十一月二十五日

附：1. 被告人陈某某羁押于上海市看守所；

2. 证据目录、证人名单和主要证据复印件1册。

上海市第一中级人民法院
刑事判决书

（2009）沪一中刑初字第306号

公诉机关上海市人民检察院第一分院。

被告人陈某某（英文名某某，马来西亚国籍，护照号码H20××××××），男，1967年××月××日出生于马来西亚，高中文化，住马来西亚吉隆坡市，因涉嫌犯盗窃罪于2009年9月9日被刑事拘留，同年10月16日被逮捕，现羁押于上海市看守所。

指定辩护人李某甲，上海市××律师事务所律师。

上海市人民检察院第一分院以沪检一分刑诉〔2009〕317号起诉书指控被告人陈某某犯盗窃罪，于2009年11月25日向本院提起公诉。本院受理后，依法组成合议庭，于同年12月21日公开开庭审理了本案。上海市人民检察院第一分院指派代理检察员罗鸿涛、王晶出庭支持公诉。被告人陈某某及指定辩护人李某甲到庭参加诉讼。现已审理终结。

上海市人民检察院第一分院指控：

2009年6月20日至7月5日，被告人陈某某在本市及广东省深圳市五次进入健身中心、高尔夫球场等场所的更衣室内，通过撬开更衣箱门锁的方法，窃得被害人蔡某某、赫某某（A某某）、李某乙、杨某某、秦某某手表、手机、现金等财物，共计价值人民币1.7万余元。

为证实上述指控事实，公诉机关当庭宣读或出示了各名被害人的陈述，证人王某某、彭某某等人的证言，查获的手机，中国银行上海市宝山支行提供的证明，《物品财产估价鉴定结论书》《现场勘查笔录》以及被告人陈某某的供述等相关证据。

据此，公诉机关认为，被告人陈某某以非法占有为目的，多次盗窃，数额较大，其行为构成盗窃罪。提请本院依照《中华人民共和国刑法》第二百六十四条、第六条之规定追究被告人陈某某的刑事责任。

被告人陈某某及指定辩护人对起诉指控的事实与罪名均无异议。指定辩护人认为陈某某到案后如实供述，且认罪悔罪，请求法院对陈某某从轻处罚。经审理查明：

被告人陈某某为实施盗窃，分别于2009年6月20日、7月1日由广东省深圳市及本市入境，分别于同年6月25日、7月8日离境陈某某在广东省深圳市及本市停留期间，五次进入健身中心、高尔夫球场等场所的更衣室内窃取手机、手表、现金等财物，共计价值人民币1.7万余元。同年9月9日，陈某某再次由北京入境时，被公安机关抓获。陈某某到案后如实供述了指控的全部盗窃事实。具体事实分述如下：

一、2009年6月20日下午，被告人陈某某至广东省深圳市福田区深圳高尔夫俱乐部男子更衣室，采用螺丝刀撬锁的方法打开一更衣箱，窃得一块手表、人民币5000余元、港币1000余元（折合人民币880余元）。

该节盗窃事实，有公诉机关提交并经法庭质证的下列证据予以证实：

1. 被害人秦某某的陈述证明：2009年6月20日下午，秦某某至深圳高尔夫俱乐部打球，当其打完球回到更衣室后发现其放置衣物的更衣箱被撬，箱内的一块劳力士手表、7000元人民币、1000元港币及身份证被窃。

2. 证人傅某某的证言证明：2009年6月20日，一名姓秦的先生反映其更衣箱被撬，箱内财物被窃。

3.《现场勘查笔录》证明：深圳高尔夫俱乐部更衣室内的266号更衣箱被撬。

4. 中国银行上海市宝山支行出具的证明证实：2009年6月20日港币牌价为：现汇买入价88.01，现钞买入价87.31，卖出价88.35。

5. 被告人陈某某对上述作案事实供认不讳。

二、2009年7月1日，被告人陈某某于本市静安区南京西路1376号波特曼大酒店七楼健身中心男子更衣室，采用螺丝刀撬锁的方法打开一更衣箱，窃得被害人蔡某某一块手表、一部价值人民币2002元的诺基亚E71型手机及现金。

该节盗窃事实，有公诉机关提交并经法庭质证的下列证据予以证实：

1. 被害人蔡某某的陈述证明：2009年7月1日中午，蔡某某至本市南京西路1376号波特曼酒店七楼健身中心健身，回到更衣室后发现其更衣箱内的一块劳力士手表、一部诺基亚E71型手机（电子参码为354855023042210）及现金被窃。

2.《现场勘查笔录》证明：失窃的更衣箱箱内与门锁相对应的箱体上遗留有两只螺钉孔及锬扣挡板痕迹，螺钉孔下方处的箱底处遗留有木屑，该更衣箱门锁西侧的更衣箱木质箱门上遗留有工具撬压痕。

3. 公安机关出具的关于被窃手机查获的工作情况及证人田某某、黄某某的证言证实：公安机关根据被害人蔡某某提供的手机电子参码，发现该手机正在被田某某使用，田某某从××商夏手机经营业主黄某某处购得该手机。该手机的键盘已被更换。

4. 公安机关从田某某处调取的手机及被害人蔡某某的辨认笔录证明：该手机系蔡某某失窃的手机，但键盘已被更换。

5. 上海市价格认证中心出具的《物品财产价格鉴定结论书》证实：蔡某某被窃的诺基亚E71型手机价值人民币2002元。

6. 被告人陈某某对上述作案事实供认不讳并对作案地点、所撬更衣箱及窃得的手机进行了辨认。

三、2009年7月1日16时许，被告人陈某某至本市卢湾区淮海中路138号无限度广场5楼加州耀能健身中心男子更衣室，采用铁错剪断挂锁处搭扣的方法打开一更衣箱，窃得被害人赫某某一块手表及现金800元。

该节盗窃事实，有公诉机关提交并经法庭质证的下列证据予以证实：

1. 被害人赫某某的证言证明：2009年7月1日下午赫某某至加州耀能健身中心健身，当其回到更衣室发现放置衣物的更衣箱被撬，一块劳力士手表及现金2000余元被窃。

2. 证人闫某某的证言及加州耀能健身有限公司出具的《访客登记表》《健身合约》证明：案发当日只有一名散客于16时45分许进入该健身中心，该客人没有出具有效证件，只是自报了英文名和手机号。

3.《现场勘查笔录》证明：加州耀能健身中心更衣室内的M336号更衣箱上的挂锁缺失，挂镇扣被扭断，形成一个缺口。

4. 被告人陈某某对上述作案事实供认不讳并对作案地点及所撬更衣箱进行了辨认。

四、2009年7月4日12时许，被告人陈某某至本市浦东新区滨海高尔夫球场男子更衣室，采用螺丝刀撬锁的方法打开一更衣箱，窃得被害人李某乙现金人民币1000余元。

该节盗窃事实，有公诉机关提交并经法庭质证的下列证据予以证实：

1. 被害人李某乙的陈述证明：2009年7月4日中午12时许，李某乙至滨海高尔夫球场打球，当其回到更衣室时发现放置衣物的更衣箱被撬，箱内现金1800元及身份证、驾驶证等财物被窃。

2. 证人彭某某的证言证明：2009年7月4日，客人李某乙向管家部报案称其租用的更衣箱被撬，失窃1000余元及证件。当时发现李某乙租用的更衣箱电子锁被强力从箱门上拉下，箱门的褡裢也被拉松，后工作人员将电子锁重新装好。

3.《现场勘查笔录》证明：该高尔夫俱乐部会所更衣室内的D530号更衣箱柜门左侧面及各有一处撬压痕迹。

4. 证人王某某的证言证明：一名40岁左右的男子于2009年7月4日、5日租用过王某某的车子，该男子住浦东南路鸿亿酒店2072房间。王某某7月4日送该男子至浦东滨海高尔夫球场。经王某某辨认，租用其车子的男子为被告人陈某某。

5. 上海鸿亿酒店管理有限公司的《境外人员临时住宿登记单》证明陈某某于2009年7月3日至6日期间住鸿亿酒店2072房间。

6. 被告人陈某某对上述作案事实供认不讳并对作案地点及所撬更衣箱进行了辨认。

五、2009年7月5日15时许，被告人陈某某至本市长宁区兴国路78号兴国宾馆3楼克拉克健身中心男子更衣室，采用螺丝刀撬锁的方法打开一更衣箱，窃得被害人杨某某一块手表、一部价值人民币3035元的夏普SHI1810C型手机及现金3000元。

该节盗窃事实，有公诉机关提交并经法庭质证的下列证据予以证实：

1. 被害人杨某某的陈述和辨认笔录证明：2009年7月5日18时许，杨某某至兴国宾馆三楼的健身房健身，其更衣时发现有一名租用31号更衣箱的男子可疑，其健身完回到更衣室打开放置衣物的32号更衣箱时发现一块“香奈尔”手表、一部夏普SH1810C型手机及现金5000元被窃。经辨认，租用31号更衣箱的男子系陈某某。

2. 证人李某丙、俞某某的证言及辨认笔录证明：2009年7月5日，该中心有客人称更衣箱被撬，财物失窃，当日下午来健身的客人中只有一名散客，系一名40岁左右的皮肤较黑，讲英语的男子，该男子15时许至该中心健身，并租用了31号更衣箱，该男子于18时许离开。经辨认，该男子系陈某某。

3.《现场勘查笔录》及公安机关所作侦查实验证明：该健身中心更衣室内的32号更衣箱门锁完好，公安机关根据陈某某的供述，能够利用31号更衣箱开启的条件撬开32号更衣箱。

4. 证人王某某的证言证明：王某某于5日16时前后将上节事实中的男子送至兴国宾馆。

5. 上海市价格认证中心出具的《物品财产价格鉴定结论书》证实：杨某某被窃的夏普SH1810C型手机价值人民币3035元。

6. 陈某某对上述作案事实供认不讳并对作案地点及所撬更衣箱进行了辨认。

此外，被告人陈某某的入境目的、出入境时间、境内住宿地点及到案情况等事实，有公诉机关提交并经法庭质证的下列证据予以证实：

1. 公安机关从被告人陈某某处扣押的《中国高尔夫》杂志及若干纸张及

陈某某的相关供述证实：陈某某为实施盗窃至中国，且陈某某为实施盗窃事先做好相应准备。

2. 公安机关摘录的被告人陈某某的出入境记录证实了陈某某出入境的时间、地点。

3. 海鸥饭店、上海鸿亿酒店管理有限公司、深圳东方银座美爵酒店、深航国际酒店出具的相关《住宿登记单（表）》《结算清单》及陈某某的相关供述证实了被告人陈某某在本市及深圳市住宿的时间、地点。

4. 公安机关出具的关于抓获陈某某的工作情况、查获经过及陈某某到案后的供述情况证实：公安机关通过侦查确定陈某某系本案第一、四节盗窃事实的犯罪嫌疑人，遂对陈某某进行边控。2009 年 9 月 9 日，陈某某再次由北京入境时被公安机关抓获。

本院认为，被告人陈某某以非法占有为目的，多次秘密窃取他人财物，数额较大，其行为已构成盗窃罪，应依法予以处罚。陈某某到案后如实供述公安机关尚未掌握的同种盗窃罪行，且认罪悔罪，酌情从轻处罚。公诉机关的指控成立，依法予以支持。辩护人关于对陈某某从轻处罚的相关辩护意见，本院予以采纳。据此，为保护公民的合法财产不受侵犯，依照《中华人民共和国刑法》第二百六十四条、第六条、第三十五条、第六十四条，最高人民法院《关于审理盗窃案件具体应用法律若干问题的解释》第三条以及最高人民法院《关于处理自首和立功具体应用法律若干问题的解释》第四条之规定，判决如下：

一、被告人陈某某犯盗窃罪，判处有期徒刑二年六个月，并处罚金人民币五千元，驱逐出境。

（刑期从判决执行之日起计算。判决执行以前先行羁押的，羁押一日折抵刑期一日，即自 2009 年 9 月 9 日起至 2012 年 3 月 8 日止。罚金自本判决生效之日起一个月内缴纳。）

二、被告人陈某某的违法所得予以追缴。

如不服本判决，可在接到判决书的第二日起十日内，通过本院或者直接向上海市高级人民法院提出上诉。书面上诉的，应当提交上诉状正本一份，副本一份。

审　判　长　胡洪春
代理审判员　郇小骋
代理审判员　巩一鸣
二〇〇九年十二月二十一日
书　记　员　曹晶清

附：相关法律条文

《中华人民共和国刑法》

第二百六十四条 盗窃公私财物，数额较大或者多次盗窃的，处三年以下有期徒刑、拘役或者管制，并处或者单处罚金；数额巨大或者有其他严重情节的，处三年以上十年以下有期徒刑，并处罚金；数额特别巨大或者有其他特别严重情节的，处十年以上有期徒刑或者无期徒刑，并处罚金或者没收财产；有下列情形之一的，处无期徒刑或者死刑，并处没收财产：

（一）盗窃金融机构，数额特别巨大的；

（二）盗窃珍贵文物，情节严重的。

第六条 凡在中华人民共和国船舶或者航空器内犯罪的，也适用本法。

凡在中华人民共和国船舶或者航空器内犯罪的，也适用本法。

犯罪的行为或者结果有一项发生在中华人民共和国领域内的，就认为是在中华人民共和国领域内犯罪。

第三十五条 对于犯罪的外国人，可以独立适用或者附加适用驱逐出境。

第六十四条 犯罪分子违法所得的一切财物，应当予以追缴或者责令退赔；对被害人的合法财产，应当及时返还；违禁品和供犯罪所用的本人财物，应当予以没收。没收的财物和罚金，一律上缴国库，不得挪用和自行处理。

最高人民法院《关于审理盗窃案件具体应用法律若干问题的解释》

第三条 盗窃公私财物“数额较大”、“数额巨大”、“数额特别巨大”的标准如下：

（一）个人盗窃公私财物价值人民币五百元至二千元以上的，为“数额较大”。

（二）个人盗窃公私财物价值人民币五千元至二万元以上的，为“数额巨大”。

（三）个人盗窃公私财物价值人民币三万元至十万元以上的，为“数额特别巨大”。

各省、自治区、直辖市高级人民法院可根据本地区经济发展状况，并考虑社会治安状况，在前款规定的数额幅度内，分别确定本地区执行的“数额较大”、“数额巨大”、“数额特别巨大”的标准。

最高人民法院《关于处理自首和立功具体应用法律若干问题的解释》

第四条 被采取强制措施的犯罪嫌疑人、被告人和已宣判的罪犯，如实供述司法机关尚未掌握的罪行，与司法机关已掌握的或者判决确定的罪行属同种罪行的，可以酌情从轻处罚；如实供述的同种罪行较重的，一般应当从轻处罚。

加强对特殊侦查手段监督

——杨某某涉嫌贩卖毒品案

【案例要旨】

检察机关应充分履行法律监督职能，加强对特殊侦查手段监督，审慎处理对于未成年人“犯意引诱”情况下形成的案件。

【案情简要】

2010年6月22日，王某某（公安特情）要求杨某某（未成年人，在校学生）帮其购买毒品，并交付杨某某人民币1600元（公安垫资）。杨某某遂联系他人购得冰毒一包，在向王某某交付毒品后被当场抓获。同月30日，杨浦公安分局以杨某某涉嫌贩卖毒品罪提请批准逮捕。杨浦区人民检察院审查后认为：杨某某系被引诱代购少量毒品，无牟利目的，其行为不构成犯罪，决定不批准逮捕。公安机关也未要求复议。

【典型意义】

一、强化对特殊侦查手段的监督

特殊侦查手段对打击犯罪，维护稳定具有积极作用。但在司法实践中，由于适用条件和适用范围不规范，容易导致特殊侦查手段的扩张甚至滥用，侵犯公民合法权利。检察机关在办理案件时，应重视对特殊侦查手段使用正当性的审查，审慎确定其适用的范围、对象和程序，严格审查其所获证据，坚决纠正其中的违法行为；引导侦查机关依法适当使用特殊侦查手段，促进规范执法，实现打击犯罪、保障人权的平衡。

二、审慎处理未成年人在“犯意引诱”情况下实施的违法行为

根据相关司法解释，行为人本没有实施毒品犯罪的主观意图，而是在特情诱惑下形成犯意，实施毒品犯罪的，属于“犯意引诱”，对“犯意引诱”应当酌情依法从轻处罚或免予刑事处罚。由于未成年人身心发育、控辩能力尚未健全，其合法权益受到法律特殊保护。未成年人因“特情”介入，受引诱而代购少量毒品，可不认定为犯罪。检察机关应注意审查犯意引诱未成年人从事违法犯罪的事实证据，按照未成年人犯罪刑事政策的要求，对不构成犯罪的犯意引诱情形不捕和不诉，以维护未成年人合法权益。

三、充分放大法律监督的效果

针对本案发现的问题，杨浦区人民检察院社区检察室经对2006年以来该院办理的同类案件进行检查，发现另有5起派出所办理的毒品案件中对未成年人、或使用未成年人启动特殊侦查手段。遂制发检察建议，督促派出所规范侦查行为，明确“控制下交付”与“犯意引诱”等问题的界限，加强对“特情”“线人”等的管理，取得了良好效果。各院可借鉴杨浦做法，抓住一类突出问题放大监督效果。

注：相关法律文书略。

准确把握逮捕案件公开审查范围 依法规范公开审查程序

——刘某甲等妨害公务逮捕公开审查案

【案例要旨】

在办理社会危险性争议较大、有重大社会影响等审查逮捕案件时，应重视运用公开审查方式，充分听取各方意见，准确评价犯罪嫌疑人社会危险性，积极化解社会矛盾，以公开促公正，以公正树公信，不断提升司法公信力。

【案情简要】

2015 年 5 月 8 日，犯罪嫌疑人刘某甲因其孙女出生后第三天即在上海市第一妇婴保健院因病去世，与其妹妹刘某乙、女儿石某甲等 8 名家属共同至医院讨要说法，部分家属情绪激动打砸医院办公室。民警将滋事人员带离过程中，犯罪嫌疑人刘某甲、刘某乙、石某甲等人采取躺倒在地、拉扯、拖抱、推搡等方式阻扰民警执行公务，致 6 名警员不同程度受伤，其中 1 人构成轻微伤，并造成近百名群众围观。后静安公安分局以妨害公务罪对刘某甲、刘某乙提请批捕（石某甲在逃未到案）。

静安区人民检察院侦监部门受案后，在复核证据、查明案件事实的基础上，依职权决定就本案犯罪嫌疑人是否有逮捕必要进行公开审查。检察官在充分听取侦查人员、辩护律师和医院代表意见后，进行了现场释法说理。犯罪嫌疑人家属当场主动请求向公安机关和医院道歉，当天又与医院达成书面和解协议，还积极规劝同案犯石某甲投案自首。

经综合审查，静安区人民检察院对刘某甲、刘某乙以涉嫌妨害公务罪但无社会危险性作出不捕决定。后经直诉，静安区人民法院以妨害公务罪判处刘某甲、刘某乙拘役 3 个月，缓刑 3 个月；判处石某甲拘役 2 个月，缓刑 2 个月。判决已生效。

【典型意义】

本案系一起因医患纠纷引发的刑事案件，医患矛盾、警民冲突交织，各方对于是否有逮捕必要争议较大，司法处断难度较高，稍有不慎可能激化矛盾。静安区人民检察院侦监部门严格执行《上海检察机关侦查监督部门逮捕公开审查工作实施办法（试行）》等规定，通过逮捕必要性公开审查方式，充分听取各方意见，准确作出审查逮捕决定，体现了司法决定的权威性和公正性，各方均认同接受；通过开展释法说理工作，最终促成矛盾化解，在逃人员投案自首，取得良好办案效果，具有一定典型意义。

一、准确把握逮捕公开审查案件范围

办理审查逮捕案件时，对于事实清楚、证据确实，犯罪嫌疑人认罪，但对社会危险性存在争议的案件，应当积极启动公开审查程序：一是辩护律师申请的。对于辩护律师申请公开审查的案件，符合条件的，原则上都应同意；经审查不符合公开审查条件的，应当及时答复不启动理由并专门听取辩护意见。二是公开审查有利于充分听取各方意见，准确处理的。三是案件社会影响较大，媒体高度关注，公开审查有利于展示司法公正，提升司法公信力的。考虑到审查逮捕办案期限短、人案矛盾突出等因素，对于应当径行逮捕的案件，以及事实不清、证据不足的案件，暂不开展逮捕公开审查。

二、依法规范逮捕公开审查程序

1. 规范参加公开审查的人员。公开审查应当通知侦查机关派员参与，犯罪嫌疑人有辩护律师的，应当通知辩护律师参与；犯罪嫌疑人被羁押的，可以通过远程视频或者在看守所专门场所参与；有被害人的案件，可以视案件具体情况，通知犯罪嫌疑人亲友，被害人及其法定代理人、诉讼代理人参与，调查核实犯罪嫌疑人赔偿及双方和解情况，释法说理，化解矛盾。

2. 围绕社会危险性开展公开审查。逮捕公开审查的重点是犯罪嫌疑人是否具有社会危险性、予以羁押的理由和依据是否充分，不涉及案件事实、证据和法律适用。检察官应当引导各方围绕社会危险性发表意见，对无关发言应当提醒、制止，对参与人提交的证明社会危险性的证据材料，应当接收并予以核实。

3. 公开审查程序设置应当简洁、规范、高效。逮捕公开审查过程中，侦查员、辩护律师应当依序说明是否具有社会危险性的事实和理由，提交相关证据材料，发表意见。需要注意的是，逮捕公开审查目的在于查明社会危险性，程序设置应当简便高效，兼顾公平和效率。

三、加强与法律援助机构的协作配合

逮捕公开审查应充分保障辩护律师的申请权、发表意见权和参与权。同时，本市各级检察机关要积极推动与司法行政机关建立健全审查逮捕环节法律援助各项工作制度，及时转达犯罪嫌疑人法律援助请求，切实保障犯罪嫌疑人获得辩护的权利。

上海市静安区人民检察院

起诉书

沪静检诉刑诉〔2015〕358号

被告人刘某甲，女，1965年××月××日生，公民身份号码：3428261965×××××××××，汉族，文盲，无业，户籍在安徽省安庆市宿松县××乡××村××组××号，暂住本市静安区××路××弄××号。2015年5月8日因涉嫌妨害公务罪，由上海市公安局静安分局刑事拘留，同月11日延长刑事拘留期限至三十天，同年6月12日由上海市公安局静安分局取保候审，同年7月9日由本院决定继续取保候审。

被告人刘某乙，女，1974年××月××日生，公民身份号码：3408261974×××××××××，汉族，文盲，无业，户籍在安徽省安庆市宿松县××乡××村××组××号，暂住本市静安区××路××弄××号。2015年5月8日因涉嫌妨害公务罪，由上海市公安局静安分局刑事拘留，同月11日延长刑事拘留期限至三十天，同年6月12日由上海市公安局静安分局取保候审，同年7月9日由本院决定继续取保候审。

被告人石某甲，女，1987年××月××日生，公民身份号码：3408261987×××××××××，汉族，初中文化，无业，户籍在安徽省安庆市宿松县××乡××村××组××号，暂住在本市黄浦区××路××弄××号××室。2015年6月24日因涉嫌妨害公务罪，由上海市公安局静安分局取保候审，同年7月9日由本院决定继续取保候审。

本案由上海市公安局静安分局侦查终结，以被告人刘某甲、刘某乙、石某甲涉嫌妨害公务罪，于2015年7月7日移送本院审查起诉。本院受理后，于2015年7月9日告知各被告人有权委托辩护人，同日告知被害人有权委托诉讼代理人；依法讯问了被告人，听取了被告人石某甲的辩护人的意见，审查了全部案件材料。经审查，于2015年8月7日退回补充侦查，上海市公安局静安分局补充侦查终结，于2015年9月6日移送审查起诉。被告人刘某甲、刘某乙、石某甲及石某甲的辩护人对本案均同意适用简易程序审理。

经依法审查查明：

被告人刘某甲因孙女石某庚于出生后第三天即在上海市××院因病去世，遂于2015年5月8日上午与被告人刘某乙、石某甲及家属石某乙、石某丙、石某丁、石某戊、孙某某、石某己（均另行处理）等人共同至医院讨要说法。在商谈过程中，石某丙、石某丁等人因情绪激动而打砸该院医务科办公室内桌椅、玻璃等财物，负责现场维持秩序的上海市公安局静安分局民警陈某某、沈某某遂呼叫民警吴某某、江某某、郁某某、朱某甲、范某某等人到场增援，并将涉嫌滋事的石某丙、石某丁等人从现场带离。在此过程中，刘某甲、刘某乙、石某甲等人分别采取躺倒在地、拉扯、拖抱、推搡等方式阻扰民警执行公务，致多名民警不同程度受伤，并造成现场近百名群众围观。经鉴定，民警朱某甲的伤势已构成轻微伤。

被告人刘某甲、刘某乙于案发当日被上海市公安局静安分局民警抓获；被告人石某甲于2015年6月24日主动至上海市公安局静安分局投案。

被告人刘某甲、刘某乙、石某甲到案后对上述犯罪事实基本能够如实供述。

上述事实，有以下证据证明：

1. 证人石某戊、石某丙、石某丁、沈某某、陈某某、倪某某、周某某、江某某、郁某某、范某某、吴某某、朱某乙、汪某某等人的证言及辨认笔录，证实被告人刘某甲、刘某乙、石某甲等人分别采用拉扯、擒抱、推搡等方式抗拒警察执法，致民警受伤的事实。

2. 被害人朱某甲的陈述，证实其在执法过程中遭多人拉扯并被被告人刘某甲弄伤手指的事实。

3. 上海市公安局静安分局《验伤通知书》、上海申远医学科技有限公司司法鉴定所《司法鉴定意见书》，证实被害人朱某甲的伤势构成轻微伤的事实。

4. 上海市公安局静安分局调取的监控录像及拍摄的现场执法录像，证实被告人刘某甲等人及家属因情绪激动打砸医务科办公室及抗拒警察执法的现场情况。

5. 证人石某乙、石某己、单某某等人的证言，证实被告人刘某甲等人的家属因情绪激动而打砸医务科办公室内财物的事实。

6. 上海市第一妇婴保健院医务科出具的《情况说明》《证明》及照片，证实本案的起因及医院方面的物损情况。

7. 被告人刘某甲、刘某乙、石某甲的供述，证实三人分别采用拉扯、擒抱等方式抗拒警察执法的事实。

上述证据来源及收集程序合法，内容客观真实，足以认定指控的事实。被告人刘某甲、刘某乙、石某甲对基本犯罪事实无异议。

本院认为，被告人刘某甲、刘某乙、石某甲共同以暴力方法阻碍国家机关工作人员依法执行职务，其行为已触犯《中华人民共和国刑法》第二十五条第一款、第二百七十七条第一款，犯罪事实清楚，证据确实、充分，应当以妨害公务罪追究其刑事责任。被告人石某甲犯罪以后自动投案，如实供述自己的罪行，系自首，根据《中华人民共和国刑法》第六十七条第一款的规定，可以从轻处罚。被告人刘某甲、刘某乙如实供述自己罪行，根据《中华人民共和国刑法》第六十七条第三款的规定，均可以从轻处罚。根据《中华人民共和国刑事诉讼法》第一百七十二条之规定，提起公诉，请依法审判。

此致

上海市静安区人民法院

检　察　员　赵琪昊

代理检察员　何晓华

二〇一五年九月二十五日

附：1. 被告人刘某甲、刘某乙、石某甲现均取保候审于其居住地，联系方式分别为：1500078××××、1316640××××、1381869××××。

2. 侦查卷宗4册（含附带民事起诉状1份）。

3. 被害人名单、证人（鉴定人）名单各1份。

4. 《适用简易程序建议书》1份。

5. 《量刑建议书》3份。

6. 被告人石某甲的辩护人孔某，湖北××律师事务所上海分所律师，由上海市静安区法律援助中心指派。

7. 相关法律条文。(略)

上海市静安区人民法院
刑事判决书

（2015）静刑初字第379号

公诉机关上海市静安区人民检察院。

被告人刘某甲，女，1965年××月××日出生于安徽省宿松县，汉族，文盲，无业，户籍在安徽省安庆市宿松县××乡××村××组××7号，暂住本市静安区××路××弄××号。因涉嫌犯妨害公务罪于2015年5月8日被上海市公安局静安分局刑事拘留，同年6月12日被上海市公安局静安分局取保候审，同年7月9日被上海市静安区人民检察院取保候审，同年9月29日被本院取保候审。现取保候审。

被告人刘某乙，女，1974年××月××日出生于安徽省宿松县，汉族，文盲，无业，户籍在安徽省安庆市宿松县××乡××村××组××号，暂住本市静安区××路××弄××号。因涉嫌犯妨害公务罪于2015年5月8日被上海市公安局静安分局刑事拘留，同年6月12日被上海市公安局静安分局取保候审，同年7月9日被上海市静安区人民检察院取保候审，同年9月29日被本院取保候审。现取保候审。

被告人石某甲，女，1987年××月××日出生于安徽省宿松县，汉族，初中文化，无业，户籍在安徽省安庆市宿松县××乡××村××组××号，暂住在本市黄浦区××路××弄××号××室。因涉嫌犯妨害公务罪于2015年6月24日被上海市公安局静安分局取保候审，同年7月9日被上海市静安区人民检察院取保候审，同年9月29日被本院取保候审。现取保候审。

辩护人孔某，湖北××律师事务所上海分所律师。

上海市静安区人民检察院以沪静检诉刑诉〔2015〕358号起诉书，指控被告人刘某甲、刘某乙、石某甲犯妨害公务罪，于2015年9月28日向本院提起公诉。本院受理后，依法适用简易程序，实行独任审判，于同年10月13日公开开庭进行了审理。上海市静安区人民检察院指派代理检察员何晓华出庭支持公诉。被告人刘某甲、刘某乙、石某甲及其辩护人孔某到庭参加诉讼。现已审理终结。

上海市静安区人民检察院指控，被告人刘某甲因孙女石某庚于出生后第三天即在上海市第一妇婴保健院因病去世，遂于2015年5月8日上午与被告人刘某乙、石某甲及家属石某乙、石某丙、石某丁、石某戊、孙某某、石某己（均另行处理）等人共同至医院讨要说法。在商谈过程中，石某丙、石某丁等人因情绪激动而打砸该院医务科办公室内桌椅、玻璃等财物，负责现场维持秩序的上海市公安局静安分局民警陈某某、沈某某遂呼叫民警吴某某、江某某、郁某某、朱某甲、范某某等人到场增援，并将涉嫌滋事的石某丙、石某丁等人从现场带离。在此过程中，刘某甲、刘某乙、石某甲等人分别采取躺倒在地、拉扯、拖抱、推搡等方式阻扰民警执行公务，致多名民警不同程度受伤，并造成现场近百名群众围观。经鉴定，民警朱某甲的伤势已构成轻微伤。

被告人刘某甲、刘某乙于案发当日被上海市公安局静安分局民警抓获；被告人石某甲于2015年6月24日主动至上海市公安局静安分局投案。被告人刘某甲、刘某乙、石某甲对上述犯罪事实基本能够如实供述。

案件审理过程中被告人刘某甲、刘某乙、石某甲主动与被害人达成调解，取得了被害人的谅解。

上述事实，被告人在开庭过程中亦无异议，且有证人石某戊、石某丙、石某丁、沈某某、陈某某、倪某某、周某某、江某某、郁某某、范某某、吴某某、朱某乙、汪某某等人的证言及辨认笔录、证人石某乙、石某已、阚某某、单某某等人的证言、被害人朱某甲的陈述、现场监控录像和执法录像、上海市公安局静安分局出具的《验伤通知书》、上海申远医学科技有限公司司法鉴定所出具的《司法鉴定意见书》、上海市第一妇婴保健院医务科出具的《情况说明》、《证明》、照片及被告人刘某甲、刘某乙、石某甲的供述等证据证实，足以认定。

本院认为，被告人刘某甲、刘某乙、石某甲共同以暴力方法阻碍国家机关工作人员依法执行职务，并造成国家机关工作人员轻微伤，其行为已构成妨害公务罪，依法应予惩处。公诉机关指控被告人的犯罪事实清楚，证据确凿充分，定性正确。被告人刘某甲、刘某乙能如实供述自己罪行，可依法从轻处罚。被告人石某甲案发后能主动投案，并如实供述自己罪行，系自首，可依法从轻罚。被告人刘某甲、刘某乙、石某甲主动与被害人达成调解，取得了被害人的谅解，亦可酌情从轻处罚。同时，考虑到被告人因丧亲之痛，导致情绪激动，主观恶性相对较小，故对辩护人恳请对被告人予以从宽处理，适用缓刑的建议，本院予以采纳。据此，为维护国家机关正常管理秩序，严肃国家法制，依照《中华人民国刑法》第二十五条第一款，第二百七十七条第一款，第六十七条第一款、第三款，第七十二条第一款，第七十三条第一款、第三款之规定，判决如下：

一、被告人刘某甲犯妨害公务罪，判处拘役三个月，缓刑三个月。

（缓刑考验期限，从判决确定之日起计算。）

二、被告人刘某乙犯妨害公务罪，判处拘役三个月，缓刑三个月。

（缓刑考验期限，从判决确定之日起计算。）

三、被告人石某甲犯妨害公务罪，判处拘役二个月，缓刑二个月。

（缓刑考验期限，从判决确定之日起计算。）

被告人今后应当遵守法律、法规，在缓刑考验期间服从监督管理，接受教育，完成公益劳动，做一名有益社会的公民。

如不服本判决，可在接到判决书的第二日起十日内，通过本院或者直接向上海市第二中级人民法院提出上诉。书面上诉的，应当提交上诉状正本一份，副本二份。

代理审判员　李　丁

二〇一五年十月十三日

书　记　员　公绪龙

认真调查核实无罪辩解，严防冤错案件

——梁某涉嫌盗窃不捕案

【案例要旨】

对犯罪嫌疑人有关无作案时间、不在作案现场的无罪辩解，检察机关应当认真调查核实；对指纹鉴定等证据的审查，应坚持采集犯罪嫌疑人十指指纹与现场指纹比对原则，保障无罪的人不受刑事追究，严防冤错案件。

【案情简要】

2014年1月25日19时许，被害人汪某某报案称家中被盗尼康相机一部、钻戒一枚（均无法估价）。案发后侦查人员现场勘查提取指纹一枚，经比对，与“指纹前科库”中“梁某”的捺印指纹同一。闵行公安分局遂于同年6月20日以涉嫌盗窃罪对犯罪嫌疑人梁某刑事拘留，7月18日提请批捕。

闵行区人民检察院在审查批捕时发现，梁某自到案后一直拒不认罪，辩称案发期间一直在苏州上夜班，没有作案时间；并提出其女友可以证实案发时其不在现场，公安机关对梁某的辩解未予核实；梁某同时对指纹鉴定提出异议，公安机关未复查比对。

鉴于检察人员讯问时梁某亦拒不认罪，闵行区人民检察院要求公安机关对梁某的十指指纹信息进行复查比对，并就梁某有关辩解调取其女友证言。经复查比对，梁某的十指指纹信息与现场指纹、“指纹前科库”中“梁某”的指纹均不同一；梁某女友亦证实，案发期间梁某一直在苏州。闵行区人民检察院遂依法作出不批准逮捕决定。后公安机关查实，“指纹前科库”中的“梁某”实为他人冒名。

【典型意义】

梁某涉嫌盗窃不捕一案，系检察机关高度重视犯罪嫌疑人无罪辩解，认真调查核实相关证据，依法作出不批准逮捕决定，有效防止冤错案件。相关做法值得借鉴。

1. 高度重视无罪辩解，认真进行调查核实。犯罪嫌疑人梁某自到案后一直拒不认罪，并提出其女友可以证明其不在案发现场，对此公安机关未予核实；梁某公司出具的考勤记录证实，案发当天梁某在苏州上夜班，但公安机关以存在梁某白天可以往返沪苏两地的可能，未予足够重视。审查批捕时，检察机关督促公安机关向梁某女友调查后查明，案发当日梁某在苏州家中休息，没有作案时间，排除了梁某的作案嫌疑。

2. 全面审查指纹鉴定，确保痕迹证据客观关联。指纹具有稳定性、独特性和不可替代性，指纹鉴定因其客观性强被广泛应用于侦查活动中，采信度亦较高。公安部《公安机关指纹信息工作规定》明确，公安机关各执法办案单位必须采集依法被拘留的犯罪嫌疑人的十指指纹信息，报送同级刑侦部门录入并传送到省级指纹数据库；刑侦部门录入指纹信息的同时，应当与“指纹前科库”等中的指纹进行比对。本案犯罪嫌疑人梁某到案后，公安机关未按规定将采集的梁某十指指纹信息与现场指纹和“指纹前科库”中“梁某”的捺印指纹进行比对，显属不当。闵行区人民检察院在审查批捕时，引导公安机关侦查取证，最终查实现场指纹、“指纹前科库”中“梁某”的指纹与梁某十指指纹信息不同一，进一步排除了梁某的犯罪嫌疑。

3. 严格履行审查逮捕职能，防止冤错案件发生。逮捕是为防止犯罪嫌疑人、被告人逃避或者阻碍侦查、审判，继续犯罪，依法剥夺其人身自由的一种强制措施。检察机关履行审查逮捕职能，既要保障刑事诉讼顺利进行，又要重视履行客观公正义务，防止侦查恣意行为，实现司法人权保障功能。检察机关在审查批捕时，要高度重视犯罪嫌疑人的辩解，注意听取辩护律师的意见，对于是否存在犯罪事实、犯罪是否为犯罪嫌疑人所为等关键证据存疑时，应排除合理怀疑；同时，应加强对侦查行为的规范和引导，对违反规定收集、运用证据的，及时督促侦查机关补正或不再作为定案的依据。对本案侦查过程中公安机关无视嫌疑人无罪辩解、怠于调查核实的行为，以及未依法定程序进行指纹比对的违法行为，检察机关应提出书面纠正意见。

上海市闵行区人民检察院
不批准逮捕决定书
（副本）

沪闵检侦监不批捕〔2014〕279号

上海市公安局闵行分局：

你局于2014年7月18日以沪公（闵）提捕字〔2014〕2476号文书提请批准逮捕犯罪嫌疑人梁某，经本院审查认为：其不构成犯罪，根据《中华人民共和国刑事诉讼法》第八十八条的规定，决定不批准逮捕犯罪嫌疑人梁某。请依法立即执行，并在三日以内将执行情况通知本院。

2014年7月25日
（院印）

第一联　附卷

上海市闵行区人民检察院
不批准逮捕决定书

（正本）

沪闵检侦监不批捕〔2014〕279号

上海市公安局闵行分局：

你局于2014年7月18日以沪公（闵）提捕字〔2014〕2476号文书提请批准逮捕犯罪嫌疑人梁某，经本院审查认为：其不构成犯罪，根据《中华人民共和国刑事诉讼法》第八十八条的规定，决定不批准逮捕犯罪嫌疑人梁某。请依法立即执行，并在三日以内将执行情况通知本院。

2014年7月25日

（院印）

第二联　送达侦查机关

上海市闵行区人民检察院
不批准逮捕理由说明书

沪闵检侦监不批捕说理〔2014〕231号

上海市公安局闵行分局：

你局2014年7月18日以沪公（闵）提捕字〔2014〕2476号文书提请批准逮捕的犯罪嫌疑人梁某，经审查，我院对其作出不批准逮捕决定。根据《中华人民共和国刑事诉讼法》第八十八条的规定，现说明理由如下：

闵行公安分局物证鉴定所出具的鉴定书系用指纹库中登记为“梁某”的指纹与案发现场的指纹进行比对，现犯罪嫌疑人梁某到案后辩称其身份曾被人冒用，指纹库中的指纹不是他的，经重新用梁某的活体指纹进行比对，确定案发现场所留的指纹与犯罪嫌疑人梁某的指纹不一致。因此，现有证据能确认该起盗窃案不是梁某实施，梁某不构成犯罪。

根据《中华人民共和国刑事诉讼法》第九十条之规定，如你局认为我院不批准逮捕决定有错误而要求复议的，应当在收到《不批准逮捕决定书》后5日内提出《要求复议意见书》，送交我院进行复议。

2014年7月25日

（院印）

甄别证据纠正错案引导侦查抓获真犯

——孙某某盗窃不捕案

【案例要旨】

“孤证”不能定案，办案中应认真听取犯罪嫌疑人的合理辩解，提高证据审查能力，引导公安侦查，依法防错纠错。

【案情简要】

2010年5月20日8时30分许，被害人盛某某家中被盗人民币10700元及项链、戒指等物品。松江公安分局经现场勘查，提取了数枚可疑指纹。经比对，现场手机包装盒上的一枚指纹系孙某某所留。8月4日，松江公安分局以涉嫌盗窃罪对孙某某提请批准逮捕。松江区人民检察院审查中发现，孙某某到案后始终否认作案，并称其曾在手机连锁店做营业员，5月20日在外地；认定孙某某涉嫌犯罪的证据仅为现场提取的孙某某指纹一枚。经询问被害人和证人，走访孙某某工作单位，咨询指纹鉴定专家后查明，孙某某的确没有作案时间，被盗手机系孙某某任职期内的商店售出，指纹不能排除系孙某某销售手机过程中所留。松江区人民检察院在依法作出不批准逮捕决定的同时，引导公安对现场其他指纹进一步查证，最终抓获了真正的作案人徐某某。

【典型意义】

一、孤证不能定案，间接证据必须形成证据锁链才能采信

犯罪现场遗留的证据，特别是非固定物上的痕迹证据属于间接证据，办案时应查明此类证据形成的时间、方式、证明效力以及与其他证据的印证关系。孤证和尚未形成锁链的间接证据均不能排除合理怀疑，不能作为定案依据。

二、对存在合理怀疑的无罪辩解，应细致复核查明真相

对犯罪嫌疑人到案后始终否认有犯罪行为并提出合理辩解，而公安机关未予查证的，应当高度重视，耐心听取其无罪或罪轻的辩解，及时开展相关调查取证工作。对查证属实的应予采信并及时采取纠正措施，不该逮捕的坚决不捕。

三、抓住案件遗漏嫌疑，引导取证查获真犯

在纠正报捕错误的同时，对案件中的其他作案嫌疑，应及时向公安机关提出转换侦查要求，引导公安侦查取证，查明嫌疑抓获真犯，切实做到不“枉”不“纵”。

注：相关法律文书略。

准确把握审查重点规范开展公开审查活动

——犯罪嫌疑人杜某某羁押必要性审查案

【案例要旨】

在办理羁押必要性审查案件中，开展公开审查活动应当准确把握审查重点，规范审查程序，围绕在押犯罪嫌疑人（被告人）有无社会危险性，对其羁押必要性作出审查判断，并据此作出是否提出变更强制措施建议的决定。

【案情简要】

2014 年 6 月 30 日，在押犯罪嫌疑人杜某某家属向浦东新区人民检察院提出羁押必要性审查申请。同年 7 月 9 日，该院监所检察部门就杜某某案进行羁押必要性公开审查。经公开审查确认：一是犯罪嫌疑人杜某某因工资纠纷致被害人邓某某轻伤，犯罪主观恶性较小且被害人有过错，双方已自愿达成赔偿协议并履行完毕，其羁押必要性已出现捕后变化因素；二是犯罪嫌疑人杜某某已取得被害人邓某某现场谅解，被破坏的社会关系已得到较好修复，办案社会风险被有效降低；三是犯罪嫌疑人杜某某社会表现一贯良好，村民组长愿担当保证人，变更其强制措施有可行性。

据此，该院监所检察部门向公诉部门提出变更强制措施建议，公诉部门予以采纳，对杜某某取保候审，后杜某某被依法判处拘役 4 个月，缓刑 4 个月。

【典型意义】

自今年 5 月 14 日起，根据上海市人民检察院检委会工作要求，上海市检察机关已实行对羁押必要性审查案件的统一归口办理。采取公开审查方式进行羁押必要性审查，对提高检察办案透明度，保障诉讼参与人权利，促进修复社会关系和实现司法公正具有积极意义。本案系上海市检察机关实行羁押必要性审查统一归口办理后，以公开审查方式进行羁押必要性审查的首件案例，促成了对犯罪嫌疑人变更强制措施，最终法院亦对其适用缓刑，社会关系得到有效修复，实现了办案效果、社会效果的统一，具有一定典型意义。

一、准确把握公开审查的重点

1. 查明是否发生了捕后羁押必要性变化因素。发生捕后羁押必要性变化因素，如被害人谅解、犯罪嫌疑人（被告人）突患严重疾病、犯罪损害得到有效弥补等，均可导致对羁押必要性的重新考量，而这些因素是否确实发生则应当首先查明。

2. 重新评估犯罪嫌疑人（被告人）的社会危险性。社会危险性是决定是否继续采取羁押措施的重要依据之一，公开审查中应当根据捕后羁押必要性变化因素，考量其对犯罪嫌疑人（被告人）现阶段社会危险性的影响，进而准确评估犯罪嫌疑人的社会危险性，为是否提出变更强制措施建议提供依据。

3. 了解有无使用其他替代性强制措施的可能性。犯罪嫌疑人（被告人）是否具备取保候审等其他替代性措施的适用条件，对保障刑事诉讼继续顺利进行，变更强制措施建议最终可行影响很大。公开审查应当在了解案件办理进度、取证固证情况的同时，对变更强制措施的可能性进行预先了解和判断。

二、规范开展公开审查活动

浦东新区人民检察院在该起案件公开审查中，从场所、人员和技术保障三个方面予以规范，为规范开展公开审查活动提供了借鉴。

1. 在看守所内设置公开审查场所。羁押必要性审查对象均为捕后在押人员，在看守所外开展公开审查存在一定工作风险。应当将公开审查场所尽量设置在看守所内；有条件的可以在院本部和看守所之间设置远程视频，方便公开审查。

2. 合理组织相关人员参加公开审查。为确保公开审查效果，应当召集羁押必要性审查申请人、当前办案机关（部门）承办人、看守所监管民警参加，并可视情况要求被害人及社区代表等相关人员参加。羁押必要性审查承办人在主持公开审查过程中，要围绕公开审查重点，充分听取各方意见。

3. 实行全程录音录像。为充分保证犯罪嫌疑人合法权利，体现公开审查活动的公正性、透明度，应当对公开审查过程实行全程录音录像，并刻盘建档统一保存。

注：相关法律文书略。

加强捕后羁押必要性审查
落实刑事诉讼法人权保障新规定

——刘某某无罪判决刑事赔偿案

【案例要旨】

对采取逮捕措施的案件，应重视对继续羁押必要性的审查，符合变更强制措施条件的，应及时建议变更。尤其是对定罪有分歧的案件，更应充分履行法律监督职能，切实保障犯罪嫌疑人、被告人的合法权益。

【案情简要】

刘某某于2007年12月至2009年5月先后担任××公司销售员、店长、产品采购经理等职，负责电脑产品的对外销售。2008年3月至2009年5月，为达个人升职目的，刘某某利用××公司售后两个月货款入账的规定，将后面的销售款抵充前账的应收款，违反××公司限价销售规定，以低于限价每台人民币700元至1000元的价格销售电脑产品后，又以高于限价每台人民币100元至200元的价格上报公司结账，以此赢得公司对其销售业绩的肯定。为隐瞒自己违规销售的事实，刘某某还制造假象，以其他销售人员的名义低价销售电脑产品，但终因销售量过大，其本人也无经济能力偿还，案发时已造成××公司损失人民币533万元。

2009年10月13日，刘某某因涉嫌职务侵占案被静安公安分局刑事拘留，同年11月18日，静安区人民检察院以涉嫌破坏生产经营罪批准逮捕；2010年1月12日，静安公安分局以刘某某涉嫌破坏生产经营罪移送起诉，该案静安区人民检察院经两次退回补充侦查、三次延长审查起诉期限并口头请示上级检察院后，于同年7月23日提起公诉。2011年1月12日，静安区人民法院决定对其取保候审。同年11月2日，静安区人民法院经请示上级法院后认为，刘某某为达到个人升职目的，滥用××公司赋予的权力，低于限价销售电脑，系滥用权力行为，但其系非国家机关工作人员，缺乏滥用职权罪的主体要件，宣告刘某某无罪。

2012年6月18日，刘某某提出赔偿请求，申请羁押赔偿金73192.5元，精神损害抚慰金5万元。静安区人民检察院经检委会讨论后，于8月28日依法作出赔偿决定，赔偿刘某某羁押赔偿金74331.05元（2009年10月13日至2011年1月12日共457天）、精神损害抚慰金2.5万元。

【典型意义】

刘某某刑事赔偿案系《国家赔偿法》修改以来，上海市首例检察机关支付精神损害抚慰金的赔偿案件。刘某某自被拘留、逮捕至法院作出取保候审决定，羁押达457天，依法应予赔偿并支付相应精神损害抚慰金。本案长达两年的办案时间源于案件本身的疑难程度和司法机关的审慎态度，同时反映出检察机关对继续羁押必要性审查的重视不够，也反映出检察机关在追求打击犯罪的同时，应进一步增强人权保障意识。

2012年修正的《刑事诉讼法》进一步强化了检察机关的法律监督职能，对强制措施制度作了重要补充，不仅细化了逮捕条件、完善了逮捕程序，同时新增了继续羁押必要性审查等强化人权保障机制的措施。全市检察机关要以2012年修正的《刑事诉讼法》的实施为契机，更加牢固地树立惩治犯罪与保障人权并重的观念，在严格依法适用逮捕措施的同时，重视对已逮捕案件继续羁押必要性的审查，切实保障犯罪嫌疑人、被告人的合法权益。特别是对法律适用和定性存在重大争议的案件，更应慎重和从严掌握捕后羁押性强制措施的适用。对符合变更逮捕强制措施条件的，应当及时建议变更，以充分履行法律监督职能，最大限度地减少不必要羁押对犯罪嫌疑人、被告人人身权利的损害。

上海市静安区人民检察院
刑事赔偿决定书

沪静检赔决〔2012〕1号

赔偿请求人：刘某某，男，32岁，身份证号码：3101121979×××××××，原系上海××贸易有限公司店长兼产品采购经理，住上海市闵行区××村××号××室。

代理人：李某某，男，26岁，上海××律师事务所律师，系赔偿请求人刘某某的委托代理人。

赔偿请求人刘某某于2012年6月18日以本院对其涉嫌破坏生产经营一案批准逮捕、现经静安区人民法院判决宣告无罪为由，委托上海××律师事务所李某某律师向本院提出刑事赔偿申请，请求本院向其支付被羁押450日的赔偿金人民币73192.50元、精神损害抚慰金人民币50000.00元。本院于2012年7月2日决定立案办理。

本院查明：刘某某因涉嫌职务侵占罪于2009年10月13日被上海市公安局静安分局刑事拘留，同年11月18日经本院批准被逮捕。2010年1月12日上海市公安局静安分局以破坏生产经营罪将该案移送本院审查起诉，本院经审查，分别于同年2月26日、5月11日两次退回该局补充侦查。同年7月23日本院将刘某某以破坏生产经营罪向上海市静安区人民法院提起公诉。2011年1月12日经上海市静安区人民法院决定对刘某某取保候审，其被释放。同年11月2日上海市静安区人民法院根据法无明文规定不为罪的原则，依照《中华人民共和国刑法》第三条和《中华人民共和国刑事诉讼法》第一百六十二条第二项之规定，判决刘某某无罪，其被羁押457日。

本院于2012年8月2日、8月24日，听取了委托代理人李某某律师提出的赔偿金和精神损害抚慰金的意见，同时指出申请赔偿的羁押日期计算有误，并根据国家赔偿法的有关规定，双方就精神损害抚慰金赔偿项目及赔偿数额等进行了协商，并达成一致意见。

根据《中华人民共和国国家赔偿法》第二条、第十七条第二项、第二十一条第三款、第二十二条第一款、第三十三条、第三十五条之规定，本院认为：刘某某没有犯罪行为被刑事拘留、逮捕，致其丧失人身自由长达457日，已造成严重精神损害后果。刘某某被法院宣告无罪，其有取得国家赔偿的权利，本院作为赔偿义务机关应当给予赔偿、赔礼道歉。每日赔偿金按照国家2011年度全国职工日平均工资人民币162.65元计算，并支付相应的精神损害抚慰金。据此决定：

一、赔偿刘某某赔偿金人民币74331.05元；

二、支付刘某某精神损害抚慰金人民币25000.00元。

如不服本决定，可以自收到本决定二日起三十日内向上海市人民检察院第二分院申请复议。如对本决定没有异议，可以自收到本决定之日起向本院申请支付赔偿金。

二〇一二年八月二十八日

正确把握如实供述的时间与自首的认定

——张某某销售假冒注册商标的商品案

【案例要旨】

犯罪嫌疑人自动投案时没有交代自己的主要犯罪事实，直至法庭审理中出示证据后方作供认的，不能认定为自首。

【案情简要】

2008年8月至11月，张某某为牟取非法利益，明知是假冒注册商标的商品仍销售给他人，共计价值人民币67万余元。经上网追逃，张某某于2010年6月23日主动到公安机关投案。在侦查及审查起诉阶段，张某某均谎称，其受人雇用运输销售假酒，且销售金额不足25万元；共计40万余元的9张取款凭条上自己的签名系被他人仿冒。

2010年9月15日，浦东新区人民检察院对张某某以销售假冒注册商标的商品罪提起公诉；一审庭审中，张某某开始仍不如实陈述，直到法庭调查出示证据后才供认了其销售假酒共计67万余元的事实。浦东新区人民法院据此认定其有自首情节，于10月18日判处张某某有期徒刑4年，并处罚金人民币34万元。11月3日，浦东新区人民检察院以原判认定自首错误为由提出抗诉；2011年2月18日，上海市第一中级人民法院采纳检察机关意见，认为原判认定属适用法律不当，改判张某某有期徒刑6年，罚金人民币40万元。

【典型意义】

《刑法》第67条第1款规定，犯罪以后自动投案，如实供述自己的罪行的，是自首。最高人民法院《关于处理自首和立功具体应用法律若干问题的解释》（以下简称《解释》）进一步明确，如实供述自己的罪行，是指犯罪嫌疑人自动投案后，如实交代自己的主要犯罪事实。本案中，张某某在侦查、审查起诉和一审庭审被告人陈述阶段，均辩称自己系受人雇用运输销售假酒，且销售金额不足25万元，只是在庭审证据证明其系自行销售假酒，且销售金额达67万余元后，才被迫供认全部犯罪事实的。可见，张某某虽自动投案，但并没有如实交代自己的主要犯罪事实，而是避重就轻，试图逃避罪责，依法不能认定为自首。

设立自首制度既是为了鼓励犯罪嫌疑人、被告人悔过自新、接受教育改造，也是为了及时侦破、审理案件，降低司法成本，提高刑事诉讼效率。司法实践中判定行为人是否成立自首时，应对照《解释》和最高人民法院印发的《关于处理自首和立功若干具体问题的意见》（以下简称《意见》）中“自动投案”和“如实供述自己的罪行”的具体认定标准正确运用。犯罪嫌疑人自动投案时没有交代自己的主要犯罪事实，而是在司法机关掌握并查证其主要犯罪事实之后才交代的，不能认定自首。

上海市浦东新区人民检察院

起 诉 书

沪浦检刑诉〔2010〕30584号

被告人张某某，男，1974年××月××日生，身份证号码：3213241974×××××××××，汉族，小学文化，无业，户籍在江苏省泗洪县××镇××路××号。2008年6月5日因犯销售假冒注册商标的商品罪被江苏省泗洪县人民法院判处有期徒刑二年，缓刑三年。被告人张某某因涉嫌销售假冒注册商标的商品罪，于2010年6月24日被上海市公安局浦东分局刑事拘留，2010年7月28日经本院批准逮捕，同日由上海市公安局浦东分局执行。

本案由上海市公安局浦东分局侦查终结，以被告人张某某涉嫌销售假冒标的商品罪，于2010年9月1日向本院移送审查起诉。本院受理后，于2010年9月2日已告知被告人有权委托辩护人；依法讯问了被告人，审查了全部案件材料。

2008年8月至11月，被告人张某某明知是假冒42%vol500ml普通××大曲（以下简称"××大曲"）仍向本市金山区刘某甲（已判决）销售，销售金额为人民币60余万元。刘某甲将购进的上述假冒××大曲转售至原本市南汇区。

2010年6月23日，被告人张某某至公安机关投案，但未如实供述犯罪事实。

上述事实有1. 涉案人刘某甲供述、证人江某某、吴某甲、康某某、陆某某等证言；2. 被害人朱某某、刘某乙、富某某、周某某、汪某某、吴某乙陈述；3. 有关书证、江苏××酒业股份有限公司产品质量鉴定报告；4. 公安机关制作的案发经过、抓获经过；5. 被告人张某某的多次供述及辩解等证据证实。

本院认为，被告人张某某明知是假冒注册商标的商品仍予销售，销售金额数额巨大，其行为已触犯《中华人民共和国刑法》第二百一十四条之规定，应当以销售假冒注册商标的商品罪追究刑事责任。被告人张某某在缓刑考验期限内犯新罪，根据《中华人民共和国刑法》第七十七条第一款、第六十九条，应当依法撤销缓刑，实行数罪并罚。根据《中华人民共和国刑事诉讼法》第一百四十一条之规定，提起公诉，请依法审判。

此致

上海市浦东新区人民法院

检　察　员　赵为纲
代理检察员　杨晓波
二〇一〇年九月十五日

附：1. 被告人张某某现羁押于上海市南汇看守所。
2. 侦查卷宗肆册。

附：相关法律条文

《中华人民共和国刑法》

第二百一十四条　销售明知是假冒注册商标的商品，销售金额数额较大的，处三年以下有期徒刑或者拘役，并处或者单处罚金；销售金额数额巨大的，处三年以上七年以下有期徒刑，并处罚金。

第七十七条第一款　被宣告缓刑的犯罪分子，在缓刑考验期限内犯新罪或者发现判决宣告以前还有其他罪没有判决的，应当撤销缓刑，对新犯的罪或者新发现的罪作出判决，把前罪和后罪所判处的刑罚，依照本法第六十九条的规定，决定执行的刑罚。

第六十九条　判决宣告以前一人犯数罪的，除判处死刑和无期徒刑的以外，应当在总和刑期以下、数刑中最高刑期以上，酌情决定执行的刑期，但是管制最高不能超过三年，拘役最高不能超过一年，有期徒刑最高不能超过二十年。

如果数罪中有判处附加刑的，附加刑仍需执行。

《中华人民共和国刑事诉讼法》

第一百四十一条　人民检察院认为犯罪嫌疑人的犯罪事实已经查清，证据确实、充分，依法应当追究刑事责任的，应当作出起诉决定，按照审判管辖的规定，向人民法院提起公诉。

上海市浦东新区人民法院

刑事判决书

（2010）浦刑初字第2305号

公诉机关上海市浦东新区人民检察院。

被告人张某某，男，1974年××月×8日出生，汉族，小学文化，无业，户籍地江苏省泗洪县××镇××路××号。2008年6月因犯销售假冒注册商标的商品罪被江苏省泗洪县人民法院判处有期徒刑二年，缓刑三年，并处罚金三万元。因本案于2010年6月24日被刑事拘留，同年7月28日被逮捕。现羁押于上海市南汇看守所。

辩护人毛某某，上海××律师事务所律师。

上海市浦东新区人民检察院以沪浦检刑诉〔2010〕30584号起诉书指控被告人张某某犯销售假冒注册商标的商品罪，向本院提起公诉。本院于2010年9月20日受理后，依法组成合议庭，公开开庭审理了本案。上海市浦东新区人民检察院指派代理检察员杨晓波出庭支持公诉。被告人张某某及辩护人毛某某到庭参加诉讼。现已审理终结。

经审理查明，“××”文字商标经国家工商行政管理总局商标局核准注册，注册证号为第698030号，注册人为江苏××酒厂，核定使用的商品为第33类酒，注册有效期自1994年7月21日起至2004年7月20日止。2004年7月1日，上述注册商标经核准续展，续展注册有效期自2004年7月21日至2014年7月20日。

“××及图”商标经国家工商行政管理总局商标局核准注册，注册证号为第1550805号，注册人为江苏××酒业集团有限公司，核定使用的商品为第33类，酒（饮料）、果酒（含酒精）、米酒等商品，注册有效期自2001年4月7日起至2011年4月6日止。

2005年6月22日，国家工商行政管理总局商标局出具“关于认定‘××及图’商标为驰名商标的批复”。认定江苏××酒业股份有限公司使用在商标注册用商品和服务国际分类第33类白酒商品上的“××及图”注册商标为驰名商标。

2008 年 8 月至 11 月，为牟取非法利益，被告人张某某明知是假冒 500ml 装 42% vol 普通××大曲系假冒商品，仍购进一万四千余箱（每箱 12 瓶）后加价销售给刘某某，销售金额为人民币 676800 元（以下币种相同）。后刘某某将上述假冒商品加价销售给他人，销售金额约 78 万元。2008 年 11 月 16 日，刘某某被公安机关抓获。2009 年 5 月 25 日，刘某某被原上海市南汇区人民法院以销售假冒注册商标的商品罪判处有期徒刑五年，罚金五万元。

2010 年 6 月 23 日，经上网追逃的张某某主动至公安机关投案，对涉案商品的流转情况作了供述。

经江苏××酒业股份有限公司产品质量鉴定，上述产品均为假冒商品。

被告人张某某的辩护人提出张某某系主动投案，庭审中交代态度很好，其行为构成自首。张某某卖给刘某某的价格是每箱白酒 46 元，另每箱 2 元的运费金额应从总销售金额中扣除。张某某文化水平低，法律意识淡薄，社会危害性不高，建议从轻处罚。

上述事实，被告人张某某在开庭审理过程中亦无异议，并有“××”、“××及图”商标注册证、国家工商行政管理总局商标局出具的“关于认定‘××及图’商标为驰名商标的批复”、正品××大曲的瓶贴标识、涉案假冒××大曲的实物照片、同案关系人刘某某的供述、证人江某某、吴某某、康某某、陆某某等人的证言、中国农业银行综合应用系统账户明细查询、取款凭条、产品质量鉴定报告书、先行登记保存书、没收物品清单、（2008）洪刑初字第 0227 号刑事判决书、案发经过等证据证实，足以认定。

本院认为，“××”、“××及图”注册商标依法经我国商标局核准注册，且在有效期内，受法律保护。被告人张某某明知是假冒注册商标的商品仍予以销售，金额达 676800 元，数额巨大，其行为已构成销售假冒注册商标的商品罪。公诉机关指控的罪名成立，应予支持。被告人张某某在缓刑考验期限内又犯罪，应当撤销缓刑，实行数罪并罚。被告人张某某系主动投案，到案后虽然对自己的犯罪行为未全部如实供述，但在本案审理中，其如实供述了自己的犯罪行为，可认定为自首，依法从轻处罚。其辩护人提出要求对其从轻处罚的意见，予以采纳。其辩护人提出的每箱 2 元的运费金额应从总销售金额中扣除的意见，因本案中销售金额系从张某某及刘某某的银行账户中收付款明细比对吻合后相加所得，其总金额就是张某某销售涉案假冒注册商标的商品的金额，至于其中是否存在运费的组成部分并不影响该销售金额的认定，故其辩护人的相关意见，本院不予采纳。其辩护人提出张某某文化水平低，法律意识淡薄，社会危害性不高的意见。虽然张某某只有小学文化水平，但不能制假售假是一般公民应当具备的基本意识，其本身文化水平的高低不能作为售假的组成理由。

被告人张某某曾因销售假冒“××大曲”于2008年6月以销售假冒注册商标的商品罪被判处有期徒刑二年，缓刑三年。但事隔仅2个月，在缓刑考验期内，其又开始销售假冒“××大曲”，具备主观故意。因假冒白酒可能危害最终消费者的人身健康，故具有较大的社会危害性，其辩护人的相关辩护意见，本院不予采纳。

据此，为严肃国家法制，规范市场经济秩序，保护知识产权权利不受侵犯，根据被告人的犯罪情节、社会危害性、认罪悔罪态度等，依照《中华人民共和国刑法》第二百一十四条、第七十七条第一款、第六十九条、第五十三条、第六十四条及最高人民法院、最高人民检察院《关于办理侵犯知识产权刑事案件具体应用法律若干问题的解释》第二条第二款，第九条第一款、第二款第（二）项，最高人民法院、最高人民检察院《关于办理侵犯知识产权刑事案件具体应用法律若干问题的解释（二）》第四条之规定，判决如下：

一、被告人张某某犯销售假冒注册商标的商品罪，判处有期徒刑四年，罚金人民币三十四万元；维持江苏省泗洪县人民法院（2008）洪刑初字第0227号刑事判决书对被告人张某某犯售假冒注册商标的商品罪判处的有期徒刑二年，并处罚金人民币三万元，撤销其缓刑部分；决定执行有期徒刑五年六个月，罚金人民币三十七万元（已缴纳三万元，余款于判决生效后一个月内缴纳）；

（刑期从判决执行之日起计算。判决执行以前先行羁押的，羁押一日折抵刑期一日。即自2010年6月23日起至2015年12月22日止。）

二、违法所得予以没收；

三、查获的假冒注册商标的“××大曲”予以没收。

如不服本判决，可在接到判决书的第二日起十日内，通过本院或者直接向上海市第一中级人民法院提出上诉。书面上诉的应当提交上诉状正本一份，副本二份。

审 判 长　倪红霞
代理审判员　冯　祥
人民陪审员　余继钟
二〇一〇年十月十八日
书 记 员　叶菊芬

附：相关法律条文

《中华人民共和国刑法》

第二百一十四条 销售明知是假冒注册商标的商品，销售金额数额较大的，处三年以下有期徒刑或者拘役，并处或者单处罚金；销售金额数额巨大的，处三年以上七年以下有期徒刑，并处罚金。

第七十七条第一款 被宣告缓刑的犯罪分子，在缓刑考验期限内犯新罪或者发现判决宣告以前还有其他罪没有判决的，应当撤销缓刑，对新犯的罪或者新发现的罪作出判决，把前罪和后罪所判处的刑罚，依照本法第六十九条的规定，决定执行的刑罚。

第六十九条 判决宣告以前一人犯数罪的，除判处死刑和有期徒刑的以外，应当在总和刑期以下、数刑中最高刑期以上，酌情决定执行的刑期，但是管制最高不能超过三年，拘役最高不能超过一年，有期徒刑最高不能超过二十年。

如果数罪中有判处附加刑的，附加刑仍须执行。

第五十三条 罚金在判决指定的期限内一次或者分期缴纳。期满不缴纳的，强制缴纳。对于不能全部缴纳罚金的，人民法院在任何时候发现被执行人有可以执行的财产，应当随时追缴。如果由于遭遇不能抗拒的灾祸缴纳确实有困难的，可以酌情减少或者免除。

第六十四条 犯罪分子违法所得的一切财物，应当予以追缴或者责令退赔；对被害人的合法财产，应当及时返还；违禁品和供犯罪所用的本人财物，应当予以没收。没收的财物和罚金，一律上缴国库，不得挪用和自行处理。

最高人民法院、最高人民检察院《关于办理侵犯知识产权刑事案件具体应用法律若干问题的解释》

第二条第二款 销售金额在二十五万元以上的，属于刑法第二百一十四条规定的“数额巨大”，应当以销售假冒注册商标的商品罪判处三年以上七年以下有期徒刑，并处罚金。

第九条第一款、第二款第二项 刑法第二百一十四条规定的“销售金额”，是指销售假冒注册商标的商品后所得和应得的全部违法收入。

具有下列情形之一的，应当认定为属于刑法第二百一十四条规定的“明知”：

（二）因销售假冒注册商标的商品受到过行政处罚或者承担过民事责任、又销售同一种假冒注册商标的商品的。

最高人民法院、最高人民检察院《关于办理侵犯知识产权刑事案件具体应用法律若干问题的解释（二）》

第四条 对于侵犯知识产权犯罪的，人民法院应当综合考虑犯罪的违法所得、非法经营数额、给权利人造成的损失、社会危害性等情节，依法判处罚金。罚金数额一般在违法所得的一倍以上五倍以下，或者按照非法经营数额的50%以上一倍以下确定。

上海市浦东新区人民法院
刑事裁定书

（2010）浦刑初字第2305号

被告人张某某销售假冒注册商标的商品罪一案，经本院审理，于二〇一〇年十月十八日作出（2010）浦刑初字第2305号刑事判决书，现发现其中有遗漏字句，特此补充裁定如下：

原判决书第四页倒数第九行“依照《中华人民共和国刑法》第二百一十四条、第七十七条第一款、第六十九条、第五十三条、第六十四条及最高人民法院、最高人民检察院《关于办理侵犯知识产权刑事案件具体应用法律若干问题的解释》第二条第二款，第九条第一款、第二款第（二）项，最高人民法院、最高人民检察院《关于办理侵犯知识产权刑事案件具体应用法律若干问题的解释（二）》第四条之规定”；

现更正为“依照《中华人民共和国刑法》第二百一十四条、第六十七条第一款、第七十七条第一款、第六十九条、第五十三条、第六十四条及最高人民法院、最高人民检察院《关于办理侵犯知识产权刑事案件具体应用法律若干问题的解释》第二条第二款，第九条第一款、第二款第（二）项，最高人民法院、最高人民检察院《关于办理侵犯知识产权刑事案件具体应用法律若干问题的解释（二）》第四条之规定”。

原判决书第六页第五行与第六行之同增加第六十七条犯罪以后自动投案，如实供述自己的罪行的，是自首。对于自首的犯罪分子，可以从轻或者减轻处罚。其中，犯罪较轻的，可以免除处罚。

……”。

本裁定书与被补正的判决书同时发生法律效力。

审　判　长　倪红霞
代理审判员　冯　祥
人民陪审员　余继钟
二〇一〇年十一月一日
书　记　员　叶菊芬

上海市浦东新区人民检察院
刑事抗诉书

沪浦检刑抗〔2010〕4号

上海市浦东新区人民法院以（2010）浦刑初字第2305号刑事判决书认定，被告人张某某犯销售假冒注册商标的商品罪，被告人张某某在前罪判决销售假冒注册商标的商品罪缓刑考验期内又犯罪，应当撤销缓刑，实行数罪并罚。被告人张某某系主动投案，到案后虽然对自己的犯罪行为未全部如实供述，但在本案审理中，其如实供述了自己的犯罪行为，可认定为自首，依法从轻处罚。据此判处，被告人张某某有期徒刑四年，罚金人民币三十四万元，撤销前罪判决的缓刑部分（有期徒刑二年，缓刑二年），决定执行有期徒刑五年六个月，罚金人民币三十七万元。本院依法审查后认为，一审判决认定被告人张某某具有自首情节并对其从轻处罚确有错误，应予纠正。理由如下：

判决认为，被告人张某某系主动投案，到案后虽然对自己的犯罪行为未全部如实供述，但在法庭审理中，其如实供述了自己的犯罪行为，可认定为自首。该判决意见没有法律依据。被告人张某某经上网追逃后虽有自行到案的行为，但其到案后的首次供述既否认销售假冒注册商标的商品的事实，也否认明知是假冒注册商标的商品，还否认收取了销售款的事实，公安机关进一步收集新的证据（如向已判决的刘某某复核、调取被告人张某某银行取款凭条等）后，被告人张某某仍坚持到案后的首次供述内容。审查起诉阶段，被告人张某某还坚持到案后的首次供述内容。综上，被告人张某某虽有自行到案的行为，但其到案后直至审查起诉阶段均未认罪，即未如实交代犯罪事实，故并不符合法律规定的自首条件的完整要求，不应当认定其具有自首情节。同时，鉴于张正处于同种罪缓刑阶段，其在此次作案中的作用又相对较大，故本罪判处四年有期徒刑存在量刑偏轻的问题。

综上所述，上海市浦东新区人民法院（2010）浦刑初字第2305号刑事判决书对自首的认定确有错误。为维护司法公正，准确惩治犯罪，依照

《中华人民共和国刑事诉讼法》第一百八十一条的规定，特提出抗诉，请依法改判。

此致

上海市第一中级人民法院

上海市浦东新区人民检察院

二〇一〇年十一月三日

上海市第一中级人民法院
刑事判决书

（2010）沪一中刑终字第1042号

抗诉机关（原公诉机关）上海市浦东新区人民检察院。

原审被告人张某某，男，1974年××月××日出生，汉族，小学文化，无业，户籍地江苏省泗洪县××镇××路××号。2008年6月因犯销售假冒注册商标的商品罪被江苏省泗洪县人民法院判处有期徒刑二年，缓刑三年，并处罚金三万元。因本案于2010年6月24日被刑事拘留，同年7月28日被逮捕。现羁押于上海市南汇看守所。

辩护人毛某某，上海××律师事务所律师。

上海市浦东新区人民法院审理上海市浦东新区人民检察院指控原审被告人张某某犯销售假冒注册商标的商品罪一案，于2010年10月18日作出（2010）浦刑初字第2305号刑事判决。上海市浦东新区人民检察院以原判对被告人张某某的自首认定确有错误为由，向本院提起抗诉。本院于2010年11月26日受理后，依法组成合议庭，于2010年12月14日公开开庭审理了本案。上海市人民检察院第一分院指派代理检察员顾亚春出庭履行职务。原审被告人张某某及辩护人毛某某到庭参加诉讼。本案因原审被告人张某某的辩护人申请调查新的证据，延期审理一次。现已审理终结。

原判认定："××"文字商标经国家工商行政管理总局商标局核准注册，注册证号为第698030号，注册人为江苏××酒厂，核定使用的商品为第33类酒，注册有效期自1994年7月21日起至2004年7月20日止。2004年7月1日，上述注册商标经核准续展，续展注册有效期自2004年7月21日至2014年7月20日。

"××及图"商标经国家工商行政管理总局商标局核准注册，注册证号为第1550805号，注册人为江苏××酒业集团有限公司，核定使用的商品为第33类，酒（饮料）、果酒（含酒精）、米酒等商品，注册有效期自2001年4月7日起至2011年4月6日止。

2005年6月22日国家工商行政管理总局商标局出具"关于认定'××及

图’商标为驰名商标的批复。认定江苏××酒业股份有限公司使用在商标注册用商品和服务国际分类第33类白酒商品上的“××及图”注册商标为驰名商标。2008年8月至11月，为牟取非法利益，被告人张某某明知所购500ml装42%vol普通××大曲系假冒江苏××酒业股份有限公司注册商标的商品，仍购进一万四千余箱（每箱12瓶）后加价销售给刘某某，销售金额为人民币676800元（以下币种相同）。后刘某某将上述假冒商品加价销售给他人，销售金额约78万元。2008年11月16日，刘某某被公安机关抓获。2009年5月25日，刘某某上海市南汇区人民法院以销售假冒注册商标的商品罪判处有期徒刑五年，罚金五万元。

2010年6月23日，经上网追逃的张某某主动至公安机关投案，对涉案商品的流转情况作了供述。

经江苏××酒业股份有限公司产品质量鉴定，上述产品均系假冒商品。

上述事实，有经过庭审查证属实的“××”“××及图”商标注册证、国家工商行政管理总局商标局出具的“关于认定‘××及图’商标为驰名商标的批复”、正品××大曲的瓶贴标识、涉案假冒××大曲的实物照片、同案关系人刘某某的供述、证人江某某、吴某某、康某某、陆某某等人的证言、中国农业银行综合应用系统账户明细查询、取款凭条、产品质量鉴定报告书、先行登记保存书、没收物品清单、（2008）洪刑初字第0227号刑事判决书、案发经过以及被告人张某某的当庭供述等证据予以证实。

原审法院认为：“××”“××及图”注册商标依法经我国商标局核准注册，且在有效期内，受法律保护。被告人张某某明知是假冒注册商标的商品仍予以销售，金额达676800元，数额巨大，其行为已构成销售假冒注册商标的商品罪。被告人张某某在缓刑考验期限内又犯罪，应当撤销缓刑，实行数罪并罚。被告人张某某系主动投案，到案后虽然对自己的犯罪行为未全部如实供述，但在本案审理中，其如实供述了自己的犯罪行为，可认定为自首，依法从轻处罚。据此，根据被告人的犯罪情节、社会危害性、认罪悔罪态度等，依照《中华人民共和国刑法》第二百一十四条、第六十七条第一款、第七十七条第一款、第六十九条、第五十三条、第六十四条及最高人民法院、最高人民检察院《关于办理侵犯知识产权刑事案件具体应用法律若干问题的解释》第二条第二款，第九条第一款、第二款第（二）项，最高人民法院、最高人民检察院《关于办理侵犯知识产权刑事案件具体应用法律若干问题的解释（二）》第四条之规定，对被告人张某某犯销售假冒注册商标的商品罪判处有期徒刑四年，罚金人民币三十四万元；维持江苏省泗洪县人民法院（2008）洪刑初字第0227号刑事判决书对被告人张某某犯销售假冒注册商标的商品罪判处的有期徒刑二年，并处罚金人民币三万元，撤销其缓刑部分；决定执行有期徒刑五年六个月，罚金人民币三十七万元；没收违法所得；没收查获的假冒注册商标的“××大曲”。

上海市浦东新区人民检察院抗诉提被告人张某某虽有主动投案的行为，但其到案后的首次供述既否认销售假冒注册商标的商品的事实，也否认明知是假冒注册商标的商品，还否认收取了销售款的事实，在公安机关进一步收集新的证据后，张某某仍坚持到案后的首次供述内容直至审查起诉阶段。原审法院认为张某某主动投案，到案后虽然对自己的犯罪行为未全部如实供述，但在法庭审理中，如实供述了自己的犯罪事实，可认定自首的意见不符合法律规定，原判对张某某自首的认定确有错误；且张某某正处于同种罪缓刑阶段，在本次作案中作用又相对较大，故本案中对张某某判处有期徒刑四年属于量刑偏轻，请二审法院予以改判。

上海市人民检察院第一分院出庭意见认为：被告人张某某虽然主动到案，但未如实供述其主要犯罪事实，不符合自首的规定，原判对该问题适用法律错误，导致量刑偏轻。上海市浦东新区人民松察院的抗诉理由具有事实和法律依据，建议二审法院予以支持，依法纠正原判错误。

原审被告人张某某辩称，其到案后没有承认全部犯罪事实，但在一审开庭时如实供述了自己的罪行，应当认定为自首。

张某某的辩护人认为原判适用法律正确，量刑适当。理由是：被告人张某某到案后承认了部分犯罪事实，在一审庭审时，又如实供述了全部犯罪事实。现行司法解释没有规定在公安侦查和检察起诉阶段不承认犯罪事实就不能认定自首，原审法院认定张某某当庭供认犯罪事实的行为属于自首具有法律依据；同时，原审法院考虑了张某某正处于缓刑考验期的因素，结合其自首情节，所作的定罪量刑并无不当，请求二审法院维持原判。

经二审审理查明：2008年8月至11月，张某某为牟取非法利益，明知是假冒江苏××酒业股份有限公司注册商标的假酒仍向本案关系人刘某某（另案判决）销售，销售金额为676800元。经上网追逃，张某某于2010年6月23日主动到公安机关投案。上述事实与原审审理查明的基本事实相同，且由原审庭审查证属实的证据予以证实，控辩双方亦均无异议，应予确认。

针对抗诉机关、二审检察机关、原审被告人及其辩护人有关自首认定的分歧意见，经查，公安机关在张某某自动投案后先后做了六次讯问笔录，在第一次讯问时，张某某供述其系个体运输户，因偶然关系与上海金山的刘某某相识，并介绍刘某某与当地××镇××村人高某某（音）认识，并受高某某（音）之雇，前后三次将假冒的××普通大曲运输至上海金山，还应高某某（音）的要求，以自己名义办了银行卡，帮高某某（音）领取了刘某某通过银行转账支付的货款三次共计22万元，其从中领取了1万余元运输费，其余钱款均交与高某某（音）。其后数次供述与首次供述内容基本一致。在第六次讯问时，公安机关向张某某出示了其他9张签收人为张某某的取款凭条，共计金额40余万元。张某某对此辩称其没有领过上述钱款，并认为有人在仿冒其签名。在原审庭审中，张某某当庭表示认罪，供述其先后从高某某（音）处拿假酒10余次，用自己的卡车运输至上海卖与刘某某，总共销售金额达60余万元；并对公诉人当庭出示的交易凭证、取款凭条、账户明细等证据均表示无异议。原审经过庭审查证属实的同案关系人刘某某的供述、证人康某某、周某某、富某某、汪某某等人的证言及其他相关书证、鉴定报告等证据亦均证实张某某将假酒销售给刘某某，销售金额为676800元的事实。

本院认为：根据《刑法》第六十七条第一款之规定，自首的成立需要具备自动投案和如实供述两个基本要件。其中，根据最高人民法院《关于处理自首和立功具体应用法律若干问题的解释》第一条第（二）项之规定，如实供述是指犯罪嫌疑人自动投案后，如实交代自己的主要犯罪事实。而主要犯罪事实不仅包括对被告人的行为性质认定有决定意义的事实和情节，也包括对被告人的刑罚裁量有重大影响的特定事实和情节。本案中，根据张某某在侦查阶段的供述，其受人雇佣运输销售假酒，且销售金额不到25万元；而根据张某某的当庭供述及法庭查明的事实，其自行销售假酒，且销售金额达到67万余元。前后两者供述的内容反差明显，直接影响对被告人的定罪量刑，本院据此认为，张某某自动投案后未能如实供述其主要犯罪事实，存在避重就轻的现象，反映出其缺乏认罪悔罪的诚意，不符合自首认定的法律规定。关于张某某辩护人提出的现行司法解释没有规定在公安侦查和检察起诉阶段不承认犯罪事实就不能认定自首，张某某当庭如实供述应当认定自首的意见，本院认为，相关司法解释对犯罪嫌疑人的行为构成自首的基本要件作出了明确的规定，人民法院根据法律和司法解释的相关规定对犯罪嫌疑人的行为是否构成自首作出判断，法律和司法解释没有规定的，自然不能作为判案的依据。张某某辩护人的意见恰恰说明了张某某的行为要认定自首缺乏法律依据。况且，《刑法》设立自首制度目的，就是鼓励犯罪人自动投案和如实供述，以达到利用较低的司法成本查明案情，及时进行刑事追诉的目的。而本案中，张某某到案后未能如实交代主要犯罪事实，致使公安机关需要花费更多的人力、物力进行侦查，增加了国家的司法成本。如果认定张某某的行为构成自首，显然有违自首制度设立的初衷。综上所述，本院认为，原判认定张某某具有自首情节属于适用法律不当，应予纠正。抗诉机关的抗诉意见和二审检察机关的出庭意见于法有据，应予支持。原审被告人张某某的辩解及其辩护人的辩护意见缺乏法律依据，不予采纳。

本院认为，张某某明知是假冒江苏××酒业股份有限公司注册商标的假酒仍予以销售，销售金额达到676800元，数额巨大，其行为已构成销售假冒注册商标的商品罪。鉴于张某某曾因销售假冒江苏××酒业股份有限公司注册商标的“××大曲”于2008年6月以销售假冒注册商标的商品罪被判处有期徒刑二年，缓刑三年。但事隔仅2个月，在缓刑考验期内，张某某又着手销售假冒江苏××酒业股份有限公司注册商标的“××大曲”，其犯罪的主观恶性较深，故对张某某销售假冒注册商标的商品的犯罪行为应予严惩。据此，依照《中华人民共和国刑事诉讼法》第一百八十九条第（二）项及《中华人民共和国刑法》第二百一十四条、第七十七条第一款、第六十九条、第五十三条、第六十四条及最高人民法院、最高人民检察院《关于办理侵犯知识产权刑事案件具体应用法律若干问题的解释》第二条第二款，第九条第一款、第二款第（二）项，最高人民法院、最高人民检察院《关于办理侵犯知识产权刑事案件具体应用法律若干问题的解释（二）》第四条之规定，判决如下：

一、维持上海市浦东新区人民法院（2010）浦刑初字第2305号刑事判决第二项、第三项，即“违法所得予以没收”；“查获的假冒注册商标的‘××大曲’予以没收”；

二、撤销上海市浦东新区人民法院（2010）浦刑初字第2303号刑事判决第一项，即“被告人张某某犯销售假冒注册商标的商品罪，判处有期徒刑四年，罚金人民币三十四万元；维持江苏省泗洪县人民法院（2008）洪刑初字第0227号刑事判决对被告人张某某犯销售假冒注册商标的商品罪判处的有期徒刑二年，并处罚金人民币三万元，撤销其缓刑部分；决定执行有期徒刑五年六个月，罚金人民币三十七万元”；

三、原审被告人张某某犯销售假冒注册商标的商品罪，判处有期徒刑六年，并处罚金人民币四十万元；撤销江苏省洒洪县人民法院（2008）洪刑初字第0227号刑事判决对被告人张某某犯销售假冒注册商标的商品罪判处有期徒刑二年缓刑三年，并处罚金人民币三万元的缓刑执行部分；决定执行有期徒刑七年，罚金人民币四十万元。

（刑期从判决执行之日起计算。判决执行以前先行羁押的，羁押一日折抵刑期一日。即自2010年6月23日起至2017年6月22日止。罚金已缴纳人民币三万元，余款于本判决生效之日起一个月内缴纳。）

本判决为终审判决。

审　判　长　刘军华

审　判　员　唐　震

代理审判员　巩一鸣

二〇一一年二月十八日

书　记　员　施维莉

正确把握禁止令的性质和适用条件

——计某某、叶某某盗窃案

【案例要旨】

《刑法修正案（八）》规定的刑事禁止令是对管制犯、缓刑犯具体执行监管的完善措施。2011 年 4 月 30 日以前犯罪，可能判处管制或者宣告缓刑，检察机关综合被告人犯罪和个人情况，可以建议法院根据修正后的刑法宣告禁止令。

【案情简要】

被告人计某某，男，1993 年××月××日生。

被告人叶某某，男，1992 年××月××日生。

2010 年 4 月至 7 月间，计某某先后 4 次伙同他人盗窃，共计窃得公私财物价值人民币 9432 元；叶某某先后 3 次伙同他人盗窃，共计窃得公私财物价值人民币 8930 元。案发后，两被告人均能自愿认罪、被告人叶某某还有立功表现；赃物均已退还被害人或在家长帮助下对被害人进行了赔偿。

经诉前调查发现，被告人计某某在校期间曾因经常旷课，多次受到学校纪律处分；被告人叶某某沉迷于网吧，经常夜不归宿；两被告人均已退学，与同案人系校友且关系密切，盗窃作案地点均选择各自熟悉的场所；叶某某曾在被害人家中借宿时实施盗窃，审查起诉阶段经约束其不得在外过夜，收到良好效果。两被告人均具备监护帮教条件。

2011 年 4 月 13 日，长宁区人民检察院以计某某、叶某某构成盗窃罪提起公诉，并建议对计某某适用缓刑，判以禁止令，禁止其在缓刑考验期内与同案犯联系；5 月 3 日，长宁区人民法院开庭审理时，公诉人进一步建议法院判处两被告人禁止令，禁止两被告人在缓刑考验期内未经社区矫正部门批准与同案犯联系，禁止叶某某在外过夜。长宁区人民法院采纳检察机关意见，当庭以盗窃罪宣告计某某、叶某某缓刑的同时，宣告在缓刑考验期内，计某某、叶某某无正当理由，不得与同案犯交往；叶某某未经社区矫正部门批准，不得在外过夜。矫正社工亦到庭参加庭审，并接受了禁止令执行通知书。

【典型意义】

计某某、叶某某盗窃案系上海市司法机关适用《刑法修正案（八）》对宣告缓刑的被告人宣告禁止令的首例案件。本案系共同盗窃犯罪，两被告人在部分犯罪中系主犯，但两被告人犯罪时均系未成年人，叶某某还具有立功表现，依法均应从轻处罚；两被告人均能自愿认罪并全部退赔，故宣告缓刑是正确的。但从两被告人的生活经历和作案特点看，均缺乏是非观念和法律意识，所涉案件均系共同作案，具有相互影响和从众特点，且有的同案犯尚在诉讼过程中。为强化对其有效监管，促进教育矫正，防止再次危害社会，判决时宣告禁止其与同案犯接触、禁止在外过夜是适当的。

刑事禁止令是适用于管制犯和缓刑犯的一项新的刑罚执行的辅助措施，对于2011年4月30日以前犯罪，可能判处管制或者宣告缓刑的犯罪分子，检察机关从促进犯罪分子教育矫正、有效维护社会秩序的需要出发，可以依照修正后的刑法规定，建议法院宣告禁止令。刑事检察中应根据有关规定，注意分析被告人犯罪原因、性质、手段、悔罪态度以及个人一贯表现等，根据相关人员、场所和活动与犯罪行为的关联度，着眼于改变诱发犯罪的外部环境，稳妥、审慎地提出有针对性的禁止令的建议，发挥禁止令在改造和转化罪犯方面的作用，也要注意防止适用禁止令影响被告人的正常生活及行使法定权利；在对未成年人建议宣告禁止令时，应结合诉前帮教考察情况，加强与执行环节的有效衔接，确保禁止令效果。

注：相关法律文书略。

规范强制医疗特别程序法定适用条件的审查

——朱某甲强制医疗案

【案例要旨】

对依法不负刑事责任的精神病人适用强制医疗特别程序的，应注重对法定适用条件的全面审查，特别是对有继续危害社会可能性条件的重点审查。

【案情简要】

2012年12月7日16时30分许，上海某大学学生朱某甲至教学楼一楼西侧女厕所内，趁被害人左某洗手之际，从背后上前持刀顶住其颈部，挟持其进入厕所右侧最里面的隔间内对其强行猥亵，并试图奸淫。此后，朱某甲抢走左某一部价值为人民币310元的索爱U5i型手机逃逸。

公安机关经侦查于案发次日将朱某甲抓获，后经司法鉴定科学技术研究所司法鉴定中心鉴定：朱某甲患有精神分裂症，案发时及目前均处于发病期，目前无受审能力，对本案应评定为无刑事责任能力。公安机关遂将朱某甲送至市公安局安康医院采取临时保护性约束措施，并依法提出对朱某甲强制医疗的意见。2013年1月16日，黄浦区人民检察院受理本案，经审查后于同年2月7日向黄浦区人民法院提出强制医疗申请。同年3月8日，黄浦区人民法院不公开开庭审理，被申请人法定代理人认为其具备家庭监护能力，不同意对朱某甲进行强制医疗。检察机关认为，被申请人朱某甲从出现异常至案发的四年间，病情虽有反复但逐渐趋于严重；司法鉴定证实朱某甲存在言语性幻听，始终认为自己在做“应激反映实验”，MMPI测评结果显示该疾病属于易激怒、不安定的类型；主治医生认为，朱某甲所患属于妄想型精神分裂症，较难治愈，需要长期正规治疗；朱某甲案发时随身携带的管制刀具说明家长监护不力，有必要对其强制医疗。黄浦区人民法院采纳检察机关意见，作出了对朱某甲强制医疗的决定，因无人申请复议，该决定现已发生法律效力。

【典型意义】

朱某甲强制医疗案是上海市首例适用强制医疗特别程序的案件。根据相关规定，适用强制医疗必须同时具备三项条件：一是实施了危害公共安全或者严重危害公民人身安全的暴力行为，已经达到犯罪程度；二是经法定程序鉴定为依法不负刑事责任的精神病人；三是有继续危害社会的可能。被申请人朱某甲挟持被害人实施猥亵并试图强奸，事后还抢走被害人的手机，足以证明其行为已经达到犯罪的程度并具有明显的暴力特征；司法鉴定证明其无受审能力、无刑事责任能力；其家属虽有监护意愿但不具备相应的监护条件，且主治医生认为其所患妄想型精神分裂症，较难治愈，需要长期正规治疗，可以推断其有继续危害社会的可能。司法机关对其依法申请、决定适用强制医疗程序是正确的。

强制医疗程序是2012年修正的《刑事诉讼法》新增的特别程序，检察机关在办理此类案件时，除了需严格把握被申请人实施了危害公共安全或者严重危害公民人身安全的暴力行为，并经法定程序依法不负刑事责任的精神病人两个强制医疗的条件外，应重点审查被申请人是否有继续危害社会可能。因为被申请人是否有继续危害社会的可能，是司法机关基于客观事实对未来可能发生的情况作出的一种法律评价和合理推断，故对该条件的证明标准不同于对已发生犯罪事实的证明要求，应主要依据医疗机构对被申请人病情状况及是否应进行治疗的专业意见和监护人的监护意愿与监护能力等情况进行合理分析和推断。

强制医疗特别程序不同于一般的刑事诉讼程序：其审理目的在于决定对涉案精神病人是否适用强制医疗，而非对被告人的定罪和量刑作出裁判，因此，其出庭方式和出庭重点也与一般刑事诉讼案件不同：首先，法庭调查时，检察员在宣读申请书和法庭征求法定代理人意见后，即可举证，无须对法定代理人进行询问。其次，举证应围绕适用强制医疗的三项法定条件依次进行，重点应置于被申请人有继续危害社会的可能性和适用强制医疗的必要性上。最后，在上述法庭调查的基础上，检察员综合举证质证情况，针对被申请人（法定代理人）、诉讼代理人对申请书和有关证据陈述的观点发表意见，供法庭决定。

检察机关今后在办理此类案件时，还应从以下两个方面加强对强制医疗特别程序的研究。一是进一步完善《强制医疗申请书》的制作。该文书不同于起诉书，在表明被申请人的犯罪事实及相关证据的同时，还应着重表明其虽不负刑事责任但有继续危害社会可能性的相关事实并充分阐明证据。二是加强对强制医疗决定申请复议程序的研究。根据2012年修正的《刑事诉讼法》和最高人民法院出台的相关司法解释的规定，“被决定强制医疗的人、被害人及其法定代理人、近亲属对强制医疗决定不服的，可以向上一级人民法院申请复议”；而根据最高人民检察院出台的相关司法解释的规定，“人民检察院对人民法院作出的强制医疗决定或者驳回强制医疗申请的决定不当的，应当……向人民法院提出书面纠正意见”。但对人民检察院如何监督人民法院的复议过程、人民检察院提出书面纠正意见后的程序启动等问题，2012 年修正的《刑事诉讼法》和“两高”司法解释均未作出具体规定，需要在实践中不断加以探索和总结，逐渐予以明确。

上海市黄浦区人民检察院
强制医疗申请书

沪黄刑诉医申〔2013〕1号

涉案精神病人朱某甲，男，1991年××月××日生，公民身份证号码：3102271991×××××××××，汉族，大学文化，系上海××大学理学院××系学生，户籍在本市松江区××路××弄××号××室。2012年12月8日因涉嫌抢劫罪被上海市公安局刑事拘留，2013年1月10日释放，现临时保护性约束于上海市公安局安康医院。

法定代理人朱某乙，男，59岁，在本市松江区××工作。

朱某甲因涉嫌实施抢劫、强奸行为，严重危害公民人身安全，经司法鉴定科学技术研究所司法鉴定中心鉴定依法不负刑事责任。上海市公安局于2013年1月16日向本院移送强制医疗意见书。本院受理后，审查了全部案件材料。

经依法审查查明：

2012年12月7日16时30分许，朱某甲尾随被害人左某至上海××大学××校区D楼教学楼一楼西侧女厕所内，趁被害人左某准备洗手时，从背后上前持刀顶住其颈部，挟持左某进入厕所右侧最里面的隔间，脱去其上衣，强行猥亵，又多次强令左某为朱口交，中途朱某甲试图用自己的生殖器插入左某阴道，但未成功。随即，朱某甲在离开时又抢走左的一部索爱U5i型手机（经估价鉴定，价值人民币310元）后逃逸。

认定上述事实的证据如下：

1. 被害人左某陈述及辨认笔录；2. 涉案精神病人朱某甲的谈话笔录；3. 证人廖某某和法定代理人朱某乙的询问笔录；4. 现场勘验检查笔录；5. 缴获的刀具等作案工具及扣押的被抢的索爱手机等赃物；6. 上海市公安局物证鉴定中心鉴定意见书；7. 上海市价格认证中心价格鉴定意见书；8. 司法鉴定科学技术研究所司法鉴定中心鉴定意见书。

本院认为，朱某甲实施持刀抢劫、强奸行为，严重危害公民人身安全，经法定程序鉴定为依法不负刑事责任的精神病人，有继续危害社会的可能，事实清楚，证据确实充分，应当对其强制医疗。根据《中华人民共和国刑事诉讼法》第二百八十五条第二款的规定，提出强制医疗申请，请依法决定。

此致

上海市黄浦区人民法院

检察员　赵颖华

二〇一三年二月七日

附：1. 涉案精神病人朱某甲现临时保护性约束于上海市公安局安康医院。

2. 本案侦查卷2册。

上海市黄浦区人民法院
强制医疗决定书

（2013）黄浦刑医字第1号

申请机关上海市黄浦区人民检察院。

被申请人朱某甲，男，1991年××月××日出生于上海市，汉族，未婚，大学肄业，原系上海××大学理学院××系学生，户籍地本市松江区××路××弄××号××室。因涉嫌犯抢劫罪于2012年12月8日被刑事拘留，后因被鉴定为无刑事责任能力的精神病人，于2013年1月10日被释放，现被采取临时保护性约束措施于上海市公安局安康医院。

法定代理人朱某乙，系被申请人朱某甲之父。

诉讼代理人顾某某，上海市××律师事务所律师。

上海市黄浦区人民检察院以沪黄检刑诉医申〔2013〕1号申请书，于2013年2月16日向本院申请对朱某甲强制医疗。本院依法组成合议庭，因涉及个人隐私不公开开庭审理了本案。上海市黄浦区人民检察院指派检察员赵颖华出庭履行职务，被申请人朱某甲的法定代理人朱某乙、诉讼代理人顾某某到庭参加诉讼。现已审理终结。

上海市黄浦区人民检察院申请称，被申请人朱某甲于2012年12月7日16时30分许，尾随被害人至上海××大学××校区D楼教学楼一楼西侧女厕所内，趁被害人准备洗手时，从背后上前持刀顶住其颈部，挟持被害人进入厕所右侧最里面的隔间，脱去其上衣，强行猥亵被害人，又多次强令被害人为朱口交，中途朱某甲试图用自己的生殖器插入被害人阴道，但未成功。随即，朱某甲在离开时又抢走被害人的1部索爱U5i型手机（经鉴定，价值人民币310元）后逃逸。为证明上述事实，检察员当庭宣读、出示了被害人的陈述及辨认笔录、证人廖某某的证言、现场勘验检查笔录、扣押物品清单、上海市公安局物证鉴定中心鉴定意见、上海市价格认证中心价格鉴定意见、司法鉴定科学技术研究所司法鉴定中心鉴定意见、被申请人朱某甲的病史材料、谈话笔录等证据。检察机关据此认为，被申请人朱某甲实施持刀抢劫、强奸行为，严重危害公民人身安全，经法定程序鉴定为依法不负刑事责任的精神病人，有继续危害社会的可能，应对其强制医疗。

庭审中，被申请人朱某甲的法定代理人及诉讼代理人均不认同检察机关强制医疗的申请，法定代理人要求由家人送朱某甲至松江精神病医院治疗，诉讼代理人认为朱某甲不具有继续危害社会的可能，并提出继续危害社会可能的认定必须以权威机构的鉴定或评估报告为依据。

经审理查明，被申请人朱某甲于2012年12月7日16时30分许，尾随被害人至上海××大学××校区教学楼D楼1楼西侧女厕所内，趁被害人准备洗手时，从背后上前持刀顶住被害人的颈部，挟持被害人进入厕所东侧靠窗的隔间。继而，朱某甲强迫被害人交出携带的索爱牌U5i型移动电话机（经鉴定，价值人民币310元），脱去被害人的上衣，强行猥亵被害人，又多次强令被害人为其口交。中途朱某甲曾试图将生殖器插入被害人的阴道，但未成功。后朱某甲携被害人的移动电话机逃逸。公安机关经侦查，于2012年12月8日将朱某甲抓获。经鉴定，朱某甲在案发时系完全无刑事责任能力的精神病人。

本案的证据有：

1. 被害人的陈述及辨认笔录证实，2012年12月7日16时30分许，被害人在上海××大学××校区教学楼D楼1楼西侧女厕所内，正准备洗手时，被朱某甲从背后持刀顶住颈部后挟持至厕所右侧最里面的隔间。朱某甲强迫被害人交出手机，并脱去被害人的上衣，强行猥亵被害人，还多次强令被害人为其口交。中途朱某甲曾试图将生殖器插入被害人的阴道，但未成功。后朱某甲携被害人的手机逃逸。

2. 现场勘验检查笔录、扣押物品清单证实，公安人员根据朱某甲的交代，对地铁七号线上海××大学站台（6－1）屏蔽门对面垃圾箱和站厅“全家”超市西侧垃圾集中箱进行搜查，发现被害人移动电话机。

3. 上海市价格认证中心价格鉴定意见证实，索爱牌U5i型移动电话机于基准日（2012年12月7日）的价格为人民币310元。

4. 现场勘验检查笔录、上海市公安局物证鉴定中心鉴定意见，不能排除被害人双乳擦拭物中的生物性物质为朱某甲所留。

5. 司法鉴定科学技术研究所司法鉴定中心的鉴定意见证实，朱某甲患有精神分裂症，案发时及目前均处于发病期，对本案应评定为无刑事责任能力，目前应评定为无受审能力。鉴定意见摘录上海市心理咨询中心被鉴定人心理咨询记录卡：初询日期：2012年3月23日；“求询内容：大三在读，高中时就有厌学，考试紧近几月夜眠差，整日整晚上网。一周前突然对家人说‘我想杀人’……目前精神状态：神清，有猜疑，疑人背后议论，有冲动、偏执倾向，情感适切，夜眠差，有早醒，常常愤世嫉俗，针砭时弊。”鉴定意见引用

2012 年 3 月 23 日上海市精神卫生中心被鉴定人明尼苏达多相人格调查表测评报告：效度量表分析：被测验者存在病理心理问题。编码模式分析：被测验者平时易激动、不安定、好争论，难以与人交往和适应社会。一般情况下能控制自己的敌意行为，但偶尔会出现冲动。总是把自己的愤怒推之于客观因素。这样的被测验者常常有相当含糊的情绪和躯体方面的主诉，感到抑郁和焦虑，常怀疑别人的动机。

6. 证人廖某某的证言证实，其系上海市公安局安康医院的医生，是朱某甲的主治医生。朱某甲初入院时精神状况紊乱，有幻听、妄想，精神分裂症状明显，无自制力，危害性较大。从其症状看，有暴力倾向。此类病人部分须终身治疗，部分经过治疗可恢复部分的社会功能。朱某甲现需治疗，如服药不正常，会有攻击倾向，但坚持治疗可控。

7. 被申请人的法定代理人朱某乙的陈述证实，朱某甲从高二开始有异常行为，主要是课上到一半突然站起离开等。家人带朱某甲去上海心理咨询中心咨询过，基本上是半个月一次，并长期服药。2012 年初，朱某甲病情加重，走到教室就害怕，不去上课也不参加考试。3 月时，家人为朱某甲办理休学 1 年，并继续至上海心理咨询中心进行心理咨询和药物治疗。当时未向学校讲明病情，仅表示系因朱某甲学习压力大，负担重。2012 年 11 月下旬，家人让朱某甲复学，并叮嘱朱某甲在学校要继续服药，但并不清楚朱某甲是否服用。案发当晚适逢周末，朱某乙将朱某甲接回家后，未发现朱某甲有任何异常，在警察找来之前，朱某甲也主要是在房间里看书、看电脑。

8. 被申请人朱某甲的谈话笔录、扣押物品清单证实，其于 2012 年 12 月 7 日 16 时 30 分许，尾随被害人至上海××大学××校区教学楼 D 楼 1 楼西侧女厕所内，趁被害人准备洗手时，将随身携带的匕首架在被害人脖子上，挟持被害人进入最里面的隔间，强迫被害人交出手机，脱去被害人的上衣，强行猥亵被害人，又多次强令被害人为其口交。中途曾试图将生殖器插入被害人的阴道，但未成功。后朱某甲携被害人的手机离开，并在乘坐地铁 7 号线时，将该手机扔在站台边的垃圾桶内。作案时携带的匕首长 33 厘米，刀刃长 22 厘米，系 2011 年在网上购买，平时一直放在身上，作防身用。

上述证据均经庭审质证，证据合法有效，应予认定。

本院认为，被申请人朱某甲实施严重危害公民人身安全的暴力行为，但经法定程序鉴定，其依法不负刑事责任。关于被申请人的法定代理人所作可另行对朱某甲进行监护和医疗的意见及诉讼代理人认为朱某甲不具有继续危害社会的可能且须以权威机构的鉴定或评估报告为依据的意见，本院认为，被申请人的法定代理人朱某乙的陈述、证人廖某某的证言、司法鉴定意见及其摘录的朱某甲病史材料能证明，如不对朱某甲强制医疗，其确有继续危害社会的可能。故申请机关申请对朱某甲强制医疗的主张成立，本院予以支持。据此，依照《中华人民共和国刑法》第十八条第一款、《中华人民共和国刑事诉讼法》第二百八十四条之规定，决定如下：

对被申请人朱某甲予以强制医疗。

如不服本决定，可在收到决定书之日起五日内，向上海市第二中级人民法院申请复议。书面申请复议的，应当提交复议申请书正本一份，副本一份。复议期间不停止决定的执行。

审　判　长　吴明峰
审　判　员　孙攀峰
代理审判员　胡晓爽
二〇一三年三月八日
书　记　员　谢　磊

附：相关法律条文

《中华人民共和国刑法》

第十八条第一款　精神病人在不能辨认或者不能控制自己行为的时候造成危害结果，经法定程序鉴定确认的，不负刑事责任，但是应当责令他的家属或者监护人严加看管和医疗；在必要的时候，由政府强制医疗。

《中华人民共和国刑事诉讼法》

第二百八十四条　实施暴力行为，危害公共安全或者严重危害公民人身安全，经法定程序鉴定依法不负刑事责任的精神病人，有继续危害社会可能的，可以予以强制医疗。

强化立案监督审查，依法准确打击犯罪

——李某诈骗案

【案例要旨】

人民检察院受理被害人不服公安机关不立案决定的投诉，应就立案监督的形式和实质要件全面进行审查，通过调查能够证实有犯罪事实发生，需要追究刑事责任的，应当要求公安机关书面说明不立案理由；对立案监督的案件，应采取有效手段进行跟踪督促。

【案情简要】

2006年10月12日，王某某向奉贤公安分局报案称：2005年9月，其与李某就二间街面房达成公房承租权口头转让协议，并向李某支付了20万元购房款。后发现房屋承租人并非李某，遂要求退款，但李某拒不退款。公安接报后向李某调查，李某称自己在售房时已告知对方不具有承租权，且已于2006年9月将20万元购房款当面退还王某某，并提供了一张"王某某"签字的收据。公安机关据此认为该案系民事纠纷而不予立案。

同年11月6日，王某某向奉贤区人民检察院提出不服不立案的申请。奉贤区人民检察院审查后发现：王某某大拇指缺失，很难清点大量钱币，李某关于其已将20万元当面退还王某某的说法存在疑点，遂展开了立案监督调查工作：

通过寻找房屋实际承租人、房管所有关人员以及调阅奉城房管所相关房产租用权变更历史的所有资料，确认涉案房屋的公房承租权归居委会所有。

通过向房产中介等证人调查，证实李某以涉案房屋承租人的名义与王某某达成房屋交易口头协议，并先后共计收取王某某20万元房款的事实。

通过鉴定确定，李某提供的收条系用复写纸书写，且该收条正文内容与签名并非使用同一复写纸。

据此，奉贤区人民检察院于2008年2月22日向奉贤公安分局发出"要求说明不立案理由通知书”，同月 26 日，奉贤公安分局对此案立案侦查。由于李某到案后拒不交代，奉贤区人民检察院一方面建议公安机关加强办案力量；另一方面积极引导侦查取证，最终查明了李某采用涂改公房凭证的方式骗取被害人购房款，并在被害人书写委托书时多垫复写纸，套取其签名后伪造被害人收条，拒不退还房款的事实。

最终，奉贤区人民检察院以诈骗罪提起公诉。同年 10 月 9 日，奉贤区人民法院以诈骗罪判处李某有期徒刑 7 年，剥夺政治权利 1 年，并处罚金人民币 10 万元。被告人未提出上诉，判决已发生法律效力。

【典型意义】

本案系一起对公安机关应当立案而不立案进行监督的典型案件。王某某报案后，因李某辩称自己售房时已明示不具有房屋承租权，且已于案发前将收取的 20 万元购房款全数退还被害人，公安机关即以该案系民事纠纷为由，作出不立案决定。奉贤区人民检察院受理王某某不服不立案决定申请后，进行了周密细致的调查工作，通过询问被害人、证人、调取物证、书证、委托笔迹鉴定等方式，发现李某有诈骗犯罪嫌疑。经依法要求公安机关说明不立案理由，并在公安机关立案侦查后，及时跟踪案件侦办，有效引导侦查取证，李某最终获得有罪判决，较好地维护了被害人的合法权益。

《刑事诉讼法》第 87 条规定，被害人认为公安机关对应当立案侦查的案件而不立案侦查，向人民检察院提出的，人民检察院应当要求公安机关说明不立案的理由。最高人民检察院、公安部《关于刑事立案监督有关问题的规定》进一步细化了刑事立案监督的程序及其保障措施。奉贤区检察院严格依照上述规定，认真审查被害人的投诉，敏锐抓住关键事实和情节，展开调查核实，并对立案监督案件，采取有效手段进行后续督促和引导取证，确保依法准确打击犯罪、维护公民合法权益的做法，值得借鉴。

注：相关法律文书略。

刑事裁判涉财产部分执行监督非善意取得第三人退缴赃款

——陈某甲刑事裁判涉财产部分执行监督案

【案例要旨】

上海检察机关在履行财产刑执行包括刑事裁判涉财产部分执行检察职责时，应严格落实最高人民检察院《关于财产刑执行检察工作的指导意见》，积极运用调查核实权开展检察监督，在规范法院执行行为，纠正失范执行、拖延执行、消极执行、选择执行等现象的同时，支持法院执行工作，排除阻碍执行、非法干扰执行等，确保依法监督，切实提高财产刑执行监督的水平和效果。

【案情简要】

罪犯陈某甲，原系上海××服饰有限公司法定代表人，现在上海市女子监狱服刑。

2017 年 10 月 18 日，青浦区人民法院以诈骗罪判处陈某甲有期徒刑 14 年 6 个月，剥夺政治权利 4 年，并处没收财产人民币 30 万元，追缴违法所得 3091.7 万元。2018 年 2 月 12 日，上海市第二中级人民法院裁定驳回上诉，维持原判。同年 4 月 2 日、16 日，青浦区人民法院制发《执行通知书》《执行裁定书》；同月 18 日、28 日，青浦区人民法院划拨陈某甲银行账户存款 20.35 万元、4.62 万元。同年 5 月 7 日，青浦区人民法院对陈某甲作出《限制消费令》《失信决定书》；6 月 21 日，陈某甲家属代为缴纳申请执行款项 100 万元。7 月 23 日，青浦区人民法院将 124.97 万元退赃款发还被害单位。同月 24 日，陈某甲前夫代缴没收财产 30 万元。经青浦区人民检察院监督，9 月 17 日，陈某甲家属再次退缴赃款人民币 1400 万元。

2018 年 7 月，青浦区人民检察院在梳理财产刑执行检察案件过程中发现，罪犯陈某甲因骗取政府动拆迁款获刑，刑事裁判涉财产部分数额特别巨大；陈某甲本人及家庭经济条件较优越，但截至2018年6月28日，青浦区人民法院共计执行到位款项124.97万元，尚有2900余万元未退缴到位。青浦区人民检察院进一步调查后发现，侦查阶段陈某甲曾供述将违法所得3000多万元用于建厂房和购置住宅等。青浦区人民检察院综合分析后认为，该案刑事裁判涉财产部分执行到位可能性较大，遂以排摸陈某甲名下资产为切入点，积极开展调查核实工作：

一是查询陈某甲及家属名下不动产登记信息。2018年7月24日，上海市不动产登记事务中心出具《上海市不动产登记簿》显示：陈某甲于2014年2月购买了上海市青浦区××镇××路××弄××号一幢花园住宅，建筑面积697.90平方米。房地产权号：青2014××××××（以下简称“花园住宅”），该房屋设置抵押权，抵押权人为中国农业银行股份有限公司上海闵行支行，债权数额1820万元。

二是查询上海××服饰有限公司在中国××银行××支行开户的账号“2011—2012年”交易明细，了解动迁款项3091.7万元汇入陈某甲银行账户后资金流向。

三是向罪犯陈某甲家属核实财产去向，陈某甲女儿马某某亦证明3000多万元拆迁款（即赃款）到账户后全部用于投资及还债。

经调查核实后青浦区人民检察院认为，罪犯陈某甲独立拥有的花园住宅市价约4000余万元，扣除1820万元抵押权款后可执行财产仍有2000余万元。且罪犯陈某甲家属也表示拆迁款汇至账户后用于家庭投资及还债，并明确表示愿意在其能力范围内逐步缴纳刑事裁判财产刑部分。

2018年8月8日，青浦区人民检察院将罪犯陈某甲不动产信息及相关材料抄送青浦区人民法院，并就罪犯陈某甲刑事裁判涉财产部分尚未执行到位等情况向青浦区人民法院制发检察建议书，建议对陈某甲名下的花园住宅予以查封并进行司法拍卖。鉴于其家属系非善意取得的第三人，建议青浦区人民法院追缴陈某甲及其家属用3091.7万元赃款投资和置业所形成的财产及其收益。

青浦区人民法院采纳监督意见，于2018年8月15日对陈某甲名下的花园住宅予以查封；同年9月17日，陈某甲家属从上海××服饰有限公司账户为陈某甲退缴赃款1400万元。

【典型意义】

陈某甲刑事裁判涉财产部分执行监督一案，系检察机关成功履行财产刑监督职能的典型案件。青浦区人民检察院多措并举，督促法院执行部门积极履职，在“进博会”召开之际，营造了良好的营商环境，有效提升司法公信力、强化刑罚执行力，取得较好的监督效果。

一是检察长直接办案。陈某甲刑事裁判涉财产部分执行监督一案，涉案标的大、社会关注度高、办案难度大。青浦区人民检察院分管副检察长亲自挂帅，带领检察官办案组，对本案的刑事裁判涉财产部分执行进行监督，有力支持法院刑事裁判涉财产部分的依法执行。

二是探索运用调查核实权开展刑事裁判涉财产部分执行监督工作。在执行监督过程中，青浦区人民检察院以查清被执行对象的经济状况为首要条件，充分运用调查核实权，找准案件监督突破口。通过排摸陈某甲及其家属的不动产信息，与罪犯及其家属谈话等方法，查询发案阶段被执行对象银行流水记录，掌握被执行对象财产情况第一手资料，了解赃款去向，固定基础证据。

三是探索将非善意取得第三人的部分财产作为被执行对象。根据最高人民法院《关于刑事裁判涉财产部分执行的若干规定》第 10 条第 2 款之规定，青浦区人民检察院鉴于陈某甲家属系非善意取得的第三人，依法向青浦区人民法院建议，追缴刑事被执行人将赃款用于投资和置业形成的财产及其收益。

四是践行监督新理念，建立健全双赢多赢共赢工作机制。办案过程中，青浦区人民检察院将青浦区人民法院尚未掌握的陈某甲名下一处不动产信息抄送该法院，为刑事裁判涉财产部分执行到位提供了检察支持。青浦区人民法院对该处房产予以查封，家属退缴 1400 万元并承诺将违法所得款项陆续退回。为进一步推动青浦区财产刑执行监督工作，青浦区人民检察院与法院会签《关于建立刑事裁判涉财产部分执行及法检协作机制的意见（试行）》，就规范和完善财产刑执行监督工作，强化情况通报和信息共享工作机制等明确意见，共同推进青浦区财产刑执行及其法律监督工作深入开展。

上海市青浦区人民检察院
起诉书

沪青检诉刑诉〔2015〕1522号

被告人谢某某，男，1967年××月××日生，公民身份证号码：3102291967××××××××，汉族，高中文化，中共党员，户籍在上海市青浦区××镇×××号，住上海市青浦区××路××××弄××号，原系上海××经济技术开发总公司财务经理。

被告人杨某某，男，1957年××月××日生，公民身份证号码：3102291957××××××××，汉族，高中文化，中共党员，户籍在上海市青浦区××镇××居委会××小区××号，暂住青浦区××镇××号××室，原系上海市××经济技术开发总公司副总经理。

被告人陈某甲，女，1965年××月××日生，公民身份证号码：3102291965××××××××，汉族，初中文化，户籍在上海市青浦区××镇××号，住上海市青浦区××镇××路××号，上海××××服饰有限公司法定代表人。

被告人谢某某、陈某甲于2014年11月14日因涉嫌贪污罪，经本院决定由上海市公安局青浦分局执行刑事拘留，2014年11月28日经上海市人民检察院第二分院决定，同日由上海市公安局青浦分局执行逮捕。2015年1月19日经上海市人民检察院第二分院批准延长羁押期限一个月，2015年2月17日经上海市人民检察院批准延长羁押期限二个月。

被告人杨某某于2014年12月26日因涉嫌贪污罪，经本院决定由上海市公安局青浦分局执行刑事拘留，2015年1月9日经上海市人民检察院第二分院决定，同日由上海市公安局青浦分局执行逮捕。2015年3月4日经上海市人民检察院第二分院批准延长羁押期限一个月，2015年4月2日经上海市人民检察院批准延长羁押期限二个月。

被告人谢某某、陈某甲涉嫌贪污罪一案，由本院反贪污贿赂局于2015年4月29日侦查终结。本院经审查，于2015年5月15日报送上海市人民检察院第二分院审查起诉。上海市人民检察院第二分院经审查分别于2015年9月11

日将谢某某案、2015年10月23日将陈某甲案交送本院办理。本院受理后，分别于2015年9月14日、10月26日告知被告人有权委托辩护人，依法讯问了被告人，审查了全部案件材料。

被告人杨某某涉嫌贪污罪一案，由本院反贪污贿赂局于2015年6月4日侦查终结。本院于次日告知被告人有权委托辩护人，依法讯问了被告人，审查了全部案件材料。经审查，于2015年7月17日、9月30日二次退回补充侦查，本院反贪污贿赂局于2015年8月17日、10月30日补充侦查终结，移送审查起诉。

经依法审查查明：

一、2002年8月、2003年10月，被告人陈某甲实际控制的上海××××服饰有限公司（以下简称“××××公司”）、上海××××××工贸有限公司（以下简称“××××××公司”）分别与上海××经济技术开发总公司（以下简称“××公司”）签订土地征用协议书，××××公司于2002年至2004年分三笔缴纳了共计290万元土地配套费。2006年7月至8月，经被告人陈某甲与××公司确认，并由时任××公司财务部负责人的被告人谢某某开具了××××公司已付土地配套费转入××××××公司的情况说明，后××公司将××××公司支付的290万元土地配套费全额转入××××××公司名下，作为××××××公司支付的土地配套费。至此，××××公司向××公司支付的土地配套费为0元。

2011年3月至6月，被告人陈某甲利用被告人谢某某担任××公司财务经理负责土地配套费支付情况审查工作的职务便利，指使被告人谢某某等人为××××公司出具虚假的土地配套费付款证明，使得被告人陈某甲骗取了土地动迁补偿款3091.7万元。

二、2010年至2011年，被告人杨某某利用担任××公司副总经理的职务便利，在明知其实际控制的上海××××××××电器设备有限公司（以下简称“××××××××公司”）土地已经被政府规划控制，在××××××××公司被吊销和无法缴纳土地配套费的情况下，伙同××公司财务经理被告人谢某某，通过补缴77万元土地配套费和注册上海××××××××电器有限公司，并在动迁材料中变造付款收据日期、提供虚假的银行转账支票和出具土地款付清情况证明，以上海××××××××电器有限公司顶替××××××××公司成为被动迁主体，骗取国家动迁补偿款238万元。

到案后，被告人谢某某如实供述了本案事实；2014年12月25日，在上海市青浦区纪委向被告人杨某某了解××××××××公司情况时，被告人杨某某主动如实供述了上述事实。

上述第一节事实，有以下证据证明：

1. 单位员工个人信息表、××公司证明、财务部工作制度及被告人谢某某参加××公司班子会情况、××公司档案机读材料、营业执照等工商登记材料、证人陈某乙、顾某甲的证言、人口信息等证实，被告人谢某某自2006年起担任××公司财务部负责人，自2013年9月起担任××公司财务经理；被告人陈某甲系××××公司、××××××公司实际控制人；及被告人陈某甲、谢某某的户籍信息等情况。

2. 土地征用协议书、记账收据、记账凭证、关于上海××××服饰有限公司已付土地配套费转入上海××××××工贸有限公司的情况说明、笔迹鉴定书、证人谢某甲的证言证实，××××公司、××××××公司与××公司签订土地征用的协议及××××公司将缴纳的土地配套费转入××××××公司名下的情况。

3. 证人曹某甲、马某甲、庄某的证言、××公司证明、收据证实，被告人谢某某等人为××××公司出具虚假的土地配套费付款证明的情况。

4. 证人崔某甲的证言、土地征用协议书、关于《解除土地征用协议书》的协议书、银行付款回单、收据证实，××动拆迁公司基于××公司出具的付款证明，在向××公司核实后，支付××××公司土地补偿款3091.7万元。

5. 上海司法会计中心司法鉴定意见书证实，经鉴定，××公司财务经理谢某某等人与××××公司法定代表人陈某甲，在××××公司付给××公司土地配套费为0元的情况下，在获取国家会展中心土地储备企业土地补偿金的过程中，涉嫌骗取土地动迁补偿款3091.7万元。

6. 授权委托书、证人顾某乙、高某甲的证言、动拆迁补偿安置费用付款流程表、上海××商务开发有限公司（以下简称××商务公司）文件、青浦区人民政府文件、上海××动拆迁有限公司（以下简称××动拆迁公司）请示、档案机读材料证实，××商务公司系国有独资公司，经青浦区××镇人民政府、××商务公司协商决定，由××公司出具委托书，委托××动拆迁公司处理××开发区范围内原协议出让的集体土地的解约及赔偿事宜，由××公司协助配合开展动拆迁工作。

7. 被告人陈某甲、谢某某的供述证实，通过出具虚假付款证明骗取动迁补偿款的情况。

8. 案发经过、到案经过证实，本案案发及被告人陈某甲、谢某某到案经过等情况。

上述第二节事实，有以下证据证明：

1. 上海市青浦区××镇政府文件、干部简历证实，被告人杨某某在××

公司任职情况。

2. 土地批租协议书、上海×××××××××电器设备有限公司和上海××××××××电器有限公司档案机读材料、上海市工商行政管理局行政处罚决定书、证人陆某某的证言证实，×××××××××公司与××公司签订土地批租协议，后×××××××××公司被吊销，以及上海×××××××××电器有限公司注册成立的情况。

3. 上海市人民政府、上海市城市规划管理局、上海市青浦区人民政府、上海市青浦区××镇政府等文件、上海××商务开发有限公司关于对大型社区规划范围内土地储备的函及出具的证明、情况说明、××公司会议纪要、证人耿某某的证言等证实，×××××××××公司名下土地被政府规划控制的情况。

4. ××公司记账凭证、银行存款明细账、建行收款凭条；××公司工会账号银行流水、银行凭证；发票领购簿、建行凭证和收据、××动迁公司会议纪要等证实，×××××××××公司变造付款收据日期、提供虚假的银行转账支票和出具土地配套费付款情况。

5. 上海××动拆迁有限公司《关于国家会展中心动迁企业（签约空地）土地补偿费结算方案的请示》，上海××商务开发有限公司沪西商〔2010〕24号文件，×××××××××电器设备土地批租协议书，关于解除《土地征用协议书》的协议书、证明、情况说明、企业动迁补偿费申请表、××××××××电器收据和银行收款凭证、证人杨某甲的证言证实，上海××××××××电器有限公司获得土地动迁款的情况。

6. 上海司法会计中心司法鉴定意见书证实，杨某某等人骗取土地动迁补偿款238万元。

7. 被告人谢某某、杨某某的供述的证言证实，被告人谢某某帮助杨某某骗取动迁补偿款的情况。

8. 案发经过证实，本案案发及被告人杨某某到案情况。

上述证据来源及收集程序合法，内容客观真实，足以认定指控事实。

本院认为，被告人谢某某、杨某某系依照法律从事公务的人员，利用职务上的便利，共同或单独伙同被告人陈某甲，骗取公共财物，数额特别巨大，其行为已分别触犯《中华人民共和国刑法》第三百八十二条第一款、第三款，第三百八十三条第一款第（三）项，第九十三条第二款，第二十五条第一款，犯罪事实清楚，证据确实、充分，应当以贪污罪追究其刑事责任。被告人谢某某如实供述自己的罪行，根据《中华人民共和国刑法》第六十七条第三款的规定，可以从轻处罚。被告人杨某某主动投案如实供述自己的罪行，根据

《中华人民共和国刑法》第六十七条第一款的规定，是自首，可以从轻或减轻处罚。根据《中华人民共和国刑事诉讼法》第一百七十二条之规定，提起公诉，请依法审判。

此致

上海市青浦区人民法院

检察员　张昌明

二〇一五年十一月二十四日

附：1. 被告人陈某甲、谢某某现均羁押于上海市青浦区看守所。被告人杨某某现羁押于上海市第三看守所。

2. 侦查卷宗10册、司法鉴定意见书2册。

附：相关法律条文

《中华人民共和国刑法》

第二十五条第一款　共同犯罪是指二人以上共同故意犯罪。

第六十七条第一款、第三款　犯罪以后自动投案，如实供述自己的罪行的，是自首。对于自首的犯罪分子，可以从轻或者减轻处罚。其中，犯罪较轻的，可以免除刑罚。

犯罪嫌疑人虽不具有前两款规定的自首情节，但是如实供述自己罪行的，可以从轻处罚；因其如实供述自己罪行，避免特别严重后果发生的，可以减轻处罚。

第九十三条第二款　国有公司、企业、事业单位、人民团体中从事公务的人员和国家机关、国有公司、企业、事业单位委派到非国有公司、企业、事业单位、社会团体从事公务的人员，以及其他依照法律从事公务的人员，以国家工作人员论。

第三百八十二条第一款、第三款　国家工作人员利用职务上的便利，侵吞、窃取、骗取或者以其他手段非法占有公共财物的，是贪污罪。

与前两款所列人员勾结，伙同贪污的，以共犯论处。

第三百八十三条　对犯贪污罪的，根据情节轻重，分别依照下列规定处罚：

（一）贪污数额较大或者有其他较重情节的，处三年以下有期徒刑或者拘役，并处罚金。

（二）贪污数额巨大或者有其他严重情节的，处三年以上十年以下有期徒刑，并处罚金或者没收财产。

（三）贪污数额特别巨大或者有其他特别严重情节的，处十年以上有期徒刑或者无期徒刑，并处罚金或者没收财产；数额特别巨大，并使国家和人民利益遭受特别重大损失的，处无期徒刑或者死刑，并处没收财产。

对多次贪污未经处理的，按照累计贪污数额处罚。

犯第一款罪，在提起公诉前如实供述自己罪行、真诚悔罪、积极退赃，避免、减少损害结果的发生，有第一项规定情形的，可以从轻、减轻或者免除处罚；有第二项、第三项规定情形的，可以从轻处罚。

犯第一款罪，有第三项规定情形被判处死刑缓期执行的，人民法院根据犯罪情节等情况可以同时决定在其死刑缓期执行二年期满依法减为无期徒刑后，终身监禁，不得减刑、假释。

《中华人民共和国刑事诉讼法》

第一百七十二条　人民检察院认为犯罪嫌疑人的犯罪事实已经查清，证据确实、充分，依法应当追究刑事责任的，应当作出起诉决定，按照审判管辖的规定，向人民法院提起公诉，并将案卷材料、证据移送人民法院。

上海市青浦区人民法院
刑事判决书

（2015）青刑初字第1555号

公诉机关上海市青浦区人民检察院。

被告人谢某甲，男，1967年××月××日出生于上海市青浦县（身份证号码3102291967×××××××××），汉族，高中文化程度，原系上海××经济技术开发总公司财务经理，户籍所在地上海市青浦区××镇宅东××号，现住上海市青浦区××路××弄××号。2014年11月13日因涉嫌贪污犯罪被上海市青浦区人民检察院羁押，同年11月14日经上海市青浦区人民检察院决定由上海市公安局青浦分局执行刑事拘留，同年11月28日经上海市人民检察院第二分院决定由上海市公安局青浦分局执行逮捕。现押于上海市青浦区看守所。

辩护人江某某，上海市××律师事务所律师。

辩护人乔某，上海市××律师事务所律师。

被告人杨某甲，男，1957年××月××日出生于上海市青浦县（身份证号码3102291957×××××××××），汉族，高中文化程度，原系上海××经济技术开发总公司副总经理，户籍所在地上海市青浦区××镇××居委会××小区××号，现住上海市青浦区××镇××号××室。2014年11月25日因涉嫌贪污犯罪被上海市青浦区人民检察院羁押，同年11月26日经上海市青浦区人民检察院决定由上海市公安局青浦分局执行刑事拘留，2015年1月9日经上海市人民检察院第二分院决定由上海市公安局青浦分局执行逮捕。现押于上海市第三看守所。

辩护人闫某，上海市××律师事务所律师。

辩护人朱某乙，上海××律师事务所律师。

被告人陈某甲，女，1965年××月××日出生于上海市青浦县（身份证号码3102291965×××××××××），汉族，初中文化程度，系上海××服饰有限公司法定代表人，户籍所在地上海市青浦区××镇××号，现住上海市青浦区××镇××路××号。2014年11月13日因涉嫌贪污犯罪被上海市青浦区人民检察院羁押，同年11月14日经上海市青浦区人民检察院决定由上海市公安局青浦分局执行刑事拘留，同年11月28日经上海市人民检察院第二分院决定由上海市公安局青浦分局执行逮捕。现押于上海市青浦区看守所。

辩护人潘某某，上海××律师事务所律师。

辩护人王某某，上海××律师事务所律师。

上海市青浦区人民检察院以沪青检诉刑诉〔2015〕1522号起诉书指控被告人谢某甲、杨某甲、陈某甲犯贪污罪，于2015年11月24日向本院提起公诉。本院依法组成合议庭，公开开庭审理了本案。上海市青浦区人民检察院指派检察员张昌明出庭支持公诉，被告人谢某甲及其辩护人江某某、乔某，被告人杨某甲及其辩护人闫某、朱某乙，被告人陈某甲及其辩护人潘某某、王某某到庭参加诉讼。审理期间，经公诉机关申请本院决定延期审理两次。现已审理终结。

上海市青浦区人民检察院指控：

一、2002年8月、2003年10月，被告人陈某甲实际控制的上海××服饰有限公司（以下简称××服饰公司）、上海××工贸有限公司（以下简称××工贸公司）分别与上海××经济技术开发总公司（以下简称××开发公司）签订土地征用协议书，××服饰公司于2002年至2004年分三笔缴纳了共计人民币290万元（以下币种均为人民币）土地配套费。2006年7月至8月，经被告人陈某甲与××开发公司确认，并由时任××开发公司财务部负责人的被告人谢某甲开具了××服饰公司已付土地配套费转入××工贸公司的情况说明，后××开发公司将××服饰公司支付的290万元土地配套费金额转入××工贸公司名下，作为××工贸公司支付的土地配套费。至此，××服饰公司向××开发公司支付的土地配套费为0元。

2011年3月至6月，被告人陈某甲利用被告人谢某甲担任××开发公司财务经理负责土地配套费支付情况审查工作的职务便利，指使被告人谢某甲等人为××服饰公司出具虚假的土地配套费付款证明，使得被告人陈某甲骗取了土地动迁补偿款30917000元。

二、2010年至2011年，被告人杨某甲利用担任××开发公司副总经理的职务便利，在明知其实际控制的上海××电器设备有限公司（以下简称××设备公司）土地已经被政府规划控制，在××设备公司被吊销和无法缴纳土地配套费的情况下，伙同××开发公司财务经理被告人谢某甲，通过补缴77万元土地配套费和注册上海××电器有限公司，并在动迁材料中变造付款收据日期、提供虚假的银行转账支票和出具土地款付清情况证明，以上海××电器有限公司顶替××设备公司成为被动迁主体，骗取国家动迁补偿款238万元。

2014年11月12日，被告人谢某甲、陈某甲接上海市青浦区纪委电话通知后到案，到案后均如实供述了本案事实；2014年12月25日，在上海市青浦区纪委向被告人杨某甲了解××设备公司情况时，被告人杨某甲主动如实供述了上述事实。

证实第一节犯罪事实的证据如下：

1. 单位员工个人信息表、××开发公司证明、财务部工作制度及被告人谢某甲参加××开发公司班子会情况、××开发公司档案机读材料、营业执照等工商登记材料、证人陈某乙、顾某甲的证言、人口信息等证实，被告人谢某甲自2006年起担任××开发公司财务部负责人，自2013年9月起担任××开发公司财务经理；被告人陈某甲系××服饰公司、××工贸公司实际控制人；及被告人陈某甲、谢某甲的户籍信息等情况。

2. 土地征用协议书、记账收据、记账凭证、关于××服饰公司已付土地配套费转入××工贸公司的情况说明、笔迹鉴定书、上海市国有土地使用权出让合同、上海市房地产登记簿、收据、青浦区规划和土地管理局出具的情况说明、证人谢某乙的证言、上海市青浦区××镇经济管理事务中心出具的记账凭证证实，××服饰公司、××工贸公司与××开发公司签订土地征用的协议及××服饰公司将缴纳的土地配套费290万元转入××工贸公司名下的情况。2004年2月，××开发公司向上海市青浦区土地管理所缴纳耕地开垦费6710700.50元，其中，代××服饰公司缴纳1171013元，2005年12月，××开发公司代××服饰公司向上海市青浦区财政局缴纳耕地占用税92048元，上述二笔费用，××开发公司以开发成本计入公司账目。××服饰公司于2004年缴纳的土地使用权出让金310160元系××服饰公司因购买另一地块所支付的费用，××服饰公司已取得该地块的产权证。2004年9月30日，上海市青浦区××镇经济管理事务中心退还××服饰公司土地款30万元。

3. 证人曹某某、马某某、庄某的证言、××开发公司证明、收据证实，被告人谢某甲等人为××服饰公司出具虚假的土地配套费付款证明的情况。

4. 证人崔某某的证言、土地征用协议书、关于《解除土地征用协议书》的协议书、银行付款回单、收据证实，×××动拆迁公司基于××开发公司出具的付款证明，在向××开发公司核实后，支付××服饰公司土地补偿款30917000元。

5. 上海司法会计中心司法鉴定意见书证实，经鉴定，××开发公司财务经理谢某甲等人与××服饰公司法定代表人陈某甲，在××服饰公司付给××开发公司土地配套费为0元的情况下，在获取国家会展中心土地储备企业土地补偿金的过程中，涉嫌骗取土地动迁补偿款30917000元。

6. 授权委托书、证人顾某乙、高某某的证言、动拆迁补偿安置费用付款流程表、上海×××商务开发有限公司（以下简称×××商务公司）文件、青浦区人民政府文件、上海×××动拆迁有限公司（以下简称×××动拆迁公司）请示、档案机读材料证实，×××商务公司系国有独资公司，经青浦区××镇人民政府、×××商务公司协商决定，由××开发公司出具委托书，委托×××动拆迁公司处理××开发区范围内原协议出让的集体土地的解约及赔偿事宜，由××开发公司协助配合开展动拆迁工作。

7. 被告人陈某甲、谢某甲的供述证实，通过出具虚假付款证明骗取动迁补偿款的情况。

8. 案发经过、到案经过、情况说明证实，本案案发及被告人陈某甲、谢某甲到案经过等情况。

证实上述第二节犯罪事实的证据如下：

1. 上海市青浦区××镇政府文件、干部简历证实，被告人杨某甲在××开发公司任职情况。

2. 土地批租协议书、××设备公司和上海××电器有限公司档案机读材料、上海市工商行政管理局行政处罚决定书、证人陆某甲的证言证实，××设备公司与××开发公司签订土地批租协议，后××设备公司被吊销，以及上海××电器有限公司注册成立的情况。

3. 上海市人民政府、上海市城市规划管理局、上海市青浦区人民政府、上海市青浦区××镇政府等文件、×××商务公司关于对大型社区规划范围内土地储备的函及出具的证明、情况说明、××开发公司会议纪要、证人耿某某的证言等证实，××设备公司名下土地被政府规划控制的情况。

4. ××开发公司记账凭证、银行存款明细账、建行收款凭条、××开发公司工会账号银行流水、银行凭证、发票领购簿、建行凭证和收据、×××动拆迁公司会议纪要等证实，××设备公司变造付款收据日期、提供虚假的银行转账支票和出具土地配套费付款情况。

5. ×××动拆迁公司《关于投产企业补偿标准的请示》、《关于国家会展中心动迁企业（签约空地）土地补偿费结算方案的请示》、×××商务公司沪西商〔2010〕24号、20号文件、××设备公司土地批租协议书、关于解除《土地征用协议书》的协议书、证明、情况说明、企业动迁补偿费申请表、××电器收据和银行收款凭证、证人杨某乙的证言证实，上海××电器有限公司获得土地动迁款的情况。

6. 上海司法会计中心司法鉴定意见书证实，杨某甲等人骗取土地动迁补偿款238万元。

7. 被告人谢某甲、杨某甲的供述证实，被告人谢某甲帮助杨某甲骗取动迁补偿款的情况。

8. 案发经过证实，本案案发及被告人杨某甲到案情况。

综上，公诉机关认为，被告人谢某甲、杨某甲系依照法律从事公务的人员，利用职务上的便利，共同或单独伙同被告人陈某甲，骗取公共财物，数额特别巨大，其行为已分别触犯《中华人民共和国刑法》第三百八十二条第一款、第三款，第三百八十三条第一款第（三）项，第九十三条第二款，第二十五条第一款之规定，应当以贪污罪追究其刑事责任。被告人谢某甲、陈某甲接区纪委电话通知后到案，到案后均如实供述了自己的罪行；被告人杨某甲主动投案如实供述自己的罪行，根据《中华人民共和国刑法》第六十七条第一款的规定，均系自首，可以从轻或减轻处罚。提请本院依法审判。

被告人谢某甲对公诉机关指控的基本犯罪事实无异议，但辩解起诉指控的第一节事实是根据曹某某的授意为陈某甲开具了证明，第二节犯罪事实中付款日期提前是杨某甲提出的；另辩解其本人没有贪污的故意。辩护人认为公诉机关对谢某甲的指控事实不清、证据不足、适用法律不当。理由如下：1. 谢某甲非起诉书指控的系依照法律规定从事公务的人员。谢某甲受××开发公司聘用从事出纳工作，会计由××镇人民政府经济管理中心兼任，××开发公司属集体企业性质。任职期间，谢某甲从未利用××开发公司出纳职务上的便利，以任何方式单独或伙同他人共同骗取××开发公司的土地款，起诉指控的财物是×××动拆迁公司的国有土地补偿款，与××开发公司没有法律上的隶属关系。2. ××开发公司对历史遗留的签订协议未支付土地款的协议都是认可的，至土地补偿结束前，从未依法书面通知过终止协议，协议依法有效。谢某甲主观上并无利用其职务上的便利，侵吞、窃取、骗取或者以其他手段非法占有××开发公司的土地补偿款。杨某甲一节犯罪事实中，谢某甲始终按××开发公司的领导指令在工作，也没有贪污的动机。谢某甲也没有篡改××开发公司的财务账册或财务凭证。综上，谢某甲的行为不应认定贪污犯罪。如果认定其有罪，也应考虑其系自首等情节，予以减轻处罚。

被告人杨某甲对公诉机关指控的基本犯罪事实无异议，但辩解其没有让谢某甲将付款日期提前，并请求法庭对其从轻处罚。辩护人对公诉机关指控杨某甲的犯罪事实及罪名均有异议，认为杨某甲无罪，理由如下：1. 杨某甲不符合贪污罪的犯罪主体。杨某甲所在公司是集体所有制企业，其不具有国家工作人员的身份。2. 杨某甲没有利用职务上的便利，他不分管动拆迁工作。3. 杨某甲的行为并非职务行为。××设备公司虽被吊销，但其主体仍存在，杨某甲问谢某甲是否可以交土地款，不存在领导与被领导的关系，付款日期提前是谢某甲主动为杨某甲办的。4. 杨某甲没有犯罪的主观故意。动迁款是合法取得的，补偿属于双方的民事法律关系。××设备公司被吊销执照仅是行政处罚，企业法人被吊销之后，其民事主体还存在。综上，杨某甲贪污罪名不成立。辩护人还提请法庭注意杨某甲具有如下情节：1. 被告人杨某甲系自首，可以从轻、减轻处罚。2. 被告人女儿愿意退回钱款，可酌情从轻处罚。3. 被告人身体状况不好，请求法庭对被告人公正判决。

被告人陈某甲对公诉机关指控的基本犯罪事实无异议。辩护人认为公诉机关指控陈某甲的犯罪事实及罪名均不成立，理由如下：1. ××服饰公司系合法的被动拆迁对象，依法应当给予土地补偿款。2. ××服饰公司与×××动拆迁公司之间是民事法律关系，无须刑法调整。3. 陈某甲仅实施了让谢某甲出具××服饰公司已全部缴纳土地款的证明，在案证据无法证明该行为与获得补偿款之间有因果关系。××服饰公司的土地性质为征用土地，而根据×××动拆迁公司2014年的动迁政策，征用土地是按照每亩45万元的标准予以补偿，并不需要按照缴款比例补偿，故陈某甲是否递交上述证明，×××动拆迁公司都应当给予足额补偿。4. 谢某甲、陈某甲都不具有国家工作人员身份，其构成贪污罪的唯一途径系共同犯罪，但谢某甲所在的××开发公司系集体企业，其财务部经理职务系该企业任命，因此，其不属于在国有公司中从事公务的人员，也非系国家机关、国有公司委派从事公务的人员，故谢某甲不符合贪污罪的主体。5. 贪污罪的对象系本单位的财物，而本案涉及的动迁款显然并非××开发公司财物。6. 关于量刑的辩护意见，本案指控数额有误，陈某甲早在2001年就向××民营公司支付了30万元土地费，同时代××开发公司支付了120万元的耕地开垦费等费用，该部分数额应计入已付款数额；另外，前期包干费2523800元并非以支付土地款的比例为依据进行补偿，故该笔数额应予扣除。陈某甲接区纪委电话后，被区纪委带至办案机关，其在第一份笔录中即说明了案件的主要事实，应认定为自首。为证实上述辩护意见，辩护人当庭提供了××服饰公司与×××动拆迁公司签订的解除土地征用协议，在协议书上右上角注明："土地属征用性质，价格按45万/亩计算，另加前期包干费4万/亩。"出示的支票存根、贷记凭证证实，陈某甲于2001年7月11日向××民营缴纳土地款30万元；另2001年7月11日，向青浦区土地管理所缴纳过120225元耕地开垦费，2003年9月12日向青浦区土地所缴纳过862950元耕地开垦费，2004年4月26日向上海市房屋土地资源管理局缴纳过310160元，上述三项合计1293335元系××服饰公司实际支付的费用。

经审理查明：

一、2002年8月、2003年10月，被告人陈某甲分别以××服饰公司、××工贸公司（两家公司均由被告人陈某甲实际控制）的名义与××开发公司（工商登记注册为集体所有制企业，出资人为原青浦县××镇人民政府）签订土地征用协议书，其中，××服饰公司以6940450元的价格征用上海××经济技术开发区内的63.79亩土地。2002年7月至2004年9月，××服饰公司分三次向××开发公司缴纳土地配套费共计290万元。2006年7月31日，被告人陈某甲向××开发公司提出将××服饰公司已付的290万元土地配套费转入××工贸公司名下的请求，××开发公司予以同意并于同日由时任××开发公司财务部负责人的被告人谢某甲开具了××服饰公司已付土地配套费转入××工贸公司名下的情况说明，2006年8月7日，××开发公司在财务账上予以调整，将××服饰公司支付的上述290万元土地配套费金额转入××工贸公司名下，作为××工贸公司支付的土地配套费。

2010年12月，经青浦区××镇政府与×××商务公司（区属国有公司）口头商定，由××开发公司代表××镇政府出具授权委托书，委托×××商务公司下属子公司××动拆迁公司处理××开发区范围内原协议出让的集体土地的解约及赔偿事宜，××开发公司负责对动迁企业土地征用的相关材料及土地配套费缴纳情况进行审核。

2011年3月，被告人陈某甲得知动迁补偿费是以土地配套费实际缴纳比例补偿后，找到××开发公司负责土地配套费审核工作的被告人谢某甲等人，要求为××服饰公司出具虚假的付款证明，后被告人谢某甲等人在明知××服饰公司未付款的情况下，仍为××服饰公司出具已缴纳土地配套费5257959元的付款证明，被告人陈某甲将上述付款证明交×××动拆迁公司，据此，被告人陈某甲骗得土地动迁补偿款共计30917000元。

二、2010年至2011年，时任××开发公司副总经理的被告人杨某甲在明知其实际控制的××设备公司土地已经被政府规划控制，在××设备公司被吊销营业执照和不允许缴纳土地配套费的情况下，为骗取动迁补偿款，伙同××开发公司财务部负责人被告人谢某甲，通过补缴77万元土地配套费和注册上海××设备电器有限公司，并在动迁材料中将付款收据日期提前、提供虚假的银行转账支票和出具土地配套费付清的情况证明，以上海××电器有限公司顶替××设备公司成为被动迁主体，骗取国家动迁补偿款238万元。

另查明，2014年11月12日，被告人谢某甲、陈某甲先后接上海市青浦区纪律检查委员会电话通知后到案，到案后均如实供述了各自参与的主要事实。2014年12月25日，被告人杨某甲在上海市青浦区纪律检查委员会向其了解××设备公司情况时，主动供述了涉案事实。

以上事实，有下列证据予以证实：

一、关于被告人主体身份及职责的证明材料

1. 被告人谢某甲、陈某甲、杨某甲的户籍资料证实，被告人谢某甲、陈某甲、杨某甲均具有完全刑事责任能力。

2. 单位员工个人信息表，××开发公司出具的谢某甲职责证明，××开发公司财务部工作制度，谢某甲参加××开发公司班子会情况证实，谢某甲于2006年起担任××开发公司财务部负责人，2013年9月起担任财务经理。2009年开始，×××动拆迁公司对A5以东的企业开始动迁，谢某甲负责对涉及与××开发公司签署协议的企业付款情况进行核实，签字确认盖章后提交×××动拆迁公司。谢某甲自2006年开始参加××开发公司班子会议，中途有几次未参加，自2009年后全部参加。

3. 上海市青浦区××镇人民政府徐府发〔2001〕164号文件，杨某甲干部简历证实，杨某甲于2001年12月30日经××镇政府任命担任××开发公司副总经理。

4. ××开发公司企业法人营业执照等工商登记材料证实，××开发公司系原青浦县××镇政府于1992年10月出资设立的镇属集体所有制企业，注册资金5000万元。

5. ××服饰公司、××工贸公司档案机读材料、营业执照等工商登记材料，证人陈某乙、顾某甲的证言笔录证实，××服饰公司于2000年9月注册成立，公司类型为有限责任公司（国内合资），住所地青浦区××镇××路××弄××号，法定代表人为陈某乙（后变更为陈某甲）；××工贸公司于2003年10月注册成立，公司类型为有限责任公司（国内合资），住所地青浦区××镇××路××弄××号，法定代表人为顾某甲（先后变更为郑某甲、郑某乙）。××服饰公司股东陈某乙、××工贸公司股东顾某甲实际均未出资，也未参与公司的经营活动，系挂名股东，被告人陈某甲系上述两家公司的实际控制人。

6. ××设备公司、上海××电器有限公司工商登记资料，上海市工商行政管理局行政处罚决定书，证人杨某乙的证言笔录证实，××设备公司于2003年12月注册成立，法定代表人为杨某乙，2006年12月，××设备公司由于未按规定年检被吊销营业执照；上海××电器有限公司于2011年1月注册成立，法定代表人为杨某乙。杨某乙系××设备公司和上海××电器有限公司法定代表人，实际控制人是杨某乙父亲杨某甲，杨某乙从未参与公司成立及经营等任何活动。

7. ×××商务公司、×××动拆迁公司工商登记材料，青浦区发展和改革委员会青发改〔2008〕22号《关于组建××甲生态商务区开发主体的请示》，上海市青浦区人民政府青府发〔2008〕51号《上海市青浦区人民政府关于同意组建××甲生态商务区开发主体的批复》、青府发〔2010〕31号《上海市青浦区人民政府关于同意新城公司等五家区属公司变动重组方案和有关事项的批复》等证实，×××商务公司系有限责任公司（国内合资），于2008年7月出资成立，是区属国有公司，法定代表人为顾某乙。×××动拆迁公司系×××商务公司的下属全资子公司，法定代表人为高某某。经区政府批准，×××商务公司为××甲生态商务区开发主体。

二、×××动拆迁公司受托办理××开发区内企业动迁及相关动迁政策的证明材料

1. 授权委托书，×××商务公司出具的动拆迁补偿安置费用付款流程表，×××动拆迁公司《关于投产企业补偿标准的请示》《关于国家会展中心动迁企业（签约空地）土地补偿费结算方案的请示》，×××商务公司《关于×××动迁公司关于投产企业补偿标准的请示》等6个请示的批复、《关于国家会展中心动迁企业（签约空地）土地补偿费结算方案的批复》等文件证实，经青浦区××镇人民政府、×××商务公司协商决定，由××开发公司于2010年12月23日出具给×××动拆迁公司书面的授权委托书，委托×××动拆迁公司处理××开发区范围内原协议出让的集体土地的解约及赔偿事宜。由××开发公司协助配合开展动拆迁工作。××开发公司曹某某在委托书上签字。2010年12月17日，×××动拆迁公司就投资企业补偿标准方案请示×××商务公司，×××商务公司于2010年12月23日作出批复，同意××开发公司提出的补偿方案，标准如下：前期包干费：按签约协议土地面积（亩）为标准，以3万元/亩补偿；土地补偿费用：按拟定的土地价格为标准，批租企业65万元/亩、征用企业45万元/亩、签约企业31万元/亩、使用企业21万元/亩；2010年12月27日，×××动拆迁公司就国家会展中心动迁企业（签约空地）土地补偿费的结算方案请示×××商务公司，同年12月29日，×××商务公司于2010年12月29日作出批复，同意×××动拆迁公司提出的第三、第四方案，其中，方案三是按照企业已支付土地金额与协议面积总金额的比例，参照协议面积每亩31万元进行补偿；前期投入包干补偿损失费，按照协议面积每亩3万元补偿，其中包括企业前期回填土、勘探、厂区设计、办证等相关费用。方案四针对已退款企业的补偿方案，即已退款空地企业一律不予任何补偿。

2. 上海市人民政府、上海市城市规划管理局、上海市青浦区人民政府、上海市青浦区××镇政府文件，《×××商务公司关于对大型社区规划范围内

土地储备的函》、证明、情况说明，××开发公司会议纪要证实，2003年9月30日，××镇人民政府根据国土资源部和上海市房屋土地管理局、区政府的相关文件精神，对××镇工业建设用地进行梳理，对已取得土地批文及办妥有关建设基建手续、已签订土地征用合同等三种情形做出了三种不同处理方法，其中，超过期限未动工的，作为企业自动放弃，同时解除土地征用合同，土地由镇人民政府另行安排。2009年、2011年，上海市人民政府先后发文至市规划国土管理局，对青浦区××东站大型社区、××商务区有关项目规划作出批复；××设备公司土地最初以××东站大型社区项目名义发放土地储备函，后因××东站大型社区规划调整为国家会展中心用地，××设备公司土地最终由×××动拆迁公司以国家会展中心项目实施动迁。

3. 证人顾某乙（×××商务公司董事长）的证言笔录证实，×××商务公司系区属全资国有公司，作为一级开发单位负责×××A5以东区域土地的规划开发建设。×××商务公司动迁的范围是针对×××规划范围内的企业实施动迁，居民的动迁是由××镇政府负责实施。×××规划内的土地原来属于××镇人民政府，土地协议是企业和××镇下属××开发公司签订的，后因为青浦区大型社区规划建设，这块土地被调整到×××商务公司。经×××商务公司与××镇政府口头商定，由×××动拆迁公司代表×××商务公司处理范围内涉及企业动迁的具体工作，××开发公司代表××镇政府出具委托书并配合×××动拆迁公司实施具体工作，当时未作书面记录，其代表×××商务公司参加协调，参加协调人员还有××镇镇长朱某甲、分管镇长陆某乙。动迁的基本原则是按照支付土地款的比例来支付动迁款，××开发公司提供企业用地情况及土地款支付情况的证明。2005年前后，中央五部委至××镇检查，明确×××规划范围内的土地复垦等原因禁止工业土地开发，五部委检查后，企业可以退出土地款，如未付清土地款的就不允许再补缴了。2008年左右闵行区已经对虹桥火车站动工建设，当时已经明确××开发区要动迁，明确提出了不再收取企业的土地款，企业业主对此都是知情的。到2009年之后，动迁项目启动，更加不可能去收取企业的土地款。

4. 证人高某某（×××动拆迁公司总经理）、崔某某（×××动拆迁公司副总经理）的证言笔录证实，×××动拆迁公司动迁范围东至小涞港、南至G50、西至G15. 北至沪宁高速，一共19平方公里的面积，重点是负责××16平方公里的动迁范围。×××动拆迁公司是严格按照×××商务公司的文件执行具体的动迁事宜，动迁补偿费根据企业情况区分地上物部分和土地部分进行补偿，地上部分是按照评估价确定的，土地部分根据不同的土地类型进行补偿，对于已办理相关审批手续但未取得土地使用权证的征用型土地，是按土地款支付比例并乘以45万元每亩的单价进行补偿，但实际上××服饰公司是以每亩49万元的价格补偿的，增加部分是经总公司班子会议讨论后确定的。对于签约无证土地，按土地款支付比例并乘以31万元每亩的单价进行补偿。对于未缴纳土地款的企业不能享受前期投入包干费每亩3万元的政策。根据规定，证明企业已支付土地款金额有三种途径，一是企业自己提供支付土地款收据原件，二是企业收据原件找不到，提供收据复印件，复印件需加盖××开发公司的公章或者财务章，三是企业收据原件和复印件都找不到，企业要找××开发公司出具已支付土地款的情况证明，并加盖××开发公司公章或者财务章。

5. 证人曹某某（原××开发公司总经理）的证言笔录证实，2003年，国家五部委对开发区土地进行清理整顿，防止圈地现象发生，于是土地审批手续全部停止，对于达不到标准的企业，要求解除合同，清退土地。2006年青浦区规划局下发上海市规划局关于七宝高速动车段（青浦）规划控制的批复，明确对相应范围内的土地实行规划控制，相关手续全部停止办理，冻结土地，保持现状，不允许做任何变动，包括企业办理各项土地手续、缴纳土地款、开工建设厂房等，对此××开发公司班子及企业业主都是知情的。2008年前后闵行区已经对××火车站动工建设，当时已明确××开发区要动迁。2009年之后，动迁项目启动，更不可能去收取企业的土地款。镇政府曾要求××开发公司全力配合×××动拆迁公司实施动迁。根据××开发公司班子成员会议决议，谢某甲作为财务经理，在×××动迁中负责对涉及与××开发公司签署协议的动迁企业的付款情况进行核实。2011年3月30日××开发公司开具给××服饰公司5257959元土地款的证明系经过谢某甲与马某某核实准确之后，由庄某加盖公司印章出具的，谢某甲未向其汇报过企业土地款的缴纳情况。

6. 证人陆某甲的证言笔录证实，杨某甲在明知××设备公司被吊销营业执照的情况下，为了能享受××设备公司名下土地的动迁补、偿款，在无法恢复公司的情况下，提出注册成立一家新公司作为被动迁主体享受动迁补偿。

三、××服饰公司、××工贸公司、××设备公司批租土地、缴纳土地配套费情况及解约的证明材料

1. ××开发公司与××服饰公司签订的《土地征用协议书》，××开发公司与××工贸公司签订的《土地征用协议书》，××开发公司记账凭证及记账收据证实，××服饰公司、××工贸公司分别于2002年、2003年与××开发公司签订土地征用协议，××服饰公司征用上海××经济技术开发区内的63.79亩土地，总价6940450元，用地方式属于批租；××工贸公司征用上海××经济技术开发区内的62亩土地，总价620万元，用地方式属于批租。双

方确认，一切争议由双方协商解决，如协商不成，通过法律诉讼途径解决。2002年7月31日、2004年2月13日、2004年9月28日××服饰公司先后支付××开发公司土地配套费共计290万元。

2. ××开发公司出具的关于××服饰公司已付土地配套费转入××工贸公司的情况说明及2006年8月7日的记账凭证，证人谢某乙的证言笔录，上海市人民检察院出具的笔迹鉴定书证实，2006年7月28日，××开发公司向××服饰公司、××工贸公司实际控制人陈某甲出具书面证明，××服饰公司支付给××开发公司的土地配套费290万元，因诸光路项目停批，故将已付的290万元土地配套费转入××工贸公司，作为××工贸公司支付给××开发公司的土地配套费，陈某甲在情况说明上签字。2006年8月7日，原××开发公司财务负责人谢某乙根据谢某甲的要求在财务账上予以调整。经鉴定，××开发公司出具的××服饰公司290万元土地配套费转入××工贸公司的转账证明上陈某甲的签名系陈某甲本人书写。

3. ××开发公司出具的记账凭证，上海市青浦区××镇经济管理事务中心的记账凭证，《上海市国有土地使用权出让合同》，上海市房地产登记簿，收据，青浦区规划和土地管理局出具的情况说明证实，2004年2月，××开发公司向上海市青浦区土地管理所缴纳耕地开垦费6710700.50元，其中，代××服饰公司缴纳1171013元，2005年12月，××开发公司代××服饰公司向上海市青浦区财政局缴纳耕地占用税92048元，上述二笔费用，××开发公司以开发成本计入公司账目。××服饰公司于2004年缴纳的土地使用权出让金系××服饰公司购买另一地块所支付的费用，××服饰公司已取得该地块的产权证。涉案××服饰公司土地未取得产权证。2004年9月，上海市青浦区××镇经济管理事务中心退还××服饰公司土地款30万元。

4. ××服饰公司与×××动拆迁公司签订的《关于〈解除土地征用协议书〉的协议书》，银行付款回单，收据证实，2011年4月，×××动拆迁公司受××开发公司委托，解除原××开发公司与××服饰公司签订的土地征用协议，×××动拆迁公司支付给××服饰公司动迁补偿款30917000元。×××动拆迁公司分别于2011年4月27日、6月11日支付××服饰公司上述动迁补偿款。

5. ××设备公司与××开发公司签订的《土地批租协议书》，收据，×××动拆迁公司与上海××电器有限公司签订的《关于解除〈土地征用协议书〉的协议书》，××开发公司出具的××设备公司付款证明，情况说明，企业动迁补偿费申请表，××设备公司收据和银行收款凭证证实，2002年5月18日，××设备公司与××开发公司签订土地批租协议，××开发公司将位于上海××经济技术开发区内的7亩土地批租给××设备公司，每亩11万元，共计77万元。用地方式属于批租。××开发公司财务凭证记录2006年6月5日××设备公司缴纳土地配套费77万元。2011年1月9日，×××动拆迁公司与上海××电器有限公司签订解除协议，×××动拆迁公司补偿上海××电器有限公司238万元动迁款。补偿标准单价每亩31万元，另补偿每亩3万元前期包干费。

四、××开发公司为××服饰公司、××设备公司出具付款证明的相关材料

1. 2011年3月30日于××开发公司出具给××服饰公司的付款证明证实，××开发公司出具的付款证明记载××服饰公司购买的××开发区内的63.79亩土地的土地款总价为6940450元（包含出让金1682491元），××服饰公司已支付除出让金外的全部土地款5257959元。××开发公司在上述证明上盖章并由核实人马某某、谢某甲、庄某签字。

2. ××开发公司记账凭证，银行存款明细账，中国建设银行收款凭条，××开发公司工会账号银行流水，银行凭证，发票领购簿，出具给×××动拆迁公司动迁材料中的两张日期为2006年6月5日的建行凭证和收据，×××动拆迁公司于2010年7月19日的会议纪要证实，杨某甲在明知其名下××设备公司土地已经被规划控制，不能缴纳土地款的情况下，以其女儿杨某乙的名义通过谢某甲于2010年7月12日向××开发公司违规补缴土地款，并在向××动拆迁公司提供××设备公司动迁材料时，将付款收据的日期提前和提供虚假的银行凭证，骗取国家动迁补偿款。

3. 证人马某某（××开发公司副总经理）的证言笔录证实，2011年3月30日××开发公司开具的收到××服饰公司5257959元土地款的证明系经过谢某甲核实后，由庄某加盖公司印章出具，其在口头询问谢某甲并得到确认××服饰公司已经缴纳土地配套费之后在证明上签字。

4. 证人耿某某（上海市青浦区规土局用地科科长）的证言笔录证实，2003、2004年国家五部委要求清理整顿开发区土地，对于不符合土地标准的企业要求解除合同、清退土地。2006年××范围内土地规划控制之后土地审批手续全部停止，保持现状，不允许做出任何变动，不能缴纳土地款。2008年××开发公司内部明确不再收取企业缴纳的土地款。2009年×××动迁项目启动，为了防止损失，更加不可能收取企业缴纳的土地款。杨某甲作为××开发公司副总经理，在班子会议传达相关文件精神时对上诉情况都是明知的。

5. 证人庄某（××开发公司办公室主任）于2014年11月12日的证言笔

录证实，2011年3月30日××开发公司开具的收到××服饰公司5257959元土地款证明系经过谢某甲、马某某核实之后，由其加盖公司印章出具的。

五、相关鉴定材料

1. 上海司法会计中心出具的沪司会鉴字〔2015〕第117号司法鉴定意见书证实，经鉴定，2002年7月至2011年4月，××开发公司财务经理谢某甲等人与××服饰公司法定代表人陈某甲等人，在××服饰公司付给××开发公司土地配套费为0元的情况下，在获取国家会展中心土地储备企业土地补偿金的过程中，涉嫌骗取土地动迁补偿款30917000元。

2. 上海司法会计中心出具的沪司会鉴字〔2015〕第110号司法鉴定意见书证实，经鉴定，2003年12月至2011年4月，杨某甲等人以伪造的××开发公司与××设备公司的土地批租协议与变造的支付凭证、收据，涉嫌骗取国家会展中心土地储备项目动迁补偿款238万元。

六、被告人的供述和辩解

1. 被告人谢某甲的供述笔录证实，谢某甲到案后供述了其在明知陈某甲的××服饰公司在未付清土地款的情况下，受曹某某指使为陈某甲开具了××服饰公司付清土地款525万余元的虚假证明，另供述了其违规为杨某甲的××设备公司补缴土地款77万元并出具付款证明的事实。

2. 被告人陈某甲的供述笔录证实，被告人陈某甲到案后供述了其在明知××服饰公司土地款未付清的情况下，通过××开发公司谢某甲等人为其开具了全额付清土地款的付款证明。

3. 被告人杨某甲的供述笔录证实，被告人杨某甲到案后供述了其明知实际控制的××设备公司名下的土地已被政府控制，且不允许缴纳土地配套费的情况下，为获取动迁补偿款，通过谢某甲将77万元土地款补缴进去并出具付款证明，后通过注册新公司等方法，获得动迁补偿款238万元。

七、上海市青浦区人民检察院反贪污贿赂局出具的案发经过、到案经过、情况说明证实，本案的案发情况及各被告人的到案经过。

以上证据，均经当庭出示、辨认、质证等法庭调查程序查证属实，应予确认。

针对控辩双方争议的焦点，本院结合查明的事实及证据作如下评判：

一、关于本案的定性

首先，从被告人的主体身份来分析，被告人谢某甲先后被××开发公司聘用为财务部负责人、财务经理，被告人杨某甲系经××镇政府任命的××开发公司副总经理，××开发公司工商登记为集体企业，出资人是××镇政府，是××镇政府出资成立的国有独资公司，××开发公司承担××开发区内的招商、管理等工作。据此，××开发公司内从事公务的人员可以成为特殊身份的职务犯罪的主体。其次，从各被告人与涉案动迁工作相关的职责来看，经××镇政府与承担涉案动拆迁工作的主体单位×××商务公司协商决定，××开发公司在涉案动拆迁工作中负责向×××商务总公司下属单位×××动拆迁公司提供××开发区内的企业的用地和土地配套费支付的审核工作，其中，被告人谢某甲从事具体的财务审核工作，杨某甲不从事与动迁相关的任何工作，但谢某甲、杨某甲、陈某甲均非承担涉案动拆迁工作的×××动拆迁公司工作人员，也非×××商务公司的工作人员，谢某甲不承担组织、领导、监督、管理×××动拆迁公司资产的职责，且谢某甲本人更无贪污公共财物的主观故意。再从犯罪对象来看，动迁款系×××动拆迁公司支出，非××开发公司支出。故本案不宜定性为贪污罪，对辩护人的相关辩护意见，本院予以采纳。

从谢某甲分别与陈某甲、杨某甲骗取动迁款的事实来看，谢某甲明知陈某甲在未付清土地配套费的情况下，让其出具虚假付款证明的用途是为骗取动迁补偿款，仍利用自己的职务便利为陈某甲开具虚假付款证明；其还明知杨某甲控制的××设备公司在用地已被政府控制且不得收取土地配套费的情况下，仍通过更改收款日期等方式，为杨某甲出具虚假的付款证明，其对陈某甲、杨某甲的非法主观故意是明知的，也明知自己的上述行为会造成公共财物的损失，仍帮助陈某甲、杨某甲完成骗款行为，故谢某甲虽未分得赃款，也应以诈骗犯罪的共犯论处。被告人谢某甲作为国有公司的工作人员滥用职权，为陈某甲、杨某甲骗取动迁款提供帮助，造成巨额国有资产遭受损失，应以重罪诈骗犯罪追究其刑事责任，且属诈骗数额特别巨大。在谢某甲分别与杨某甲、陈某甲的共同犯罪中，被告人杨某甲、陈某甲起主要作用，是主犯，被告人谢某甲均起次要作用，是从犯，对于从犯，依法应从轻或减轻处罚。

关于被告人杨某甲、陈某甲的辩护人提出××服饰公司、××设备公司与××开发公司是平等的民事法律关系，不应由刑法调整的辩护意见，经查，××服饰公司、××设备公司分别与××开发公司签订的土地征用协议，系双方基于自愿的基础上签订，但在合同的履行过程中，因市政动迁影响到合同的进一步履行，后经协商同意解约，并由×××动拆迁公司办理解约后的补偿等事宜，但被告人陈某甲、杨某甲为骗取动迁补偿款，利用谢某甲负责财务审核工作的职务便利，让其出具虚假付款证明，并据此获取利益，故理应以诈骗罪追究其刑事责任。

二、关于犯罪数额的认定

被告人陈某甲的辩护人提出征用土地系按每亩45万元的标准进行补偿，不按实际支付比例支付动迁款的辩护意见，经查，根据×××商务公司总经理顾某乙、×××动拆迁公司总经理高某某、副总经理崔某某等多人的证词及相关的书证可以证实，对于已办理相关审批手续但未取得土地使用权证的征用土地是按企业已支付土地配套费数额与协议面积总金额的比例，参照协议面积每亩45万元的标准进行补偿的，另从陈某甲要求谢某甲出具虚假付款证明的事实来看，亦能印证陈某甲对动迁补偿款是以实际支付土地款的比例予以补偿的动迁政策是知晓的，否则其根本无须让谢某甲开具虚假证明，故对辩护人的上述辩护意见，本院不予采纳。关于辩护人提出××服饰公司已缴纳30万元土地款及代××开发公司向区土地管理所缴纳耕地开垦费共计983175元及向上海市房屋土地资源管理局缴纳过土地出让金310160元，上述费用均系××服饰公司实际支付费用应计入××服饰公司已缴纳土地款数额的辩护意见，经查，上述辩护人提出的30万元土地配套费已由上海市青浦区××镇经济管理事务中心退还××服饰公司，辩护人提供的已缴纳耕地开垦费及土地使用权出让金的收据均非用于涉案土地，对上述辩护意见，亦不予采纳。关于辩护人提出应扣除每亩3万元包干费的辩护意见，根据×××商务公司、×××动拆迁公司的相关文件及证人高某某、崔某某等人的证词均可证实包干费是补偿企业前期回填土、勘探、厂区设计、办证等相关费用的损失，涉案公司均不符合享受该政策的条件，故对上述辩护意见，本院亦不予采纳。

三、关于自首情节的认定

经查，被告人谢某甲、陈某甲均系经区纪委电话通知后到案，到案后两被告人对各自参与的基本事实均作了供述，后有所反复，但在法庭审理过程能再次确认，可认定为自首，依法可从轻或减轻处罚，对被告人谢某甲、陈某甲的辩护人要求认定其当事人系自首的辩护意见，本院均予采纳。鉴于被告人谢某甲具有自首情节、系从犯、初犯，依法对其予以减轻处罚。根据被告人陈某甲的犯罪情节，对其予以从轻处罚。关于被告人杨某甲的辩护人以杨某甲具有自首情节为由，请求法庭予以减轻处罚的辩护意见，与查明的事实相符，且于法不悖，本院亦予以采纳。对公诉机关认定被告人谢某甲、杨某甲、陈某甲均系自首的公诉意见，本院均予采纳。

综上，为维护社会治安秩序，保护公私财产不受侵犯，依照《中华人民共和国刑法》第十二条第一款、第二百六十六条、第二十五条一款、第二十六条第一款、第四款、第二十七条、第六十七条第一款、第五十二条、第五十三条、第五十五条第一款、第五十六条第一款、第五十九条、第六十四条之规定，判决如下：

一、被告人谢某甲犯诈骗罪，判处有期徒刑五年，并处罚金人民币三万元。

（刑期从判决执行之日起计算。判决执行以前先行羁押的，羁押一日折抵刑期一日，即自2014年11月13日起至2019年11月12日止；罚金应于本判决生效后三十日内一次性向本院缴纳。）

二、被告人杨某甲犯诈骗罪，判处有期徒刑八年，并处罚金人民币十万元。

（刑期从判决执行之日起计算。判决执行以前先行羁押的，羁押一日折抵刑期一日，即自2014年12月25日起至2022年12月24日止；罚金应于本判决生效后三十日内一次性向本院缴纳。）

三、被告人陈某甲犯诈骗罪，判处有期徒刑十四年六个月，剥夺政治权利四年，并处没收财产人民币三十万元。

（刑期从判决执行之日起计算。判决执行以前先行羁押的，羁押一日折抵刑期一日，即自2014年11月13日起至2029年5月12日止；并处没收款于本判决生效后三十日内一次性向本院缴纳。）

四、违法所得予以追缴并发还被害单位。

如不服本判决，可在接到判决书的第二日起十日内，通过本院或者直接向上海市第二中级人民法院提出上诉。书面上诉的，应当提交上诉状正本一份，副本一份。

审　判　长　汪爱珍
人民陪审员　陆文元
人民陪审员　张水英
二〇一六年十二月二十一日
法官助理兼任书记员　黄　佳

附：相关法律条文

《中华人民共和国刑法》

第十二条第一款　中华人民共和国成立以后本法施行以前的行为，如果当时的法律不认为是犯罪的，适用当时的法律；如果当时的法律认为是犯罪的，依照本法总则第四章第八节的规定应当追诉的，按照当时的法律追究刑事责任，但是如果本法不认为是犯罪或者处刑较轻的，适用本法。

第二百六十六条　诈骗公私财物，数额较大的，处三年以下有期徒刑、拘役或者管制，并处或者单处罚金；数额巨大或者有其他严重情节的，处三年以上十年以下有期徒刑，并处罚金；数额特别巨大或者有其他特别严重情节的，处十年以上有期徒刑或者无期徒刑，并处罚金或者没收财产。本法另有规定的，依照规定。

第二十五条第一款 共同犯罪是指二人以上共同故意犯罪。

第二十六条第一款、第四款 组织、领导犯罪集团进行犯罪活动的或者在共同犯罪中起主要作用的，是主犯。

对于第三款规定以外的主犯，应当按照其所参与的或者组织、指挥的全部犯罪处罚。

第二十七条 在共同犯罪中起次要或者辅助作用的，是从犯。

对于从犯，应当从轻、减轻处罚或者免除处罚。

第六十七条 犯罪以后自动投案，如实供述自己的罪行的，是自首。对于自首的犯罪分子，可以从轻或者减轻处罚。其中，犯罪较轻的，可以免除处罚。

第五十二条 判处罚金，应当根据犯罪情节决定罚金数额。

第五十三条 罚金在判决指定的期限内一次或者分期缴纳。期满不缴纳的，强制缴纳。对于不能全部缴纳罚金的，人民法院在任何时候发现被执行人有可以执行的财产，应当随时追缴。如果由于遭遇不能抗拒的灾祸缴纳确实有困难的，可以酌情减少或者免除。

第五十五条第一款 剥夺政治权利的期限，除本法第五十七条规定外，为一年以上五年以下。

第五十六条第一款 对于危害国家安全的犯罪分子应当附加剥夺政治权利；对于故意杀人、强奸、放火、爆炸、投毒、抢劫等严重破坏社会秩序的犯罪分子，可以附加剥夺政治权利。

第五十九条 没收财产是没收犯罪分子个人所有财产的一部或者全部。没收全部财产的，应当对犯罪分子个人及其扶养的家属保留必需的生活费用。

在判处没收财产的时候，不得没收属于犯罪分子家属所有或者应有的财产。

第六十四条 犯罪分子违法所得的一切财物，应当予以追缴或者责令退赔；对被害人的合法财产，应当及时返还；违禁品和供犯罪所用的本人财物，应当予以没收。没收的财物和罚金，一律上缴国库，不得挪用和自行处理。

上海市青浦区人民法院
刑事判决书

（2017）沪0118刑初356号

公诉机关上海市青浦区人民检察院。

被告人谢某某，男，1967年××月××日出生于上海市青浦县（身份证号码3102291967××××××××），汉族，高中文化程度，原系上海××经济技术开发总公司财务经理，户籍所在地上海市青浦区××镇宅东××号，现住上海市青浦区××路××弄××号。2014年11月13日因涉嫌贪污犯罪被上海市青浦区人民检察院羁押，同年11月14日经上海市青浦区人民检察院决定由上海市公安局青浦分局执行刑事拘留，同年11月28日经上海市人民检察院第二分院决定由上海市公安局青浦分局执行逮捕。现押于上海市青浦区看守所。

辩护人江某某、乔某，上海市××律师事务所律师。

被告人杨某某，男，1957年××月××日出生于上海市青浦县（身份证号码3102291957××××××××），汉族，高中文化程度，原系上海××经济技术开发总公司副总经理，户籍所在地上海市青浦区××镇××居委会××小区×××号，现住上海市青浦区××镇××号××室。2014年12月25日因涉嫌贪污犯罪被上海市青浦区人民检察院羁押，同年12月26日经上海市青浦区人民检察院决定由上海市公安局青浦分局执行刑事拘留，2015年1月9日经上海市人民检察院第二分院决定由上海市公安局青浦分局执行逮捕。现押于上海市第三看守所。

辩护人朱某甲，上海××律师事务所律师。

被告人陈某甲，女，1965年××月××日出生于上海市青浦县（身份证号码3102291965××××××××），汉族，初中文化程度，系上海××服饰有限公司法定代表人，户籍所在地上海市青浦区××镇××号，现住上海市青浦区××镇××路××号。2014年11月13日因涉嫌贪污犯罪被上海市青浦区人民检察院羁押，同年11月14日经上海市青浦区人民检察院决定由上海市公安局青浦分局执行刑事拘留，同年11月28日经上海市人民检察院第二分院决定由上海市公安局青浦分局执行逮捕。现押于上海市青浦区看守所。

辩护人范某某、陈某乙，上海市××律师事务所律师。

上海市青浦区人民检察院以沪青检诉刑诉〔2015〕1522号起诉书指控被告人谢某某、杨某某、陈某甲犯贪污罪，于2015年11月24日向本院提起公诉。本院于2016年12月21日依法作出一审判决，被告人谢某某、杨某某、陈某甲均不服一审判决，向上海市第二中级人民法院提起上诉。上海市第二中级人民法院于2017年3月14日裁定撤销原判、发回重审。本院于2017年3月21日立案后依法另行组成合议庭，公开开庭进行了审理。上海市青浦区人民检察院指派检察员张昌明出庭支持公诉，被告人谢某某及其辩护人江某某、乔某、被告人杨某某及其辩护人朱某甲、被告人陈某甲及其辩护人范某某到庭参加诉讼。审理期间，经公诉机关申请本院延期审理1次。现已审理终结。

上海市青浦区人民检察院根据被告人谢某某、陈某甲的供述笔录，证人陈某丙、顾某甲、谢某甲、曹某某、马某某、庄某、崔某某、顾某乙、高某某的证言笔录，单位员工个人信息表、上海××经济技术开发总公司（以下简称××公司）证明、财务部工作制度及被告人谢某某参加××公司班子会情况、××公司档案机读材料、营业执照等工商登记材料、人口信息，土地征用协议书、记账收据、记账凭证、关于上海××××服饰有限公司（以下简称××××公司）已付土地配套费转入上海××××××工贸有限公司（以下简称××××××公司）的情况说明、笔迹鉴定书，××公司证明、收据，关于《解除土地征用协议书》的协议书、银行付款回单、收据，上海司法会计中心司法鉴定意见书，授权委托书、动拆迁补偿安置费用付款流程表、上海××商务开发有限公司（以下简称××商务公司）文件、青浦区人民政府文件、上海××动拆迁有限公司（以下简称××动拆迁公司）请示、档案机读材料，案发经过、到案经过等证据指控，2002年8月、2003年10月，被告人陈某甲实际控制的××××公司、××××××公司分别与××公司签订土地征用协议书，××××公司于2002年至2004年分三笔缴纳了共计人民币290万元（以下币种均为人民币）土地配套费。2006年7月至8月，经被告人陈某甲与××公司确认，并由时任××公司财务部负责人的被告人谢某某开具了××××公司已付土地配套费转入××××××公司的情况说明，后××公司将××××公司支付的290万元土地配套费全额转入××××××公司名下，作为××××××公司支付的土地配套费。至此，××××公司向××公司支付的土地配套费为0元。2011年3月至6月，被告人陈某甲利用被告人谢某某担任××公司财务经理负责土地配套费支付情况审查工作的职务便利，指使被告人谢某某等人为××××公司出具虚假的土地配套费付款证明，使得被告人陈某甲骗取了土地动迁补偿款30917000元。被告人谢某某、陈某甲接上海市青浦区纪委电话通知后到案，到案后均如实供述了本案事实。

上海市青浦区人民检察院还根据被告人谢某某、杨某某的供述笔录，上海市青浦区××镇政府文件、干部简历，土地批租协议书、上海××××××××电器设备有限公司（以下简称××××××××公司）和上海××××××××电器有限公司档案机读材料、上海市工商行政管理局行政处罚决定书、证人陆某某、耿某某、杨某甲的证言笔录，上海市人民政府、上海市城市规划管理局、上海市青浦区人民政府、上海市青浦区××镇政府等文件、××桥商务公司关于对大型社区规划范围内土地储备的函及出具的证明、情况说明、××公司会议纪要，××公司记账凭证、银行存款明细账、建行收款凭条、××公司工会账号银行流水、银行凭证、发票领购簿、建行凭证和收据、××动拆迁公司会议纪要，××动拆迁公司《关于国家会展中心动迁企业（签约空地）土地补偿费结算方案的请示》、××商务公司沪西商〔2010〕24号文件，土地批租协议书、关于解除《土地征用协议书》的协议书、证明、情况说明、企业动迁补偿费申请表、××××××××电器收据和银行收款凭证，上海司法会计中心司法鉴定意见书，案发经过等证据指控，2010年至2011年，被告人杨某某利用担任××公司副总经理的职务便利，在明知其实际控制的××××××××公司土地已经被政府规划控制，在××××××××公司被吊销和无法缴纳土地配套费的情况下，伙同××公司财务经理被告人谢某某，通过补缴77万元土地配套费和注册上海××××××××电器有限公司，并在动迁材料中变造付款收据日期、提供虚假的银行转账支票和出具土地款付清情况证明，以上海××××××××电器有限公司顶替××××××××公司成为被动迁主体，骗取国家动迁补偿款238万元。2014年12月25日，在上海市青浦区纪委向被告人杨某某了解××××××××公司情况时，被告人杨某某主动如实供述了上述事实。

综上，公诉机关认为，被告人谢某某、杨某某系依照法律从事公务的人员，利用职务上的便利，共同或单独伙同被告人陈某甲，骗取公共财物，数额特别巨大，其行为已分别触犯《中华人民共和国刑法》第三百八十二条第一款、第三款，第三百八十三条第一款第（三）项，第九十三条第二款，第二十五条第一款之规定，应当以贪污罪追究其刑事责任。被告人谢某某、陈某甲接区纪委电话通知后到案，到案后均如实供述了自己的罪行；被告人杨某某主动投案并如实供述自己的罪行，根据《中华人民共和国刑法》第六十七条第一款的规定，均系自首，可以从轻或减轻处罚。提请本院依法审判。

被告人谢某某、杨某某、陈某甲对公诉机关指控的基本犯罪事实均无异议。

被告人谢某某的辩护人提出：1. 本案指控的贪污罪名事实不清、证据不足，该罪名无法成立；2. 被告人谢某某系自首、在共同犯罪中作用较小，应当认定为从犯。

被告人杨某某的辩护人提出：1. 被告人杨某某的行为不符合贪污罪的构成要件，不构成贪污罪；2. 其实施的行为系民事合同履约行为，未触及刑法，应为无罪；3. 若法庭认为被告人杨某某构成犯罪，应充分考虑其具有自首情节。

被告人陈某甲的辩护人提出：1. 被告人陈某甲的行为不符合贪污罪的构成要件，不能定性为贪污罪；2. 如构成其他罪名，在犯罪金额的认定上应扣除××动拆迁公司在虚假付款证明所载已付金额对应的动拆迁补偿款之外自愿额外支付的动迁补偿款；××动拆迁公司自行决定按照49万元/亩的标准进行补偿，与45万元/亩的差价不应计入陈某甲的犯罪金额；陈某甲向××民营公司支付的30万元土地款对应的拆迁补偿款应在犯罪金额中予以扣除；3. 被告人陈某甲具有自首情节，建议法庭对其当事人减轻处罚。

经审理查明：

一、2002年8月、2003年10月，被告人陈某甲分别以××××公司、××××××公司（两家公司均由被告人陈某甲实际控制）的名义与××公司（工商登记注册为集体所有制企业，出资人为原青浦县××镇人民政府）签订土地征用协议书，其中，××××公司以6940450元的价格征用上海××经济技术开发区内的63.79亩土地。2002年7月至2004年9月，××××公司分三次向××公司缴纳土地配套费共计290万元。2006年7月31日，被告人陈某甲向××公司提出将××××公司已付的290万元土地配套费转入××××××公司名下的请求，××公司予以同意并于同日由时任××公司财务部负责人的被告人谢某某开具了××××公司已付土地配套费转入××××××公司名下的情况说明，2006年8月7日，××公司在财务账上予以调整，将××××公司支付的上述290万元土地配套费全额转入××××××公司名下，作为××××××公司支付的土地配套费。

2010年12月，经××镇政府与××商务公司（区属国有公司）口头商定，由××公司代表××镇政府出具授权委托书，委托××商务公司下属子公司××动拆迁公司处理××开发区范围内原协议出让的集体土地的解约及赔偿事宜，××公司负责对动迁企业土地征用的相关材料及土地配套费缴纳情况进行审核。

2011年3月，被告人陈某甲得知动迁补偿费是以土地配套费实际缴纳比例补偿后，找到××公司负责土地配套费审核工作的被告人谢某某等人，要求为××××公司出具虚假的付款证明，后被告人谢某某等人在明知××××公司未付款的情况下，仍为××××公司出具已缴纳土地配套费5257959元的付款证明，被告人陈某甲将上述付款证明交××动拆迁公司，据此，被告人陈某甲骗得土地动迁补偿款共计30917000元。

二、2010年至2011年，时任××公司副总经理的被告人杨某某在明知其实际控制的××××××××公司土地已经被政府规划控制，在××××××××公司被吊销营业执照和不允许缴纳土地配套费的情况下，为骗取动迁补偿款，伙同××公司财务部负责人被告人谢某某，通过补缴77万元土地配套费和注册上海××××××××电器有限公司，并在动迁材料中将付款收据日期提前、提供虚假的银行转账支票和出具土地配套费付清的情况证明，以上海××××××××电器有限公司顶替××××××××公司成为被动迁主体，骗取国家动迁补偿款238万元。

另查明，被告人谢某某、陈某甲先后接上海市青浦区纪律检查委员会电话通知后到案，到案后均如实供述了各自参与的主要事实。被告人杨某某在上海市青浦区纪律检查委员会向其了解××××××××公司情况时，主动供述了涉案事实。

以上事实，有被告人谢某某、杨某某、陈某甲的供述笔录，单位员工个人信息表，××公司出具的谢某某职责证明，××公司财务部工作制度，谢某某参加××公司班子会情况，上海市青浦区××镇人民政府××府发〔2001〕164号文件，杨某某干部简历，××公司企业法人营业执照等工商登记材料，××××公司、××××××公司档案机读材料、营业执照等工商登记材料，证人高某甲、杨某甲、顾某乙、高某某、崔某某、曹某某、陆某某、谢某甲、马某某、耿某某、庄某的证言笔录，××××××××公司、上海××××××××电器有限公司工商登记资料，上海市工商行政管理局行政处罚决定书，××商务公司、××动拆迁公司工商登记材料，青浦区发展和改革委员会青发改〔2008〕22号《关于组建新虹桥生态商务区开发主体的请示》，上海市青浦区人民政府青府发〔2008〕51号《上海市青浦区人民政府关于同意组建新虹桥生态商务区开发主体的批复》、青府发〔2010〕31号《上海市青浦区人民政府关于同意新城公司等五家区属公司变动重组方案和有关事项的批复》，授权委托书，××商务公司出具的动拆迁补偿安置费用付款流程表，××动拆迁公司《关于投产企业补偿标准的请示》《关于国家会展中心动迁企业（签约空地）土地补偿费结算方案的请示》，××商务公司《关于××动迁公司〈关于投产企业补偿标准的请示〉等6个请示的批复》《关于国家会展中心动迁企业（签约空地）土地补偿费结算方案的批复》，上海市人民政府、上海市城市规划管理局、上海市青浦区人民政府、上海市青浦区××镇政府文件，《××商务公司关于对大型社区规划范围内土地储备的函》、证明、情况说明，××公司会议纪要，××公司与××××公司签订的《土地征用协议书》，××公司与××××××公司签订的《土地征用协议书》，××公司记账凭证及记账收据，××公司出具的关于××××公司已付土地配套费转入××××××公司的情况说明及2006年8月7日的记账凭证、上海市人民检察院出具的笔迹鉴定书，××公司出具的记账凭证，上海市青浦区××镇经济管理事务中心的记账凭证，《上海市国有土地使用权出让合同》，上海市房地产登记簿，收据，青浦区规划和土地管理局出具的情况说明，××××公司与××动拆迁公司签订的《关于〈解除土地征用协议书〉的协议书》，银行付款回单，收据，××××××××公司与××公司签订的《土地批租协议书》，收据，××动拆迁公司与上海××××××××电器有限公司签订的《关于解除〈土地征用协议书〉的协议书》，××公司出具的××××××××公司付款证明，情况说明，企业动迁补偿费申请表，××××××××公司收据和银行收款凭证，2011年3月30日于××公司出具给××××公司的付款证明，××公司记账凭证，银行存款明细账，中国××银行收款凭条，××公司工会账号银行流水，银行凭证，发票领购簿，出具给××动拆迁公司动迁材料中的两张日期为2006年6月5日的建行凭证和收据，××动拆迁公司于2010年7月19日的会议纪要，上海司法会计中心出具的沪司会鉴字〔2015〕第117号司法鉴定意见书，上海司法会计中心出具的沪司会鉴字〔2015〕第110号司法鉴定意见书，上海市青浦区人民检察院反贪污贿赂局出具的案发经过、到案经过、情况说明，被告人的户籍资料等证据证明，并经庭审查证属实，被告人亦作了供述。

针对控辩双方争议的焦点，本院结合查明的事实及证据作如下评判：

一、关于本案的定性

首先，从被告人的主体身份来分析，被告人谢某某先后被××公司聘用为财务部负责人、财务经理，被告人杨某某系经××镇政府任命的××公司副总经理，××公司工商登记为集体企业，是××镇政府出资成立的国有独资公司，××公司承担××开发区内的招商、管理等工作。据此，××公司内从事公务的人员可以成为特殊身份的职务犯罪的主体。其次，从各被告人与涉案动迁工作相关的职责来看，经××镇政府与承担涉案动拆迁工作的主体单位××商务公司协商决定，××公司在涉案动拆迁工作中负责向××商务公司下属单位××动拆迁公司提供××开发区内的企业的用地和土地配套费支付的审核工作，其中，被告人谢某某从事具体的财务审核工作，杨某某不从事与动迁相关的任何工作，但谢某某、杨某某、陈某甲均非承担涉案动拆迁工作的××动拆迁公司工作人员，也非××商务公司的工作人员，谢某某不承担组织、领导、监督、管理××动拆迁公司资产的职责，且谢某某本人更无贪污公共财物的主观故意。再从犯罪对象来看，动迁款系××动拆迁公司支出，非××公司支出。故本案不宜定性为贪污罪，对辩护人的相关辩护意见，本院予以采纳。

从谢某某分别与陈某甲、杨某某骗取动迁款的事实来看，谢某某明知陈某甲在未付清土地配套费的情况下，让其出具虚假付款证明的用途是为骗取动迁补偿款，仍利用自己的职务便利为陈某甲开具虚假付款证明，其还明知杨某某控制的××××××××公司在用地已被政府控制且不得收取土地配套费的情况下，仍通过更改收款日期等方式，为杨某某出具虚假的付款证明，其对陈某甲、杨某某的非法主观故意是明知的，也明知自己的上述行为会造成公共财物的损失，仍帮助陈某甲、杨某某完成骗款行为，故谢某某虽未分得赃款，也应以诈骗犯罪的共犯论处。被告人谢某某作为国有公司的工作人员滥用职权，为陈某甲、杨某某骗取动迁款提供帮助，造成巨额国有资产遭受损失，应以重罪诈骗犯罪追究其刑事责任，且属诈骗数额特别巨大。在谢某某分别与陈某甲、杨某某的共同犯罪中，被告人陈某甲、杨某某均起主要作用，是主犯，被告人谢某某均起次要作用，是从犯，对于从犯，依法应从轻或减轻处罚。

关于被告人杨某某的辩护人提出××××××××公司与××公司是平等的民事法律关系，不应由刑法调整的辩护意见，经查，××××××××公司与××公司签订的土地征用协议，系双方基于自愿的基础上签订，但在合同的履行过程中，因市政动迁影响到合同的进一步履行，经双方协商同意解约，由××动拆迁公司办理解约后的补偿等事宜，但被告人杨某某为骗取动迁补偿款，利用谢某某负责财务审核工作的职务便利，让其出具虚假付款证明，并据此获取利益，故理应以诈骗罪追究其刑事责任。

二、关于犯罪数额的认定

被告人陈某甲的辩护人提出××动拆迁公司在虚假付款证明所载已付金额对应的动拆补偿款之外自愿额外支付的动迁补偿款应予扣除、××动拆迁公司自行决定按照49万元/亩的标准进行补偿，与45万元/亩的差价不应计入犯罪金额的辩护意见，经查，根据××商务公司总经理顾某乙、××动拆迁公司总经理高某某、副总经理崔某某等多人的证词及相关的书证可以证实，对于已办理相关审批手续但未取得土地使用权证的征用土地是按企业已支付土地配套费数额与协议面积总金额的比例，参照协议面积每亩45万元的标准进行补偿的，4万元/亩的包干费是补偿企业前期回填土、勘探、厂区设计、办证等相关费用的损失。对此涉案公司不符合享受该政策的条件。另从陈某甲要求谢某某出具虚假付款证明的事实来看，亦能证实陈某甲对××××公司不符合动迁补偿的政策是知晓的，否则其根本无须让谢某某出具虚假证明。故对辩护人的上述辩护意见，本院不予采纳。关于辩护人提出××××公司已缴纳30万元土地款，对应的补偿款不应计入犯罪金额的辩护意见，经查，30万元土地配套费已由上海市青浦区××镇经济管理事务中心退还××××公司，故对上述辩护意见，亦不予采纳。

三、关于自首情节的认定

经查，被告人谢某某、陈某甲均系经区纪委电话通知后到案，到案后两被告人对各自参与的基本事实均作了供述，后有所反复，但在法庭审理过程能再次确认，可认定为自首，依法可从轻或减轻处罚，对被告人谢某某、陈某甲的辩护人要求认定其当事人系自首的辩护意见，本院均予采纳。鉴于被告人谢某某具有自首情节、系从犯、初犯，依法对其予以减轻处罚。根据被告人陈某甲的犯罪情节，对其予以从轻处罚。关于被告人杨某某的辩护人提出杨某某具有自首情节的辩护意见，与查明的事实相符，本院亦予以采纳，依法对其减轻处罚。对公诉机关认定被告人谢某某、杨某某、陈某甲均系自首的公诉意见，本院均予采纳。

综上，为维护社会治安秩序，保护公私财产不受侵犯，依照《中华人民共和国刑法》第十二条第一款，第二百六十六条，第二十五条第一款，第二十六条第一款、第四款，第二十七条，第六十七条第一款，第五十二条，第五十三条，第五十五条第一款，第五十六条第一款，第五十九条，第六十四条之规定，判决如下：

一、被告人谢某某犯诈骗罪，判处有期徒刑五年，并处罚金人民币三万元。

（刑期从判决执行之日起计算。判决执行以前先行羁押的，羁押一日折抵刑期一日，即自2014年11月13日起至2019年11月12日止；罚金应于本判决生效后三十日内一次性向本院缴纳。）

二、被告人杨某某犯诈骗罪，判处有期徒刑八年，并处罚金人民币十万元。

（刑期从判决执行之日起计算。判决执行以前先行羁押的，羁押一日折抵刑期一日，即自2014年12月25日起至2022年12月24日止；罚金应于本判决生效后三十日内一次性向本院缴纳。）

三、被告人陈某甲犯诈骗罪，判处有期徒刑十四年六个月，剥夺政治权利四年，并处没收财产人民币三十万元。

（刑期从判决执行之日起计算。判决执行以前先行羁押的，羁押一日折抵刑期一日，即自2014年11月13日起至2029年5月12日止；并处没收款应于本判决生效后三十日内一次性向本院缴纳。）

四、违法所得予以追缴并发还被害单位。

如不服本判决，可在接到判决书的第二日起十日内，通过本院或者直接向上海市第二中级人民法院提出上诉。书面上诉的，应当提交上诉状正本一份，副本一份。

审　判　长　姚丽萍
人民陪审员　程丽美
人民陪审员　顾美华
二〇一七年十月十八日
书　记　员　陆　敏

附：相关法律条文

《中华人民共和国刑法》

第十二条第一款　中华人民共和国成立以后本法施行以前的行为，如果当时的法律不认为是犯罪的，适用当时的法律；如果当时的法律认为是犯罪的，依照本法总则第四章第八节的规定应当追诉的，按照当时的法律追究刑事责任，但是如果本法不认为是犯罪或者处刑较轻的，适用本法。

第二百六十六条　诈骗公私财物，数额较大的，处三年以下有期徒刑、拘役或者管制，并处或者单处罚金；数额巨大或者有其他严重情节的，处三年以上十年以下有期徒刑，并处罚金；数额特别巨大或者有其他特别严重情节的，处十年以上有期徒刑或者无期徒刑，并处罚金或者没收财产。本法另有规定的，依照规定。

第二十五条第一款　共同犯罪是指二人以上共同故意犯罪。

第二十六条第一款、第四款　组织、领导犯罪集团进行犯罪活动的或者在共同犯罪中起主要作用的，是主犯。

对于第三款规定以外的主犯，应当按照其所参与的或者组织、指挥的全部犯罪处罚。

第二十七条　在共同犯罪中起次要或者辅助作用的，是从犯。

对于从犯，应当从轻、减轻处罚或者免除处罚。

第六十七条第一款　犯罪以后自动投案，如实供述自己的罪行的，是自首。对于自首的犯罪分子，可以从轻或者减轻处罚。其中，犯罪较轻的，可以免除处罚。

第五十二条 判处罚金，应当根据犯罪情节决定罚金数额。

第五十三条 罚金在判决指定的期限内一次或者分期缴纳。期满不缴纳的，强制缴纳。对于不能全部缴纳罚金的，人民法院在任何时候发现被执行人有可以执行的财产，应当随时追缴。如果由于遭遇不能抗拒的灾祸缴纳确实有困难的，可以酌情减少或者免除。

第五十五条第一款 剥夺政治权利的期限，除本法第五十七条规定外，为一年以上五年以下。

第五十六条第一款 对于危害国家安全的犯罪分子应当附加剥夺政治权利；对于故意杀人、强奸、放火、爆炸、投毒、抢劫等严重破坏社会秩序的犯罪分子，可以附加剥夺政治权利。

第五十九条 没收财产是没收犯罪分子个人所有财产的一部或者全部。没收全部财产的，应当对犯罪分子个人及其扶养的家属保留必需的生活费用。

在判处没收财产的时候，不得没收属于犯罪分子家属所有或者应有的财产。

第六十四条 犯罪分子违法所得的一切财物，应当予以追缴或者责令退赔；对被害人的合法财产，应当及时返还；违禁品和供犯罪所用的本人财物，应当予以没收。没收的财物和罚金，一律上缴国库，不得挪用和自行处理。

上海市青浦区人民检察院
检察建议书

沪青检四部建〔2018〕3号

上海市青浦区人民法院：

我院在开展刑事裁判涉财产部分执行案件监督过程中发现：

罪犯陈某甲，女，汉族，1965年××月××日出生，初中文化，户籍地：上海市青浦区××镇×××号，现住址：上海市青浦区××镇××路××号，系上海××服饰有限公司法定代表人。2017年10月18日，你院一审判决陈某甲犯诈骗罪，判处有期徒刑14年6个月，剥夺政治权利4年，并处没收财产人民币30万元，违法所得（3091.7万元）予以追缴。后其上诉，2018年2月12日，上海市第二中级人民法院作出终审裁定，驳回上诉，维持原判，现在上海市女子监狱服刑。

根据最高人民法院《关于刑事裁判涉财产部分执行的若干规定》第一条、第二条之规定，本案刑事判决的涉财产部分应由你院负责执行。2018年3月7日，你院立案庭执行立案并将该案移送执行局，文号为（2018）沪0118执1515号。

经调查后发现：

1. 我院刑事执行检察人员经询问陈某甲女儿马某某，其表述拆迁款3000多万元（即赃款），打到账户后，用于投资及还债并明确表示愿意在其能力范围内和其母亲一起逐步缴纳刑事裁判涉财产部分。

2. 2018年7月24日“上海市不动产登记事务中心”出具的《上海市不动产登记簿》显示：陈某甲于2014年2月购买了上海市青浦区××镇××路××弄××号一幢花园住宅，建筑面积697.90平方米。房地产权号：青2014××××××，该房屋设置抵押权，抵押权人：中国农业银行股份有限公司上海闵行支行，债权数额18200000元。

本院认为，陈某甲诈骗一案，数额特别巨大，在本地区社会影响力巨大，造成被害单位巨额损失。为维护国家财产不受损害，提高刑事裁判涉财产刑的执行力度，根据《人民检察院刑事诉讼规则》第六百五十八条及最高人民法院《关于刑事裁判涉财产部分执行的若干规定》第十条第二款之规定，特建议如下：

1. 对陈某甲名下位于上海市青浦区××镇××路××弄××号（建筑面积697.90平方米）的花园住宅（房地产权号：青2014××××××），予以查封并进行司法拍卖。

2. 鉴于家庭人员非善意取得的第三人，你院应予追缴陈某甲及其家人当时用赃款3091.7万元投资和置业所形成的财产及其收益。

望你院对（2017）沪0118刑初356号刑事涉财产部分加快执行，将追缴的违法所得尽快发还被害单位。请在收到检察建议后一个月将有关执行情况书面函复本院。

回函地址：上海市青浦区华乐路399号上海市青浦区人民检察院检察四部，邮编：201700，联系电话：69726582、69209686。

上海市青浦区人民检察院

二〇一八年八月八日

附：1. 讯问笔录、询问笔录

2. 上海市不动产登记簿

3. 执行文书

4. 裁判文书

附：相关法律条文

《人民检察院刑事诉讼规则（试行）》

第六百五十八条 人民检察院依法对人民法院执行罚金刑、没收财产刑以及执行生效判决、裁定中没收违法所得及其他涉案财产的活动实行监督，发现人民法院有依法应当执行而不执行，执行不当，罚没的财物未及时上缴国库，或者执行活动中其他违法情形的，应当依法提出纠正意见。

最高人民法院《关于刑事裁判涉财产部分执行的若干规定》

第一条 本规定所称刑事裁判涉财产部分的执行，是指发生法律效力的刑事裁判主文确定的下列事项的执行：

（一）罚金、没收财产；

（二）责令退赔；

（三）处置随案移送的赃款赃物；

（四）没收随案移送的供犯罪所用本人财物；

（五）其他应当由人民法院执行的相关事项。

刑事附带民事裁判的执行，适用民事执行的有关规定。

第二条 刑事裁判涉财产部分，由第一审人民法院执行。第一审人民法院可以委托财产所在地的同级人民法院执行。

第十条 对赃款赃物及其收益，人民法院应当一并追缴。

被执行人将赃款赃物投资或者置业，对因此形成的财产及其收益，人民法院应予追缴。

被执行人将赃款赃物与其他合法财产共同投资或者置业，对因此形成的财产中与赃款赃物对应的份额及其收益，人民法院应予追缴。

对于被害人的损失，应当按照刑事裁判认定的实际损失予以发还或者赔偿。

上海市青浦区人民法院
关于沪青检四部建〔2018〕3号检察建议的函复

区人民检察院：

你院于2018年8月8日作出的【沪青检四部建〔2018〕3号】检察建议书，建议我院在执行刑事裁判涉财产部分执行案件的执行活动中应加快执行，将追缴的违法所得尽快发还被害单位。收到检察建议书后，我院高度重视，责成执行局及相关执行人员积极联系被执行人陈某甲，责令陈某甲限期履行生效法律文书确定的义务。现将处理结果函复如下：

本案执行情况

我院受理的被告人：陈某甲、谢某甲诈骗罪一案，于2017年10月18日作出的刑事判决书已发生法律效力。2018年2月28日刑事审判庭出具移送执行书，将该案件移送执行，移送执行事项为：

1. 被告人谢某甲罚金人民币3万元（以下币种均为人民币）；

2. 被告人杨某乙罚金10万元；

3. 被告人陈某甲没收财产30万元；

4. 被告人杨某乙的违法所得238万元、被告人陈某甲的违法所得3091.7万元均予以追缴并发还受害单位上海××动拆迁有限公司。

2018年3月7日，我院就上述移送执行书的执行事项立案执行，执行案号为（2018）沪0118执1515号。执行陈某甲的标的：没收财产30万元、追缴违法所得3091.7万元并发还被害单位。

案件进入执行程序后，我院向被执行人陈某甲发出执行通知书，责令其履行生效法律文书确定的义务。执行中，我院于2018年3月14日对被执行人陈某甲名下各项财产线索（银行存款、房产、车辆等）进行系统查询。经反馈结果显示，被执行人陈某甲××银行××支行账户62170012100××××××××余额203508.39元，农商银行××支行账户701310005××××××××余额46210元，无房地产登记记录信息。2018年4月16日，我院作出执行裁定书，依法裁定划拨被执行人陈某甲账户存款。2018年4月19日，将被执行人陈某甲××银行××支行账户62170012100××××××××存款203500元依法扣划至我院。2018年4月25日，被执行人陈某甲女儿马某甲向我院作出承诺，将每年以最大能力归还其母亲在案件中的违法所得，直至归还完毕。2018 年 4 月 28 日，我院将被执行人陈某甲农商银行××支行账户 701310005××××××××存款 46200 元依法扣划至我院。2018 年 5 月 7 日，对被执行人陈某甲作出限制消费令并将其纳入失信被执行人名单。2018 年 6 月 21 日，被执行人陈某甲返还违法所得 100 万元。

2018 年 6 月 28 日，我院向被害单位上海××动拆迁有限公司告知上述事项并于 7 月 10 日将上述追缴的违法所得予以发还。

2018 年 7 月 24 日，被执行人陈某甲前夫前往执行局，代其女儿为其前妻缴纳罚金 30 万元。

至此，我院执行到如下事项：被执行人陈某甲违法所得 1249700 元，罚金 30 万元。

对检察建议的处理

第一，对陈某甲名下房产（未进行产权登记）予以查封并进行司法拍卖。在收到你院于 2018 年 8 月 8 日作出的【沪青检四部建〔2018〕3 号】检察建议书后，我院于 2018 年 8 月 13 日向上海市青浦区不动产登记事务中心发出协助执行通知书，依法对被执行人陈某甲所有的坐落于上海市青浦区××路××弄××号房产进行预查封，查封期限自 2018 年 8 月 15 日至 2021 年 8 月 14 日。2018 年 9 月 4 日，我院依法发出公告，拟将对被执行人陈某甲名下的上述房产进行评估拍卖。

第二，追缴陈某甲及其家人用赃款 3091.7 万元投资和置业所形成的财产及收益。因案件正在办理中，目前陈某甲已缴款 124.97 万元。后期我院将按法律规定责令陈某甲及其家人限期履行法律义务，继续追缴剩余违法所得并发还被害单位。

此致

上海市青浦区人民法院

二〇一八年九月六日

说　　明

经与被监督单位上海市青浦区人民法院联系，被建议单位认为对陈某甲财产刑执行监督的《检察建议书》不适合公开宣告。如果对陈某甲财产刑执行监督的《检察建议书》公开宣告，会造成相关刑事被执行人隐匿财产等后果，不利于一审法院财产刑的后续执行。故根据《上海市检察机关关于开展检察建议公开宣告工作的规定（试行）》第四条第四款的规定，对拟制发的陈某甲财产刑执行监督的《检察建议书》不予公开宣告。

纠正法院审理违法行为
维护被害人及其法定代理人诉讼权利

——陈某某强奸案

【案例要旨】

在依法不公开审理且未成年被害人不出庭的刑事案件中，法院仍然应当通知并保障未成年被害人的法定代理人作为诉讼参与人出庭行使诉讼权利。对于法院审判活动未依法保护被害人及其法定代理人的诉讼权利，影响公正审判的，应及时采取适当的方式予以纠正，切实维护被害方的合法权益，化解社会矛盾。

【案情简要】

2009年8月，被告人陈某某（男，15周岁）经朋友介绍认识了被害人施某某（女，12周岁），并在交往中获悉施某某系初一学生，未满14周岁。同年11月初某日下午，两人在某小区车库偶遇，陈某某向施某某提出性要求，施某某不从，陈某某通过诱骗等方式诱使施与其发生性关系。之后的近一个月内，陈某某与施某某先后发生5次性关系。

2011年1月31日，浦东新区人民检察院以强奸罪对被告人陈某某提起公诉。2月22日，浦东新区人民法院依法不公开开庭审理本案。次日，施某某的父亲向浦东新区人民检察院投诉称，其多次向浦东新区人民法院提出参加本案庭审的要求，但均被审判人员以不公开审理或者未成年被害人不出庭等理由拒绝，其怀疑案件审理的公正性。

浦东新区人民检察院经调查核实发现投诉内容属实，遂立即通知浦东新区人民法院暂缓判决，并于2011年3月10日向浦东新区人民法院发出《纠正审理违法意见书》，要求重新开庭审理本案，通知未成年被害人的法定代理人出庭。5月3日，浦东新区人民法院再次不公开开庭审理本案，并通知施某某的父亲到庭参与诉讼。5月10日，浦东新区人民法院以强奸罪判处被告人陈某某有期徒刑1年6个月。被害人施某某的父亲对审判过程和判决结果均表示认可。

【典型意义】

根据《刑事诉讼法》第82条第4项的规定，法定代理人是“诉讼参与人”之一，且包括被害人的法定代理人。最高人民法院《关于执行〈中华人民共和国刑事诉讼法〉若干问题的解释》第119条第1款第4项规定，法院应当在开庭三日前通知法定代理人开庭时间。“两高”在《关于审理强奸案件应慎重处理被害人出庭问题的通知》中指出，奸淫幼女案件开庭时，本案的审判人员、书记员、公诉人、律师、值庭人员、司法警察和其他诉讼参与人可以在场。因此，未成年被害人的法定代理人有权参加不公开审理案件的庭审。

刑事诉讼法设置法定代理人制度，目的在于弥补当事人诉讼能力的缺失，保障当事人诉讼权利。为此，法定代理人被赋予了独立于当事人的诉讼权利。未成年被害人不出庭，并不影响其法定代理人出庭行使诉讼权利，维护其合法权益。

对于法院审判活动严重侵犯诉讼参与人的诉讼权利，影响公正审判的，检察机关应当及时采取适当的方式予以纠正。对于法院尚未作出裁判的，可及时通知法院暂缓裁判，并提出书面纠正意见，采取必要措施进行补救；对于法院已经作出裁判的，则可以依法通过抗诉等方式予以纠正。

注：相关法律文书略。

三、其　　他

正确行使检察监督权
履行维护社会公益职责

——虹口房管局怠于履职致使优秀历史建筑持续受损行政公益诉讼案

【案例要旨】

优秀历史建筑是城市发展名片，关系着城市建设与社会文化的协调发展，应受到有效保护。行政监管部门未依法履行职责致使优秀历史建筑持续受损，检察机关应及时提出公益诉讼诉前检察建议，督促相关部门依法履行职责，维护社会公共利益不受侵害。

【基本案情】

虹口区人民检察院从网络新闻媒体报道中得知，位于虹口区四川北路71号2幢、崇明路82号的德邻公寓（以下简称“德邻公寓”，系上海市第四批优秀历史建筑）自2015年8月以来，因违法施工持续受损，至今未被修复。

虹口区人民检察院立即指派检察官对报道中提到的优秀历史建筑受损情况开展调查。经调查发现：2015年6月18日，上海鸿镁物业发展有限公司（以下简称“鸿镁公司”）将其名下的德邻公寓一至二层、三至六层分别租赁给上海鸣屹投资管理有限公司（以下简称“鸣屹公司”）、上海箐悠舍物业管理有限公司（以下简称“箐悠舍公司”）。随后，鸣屹公司和箐悠舍公司在未经依法申报审批的情况下违法施工，对德邻公寓重点保护部位造成不同程度的破坏。虹口区住房保障和房屋管理局（以下简称“虹口房管局”）曾在2015年8月25日对产权人鸿镁公司、承租人鸣屹公司、箐悠舍公司出具《责令改正通知书》，要求其立即停止违法行为，并开展修复整改工作。此外，鸿镁公司与鸣屹公司、箐悠舍公司因该违法施工行为发生了房屋租赁纠纷并诉诸法院。二审裁判确认鸣屹公司、箐悠舍公司系违法施工，鸿镁公司与两公司的房屋租赁合同也因此被解除。

虹口区人民检察院进一步调查后发现，虹口房管局在出具《责令改正通知书》后存在怠于履职的情况，未能采取有效措施促使相关责任单位对受损的德邻公寓开展修复工作。在收取相关单位支付的300万元保证金后，在承诺单位未履行承诺的情况下，仍未采取任何措施，致使优秀历史建筑损害状态持续长达3年之久。虹口区人民检察院经深入调查后向虹口房管局制发并以公开宣告方式送达了诉前检察建议，督促其切实履行监管职责，保护优秀历史建筑。虹口房管局于2018年10月22日函复已督促鸿镁公司履行法定职责，加速推进修复工作，完善管理措施。

为查明情况，虹口区人民检察院开展了深入的诉前调查。经调查查明：

1. 德邻公寓系优秀历史建筑，在受到破坏后始终未得到修复

德邻公寓系上海市第四批优秀历史建筑，属三类保护类别。根据《上海市历史文化风貌区和优秀历史建筑保护条例》的相关规定，优秀历史建筑的所有人根据建筑的具体保护要求，确需改变建筑的使用性质和内部设计使用功能的，应当将方案报市房屋土地管理部门审核批准。优秀历史建筑的所有人应当将修缮的设计、施工方案事先报送市房屋土地管理部门；涉及建筑主体承重结构变动的，应当向市规划管理部门申请领取建设工程规划许可证。优秀历史建筑的修缮应当符合国家和本市的建筑技术规范以及优秀历史建筑的修缮技术规定。建筑的修缮无法按照建筑技术规范进行的，应当由市房屋土地管理部门组织有关专家和相关管理部门协调确定相应的修缮方案。

德邻公寓在2015年的装修过程中，无论是产权人鸿镁公司，还是承租人鸣屹公司、箐悠舍公司均未履行审批手续，系违法装修。在事实上对德邻公寓的重点保护部位造成不同程度的破坏后，应当按照规定在政府的监管下进行整改和修复，但是鸿镁公司、箐悠舍公司、鸣屹公司以及之后的房屋受让人摩硕公司均没有按照规定或承诺对德邻公寓进行修复，从2015年8月违法行为被发现并确认至今，已经长达3年时间，优秀历史建筑始终处于受损状态，社会公共利益遭到严重侵害。

2. 虹口房管局怠于履职，致使优秀历史建筑长期处于受损状态

虹口房管局作为区房屋行政管理部门，负责区内优秀历史建筑的日常保护管理，并负有对危害优秀历史建筑的行为进行及时调查处理的职责。但本案中虹口房管局一直未积极正确履职，造成德邻公寓至今未得到修复。

一是在发现违法行为后，虹口房管局虽在第一时间向相关责任单位和人员制发了《责令改正通知书》，但未能跟进监督落实，特别是在相关责任单位和人员不予配合、不履行通知书要求的情况下，虹口房管局没有根据相关法律和通知书上的内容，作出行政处罚决定。

二是在德邻公寓承租人向虹口房管局递交不符合规定的未加盖产权人公章的整改报告时，虹口房管局在明知产权人不配合的情况下，仍然未对产权人采取措施，也未促使产权人提交符合要求的整改报告，再次怠于履职。

三是在人民法院审理德邻公寓房屋租赁纠纷的过程中，虹口区人民法院也致函虹口房管局询问相关情况，还委托专业机构对德邻公寓的受损及修复方案进行司法鉴定。但在司法鉴定报告作出后，虹口房管局仍未要求相关责任单位和人员落实整改修复方案，又一次未依法履职。

四是在德邻公寓进行产权转让时，虹口房管局与转让人、受让人签订承诺书，并接受300万元的整改保证金。但是在相关单位未履行承诺时，虹口房管局继续不依法履职，没有采取有效措施促使相关单位履行承诺，尽快修复优秀历史建筑。

为有效保护优秀历史建筑，维护社会公共利益不受侵害，虹口区人民检察院于2018年8月29日向虹口房管局制发检察建议，建议其依法履行行政监管职责，采取有效措施促使相关责任单位立即启动德邻公寓修复整改方案的编制及审核批准程序；修复整改方案经法定程序审核批准后，责令相关责任单位立即委托有资质的专业单位开展修复工作；对修复整改全程进行有效监管，确保德邻公寓修复工作及时有序开展，恢复优秀历史建筑原状。虹口房管局于2018年10月22日回复虹口区人民检察院，表示已督促所有权人履行法定职责，加速推进修复工作，举一反三，防微杜渐，完善管理措施。

【典型意义】

优秀历史建筑对于发扬上海文化、提升上海的城市品位有着重要意义，是促进城市建设与社会文化的协调发展的现实需要，也是维护社会公共利益的迫切需求。行政机关对于优秀历史建筑因施工造成的损害要加强督促修复，因行政机关怠于履职造成优秀历史建筑长期受损未予修复的，检察机关可以立足公益诉讼检察职能，督促房管部门依法履职，有效保护优秀历史建筑，维护社会公共利益。

一是加强调查研究，正确把握检察机关公益诉讼职能定位。检察机关提起公益诉讼的受案范围涵盖生态环境和资源保护、食品药品安全、国有资产保护、国有土地使用权出让等涉及公共利益的领域。随着社会的发展，公共利益的范畴也在不断延伸，历史文化范畴也属于公共利益范畴逐渐成为共识。近年来，上海提出推进“四大品牌”建设，其中打响“上海文化”品牌是其重要一环，虹口区作为“海派文化发祥地、先进文化策源地、文化名人聚集地”，历史人文积淀深厚，名人故居、优秀历史建筑众多。根据虹口区“打响文化品牌，推进文化强区建设”要求，对区内优秀历史建筑保护进行专题调研，先后走访了虹口房管局和虹口文化局，调研区域历史建筑保护现状、历史文化风貌区保护现状、虹口红色文化保护难点等情况，形成调研成果。针对德邻公寓被损害现状，进一步加强与虹口房管局的沟通和交流，了解问题具体情况，共同研究问题成因，探讨治理措施，制发检察建议。在此基础上召开优秀历史建筑保护座谈会，与行政机关就区域优秀历史建筑保护达成共识，促使其堵漏建制，互补职能和措施，共同做好优秀历史建筑保护工作。

二是推进公开宣告，构建双赢多赢共赢的监督格局。在公益诉讼案件中推行“现场送达、公开宣告”诉前检察建议，有助于规范公益诉讼案件办理，落实司法公开，强化诉前检察建议的严肃性、针对性和实效性，确保“三个效果”统一。本案中，虹口区人民检察院严格落实《上海市检察机关关于开展检察建议公开宣告工作的规定（试行）》要求，探索公益诉讼诉前检察建议方式和路径，构建双赢多赢共赢的监督格局。将以往“文来文往”送达检察建议方式改变为邀请虹口房管局参与“面对面”公开宣告模式，承办检察官公开宣告诉前检察建议相关内容，重点对案件事实、适用法律、建议内容、相关依据等进行现场阐释说明。虹口房管局负责人当场签收检察建议，并提出整改方案和措施。通过现场的沟通交流，提升了检察建议的接受度和执行力。

三是扩大法律宣传，积极营造良好的社会舆论氛围。检察公益诉讼尚处于探索阶段，仍然存在社会知晓度不高、影响力不大等问题。虹口区人民检察院紧扣虹口红色历史资源丰富特点，重点关注历史建筑保护领域等案件，将宣传摆在与办案工作同等重要的位置，通过构建多维度、立体化宣传网络，营造良好的舆论氛围。通过微信平台“一则新闻报告引出的行政公益诉讼……”专题宣传办案工作，得到中央政法委、市委政法委及社会知名人士肯定，纷纷通过“两微一端”予以转发，引起社会广泛关注和热烈反响。由于本案线索来源于网络新闻媒体报道，对于德邻公寓日后修复效果也将发挥网络媒体作用，通过媒体正面宣传，提升社会影响力。

上海市虹口区人民检察院
检察建议书

沪虹检行公建〔2018〕2号

上海市虹口区住房保障和房屋管理局：

本院在履行职责中发现，位于虹口区四川北路71号2幢、崇明路82号的德邻公寓系上海市第四批优秀历史建筑，编号4F003，保护要求为三类。该公寓自2015年8月以来，因违法施工持续受损，至今未被修复，遂依法进行调查。现查明：

2015年6月18日，上海鸿镁物业发展有限公司（以下简称“鸿镁公司”）将其名下的德邻公寓（全幢共六层）一至二层、三至六层分别租赁给上海鸣屹投资管理有限公司（以下简称“鸣屹公司”）、上海箐悠舍物业管理有限公司（以下简称“箐悠舍公司”）。随后，这两家公司在未经依法申报审批的情况下，即对德邻公寓开展违法施工，造成公寓重点保护部位不同程度的破坏。8月25日，你单位向鸿镁公司、箐悠舍公司、黄某某（鸣屹公司股东）分别出具《责令改正通知书》，认定其从事了违法施工行为，要求其立即停止违法行为，并在收到通知书之日起七个工作日内，提供书面整改报告，逾期不改的，将依法处理或申请人民法院强制执行。9月6日，上海市历史建筑保护事务中心等相关单位召开专题会议，要求德邻公寓在办理审批手续前不允许动工，并明确由你单位按规定提出处罚意见。10月13日，承租人黄某某等人向你单位提交未加盖产权人公章的整改情况报告，你单位明确告知其应由产权人提交。但此后，鸿镁公司未应黄某某等人要求协助办理相关事宜，于10月23日发函给鸣屹公司、箐悠舍公司要求解除合同，于10月29日起对德邻公寓清场，禁止两公司进入。

2016年6月2日，鸿镁公司就德邻公寓房屋租赁合同纠纷分别向虹口区人民法院（以下简称“虹口法院”）起诉鸣屹公司及箐悠舍公司，但一直未启动评估和修复工作。直至该案一审审理期间，鸿镁公司才申请法院对德邻公寓损害程度及修复方案进行鉴定。11月16日，上海市房屋建筑设计院有限公司出具了《司法鉴定意见书》，明确了违法施工行为，并提出检测报告、修复方案及造价。2017年5月12日，虹口法院分别作出一审判决，确认鸣屹公司、箐悠舍公司的施工行为违法，解除鸿镁公司与两家公司的房屋租赁合同。鸣屹公司、箐悠舍公司不服一审判决，分别上诉至上海市第二中级人民法院（以下简称“二中院”）。12月18日，二中院分别作出终审判决，驳回上诉，维持原判。

2017年3月8日，上海摩硕投资有限公司（以下简称“摩硕公司”）因德邻公寓房屋买卖合同纠纷，将鸿镁公司诉至二中院。在该案审理期间，你单位与鸿镁公司、摩硕公司达成一致，收取了由摩硕公司转入你单位账户的300万元整改保证金，并于6月7日签订承诺书，约定摩硕公司在鸿镁公司与承租人的租赁合同纠纷判决文书生效之日起二个月内启动标的房产整改方案报批，并于六个月内完成整改修复工作。若未能按期启动完成整改，摩硕公司将配合你单位代为实施整改，就整改工作提供必要的便利。

2017年7月24日，摩硕公司依据二中院民事调解书，将德邻公寓产权变更登记到自己名下，但未采取任何修复措施。在12月18日鸿镁公司与承租人的租赁合同纠纷二审判决生效后的八个月时间内，摩硕公司仍然未按承诺进行整改报批及修复。截至目前，德邻公寓遭受违法施工损害的状态已长达三年，且存在持续的风险。

综上，你单位于2015年8月向德邻公寓产权人、承租人制发《责令改正通知书》，有效制止了破坏优秀历史建筑的违法施工行为。但此后，你单位在违法人逾期不改的情况下，未依法进行处理或申请人民法院强制执行，也未按照专题会议的要求提出处罚意见。在承租人向你单位提交未加盖产权人公章的整改报告时，你单位明知该报告不符合要求，但未采取有效措施促使产权人提交整改报告，也未督促启动修复整改工作。2016年11月，上海市房屋建筑设计院有限公司出具《司法鉴定意见书》，明确提出了德邻公寓的损害检测报告、修复方案及造价，但你单位未能及时督促责任人依照鉴定意见进行修复整改。2017年6月，因德邻公寓转让一事，你单位与鸿镁公司、摩硕公司协商并签订承诺书，收取了300万元保证金。但此后摩硕公司、鸿镁公司未按约定履行承诺，你单位也未采取有效措施督促落实，亦未代为实施整改。由此，导致德邻公寓至今未能得到有效修复，优秀历史建筑受损状态持续至今。

以上事实有《责令改正通知书》《四川北路71号德邻公寓优秀历史建筑违法施工情况现场认定会议纪要》《关于四川北路71号承租人黄某某向我局提交整改报告的情况说明》《关于四川北路71号违法行为整改的情况报告》《司法鉴定意见书》《优秀历史建筑保护要求承诺书》、平安银行业务回单、虹口法院（2016）沪0109民初13010号、（2016）沪0109民初13013号民事判决书、二中院（2017）沪02民终6270号、（2017）沪02民终6282号民事判决书、二中院（2017）沪02民初128号民事调解书等证据证实。

本院认为，根据《上海市历史文化风貌区和优秀历史建筑保护条例》的规定，由你单位对本区优秀历史建筑进行日常保护管理，并对危害优秀历史建筑的行为及时调查处理。本案中，作为上海市优秀历史建筑的德邻公寓因违法施工行为持续受损，你单位应积极履职，在及时制止损坏行为的同时，应按照相关规定和要求对违法人进行严肃处理，并采取有效措施促使相关责任单位依照法定程序完成修复工作。为有效保护优秀历史建筑，协调城市建设和历史文化传承，维护国家利益和社会公共利益不受侵害，根据《中华人民共和国行政诉讼法》第二十五条第四款，向你单位提出如下检察建议：

（1）依法履行行政监管职责，采取有效措施促使相关责任单位立即启动德邻公寓修复整改方案的编制及审核批准程序；

（2）修复整改方案经法定程序审核批准后，责令相关责任单位立即委托有资质的专业单位开展修复工作；

（3）对修复整改全程进行有效监管，确保德邻公寓修复工作及时有序开展，恢复优秀历史建筑原状。

请于收到本检察建议书后依法履行职责，并将办理情况于两个月内书面回复本院。

二〇一八年八月二十九日

上海市虹口区住房保障和房屋管理局 关于检察建议书办理情况的回复

虹口区人民检察院：

我局于8月30日收到贵院检察建议书（沪虹检行公建〔2018〕2号），检察建议书就德邻公寓这一优秀历史建筑存在的违法施工情况和下一步的整治工作做了明确的指示。收件后，局主要领导高度重视，召开专题会议布置下阶段整改工作。我局成立了以分管局长牵头的专项工作组，组员由物业科和法制科负责同志担任，并派专人负责推进整改工作，现就近期的相关工作汇报如下：

一、督促所有权人履行法定职责

8月31日与9月6日，我局两次约谈了四川北路71号德邻公寓所有权人上海摩硕投资有限公司，明确：根据《上海市历史文化风貌区和优秀历史建筑保护条例》第三十三条的要求，上海摩硕投资有限公司作为德邻公寓的所有权人，应当按照建筑的具体保护要求及时对建筑进行修缮，优秀历史建筑的所有人负责修缮、保养，并承担相应的修缮费用。

业主一开始表示，在2018年上半年已对场地进行清理，室内违章部分完成了拆除，目前只剩楼梯地面、门窗构件等要素还未恢复。因该项目市场定位尚在研究阶段，原计划待确定业态后，在整体方案设计中将涉及重点历史保护部位进行统一的修缮。经与业主多次沟通，双方就尽快恢复优秀历史建筑风貌是产权人的职责达成了一致意见。上海摩硕投资有限公司表示愿意按要求履行法定职责，分两步走，在总体修缮方案尚未明确前，尽快启动对保护部位的恢复性修缮工作。

二、方案编制的基本情况

为加速推进修复工作，我局召集市历保中心、局修缮中心和上海摩硕投资有限公司召开专题会议，明确工作安排。

会议商定上海摩硕投资有限公司作为该修复性工作的实施主体。上海摩硕投资有限公司应委托具有相应资质的专业设计、施工、监理单位实施保护建筑的修缮。此次修复性工作定性为破坏部位的恢复性抢修工程，市区两级房屋管理部门支持审批流程简化，确保整个恢复性修缮工作的顺利、高效开展。（详见附件1）

考虑到该修复工作时间紧、技术性要求高，我局会同市历保中心积极协助业主落实专业设计单位，明确由上海市房屋建筑设计院有限公司（原司法鉴定意见书的委托实施单位）作为该项目的设计单位。

9月18日，我局与业主和设计单位到项目现场，实地踏勘了解项目的重点保护部位及现状。按照设计规范，设计单位对项目的历史背景和现状进行了充分的调查，并对房屋质量开展了专项检测，于10月1日前编制完成了设计方案。9月29日上午，在市历保中心召开了德邻公寓恢复性修缮项目设计方案的专家评审会，专家原则同意了该设计方案（详见附件2）。

目前，设计单位正根据专家评审会提出的修改意见抓紧修改设计方案。

三、下阶段工作

（一）工程报建

根据《优秀历史建筑保护修缮技术规程》的要求，我局将督促业主聘请专业施工和监理单位，并根据修改后的设计方案，向区修缮管理部门申请办理工程报建等建设程序。

（二）施工监管

按照《优秀历史建筑保护修缮技术规程》，我局在市历保中心的支持下，从施工组织、现场监管和验收等环节落实监管职责。通过每周的工作例会，协调解决各种问题。

（三）协调周边施工项目

该项目北侧25.45米处将有深20.6米基坑开挖和降水，该施工可能会对德邻公寓和人桥大楼两处优秀历史建筑造成一定影响。按照专家评审会议的要求，我局已将相关保护要求以工作联系单的形式发函至区建管委。提请建管委按照深基坑施工保护的相关规范制定有效的施工保护措施和方案。在施工建设期间做好数据监测，明确预警机制，将对优秀历史保护建筑的影响控制在可控范围内（详见附件3）。

根据专家意见，本项目修缮工程在时间安排上应考虑与深基坑施工相协调，后续我局也将结合专家和部门意见再予明确。

四、举一反三，防微杜渐，完善管理措施

虹口素有“文化虹口”之称，是上海海派文化的发祥地、先进文化的策源地和文化名人的集聚地。各类优秀历史建筑点多面广，现有保护建筑98处。在日常管理中也暴露出“保护”和“利用”难以平衡、保护利用主体不够多元化、保护资金缺口大等问题。为了加强日常管理，落实区委、区府文化强区的战略要求，我局拟开展以下工作：

（一）全面推进“一幢（点）一册”普查工作。

建立历史建筑基础档案——全面开展“一幢（点）一册”普查工作，系统性梳理建筑人文历史（包括建设背景、设计及施工机构、相关历史名人及重要历史事件等）、使用及修缮历史、保护和使用现状记录及评估、图纸档案建立等基础数据。完成落地上图、历史建筑保护系统信息录入等工作，给每栋历史建筑都建立一个“户籍档案系统”，便于后续历史建筑保护和管理工作的开展。

（二）进一步整合统筹各部门有效联合管理。

根据《上海市历史文化风貌区和优秀历史建筑保护条例》和虹府发〔2016〕10号文件《虹口区人民政府关于进一步加强本区历史文化街区、历史文化风貌区、风貌街坊、风貌道路、优秀历史建筑和不可移动文物保护工作的实施意见》的要求，区、县房屋土地管理部门负责本辖区优秀历史建筑的日常保护管理。现阶段我区优秀历史建筑日常管理不仅涉及房管一家，往往还与规土、文化、市场监管、绿化市容和城管执法等多部门相关。由于历史建筑保护是对历史文化和风貌的传承和保护，下阶段，我局将紧紧依靠区历保委这一工作平台，加强与其他部门的沟通与工作联系，形成统一的保护体制和机制，使保护工作权责更加清晰。

我局会继续将德邻公寓恢复性修缮工作开展的后续情况加强与贵院的沟通，也希望贵院能在优秀历史建筑保护工作方面给予我局更多的关心与支持。

特此回复。

附件：1. 关于德邻公寓恢复性修缮会议纪要。

2. 设计方案专家评审会会议纪要。

3. 工作联系单位。

虹口区住房保障和房屋管理局

二〇一八年十月二十二日

民事执行监督中调查核实权的合理运用

——上海××贸易有限公司不服上海铁路运输中级法院诉前财产保全监督案

【案例要旨】

合理运用调查核实权查明案件事实，是加强民事执行监督的有效方法。

【案情简要】

2012年8月，上海铁路运输中级法院（以下简称铁中院）根据中国××有限公司（以下简称哈尔滨公司）申请，对位于本市宝杨路仓库中的32559.366吨钢材实施诉前保全。上海××贸易有限公司（以下简称××公司）对此提出异议，称该批钢材是其与厦门××物流集团有限责任公司等4家单位所有，与哈尔滨公司无关，请求解除保全措施。铁中院未在法定期限内对该异议予以答复，××公司在穷尽法院救济途径无果后，向上海铁路运输检察分院（以下简称铁分院）申请监督。铁分院受理后查明该批钢材确系××公司所有，哈尔滨公司申请保全时提供的证明均系案外人上海××管理有限公司（以下简称××甲公司）伪造，遂向铁中院制发检察建议，指出该院诉前保全裁定超越管辖范围，错误保全案外人合法财产不当，要求铁中院依法纠正。铁中院对该检察建议不予接受。嗣后，上海市人民检察院接到铁分院上报材料后及时向上海市高级人民法院通报了本案，上海市高级人民法院随即启动内部监督程序。最终铁中院撤销了原诉前保全裁定，依法解除财产保全，并重新回函接受铁分院的监督意见。

【典型意义】

2012年修正的《民事诉讼法》第210条赋予了检察机关民事检察监督中的调查核实权。作为民事检察监督的一项重要手段，民事执行监督中的调查核实权既包括对法院执行活动的合法性、及时性以及作为与否的调查核实，也包括对被执行人、其他当事人行为及财产等情况的调查核实，同时，也可向有关部门查询、调取、复制相关证据材料等。本案铁分院受理审查后，一是至涉案钢材存放地查验货物单证，以及现货买卖和流转情况，并走访上海市公安局经济犯罪侦查总队，对哈尔滨公司与××公司各自提供的系争钢材所有权证据的真实性和合法性进行调查核实，结果查明铁中院据以认定事实的证据，即哈尔滨公司提供的系争钢材的仓单和仓储租赁协议等，均系案外人××甲公司法定代表人刘某某伪造，××公司等4家单位才是本案系争钢材的真正所有人；二是走访有关单位，对诉讼当事人哈尔滨公司以及武汉××物流有限公司的性质进行调查核实，结果查明该两公司均非铁路企业，从而证明铁中院受理哈尔滨公司诉前保全申请系无权管辖。上述调查核实的证据和事实为铁分院提出检察建议奠定了基础，铁中院正是依据检察机关查明的上述事实撤销了原诉前保全裁定，从而维护了监督申请人的合法权益。

民事检察监督之调查核实权作为一项公权力，其目的是抗诉或提出检察建议的需要。调查核实权入法，使检察机关在扩大监督范围、增加监督方式的同时，进一步强化了监督手段。民事执行监督中合理运用调查核实权查明案件事实，对于及时纠正法院的违法执行活动，维护司法公正具有重要的意义。

注：相关法律文书略。

抗诉与督促履行职责并举
加强法律监督维护国家利益

——东××公司与荣××公司合资合作开发房地产合同纠纷抗诉及督促履行职责案

【案例要旨】

以合法形式掩盖非法目的，损害国家利益而签订的合同，应当认定无效；抗诉后督促国家行政机关及时依法履行职责，共同维护国家利益不受侵犯，彰显检察机关法律监督职能。

【案情简要】

2004年8月，原上海市××区国资委下属中房上海房地产开发总公司××分公司（以下简称中房××公司）将该公司立项的商品房项目中的部分房屋交由上海荣××建筑装潢工程有限公司（以下简称荣××公司）出资参建，双方签订了《合作建房协议书》。经查：在双方协议签订及履行过程中，当时的荣××公司负责人李某某，以垫付赌资方式贿赂中房××公司负责人陈某某，陈某某挪用公款替荣××公司支付土地、配套费用等，两人的行为分别构成行贿罪、受贿罪和挪用公款罪等。其间，中房××公司改制为上海东××房地产有限公司（以下简称"东××公司"）。李某某刑满后，遂以荣××公司名义向法院起诉，要求东××公司支付参建房屋收益款。原一、二审法院均认定系争参建协议合法有效，判决东××公司支付荣××公司1300余万元及相应利息。东××公司不服，向检察机关申请法律监督。

本案经上海市人民检察院检察委员会讨论决定，依法向上海市高级人民法院提出抗诉。上海市高级人民法院再审后，判决撤销原一、二审判决，驳回荣××公司的起诉。嗣后，上海市人民检察院又向××区国资委制发了督促起诉《检察建议书》，告知案件的处理情况，以及合同无效后，涉讼财产应当恢复至原中房××公司名下，而不应由东××公司享有。建议××区国资委作为中房××公司财产的监管部门，及时向法院起诉东××公司、荣××公司，对本案中的国有资产作出甄别，并依法对《合作建房协议书》无效后的财产作出处理，防止国有资产流失。

【典型意义】

1. 由职务犯罪引发的侵犯国家利益的民事法律行为应当认定无效。就本案《合作建房协议书》内容表面看，并不违反法律的效力性、禁止性规定，但根据查明的事实并作进一步深究，可以认定该协议是当时双方公司负责人通过行贿受贿等非法手段取得，构成恶意串通，以合法形式掩盖非法目的，损害国家利益的行为，应属无效。本案具有民事、刑事法律关系交织的情形，经过检察机关的法律监督，重新厘清合同行为掩盖下的实质交易内容，避免了刑民分开审理而造成当事人刑事上受到处罚，民事上获得经济利益的错误情况发生。

2. 维护国家、社会公共利益不受侵犯是法律赋予检察机关的重要职责之一。在依法对法院审判活动进行监督的同时，本案注重检察监督职能的延伸，督促有关国有资产管理部门及时依法履行职责，防止国有资产流失，切实发挥检察机关法律监督和维护国家利益的双重作用。

注：相关法律文书略。

综合考量案件审理情况
准确把握民事抗诉的现实必要

——朱某某与中国××有限公司上海分公司劳动合同纠纷申诉案

【案例要旨】

行使民事抗诉权应当讲究法律监督的时效性，办理民事抗诉案件必须全面考量抗诉的现实必要性。经过多次审理裁判形成终局判决的申诉案件，要综合考虑法院判决理由、申诉人主张的合理性，二者或有瑕疵或有一定的合理性，但在诉争解决的过程中，当事人之间的权利义务已基本平衡，社会关系趋于稳定，故没有提起抗诉的必要。

【案情简要】

申诉人（一审被告、二审上诉人）朱某某，男，1950年××月××日出生，汉族，住上海市××路××弄××号××室。

被申诉人（一审原告、二审被上诉人）中国××有限公司上海分公司，住所地上海市××路××号××楼。负责人马某某，经理。

申诉人朱某某于1992年11月4日进入中国××有限公司上海分公司（以下简称××公司）工作，2003年1月7日，双方签订无固定期限劳动合同。2004年1月起，朱某某任客户服务集团项目经理，月工资人民币52105.31元。2005年7月，××公司撤销客户服务集团，并将相关业务拆分到其他部门。公司人事部书面告知朱某某，其已被列入“职位调遣规划”，如在该四周内没有找到其他岗位，则转入“劳动力调整计划”；如在该期内仍未找到岗位或拒绝公司指派的新职位，公司将单方提前解除劳动合同。朱某某在书面函中明确表示，不会拒绝公司重新指派的任何职位，公司可以依法解除劳动合同，但在计算经济补偿金时，请正确计算“本单位工作年限”。后朱某某未能在公司内部找到岗位，公司也未向其提供新职位。同年9月30日，公司出具退工单，解除劳动合同。朱某某向劳动仲裁部门申诉，请求撤销公司解除劳动合同决定等。劳动仲裁部门裁决，撤销××公司解除劳动合同决定，双方恢复劳动关系。其间，××公司支付朱某某解除劳动关系经济补偿金718431.69元。

2006年1月27日，××公司不服仲裁裁决，诉至黄浦区人民法院。一审法院认为：双方当事人在自愿平等基础上签订无固定期限劳动合同合法有效。××公司根据上级决定，服从市场环境变化调整内部工作岗位，导致朱某某等职位取消，业务拆分至其他部门，可以认定双方当事人劳动合同订立时所依据的客观情况发生重大变化，致使原劳动合同无法履行。判决维持××公司解除劳动合同关系的决定。朱某某不服一审判决，提起上诉。上海市第二中级人民法院终审判决驳回上诉，维持原判。2007年9月7日，朱某某诉请公司支付解除劳动关系特别经济补偿金169102.29元并获黄浦区人民法院支持。2009年2月5日，朱某某向检察机关申诉，要求恢复劳动关系。

【典型意义】

上海市人民检察院检察委员会讨论后认为，本案系无固定期限劳动合同争议纠纷，该纠纷既经劳动仲裁部门仲裁，又经民事诉讼程序两审终审，对该类案件适当办理，既需要正确理解《劳动合同法》中无固定期限劳动合同的解除条件，又需要掌握民事法律关系中的基础原则，更有赖于对民行抗诉案件价值取向的把握，对检察机关处理民行抗诉案件具有一定指导意义。

一、尊重当事人意思自治，准确理解无固定期限劳动合同的解除条件

本案当事人双方具有无固定期限劳动合同关系。无固定期限劳动合同是指不约定终止日期的劳动合同，作为一种特殊的劳动合同形式，对于稳定劳动关系具有特殊的意义。但是，无固定期限劳动合同并非劳动合同的“终身制”，它适用劳动合同的协商变更原则，以保障劳动关系双方利益的平衡。

本案中用人单位××公司根据市场环境变化调整内部业务机构系正常的企业行为，虽然在未给劳动者朱某某安排新职位的情况下即出具退工单，解除劳动合同的做法存有瑕疵，但是，××公司的书面通知与朱某某的书面回复函中已就双方劳动合同的解除条件进行了协商。此外，更为关键的是，在法院一审判决前，朱某某自愿接受了××公司支付的解除劳动关系经济补偿金71.8万余元。朱某某自愿接受解除劳动关系经济补偿金，以默示意思表示的方式接受了××公司解除劳动合同关系的决定。

虽然劳动仲裁部门裁决双方恢复劳动关系，但劳动合同纠纷中法院判决才具有终局意义。用人单位××公司提出解除劳动合同，劳动者朱某某自愿接受经济补偿，双方在劳动合同关系解除的协商过程中，不存在欺诈，胁迫等妨碍意思自治的情况，因此，法院判决维持××公司解除劳动合同关系的决定，系根据双方以协商的方式解除无固定期限劳动合同关系的事实，尊重双方当事人的意思自治，衡平无固定期限劳动合同关系中双方的合法利益，并无明显不当。

二、遵循诚实信用原则，维护法院民事判决的既判力

本案当事人朱某某在劳动合同的争议纠纷过程中，自愿接受××公司解除劳动关系经济补偿金71.8万余元，其接受经济补偿的意思表示真实，客观上表明其已同意与用人单位解除双方的劳动合同关系。朱某某在接受解除劳动关系的经济补偿后诉求恢复劳动关系，系对自身在先意思表示或行为的自我否定，有悖诚实信用原则。

法院认为，用人单位××公司因情势变更以书面通知的方式提出与劳动者朱某某协商解除合同，朱某某以自愿接受解除劳动关系经济补偿的方式默示同意协商的内容。在协商的过程中，双方意思表示真实，意思表示与行为能力一致，符合当事人的意思自治原则。法院判决双方解除劳动合同关系，具有事实与法律根据，有助于讼争双方社会关系的及时安定，符合民事诉讼的价值目标。

三、正确定位与把握民事抗诉权，判断民事抗诉的现实必要性，注重监督实效

民事抗诉权是法律赋予检察机关的一项重要职权，对于保障司法公正和民事诉讼当事人的合法权益具有重要意义。但是，在履行民行抗诉职责时必须正确定位与把握民事抗诉权，正确处理依法提请抗诉与保障法院裁判权威之间的关系，尊重当事人私人处分权与节约司法资源之间的关系。

民事审判活动基本功能是“定分止争”，通过处理各种纠纷实现社会稳定与和谐。本案讼争历时四年，已历经一次仲裁、两次诉讼、三次审理，形成两审终审的生效判决。本案中法院根据双方在诉讼过程中提供的事实依据，根据证据规则，以民事法律为依据，判决解除当事人双方的无固定期限劳动合同关系，以双方意思自治原则，平衡无固定期限劳动合同关系的强制性。在讼争的解决过程中，双方当事人的合法利益已基本平衡，社会关系趋于安定。因此，办理抗诉案件必须全面考量民事案件抗诉的现实必要性。有些民事案件中尽管法院的判决理由存有瑕疵，申诉人主张也有一定理由，但法院的终局判决不具有抗诉必要性的，应注重维护民事判决的既判力。

民事抗诉权的行使应讲究法律监督的实效。在维护法院正确的终局裁判的同时，对法院裁判中存在的瑕疵与不足之处可以通过检察建议等形式提出监督意见。同时，要认真做好当事人的息诉服判工作，以实现民行法律监督法律效果与社会效果的统一。

注：相关法律文书略。